“十三五”国家重点图书出版规划项目
国家古籍整理出版专项经费资助项目

朱子学著述序跋题记资料汇编

（上）

江西省2011朱子文化协同创新中心项目

顾宏义　许起山　编

江西人民出版社
Jiangxi People's Publishing House
全国百佳出版社

目录

子部

儒家

例言

一、本资料汇编收录南宋中期至清末有关朱熹著述与后世阐朱、释朱相关著作之序跋、题记以及历代书目著录等资料。部分由清代入民国之学者相关著述，因其撰于清代，或其人学术活动主要在清代，也酌予收录。

二、本资料汇编，按照经史子集进行分类。其类中各书之序跋著录，一般按序跋撰写者或著录者之时代先后为序。各代学人对朱熹著作所作补充、校释、集解、发挥等，按照年代顺序置在朱熹相关著作之后。

三、部分著述，历代书目文献中或整体著录，或将其中一部分单独著录，如《四书或问》，又有著录《论孟或问》《大学中庸或问》《论语或问》《孟子或问》《大学或问》《中庸或问》者，本资料汇编收录《四书或问》外，另将诸条分别列于其下。

四、汇编取书名为条目，以时代、著者、他人序跋、历代书目著录为序，最后附上现存主要版本与图书馆收藏情况等。如《四书章句集注》等书，因版本较多，仅附主要版本信息。著录版本及馆藏地，参考了《中国古籍善本书目》《中国古籍总目》等书。

五、本资料汇编所收文字以所录文献为据，若其文字显有错误，如系鲁鱼亥豕之类，便予径改，否则不予更动，一般亦不加考订。凡有阙字或字迹模糊不能准确辨识处，用□代替。

六、为便于查阅，书后附有《著者索引》和《引用书目》。《著者索引》和《引用书目》皆以汉语拼音为序编排。著者名后括号内为本资料汇编所收著述名，遇编撰者不明者，以“佚名”代替。

七、朱熹之后学者研究朱熹及其著作时，其编撰书籍有异书同名现象，如《朱子语类》《朱子年谱》等。部分书目仅注其书名，据此不能准确将此条归入某位学者名下。凡此情况，即据书目编写特点等，将这些条目编入版本较常见之书名下。如《朱子语类》，既有黄士毅所编，亦有黎靖德等人所编，此次编辑，将未注明著者之“朱子语类”条目编在黎氏《朱子语类》条下。

八、凡需要做解释处，加“今按”说明。

九、因主客观条件限制，本汇编遗漏、错误之处在所难免，请方家不吝赐教。

经部

易

易传

宋朱熹撰。

《宋史》卷二〇二《艺文志一》：朱熹《易传》十二卷。

《经义考》卷三一《易三十》：朱子熹《易传》。《宋志》：十一卷。佚。

《经义考》卷二八三《承师三》：朱子《易》。按：朱子《易》分经异传，一从吕伯恭所定。而图说则笃信邵子，冠先后天诸图于《本义》前。当日袁机仲寓书，谓专为邵氏解释，而于《易》无所折衷，且疑先天、后天之说，谓七八九六不可为四象，四爻五爻无所主名，《河图》《洛书》是后人伪作。朱子再三与辨，且云此非熹之说，乃康节之说；非康节之说，乃希夷之说；非希夷之说，乃孔子之说。是直以希夷上接孔子之《易》，朱子未免失言矣。

朱子传《易》弟子

权工部尚书兼太子右庶子建阳刘爚晦伯

集英殿修撰清江彭龟年子寿

承议郎闽黄榦直卿

迪功郎主泉州安溪簿龙溪陈淳安卿

赠员外郎崇德辅广汉卿

通直郎永嘉陈埴器之

处士建安蔡渊伯静

迪功郎上饶陈文蔚才卿

秘书华亭林至德久

潭州善化令邵武何镐叔京

迪功郎金华尉饶州董铢叔重

司农卿崇安詹体仁元善

集英殿修撰义乌徐侨崇甫

知建宁县崇安江默德功

江西转运司干都昌冯椅仪之

道南书院堂长永福林学蒙正卿

贡士福州郑文遹成叔

知赣州军事邵武赵善佐佐卿

著作佐郎建阳叶贺孙味道

丽水尉永嘉戴蒙养伯

处士瓜山先生侯官潘柄谦之

处士同安许升顺之

处士龙坡先生福宁孙调和卿

征士友堂先生休宁吴昶叔夏

涪陵夏渊亚夫

处士敬义先生瓯宁童伯羽蜚卿

处士格斋先生休宁程永奇次卿

吏部右选郎顺昌廖德明子晦

辰州通判光泽李方子公晦

右正言衡州袭盖卿梦锡

知袁州豫章黄畲子耕

无为军教授临海潘时举子善

直宝章阁清江张洽元德

兴国万人杰正淳

贡士南城包扬显道

县尉古田林夔孙子武

处士建昌李辉晦叔李或作吕

处士浦城杨骧子昂

永福林学履安卿

临川黄义刚毅然

广西经略安抚司干官光泽李闳祖守约

进士长乐刘砥履之

天台林恪叔恭

永嘉徐寓居父

知遂昌县浦城杨与立子权

合肥令婺源滕珙德章

潮州郑南升文振

处士晋江杨至至之

南廊簿领丹阳汤泳叔永

右司郎中龙溪王遇子合

永嘉沈僩庄仲

吉水丞兴国吴必大伯丰

临川甘节吉甫

处士草窗先生乐平金去伪敬直

处士莆田方士繇伯谟

鄱阳汪德辅长孺

永嘉王显子敬之

处士顺昌余大雅正叔，一云上饶人

处士婺源李季札季子

广东提点刑狱西坡先生都昌黄灏商伯，一作广西运判

永嘉徐容仁父

忠州文学莆田郑可学子上

处士新喻严世文时亨，一云字亨父

古田林用中择之

吉州录事参军婺源程洵允夫

直秘阁南昌李燔敬子，一云南康建昌人

处士浦城杨道夫仲思

衡阳廖谦益仲

晋陵钱木之子升，升一作山，晋陵一作永嘉

嘉兴府判官临海赵师�共父

吏部侍郎潭州钟震春伯

进士长乐刘砺用之

处士建阳周明作元兴

延平书院长九江蔡念成元思

处士将乐邓絅卫老

处士建昌周谟舜弼

铅山徐子融

郑光弼子直

处士南平黄卓先之，一云字德美

姜大中叔权

符初复仲

免解试永丰曾祖道择之

舒高

萧佐

邵浩

连嵩卿

郑仲履

吕光祖

范元裕

延平游儆敬仲

进士南城周良

山阳郭友仁德元

蒋櫄

余宋杰国秀

周标

知南康军赵师夏致道

贡士宁都曾兴宗光祖

知临安县武义巩丰仲至

方谊宾王

吕竦士瞻

林振子玉

吴南宜之

进士南平张显父敬之

处士建阳吴翌晦叔

黄有开

处士胡斗元声远

按：文公弟子著录甚多，兹就其作《易传》《五经说》及以《易》义问答见于《语录》者则书之。

《藏园订补郘亭知见传本书目》卷一《经部一》补：晦庵先生校正《伊川易传》八卷，宋程颐撰。〇元刊本，七行十五字，细黑口，左右双栏。

今按：宋咸淳吴革刊本十二卷，明刊改并为四卷。元刻本，复旦大学图书馆藏，存卷一至卷四。

蓍卦考误

宋朱熹撰。

《经义考》卷三一《易三十》：《蓍卦考误》一卷。存。

朱子自序《启蒙》曰："圣人观象以画卦，揲蓍以命爻，使天下后世之人，皆有以决嫌疑、定犹豫，而不迷于吉凶悔吝之途，其功可谓盛矣。然其为卦也，自本而干，自干而支，其势若有所迫而不能已。其为蓍也，分合进退，纵横顺逆，亦无往而不相值焉。是岂圣人心思智虑之所得为也哉？特气数之自然，形于法象，见于图书者，有以启于其心而假手焉耳。近世学者类喜谈《易》，而不察乎此；其专于文义者，既支离散漫，而无所根著；其涉于象数者，又皆牵合付会，而或以为出于圣人心思智虑之所为也；若是者，予窃病焉。因与同志颇辑旧闻，为书四篇，以示初学，使毋疑于其说云。”

朱子自序《考误》曰：“揲蓍之法见于《大传》，虽不甚详，然熟读而徐究之，使其前后反复，互相发明，则亦无难晓者。但疏家小失其旨，而辨之者又大失焉。是以说愈多而法愈乱也。因读郭氏《辨疑》，为考其误云。”

陆游曰：“《易》道广大，非一人所能尽，坚守一家之说，未为得也。元晦尊程氏至矣，然其为说亦已大异，读者当自知之。”

陈振孙曰：“晦庵初为《易传》，用王弼本，复以吕氏《古易经》为《本义》，其大指略同而加详焉。首列九图，末著揲蓍法，大略兼义理占象而言，《启蒙》之目曰《本图书》《原卦画》《明蓍筮》《考变占》，凡四篇。”

陈淳曰：“自秦以来，《易》幸全于遗烬，而道则晦而不彰。溺于象数者，既牵合附会，而失其源流；泥于文义者，又支离散漫，而无所根著。至康节邵子之《图》出，于是乎伏羲之精，画卦以示者，始可得而见。伊川程子之《传》出，文王、周、孔之蕴，因卦以发者，始可得而明。今晦庵先生《本义》之书，发挥邵《图》之法象，申明程《传》之旨趣，本末兼该，精粗具举，推本四圣所以作述本然之义，而《易》道之盛，至是无余蕴矣。”

李方子曰：“先生于《易》，推本画之本体，辨三圣之指归，专主筮占而实该万变，以还洁静精微之旧。”

魏了翁曰：“朱文公《易》得于邵子为多，盖不读邵《易》则茫不知《启蒙》《本义》之所以作。”

王应麟曰：“淳熙四年，文公《易本义》成，十二卷，又为诸图冠首，为《原象》《述旨》《明筮》《稽类》、《警学》五《赞》及《筮仪》附于末，《音义》二卷。十三年三月，《易学启蒙》成，四篇，以《本图书》《原卦画》《明蓍策》《考变占》为次，又有《蓍卦考误》《揲蓍之法》见于《大传》。郭雍为《蓍卦辨疑》三卷，熹谓：‘疏家小失其指，而辨之者又大失焉，说愈多而法愈乱，因为《考误》。’”

王希旦曰：“善读《易》者，要识圣人画卦作《易》来处，无非《太极》《河图》理数自然之妙，则《系辞》《启蒙》是其机括。又须分别四圣之《易》，通名卦义，然后以《本义》、程《传》相参考。沿流溯源，由缊探精，分合看之，远近取之，则数陈象列，言尽理得，上极天地自然之《易》。于是始信《易》与天地准，穷理尽性，开物成务，内圣外王之学备于斯。”

周密曰："《朱子语录》云：‘某作《易本义》，欲将文王《卦辞》，只大纲依文王《卦辞》略说，至其所以然之故，于孔子《彖辞》中发之，如此乃不失文王本意，但未暇整顿尔。’向见老人括苍叶大庆云：‘晦庵此语，似乎不满孔子《彖辞》之意，别欲与文王重作《彖辞》，无奈何孔子已作了，故不得已言，却于孔子《彖辞》发之尔。晦庵聪明过当，古人说话，无一个中他意，虽孔子彖《易》之辞，亦不然之也。’"

胡一桂曰："自汉儒始变乱古《易》，至有流为术数之归，而卒大乱于王弼，且杂以虚无之论，吾《易》遂晦蚀于天下，寥寥千载，孰觉我人？太极有《图》，《易通》有《书》，发往古不传之秘，开万世理学之源，斯道始有系属。迨夫《易传》写胸中之成书，《皇极》具经世之大法，《正蒙》阐象数之条目，是虽古今变乱，未就厘正，而术数虚无之学，为之一洗，吾《易》粲然复明。未几，陋儒妄作，异端蜂起，《易》置《图》《书》，指斥邵子冒伪著述，《易》道又几晦蚀。朱夫子勃兴，探前圣之精微，破俗学之缪妄，《本义》《启蒙》有作，而后吾《易》复明于后世。愚尝谓孔圣以来，朱夫子有功于《易》，断断乎其不可及者，盖以《本义》之为书也。《图》《书》位定，而天地自然之《易》明；先后天卦分，而羲、文之《易》辨；二篇、《十翼》不相混杂，《易经》始为之复古。六十四卦三百八十四爻，两言以蔽之，曰‘象占而观玩，不涉虚无’。至于崇阳抑阴，进君子，退小人，发于《坤》初六之爻者，不过数语。而天之经、地之义、人之纪、《易》之要领，直包括无遗憾，此《本义》不可少于天下也。《启蒙》之为书也，《本图书》则揭《天生神物章》，而《易》之本原正；《原卦画》则表《易有太极章》，而《易》之位列明；《明蓍策》则发明《大衍章》，而挂扐之法定；《考变占》则博取《左氏传》以明断例，而吉凶趋避之见审。合四篇大旨，壹皆寓尊阳之微意，而小人盗贼不得窃取而用，此《启蒙》不可少于天下也。"又曰："朱子于《易》，有《周易本义》，复古《易》一十二篇之旧，发明象占之学。有《易启蒙》四篇，发明图书、卦画、蓍策、变占之要。又有《蓍卦考误》，有论濂、洛诸儒《易》学，有辨苏氏《易》，有论魏伯阳《参同契》，又为之注，及辨麻衣、子华子、关子明诸家《易》学之伪。先生尝谓：‘程先生《易传》义理精，字数足，无一毫欠缺，只是于《易》本义不相合。《易》本是卜筮之书，程先生只说得一理。’故先生解《易》只以卜筮为主，就象数上理义自见，而立卦生爻之因、先后之别，一本之康节邵子，使人得窥四圣人心传之秘旨，其功甚大也。”

王浩翁曰：“紫阳夫子以爻变多寡，顺而列之，以定一卦所变之序。又以《乾卦》所变之次，引而伸之，为六十四卦所变相承之序，然后次第秩然，各得其所，虽出于焦延寿，而比焦尤密。”

董鸿曰：“《易》有圣人之道四焉，王辅嗣去三而存一，于道缺。晦庵知其为非，所以《本义》《启蒙》各以卜筮言之，然虽知其为卜筮之道，而不知其所以为卜筮之道，不过复以理言之，则亦何异于辅嗣哉？”

熊良辅曰：“古今《易》说，传千有余家，据所见闻，由宋以前，何啻百家。由宋以来，亦二百家矣。或见其书而取之，或见其书而未暇遍览，或见其姓名而不及见其书，或有其姓名而亡其书，是何学《易》者之多也？虽然，天地之间，理一而已，《易》自朱子而本义大明，象占义理殆无余蕴，则夫千有余家之说，纵或有之，徒蔓辞耳，虽多，亦奚以为？”

董真卿曰：“朱子《周易本义》，上、下《经》二篇，《十翼》十篇，前述九《图》，后附五《赞》《筮仪》，其书以淳熙四年丁酉岁成。凡分《经》异《传》，尽从东莱吕氏所定，非但取其章句之近。至若正文，亦多从《古易》。《系辞》诸篇分章，亦不尽从吕氏也。”

吴师道曰：“自汉、魏以来，王辅嗣之说单行，虽未尽善，而数百年实宗之。至宋而邵子阐伏羲之秘，程子衍周、孔之文，朱子又发明《易》专为卜筮作，融会义理象数之旨，说者无以复加矣。”

朱升曰：“《易》为卜筮而作，朱子所以融会程、邵之说，而发明《易》之本旨也。九《图》之冠于《本义》者，传于古也。六《图》之特笔于《启蒙》者，所以推邵子一生二之义，与程子加一倍法之说同也。”

薛瑄曰：“程子之《易》主孔子，朱子之《易》主邵子。”又曰：“朱子《本义》依《古易》次序，自为一书，不与程《传》杂，最可见象占卜筮教人之本意。后儒摘以附程《传》之次，失朱子之意矣。”又曰：“朱子《本义》简切明白，深得圣人作易之意。”

洪常曰：“《周易》序次有古经、今经之异，程子因今经作《传》，朱子因古经作《本义》。后世以《本义》附于《传》而一之，故今《本义》之序亦今经也。奉化邑庠教谕成君矩谓：‘世之读《易》者，先《本义》而后《传》。’乃独刻《本义》传于世。”

钱一本曰：“朱子于《四书集注》，悔其误己误人不小，又欲更定《本义》而未能，后人以信守朱说为尊事朱子，此徒以小人之心事朱子耳。”

郝敬曰：“朱元晦《本义》直欲悬空说影俟，占者自合，究竟将《易》作卜筮之书，而其说愈隘。”又曰：“元晦以《易》道洁静精微，只可悬空说影，不得将人事搭配。及作《本义》，三百八十四爻搭配三百八十四人占者，是自背其说也。”

吴肃公曰：“王弼以《老》《庄》虚无之学害道之论，至淆乱经文。程子一代大儒，其著《易传》曾不之厘正，迨朱子始用东莱之说，悉复古本，名曰《本义》。明初取士，以诏学官，永乐儒臣编《大全》，则兼采程、朱，而书仍弼本，惜乎当时未有能正之者，然朱子《本义》之书自若也。至成化时，教谕成矩始刊，今《易》注从朱，而书则从弼，袭名为《本义》，其实非朱子之书。功令所在，家沿户习，而《易》之古本益废，然无有问者矣。”

顾炎武曰：“《易》自伏羲画卦，文王作《彖辞》，周公作《爻辞》，谓之《经》，《经》分上下二篇。孔子作《十翼》，谓之《传》，《传》分十篇，《彖传》上下二篇，《象传》上下二篇，《系辞传》上下二篇，《文言》《说卦传》《序卦传》《杂卦传》各一篇。自汉以来，为费直、郑玄、王弼所乱，取孔子之言，逐条附于卦爻之下，程正叔《传》因之，及朱元晦《本义》，始依古文。洪武初，颁五经天下儒学，而《易》兼用程、朱二氏，亦各自为书。永乐中修《大全》，乃取朱子卷次，割裂附之程《传》之后，其《凡例》曰：‘程《传》《本义》既已并行，而诸家定本又各不同，故今定从程《传》元本，而《本义》仍以类从。’是也。于是朱子所定之古文，乃复混乱。《彖》即文王所系之辞，《传》者，孔子所以释《经》之辞也，后凡言《传》，仿此，此乃《彖上传》条下义；今乃削‘彖上传’三字，而附于‘大哉乾元’之下。《象》者，卦之上下两象及两象之六爻，周公所系之辞也，乃《象上传》条下义；今乃削‘象上传’三字，而附于‘天行健’之下。此篇申《彖传》《象传》之意，以尽《乾》《坤》二卦之蕴，而余卦之说，因可以例推云，乃《文言》条下义；今乃削‘文言’二字而附于‘元者，善之长也’之下。其‘彖曰’‘象曰’‘文言曰’字皆朱子所本，无复依程《传》添入，后来士子厌程《传》之多，弃去不读，专用《本义》。而《大全》之本，乃朝廷所颁，不敢辄改，遂即监板《传》《义》之本，刊去程《传》，而以程之次序为朱子次序，相传且二百年矣。惜乎！朱子定正之书，竟不得见于世，岂非此《经》之不幸也夫。”

黄宗炎曰：“《本义》卷首所载蒙杂不伦，邵氏《先》《后天图》以外，又收‘乾为天，坤为地’等八段，是京氏《易传》之所谓游魂归魂，子寅辰午申戌丑卯巳未酉亥也。后世《火珠林》因之，与揲蓍四十九策之法，迥乎不同，又不明言其故，亦何所取义而赘之于此？其《六十四卦歌》括及三连六断之类，岂可错诸学士简编之内？况又缀以堆积无稽之《卦变图》，误矣。”

陈廷敬曰：“程子作《易传》，因王弼本末，未暇更正。嵩山晁说之考订古经，厘为八卷。东莱吕祖谦则定为《经》二卷、《传》十卷，朱子《本义》从之。故朱子曰：‘《经》则伏羲之画，文王、周公之辞也，并孔子所作之《传》十篇，凡十二篇，中间颇为诸儒所乱，近世晁氏始正其失，而未能尽合古文。吕氏又更定，著为《经》二卷、《传》十卷，乃复孔氏之旧云。’按朱子此言载于《本义》篇端，盖幸古经之复正也。明永乐时修《五经大全》，《易》则从程《传》元本，而《本义》则以类从。夫以程子未及更定之经，取朱子从古经说《易》之辞，割裂参错于其间，使古经已正而复乱。其最缪戾者，简首仍载朱子幸古经复正之说，而又不言其从古经之故，是则所谓复孔氏之旧者，果安在乎？至使前贤之意乖刺不明，盖于今三百年，未有能正之者。成化间，奉化学教谕成矩谓世之读《易》者先《本义》而后《传》，遂独刻《本义》行世，今家传户诵者，成矩之书也。夫朱子因古经作《本义》，明初以《本义》参附于《传》而一之，仍从今经，已失朱子之意矣，然犹曰未专朱子之书也。今矩所订，俨然朱子之书，而不考其本末，颠错淆乱，则尤为朱子之罪人矣。矩之陋，无足深责，然以一俗士乱圣经，而举世人莫有正之者，岂不可慨也哉？”

按：程子《易传》依王辅嗣本，朱子《本义》用吕伯恭本，原不相同。自克斋董氏合之，移朱子本以就程子之书，明初兼用之取士。其后学者多置程《传》，专主朱《义》，于是姑苏成矩叔度为奉化教谕，削去程《传》，乃不更正以从朱子之旧。当新锓时，杨文懿守陈序之，有云：“是编异朱子元本，亦以便士也。好事者何容喙哉？”文懿盖心非之，而不能夺也。今用之三百年，习《易》者茫然不知《本义》元本，若矩者，岂非朱子之罪人与？

今按：日本延宝六年京都村上勘兵卫刻本，山东省图书馆等藏。

朱文公易说

宋朱鉴辑。

明杨士奇《朱子易说跋》：右晦庵先生《易说》二十三卷，分为三册。先生于《易》自《本义》《启蒙》之外，凡杂著及门人所记口授之言，其精义皆在此书。盖先生之孙鉴所会粹，而学《易》之士所不可无者。《东里文集续编》卷一六。

《文渊阁书目》卷二：《朱文公易说》一部四册，缺。

《楝亭书目》：《朱文公易说》。宋朱鉴辑，二十卷，自序。一函八册。

《孝慈堂书目》：《文公易说》。宋朱鉴，二十三卷。

《千顷堂书目》卷一《补》：朱鉴《文公易说》二十三卷。文公孙，集凡杂著及门人所记口授之言。

《经义考》卷三一《易三十》：《朱文公易说》二十三卷。存。

董真卿曰："文公孙鉴子明集《语录》为《易说》二十三卷，淳祐壬子序之。鉴仕至吏部侍郎、湖广总领。"

杨士奇曰："晦庵先生《易说》二十三卷，分为三册。先生于《易》，自《本义》《启蒙》之外，凡杂著及门人所记口授之言，其精义皆在此书。盖先生之孙鉴所会粹，而学《易》之士所不可无者。"

徐乾学曰："文公《易说》，公嫡孙子明守富川时所辑，淳祐中锓板，盖取门人记录问答之语，会粹而成，多与《本义》《启蒙》相发明，大有功于学者。嗣后董正叔、胡庭芳、董季真各有采辑，皆是为之权舆也。"

《也是园藏书目》卷一《经部》：朱鉴《文公易说》二十三卷。

《虞山钱遵王藏书目录汇编》卷一《经部》：朱鉴《文公易说》二十三卷。

《传是楼书目·经部》：宋朱鉴《文公易说》二十三卷。

《好古堂书目·经部》：《文公易说》二十三卷，宋朱鉴。

《季沧苇藏书目·宋元杂板书》：《文公易说》二十三卷，宋朱鉴。

《文瑞楼藏书目》卷一《经部》：《文公易说》二十三卷，宋朱鉴。

《怡府书目》二百四十一号：《文公易说》，二套，计二十本。

《四库全书总目》卷一《经部一·易类三》：《朱文公易说》二十三卷，编修励守谦家藏本。宋朱鉴编。案朱子世系，朱子三子，长子塾；塾二子，长曰鉴，则朱子嫡长孙也。鉴字子明，以荫补迪功郎，官至湖广总领。朱子注《易》之书，为目有五：曰《易传》十一卷，曰《易本义》十二卷，曰《易学启蒙》三卷，曰《古易音训》二卷，曰《蓍卦考误》一卷，皆有成帙。其朋友论难与及门之辨说，则散见《语录》中。鉴汇而辑之，以成是编。昔郑玄笺注诸经，其孙魏侍中小同复裒其门人问答之词为《郑志》十一卷。鉴之编辑绪言，亦犹此例也。考朱子初作《易传》，用王弼本。后作《易本义》，始用吕祖谦本。《易传》,《宋志》著录，今已散佚。当理宗以后，朱子之学大行，剩语残编，无不奉为球璧，不应手成巨帙，反至无传。殆以未定之说，自削其稿，故不复流布欤？鉴是书全采《语录》之文，以补《本义》之缺。其中或门人记述，未必尽合师说，或偶然问答，未必勒为确论，安知无如《易传》之类为朱子所欲刊除者。然收拾放佚以备考证，亦可云能世其家学矣。

《孙氏祠堂书目》外编卷一：《朱文公易说》二十三卷。宋朱鉴编。

《鉴止水斋藏书目》经部第四厨：《文公易说》四本。

《问源楼书目初编》卷一上《经部》:《朱文公易说》二十三卷，宋朱鉴编。通志堂本。

《爱日精庐藏书续志》卷一《经部》:《晦庵先生朱文公易说》二十三卷，元刊本。宋朱鉴编。卷一缺，抄补。每册首俱有毛氏印记。自序。淳祐壬子。

又：《晦庵先生朱文公易说》二十三卷，元刊本。

《艺芸书舍宋元本书目·元板书目》:《文公易说》二十三卷。

《嫏嬛妙境藏书目录》卷一《经部》:《文公易说》，宋朱鉴。

《郑堂读书记》补逸卷一《经部》:《朱文公易说》二十三卷，通志堂经解本。宋朱鉴编。鉴字子明，朱子长孙，徙居建安。以荫补迪功郎，官至湖广总领。《四库全书》著录。《宋志》失载，倪氏《宋志补》、朱氏《经义考》始载之。前有淳祐壬子子明自序，称："先文公于《易》有《启蒙》，有《本义》，皆所以发明往圣前民用之意，而遗说之辑，盖取诸门人记录问答之语，往往与《启蒙》《本义》交相发挥，则又鉴假守富川时所会粹者也。"盖是书皆取《文集》《语录》中论《易》及驳正诸家之说汇而成帙，自《河图》《洛书》以至论程氏《易》，为目凡二十有八，附以子目二。纳喇容若序谓："其后董正叔、胡庭芳、董真卿亦录子明之意而各为《附录》《纂注》诸书，然或不专取朱子之言，若自为一书，且采之博而择之精，惟是书为优。"诚确论也。子明自序又称："建阳赵令刊此编于县斋，鉴尝为之序，今复以付之书市，使锓梓以广其传，不复敢赘为之说。"今此本殆从其重刻本付刊，故无子明初序云。

《铁琴铜剑楼藏书目录》卷一《经部》:《晦庵先生朱文公易说》二十三卷，宋刊本 。朱子嫡孙鉴编。前有淳祐壬子题词，谓"取诸门人记录问答之语，与《启蒙》《本义》交相发挥"。又云："假守富川时所会粹，建阳令赵君刊于县斋，鉴尝为之序。今复以付之书市，使锓梓以广其传。"是宋时有二刻，此即淳祐本。卷中有宋讳缺笔字，每半叶十三行，行廿一字。此书昔藏邑中张氏，载《爱日精庐藏书续志》，即云"卷一抄补"，盖其缺已久。后从郡中汪氏转入余家，未几，又从郡中物色得旧刻首册，其装钉款式、毛氏图章无不与全书吻合,真所谓在处有神物护持者邪！因喜而识之。卷中有"汲古阁毛氏"朱记。

《藏园订补郘亭知见传本书目》卷一《经部一》:《朱文公易说》二十三卷。宋朱鉴编。〇通志堂本。〇昭文张氏有元刊本。

《藏园订补郘亭知见传本书目》卷一《经部一》补:《晦庵先生朱文公易说》二十三卷。宋朱熹撰，朱鉴编。〇宋末元初建本，十三行二十一字，各段首行顶格，次行低一格二十字，细黑口，四周双栏。海虞瞿氏藏。

《万卷精华楼藏书记》卷二《经部一》:《朱文公易说》二十三卷,宋朱鉴撰。通志堂本。前后无序跋。辑朱子平日论《易》之语见于《语录》《文集》者共为一编。董真卿曰："文公孙鉴子明集语录为《易说》，淳祐壬子序之。鉴仕至吏部侍郎、湖广总领。"杨士奇曰:"《易说》分为三册，先生于《易》，自《本易》《启蒙》之外，凡杂著及门人所记口授之言，其精义皆在此书。盖先生之孙鉴所会粹，而学《易》之士所不可无者。"徐乾学曰："《文公易说》，公嫡孙子明守富川时所辑，淳祐中锓板。盖取门人问答之语会粹而成,多与《本义》《启蒙》相发明，大有功于学者。嗣后董正叔、胡庭芳、董季真各有采辑，皆是为之权舆也。"

《八千卷楼书目》卷一《经部》:《朱文公易说》二十三卷，宋朱鉴撰。通志堂本。

《增订四库简明目录标注》卷一《经部一》:《朱文公易说》二十三卷，宋朱鉴撰。鉴为朱子之长孙。是书裒集朱子平日论《易》之语，共为一编，以发明《本义》之旨。通志堂本。昭文张氏有元刊本。

今按：元刻本（国家图书馆藏）；《通志堂经解》本（康熙刻、同治刻、日本文化刻）；日本宽正十一年翻刻《通志堂经解》本（国家图书馆、北京大学图书馆、南京图书馆藏）；《四库全书荟要》本；《四库全书》本；清抄本（国家图书馆藏）。

周易传义

宋程颐传，朱熹本义。

《天一阁书目》卷一之二《经部》:《周易传义》十卷，刊本。宋程子传，朱子本义。

又:《周易传义》十卷，明嘉靖丙辰广东崇正堂刊本。卷首载《程朱易说纲领》。缺《易序》。

《万卷堂书目》卷一《易经》:《程朱易传》十卷吕祖谦。

《赵定宇书目·经类》:《程朱易传》二本。

《脉望馆书目·易》:《程朱易传》二本。

《奕庆藏书楼书目》经之二《易》:《周易传义》。俞板，忠敏公阅，二十四卷，乙套，六本。宋程颐著传，新安朱熹撰义。

《虞山钱遵王藏书目录汇编》卷一《经部》：程朱（《易传》十卷）。

《楝亭书目》:《易传义》。宋河南程颐序传，朱熹正义，十卷，一函二册。

又:《易传义》。宋河南程颐序传，朱熹正义，十卷，一函十册。

《传是楼书目·经部》：程朱《周易传义》十卷。

《季沧苇藏书目·宋元杂板书》：元板《周易程朱传义》十卷，四本。

又:《周易》程颐传、朱熹本义十卷，八本。

《拜经楼书目》卷上:《周易程朱集传》十本。

《鸣野山房书目》卷一《经之二》:《周易传义》二十四卷，宋洛阳程颐著传，新安朱熹撰义。

《铁琴铜剑楼藏书目录》卷一《经部》:《程朱二先生周易传义》十卷，元刊本。题"伊川程子《传》，晦庵朱子《本义》"。前有《本义卦图》，后有《筮仪》，而无序跋，不知何人辑录。案:《传》《义》合刻，盖始于天台董氏。董氏以程《传》用王辅嗣本，朱子则用吕东莱所定《古周易》，既不敢离析程

《传》，又不敢尽失朱子之意，乃仿节斋蔡氏例，经文平书，《十翼》下一格，《传》《义》又下一格，《附录》又下一格，以为识别。此则一例平书，并无附录之文，而体例亦小异。董书合《本义》数节之注以从程《传》，则标经文于上，见《本义》之分节，其程《传》分而《本义》合者则否。此则并标其起止，如《坤彖》程《传》分四节，《本义》总注则标“《坤》，元亨，利牝马之贞”止“安贞吉”，以明非专注“西南得朋”三句。然此节《本义》皆举经文，读者犹明。若《需彖传》，程《传》以“《需》，有孚”至“以正中也”为一节，“利涉大川，往有功也”为一节，《本义》则合而注之曰“以卦体及两象释卦辞”。董书不标起止，不几疑专注“利涉大川”二句乎？至《系辞传》，董书采程子一章之说系于一节下，标白“某止某”，而《本义》则分系各节而不合，又与前例相反；此则概从上下《经》之例，似矫董书之失而改之。鄱阳董氏有云：天台董楷据王本分为高下字行，以别四圣二贤之易，已不能尽行于《系辞》诸篇，至近岁始出，不旋踵有废其书者，其即谓是欤。

《吾园书目·经部》:《周易程朱传注》六本。

《藏园订补郘亭知见传本书目》卷一《经部一》补:程朱二先生《周易传义》十卷。宋程颐、朱熹撰。〇元延祐元年翠岩精舍本，十一行二十一字，黑口，四周双栏。易图后有牌子，文曰“延祐甲寅孟冬翠岩精舍新刊”二行。李木斋先生有一帙，日本帝室图书寮有一帙。

又:程朱二先生《周易传义》十卷。宋程颐、朱熹撰。〇元刊本，十三行二十三字，注双行二十七字，细黑口，四周双栏。海虞瞿氏藏书。

又:程朱二先生《周易传义》十卷。宋程颐、朱熹撰。〇元刊本，十一行二十一字，注双行二十五字，细黑口，四周双栏。南皮张氏旧藏。

又:《周易程朱先生传义》十五卷。宋董楷辑。〇明刊本，大板心，半叶十行二十二字。

《八千卷楼书目》卷一《经部》:《周易程朱传义》二十四卷，宋程颐《传》，朱子《本义》。元刊本、明吉澄刊本、日本刊本、明刊本。

《善本书室藏书志》卷一《经部》:《周易》十卷。明正统司礼监刊本。程颐《传》，朱子《本义》。前有宋元符二年己卯正月庚申河南程颐正叔序，次《易图》，次《易说》，次《纲领》，次程子《易传序》，次《传义》十卷。末为上下篇义，次《筮仪》，次《五赞》。经文大字，每节提行，大字，顶格，《传》

及《本义》夹行,低一格。每半叶八行,每行经文十四字,注十七字。明正统间,英宗谕旨,以《五经》《四书》经注书坊刊本讹误者,多命司礼监誊写重刊,以取便于观览。其版行宽字大,橅印颇精,嘉惠艺林,亦盛典也。此即其一。又:《周易程朱传义》二十四卷明刊本。前有程子《易传序》、朱子《周易本义序》,次上下篇义,次经传总目,次图说,次《五赞》,次《筮仪》,次上、下《经》二十一卷,次《系辞》上下传二卷,次《说卦》传、《序卦》传、《杂卦》传共一卷。《传》及《本义》均方规白文,标"传""本义"字。每半叶九行,每行十七字。《传》《本义》夹行,字数同。每卷末均有"巡按福建监察御史吉澄校刊"长方木记。

又:《周易程朱二先生传义》十九卷元刊本,晋藩藏书。前有宋元符二年正月庚申河南程颐正叔序,次程子上下篇义,次朱子《周易五赞》《筮仪》。每叶二十行,行二十二字。上、下《经》传义十五卷,《系辞》传义二卷,《说卦》传义一卷,《序卦》传义一卷,字大悦目。有"晋府图书"之印,又有"库记"半印。晋府者,明嗣晋王朱钟铉也。晋宪王之子,正统七年以榆林王进封今爵。

又:《周易经传》二十四卷明刊本。程朱《传义》。此书卷帙次序悉同明吉澄刊本,惟经文、《传》及《本义》均接刻不提行,《传》则圆规标白文"传"字,《本义》则椭图规标白文"本义"字。每半叶九行,《传》《本义》夹行,每行均十七字。

周易传义音训

宋程颐传,朱熹本义,吕祖谦音训。

《宋史》卷二〇二《艺文志一》:朱熹《古易音训》二卷。

《经义考》卷三一《易三十》:朱熹《古易音训》。《宋志》:二卷。未见。

《经义考》卷三一《易三十》吕祖谦《古易音训》:朱鉴跋曰:"先公著述经传,悉加音训,而于《易》独否者,以有东莱先生此书也。鉴既刊《启蒙》《本义》,念《音训》不可缺,因取宝婺、临漳、鄂渚本,亲正讹误六十余字,而并刊之。如豫爻之簪、损象之窒,则有未详者,然非有害于文义,已足为善本矣。至于嵩山《古易跋语》,先公尝折衷晁、吕之说于其后。今三本所载不同,而《文集》中乃有晚岁书诿鄂教滕珙以改换最后两版者,其为后出无疑云。"

《八千卷楼书目》卷一《经部》:《周易传义音训》八卷，宋程颐传，朱子本义，吕祖谦音训。祝氏刊本。

今按：元至正六年虞氏务本堂刻本（国家图书馆藏，傅增湘跋）；清咸丰六年浦城与古斋祝凤喈金陵刻本（北京大学图书馆、天津图书馆、上海图书馆、南京图书馆、四川省图书馆藏）；清同治六年望三益斋刻本（上海图书馆、山东省图书馆、湖北省图书馆、四川省图书馆藏）；清光绪十五年户部刻本；清光绪十五年江南书局刻本（北京大学图书馆、上海图书馆藏）；清末解梁书院刻本（北京大学图书馆藏）。

程朱传义附录

宋董楷撰。

《楝亭书目》:《周易传义附录》。宋董楷序著，十四卷，一函十二册。

《千顷堂书目》卷一《补》：董楷《周易程朱传义附录》十八卷。字正叔，临海人，官吏部郎中。

《也是园藏书目》卷一《经部》：董楷《程朱传义附录》二十卷。

《虞山钱遵王藏书目录汇编》卷一《经部》:董楷《程朱传易附录》二十卷。

《季沧苇藏书目·宋元杂板书》:《周易程朱传义附录》十五卷，十本，宋板。

又 :《周易程朱传义附录》，六本，元板。

《拜经楼书目》卷上 :《周易程朱传义附录》，八本。

《拜经楼书目·经部》:《周易程朱传义附录》十四卷，八本。宋董楷撰，以程子之《传》、朱子之《本义》合为一书，又博采程、朱之说附录其下，使互相发明。惟割裂《本义》以附程《传》自此始。

《四库全书总目》卷一《经部一·易类三》:《周易传义附录》十四卷，两江总督采进本。宋董楷撰。楷字正叔，台州临海人。宝祐四年进士，官至吏部郎中。其学出于陈器之，器之出于朱子，故其说《易》，惟以洛、闽为宗。是编成于咸淳丙辰，合程子《传》、朱子《本义》为一书，而采二子之遗说附录其下，意在理数兼通。又引程、朱之语以羽翼程、朱，亦愈于逞臆凿空，务求奇于旧说之外者。惟程子《传》用王弼本，而朱子《本义》则用吕祖谦所定古本，楷以程子在前，遂割裂朱子之书，散附程《传》之后。沿及明永乐中，胡广等纂《周易大全》，亦仍其误。至成矩专刻《本义》，亦用程《传》之次序。乡塾之士，遂不复知有古经，则楷肇其端也。然楷本以经文平书，而《十翼》之文则下一格书之，其《本义》无所附丽者则仿诸经疏文某句至某句之例，朱书其目以明之，犹为有别。今本经传一例平书，而《本义》亦意为割缀，则愈失愈远，又非楷所及料矣。

《鉴止水斋藏书目》经部第四厨：《周易传义附录》十二本。

《爱日精庐藏书续志》卷一《经部》：《周易程朱先生传义附录》十七卷，元至正刊本。宋后学天台董楷纂集。分卷与通志堂本异。凡例后有“至正壬午桃溪居敬书堂刊行”木印。自序。咸淳丙寅。凡例。

又：《周易程朱先生传义附录》十七卷，元至正刊本。

《郑堂读书记》补逸卷一《经部》：《周易程朱先生传义附录》十五卷，卷末三卷，《朱子易图说》一卷，明晋府藏宋刊本。宋董楷撰。楷字正叔，台州临海人。宝祐四年进士，咸淳中尝提举松江市舶分司上海镇，官至吏部郎中。《四库全书》著录，作《周易传义附录》十四卷，盖《通志堂经解》本也。是书《宋志》失载，倪氏《补宋志》始载之，作十八卷，《图说》一卷，与此本同，又注云：“一作十四卷。”殆即指《经解》本欤？正叔以程子之《传》、朱子之《本义》合为一书，又备采程、朱文集、语录中论《易》之语系于下，谓之《附录》，以互相发明，洵为有功程、朱。惟其割裂《本义》以从程《传》，后来胡广、成矩等之弊未必不原于此。按古《易》学皆兼理数，王弼始黜象数，故复用古本。正叔此书亦意在理数兼通，而用程《传》本者，自序谓《本义》所以补程《传》之不足，盖其书以程《传》为主也。又程《传》无《系辞》等传，是书卷末以《系辞》为上、下卷，以《说卦》《序卦》《杂卦》为一卷，而不入卷数，亦是意也。其自序作于咸淳丙寅，序后又有自跋，其前《图说》冠以“朱子”二字，以程无图义也。《经解》所收并十五卷为九卷，而以《系辞》等传分五卷，总为十四卷，非其原第矣。又此本于程《传》《本义》及《附录》皆作小字，注于正文之下，以白文“传”字、“本义”字隔而别之。《经解》本以《传》及《本义》低一字书，《附录》则更低一字，而皆作大字，殊不同也。其卷首有凡例二条，为此本所无，至于程《传》序及所辑程朱《易》纲领、朱子论程《传》诸篇，此本即连缀于《图说》之后，程子《上下篇义》、朱子《五赞筮义》则附之于卷末，《经解》本皆以冠于《图说》之前，亦为少异。何义门尝谓《经解》

必欲一例刊刻，不依原式，是书亦其一也。

《藏园订补郘亭知见传本书目》卷一《经部一》:《周易程朱先生传义附录》二十卷。宋董楷撰。程子《上下篇义》一卷，宋程颐撰。朱子《易图说》一卷、《周易五赞》一卷、《筮仪》一卷，宋朱熹撰，董楷辑。〇元延祐二年圆沙书院刊本，十二行二十二字，细黑口，四周双栏。凡例后有木记，文曰“延祐乙卯圆沙书院刊行”。余代涵芬楼收一帙。〇元至正二年桃溪居敬堂刊本，十二行二十二字，细黑口，四周双栏。有“至正壬午桃溪居敬堂刊行”牌子二行。徐乃昌积学斋藏。〇元至正九年庐陵竹坪书堂刊本，十二行二十二字，黑口，四周双栏，凡例后有牌子，曰“至正己丑庐陵竹坪书堂新刊”。日本前田氏尊经阁藏。

《万卷精华楼藏书记》卷二《经部一》:《周易传义附录》十四卷，宋董楷撰。通志堂本。前有序例、纲领、图说。取程《传》朱《义》合而一之，凡程氏《遗书》、朱子《文集》有裨于传义者，取而附之。《系辞》以后，程子无说，则取程以平日论说补之，而附录如上、下《经》之例。其后董真卿之《辑录纂注》、明之《大全》，实权舆于此。楷字正叔，台州临海人，从陈器之游，得朱子再传之学者也。程子《传》用王弼本，朱子《本义》用东莱《古易》本。楷以程子在前，遂割裂朱子之书，散附程《传》之后，《大全》亦仍其误。至成矩专刻《本义》，亦用程《传》次序。乡塾之士遂不知有古经矣。

《八千卷楼书目》卷一《经部》:《周易传义附录》十四卷，宋董楷撰。通志堂本。

《皕宋楼藏书志》卷二《经部》:《周易程朱先生传义附录》二十卷，元刊本，周松霭旧藏，宋后学天台董楷纂集。自序，咸淳丙寅，自识。朱子《周易五赞》《筮仪》《易图》。案此元刊本，每叶二十四行，每行二十一字，小字双行，每行二十二字，小黑口。卷中有“周春”白文方印、“松霭”朱文方印。

《增订四库简明目录标注》卷一《经部一》:《周易传义附录》十四卷，宋董楷撰。以程子之《传》，朱子之《本义》，合为一书。又博采程朱之说，附录其下，使互相发明。惟割裂《本义》，以附程《传》，自楷此书始。通志堂本。昭文张氏有元刊本，分十七卷。凡例后有“至正壬午桃溪居敬书堂刊行”木印。十二行，行二十二字。蒋生沐有元刊本，似即张藏本。附录:陆有元刊本，周松霭旧藏。每叶二十四行，行二十一字。小字双行，每行二十二字，小黑口。

（绍箕）续录：涵芬楼有元刊本，精刻初印，十二行二十二字。凡例后有“延祐乙卯圆沙书院刊本”木记。

今按：元延祐二年圆沙书院刻本（国家图书馆藏）；元至正二年桃溪居敬书堂刻本（国家图书馆、日本静嘉堂藏）；元至正九年庐陵竹坪书堂刻本（国家图书馆、日本尊经阁藏）；元刻本（上海图书馆藏）；《通志堂经解》本（康熙刻、同治刻、日本文化刻）；《四库全书荟要》本；《四库全书》本；抄本（上海图书馆藏）。

程朱易传本意折衷

元吴存撰。

《千顷堂书目》卷一《补》：吴存《程朱易传本意折衷》。字仲退，鄱阳人，宁国路教授。

周易程朱传义折衷

元赵采撰。

《振绮堂书目》卷一：《周易程朱传义折中》八册，三十三卷，元赵采撰，自序，精抄本。

《四库全书总目》卷四《经部·易类四》：《周易程朱传义折衷》三十三卷，浙江吴玉墀家藏本。元赵采撰。采字德亮，号隆斋，潼川人。其书用注疏本，节录程子《易传》、朱子《本义》之说，益以《语录》诸书，列之于前，而各以己说附于后，所谓“折衷”也。所注仅上、下《经》，殆以程子所传不及《系辞》以下欤？前有采《自序》，称“有康节邵子推明羲、文之卦画而象数之学著，有伊川程子推衍夫子之意而卦画之理明。洎武夷朱文公作《本义》，厘正上、下《经》、《十翼》而还其旧作。《启蒙》本邵子而发先天。虽《本义》专主卜筮，然于门人问答又以为《易》中先儒旧说皆不可废。但互体、飞伏、纳甲之类，未及致思耳。故愚以为今时学者之读《易》，当由邵、程、朱三先生之说溯而上之”云云。故其书虽以宋学为宗，而兼及于象数变互，尚颇存古义，非竟暖暖姝姝守一先生之言也。顾炎武《日知录》谓：“割裂《本义》

以入程《传》，始于胡广之修《大全》。”然董楷已用程子之本而附以《本义》，采又因之，则其来有渐矣。炎武专责胡广，殆未见二书欤？

《问源楼书目初编》卷一上《经部》：《周易程朱传义折衷》三十三卷，元赵采撰。

《藏园订补郘亭知见传本书目》卷一《经部一》：《周易程朱传义折衷》三十三卷。元赵采撰。〇四库著录系吴玉墀家抄本。补：〇四库本已印入《四库全书珍本初集》中。

《增订四库简明目录标注》卷一《经部一》：《周易程朱传义折衷》三十三卷，元赵采撰。四库著录系吴玉墀家抄本。振绮堂有精抄本。

《增订四库简明目录标注》附录二《四库未传本书目》：《周易程朱传义折衷》三十三卷，元赵采撰。

周易程朱传义音考

元汪克宽撰。

《千顷堂书目》卷一《易类》：汪克宽《周易程朱传义音考》。

《经义考》卷四九《易四十八》：汪克宽《周易程朱传义音考》。佚。

吴国英作《行状》曰：“先生讳克宽，字德辅，一字仲裕，自歙还祁门县。泰定丙寅，举江浙乡试，归以经学教授宣、歙间。先生所居，山谷环绕，称曰环谷，四方学者皆目曰环谷先生。洪武二年，聘修《元史》，事毕，留任，先生力辞，给驿而还。”

程敏政曰：“文公朱子一传于勉斋黄氏，再传于双峰饶氏，三传于东山汪氏华，字荣夫，即先生仲大父，而先生实嗣其传。先生著述有《易程朱传义音考》《诗集传音义会通》《春秋传纂疏提要》《左传分纪》《礼经补逸》《周礼类要》《四书音证纲目凡例考异》诸书，惟《纂疏》传学者，余多散佚不存。”

周易传义大全

明胡广等纂。

明黄佐《南雍志·经籍考》：《周易传义大全》，原六部，每部一套，共六套。

今皆亡逸。

明黄佐《南雍志·经籍考》:《周易传义大全》十二本。

《千顷堂书目》卷一《易类》:《周易传义大全》二十四卷《义例》一卷。永乐十二年十一月命翰林院学士胡广、侍讲杨荣、金幼孜等纂修《五经四书大全》,《周易》则取程《传》及朱子《本义》,博采《二程遗书》《外书》《朱子语类》《文集》之论《易》者,与诸家之说羽翼之,明年九月书成,颁行六部并两京国子监及天下郡县学。

《经义考》卷四九《易四十八》:胡氏广等《周易传义大全》二十四卷,又《义例》一卷。存。

《明成祖实录》:永乐十二年十一月甲寅,上谕行在翰林院学士胡广、侍讲杨荣、金幼孜曰:"五经四书皆圣贤精义要道,其传注之外,诸儒议论有发明余蕴者,尔等采其切实之言增附于下。务极精备,庶几以垂后世。"命广等总其事,仍命举朝臣及在外教官有文学者同纂修。开馆东华门外,命光禄寺给朝夕馔。十三年九月己酉,《五经四书大全》成,广等以进,上览而嘉之,亲制序于卷首。御奉天殿受之,命礼部刊赐天下。庚戌,赐纂修官翰林院学士兼左春坊大学士胡广、右春坊右庶子兼翰林院侍讲杨荣、右春坊右谕德兼翰林院侍讲金幼孜、翰林院修撰萧时中、陈循、编修周述、陈全、林志、李贞、陈景著,检讨余学夔、刘永清、黄寿生、陈燧、陈用,典籍黄约仲、庶吉士涂顺、礼部郎中王羽、兵部郎中童谟、礼部员外郎吴福、北京刑部员外郎吴嘉静、礼部主事黄裳、刑部主事段民、洪顺、沈升、章敞、杨勉、周忱、吴绅、广东道监察御史陈道潜、大理评事王选、太常寺博士黄福、北京国子监博士黄复、原太医院御医赵友同、泉州府儒学教授曾振、常州府儒学教授廖思敬、蕲州儒学正傅舟、大庾县儒学教谕王进、济阳县儒学教谕杜观、善化县儒学教谕颜敬守、常州府儒学训导彭子斐、镇江府儒学训导留季安,抄币有差,仍赐宴于礼部。

按:永乐中诏修《五经四书大全》,开馆则给月馔,书成则赐抄赐币赐燕,又御制序文颁行,称为广大悉备。不知胡广诸人止就前儒之成编一加抄录而去其名。如《诗》则取诸刘氏,《书》则取诸陈氏,《春秋》则取诸汪氏,《四书》则取诸倪氏,《礼》则于陈氏《集说》外,增益吴氏之《纂言》,《易》则天台鄱阳二董氏、双湖云峰二胡氏,于诸书外,全未寓目。所谓"大全",乃至不全之书也。夫既窃其廪赐,并未效纤毫搜采之勤。攘私书为官书以罔其上,岂不顾博闻之士见而齿冷乎?即此可见胡广心术之不纯,而同事诸臣亦苟且游戏甚矣。

《明史》卷九六《艺文志一》:《周易传义大全》二十四卷《义例》一卷。胡广等纂。

《天禄琳琅书目后编》卷一二《明版经部》:《周易传义大全》,二函十二册,明胡广等奉敕《五经四书大全》之一。书二十四卷,前有凡例、程颐《易传序》《易序上下篇义》、朱熹《易本义图》《五赞》《筮仪》,又《程朱说易纲领》。考《明成祖实录》:永乐十二年十一月,命行在翰林院学士胡广、侍讲杨荣、金幼孜等修《五经四书大全》。十三年九月告成,亲制序,刊赐天下。是书广、荣、幼孜外,尚有纂修官:修撰萧时中、陈循,编修周述、陈全、林志、李贞、陈景著,检讨余学夔、刘永清、黄寿生、陈用、陈璲,五经博士王进,典籍黄约仲,庶吉士涂顺,郎中王羽、童谟,员外郎吴福、吴嘉静,主事黄裳、段民、洪顺、沈升、章敞、杨勉、周忱、吴绅,御史陈道潜,评事王选,太常博士黄福,御医赵友同,国子博士王复原,教授曾振、廖思敬,学正傅舟,教谕杜观、颜敬守,训导彭子斐、留季安。按朱彝尊《经义考》谓"广等就前儒成编杂为抄录,如董楷之《周易传义附录》、董真卿之《周易会通》、胡一桂之《周易本义通》、胡炳文之《周易本义通释》,皆所取材者"。

《善本书室藏书志》卷一《经部》:《周易传义大全》二十卷,明内府刊本。明永乐十二年十一月甲寅,命翰林学士胡广、侍讲杨荣、金幼孜修《五经四书大全》,十三年九月告成,成祖亲制序,冠之卷首。同时预修者尚有翰林编修萧时中等三十九人。此其五经之第一部也。朱彝尊《经义考》谓广等就前儒成编杂为抄录,而并去其姓名。《易》则取董楷、董真卿、胡一桂、胡炳文四家。此外诸书未寓目者至多。盖董楷与二胡皆笃守朱子之说,董真卿则以程朱为主,而博采诸家以翼之,其说颇为赅备。取材四家虽不免守匮抱残,要其宗旨尚不失正。且二百余年以此取士,一代之令甲在焉。前列序例、纲领、目录并引用先儒姓氏。

今按:明永乐十三年内府刻本(国家图书馆、中国科学院图书馆、北京师范大学图书馆、南开大学图书馆、上海图书馆、南京图书馆、南京博物院图书馆、天一阁文物保管所、辽宁省图书馆、安徽省图书馆、江西省图书馆、河南省图书馆、湖南省图书馆、云南省图书馆藏）；明翻刻永乐十三年内府刻本（北京大学图书馆藏）；明天顺八年书林龚氏明实书堂刻本（上海图书馆藏）；明弘治四年罗氏竹坪书堂刻本（石家庄市图书馆藏）；明弘治九年余氏双桂书堂刻本（四川省图书馆藏）；明嘉靖十五年叶氏作德堂刻本（南京图书馆藏）；明嘉靖十五年刘氏安正堂刻本（苏州市图书馆藏）；明德寿堂刻本（河南省图书馆藏）；《四库全书》本；《五经大全》本（北京大学图书馆、上海图书馆、辽宁省图书馆藏）。

周易传义补疑

明姜宝撰。

《澹生堂藏书目》卷一《经类第一》:《周易传义补疑》十二卷，六册，姜宝。

《千顷堂书目》卷一《易类》: 姜宝《周易传义补疑》十二卷，万历十四年丙戌序。

《传是楼书目·经部》:《周易传义补疑》十二卷，明姜宝，六本。

《四库全书总目》卷七《经部·易类存目一》:《周易传义补疑》十二卷，编修励守谦家藏本。明姜宝撰。宝字廷善，号凤阿，丹阳人。嘉靖癸丑进士，官至南京礼部尚书。是编大旨以程子《易传》主理，朱子《易本义》主占，其初颇有所疑，既而研究十五年，乃定从《传》《义》者十之八九，旁及诸家者十之一二。于《传》《义》或有所疑者亦以己意断之，故曰《补疑》。卷端有孙承泽题识印记，卷中亦多涂乙标注之处，盖承泽说《易》，以是书为稿本云。

《文选楼藏书记》卷二:《周易传义补疑》十二卷。明尚书姜宝著。丹阳人。刊本。是书以程《传》、朱子《本义》为宗，间采他说补之，其偶有疑者，则以己意参附焉。

周易程朱传义笺

明沈懋孝撰。

《经义考》卷五七《易五十六》: 沈懋孝《周易程朱传义笺》。未见。

懋孝自序曰："疏《易》义者多矣，惟程先生正叔作《传》，朱先生元晦作《本义》，二书并垂，博士家危坐说之，敛衽奉之。余为择两先生平日所为《易》，与其弟子所说者，各笺所作《传》《义》下，其他氏语悉简去不陈。虽言或重复，旨有出入，要以旁诣互见，无所不极，若坐两先生于一堂，执经前席也。程大指谓体用、显微无二理，以人事著《易》道，故曰：'卦者，事也。爻者，事之时也。'此程先生以《易》发己所学，其不合孔子遗文者，殆十之半。朱先生尊信经学，觉其与孔子稍殊，故于《彖》《爻》之前，掇取孔子《彖》《象》之义者十之七，裁约程《传》者十之二，参入他疏所得者十之一，而称曰《本义》。至于孔子《彖》《象》，则皆略而不著，若以论大道、通神明，毋乃令高明特达之士，犹有遗论乎？然而两先生之《传》《义》，无异两曜之明乎天也，吾岂敢谓《易》道尽乎此？后生可畏，来者起予，安知无起而代之明者？"

周易传义合订

清朱轼撰。

《四库全书总目》卷六《经部·易类六》:《周易传义合订》十二卷，江西巡抚采进本。国朝朱轼撰。轼字若瞻，高安人。康熙甲戌进士，官至大学士，谥文端。是编因程子《易传》、朱子《易本义》互有异同，为参校以归一是，不复两可其说，以滋岐贰。惟两义各有发明，可以并行不悖者，仍俱录焉，而附以诸儒之论。其诸儒之论有实胜《传》《义》者，则竟舍《传》《义》以从之，轼所见亦各附于后。其《凡例》有曰："遗象言理，自王辅嗣始。然《易》者象也，有象斯有理，理从象生也。孔子《彖》《象》二传，何尝非言象？雷、风、山、泽以及《乾》马、《坤》牛、《震》龙、《巽》鸡之类，皆象也。即卦之刚柔、上下、应比承乘，亦何莫非象乎？舍是而言理，不知所谓理者安在矣。《易》道之取类大，精粗巨细，无所不有。即纳甲、飞伏等术数之学，不可谓非《易》之一端也。况中爻、互卦、倒《巽》、倒《兑》、厚《离》、厚《坎》之象，皆卦体之显而易明者乎？"又称："卦有对易、反易。反易之义，先儒言之已备，来知德谓之卦综，谬矣。"又称："程子不取卦变，谓凡卦皆自《乾》《坤》来，然合之《彖传》，究未尽协。今一遵朱子一阴一阳自姤复之说。"又称"宋元以来《易》图不下数千，于四圣人之精义，全无干涉，今一概不录。

止缕析朱子各图之义而图仍不载”云云。其全书宗旨，具见于斯。较之分门别户，尊一先生之言，而先儒古义无不曲肆掊击者，其识量相去远矣。其书，轼存之日未及刊行，乾隆丁巳，两广总督鄂弥达始为校付剞劂，恭呈御览。蒙皇上笃念旧学，亲洒宸翰，弁于编首，称其“简而当，博而不支，钩深探赜而不凿。盖玩之熟，故择言也精；体之深，故析理也密”。天藻表扬，昭垂日月，非惟是书仰托以不朽，即天下万世伏绎圣谟，亦均能得读《易》之津梁，窥画卦之阃奥，晓然知所向方也，又岂独轼一人之幸哉！

《八千卷楼书目》卷一《经部》:《周易传义合订》十二卷，国朝朱轼撰。鄂氏刊本、乾隆刊本、《朱文端公全集》本。

《清史稿》卷一四五《艺文志一》:《周易传义合订》十二卷，朱轼撰。

今按：朱文端公藏书本（康熙乾隆刻、光绪重刻）；清乾隆二年内府刻本（广西桂林图书馆藏）；清乾隆二年鄂弥达刻本（中国人民大学图书馆、四川省图书馆、复旦大学图书馆、南京图书馆、上海图书馆藏）;《四库全书》本，清咸丰十年刻本（湖北省图书馆藏）。

周易本义

宋朱熹撰。

朱熹《周易本义序》:《易》之为书，卦爻彖象之义备，而天地万物之情见。圣人之忧天下来世，其至矣。先天下而开其物，后天下而成其务，是故极其数以定天下之象，著其象以定天下之吉凶，六十四卦三百八十四爻，皆所以顺性命之理，尽变化之道也。散之在理，则有万殊；统之在道，则无二致。所以易有太极，是生两仪。太极者，道也;两仪者，阴阳也。阴阳一道也，大极无极也。万物之生，负阴而抱阳，莫不有太极，莫不有两仪。絪缊交感，变化不穷，形一受其生，神一发其智，情伪出焉，万绪起焉。易所以定吉凶而生大业，故易者阴阳之道也，卦者阴阳之物也，爻者阴阳之动也。卦虽不同，所同者奇偶；爻虽不同，所同者九六。是以六十四卦为其体，三百八十四爻互为其用，远在六合之外，近在一身之中。暂于瞬息，微于动静，莫不有卦之象焉，莫不有爻之义焉。至哉易乎！其道至大而无不包，其用至神而无不存。时固未始有一，而卦未始有定象；事固未始有穷，而爻亦未始有定位。以一时而索卦，则拘于无变，非易也；以一事而明爻，则窒而不通，非易也。知所谓卦爻彖象之义，而不知有卦爻彖象之用，亦非易也。故得之于精神之运，心术之动，与天地合其德，与日月合其明，与四时合其序，与鬼神合其吉凶，然后可以谓之知易也。虽然，易之有卦，易之已形者也；卦之有爻，卦之已见者也。已形已见者，可以知言；未形未见者，不可以名求。则所谓易者，果何如哉？此学者所当知也。《四库全书》本《周易本义》卷首。

宋吴革《周易本义序》：象占，易本义也。伏牺画卦，文王系彖，周公系爻，皆以象与占决，吉凶悔吝，各指其所之。孔子《十翼》，专注义理，发挥经言，岂有异旨哉。体用一源，显微无间，互相发而不相悖也。程子以义理为之传，朱子以象占本其义，革每合而读之，心融体验，将终身玩索，庶几寡过。昨刊程《传》于章贡郡斋，今敬刊《本义》于朱子故里，与同志共之折。朱子有言："顺理则吉，逆理则凶。"悔而趋吉，吝自吉而向凶，必然之应也。夫子曰："不占而已矣。"咸淳乙丑立秋日，后学九江吴革谨书。《四库全书》本《原本周易本义》卷首。

宋陈淳《易本义大旨》：昔者伏羲氏仰观俯察，有以见乎阴阳奇偶之相生，交换变易自然而然其势，若不容已，于是作《易》以配之。始之为八卦，一乾二兑，三离四震，五巽六坎，七艮八坤，加倍而重之，为六十四，而布之为圆图，则乾南尽于午中而姤生焉，坤北尽于子中而复生焉，与天地造化自然者相吻合，因教人占筮以断吉凶。是时，虽未有文字，而开物成务之道具矣。逮文王系《彖》，周公系《爻》，而随事叮咛之意始为详密。及孔子□释经，乃专以义理明之，使人居则观其象而玩其辞，动则观其变而玩其占，以求免于大咎。虽因时□为心者，并行而不相悖，虽其所发多因，□所以为图象之妙者已具见于《系辞》《说卦》二传中矣。自秦以来，书幸全于遗烬，而道则晦而不彰。其溺于象数者，既牵合付会，而失其源流；其泥于文义者，又支离散漫，而无所根著。至我宋康节邵子之《图》出，于是乎伏羲之精画卦以示者，始可得而见；伊川程子之《传》出，于是乎文王周孔之蕴因卦以发者，始可得而明。今晦翁先生《本义》之书，盖又发挥邵《图》之法象，而申明程《传》之旨趣，本末兼该，精粗具举，推本四圣所以作述本然之义，而易道之盛至是无余蕴矣。其纲领备于《五赞》，未可直以占法视之也。抑程子昔以传示门人曰只说得七分，后人更自体究。若晦翁是书，其补程子之三分，而上以达于四圣之心也欤。《北溪大全集》卷一六《杂著》。

明洪常《序》:《周易》序次有古经、今经之异。程子因今《易》作《传》,朱子因古《易》作《本义》,后世以《本义》附于《传》而一之,故今《本义》之序亦今经也。奉化邑庠教谕成君矩,谓世之读《易》者先《本义》而后《传》,故独刻《本义》行于世,读者便之。今成君致政还姑苏,板随以行,学者不易得。宁波郡庠胡生俦与其弟信,乃以成君本重加校正,一遵圣朝颁降《大全》,捐己赀以刻诸梓。其嘉惠学者之意可尚也。刻既成,属常识其始末如此云。成化己丑冬十二月既望日,后学洪常识。汲古阁刊四卷本。

清曹寅《序》:《周易》经、传,自商瞿亲受,历西汉,家承师说,梁丘、施、孟,源流井然。暨乎京、费继起,东都马、郑诸儒皆宗费氏,魏代王弼因为之注,盛行隋唐间,今所有注疏本是也。班固云:费直"治《易》亡章句,徒以《彖》《象》《系辞》十篇文言解说上、下经"。是割裂古经编简自费氏始。宋伊川程子作《传》,仍主费氏本。紫阳作《本义》,则从东莱吕氏考订古本,于是古《易》复行于世。明初以经义取士,《易》注兼用程、朱,故刊本经文主程《传》,而朱子《本义》附焉。流及中叶,帖括之士日趋简便,祧程而祢朱。乃坊本虽名《本义》,次序则仍遵程《传》,简端题词又列朱子之语,自相矛盾,不辩可知矣。数百年来,塾师所授,经生所诵,无有起而厘正者。夫《六经》在世,如日月经天,江河行地,而首经谬误如此,使童而习之者执迷而不悟,亦学士大夫之过也。余宦游江左,奉命于扬州,于花溪借得宋椠《本义》善本,属门人重付开雕,以广其传,俾后学得以目见古经而不终汩没于俗学,是亦盛代右文之一助云尔。康熙五十年辛卯平月,曹寅书于扬州使院。清曹寅刊十二卷本。

明杨守陈《明成矩刊四卷本后序》:奉化文学成君矩新锓《周易本义》于梓,既自题于篇端,而复属某识其末。辞不获,为之言曰:"夫《易》,四圣之心,百事之鉴,而天地万物之秘藏也。自尼父授商瞿子木,一传而桥子庸,再传而馯子弓,五传而田子装,犹未离本真也。其后学有理数之别,而经有古今之异。今经则始于康成,卒于辅嗣。或谓长翁始变者,非也。古经则二吕氏复之,盖得于《汉艺文志》焉。尚数学者若孟、焦诸家,皆泥于术数。尚理学者若王、韩诸家,皆沦于空寂。而于圣人开物成务之旨,尽性至命之道,茫乎失之矣。惟濂溪之太极,康节之先天,独得理数之正原,而伊川、考亭宗之。伊川宗濂溪，因今经而作《传》，其说主义理。考亭宗康节，因古经而作《本义》，其说主象占。所谓并行而不悖者，盖义理、象占，致本一也。谈义理而不沦于空寂，推象占而不泥于术数，一洗群儒之陋，而大阐四圣之微，二子之功茂矣。《易》之有二子也，犹天之有二曜，焕乎发其光，烛万世矣。然古作《易》者皆因占以寓理，故今读《易》者或先《本义》而后《传》，亦不为无谓，成君为锓梓者此也。守陈童时即读四圣经，茫然不知所谓。后取《传》《义》味之，而参以诸家之说，质以友师父祖之言，缅思而力探之，逾二十载，始若噍枯柟，继若睇流霆而索奔骏，卒若登天府，见百宝充斥，虽不能取，然爱悦把玩而不能舍也。窃尝谓易有三，非太卜所掌者。两仪之造化，一易也。天下之万事，一易也。古今之人心，一易也。得心易则思过半矣。然心易不求诸书，卒未得也。求书必兼《传》《义》，而诸家之说亦不可废。盖易道由一而万，得其一，则伏羲之一画亦赘也，负苓者有见乎是矣;求其万，则虽稗官、虞初之说亦可资也。呜呼，安得会万于一者，与之共言易乎！成君矩，苏人也。厥考教授公以文著，厥兄御史公以直名。君累掾文学，士皆德之。其锓是编，异朱子元本，亦以便士也，好事者何容喙哉！《杨文懿公文集》卷五。

明丘氏《识》《周易本义》：板多差讹，惟胡氏刊本颇善，然亦字多草体，兼有脱误，且经久已残失矣。今一遵圣朝颁降《大全》及《洪武正韵》重加校正，用锓诸梓，以便四方君子诵读云。时嘉靖戊子仲冬吉旦，四明丘谨识。明丘氏石泉书屋刊四卷本。

清曹寅《跋》：考亭朱子辨析群言，折衷经义，于《六艺》多所发明。如《诗小序辩》《仪礼经传通解》《孝经刊误》诸书，皆汉唐先儒所未及。于《周易》则考古本，定为《经》二卷、《传》十卷，以复韦编之旧。乃至有明而分者仍合，经生家穷年白首，几不知《十翼》当别为编次也。银台曹夫子笃学嗜古，家擅西山之秘，愚间请教，蒙举宋刻《本义》见示。谨授梓人，公之当世，庶以见公嘉惠后学之意，而考亭之苦心亦不久于湮晦矣。黄山受业巴锦敬跋。清曹寅刊十二卷本。

清朱彝尊《周易本义跋》：朱子《易本义》，析为十二卷，以存《汉志》篇目之旧，较之程子《易传》依王辅嗣本，原不相同。惟因临海董氏楷辑《周易传义附录》一书，乃强合之，移《易本义》次序以就程《传》。明初兼用以取士，故不复分。其后习举子业者专主《本义》，渐置程《传》不讲。于是乡贡进士吴人成矩叔度署奉化儒学教谕，削去程《传》，乃不从《本义》原本更正，其义则朱子之辞，其文则仍依程《传》次序，此何说哉！沿至于今，科举试题，《彖》《象》并发，其亦悖乎朱子之旨矣。予初求原书不得，今睹此秩然不紊，中附东莱吕氏《音训》，末有朱子《后序》，是为完书。宜亟开雕，颁诸学官，第恐下士见之翻大笑尔。康熙丁亥夏六月，小长芦朱彝尊跋，时年七十有九，书于家衎斋之道古堂。南京图书馆藏明刻十二卷本。

清钱大昕《周易本义咸淳本跋》：曩有客读朱文公《本义》毕，谓予曰：《杂卦传》"咸速也，恒久也"，注但云"咸速，恒久"，而不加一字，得毋有脱句乎？蒙无以应也。今见咸淳乙丑九江吴革刊本，乃是"感速，常久"，始叹《本义》之简而明。盖感故速，常故久。俗本讹两字，而注文遂成附赘矣。又《杂卦》"遘遇也"不作"姤"，与《唐石经》、岳倦翁本正同，可证文公《本义》犹未误，或据流俗本以訾考亭，岂其然乎？《潜研堂文集》卷二七。

清顾广誉《周易本义跋》：《周易本义》《经》二卷，《传》十卷，冠以九图，殿以《五赞》《筮仪》，而《筮仪》已缺。前有秀水朱氏跋文，即见于《曝书亭集》者是也。此书不著何人所刻与开雕年月，蒙意大较出明初人手。观其不用永乐《大全》与成矩叔度次序可见矣。跋文称"中附东莱吕氏《音训》，末有朱子后序，是为全书"，则蒙有疑焉。吕氏援据详博，《本义》专采其厘为十二卷者，以还孔氏古文之旧。至于训释，要为各不相谋。今取以分隶《经》《传》之下，则于朱子书有如方枘员凿之不可合者。窃谓不如联刻而仍各自为首尾，乃尽善耳。宝应王氏予中尝斥今行《本义》卷端诸图非朱子所宜有。蒙观是书，所谓九图者，《河图》《洛书》也，伏羲、文王诸图也，《卦变图》也，凡皆朱子所尝言，固不足深怪。惟今本有《卦歌》，鄙俚最可疑，而是书无之。然则是书自《音训》外，犹存《本义》旧观，而通行坊本率为庸妄子所变乱矣。跋文谓宜亟以颁诸学官，信矣。夫钱唐丁君丙嘉鱼，好学，有志著述，出此见示，且曰我祖掌六君、考洛书君两世业贾，皆喜蓄书，筑八千卷楼庋之，往年为粤匪一炬焚尽，此其烬余也。蒙以其事有足感者，因并著之。同治三年季春中旬，后学顾广誉跋。南京图书馆藏本明刻十二卷本。

清钱泰吉《仿宋本朱子周易本义跋》：宋咸淳间，九江吴革既刊程《传》于章贡郡斋，又刊《本义》于朱子故里。敷原刘宓为之校正，每卷尾皆有宓名。

卷前无《序》，无《卦歌》，卷后有《五赞》，殿以《筮仪》，正文下无《音训》。朱子本无音训，以东莱有成书也。皆与今本不同。盖自董楷附录程《传》，成矩别刊《本义》，而后不独经文之变乱矣。嘉庆庚辰，得内府重刊本于琉璃厂肆，道光癸巳，海昌管茂才庭芬又以康熙五十年曹通政寅属黄山巴锦刊本见赠。板式与所刊字书相类，纸墨颇精，然不若内府之影写元本也。每卷尾“敷原后学刘宓校正”一行，曹本无之。吴革《序》文“抑朱子有言”，曹本以草书字形疑似，作“于朱子有言”，恐不然也。翁氏《经义考补正》录吴《序》文作“抑”。通政刊字书，竹垞翁力赞而成。此本开雕时，翁已下世，故曝书亭所跋本，卷后附东莱《音训》及朱子后序，与此不同。而吴革本，《经义考》不之及，则竹垞翁亦未见也。暇当合两本，校其异同，并访求善本东莱《音训》，以校正俗刻附释音之讹。惜吴氏所刊程《传》不可得矣。《甘泉乡人稿》卷四。

清陈鳣《宋咸淳本周易本义跋》：向从吴中顾氏得宋版《周易本义》十二卷，精美无比。有跋，刻于缀文。又从吴中袁氏得皤宋刊《周易本义》，其卷帙次序悉同宋版，惟字样较大。每叶十二行，行十五字。其经文如，比初六“终来有它吉”，不作“有他否”；九五“系于苞桑”，不作“包桑”；井九五“井洌寒泉食”，不作“井洌坤”；象传“应地无疆”，不作“無疆”；颐象传“自求口实”，不作“口食”；《系辞》“传失得之象也”，不作“得失其受命也”；“如响”不作“如向”；“何以守位曰人”，不作“曰仁”；“男女構精”不作“搆精”；“兼三材而两之，故六”，不作“三才”，下句同；《序卦传》“伤于外者必反于家”，不作“其家决必有遇”，“有”下无“所”字；《杂卦传》“丰多故”下“无”也字。俱与宋版相合，而可以证欲间通行本之误。至于《杂卦传》“遘遇也”不作“姤遇”，则此本尤胜。考《说文》无“姤”字，徐铉新附乃有之。《尔雅·释诂》“遘，遇也”。《易》姤，《释文》古豆反，薛云古文作遘，郑同。冯椅《易辑》云古文“姤”作“遘”，遇也，亦婚媾也。王注《易》改为今文，为姤。杂卦犹是古文，郑本同。盖杂卦以无王注，故未及改。唐石经及宋相台岳氏本皆作遘，流俗相承，尽改为姤，遂不复知本义原本矣。若夫注之胜今本处已见前跋，钱詹事《潜研堂集·宋咸淳本周易本义跋》亦详言之。是本为九江吴革刊，敷原刘宓校。前有革序，称“咸淳乙丑立秋日”，按乙丑为度宗咸淳元年也。宋有三吴革，一字义夫，华州华阳人，宋初勋臣廷祚七世孙，官至武功大夫、閤门宣赞舍人，死宣和之难。详见《宋史·忠义传》。一绍兴初江西运制，见《系年录》。一江州人，景定四年四月以权发遣户部判官兼知临安府事，六月转朝奉大夫，九月除司农少卿，仍兼，十一月兼敕令所删修官，五年七月罢。见《咸淳临安志》。革曾于淳祐中为钱唐令，寻通判临安府。见《(嘉靖)浙江通志》。咸淳元年与景定五年，仅越一年耳。序云“昨刻程《传》于章贡郡斋，今敬刊《本义》于朱子故里”，盖亦穷经好古之士。或谓即宣和殉难之吴革，大非。是本虽系翻雕而字画工致，纸墨精良，洵堪悦目。又曹寅刻于扬州者即此本，而改其行款缩为小字密格。与之相较，不已悬殊乎。《经籍跋文》。

清陈鳣《宋本周易本义跋》：吴中顾氏素多藏书。顷得其宋本《周易本义》十二卷，以上、下《经》为二卷，《十翼》为十卷，每叶十四行，行十五字，前有《易图》，后附《筮仪》《五赞》，与今本作四卷者不同。《象上传》标题下注“从王肃本”四字，今本删之。《杂卦传》“咸速也，恒久也”注“感速，常久”，今本注“咸速，恒久”。书中“恒”“贞”“畜”“真”等字皆缺笔，因思经文“恒”字既缺笔，注中自宜避字，而曷为覆述“咸速，恒久”乎？是本与近时摹雕咸淳乙丑九江吴革刊本行款悉合，惟吴本《杂卦传》“遘遇也”，此“遘”作“姤”为异。又无年月题识。然纸墨精良，其为宋椠无疑。至今本割裂淆乱，详见《日知录》，不复赘云。嘉庆九年冬月。《简庄缀文》卷三。

清李鸿章《跋》：《易》宗程、朱，自宋元以来已知遵守，于是有合刻《传》《义》以便诵习者。夫程《传》经文从王辅嗣本，朱子《本义》经文从吕伯恭考定古本，二者不可得而合也。合刻者以程先朱后，割裂《本义》以次程《传》，后人日趋简便，又刊去程《传》专存《本义》，仍以程子序文冠其首，今之通行本是也。其颠倒错乱盖有不可胜诘者矣。朱子原书近世既不得见，乾隆间宝应刘氏参考众说，复朱子十二卷之旧，附以吕氏《音训》，《本义》之善者也。近浦城祝氏合刻本援宋吴氏革所刊《本义》，前列九图，后附《五赞》《筮仪》，原书卷帙首尾略具，而刘刻但存《五赞》，尚非朱子完书，今据以补入刘刻。又以《音训》著之眉端，字小多误，今以附各卷之后。其有合于朱子原书与否未可悬揣，而读《本义》者抵捂可以差少矣。至朱子既从古本，经文字句多有与通行本异者，后人不知，改窜略尽。今惟《系辞》“何以守位曰人”之“人”字，以注有明文，未经改去。其散见他书尚可考而知者，如吴刻比卦、中孚卦“有它”，不作“有他”。《序卦》“必反于家”，不作“其家”。“决必有遇”，无“所”字。“遘遇也”，不作“姤”。董氏真卿称《泰象传》“无往不复"，《本义》作"无平不陂"。《杂卦传》"丰多故也"，《本义》无"也"字。李氏心传称《系辞》"为易者其知盗乎"，诸本多云"作易"。"以全身也"，诸本多作"存身"。惠氏定宇称《革象传》"志未光也"，《语类》引无"志"字。《说卦传》"水火相逮"，《会通》作"不相逮"之类。今亦未敢辄改，致滋点窜经文之弊，附识于此，俾读者知其异同。若《本义》原文《彖上传》注"上者经之上篇"六字，各有脱去，《杂卦传》注"感速""常久"，各本讹"咸速""恒久"，其《系辞》《说卦》注"此第几章"，各本误提行作"右第几章"，《易图》下题"朱熹集录"字，《易赞》下题"朱熹系述"字，各本所无，皆从祝氏补正。《系辞上传》注引韩非曰"参之以比物，伍之以合参"，各本"比"误作"此"，惟胡双湖本作"比"，与《韩子》合，今据改。"合参"今《韩子》作"合虚"，或朱子所见本不同，今仍其旧。他刻之异于通行本而义属正当者从之，义可两存则不尽改。《音训》久无专刻，今据《释文》《会通》暨祝刻校正。江南兵燹之后，藏书散尽，今经籍善本庶几学者童而习之，端其蒙养之基，亦圣功之一助云。合肥李鸿章谨跋。清江南书局刊十二卷本。

清孙葆田《跋》：朱子《周易本义》用吕伯恭氏所定经传次第，复先圣之旧文，为书十有二卷。国初有内府摹雕宋椠本，字大悦目，顾世不多观。乾隆时宝应刘氏校刊《本义》，附列吕氏《音训》于眉端，用例学者诵习。顾其书行世亦不甚远。盖自辅嗣《易》行，而先圣之古经为后儒所乱者，千有余年，虽大儒如程子犹未能遽正其失。及晁氏、吕氏先后继起，推考益精，朱子《本义》从之。乃一乱于董正叔之《传义附录》，再乱于永乐之撰辑《大全》，割《本义》以附程《传》，使古经已正而复乱。至成化时，姑苏成氏削去程《传》，专梓《本义》，为坊本所祖，行之至今且五六百年，学者茫然不知有朱子元本，此顾亭林、朱竹垞诸君子所为感愤而增叹也。近岁江南书局于程子《易传》、朱子《本义》各为梓行，足正俗本之失。第所据乃浦城祝氏合刻《传义音训》本，承校之士似尚未见内府仿宋刻。如《彖上传》下注有"从王肃本"四字，《四库全书提要》辨证甚明，今并未能补正，而于每卷标题前列"易经"并卷数一行，盖尤失之。其他经文内府仿宋本与《开成石经》合者，江南本亦皆未及审订。又淮南局覆刻刘氏本错误亦多，欲复古而反不足取信乎今，斯亦校雠之一蔽也。山东书局所刊经书读本纯杂不齐，颇为通人所诟病。予既承宫保张公延司校订，与书局陆君、张君先取《诗》《书》二经用宋本校正，于《诗集传》后补

《小序辩说》二卷，而朱子本书二十卷之旧犹未能遽复也。《书》则补刻《小序》一卷，《问答》一卷，以符元本。今更以《周易本义》付梓，谨遵内府仿宋本与御纂《周易折中》校定，参考传注，择善而从。兼附吕氏《音训》于后。《本义》既从通行本悉加句读，与江南本同。其间点画错讹仍恐不免。《音训》旧分二卷，今误刻一卷，视江南本各附十二卷之后，亦为小异云。光绪十七年夏六月。《校经室文集》卷一。

清顾炎武《日知录》卷一《朱子周易本义》：《周易》自伏羲画卦，文王作彖辞，周公作爻辞，谓之《经》。《经》分上下二篇。孔子作《十翼》，谓之《传》，《传》分十篇：《彖传》上、下二篇，《象传》上、下二篇，《系辞传》上、下二篇，《文言》《说卦传》《序卦传》《杂卦传》各一篇。《汉书·艺文志》："《易经》十二篇。"师古曰："上、下《经》及《十翼》，故十二篇。"孔氏《正义》曰："《十翼》者，《上彖一》，《下彖》二，《上象》三，《下象》四，《上系》五，《下系》六，《文言》七，《说卦》八，《序卦》九，《杂卦》十。"陆德明《释文》曰："太史公《论六家要旨》引'天下同归而殊途，一致而百虑'，谓之'易大传'，班固谓孔子'晚而好《易》，读之韦编三绝，而为之传'，传即《十翼》也。"前汉六经与传皆别行，至后汉诸儒始合经、传为一。自汉以来，为费直、郑玄、王弼所乱，取孔子之言逐条附于卦爻之下。程正叔《传》因之。及朱元晦《本义》始依古文。故于《周易》"上经"条下云："中间颇为诸儒所乱，近世晁氏始正其失，而未能尽合古文。吕氏又更定著为《经》二卷、《传》十卷，乃复孔氏之旧云。"洪武初，颁《五经》天下儒学，而《易》兼用程、朱二氏，亦各自为书。永乐中修《大全》，乃取朱子卷次，割裂附之程《传》之后，《易经大全·凡例》曰："程《传》《本义》既已并行，而诸家定本又各不同，故今定从程《传》元本，而《本义》仍以类从。"而朱子所定之古文仍复淆乱。"《彖》即文王所系之辞，传者，孔子所以释经之辞也，后凡言传放此。"此乃"彖上传"条下义，今乃削"彖上传"三字，而附于"大哉乾元"之下。"象者，卦之上、下两象，及两象之六爻周公所系之辞也。"乃"象上传"条下义，今乃削"象上传"三字，而附于"天行健"之下。"此篇申《彖传》《象传》之意，以尽乾、坤二卦之蕴，而余卦之说因可以例推云。"乃"文言"条下义，今乃削"文言"二字，而附于"元者善之长也"之下。其"彖曰""象曰""文言曰"字皆朱子本所无。复依程《传》添入。后来士子厌程《传》之多，弃去不读，专用《本义》。弘治三年会试，"物不可以苟合而已，故受之以贲"题，陈辅文，同考官杨守址批曰："《序卦》朱子无一言以释其义，盖以程子于诸卦之首疏析其义已明且尽故也。今治经者专读《本义》,《易》卷逾八百，而知有《传》者不数人。此能知之，而又善作，是用录之，以激厉经生之不读程《传》者。"而《大全》之本乃朝廷所颁，不敢辄改，遂即监版《传义》之本刊去程《传》，而以程之次序为朱之次序。虚斋蔡清《易经蒙引》谓之"今所窃刊行《易经本义》"。今四书版本，每张十八行，每行十七字，而注皆小字，《书经》《礼记》并同。惟《易》每张二十二行，每行二十三字，而《本义》皆作大字，与各经不同，明为后来所刻，是依监版《传义》本而刊去程《传》。凡《本义》中言"程《传》备矣"者，又添一"《传》曰"而引其文，皆今代人所为也。坊刻擅改古书，宜有严禁，是学臣之责。朱子《诗集传序》、蔡仲默《书集传序》，今南京刊《大全》本改曰"《诗经大全序》""《书经大全序》"，此即乱刻古书之一验。幸监本尚存，其谬亦易见尔。相传且二百年矣。惜乎朱子定正之书，竟不得见于世，岂非此经之不幸也夫！

《读书附志》卷上《经解类》:《周易本义》十卷。右晦庵先生朱文公熹仲晦所定也。《发例》《筮仪》附。

《直斋书录解题》卷一《易类》:《易传》十一卷、《本义》十二卷、《易学启蒙》一卷。焕章阁待制、侍讲、新安朱熹晦庵撰。初为《易传》,用王弼本。复以吕氏《古易经》为《本义》，其大旨略同，而加详焉，首列九图，末著《揲法大略》，兼义理、占象而言。《启蒙》之目曰：《本图书》《原卦画》《明蓍筮》《考变占》，凡四篇。

《宋史》卷二〇二《艺文一》:朱熹《本义》十二卷。

《文渊阁书目》卷二：朱子《本易》一部，四册，残缺。朱子《本易》一部，四册，缺。朱子《本易》一部，六册，缺。《周易本义附录》一部，一册，缺。《周易本义附录》一部，一册，缺。

《濮阳蒲汀李先生家藏目录》:《周易本义》。四本。

明黄佐《南雍志·经籍考》:上篇朱子《本义》三本。下篇《周易本义》九卷。《发例》缺。图缺。《启蒙》上存者十八面,《启蒙》下存者六面。《上经》存者十一面,《下经》存者二十面。《彖》上、下传缺。《象上传》存二面,《象下传》存二面。《系辞上传》存者十面,《系辞下传》缺。《文言传》缺。《说卦》存二面。《序卦传》存者二面。《杂卦传》缺。《筮仪》缺。晦庵朱熹撰。谨按:《汉书·艺文志》云:"《易经》十二篇。"颜师古曰:"上、下二经及《十翼》十篇，故曰十二篇。"汉费直初以《彖》《象》释经，附近卦后，今乾、坤二卦是也。王弼又分诸卦爻辞之下，而增入《文言》，于是始加“彖曰”“象曰”“文言曰”以别之，而《系辞》以后则仍其旧，是为今《易》。中山晁说之以古者竹简重大，故篇分上、下，后人误有上、下经之辨，故考订古经，厘为八卷：卦爻一，《彖》二，《象》三，《文言》四，《系辞》五，《说卦》六，《序卦》七，《杂卦》八。吕氏曰：《系辞》明言“二篇之策”，是文王定《周易》之时，已有上、下经之分，晁氏之说何其考之不详哉！乃定为《经》二卷，《传》十卷：《上经》一，《下经》二，《彖上传》一，《彖下传》二，《象上传》三，《象下传》四，《系辞上传》五，《系辞下传》六，《文言传》七，《说卦传》八，《序卦传》九，《杂卦传》十。是为古《易》。加《十翼》各以十“传”字始此。盖由《史记》《论六家指要》引咸卦九四文言称“易大传”故也。朱子从之。然夫天下学者惟诵今《易》，甚至科试合周公、孔子之辞以为题目云。《周易》大字《本义》九卷。《发例》七板，完三，四半损。《图》存者十三面，余缺。《启蒙》上、下存者二十四面。上、下《经》存者四十四面。《彖》上、下传存者十面。《象》上、下传止存八面。《系辞》上、下传存者十七面。《文言传》存者六面。《说卦》存二面。上、下《序卦》存二面。《杂卦传》俱缺。《筮仪》四板完一，二损坏。

《天一阁书目》卷一之二《经部》：《周易本义》二十四卷明嘉靖十一年福建建宁府刊本。宋程子传，朱子本义。卷首列程子《易传序》《易序》《上下篇义》，朱子《易本义图》《五赞》《筮仪》。

《万卷堂书目》卷一《易经》：《周易本义》二卷朱熹。

《晁氏宝文堂书目》卷上《经》：《周易本义》。

《徐氏红雨楼书目》卷一《经部》：《周易本义》四卷。

《百川书志》卷一《经》：《周易本义》四卷，《图说》一卷。宋晦庵先生新安朱熹元晦撰。

《脉望馆书目·易》：《周易本义》二本丙。

《世善堂藏书目录》卷上《经类》：《周易本义》四卷。

《徐氏家藏书目》卷一《经部》：《周易本义》四卷。

《国史经籍志》卷二《经类》：《易本义》二卷朱熹。

《古今书刻》上编《南京国子监》：《周易本义》。

《绛云楼书目》卷一《易类》：朱子《周易本义》十二卷，又《易传》十一卷，《易学启蒙》一卷。

《绛云楼书目》卷一《易类》：《古文周易本义》。

《奕庆藏书楼书目》经之二《易》：《周易本义》。三卷，乙套，三本，宋朱熹注。

《楝亭书目》:《周易本义》。楝亭新刻，一函二册。

《经义考》卷三一《易三十》:《周易本义》。《宋志》: 十二卷。存。

《也是园藏书目》卷一《经部》: 朱子《周易本义》十二卷。

《读书敏求记》卷一《经》: 朱子《周易本义》十二卷。伏羲始画八卦，因而重之，有六十四卦，而未有辞也。文王作上、下《经》，乃始有辞。孔子作《十翼》,《彖传》二,《象传》二,《系辞》二,《文言》《说卦》《序卦》《杂卦》各一，其辞乃备。然辞本于象，象本于画，易之理尽于画，岂可舍象而专论辞之理哉? 汉去古未远，诸儒训解，多论象数，盖有所本而云然耳。自费直之《易》行，至魏王弼为之注，而韩康伯继之，取孔子之传附于每卦之下。欲学者两读以就其注，经传混淆，沿袭至隋唐，莫之或改也。唐太宗命诸名儒定《九经正义》,《易注》则取王、韩。孔颖达辈以为时所尚，遂著为定论。《古易》本旨之沉晦，不能明久矣。有宋吕汲公、王原叔、晁以道、李巽岩、吕东莱诸公，皆以分经合传非古。而吴仁杰、祝与权编《周易古经》，则极论王弼之失。至朱子，断然主经传厘而析之。于是《古周易》之序次晓然，共白于后世。俞琰、熊过之徒，始知取道适从矣。然学《易》者，精微之旨，无过辅嗣康伯，宋儒往往抹杀之，此则宋儒之过也。

《虞山钱遵王藏书目录汇编》卷一《经部》: 朱子《周易本义》十二卷述《易》，宋板，敏经。

《培林堂书目·经部》: 朱熹《周易本义》二册，又三册。又时板《本易》四卷，二册。

《好古堂书目·经部》:《本义》。宋朱熹。

又 :《周易本义》，宋朱熹，二本。

《绣谷亭熏习录·经部一》:《朱子本义》十二卷。右宋椠，本项氏墨林藏书也。分上、下《经》二卷，《彖》二卷，《象》二卷，《系辞》二卷，《文言》一卷，《说卦》《序卦》《杂卦》三卷。前述《九图》，后附《五赞》《筮仪》。有咸淳乙丑九江吴革序，曰 :“程子以义理为之传，朱子以象占本其义，革每合而读之。昨刊程《传》于章贡郡斋，今敬刊《本义》于朱子故里，与同志共之。”据此，则程朱《传》《义》各自为书久矣。至天台董氏始合而为一，盖俾学者欲知义理则读程《传》，欲明象占则读《本义》，且有理则有象，因象以明理，体用一源，显微无间，互相发而不相悖。于此见两夫子平日之论说固未尝专泥于一是也。讵料数百年后之成矩，既妄削程《传》，又不从《本义》之旧，郢人燕语，不特为程朱罪人，亦董氏之罪人矣。

又：《周易本义》五卷。此成矩本也。按程子《易传》用王辅嗣本，朱子《本义》用吕伯恭本，故《通考》题程《传》为十卷，《宋志》题《本义》为十二卷，自董楷正夫著《传义附录》而始合。然楷仿节斋蔡氏例，以《彖传》《大小象》《文言》各下经文一字，使不与正经紊乱，而传义又下一字，附录又下一字，此虽合而可分也。元董真卿季真又合传义而著《周易会通》，其例以为伏羲《卦画》、文王《卦辞》、周公《爻辞》，谓之经，今于各经之首标以“经”字。至孔子《大象》《小象》《文言》各传，有经可附，附各卦之后，无经可附，如《系辞》上下传、《说卦》《序卦》《杂卦》各传附于六十四卦之后，于篇题仍存传名，并作白字，不与正文相混。此又合而可分也。至《永乐大全》出而传义始不可分矣。顾炎武云：“永乐中修《大全》，乃取朱子卷次割裂附之程《传》之后。后来士子厌弃程《传》之多专用《本义》，遂即监板传义之本刊去程《传》。”陈廷敬云：“成化间姑苏成矩叔度为奉化教谕，谓学者先义而后传，遂刊《本义》行世。”今家传户诵者，成矩之本也。明初，以《本义》附《传》，已失朱子之意，然犹曰非专朱子之书。今矩所订，俨然朱子书矣。余以坊本校之，无不悉同。其凡例云：“《系辞》以下，程《传》既缺，则一从《本义》章次，总厘为二十四卷。”书只五卷，空题旧目，此自相矛盾之尤也。又云：“程《传》据王弼本，《系辞》以后无《传》，今法天台董氏例，以东莱所集经说补之。”今书凡程《传》皆已就删，其云补者，不知何所指也。又云：“天台董氏、番阳董氏附录二本参互考订，分注其次。”考篇内并无分注。又云：“经中文字有当音者，参考吕氏音训直附其下。”考篇内并无吕氏音训。其他荒谬处不可胜数。则成矩乱经之罪讵可逭哉？

《季沧苇藏书目·宋元杂板书》：《周易本义》二十四卷，四本。

又：宋刻《周易》，朱熹本义，十卷，六本。

《佳趣堂书目》：《周易本义》四卷，朱熹。

《怡府书目》三十号：朱子《周易本义》，二套，计八本。

又四十号：《周易本义》，仿宋板，一套，计二本。

又四十八号：《周易本义》，一套，计二本。

又一百六十号：《周易本义》，一套，计二本。

《知圣道斋书目》卷一《经部》:《周易本义》，宋朱子，二本。

《天禄琳琅书目后编》卷二《宋版经部》:《周易本义》，一函八本。宋朱熹本义。依《古周易》,《经》二卷,《传》十卷。前《易图》九,后《周易·五赞》《筮仪》。顾炎武《日知录》:"洪武初，颁《五经》天下儒学，而《易》兼用程、朱二氏,亦各自为书。永乐中修《大全》,乃取朱子卷次,割裂附程《传》之后,而朱子所定之古文仍复淆乱。如《彖》即文王所系之辞,《传》者孔子所以释经之辞,后凡言'传'仿此,乃《彖上传》条下义,今乃削去'彖上传'三字,而附于'大哉乾元'之下。'《象》者，卦之上下两《象》，及两《象》之六爻，周公所系之辞也',乃《象上传》条下义,今乃削去'象上传'三字,而附于'天行健'之下。'此篇申《彖传》《象传》之义以尽《乾》《坤》二卦之蕴，而余卦之说因可以例推云',乃《文言》条下义,今乃削去'文言'二字,而附于'元者善之长也'之下。其《彖》曰、《象》曰、《文言》曰，皆朱子本所无，复依程《传》添入。后来士子厌程《传》繁多,弃去不读,专用《本义》。而《大全》之本乃朝廷所颁，不敢辄改。遂即监版传义之本，刊去程《传》，而以程之次序为朱之次序。凡《本义》中言程《传》备矣者，又添一'传曰'而引其文，皆今代人所为"云云。考董楷《周易传义附录》，割朱义以附程传，宋时已然，不昉于《永乐大全》也。《易》自汉费直、郑康成、王弼，递有更移，唐孔颖达因之作《正义》,《古易》遂不复存。宋吕大防作《周易古经》二卷，晁说之作《录古周易》八卷，薛季宣作《古文周易》十二卷，程迥作《古周易考》一卷，李焘作《周易古经》八卷，吴仁杰作《古周易》十二卷，至吕祖谦作《古周易》，分十二篇，朱熹跋之,《本义》即用其本。开卷《周易》条下，明云"定著为经二卷，传十卷"，乃复孔氏之旧。若今通行本，经注不相应，数百年沿袭，几不知朱义本来面目。至《御纂周易折中》用朱义本，而始大定。此本象上传履卦，象下传夬卦，及文言传坤卦，不录程《传》。杂卦注"咸速恒久"作"感速常久"。《筮仪》列后。《彖上传》下注"从王肃本"四字，无《八卦取象歌》《分宫卦象次序》《上下经卦名次序歌》《上下经卦变歌》,皆与后来本不同,不独宋讳缺笔为验也。秀水项氏藏本,后归毛氏汲古阁,两家印记甚夥。项笃寿字子长，嘉靖壬戌进士，入翰林。万卷楼，其舍北藏书处。毛氏所藏，用"宋本"印，更著"甲"字印，乃其最佳者。

《四库全书总目》卷一《经部一·易类三》:《周易本义》十二卷，附《重刻周易本义》四卷内府校刊宋本。宋朱子撰。是书以上、下《经》为二卷，《十翼》自为十卷。顾炎武《日知录》曰:“洪武初，颁《五经》天下儒学，而《易》兼用程、朱二氏，亦各自为书。永乐中修《大全》,乃取朱子卷次，割裂附程《传》之后，而朱子所定之古文仍复淆乱。如《彖》即文王所系之辞，《传》者孔子所以释经之辞，后凡言‘传’仿此，乃《彖上传》条下义，今乃削去‘彖上传’三字，而附于‘大哉乾元’之下。‘《象》者，卦之上下两《象》，及两《象》之六爻，周公所系之辞也’，乃《象上传》条下义，今乃削去‘象上传’三字，而附于‘天行健’之下。‘此篇申《彖传》《象传》之义以尽《乾》《坤》二卦之蕴，而余卦之说因可以例推云’，乃《文言》条下义，今乃削去‘文言’二字，而附于‘元者善之长也’之下。其《彖》曰、《象》曰、《文言》曰，皆朱子本所无，复依程《传》添入。后来士子厌程《传》繁多，弃去不读，专用《本义》。而《大全》之本乃朝廷所颁，不敢辄改。遂即监版传义之本，刊去程《传》，而以程之次序为朱之次序。”又曰“今《四书》坊本，每张十八行，每行十七字，而注皆小字。《书》《诗》《礼记》并同。惟《易》每张二十二行，每行二十三字，而《本义》皆作大字，与各经不同。凡《本义》中言程《传》备矣者，又添一‘传曰’，而引其文，皆今代人所为”云云。其辨最为明晰。然割裂《本义》以附程《传》，自宋董楷已然，不始于《永乐》也。详董楷《周易传义附录》条。此本为咸淳乙丑九江吴革所刊，内府以宋椠摹雕者，前有革《序》。每卷之末题“敷原后学刘容校正文字行款”及《象传》履、夬二卦，不载程《传》，一一与炎武所言合。卷端惟列《九图》，卷末系以《易赞》五首，《筮仪》一篇，与今本升《筮仪》于前而增列卦歌之类者，亦迥乎不同。《彖上传》标题之下注“从王肃本”四字，今本删之。又《杂卦传》“咸，速也。恒，久也”下，今本惟注“咸，速。恒，久”四字，读者恒以为疑。考验此本，乃是“感，速，常，久”，经后人传刻而讹，实为善本。故我圣祖仁皇帝御纂《周易折中》即用此本之次序，复先圣之旧文，破俗儒之陋见，洵读《易》之家所宜奉为彝训者矣。至成矩重刻之本，自明代以来，士子童而习之，历年已久，骤令改易，虑烦扰难行。且其本虽因《永乐大全》,实亦王、韩之旧本，唐用之以作《正义》者。是以国朝试士，惟除其爻象之合题，而命题次序则仍其旧。内府所刊袖珍五经，亦复因仍。考汉代《论语》,凡有三本。梁皇侃《论语义疏序》称“《古论》分《尧曰》下章《子张问》更为一篇，合二十一篇。篇次以《乡党》为第二篇，

《雍也》为第三篇。《齐论》题目长《问王》《知道》二篇，合二十二篇。《鲁论》有二十篇，即今所讲是也”云云。是自古以来，经师授受，不妨各有异同，即秘府储藏，亦各兼存众本。苟其微言大义，本不相乖，则篇章分合，未为大害于宏旨。故今但著其割裂《本义》之失，而仍附原本之后，以备参考焉。

《十驾斋养新录》卷一：《朱文公本义》。《贲象传本义》云：“先儒说‘天文’上当有‘刚柔交错’四字。”不云“先儒”何人。案王辅嗣《注》：“刚柔交错以成文，天文也。”《释文》《正义》俱不言经有脱文，唯李衡《义海撮要》载徐氏说“天文也”上脱“刚柔交错”四字。《本义》所称“先儒”，即其人也，名字未详。或云郭京《周易举正》先有此说。然《举正》系宋人托名，自言曾见王辅嗣、韩康伯手写真本，其诞妄可知。“《既济》‘亨小’当为‘小亨’”，此胡瑗说也；“‘能研诸侯之虑’，‘侯之’二字衍”，此朱震说也。朱引王弼《略例》“能研诸虑”句为证。皆见《义海撮要》。咸淳乙丑，九江吴革所刻《正义》大字本极精审。《杂卦》“遘遇也”，不作“姤”，与唐石经同。案《说文》无“姤”字，徐铉新附乃有之。古《易》卦名本作“遘”，王辅嗣始改为“姤”。后儒皆遵王本，唯《杂卦传》以无王注，偶未及改，宋本犹存此古字。明人撰《大全》者，尽改为“姤”，自后坊本相承，皆用《大全》本，村夫子不复知有文公元本矣。大有《象传》“明辨晳也”，亦与石经同。

《经籍跋文·宋咸淳本周易本义跋》：向从吴中顾氏得宋版《周易本义》十二卷，精美无比。有跋，刻于缀文。又从吴中袁氏得幡宋刊《周易本义》，其卷帙次序悉同宋版，惟字样较大。每叶十二行，行十五字。其经文如，比初六“终来有它吉”，不作“有他否”；九五“系于苞桑”，不作“包桑”；井九五“井洌寒泉食”，不作“井洌坤”；象传“应地无疆”，不作“無疆”；颐象传“自求口实”，不作“口食”；《系辞》“传失得之象也”，不作“得失其受命也”；“如响”不作“如向”；“何以守位曰人”，不作“曰仁”；“男女構精”不作“搆精”；“兼三材而两之，故六”，不作“三才”，下句同；《序卦传》“伤于外者必反于家”，不作“其家决必有遇”，“有”下无“所”字；《杂卦传》“丰多故”下“无”也字。俱与宋版相合，而可以证欲闲通行本之误。至于《杂卦传》“遘遇也”不作“姤遇”，则此本尤胜。考《说文》无“姤”字，徐铉新附乃有之。《尔雅·释诂》：“遘，遇也。”《易》姤，《释文》古豆反，薛云古文作“遘”，郑同。冯椅《易辑》云古文“姤”作“遘”，遇也，亦婚媾也。

王注《易》改为今文，为姤。杂卦犹是古文，郑本同。盖杂卦以无王注，故未及改。唐石经及宋相台岳氏本皆作“遘”。流俗相承，尽改为“姤”，遂不复知本义原本矣。若夫注之胜今本处已见前跋，钱詹事《潜研堂集·宋咸淳本周易本义跋》亦详言之。是本为九江吴革刊，敷原刘宓校。前有革序，称“咸淳乙丑立秋日”，按乙丑为度宗咸淳元年也。宋有三吴革，一字义夫，华州华阳人，宋初勋臣廷祚七世孙，官至武功大夫、閤门宣赞舍人，死宣和之难。详见《宋史·忠义传》。一绍兴初江西运制，见《系年录》。一江州人，景定四年四月以权发遣户部判官兼知临安府事，六月转朝奉大夫，九月除司农少卿，仍兼，十一月兼敕令所删修官，五年七月罢。见《咸淳临安志》。革曾于淳祐中为钱唐令，寻通判临安府。见《(嘉靖)浙江通志》。咸淳元年与景定五年，仅越一年耳。序云“昨刻程《传》于章贡郡斋，今敬刊《本义》于朱子故里”，盖亦穷经好古之士。或谓即宣和殉难之吴革，大非。是本虽系幡雕而字画工致，纸墨精良，洵堪悦目。又曹寅刻于扬州者即此本，而改其行款缩为小字密格。与之相较，不已县殊乎。

《吾园书目·经部》:《周易本义》二本。

《带经堂书目》卷一《经部》:《周易本义》二十二卷，刊本，宋朱熹撰。

《楹书隅录》卷一《经部》: 宋本《周易本义》十二卷，八册，二函。和幼时读《周易》，先公论曰:“此非朱子之旧也。”检顾氏《日知录》示和。而访求《本义》旧本不可得，所藏者乃内府摹刻宋吴革本也。昨岁入都，于厂肆见此本，楮墨绝精，色香俱古，洵吴氏原椠，爱玩不忍释手。而索直昂，议再三未就。比归，始致书友人购之。谨案:《四库全书总目》云，是书以上、下《经》为二卷，《十翼》自为十卷。《日知录》云云(引“洪武初”至“以程之次序为朱之次序”一节，今略)其辨最为明晰。此为咸淳乙丑九江吴革所刊，内府以宋椠摹雕者。前有革序，每卷之末题“敷原后学刘宓校正”。文字、行款及《象传》履、夬二卦不载程《传》，一一与炎武所言合。卷端列《九图》，卷末系以《易赞》五首、《筮仪》一篇，与今俗本升《筮仪》于前，而增列卦歌之类者，亦迥乎不同。《象上传》标题之下注“从王肃本”四字，今本删之。又《杂卦传》“咸速也，恒久也”下，今惟注“咸速恒久”四字，读者恒以为疑。考验此本乃是“感速常久”，经后人传刻而讹，实为善本。又海宁简庄陈先生跋是书云云(引《经籍跋文·宋咸淳本周易本义跋》自首至“或谓即宣和之吴革，非也”，今略），考辨极为详确，故并著之，足征此本之宝贵矣。至简庄所称顾氏本缩改每叶为十四行，又“遘”误作“姤”，即属宋刊，决非原槧，惟《钦定天禄琳琅书目后编》所载与此正同。沧苇、健庵、栎园、楝亭、椒园诸先生历经鉴藏，固经厨之秘笈也。因敬钤先公印章于卷之首末，俾子孙世守勿替云。时同治甲子春孟十九日，杨绍和彦合谨识。

《鸣野山房书目》卷一《经之二》:《周易本义》三卷，宋朱熹注。

《艺芸书舍宋元本书目·宋板书》:《周易本义》，抄补，十二卷。

《艺芸书舍宋元本书目·元板书目》:《周易朱子本义》十卷。

《许氏古韵阁书目》卷一《经部》:《周易本义》十二卷，宋朱熹撰。旧刊本，每半页十行，行二十字。

《郑堂读书记》补逸卷一《经部》:《周易本义》十二卷，护古堂刊本。宋朱子撰。讳熹，字符晦，又字晦翁，婺源人。绍兴十八年进士，历官焕章阁待制、侍读。追封徽国公，谥曰文。《四库全书》著录，为宋咸淳乙丑九江吴革刊、刘宓所校原本，内府所重刊者。赵氏《读书附志》、陈氏《书录解题》及《通考》《玉海》《宋志》俱载之。赵氏作十卷，盖脱“二”字也。其书以上、下《经》为二卷，《十翼》自为十卷，乃朱子所定古《易》次序，即《本义》之原本如此。自明以来，盛行四卷之本，而原本仅有存者。然《提要》所载刘宓本，其中《彖传》履、夬二卦不载程《传》，卷端惟列《九图》，卷末系以《易赞》五首、《筮仪》一篇，与今本升《筮仪》于前而增列卦歌之类者迥乎不同；《彖上传》标题之下，注“从王肃本”四字，今本删之；又《杂卦传》“咸，速也。恒，久也”下，今本惟注“咸速恒久”四字，读者恒以为疑，刘本乃是“感速常久”，经后人传刻而讹，是原本之可重有如此。此本为宝应刘氏世说所重梓，犹是朱子十二卷次第，于是人得多见《本义》原本。其前篇目后有乾隆戊子自识，称见重刊宋版《本义》原本，又称遵御纂《折中》不载《九图》《筮仪》。卷后照宋板原本附载《五赞》，以括《启蒙》之旨。其行款据顾氏炎武说，用《四书》《诗经》之式，又据朱子孙鉴说，并附吕氏《音训》于上。今按是编《彖上传》仍无“从王肃本”四字，而《杂卦传》注仍作“咸速恒久”，疑即从《折中》本刊复旧第，所云见宋版者，殆依托之词，然较之坊刻本则不可同年而语矣。卷首又冠以世说《辑周易本义考》。

《宋元旧本书经眼录》卷二:《周易本义》，大字注本。盖元末明初刻。曝书亭旧藏，今归钱塘丁氏。其经翼次第，一依朱子，而以吕氏《古易音训》双行随条散附经下。昔宋小茗咸熙从董氏《会通》中摘出《音训》以行，此本所载尤完整，惜其未之见也。卷首有“汉唐斋”“游好在六经”“吴舆则氏”“红药山房收藏私印”“玉堂”“笏斋”六印。朱检讨跋云：“朱子《易本义》析为十二卷，以存《汉志》篇目之旧，较之程子《易传》依王辅嗣本原不相同。惟因临海董氏楷辑《周易传义附录》一书，乃强合之，移《易本义》次序以就程《传》。明初兼用以取士，故不复分。其后习举子业者，专主《本义》，渐置程《传》不讲。于是乡贡进士吴人成矩叔度署奉化儒学教谕，削去程《传》，乃不从《本义》原本更正。其义则朱子之辞，其文则仍依程《传》次序，此何说哉？沿至于今，科举试题爻象并发，其亦悖乎朱子之旨矣。余尝求原书不可得，今睹此秩然不紊，中附东莱吕氏《音训》，末有朱子后序，是为完书，宜亟开雕颁诸学官，第恐下士见之翻大笑尔。康熙丁亥夏六月，小长芦朱彝尊跋。时年七十有九，书于家衎斋之道古堂。”

《藏园订补郘亭知见传本书目》卷一《经部一》:《周易本义》十二卷。宋朱子撰。〇内庭仿宋刻本，前列九图，后附《五赞》《筮仪》。〇又，康熙五十年曹寅刻本。〇又，宝应刘氏获古斋重刊宋本，附载吕氏《音训》，惟不载《九图》《筮仪》为谬。附:方功惠重刻内府本。补:〇宋刊本，前有《本义》，图后附《筮仪》《五赞》。七行十五字，注双行同，白口，左右双栏。见于京中文奎堂。〇宋咸淳元年吴革刊本，六行十五字，注双行同，白口，左右双栏。〇明刊本，九行二十字，注双行十九字，细黑口，四周双栏，约成化、弘治间刊。有朱彝尊跋。江南图书馆藏丁氏遗书。

《藏园订补郘亭知见传本书目》卷一《经部一》补:《周易本义》五卷、《图说》一卷、《五赞》一卷。宋朱熹撰。〇明正德十六年袁州府仰韩堂刊本，十一行二十二字，白口，四周单栏。卷末有“正德辛巳季秋刊于袁州府之仰韩堂”牌记。余藏。

又:《周易本义》四卷。宋朱熹撰。〇明成化五年宁波胡俦刊本，十一行二十三字，白口，四周单栏。〇明嘉靖三十三年罗氏勤有堂刊本，十一行十八至二十字，白口，四周双栏。〇明万历吴勉学刊本，阴阳叶，白口，左右双栏，眉上加注。

又:《周易本义》四卷，卷首一卷。宋朱熹撰。〇明万历二十九年存德堂刊本，十一行二十三字，白口，四周双栏。李木斋先生收去。

《万卷精华楼藏书记》卷二《经部一》:《周易本义》十二卷，宋朱子撰。宋本。咸淳乙丑九江吴革校刊。每叶十二行，行十五字。首原序缺，次吴氏序,次《九图》。朱子《易传》凡二稿,初稿已佚,此其次稿。末为《五赞》,终以《筮仪》。吴本末题“敷原后学刘宓校正”，翻本无之。曹寅刻《本义》于扬州，即吴本，而改其行款，缩为小字，与此悬殊矣。宋本与今本绝不相同，其异文并诸家论说已详著于《目录学》，兹不复出。按，朱《考》:《朱子易传》,《宋志》十一卷，佚;《周易本义》十二卷，存;《易学启蒙》三卷，存有朱子自序;《古易音训》二卷，未见;《蓍卦考误》一卷，存，有朱子自序。朱子初为《易传》用王弼本，复以吕氏《古易》为《本易》，大指略同而加详焉。郭雍著《蓍卦辨疑》三卷，朱子谓说愈多法愈乱，因为考误。

《持静斋书目》卷五续增《经部》:《周易本义》十二卷，明官刊本，字大豁目。宋朱子撰。

《八千卷楼书目》卷一《经部》:《周易本义》十二卷，宋朱子撰。元刊本、王阳明手写本、日本刊本、明正统刊本、方氏覆咸淳本。

又:《别本周易本义》四卷，宋朱子撰。怡府刊本、左氏刊本、袖珍刊本、明吴勉学刊本。

《善本书室藏书志》卷一《经部》:《周易本义》十二卷，元刊本，朱竹垞藏书。朱子《本义》。右书“《上经》一,《下经》二,《彖上传》三,《彖下传》四,《象上传》五,《象下传》六,《系辞上传》七,《系辞下传》八,《文言传》九,《说卦传》十,《序卦传》十一,《杂卦传》十二”。前有《九图》,后有《五赞》。朱彝尊手跋云:“朱子《易本义》析为十二卷，以存《汉志》篇目之旧。较之程子《易传》依王辅嗣本，原不相同。惟因董氏楷辑《周易传义附录》一书，乃强合之，移《易本义》次第以就程《传》。明初兼用以取士，故不复分。其后习举业者专主《本义》,渐置程《传》于不讲。于是吴人成矩叔度削去程《传》,乃不从《本义》原本更正。其义则朱子之辞,其文则依程《传》次序,此何说哉?沿至于今，科举试题，爻象并发，其亦悖乎朱子之旨矣。余尝求原书不可得，今睹此帙秩然不紊，中附东莱吕氏《音训》，宜亟开雕颁诸学官，第恐下士见之翻大笑尔。”后鲁良甫元龙录《敏求记》一则,惟此不著何人所刊与开雕年月。观其不用《永乐大全》与成矩叔度次序，当出于元人之手。按经文,《比初六》

"终来有它吉"不作"他吉",《颐象传》"自求口实"不作"口食",《系辞》"构精"不作"搆精",《杂卦传》"丰多故"下无"也"字，俱与宋咸淳本合。有"小长芦朱彝尊印""红药山房收藏私印""吴舆则氏""游好在六经""香草山房藏本""马玉堂""笏斋"诸印。彝尊字锡鬯，号竹垞，晚号小长芦钓鱼师，秀水人。康熙己未以布衣荐博学鸿词，授检讨。藏书之室曰潜采堂，凡八万卷。见李香子《鹤征后录》。红药山房者，海宁马思赞寒中藏书之所也。寒中为扬州推官麟翔子，工书绩学，家有道古楼，插架多宋元精椠，朱竹垞时从借抄，亦吾杭藏书家之烜赫者也。玉堂字留斋，海盐人，道光辛巳副贡，性耽书籍，筑汉唐斋，储藏秘册甚多，杜门校雠，著《读书敏求续记》。

又:《周易》十二卷，明正德王氏抄本，张氏正谊堂藏书。朱子《本义》。右书分《上经》、《下经》、《彖上传》、《彖下传》、《象上传》、《象下传》、《文言》、《系辞》上下、《说卦》、《序卦》、《杂卦》为十二卷，末有"正德三年余姚王守仁手录"十一字。书法端正，无一苟笔。卷端钤"仪封大宗伯赐礼乐名臣加太子太保谥清恪张公正谊堂藏书"方印。以"马曰璐南斋秘笈""玲珑马氏丛书楼珍藏图记""小玲珑山馆马佩兮珍藏"诸印左证之，则其书固珍且重矣。清恪名伯行，字孝先，号恕庵，河南仪封人。康熙二十四年进士，历官礼部侍郎，从祀孔子庙廷。佩兮名曰璐，号半槎，又号南斋，祁门人，家于扬，其藏书之所有丛书楼、小玲珑山馆，储藏十余万卷，著有《南斋集》。

又:《周易》十卷，日本刊本。朱子《本义》。右《彖》《象》《文言》各自分卷，不依王弼本，与《提要》所载宋本合。首有《序例》一卷，所载《九图》及《易象》《筮仪》及《履夬象》，不载程《传》。当依宋刻重雕，每叶之上刻"倭版周易"四字，末有"延宝三年三月寿文堂旧版烧亡，宽政改元，己酉年九月再刻成"两条。倭国自维新以前颇重文教，近数十年改师西彝，穷兵黩武，海波汹汹，安得化以经术识事大之义哉？书此慨然。

《皕宋楼藏书志》卷一《经部》:《周易本义》十卷，明覆宋本。宋朱熹本义。《易图》。《赞》。《筮仪》。每卷后有"敷原后学刘实校正"一行。象占，《易》本义也。伏羲画卦，文王系彖，周公系爻，皆以象与占决吉凶，悔吝各指其所之。孔子《十翼》专以义理发挥，经言岂有异旨哉？体用一源，显微无间，互相发而不相悖也。程子以义理为之传，朱子以象占本其义。革每合而读之，心融体验，将终身玩索，庶几寡过。昨刊程《传》于章贡郡斋，今敬刊《本义》

于朱子故里，与同志共之。于朱子有言，顺理则吉，逆理则凶。悔自凶而趋吉，吝自吉而向凶，必然之应也。夫子曰："不占而已矣。"咸淳乙丑立秋日后学九江吴革谨书。

《海源阁宋元秘本书目》卷一《经部》：宋本《周易本义》十二卷，八册，一函。

《增订四库简明目录标注》卷一《经部一》：《周易本义》十二卷，宋朱熹撰。坊刻此书，皆改从程《传》之次第。此本以经为二卷，《十翼》为十卷，犹朱子之原本也。《总目》既载十二卷本，又附重刻四卷本，殊嫌蛇足。内府仿宋咸淳乙丑吴革刊本。又康熙五十年曹寅属黄山巴锦刊本，前列《九图》，后附《五赞》《筮仪》。刘端临翻刻宋吴革本，附《音训》。《天禄后目》有宋刊本。宋板亦大字，但较仿宋板稍小耳，行款同。宋本每叶十四行，行十五字。附录：陆有明覆宋本十卷，每卷后有"敷原后学刘宓校正"一行，（绍箕）江宁局覆刻刘本。（鸿绶）续录：吴尺凫有项子京旧藏宋本。傅沅叔有宋刊大字本，抄配二卷，有礼部官书大印。元刊本。阳明手抄本。明万历二十九年存德堂刊本，五卷。清方功惠重刊内府本。

今按：宋咸淳元年吴革刻本（国家图书馆、上海图书馆藏）；明嘉靖七年丘氏石泉书屋刻本（上海图书馆藏）；明嘉靖十三年崇仁书堂刻本（美国国会图书馆藏）；明嘉靖三十三年书林罗氏勤有堂刻本（上海图书馆、昆山市图书馆藏）；明嘉靖四十五年周乐轩书坊刻本（南京图书馆藏）；明万历元年书林熊冲宇种德书堂刻本（山东省图书馆藏，清王亭批校）；明万历元年书林新贤堂张闽岳刻本（四川省图书馆、故宫博物院图书馆藏）；明万历五年宏远书堂刻本（上海图书馆、昆山市图书馆藏）；明万历二十九年陈耀吾存德堂刻本（北京大学图书馆藏）；明万历间吴勉学刻本（南京图书馆、重庆市图书馆藏）；明崇祯六年闵齐伋刻本（故宫博物院图书馆、复旦大学图书馆藏）；明崇祯十四年闵齐伋刻本（故宫博物院图书馆藏）；明崇祯十四年虞山毛氏汲古阁刻本（国家图书馆藏，清钱陆灿批注并跋）；明叶继轩南松书堂刻大字本（美国哈佛大学燕京图书馆藏）；明金陵书林周对峰刻本（上海图书馆藏）；明郑氏新兴堂刻本（日本小如舟书屋藏）；明刻本（国家图书馆、武汉图书馆、湖南省图书馆、吉林省图书馆、中山大学图书馆藏）；明刻本（南京图书馆藏）；明末清初致和堂刻本（国家图书馆藏）；清康熙二十五年西爽堂刻本（美国哈佛大学燕京图书馆藏）；清康熙间内府刻本（南京图书馆藏）；清康熙雍正间内府影刻宋咸淳间吴革本（国家图书馆、北京大学图书馆、清华大学图书馆、天津图书馆、上海图书馆、南京图书馆、辽宁省图书馆、湖北省图书馆、湖南省图书馆、四川省图书馆藏）；清乾隆十五年黄氏槐荫草堂刻巾箱本（上海图书馆藏）；清乾隆十七年刻本（上海图书馆藏）；《四库全书》本；清乾隆五十四年刻文盛堂印本（国家图书馆藏）。

周易朱氏本义发挥

宋何基撰。

《千顷堂书目》卷一《补》：何基《周易朱氏本义发挥》七卷，又《系辞发挥》二卷。

周易本义附录纂疏

元胡一桂撰。

《孝慈堂书目》：《周易本义附录纂疏》。元胡一桂，十五卷。

《千顷堂书目》卷一《补》：胡一桂《周易本义通释附录纂疏》十四卷，又《周易启蒙翼传》四卷。取朱子《文集》《语录》之及于《易》者，附于《本义》下，谓之《附录》。取诸儒《易》说之发明《本义》者纂之，谓之《纂疏》。

《也是园藏书目》卷一《经部》：胡一桂《周易本义附录纂注》十五卷。

《虞山钱遵王藏书目录汇编》卷一《经部》：胡一桂《周易本义附录纂注》十五卷。

《传是楼书目·经部》：元胡一桂《周易本义附录纂注》十五卷。

《好古堂书目·经部》：《周易本义附录纂疏》十五卷，元胡一桂。

《季沧苇藏书目·宋元杂板书》：《周易本义附录纂注》十五卷，元胡一桂。

《文瑞楼藏书目》卷一《经部》：《周易本义附录纂注》十五卷，元胡一桂。

《四库全书总目》卷四《经部·易类四》：《易本义附录纂疏》十五卷，内府藏本。元胡一桂撰。一桂字庭芳，号双湖，婺源人。景定甲子领乡荐，试礼部不第，教授乡里以终。事迹具《元史·儒学传》。是编以朱子《本义》为宗，取《文集》《语录》之及于《易》者附之，谓之《附录》。取诸儒《易》说之合于《本义》者纂之，谓之《纂疏》。其去取别裁，惟以朱子为断。《元史》称其受《易》源流出于朱子，殆以《启蒙翼传》及是书欤？陈栎称一桂此书，于杨万里《易传》无半字及之。今检其所引，栎说信然。盖宋末元初讲学者门户最严，而新安诸儒于授受源流辨别尤甚。万里《易传》虽远宗程子，而早工吟咏，与范成大、陆游齐名，不甚以讲学为事。故虽尝荐朱子、拒韩侂胄，而庆元党禁独不列名。一桂盖以词人摈之，未必尽以其书也。

《鉴止水斋藏书目》经部第四厨：《周易本义附录纂注》三本。

《问源楼书目初编》卷一上《经部》：《易本义附录纂注》十五卷，元胡一桂撰，通志堂本。

《嫏嬛妙境藏书目录》卷一《经部》：《周易本义附录纂注》，元胡一桂。

《郑堂读书记》补逸卷二《经部》：《周易本义附录纂注》十五卷，通志堂经解本。元胡一桂撰。一桂，字庭芳，号双湖，方平子。景定甲子领乡荐，试礼部不第。入元，以教授乡里终。《四库全书》著录。倪氏载之于《宋志补》，作《附录纂疏》十四卷，误也。是书以朱子《本义》为宗。附录者，录朱子《文集》《语录》中之语也；纂注者，纂诸儒之说不悖于《本义》者也。所谓笃守一先生之言，而不敢稍越尺寸者也。与董氏楷《传义附录》之作相似，唯专主《本义》，而又加以纂注耳。其前十二卷为《本义》，犹是《古易》次序之原本，十三卷为《五赞》，十四卷为《筮仪》，十五卷为《卦图》，则双湖自作之《卦象》《爻象》《卦序》《卦互体》四图及《十翼论》《文言辨》《本义启蒙论》三篇也。其论中多缺文，其前无《本义》所有《九图》，岂佚之欤？

《万卷精华楼藏书记》卷三《经部一》：《周易本义附录纂注》十五卷，通志堂本。前有康熙丁巳成德序。是书体式悉依朱子《本义》原本。诸本皆作“纂疏”，本书作“纂注”。第十一至末为《五赞》《筮仪》《易图》及《十翼论》《文言辨》《本义启蒙论》。一桂易学出于其父方平，得朱子之正宗，是书最便初学。成德序曰：“考亭之学，一再传后，惟新安尤盛。父兄师友，各自名家，若玉斋、双湖父子，其最著也。双湖以闽为文公讲学之地，过其乡访求绪论，复从建安熊禾勿轩游，与之上下讲议者十余年。归则裒集诸家之说，疏朱子之言为《易本义附录纂疏》及《启蒙翼传》二书。又《书说诗传附录纂疏》。尝观汉人经学各有师法，此韦表微有《九经师授谱》、刘悚有《授经图》、李焘亦有《五经传授》，著其流派，咸有条理。近代经学至朱子而得其归。若节斋蔡氏、盘涧董氏之于《易》，九峰蔡氏之于《书传》，贻辅氏之于《诗》，清江张氏之于《春秋》，勉斋黄氏、信斋杨氏之于《礼》，皆朱子嫡嗣也。再传而后，怀孟、金华、新安、鄱阳，其传益著，其派益广。苟能为之稽其授受，别其源流，使后之学者知渊源之有自，岂不为明经者之一助乎？”黄氏曰：“双湖取朱子《文集》《语录》之及于《易》者，附于《本义》下，谓之《附录》，取诸儒《易》说之发明《本义》者纂之，谓之《纂疏》。”《千顷堂书目》。

《八千卷楼书目》卷一《经部》：《易本义附录纂注》十五卷，元胡一桂撰。元刊本，残。

《善本书室藏书志》卷一《经部》：《周易本义附录纂注》十五卷元刊本，汪鱼亭藏书。新安后学胡一桂。是书以朱子《本义》为宗，取文公《集》及《语录》之说《易》者附之，则曰《附录》。又纂诸儒之说足翼于《本义》者，则曰《纂注》。各有阴文以别之。元椠极精，惜仅存《彖》上下传、《系辞》下传，至末凡十卷，缺上、下《经》、《象》上下传、《系辞》上传五卷。有“云间徐地东海郡图书印”“张子望印”“张子望文房印”“慎独斋”“蓟北李氏”诸图记，当为明代收藏家也。《通志堂经解》中有此书，其图录《卦序图》《卦互体图》。《易十翼论》《文言辨》《本义启蒙论》原缺之字，即此帙纸敝字灭之处，当时即据此以登木者也。康熙间已无别本可补，流传之稀，益可贵矣。更有“汪鱼亭藏阅书印”，鱼亭名宪，字千陂，钱塘人，乾隆乙丑进士，官刑部员外郎，性耽蓄书，有求售者不惜丰价购之。家有振绮堂藏书，为乾隆中吾杭之冠。

《增订四库简明目录标注》卷一《经部一》：《易本义附录纂疏》十五卷，元胡一桂撰。是书以朱子《本义》为宗，取朱子《文集》《语录》之说《易》者附之，谓之附录。又纂诸儒之说，不悖于《本义》者，谓之纂疏。通志堂本。附录：陆有《周易本义附录集注》十卷，影写元本，题“云建安后学中溪张清子纂集”，盖元人。此书四库未收，《经义考》注未见。周松霭旧藏。（绍箕）续录：元刊残本。日本文化十一年出云寺万次郎覆刻通志堂本。

今按：元刻本（上海图书馆、四川省图书馆、天一阁文物保管所藏）；《通志堂经解》本（康熙刻、同治刻、日本文化刻）；《四库全书荟要》

本；《四库全书》本；清抄本（上海图书馆藏）。

周易本义通释

元胡炳文撰。

元胡炳文《周易本义通释序》：宇宙间皆自然之易，易皆自然之天。天不能画，假伏羲以画；天不能言，假文王、周、孔以言。然则羲、文、周、孔之画之言，皆天也。《易》言于象数，而天具焉。《易》作于卜筮，而天者寓焉。善乎子朱子之言曰："伏羲易自是伏羲易，文王、周公易自是文王、周公易，孔子易自是孔子易。"呜乎！此其所以为羲、文、周、孔之天也。必欲比而同之，非天矣。《易》解凡几百家，支离文义者无足道，附会取象者尤失之。盖凡可见者皆谓之象，其或巧或拙、或密或疏，皆天也。《易》之取象，壹是巧且密焉，非天矣。惟邵子于先天而明其画，程子于后天而演其辞，朱子《本义》又合邵、程而一之，是于羲、文、周、孔之易会其天者也。学必有统，道必有传。溯其传，羲、文、周、孔之易，非朱子不能明。要其统，凡诸家解《易》，非《本义》不能一。然其统其传，非人之所能为也，亦天也。予此书融诸家之格言、释《本义》之奥旨，后之学《易》者，或由是而有得于《本义》，则亦将有得于羲、文、周、孔之天矣。延祐丙辰春新安后学胡炳文仲虎父序。《雪峰集》卷三《序》。

《天一阁书目》卷一之二《经部》：《周易本义通释》十卷，辑录云峰文集《易义》一卷兰丝栏抄本。元延祐丙辰新安胡炳文撰并自序。嘉靖元年新安潘旦重刊序，正德庚辰九世孙胡珙序。嘉靖元年邵武县儒学教谕盱江邓杞校刊。

《万卷堂书目》卷一《易经》：《周易本义通释》十二卷。胡炳文。

《澹生堂藏书目》卷一《经类第一》：《周易本义通释》四册。十卷，胡炳文。

《楝亭书目》：《周易本义通释》。元云峰胡炳文序释八卷，四册。

《孝慈堂书目》：《周易本义通释》。元胡炳文，十二卷。

《千顷堂书目》卷一《补》：胡炳文《周易本义通释》十卷。自《系辞》以下俱佚，取《大全》所辑一桂说补之。

《经义考》卷四三《易四十二》：胡炳文《周易本义通释》十二卷。存。

董真卿曰："炳文，字仲虎，徽州婺源人。著《易本义通释》，延祐丙辰大梁郭郁序。”

《新安文献志》:“先生笃志朱子之学，上溯伊、洛，凡诸子百氏、阴阳医卜、星历术数，靡不推究。尝为信州道一书院山长，再调兰溪州学正，不赴，卒。学者称云峰先生。”

炳文自序曰 :“宇宙间皆自然之《易》,《易》皆自然之天。天不能画，假伏羲之画 ; 天不能言，假文王、周、孔以言 ; 然则羲、文、周、孔之画之言，皆天也。《易》言于象数，而天者具焉 ;《易》作于卜筮，而天者寓焉。善乎子朱子之言曰 :‘伏羲《易》自是伏羲《易》，文王、周公《易》自是文王周公《易》，孔子《易》自是孔子《易》。’呜呼！此其所以为羲、文、周、孔之天也，必欲比而同之，非天也。《易》解凡几百家，支离文义者不足道，附会取象者尤失之。盖凡可见者，皆谓之象，其或巧或拙，或密或疏，皆天也。《易》之取象，一是巧且密焉，非天矣。惟邵子于先天而明其画，程子于后天而演其辞，朱子《本义》又合邵、程而一之，于是羲、文、周、孔之《易》会其天者也。学必有统，道必有传 ; 溯其传，羲、文、周、孔之《易》，非朱子不能明，要其统，凡诸家讲《易》，非《本义》不能一。然其统其传非人之所能为也，亦天也。予此书融诸家之格言，释《本义》之要旨，后之学者或由是而有得于《本义》，则亦将有得于羲、文、周、孔之天矣。延祐丙辰。”

潘旦序曰:“《易》未易通也，夫子著《易十翼》，曰:‘述而不作。’示谦也。匪圣弗作，匪贤弗述，作者之意，述者通焉。《本义通释》，宋儒胡云峰所著也，通乎圣人之心，斯《易》通矣。《易》始画于羲，彖于文，爻于周公，翼于夫子，合四圣而成者也。交易变易，始之终之，造化消息之妙微矣哉。降及秦汉，等为术数之书,《太玄》拟《易》而反晦《易》,可慨也。至宋邵子深明先天之画，周子著《太极图》，程子得之，著《易传》，演后天之辞，朱子又会而折衷之，著《本义》以发其蕴，明且通矣。曾不再传，纷然哗然，人窃一勺以自见，茫无所归，道复晦塞。云峰深为是惧，著《太极赋》《二爻反对论》《二体相易论》《二十四气论》，晚乃融诸家之说，著《本义通释》，申朱子之义，以上探夫羲、文、周、孔之心。晦者以明，塞者以通，若禹决川距海，浚畎浍距川，沛然也。注述之功，顾不伟哉？书经兵燹，多至亡逸，其九世孙珙暨弟玠法祖讲《易》，募遗书，得上、下《经》，而缺《十翼》，乃复汇搜诸集中以补之，几为全书。旦读之，不忍释手，畀邓教谕杞校而传之，以诏后之学《易》者见云峰氏有功于《易》，而珙、玠又有功于祖也。”

《传是楼书目·经部》：元胡炳文《周易本义通释》十二卷。

《好古堂书目·经部》：《周易本义通释》十二卷，元胡炳文。

《季沧苇藏书目·宋元杂板书》：《周易本义通释》十二卷，元胡炳文。

《文瑞楼藏书目》卷一《经部》：《周易本义通释》十二卷，元胡炳文。

《四库全书总目》卷四《经部·易类四》：《周易本义通释》十二卷，编修励守谦家藏本。元胡炳文撰。炳文字仲虎，号云峰，婺源人。尝为信州道一书院山长，再调兰溪州学正，不赴。《元史·儒学传》附载其父一桂传中。程敏政《新安文献志》所谓“笃志朱子之学”者也。是书据朱子《本义》折衷是正，复采诸家《易》解，互相发明。《序》题延祐丙辰，盖仁宗之三年。初名《精义》，后病其繁冗，删而约之，改名《通释》。所著《云峰集》中有《与吴澄书》，曰：“《本义通释》，郭文卿守浮梁时为刊其半，出之太早，今悔之无及也。刊本今以呈似，中有谬戾，阁下削之绳之，幸甚”云云。考炳文生于宋理宗淳祐十年，其与澄书时称年七十，则当在延祐七年庚申，在作《序》之后三年。其所悔者改正与否，则不可考矣。王懋竑《白田杂著》曰：“今刻云峰《本义通释》上下经解极详，以《大全》本考之，增多者十之三四。《彖传》以后，语皆与《大全》同，无增多者。疑《通释》自《彖传》后已失去，后人抄集《大全》所载以续之耳。”又《大全序例》，谓“胡氏《通释》既辄变古《易》，又于今《易》不免离析先后。考今刻乃一依古《易》，此不可晓，或者今刻非原本欤”云云。案此本前有明潘旦《序》，称“书经兵燹，多至亡佚。其九世孙珙及弟玠募遗书，得上、下《经》而缺《十翼》，乃复汇搜诸集中以补之”。然则今本《十翼》乃珙、玠所裒录，非炳文之旧。懋竑盖未见旦《序》，故有此疑。惟《大全》称炳文辄变古《易》，又离析今文之先后，则《彖传》《象传》必附经文之中，何以解传者佚而解经者不佚，又何以珙、玠所得旧本上、下《经》文厘然完具而不参以《彖传》《象传》，此则诚不可晓。然《大全》为胡广等庞杂割裂之书，所言亦不尽可据也。

《孙氏祠堂书目》外编卷一：《周易本义通释》十二卷。元胡炳文撰。

《鉴止水斋藏书目》经部第四厨：《周易本义通释》四本。

《问源楼书目初编》卷一上《经部》：《周易本义通释》十二卷，元胡炳文撰，通志堂本。

《带经堂书目》卷一《经部》:《周易本义通释》十二卷,刊本,元胡炳文撰。此书为李鹿山中丞藏本。鹿山先生一字汝嘉,讳馥,闽县人,康熙甲子乡荐,官至浙江巡抚。子五人,俱登科第。著有《鹿门诗抄》。家富储藏,率多善本。所藏书籍有"曾在李鹿山处"六字图记。

《郯嬛妙境藏书目录》卷一《经部》:《周易本义通释》,元胡炳文。

《郑堂读书记》补逸卷二《经部》:《周易本义通释》十二卷,通志堂经解本。元胡炳文撰。炳文,字仲虎,号云峰,一桂子。尝为信州道一书院山长,再调兰溪州学正,不赴。《四库全书》著录。倪氏、钱氏《补元志》,朱氏《经义考》俱载之。倪氏、钱氏作十卷,盖是书凡上、下《经》二卷,《十翼》十卷,作十卷者,失数其上、下《经》二卷也。先是,云峰尝集诸家《易》解,名曰《精义》,后以其书太繁,因一以朱子《本义》为主,删存是编,其经传亦用朱子所定古本,而以《本义》列前,《通释》列后,所采诸家之注,皆取其有合于《本义》者,附以己见,融而为一,以故不标出诸家名氏,总以"通曰"二字贯之,名之曰《通释》,从黄勉斋例也。据《经义考》所载明潘旦序,则书经兵燹,颇多残缺,惟上、下《经》存,其《十翼》乃云峰九世孙珙暨其弟玠杂采他书所引云峰之说以补之,得成完帙。今此本卷首但有延祐丙辰云峰自序及例,又有珙所辑《云峰文集易义》一卷,凡二十二条附之,而无潘旦之序,殆偶佚欤?又按珙既为云峰九世孙,自属明人,而何义门《经解目录评》谓此是汲古元本,然则安得有珙所辑《文集易义》,疑义门误指为元本也。

《铁琴铜剑楼藏书目录》卷一《经部》:《周易本义通释》十二卷旧抄本。题"新安后学云峰胡炳文通掌祠九世孙珙辑校"。《传》首则题"辑录",延祐丙辰自序。考别本有潘旦序,云"书多亡佚,其九世孙珙及弟玠募遗书,得上、下《经》而缺《十翼》,乃复汇搜以补之"。而此本不载潘序,亦不题玠名,似非一本。惟谓《经》是原书,《传》为辑本,则与此本分题辑校、辑录者正合。通志堂本义门何氏谓是汲古元本,果尔,则视辑本必更完备。乃核之此本,绝无增多,且亦载胡珙所辑《云峰文集易义》一卷,其非元本可知,当即出于辑本耳。又此本前有云峰自著例言四则,而通志堂本失去,且字句亦颇有异,尤足以资参订焉。

《持静斋藏书记要》卷下:《周易本义通释》十卷附《辑录云峰易义》一卷。元胡炳文撰。是书《四库》本十二卷,卷数不同。然其书仅存上、下《经》,

其《十翼》则明时裔孙珙、玠拾他书引云峰说所补，歧异或由于此。今惟行通志堂本，得旧抄亦资校勘。曝书亭旧藏本。

《藏园订补郘亭知见传本书目》卷一《经部一》:《周易本义通释》十二卷。元胡炳文撰。〇通志堂本。〇嘉靖元年邓杞刊本。〇旧抄本十卷，附《辑录云峰易义》一卷。(绳)

《藏园订补郘亭知见传本书目》卷一《经部一》补:《周易本义通释》十二卷,《辑录云峰文集易义》一卷。元胡炳文撰。〇明嘉靖元年邓杞刊本，十一行二十四字，细黑口，四周双栏。

《八千卷楼书目》卷一《经部》:《周易本义通释》十二卷，元胡炳文撰。明嘉靖邓杞刊本、通志堂本。

《善本书室藏书志》卷一《经部》:《周易本义通释》十二卷明嘉靖刊本，祁氏淡生堂曹氏倦圃藏书。新安后学云峰胡炳文撰，掌祠九世孙珙校。前有延祐丙辰胡炳文仲虎父自序,盖仁宗之三年也。云峰,婺源人,尝为信州道一书院山长，再调兰溪学正,《元史》有传。生平笃志朱子之学，是书皆折衷《本义》，复采诸说以相发明。原本残缺，九世孙珙杂采他书所引旧说补完，别辑云峰文集中《易义》一卷。嘉靖元年,知邵武府事新安后学潘旦命邓教谕校而传之，并有其前后撰序，九世孙珙亦有后序。有“淡生堂经籍记”“旷翁手识”“曹溶之印”“洁躬钼菜翁”诸印。溶字洁躬，又字秋岳，号倦圃，晚号钼菜翁，秀水人，崇祯丁丑进士，入国朝，为户部侍郎，著有《静惕堂书目》。又“古杭冯氏藏书”“云楼”“子中”三印，名虽无考，曾为杭人旧藏者也。

《增订四库简明目录标注》卷一《经部一》:《周易本义通释》十三卷，元胡炳文撰。通志堂本。嘉靖元年邓杞重刊本。续录：汲古有元刊本，佳。旧抄十卷本,附《辑录云峰易义》一卷。日本享和二年出云寺万次郎覆通志堂本。

今按:明嘉靖元年的潘旦、邓杞刻本(国家图书馆、南京图书馆藏);《通志堂经解》本(康熙刻、同治刻、日本文化刻);清抄本(国家图书馆藏);日本享和二年东都官版书籍发行所刻本(北京师范大学图书馆、上海图书馆、南京图书馆、山东省图书馆、日本国会图书馆藏)。

周易集传

元龙仁夫著。

清朱彝尊《龙氏易集传跋》:《周易集传》十八卷，元湖广儒学提举龙仁夫撰。仁夫字观复，庐陵人，学者称麟洲先生。经文主朱子《本义》，每卦爻下各分变象辞占，谓:“《杂卦》为古筮辞,《春秋传》所引屯固比入、坤安震杀，皆以一字断卦义,此类是也。孔子录之以羽翼经,初非创作。”今书止存八卷尔。《通志堂集·经解》以缺书未开雕，写以藏诸笥。

《千顷堂书目》卷一《补》: 龙仁夫《周易集传》十八卷。号麟州，字观复。

《四库全书总目》卷四《经部·易类四》:《周易集传》八卷，浙江巡抚采进本。元龙仁夫撰。仁夫字观复，庐陵人。《吉安府志》作永新人。官湖广儒学提举。事迹附载《元史·儒学传·刘诜传》内。是书成于至治辛酉。董真卿《周易会通》称其有《自序》一篇，此本无之。朱彝尊《经义考》于旧序例皆全录，而亦无是篇，则其佚已久矣。《吉安府志》云："仁夫《周易集传》十八卷，立说主《本义》，每卦爻下各分变象辞占。"今观所注，虽根据程朱者多，而意在即象诂义，于卦象爻象互观析观，反复推阐，颇能抒所心得，非如胡炳文等徒墨守旧文者也。《吉安府志》又称其谓《杂卦》为占筮书，引《春秋传》“屯固比入”“坤安震杀”，皆以一字断卦义为证。其说似创而有本，亦异乎游谈无根者。《元史》称仁夫所著《周易》多发前儒之所未发,殆不诬矣。原书十八卷,今仅存者八卷。然上、下《经》及《彖》《象传》皆已全具。朱彝尊《曝书亭集》有是书《跋》,谓通志堂刻经解时以其残缺，故未开雕云云。夫传录古书，当问其义理之是非，不当论其篇页之完缺。残编断简，古人尚且搜辑。仁夫是书，上、下《经》裒然俱完，而以不全弃之，何其傎也！况傅寅《禹贡说断》、程大昌《禹贡图说》、林之奇《三山书传》，今以《永乐大典》校之，皆非完帙，而徐氏仍登梨枣，是又何说欤？今特录存之，俾重著于世，庶于经义有所裨焉。

《爱日精庐藏书志》卷一《经部》:《周易集传》八卷，文澜阁传抄本，元龙仁夫撰。原十八卷，今存八卷。

《八千卷楼书目》卷一《经部》:《周易集传》八卷。元龙仁夫撰。别下斋本。

《文选楼藏书记》卷五：《周易集传》八卷。元龙仁夫著。庐陵人。抄本。是书主朱子《本义》立说。原系十八卷，其后十卷缺，今至《彖辞》止。

今按：明影抄本（日本静嘉堂藏）；清影抄元本（上海图书馆藏）；《四库全书》本；清乾隆五十三年后抄本（北京大学图书馆藏）；《别下斋丛书》本（道光刻、商务印书馆影印、竹简斋影印）；清光绪十七年龙文彬永怀堂刻本（北京大学图书馆、湖北省图书馆藏）；清抄本（北京大学图书馆、中国人民大学图书馆藏）。

周易本义附录集注

元张清子撰。

清陆心源《影元抄张清子周易本义附录集注跋》：《周易》十一卷，题曰"建安后学中溪张清子纂集"，卷末题曰"建安后学张熙孙点校"，海宁周松蔼照元板所影写也。每半页十一行，每行二十六字，小字双行。案：清子字希献，号中溪，福建建安人。见董真卿《周易会通》、俞炎《读易举要》。其书以朱子《本义》为主，以晦庵《师友问答》《易学启蒙》及黄勉斋榦、李果斋方子、廖槎溪德明、陈器之埴、陈安卿淳、董叔重铢、夏亚夫渊、黄升卿杲、黄子耕、辅汉卿广、袭盖卿梦锡、潘谦之柄、沈庄仲僴、甘吉父节、万正淳人杰、余公晦大雅、金敬直去伪、陈才卿文蔚、程氏洵、叶贺孙味道、曾氏祖道、胡伯丰咏、杨仲思道夫、吴伯丰必大、李守约宏祖、林正卿学蒙、弟学履、潘子善时举、黄去私义刚、林子武夔孙、游连叔敬仲、黄子洪士教、童蜚卿伯时、滕德辉璘、德履珙、周舜弼谟、方伯谟士繇、吴叔夏旭、李季子季礼、林闻一赐、张元德洽、蔡念成、何叔京镐、吕氏辉、汤叔永泳、廖益仲谦、范念德伯崇、范元裕、钱子山木之、黄显子、黄有开、魏元寿椿、刘用之砥、郭友仁德元、度善性正、林履之砥、用之砺、徐仁甫容、钟氏镇、舒氏高、萧氏佐、窦文卿从周诸家之说为附录。卜子夏、王辅嗣、韩康伯、孔仲达、胡安定、石徂徕、邵康节、程明道、伊川、张横渠、司马温公、苏东坡、王荆公、吕东莱、张南轩、游定甫、杨龟山、杨诚斋、王童溪宗传、郭兼山忠孝、白云雍、京口先生李季辨过、朱子发震、陆希声、潘天锡梦锡、耿希道、王师公、郑东卿、刘长民牧、林榕台、林黄中栗、郑舜举谐、宋齐愈、钱藻、陈子明、都圣与絜、庄氏、龚氏、于氏、李氏、凌氏、景氏、牧氏、辛氏、孙氏、徐氏、袁梅岩枢、杨彬夫文焕、毛伯玉璞、程可久迥、冯当可时行、项平庵安世、李去非开、冯奇之椅、李子思舜臣、董宗台以翼、晁以道说之、刘寿翁弥邵、吴忠亩绮、蔡节斋渊、徐进斋几、邱可行富国之说，而参以己说为集注。其中引徐进斋、邱行可之说为最多。董真卿称有大德癸未自序，今不存，各家书目罕见著录。朱竹垞《经义考》注未见，阮文达亦未进呈，盖罕睹之秘籍也。余得之周季贶太守，太守得之陈兰邻后人，盖兰邻于嘉庆中官浙江得之松霭后人者也。徐几字子与，富国字行可，弥邵字寿翁，皆建安人，各著有《易说》。刘、徐皆蔡节斋门人，邱又徐之门人也。书前列各家姓氏，有引其说而姓氏未列者，周濂溪、赵汝楳、赵庸斋间、邱逢辰、蔡西山、郑少梅、林疑问、谢迭山、柴氏也。《仪顾堂书目题跋汇编》卷一。

《经义考》卷四四《易四十三》：张氏清子《周易本义附录集注》十一卷。佚。

董真卿曰："清子，字希献，号中溪，建安人。《周易本义附录集注》十一卷，其书以文公《本义》高下字行，反置之王弼今《易》经文之下。大德癸未自序。"

《万卷精华楼藏书记》卷三《经部一》：《周易本义附录集注》十卷，元张清子撰。抄本。前右大德癸未自序。《四库》未收，久佚。董真卿曰："清子字希献，号中溪，建安人。其书以文公《本义》高下字行反置之王弼今《易》经文之下。"俞玉吾曰："清子所集诸家，如杨彬夫所录外，有晁说之、李子思、李明、程迥、毛璞、项安世、冯时行、冯椅、赵汝腾、黄以翼、蔡渊、吴绣十三家，每卦皆有徐进斋、邱行可之注，清子所注则附于后。"

《皕宋楼藏书志》卷三《经部》：《周易本义附录集注》十卷，影写元刊本，周松霭旧藏。元建安后学中溪张清子纂集。董真卿曰："清子字希献，号中溪，建安人。《周易本义附录集注》十一卷，其书以文公《本义》高下字行反置之王弼今《易》经文之下。大德癸未自序。"《周易会通》。俞玉吾曰："建安张清子希献集注朱子《本义》，清子所集诸家姓氏，如杨彬夫所录外，有晁说之、李子思、李开、程迥、毛璞、项安世、冯时行、冯椅、赵汝楳、赵汝腾、黄以翼、蔡渊、吴绣十三家，每卦皆有徐进斋、丘行可之注，清子所注则附于后。"《读易举要》。案：此书《四库》未收，《经义考》注未见，其为罕见可知。卷中有“松蔼”二字朱文印、“周春”二字白文印，余详《仪顾堂二集》。

《四库未收书目提要续编》卷一《经部》:《周易本义附录集注》十一卷，元张清子撰。清子字希献，号中溪，建安人。其书以朱熹《本义》为主；以晦庵《师友问答》《易学启蒙》及黄榦、李方子、廖德明以下凡六十二家之说为《附录》；卜子夏、王弼、韩康伯、孔颖达以下凡六十四家之说，而参以己说为《集注》。其中引徐几、丘富国之说为尤多。徐、丘皆建安人也。又有引周敦颐、闾丘昕、蔡元定诸说，而各家姓氏未列者凡八家（陆心源《仪顾堂题跋》分郑东卿、郑少梅为二，非）。荟粹群言，可称宏富。诸家书大半已佚，亦藉是以存梗概。胡一桂《易本义附录纂疏》与此书宗旨颇相似，体例亦近，惟胡书不取杨万里《易传》，此则引之。其书各家书目罕见著录，朱彝尊《经义考》亦云未见。今本为归安陆氏所藏影写元刊本，海内殆无二册。惟考董真卿《周易会通》，称有大德癸未自序，此本不载，大德亦无癸未，疑董氏误也。

今按：元张氏建安刻本（日本宫内省藏）；元张氏建安刻后印本（日本御茶之水藏）；影写元刻本（日本静嘉堂藏）。

周易本义会通（又名：周易经传集程朱解附录纂注）

元董真卿撰。

明杨士奇《易会通跋》:《易会通》十四卷，元番易董贞卿季真辑。五经先儒所论著者《易》最多，而精义悉具此书。至于经传古今之辨，先儒传授之详，披卷了然。可为《易》书集大成者也。吾家所有者厘为六册，自吾授徒以来市书，此最初得云。《东里文集续编》卷一六。

《也是园藏书目》卷一《经部》: 董真卿《周易本义会通》十五卷。

《绛云楼书目》卷一《易类》: 董真卿《周易程朱传附录纂注》二册。十四卷，元儒，鄱阳人。

《四库全书总目》卷四《经部·易类四》:《周易会通》十四卷，内府藏本。元董真卿撰。真卿字季真，鄱阳人。尝受学于胡一桂。斯编实本一桂之《纂疏》而广及诸家。初名曰《周易经传集程朱解附录纂注》。盖其例编次伏羲、文王、周公之经而翼以孔子之传，各为标目，使相统而不相杂。其无经可附之传，则总附于六十四卦之后，是为《经传》。又取程子之《传》、朱子之《本义》夹注其下，是为《集解》。其程子经说、朱子《语录》各续于《传》之后，是为《附录》。又取一桂《纂疏》而增以诸说，是为《纂注》。其后定名《会通》者，则以程《传》用王弼本，《本义》用吕祖谦本，次第既不同，而或主义理，或主象占，本旨复殊。先儒诸说，亦复见智见仁，各明一义，断断为门户之争。真卿以为诸家之《易》，途虽殊而归则同，故兼搜博采，不主一说，务持象数、义理二家之平，即苏轼、朱震、林栗之书为朱子所不取者，亦并录焉。视胡一桂排斥杨万里《易传》不肯录其一字者，所见之广狭，谓之"青出于蓝"可也。惟其变易经文，则不免失先儒谨严之意，可不必曲为之词耳。

《天禄琳琅书目后编》卷八《元版经部》:《周易经传集程朱解附录纂注》，二函十六册。元董真卿撰。真卿字季真，鄱阳人。书十四卷，标集解、附录、纂注三门。采程《传》、朱《义》为集解，程、朱说《易》见于他书者为附录，诸家说《易》者为纂注。前有朱熹《易学启蒙序》《易》九图，胡一桂《卦象图》《爻象图》《卦序图》《卦互体图》。后有朱熹《五赞》《筮仪》。真卿盖一桂弟子，故书中独尊其师曰"双湖先生"，多用一桂《易本义附录纂疏》之说。其书用程传次第，而以白文标经传。逐条之首，尽删"彖曰""象曰""文言曰"之文，亦通乎朱《义》之意。是书后定名《周易会通》，有天历戊辰真卿自序，元统甲戌子僎刻于闽，有跋，见朱彝尊《经义考》。近《通志堂经解》内重刊之，前列图、序外，尚有《凡例》《程朱门人姓氏》《引用群贤姓氏》《经传历代因革》、程颐《易传序》《易序上下篇义》、朱熹《古易后序》《程朱说易纲领》，此本俱无，盖初刻未备，或岁久缺佚。

《铁琴铜剑楼藏书目录》卷一《经部》:《周易经传集程朱解附录纂注》十四卷，元刊本。题"鄱阳后学董真卿编集并序"。其曰"周易经传"者，谓《经》《传》分编也。每卦六画上标一"经"字，爻辞后标曰:《大象传》《彖传》《小象传》《文言传》。所标俱作阴文，使不与《经》《传》相混，以从朱子复古之意。惟改次《大象传》于《彖传》之上，则其所创也。其曰"集程朱解"者，则合传义而谓之集解也。《附录》则采程、朱《文集》《语录》论《易》之语。《纂注》则博引诸儒之说也。盖季真尝登双湖胡氏之门，故此书即本双湖《本义附录纂疏》之例，视天台董氏《传义附录》又加详焉。兼综条贯，意在持象数义理之平，故又名《周易会通》。杨文贞谓集《易》之大成者。书成于天历初元，迨元统二年，其子僎跋而刻于闽。每半叶十一行，行十九字，笔划清劲，雅近颜、柳，元刊中致佳本也。

《藏园订补郘亭知见传本书目》卷一《经部一》补：《周易经传集程朱解附录纂注》十四卷、《朱子易图附录纂注》一卷、《朱子启蒙五赞附录纂注》一卷、《朱子筮仪附录纂注》一卷。元董真卿撰。〇元刊本，十一行十九字，注双行，低一格二十一字，细黑口，四周双栏。其集解、附录、纂注均以圆心方墨围围之。海虞瞿氏藏。〇明洪武戊辰务本堂刊本。见于正文斋。

今按：元后至元二年翠岩精舍刻本（日本东洋文库藏）；元刻本（国家图书馆、中国科学院图书馆、国家博物馆、北京文物局、上海图书馆、吉林省图书馆、曲阜文物管理委员会藏）；明洪武二十一年建安务本堂刻本（上海图书馆、日本国会图书馆藏）；明刻本（山东省图书馆藏）；《通志堂经解》本（康熙刻、同治刻、日本文化刻）；《四库全书荟要》本；《四库全书》本。

周易本义集成

元熊良辅撰。

《万卷堂书目》卷一《易经》：《周易本义集成》十二卷。熊良辅。

《澹生堂藏书目》卷一《经类第六》：《周易本义集成》二册。二卷，熊良辅。

《楝亭书目》：《周易本义集成》。元南昌熊良辅序集十卷，陈榉序，二册。

《孝慈堂书目》：《周易本义集成》。元熊良辅，十三卷。

《千顷堂书目》卷一《补》：熊良辅《周易本义集成》二卷。字任重，南昌人，举延祐丁巳乡试，复有《易诗集说》，不传。

《经义考》卷四六《易四十五》：熊良辅《周易本义集成》十二卷。存。

良辅自序曰：“《六经》皆圣人垂训后世之书，而《易》经四圣人之手，乃成其为书也。大而天地性命之理无不包，微而事物纤悉之情无不尽，精入于无形，粗及于有象，人生日用、一动静语嘿之间，无非《易》道之流行，顾由而不知者多耳。伏羲始画卦，无文字可传，大概以阳吉阴凶为义；文王、周公系之以辞象，占其本旨也；夫子赞《易》，一以义理为主，吉凶消长之理、进退存亡之道，于是乎大备。盖象占固义理之所寓，而以义理为主，象占亦在其中矣。善学者于此，先求《易》之本旨，然后广而充之，体用一源、显微无间之旨，将不待卜筮而后见，此又自然之妙也。自后儒析经附会之余，学者支离漫衍，欲以明《易》，而反以晦《易》。至宋程子作《易传》，而义理之学大明，然程子亦自谓其解《易》只说得七分。朱子一以卜筮为说，然后作《易》之本旨益著，朱子尝曰：'有天地自然之《易》，有伏羲之《易》，有文王、周公之《易》，有孔子之《易》。'是则程子之《传》，孔子之《易》也；朱子之《本义》，文王、周公之《易》也。推本而论，孔子之《易》，即文王、周公之《易》；文王、周公之《易》，即伏羲之《易》；伏羲之《易》，即天地自然之《易》也。虽其旨意微有不同，而其理则未尝有二，要在善观之耳。良辅曩执经于遥溪熊先生，已知好《易》。乃大德壬寅，先生之友泉峰龚先生授徒泉山之麓，良辅分教小学，山深日久，因得肆意于《易》，取诸说而涵泳之。顾以篇帙繁大，众说纷错，时有得失，乃以己意采辑成编。以朱子《本义》为主，如《语录》、如程《传》，以及诸家之说与《本义》意合者，亦有与《本义》不合而似得其旨者，备录以相发，名曰《集疏》。泉峰先生亲为校正，复云云其后，间有鄙见一二，亦蒙不削，嘱遂成编。至大辛亥，良辅以所得复求是正，而二先生病不起矣。自是遗编独抱，不敢废坠。重念义理无穷，学无止法，期有所得，以卒初志，且欲使二先生之学，万一可传于后也。于是缮写成编，凡一十二卷，藏之以俟。会丁巳以《易》贡，而同志益信其僭说，闵其久勤，间出工费，勉锓诸梓，而竺溪刘直方实主张，是不能辞也，因僭书其端云。"

陈栎序曰："朱子曰：'有天地自然之《易》，有伏羲之《易》，有文王、周公之《易》，有孔子之《易》。'夫《易》以道阴阳，时有古今，道无古今，圣人岂求异于圣人哉？要皆发明《易》道之蕴，则圣人之意各有在也。天地自然之《易》，得伏羲而后画；伏羲之画，得文王周公之辞而后明；文王、周公之辞，得孔子《十翼》而后备。四圣人之心，拳拳为天下后世计，天下后世有能得圣人之心于言象之间，所以开物成务，存天理、遏人欲之意，常嘿寓于其中，所以使民日迁善而不自知也，其有关于世教民彝而甚大。由汉以来，《易》通湮晦，其说不失之泛，则失之凿。至宋，程、邵诸先生作，或以理，或以数，而《易》道复明于世。又将百年，而朱子出焉，推究作《易》之原，以求四圣人之心于千载之上，《易》至是而本旨益著。后有作者，孰能出象占之外而言《易》哉？熊君任重早师遥溪熊氏学《易》，继复得《易》传于遥溪之友泉峰龚氏，辑成《易》编，以朱子《本义》为注，而集诸家之善以为疏，大纲一正，万目毕举，然后以己意折衷之，其有功于《易》为多，以是益知义理之无穷也。榉窃尝谓孔子《易》集伏羲以后之大成者也，朱子之书集程、邵以上之大成者也。今读任重是编，以《本义》为主，而诸家之说附见，犹乐之有众音也，犹音之有清浊疾徐，使之各有节奏者也，其于朱子之大成，盖洋洋乎盈耳矣。三复不能舍，敬题其编首曰《周易本义集成》云。任重，南昌忠孝里人，名良辅，梅边其号也。岁丁巳以《易》贡，年壮而志益勤，其进讵可量哉？其进讵可量哉？”

黄虞稷曰：“良辅，字任重，南昌人。举延祐丁巳乡试，是书外有《易传集疏》，不传。”

《也是园藏书目》卷一《经部》：熊良辅《周易本义集成》十二卷。

《虞山钱遵王藏书目录汇编》卷一《经部》：熊良辅《周易本义集成》十二卷。

《传是楼书目·经部》：元熊良辅《周易本义集成》十二卷。

《好古堂书目·经部》：《周易本义集成》十二卷，元熊良辅。

《季沧苇藏书目·宋元杂板书》：《周易本义集成》十二卷，元熊良辅。

《文瑞楼藏书目》卷一《经部》：《周易本义集成》十二卷，元熊良辅。

《四库全书总目》卷四《经部·易类四》：《周易本义集成》十二卷，两江总督采进本。元熊良辅撰。良辅字任重，号梅边，南昌人。延祐四年尝领乡荐，其仕履未详。是书前有良辅《自序》，称“丁巳以《易》贡，同志信其僭说，闵其久勤，出工费锓梓”。丁巳即延祐四年。元举乡试始于延祐甲寅，是科其第二举也。考《元史·选举志》，是时条制，汉人、南人试经疑二道、经义一道，《易》用程氏、朱氏，而亦兼用古注疏。不似明代之制，惟限以程朱，后并祧程而专尊朱。故其书大旨虽主于羽翼《本义》，而与《本义》异者亦颇多也。黄虞稷《千顷堂书目》称良辅是书外有《易传集疏》，不传。考《易传集疏》，元熊凯撰。《江西通志》载：“凯字舜夫，南昌人，以明经开塾四十年，时称遥溪先生，同邑熊良辅受业焉。”良辅《序》中亦称受《易》于遥溪熊氏，与《通志》合。截然两人、两书。虞稷以同姓、同里、同时，遂误合为一耳。

《孙氏祠堂书目》外编卷一：《周易本义集成》十二卷。元熊良辅撰。

《鉴止水斋藏书目》经部第四厨：《周易本义集成》四本。

《问源楼书目初编》卷一上《经部》:《周易本义集成》十二卷，元熊良辅撰，通志堂本。

《带经堂书目》卷一《经部》:《周易本义集成》十二卷，影元抄本，元熊良辅撰。

《郇嬛妙境藏书目录》卷一《经部》:《周易本义集成》，元熊良辅。

《郑堂读书记》补逸卷二《经部》:《周易本义集成附录》十二卷，通志堂经解本。元熊良辅撰。良辅，字任重，号梅边，南昌人。延祐丁巳以《易》领乡荐。《四库全书》著录。倪氏、钱氏《补元志》均载之,无“附录”二字,倪氏又作二卷,脱一“十”字也。是书成于延祐复科举之后,亦用《本义》原本《古易》篇次,其上、下《经》二卷，谓之《集成》,《十翼》十卷，谓之《附录》。元时科举之制,《易》用程、朱而兼注疏，故是书虽主《本义》，而不尽墨守，实取诸家之长，如卷首之《九图》，其卦变一图亦不取，而增以太极四图及大衍、卦序二图。有至治壬戌自序及陈孟实榉序，又有诸家姓氏及纲领一卷。纳兰容若序称其所采摭自唐迄元凡八十四家,中姓氏多不著者,于以见《易》书之多,后世不可得尽见，犹赖是书以传。

《藏园订补郘亭知见传本书目》卷一《经部一》:《周易本义集成》十二卷。元熊良辅撰。〇通志堂本。补：〇元刊本，半叶十行，行十七八字不等，细黑口，四周双栏。

《万卷精华楼藏书记》卷三《经部一》:《周易本义集成附录》十二卷，元熊良辅撰。通志堂本。前有自序、陈榉序、纲领、易图。上、下《经》二卷，谓之《集成》。《十翼》十卷，谓之《附录》。朱氏《授经图》但录《集成》二卷，盖未见全书也。自唐迄元所采，凡八十四家。良辅自序曰：“曩执经于遥溪熊先生，已知好《易》，乃大德壬寅，先生之友泉峰龚先生授徒泉山之麓，良辅分教小学，山深日久，因得肆意于《易》，取诸说而涵泳之。时有得失，乃以己意采辑成编，以朱子《本义》为主。如《语录》，如程《传》，以及诸家之说与《本义》意合者,亦有与《本义》不合而似得其旨者,备录以相发名,曰《集疏》。泉峰先生亲为校正。”于是缮写成编，凡十二卷，藏之以俟。会丁巳以易贡，而同志益信其僭侻，闵其久勤，间出工费，勉锓诸梓。陈榉序曰：“任重，南昌忠孝里人，名良辅，梅边其号也。丁巳以易贡，年壮而志益勤，其诣讵可量哉？”黄虞稷曰：“良辅字任重，南昌人，举延祐丁巳乡试。是书外有《易传集疏》，不传。”

《八千卷楼书目》卷一《经部》：《周易本义集成》十二卷，元熊良辅撰。通志堂本。

《增订四库简明目录标注》卷一《经部一》：《周易本义集成》十二卷，元熊良辅撰。通志堂本。

今按：元刻明修本（国家图书馆藏）；元刻本（山东省图书馆藏）；《通志堂经解》本（康熙刻、同治刻、日本文化刻）；《四库全书荟要》本；《四库全书》本。

周易订疑

元董养性撰。

《四库全书总目》卷七《经部·易类存目一》：《周易订疑》十五卷、《序例》一卷、《易学启蒙订疑》四卷、《周易本义原本》十二卷，山东巡抚采进本。旧本题董养性撰，不著时代。考元末有董养性，字迈公，乐陵人，至正中尝官昭化令，摄剑州事，入明不仕，终于家。所著有《高闲云集》。或即其人欤？是书前有《自序》，谓用力三十余年乃成。其说皆以朱子为宗，不容一字之出入。盖亦胡一桂、陈栎之末派也。

今按：清正谊堂刻本（南京图书馆藏）。

周易参义

明梁寅撰。

《季沧苇藏书目·经解目录》：《周易参义》十二卷。元梁寅。

《万卷堂书目》卷一《易经》：《周易参义》九卷。梁寅。

《国史经籍志》卷二《经类》：《周易参义》九卷。梁寅。

《天一阁书目》卷一之二《经部》：《周易参义》十二卷。红丝栏抄本。

《千顷堂书目》卷一《易类》：梁寅《周易参义》十二卷。经文上下二卷，《十翼》十卷。寅以程朱二家释经义殊，乃融汇二家，合以为一。

《绛云楼书目》卷一《易类》：梁寅《周易参义》三册。

《明史》卷九六《艺文志一》：梁寅《周易参义》十二卷。

《经义考》卷四九《易四十八》：梁氏寅《周易参义》十二卷。存。

寅自序曰："汉班固氏言六艺具五常之道，而易为之原。夫羲农以前诗书之文，礼乐之具，春秋之行事，皆未著也。而八卦之画三才备焉，六位之列人文彰焉，天下之道尽于易矣。文王之彖辞，周公之六爻，孔子之传赞，辞无不备，而吉凶为益明。迨孔子殁，而商瞿以易相传授。汉兴，易以卜筮存，而田何之学为称首。为之训释者盖寖多焉。然九师之说无闻，百氏之言杂出。其高也，或沦于空虚；其卑也，或泥于象数。而易之意隐矣。程朱二夫子出，而大明斯道，于是阐其微，穷其赜，通其拘，启其窒，象辞之义，变占之法，阴阳之妙，人事之殊，复灿然著矣。夫圣人之书，其所同者道也，其不同者言也。善学者各因其言以求其道，则其要归一而已。观于传注者，亦由是也。程子论天人以明易之理，朱子推象占以究易之用。非故为异也。其详略相因，精粗相贯，固待乎学者之自得也。寅读书山中，窃好是经，惧于荒怠而无以自励，乃参酌二家，旁采诸说，僭附己意，别为一书，名曰《参义》。俾观之者，由详而造约，考异而知同，则是书者亦程朱之义疏也。今天子即位之元年，为至元六年，岁名商横执徐，月名毕聚，始缮录成编。总十二卷，将以行于四方，诹之君子，以俟详订。"

又自述曰："读程朱易，以其释经意殊，乃融会二家，合以为一，谓之《易参义》。"

《明太祖实录》："寅字孟敬，临江新喻人。辟集庆路儒学训导，以亲老辞归。明年兵起，遂隐居教授。所著有《周易参义》《诗书演义》《周礼考注》《春秋考义》。征修礼乐书，已六十余，在礼局中讨论精审。书成，赐金帛。将授以官，以老病辞归，结屋石门山，学者称为'梁五经'。"

《四库全书总目》卷四《经部·易类四》：《周易参义》十二卷，浙江巡抚采进本。元梁寅撰。寅字孟敬，新喻人。元末辟集庆路儒学训导，以亲老辞。明年兵起，遂隐居教授。明初征修礼乐书，将授以官，复以病辞归，结屋石门山。学者称曰"梁五经"。著有《礼书演义》《周礼考注》《春秋考义》诸书。此乃所作《周易》义疏，成于至元六年，前有寅自序。其大旨以程《传》主理，《本义》主象，稍有异同，因融会参酌，合以为一，又旁采诸儒之说以阐发之。其分上下《经》、《十翼》，一依古《易》篇次，即朱子所用吕祖谦本。其诠释经义，平易近人，言理而不涉虚无，言象而不涉附会。大都本日用常行之事，以示进退得失之机，故简切详明，迥异他家之轇轕。虽未能剖析精微，论其醇正，要不愧为儒者之言焉。

《八千卷楼书目》卷一《经部》:《周易参义》十二卷。元梁寅撰。通志堂本。

今按：明初刻本（国家图书馆、上海图书馆藏）；明范氏天一阁抄本（上海图书馆藏）;《通志堂经解》本（康熙刻、同治刻、日本文化刻）;《通志堂经解》本（国家图书馆藏）；清初抄本（辽宁省图书馆藏）;《四库全书》本。

周易本义通释增纂

明郑观撰。

《经义考》卷四九《易四十八》: 郑观《周易本义通释增纂》。佚。

陈琏序曰："伏羲画八卦而文籍生，是《易》于诸经为首出，秦焚典籍而《易》独存者，以其占筮之书也。《易》之作，虽本于占筮，自占筮既立，而理义实寓于占筮之内，其道广大，包括天地，其源一出于天之自然，有非人为智巧之私。而后世说《易》者，各随所见，不失于凿，则失于泛，不失于诞谩，则失于怪僻，俱未为得。逮河南程子作《传》，始以随时变易，发明阴阳变易之妙，所谓'体用一源，显微无间'是已。若偏于象占，而不该乎理义，则奚以知文王之《彖辞》、周公之《爻辞》、孔子之《十翼》也？若专于理义，而不及象占，又奚以知伏羲、文王所画八卦之心哉？紫阳朱子《本义》之作，所以补程《传》之所未足，而上以承四圣之心，羲、文、周公之言，至是始坦然而明矣。然则程、朱不惟有功于四圣，诚有功于万世也。厥后云峰胡氏之《通释》，一以《本义》为主，集诸家之说不背程、朱者为之，其学出于朱子门人蔡氏。三山郑尚宾博学有文，而专于《易》，尝登考古赵扸谦之门，考古之《易》得于天台郑氏，乃云峰所传之派，故其学有源委。间取诸家说与程《传》《本义》合者，以补《通释》之未备，间以一二己意附其间，名曰《增纂》。用心之勤，取择之审，视予前所云说《易》者相去远甚，而有功于《本义》《通释》矣。学者诚能因是以明乎《易》道，则立言励行，处已治人，守常应变，岂不有得哉？尚宾间属予序其所传之由与增纂之意，遂书此复之。尚宾名观，洪武中领荐，历官至临川令，所至有循良名，今为驸马都尉沐公学录云。”

周易本义附说

明左辅撰。

《千顷堂书目》卷一《易类》：左辅《周易本义附说》缺卷。字弼之，泾县人。弘治丙辰进士，宁州知州。

《经义考》卷五一《易五十》：左氏辅《周易本义附说》。未见。

黄虞稷曰："辅字弼之，泾县人。弘治丙辰进士，宁州知州。"

周易本义音释

明郑禧撰。

《经义考》卷五一《易五十》：郑禧《周易本义音释》。佚。

《括苍汇纪》："郑禧，缙云人。弘治甲子举人，官信阳知州。"

周易本义翼

明仇二常撰。

《澹生堂藏书目》卷一《经类第六》：《周易本义翼》三册。四卷，仇二常。

《千顷堂书目》卷一《易类》：仇二常《周易本义翼》四卷。

周易本义直讲

明李鸣盛撰。

《经义考》卷五三《易五十二》：李氏鸣盛《周易本义直讲》。未见。

杨守陈序曰："四圣之《易》，自汉以来，传注无虑数百家，惟宋程子之《传》、朱子之《本义》并行于世。国朝选士之制，治《易》必兼《传》《义》，士遵之久矣。至于近时，乃往往废《传》而专《本义》，岂谓《传》《义》有得失而取舍之哉？惟以《传》详《义》简，竞务简以利捷耳。夫士不能博通《五经》，而各治其一，已愧于古，况治《易》而不兼《传》《义》，惟简是务，益趋于陋矣。暨其幸得一官，则并其简者，亦视之如弁髦，弃不复顾，其能仕而学者，几何人哉？是皆可慨已。天长县学教谕李君鸣盛，早受《易》于其父，长而讲习不已，既被乡选，以忧家居，取《易》温习，因以平昔所见闻诸说，纂集成文，名曰《周易本义直讲》，时仅及《系辞》而已。逮起家官天长，则又及上下二《经》，逾两年而毕，乃因其乡人修撰傅君曰川寓书请予为序。其言大抵主《本义》而宾《传》，皆循循然不敢越矩矱之外，盖欲以示其徒，处则为横舍讲解之资，出则为场屋文辞之用，其用志亦勤矣。余少尝学《易》，间作举子文字，亦主《义》宾《传》，暨擢第归，益味经旨，著《易私抄》，所见有异于前时。盖以《易》为卜筮用，而非为卜筮作者；伏羲则《河图》而作《易》，所以顺性命之理也；大禹则《洛书》而作《洪范》，所以叙彝伦之道也。《图》《书》非为卜筮而出，《易》《范》岂为卜筮而作？尚占惟《易》之一道，稽疑特《范》之一畴耳。《易》岂《火珠林》之比哉？程子作《传》，实探伏羲之精，以发性命之理，盖不但衍周《经》而已。朱子谓程《传》义理至备，象数犹欠，故作《本义》，推象数而明占筮，其辞尚简，不过补《传》之不足耳。学者岂可废《传》而专《本义》哉？且《易》道广大，无所不备，非博学详说，不足以究之，诸家之说，百氏之书，皆当取而不废，则庶乎得《易》之道矣。李君尚进于此哉。”

易传阐庸

明姜震阳撰。

《四库全书总目》卷七《经部·易类存目一》:《易传阐庸》一百卷，江苏巡抚采进本。明姜震阳撰。震阳字复亨，自称曰东楚，盖淮、泗间人也。其书以朱子《本义》为主，附缀诸说于其下，而经文次第仍用王弼之本。盖惟见坊刻《本义》，未见朱子原书也。其说皆循文衍义，冗沓颇甚，不出坊刻讲章之习。卷前标曰“十名家批评”，其陋亦可以想见矣。《经义考》作一百二卷，注曰未见。此本惟一百卷，殆彝尊偶误欤？

《传是楼书目·经部》:《易传阐庸》一百卷。明姜震阳。二十本。

周易宗义

明程汝继著。

《澹生堂藏书目》卷一《经类第六》:《周易宗义》。十二卷，十二册，程汝继。

《千顷堂书目》卷一《易类》：程汝继《周易宗义》十二卷。婺源人，万历辛丑进士，江西袁州府知府。

《明史》卷九六《艺文志一》：程汝继《周易宗义》十二卷。

《四库全书总目》卷八《经部·易类存目二》:《周易宗义》十二卷，浙江吴玉墀家藏本。明程汝继撰。汝继字志初，朱之蕃《序》又称其字曰敬承，盖有二字也。婺源人。万历辛丑进士。官至袁州府知府。是书前有自述凡例云："以朱子《本义》为宗，故名曰宗义。"然亦往往与朱子异。朱之蕃《序》称："万历辛卯遇汝继于天界禅林，方以易学应制举。"又称："比擢南曹，乃得乘其政暇，罗列诸家之说，不泥古，不执今，句栉字比，必求其可安于吾心，以契诸人心之所共安，而后录之。"盖其初本从举业而入，后乃以意推求，稍参别见，非能元元本本究《易》学之根柢者，故终不出讲章门径云。

《传是楼书目·经部》:《周易宗义》十二卷。明程汝继。六本。

《文选楼藏书记》卷五：《周易宗义》十二卷。明知府程汝继著。婺源人。刊本。是书采集诸解，一主《本义》，附己说。

周易广义

明郑敷教撰。

《四库全书总目》卷八《经部·易类存目二》:《周易广义》四卷，浙江郑大节家藏本。明郑敷教撰。敷教字汝敬，吴县人。崇祯庚午举人。是编用注疏本，以程《传》朱《义》为主，而推广其说，故名《广义》。凡诸儒之说与《传》《义》合者取之，稍有不合者则去之。朱彝尊《经义考》载敷教《易经图考》十二卷，而不载是书，殆偶未见欤?

今按：清康熙二十三年刻本（国家图书馆、中国科学院图书馆、中共中央党校图书馆、山东省图书馆、南京图书馆、浙江图书馆、湖北省图书馆、齐齐哈尔市图书馆藏）；清乾隆五十四年松月楼刻本（国家图书馆藏）。

易传义

明佚名撰。

《四库全书总目》卷八《经部·易类存目二》:《易传义》十二卷，内府藏本。不著编辑者名氏。取程子《易传》、朱子《易本义》合为一书，冠以《图说》《纲领》各一篇。皆从《易经大全》中录出，故改朱本之次第以从程本，版式字画颇为工楷。曹寅《楝亭书目》亦载有此书一函。盖明代经厂本也。

周易本义翼

清周天锡撰。

《温州经籍志》卷一《经部》:周天锡《周易本义翼》,《花萼楼集》。未见。《自序》:“《易》不可以解解也，解之，浅之乎窥《易》也。古今解《易》，无虑数百家，而本朝功令，一以紫阳为准。余幼时王父手授《易解》一帙，虽未成书，而字疏句晰，惟精绎《本义》更不旁溢一语，箧之二十稔矣。去年课儿辈《易》，钝不能解，敬仿而增之，间参以考证数则，俾之由浅入深焉。夫《易》不可以解解也。如麈解也，即觅夫不可解者又安在哉？《花萼楼集》。《东瓯诗存》三十六:周天锡，字懋宠，号樗庵，应期子。康熙岁贡，著有《花萼楼诗文集》。

周易本义翼

清吴曰慎撰。

《经义考》卷六二《易六十一》:吴曰慎《周易本义翼》。未见。

恽日初曰：“徽仲于《易》，有据卦理印合心得者，有本心得发挥卦理者。语不必仍旧，而证据各见从来；义不必创获，而会归要期。当可简而切，该而旨，四通而一致。”高世泰曰：“徽仲吴先生，壶隐金阊，其于《易》也，饮食寤寐于其中。《本义翼》之外，又有《揲之以四解》，冥搜旁通，无不入妙。”

周易本义爻征

清吴曰慎撰。

《八千卷楼书目》卷一《经部》:《周易本义爻征》二卷，国朝吴曰慎撰。惜阴轩本。

《清史稿》卷一四五《艺文志一》:《周易本义爻征》二卷。吴曰慎撰。

今按 :《惜阴轩丛书》本（道光刻、光绪刻）。

周易本义阐旨

清胡方撰。

清卢观恒《周易本义阐旨序》: 朱子《易经本义》一书，言近指远，洁静精微，学者每难聚窥其奥。吾乡金竹胡先生为之阐旨，发凡起例，提要钩玄，于《本义》只字单词，无不有以究极其理，而深得立言之蕴。间自抒所见，引伸触类，多发前人所未发。其羽翼经传，启迪后人，功甚巨也。壬申秋，先生玄孙捷登奉其家藏抄本示，余嘉其不忘手泽，因为编校，并录《本义》于经文之后，以便参阅。谋付梓以行于世，庶圣经贤传，微言奥义，昭若日星。而金竹之苦心用以不没。读是书者亦得有所感发云。嘉庆十七年岁在壬申冬十月后学卢观恒谨识。《朱子全书》第二十七册《序跋》。

今按 : 清嘉庆十七年兰桂堂刻本（中国科学院图书馆、上海图书馆、南京图书馆、山东省图书馆、湖北省图书馆、山东省图书馆藏）。

周易本义注

清胡方撰。

《八千卷楼书目》卷一《经部》:《周易本义注》六卷，国朝胡方撰。《岭南遗书》本。

《清史稿》卷一四五《艺文志一》:《周易本义注》六卷。胡方撰。

今按 :《岭南遗书》本（道光刻）。

周易广义

清潘元懋撰。

清胡文学《周易广义序》：汉儒始重说经，然他经犹易说也，惟《易》不易说也。夫子曰“吾述而不作”，述者，谓述古人之义而立言，即说经亦犹是也。盖自古作者，伏羲氏一人而已。其后，虽文王、周公俱述也，然文王奚所得于画而即见有元亨利贞？周公奚所得于画之一而即见有潜龙于二，而即见有见龙？此二圣人，善说伏羲之易也。至吾夫子，则显然说经，既已大言之精言之，旁通而广释，使其义无不尽。此夫子善说三圣人之易也。自商瞿之后，渐为施京马郑之说，复一变而为辅嗣王氏之说，再变而为图南陈氏之说。至于程朱之传义，而四圣人之道始大著。盖由商瞿之后，旷数千年而世系止此，是则说经固诚不易也。然自考亭出，而诸家之言遂废。今《大全》所集，端取羽翼《本义》，亦皆说朱氏之易也。吾年友潘子友硕，少善易学，谓近世惟虚斋蔡氏、次崖林氏二家所说足以羽翼《本义》，因取其书为之条分缕析，合为一编，以广《本义》所未及。凡二十年而书成，使学者得由蔡、林以见《本义》，由《本义》以上窥四圣人作述之旨。所谓由河以及海者也。其于说经，亦诚不易矣。虽然，考亭先生之言曰“学易当以简治繁，不以繁御简”，又曰“诸圣贤之易各自为其易，学者且依古易次第先读本文，则本旨自见”。是则今日此书既已广《本义》所不及，吾犹愿学者，更由广而复归于本也，则益进之矣。叙次源流，简而能该。原本经术之文，入之南丰集中亦当称最。《适可轩文集》。

《四库全书总目》卷九《经部·易类存目三》：《周易广义》六卷，江苏周厚堉家藏本。国朝潘元懋撰。元懋字友硕，鄞县人。是书成于康熙壬子。以朱子《本义》为主，逐句发明，如注之有疏。又以章旨、节旨及敷衍语气者冠于上方。所谓坊刻高头讲章也。

今按：清康熙十一年刻本（上海图书馆藏）；清康熙十二年刘元琬武林刻本（北京大学图书馆、中国科学院图书馆、上海图书馆、南京图书馆、辽宁省图书馆）。

周易说略

清张尔岐撰。

清张尔岐《周易说略序》：天下之理一而已矣，而致用则万。圣人欲举一以示人，而一无容示也，万又不可胜穷。于是乎卦以象之，爻以效之，统于六十四，析为三百八十四，而天下之人皆在其中，天下之物皆在其中，天下人物之成败盈亏，以至一动一息，无不在其中，而天下之能事毕矣。夫天下之人、天下之物、天下人物之成败盈亏，以至一动一息，其数不可胜举矣。而举不出此六十四卦、三百八十四爻者，谓其已具天下人物一切动静之影似也。天下之人物与人物之一切动静，质言之则不可胜穷，而拟其影似，则六十四卦、三百八十四爻而可毕者，质言则专，专则滞，故愈详而愈多失，拟其影似则略于事而言理，略于理而言理之象。于是乎事所不得兼者，理得而兼之。此之理不得兼彼之理者，理之象则无不得而兼之也。宓羲之画，文王、周公之辞，孔子之翼，无二致也。朱子作《本义》，亦但依贴卦辞，销释凝滞，宁为略不为详者，亦曰求不失其为影似者而已。世之为举业者，遗天下之人而专言一二人，遗天下之物而专言一二物，甚至举数卦数爻无不属此一二人、一二物。其言此一二人、一二物也近于详，而于天下之人之物则荒矣。夫此六十四卦、三百八十四爻者，谓其各指一人各指一物且不可，况举而属之一二人、一二物？岂四圣之作易专为一二人、一二物设哉？予自四十读《易》，时取以授子侄门人，每病俗说之陋，而《本义》又不易读，乃本其说，稍为敷衍，名曰《说略》，以便童蒙。傥读者因此以得朱子之说，复因朱子之说以求四圣人之说，庶几见圣人设卦系辞待用于无穷者，果非质言之所能详，而依其影似，随事拟议以尽变焉。将不容言之旨，亦依稀可睹矣乎。《蒿庵集》卷二。

《四库全书总目》卷九《经部·易类存目三》：《周易说略》四卷，山东巡抚采进本。国朝张尔岐撰。尔岐字稷若，济阳人。笃守朱子之学，因作此书以发明《本义》之旨。内惟第四卷分为二，故亦作五卷。李焕章作《尔岐传》云八卷者，误也。

今按：清康熙间刻本（国家图书馆、上海图书馆藏）；清乾隆二十七年吴元祥刻本（山东省图书馆藏）；清嘉庆二年奎文堂刻本（北京大学图书馆、辽宁省图书馆藏）；清嘉庆二年文源堂刻本（国家图书馆、中国科学院图书馆、山东省图书馆藏）；清嘉庆十年敬文堂刻本（上海图书馆藏）；清嘉庆十年文锦堂刻本（山东省图书馆藏）；清宣统元年善成堂刻本（山东省图书馆藏）。

周易本义引蒙

清姚章撰。

《大梅山馆藏书目》卷一《经部》：姚章《周易本义引蒙》十二卷。

今按：清康熙三十四年陈钟岳刻本（中国科学院图书馆藏）；清康熙三十四年刻道光二十三年姚锈、姚鉽补刻本（山东省图书馆藏）。

周易纂注

清朱奇颖撰。

《四库全书总目》卷九《经部·易类存目三》：《周易纂注》无卷数，江苏巡抚采进本。国朝朱奇颖撰。奇颖字九愚，嘉定人。顺治辛卯拔贡生，官平遥县知县。此书大概依附朱子《本义》而稍参以己说。后有《附录》一卷，则其子所刻墓志、行状也。

周易本义晰

清胡良显撰。

《四库全书总目》卷九《经部·易类存目三》：《周易本义晰》无卷数，湖北巡抚采进本。国朝胡良显撰。良显字忠遂，别号得岑，汉阳人。康熙辛卯举人，官武城县知县。是编皆推衍朱子《本义》之旨，而经、传次序仍用王弼之本。至于经文字句，如《坤卦》初六《小象》"履霜坚冰"句上增"初六"字，《文言传》后"得主而有常"句中增入"利"字，《渐卦·彖传》"渐之进也"句，刊除"之"字。虽其说本于朱子，然《本义》但注于句下，未敢径改。良显乃据以笔削，亦可谓信传不信经矣。

周易本义述

清郭学准撰。

《稽瑞楼书目》:《周易本义述》四卷，郭学准撰。抄本，未全，三册。

周易本义拾遗

清李文照撰。

《四库全书总目》卷九《经部·易类存目三》:《周易本义拾遗》六卷，湖南巡抚采进本。国朝李文照撰。文照字朗轩，长沙人。康熙癸巳举人。其书用朱子古本并为六卷。《自序》谓《本义》于辞多得之,而于象未深考,因为补葺。释经则以象数为主,释传则以义理为归。各条载《本义》全文,而以己说附于后。于变爻互体，言之特详，而所释诸象则大抵随文付会。至于爻辞之首各冠以本卦六画，而以所值之画阳作○、阴作 × 以别之，如世传钱卜动爻之式。其法虽见贾公彦《周礼疏》中，乃卜筮者临时之所记，用以诂经则非矣。

今按：李氏成书本（清四为堂刻）。

大易蓄疑

清刘荫枢撰。

《四库全书总目》卷九《经部·易类存目三》:《大易蓄疑》七卷，陕西巡抚采进本。国朝刘荫枢撰。荫枢字乔南，韩城人。康熙丙辰进士，官至贵州巡抚。是编用王弼之本,但有六十四卦而无《系辞》以下。其说多用朱子《本义》而小变之。然措语蹇滞，多格格不能自达其意。

易说

清田嘉谷撰。

《四库全书总目》卷九《经部·易类存目三》:《易说》十卷，山西巡抚采进本。国朝田嘉谷撰。嘉谷字树滋，阳城人。康熙壬辰进士，官翰林院编修。是书以《本义》为主，而取程《传》辅之。凡他说之羽翼《本义》者，乃采缉汇编。然所见未广，引用之语不外永乐《周易大全》一书。《自序》谓“学者应举，由是求之，庶乎不迷所往”。则本不为发明经义作矣。

周易本义述蕴

清姜兆锡撰。

《四库全书总目》卷九《经部·易类存目三》:《周易本义述蕴》四卷，江苏巡抚采进本。国朝姜兆锡撰。兆锡字上均，丹阳人。康熙庚午举人，乾隆初荐充三礼馆纂修官。是书取名《述蕴》者，盖取《通书》“圣人之精画卦以示，圣人之蕴因卦以发”之义。大旨恪遵朱子《本义》，如解《屯卦》六二“匪寇婚媾”句，解《否卦》“否之匪人”句。舍《本义》而从程《传》孔《疏》者，亦偶有之，非其通例也。其《经》《传》之次第，则于卦画之后继以《彖辞》《彖传》，于《彖辞》《彖传》之后继以《象辞》《象传》，而《乾》《坤》二卦则又割《文言传》为二段，分缀于《彖》《象》二传之下。其以大小《象传》列《彖传》后者，自谓用今本《乾卦》之例。列《彖传》于《彖辞》后者，自谓用今本《坤卦》之例也。然割裂《文言》，又用何例乎？既非今本，又非古本，殊为进退无据。又既解《本义》之《九图》，而卦变一图其说与《本义》互异者，置不一言，亦为疏漏。至订定《杂卦》《大过》以下八卦，本蔡渊之说而小变之，以《渐》《归妹》《既济》《未济》四卦相次为隔句韵体，亦殊勇于改经也。

《清史稿》卷一四五《艺文志一》:《周易本义述蕴》四卷，姜兆锡撰。

今按:清乾隆十四年姜氏寅清楼刻本（北京大学图书馆、上海图书馆、浙江图书馆、辽宁省图书馆藏）。

易翼述信

清王又朴撰。

《八千卷楼书目》卷一《经部》:《易翼述信》十二卷，国朝王又朴撰。诗礼堂刊本。

《文选楼藏书记》卷五：《易翼述信》十二卷。国朝进士王又朴著。天津人。刊本。是书宗《本义》而发明所得。

《清史稿》卷一四五《艺文志一》：《易翼述信》十二卷，王又朴撰。

大易合参讲义

清朱用行撰。

《四库全书总目》卷一〇《经部·易类存目四》：《大易合参讲义》十卷，江西巡抚采进本。国朝朱用行撰。用行字翼承，新建人。是书大旨以朱子为主，首列《本义》，而以《正义》《析义》次之，"正义"以阐朱子之旨，"析义"则兼采他说。又以象数不可竟废，间采瞿塘来知德之说，补于《析义》之后。大抵循文推衍，未能深造自得也。

大易近取录

清邵晋之撰。

《四库全书总目》卷一〇《经部·易类存目四》：《大易近取录》无卷数，浙江巡抚采进本。国朝邵晋之撰。晋之字叙阶，号檀波，仁和人。乾隆辛酉举人。其大旨以朱子《本义》有"有注而可疑"者，有"可疑而无注"者，偶有所见，即以己意补之。其曰"近取"者，自序谓"远取诸物，必俟宏通该博之士，而近取诸身，则人莫不有身也"。首列《卦图初参》，自谓"所得者浅，或将来更有所见，故以'初参'为名"。次《大凡发明》，乃著书之义例，其所诠释，多切人事。自序云"馆海州三阅月而成，传之家塾，为子弟求释字义者观之"云。

周易本义辨证

清惠栋撰。

《振绮堂书目》卷二：《周易本义辨证》二册。

《孙氏祠堂书目》内编卷一：《周易本义辨证》五卷惠栋撰。

《鉴止水斋藏书目》经部第一厨：《周易本义辨证》二本。

《稽瑞楼书目》:《周易本义辨证》二册。

《郑堂读书记》补逸卷二《经部》:《周易本义辨证》五卷，省吾堂本。惠栋撰。朱子《本义》，坊刻本袭《大全》之讹，定宇以为宜遵御定《周易折中》之本，复朱子原次，乃为是书，以辨证其次第。又坊本字句多谬讹滋多，乃详征诸家以是正之，均摘列经文与《本义》中语句，其辨证则下一字焉。至《本义》有未备者，则以《语类》及程《传》补之，《本义》有可疑者，则旁采众说以古义传之。又以《本义》无音释，乃取吕氏祖谦所撰《音训》附之，其未备者，则补以《说文》《广韵》诸书。其前凡例中谓宋本《本义》不可见，盖内府所刊宋咸淳本定宇亦未得见。其撰是书，颇为有功于《本义》焉。

《大梅山馆藏书目》卷一《经部》:惠栋《周易本义辨证》五卷。

《藏园订补郘亭知见传本书目》卷一《经部一》增:《周易本义辨证》五卷。国朝惠栋撰。〇常熟蒋氏省吾堂刊本。

《八千卷楼书目》卷一《经部》:《周易本义辨证》五卷，国朝惠栋撰。刊本。

《清史稿》卷一四五《艺文志一》:《周易本义辨证》五卷。惠栋撰。

周易本义参疑

清吴德旋撰。

《振绮堂书目》卷二:《周易本义参疑》四册。

今按：清道光十二年刻二酉堂印本（国家图书馆藏）。

周易本义衷旨说统大全合纂

清汪士魁、屠义良撰。

《八千卷楼书目》卷一《经部》:《周易本义衷旨说统大全合纂》四卷，国朝汪士魁、屠义良同撰。刊本。

易学启蒙

宋朱熹撰。

宋朱熹《易学启蒙序》：圣人观象以画卦，揲蓍以命爻，使天下后世之人皆有以决嫌疑、定犹豫而不迷于吉凶悔吝之途，其功可谓盛矣。然其为卦也，自本而干，自干而支，其势若有所迫而自不能已。其为蓍也，分合进退，纵横顺逆，亦无往而不相值焉。是岂圣人心思智虑之所得为也哉？特气数之自然形于法象、见于图书者有以启于其心而假手焉耳。近世学者类喜谈《易》而不察乎此，其专于文义者，既支离散漫而无所根著；其涉于象数者，又皆牵合付会，而或以为出于圣人心思智虑之所为也。若是者予窃病焉，因与同志颇辑旧闻，为书四篇，以示初学，使毋疑于其说云。淳熙丙午暮春既望，云台真逸手记。《晦庵先生朱文公文集》卷七六。

宋度正《书易学启蒙后》：伊川《易传》既成，然犹改正不已。有欲观者，第出而示之，未传以本。暨易箦，方以授张思叔、尹彦明。盖虑其本既传，后复有所更定，学者莫知所适从，往往或以前为信后为疑，而反误学者，故谨之耳。晦庵先生为《易传》，方脱稿时，天下已盛传之。正尝以为请，先生曰："学者宜观《启蒙》。"时先生已授后山蔡季通，则谓正曰："子往取而观之，《易》之学庶几可求矣。"先生盖不自以《易传》为善也。《启蒙》之为书，发明象数，以极乎天地万物之蕴，盖集古圣之大成也。然先生之于《易》，以为本为卜筮而作，方作《易传》时，其说已自如此。二书之指虽精粗之不同，而其大本亦未尝不同也。后之学者观之《易传》，则可见先生初年学《易》，所以发明《彖》《象》《文言》者如此；观之《启蒙》，则可见先生后来学《易》，所以举纲撮要开示后学者如此。本末先后自有次第，不可不知也。然今之学者类卜筮为术家象数之末矣，《易》为性命之书，于先生"《易》本为卜筮而作"之言有不释然者，是盖见"乾元"以下论说甚大，不但施于卜筮而已也。不知伏羲始画八卦，因而重之，六画之外，初无一词。当其时也，不以卜筮将何以乎？但圣人之卜筮，所以决吉凶、动静、存亡、进退之几，所以顺性命之理，通幽明之故，尽事物之情以前民用，虽不离乎象数之间，而究其用，非术家之谓也。周公作《周官》之书，以《诗》《书》礼乐教国子，而《三易》之法掌于太卜；秦焚《诗》《书》，而《易》以卜筮独得不焚。是《易》之为用，自文王以前既如此，周公以下又如此，其源流亦可知矣。今先生之言，推原古圣人作《易》之心以示天下后世，岂不深切而著明乎！眉山杨仲禹笃好先生之学，并刊二书以贻同好，正喜其志之广也，敬为书其后如此。嘉定五年冬十有一月，门人度正谨书。《性善堂稿》卷一四。

宋度正《书晦庵易学启蒙后》：正尝请问："《易》有圣人之道四，占特其一法耳。《易》之道宜无不该，先生传《易》，专以占之一法推之，何也？"曰："《易》之道固无不该，然圣人作《易》，本为卜筮以前民用，今从其所自起而求之，庶几可以见圣人之意耳。"正时虽不敢复问，然其心中犹有未释然者。一日，先生使人呼之，亲以《古今家仪》一书，了翁《台州谢表》一道、书稿一纸、笔一束授焉。正退阅其书稿，其一答王岘秀才书，论为学以收放心为本，及读书之法。其一乃答刘宰君房论易书，谓："此书本为卜筮而作，今其法已不传，诸儒言象数者例皆穿凿，言义理者又太汗漫，此《本义》《启蒙》所以作也。然《本义》未成书，为人窃出，有误观览。《启蒙》且欲学者就《大传》所言卦画蓍数推寻。自今观之，如论《河图》《洛书》亦未免有剩语。要之此书难读，不若《诗》《书》《论》《孟》之明白易晓。"先生之于《易》，其说盖如此。所谓《本义》者，今世所传《易传》是也。其曰"本为卜筮而作"者，盖以奇偶之画即蓍之所由起，而其体制与《诗》《书》文字绝不相类。先生所以断然为是说者，盖将以发千古之秘，使学者推本而求之，而自识其所以然耳。其曰"此难读，不若《诗》《书》《论》《孟》之明白易晓"者，非谓学者不必从事于此，而可以束之高阁也。盖学者之病，病在于驰骛高远而遗其卑近，未能知夫洒扫应对之节，而妄意于穷理尽性以至于命；未能识夫事亲从兄之实，而妄意于范围天地之化、曲成万物、通昼夜之道；曾不致谨于下学之功，而汲汲于上达之求。其卒也，必至于穷大而失其居焉。自谓穷神知化，而实不足以开物成务；自谓知死生之说，而实不能原始反终；自谓知鬼神之情状，而实不足以知精气之为物，游魂之为变。世之学者，鲜有不溺于是者。故先生之意，必使学者先从事于《诗》《书》《论》《孟》，然后循序而进之耳。学者果能从事于《诗》《书》《论》《孟》而有得焉，则其于读《易》也，必将嘿识心通而有所入矣。非为《易》之难而学者不当致力，特不可以是为先耳。昔者明道推康节之《易》学以为加一倍之法，他日举似康节，康节叹其敏悟。其后伊川问一倍之说，则曰："当时因试院中无事，偶取而推求之，见其如此，今不复记矣。”正每读《遗书》至此，再三致思而莫能入，则未尝不恨其说之无传也。后始得《启蒙》读之，于是洒然使人无复遗憾。呜呼，先生之于是书，发明先圣贤已绝之微言多矣，读者其毋以易心求之。嘉定六年四月己卯，门人巴川度正谨书。《性善堂稿》卷一四。

宋阳枋《赵使君汝廪刊易学启蒙于涪属予为跋》:《易》有象有数，与理、气而已矣。圣贤著书立言，发钥是焉者也。气、理妙于无迹，体由象、数而立；象、数显而可见，用该理、气而神。精粗显微，何往而非道哉。某年四十，从性善先生游，得其家塾《启蒙》善本，心悦而日玩焉。逾年，少有得。性善令往从莲荡先生问《易》奥旨，先生教人，言近而远，约而肆，于日用常行研究天理造化之精微。某拳拳服膺，有以见夫《启蒙》之作，首《河图》以著道之全体，次《洛书》，次伏羲、文王卦图、孔子《易》书，而明之以康节诸儒之说，以尽《易》之妙用，然后详著乎蓍法，而以变卦终之。夫全体立而妙用存焉，妙用达而全体寓焉，有能贯通乎是书之蕴，以之曲成万物焉可也，范围天地焉可也，穷理尽性至于命焉可也，岂徒曰“启蒙”而已哉。金沙赵公贤而乐道，常遣其子今重庆节判崇权从某问《启蒙》，而乐其说。公今守涪，祠莲荡于北岩，并刻《启蒙》书于涪。介来命予跋，某识见浅陋，何足以尽文公之旨？姑以所闻于师者识其末。性善家塾所刊有周子《太极》《通书》、张子《西铭》云。《字溪集》卷八。

明杨士奇《易学启蒙跋》：朱子《易学启蒙》，惟胡方平本最善。洪武乙卯，司仓伯罢官归，见余初读《易》，出一编以示，曰：“孺子勉之，《易》精蕴具在此书。即熟程朱《传义》后，宜熟此。吾藏以待汝。”即胡氏《启蒙》也。无几为人窃取，伯父不乐累日，至形于诟詈。余后出教童蒙，始得此本。追惟伯父所以拳拳于不肖，恩德为何如哉！《东里文集续编》卷一六。

清祝凤喈《校刻周易传义音训凡例》(节录):《易学启蒙》照《朱子遗书》本刻。其《序》称“云台真逸”者，先是一年，朱子崇道秩满，复丐祠，得华州云台之命，故有是称也。其中有衍脱数处：《原卦画》篇，伏羲六十四卦圆图失列卦名。“莫不由乎此矣”句下，脱注“震始交阴”以下四十字。(按：此是祝氏沿别本之误，将《性理大全》所附录朱熹如下一节文字误连于正文：“震始交阴而阳生，是说圆图震与坤接而一阳生也。巽始消阳而阴生，是说圆图巽与乾接而一阴生也。”)“王者其尽于是矣”句，“王者”下脱“之法”二字。《明蓍策》篇少阴以下挂扐，失列“一、二、三”等字。注中引蔡元定语“阴阳用老而不用少，故六十四变所用者十六变”，原本“阳”上脱一“阴”字，又于“十六变”上衍“十二变”三字，便不可解。今皆据善本校改。其《本图书》篇所云“一奇一偶以两其五行而已”，本或无“一奇一偶”四字，论文义亦不应有，今姑仍其旧，而辨正于此云。与古斋刊《周易传义音训》。

《玉海艺文校证》卷二《易·淳熙易学启蒙、本义》：朱文公熹。淳熙四年，《易本义》成，十二卷，又为诸图冠首，为《五赞》《原象》《述旨》《明筮》《稽类》《警学》。及《筮仪》附于末，《音义》二卷。十三年三月，《易学启蒙》成，四篇，以《本图书》《原卦画》《明蓍策》《考变占》为次。又有《蓍卦考误》，揲蓍之法见于大传。郭雍为《蓍卦辨疑》三卷，熹谓疏家小失其指，而辨之者又大失焉，说愈多而法愈乱，因为《考误》。毕氏中和揲法视疏义为详，论三揲皆挂一，正合四营之义。惟以三揲之挂，扐分措于三指间为小误，然大数亦不差。《易》本为卜筮而作，其言皆依象数以断吉凶。今其法不传，诸儒言象数者皆穿凿，言义理者大汗漫，故其书难读。此《本义》《启蒙》所以作也。先天之学，魏伯阳窥见其意，陈抟始发其秘，再传为邵雍《方圆图》《皇极经世》诸书。朱震、张行成、朱文公、蔡元定申其说。郭忠孝得李挺之《卦变论》，有得焉。李舜臣《易本传》三十三篇，迹《坎》《离》之从中起，校《震》《巽》之偏而不中，谓舍本卦而论他卦为不然，谓某卦从某卦来为妄。《复》“刚长”而以日云者，幸其至之速。《临》阳消而以月云者，幸其消之迟。《说卦》：“天地定位，山泽通气，雷风相薄，水火不相射，八卦相错。”邵子曰：“此伏羲八卦之位，《乾》南《坤》北，《离》东《坎》西，《兑》居东南，《震》居东北，《巽》居西南，《艮》居西北，于是八卦相交而成六十四卦，所谓先天之学也。”“帝出乎《震》，齐乎《巽》，相见乎《离》，致役乎《坤》，说言乎《兑》，战乎《乾》，劳乎《坎》，成言乎《艮》。”邵子曰：“此卦位乃文王所定，所谓后天之学也。”

《宋史》卷二〇二《艺文志一》：《易学启蒙》三卷。

《文渊阁书目》卷二：朱子《易学启蒙》一部一册，缺。朱子《启蒙》一部二册，缺。朱子《启蒙》一部一册，缺。

《脉望馆书目》“天”字号《易》：《易学启蒙》二本。

《澹生堂藏书目》卷一《经类第一》：《朱子易学启蒙》四册。四卷，朱文公。

《国史经籍志》卷二《经类》:《易说启蒙》三卷。朱熹。

《经义考》卷三一《易三十》:《易学启蒙》。《宋志》:三卷。存。

《也是园藏书目》卷一《经部》:朱子《易学启蒙》二卷。

《虞山钱遵王藏书目录汇编》卷一《经部》:朱子《易学启蒙》二卷。述《易》。

《竹垞行笈书目》"白"字号:《易学启蒙》二本。

《好古堂书目·子部》:《易学启蒙》四卷。

《本立堂藏书目·文集四》:《易学启蒙》四卷。

《百宋一廛书录·序》:《易学启蒙》。宋元经学一变汉唐之旧,故余家所储绝少。《易学启蒙》因宋刻,故储之。且检阅各家书目,往往载胡方平《易学启蒙通释》、税与权《易学启蒙小传》,而朱子之书恒略焉。岂流传未广欤?卷首序不直书姓名,而曰"云台真逸手记"。曾质诸钱竹汀先生,先生云:"朱子尝为云台之官,所谓云台真逸者,犹诸华阳真逸之类。"据是,则此六字正可见朱子仕迹。而它处有削去者,何耶?此本为昆山徐氏旧藏,知珍惜者已久矣。

《问源楼书目初编》卷一下《经部》:《易学启蒙》四卷,宋朱子撰,《遗书》本。

《许氏古韵阁书目》卷一《经部》:《易学启蒙》四卷,朱熹撰,《遗书》本。

《藏园订补郘亭知见传本书目》卷一《经部一》增:《易学启蒙》四卷。朱子撰。〇御儿吕氏刊《朱子遗书》本。〇《天禄后目》有宋刊本。〇宋本《易学启蒙》上下每半页七行,行十五字。附:通志堂本(原稿无,诸印本入正文)。

《八千卷楼书目》卷一《经部》:《易学启蒙》一卷,宋云台真逸撰,祝氏刊本。

《增订四库简明目录标注》卷一《经部一》:《易学启蒙》四卷,朱熹撰。《朱子遗书》本。宋板上下二卷,七行,行十五字。续录:《别本周易本义》四卷,明成矩撰。谨按《总目》,此部不存。

今按:明末刻本(南京图书馆藏);《朱子遗书》本(康熙刻);清咸丰六年解梁书院刻本(北京大学图书馆藏);清同治七年三益斋刻本(上海图书馆藏);清光绪元年刻本(湖北省图书馆藏);《西京清麓丛书》本(光绪刻);《刘氏传经堂丛书》本(光绪刻);日本宝历二年大阪书林刻本(复旦大学图书馆、南京图书馆藏)。

易学启蒙或问

宋郑文遹撰。

《经义考》卷三一《易三十》：郑文遹《易学启蒙或问》。佚。

《闽书》："郑文遹，字成叔，福州人。嘉泰甲子贡士，朱文公尝命编次《丧礼》，著有《易学启蒙或问》《春秋集解》《丧礼长编》。"

易学启蒙发挥

宋何基撰。

《经义考》卷三九《易三十八》：何基《易学启蒙发挥》二卷。未见。

基自序曰："《图》《书》出而《易》之数显，卦、爻画而《易》之象明，蓍、策设而《易》之占立。曰数、曰象、曰占，是三者乃圣人作《易》之大用，舍是则无以为《易》。一以贯之，则画前太极之妙，又《易》道之根源也。在昔伏羲氏继天立极，不过因造化自然之数，推卦画自然之象，仿蓍策自然之变，作为卜筮，以告天后世，使人得以决疑成务，而不迷吉凶，惟若指途云尔。至文王之系《彖》、周公之系《爻》，虽曰因事设教，丁宁详密，然又不过即卦象之所值，依卜筮以为训，俾之观象玩占、避凶趋吉，以为处己应物之方，而不失其是非之正而已。观其为书，广大悉备，冒天下之道，变通不穷，尽事物之理，然其于《易》道之根源、义理之精蕴，未始数数言也。迨夫世变日下，《易》之为用，浸淫于术数，故夫子《十翼》之作，始一以义理言之，而不专求之象数占筮之间，是故因俗淳漓为教，不得不然也。然圣人之书，本末不遗，而显微无间；极深研几，固以为开物成务之方；洗心藏密，亦岂忘与民同患之意。今观《大传》之篇，高极于阴阳变化之理，精究于性命道德之微，虽其闳远蕴奥，未易窥测，然而细研之，则亦莫非象数之深旨与夫占筮之妙用。至所谓君子居则观象玩辞者，则又使人虽平居无事，亦得以从容玩释，即燕闲静一之中，而自得夫斋戒神明之用。推之日用云为，有不待列蓍求卦而占自显者。其视羲、文之《易》，其为教益备、为用益广、为理益精耳。紫阳子朱子自少玩《易》，尽洗诸儒之曲说，而独得四圣之本心。谓《易》本为卜筮而作，故观《爻》《彖》者要尝深探占象之精意，而不必强合以外求之义理。至夫子《大传》，虽曰发天之蕴，莫非极致，然亦不过穷象数之本原，括卦爻之凡例，若其微辞奥义，则又曲畅旁通，因而及之。故其言曰:‘周子《通书》有云:“圣人之精，画卦以示;圣人之蕴，因卦以发。”以是观之，经文主于占象者，画卦以示之精也;《大传》详于义理者，因卦以发之蕴也。其说的确简明,圣人复起,不易吾言矣。’始愚读《大传》《说卦》诸篇，见其渊微浩博，若无津涯，而说者类皆汗漫不精，涣散无纪，及得朱子《本义》之书，沉潜反复，犁然有会于吾心，洙、泗微旨，乃可得而寻绎。然其辞尚简严，未能尽达也。因遍阅《文集》《语录》诸书，凡讲辨及此者，随义条附于《本义》之后，首尾毕备，毫析缕解，疑义罔不冰释。标曰《朱子系辞发挥》，因藏之笥椟，以备遗忘。畏斋王君用功程《传》，顷以精本刻梓盱江，谓《大传》未有善解，见愚所论《发挥》，爱之不释，已刊之家塾，盖将融会二先生之书，以求《经》《传》之深旨。书成，复俾基题识其首，乃本朱子论《易》之意,僭述梗概,与同志共焉。至若朱子指示所以读《系传》之要旨,已具见于《纲领》,兹不赘叙,亦在乎善读之而已。”王柏《后序》曰:“冲漠无朕，而万象已具;风气渐开，而人文渐明;非一圣一贤之所能尽发。故伏羲氏之画八卦也，仰观俯察，近取远取，得《河图》而后成，虽曰阐阴阳变化之妙，而其用不过教民决可否之疑而已。历唐、虞、夏、商，有占而无文，至文王始系之以《彖》，周公系之以《爻》，吾夫子又从而为之《传》。更三古四圣人,而《易》之为书始备,盖非一时之所能备也。文王变后天之卦，而先天之《易》几于亡;《大传》发义理之奥，而变占之用几于隐。后世不能会通而并观，于是尚义理者淫于文辞，尚变占者沦于术数，而《易》道始离矣。我朝盛时，邵子密传羲画而缺于辞，程子晚绎周经而缺于象，先后不二十年,而从游非一日,乃不相为谋,而各自成书。皆临终而后出书,虽不同,而各极其精微，反若分传而互足。异哉!《易》道之所以大明也。由是朱子著为《本义》,谓《易》本于占，而义为占而发，惧后学梏于见闻而未易信也，又作《启蒙》四章,先开其秘而祛其惑。首之以《本图书》《原卦画》,示《易》之所由始也;次之以《明蓍策》《考变占》，示《易》之所以用也。然亦各为一书，而学者犹未能融会而贯通之。北山何先生受业勉斋之门，闻此义为最早，晚年纂辑朱子之绪论，羽翼朱子之成书，不敢自加一字，而条理粲然，群疑尽释。至于引《本义》之《彖辞》，参于变占之后，使千百年离而未合者，两无遗恨，真有得于体用一原、显微无间之深旨，岂不为后人之大幸欤？先生无恙时，因约斋王使君请刊梓于盱江，尝命仆序其首，仆固辞不敢承。先生今亡矣，不可使观者不知编摩之大意，于是忘其疏卤，述其略于后云。”

吴师道曰：“北山先生何基，字子恭，婺州金华人。淳祐中赵汝腾守婺，延聘请讲，辞不就。景定五年，补迪功郎，添差婺州州学教授，兼丽泽书院山长。咸淳改元，除史馆校勘，兼崇政殿说书，推辞再三，改承务郎，主管华州西岳庙，终亦不受也。四年十二月，卒，国子祭酒杨文仲请于朝，谥文定。”

易学启蒙小传

宋税与权撰。

《绛云楼书目》卷一《易类》：税与权《易学启蒙小传》一册。

《楝亭书目》：《易学启蒙小传》。宋税与权序著，一卷。

又：《易学启蒙小传》。宋税与权序著一卷，史子翚后序，共一卷。

《孝慈堂书目》：《易学启蒙小传》。宋税与权，一卷。

《经义考》卷三六《易三十五》：《易学启蒙小传》一卷。存。

与权自序曰：“《易》函万象者也，三《易》经卦皆八，其别皆六十有四。至孔子时，《周易》独存，汉、魏诸儒颇纷错之。朱文公采二吕氏、晁氏所传，著《易本义》，厘正文王、周、孔，上、下《经》与《十翼》共十二篇，而各还其旧。又以伏羲先天理数之原，特于《易学启蒙》而抉其秘，图象咸本诸邵氏。间与袁机仲谈后天《易》，则谓尝以卦画纵横，反复求之，竟不得文王所以安排之意，是以畏惧，未敢妄为之说。与权曩从先师鹤山魏文靖公讲究邵氏诸书，乃于《观物篇》得《后天易上下经序卦图》，反复观之，皆成十有八卦，然后知乾，坤，坎，离，颐，中孚，大、小过不易之八卦，为上下两篇之干，其互易之五十六卦，为上下二篇之用。自汉扬子云谓文王重《易》，六爻互用，两卦十二爻，而唐孔颖达亦谓验六十四卦，二二相偶，非覆即变，孔子取上、下《经》名而序其相次之义；非邵氏此《图》，则后天《易》之旨，千载不明矣。窃尝因此《图》而推之，上、下《经》皆为十八卦者，始终不出九数而已。九者，究也，万物盈牣于天地间者，究之象也，是故《易》以十八变而起卦，玄以十八策而生日。大抵《易》六十四卦，不越乾坤奇偶之九画，而乾坤奇偶之画，又重为二九而穷，穷则变，故革在先天当十八二九之究也，在后天当四十九蓍数之极也。四十九而革去故，五十而鼎取新，开物于寅，帝出乎震，而循环无穷矣。盖天地五十有五之数，《河图》《洛书》实互用之，先天则《河图》之九而分左右，皆迭二九而周乎六十四；后天衍《洛书》之九而分上下，亦合二九而总乎三十六。邵氏此图，岂非明羲、文之《易》同中异、异中同也欤？呜呼！孔子《杂卦》一传，专以反对而发后天《易》互用两卦十二爻之深旨也，学者潜玩《杂卦》，而参以子云、颖达之说，则于邵氏此图，信其为写出天地自然之法象矣。朱文公殆亦留斯义以俟后人耶？辄不自揆，敬述而申之，曰《易学启蒙小传》。”

史子翚跋曰："予质颛蒙，固尝读《易》，实未始有得也。友人税巽甫别十二年而会于京，一日，出所著《易学启蒙小传序》及《图举》示予，曰：'非吾臆说，此邵子奥学精义，前人偶未之思，吾故发明之尔。'予手其书，不能释者累日，盖犁然有会于心也。巽甫谓《先天图》皆两卦相对，合为二九之数，而后天上、下《经》皆为十八卦者，始终不出九数而已。予玩而乐之，因悟乾、坤纳甲之义，乾自甲而壬，坤自乙而癸，其数皆九也。巽甫以后天以震、兑为用，故孔子谓：'归妹，天地之大义。'予因谓艮、巽者，震、兑之反也，震东兑西，乃天地生成之方，日月出没之位，实备乾、坤、坎、离，而为下经之用也。故泰之六五亦曰帝乙归妹，亦以互体有震、兑焉尔。然则巽甫有得于邵子者固深，予因巽甫之书而有发焉。虽然，巽甫谓乾九能兼坤六，坤阴不能包乾阳，予谓六之中有一三五焉，则九数固藏于六也，乾、坤二卦阴中包阳、阳中包阴，巽甫以为如何？"

《也是园藏书目》卷一《经部》：税与权《易学启蒙小传》一卷。

《虞山钱遵王藏书目录汇编》卷一《经部》：税与权《易学启蒙小传》一卷。

《好古堂书目·经部》：《易学启蒙小传》一卷，宋税与权。

《文瑞楼藏书目》卷一《经部》：《易学启蒙小传》一卷，宋税与权。

《四库全书总目》卷一《经部一·易类三》：《易学启蒙小传》一卷附《古经传》一卷，两江总督采进本。宋税与权撰。与权始末未详。据其《自序》，知为魏了翁门人。据书末史子翚《跋》，知其字曰巽甫。据《书录解题》载其《周礼折衷》一条，知为临邛人尔。初，朱子作《易学启蒙》，多发邵氏《先天图》义。至与袁枢论后天《易》，则谓尝以卦画纵横，反复求之，竟不得文王所以安排之意，是以畏惧不敢妄为之说。与权从魏了翁讲明邵氏诸书，于《观物篇》得后天《易》、上下《经》、《序卦图》。证以《杂卦传》及扬雄所称文王重《易》六爻互用两卦十二爻，孔颖达所称六十四卦二二相偶，非覆即变之说。知《乾》《坤》《坎》《离》《颐》《中孚》《大过》《小过》不易之八卦为上下两篇之乾，其互易之五十六卦为上下两篇之用。即其图反复观之，上、下《经》皆为十八卦，始终不出九数，以明羲、文之《易》，似异而同。盖阐邵子之说，以补《启蒙》之未备，所谓持之有故，而执之成理者也。史子翚《跋》称因是书悟《乾》《坤》《纳甲》之义。《乾》自甲而壬，《坤》自乙而癸，其数皆九，而疑其《乾》九能兼《坤》六，《坤》阴不能包《乾》阳之说。谓六之中有一三五，则九数固藏于六，欲更与与权商之。盖天下之数，不出奇偶，任举一义，皆有说可通，愈推而愈各有理，此类是矣。谓非《易》之根本则可，谓非《易》中之一义则又不可也。

《孙氏祠堂书目》外编卷一：《易学启蒙小传》一卷。宋税与权撰。

《问源楼书目初编》卷一上《经部》：《易学启蒙小传》一卷附《古经传》一卷，宋税与权撰，通志堂本。

《嫏嬛妙境藏书目录》卷一《经部》：《易学启蒙小传》，宋税与权。

《郑堂读书记》补逸卷一《经部》：《易学启蒙小传》一卷附《古经传》一卷，通志堂经解本。宋税与权撰。与权，字巽甫，临邛人。魏了翁门人。《四库全书》著录。《宋志》及倪氏《宋志补》均未载。前有淳祐戊申自序称："朱文公以伏羲先天理之原，特于《易学启蒙》而抉其秘，图象咸本诸邵氏。间与袁机仲谈后天《易》，则谓尝以卦画纵横反复求之，竟不得文王所以安排之意，是以畏惧弗敢妄为之说。与权曩从先师鹤山魏文靖公讲邵氏诸书，乃于《观物篇》得后天《易》、上下《经》、《序卦图》反复视之，皆成十有八卦，然后知《乾》《坤》《坎》《离》《颐》《中孚》、大小《过》不易之八卦，为上下二篇之乾，其互易之五十六卦，为上下二篇之用，非邵氏此图，则后天之《易》千载不明矣。窃尝因此图而推之，上、下《经》旨为十八卦者，始终不出九数而已。朱文公殆留斯义，以俟后人。辄不自揆，敬述而申之"云云。盖所以补朱子《启蒙》之不及也。古经传者，则其所复古《易》之次序，分经文为二篇，其经卦于一页中，画卦上下相反，各书其卦之爻辞，以墨线钩连之，其《乾》《坤》二卦不可反，则画两卦，《屯》《蒙》可反，则止画一卦，谓从邵氏石刻本，此古竹书体也。其所分《十翼》，与朱子同。此本为元俞石涧炎所节录，唯载其每部之首以见例，不复全录云。小传之末有丹棱史子翚跋，《古经传》之末，巽甫凡三跋之。

《藏园订补郘亭知见传本书目》卷一《经部一》：《易学启蒙小传》一卷。宋税与权撰。〇通志堂本，附古经传一卷。《提要》附《古经传》一卷。

《万卷精华楼藏书记》卷二《经部一》：《易学启蒙小传》一卷，宋税与权撰。通志堂本。前有自序。与权自序曰："伏羲先天理数之原，文公特于《易学启蒙》抉其秘。图象咸本诸邵氏，间与袁机仲谈后天《易》，则谓尝以卦画纵横反复求之，竟不得文王所以安排之意。是以畏惧，未敢妄为之说。与权曩从先师魏文靖公讲究邵氏诸书，乃于《观物篇》得后天《易》、上下《经》、《序卦图》反复观之，皆成十有八卦，然后知《乾》《坤》《坎》《离》《颐》《中孚》《大小过》不易之八卦，为上下两篇之乾，其互易之五十六卦，为下下二篇之用。非邵氏此阐，则后天《易》之旨千载不明矣。呜呼！孔子《杂卦》一传，专以反对而发，后天《易》互用两卦十二爻之深旨也。学者熟玩杂卦，则于邵氏此图信其为写出天地自然之法象矣。朱文公殆亦留斯义以俟后人耶？辄不自揆敬述而申之曰《易学启蒙小传》。"俞琬曰："税氏《周易古经》案校正《周易古经》十二卷，有自序，以邵子《观物篇》为纲。二篇，其经卦如《乾》《坤》不可反，则画卦如《屯》《蒙》可反。上画一卦，从邵氏本刻石而反复互观，此古《竹书》体也。是书借陈笑问写本抄录，其《正经》二篇并《十翼》，与晦庵无异。其注《十翼》即晦庵本。"

《八千卷楼书目》卷一《经部》：《易学启蒙小传》一卷，宋税与权撰。通志堂本。

《增订四库简明目录标注》卷一《经部一》：《易学启蒙小传》一卷，宋税与权撰。通志堂本，附《古经传》一卷。

今按：《通志堂经解》本（康熙刻、同治刻、日本文化刻）；《四库全书》本。

易学启蒙图传通义

元熊禾撰。

《万卷精华楼藏书记》卷二《经部一》:《易学启蒙图传通义》七卷。宋熊禾撰。鳌峰书院本。至正癸巳曾孙熊玩校刊，有序。熊玩序曰："朱子宗邵子之传，合程氏之说，作《易本义》《启蒙》，而易道明。朱子既殁，学者寖失其真。于是曾祖勿轩忧之，复著《通义》四篇以承其统。末又附以古人占法，以见随时变易之义焉。先祖著述，如《五经》《四书》训释，固多传于世者，惟此篇未及。玩叨登第，任将乐令，恐其久而湮没，遂寿诸梓，而序其源流如此。"文光案，是书《四库》未收。熊氏《易学图传》二卷、《春秋通义》一卷、《四书标题》一卷、诗文三卷、补遗一卷。此明天顺中所刻，勿轩序也。正谊堂本删削太甚。

《八千卷楼书目》卷一《经部》:《勿轩易学启蒙图传通义》七卷，元熊禾撰。抄本。

《善本书室藏书志》卷一《经部》:《勿轩易学启蒙图传通义》七卷，旧抄本。建安后学鳌峰熊禾去非述。前有至正癸巳仲秋曾孙熊玩序，曰："朱子宗邵子之传，合程氏之说，作《本义》《启蒙》，而易道复明。迨朱子既没未百年，而当时学者寖失其真。曾祖勿轩忧之，复著《通义》四篇以承其统，末又附以古人占法，以见随时变易之义。陈蒙正曰：'朱子，孔子之孝子。'勿轩可谓孝于朱子者矣。信夫先祖著述，如《五经》《四书》训释，固多传于世者，惟此篇未及。玩叨登第，任将乐令，恐久而湮没，遂寿梓于鳌峰书院。"按：禾建安人，宋咸淳进士，邵武军司户。钱大昕《元史艺文志》但著熊禾《易说》而无卷数，与此名亦不合。《四库》亦未录存，洵罕觏之秘籍矣。

《四库未收书目提要续编》卷一《经部》:《勿轩易学启蒙图传通义》七卷，宋熊禾撰。禾有《勿轩集》,《四库》已著录。是书盖发明朱熹书而作，昔朱熹撰《易学启蒙》，原与《易本义》并行，以示理数当兼参，非脱略易理，专著此书以言数。至禾之时未及百年，而当时学者置《本义》不道，惟假借此书以转相推衍，支离附会，寖失其本真。禾乃作《通义》四篇，以发挥《启蒙》之旨，末又附以古人占法，以见随时变易之义，遂成斯编。至正癸巳，其曾孙玩始刊于鳌峰书院。前有玩序，故成书在胡一桂《易学启蒙翼传》之先，而出书则在其后也。钱大昕《元史艺文志》载禾《易说》，而无卷数，与此名不合。《勿轩集》有《易学图传》二卷，亦非完帙。此江南图书馆所藏旧抄本，录而存之，俾与胡方平《通释》并传焉。

今按：清抄本（国家图书馆藏）。

易学启蒙通释

元胡方平撰。

宋胡次焱《启蒙通释序》（节录）：世之为图书说者何纷纷乎？彼惟于十数中求所谓八卦者，而见其夐不相干，于是创说以强通之。幸有一节偶合，矜以自喜。而于他节不合者，辄变例《易》辞，牵挽付会，抑勒之俯就其说，虽穿凿支离不恤也。余尝以平易之说求之，窃谓图者奇偶数而已，天一为奇，地二为偶，三五七九奇之积，四六八十偶之积，故一二为奇偶之始，五六为奇偶之中，九十为奇偶之成。一与二,三与四，以至九与十，奇偶之相得也。一与六,二与七，以至五与十，奇偶之有合也。天下之数不出乎奇偶两者，圣人于极仪象卦之理默会于心久矣，于是仰观俯察，近取远取，而有见于图之奇偶与吾心极仪象卦之理犁然有合，遂则其天一画奇，是为阳仪，而阳卦奇出焉。则其地二画偶是为阴仪，而阴卦偶出焉。斯两仪也。于两仪上各加一奇一偶而为画者，四斯四象也。又于四象上各加一奇一偶而为画者，八斯八卦也。由是衍之为十六，为三十二，为六十四，以至万有一千五百二十及四千九十六，以至无有终穷，皆自一奇一偶衍之。所谓则图画卦者，如此而已矣。

所谓则图画卦者如此而已矣，何必执泥四方强配八卦，而规规然曰此属乾坤坎离，彼属震巽艮兑，至其窒碍抵牾，则呕心断肠，巧辞牵合，弃坦途行荆棘，何乃自苦如此？宗老玉斋先生，于众言殽乱中尊信《启蒙》，为之训释纂注，明白正大，具有渊源，隐然足以折近说之谬。于余盖老友也。余尝举前说质之，玉斋曰："此所谓言近指远者，而吾注偶未及之。请书为序。"予曰："玉斋此注足以阐明朱子之书，次焱此说足以翼辅玉斋之注。"遂书之不辞。宗生胡次焱济鼎谨序。《梅岩文集》卷三。

宋胡次焱《跋胡玉斋启蒙通释》：宗家耆英有以玉斋自号者，名方平，于予为老友,其子双湖于予为益友。此书,玉斋所著也。岁己丑,双湖携入闽锓梓，留滞逾一年。辛卯秋再往，明年壬辰夏季回，留滞过一年。冒寒暑，疲跋涉，必成父志乃已，允谓孝矣。弛担云初首惠此本，尝复其书曰：玉斋平生精力寓于此书，傥非继志述事不懈益勤，未有不坠于泯灭无闻者。是故贵有子也。十年前尝跋《辅轩唱和诗集》，极言有子无子之效，于今益信。嗟夫！谈史以迁显，彪史以固显，故曰贵有子也。然此史学也，非经学也。充《礼》以裒《传》，曾《书》以祉《传》，故曰贵有子也。然此书《礼》学也，非《易》学也。乃若梁丘贺之有临，刘昆之有轶，张兴之有鲂，伏曼容之有暅，《易》学传家，父作而子述之，赫乎相映，故曰贵有子也。夫《启蒙》者，入《易》门户也。玉斋既为《通释》，双湖又为《本义附录》，非惟桥梓相映，楂梨兼美，且将突过烟楼，此又贺临以来所无者。嗟夫！箕裘失坠者固不足言矣，其或苟安惮烦，无以张皇先美为不朽计，虽读父书亦无取焉。古今嗜学著述如玉斋者，岂谓尽无其人。无双湖为之子，遂使潜德弗耀，抱恨幽宫，虽谓之不孝可也。有是父有是子，有是子有是父，或旷百载才一遇尔。吾于双湖此举，敬叹无射。其中大义奥旨，尚迟绨玩嘉羡之，剧亟题此卷端，庋置几间，俾有目者必观，有识者必羡，非徒赞扬双湖，亦以劝天下之为人子者。并书一本寄双湖云。七月辛巳宗末次焱济鼎敬跋。《梅岩文集》卷七。

《万卷堂书目》卷一《易经》:《周易启蒙通释》二卷。胡方平。

《楝亭书目》:《易学启蒙通释》。宋胡方平序辑，二卷。元刘泾、熊禾跋。

《孝慈堂书目》:《易学启蒙通释》。宋胡方平。

《千顷堂书目》卷一《补》:《周易启蒙通释》□卷。

《经义考》卷四〇《易三十九》: 胡方平《易学启蒙通释》二卷。存。

《也是园藏书目》卷一《经部》: 胡方平《易学启蒙通释》二卷。

《虞山钱遵王藏书目录汇编》卷一《经部》: 胡方平《易学启蒙通释》二卷。述《易》，胡方平通释《易学启蒙》，二卷，敏经。

《好古堂书目·经部》:《易学启蒙通释》二卷，宋胡方平。

《季沧苇藏书目·宋元杂板书》:《易学启蒙通释》二卷，宋胡方平。

《文瑞楼藏书目》卷一《经部》:《易学启蒙通释》二卷，宋胡方平。

《四库全书总目》卷一《经部一·易类三》:《易学启蒙通释》二卷，内府藏本。宋胡方平撰。方平字师鲁，号玉斋，婺源人。据董真卿《周易会通》载，是书有方平至元己丑自序，则入元已十四年矣。然考熊禾《跋》称："己丑春读书武夷山中，有新安胡君庭芳来访，出其父书一编，曰《易学启蒙通释》。"又刘泾《跋》亦称："一日，约退斋熊君访云谷遗迹，适新安胡君庭芳来访，出《易学启蒙通释》一编，谓其父玉斋平生精力尽在此书，辄为刻置书室”云云。则己丑乃禾与泾刊书作《跋》之年，非方平《自序》之年，真卿误也。方平之学出于董梦程，梦程之学出于黄榦。榦，朱子婿也，故方平及其子一桂皆笃守朱子之说，此书即发明朱子《易学启蒙》之旨。案：朱子《易学启蒙序》曰："近世学者，类喜谈《易》。其专于爻义者，既支离散漫而无所根据。其涉于象数者，又皆牵合附会而或以为出于圣人心思智虑之所为也。若是者，余窃病焉。因与同志颇辑旧闻，为书四篇，以示初学，使毋疑于其说”云云。盖《易》之为道，理数并存，不可滞于一说。朱子因程《传》专主明理，故兼取邵子之数以补其偏，非脱略易理，惟著此书以言数也。后人置《本义》不道，惟假借此书以转相推衍，至于支离轇轕而不已，是岂朱子之本旨乎？方平此书，虽亦专阐数学，而根据朱子之书，反复诠释。所采诸书，凡黄榦、董铢、刘爚、陈埴、蔡渊、蔡沈六家，皆朱子门人。又蔡模、徐几、翁泳三家。模，蔡渊子，几、泳皆渊之门人。故所衍说，尚不至如他家之竟离其宗。是亦读《启蒙》者所当考矣。董真卿所称方平《自序》，今本佚之，惟存《后序》一篇。朱彝尊《经义考》乃竟以朱子原《序》为方平之《序》，可谓千虑之一失。徐氏通志堂刻本，于此《序》之末题“淳熙丙午暮春既望，云台真逸手记”，是显著朱子之别号矣。而其标目乃称《易学启蒙通释序》。淳熙丙午，下距至元己丑凡一百一十三年，朱子安知有《通释》乎？今刊正之，俾无滋后来之疑焉。

《孙氏祠堂书目》外编卷一：《易学启蒙通释》二卷。宋胡方平撰。

《鉴止水斋藏书目》经部第四厨：《易学启蒙通释》一本。

《问源楼书目初编》卷一上《经部》：《易学启蒙通释》二卷，宋胡方平撰，通志堂本。

《嫏嬛妙境藏书目录》卷一《经部》：《易学启蒙通释》，宋胡方平。

《郑堂读书记》补逸卷一《经部》：《易学启蒙通释》二卷，通志堂经解本。宋胡方平撰。方平，字师鲁，号玉斋，婺源人。《四库全书》著录。倪氏《补宋志》亦载之。是书以朱子《易学启蒙》为之通释，所采诸说凡六家，为朱子及蔡氏渊之门人，皆不离其宗者，故其为说不至支离曼衍，亦易数家之善本也。刘泾跋称其子庭芳言玉斋平生精力尽在此书。卷首有朱子《易学启蒙》原序。此本于题上误加“通释”二字，朱竹垞《经义考》遂误以为玉斋自序，其序末题“云台真逸手记”，盖是时朱子以丐祠差主管华州云台观，因以自号也。至董季真真卿《周易会通》称此书有至元己丑玉斋自序，今本并无之，且己丑乃熊禾、刘泾刊书作《跋》之年，是时玉斋已没，真卿既误以熊、刘跋之年月属之玉斋，或即以熊、刘跋为玉斋自序说，如竹垞之误指朱子序也。惟《提要》所载之本有玉斋后序，此本亦无，殆偶脱耳。卷首别有十图，为玉斋所增附。

《藏园订补郘亭知见传本书目》卷一《经部一》:《易学启蒙通释》二卷。宋胡方平撰。〇通志堂本，缺自序一首，仅有后序。

《万卷精华楼藏书记》卷二《经部一》:《易学启蒙通释》二卷，宋胡方平撰。通志堂本。元本徐氏刻入《经解》。至元己丑自序。方平字玉斋，徽州婺源人。按朱《考》，胡氏尚有《外易》四卷、《易余闻记》一卷，俱未见。朱子《易学启蒙》，惟胡方平本最善。《启蒙》四篇，专明象数，以为读《本易》者设，而读《启蒙》者又宜熟玩《通释》。方平自序曰：“近世学者喜谈《易》，其专于文义者，既支离散漫而无所根据。其涉于象数者，又皆牵合付会。或以为出于圣人心思智虑所为也。若是者，予窃病焉。因与同志颇辑旧闻，为书四篇，以示初学。”刘泾跋曰：“尝记儿时从家庭学《易》，闻之先君子云：昔晦庵先生之讲学于云谷也，我先文简云庄兄弟与西山蔡先生父子从游最久，讲《四书》之余，必及于《易》。与诸生时时凌绝顶登眺，观天地八极之大，察阴阳造化之妙。盖其胸中已有真《易》一部在宇宙，故所论象数义理自有以见其实而造其微。晦庵云中谷中皆书室名也。旧藏云庄所抄，诸经师说数巨帙，兵烬之余，其存者盖千百之什一耳。一日新安胡君庭芳来访，出《易》一编，谓其父玉斋平生精力，尽在此书。而其所援引，则云谷当日及门之士遗言余论多在焉。仰惟一时师友从游之盛，重念先世问学渊源之旧，辄为刊置书室，以成胡君之志焉。”

《八千卷楼书目》卷一《经部》:《易学启蒙通释》二卷，宋胡方平撰。通志堂本。

《善本书室藏书志》卷一《经部》:《易学启蒙》二卷明刊本。新安胡方平通释，永嘉朱谧述解。按：方平字师鲁，号玉斋，婺源人，发明朱子《易学启蒙》。盖方平学出于董梦程，董出于黄榦，榦为朱子壻，故方平及其子一桂皆笃守紫阳之说。所采蔡渊等六家，又皆朱子门人。蔡模乃渊子，徐几、翁咏，又渊之门人，所谓一家之学也。前有朱子原序，题“淳熙丙午暮春云台真逸手记”，即朱彝尊误为方平自序也。此书前有刘泾序及熊禾跋。书中凡《通释》夹行低二格，《述解》夹行低三格。每半叶十二行，每行二十字，当既朱氏原刻本。《四库》既未著录，竹垞《经籍考》注曰“未见”。此本锲椠精工，纸墨古雅，尤可珍爱。每册有“金昊之印”“孔昭氏”白文二方印。

《增订四库简明目录标注》卷一《经部一》:《易学启蒙通释》二卷，宋胡方平撰。通志堂本，佚自序一首，仅有后序。续录:徐积余藏元至正居敬堂本。京市见残元本，行款同居敬堂本，木记在末叶。明初刊本。清嘉庆十七年重刊本。日本享和二年覆刻通志堂本。

今按：元至元二十九年至至正二十七年刻明修本（北京大学图书馆藏）；元刻明修本（国家图书馆、北京大学图书馆、山东省图书馆、湖南省图书馆、武汉大学图书馆藏）；明初刻本（北京大学图书馆藏）；日本享和二年刻弘化三年杉原直养重修本（上海图书馆、南京图书馆、日本国会图书馆藏）；清嘉庆十五年庆余堂刻本（上海图书馆、浙江大学图书馆藏）；《通志堂经解》本（康熙刻、同治刻、日本文化刻）；《四库全书荟要》本；《四库全书》本。

周易启蒙翼传

元胡一桂撰。

《万卷堂书目》卷一《易经》:《周易启蒙翼传》四卷。

《经义考》卷四三《易四十二》:《易学启蒙翼传》四卷。存。

《元史》:“胡一桂，字庭芳，徽州婺源人。精于《易》。初，饶州德兴沈贵宝受《易》于董梦桂，梦桂受朱熹之《易》于黄榦，而一桂之父方平及从贵宝、梦桂学，一桂之学出于方平，得朱子源委之正宗。景定甲子，领乡荐，试礼部不第，退而讲学，远近师之，号双湖先生。”

一桂自序《翼传》曰：“朱子于《易》有《本义》，有《启蒙》，其书则古经，其训解则主卜筮，所以发明四圣人作经之初旨。至于专论卦画蓍策，则本《图》《书》以首之，考变占以终之，所以开启蒙昧，而为《本义》之阶梯，大抵皆《易经》之传也。先君子惧愚不敏，既为《启蒙通释》以诲之，愚不量浅陋，复为《本义附录纂疏》，以承先志。今重加增纂之余，又成《翼传》四篇者，诚以去朱子才百余年，而承学浸失其真。如《图》《书》已厘正矣，复仍刘牧之谬者有之；卜筮之数灼如丹青矣，复祖尚玄旨者又有之。若是者，讵容于得已也哉？故日月《图》《书》之象数明，天地自然之《易》彰矣；卦爻《十翼》之《经》《传》分，羲、文、周、孔之《易》辨矣。夏、商、周之《易》虽殊，而所主同于卜筮；古《易》之变复虽艰，而终不可逾于古。传授传注，虽纷纷不一，而专主理义，勿若卜筮上推理义之为实，夫然后举要以发其义。而辞变象占，尤所当讲明；筮以稽其法，而《左传》诸书皆所当备；辨疑以审其是，而《河图》《洛书》当务为急。凡此者，固将以羽翼朱子之《易》，由朱子之《易》，以参透夫羲、文、周、孔之《易》也。若夫《易纬》，京、焦玄虚，以至《经世皇极内篇》等作，自邵子专用先天卦外，余皆《易》之支流余裔，苟知其概，则其列诸外篇固宜，而朱子之《易》，卓然不可及者，又可见矣。抑又有说，朱子尝曰：'《易》只是卜筮之书，本非以设教。'然今凡读一卦一爻便如筮所得，观象玩辞，观变玩占，而又求其理之所以然者，而施之身心家国天下，皆有所用，方为善读。是故于乾、坤当识君臣父子之分，于咸、恒当识夫妇之别，于震、坎、艮、巽、离、兑当识长幼之序，于'丽泽，兑'当识朋友之讲习；以至谨言语、节饮食，当有得于颐；惩忿窒欲，迁善改过，当有得于损益。不谄不渎，以谨上下之交，安其身而后动，易其心而后语，定其交而后求，以为全身之道，当有得于《大传》。即此而推，随读而受用焉，是则君平依忠依孝之微意也。虽曰端策而筮，其根底所在，亦何以尚此？"

黄虞稷曰："双湖取朱子《文集》《语录》之及于《易》者，附于《本义》下，谓之《附录》，取诸儒《易》说之发明《本义》者纂之，谓之《纂疏》。"

《楝亭书目》：《周易本义启蒙翼传》。抄本，元新安胡一桂序著，四卷，一函四册。

《虞山钱遵王藏书目录汇编》卷一《经部》：胡一桂《易学启蒙翼传》三篇，外一篇。

《培林堂书目·经部》：胡一桂《周易本义启蒙翼传》四卷，四册。

《文瑞楼藏书目》卷一《经部》：《周易启蒙翼传》三篇，外篇一篇，元胡一桂。

《四库全书总目》卷四《经部·易类四》：《易学启蒙翼传》四卷，内府藏本。元胡一桂撰。一桂之父方平，尝作《易学启蒙通释》，一桂更推阐而辨明之，故曰《翼传》。《自序》称："去朱子才百余年，而承学渐失。如图书已厘正矣，复仍刘牧之谬者有之。卜筮之数灼如丹青矣，复祖尚玄旨者又有之。"因于《本义附录纂疏》外，复辑为是书。凡为《内篇》者三：一曰《举要》，以发辞变象占之义。二曰《明筮》，以考史传卜筮卦占之法。三曰《辨疑》，以辨《河图》《洛书》之同异。皆发明朱子之说者也。为《外篇》者一，则《易纬候》诸书以及京房《飞候》、焦赣《易林》、扬雄《太玄》、司马光《潜虚》，以至邵子《皇极经世》诸法，亦附录其概。以其皆《易》之支流，故别之曰"外"。大致与其父之书互相出入，而方平主于明本旨，一桂主于辨异学，故体例各殊焉。

《孙氏祠堂书目》外编卷一：《易学启蒙翼传》四卷。元胡一桂撰。

《问源楼书目初编》卷一上《经部》：《易学启蒙翼传》四卷，元胡一桂撰，元刊本。又通志堂本。又胡氏刊本。

《郑堂读书记》补逸卷二《经部》：《易学启蒙翼传》四卷，通志堂经解本。亦胡一桂撰。《四库全书》著录。倪氏亦载之于《宋志补》。是编乃推阐其父方平《易学启蒙通释》之书，故曰《翼传》。凡分内、外篇，内篇分上、中、下，上篇分子目五：一曰《天地自然之易》，则《日月为易》及《河图》《洛书》也；二曰《伏羲易》，为《先天》诸图及《揲蓍求卦法》《制器尚象图》；三曰《文王易》，为《后天》诸图《卦辞说》及《九卦处忧患图》《十二月卦气图》；四曰《周公易》，为《爻辞说》；五曰《孔子易》，为《十翼说》。中篇分子目六：一曰《三代易》，记《周官》太卜掌三《易》之概；二曰《古易》，记《周易》古本；三曰《古易之变》，记汉费氏、郑氏、晋王弼变乱古《易》次序，采吴斗南之说；四曰《古易之复》，记吕微仲、晁以道、程沙随、吕东莱、朱子之考定古本；五曰《易学传授》，记自孔子传《易》商瞿以至宋诸家之授《易》源流；六曰《易学传注》，记自《子夏易传》至宋诸家所作传注，一如书目录体。下篇分子目三：一曰《举要》，发辞变象占之义；二曰《明筮》，考史传卜筮卦占之法；三曰《辨疑》，辨《河图》《洛书》之同异，所以发明朱子之旨也。外篇则自《易纬候》以至蔡九峰《皇极内篇》诸书，亦记其概。名外篇者，以别其为《易》之支流也。其书虽专宗朱子，而汇阐《易》中之事，已略为详备云。前有皇庆癸丑自序。

《万卷精华楼藏书记》卷三《经部一》：《易学启蒙翼传》四卷，元胡一桂撰。通志堂本。前有皇庆癸丑自序。目录分上篇、中篇、下篇、外篇。为朱子一家之学。史称一桂精于《易》。胡氏自序曰："先君子为《启蒙通释》，愚复为《本义附录纂疏》以承先志，又成《翼传》四篇者，诚以朱子之学浸失其真。如图书已厘正矣，复仍刘牧之谬者有之。《本义》已复古矣，复循王弼之乱者有之。卜筮之数炳如丹矣，复祖尚元旨者又有之。若是者，讵容于得已也哉？故日月图书之象数明，天地自然之易彰矣。卦爻《十翼》之经传分，羲文周孔之《易》辨矣。夏商周之《易》虽殊，而所主同于卜筮。古《易》之变复虽艰，而今终不可逾于古。传授注虽纷纷不一，而专主理义，何若卜筮上推理义之为实。夫然后举要以发其义，而辞变象占尤所当讲；明筮以稽其法，而《左传》诸书皆所当备；辨疑以审其是，而《河图》《洛书》当务为急。凡此者固将以翼朱子之《易》，若夫《易》纬，焦、京元虚，以至《经世》《皇极》《内篇》等作，自邵子专用先天卦外，余皆《易》之支流余裔，苟知其概，则其列诸外篇固宜。《提要》曰："是书凡为内篇者三，一曰举要，二曰明筮，三曰辨疑。"文光谨案，是书举要、明筮、辨疑俱在下篇一篇之内，非以此分三篇也，自序甚明。上篇为天地自然之《易》、伏羲《易》、文王《易》、周公《易》、孔子《易》；中篇为三代《易》、古《易》、古《易》之变、古《易》之复、《易》学传授、《易》学传注。筮法有以卦名占者，有以卦字占者，有以卦气占者，有以卦体、卦象占者，有以卦爻辞占者，有以世应纳甲占者，不一而足。〇愚集左氏筮法，以《春秋》内外传为主，并及《家语》凿度及附抄史传数条以备占法。若郭氏《洞林》全用五行六神及年月日诸煞神占灵验无比。愚合唐宋《艺文志》、唐《五行志》《郡斋读书志》《通志》所载《易》注及愚收拾在诸志外者三百余家。中篇传注。所谓外篇者，如焦氏《易林》、京氏《易传》、郭氏《洞林》，皆是卜筮事，已非先圣之旧。卫氏《元包》用京卦序，而卦辞皆自为。魏氏《参同》《发明》二用六虚，极为的当，但借坎离为修养之术。至于《太元》《潜虚》《洞极》，则外之又外者。若夫邵子《皇极经世书》，直上接伏羲《先天易》，专用其卦，不用其筮，立为推步算法，前知无穷。巍乎高哉，功在万世，自元圣以来一人而已。特其作用不同于文王、周、孔，列诸外篇。

《八千卷楼书目》卷一《经部》：《易学启蒙翼传》四卷，元胡一桂撰。抄本。

《善本书室藏书志》卷一《经部》：《易学启蒙翼传》四卷精抄本。元胡一桂撰。前有皇庆癸丑岁，一阳来复之日，新安后学胡一桂庭芳自序，称“去朱子才百余年，而承学渐失。如图书已厘正，复有仍刘牧之谬者。卜筮之数灼如丹青，复有祖尚元旨者。因于《本义附录纂疏》外，更辑是书”。因其父方平作《易学启蒙通释》，故曰《翼传》。凡《内篇》三，皆阐发朱子占筮图书之说；《外篇》一，皆杂论《易》学之支流。此书写极精工，图亦清整，可宝也。

《增订四库简明目录标注》卷一《经部一》:《易学启蒙翼传》四卷，元胡一桂撰。一桂之父方平常作《易学启蒙通释》，一桂更推阐辨别之，故曰翼传。通志堂本。朱修伯曰:“通志刊从汲古元本出。”曾见元本，叶十六行，行十六字。《振绮堂目》有胡一桂撰《周易十传》五册十三卷，系云间徐氏藏元刊本。续录：李木斋藏元刊本，十一行二十一字，字体方整，类宋刻，传低一格，单边白口，外编末有“男思绍校正”一行。

今按：元皇庆二年刻本（上海图书馆藏）；元刻本（上海图书馆、天一阁文物保管所、四川省图书馆藏）；明正德十四年刻本（上海图书馆藏）；明万历四十三年刻本（安徽省博物馆藏）；明范氏天一阁抄本（上海图书馆藏）；明刻本（北京大学图书馆、中国社会科学院文学研究所藏）；明末胡之珩刻本（清华大学图书馆、安徽省博物馆藏）；《通志堂经解》本（康熙刻、同治刻、日本文化刻）；《四库全书荟要》本；《四库全书》本；清嘉庆十七年庆余堂刻本（上海图书馆藏）；清抄本（上海图书馆藏）。

周易启蒙辑录

元程时登撰。

《千顷堂书目》卷一《补》:程时登《周易启蒙辑录》。字登庸，江西乐平人。

《经义考》卷四三《易四十二》:程时登《周易启蒙辑录》。未见。

许瑶《状》曰：“先生讳时登，字登庸，饶之乐平人。德兴盘涧董先生铢得考亭夫子之传，其乡邻有程正则先生，亦私淑考亭之学，先生从之游，博极经传之奥，探赜性命之原，斟酌群言，一以其归。于《易》则确守程、朱《传》《义》，而不惑于玄虚之论；《书》则备读诸家，而求其疏通知远之实；《诗》则要性情之发，而验其兴观群怨之机；《礼》则审于节文度数之宜，而略其繁文缛节之末；《乐》则考于蔡氏之书，而求夫声气之允；《春秋》则厌夫括例之拘，而直探夫圣人笔削之旨。著《大学本末图说》，自尧即位甲辰，迄周显德己未，贯穿经史于纲条之内。著《中庸中和说》，集朱子论述答问之语，审未发已发之机，而探索性情体用之全。《太极图》《通书》《西铭》，则错综为之互解；诸葛武侯《八阵图》，则解驳而为之通释。他著述如《周易启蒙辑录》《律吕新书赘述》《臣鉴图》《孔子世系图》《深衣翼》《感兴诗讲义》《古诗订义》《闫法赘语》《文章原委》等书不一。又《六经义》若干篇，藏于家。"

易学启蒙集注

元吴澄撰。

《澹生堂藏书目》卷一《经类第一》:《易学启蒙集注》五册。五卷，吴澄。

易学启蒙类编

元程㻑撰。

《经义考》卷四五《易四十四》: 程㻑《易学启蒙类编》。佚。

虞集序曰："朱子之论传《易》者曰：'邵传羲画，程衍周经。'盖欲求乎羲、文、周、孔之《易》，舍邵子、程子之学，则莫之能进矣。朱子著《易本义》，多补塞程子之义，又作《易学启蒙》，原《图》《书》卦画，而先天之说可得而窥焉。然独怪夫邵子、程子并生一时，居甚近也，道同出也，年又不相远也，而叔子注《易传》，不闻与邵子有所讲明，而伯子尝谓邵子之学为加倍法。后问之，则又以为忘之矣。及闻其诵风天《小畜》与天附地、地附天之说，乃叹曰：'向尝闻此于茂叔矣。'噫！岂非三君子之《易》学莫逆于心，而无所问辨，故无以传闻于后世也欤？是以朱子有《易学启蒙》之书者，盖言蒙者之始求于《易》，不可不自此而启其端也。某尝窃学是书，而未之有得。及与今国子祭酒鲁公同司业成均，为学者互相发明此书以为教，数年之后，友朋之间，亦独闻鲁公以此为意，而叹其不倦不厌也。新安程㻑以所著《类编》相示，则盖取朱子与门人平日之语有及于此者，则汇而附焉，予深叹其知学于此也。夫立言以著书，则其辞精而约，师友之问答，则其言辨而博。

精而约者，必深思而后得；辨而博者，则快然而通畅。此善学者所以读古人之书，而便作今日耳目者也。璹年齿方壮，其进未可量也，又安得不叹美于此乎？新安，朱子之阙里也，闻其山林之间，犹有缙绅先生、黄发之士相与授受，使遗言绝学，犹有存者，璹固多见之已乎。某老矣，得徜徉江湖之上，尚当从璹求见其人而求教焉。”

易学启蒙注

元黄瑞节撰。

《经义考》卷四七《易四十六》：黄瑞节《易学启蒙注》四卷。存。

《吉安府志》：“黄瑞节，字观乐，安福人。举乡试，授泰和州学正，元季遂不仕，隐居力学，萃朱子所定《太极图》《通书》《正蒙》《易学启蒙》《家礼》《律吕新书》《皇极经世》诸书，并加注释，目曰《朱子成书》。”

易学启蒙述解

明朱谧撰。

《明史》卷九六《艺文志一》：朱谧《易学启蒙述解》二卷。

《经义考》卷四九《易四十八》：朱谧《易学启蒙述解》二卷。存。

《温州府志》：“朱谧字思宁，永嘉人。洪武初贡士，仕邳州学正。”

《温州经籍志》卷一《经部》：朱氏谧《易学启蒙述解》。万历《温州府志》十七作《周易启蒙解》，今从《明史·艺文志》。案：朱学正谧万历《温州府志·理学传》、乾隆《永嘉县志·儒林传》并有传。

《四库未收书目提要续编》卷一《经部》：《易学启蒙通释述解》二卷，明朱谧撰。谧字□□，永嘉人。昔朱熹因程颐《易传》专主明理，因兼取邵雍数学，作《启蒙》一书，亦示理数并存，不得偏于一说。胡方平采黄榦诸家绪论，发明其义，谓之《通释》。此则又发明《通释》之义，故书中《通释》双行低二格，《述解》双行低三格，皆宋人之《易》，非汉人之《易》也。考熊禾《易学启蒙图传通义》、韩邦奇《易学启蒙意见》，皆与《通释》别自为书，即方平子一桂《易学启蒙翼传》，虽推阐《通释》，而以辨别异学为主，体例仍自不同。是书则譬之《通释》为注，《述解》为疏，亦可云笃信谨守者矣。朱彝尊《经义考》云未见。此本为江南图书馆所藏明刊本。前有淳熙丙午云台真逸手记，即朱熹原序，而彝尊误以为方平自序者。又有至元己丑熊禾及刘泾跋，皆为刊刻《通释》作也。

易学启蒙意见

明韩邦奇撰。

《千顷堂书目》卷一《易类》：韩邦奇《易学启蒙意见》四卷。

《明史》卷九六《艺文志一》：韩邦奇《易学启蒙意见》四卷。一名《易学疏原》。

《经义考》卷五二《易五十一》：韩邦奇《易学启蒙意见》，一名《易学疏原》。四卷。存。

邦奇自序曰："夫《易》，理象辞数而已矣。《易》以理为本，数者计乎此者也，象者状乎此者也，辞者述乎此者也，《图》《书》者理之舆也，辞之方也，数之备也，象之显也。是故圣人观象以画卦，因子以命爻，修辞以达义，极深以穷理，《易》以立焉。自夫子称相荡，而先天之义微，微之者，后儒失之也。夫相荡者，自八而六十四者也；先天者，加一倍者也，其本同，其末异，其生异，其成同，而汉以下莫能一焉。宋邵康节氏自八而十六，自十六而三十二，自三十二而六十四；朱晦庵氏为之《本图书》，为之《原卦画》，为之《明蓍策》，为之《考占变》；于是乎《易》之先后始有其序，而理数辞象之功懋矣。奇也鲁而善忘，诵而习之，有所得焉，则识之于册，将以备温故焉；奇也愚而少达，思而辨之，有弗悟焉，则自为之说，将以就有道焉。是故为之备其象、尽其数、增释其辞矣，理则吾末如之何也。"苏祐跋曰："盈天地惟气，而理寓焉，乃备诸《易》矣。是故泄精呈秘，莫大乎《图》《书》；制器尚象，莫大乎卦画；成能利用，莫大乎蓍策；趋时通志，莫大乎变占。《图》《书》不本，则玄虚淆矣；卦画不原，则谶纬乱矣；蓍策不明，则功化滞矣；变占不考，则趋避疑矣。淆焉、乱焉、滞焉、疑焉，《易》之道穷，圣人之志衰，民生何利焉，造化之用不几息乎？是君子之忧也。苑洛先生早承家学，极研易道，乃著是编。首《本图书》以溯其源，次《原卦画》以崇其象，次《明蓍策》以极其数，次《考变占》

以达其用,《易》之用广矣。旧尝刻诸河东,《原卦画》缺焉,兹乃大备,刻诸上谷,与同志者共焉。”曹溶曰:“韩氏《启蒙意见》四卷,河东韩文、濮阳苏祐序之。”

《四库全书总目》卷五《经部·易类五》:《易学启蒙意见》五卷,浙江汪启淑家藏本。明韩邦奇撰。邦奇字汝节,朝邑人。正德戊辰进士,官至南京兵部尚书,谥恭简。事迹具《明史》本传。是编因朱子《易学启蒙》而阐明其说。一卷曰《本图书》,二卷曰《原卦画》,皆推演邵氏之学,详为图解。三卷曰《明蓍策》,亦发明古法,而附论近世后二变不挂之误。四卷曰《考占变》,述六爻不变及六爻递变之旧例。五卷曰《七占》,凡六爻不变、六爻俱变及一爻变者皆仍其旧,其二爻三爻四爻五爻变者则别立新法以占之。所列卦图,皆以一卦变六十四卦,与焦延寿《易林》同。然其宗旨则宋儒之《易》,非汉儒之《易》也。

《许氏古韵阁书目》卷一《经部》:《易学启蒙意见》五卷,明韩邦奇撰,正德甲戌李沧刊。

《八千卷楼书目》卷一《经部》:《易学启蒙意见》五卷,明韩邦奇撰。抄本。

《皕宋楼藏书志》卷三《经部》:《易学启蒙意见》四卷,明刊本。明韩建图解。有韩建图解四卷,发明《河图》《洛书》为最详。《艺文志》未载,流传绝少,当更于书目中考之。竹垞老人识。

今按:清乾隆间刻嘉庆七年印本(南京图书馆藏);清丁氏八千卷楼抄本(南京图书馆藏);清刻本(南京图书馆藏)。

易学启蒙疏

明沈亨撰。

《经义考》卷五六《易五十五》:沈亨《易学启蒙疏》《卦画图》。佚。

《闽书》:“沈亨,字体敬,晋江人。嘉靖中,以贡授新会训导,迁宜山教授。作《卦画图》《论孟辨》《太极解》《启蒙疏》,以发先贤之蕴,士尊尚之。”

易学启蒙补

清梁锡玙撰。

《清史稿》卷一四五《艺文志一》:《易学启蒙补》二卷，梁锡玙撰。

周易程朱氏说

元董楷撰。

《绛云楼书目》卷一《易类》:《周易程朱氏说》。伊川《易传》十卷。

周易经传沿革

元董真卿撰。

《澹生堂藏书目》卷一《经类第六》:《周易经传沿革》一册。四卷，附程朱说易纲领。董真卿。

程朱易契

元郑玉撰。

《经义考》卷四八《易四十七》:《程朱易契》。佚。

黄虞稷曰："《大传附注》者，以孔子系《易》之辞为《大传》，其孔子之《传》辞义深奥者，则附以己之注说。《易契》者，折衷程、朱二子之说，合为一书。"

汪克宽曰："先生为学，大概本于朱子，尝曰：'《易》于诸经为首出，而独为全书。天地万物之理、古今万事之变，《易》无不具；而吾身心四体、出处进退，《易》无不在；是故不可一日不讲。'于是取文王、周公之辞以为《经》，列夫子《十翼》之辞以为《传》，其或《十翼》辞义简奥，则附以注说，命曰《周易大传附注》。既又折衷程、朱二子之说，合为一书，命曰《程朱易契》。"

《元史》:"郑玉，字子美，徽州歙县人。覃思《六经》，尤邃于《春秋》，绝意仕进，而勤于教学，门人受学者众，所居至不能容，学者相与，即其地构师山书院以处焉。至正十四年，除翰林待制奉议大夫，遣使者赐以御酒名币，浮海征之，辞疾不起。明兵入徽州，被拘，自缢而死。"

玉自序曰："伏羲画八卦而文籍生，则《易》于诸经为首出，秦焚典籍而《易》独存，则《易》视诸经为全书。天地万物之理，古今万事之变，《易》无不具。吉凶消长之故，进退存亡之几，《易》可前知。所以为洁静精微之教，而示人以开物成务之道也，《易》其可一日不讲乎？予自中年即有志于是书，学陋识卑，不敢有所论著。至正壬辰，蕲、黄红巾攻陷吾郡，祸及先庐，累世藏书无片纸存者，求之亲旧，悉皆煨烬，虽欲一《周易》白文读诵，亦不可得。后三年乙未，被召，至四明，始从友人胡伯仁氏假得程、朱《传》《义》归来，山中日诵一卦，似若有所得者，折中二先生之说，合为一书，名曰《程朱易契》。间有一二己见，不敢附入，始有僭越论著之意，又以无书考据而止。丁酉之秋，复避乱淳安之梓桐源，出入涧谷，上下林壑，寂寥无事，心地湛然，因思天地一《易》也，古今一《易》也，人物一《易》也，而吾身亦一《易》也。自天地而敛之，以至于吾身，《易》之体无不备；自吾身而推之，以至于天地，《易》之用无不周。又以吾身而论之：心者，易之太极也；血气者，《易》之阴阳也；四体者，《易》之四象也；进退出处之正与不正，吉凶存亡之所由应者，《易》之用也。如此，则近取诸身，而《易》无不尽矣，虽无书可也，无画可也，又何有于传注乎？又何事于考据乎？况伏羲作《易》，文王系之辞以明其卦，周公系之辞以明其爻者，经也。孔子为之《彖》为之《象》为之《文言》，所以释文王之卦辞；为之《小象》，所以释周公之《爻辞》；其源委纲领之论，不可附入各卦者，则为之总论，号《系辞》上下篇；其各卦义有未尽者，则发凡例于《系辞》之中；又为《序卦》以明其次，《说卦》以明其象，《杂卦》杂述其义者；则《易》之《传》也。今人舍夫子之《易传》而欲明文王、周公之《易经》，其亦昧于明《易》之道矣。乃取文王、周公之辞以为《经》，而列夫子之辞以为《传》，其或夫子之《传》辞义深奥，则附以注说，名曰《周易大传附注》，庶几三圣人之书，不费辞说而义自明矣。呜呼！四圣人之心，天地之心也。三圣人之书，所以发明天地之精微、乾坤之蕴奥，夫岂浅薄识所能窥其万一？是书之作，徒见其妄诞不知分量之罪而已，何有补于《易》哉？虽然，二文之《经》、夫子之《传》，自足相发，有不待论著而明者，则亦千古之确论也，读者试以是求之。”

程朱易说

佚名撰。

《文渊阁书目》卷二：《程朱易说》一部三册，缺。《程朱易说》一部四册，缺。《程朱易说》一部二册，缺。

程朱周易解诂

佚名撰。

《传是楼书目·经部》：《程朱周易解诂》。

周易程朱异同

明罗璟撰。

《千顷堂书目》卷一《易类》：罗璟《周易程朱异同》。

《经义考》卷五〇《易四十九》：罗璟《周易程朱异同》。未见。

《姓谱》："璟，字明仲，南城人。天顺甲申进士第三，历国子监祭酒。"

易经朱子遗说

佚名撰。

《文渊阁书目》卷二：《易经朱子遗说》一部十六册，缺。

文公断易奇书

明周瑞编。

《百川书志》卷一〇《子》：《文公断易奇书》三卷，长沙周瑞编集，上卷例诀，中卷三十占法解例，下卷六十四卦朱子爻断及卦象外说。

《千顷堂书目》卷一三《五行类》：周瑞《文公断易奇书》三卷。长沙人。

易经辨疑

清张问达著。

《文选楼藏书记》卷二：《易经辨疑》七卷。国朝张问达著。江都人。刊本。是书取程《传》《本义》及《大全》诸说，并《蒙存》等编，较折异同，而以己义参订之。

书

书古经

宋朱熹录。

《直斋书录解题》卷二《书类》：《书古经》四卷、《序》一卷。侍讲朱熹晦庵所录，分《经》与《序》，仍为五十九篇，以存古也。

《世善堂藏书目录》卷上《经类》：《书古经》及《序》五卷。朱文公。

《经义考》卷八二《书十一》：朱子熹《尚书古经》。《通考》：五卷。未见。

陈振孙曰："晦庵所录，分经与序，仍为五十九篇，以存古也。"

考正武成次序月日谱

宋朱熹撰。

《经义考》卷九五《书二十四》：朱子熹《考正武成次序月日谱》一卷。存。

舜典象刑说

宋朱熹撰。

《经义考》卷九三《书二十二》：朱子熹《舜典象刑说》一篇。存。

九江彭蠡辨

宋朱熹撰。

《经义考》卷九四《书二十三》：朱子熹《九江彭蠡辨》一篇。存。

书集传

宋蔡沈撰，朱熹订定。

宋黄闻然《书集传跋》：右《书传》六卷，《总序》一卷，文公先生门人九峰蔡先生所集也。始《书》未有传，分命门人纂集，莫可其意，乃专属之九峰。其说出于一家，则必著姓氏。至于行有删句，句有刊字，附以己意，为之缘饰者悉不复录，用《诗集传》例也。宏纲要指，奥辞奥义，既饫闻而熟讲之矣。又复玩心绎意，融会其归，精思力践，务造其极。文公既殁，垂三十年而后始出其书，故其援据的确，训释明备，文从字顺，了无可疑。《典》《谟》五篇，则又文公未易箦前所定手毕也。西山先生谓考序文之误，订诸儒之说，发明二帝三王圣贤之用心，有先儒所未及者，岂虚语哉！传本文公所命，故不复表著师说。若周公迪后，本以治洛，非封伯禽；秦穆悔过，在听杞子，非为孟明；居东以避流言，则康成为是；作书以留召公，则苏氏近之。他如此类，难遍每举。闻然之生也后，不及一登考亭之门。岁庚辰，侍九峰于□郡郡斋，日夕习闻其说，因请受以□□，犹立善协一之旨。《语录》所记，若有合于横渠；《书传》之云，乃少异于文公。揆之内心，亦有未释然者。间窃从而质焉，则知一以心言，纯粹不杂之义；一以理言，融会贯通之名也。从《语录》之说，逆上经文，既或未明，协下克字，复为长语，味《书传》之训，惟能合而一之。故始虽主于一善，终则无一之不善，自涣然而无疑矣。审乎此，则文公释经不尽同于程子者，非求异也，言盖有在也。若夫《洪范》九畴，每以奇行五常居中；地本无十备，见于《皇极》内外篇。根极理要，探索幽眇，又其深造而自得之者，每以不获先师印可为恨。《九原》可作，其谓斯何？精义无二，总归一揆。闻然受质不敏，虽涉其藩，未测其奥，忧患罪罚，偶未即死。方将执经联屦，日侍海席，而山颓木坏，已不胜其悲矣。曩不自揆，僭状其行，以请铭于当世名卿，辄复叙次所闻。

挂名传末，虽不足以发明□旨，姑以志无穷之憾焉耳。绍定壬辰□□后十日，后学黄闻然拜手敬书。宋淳祐十年吕遇龙上饶郡学刻本。

宋朱鉴《书集传跋》：岁在庚申，先祖与九峰商订是书，鉴生十一年矣，独得在侍旁，缔听窃读。三月九日，先祖即世，是书为绝笔。呜呼痛哉！后廿八年，九峰嗣子抗来濡须，出旧稿示鉴。捧玩数四，手泽如新，追想音容，潸涕横集。敬书其后而归之。仲冬朔藐孤孙鉴百拜谨志。宋淳祐十年吕遇龙上饶郡学刻本。

宋吕遇龙《书集传跋》：伊川先生以《春秋传》属刘质夫，既成，门人请观，先生曰："却须著某亲作。"吁，亦难矣。文公晚年，训传略备，下至《离骚》，且为之辩证，而帝王之书独以付九峰。先生曰："只等蔡仲默来便了。"文公岂轻所付哉！斯传上经乙览，四方人士争欲得而诵之，犹惧其售本之未善也。遇龙倚席上饶际，先生的嗣久轩先生为部绣衣，茂明家学，而遇龙得以承教焉。随从考质，锓梓学宫。观者能以一时师友问答求之，则知其不专于训诂也。淳祐庚戌九月既望，后学金华吕遇龙敬书。宋淳祐十年吕遇龙上饶郡学刻本。

《读书附志》卷上《经解类》：《书集传》六卷。右晦庵先生朱文公订正，而武夷蔡沈集传也。沈自序于前，其子奉议郎、秘书省著作佐郎兼权侍右郎官兼枢密院编修官兼诸王宫大小学教授杭进于朝。沈字仲默，号九峰先生。真西山撰其墓表，今附于后。

《宋史》卷二〇二《艺文志一》：蔡沈《书传》六卷。

《文献通考》卷一七七《经籍考四》：蔡九峰《书集传》。自序：庆元己未冬，先生文公令沈作《书传》，明年先生没。又十年，始克成编，总若干万言。呜呼！《书》岂易言哉。沈自受读以来，沉潜其义，参考众说，融会贯通，乃敢折衷微辞奥旨，乃述旧闻。《二典》《禹谟》，先生盖尝是正，手泽尚新，先生改本已附《文集》中，其间亦有经承先生口授指画，而未及尽改者，今悉更定，见本篇。《集传》本先生所命，故凡引用师说，不复识别云。

《澹生堂藏书目》卷一《经类》：《书经集传》六卷，六册，蔡沈注。

《天一阁书目》卷一之二《经部》：《蔡氏集传》六卷，抄本。元至大鄱阳董鼎辑录纂注，并序云："宋诸儒数十家而后，其说渐备，又得文公朱子有以折其衷，而悉合于古。虽《集传》之功未竟，而委之门人九峰蔡氏，既尝视订定之，则犹其自著也。鼎族兄介轩梦程，亲受学于勉斋黄氏、盘涧董氏，故再传而鼎获私淑焉。释经诸论，多出朱子，乃取订定《集传》为之宗，而搜辑语录于其次。又增纂诸家之注有相发明者，并间缀鄙见于其末，庶几会粹以成朱子之一经。可无参稽互考之劳，而有统宗会元之要，则亦不无小补矣。至大戊申十二月序。"草庐吴先生作后序，弘治五年蒋钦小识。凡例八。建安余文定编校。

《四库全书总目》卷一一《经部·书类一》:《书集传》六卷，通行本。宋蔡沈撰。沈字仲默，号九峰，建阳人。元定之子也。事迹附载《宋史·元定传》。庆元己未，朱子属沈作《书传》。至嘉定己巳，书成案此据《自序》年月，真德秀作沈墓志称数十年然后克成，盖误衍一"数"字。淳祐中，其子杭表进于朝，称《集传》六卷、《小序》一卷、朱熹《问答》一卷，缮写成十二册。其《问答》一卷久佚。董鼎《书传纂注》，称淳祐经进本，录朱子《与蔡仲默帖》及语录数段，今各类入《纲领辑录》内。是其文犹散见于鼎书中，其条目则不复可考。《小序》一卷，沈亦逐条辨驳，如朱子之攻《诗序》。今其文犹存，而书肆本皆削去不刊。考朱升《尚书旁注》，称古文《书序》自为一篇，孔注移之，各冠篇首。蔡氏删之而置于后，以存其旧。盖朱子所授之旨。案陈振孙《书录解题》载朱子《书古经》四卷、《序》一卷，则此本乃朱子所定，先有成书。升以为所授之旨，盖偶未考。是元末明初，刊本尚连《小序》。然《宋史·艺文志》所著录者亦止六卷，则似自宋以来即惟以《集传》单行矣。元何异孙《十一经问对》称吉州所刊蔡《传》，仍以《书序》置之各篇，初不害其为蔡《传》。盖一家之版本，非通例也。沈《序》称二《典》、三《谟》经朱子点定，然董鼎《纂注》于"正月朔旦"条下注曰:"朱子亲集《书传》，自孔《序》止此。其他大义，悉口授蔡氏，并亲稿百余段，俾足成之。"则《大禹谟》犹未全竣。《序》所云二《典》、三《谟》，特约举之辞。鼎又引陈栎之言曰：案栎此条不载所作《书传纂疏》中，盖其《书传折中》之文也。"朱子订传，原本有曰正月，次年正月也。神宗，说者以为舜祖颛顼而宗尧，因以神宗为尧庙，未知是否。如帝之初等，盖未尝质言为尧庙。"今本云云，其朱子后自改乎？抑蔡氏所改乎？则《序》所谓朱子点定者，亦不免有所窜易。故宋末黄景昌等各有正误、辨疑之作。陈栎、董鼎、金履祥皆笃信朱子之学者，而栎作《书传折衷》，鼎作《书传纂注》，履祥作《尚书表注》，断断有辞。明洪武中修《书传会选》，改定至六十六条。国朝钦定《书经传说汇纂》，亦多所考订厘正。盖在朱子之说《尚书》，主于通所可通，而缺其所不可通，见于《语录》者不啻再三。而沈于殷盘、周诰，一一必求其解，其不能无憾也固宜。然其疏通证明，较为简易。且渊源有自，大体终醇。元与古注疏并立学官，见《元史·选举志》。而人置注疏肄此书；明与夏僎解并立学官，见杨慎《丹铅录》。而人亦置僎解肄此书，固有由矣。

《天禄琳琅书目》卷五《元版经部》：《书集传》一函七册，宋蔡沈撰，六卷。宋邹近仁音释。前沈序，并《尚书纂图》《书传序》共一册。后附《书序》一篇。《宋史》蔡沈字仲默，建州建阳人，元定次子，少从朱子游。朱子晚年欲著《书传》未及，未遂以属沈。《洪范》之数，学者久失其传，元定独心得之，然未及论著。曰成吾书者，沈也。沈受父师之托，沉潜反复者数十年，然后成书。方年三十时，即屏去举子业，一以圣贤为师。隐居九峰，当世名卿物色将荐用之，沈不屑就。邹近仁，《宋史》无传。考《江西志》，近仁字季友，饶州人，为龙阳丞，尝叩道于杨简，一再语而顿觉。性至孝，或干以利，介焉弗受。人告之过，敛衽以服。所当为，虽强御不畏。著有《归轩集》。此书与宋版纂图互注《毛诗》《周礼》体式相同，惟注字参差不齐，未能如宋椠耳。毗陵周良金藏本无考。

《郑堂读书记》卷九《经部五之下》：《书集传》六卷，通行本。宋蔡沈撰。沈字仲默，号九峰，建阳人，元定之子也。《四库全书》著录，《读书附志》《通考》无卷数、《宋志》俱载之，《书录解题》不载。《宋志》无“集”字，朱氏《经义考》从之，皆省文尔。考其子杭进表称《书集传》六卷，《小序》一卷，朱熹《问答》一卷，缮写成十二册云云。今《问答》一卷不传，其说犹存于《语类》及《大全集》中。而《小序》一卷亦有《集传》，如朱子《诗小序》之辨说，其文虽存，而宋以来刊本悉不载，故赵氏及《宋志》皆止称六卷焉。真西山德秀作九峰墓表，称“君从文公游，文公晚年训传诸经略备，独《书》未及为整。环视门生，求可付者，遂以属君。君沉潜反复数十年，然后克就”。其书考序文之误，订诸家之说，以发明二帝三王群圣贤用心之要。《洪范》《洛诰》《泰誓》诸篇，往往有先儒所未及者。其自序亦称“二典三谟，先生盖尝是正改本，已附文集中。其间亦有经承先生口授指画，而未及尽改者，今悉更定，见本篇”。又称“《集传》本先生所命，故凡引用师说，不复识别"云云。然其说虽原出于朱子,而自用己意者多,故与朱子颇有异同。当其初行,已多异论。张葆舒有《书蔡传订误》,黄景昌有《尚书蔡氏传正误》,程直方有《蔡传辨疑》,余芑舒有《读蔡传疑递》相诘难,及元仁宗延祐二年,议复贡举,定《尚书》义用蔡氏,于是张氏等之书尽佚不传。至明太祖始考验天象与是《传》不合,乃命刘三吾等撰《书传会选》六卷。凡是《传》之合者存之,其不合者则改之,计所纠正凡六十六条。而永乐中读书种子已绝,所修《大全》,专以是《传》为主,竟不知太祖之已有成书,可谓数典而忘其祖矣。

《善本书室藏书志》卷一《经部》:《书集传》六卷,元刊本。明杨石淙旧藏。蔡沈集传。前有《书序》。按:陈氏鳣《经籍跋文》有《宋本书集传跋》云:"经文如《禹谟》'降水儆予'不作'洚水','夔夔斋栗'不作'齐栗',《益稷》'州十有二师'不作有'十',《秦誓》'无辜吁天'不作'籲天',《武成》'师逾孟津'不作'师渡',《金縢》'惟朕小子其新逆'不作'亲迎',《酒诰》'又惟殷之迪诸臣惟工'不作'百工','弗蠲乃事'不作'汝事',《君奭》'越我民罔尤违'不作'曰我',《费誓》'弗敢越逐'不作'无敢',皆与宋本合。若《尧典》'母嚣'传引《吕氏春秋》,增多十九字,今考定《武成篇》低一格无传,惟'垂拱而天下治'后夹注十余行,异同居多,又增多百余字,足以证今本之误。其为元翻宋本无疑。有内府图书之印、古吴延陵世家、清河世家、邃庵藏书画记。"按:邃庵,明石淙杨一清为中书舍人时,卜居长安石门之室名,有《邃庵集》,此犹其旧藏也。又有汉唐斋、马玉堂、笏斋珍藏诸印。

《善本书室藏书志》卷一《经部》:《尚书集传》六卷,明正统刊本。蔡沈集传。张氏《爱日精庐藏书志》载有元至正重刊明州本,《凡例》曰《集传》旧无音释,今用鄱阳邹氏《经传音释》附于各段之末。是至正以前《集传》皆不附音释,惟德星堂始附刊刻。是书首蔡氏自序,次纂图六十,次朱子《说书纲领》,次孔安国《书序》,次序悉依元版。字画工整,行款疏朗,惟无明本《凡例》耳。《音释》今尚有单行本,乃日本黄备昌谷硕所刊,即摘录此书而为之者。惜乎王道《音释》一书见董鼎《书传纂疏》,今已泯灭,不获与之并传也。

《八千卷楼书目》卷一《经部》:《书集传》六卷,宋蔡沈撰。元刊本,明刊本，山渊堂刊本，公善堂刊本，左氏刊本，袖珍刊本，吴勉学刊本，嘉靖癸未赣州府刊集注十卷本，书业堂刊本，怡府刊本。

《藏园订补郘亭知见传本书目》卷一《经部二》补：《朱文公订正门人蔡九峰书集传》六卷。宋蔡沈撰。《书传问答》一卷〇宋淳祐十年吕遇龙上饶郡学刊本，十行十八字，注双行同，细黑口，左右双栏，版心上记字数，下记刊工姓名。卷末有“淳祐庚戌季秋，金华后学吕遇龙校正刊于上饶郡学之极高明”二行。海源阁藏四经四史之一。

今按：宋淳祐十年吕遇龙上饶郡学刻本（国家图书馆藏）；南宋嘉定刻本（国家图书馆藏）；元刘氏南涧书堂刻本（日本内阁图书馆藏）；元刻本（上海图书馆藏）；明嘉靖三十五年广东崇正堂刻本（国家图书馆藏）；明万历间吴勉学刻本（无锡市图书馆、南京市博物馆、辽宁大学图书馆藏）；明天启五年吴郡周鸣岐刻朱蓝朱墨套印本（国家图书馆藏）；明崇祯元年闵齐伋刻本（国家图书馆、故宫博物院图书馆、北京文物局、浙江图书馆藏）；明书林新贤堂张闽岳刻本（江西省图书馆、浙江图书馆藏）；明书林余明台克勤斋刻本（国家图书馆藏）；明建阳书坊刻本（浙江图书馆藏）；清雍正间内府刻本（北京大学图书馆藏）；清雍正二年剑溪堂刻本（国家图书馆、复旦大学图书馆藏）；《四库全书》本；《五经四子书》本（乾隆刻）；清乾隆十三年阮显扬抄本（南京图书馆藏）；《五经四书读本》本（雍正刻、嘉庆刻）；清嘉庆十三年敦化堂刻本（上海图书馆藏）；清嘉庆十四年杭州涵古堂刻本（复旦大学图书馆藏）；清道光十五年金陵崇文堂刻本（天津图书馆藏）；清道光三十年积古堂刻本（南京图书馆藏）。

晦庵书说

宋黄士毅集。

《直斋书录解题》卷二《书类》：《晦庵书说》七卷。朱熹门人黄士毅集其师说之遗，以为此书。晦庵于《书》一经独无训传，每以为错简脱文处多，不可强通。吕伯恭《书解》不可强通者，强欲通之。尝以语伯恭而未能改也。又尝疑孔安国《传》恐是假，《书小序》决非孔门之旧，安国《序》决非西汉文章，至谓与《孔丛子》《文中子》相似，则岂以其书出于东晋之世故耶？非有绝识独见，不能及此。至言今文多艰涩，古文多平易，伏生倍文暗诵，乃偏得其所难，而安国考定于科斗古书，错乱磨灭之余，反专得其所易，此诚有不可晓者。今惟《二典》《禹谟》《召诰》《洛诰》《金縢》有解，及“九江”“彭蠡”“皇极”有辨，其他皆《文集》《语录》中摘出。

《宋史》卷二〇二《艺文志一》：朱熹《书说》七卷。黄士毅集。

《文渊阁书目》卷二：《书晦庵说》一部三册，缺。

《世善堂藏书目录》卷上《经类》：《晦庵书说》七卷。

《经义考》卷八二《书十一》：《书说》。《宋志》：七卷。存。

陈淳曰：“《书》无文公解，然有《典》《谟》二篇，说得已甚明白，亲切精当，非博物洽闻、理明义精不及此。”

陈振孙曰：“晦庵门人黄士毅集其师说之遗，以为此书。晦庵于《书》一经独无训传，每谓错简脱文处，多不可强通。今惟《二典》《禹谟》《召诰》《洛诰》《金縢》有解，及‘九江’‘彭蠡’‘皇极’有辨，其他皆《文集》《语录》中摘出。”

都穆曰：“朱子于经传多有训释，惟《尚书》则否。盖以其多错简脱文，非古文之全也。蔡氏《书传序》云：‘《二典》《禹谟》，先生盖尝是正。’则其他固未之及，世所传有朱子《书说》，盖当时门人取《语录》《文集》中语以成之，非朱子意也。”

按：文公《书说》，黄氏所录外，又有汤氏中所辑，今不传。

书蔡氏传纂疏

元陈栎纂疏。

元陈栎《尚书蔡氏集传纂疏自序》凡例附：《书》载帝王之治，而治本于道，道本于心。道安在？曰在中。心安在？曰在敬。揖让放伐制度详略等事，虽不同而同于中。钦恭寅祗慎畏等字，虽不同而同于敬。求道于心之敬，求治于道之中，详说反约，《书》之大旨，不外是矣。况诸经全体上下千数百年之治迹，二帝三王之渊懿，皆在于《书》。稽古者舍是经奚先哉？孔子所定，半已逸遗，厥今所存，出汉儒口授、孔宅壁藏，错简断编，当缺疑者何限。自有批注以来三四百家，朱子晚年始命门人集传之，惜所订正三篇而止。圣朝科举兴行，诸经四书，一是以朱子为宗。《书》宗蔡《传》，固亦宜。然栎不揆晚学，三十年前，时科举未兴，尝编《书解折衷》，将以羽翼蔡《传》。亡友胡庭芳见而许可之，又勉以即蔡《传》而纂疏之。遂加博采精究，方克成编。今谋板行，幸遇古邢张子禹命工刊刻，以与四方学者共之。泰定四年丁卯正月望日。

一、标题此书云《尚书》蔡氏集《传》法朱子刊伊川《易传》，标曰《周易程氏传》，尊经也。首卷有“朱子订定”四字，不忘本也。自二卷起无四字，纪实也。

一、今采朱子语录，不书录者姓名，法《近思录》也。并在纂疏内，依赵氏《四书纂疏》例也。然语录必居诸说之前，尊先师也。

一、朱子语录发明此传而不可无者载之，传意已明无俟云云及非说本章经旨者，皆不泛载，务谨严也。

一、一部《尚书》，朱子于缺疑，谆谆言之。今遇可疑处，姑略存旧说，然后明云当缺疑焉。《定宇集》卷一。

明杨士奇《书传纂疏跋》：右《书传纂疏》六卷，分三册，元新安陈栎辑。栎字寿翁，号定宇。今读《书传》者，率资此书及董鼎《纂注》。吾外氏有《书传会通》，尤详备，而今学者多未及见，余虽见之，亦未及录也。《东里文集续编》卷一六。

《季沧苇藏书目·经解目录》：《书集传纂疏》六卷。元陈栎。

《千顷堂书目》卷一《书类》：陈栎《书集传纂注》六卷。

《四库全书总目》卷一二《经部·书类二》：《尚书集传纂疏》六卷，两江总督采进本。元陈栎撰。栎字寿翁，号定宇，休宁人。宋亡之后，隐居三十八年。至延祐甲寅，年六十三，复出应试，中浙江乡试。以病不及会试。越二年，上书干执政，不报，遂终于家，年八十有三。事迹具《元史·儒学传》。董鼎《书传纂注》所称新安陈氏，即其人也。是编以疏通蔡《传》之意，故命曰《疏》。以纂辑诸家之说，故命曰《纂》。又以蔡《传》本出朱子指授，故第一卷特标朱子订正之目。每条之下，必以朱子之说冠于诸家之前，间附己意，则题曰“愚谓”以别之。考栎别有《书说折衷》，成于此书之前，今已散佚，惟其序尚载《定宇集》中，称：“朱子说《书》，通其可通，不强通其所难通，而蔡氏于难通罕缺焉。宗师说者固多，异之者亦不少。予因训子，遂掇朱子大旨及诸家之得《经》本义者，句释于下。异同之说，低一字折衷之。”则栎之说《书》，亦未尝株守蔡《传》。而是书之作，乃于蔡《传》有所增补，无所驳正，与其旧说迥殊。《自序》称“圣朝科举兴行，诸经四书一是以朱子为宗，《书》宗蔡《传》，固亦宜然”云云，盖延祐设科以后，功令如斯，故不敢有所出入也。

《传是楼书目·经部》:《尚书纂疏》六卷。宋陈栎。五本。抄本。

《爱日精庐藏书志》卷二《经部》:《书蔡氏传纂疏》六卷，元泰定刊本，汲古阁藏书。朱子订定，蔡氏集传，元后学新安陈栎纂疏。蔡氏序后有“泰定丁卯阳月梅溪书院新刊”木记。卷首有“毛晋私印”“汲古主人”两印。蔡氏《书集传》序、自序、凡例、读《尚书》纲领。

《八千卷楼书目》卷一《经部》:《尚书集传纂疏》六卷，元陈栎撰。通志堂本、日本刊本。

《皕宋楼藏书志》卷四《经部》:《书蔡氏传纂疏》六卷，元泰定刊本，汲古阁旧藏。元后学新安陈栎纂疏。蔡沈序，嘉定乙巳。

《书》载帝王之治，而治本于道，道本于心。道安在？曰在中。心安在？曰在敬。揖让放伐制度详略等事虽不同，而同于中。钦恭寅祗慎畏等字虽不同，而同于敬。求道于心之敬，求治于道之中，详说反约，《书》之大旨，不外是矣。况诸君全体上下千数百年之治迹，二帝三王之渊懿，皆在于《书》。稽古者舍是经奚先哉？孔子所定，半已逸遗。厥今所存，出汉儒口授、孔宅壁藏，错简断编，当缺疑者何限？自有批注以来三四百家，朱子晚年始命门人集传之，惜所订正三篇而止。圣朝科举，兴行诸经四书，壹是以朱子为宗。《书》宗蔡《传》固亦宜，然栎不揆晚学，三十年前，时科举未兴，尝编《书解折衷》，将以羽翼蔡《传》。亡友胡庭芳见而许可之，又勉以即蔡《传》而纂疏之。遂加博采精究，方克成编。今谋板行，幸遇古邢张子禹命工刊刻，以与四方学者共之云。泰定四年丁卯正月望日后学新安陈栎谨书。

王氏手跋曰：“丙午初秋，展读一过，庭间早桂始开，芬香袭人，对此古编殊自喜也。王广心识。”

案：此元刊元印本，每半纸十一行，行二十一字，小字双行。前为蔡序，次栎自序，次《说读尚书纲领》，次纂疏凡例。蔡序后有“泰定丁卯阳月梅溪书院新刊”木记。卷首有“毛晋私印”朱文方印、“汲古主人”朱文方印。

尚书经传音释

元邹季友音释。

《绛云楼书目》卷一《书类》：邹季友《音释集传》四册。

《千顷堂书目》卷一《书类》：邹季友《书蔡传音释》六卷。字晋昭，鄱阳人。《书传会选》采用其书。

《爱日精庐藏书志》卷二《经部》：《尚书经传音释》六卷序一卷附《尚书纂图》，元至正刊本。朱子订定，蔡氏集传，元鄱阳邹季友音释。按：凡例云，《集传》元无是释，今用鄱阳邹氏《经传音释》附于各段之末。是《音释》本自单行，德星书堂刊板时附入蔡《传》者。是书虽以蔡《传》为主，而纠正蔡《传》者甚多。如《舜典》传"十钥为合"，《音释》云：蔡西山《燕乐本原·嘉量篇》云，"合钥为合"，注云两钥也。又云"十合为升"，注云二十钥也。蔡氏家学相承，不应有异。况"合钥为合"，乃《汉·律历志》本文，钥即管也。黄钟之律，管容秬黍一千二百谓之一钥。合者并也，取并令两钥之义以为名也。传经朱子订定，不应有误，必传写之讹耳。《益稷》传"民尚艰食"，《音释》云，按经文，上句言鲜食则曰播奏，盖谓播种艰难，故以百谷为艰食也。蔡《传》言"民尚艰食"，则与上句语法不协，且一句之间，文义亦不通。《禹贡》传"青州之域，东北至海"，《音释》云，按：孔《传》云东北据海，疏据谓跨之也，故以海北辽东西之地为青州之域。今蔡《传》云"东北至海"，则疆域至海而止。又《冀州》传中引程氏云，冀之北境，则辽东西、右北平、渔阳、上谷之地。盖与孔说异矣。而《舜典》传中尚仍孔《传》分青州为营州之说，自相背戾，当正之也。又"梁州亦篚织皮"，《音释》云，按此经文无"篚"字，梁州亦无"篚"字，今言篚者似因扬州"厥篚织贝"而例之，然织贝者织帛为贝文也，故可入篚。若兽皮毛罽，非可入篚者。梁州织皮。但在厥贡之下，别无厥篚之文。是梁、雍二州自无入篚之贡也，不可解织皮为梁州之篚。《盘庚》，《音释》云，朱子云殷《盘》周《诰》不可解。今蔡《传》于《盘》《诰》诸篇缺疑处甚少，恐非朱子本意。读者于其强通处，略之可也。《泰誓》传"祝断也，言天弗顺而断然降是丧亡也"，《音释》云，孔《传》云祝断也，天恶纣逆道，断绝其命。又按：《公羊传》云，哀公十四年子路死，子曰"天祝予"，何休注祝断也。《穀梁传》

哀公十三年云，“吴夷狄之国，祝发文身”，范宁注祝断也。则是祝之训断，乃断绝之断，非断决之断也。今蔡《传》乃云“断然降是丧亡”，则是读为断决之断矣。宜从孔《传》为是。《康诰》传“要囚、狱辞之要者也”,《音释》云，“要囚”二字两见此章，两见《多方》，孔、蔡于此章皆释为狱辞之要。孔氏《多方》前释为要察狱情,后释为执其朋党。蔡氏《多方》皆无释,然《多方》两章文义皆难同此章。孔、蔡之释若如孔氏之前后异义,则尤不可。按孔《传》末章囚执之说甚当,盖要字读为平声,有约勒之义,谓系束拘挛之也。《周礼》“掌囚”注云:“囚拘也，拘系当刑杀者。凡囚者，上罪梏拳而桎，中罪桎梏，下罪梏以待蔽罪，正此义也。以此通释前后三章无不妥矣。陆氏三章皆音要为平声，当从之。”其说俱极精确。至若以“高宗肜日为祖己谏祖庚”、说本《史记》。“旅獒为召公训成王”说本《皇王大纪》。二典，为夏启以后史臣所作，亦能自申己说，不为蔡氏所囿，视陈氏《旁通》之繁称博引而毫无纠正者，盖有间矣。凡例后有“至正辛卯孟夏德星书堂重刊”木记。《尚书纂图》未详作者，始《唐虞夏商周谱系图》，终《任土作贡图》，凡图六十九。按:《经义考》载，宋郑东卿《尚书图》一卷，图名与是书合者凡三十二。《任土作贡图》后，引合沙先生曰《经义考》曰：合沙，渔父郑东卿自号。云云，盖即郑氏原本而稍有增删者。蔡氏《书集传序》、孔安国《书传序》《书蔡氏传》重刊明本，明州本也。凡例：一蔡氏《集传》，九峰先生子参政抗淳祐经进本，元载朱子手帖数段，未能尽一经大旨。今将鄱阳董氏录注所辑朱子纲领，取其精详而有补于书者，刊置卷首。又取诸儒说书纲领续于语录之次，庶几开卷者未读时已见大概,然后复熟之,不待讲习而已焕然矣。一、蔡氏《集传》行世虽久,其间讹误不少。今依辑录本精加校正,此诸本不同。一、蔡氏《集传》元无音释,今用鄱阳邹氏《经传音释》附于各段之末,庶几学者字得其音,事得其释，疑得其辨，而胸次洒然，无复滞碍矣。

《铁琴铜剑楼藏书目录》卷二《经部》:《重刊明本书集传附音释》六卷，元刊本。题“朱子订定，蔡氏集传，鄱阳邹季友音释”。案：蔡氏书成于嘉定己巳，淳祐中，其子抗奏进后，遂有刻本。此云“明本”，即宋之明州本。明州，今宁波府也。当时经进本凡《传》六卷,《小序》一卷,《朱子问答》一卷。《小序》本自为一篇，孔氏作《传》，移冠各篇之首，朱子仍合为一。《书录解题》载有晦庵所录《书古经》四卷《序》一卷者是也。《集传》经其订定，故亦置《序》于后，此本悉依其旧。惟《朱子问答》，董氏《辑录纂注》采入《说书纲领》，此从董本列诸卷首。又有纂图六十有八，不著何人所纂。张氏金吾谓取诸郑东卿《尚书图》。案：东卿《图》见《经义考》，则有七十有七，核其图名，又不同者半。明系两本，不得以图说有合沙云云，谓即郑本也。《传》文每节后附邹季友《音释》。考季友，字晋昭，鄱阳人。明太祖见《集传》与季友所论，间有未安，诏征儒臣纂《书传会选》，多采其说。黄氏《千顷堂书目》、钱氏《元史艺文志》俱载有《书蔡传音释》六卷，即此书也。所释与蔡《传》异者，已见张氏《藏书志》。其释音亦主虚实动静，间引《玉篇》《广韵》《韵略》，不全用《释文》。其论“数”字云：诸经中，如“加我数年”“数口之家”，陆氏并音“色主反”，而朱子《四书集注》音去声。今案：上声，乃用力字，于此义未安，宜从朱子音为是。又谓徐仙民“赎”音“树”，为北音，因改为神蜀反，盖亦元人之讲小学者。邹氏有上胡云峰书曰：“《书传音释》极感订正，傥遂可传，先生与有惠焉。”是又经云峰手定矣。《凡例》后有墨图记曰：“至正辛卯孟夏德星堂重刊。”旧为邑中孙氏藏书，后归张氏爱日精庐，载入《藏书志》，次诸元人之末，盖以邹氏《音释》为主。然凡《经传》附《释文》，皆不从陆氏时代，故今以《集传》为主，改列于此，而单行本一卷，则仍叙诸元人中焉。每卷有“虞山孙仲孝维收藏图书”朱记。

《八千卷楼书目》卷一《经部》：《书集传音释》六卷，元邹季友撰。明刊大字本、《古逸丛书》本、日本刊本、吴氏刊本、祝氏刊本。

书蔡氏传辑录纂注

元董鼎辑录纂注。

元吴澄《书传辑录纂注后序》：自《乐经》亡，而经之行于世者惟五，《诗》《礼》《易》《春秋》虽不无缺误，而不若《书经》之甚也。朱子尝欲作《书说》弗果，门人尝请断《书》句，亦弗果。得非读之有所疑，而为之不敢易邪？订定蔡氏《书传》仅至“百官若帝之初”而止，它篇文义虽承师授，而《周书·洪范》以后，浸觉疏脱，师说甚明，而不用者有焉。岂著述未竟，而人为增补与？抑草稿粗成，而未及修改与？《金縢》“弗辟”，郑非孔是昭昭也。既迷于自择，而与朱子《诗传》《文集》不相同，然谓鸱鸮取卵破巢比武庚之败管、蔡及王室，则又同于《诗传》，而与上文避居东都之说自相反。一简之内，而前后抵牾如此，何哉？《召》《洛》二诰，朱子之说具在，而《传》不祖袭之，故切疑《洪范》以后始非蔡氏之手笔也。番阳董鼎季亨父治圣人之经，学朱子之学，详稽遗语，旁采诸家，附于蔡氏各条之左，名曰《辑录纂注》。有同有异，俱有所裨。《西伯戡黎》，其国盖在黎阳之地，而非上党、壶关之黎。武王伐商，兵渡孟津，道过黎阳，先戡黎而后至纣都。如齐桓伐楚，先溃蔡而遂入楚境也。《辑录》引董铢叔重之问，谓吴才老以戡黎为伐纣时事。《召诰》三月甲子，周公用书命庶殷侯甸男邦伯，《多士》篇即其命庶殷之书也。而旧注云《多士》作于祀洛次年之三月，《纂注》引陈栎寿翁之说，以此三月诰商士为周公至洛之年。周公居东，二说兼存，不以蔡之从郑为然也。略举一二端，则季亨父之有功《书经》多矣。澄于此经，亦尝因先儒所疑而推究其所可知，往往不能悉与旧说合。观所《辑纂》，其间乃有与予不异者。季亨父笃行信于乡里，年六十八而终。子真卿来游京师，出父书以示。嘉其穷经有特见，而无党同护缺之蔽。于是为识其卷末。《吴文正集》卷一九。

明何乔新《跋书传辑录纂注》：右鄱阳董氏《辑录纂注》二帙，先冢宰旧读之书也。国初，用翰林学士刘三吾等言，蔡氏释《书》有与朱子不合者，乃作《会选》，于蔡《传》多所更定。颁之学校，用之科目。先公生当丧乱之后，经籍非书坊刊行者不易得。当是时，学者所习，惟《辑录纂注》而已。乃假《会选》官本，采其说之异于蔡《传》者，录于《辑录纂注》之上下栏。已见于《纂注》者，则但云取某氏说。其圈点批抹，皆先公之手笔。先公既以是经登进士第，而书藏于家，无少损也。及《四书五经大全》既颁，而《会选》又废矣。乔新少读是经，弆藏惟谨，比者旴水泛溢，颇有损坏，乃命从孙丰重加装褫。间有残缺者，不复补，存古之意也。既完，韬以绫帕而藏之。呜呼！此书先公手泽所存也，凡我后人，知祖宗得书之艰，嗜学之勤，尚思所以宝之哉！《椒邱文集》卷一八。

《天禄琳琅书目后编》卷八《元版经部》：《书传辑录纂注》，二函八册。元董鼎撰。鼎字季亨，鄱阳人，黄榦门人。书六卷，首列蔡《传》，又取朱子之说为辑录，诸家之说为纂注，各以白文标之。前有蔡沈《集传序》，又《朱子说书纲领》，又《书序纲领》，后有“建安余氏勤有堂刊”墨记。是书椠手精工，虽宋本亦称佳者。以书中宋讳皆不缺笔，而勤有堂世守其业，至今不废，故列之元版。项笃寿万卷楼藏本。其“李氏”“岳氏”，又“江夏”应是黄氏，均无考。

《铁琴铜剑楼藏书目录》卷二《经部》:《书蔡氏传辑录纂注》六卷，元刊本。首题“朱子订定、蔡氏集传”，次题“后学鄱阳董鼎辑录纂注”。前载嘉定己巳三月既望蔡氏原序，继以至大戊申十二月己未董氏自序，又凡例八条，及《辑录》引用诸书、《辑录》所载朱子门人姓氏、《纂注》引用诸书、《纂注》引用诸家姓氏，又《朱子说书纲领》三十一条。书序总置卷末。其引用诸家姓氏后有钟形墨图记曰“延祐戊午”，鼎形墨图记曰“勤有堂”，皆篆书。《纲领》末叶，板心有“延祐己未正月印”七字，作行书。后半叶有“建安余氏勤有堂刊”八字，篆书墨图记。卷末有“男真卿编校”“侄济卿、登卿同校”“建安余志安刊行”三行。全书皆朱笔点勘，剧有手眼。简末有“王元亮点校讫”一行，又卷四末有“延祐己未八月点校讫”一行。图记曰“王景陶父”，盖其字也。又曰“阳羡山城”，当为宜兴人。案:《唐律疏义释文》为元王元亮作，乃是汴人，殆非一人欤？此本刻书之年，距自序时甚近，是为此书第一刻本，而此又为初印致佳者。通志堂本宜即从之出。而核《纂注》引用诸家姓氏中，“李氏”下脱去“杞”字，“谦斋”下衍一“子”字，“马氏子严”下“东阳”二字作“古洲建安”四字，“陈氏大猷”下“东斋”误“更斋”，“沈氏贵瑶”后增“余氏九成《书说》”“程氏实之《答柴中行间》”，“许氏月卿”下增“太空”二字，“齐氏梦龙”后增“李氏次僧《洪范精义》、章氏约斋《禹贡告成书》、郑氏元瑶《禹治水谱》、金氏履祥《尚书表注》、吴氏澄《尚书纂言》”，“胡氏一桂”后增“许氏谦《尚书丛说》”，“程氏葆舒”后增“陈氏师凯《蔡传旁通》”，“金氏燧”后增“余氏《钥历象管窥》、牟氏应龙《九经音考》、王氏道《书传音释》、邹氏季友《书传音释》”，后有“建安后学余安定编校”一行，亦与此本不同。考此书音释甚略，间或有音仅引《玉篇》《广韵》。凡例所云“案诸家字书反切附注焉”者是也。而于牟氏应龙、王氏道、邹氏季友等书，均未一及。又《尧典》“以闰月定四时”，《纂注》引金氏说，不见于《表注》，盖金氏燧《闰讲星说》之文，是通志堂所据之本，后人已有窜入，非复延祐初刻矣。卷中有“顾贞观印”“侍御之章”“高阳氏”“槐荣堂”诸朱记。

《藏园订补郘亭知见传本书目》卷一《经部二》:《书集传辑录纂注》六卷又一卷《朱子说书纲领辑录》一卷。元董鼎撰。〇元延祐五年建安余氏勤有堂刊本，十行二十字，注双行二十四字，细黑口，四周双栏。《说书纲领》后有“建安余氏勤有堂刊”篆文木记。海虞瞿氏藏。张君菊生涉园亦藏一帙，有项元汴、朱彝尊藏印。〇元建安余氏勤有堂刊又一本，十一行二十字，注双行二十四字，细黑口，左右双栏。行数、栏格均与前本异。〇元刊本，十一行二十字，注双行二十四字，细黑口，四周单栏。

《藏园订补郘亭知见传本书目》卷一《经部二》补 :《书集传辑录纂注》六卷《朱子说书纲领辑录》一卷。元董鼎撰。〇元至正十四年翠岩精舍刊本，十一行二十字，注双行二十四字，黑口，四周双栏。

今按：元延祐五年建安余氏勤有堂刻本（国家图书馆、北京大学图书馆、上海图书馆藏）；元至正十四年翠岩精舍刻明修本（国家图书馆、北京大学图书馆、日本静嘉堂藏）；元刻本（山东省博物馆藏）；《通志堂经解》本（康熙刻、同治刻、日本文化刻）；《四库全书荟要》本，《四库全书》本；清怡颜堂抄本（北京大学图书馆藏）。

书传集解

明黄谏集解。

《千顷堂书目》卷一《书类》: 黄谏《书传集解》。字廷臣，兰州人。正统壬戌一甲第三人，历官翰林院学士。

《爱日精庐藏书志》卷二《经部》:《书传集解》十二卷，明刊本，项氏万卷堂藏书。朱子订定，蔡氏集传，明后学金城黄谏集解。是书以蔡《传》为主，而以唐宋金元诸儒之说分注于下，谏亦间附己说，大抵先儒之说十之七，谏之说十之三耳。其中回护蔡《传》者固多，如天左旋之类。而订正蔡《传》者亦不少。如五玉即五瑞之类。且荟萃诸说，同异并存，盖不仅羽翼蔡氏也。所采如宋胡氏旦《尚书演圣通论》、张氏景《书说》、顾氏临《尚书集解》、孙氏觉《书义十述》《尚书解》、王氏安石王氏雱《新经尚书义》、苏氏洵《洪范图论》、芸阁吕氏名大临《书传》、龟山杨氏《书义辨疑》、蔡氏元度名卞《尚书解》、张氏纲《尚书讲义》、吴才老名棫《书裨传》、李氏舜臣《尚书小传》、刘氏安世《尚书解》、王氏十朋《尚书解》、王氏炎《尚书小传》、张敬夫《书说》、陈氏傅良《书抄》、东阳马氏案：宋马之纯、元马道贯，俱东阳人。之纯有《尚书说》，道贯有《尚书疏义》，今俱佚。是书所引东阳马氏，其之纯欤，抑道贯欤？未敢臆定。朱子《问答》、勉斋黄氏《尚书说》、董氏铢《尚书注》、邹氏补之《书说》、王氏日休《书解》、张氏沂《书说》、复斋董氏名琮《尚书集义》、陈氏振孙《尚书说》、西山真氏《书说精义》、陈氏大猷案：陈氏《集传或问》自序曰：大猷既集《书传》，复因同志问难，记其去取曲折，以为《或问》。今《或问》存而《集传》佚。是书所引陈氏大猷云云，《或问》俱不载，其或即《集传》之说欤？介轩董氏名梦程，《尚书训释》。张氏震《尚书小传》、史氏仲午《书说》、史氏渐《书说》、刘氏㚟横舟《尚书讲义》、成四百家成申之四百家《尚书集解》、李氏梅叟《书说》、碧梧马氏名廷鸾《尚书蔡传会编》、陈氏普《尚书补微》、金溥南王氏名若虚《尚书义粹》、元息斋余氏名芑舒《读蔡传疑》、葵初王氏名希旦《尚书通解》、梁氏寅《书纂义》。其书今皆失传，藉此得略见梗概。一书传而赖以传者凡四十余家，是固研经者所当亟为表彰者也。《经义考》著录，误作《集义》。注"未见"。卷六缺《说命》中"虑善以动，动惟厥时"至末，又《说命》下至《微子》，卷十《召诰》至《君奭》全缺。书贾欲泯其不全之迹，妄将九卷下半卷刓改作卷十。重装时当更正之。每卷首末俱有"项氏万卷堂图籍印"及"汲古阁""毛氏家藏"三印。孔安国《书传》序、蔡氏《书集传》序。

《八千卷楼书目》卷一《经部》：《书传集解》不分卷。明黄谏撰。明刊本，残。

《善本书室藏书志》卷一《经部》：《书传集解》十二卷，明刊本，项氏万卷堂藏书。朱子订定，蔡氏集传，后学金城黄谏集解。此书旧藏张氏爱日精庐，其原缺仅卷六，《说命》中自"虑善以动"起至篇末，又《说命》下至《微子》，又《召诰》至《君奭》，曾载之《藏书志》。今罹兵火，又缺自《尧典》起至《大禹谟》"若帝之初"止，又《益稷》"庶顽谗说"起至篇末止，又《伊训》缺末节二叶，又自《泰誓》上起至《武成》，又自《洪范》"五皇极"起至末，又《周官》"曰唐虞稽古"起至《秦誓》末，核今之所存，不及十之五矣。书中所载宋元人经注，今无传书者凡四十余家，孤文只义，赖以不泯，近时藏书家目录均未之见，真如麟角凤毛，为海内希睹之本，未可以不完废矣。谏字廷臣，兰州人，正统壬戌一甲第三人，历官至翰林学士。每卷首末有朱文

"项氏万卷堂图籍印"长方印，万卷堂者，明秀水项笃寿字子长藏书室也。笃寿中嘉靖壬戌进士，好藏书，见秘册辄令小胥传抄储之。又有朱文"汲古阁"方印白文、"毛氏家藏"方印，盖初藏项氏，继归毛氏者。

《宋元旧本书经眼录》卷二：《书传集解》，残本，未详卷数。缺首二卷，于《禹贡》《汤誓》首并题云"后学金城黄谏集解"。录蔡《传》低经文一格，大书。所集诸家及自下己意，则双行夹注。半叶八行，行二十四字。板纵横不及五寸，而刻印精朗，似元佳本。汲古阁旧藏，今归钱塘丁氏。按：是书所引宋元诸家外，及于明初陈雅言，是明永乐以后人矣。《明史·艺文志》不载。检《千顷堂书目》有之，亦无卷数。自横云《史志稿》去，黄氏补《宋史》及金、元诸籍，已不惬人意，何明人著述亦如此疏漏耶？《千顷》注"谏字廷臣，兰州人，正统壬戌一甲第三人，历官翰林学士"。

书经尊朱约言

明洪翼圣辑。

《天一阁书目》卷一之二《经部》：《书经尊朱约言》十四卷。明进士南池洪翼圣著辑，盱邑幼文吴道岸校定，秀峰余良史绣梓。洪序云："昔蔡沈氏，善淑子朱子者也。承顾命，《传》成而揭诸首曰：'二帝三王之治本于道，二帝三王之道本于心。'呜呼，心之一言至矣，故精一执中者，所以存此心之礼也。措之政事者，所以达此心之用也。又约而言之，不逾曰钦、曰敬笃。此约言之旨，朱、蔡先得我心之同然也。"

诗

诗风雅颂

宋朱熹录。

《直斋书录解题》卷二《诗类》：《诗风雅颂》四卷，《序》一卷，朱熹所录。以为《序》出后世，不当引冠篇首，故别录为一卷。

诗序辨说

宋朱熹撰。

《宋史》卷二〇二《艺文志一》:《诗序辨》一卷。

《澹生堂藏书目》卷一《经类第三》:朱晦翁《诗序辨》一卷。《本集》本。

《经义考》卷一一九《诗二十二》:朱子熹《诗序辨说》。《宋志》:一卷。存。

辅广曰:"《释文》载沈重云:'按:《大序》是子夏、毛公合作,卜商意有未尽,毛更足成之。'《隋·经籍志》亦云:'先儒相承,谓《毛诗序》子夏所创,毛公及卫敬仲宏更加润色。'至于以为国史作者,则见于《大序》与王氏说,然皆是臆度悬断,无所据依。故先生直据《后汉·儒林传》之说而断以为卫宏作,又因郑氏之说,以为宏特增广而润色之,又取近世诸儒之说,以为《序》之首句为毛公所分,而其下推说云云为后人所益者,皆曲尽人情事理。至于首句之已有妄说者,则非先生阅理之明、考义之精,不能及也。至论《诗序》本自为一编,别附经后,又以尚有齐、鲁、韩氏之说并传于世,故读者亦有知其出于后人之手而不尽信,亦得其情。又论毛公引以入经,乃不缀篇后,而超冠篇端;不为注文,而直作经字;不为疑辞,而遂为决辞云者,则可见古人于经则尊信而不敢易,视于己说则谦虚推托不敢自决,而有待于后人者,自有深意。若毛公之作则出于率易,不思遂启后人穿凿迁就之失,以至于上诬圣经,而其罪有不可逭者矣。呜呼,可不戒哉,可不谨哉。或曰:'子之责夫毛公者当矣,而晦翁先生又生于数千年后,乃尽废诸儒之说而遂断《小序》为不足据者,何哉?'予应之曰:'不然,先生之学始于致知格物,而至于意诚心正,其于解释经义工夫至矣,必尽取诸儒之说一一细研,穷一言之善无有或遗,一字之差无有能遁。其诵圣人之言,都一似自己言语一般,盖其学已到至处,能破千古疑,使圣人之经复明于后世。然细考其说,则其端绪又皆本于先儒之所尝疑而未究者,则亦未尝自为臆说也,学者顾第勿深考耳。观其终既已明知《小序》之出于汉儒,而又以其间容或真有传授证验而不可废者,故既颇采以附《传》中,而复并为一编以还其旧,因以论其得失云之说,则其意之谨重不苟,亦可见矣。岂可与先儒之穿凿迁就者同日语哉。'"

王应麟曰:"朱子《诗序辨说》多取郑渔仲《诗辨妄》。"

孙绪曰："朱子作《诗传》，尽去《序》说，惟讽诵辞气抑扬以求时世，今人翕然宗之。夫《序》说虽不可尽信，然去作者尚未远，犹有可据。乃尽删其说，顾自信于千载之下，近者可信，远者果不信乎？以言取人，孔子犹失之宰我，不根据于当时简册之所存，而时之先后、人之淑慝、俗之隆污、概取必于吟哦咏叹之间，糟粕刍狗与《序》说等耳，后当有是鄙言者。"

《好古堂书目·经部》：《诗经疏义》二十卷，元朱公迁。附《朱子小序辩》。

《好古堂书目·子部》：《诗序辩》。

《本立堂藏书目·文集四》：《诗序辩》一卷。

《问源楼书目初编》卷一下《经部》：《诗序辨》一卷，宋朱子撰，《遗书》本。

《郑堂读书记》补逸卷四《经部》：《诗序辨说》一卷，《诗集传》附刊本。宋朱子撰。《四库全书》著录，作二卷，盖别本也。《直斋书录解题》附载于《诗集传》下者，与此本同，《宋志》作《诗序辨》一卷，疑脱去一"说"字耳。自朱子于《诗序》下各加辨驳为是书，因启四五百年来门户之争。明毛子晋晋刊此本时，卷末录有石林叶氏、东莱吕氏、鄱阳马氏之说及陈氏跋，而子晋跋谓"石林、东莱诸君无不叹《序》之深解旨趣，而辨论之快莫如鄱阳马氏"云云，则子晋录附诸人之语者，非无意也。马氏说即《文献通考》所载，盖《通考》于他书皆无所言，独于此《序》反复辨论，纚纚几万言云。《津逮秘书》《学津讨源》俱收入之，张氏本有若云海鹏跋。

今按：明刻本（国家图书馆藏）；《朱子遗书》本（康熙刻）；《四库全书》本；清光绪六年信古斋刻本（南京图书馆藏）；《津逮秘阁》本（崇祯刻，民国影印）；《西京清麓丛书》本（光绪刻，朱子遗书重刻合编）；《五经补纲》本（咸丰刻）；《学津讨原》本（嘉庆刻，民国影印）。

诗集传

宋朱熹撰。

宋朱熹《诗集传序》：或有问于余曰："《诗》何谓而作也？"余应之曰："人生而静，天之性也。感于物而动，性之欲也。夫既有欲矣，则不能无思；既有思矣，则不能无言；既有言矣，则言之所不能尽，而发于咨嗟咏叹之余者，必有自然之音响节族而不能已焉，此诗之所以作也。”曰：“然则其所以教者何也？”曰：“诗者，人心之感物而形于言之余也。心之所感有邪正，故言之所形有是非。惟圣人在上，则其所感者无不正，而其言皆足以为教。其或感之之杂，而所发不能无可择者，则上之人必思所以自反，而因有以劝惩之，是亦所以为教也。昔周盛时，上自郊庙朝廷，而下达于乡党闾巷，其言粹然无不出于正者，圣人固已协之声律而用之乡人，用之邦国，以化天下。至于列国之诗，则天子巡守，亦必陈而观之，以行黜陟之典。降自昭穆而后，寖以陵夷，至于东迁而遂废不讲矣。孔子生于其时，既不得位，无以行帝王劝惩黜陟之政，于是特举其籍而讨论之，去其重复，正其纷乱，而其善之不足以为法、恶之不足以为戒者，则亦刊而去之，以从简约，示久远，使夫学者即是而有以考其得失，善者师之，而恶者改焉。是以其政虽不足行于一时，而其教实被于万世。是则《诗》之所以为教者然也。”曰：“然则《国风》《雅》《颂》之体，其不同若是，何也？”曰：“吾闻之，凡《诗》之所谓风者，多出于里巷歌谣之作；所谓男女相与咏歌，各言其情者也。惟《周南》《召南》亲被文王之化以成德，而人皆有以得其性情之正，故其发于言者，乐而不过于淫，哀而不及于伤，是以二篇独为风《诗》之正经。自《邶》而下，则其国之治乱不同，人之贤否亦异，其所感而发者有邪正是非之不齐，而所谓先王之风者，于此焉变矣。若夫《雅》《颂》之篇，则皆成周之世朝廷郊庙乐歌之词，其语和而庄，其义宽而密，其作者往往圣人之徒，固所以为万世法程而不可易者也。至于《雅》之变者，亦皆一时贤人君子闵时病俗之所为，而圣人取之，其忠厚恻怛之心，陈善闭邪之意，犹非后世能言之士所能及之。此《诗》之为经，所以人事浃于下，天道备于上，而无一理之不具也。”曰：“然则其学之也当奈何？”曰：“本之二《南》以求其端，参之列国以尽其变，正之于《雅》以大其规，和之于《颂》以要其止，此学诗之大旨也。于是乎章句以纲之，训诂以纪之，讽咏以昌之，涵濡以体之，察之情性隐微之间，审之言行枢机之始，则修身及家平均天下之道，其亦不待他求而得之于此矣。”问者唯唯而退。余时方辑《诗传》，因悉次是语以冠其篇云。淳熙四年丁酉冬十月戊子，新安朱熹书。《晦庵先生朱文公文集》卷七六。

清陈鳣《宋本诗集传跋》：鳣既得《周易》之明年春，同人作中吴吟课，适袁君又恺语及其家藏宋本《诗集传》，因以他物易之。凡二十卷，与《宋志》

合。今通行本八卷，盖坊间妄并也。行款格式与《周易本义》同。考文公孙鉴《诗传遗说叙》云："《诗集传》，豫章、长沙、后山皆有本，而后山校雠最精。"是本无题识可证，而校雠之精，疑其为后山本。惟自《小雅·蓼莪》至《大雅·版》之篇已缺，为可惜耳。其间经文如《召南·何彼秾矣》作"襛矣"，《墉风》"终焉允臧"作"终然"，《卫风》"远父母兄弟"作"兄弟父母"，《齐风》"不能晨夜"作"辰夜"，《小雅》"朔日辛卯"作"朔月"，"家伯冢宰"作"维宰"，《周颂》"既右飨之"作"右享"，《鲁颂》"其旗茷茷"作"茷茷"，《商颂》"来假祈祈"作"祁祁"，"降于卿士"作"降予"，为冯嗣京、陈启原所拈出外，此若《王风》"牛羊下括"作"羊牛"，与上章同，《魏风》"不知我者"俱作"不我知者"，与唐石经合。又若《周南》"不可休息"注："吴氏曰《韩诗》作'思'。"今本删去，不知《韩诗》以"休"求叶音也。《周颂》"假以溢我"，"假"下注："《春秋传》作'何'。""溢"下注："《春秋传》作'恤'。"盖惟先有此注，故下注云"'何'之为'假'，声之转也。'恤'之为'溢'，字之讹也"。今本删去上注，则下注不知何所指矣。其余传文音义足以补正今本者不可殚述。宋本之善若此，安得好事者重为刊布，俾家弦户诵乎？嘉庆十年春日识。《简庄文抄》卷二。

《读书附志》卷上《经解类》：《诗集传》二十卷，《诗序辨说》一卷。右晦庵先生朱文公所定也。江西漕赵崇宪刻于计台而识其后。

《直斋书录解题》卷二《诗类》：《诗集传》二十卷，《诗序辨说》一卷。朱熹撰。以大小《序》自为一编，而辨其是非。其序《吕氏读诗记》，自谓少年浅陋之说，久而知其有所未安，或不免有所更定。今江西所刻晚年本，得于南康胡泳伯量，校之建安本，更定者几什一云。

《玉海艺文校证》卷四《诗·诗集传》：朱熹辑《诗传》二十卷，其序曰："本之二《南》以求其端，参之列国以尽其变，正之于《雅》以大其规，和之于《颂》以要其止，此学《诗》之大旨也。"

《宋史》卷二〇二《艺文志一》：朱熹《诗集传》二十卷。

《文渊阁书目》卷二：《诗朱子集传》一部二册，缺。《诗朱子集传》一部十册，缺。《诗朱子集传》一部六册，缺。《诗朱子集传》一部一册，缺。《诗朱子集传》一部二册，缺。

《天一阁书目》卷一之二《经部》：《诗经》二十卷，刊本。宋朱子集传。

明正德十二年司礼监刊本。

《万卷堂书目》卷一《诗经》:《诗经集注》八卷。朱熹。

《百川书志》卷一《经》:《诗经集注》八卷，宋晦庵先生新安朱熹集注。

《世善堂藏书目录》卷上《经类》:《诗集传》《诗序辨说》二十二卷。朱文公。

《徐氏家藏书目》卷一《经部》:《诗经集注》八卷。朱子。

《国史经籍志》卷二《经类》:《诗集注》八卷。朱熹。

《奕庆藏书楼书目》经之四《诗》:《诗传》。八卷，乙套，五本，宋朱熹注。

《奕庆藏书楼书目》经之四《诗》:《诗经集注》。俞板，忠敏公手评，八卷，乙套，四本，宋朱熹集传。

《经义考》卷一〇八《诗十一》: 朱子熹《毛诗集传》。《宋志》：二十卷。存。

朱子自序曰："或有问于余曰：'《诗》何为而作也？'余应之曰：'人生而静，天之性也；感于物而动，性之欲也。夫既有欲矣，则不能无思；既有思矣，则不能无言；既有言矣，则言之所不能尽，而发于咨嗟咏叹之余者，必有自然之音响节奏而不能已焉，此《诗》之所以作也。'曰：'然则其所以教者，何也？'曰：'《诗》者，人心之感物而形于言之余也。心之所感有邪正，故言之所形有是非，惟圣人在上，则其所感者无不正，而其言皆足以为教。其或感之之杂，而所发不能无可择者，则上之人必思所以自反，而因有以劝惩之，是亦所以为教也。昔周盛时，上自郊庙朝廷，而下达于乡党闾巷，其言粹然无不出于正者，圣人固已协之声律而用之乡人、用之邦国以化天下，至于列国之诗，则天子巡狩亦必陈而观之，以行黜陟之典。降自昭穆，而后寝以陵夷，至于东迁，而遂废不讲矣。孔子生于其时，既不得位，无以行帝王劝惩黜陟之政，于是时，举其籍而讨论之，去其重复，正其纷乱，而其善之不足以为法，恶之不足以为戒者，则亦刊而去之，以从简约示久远。使夫学者即是而有以考其得失，善者师之，而恶者改焉。是以其政虽不足以行于一时，而其教实被于万世，是则《诗》之所以为教者然也。'曰：'然则《国风》《雅》《颂》之体，其不同若是，何也？'曰：'吾闻之，凡《诗》之所谓《风》者，多出于里巷歌谣之作，所谓男女相与咏歌，各言其情者也。惟《周南》《召南》亲被文王之化以成德，而人皆有以得其性情之正，故其发于言者，乐而不过于淫，哀而不过于伤，是以二篇独为《风》诗之正经。自《邶》而下，则其国之治乱不同，人之贤否亦异，其所感而发者，有邪正是非之不齐，而所谓先生之《风》者，于此乎变矣。若夫《雅》《颂》之篇，则皆成周之世，朝廷郊庙乐歌之词，其语和而庄，其义宽而密，其作者往往圣人之徒，固所以为万世法程而不可易者也。至于《雅》之变者，亦皆一时贤人君子悯时病俗之所为，而圣人取之，其忠厚恻怛之心，陈善闭邪之意，尤非后世能言之士所能及之也。《诗》之为经，所以人事浃于下，天道备于上，而无一理之不具也。’曰：‘然则其学之也，当奈何？’曰：‘本之《二南》以求其端，参之列国以尽其变，正之于《雅》以大其规，和之于《颂》以要其止，此学《诗》之大旨也。于是乎章句以纲之，训诂以纪之，讽咏以昌之，涵濡以体之，察之情性隐微之间，审之言行枢机之始，则修身、齐家、平均天下之道，其亦不待他求而得之于此矣。’”

陈文蔚曰：“先生于《诗》，去《小序》之乱经，得诗人吟咏性情之意。”

陈振孙曰：“以大小《序》自为一编，而辨其是非。其序《吕氏读诗记》，自谓少年浅陋之说，久而知其有所未安，或不免有所更定。今江西所刻晚年本，得于南康胡泳伯量，校之建安本，更定几什一云。”

郝经序曰：“古之为《诗》也，歌诵弦舞、断章为赋而已矣。传其义者则口授，传注之学未有也。秦焚《诗》《书》以愚黔首，三代之学几于坠没。汉兴，诸儒掇拾灰烬，垦荒辟原，续《六经》之绝绪，于是传注之学兴焉。秦焚《诗》《书》尤重，故传之者鲜。《书》则仅有济南伏生，《诗》之所见、所闻、所传闻者颇为加多，有齐、鲁、毛、韩四家而已。而源远未分，师异学异，更相矛盾，如《关雎》一篇，齐、鲁、韩氏以为康王政衰之诗，毛氏则谓‘后妃之德，风之始’。盖毛氏之学规模正大，有三代儒者之风，非三家所及也。卒之三家之说不行，《毛诗》之诂训传独行于世，惜其阔略简古，不竟其说，使后世得以纷更之也。故滋蔓于郑氏之《笺》，虽则云勤，而义犹未备；总萃于孔氏之《疏》，虽则云备，而理犹未明。呜呼！《诗》者，圣人所以化天下之书也，其义大矣，性情之正，义理之萃，已发之中，中节之和也。文、武、周、召之遗烈，治乱之本原，王政之大纲，中声之所止也。天人相与之际，物欲相错之间，欣应翕合，纯而无间，先王以之审情伪、在治忽、事鬼神、赞化育、奠天位而全天德者也。观民设教，闲邪存诚，圣之功也。所过者化，所存者神，圣之用也。正适于变，变适于正，《易》之象也。美而称诵，刺而讥贬，《春秋》之义也。故《诗》之为义，根于天道，著于人心，膏于肌肤，藏于骨髓，厖泽渥浸，浃于万世。虽火于秦，而在人心者，未尝火之也。顾岂崎岖训辞鸟兽虫鱼草木之名，拘拘屑屑而得尽之哉。而有司设规，父师垂训，莫敢谁何。以及于宋欧阳子始为图说，出二氏之区域，苏氏、王氏父子继踵驰说，河南程氏、横渠张氏、西都邵氏，远探力穷而张皇之。逮夫东莱吕伯恭父集诸家之说，为《读诗记》，未成而卒。时晦庵先生方收伊洛之横澜，折圣学而归衷，集传注之大成，乃为《诗》作《传》，近出己意，远规汉唐，复《风》《雅》之正，端刺美之本，粪训诂之弊，定章句音韵之短长差舛，辨大小《序》之重复，而三百篇之微意，思无邪之一言，焕乎白日之正中也。其《自序》则自孔、孟及宋诸公格言具载之，毛、郑以下不论，其旨微矣。是书行于江汉之间久矣，而北方之学者未之闻也。大行台尚书田侯得善本，命工板行以传永久，书走保下，属经为序，经喜于文公之《传》之行与学者之幸，且嘉侯用心之仁，故推本论著以冠诸端。"

朱弁曰："朱子之于《诗》也，本欧阳氏之旨而去《序》文，明吴才老之说而叶音韵，以《周礼》之六义三经而三纬之，赋比兴各得其所，可谓无憾也已。"

王祎曰："朱子《集传》，其训诂多用毛、郑，而叶韵则本吴才老之说，其释诸经，自谓于《诗》独无遗憾。当时东莱吕氏有《读诗记》最为精密，朱子实兼取之。"

何乔新曰："宋欧阳氏、王氏、苏氏、吕氏于《诗》皆有训释，虽各有发明，而未能无遗憾。自朱子之《传》出，三百篇之旨粲然复明。"

桂萼曰："《诗集传》极详，然其间制度名物，不读注疏无由而知。当时朱子传经，一本注疏之训释，但以诸儒解经太详，不免穿凿而失其本意，于是取而传焉，以求作者之志。不谓后之学者，遂废注疏而不观。试举一二，如'三事就绪'，朱《传》取郑司农'三农之事'训之，后人不考，遂以孟子所谓上、中、下农之说别处下方，不知本《周礼》'三农生九谷'注中所谓高原、下隰、平阳之农尔。又如《閟宫》注中'砻密'之说，读《诗》者或以结构之密当之，岂不可笑。"尤侗曰："《诗》三百，以思无邪蔽之，安有尽收淫词之理。即诗有美刺，以为刺滛可矣，不应取淫人自作之诗也。郑伯如晋，子展赋《将仲子》；郑伯享赵孟子，太叔赋《野有蔓草》；六卿饯韩宣子，子 赋《野有蔓草》、子太叔赋《褰裳》、子游赋《风雨》、子旗赋《有女同车》、子柳赋《箨兮》，此六诗者，皆朱子之所为淫奔之辞也，然叔向、赵武、韩起莫不善之，以郑人称郑诗，岂自暴其丑乎？近高忠宪讲学东林，有执《木瓜》诗问难者，谓：'"投我以木瓜，报之以琼琚"，其中并无男女字，何以知其为淫奔？'坐皆默然。惟萧山来风季曰：'即有男女字，亦何必淫奔？张衡《四愁诗》"美人赠我金错刀，何以报之英琼瑶"，明明有美人字，然不为淫奔也。'言未既，有拂然而起者，曰：'美人固通称，若"彼狡童兮"，得不以为淫奔否？'曰：'亦何必淫奔，子不读箕子《麦秀歌》乎？"麦秀渐渐兮，禾黍油油兮，彼狡童兮，不与我好兮"，箕子所谓受辛也，受辛，君也，而狡童之，谁曰狡童淫者也？'忠宪遽起揖曰：'先生言是也。'吾不知朱子闻之，以为何如。"

《传是楼书目·经部》：宋朱熹《诗经朱传》二十卷。

《培林堂书目·经部》：朱熹《诗集传》八卷，四册。又监板一部，未订。

《好古堂书目·经部》：《诗经集传》八卷，宋朱熹，四本。

《季沧苇藏书目·宋元杂板书》：《诗经》朱熹《集传》二十卷，六本。

《拜经楼书目·经部》：《宋板诗经朱子集传》八卷，四本。朱子撰其初稿，亦用《小序》，后与吕祖谦相争，遂改从郑樵序。此不全宋本，经文悉与唐石经同，注文悉存文公原本，自《小雅》以后缺。系明晋藩府藏本，每册皆有印记。

《拜经楼藏书题跋记》卷一《诗集传》：右不全宋本，止八卷，陈简庄征君从中吴为先君子购得。经文悉与唐石经同，注文悉存文公原本。与征君所藏宋刻相伯仲，系明晋府图书，每册皆有印记。楮墨古雅，字画精楷，盖宋刻之佳者。先君子书云："按《明史·诸王传》，晋恭王封于太原府，传至裔孙表药，孝友好文，分封庆成王。此岂其故物耶？"简庄征君跋其所藏《诗集传》云："考文公孙鉴《诗传遗说序》云，《诗集传》豫章、长沙、后山皆有本，而后山校雠最精。是本或亦系后山本耶？自《小雅》以后缺，征君所藏亦缺《小雅·蓼莪》至《大雅·板之什》，吉光片羽，弥足珍已。"

《天禄琳琅书目》卷七《明版经部》：《诗经集传》，一函十册。宋朱子集传。二十卷。此书前后俱无序跋，亦不载刊刻年月，而板式字体实属明刊，其刻字印工咸出上选，惜墨色少差耳。缺补卷九、九、十、十六、十七、

二十二、二十三。卷十一、十五、十六。卷十七。二十五、二十六。

《天禄琳琅书目后编》卷二《宋版经部》:《诗集传》，四函十六册。宋朱熹集传。二十卷。前有《诗传纲领》，诗图，自序，大小序。李霨家藏本。霨，高阳人。顺治丙戌进士，官至大学士。

《四库全书总目》卷一五《经部十五·诗类一》:《诗集传》八卷，通行本。宋朱子撰。《宋志》作二十卷，今本八卷，盖坊刻所并。朱子注《易》，凡两易稿。其初著之《易传》，《宋志》著录。今已散佚，不知其说之同异。注《诗》，亦两易稿。凡吕祖谦《读诗记》所称“朱氏曰”者，皆其初稿，其说全宗《小序》。后乃改从郑樵之说，案:朱子攻《序》用郑樵说，见于《语录》。朱升以为用欧阳修之说，殆误也。是为今本。卷首自序，作于淳熙四年，中无一语斥《小序》，盖犹初稿。《序》末称时方辑《诗传》，是其证也。其注《孟子》，以《柏舟》为仁人不遇。作《白鹿洞赋》，以《子衿》为刺学校之废。《周颂·丰年篇》小序，《辨说》极言其误，而《集传》乃仍用小序说，前后不符。亦旧稿之删改未尽者也。杨慎《丹铅录》，谓文公因吕成公太尊《小序》，遂尽变其说，虽意度之词，或亦不无所因欤？自是以后，说《诗》者遂分攻《序》、宗《序》两家，角立相争，而终不能以偏废。《钦定诗经汇纂》，虽以《集传》居先，而《序》说则亦皆附录，允为持千古之平矣。旧本附《诗序辨说》于后，近时刊本皆删去。郑玄称毛公以《序》分冠诸篇，则毛公以前，《序》本自为一卷。《隋志》《唐志》亦与《毛诗》各见。今已与《辨说》别著于录，兹不重载。其间经文讹异，冯嗣京所校正者，如《鄘风》“终然允臧”，“然”误“焉”。《王风》“牛羊下括”，“括”误“栝”。《齐风》“不能辰夜”，“辰”误“晨”。《小雅》“求尔新特”，“尔”误“我”。“胡然厉矣”，“然”误“为”。“朔月辛卯”，“月”误“日”。“家伯维宰”，“维”误“冢”。“如彼泉流”，“泉流”误“流泉”。“爰其适归”，“爰”误“奚”。《大雅》“天降滔德”，“滔”误“慆”。“如彼泉流”，亦误“流泉”。《商颂》“降予卿士”，“予”误“于”。凡十二条。陈启源所校正者，《召南》“无使尨也吠”，“尨”误“厖”。《何彼襛矣》“襛”误“秾”。《卫风》“远兄弟父母”，误“远父母兄弟”。《小雅》“言归斯复”，“斯”误“思”。“昊天大怃”，“大”误“泰”。《楚茨》“以享以祀”，“享”误“飨”。“福禄膍之”，“膍”误“媲”。“畏不能趋”，“趋”误“趍”。“不皇朝矣”，“皇”误“遑”下二章同。《大雅》“淠彼泾舟”，“淠”误“渒”。“以笃于周祜”，脱

"于"字。《周颂》"既右飨之","飨"误"享"。《鲁颂》"其旂茷茷",误"花花"。《商颂》"来格祁祁",误"祈祈"。凡十四条。又《传》文讹异,陈启源所校正者,《召南·驺虞篇》"豝,牝豕也","牝"误"牡"。《终南篇》"黻之状卯,象两弓相背","卯"误"亚"、"弓"误"己"。《南有嘉鱼篇》"鲤质鳟鳞","鳞"误"鲫",又衍"肌"字。《甫田篇》"或耘或耔",引《汉书》"苗生叶以上",脱"生"字。"陨其土",误"壝其土"。《頍弁篇》"赋而比也",误增"兴又"二字,案此辅广《诗童子问》所增。《小宛篇》"俗呼青雀","雀"误"鹊"。《文王有声篇》"淢成沟也","成"讹"城"。《召旻篇》"池之竭矣"章"比也",误作"赋"。《闵予小子篇》引《大招》"三公穆穆",误"三公揖让"。《赉篇》"此颂文王之功","王"误"武"。《駉篇》"此言鲁侯牧马之盛","鲁侯"误"僖公"。凡十一条。史荣所校正者,《卫风·伯兮篇》,《传》曰"女为悦己者容","己"下脱"者"字。《王风·采葛篇》"萧,萩也","萩"误"荻"。《唐风·葛生篇》"域,营域也","营"误"茔"。《秦风·蒹葭篇》"小渚曰沚","小"误"水"。《小雅·四牡篇》"今鵻鸠也","鵻"误"鹁"。《蓼萧篇》"在衡曰鸾","衡"误"镳"。《采芑篇》"即今苦荬菜","荬"误"藚"。《正月篇》"申包胥曰:人定则胜天","定"误"众"。《小弁篇》"江东呼为鹎鸟","鹎"误"鸭"。《巧言篇》"君子不能堲谗","堲"误"塈"。凡十条。盖《五经》之中,惟《诗》易读,习者十恒七八,故书坊刊版亦最夥,其辗转传讹亦为最甚。今悉厘正,俾不失真。至其音叶,朱子初用吴棫《诗补音》,案:棫《诗补音》与所作《韵补》为两书,《书录解题》所载甚明。《经义考》合为一书,误也。其孙鉴又意为增损,颇多舛迕。史荣作《风雅遗音》已详辨之,兹不具论焉。

《鉴止水斋藏书目》经部第一厨:《诗集传》五本。

《问源楼书目初编》卷一上《经部》:《诗集传》二十卷,宋朱子撰,明刊本。又八卷,御案五经本。

《带经堂书目》卷一《经部》:《诗经集传》二十卷,旧刊本,宋朱文公撰。朱子《集传》二十卷,与毛《传》同。明监本并为八卷,遂相沿袭,几不知有二十卷之旧。此本尚是明神庙以前旧刻,是可宝也。

《鸣野山房书目》卷一《经之四》:《诗传》八卷,宋朱熹注。

又:《诗经集注》八卷,宋朱熹传。

《艺芸书舍宋元本书目·元板书目》:《诗经朱子集传》十卷。又十卷。

《思补精舍书目·经部》:《诗经集传》八卷，宋朱熹撰。

《许氏古韵阁书目》卷一《经部》:《诗集传》八卷，宋朱熹撰，明正德刊本。

《郑堂读书记》卷八《经部五之上》:《诗集传》八卷，通行本。宋朱子撰。朱子仕履，见《礼类四》。《四库全书》著录。《读书附志》《书录解题》《通考》《宋志》俱作《诗集传》二十卷，《诗序辨说》一卷。《宋志》脱“说”字。自坊刻并二十卷为八卷，并削去《诗序辨说》不载，厥弊与《书集传》不载《书序》同也。陈氏云：“以大小《序》自为一编，而辨其是非。其序《吕氏读诗记》，自谓少年浅陋之说，久而知其有所未安，或不免有所更定。今江西所刻晚年本，得于南唐胡泳伯量，较之建安本，更定几什一云。”盖其初稿亦用《小序》，后与东莱相争，遂改从郑樵《诗辨妄》之说，而废《小序》，故其《辨说》攻《小序》，而《集传》一一追改。樵书为周信道孚所驳，《经义考》载周氏《非郑樵诗辨妄》一卷，存。旋即散佚，惟此书自元延祐定科举法，用以取士，遂承用至今。其书训诂多用毛、郑，而叶韵则本吴才老之说，其注赋比兴，则以《周礼》之六义三经而三纬之。其释诸经，自谓于《诗》独无遗憾。当时东莱《读诗记》最为精密，朱子实兼取之，惟其确遵序说之处，则舍之不用耳。其间经义讹异，冯嗣宗所校正者凡十二条，陈启源所校正者凡十四条。又传文讹异，启源所校正者凡十一条，史荣所校正者凡十条。皆由坊刻展转传讹，非是《传》原本如是也。惟卷首“关关雎鸠”，毛《传》云：“鸟挚而有别。”郑《笺》云：“挚之言至也，谓王雎之鸟，雌雄情意至然而有别。”两家语极分明，是传引曰“故毛《传》以为挚而有别”，此却不误，后又引曰“毛《传》云挚字与至通，言其情意深至也”，则误以郑《笺》为毛《传》，而删改其语焉。开卷即误，可想见其全书之梗概矣。前有淳熙丁酉自序，盖与《易本义》同时而成者，越二十四年而始易箦，惜其未及随时改正云。

《铁琴铜剑楼藏书目录》卷三《经部》:《诗集传》二十卷校宋本。宋刊朱子《诗集传》，旧为吴门袁氏廷梼所藏，此本即其所校录。后有自记云:“嘉庆乙丑夏季，以家藏宋刻本换与陈仲鱼，因校存此本。宋本佳处，尤一目了然。”仲鱼亦有跋，载其所著缀文中。其经文悉同《石经》，足正俗刻之讹者，已详举之矣。至如《集传》所载切音，俗刻多改直音，最为谬妄。惟胡氏《诗传》附录《纂疏》，悉遵朱子之旧，今以此本核之，犹多胜于胡本处。如《召南》“何彼秾矣”，秾，此音“如容反”，胡本作“奴容反”。案，“如容反”即《广韵》之“而容切”，为日母中字。《广韵》又有“女容切”一音，是为娘母中字。若作“奴容”，则为泥母中字矣，无此音也。《邶风》“寤辟有摽”，摽，此音“婢小反”，胡本作“符小反”，是类隔法，与“婢小”虽异实同。然“摽有梅”，既音“婢小反”矣，不若此之前后一例也。《王风》“暵其修矣”，修，此叶“先竹反”，修、先并心母四等字，胡本作“式竹反”，则误入审三等矣。《郑风》“不寁故也”，寁，此音“帀坎反”，寁、帀皆精母一等字，胡本“帀”误“市”，则入禅三等矣。《小雅·白驹》“贲然来思”，来，叶“陵之反”；“慎尔优游”，游，叶“云俱反”。胡本作来，叶“云俱反”；游，叶“汪胡反”。“云”与“来”“汪”与“游”皆不同母，则皆误也。《颂噫嘻》“骏发尔私”，骏音峻，《载见》“和铃央央”下有“于良反”，胡本并脱。其足以资订正者不少，故虽校本，亦录存之。

又：《诗集传》一卷宋刊残本。朱子《诗集传》，今本皆八卷，《宋志》云二十卷。此本仅存《文王之什》，称卷十六，盖与《宋志》合，犹朱子旧第也。案，陈氏启源云：《皇矣》“以笃于周祜”，今本脱“于”字；《文王有声传》“淢，成沟也”，今本“成”误“城”。此本“于”字不脱，“成”字亦不误，与陈氏所云合。又袁校宋本中缺《小雅·蓼莪》至《大雅·板》之篇，以元刊本补校，而此卷适在所缺中。考《旱麓》章“岂弟君子”，岂，苦亥反，弟，音悌，“干禄岂弟”，岂，同上，弟，叶待礼反。元本并脱其音切，犹赖此本以见。虽止二十之一，然可以补袁校之缺，故不敢以残帙弃也。书中宋讳皆缺笔。每半叶八行，行十七字，与袁本七行十六字者不同。

《持静斋藏书记要》卷上：《诗集传》八卷。宋朱子撰。明司礼监官刊附音释本。字大豁目。

《藏园订补郘亭知见传本书目》卷二《经部三》：《诗集传》八卷。宋朱子传。附《诗序辨》一卷。〇《诗序辨》，《朱子遗书》有单刻本。〇《天禄后目》有宋刊本二十卷，曾藏李霨家。〇吴氏拜经楼有不全宋本八卷，原二十卷，经文与唐石经同。〇明司礼监刊本二十卷，字大醒目。〇周孚非《郑樵诗辨妄》，载《蠹斋铅刀编》中。附：〇宋刊二十卷，半叶七行。行十五字。极佳。（邵氏）

《藏园订补郘亭知见传本书目》卷二《经部三》补：《诗集传》二十卷。宋朱熹撰。〇宋刊大字本，七行十五字，注双行同，白口左右双栏。日本静嘉堂文库藏一本，为清袁廷梼、陆心源递藏。北京图书馆有残帙，为内阁大库旧储。江南图书馆亦有残本，存卷一至八，即莫氏所记之吴骞拜经楼藏不全宋本八卷。静嘉堂本顷已印入《四部丛刊三编》矣。〇宋刊本，或是江西所刊，存卷第十六一卷，钤明陈淳印，八行十七字，海虞瞿氏藏。

又：《诗集传》二十卷、《诗序辨说》一卷、《诗传纲领》一卷、《诗图》一卷。宋朱熹撰。〇明正统十二年司礼监刊《五经》本，八行十四字，注双行十七字，大黑口，四周双栏。即刘若愚《酌中志》内板书数所记之"诗传六本，六百三十五叶"之本。

又：《诗经集传》八卷。宋朱熹撰。〇明刊本，九行十七字，白口，左右双栏。是万历时风气。〇明崇祯六年吴兴闵齐伋刊本，行款同前书。

《万卷精华楼藏书记》卷五《经部三》：《诗集传》八卷，宋朱子撰。莲书峰屋本，江右浔阳万氏校刊，有蓬山记，此本纸墨皆佳。前有万浅原札记七条，万青铨跋一则，书内额上刻小序。其札记与朱《传》无涉，明人之空言更不足录。今坊间所刻《易本义》《诗集传》《四书章句集注》，皆非朱子之旧，而人鲜知之。谨案，《诗集传》原本二十卷，今本八卷，盖坊刻所并。朱《考》所载亦二十卷，今二十卷之本流传甚罕。前有《诗传纲领》《诗图》，大小《序》后附《诗序辨说》，近本皆删去。其间经文讹异，冯嗣京所校正者凡十二条，陈启源所校正者凡十四条。传文讹异，陈启源所校正者凡十一条，史荣所校正者凡十条。已详著于《目录学》。可知坊刻既多，愈转愈讹，失宋本之真矣。昔朱鉴取朱子《文集》《语类》所载讲论《诗传》之语，编为六卷，题曰《文公诗传遗说》。《后序》云："先文公《诗集传》，豫章、长沙、后山皆有本，而后山雠校为最精。第初脱稿时，音训间有未备，刻板已竟，不容增益。欲著《补脱》，终弗未就，未免仍用旧板，葺为全书，补缀趱那，久将漫漶。朅来富川，郡事余暇，辄取家本，亲加是正，刻置学宫，以传永久。"据此则朱子《诗传》当时已非一本，惟诸本皆佚，不能考其同异矣。恭读《天禄琳琅书目后编》宋板经部，《诗集传》四函十六册，前有《诗传纲领》、《诗图》、自序、大小《序》。李霨家藏本有"壉梧居士""谦收堂藏书"等印。又明板经部《诗集传》二函十册，近刻无《诗序辨说》，此犹古本。又《前编》明板经部《诗经集传》一函十册，此书前后俱无序跋，亦不载刊刻年月，而板式字体实属明刊。其刻字印工咸出上选，惜墨色少差耳。以上三部皆二十卷。《提要》曰："朱子注《诗》两易稿，凡吕祖谦《读诗记》所称朱氏曰者，皆其初稿。其说全宗《小序》，后乃改从郑樵之说，是为今本。陈《录》、《夹漈诗传》二十卷、《辨妄》六卷。辨妄者，专指毛、郑之妄，谓《小序》非子夏所作可也，尽削去之，而以己意为之序，可乎？樵之学虽自成一家，而其师心自用，殆孔子所谓不知而作者也。"愚按，郑樵《诗传》，朱《考》曰未见，周孚著《非郑樵诗辨妄》一卷，自序云"撮其书理之甚者凡四十二事"。则是书初出已有议之者，不独直斋一人也。又按，朱子用郑樵说攻《诗序》，见于《语录》，虞集谓闽多贤人，尝有攻《序》之说，朱、郑两家各有所采，盖臆度之词也。《诗序》一卷，御纂《诗经》分为上下二卷，先列《辨说》，后为《集说》。《四库考证》《诗序》二条，正官本之误。《拜经楼藏书记》有不全宋本《诗集传》，陈简庄征君为先君子购得，经文悉与唐石经同，注文悉存文公原本，与征君所藏宋刻相伯仲，系明晋府故物。每册皆有印记，楮墨古雅，字书精楷，盖宋刻之佳者。征君跋云："是本或即文公孙鉴所云后山本也。自《小雅》以后缺，止余八卷。吉光片羽，弥足珍已。"《养新录》：宝山朱寄园家藏元儒双湖氏《诗传附录纂疏》二十卷，泰定丁卯建安刘君佐翠岩精舍刊本，有盱江揭祐民序。其书前有《纲领》，后有《诗序辨说》，一遵朱文公元本。如"终然允藏""远兄弟父母""羊牛下括""以笃于周祜"，皆与唐石经同，与今通行本异。盖今本沿明板之讹，即经文亦有改窜，非考亭之旧矣。"家伯维宰"，"维"作"为"，此以意相近而讹，今本作"家宰"，必非考亭意也。《小雅》"爰其适归"，"爰"下注《家语》作"奚"。《周颂》"假以溢我"，"假"下注《春秋传》作"何"，"溢"下注《春秋传》作"恤"。文公虽采它书而用其义，然未敢轻改经文。今本删去《家语》作"奚"句，直改为"奚"，大非文公说经谨慎之意。假以"溢我"句删去《春秋传》云云，则注中假之为何"溢"之为"恤"云云，今人不解何谓矣。读是书，知元儒尚守家法，不似明人之卤莽妄作。朱《考》虽载此书，误作八卷，注云未见，是诚世间难得之本矣。莫氏曰：此书《四库全书》未著录，每叶二十二行，每行大字二二，小字双行二十四。揭序云：胡氏撰集《大成》，殁身乃已。后十余年得刘氏君佐，乃朱子故友刘用之后人，不忍以用朱子之学者堙郁不售，亟锓诸梓。前有《十五国地理图》一叶，《附录纂疏姓氏》二叶，《语录辑要》五叶，后有篆文为二行，木记云“嘉泰丁卯仲冬翠岩精舍新刊《诗传纲领》”。七叶篇目后有行书七行，木记“同治丙寅六月在上海宜兴周濂珂淮清持以相示”。有“守甓斋藏书”“新安汪氏启淑”“秀水计光炘曦白氏”诸印。据君佐木记，尚附王伯厚《诗考》，而此失之。文光案，新安胡氏名一桂祐民序，乃致仕时所作，其结衔为从事郎邵武路总管府经历。是书《通志堂经解》未刻入，则难得之甚矣。据莫氏所见，尚在人间，倘有藏之者，取今本《集传》细心互校，当不止如钱氏所举。钱氏所举者，前六条皆在冯、陈二家校正之中。假以“溢我”一条，则钱氏所独得也。

《持静斋书目》卷一《经部三》:《诗集传》八卷，明司礼监官刊附《音释》本。宋朱子撰。

《八千卷楼书目》卷二《经部》:《诗集传》八卷，宋朱子撰。宋刊本、刊本、左氏刊本、袖珍刊本、明吴勉学刊本、明正统刊本、怡府刊本。

《善本书室藏书志》卷二《经部三》:《诗集传》八卷，朱刊本，吴免床藏书。朱子《集传》。《拜经楼藏书题跋记》云：“右不全宋本，止八卷，经文悉与唐《石经》同，注文悉存文公原本，与陈简庄征君所藏相伯仲。楮墨古雅，字画精楷，盖宋刻之佳者。”有“晋府书画”之印。免床书云：按《明史·诸王传》:“晋恭王封于太原府，传至裔孙表药，孝友好文，分封庆成王。”此岂其故物耶？前录陈简庄跋云：“考文公孙鉴《诗传遗说序》云：‘《诗集传》，豫章、长沙、后山皆有本，而后山校雠最精。’此疑为后山本。”其间经文如《召南·何彼秾矣》作“襛矣”,《墉风》“终焉允臧”作“终然”,《卫风》“远父母兄弟”作“兄弟父母”,《齐风》“不能晨夜”作“辰夜”，皆与唐《石经》合。有“宋本”“甲”“拜经楼吴氏”藏书印。简庄名鳣，字仲鱼，海宁人，嘉庆丙辰举考廉方正，中戊午举人。营别业于硖川，购藏宋雕元椠及近世罕见本甚夥。拜经楼为吴免床藏书处。免床名骞，字槎客，海宁贡生，喜搜罗金石及宋元刊本，年八十余卒。

又:《诗经》二十卷，明正统司礼监刊本。朱子《集传》。卷前为淳熙四年丁酉冬十月戊子新安朱子序，次《诗图》《诗说》，次《纲领》，次大小《序》，亦正统间经厂刊本。

《皕宋楼藏书志》卷五《经部》:《诗集传》二十卷，宋刊本，五砚楼旧藏。

宋朱熹集传。自序。吴氏手跋曰：“宋本《诗集传》，吾乡向有二本，一为陈征君简庄年丈所藏，一为叔祖免床先生拜经楼所藏。今夏为儿子汇升点定句读，因于舍弟絜文处假拜经楼藏本校勘，见宋本之善，实有远胜近刻者。惟缺卷太多，至《豳风》而止。惜不得征君本俾多校数卷。六月中，汪芗国参军来斋中，见余方手勘是书，因出其旧藏本见视。楮墨古雅，字画精楷，与拜经楼本相伯仲。自《蓼莪》注‘则无所恃’四字起，至《大雅·板》篇，影抄前后，一无题识。惟每册或有‘袁廷梼’印，‘五砚主人’小方印，或有‘袁又恺藏书枫桥五砚楼收藏’小长印。”案，征君跋文云：“某既得《周易》之明年春，同人作中吴吟课，适袁君又恺语及其家藏宋本《诗集传》，因以他物易之。凡二十卷，与《宋志》合。惟自《小雅·蓼莪》至《大雅·板》之篇已缺，为可惜耳。”是本岂即征君故物耶？抑袁君别有一本耶？何缺页之相符，与其间经文如《召南》“何彼秾矣”作“襛”，《鄘风》“终焉允臧”作“终然”，《卫风》“远父母兄弟”作“兄弟父母”，《王风》“牛羊下括”作“羊牛”，《齐风》“不能晨夜”作“辰夜”，《魏风》“不知我者”俱作“不我知者”，《小雅》“鸿雁”三章注引同。《唐风》“实大且笃”作“硕大”，《豳风》“亦可畏也”作“不可”，《小雅》“胡为厉矣”作“胡然”，“朔日辛卯”作“朔月”，《周颂》“彼徂矣岐”作“彼岨”，“既右飨之”作“右享”，“屡丰年”作“娄丰年”，《鲁颂》“其旂茷茷”作“茷茷”，《商颂》“来假祈祈”作“祁祁”。注文如《周南》“不可休息”下，吴氏曰：“《韩诗》作‘思’。”《小雅》“外御其务”下，《春秋传》作“侮冈甫反”。《周颂》“假以溢我”，“假”下《春秋传》作“何”，“溢”下《春秋传》作“恤”。“彼岨矣岐”下，沈括曰：“《后汉书·西南夷传》作‘彼岨者岐’。”今按，“彼”书“岨”，但作“徂”，《韩诗》“薛君”章句亦但训为“往，独矣”字，正作者如沈氏说。然其注末复云“岐虽阻僻”，则似又有“岨”意。韩子亦云“彼岐有岨”，疑或别有所据，故今从之。而定读“岐”字绝句，与臧玉林《经义杂记》、钱竹汀《养新录》《潜研堂文集》所记者皆合。惟《小雅》“家伯维宰”已作“家伯为宰”，《商颂》“降予卿士”已作“降于”。又《周颂》“臣工”篇注：“畬，二岁田也。”“二”当为“三”。案，“采芑”注“田一岁曰菑，二岁曰新田，三岁曰畬”。一人手定之书，不当有异说。《噫嘻》篇注内“方三十二里有奇”，“二”亦当作“三”。案，疏引《周礼》“万夫有川”，与十千之数相当，计万夫之地，一夫百亩，方百步，积万夫方之，是广长各百夫，夫有百步，三夫为一里，则百夫应三十三里。故郑《笺》云“方三十三里”，少半里。今注疏本作二十三里，更误。而《集传》曰“内方三十三里有奇也”。考元番阳朱公迁《诗经疏义》二十卷，初刻于正统间，重刻于嘉靖二年。《拜经楼藏书题跋记》云是书虽刻于明之中叶，犹为元儒手笔，悉仍文公之旧。惟“家伯维宰”作“为宰”。据此则是本或为宋刻而元时翻雕者。其缺卷及图印，又书贾作伪以同于征君所藏本，冀获厚值耳。余既校录于坊刻、监本，爰附数语归诸参军，参军其珍藏之。倘得重为刊布，俾家弦户诵，则嘉惠后学，更复不浅。参军为紫阳所自出，故又推其不匮之思云。道光戊申秋七月晒书日仁和县学附学生员海宁星沧里人吴之瑗厚渠氏识。案此宋刊宋印本，每半叶七行，每行十五字，注文双行，版心有字数及刻工姓名。

又：《诗集传》二十卷，明正统内府刊本。宋朱熹集传。《诗图》《诗传纲领》《诗序辨说》。无名氏手跋曰：“朱子《集传》二十卷，与毛《传》同。明监本并为八卷，遂相沿袭，几不知有二十卷之旧。此本尚是明神宗以前旧刊，是可宝也。甲戌仲秋廿八日记。”

《增订四库简明目录标注》卷二《经部三》：《诗集传》八卷，宋朱熹撰。附《诗序辨》一卷。《天禄后目》有宋刊本二十卷，曾藏李霨家。朱修伯曰：“宋本与今本不同者甚多，冯云伯《登训集》有校勘记。”竹汀所见袁又恺藏宋刊大字本二十卷，每叶十四行，行十五字，缺《小雅·蓼莪》至《板之什》。《天一阁目》有正德十二年司礼监刊本二十卷。海昌吴氏拜经楼有不全宋本八卷，经文与唐《石经》同，自《小雅》以下缺。《诗序辨》，《朱子遗书》中有单刻本。附录：吴氏本今归陆氏，自《蓼莪》注“则无所恃”四字起，至《大雅·板》篇影抄，系宋刊宋印本。每半叶七行，行十五字，注文双行。板心有字数及刻工姓名，又有明正统内府本，亦系二十卷。（绍箕）

《四库未收书目提要续编》卷一《经部》：《诗集传》二十卷，宋朱熹撰。案，是书《四库》著录八卷本，为坊刻合并，不特失朱熹之旧第，且多改窜，其讹谬不一而足。此则归安陆氏所藏宋刊本，“筐”“匡”“树”“殷”“鞹”“慎”“觏”“恒”“畜”等字皆缺笔，盖宁宗时所刻也。虽《十月之交》篇“家伯维宰”之“维”作“为”，《长发》篇“降予卿士”之“予”作“于”，已视冯嗣京所见本有误。而今本《关雎》篇“雎音疽”“窈音杳”，此作“雎，七余反”“窈，乌了反”之类，凡今本直音而此本为反切者千余条；《葛覃》篇“父母”、《螽斯》篇“蛰蛰”，今本无反切，此作“母，莫复反”“蛰，直立反”之类，凡今本妄删而此本有反切者数百条；《汉广》篇“休息”、《泉水》篇“于卫”，今本无注，此则一引吴氏曰“《韩诗》作思”，一云“此字本与迈害叶，今读误”之类，凡今本妄删而此本有注者数十条；《燕燕》篇“颉之颃之”、《终风》篇“且曀”，今本“颉”与“絜”同，“颃”与“杭”同，“曀”与“缢”同，此作“颉，户结反”“颃，户郎反”“曀，于计反”之类，凡今本改“与某同”此本为反切者数百条，均足见庐山之真面。其他《园有桃》篇“不知我者”俱作“不我知者”，《东山》篇“亦可畏也”作“不可畏也”，《桓》篇“屡丰年”作“娄丰年”之类，经文与今本不同者，非止如冯嗣京诸人所校正各条已也。是本旧为陈鳣所藏，其所著《缀文》有是书跋，盛称“家伯维宰”不作“冢宰”，“降予卿士”不作“降于”，今核之，其言不符。陆心源《仪顾堂续跋》云：“恐当时即据《提要》所举作跋，未尝逐一覆检，理或然欤？”

今按：宋刻本（国家图书馆、南京图书馆、日本静嘉堂、北京大学图书馆、国家博物馆、上海图书馆藏）；元刻本（国家图书馆藏）；明嘉靖间吉澄刻本（国家图书馆、天津图书馆、吉林省图书馆藏）；明万历三十年刘似山刻本（中国科学院图书馆藏）；明万历间刻本（上海图书馆藏）；明崇祯四年汪应魁刻本（清华大学图书馆、无锡市图书馆藏）；明崇祯六年闵斋伋刻本（故宫博物院图书馆藏）；明书林吴世良四仁堂刻本（歙县博物馆藏）；明金陵奎壁斋刻本（中国科学院图书馆藏）；明池郡秋浦邑象山杜尊重刻本（北京大学图书馆、国家博物馆藏）；明豹变斋刻本（北京大学图书馆、故宫博物院图书馆藏）；清康熙四年云间华氏敬业堂刻本（北京大学图书馆、社科院文学所藏）；清康熙三十七年李灿章青莲书屋刻本（上海图书馆藏，清丁晏批并跋）；清康熙间内府刻本（南京图书馆藏）；清雍正二年刻鹏翮堂印本（国家图书馆藏，清屠苏朱笔批点）；《四库全书荟要》本；《四库全书》本；清乾隆五十五年金陵芥子园刻本（上海图书馆藏，清佚名录、袁廷梼校，王振声眉批。中山大学图书馆藏，清陈澧圈点批校）。

诗传遗说

宋朱鉴辑。

《国史经籍志》卷二《经类》:《诗传遗说》六卷。朱鉴。

《文渊阁书目》卷二:《诗传遗说》一部，三册。

《万卷堂书目》卷一《诗经》:《诗传遗说》六卷。朱鉴。

《季沧苇藏书目·经解目录》:《诗传遗说》六卷。朱鉴。

《澹生堂藏书目》卷一《经类第六》:《朱氏诗说补遗》三册。六卷，朱鉴。

《楝亭书目》:《诗传遗说》。宋承议郎朱鉴编辑，六卷。自序。一册。

《孝慈堂书目》:《诗传遗说》。宋朱鉴，六卷。

《千顷堂书目》卷一《诗类》:朱鉴《诗传遗说》六卷。一名《朱氏诗说补遗》。

《经义考》卷一〇八《诗十一》:朱鉴《文公诗传遗说》六卷。存。

鉴后序曰:“先文公《诗集传》，豫章、长沙、后山皆有本，而后山雠校为最精。第初脱稿时，音训间有未备，刻版已竟，不容增益。欲著补脱，终弗克就，未免仍用旧版，葺为全书，补缀趱那，久将漫漶。朅来富川，郡事余暇，辄取家本，亲加是正，刻置学宫，以传永久。抑鉴昔在侍旁，每见学者相与讲论是书，凡一字之疑，一义之隐，反复问答，切磋研究，必令心通意解而后已。今《文集》《书问》《语录》所记载，无虑数十百条，汇次成编，题曰‘遗说’，后之读《诗》者，能兼考乎此而尽心焉，则无异于亲承诲诱，可以得其意而无疑于其言矣。若《七月》《斯干》二诗，书以遗丘子服者，尚可考见去取位置《小序》之法，因附于后。”

成德曰:“端平乙未，子明官承议郎、权知兴国军事所成也。子明有子浚尚理宗公主，官两浙转运使兼吏部侍郎。元兵入建宁，浚与公主走福州，知府王刚中以城降于阿剌罕，浚谓公主曰:‘君帝室王姬，吾大儒世胄，不可辱人主。’夫妇仰药死。小说或讥其作书与贾似道，称万拜，诚诋诬不足道也。”

《也是园藏书目》卷一《经部》:朱鉴《诗传遗说》六卷。

《传是楼书目·经部》:宋朱鉴《诗传遗说》六卷。

《培林堂书目·经部》:朱鉴集《文公诗传遗说》六卷，一册。又抄二册。

《好古堂书目·经部》:《诗传遗说》六卷，宋朱鉴。

《季沧苇藏书目·宋元杂板书》:《诗传遗说》六卷，朱鉴。

《文瑞楼藏书目》卷一《经部》:《诗传遗说》六卷，宋朱鉴。

《怡府书目》二百三十八号 :《诗传遗说》，六本。

《四库全书总目》卷一五《经部十五·诗类一》:《诗传遗说》六卷，两江总督采进本。宋朱鉴编。鉴有《朱文公易说》,已著录。是编乃理宗端平乙未，鉴以承议郎、权知兴国军事时所成。盖因重槧朱子《集传》，而取《文集》《语录》所载论《诗》之语足与《集传》相发明者,汇而编之,故曰《遗说》。其书首《纲领》，次《序辨》，次《六义》，继之以《风》《雅》《颂》之论断，终之以逸诗、《诗》谱、叶韵之义。以朱子之说,明朱子未竟之义,犹所编《易传》例也。鉴《自序》有曰:"先文公《诗集传》，豫章、长沙、后山皆有本，而后山校雠最精。第初脱稿时，音训间有未备，刻版已竟，不容增益。欲著补脱，终弗克就。仍用旧版，葺为全书，补缀趱那，久将漫漶。朅来富川，郡事余暇，辄取家本，新加是正，刻置学宫"云云。国朝宁波史荣撰《风雅遗音》，据鉴此《序》，谓今本《集传》音叶，多鉴补苴，非朱子所手定。其说似非无因。然则以音叶之误议朱子,与以朱子之故而委曲回护吴棫书者，殆均失之矣。

《鉴止水斋藏书目》经部第五厨 :《诗传遗说》一本。

《问源楼书目初编》卷一上《经部》:《诗传遗说》六卷，宋朱鉴编，通志堂本。又写本。

《许氏古韵阁书目》卷一《经部》:《诗传遗说》六卷，宋朱鉴编，明孙氏刊本。

《郋嬛妙境藏书目录》卷一《经部》:《诗传遗说》，宋朱鉴。

《藏园订补郘亭知见传本书目》卷二《经部三》:《诗传遗说》六卷。宋朱鉴编。〇通志堂本。

《八千卷楼书目》卷二《经部》:《诗传遗说》六卷，宋朱鉴撰。通志堂本。

《增订四库简明目录标注》卷二《经部三》:《诗传遗说》六卷，宋朱鉴编。盖因重槧朱子《诗集传》,因取《文集》《语录》所载论《诗》之语，辑为此书。通志堂本。朱子《诗传》句下音叶,多为朱子之孙鉴重刊时窜乱,见《四库提要》。并云史荣《风雅遗音》中多辨正语。

今按：通志堂经解本（康熙刻、同治刻、日本文化刻）；日本宽政十一年翻刻通志堂经解本（南京图书馆藏）;《四库全书荟要》本;《四库全书》本。

诗集传童子问

宋辅广著。

《国史经籍志》卷二《经类》:《诗童子问》二十卷。辅广。

《季沧苇藏书目·宋元杂板书》:《朱子诗传童子问》《师友粹言》二十卷，八本。

《澹生堂藏书目》卷一《经类第六》:《诗传童子问》二十卷，十册，辅广。内《韵考》《纲领》《粹言》《辨说》各一。

《拜经楼藏书题跋记》卷一《诗童子问》:汲古阁刊本，前有钱求赤图记印，盖怀古堂旧藏也。

《四库全书总目》卷一五《经部·诗类一》:《诗童子问》十卷，浙江吴玉墀家藏本。宋辅广撰。广字汉卿，号潜斋。其父本河朔人，南渡居秀州之崇德县。初从吕祖谦游，后复从朱子讲学，即世所称庆源辅氏也。是编大旨，主于羽翼《诗集传》，以述平日闻于朱子之说，故曰《童子问》。卷首载《大序》《小序》，采录《尚书》《周礼》《论语》说《诗》之言，各为注释。又备录诸儒辨说，以明读《诗》之法。书中不载经文，惟录其篇目，分章训诂。末一卷则惟论叶韵。朱彝尊《经义考》载是书二十卷，有胡一中《序》，言阅建阳书市，购得而锓诸梓。且载文公《传》于上，《童子问》于下。此本仅十卷，不载朱子《集传》，亦无一中《序》。盖一中与《集传》合编，故卷帙加倍。此则汲古阁所刊广原本，故卷数减半，非有所缺佚也。其说多掊击《诗序》，颇为过当。张端义《贵耳集》载陈善《送广往考亭》诗曰“见说平生辅汉卿，武彝山下吃残羹”，似颇病其暖暖姝姝，奉一先生。然各尊其所闻，各行其所知，谨守师传，分门别户，南宋以后亦不仅广一人，不足深异。陈启源《毛诗稽古编》纠其注《周颂·潜篇》不知“季春荐鲔”为《月令》之文，误以为《序》说而辨之，则诚为疏舛。盖义理之学与考证之学分途久矣。广作是书，意自有在，固不以引经据古为长也。

《郑堂读书记》卷八《经部五之上》:《童子问》十卷，汲古阁刊本。宋辅广撰。广字汉卿，号潜庵。其父本河朔人，南渡后居秀州之崇德县。初从吕祖谦游，后复从朱子讲学，即世所称庆源辅氏也。《四库全书》著录上增一“诗”字，《书录解题》《通考》俱不载。《宋志》载辅广《诗说》一部，即谓此书。盖据所见之本无“童子问”之目，并无卷数也。焦氏《经籍志》、朱氏《经义考》俱作《诗童子问》二十卷，则又据刊附朱子《集传》之本也。《提要》据汲古阁所刊潜庵原本与是本同，故卷数减半，非有所缺佚也。是本省去一“诗”字，不知毛氏又何所据也。其书卷首先为《诗传纲领》，备载《大序》，并采《尚书》《周礼》《礼记》《论语》《孟子》《程子》《张子》、谢氏说诗之言，各为注释。次备载《小序》，亦如之。又次为《师友粹言》，则皆采录朱子语录中论《诗》之说也。自卷一至卷八不载经文，惟标其篇目章次，一一训解大义，以补《集传》之未备。卷末为《协韵考异》，仅止四页。盖以《集传》已详，此不过考其异耳。潜庵受学于朱子，故专主阐发师说。其攻击《小序》，较朱子更甚，所谓变本加厉也。于是黄勉斋榦之再传弟子王柏有《诗疑》之作。流及明代，则丰坊伪托《诗传》《诗说》，何楷自撰《诗序》见《诗注世本古义》出焉，亦势所必然矣。《经义考》载是书有胡一中序，称其“亲炙朱子之门，深造自得。于问答之际，尊其师说。退然不敢自专，故谦之曰童子问。既具载《师友粹言》于前，复备论《诗序辨说》于后”云云。今是本编次稍异者，胡氏所序乃合刊之本，此为专刻之本，故有不同。因并胡序不载入云。

《培林堂书目·经部》：辅广《诗集传童子问》八卷，二册。

《八千卷楼书目》卷二《经部》：《诗童子问》十卷，宋辅广撰。汲古阁本。

《文选楼藏书记》卷五：《童子问》八卷。宋辅广著。刊本。是书补朱子《集传》所未备。

今按：明崇祯间虞山毛氏汲古阁刻本（国家图书馆、北京师范大学图书馆、上海图书馆、复旦大学图书馆、辽宁省图书馆、广西师范大学图书馆藏）；《四库全书》本；清抄本（复旦大学图书馆藏）；日本文化十二年刻本（北京大学图书馆、上海图书馆、复旦大学图书馆、湖北省图书馆藏）。

诗传注疏

宋谢枋得撰。

《世善堂藏书目录》卷上《经类》:《诗传注疏》，抄本，谢枋得。

《八千卷楼书目》卷二《经部》:《诗传注疏》三卷，宋谢枋得撰。知不足斋本。

《问源楼书目初编》卷一下《经部》:《诗传注疏》三卷，宋谢枋得撰，鲍氏刊本。

《藏园订补郘亭知见传本书目》卷二《经部三》增:《诗传注疏》三卷。宋谢枋得撰。枋得有《迭山文集》,《四库》著录，而未收此书。宋《艺文志》亦不载，而元人诗说多引之。此本计三百一条，似系后人掇辑。其生丁板荡，每多《小雅》忧伤哀怨之思。〇阮氏曾进呈。〇咸丰中，江西刊谢集，附刊以行。

《万卷精华楼藏书记》卷五《经部三》:《诗传注疏》二卷，宋谢枋得撰。知不足斋本。前有乾隆辛丑吴长元序。原本久佚，卷帙无考。元人解《诗》，互相征引删节，详略亦各不同。兹于《永乐大典》各韵所载元人《诗经》纂注中采录一百六十四条，历搜诸书，又得一百三十七条。存详去略，编为三卷。只标篇目，不录经文，以脱略甚多也。先生说《诗》，见志于《小雅》，忧伤哀怨之什，恒致意焉。而于经义发明透畅，又非空作议论者。比解《无衣》，寓高宗南迁之失。论《皇父》，刺似道误国之奸。至疏《蓼莪》之四章，详明恺侧，令人读之欲泪。读是编者可以论世知人矣。

今按:《知不足斋丛书》本（乾隆道光刻、同治印、民国影印）;《知不足斋丛书》本（乾隆刻）；宛委别藏本（抄本、影印本）；谢迭山先生评注四种合刻本（光绪刻）；清抄本（国家图书馆藏）。

诗集传附录纂疏（又名：诗集传通释大成）

元胡一桂撰。

清陆心源《元板诗集传附录纂疏跋》:《诗集传附录纂疏》二十卷。首行题曰《诗》,次行题曰朱子《集传》,三行题曰新安后学胡一桂附录纂疏。首《诗传》附录姓氏、纂疏姓氏、十五国地图，次为《诗》篇目录、《诗传纲领》、《语录辑要》，次《诗序辨说》。书前有泰定四年旴江揭祐民序，目后有泰定丁卯建安刘君佐识。《语录辑要》后，有泰定丁卯仲冬翠岩精舍新刊木印。每叶廿二行，每行大字二十，小字二十四五不等。经文大字，传及附录纂疏皆双行小字。附录者，以朱子《语录》《文集》之说附于《集传》也。纂疏者，以诸家之说疏解《集传》也。但胡氏虽以《集传》为宗，亦不墨守《集传》，故于"匏有苦叶"引欧阳公说，"采葛"引李氏说，"丘中有麻"引毛氏、苏氏、李氏、严氏说，"将仲子"引毛氏、曹氏、吕氏、严氏说，"遵大路"引吕氏说，"有女同车"引毛氏、钱氏、吕氏、严氏说，"山有扶苏"引吕氏、范氏说，"萚兮"引郑氏、吕氏、严氏说，"狡童"引严氏说，"褰裳"引严氏说，"风雨"引毛氏、严氏说，"子衿"引刘氏说，"扬之水"引郑氏、严氏、孔氏、范氏、吕氏说，"出其东门"引严氏说，"甫田"引苏氏说，"汾沮洳"引孔氏、严氏说，"泽陂"引濮氏说，"防有鹊巢"引欧阳公说，"墓门"引苏氏、陈氏说，"山有枢"引吕氏、严氏说，"杕杜"引李氏、严氏、黄氏说，"晨风"引孔氏、吕氏说，"衡门"引严氏说，"东门之杨"引严氏、李氏说，皆能旁参众说，求合于经。元儒朴实，与依草附木者异矣。此书传本绝希，朱氏《经义考》注"未见"，阮氏《揅经室外集》亦无其目。月霄张氏常得汲古旧藏，诧为惊人秘笈。闻今归常熟瞿氏。竹汀钱氏常从罗店朱氏借阅，有跋载集中。此本余得之上海书估，或即钱氏所见本也。《仪顾堂集》卷一六。

《江阴李氏得月楼书目摘录》:《诗集传通释大成》二十卷。十四本，胡一桂，元板。

《千顷堂书目》卷一《诗类》:胡一桂《诗传纂疏附录》八卷。以朱子《集传》为主，而纂诸儒异同之说，及朱子《语录》《文集》之要语附之。

《爱日精庐藏书志》卷三《经部》:《诗集传附录纂疏》二十卷，元泰定刊本，汲古阁藏书。朱子《集传》，元新安后学胡一桂《附录纂疏》。是书以朱子《集传》为宗，取《语录》《文集》之及于诗者谓之《附录》，诸儒说诗之合于《集传》者谓之《纂疏》。其朱说有未安者，间亦旁参他说。如云诸家皆本序说，姑纂一二。《采葛》或云姑备诸说，《丘中有麻》或云姑备参考，《甫田》或云备诗说者览焉。《有女同车》盖虽不敢显违朱子，而亦隐示不墨守朱子也。胡氏之说，以"愚按""愚谓"别之。所引谢迭山说，颇有出吴氏元长辑本外者。

如《鹊巢》,《纂疏》引迭山谢氏曰:“一章曰御夫人初嫁，国君亲迎，御输之币必百两也。二章曰将夫人初嫁，所将币帛必百两也。三章曰成御以百两，送以百两，宜其室家而妇道成也。”《二子乘舟》引迭山谢氏曰：“又以大义断之，二子不能全身远害，遗其父以不慈之名，二子顺亲之心，虽不可瑕玭，二子爱父之道则未为尽善。使其父万世被不慈之名，是二子之死有害于大义也。谁谓诗人之辞无《春秋》之义乎？”《破斧》引迭山谢氏曰:“周公东征三年器械用之劳，而破缺者不过斧斨锜銶耳。若车马、弓弩、戈殳、矛戟无一损坏,其不嗜杀人,不战而胜可见矣。”诸条吴氏辑本俱未采。知吴氏虽列《纂疏》之名，实未见《纂疏》全书也。案《元史·儒学传》:“一桂著《周易本义附录纂疏》《本义启蒙翼传》《朱子诗传附录纂疏》并行于世”云云,今惟《周易传疏》《启蒙翼传》刊入经解，世多有之，此书则传本绝稀。《经义考》著录八卷，钱氏《补元史艺文志》同。注“未见”。储藏家亦绝无著录者。是本元刊元印，首尾完善，洵经义中惊人秘籍也。《语录辑要》后有“泰定丁卯仲冬翠岩精舍新刊本”印，卷首有“毛子晋”“毛斧季”印记。善乎，朱子之于《诗》，足以知圣人也，取经而传之，祖删述之本旨，而含前儒传言失意之余虑,《传》之作也有由哉。周德既衰，诗亡乐缺，所赖见先公先王风化之自者，惟三百篇。夫子生晚周，拳拳于二《南》，唯恐人心之不为，于师挚闻《关雎》洋洋盈耳，欣幸之至，歌咏不绝。兴诗、立礼、成乐之语，岂虚发哉。朱子于千载之后，感叹哲人云亡，众喙淆乱，恐圣人扶持诗乐之意不传，乃分别正声之可弦可歌者。其余郑、卫之间有关淫窦情性，弗得其正，辩而闿明，以防闲人心。及排《小序》之误，理涣辞释，使后死者得与于斯文。彰圣人之功莫大焉，其书又岂肯自居于疏下？近世《诗》解甚多，如李迂仲、吕伯恭皆善言，惟华谷严氏独能诣风、赋、比、兴之趣，识其正体。其间援朱子言者多，是知朱《传》不得不为《诗》之统宗会元，虽圣人复出，不易斯言也。然则今胡氏之《附录纂疏》及稽《齐鲁韩三家诗考》,捃摭星宿于羲娥后,得无戾朱子意乎？曰不然。汉儒自申、辕而下，专门者绝力模仿，皆为羽翼圣经，独如支流之未抵于海，习射之未至于的，则各有见焉。今之纂集大成，檃括前后，镂剔众说。学者得之，如大庖厌饫，不但染指尝鼎。胡氏之心，岂弗良苦？观其精力兹书，没身乃已。后十余年始得今刘氏君佐，乃朱子故友刘用之后人，大不忍以用朱子之学者堙郁不售,亟锓诸梓,使学者诚能于此沉浸参酌,举《疏》而《传》通，举《传》而《疏》通，明经取青紫之士，其事业所得，烛照龟卜，较然甚明也。

书肆旧有《书传纂集大成》行之于四方，信矣。今《诗传纂集大成》，人间有此双拱璧，将争先睹之，政不待序而后显。刘氏曰是序也。时泰定第四禮疆圉单阏岁，长至谷旦乙丑，后学从仕郎邵武路总管府经历致仕盱江揭祐民从年父，书于建东阳翠岩刘氏家塾。朱子《诗集传》序、《诗传附录》姓氏、纂疏姓氏、诗篇目录、《诗传》纲领、《语录》辑要。文场取士，《诗》以朱子《集传》为主明经也。新安胡氏编入《附录纂疏》，羽翼朱《传》也。增以浚仪王内翰《韩鲁齐三家诗考》，求无遗也。今以《诗考》谨锓诸梓，附于《集传》之后，合而行之。学《诗》之士，潜心披玩，蜚英声于场屋间者，当自此得之。时泰定丁卯日长至，后学建安刘君佐谨识。

《爱日精庐藏书简目》:《诗集传附录纂疏》二十卷，元大定刊本，汲古阁藏。

《艺芸书舍宋元本书目·元板书目》:《诗经集传附录纂疏》二十卷。

《铁琴铜剑楼藏书目录》卷三《经部》:《诗集传附录纂疏》二十卷元刊本。题“朱子《集传》，新安后学胡一桂附录纂疏”。案，双湖所著《易本义附录纂疏》，《元史》作《易学本义启蒙翼传》，已皆著录《四库》，此书流传绝稀，未经采进。朱氏《经义考》、钱氏《补元史艺文志》俱作八卷，朱氏又倒其名为《纂疏附录》，盖皆承黄氏《千顷堂书目》之讹。双湖之学，出于其父玉斋先生方平，玉斋师介轩董氏梦程，介轩学于勉斋黄氏榦、盘涧董氏铢，渊源有自，谨守师传。故所著书，一以朱子为宗。是编体例与其所著《易本义附录纂疏》悉同，采朱子《文集》《语录》之及于《诗》者，附于《集传》，谓之《附录》。又采诸儒之说辅翼《集传》者，次于《附录》，谓之《纂疏》。有与《集传》异者，间一取之，注云：“姑备参考。”至自下己意，则加“愚案”“愚谓”以别之。盖虽宗《集传》,亦自具识解。如《郑风》诸诗，兼存《序》说。其论《鲁颂》四篇，皆史克所作，在鲁文公时。《閟宫》“新庙”，即僖公庙，作泮宫。克淮夷，是僖公实事，非颂祷之辞。《鲁颂》正可补《春秋》之缺，尤为卓识。至经文“爰其适归”下注“《家语》作奚”,“只自疷兮”下引刘氏曰“当作疷，与瘖同，眉贫反”。“假以溢我”，“假”下注“《春秋传》作何”,“溢”下注“《春秋传》作恤”。“彼徂矣岐”下注“沈括曰，《后汉书·西南夷传》作‘彼徂者岐’，今案彼书‘岨’，但作‘徂’，而引《韩诗薛君章句》，亦但训为‘往’，独‘矣’字正作‘者’，如沈氏说然”。

其注末复云“岐虽阻僻”，则似又有“岨”意，韩子亦云“彼岐有岨”，疑或别有所据，故今从之，而定读“岐”字。绝句“娄丰年”下注“力住反”，犹存《集传》之旧，不同今之俗本窜易失真。前有揭祐民序、建安刘君佐《刻书识语》，又有文及翁、王应麟《韩鲁齐三家诗考序》，惜附刻之《诗考》已佚，不知何时得合也。卷首有“泰定丁卯仲冬翠岩精舍新刊”墨记。旧藏汲古阁毛氏，后归爱日精庐张氏。其说之已详《藏书志》者，兹不复及。每卷有“毛子晋”“毛扆”“斧季”诸朱记。

《宋元旧本书经眼录》卷二：《诗集传附录纂疏》二十卷、《诗序辨说附录纂疏》一卷，元刊本。新安胡一桂撰。此书《四库全书》未著录。每叶二十二行，每行大字二十，小字双行则二十四。前有泰定第四祼彊圉单阏岁长至谷旦乙丑，从事郎邵武路总管府经历致仕盱江揭祐民从年父序，云：“书于建东阳翠岩刘氏家塾。”谓胡氏撰集《大成》，殁身乃已。后十余年得刘氏君佐，乃朱子故友刘用之后人，不忍以用朱子之学者堙郁不售，亟锓诸梓。有《十五国都地理图》一叶，《附录纂疏》姓氏二叶、《语录辑要》五叶。后有篆文为二行木记云：“泰定丁卯仲冬，翠岩精舍新刊。”《诗传纲领》七叶，篇目后有行书七行木记云：“文场取士，《诗》以朱子《集传》为主，明经也；新安胡氏编入《附录纂疏》，羽翼朱《传》也；增以浚仪王内翰《韩鲁齐三家诗考》，求无遗也。今以《诗考》谨锓诸梓，附于《集传》之后，合而行之。学《诗》之士潜心披玩，蜚英声于场屋间者，当自此得之。时泰定丁卯日长至，后学建安刘君佐谨识。”同治丙寅六月在上海，宜兴周濂珂湝清持以相示。有“守甓斋藏书”“计光炘印”“曦白父”“新安汪氏”“启淑信印”“秀水计光炘曦白氏”“匏如珍藏书籍私印”“泠音阁”“古射襄城计光炘曦伯之章”“闻川计氏曦伯所藏”诸印。据其木记尚附有王伯厚《诗考》，而此失之。

《藏园订补郘亭知见传本书目》卷二《经部三》增：《诗集传附录纂疏》，二十卷。元胡一桂撰，《四库》未著录。元泰定刊本，每页二十二行，大字每行二十，小字每行二十四。〇昭文张氏有汲古阁所藏元泰定刊本，钱大昕集有跋语。此元刻本附刊王氏三家诗刊六卷。补：〇元泰定四年建安刘氏翠岩精舍刊本，十一行二十字，注双行二十四字，细黑口，左右双栏。《语录辑要》一卷附。其后有篆文牌记二行。瞿氏铁琴铜剑楼藏，癸丑岁见于罟里。

《皕宋楼藏书志》卷五《经部》：《朱子诗传纂集大成》二十卷，元泰定刊本。

宋新安后学胡一桂《附录纂疏》。善乎朱子之于诗，足以知圣人也。取经而传之，祖删述之本旨，而含前儒传言失意之余虑，传之作也有由哉。周德既衰，诗亡乐缺，所赖见先公先王风化之自者惟三百篇。夫子生晚周，拳拳于《二南》，唯恐人心之不为于师挚。闻《关雎》洋洋盈耳，欣幸之至，歌咏不绝。兴《诗》立《礼》成《乐》之语，岂虚发哉？朱子于千载之后，感叹哲人之云亡，众喙淆乱，恐圣人扶持《诗》《乐》之意不传，乃分别正声之可弦可歌者。其余郑卫之间，有关淫窦情性，弗得其正辨，而阐明以防闲人心。及排《小序》之误，理涣辞释，使后死得与于斯文，彰圣人之功莫大焉。其书又岂肯自居于疏下？近世《诗》解甚多，如李迂仲、吕伯恭皆善言，惟华谷严氏独能诣风、赋、比、兴之趣，识其正体，其间援朱子言者多，是知朱传不得不为诗之统宗会元，虽圣人复出不易斯言也。然则今胡氏之《附录纂疏》及稽齐鲁韩三家诗考据，摭星宿于羲娥后，得无戾朱子意乎？曰不然，汉儒自申、辕而下，专门者绝力模仿，皆为羽翼圣经，独如支流之未底于海，习射之未至于的，则各有见焉。今之纂集《大成》，隳括前后，锼剔众说，学者得之如大庖厌饫，不但染指尝鼎，胡氏之心，岂弗良苦？观其精力兹书，殁身乃已，后十余年始得今刘氏君佐，乃朱子故友刘用之后人，大不忍以用朱子之学者堙郁不售，亟锓诸梓，使学者诚能于此沉浸参酌，举疏而传通，举传而疏通，明经取青紫之士，其事业所得，烛照龟卜，较然甚明也。书肆旧有《书传纂集大成》行之于四方，信矣。今《诗传纂集大成》，人间有此双拱璧，将争先睹之，政不待序而后显。刘氏曰："是序也，时泰定第四禩彊圉单阏岁长至谷旦乙丑，后学从仕郎邵武路总管府经历致仕，盱江揭祐民从年父书于建东阳翠岩刘氏家塾。"附录《姓氏》《语录辑要》《十五国都会地理之图》《诗传纲领》。按，《语录辑要》后，有"泰定丁卯仲冬翠岩精舍新刊篆字"木记。每叶二十二行，每行二十字，小字双行，每行二十三字，小黑口。

《四库未收书目提要续编》卷一《经部》:《诗集传附录纂疏》二十卷，元胡一桂撰。一桂有《易本义附录纂疏》,《四库》已著录。是编一名《朱子诗传纂集大成》,以朱子《集传》为宗，采《文集》《语录》之及于《诗》者，谓之"附录"；又采诸儒之说辅翼《集传》者，次于《附录》，谓之"纂疏"。有与《集传》异者，间一取之，注云"姑纂一二"，或云"姑备参考"等语。至自下己意，则加"愚案""愚谓"以别之。其体例与所著《易本义附录纂疏》悉同。然如《郑风》诸诗，亦兼存《序》说，其他引毛、郑、欧阳、苏、李、吕、严诸家说者尤夥，盖虽宗《集传》，而旁参众说，求合于经，实与墨守者异也。其论《鲁颂》四篇皆史克所作，在鲁文公时，“閟宫”“新庙”即僖公庙，作泮宫，克淮夷，是僖公实事，非颂祷之辞，《鲁颂》正可补《春秋》之缺，尤为卓识。至经文“爰其适归”，“爰”下注“《家语》作奚”；“假以溢我”，“假”下注“《春秋传》作何”，“溢”下注“《春秋传》作恤”，诸如此类，一遵朱子之旧，钱大昕《十驾斋养新录》已言之。此瞿氏所藏泰定丁卯翠岩精舍刊本，分卷二十，亦与朱子《集传》原本合。黄虞稷《千顷堂书目》、朱彝尊《经义考》、钱大昕《补元史艺文志》俱作八卷（《养新录》《日记抄》云作二十卷），殆据后人所并之本，朱氏又倒其名为“纂疏附录”，皆当以是本正之。张氏《藏书志》、丁氏《宝书阁》著录作二十卷，与是本同也。

今按：元泰定四年建安刘君佐翠岩精舍刻本（国家图书馆、广西壮族自治区图书馆、日本静嘉堂藏）；明抄本（复旦大学图书馆藏）。

诗传通释

元刘瑾撰。

明杨士奇《诗传通释跋》:《诗传通释》，元安城刘瑾辑，凡二十卷。余家四册。其采录各经传及诸儒所发要义，又考求世次源流至明且备。盖会通之书也。吾家五经皆授徒以来所置，盖余少时独有《易传义》及《四书集注》耳。《书》《诗》《礼经》《春秋左氏传》皆从人借录以读，既不易得书，又日有衣食之累于心，虽学不能得如意也。后出授徒，以至于今，仕得禄，衣食有余，辄以置书，积久卷帙颇富。而甫四十，困于疾病，气日益衰，目日益昏，虽其志尚在，而精力强勉不前，不胜自憾也。故学者必在勉之于少壮之时，苟逸居温饱而不自力，或有早衰如余者，徒抱无及之叹，奚益哉！《东里文集续编》卷一六。

《国史经籍志》卷二《经类》:《诗传通释》二十卷。刘瑾。

《文渊阁书目》卷一 :《诗传通释》一部，五册。

又 :《诗传通释》一部，四册。

《万卷堂书目》卷一《诗经》:《诗传通释》二十卷。刘瑾。

《绛云楼书目》卷一《诗类》:刘瑾《诗传通释》八册。

《千顷堂书目》卷一《诗类》:刘瑾《诗传通释》二十卷。字公瑾，安城人，博通经史，隐居不仕。其书宗朱子而录各经传及诸儒所发要义，并考求其世次源流。

《经义考》卷一一一《诗十四》:刘氏瑾《诗传通释》二十卷，存。杨士奇曰："《诗传通释》，元安成刘瑾辑，凡二十卷。余家所有四册，其采录各经传及诸儒所发要义，又考求世次源流至明且备，盖会通之书也。

《吉安府志》:刘瑾，安福人。肆力治《诗》，其说宗朱子而间出其所自得。又考正诸国世次、作者时世，察其源流，辨其音韵，审诗乐之合，穷删定之由，为《诗传通释》一书，能阐发朱子之蕴。

黄虞稷曰："瑾字公瑾，安城人。博通经史，隐居不仕。其书宗朱子，而录各经传及诸儒所发要义，并考其世次源流焉。"

按刘氏《通释》，永乐中胡广等攘其成书为《大全》，惟于原书"愚按"二字更作"安成刘氏"而已。

《拜经楼藏书题跋记》卷一：旧抄本《诗传通释》二十卷，前有"曹溶之印""槜李曹氏藏书印"二图记，盖秋岳侍郎藏本。经文及注并与宋本同。《竹竿》"远兄弟父母"亦未改。惟"羊牛下括"作"牛羊"，"彼徂矣岐"句下引沈氏说，与吴门袁氏所藏宋本《诗集传》为钱竹汀宫詹所拈出者同，且中多缺笔，盖从宋本影抄者。

《四库全书总目》卷一六《经部十六·诗类二》:《诗传通释》二十卷，内府藏本。元刘瑾撰。瑾字公瑾，安福人。其学问渊源出于朱子，故是书大旨在于发明《集传》，与辅广《诗童子问》相同。陈启源作《毛诗稽古编》，于二家多所驳诘。然广书皆循文演义，故所驳惟训解之辞。瑾书兼辨订故实，故所驳多考证之语。如注《何彼襛矣》，以齐桓公为襄公之子。注《魏风》以魏为七国之魏。注《陟岵》，谓毛《传》先出，《尔雅》后出。注《绸缪》，谓心宿之象，三星鼎立。注《鹿鸣之什》，谓上下通用，止《小雅·二南》，其《大雅》独为天子之乐。注《节南山》，以家父即《春秋》之家父，师尹即《春秋》之尹氏案此项安世之说，见朱善《诗解颐》，瑾袭之而隐其名也。注《楚茨》，误读郑康成《玉藻注》，以楚茨为即采齐。注《甫田》，误读毛《传》车梁，以为即《小戎》之梁辀。注《殷武》，杜撰殷庙之昭穆，及祧庙世次。皆一经指摘，无可置辞。故启源讥胡广修《诗经大全》收瑾说太滥，案《大全》即用瑾此书为蓝本，故全用其说。启源未以二书相较，故有此语。谨附订于此。然征实之学不足，而研究义理究有渊源。议论亦颇笃实，于诗人美刺之旨尚有所发明，未可径废。至《周颂·丰年篇》，朱子《诗辨说》既驳其误，而《集传》乃用《序》说，自相矛盾。又三夏见于《周礼》，吕叔玉注以《时迈》《执竞》《思文》当之，朱子既用其说，乃又谓成康是二王谥，《执竞》是昭王后诗，则不应篇名先见《周礼》。瑾一一回护，亦为启源所纠。然汉儒务守师传，唐疏皆遵注义，此书既专为朱《传》而作，其委曲迁就，固势所必然，亦无庸过为责备也。

《天禄琳琅书目》卷五《元版经部》:《诗传通释》一函四册。元刘瑾辑，二十卷。前载朱子《诗集传序》《诗序辨说》，又《诗传纲领》并《外纲领》。《吉安府志》载刘瑾安福人，肆力治《诗》。其说宗朱子而间出其所自得。又考正诸国世次作者时世，察其源流，辨其音韵，审诗乐之合，穷删定之由，为《诗传通释》一书，能阐发朱子之蕴。今按，是书以朱子《集传》为主，而博引诸家之说分注于下。已说则标以“愚按”二字。其纲领，首《诗大序》，次《经传》及宋儒论《诗》之言。《外纲领》首诸国世，次图，次作诗时世图，次源流、章句、音韵、诗乐、删次，并引用书目及诸儒姓氏诸篇，与《府志》所言吻合。顾炎武《日知录》云：永乐中，命儒臣纂修《五经大全》，《春秋》则全袭元人汪克宽《胡传纂疏》，但改其中“愚按”二字为“汪氏曰”，及添庐陵李氏等一二条而已。《诗经大全》则全袭元人刘瑾《诗传通释》，而改其中“愚按”二字为“安成刘氏曰”。其三经，后人皆不见旧书，亦未必不因前人也。昔日儒臣奉旨编纂诸书，颁餐钱给笔札，书成之日，赐金迁秩，所费于国家者不知凡几。将谓此书既成，可以章一代教学之功，启百世儒林之绪，而仅取已成之书抄录一过，上欺朝廷，下诳士子，唐宋之时有是事乎？朱彝尊《经义考》云：永乐中，胡广等攘其成书为《大全》。今以《大全》较之《辑注》，微有增损。《小序》则《通释》附于每篇之后，《大全》冠于全书之首，并加以图二十有三为稍异耳。又引黄虞稷曰：瑾字公瑾，安成人。按安福县在汉时为安平、安成二县境，元成宗元贞间尝升为安福州，安成盖古邑名，故瑾亦自署为安成。虞稷递沿而未考耳。书中《诗纲领》首叶于刘瑾署名，次行有“建安刘氏日新堂校刊”九字，卷一末又有“至正壬辰仲春日新堂刻梓”木记。考至正壬辰为元顺帝十二年,刘氏未详其名,想亦当时书贾也。

《爱日精庐藏书志》卷三《经部》:《诗传通释》二十卷附《诗传纲领》元至正刊本。朱子集传,元后学安成刘瑾通释。卷一后有“至正壬辰仲春日新堂梓”木印。卷十六缺,抄补。

《爱日精庐藏书简目》:《诗传通释》二十卷附《诗传纲领》,元至正刊本。

《许氏古韵阁书目》卷一《经部》:《诗传通释》二十卷,元刘瑾撰,万历小字刊本。

《铁琴铜剑楼藏书目录》卷三《经部》:《诗传通释》二十卷,元刊本。题“朱子《集传》,后学安成刘瑾通释”。前有《诗传纲领》二卷。上卷,先以《大序》,次《尚书》《周礼》《礼记》《论语》《孟子》之言《诗》,以及程子、张子、谢氏论《诗》之语,与庆源辅氏《诗童子问》同。下卷,称外《纲领》,为《诸国世次图》《作诗时世图》《诗源流》《章句》《音韵》《诗乐删次》,凡六则。《诗》自吕成公集诸儒之说以为一家之学,后之说《诗》者,率用其体。特尊《序》则从吕,废《序》则从朱耳。此书则专宗《集传》,博采众说,以证明之。其所辑录,诸家互相援引,习见者多,惟李宝之、刘辰翁为诸家所未及。《诗序辨说》,朱子本自为卷,《诗童子问》亦合载卷首,此则分列各章之后,其为例亦独殊。卷一后有正书墨图记云:“至正壬辰仲春日新堂梓。”卷十六抄补。旧为爱日张氏藏书。

《藏园订补郘亭知见传本书目》卷二《经部三》:《诗传通释》二十卷。元刘瑾撰。〇路小洲有元刊本一卷,后有至正壬辰仲春日新堂梓木印。张氏志亦有之。补:〇元至正十二年日新书堂刊本,十二行二十一字,注大字二十三字,夹注小字同,细黑口,四周双栏。卷一后有牌子,文曰“至正壬辰仲春日新书堂刻梓”。日本前田氏尊经阁藏。己巳秋见于其家。又于文友堂见一帙,初印精善,钤有“铃山堂家藏经史之印”“隆庆壬申夏提学副使邵总理书籍关防”“礼部官书”等印,为籍没严嵩家书,亦有关堂掌故者也。序抄补一叶,署“景泰五年岁在甲戌仲秋后学商辂补书”二行。

《八千卷楼书目》卷二《经部》:《诗传通释》二十卷,元刘瑾撰。日本刊本。

《善本书室藏书志》卷二《经部三》:《诗传通释》二十卷东瀛刊本。朱子《集传》,后学安成刘瑾《通释》。按瑾字公瑾,安福人。其学问渊源出于紫阳,大旨在发明《集传》与辅广《诗童子问》相同而《小序》未尝置论。胡广纂《大全》，全袭其说也。元至正壬辰日新堂有刻本，此则日本所刊，有“迁乔馆”之藏书印，恐亦彼土藏书家也。

《皕宋楼藏书志》卷五《经部》：《诗传通释》二十卷附《诗传纲领》一卷，元至正刊本。宋朱子集传，元后学安成刘瑾通释。案卷一后有“至正壬辰仲春日新堂梓”木印。

今按：元至正十二年建安刘氏日新堂刻本（国家图书馆、北京大学图书馆、中国科学院图书馆、上海图书馆、湖北省图书馆、日本尊经阁藏）；元至正十二年建安刘氏日新书堂刻明修本（国家图书馆、南京图书馆藏）；元刻本（中国科学院图书馆藏）；《四库全书》本；日本文政十三年刻本（北京大学图书馆藏）；日本嘉永三年刻本（北京大学图书馆、复旦大学图书馆藏）。

诗传旁通

元梁益撰。

《国史经籍志》卷二《经类》：《诗传旁通》十五卷。梁益。

《澹生堂藏书目》卷一《经类第六》：《诗传旁通》十五卷，八册，元梁益。

《万卷堂书目》卷一《诗经》：《诗传旁通》十五卷。梁益。

《千顷堂书目》卷一《诗类》：梁益《诗传旁通》十五卷。

《经义考》卷一一一《诗十四》：梁氏益《诗传旁通》十五卷，存。翟思忠序曰：“夫《诗》，六经中之一经也。三百篇，一言以蔽之，曰思无邪。六义以该之，曰风赋比兴雅颂。盖其言之美恶劝焉惩焉，使人各正其性情也。自圣人删之后，分而为四，曰齐，曰鲁，曰韩，曰毛。校之三代，独毛与经合，学者多宗之，故曰《毛诗》。由汉而唐，诸大名儒有传有笺，有疏有注，异焉同焉，各成一家。至于有宋，文公朱先生为之集传，阐圣人之微言，指学者之捷径，上以正国风，下以明人伦，岂但场屋之资而已哉？三山梁先生友直，号庸斋，捐捐于此，昧必欲闻，懵必欲解，参诸先正，问之老宿，遇有所得，手纂成帙，曰《诗传旁通》。旁通者，引用群经兼辑《诗》说，不泥不僻，如《易》六爻发挥旁通，周流该贯也。用功懋矣，淑人多矣。呜呼！先生可谓温柔敦厚深于《诗》之教者与！”

黄虞稷曰："益本闽人，随父家江阴，举江浙乡试。其书专发明朱子之《传》。"

陆元辅曰："梁益字友直，其先福州人，徙居江阴，其教人以变化气质为先务，学徒不远千里从之。所著《诗传旁通》，太平路总管府推官滨州翟思忠为之序，而西亭王孙《授经图》遂列思忠《诗传旁通》于目，盖因此序而讹也。

《四库全书总目》卷一六《经部十六·诗类二》：《诗传旁通》十五卷，山东巡抚采进本。元梁益撰。益字友直，号庸斋，江阴人。自署三山者，以其先福州人也。尝举江浙乡试，不及仕宦，教授乡里以终。事迹附载《元史·儒学传·陆文圭传》内。朱子《诗传》，详于作《诗》之意，而名物训诂仅举大凡。盖是书仿孔、贾诸疏证明注文之例，凡《集传》所引故实，一一引据出处，辨析源委。因杜文瑛先有《语孟旁通》，体例相似，故亦以《旁通》为名。其中如"圣人之耦"，则引《西汉书》刘歆论董仲舒语。"见尧于羹，见舜于墙"则引《后汉书·李固传》以明出典。或朱子所未详者，亦旁引诸说以补之。如五緎、五总，引陆佃之语。三单，引郑《笺》羡卒、孔《疏》副丁之类。亦间有与朱子之说稍异者。如"顷筐塈之"，《集传》音许器切，《大雅》"民之攸塈"，《集传》音许既切者，从陆德明《经典释文》。益则引《礼部韵》，谓"许既切者，在《未韵》，音饩，注云'取也'。许器切者，在至韵，音洎，作巨至切。朱子之音与《礼部韵》不同"云云。是是非非，绝不坚持门户。视胡炳文等之攀附高名，言言附合，相去远矣。卷首为类目，末一卷则其叙说。内一条论秦造父封赵，因录罗泌《国姓纪原》之文，自谓此于《诗传》虽无所系，而宋氏有国，其姓亦当知，故通之。则冗赘之文，汗漫无理，可已而不已者也。前有至正四年太平路总管府推官滨州翟思忠序，明朱睦㮮《授经图》遂以《诗传旁通》为思忠作，殊为疏舛。今从朱彝尊《经义考》所辨案彝尊所引乃陆元辅之言。附订正焉。

《爱日精庐藏书简目》：《诗传旁通》十五卷类目一卷，传抄本。

《郑堂读书记》补逸卷四《经部》：《诗传旁通》十五卷，写本。元梁益撰。益字友直，号庸斋，其先福州人，徙居江阴。尝举江浙乡试。《四库全书》著录。焦氏《经籍志》、倪氏、钱氏《补元志》、朱氏《经义考》俱载之。是书专发明朱子之《传》而作，而名物训诂引证极为详博，实多补正其所未及。卷一至卷十四皆摘经传文句为目而为之说，卷末则为叙说，其前有类目一卷，目后有至正甲申自识，前又有太平路总管推官滨州翟思忠序。名《旁通》者，其叙说中谓仿缑山杜文玉瑛《语孟旁通》之例，又云："自视其中未能通者尚多，行当续而补之。"按庸斋又有《诗传绪余》一书，亡其卷数，亦见倪氏《补元志》，朱氏、钱氏则作《诗绪余》，殆即续补是书者，惜已无传本矣。

《藏园订补郘亭知见传本书目》卷二《经部三》：《诗传旁通》十五卷。元梁益撰。按：《四库》著录，莫氏失收。

《八千卷楼书目》卷二《经部》：《诗传旁通》十五卷，元梁益撰。抄本。

《善本书室藏书志》卷二《经部三》：《诗传旁通》十五卷精抄本。元梁益撰。前有至正四年承直郎太平路总管推官致仕滨州翟思忠序，又益自识云："此编不敢自谓成书，不敢辄题目录，然又不可无目录以纪录其事，故姑类聚其目，备观者之检阅，而以类目之云。"其义因朱子《诗传》惟明作诗之意，而名物训诂多所未详，乃仿孔、贾作疏之例，凡《集传》所引故实，一一引据出典，辨析原委，犹陈师凯《蔡传旁通》意也。益字友直，号庸斋，江阴人，其先福州籍，尝举浙江乡试，教授乡里以终。事迹附《元史·陆文圭传》。

《皕宋楼藏书志》卷五《经部》：《诗传旁通》十五卷，旧抄本。元梁益撰。夫《诗》，六经中之一经也。三百篇，一言以蔽之，曰思无邪。六义以该之，曰风赋比兴雅颂。盖其言之美恶劝焉惩焉，使人各正其性情也。自圣人删之，后分而为四，曰齐曰鲁曰韩曰毛。校之三氏，独毛与经合，学者多宗之，故曰《毛诗》。由汉而唐，诸大名儒有传有笺有疏有注，异焉同焉，各成一家。至于有宋文公朱先生为之集传，阐圣人之微言，指学者之捷径。上以正国风，下以明人伦，岂但场屋之资而已哉？三山梁先生友直，号庸斋，搰搰于此味，必欲开懵，必欲解参。诸先正闻之，老宿虽有所得，手纂成帙，曰《诗传旁通》者。引用群经，兼辑诸说，不泥不僻。如《易》之六爻，发挥旁通，周流该贯也，用功懋矣，淑人多矣。呜呼，先生可谓温柔敦厚，深于诗之教者与。至正四年秋九月十三日承直郎太平路总管推官致仕元隐居士滨州翟思忠序。

今按：清初抄本（上海师范大学图书馆、辽宁省图书馆藏）；《四库全书》本；常州先哲遗书本（光绪刻）；清光绪二十三年武进盛氏刻朱印本（复旦大学图书馆藏）；缪氏云自在龛抄本（山东大学图书馆藏）。

诗传会通（又名：诗传疏义、诗经疏义）

元朱公迁辑。

元朱公迁《序》：说《诗》之难久矣，自孔子说《烝民》懿德之旨，孟子说《北山》贤劳之意，而后世难其人。汉儒章句训诂详于《诗》，则病甚；继之者说愈烦，意愈窒。辽辽乎千四百年，至明道先生说《雄雉》两章，得孔孟说《诗》之法。又数十年，得朱子而备焉。盖《诗》主咏歌，与文体不同。辞若重复，而意实相承也；意则委婉，而辞若甚倨也。是则说《诗》者之难也。朱子取法孔子，又取法于孟子，又取法于程子，少以虚辞助字发之，而其脉络较然自明，三百篇可以读矣。然虚辞助字之间似轻而重，似泛而切，苟有卤莽灭裂之心焉，未必不以易而视之也。是则读《诗》者，又当知其难也。诸家自立异者不论，惟辅氏羽翼《传》说，条理通畅，甚有赖焉。而多冗长不修，亦时时有相矛盾者。且或《传》之约者与之俱约，微者与之俱微，犹若未能尽也。小子鲁钝肤末，何足与言。间因辅氏说而扩充之，剖析《传》文，以达经旨，而于未发者不羡其辞。庶几乎微显阐幽之意，而因《传》求经不难也。抑尝从事于斯矣。持其无敢慢之心，坚其欲自得之志，语助之声随而为之上下也，立言之趣从而与之周旋也。优游厌饫，积日累月，乃若有默契焉。此不敏之资，困学之方，未敢以为是也。夫惟以意逆志者，必有大过于兹，悯而教之则幸矣。至正丁亥秋八月朔番易后学朱公迁序。《元史类编》卷三四、《皕宋楼藏书志》卷五。

《国史经籍志》卷二《经类》：《诗传疏义》二十卷。朱公迁。

《世善堂藏书目录》卷上《经类》：《诗传疏义》二十卷。朱公迁。

《万卷堂书目》卷一《诗经》：《诗传疏义》二十卷。朱公迁。

《天一阁书目》卷一之一：《诗传会通》二十卷。

《千顷堂书目》卷一《诗类》：朱公迁《诗传疏义》二十卷。

《文选楼藏书记》卷三：《诗传会通》二十卷。元朱公迁辑。番阳人。刊本。是书一遵朱《传》，旁采诸说以疏其义。并有公迁门人王逢、何英增释。

《经义考》卷一一一《诗十四》：朱公迁《诗传疏义》二十卷。存。

公迁自序曰："说《诗》之难久矣，自孔子说《烝民》懿德之旨，孟子说《北山》贤劳之意，而后世难其人。汉儒章句训诂详于《诗》，则病甚。

继之者说愈烦，意愈窒。辽远乎千四百年，至明道先生说《雄雉》二章，得孔、孟说《诗》之法。又数十年，得朱子而备焉。盖《诗》主咏歌，与文体不同，辞若重复而意实相承也，意则委婉而辞若甚倨也，是则说《诗》者之难也。朱子取法孔子，又取法于孟子，又取法于程子，少以虚辞助字发之，而其脉络较然自明，三百篇可以读矣。然虚辞助字之间，似轻而重，似泛而切，苟有卤莽灭裂之心焉，未必不以易而视之也，是则读《诗》者又当知其难也。诸家自立异者不论，惟辅氏羽翼传说，条理通畅，甚有赖焉，而多冗长不修，亦时时有相矛盾者。且或传之，约者与之俱约，微者与之俱微，犹若未能尽也。小子鲁钝肤末，何足与言，间因辅氏说而扩充之，剖析传文，以达经旨。而于未发者，必究其蕴；已发者，不羡其辞。庶几乎显微阐幽之意，而因传求经不难也。抑尝从事于斯矣，持其无敢慢之心，坚其欲自得之志，语助之声随而为之上下也，立言之趣从而与之周旋也，优游餍饫，积日累月乃若有默契焉。此不敏之资、困学之方，而未敢以为是也。夫惟以意逆志者，必有大过于兹。阅而教之，则幸矣。”

何英后序曰：“先师松坞先生尝谓野谷洪先生初从游先正朱氏公迁先生之门，受读三百五篇之诗。一日，请说《周颂·维天之命》一章之旨，先生于《集传》下训释其义，发言外之意，了然明白。复请曰：‘于《集传》皆得如此章以发其所未发，以惠天下学者，岂非斯文之幸与？’时先生以特恩授校官，得正金华郡庠，日纂月注，以成其书，名曰《诗传疏义》。黄文献公溍一见，深加叹赏，凡兴体之作，语意呼应，尤切究心焉。然学者悦慕，虽相传录，终亦罕睹。永乐乙酉，先师宗兄世载游书林至叶君景达家，因阅《四书通旨》而语及《疏义》。景达尚德之士，屡致书来请梓传。岁丁酉，英侍先师馆于叶氏广勤堂，参校是书，旁取诸儒之说，节其切要者录而附之。稿成未就锓刻，先生还旆考终。正统庚申，景达书来嘱英曰：‘所传《诗传疏义》辑录遗其稿，数卷不存，愿为补葺而寿诸梓。’英窃虑其所遗忘，恐成湮没，况景达欲广惠爱之仁，故不揆浅陋，敬取先师所受余稿谨录补遗，重加增释，足成是编，名曰《诗传疏义》。详释发明，质诸同门友京兄刘剡，以卒先师之志。狂僭之咎固不可逃，庶乎有以表述先正斯文之德，昭际盛代文明之治，尚得与四方诸君子共之，是所愿也。”

《江西通志》：“朱公迁，字克升，乐平人，学于同郡吴中行。以遗逸征授翰林直学士，章七上，力辞乃出，为处州学正，兵乱徙婺源。”

《乐平县志》:“公迁以至正辛巳领浙江乡试，教婺州，改处州，尝题其室曰‘阳明之所’，学者称阳所先生。”

《四库全书总目》卷一六《经部十六·诗类二》:《诗经疏义》二十卷，浙江吴玉墀家藏本。元朱公迁撰。公迁字克升，乐平人。《江西通志》载其至正间为处州学正，何英《后序》则称以特恩授校官，得主金华郡庠。二说互异。考《乐平县志》载公迁“以至正辛巳领浙江乡试，教婺州，改处州。”然则英《序》举其始，《通志》要其终耳。是书为发明朱子《集传》而作，如注有疏，故曰《疏义》。其后同里王逢及逢之门人何英，又采众说以补之。逢所补题曰《辑录》，英所补题曰《增释》。虽递相附益，其宗旨一也。其说墨守朱子，不逾尺寸，而亦间有所辨证。如《卷耳》篇内，朱子误用毛《传》旧说，以崔嵬为土山戴石，公迁则引《尔雅》《说文》，明其当为石戴土。又《七月》之诗，朱子本《月令》以流火在六月，公迁推验岁差，谓《公刘》时当五六月之交。皆足以补《集传》之缺。又《集传》所引典故，一一详其出处。即所引旧说，原本不著其名者，如《卫风》之赵子注为赵伯循，《小雅·斯干篇》之或曰注为曾氏之类，皆一一考订。虽于宏旨无关，亦足见其用心不苟也。书成于至正丁亥，正统甲子英始取逢所授遗稿重加增订，题曰《诗传义》，详释发明，以授书林叶氏刊行之。而板心又标《诗传会通》，未喻其故。今仍从公迁旧名，题曰《诗经疏义》，以不没其始焉。

《传是楼书目·经部》:《诗经疏义》二十卷。明朱公迁。六本。

《拜经楼藏书题跋记》卷一《诗经疏义》: 右凡二十卷，为元番阳朱公迁所撰，而门下士补订者。卷首列后学番阳朱公迁克升疏义，野谷门人王逢原夫辑录，松坞门人何英积中增释。有至正丁亥公迁自序，复有明正统甲子何英后序。前有“嘉靖二年孟夏月安正堂重刊”长印，后有“癸未年仲夏安正书堂刊”长方印。盖初刻于正统间，重刻于嘉靖二年。卷首列《诗序辨说》及《纲领》、二十五图。前有读书凡例，例内本经文误写一条，谓“十月之交朔日辛卯”，古本是“朔月”，今《集传》本皆为“朔日”，明是误字。如《论语》最后“不知命”，古本是“孔子曰”，《集注》无“孔”字。《孟子》“行者有裹粮”，古本是“裹囊”，《集注》本以“囊”为“粮”字，皆误也。循用既久，不知其然矣。此“朔日”字宜改从古本，盖元时所见本已如此。

然宋本《诗集传》"朔日"故作"朔月",咸淳本《四书》"裹粮"仍作"裹囊"耳。其经文之异于今本者，如《定之方中》"终然允臧",《皇矣》"以笃于周祜",周颂"既右享之",《商颂》"来假祁祁"，并与唐石经合。惟《竹竿》"远兄弟父母",已作"父母兄弟",《家伯》"维宰"作"为宰"。其注之异于今本者，如《周南》"不可休息"下,吴氏曰:"《韩诗》作'思'。"《小雅》"爰其适归","爰"下注:"《家语》作'奚'。"《周颂》"假以溢我"，"假"下注:"《春秋传》作'何'。""溢"下注:"《春秋传》作'恤'。"按钱宫詹《养新录》载宝山朱寄园家藏元儒双湖胡氏《诗传附录纂疏》二十卷，一遵朱文公元本卷分及字句。此并与之同，盖皆未经改窜删并者也。"爰其适归"注,《养新录》谓今本删去"《家语》作奚"句,直改为"奚",大非文公说经谨慎之意。"假以溢我"句删去《春秋传》云云，则注中"假之为何，溢之为恤"云云，令人不解何谓矣。读是书，知元儒尚守家法，不似明人之卤莽妄作。又"祇自疷兮"下引刘氏曰"当作痕，与瘖同，眉贫反"。《娄丰年》下注力注反，与《潜研堂文集》所拈出者并同。"彼徂矣岐"句下引沈括说，与宫詹所记合。盖是书虽刻于明之中叶，而犹为元儒手笔，悉仍文公之旧，未经妄删者，洵可贵也。

《皕宋楼藏书志》卷五《经部》:《诗经疏义》二十卷，明初刊本。马笏斋旧藏。元后学鄱阳朱公迁疏义，野谷门人王逢原夫辑录，松坞门人何英积中增释。朱熹《集传》。

《八千卷楼书目》卷二《经部》:《诗经疏义》二十卷。元朱公迁撰。抄本。

《善本书室藏书志》卷二《经部三》:《诗经疏义会通》二十卷，明刊配抄本，吴氏瓶花斋藏书。朱子《集传》。后学番阳朱公迁撰，野谷门人王逢辑录，松坞门人何英增释。前有纲领及疏义大全图。其说墨守朱子，不逾尺寸，亦间有辨证。书成于至正丁亥，明正统甲子英始取逢所授遗稿重加增订付梓。每卷首行、末行"疏义"下又增题"会通"，未喻其故。公迁字克升，乐平人，以至正辛巳领浙江乡试，教授金华，改处州。逢字原夫，明宣德初授富阳学训导，以明经召见，放归，杜门讲学，称松坞先生。英为逢门人，著有《诗经详释》。此为安正书堂重刊本,缺卷抄补。有"吴城敦复"及"陶世济印""小谷端履嘉庆甲戌进士官翰林院庶吉士印"，盖又入萧山王氏十万卷楼者也。城字敦复，号瓯亭，钱塘人，家有瓶花斋，藏书甚富，卒年七十一,《府志》

入《文苑传》。端履字小谷，萧山人，嘉庆甲戌进士，官翰林院庶吉士。

诗集传名物抄

元许谦撰。

元吴师道《诗集传名物抄序》："白云先生许公益之《读四书丛说》，某既为之序，其徒复有请曰：'先生所论著，独《诗集传名物抄》为成书，向闻屡以示子，而一二说亦厕子名于其间，子盍有以播其说？'念昔蒙君不鄙夷，相与反复论辨，颇闻纂辑之意。而是经之体段，予因得略窥焉。夫《诗》之兴尚矣，当周盛时，在下则有二《南》之风，在上则有《雅》《颂》之作，周公取以列之经。幽、厉之后，《风》《雅》俱变，夫子于诸国之《风》则删其淫邪，于公卿大夫之作则取其可为训戒者。东迁之后，王国并列于《国风》，而于商、周之初，考其遗失，又得《商颂》之类，至《鲁颂》则因其所用之乐歌以著其实，以是合于周公之所取而为三百篇。若自卫反鲁乐正，《雅》《颂》各得其所，则指周公之经残缺失次者尔。是则《诗》之为经，始定于周公，再定于夫子，遂为不刊之典。不幸厄于秦火中，可疑者多，而诸儒不察，由汉以来，毛、郑之学专行，历唐至宋，一二大儒始略出己意。然程淳公、吕成公犹主《序》说，子朱子灼见其谬，汛扫廓清，本义显白，每篇则定其人之作，每章则约以赋比兴之分。叶音韵以复古，吟哦上下，不加一字之法略释，而使人自悟，破拘挛，发蒙蔀，复还温柔敦厚、平易老成之旧，自谓无复遗恨。呜呼！《诗》一正于夫子而制定，再正于朱子而义明，朱子之功，万世永赖，此《名物抄》之所为作也。自北山何先生基得勉斋黄公渊源之传，而鲁斋王先生柏、仁山金先生履祥授受相承，逮公四传，有衍无间，益大以尊。公念朱《传》犹有未备者，旁搜博采，而多引王、金氏，附以己见，要皆精义微旨，前所未发。又以《小序》及郑氏、欧阳氏《谱》世次多舛，一从朱子补定，正音释，考名物度数，粲然毕具。其有功前儒，嘉惠后学，羽翼朱《传》于无穷，岂特小补而已哉。然有一事关于《诗》尤重者，不可默而弗言。鲁斋尝谓今之三百篇非尽夫子之旧，秦火，《诗》《书》同祸，《书》亡缺如此，何独《诗》无一篇之失？如《素绚》《唐棣》《狸首》《辔柔》《先正》等篇，何以皆不与？而已放之郑声，何为尚存而不削？刘歆言《诗》始出时，一人不能独尽其经，或为《雅》，或为《颂》，相合而成，盖闻夫子三百篇之数而不全，则以世俗之流传、管弦之滥存者足之，而不辨其非。朱子固尝疑《桑中》《溱洧》诸篇，用之祀何鬼神？享何宾客？何词之讽？何礼义之正？不得已则取曾氏所以论《国策》者，谓存之而使后世知其非，知所以放之之意。仁山屡载于《论语考证》，谓诸儒皆然之。某尝举以告君，君方遵用全经，宜不得而取也。今《抄》中《二南相配图》，鲁斋所定者，盖合各十有一篇，退《何彼秾矣》《甘棠》于《王风》，而削去《野有死麕》，则君固有取于斯矣。以君之谨重虑深启夫末流之弊，然卓然有见，瘖疑辨惑，如鲁斋之言，使淫邪三百余篇，悉从屏黜之例，岂非千古一大快？朱子复生，必以为然也。惜斯论未究，君不可作矣，姑识于序篇之末，以俟后之君子究焉。”《礼部集》卷一五。

《国史经籍志》卷二《经类》：《诗集传名物抄》八卷。许谦。

《万卷堂书目》卷一《经类》：《诗集传名物抄》八卷。许谦。

《澹生堂藏书目》卷一《经类第六》：《诗传名物抄》八卷，八册。元许谦。

《千顷堂书目》卷一《诗类》：许谦《诗集传名物抄》八卷。《集传》所未备者，旁搜博采，多引鲁斋王氏、仁山金氏说而附己见。又以《小序》及郑氏、欧阳氏谱世次多舛，一从朱子补定。正音释考，名物度数，粲然毕具。退《何彼秾矣》《甘棠》于《王风》，而削去《野有死麕》一章，则因鲁斋之疑云。

《经义考》卷一一一《诗十四》：许谦《诗集传名物抄》八卷。存。

黄溍曰：“先生是书，正其音释，考其名物度数，以补先儒之未备。仍存其逸义，旁采远援，而以己意终之。”

《四库全书总目》卷一六《经部十六·诗类二》：《诗集传名物抄》八卷内府藏本。元许谦撰。谦有《读书丛说》，已著录。谦虽受学于王柏，而醇正则远过其师。研究诸经，亦多明古义。故是书所考名物音训，颇有根据，足以补《集传》之缺遗。惟王柏作《二南相配图》，移《甘棠》《何彼襛矣》于《王风》，而去《野有死麕》，使《召南》亦十有一篇，适如《周南》之数。师心自用，窜乱圣经，殊不可训。而谦笃守师说，列之卷中，犹未免门户之见。至柏所删《国风》三十二篇，谦疑而未敢遽信，正足见其是非之公。吴师道作是书《序》，乃反谓已放之郑声，何为尚存而不削，于谦深致不满。是则以不狂为狂，非谦之失矣。卷末谱作诗时世，其例本之康成，其说则改从《集传》，盖渊源授受，各尊所闻。然书中实多采用陆德明《释文》及孔颖达《正义》，亦未尝株守一家。名之曰《抄》，盖以此云。

《传是楼书目·经部》：《诗集传名物抄》八卷，元许谦。三本，抄本。又一部，四本，抄本。

《问源楼书目初编》卷一上《经部》：《诗集传名物抄》八卷，元许谦撰，通志堂本。

《带经堂书目》卷一《经部》：《诗集传名物抄》八卷，抄本，元许谦撰。

《许氏古韵阁书目》卷一《经部》：《诗集传名物抄》八卷附《诗录》，元许谦撰，明万历刊本。

《藏园订补郘亭知见传本书目》卷二《经部三》：《诗集传名物抄》八卷。元许谦撰。〇通志堂本，内附诗谱。

《八千卷楼书目》卷二《经部》：《诗集传名物抄》八卷，元许谦撰。《金华丛书》本。

今按：明秦氏雁里草堂抄本（国家图书馆藏）；明张氏怡颜堂抄本（复旦大学图书馆、湖南省图书馆藏）；《四库全书》本；《四库全书荟要》本；《金华丛书》本（同治光绪刻、民国补刻）。

诗集传音释

元罗复辑。

《千顷堂书目》卷一《诗类》：罗复《诗集传音释》二十卷。字中行，庐陵人。（卢补）

《爱日精庐藏书志》卷三《经部》：《诗集传音释》二十卷，元至正刊本。朱子集传，元东阳许谦名物抄音释，后学庐陵罗复纂辑。《经义考》著录云，合白云许氏《名物抄》而音释之。凡例后有“至正辛卯孟夏双桂书堂重刊”木印。朱子《诗集传序》《诗集传凡例》《诗传图》《诗传纲领》。

《爱日精庐藏书简目》：《诗集传音释》二十卷，元至正刊本。

《许氏古韵阁书目》卷一《经部》：《诗集传音释》二十卷，无姓氏撰，至正六年张氏刊本。

《铁琴铜剑楼藏书目录》卷三《经部》：《诗集传音释》二十卷，元刊本。

题“东阳许谦名物抄音释，后学庐陵罗复纂辑”。黄氏《千顷堂书目》始著于录，流传颇少。《凡例》后有墨图记云：“至正辛卯孟夏双桂书堂重刊。”犹元时旧帙也。其书全载《集传》，俱双行，夹注音释，即次《集传》末，墨围“音释”二字以别之。前后无序跋，惟《凡例》中有云：“庐陵罗君中行，博学而善记，虑学者稽考之难，乃以金华许益之先生《名物抄》会众经及诸传籍参互考订，以为《音释》，录于经传之左。”今以《名物抄》核之，《周南传》“亶”字许无音，此补“多旱反”；“采”，“仓代、此宰二反”，补引颜师古云“采，官也，因官食地，故曰采地”。“沱”，补音“徒河反”。《关雎》首章下补释：“匡衡，字仲圭，汉宣帝朝，射策甲科。文帝朝，迁博士给事中。建初三年，拜相。”《关雎》三章下，引辅氏说，补释“太上”之义。盖以《名物抄》为主，更采他说以附益之，与《凡例》所云正合。然此但摘录许书音释，而其考订名物，则不具载，且音释亦间有不录者。如许书《国风传》“肄”，羊至反，《关雎》三章《传》“亨”，普庚反，此并无之。许氏本鲁斋王氏《二南相配图》，谓《甘棠》后人思召伯。《何彼襛矣》，《王风》也。《野有死麕》，淫诗也。皆不足以与此。此惟《野有死麕》载许氏曰“此淫奔之诗”，疑错简在此。殆亦不尽从其说欤？前后有“己未进士张氏克绍家藏”朱记。

《藏园订补郘亭知见传本书目》卷二《经部三》增：《诗集传音释》二十卷。元庐陵罗复纂辑许氏《名物抄》，作为《集传》音释。〇昭文张氏有元至正刊本。

又：《诗集传名物抄音释纂辑》二十卷。元罗复纂辑。〇元至正十一年双桂书堂刊本，十二行十一字，黑口，四周双栏。〇元至正十四年余庆书堂刊本，十二行二十一字，黑口，四周双栏。凡例后有刊书牌记。

《八千卷楼书目》卷二《经部》：《诗集传音释》二十卷，元罗复编。蒋氏刊本。

《四库未收书目提要续编》卷一《经部》：《诗集传音释》二十卷，旧题“元罗复撰”。复字中行，江西庐陵人，始末无考。其书全载《集传》，俱双行夹注，《音释》即次《集传》末，墨圈“音释”二字以别之。凡反切不改直音，亦不改“与某同”，注无删削，皆与宋刊《诗集传》二十卷本同，与今通行八卷本异。惟“何彼襛矣”作“秾矣”，“羊牛下括”作“牛羊”，“终然允臧”作“终焉”，“不能辰夜”作“晨夜”之类，其误已与今本同。前有朱子《序》《诗图》《诗传纲领》《诗序辨说》。其图与宋刊《纂图互注毛诗》不同，图下多引朱子说。而前后无序跋，惟有凡例，中称“庐陵罗君中行，博学善记，虑学者稽考之难，以金华许益之先生《名物抄》，会众经及诸传籍参互考订，以为《音释》，录于经传之左”云云，疑出自坊贾之手。盖以《名物抄》为主，更附益以他说，然亦只录其音释，而许之考订名物初不具载。朱彝尊《经义考》云“合白云许氏《名物抄》而音释之”，似但据凡例，未细阅本书也。中如《周南传》“亶”字，许无音，此补“多旱反”;“采”，“仓代、此宰二反”，补引颜师古曰:“采，官也，因官食地，故曰采地”;“沱”，补“音徒河反”;《关雎》首章下补释“匡衡字仲圭，汉宣帝朝射策甲科，元帝朝迁博士给事中，建中三年拜相”;《关雎》三章下引辅氏说，补释“太上”之义。虽无关宏指，而与凡例所云“参互考订”尚合。惟许书《国风传》“肄，羊至反”，《关雎》三章传“亨，普庚反”，此并不录，未喻其故。又许书本王柏《二南相配图》，谓《甘棠》后人思召伯，《何彼襛矣》王风也，《野有死麕》淫诗也，皆不足以与此。沿袭谬说，本不足信。此惟《野有死麕》载许氏曰 :“此淫奔之诗，疑错简在此。”似失许氏之意。如谓有所去取，则又进退失据矣。此瞿氏所藏元至正刊本，今据而附存之焉。

《续修四库全书总目提要》第十五册 :《诗集传音释》二十卷、《札记》一卷，咸丰刊本。元罗复为《诗集传》作音释，于经传及音韵之文，多异他本。而是书之至正刊本与正统本，亦复详略不同。是本为蒋光煦所刊，即以至正本为主，而据正统本及胡一桂《诗传纂疏》、朱公迁《诗传疏义》、许谦《诗名物抄》、史荣《风雅遗音》，为作校记。卷首附《诗序》，并朱氏《辨说》《诗图》《诗传纲领》。校记亦不苟，复经钱泰吉、邵懿辰、伊乐尧、许丙鸿、管庭芬、朱元炅、陈锡麒诸人参正，详光煦所为记。复字中行，江西庐陵人。

今按 : 元至正十一年双桂书堂刻本（国家图书馆藏）; 元刻本（上海图书馆藏）; 明无锡姚氏茶梦斋抄本（上海图书馆藏）; 清咸丰七年海昌蒋氏衍芬草堂刻本（北京大学图书馆、国家图书馆、中国科学院图书馆、上海图书馆、复旦大学图书馆、浙江图书馆、辽宁省图书馆、湖北省图书馆藏）;《御纂七经》本（康熙内府刻、同治浙江书局刻、崇文书局刻、江西书局刻）。

诗集传音义会通

元汪克宽撰。

《国史经籍志》卷二《经类》:《诗集传音义会通》□卷。汪克宽。

《千顷堂书目》卷一《诗类》:汪克宽《诗集传音义会通》三十卷。引古今之书凡百余家,疑者辨之,缺者补之,朱子之欲更定而未及者,从而正之。

《明史》卷九六《艺文一》:汪克宽《诗集传音义会通》三十卷。

诗集传解

明高颐撰。

《千顷堂书目》卷一《诗类》:高颐《诗集传解》二十卷。福安人,洪武中举孝廉,任海盐知县。

《明史》卷九六《艺文一》:高颐《诗集传解》二十卷。

诗集传大全

明胡广等奉敕撰。

《经义考》卷一一二《诗》:胡氏广等《诗集传大全》二十卷,存。

吴任臣曰:"《诗大全》,纂修官亦四十二人:翰林院学士兼左春坊大学士奉政大夫胡广、奉政大夫右春坊右庶子兼翰林院侍讲杨荣、奉直大夫右春坊右谕德兼翰林院侍讲金幼孜、翰林院修撰承务郎萧时中、陈循、翰林院编修文林郎周述、陈全、林志、翰林院编修承事郎李贞、陈景著、翰林院检讨从仕郎余学夔、刘永清、黄寿生、陈用、陈璲、翰林院五经博士迪功郎王进、翰林院典籍修职佐郎黄约仲、翰林院庶吉士涂顺、奉议大夫礼部郎中王羽、奉议大夫兵部郎中童谟、奉训大夫礼部员外郎吴福、奉直大夫北京刑部员外郎吴嘉静、承直郎礼部主事黄裳、承德郎刑部主事段民、承直郎刑部主事洪顺、沈升、承德郎刑部主事章敞、杨勉、周忱、吴绅、文林郎广东道监察御史陈道潜、承事郎大理寺评事王选、文林郎太常寺博士黄福、修职郎太医院御医赵友、同迪功佐郎北京国子监博士王复、原常州府儒学教授廖思敬、蕲州儒学学正傅舟、济阳县儒学教谕杜观、善化县儒学教谕颜敬守、常州府儒学训导彭子斐、镇江府儒学训导留季安。”

按是书止抄袭安成刘瑾《通释》一书，仅删去数条。而刘本以《诗小序》隶各篇之下，是书则别为一编，若似乎不同者。要之，当日元未尝纂修也。

《问源楼书目初编》卷一上《经部》:《诗集传大全》二十卷，明胡广等奉敕撰，明刊本。

《千顷堂书目》卷一《诗类》:《诗集传大全》二十卷。永乐间命胡广等四十一人编辑。

《明史》卷九六《艺文一》:永乐中敕修《诗集传大全》二十卷。胡广等纂。

《许氏古韵阁书目》卷一《经部》:《诗集传大全》二十卷，明胡广奉撰，永乐刊本。

《八千卷楼书目》卷二《经部》:《诗集传大全》二十卷，明胡广等奉敕撰。

今按：明殿刊本、明刊《五经大全》本、高丽刊本。

诗经辅传

明蔡毅中著。

《澹生堂藏书目》卷一《经类第六》:《诗经辅传》四卷，四册，蔡毅中。

《千顷堂书目》卷一《诗类》:蔡毅中《诗经辅传》四卷。

《文选楼藏书记》卷二:《诗经辅传》四卷。明祭酒蔡毅中著。汝南人。刊本。是书取《小序》及朱子《诗传》参酌而折衷之，意在辅翼毛、郑，故以命名。

读诗私记

明李先芳著。

《四库全书总目》卷一六《经部十六·诗类二》:《读诗私记》二卷，浙江巡抚采进本。明李先芳撰。先芳字伯承，号北山，监利人，寄籍濮州。嘉靖丁未进士，官至尚宝司少卿。《明史·文苑传》载王世贞所定广五子，先芳其一也。是书成于隆庆四年。所释大抵多从毛、郑，毛、郑有所难通，则参之吕氏《读诗记》、严氏《诗缉》诸书。其《自序》曰“文公谓《小序》不得《小雅》之说，一举而归之刺。马端临谓文公不得郑、卫之风，一举而归之淫。胥有然否，不自揣量，折衷其间”云云，盖不专主一家者，故其议论平和，绝无区分门户之见。如说《郑风·子衿》，仍从学校之义，则不取宋学。谓《国风》《小雅》初无变正之名，则不从汉说。至《楚茨》《南山》等四篇，则《小序》与《集传》之说并存，不置可否。盖《小序》皆以为刺幽王，义有难通，而《集传》所云，又于古无考，故缺所疑也。虽援据不广，时有缺略，要其大纲，则与凿空臆撰者殊矣。朱彝尊《经义考》载先芳有《毛诗考正》，不列卷数，注曰“未见”，而不载此书。其为一书两书，盖不可考。然此书亦多辨定毛《传》，或彝尊传闻未审，误记其名欤？

《文选楼藏书记》卷二：《读诗私记》二卷。明李先芳著。濮阳人。刊本。是书义宗《小序》，辨正朱子《集传》。

诗演义

明梁寅著。

《国史经籍志》卷二《经类》：《诗演义》八卷。梁寅。

《文渊阁书目》卷一：梁寅《诗经演义》，一部，二册。

《澹生堂藏书目》卷一《经类第六》：梁石门《诗演义》四卷，一册。梁寅。

《天一阁书目》卷一之一：《诗演义》十四卷。

《绛云楼书目》卷一《诗类》：梁寅《诗经演义》一册。

《千顷堂书目》卷一《诗类》：梁寅《诗经演义》八卷。因朱子之《传》演其义而申之。

《钱遵王述古堂藏书目录》卷一《诗》：梁寅《诗演义》八卷，二本，抄。《诗演义》十五卷（浙江范懋柱家天一阁藏本）。

《明史》卷九六《艺文一》：梁寅《诗演义》八卷。

《四库全书总目》卷一六《经部十六·诗类二》：元梁寅撰。寅有《周易参义》，已著录。是书推演朱子《诗传》之义，故以《演义》为名。前有《自序》，云：“此书为幼学而作，博稽训诂以启其塞，根之义理以达其机，隐也使之显，略也使之详。”今考其书，大抵浅显易见，切近不支。元儒之学，主于笃实，犹胜虚谈高论，横生臆解者也。朱彝尊《经义考》载此书作八卷，注曰“未见”。此本至《小雅·苕之华》篇止，以下皆缺，而已有一十五卷，则八卷之说，殊为未确。盖彝尊未睹此本，但据传闻录之，卷数讹异，其亦有由矣。

《皕宋楼藏书志》卷五《经部》:《诗演义》十五卷，文澜阁传抄本。元梁寅撰。《诗》以温柔敦厚而垂教者也，其为言也，既平易而易知。及讽咏之也，又足以感人心而易入。然新学诵之亦有难者焉。其所以难者，训诂则必欲其明也，义理则必欲其正也。《诗》之所由作者，所当究而其不可知者为多也。吾夫子删《诗》之时，未有注释也。至汉儒以经相传授，注释益众矣。而无所前闻，多臆度，故谬误相袭。朱子《诗传》独觉夫千载之失，而有以正之。至于字义，尤必有据，凡其穿凿附会者悉弃而不取。故曰训诂之必明也。汉儒之释经，于正理或昧，迨程朱之言既行，驳杂之论乃黜。今之读经者，宜一遵程朱，勿复互异，故曰义理之必正也。古人之歌《诗》，如今之歌曲，或颂或规，唯取大意。《诗》之事实多所未究，以今观之，其所作者为何人，所指为何事，勿问之可也。故曰其不可知者为多也。传之或简略者，盖章解句释非君子之所尚也。然幼学之士读经而懵于传，读传而违于经，非加之意何以究通，故余之所论著为幼学虑也。故博稽训诂以启其塞，根之义理以达其意。于其隐也，阐而使之显；于其略也，推而使之详。其间与传抵牾，盖或时有焉，而以求其是也。君子观之，恕其僭逾，正其疵谬，则耄言之或传于后也，非至幸乎？洪武十六年岁在癸亥，孟夏之月临江后学梁寅序。

《爱日精庐藏书志》卷三《经部》:《诗演义》十五卷，文澜阁传抄本。元梁寅撰。

今按：以下为梁寅序，以见前。

《善本书室藏书志》卷二《经部三》:《诗演义》十五卷，抄本，元梁寅撰。朱彝尊《经义考》作八卷，注曰“未见”。此本至《小雅·苕之华》篇止已有十五卷，以下皆缺。八卷之说，殊未为确。是书推演朱子《诗传》之义，故曰《演义》。隐也使显，略也使详，浅显易见，切近不支。殆为幼学讲授计也。

《八千卷楼书目》卷二《经部》:《诗演义》十五卷，元梁寅撰，抄本。

《文选楼藏书记》卷三:《诗演义》十四卷。明梁寅著。临江人。刊本。是书博采训诂，以推演朱《传》未备之义。

今按：《四库全书》本；民国刘氏蓝格抄本（上海图书馆藏）。

诗传纂义

明倪复著。

《千顷堂书目》卷一《诗类》：倪复《诗传纂义》一卷。

《四库全书总目》卷一七《经部十七·诗类存目一》：《诗传纂义》，无卷数，浙江巡抚采进本。明倪复撰。复字汝新，鄞县人。兹编不载经文，惟于有所发明者标其篇名。所说多袭前人，或全录之而不言所本。其自出新意者，如谓《皇华》《四牡》通为射飨乐歌之类，于古皆无所考证。

《文选楼藏书记》卷五：《诗传纂义》一册。明诸生倪复著。鄞县人。抄本。是书补朱子《诗传》所未及。

今按：清抄本（福建图书馆藏）。

诗逆

明凌蒙初著。

《经义考》卷一一四《诗十七》：凌氏蒙初《诗逆四卷》。存。

《明史》卷九六《艺文一》：凌蒙初《诗逆》四卷。

《四库全书总目》卷一七《经部十七·诗类存目一》：《诗逆》四卷，浙江吴玉墀家藏本。明凌蒙初撰。卷首有《七月表》一篇。以其中独缺三月，乃摘"春日载阳"至"公子同归"、"蚕月条桑"至"猗彼女桑"诸事，布于二月、四月之间，标为"蚕月"。殊属穿凿。又《诗考》一篇，独载一《御车图》，尤为挂漏。其所诠释，亦罕逢奥义。

《文选楼藏书记》卷五：《诗逆》六卷。明凌蒙初著。刊本。是书发明朱子《集传》之义。

诗经毛朱二传删补

明徐奋鹏撰。

《千顷堂书目》卷一《诗类》：徐奋鹏《诗经毛朱二传删补》。临川人，以毛《诗》朱《传》繁简不一，令学者昧比兴之旨，乃为是书。人劾其擅改经传，请治罪，神宗取其书阅之，以其不悖于经传，有功于朱子，贷之。复著《古今治统》二十卷、《古今道脉》二十卷、《辨俗》十卷、《怡偲集》十卷。崇祯中督学骆日升、蔡懋德将上其书于朝，不果。学者称华峒先生。

《经义考》卷一一四《诗十七》：徐奋鹏《诗经毛朱二传删补》。未见。

黄虞稷曰："奋鹏，临川人。以毛《诗》、朱《传》繁简不一，乃为是书，令学者昧比兴之旨。人或劾其擅改经传，请治罪。神宗取其书阅之，以其不悖朱子，有功于毛，贷之。奋鹏复著《古今治统》《古今道脉》等书。崇祯中，督学使骆日升、蔡懋德将献于朝，不果。"

诗经朱注考

明刘庆孙撰。

《经义考》卷一一七《诗二十》：刘庆孙《诗经朱注考》。未见。

《广平府志》："刘庆孙，永年人，崇祯庚午举人。"

朱子诗传辨正

清戴亨撰。

《经义考》卷一一〇《诗十三》：戴亨《朱子诗传辨正》。佚。

朱子诗义补正

清方苞撰。

清吴大廷《朱子诗义补正序》：往者陈荔秋比部以《诗解》就商，援据该博，颇多发明，独信《竹书纪年》太过，而不用《小序》，亦不甚主朱子之说。余尝为之折衷《序》《传》，反复是正。盖以《序》说出自国史，远有承传，而析理之精，无过朱子，二者可互参而不可偏废也。日者桐城萧君敬孚自皖来，出示手抄方望溪先生《朱子诗义补正》八卷，为其门人高密单作哲编次。其中《国风》一篇,《邶》《鄘》至《曹》《桧》十二变《风》一篇,《王风》一篇，皆是书宏纲大旨，余则章解句释，亦间及名物训诂大意。承用朱子之说，而不甚取《小序》。盖自宋郑樵迄于元、明，说《诗》者之流派大抵然也。然于《集传》义有未安，亦不曲从。如《关雎》谓为后妃自作,《狡童》不主淫女之辞,《扬之水》不以兄弟为昏姻之称,《白华之什》于《南陔》《白华》《华黍》《由庚》《崇邱》《由仪》不主有声无辞之说,《天作》谓当为追王时告庙之乐歌。而《小序》有必不可易者,《遵大路》《风雨》《采薇》诸篇亦间取之。先生《诗义》虽云尊朱，然义理者，天下古今人心所同具之义理，而非一人之义理。《集传》义诚得矣，而《小序》亦未必尽失也。此先生所作《补正》之微意也欤？大廷经述疏谫，然粗解文义，实自方先生启之。其治《诗义》所见，亦幸与先生合，不可使此书无传也。亟商之南海冯竹儒观察，刊版以行。使学者得是书而沉潜反复，又于空曲交会中推寻诗人言外之意，则其有补于诗教岂浅鲜哉！光绪二年岁次丙子孟夏月沅陵吴大廷谨序。《朱子全书》第二十七册《序跋》。

清萧穆《重刊朱子诗义补正序》代：桐城方侍郎经术文章久著宇内，其所撰《抗希堂十六种》，某时喜读之。然尝考其说经之作,《春秋》《三礼》之外,尚有《读易偶笔》《读尚书偶笔》《朱子诗义补正》三书。闲尝询皖中人士，且有未闻其名目者。丙子夏，偶与桐城萧君敬孚谈及诸先达说经诸编，敬孚因出示手抄侍郎《朱子诗义补正》八卷。案牍之余，数加玩读，其取义至精，高出近世说《诗》诸家之上，子朱子可作，亦必为之心折也。敬孚云："此书侍郎脱稿后,为其门人高密单君作哲所刊。当日印本无多,流传未广。咸丰初，桐城戴孝廉钧衡搜葺侍郎内外集文，合刊全集。时合肥徐孝廉子苓闻之，曾以单氏所刊此书嘱为重刊。戴君以贷金不足,未获从事。旋遭寇难,书亦散佚。而同县徐氏藏有此书，尝假手抄以示同人。十余年来，迄未有能继戴、徐二君之事者。"某深幸得睹是编，又嘉敬孚留心文献，不惮雪抄露纂。爰捐俸重刊,与侍郎所行《十六种》并传。惜其所撰《读易》及《尚书偶笔》今不尽见，俾得与此书同刊，不能无憾也。又《野有死麕》章，引晋周伯仁之父遇络秀汲井，率骑聚观，络秀容止如常，以此卜其为贤，与此诗之义相证。其实周浚知络秀之能，乃密觇其作数十人饮食，事事精办，不闻人声。汲井举动容止如常，自是王汝南见郝普女事，侍郎所引，混而为一。盖一时失记，未及悟改，故耳。今将西迈，适此书刊成，桐云方伯既为序其大恉，某记所见原委，俾读者详焉。《敬孚类稿》卷二。

今按：清乾隆三十二年单作哲刻本（国家图书馆、北京大学图书馆、辽宁省图书馆藏）；清光绪三年南海冯氏重刻本（国家图书馆、北京大学图书馆、中国科学院图书馆、上海图书馆、复旦大学图书馆、南京图书馆、湖北省图书馆藏）；清抄本（北京大学图书馆藏）。

诗传名物集览

清陈大章撰。

《四库全书总目》卷一六《经部十六·诗类二》：《诗传名物集览》十二卷，湖北巡抚采进本。国朝陈大章撰。大章字仲夔，号雨山，黄冈人。康熙戊辰进士，改庶吉士。以母老乞归。其于《毛诗》用功颇深。所作《集览》本百卷，凡三易稿而后成。此乃其摘录付梓之本。凡鸟二卷、兽二卷、虫豸一卷、鳞介一卷、草四卷、木二卷。盖尤其生平精力所注也。《毛诗》自陆玑以下，诠释名物者毋虑数十家，此书成之最后，故于诸家之说采辑尤夥。其中体例未合者，如释"鹑之奔奔"，则《庄子》之鹑居、《列子》之性变以及朱鸟为鹑首、子夏衣若悬鹑之类，无所不引。释"鸡栖于埘"，则《列子》之木鸡、《吕氏春秋》之鸡距、《汉官仪》之长鸣鸡，亦无不备载。皆体近类书，深乖说经之旨。又每条首录《集传》大意，以紫阳为主。故如"鄂不韡韡"，则取岂不光明之义，而驳鄂作萼、不作跗之说为不烦改字。亦过于偏执。至如载宋太宗赐耶律休哥旗鼓杓窊印，则以辽事误作宋事，尤为乖舛。然其征引既众，可资博览，虽精核不足，而繁富有余，固未始非读《诗》者多识之一助也。

《郑堂读书记》卷八《经部五之上》：《诗传名物集览》十二卷，原刊本。国朝陈大章撰。大章字仲夔，号雨山，黄冈人。康熙戊辰进士，改庶吉士，以母老乞归。《四库全书》著录。原书本一百卷，此乃其摘录之本。凡鸟四十三则，为二卷；兽七十一则，为二卷；虫二十八则，为一卷；鱼十八则，为一卷；草一百九则，为四卷；木六十九则，为二卷。皆以朱《传》为宗，次及经传训故诸史百家，即稗官小说亦所不遗，而间附以己意。寻章摘句，条析缕分，可谓搜泽融液，与道大适者矣。惟是征引故实颇近类书，不及姚彦晖《诗识名解》之兼寻文义，推及作《诗》之意。然核其大致可取者固多，宜略其芜杂，采其菁英焉。前有查初白慎行及其甥丘良骥二序。

《八千卷楼书目》卷二《经部》:《诗传名物集览》十二卷，国朝陈大章撰。原刊本、湖北丛书本。

《许氏古韵阁书目》卷一《经部》:《诗传名物集览》十二卷，国朝陈大章撰，康熙刊本。

《万卷精华楼藏书记》卷五《经部三》:《诗传名物集览》十二卷，国朝陈大章撰。原本。前有邱良骥序。百卷本未见此本。鸟二卷，兽二卷，虫豸一卷，麟介一卷，草四卷，木二卷，征引最为繁富。《四库考证》正是书误者凡七条。邱氏序曰："书凡百卷，先生家居日课其子弟门人，阅十余年，三易稿而成，未尝轻以示人。今岁夏，舅氏子京自粤西赴都归里门，请于先生，得鸟、兽、鱼、虫、草四卷六十二卷，将携梓闽中。此书首朱《传》，次笺疏，旁搜博采，间附己意。别有论著，兹未之及，盖慎之也。良骥受教有年，亲见用力之勤，特书端委以应子京舅氏之命。"

今按：清康熙五十二年闽中刻本（国家图书馆、北京大学图书馆、清华大学图书馆、中国科学院图书馆、天津图书馆、复旦大学图书馆、南京图书馆、浙江图书馆、辽宁省图书馆、湖北省图书馆、福建省图书馆、西华师范大学图书馆藏）;《四库全书》本 ;《湖北丛书》本。

续诗传鸟名

清毛奇龄撰。

《四库全书总目》卷一六《经部十六·诗类二》:《续诗传鸟名》三卷，浙江巡抚采进本。国朝毛奇龄撰。奇龄作《毛诗续传》，以遭乱避仇佚之。后从邻人吴氏子得卷末《鸟名》一卷，与其门人莫春园、张文檒共缉缀之，衍为三卷。大意在续《毛诗》而正朱《传》。每条皆先列《集传》之文于前，而一一辨其得失。考训释《毛诗》草木虫鱼者，自吴陆玑以后，作者实繁。朱子作《诗集传》，大旨在发明美刺之旨，而名物训诂则其所略。奇龄此书，则惟以考证为主，故其说较详。惟恃其博辨，往往于朱《传》多所吹求，而所言亦不免于疏舛。如奇龄所作《毛诗》省篇既以《齐风·鸡鸣》为谗人，此书又用旧说，为贤妃之告旦，前后时相矛盾。鶨鷵之名桃虫，犹窃脂之名桑扈，原不因木而名。乃谓所栖所食，俱不在桃，以喙锐如锥，专剖苇中虫食之，谓之掏虫，掏、桃字通。尤杜撰无理。至于解“睍睆黄鸟”用毛苌旧训，于义本长，乃谓莺字从二目一八。其二目，离之一目。一八者，艮八之喙。又谓莺字从二火，离为目，目本离火。《尚书·洪范》伏传以五事之目属五行之火，莺首之戴两火，即莺之戴两目。此虽王安石之《字说》不穿凿至此矣。然大致引证赅洽，颇多有据。录而存之，以广考订，固不害于“多识”之义尔。

《八千卷楼书目》卷二《经部》:《续诗传鸟名》三卷，国朝毛奇龄撰。西河全集本、龙威秘书本、续经解本。

今按:《四库全书》本等。

诗经朱传翼

清孙承泽撰。

《经义考》卷一一七《诗二十》:孙承泽《诗经朱传翼》三十卷。存。

承泽自序曰:“昔朱子于《五经》皆有著述，散见于《语类》《文集》诸书，详细备具，而其成书，于《易》有《本义》，于《诗》有《集传》。《集传》力正毛氏之失，而不甚许可《诗记》，当时骇者半、信者半，故《集传》未大行于宋之世。至元季经学诸儒尊之、信之，明洪武初，元之宿儒多有存者，定科举之制，首重明经，经说兼主二三家，独《诗》主《集传》，不兼他说。永乐初，命儒臣修《五经大全》,《周易》并列《传义》,《诗经》独诠《集传》，若是乎其重也。故当时治《诗》者，师无异授，学有专门，毕力于六义之旨而《诗》明。迨嘉、隆而后，士习日趋新异，视《集传》仅为科举之书，盖《诗》在《五经》中与他经异，他经率以阐理道、纪政事、定诛赏，大经大法在焉,《诗》独本于日用，属于人情，取义于声韵之微，默寓夫劝惩之旨，大者载焉，小者载焉，贞者载焉，淫者载焉，盖不极乎事之变，不足以穷人之情。情者，性之用也，情至于穷而性见矣，故曰思无邪。思由情反性之路也，此圣人教人学《诗》之要，非谓《诗》尽无邪也。毛氏不达其解，而曰‘《变风》发乎情，止乎礼义。’夫止乎礼义，固亦有之，然岂皆止乎礼义者哉？操说如此，故篇篇必求止子礼义，穿凿迂滞而不通。惟其穿凿，故嗜奇者喜焉，反以《集传》为庸常无味，有由然也。余注《诗》有年，凡三易稿，始取《小序》与朱子之说并立每篇之首，定其是非，通章大义业已了然，又就《集传》略为推衍以畅其旨，俾学者观《小序》之说如是，朱子之说如是，上合之于经文，固有不费辞说，洞然于心而无疑者矣。嗟乎，《五经》皆以垂教，圣人于《诗》尤谆谆焉。乃三百篇之旨，一夫障之，千有余岁不明于天下。昔王辅嗣以弃象之说乱《易》，范宁斥之，谓罪深于桀、纣，毛氏之罪岂在辅嗣下？朱子辟之，厥功伟矣。故翼朱者，翼经也。”

按：退谷孙氏谓“毛氏之罪岂在辅嗣下”，毛氏较齐、鲁、韩三家诗最醇，故独传，其亦何罪之有？此由尊朱子之过也，未免失言矣。

《四库全书总目》卷一八《经部十八·诗类存目二》：《诗经朱传翼》三十卷，浙江吴玉墀家藏本。国朝孙承泽撰。承泽有《尚书集解》，已著录。承泽初附东林，继降闯贼，终乃入于国朝。自知为当代所轻，故末年讲学，惟假借朱子以为重。独此编说《诗》则以《小序》《集传》并列，而又杂引诸说之异同。窥其大意，似以《集传》为未惬，而又不肯讼言，故颟顸模棱，不置论断；纷纭糅乱，究莫名其指归。首鼠两端，斯之谓矣。

《文选楼藏书记》卷五：《诗经朱传翼》三十卷，国朝孙承泽述。刊本。是书纠举毛氏之失。

《问源楼书目初编》卷一中《经部》：《诗经朱传翼》三十卷，孙承泽撰，原刊本。

今按：清康熙十一年刻本（国家图书馆、故宫博物院图书馆、复旦大学图书馆藏）。

毛朱诗说

清阎若璩撰。

《四库全书总目》卷一八《经部十八·诗类存目二》：《毛朱诗说》一卷，通行本。国朝阎若璩撰。若璩有《古文尚书疏证》，已著录。是书论《小序》为不可尽信，而朱子以《诗》说《诗》为矫枉过正，皆泛论两家得失，非章句训诂也。所引《尚书》《左传》以为《诗》之本《序》，诚为确凿，其余则多悬揣臆断之词，不类若璩他著作。未喻其故也。

《郑堂读书记》卷八《经部五之上》:《毛朱诗说》一卷，昭代丛书本。国朝阎若璩撰。若璩，字百诗，号潜丘，山阳人，改归太原。康熙己未荐举博学宏词。《四库全书》存目。是书凡十九条，前有张山来潮题辞，称“阎百诗特取诸家之论毛、朱者，萃为一编，而定以己意，详说反约，不第可为读《诗》之助，即以此施之他经，亦无难得其所折衷矣。后有山来跋，而称其大半韪毛氏，然朱子之所长，亦不没之，且备载程篁墩之说，尤不可易”云云。其称道百诗之说善矣，然百诗之说，备见其所著《尚书古文疏证》五下，非萃为一编，如山来所云也。盖《疏证》诸条之后，往往衍及旁文，动盈卷帙，此亦其一。山来自以己意辑入《丛书》，亦无不可，特不肯明著其所出，反涉于作伪矣。又按《疏证》所载第十八条后幅尚有四十四行，此本不知何故尽行删去，岂山来所见之本尚无此四十四行，为百诗后来所增入耶?

《万卷精华楼藏书记》卷五《经部三》:《毛朱诗说》一卷，国朝阎若璩撰。抄本。从《昭代丛书》中录出，未见单行本。《诗小序》久而渐知其不妄也。反复详考，觉朱未尽非，毛未全是。至诗有不可解处，亦几与《春秋》等。盖《春秋》从鲁史来,朱子谓鲁史不传,不得深探圣人笔削之旨。余则谓《诗序》具载国史，国史不传，亦无由知是诗之何为而作。夫既不知何为而作，遂学分四家，家各一说。夫子时诗有定说，众所通晓，孟子时便不然。咸邱蒙不解《北山》之旨，妄摘其中四语以记“天子可得而臣父窃谓劳于王事”以下，即《北山》诗之序。毛说之可信，从国史来；其不信，杂出讲师之传授。故曰非一人作也。朱子攻毛《传》，正在讲师之传授。王阳明曰“诗非孔门之旧本”。

《八千卷楼书目》卷二《经部》:《毛朱诗说》一卷，国朝阎若璩撰。《昭代丛书》本。

今按:《昭代丛书》本(康熙刻、道光刻);《楚州丛书》本(民国刻);清抄本(复旦大学图书馆藏)。

诗蕴

清姜兆锡辑。

《四库全书总目》卷一八《经部十八・诗类存目二》:《诗蕴》四卷，浙江巡抚采进本。国朝姜兆锡撰。兆锡有《周易本义述蕴》，已著录。是书一以朱子《集传》为宗，力攻《小序》。至以伪子贡《诗传》、伪申培《诗说》同类而议，未免失于鉴别。于近代诸家之说，颇取李光地《诗所》。然惟合《集传》者始采之，稍有异同即为所汰。至于《木瓜》诸篇，知不能全泯旧说，则依违两可于其间，尤不免门户之见矣。

《文选楼藏书记》卷二：《诗蕴》四册。国朝举人姜兆锡辑。刊本。是书义宗朱子，专取《集传》与《序说》互异者，复为申辨，以究其蕴。间有辨及子贡《诗传》、申培《诗说》之处。

读诗遵朱近思录

清宋在诗撰。

《续修四库全书总目提要》第十五册：《读诗遵朱近思录》二卷，乾隆丙子刊本。清宋在诗撰。在诗字雅伯，安邑人，康熙辛丑进士，官至鸿胪寺少卿。是书首有在诗自序，以为"孔、曾、思、孟之说《诗》，不泥本旨，断章取义，偶指其一章一句，皆足为箴铭鉴戒。得此意，虽专守朱《传》而近思之可矣"。书之本旨盖如此。然所说往往溢于《诗》旨之外，则非说《诗》也。既以"遵朱"为题，则不能废"淫奔"之说。故于《郑风》，止取将仲子。又特采王鲁斋说，以为淫奔改行之诗，则非尽遵朱矣。要之，《诗》本无邪，兴观群怨，各有其义。徒作格言观之，则《诗》道太隘。即朱子注《诗》之旨，亦不如是耳。

今按：载于《埜柏先生类稿》（乾隆刻、道光刻）。

诗经集传拾遗

清吴德旋撰。

《八千卷楼书目》卷二《经部》：《诗经集传拾遗》二卷，国朝吴德旋撰。抄本。

《清史稿》卷一四五《艺文志一》：《诗经集传拾遗》二卷，吴德旋撰。

今按：清抄本（天津图书馆藏）。

朱子诗集传校勘记

清夏炘撰。

《清史稿》卷一四五《艺文志一》:《朱子诗集传校勘记》一卷。夏炘撰。

读诗集传随笔

清杨树椿撰。

《续修四库全书总目提要》第十四册 :《读诗集传随笔》一卷，光绪乙未刊损斋遗书本。清杨树椿撰。树椿有《读易随笔》已著录。是书颇有订正，其朱子原误者，如“吉日”条，解漆沮为洛水；“兔罝”条，仇叶渠九反；“南方之原”条，“原”下注“无韵未详”之类。其朱子原本不误，而坊本误者，如“汉广”条，“休思”作“休息”;“行苇”条，注“叶韵不谐”;“天作”条，“岨”作“徂”之类。又引《汇纂》一条,《桧传》“桓公”当为“武公”。方望溪二条,《绵》九章“四”“曰”字俱当作“日”。《旱麓》四章，前后义不相属，疑错简。俱可补《集传》所未及。

今按 :《损斋遗书》本（光绪刻）。

礼

古今家祭礼

宋朱熹集。

宋朱熹《跋古今家祭礼》: 右《古今家祭礼》，熹所纂次，凡十有六篇。盖人之生无不本乎祖者，故报本反始之心，凡有血气者之所不能无也。古之圣王因其所不能无者制为典礼，所以致其精神，笃其恩爱，有义有数，本末详焉。遭秦灭学，礼最先坏。由汉以来，诸儒继出，稍稍缀缉，仅存一二。以古今异便，风俗不同，虽有崇儒重道之君，知经好学之士，亦不得尽由古礼以复于三代之盛。其因时述作，随事讨论，以为一国一家之制者，固未必皆得先王义起之意。然其存于今者，亦无几矣。惜其散脱残落，将遂泯没于无闻，因窃搜辑叙次，合为一篇，以便观览，庶其可传于后。然皆无杂本可参校，往往缺误不可晓知。虽《通典》《唐书》，博士官旧藏版本，亦不足据，则他固可知已。诸家之书，如荀氏、徐畅、孟冯翊、周元阳、孟诜、徐润、孙日周等仪，有录而未见者尚多有之。有能采集附益，并得善本通校而广传之，庶几见闻有所兴起，相与损益折中，共成礼俗。于以上助圣朝敦化导民之意，顾不美哉。淳熙元年五月戊戌新安朱熹谨识。《晦庵先生朱文公文集》卷八一。

《直斋书录解题》卷六《礼注类》:《古今家祭礼》二十卷。朱熹集《通典》《会要》所载，以及唐、本朝诸家祭礼皆在焉。

《宋史》卷二〇四《艺文志三》: 朱熹《二十家古今祭礼》二卷。

《文献通考》卷一八八《经籍考十五》:《古今家祭礼》二十卷。陈氏曰："朱熹集《通典》《会要》所载，以及唐、本朝诸家祭礼皆在焉。"

《国史经籍志》卷三《史类》:《古今家祭礼》二十卷。朱熹。

四家礼范

宋张栻、朱熹集。

《直斋书录解题》卷六《礼注类》:《四家礼范》五卷。张栻、朱熹所集司马、程、张、吕氏诸家，而建安刘珙刻于金陵。

《宋史》卷二〇四《艺文志三》:《四家礼范》五卷。

《文献通考》卷一八八《经籍考十五》:《四家礼范》五卷。陈氏曰："张栻、朱熹所集司马、程、张、吕氏诸家，而建安刘珙刻于金陵。"

释奠仪式

宋朱熹撰。

《宋史》卷二〇四《艺文志三》: 朱熹《释奠仪式》一卷。

仪礼图

宋朱熹撰。

《文渊阁书目》卷二：朱子《仪礼图》一部四册，完全。朱子《仪礼图》一部五册。朱子《仪礼图》一部六册,完全。朱子《仪礼图疏》一部十册,完全。

三礼考注

宋朱熹撰。

《徐氏家藏书目》卷一《经部》:《三礼考注》三十三卷，朱子。

又:《三礼考注》三十三卷。朱子。

乡射疑误

宋朱熹撰。

《经义考》卷一三五《仪礼六》: 朱子熹《乡射疑误》。

明堂图说

宋朱熹撰。

《经义考》卷一四七《礼记十》: 朱子熹《明堂图说》一卷。存。

壶说

宋朱熹撰。

《经义考》卷一四七《礼记十》: 朱子熹《壶说》一篇。存。

井田类说

宋朱熹撰。

《经义考》卷一四八《礼记十一》: 朱子熹《井田类说》一篇。存。

深衣制度

宋朱熹撰。

《经义考》卷一五〇《礼记十三》：朱子熹《深衣制度》一卷。存。

释官

宋朱熹撰。

《问源楼书目初编》卷一中《经部》：《释官》一卷，旧本题朱子撰，周氏刊本。

仪礼经传通解

宋朱熹、黄榦编集。

宋王佖《宝祐癸丑刊仪礼经传通解序》：礼也者，天理之节文，人事之仪则也。国有乎礼，则天地以之正，人神以之叙；人有乎礼，则纲常以之定，伦理以之明，而后品章名义等降隆杀有所措。不然，国而无礼，则国不能以自存；人而无礼，则人不能以自立。有若诗人所赋“生不如死”之言，则礼之为用大矣，讵可一日缺欤？然四德之宝根于人心者固无存亡，而寓于典章者则有兴废。盖自夫子之时，已兴“礼坏乐崩”之叹，犹幸传录之或存。至秦火既毁，典籍遗逸，自汉以来放失尤甚。《仪礼》五十八篇而仅存十七，制度文义特出于大戴氏、小戴氏之口。虽有《周礼》一书，只存其纲领，莫究于仪法品数，且已缺其《冬官》。自是以后，日深日远。并与礼文亦不复讲，上下相承，徒存绵蕝土苴之粗，孰识本制末度之详、大经小目之密？虽有三千三百之名，莫明本然之妙矣。逮至国朝，始立《三礼》之科。应者虽少，然尚有能推究古昔，考求义训，虽不可尽复于既往，犹可以存古于将来。而荆国王氏并以其科而废之，于是泯泯棼棼，反以仪则为可厌、简便为得体，且谓古礼不可行于今矣，岂不重可叹欤？此紫阳朱子所以慨然有意纂辑，以晓天下之耳目。尝于经筵奏疏，愿置局集生员而讨论之，以存礼学于不坠，而待制作于将来。会以惎闲不果遂，而朱子退居燕闲，姑自粹录，分吉、凶、军、宾、嘉五礼而条目粲然。仅成三礼而犹有未脱稿者，不幸天萎哲人，遽成梦奠，犹卷卷嘱于门人，意尚未忍忘如此。嘉定间，嗣子侍郎公在方刻之南康郡学。后来勉斋黄公续成《丧》《祭》二礼亦并刻焉，而书监竟取之以去。曾几何年，字画漫漶，几不可读。识者病之，盖惧此书之无传也。佖乘轺东江，困敏本司发下之券尚存，遂即筹度命工重刻。爰首咨于堂长饶伯舆甫，总契所怀，议以允协，且辍餐余镪以助。遂嘱其事于教官丁君抑，而任其雠校于洞学之善士，邦侯傃轩赵公希悦亦佐其费，复斡旋本司所有以添给之。志意既同，始克有成。乃就置其板于书院，庶几藏之名山，或免湮坠。其经之营之，亦甚艰矣。然朱子所成三礼止二十余秩，而勉斋所续则又倍之，厥后信斋杨君始删其《祭礼》之繁复，稍为明净。今《丧礼》则用勉斋所纂，《祭礼》则用信斋所修，且使六艺之废缺者庶乎可备，朱子平日之盛心庶乎可伸矣！又闻朱子尝考其因革者，定六篇以示讲行之方，旋以议礼为嫌，遂竟焚去，而独有《天子之礼》一篇尚存于集者，可以概见。异时或欲有所取法，则执此以往，端有待于后之君子云尔。宝祐癸丑冬日南至后学金华王佖端拜敬书。天一阁明抄本卷首。

宋丁抑《宝祐癸丑刊仪礼经传通解序》：天高地下，而礼行乎其中。是礼也根于一心，散诸三纲五常，流行乎百千万世。人而无礼，何以戴履于天地间？盖自伯夷之典不存，周公之经制寝灭，三千三百之仪名虽仅存而实则亡矣。火德中天，文明开运。紫阳朱夫子以斯文自任，悯五礼之寖隳，退自经筵，极力编纂。天理之节文，人事之仪则，胪分彪列，昭如日星，盖欲觉天下而开人心也。奈何三礼之稿甫就而两楹之梦已形，勉斋黄公、信斋杨君缉详刑江左，成《丧》《祭》二书，而五礼之书始秩然而大备。朱子垂教之盛心，至是可无遗憾矣。虽然，不寿诸梓，无以广其传，朱子之心犹未白于天下后世也。敬岩王先生详刑江左，薄书狱讼之暇，首以是书为急，岂非以刑者辅治之法，礼者出治之本。刑能使人远罪而已，礼有以使民日迁善而不自知。三复朱子之言，此敬岩所以拳拳而不容已。一日贻书嘱抑曰："《仪礼》一书，文公平生精力尽在于此。虽《丧》《祭》二礼成于门弟子之手，然皆定于师友平日之讲论。昔板康庐，今归秘府，吾欲掇餐之余，补遗书之缺，子其为我程督之。"抑虽晚学，奚敢不力。于是择乡国之通儒雠校其舛讹，命庠术之端士董正其工役。始于癸丑之仲春，成于甲寅之季夏。纲目详备，篇帙整明，使一代巨典复为藏山之秘宝。自非羽翼斯文，惠顾后学，心考亭不止者，念不到此。昔昌黎韩公读《仪礼》，谓文王、周公法制尽萃此书，恨不得进退揖逊于其闲。愚何幸，获观文公之遗教而无昌黎之遗恨云。是年闰月旦日门人迪功郎南康军军学教授丁抑端拜敬书。天一阁明抄本卷首。

宋谢章《宝祐癸丑刊仪礼经传通解序》：贰卿久轩蔡先生曩持节江左，尝以俸余二万楮遗白鹿，买田以助公养。历年久未遂，敬岩王公乃移刊《三礼》书。呜呼！礼之于人，犹桑麻菽粟之为养，日用饮食，胡可顷刻废？久轩买田之初心，所以养其身也；敬岩刊书之盛心，所以养其心也。章侍书堂，适际书成，庸志颠末，庶览者知流之源、知叶之根云。是岁重九日后学昆山谢章拜手谨书。录自天一阁明抄本卷首。

元熊禾《刊仪礼经传通解》：窃见《仪礼》为六经之一，乃周公所作，孔子所定。元有三百三千之目，至汉仅存一十七篇。大小《戴记》，不过如《春秋》之左氏、公、谷，乃其传耳。自王安石废罢《仪礼》，但以小戴设科，与五经并行。自是学者更不知有《仪礼》之书。岂非宇宙间一大欠事？我文公晚年始为《经传通解》一书，自家乡以至邦国王朝，凡礼之大纲细目，靡不具载。历门人勉斋黄氏、信斋杨氏，三世始克成书。旧有刊本，兵烬之后，板帙散亡。兼元刊印系初本，所纂注疏语颇伤繁。后信斋杨氏为之图解，又复过略。而文公初志，欲将《通典》及诸史志会要等书，与夫开元、天宝、政和礼斟酌损益，以为百王不易之大法，而志则未遂。今得考亭诸名儒参校订定墨本，拟就书坊板行，以便流布。仍于所补《仪礼》各卷篇目之下，参以历代沿革之制，及关洛以来诸儒折衷之说。酌古准今，损文就质，辑为《仪礼外传》，以附其后。或可继儒先所未毕之志，仰裨昭代制作之万一。其于风化，亦非小补。惟是力不逮志，非藉巨力，曷臻于成？是用具启，仰干当路元公巨人，伏望主盟，此是复三代典礼，补六经缺遗。上为先圣先师，下为苍生来世，千载事业，幸勿多辞。孔孟以来，历千载有余，而道始续。汉唐而下，亡六经之一，而世不知。盖《仪礼》具列三千，而篇目仅存十七，岂有损周公制作之大典，而尊信掇拾之余篇？居然为经，遂以行世。洙泗之道，未坠于地。荆公之罪，上通于天。恭惟朱晦庵起自南服，搜举帝王坠绪，辑成经传完书，家乡邦国，始于朝廷，靡所不载。天子公卿，下至士庶，期于可行。犹欲酌古今之宜，尽天地之变，定百王之不易，幸万世于方来。

书虽渐完，志则谁继？不量微力，每抱苦心。窃惟礼坏乐湮，必至纲沦法斁。幸当书文大同之世，何可天下不识此书？非亟刊行，日遂湮没。用白之先圣，告我同盟，但得当世学习者多，亦为明时制作之助。颜渊氏问夏时乐韶舞，“道将行也与？”韩宣子见《易象》《鲁春秋》，“礼尽在是矣”。便补六经缺典，伫看三代太平。《勿轩集》卷六。

明刘瑞《仪礼经传通解序》：晦庵先生子朱子尝欲请于朝修《三礼》，言不果用，晚乃著《仪礼经传通解》。始《家礼》，次《乡礼》，次《学礼》，次《邦国礼》，而《王朝礼》终焉。凡四十七卷，视初论少异，盖自成一家言矣。书未就，先生告终，《丧》《祭》二礼则成于勉斋黄氏，视其规模次第，授于先生者也，为卷凡二十有七。嗟乎！自古天下国家化成礼乐，然未有盛于周者也。《三礼》残缺之余，犹想见一二。汉、晋而下千余岁，代有作者，然非其人，莫之能与也。至周、程、张四君子贤先生出，而帝王之道复明，礼乐可兴矣，然非其时也。抑独先生有是书，又不克成焉，岂非天哉，岂非天哉！书刻于南京国子监，卷帙浩繁，点画漫漶，士大夫非惟不之读，识其名者或寡矣。瑞窃叹曰：斯礼也，制作之宜，古今之变略备矣。后圣有作，将取而折衷焉。今与其弃也，无宁先识大义，而后讲贯其精奥乎？乃命教授陈垐、教授粘灿、王士和督诸生手录经传。雠校既定，出赎金付杭郡曹推官山刻焉。逾年毕工，山之劳著矣。以书来，愿有序也，敬题其端，俾天下后世志于礼者有考也。正德辛巳春三月望日生学西蜀刘瑞序。明正德辛巳刊本。

清陈世倌《仪礼经传通解序》：余昔系京师，及门于生振翀以《道统渊源》一编寄余，乃古绛梁君启后尊人所赞述也。退食余暇，从容寻绎，窃叹古今正学相传，如山有岱，如水归海，千古道脉萃于是矣。年来息影衡庐，精力销耗，久绝文字因缘，而梁君不远数千里，特携所刻朱子《仪礼经传通解》定本就正于余。余惟圣人之道蟠乎天而际乎地者，非空虚辽廓，无可指名也。万物芸生于天地间，非道无以长养而成遂之。而长养成遂者，亦非虚渺无凭也。圣人因人性而制礼，极之三百三千而无一节之不备，天下之人率而由之，乃得各全其生、各保其命，而不至相争相害于其间。故记曰：有礼则生，无礼则死。道之发育万物者，皆礼为之弥纶布濩。而人在道中，犹鱼在水中，道不可须臾离，礼不可须臾去也。昔者周公作周礼，以建王道之规模，而其仪法度数备于《仪礼》一书，与《周官》相为经纬，正伦理，定太平，先圣之神明寓焉。自遭秦火，经汉晋诸儒补辑，卒无全书。迨宋朱子成《经传通解》二十三卷，《家》《乡》《邦国》《王朝》之礼已备，而《丧》《祭》二门，属之勉斋黄氏。甫属草而黄氏殁，其间注疏与经义相谬戾及挂漏者不胜偻指。梁君本其尊人遗稿，复加讨论编次，朱墨咿嚘中，搜罗宏富，决择精严，竭数十年之力，凡三脱稿而后成，洵可谓先圣之功臣，紫阳之嫡派矣。余因是重有感焉。丙辰之秋，亡友方望溪先生以所著《周官余论》《周官辨》《仪礼或问》属余订正。戊辰冬，复惓惓致书云："修明绝业，后死攸赖，公亦宜早为料理。"殆以余为差足语此者。无何，而老成凋谢，遗墨犹新。今读是书中，望溪先生之遗说多采录焉。顾余浮沉南北，素发被领，迄无一就。梁君乃克承先志，使先圣损益三代之制灿然复明于天下后世。而礼以载道，道以统礼，宜乎《道统渊源》，梁氏世敬承之。是梁君可无负于望溪，余独长负良友于地下，能无对梁君而汗下乎？因答梁君之请而并志余愧云。时乾隆十五年岁次庚午仲夏之朔，年家眷弟海宁陈世倌书于澄怀睹道斋。清乾隆癸酉刊本。

清雷鋐《仪礼经传通解序》：礼经散亡，《周官》《仪礼》，其幸存者也，二经皆出周公之手。《周官》浩衍宏博，兼体万物，然所举乃一代之官职，其统纪易明而义蕴可窥寻也。若《仪礼》十七篇，则复斋杨氏有云："其义密，其辞严，骤而读之，如登泰华、临沧溟，望其峻深，既前且却。"夫周公之为此，岂徒以困苦天下后世之学者哉？盖天之生人，畀以五常之性，授以官骸之能，位以人伦之秩序，固超然异于群生矣。而非圣人有作，犹未知所以自别于禽兽，于是冠昏丧祭、射乡朝聘之礼起焉。乃至一动作、一揖让，咸肃然与以范围，如师保之临、帝天之鉴，则所以起教于微渺，而维人道之防者，何其至也！去圣逾远，煨烬之余，不见先王之大全。其幸存者，汉唐诸儒又徒辨析于名物度数之末，而精意所在，莫之或究，此经所以虽存而若亡也。朱子起而慨然以为前贤常患《仪礼》难读，乃经不分章，纪不虽经之故，爰合《戴记》而作《仪礼经传通解》，条分缕析，俾览者依文考义，皆犁然有当于心而不失乎古作者之意，非千载之厚幸欤？晋阳梁君统一，笃学好古士也。读书遇有疑义，辄沉潜绵绎，求其至当乃止。平生尤嗜礼家言，而肆力于是经久之，迭出互证，多得前儒所未发。尝取诸家注疏详加择别，间以己意补其缺略，规模一以朱子之书为宗。草创未就而殁，其子裕厚痛先志之未终，而业之不可不卒也，乃招致白下翁丈止园共事讨论。既脱稿，即邮致京师，就正于先师望溪先生。时先生方勤于公，虽心善其书，未遑点定，因指授意旨，属余参校以归之。岁庚午，裕厚携其稿适金陵，将授诸梓，以余尝与闻颠末，先期为书，以请序于余。余惟十七篇之在今日，虽经大儒发明，而学士弗以传习，浅者疑为非所当务。梁君穷年矻矻，屏弃俗尚，以从事于世人所不为，非生长古圣贤之乡而渐被流风余韵何以臻此？裕厚能续厥志，又虚心商榷，以归粹精，有足多者。是书之出，不独羽翼儒先，而梁氏之世济其美，其亦可风也夫！乾隆庚午仲春间中协铉撰。清乾隆癸酉刊本。

清梁开宗《仪礼经传通解序》：愚少侍先君子侧，见案头置朱子《仪礼经传》，探索不辍，尝喟然曰："此朱子晚年所著之书，一生学力具焉。惜未及成，命勉斋黄先生续之，草具甫就，而先生殁。故此书虽规模宏整，义法精严，而按论之外，其注疏与经义未合者尚多。吾集诸家之成说，体会子朱子之意，录吾所心得者若干条，欲以辅前贤而迪后学也。吾老矣，他日汝能成吾志否？"愚谨识不敢忘。追读《礼》时，又得李子潜先生考补原本阅之，先生盖深心此书，素与先君子讨论者。愚合而细参之，觉注疏与经义固多歧出，又有采取遗漏当补入者，有疏重复当删者，有考订的确当移易者。思删正而重刊之，以继先君子之志。惧学未逮姑止，然终不能忘诸怀也。及入都谒江左方灵皋先生，谈及此，先生曰："予蓄此心久矣，奈未暇。《仪礼》惟敖氏解为最长，近朱高安先生亦有订本。予尝著《礼记析疑》《丧服或问》，未经问世，子携之以备参考。"归同李武安先生潜心研究，探讨有年，惟求合子朱子之意旨，以续先君子未了之志。窃欲就正，未遑也。过金陵，访翁止园先生，与之详细辩论，反复校正，凡三脱稿而此书乃成。噫！此书卷帙浩繁，动辄经岁，而义理至精微，即殚厥心，安能一一尽合？尚望有道君子披阅而教正焉，俾无获罪于前贤而有以加惠后学，愚亦庶几告成事于先君子矣。乾隆三年上澣古绛梁开宗谨识。

《仪礼》，周公治天下之书也，惜所存止十七篇。考亭朱子辑《经传通解》，凡邦国朝庙典则靡不详备严整，学者当视为布帛菽粟，不可斯须离焉。缘设科专用《礼记》，故目此书写不近时务，鲜有读者。而又卷帙浩繁，学者每苦难涉猎。炽生也晚，未及见先大父殚精研究，第侍家大人侧，见其惟日孜孜，与诸友讲论参订，寒暑罔辍，勉成先大父遗意。向为三礼馆征收。炽等缮录之余，弥觉切于安上全下，非可目为不近时务者，负大圣大贤苦衷。今刊已告竣，家大人命列共事此书者前后百余人，历数十年，其功盖亦匪细云。乾隆十八年夏五月梁思炽谨识。清乾隆癸酉刊本。

清贺瑞麟《仪礼经传通解序》:《六经》，万世之书也，惟孔子为能删定，惟朱子为能注解。《四书》有《章句集注》,《诗》有《集传》,《易》有《本义》,《书》与《春秋》虽未著为成书，然传授讨论固已得其大旨。至于《三礼》，则尝欲具奏乞修而未果，六十七岁乃为《仪礼经传通解》一书，旧名《集传集注》，晚始新定今名。分成众手，未及删改。《丧》《祭》二礼，又属之门人勉斋黄氏。朱子盖惓惓于是书者亦可谓至矣。其季子在尝为之跋，而当时刊行一仍其旧，不敢一字增易，盖慎之也。自制举之业兴，惟《礼记》著为功令，往往因陋就简，不究其源流本末之故，则是书且束之高阁，知者鲜矣。夫朱子绍道统之传，发明圣贤义蕴，功莫大于诸经。一二未备识者，犹以为千古遗憾，幸而礼书有此，即补葺稍有缺遗，而规模次第、纲领条目，秩然灿然，三百三千，观会通以行典礼者，咸于是乎在，则诚万世不可少之书。学者不欲明天理之节文，求人事之仪则，修己治人，以复古为心则已，苟不安世俗之浅近，而欲窥古圣人制作之精意，立大本，行远道，继绝学，开太平，舍是书何以哉？朱子而后，礼学久废，国朝《三礼》独越前古名儒。如江慎修之《礼书纲目》、秦蕙田之《五礼通考》，煌煌大著，要皆以是书为蓝本。然则朱子原书岂不尤可宝贵？兹刻但为便于讲习，略有增添，或缺文讹字亦皆考据诸本补正，然必著明，不敢疑误后人、僭改前书。当时诸生分校，今各详记卷后，观者其亦谅其用心也哉！光绪壬辰十一月既望三原贺瑞麟谨识。清光绪壬辰刊本。

宋朱在《仪礼经传通解目录跋》:右先君所著《家礼》五卷,《乡礼》三卷,《学礼》十一卷,《邦国礼》四卷,《王朝礼》十四卷，今刊于南康道院。其曰《经传通解》者，凡二十三卷，盖先君晚岁之所亲定，是为绝笔之书。次第具见于目录。惟《书数》一篇缺而未补，而《大射礼》《聘礼》《公侯大夫礼》《诸侯相朝礼》八篇，则犹未脱稿也。其曰《集传集注》者，此书之旧名也，凡十四卷，为《王朝礼》而下,《卜筮》篇亦缺。余则先君所草定而未暇删改者也。今皆不敢有所增益，悉从其稿。至于《丧》《祭》二礼，则尝以规摹次第属之门人黄榦，俾之类次，他日书成，亦当相从于此，庶几此书始末具备。顾念先君早岁即尝有志于是书，比在经筵，尝具奏欲请于朝，乞招致生徒，置局编次，而不果上。然其著述之旨意，具存此篇。今谨缮录如右，读者当有以识其心之所存矣。礼缺乐坏，千有余年，今幸讨论，粗见端绪，而天不假之年，使不究竟其大全。而所就者止此，呜呼已矣！其可为千古之恨也夫！嘉定丁丑八月甲子孤在泣血谨记。《新安文献志》卷二三。

清赵炳麟《读朱子仪礼经传通解书后》：礼古经有《学礼篇》，见《大戴》及贾谊《新书》，惜目存而文缺。三代上国无异政，人无异学，自乡党以至王朝，皆有常典，所谓“礼仪三百、威仪三千”是也。大史执之以莅事，小史读之以喻众，乡大夫受之以教万民，保氏掌之以教国子，国舍此无以为政，人舍此无以为学。体乎人情，顺乎物理，家塾党庠术序国学，制有广狭，而其成德行道，艺则一也。古之人六岁知数与方名，七岁使男女异席。八岁入小学，讲习少仪，养其德性，俾知伦常威仪之则。十五入大学，举少时所知伦常威仪之事而躬行之，故曰“见大节焉，践大义焉”。大司徒首以知仁圣义中和教其德，次以孝友睦婣任恤教其行，次以礼乐射御书数教其艺。有德行者曰贤，有道艺者曰能，贤与能皆学成者也。学成然后献之王，王策命授之政，贤能无非取已所学者加诸民而已，此士大夫之学也。古之王者，太子乃生，固举以礼，使士负之，有司齐肃端冕，见之南郊，过缺则下，过庙则趋，是赤子时即以忠孝教之矣。稍长，师氏教以三德三行，用成国子之德行。保氏教以六艺六仪，用成国子之道艺。又复齿于四学，育于大司业，往来供奉皆择正人。迨学成而后为政，别贤佞，明利害，决是非，家国天下，处之各当，皆其学正而礼纯也。《记》云：“师也者，所以学为君也。”三王四代惟其师，此国子之学也。学无贵贱，无上下，自纲常之大至名物之微，总宜体诸躬行，不仅求之记问。故曰“大学之道，在明明德，在亲民，在止于至善”。又曰“自天子以至于庶人，壹是皆以修身为本”。古者君臣一德，政学同源，恃此尔。暴秦焚书，学礼殽浑，家为异说，人有卮言。在上者喜刑名法术之谈，目王道为迂阔；在下者务功利智巧之事，诋正学为空疏。学日非，政日杂，世风所以不古若也。朱子悯微言之将绝，集《仪礼经传通解》，创为“学礼”一门，补礼制之缺遗，折群言之嚣乱，自乡学以至国学，无不详其叙次、辨其节文。近而君臣父子之经，远而天地阴阳之气，寻原探本，释结解疑。而于保傅之法，尤深切著明，斟酌尽善，欲正君心以正万民也。真氏《大学衍义》即发挥《学礼》第十一之旨，用纳乎圣德，烈炳乎后人，夫岂垂空文以自见者哉！自宋以来，学礼多存而未用。程子云：“师学废而道德不一，乡射亡而礼义不兴。”

贤士不本于乡里，而行实不修；秀民不养于学校，而人才多废。傥有圣君贤相，取学礼而见诸施行，又损益变通，合乎时势，善身以善世，正己以正人，学政固一以贯之也。炳麟读朱子之书，慕朱子之志，尤深望有朱子其人者以讲明之，天下幸甚，吾道幸甚！此跋于庚子二月撰，以上东海徐师者也。时东海授大阿哥溥儁读，欲讽东海教以忠孝，俾阿哥调和两宫之间，而因求修身治世之实学，则宫廷无猜忌，而祸乱庶几少弭。东海素宗程朱，故以朱子书讽之。《朱子全书》第二十七册《序跋》。

《读书附志》卷上《仪注类》：《仪礼经传通解》续卷《祭礼》十四卷。右朱文公编集，而丧、祭二《礼》未就，属之勉斋先生。勉斋既成《丧礼》，而《祭礼》未就，又属之杨信斋。信斋据二先生稿本，参以旧闻，定为十四卷，为门八十一。郑逢辰为江西仓曹，进其本于朝。信斋，福州人，名复，字茂才。书既奏，赠文林郎。

《直斋书录解题》卷二《礼类》：《古礼经传通解》二十三卷、《集传集注》十四卷。朱熹撰。以古十七篇为主而取大小《戴礼》及他书传所载系于礼者附入之。二十三卷已成书，缺《书数》一篇。其十四卷草定未删改，曰《集传集注》者，盖此书初名也。其子在刻之南康，一切仍其旧云。

《玉海艺文校证》卷五《三礼》：《古礼经传通解》。朱文公熹以《仪礼》为经，取《礼记》及诸经史书所载，附本经之下，具列注疏诸儒之说，为《经传通解》二十三卷。《家礼》五、《乡礼》三、《学礼》十一、《邦国礼》四。《集传集注》十四卷。《王朝礼》十四。《丧》《祭》二礼属之门人黄榦类次。黄榦集丧、祭礼为《仪礼通解》续二十九卷。文公曰："《周官》一书，固为礼之纲领，至仪法度数，《仪礼》乃其本经，而《礼记·郊特牲》《冠义》等篇乃其义疏。

《小学绀珠》卷四《艺文类》：《仪礼经传通解》。朱文公以《仪礼》为经，取《礼记》及诸经史书所载附本经之下，具列注疏诸儒之说，为《经传通解》二十三卷，《家礼》五、《乡礼》三、《学礼》十一、《邦国礼》四；集传集注十四卷，《王朝礼》十四。《丧》《祭》二礼属之门人黄榦类次。

《宋史》卷二〇二《艺文志一》：朱熹《仪礼经传通解》二十三卷。

《文献通考》卷一八〇《经籍考七》：《古礼经传通解》二十三卷，《集传集注》十四卷。陈氏曰："朱熹撰。以古十七篇为主，而取大小《戴》及他书传所载系于礼者附入之。二十三卷已成书，缺《书数》一篇。其十四卷草定，未删改，曰《集传集注》云者，盖此书初名也。其子在刻之南康，一切仍其旧云。”《中兴艺文志》：“熹书为《家礼》三卷、《乡礼》三卷、《学礼》十一卷、《邦国礼》四卷、《王朝礼》十四卷。其曰《仪礼经传通解》者，凡二十三卷，熹晚岁所亲定，惟《书数》一篇缺而未补。其曰《仪礼集传集注》者，即此书旧名，凡十四卷，为《王朝礼》，而《卜筮篇》亦缺。熹所草定，未及删改。”《朱子语录》曰：“《仪礼》，礼之根本，而《礼记》乃其枝叶。《礼记》本秦汉上下诸儒解释《仪礼》之书，又有他书附益于其间。今欲定作一书，先以《仪礼》篇目置于前，而附《礼记》于其后。如《射礼》则附以《射义》，似此类已得二十余篇。若其余《曲礼》《少仪》，又自作一项，而以类相从。若《疏》中有说制度处，亦当采取以益之。”“《礼书》异时必有两本，其据《周礼》，分经传，不多取《国语》杂书迂僻蔓衍之说者，吾书也。其黜《周礼》，使事无统纪；合经传，使书无间别；多取《国语》杂记之书，使传者疑而习者蔽，非吾书也。”《答应仁仲书》曰：“前贤常患《仪礼》难读，以今观之，只是经不分章，记不随经，而注疏各为一书，故使读者不能遽晓。今定此本，尽去诸弊，恨不得令韩文公见之也。”先公曰：“愚按记不随经，注疏各为一书，读者不能遽晓，此犹古《易》之《彖》《象》《文言》《系辞》各自为书，郑康成所以欲省学者两读，而为今《易》也。文公于《礼》书之离者合之，于《易》书之合者离之，是亦学者所当知也。”

《文渊阁书目》卷二：《仪礼经传通解》一部一百册。《仪礼经传通解》一部一百册。《仪礼经传通解》一部一百册。《仪礼经传通解》一部三十四册。《仪礼经传通解续》一部三十册。《仪礼经传通解续》一部六册。

《天一阁书目》卷一之二《经部》：《仪礼经传通解》二十三卷《续解》二十九卷朱丝栏抄本。宋朱文公熹撰。宝祐癸丑金华王佖序，丁抑序，昆山谢章序，朱夫子男朱在序。

《徐氏家藏书目》卷一《经部》：《仪礼经传续仪礼》六十六卷。朱子。

《国史经籍志》卷二《经类》：《仪礼经传通释》二十三卷。朱熹。

《文渊阁书目》卷一：《仪礼经传通解》一部一百册。《仪礼经传通解》一部一百册。《仪礼经传通解》一部一百册。《仪礼经传通解》一部三十四册。

明黄佐《南雍志·经籍考》：《仪礼经传通解》三十五本。

又：《仪礼经传通解》三十五本。多缺篇。

又：《仪礼经传通解》二十三卷，好板三百二十面，坏板四百六十面。

又：《仪礼经传通解》卷，朱熹所编。以《仪礼》十七篇为主，而取记传，凡系于礼者附入之为传。《家礼》三卷，《乡礼》三卷，《学礼》十一卷，《邦国礼》四卷，《王朝礼》十四卷，名曰《仪礼经传通解》。内缺《书数》篇，及《卜筮》篇失。今欲以《周礼》大宗伯所载为总纲，而凡经传所有，去其泛文，类为逸经，如吴澄所取《公符》等篇补之，庶不混杂。

《绛云楼书目》卷一《礼类》：《仪礼通解》。四十五册朱子。

《奕庆藏书楼书目》经之六《礼》：《仪礼经传》。三十七卷，乙套，五本，宋朱熹集注。

《楝亭书目》：《仪礼经传正续》。宋文公朱熹编，勉斋黄榦续，张宓、杨复、陈宓序。

《经义考》卷一三二《仪礼三》：朱子熹《仪礼经传通解》。《宋志》：二十三卷。存。

朱子曰："《仪礼》是经，《礼记》是解《仪礼》。且如《仪礼》有《冠礼》，《礼记》便有《冠义》；《仪礼》有《昏礼》，《礼记》便有《昏义》。以至燕、射之礼，莫不皆然。盖《仪礼》，礼之根本，而《礼记》乃其枝叶。《礼记》本秦汉上下诸儒解释《仪礼》之书，又有他说附益于其间。今定作一书，先以《仪礼》篇目置于前，而附《礼记》于其后，如《射礼》则附以《射义》之类，若其余《曲礼》《少仪》，又自作一项，以类相从。前贤尝谓《仪礼》难读，以经不分章，记不随经，而注疏各为一书，故读者不能遽晓。今订此本，尽去诸弊，恨不得令韩文公见之。"

又《乞修三礼札子》曰："臣闻之《六经》之道同归，而《礼》《乐》之用为急，遭秦灭学，《礼》《乐》先坏，汉晋以来，诸儒补缉，竟无全书，其颇存者，《三礼》而已。《周官》一书，固为《礼》之纲领，至其仪法度数，则《仪礼》乃其本经，而《礼记》'郊特牲''冠义'等篇，乃其义疏耳。前此犹有三礼、通礼学究诸科，《礼》虽不行，而士犹得以诵习而知其说。熙宁以来，王安石变乱旧制，废罢《仪礼》，而独存《礼记》之科，弃经任传，遗本宗末，其失已甚。而博士诸生，又不过诵其虚文，以供应举，至于其间，亦有因仪法制度之实而立文者，则咸幽冥，而莫知其源，一有大议，率用耳学臆断而已。若乃乐之为教，则又绝无师授，律尺短长，声音清浊，学士大夫莫有知其说者，而不知其为缺也。故臣顷在山林，尝与一二学者考订其说，欲以《仪礼》为经，而取《礼记》及诸经史杂书所载，有及于礼者，皆以附于本经之下，具列注疏诸儒之说，略有端绪，而私家无书检阅，无人抄写，久之未成。会蒙除用，学徒分散，遂不能就。而钟律之制，则士友间亦有得其遗意者，窃欲更加参考，别为一书，以补六艺之缺，而亦未能具也。欲望圣明特诏有司，许臣就秘书省关借《礼》《乐》诸书，自行招致旧日学徒十数人，踏逐空闲官屋数间，与之居处，令其编类，虽有官人，亦不系衔请俸，但乞逐月量支钱米，以给饮食、纸札、油烛之资，其抄写人，即乞下临安府差拨贴书二十余名，候结局日，量支犒设，别无推恩，则于公家无甚费用，而可以兴起废坠，垂之永久，使士知实学，异时可为圣朝之助，则斯文幸甚。”

子在跋曰：“右先君所著《家礼》五卷，《乡礼》三卷，《学礼》十一卷，《邦国礼》四卷，《王朝礼》十四卷，今刊于南康道院。其曰《经传通解》者，凡二十三卷，盖先君晚岁之所亲定，是为绝笔之书。次第具见于《目录》，惟《书数》一篇，缺而未补，而《大射礼》、《聘礼》、《公食大夫礼》、《诸侯相朝礼》八篇，则犹未脱稿也。其曰《集传集注》者，此书之旧名也。凡十四卷，为《王朝礼》而《卜筮篇》亦缺，余则先君所草定，而未暇删改者也。今皆不敢有所增益，悉从其稿。至于丧、祭二礼，则尝以规摹次第，属之门人黄榦，俾之类次，他日书成，亦当相从于此，庶几此书始末具备。顾念先君早岁即尝有志于是书，比在经筵，尝具奏，欲请于朝，乞招致生徒，置局编次，而不果上，然其著述之旨意，具存此篇。今谨缮录如右，读者当有以识其心之所存矣。礼缺乐坏，千有余年，今幸讨论粗见端绪，而天不假之年，使不克究其大全，而所就者止此，呜呼已矣！其可为千古之恨也夫！嘉定丁丑八月。”

《中兴艺文志》：“熹书为《家礼》三卷，《乡礼》三卷，《学礼》十一卷，《邦国礼》四卷，《王朝礼》十四卷，其曰《仪礼经传通解》者，凡二十三卷，熹晚岁所亲定。惟《书数》一篇，缺而未补。”

李方子曰：“先生以《仪礼》为经，而取《礼记》及诸经史书所载，有及于《礼》者，皆以附于本经之下，具列注疏诸儒之说，补其缺遗，而析其疑晦，虽书不克就，而宏纲大要固已举矣。”

祝穆曰：“文公所编《仪礼》，上篇：《士冠礼》《冠义》附、《士昏礼》《昏义》附、《士相见礼》、《乡饮酒礼》《乡饮酒义》附、《乡射礼》《射义附》、《燕礼》《燕义》附、《大射礼》、《聘礼》《聘义》附、《公食大夫礼》、《觐礼》。下篇:《丧服》《丧服小记》《大传》《服问》《间传》附、《士丧礼》、《既夕礼》、《士虞礼》《丧大记》《奔丧》《问丧》《曾子问》《檀弓附》、《特牲馈食礼》、《少牢馈食礼》。次以《礼记曲礼》《内则》《王藻》《少仪》《投壶》《深衣》为一类,《王制》《月令》《祭法》三篇为一类,《文王世子》《礼运》《礼器》《郊特牲》《明堂位》《大传》《乐记》七篇为一类,《经解》《哀公问》《仲尼燕居》《孔子闲居》《坊记》《儒行》六篇为一类,《学记》《中庸》《表记》《缁衣》《大学》五篇为一类,以问吕伯恭,后更详定。"

陈振孙曰:"《通解》以古十七篇为主,而取大、小戴及他书传所载系于礼者,附入之,二十三卷已成书,缺《书数》一篇。其十四卷草定未删改,曰《集传集注》云者,盖此书初名也,其子在刻之南康,一切仍其旧。"

王应麟曰:"文公以《仪礼》为经,取《礼记》及诸经史书所载,附本经之下,具列注疏诸儒之说,为《经传通解》二十三卷,丧、祭二礼属之门人黄榦类次。"

马廷鸾曰:"愚按:记不随经,注疏各为一书,读者不能遽晓,此犹古《易》之《彖》《象》《文言》《系辞》,各自为书,郑康成所以欲省学者两读,而为今《易》也。文公于《礼》书之离者合之,于《易》书之合者离之,是亦学者所当知也。"

熊禾《刊通解疏序》曰:"窃见《仪礼》为《六经》之一,乃周公所作,孔子所定,元有三百三千之目,至汉仅存一十七篇。大小《戴记》不过如《春秋》之《左氏》《公》《穀》,乃其《传》耳。自王安石废罢《仪礼》,但以《小戴》设科,与《五经》并行,自是学者更不知有《礼经》矣。文公晚年始为《经传通解》一书,自家、乡以至邦国、王朝,凡《礼》之大纲细目,靡不具载,历门人勉斋黄氏、信斋杨氏,三世始克成书,旧有刊本,兵烬之后,板帙散亡,兼初本所纂注疏,语颇伤繁,后信斋杨氏为之图解,又复过略。而文公初志,欲将《通典》及诸史志、会要等书,与夫开元、开宝、政和《礼》斟酌损益,以为百王不易之大法,而志则未遂。今得考亭诸名儒参校订定,墨本拟就书坊板行,以便流布,仍于所补《仪礼》各卷篇目之下,参以历代沿革之制,及关、洛以来,诸儒折衷之说,酌古准今,损文就质,辑为《仪礼外传》以附其后，庶可继先儒未毕之志，其于风教，亦非小补。”

吴师道曰：“以《三礼》论，则《周官》为纲，《仪礼》乃本经，而《礼记》诸篇，则其疏义，三者固有本末之相须而不可缺。是以子朱子慨然定为《仪礼经传通解集注》之书，未完者，门人又足成之，可谓《礼》书之大全，千古之盛典也。”

曾棨曰：“朱子絜《仪礼》正经，以提其纲，辑《周礼》《礼记》诸经有及于礼者，以补其缺，厘为家、乡、邦国、王朝之目，自天子至于庶人之礼，谓之《仪礼经传通解》，然亦未及精详。”

王鏊曰：“今经惟《礼》最繁乱，惜不一经朱子绪正。朱子尝欲以《仪礼》为经，《礼记》为传，经传相从，诚千古之特见也。若《士冠礼》则附以《冠义》，《士昏礼》附以《昏义》，《士相见礼》附以《士相见义》，《乡饮酒礼》附以《乡饮酒义》，《乡射礼》附以《乡射义》，《燕礼》附以《燕义》，《大射礼》附以《大射义》，《聘礼》附以《聘义》，《公食大夫礼》附以《公食大夫义》，《觐礼》附以《朝事》，如草庐所附亦得矣。然其余有不可附者，亦无如之何，姑循其旧而释之，庶不失古之义。朱子晚年注《仪礼经传》，始《家礼》，次《乡礼》，次《学礼》，次《邦国礼》，次《王朝礼》，秩然有序，可举而行。然其间杂引《大戴礼》《春秋内外传》《新序》《列女传》、贾谊《新书》《孔丛子》之流，杂合以成之，乃自为一书，非以释经也。至勉斋续丧、祭二礼，草庐《纂言》，割裂经文，某亦未敢从也。”

刘瑞序曰：“子朱子尝欲请于朝修《三礼》，札不果上，晚乃著《仪礼经传通解》，始《家礼》，次《乡礼》，次《学礼》，次《邦国礼》，而《王朝礼》终焉，凡四十七卷。视初论少异，盖自成一家言矣。书未就，先生告终，丧、祭二礼则成于勉斋黄氏，其规模次第，授于先生者也，为卷凡二十有七。书刻于南京国子监，卷帙浩繁，点画漫漶，士大夫非惟不之读，识其名者或寡矣。瑞窃叹曰：斯《礼》也，制作之宜，古今之变略备矣，后圣有作，将取而折衷焉。今与其弃也，无宁先识大义，而后讲贯其精奥乎！乃命教授陈垐等，督诸生手录经传，雠校付刻，俾天下后世志于《礼》者有考焉。”

按：朱子《仪礼经传通解》，一曰《家礼》：《士冠礼》第一，《冠义》第二，《士昏礼》第三，《昏义》第四，《内则》第五，《内治》第六，《五宗》第七，《亲属》第八。《内治》者，言人君内治之法；《五宗》者，言宗子之法，以治族人；《亲族》者，即《尔雅》之《释亲篇》，《白虎通义》所谓《亲属记》也。古无此三篇名，盖创为之。二曰《乡礼》：《士相见礼》第九，《士相见义》第十，《投壶》第十一，《乡饮酒礼》第十二，《乡饮酒义》第十三，《乡射礼》第十四，《乡射义》第十五。三曰《学礼》：《学制》第十六，《学义》第十七，《弟子职》第十八，《少仪》第十九，《曲礼》第二十，《臣礼》第二十一，《钟律》第二十二，《钟律义》第二十三，《诗乐》第二十四，《礼乐义》第二十五，《书数》第二十六，《学记》第二十七，《大学》第二十八，《中庸》第二十九，《保傅传》第三十，《践阼》第三十一，《五学》第三十二，《内学制》《学义》《臣礼》《钟律》《钟律义》《诗乐》《礼乐记》《书数》《保傅传》皆创名之，《弟子职》则取诸《管子》也。四曰《邦国礼》：《燕礼》第三十三，《燕义》第三十四，《大射礼》第三十五，《大射义》第三十六，《聘礼》第三十七，《聘义》第三十八，《公食大夫礼》第三十九，《公食大夫义》第四十，《诸侯相朝礼》第四十一，《诸侯相朝义》第四十二，皆沿古篇名，惟末二篇创为之。其《王朝礼》则别为《集传》：《觐礼》一，《朝事义》二，《历数》三，《卜筮》四，《夏小正》五，《月令》六，《乐制》七，《乐记》八，《王制》自甲至癸，凡十篇。

《也是园藏书目》卷一《经部》：《仪礼经传通解》二十二卷。

《读书敏求记》卷一《经》：《仪礼经传通解》二十三卷，《仪礼集传集注》十四卷。朱子谓六经之道同归，而礼乐之用为急，遭秦灭学，礼乐先坏，其颇存者三礼而已。《周官》一书，固为礼之纲领，至仪法度数，则《仪礼》乃其本经，而《礼记》郊、特牲、冠义等篇，乃其义疏耳。前此犹有三礼、通礼、学究诸科，士得以诵习而知其说。王安石变乱旧制，废《仪礼》而独存《礼记》之科，遗本宗末，其失已甚。因以《仪礼》为经，而取《礼记》及诸经史杂书所载，有及于礼者，皆附本经之下。具列注疏诸儒之说，撰《家礼》五、《乡礼》三、《学礼》十一、《邦国礼》四，共二十三卷，曰《仪礼经传通解》。王朝礼十四卷，曰《仪礼集传集注》，刊于南康道院。此书卷帙烦重，脱误弘多。独此本逐一补录完，罕有错简脱字，今之藏书家，恐未必细心缉订如此也。

《竹垞行笈书目》“数”字号：《仪礼经传通解》十本。

《传是楼书目·经部》：宋朱熹《仪礼经传通解》三十七卷。

《培林堂书目·经部》：《仪礼经传》三十七卷，又《仪礼续解》二十九卷，共八册，正德年校。

《好古堂书目·经部》:《仪礼经传通解》《集传集注》三十七卷，宋朱熹；《续解》二十九卷，宋黄榦。十八本。

《怡府书目》五十六号:《仪礼经传通解》，二套，计二十本。

《怡府书目》二百四十九号:《仪礼经传通解》，二套，计二十四本。

《知圣道斋书目》卷一《经部》:《仪礼经传通解》，宋朱子、黄榦，十六本。

《拜经楼书目·经部》:《仪礼经传通解》六十六卷，十八本。朱子弟子长乐黄榦辑文公之书。原缺《丧》《祭》二门，尝以规模次第属黄榦为之，榦因本师意而续焉。《丧礼》十五卷，榦所修定。其《祭礼》有稿本，未及删正，杨氏复又参以所闻，搜经摭传，重加更定，厘为十四卷，始合成编。

《天禄琳琅书目后编》卷八《元版经部》:《仪礼经传通解》，二函十二册。宋朱熹撰。书三十七卷，《家礼》六，《乡礼》四，《学礼》十五，《邦国礼》五，《王朝礼》十四。前有嘉定癸未张虙识。虙，慈溪人，庆元丙辰进士，官国子祭酒。是书目录后载晦庵《乞修三礼札子》，其子在记称:"《家礼》五卷，《乡礼》三卷，《学礼》十一卷，《邦国礼》四卷，《王朝礼》十四卷，为先君晚岁亲定绝笔，惟《书数》一篇缺而未补。而《大射礼》《聘礼》《公食大夫礼》《诸侯相朝礼》，皆未脱稿，《王朝礼·卜筮篇》亦缺，余皆草定而未删改。惟《丧》《祭》二礼，则尝以属之门人黄榦"云云。是此书与榦所续通为一篇也。虙识乃宋嘉定年守南康郡锓版时所作。此前元翻宋椠也。

《四库全书总目》卷二二《经部二二·礼类四》:《仪礼经传通解》三十七卷《续》二十九卷，浙江巡抚采进本。《仪礼经传通解》，宋朱子撰。初名《仪礼集传集注》。朱子《乞修三礼札子》所云"以《仪礼》为经，而取《礼记》及诸经史杂书所载有及于礼者，皆以附于本经之下，具列注疏诸儒之说，略有端绪"，即是书也。其札子竟不果上。晚年修葺，乃更定今名。朱子没后，嘉定丁丑始刊版于南康。凡《家礼》五卷、《乡礼》三卷、《学礼》十一卷、《邦国礼》四卷，共二十三卷，为四十二篇。中缺《书数》一篇，《大射》至《诸侯相朝》八篇尚未脱稿。其卷二十四至卷三十七凡十八篇，则仍前草创之本，故用旧名《集传集注》，是为《王朝礼》。中缺《卜筮》一篇，目录内《践阼》第三十一以后，序说并缺。盖未成之本也。所载《仪礼》诸篇，咸非旧次，亦颇有所厘析。如《士冠礼》三屦本在辞后，乃移入前。"陈器服"章戒、宿、加冠等辞本总记在后，乃分入前各章之下。末取《杂记》“女子十五许嫁，笄”之文续《经》，立“女子笄”一目。如斯者不一而足。虽不免割裂古经，然自王安石废罢《仪礼》，独存《礼记》，朱子纠其弃经任传，遗本宗末，因撰是书以存先圣之遗制。分章表目，开卷了然，亦考礼者所不废也。其《丧》《祭》二门则成于朱子门人黄榦，盖朱子以创稿属之。杨复原《序》述榦之言有曰“始余创二《礼》粗就，奉而质之先师，喜谓余曰：君所立《丧》《祭》礼，规模甚善，他日取吾所编《家乡》《邦国》《王朝礼》，其悉用此更定”云云，则榦之所编，尚不失朱子之意。然榦仅修《丧礼》十五卷，成于嘉定己卯。其《祭礼》则尚未订定而榦又殁。越四年壬午，张虙刊之南康，亦未完本也。其后杨复重修《祭礼》，郑逢辰进之于朝。复序榦之书云：“《丧礼》十五卷，前已缮写。《丧服图式》今别为一卷，附于正帙之外。”前称《丧服图式》《祭礼》遗稿尚有未及订定之遗憾，则别卷之意固在此。又自序其书云：“南康学宫旧有《家乡》《邦国》《王朝礼》，及张侯虙续刊《丧礼》，又取《祭礼》稿本并刊而存之。窃不自揆，遂据稿本，参以所闻，稍加更定，以续成其书，凡十四卷。”今自卷十六至卷二十九皆复所重修。合前《经传通解》及《集传集注》，总六十有六卷。虽编纂不出一手，而端绪相因，规模不异，古礼之梗概节目，亦略备于是矣。

《文选楼藏书记》卷五：《仪礼经传通解集注》三十七卷。宋朱熹著。是书汇经传为《家礼》五，《乡礼》三，《学礼》十一，《邦国礼》四，《朝礼》十四。

《鉴止水斋藏书目》经部第二厨：《仪礼经传通解》十六本。

《吾园书目·经部》：《仪礼经传通解》并《续》二十本。

《问源楼书目初编》卷一上《经部》：《仪礼经传通解》三十七卷《续》二十九卷，宋朱子撰，其门人黄榦续，吕氏刊本。

《带经堂书目》卷一《经部》：《仪礼经传通解》三十七卷《通解续》二十九卷，元刊本。《经传通解》，宋朱文公撰；《续解》，黄榦撰。此本乃元元统时张虙所刻，所谓南康本也。板印漫漶，脱页错简，不可枚举，当博访藏书家初印本影补之。

《浙江采集遗书总录》乙集《经部》：《仪礼经传通解集注》三十七卷刊本。右朱子撰。陈振孙曰：“《通解》以古十七篇为主，而取大小《戴》及他书传所载系于礼者附入之。二十三卷已成书，缺《书数》一篇，其十四卷草定未删改。曰《集传集注》者，盖此书初名也。其子在刻之南康，一切仍其旧。”其篇目详见朱彝尊《经义考》。

《鸣野山房书目》卷一《经之六》:《仪礼经传》三十七卷，宋朱熹集注。

《思补精舍书目·经部》:《仪礼经传通解》三十七卷《续解》二十九卷，宋朱熹撰，黄榦续。汲古阁本。

《许氏古韵阁书目》卷一《经部》:《仪礼经传通解》三十七卷《续》二十九卷，宋朱熹撰，正统刊本。

《郑堂读书记》补逸卷五《经部》:《仪礼经传通解》三十七卷续二十九卷，重刊宋本。宋朱子撰，其门人黄榦续，榦门人杨复重修。榦字直卿，闽县人，历官知安庆府，主管亳州明道宫致仕。卒，谥文肃。复，仕履见前。《四库全书》著录。按书首载有朱子《乞修三礼札子》，称:“熙宁以来，王安石变乱旧制，废罢《仪礼》，而独存《礼记》之科，弃经任传，遗本宗末，其失已甚。故尝与一二学者考订其说，欲以《仪礼》为经，而取《礼记》及诸经史杂书所载有及于礼者，皆以附于本经之下，具列注疏诸儒之说”云云。盖其撰是书之由也。是书以《仪礼》十七篇为主，广至五十六篇，书未及成而朱子没，前之札子亦未果上。其书本名《古礼经传通解》，见《书录解题》，盖以《仪礼》本名《古礼经》也。又其初创之稿，名《仪礼集传集注》，晚年修定，乃更今名。今其前二十三卷已修定者，则名《经传通解》，凡四十二篇。而末八篇亦未脱稿，又缺《书数》一篇，其后十四卷则皆未及修定，故犹仍《集传集注》之名，中亦缺《卜筮》一篇，卷首列所撰目录，每篇之下各有序题，而其末十一篇序题亦缺，当嘉定丁丑，其季子在刊版南康，已一切仍之矣。朱子以丧、祭二门属之勉斋，成续编，然续编前十五卷则为勉斋修定之本，第十六卷以下《丧服图说》及《祭礼》则亦属稿未定，而勉斋没，信斋因重修卒业者，盖是书经三贤之手而成。其十六卷之末有信斋序，卷首又载嘉定癸未四明张虙重刊是书序，然张本所载续编犹勉斋未定之本，非今信斋重修之本也。

《铁琴铜剑楼藏书目录》卷四《经部》:《仪礼经传通解集传注》十一卷，宋刊残本。宋朱子撰。门人黄榦订。原书三十七卷，《宋志》作二十三卷，但举《通解》言之，《经义考》作廿七卷，讹。今存《家礼》五卷，《邦国礼》二卷，缺卷二。《王朝礼》四卷缺卷十。其《乡礼》三卷，《学礼》十一卷，俱缺。此书朱子殁后，其子在刻于南康道院，为嘉定丁丑岁。板移监中，不久即漫漶。是本每半叶七行，行十五字，夹注同，板心有大小字数、刊工姓名，于“匡”“征”“恒”“慎”“敦”“让”字皆缺笔。其书于《仪礼》全载郑注，节录贾疏，每引温本及成都《石经》，足订注疏本之讹。如《士昏礼经》“出除幂”不作“除鼏”，与卫氏湜当作“幂”之说合。《士昏礼记》“礼诸衿鞶”下有“壻授绥姆辞曰未教不足与为礼也”十四字，与《唐石经》合，他本多缺。“对曰某得以为昏姻之故”，不同他本作“以得”。所引《大戴记》，如《夏小正》篇“正月采芸”，傅本旧注讹作“叶似邪曰”，或校改“邪臼”，此本则作“邪蒿”，与《博物志》云“芸蒿，叶似邪蒿”合。“虽不耆”，不同《石经》作“不嗜”；“宁孰谏”，不同俗本作“熟谏”；“且梨”，不同嘉靖翻宋本作“楂梨”；“膏用雝”，不同《石经》、岳本作“用薤”《释文》俗本作“薤”；“狸去正脊”不同俗本作“狸”；“学书计”，不同嘉靖本作“书记”。《月令》篇，经文字与俗本异者，核与旧藏南宋巾箱本合。

《藏园订补郘亭知见传本书目》卷二《经部四》:《仪礼经传通解》三十七卷《续》二十九卷。宋朱子撰。〇今通行者吕氏宝诰堂刊本，中多脱字，以意填补。〇乾隆中有梁万方改订本，甚劣。《四库》入《存目》。〇宋有嘉定丁丑刊大字本。〇《天禄后目》有元刊本。〇明有正统刊本。〇昭文张氏有影元抄本《续通解》，于漫缺者皆空之。附：〇宋宝祐癸未本，佳。〇南监本。〇明刘瑞本。〇《天禄后目》有元翻宋嘉定南康本。（邵氏）〇前见自刊本。（眉）补:〇江南图书馆藏宋嘉定十年丁丑南康道院刊本三十七卷，七行十五字，注双行同，黑口，左右双栏。缺第十五卷。涵芬楼及日本内野五郎家均有残本。〇明正德十六年刘瑞、曹山刊本，十一行二十字，白口，左右双栏。《续集》黄榦撰，卷十六至二十九杨复重修。〇清御儿吕氏宝诰堂重刊宋白鹿洞本。

《越缦堂书目·经部》:《仪礼经传通解》并《续》二十册，宋朱熹，宋黄榦续。

《万卷精华楼藏书记》卷七《经部四》:《仪礼经传通解》三十七卷《续》二十九卷，宋朱子撰，其门人黄榦续。吕氏重刊白鹿洞本。前有嘉定癸未四明张虙序。目录一卷，朱子撰，首为考定《汉书·艺文志》，末为《乞修三礼札子》。凡《家礼》五卷，《乡礼》三卷，《学礼》十一卷，《邦国礼》四卷，共二十三卷，为四十二篇，题曰《仪礼经传通解》。《王朝礼》十四卷，题曰《仪礼集传集注》。盖草创之稿，故仍其旧名。凡目之有序者三十篇，自“践阼”以下无序，未成之书也。四十二篇之前，目下皆标第几，以后有目无第字。《学礼》内原缺《钟律义》一篇，今缺《书数》一篇。《王朝礼》缺《卜筮》一篇。按《礼书纲目》有《钟律义》，有《卜筮》，惟无《书数》。《夏小正》《月令》在《王朝礼》内，《小正》有音无注，各分经传，末杂引诸子，有注。《月令》有注。《大学》《中庸》在《学礼》内，有注。《礼书纲目》，《夏小正》《月令》在《通鉴》内。《小正》有补，有音无注。《月令》附《吕氏春秋》十二月纪淮南时，则训《通典》唐《月令》所附皆在注内。《小正》后补《周月》一篇。《大学》《中庸》止存篇目。黄氏续《丧》《祭》二礼，原本无目录，今本有目一卷，乃吕氏刊板时所集。有长印记之“丧礼十五卷”。大要以《仪礼》为本，分章句附传记，使条理明白而易考。《丧礼图式》别为一卷，以附于后。共十六卷。其编纂先生之次，具详于杨序。此书目十六卷至二十九卷，皆杨复所重修。杨序：“《丧服图式》草具甫就，而先生殁矣。”又云：“附于正卷帙之外，以俟君子，亦先生平日之志云。”则《丧服图式》亦杨氏所订。序又云：“先生所修《祭礼》，本经则《特牲》《少牢》《有司彻》，《大戴礼》则《迁庙》《衅庙》。（注云：已上四卷未分章句入注疏。）”案，今本已分章句，已增注疏。是出于杨氏之手也。自此以下，皆为杨氏所补。盖黄氏于《祭礼》用力甚久，规模已定，杨氏预闻次辑之略，故取遗稿而订定之，合前《经传通解》及《集传集注》，总六十有六卷，即白鹿洞原本也。予初得梁氏本，不以为善，继得吕氏本，因其制义，名家诧为善刻。及细观之，几于无节不错。其任意删改，仍不脱明人气习。乃知晚邨于书，犹门外也。当时以千秋之俎豆许之，岂不谬哉？其吕氏评语，亦多未惬意处。其惭书甚有佳篇，能以古文为时文。但其书已焚，不足论已。张虙刊《丧》《祭》二礼，序曰：“南康旧刊朱文公《仪礼经传》与《集传集注》，而《丧》《祭》二礼俄空焉。盖以属门人勉斋黄榦俾之类次而未成也。虙来南康，闻勉斋已下世深恨文公之志不终，南剑陈使君以其书来，且遣刻者数辈至，于是锓木更一年而后毕。是虽《丧》《祭》二门，而卷帙多前书三之一。是以刊造之日长分符星渚，乃文公遗爱之地，兹得全其所欲述之书，以毕其平日传受之志，岂非幸欤！”南康道院初刻，凡三十七卷。任钓台上张抚军书曰：《仪礼经传通解》，其书镂板甚少，吕氏复刊布之意亦美矣。其极错谬殊多，如《少牢》“馈食礼”，经文脱者至五十余字，注文误者至五百余字。《六沴》篇所引《大传》，黑壤未刻至千有余字。其他谬误，总而计之，盖不下数万焉。乞将吕板颁赐二部，使生遍考引用诸书，逐字校定，以一部为改注草木，以一部为改订定本进呈，传谕书肆逐一改镌。庶此书为完书，而学者亦有所循习矣。若进而上之，则黄氏于禘祫诸说，多本考亭，而今抄写注疏“威灵”“白招拒”云云，不啻方底而圆盖，当议改也。朱子书不过六百余纸，而黄氏《丧》《祭》二礼数反倍之，不免过繁富议节也。又进而上之，则朱子所存注疏，大抵芟薙之功多，而晓畅之意少。择则精而语未详，当议增也。又进而上之，即朱子所采传记，前后亦或有可商者焉。必剂其繁简，鳞次而栉比之，斯足以成朱子之志，而为不朽之盛业。生窃有志，姑俟异日。文光案，如任氏所云，信朱子之功臣矣。晚邨学朱子，而刻书已谬误至极，朱子岂如是哉？向以梁本之不旧，吕本之不能读也，遍求任氏校本，亦未之见。因录此书于《清芬楼集》，以证予说之不谬。自江氏《礼书纲目》出，而《通解》遂成完帙。读是书者，宜并参也。又朱子所删之注疏，一一互证，以求朱子去取之意。亦用功之要法，而获益不浅者也。

《持静斋书目》卷一《礼类》:《仪礼经传通解》三十七卷《续》二十九卷宋刊本，钱谦益旧藏。宋朱子撰，门人黄榦、杨复重修。刊于嘉定丁丑。

《八千卷楼书目》卷二《经部》:《仪礼经传通解》三十七卷《续》二十九卷，宋朱子撰。宋刊本、吕氏刊本。

《善本书室藏书志》卷二《经部三》:《仪礼经传通解集传集注》三十七卷，宋刊本，王莲泾藏书。是书《家礼》六，《乡礼》四，《学礼》十五，《国礼》五，《王朝礼》十四。前有嘉定癸未孟秋四明张虙识，目录后载朱子《乞修三礼札子》。其孤在，有嘉定丁丑八月谨记，云:“此先君晚岁亲定绝笔，惟《书数》一篇缺而未补，而《大射礼》《聘礼》《公食大夫礼》《诸侯相朝礼》皆未脱稿，《王朝礼·卜筮》篇亦缺，余皆草定，而未删改。惟《丧》《祭》二礼则尝以属之门人黄榦”云云，即指勉斋所续之二十九卷也。后有嘉定癸未门人三山杨复及陈宓二跋。其书初刻于南康道院，再刻于江左书院，每叶十四行，行十五字，夹注同，版心有大小字数、刊工姓名，于“匡”“征”“恒”“慎”“敦”“让”字有缺笔，于《仪礼》则全载郑注，节录贾疏，每引温本及成都石经足订注疏之讹。有“高氏鉴定宋刻版书”“甲”“宋本”“海叟氏”“汲古主人”“毛晋”“灌稼村翁”“隐求书室”“莲泾”“太原叔子藏书记”“沈士业印”“耕野”诸图记。海叟者，袁凯别号也，字景文，华亭人，明洪武中由举人荐，授监察御史，以病免归。事迹具《明史》本传。莲泾，姓王名闻远，字声宏，晚号灌稼村翁，太仓州人，著有《孝慈堂书目》，多宋元秘本。

《增订四库简明目录标注》卷二《经部四》:《仪礼经传通解》三十七卷《续》二十九卷。宋朱熹撰，其门人黄榦续。以《仪礼》为经，而《礼记》及诸书所载，以类附之为传。《天禄后目》有元刊本。明正统本。吕氏宝诰堂刊本，中多脱字，吕以意填补。乾隆间有梁万方改订本，甚劣。振绮堂有明刊本。瞿氏有《续》二十九卷，旧刊本，十一行，行二十字。《绣谷亭书录》云:“此明南京国子监刊本，板式精好，观者宝诸。”振绮堂所藏，似即此本。附录:《仪礼经传通解续祭礼》十四卷，宋杨复撰。陆有宋刊本，每叶十四行，行十五字，小字双行，板心有字数及刻工姓名。原本十四卷，八十一篇。今卷三全缺,卷一、卷十四亦不全。以吕留良刻本校之,脱落羼错，妄删妄增，竟无一合。(绍箕)续录:宋嘉定丁丑刊大字本。宋宝祐癸丑本，佳。《天禄后目》有元翻宋嘉定南康刊本。明刘瑞刊本。昭文张氏有影元抄本。经学辑要本。

今按:宋嘉定十年南康道院刻元明递修本(国家图书馆、南京图书馆藏);明正德十六年刘瑞曹山刻本(国家图书馆、南京图书馆、上海图书馆、吉林大学图书馆、浙江图书馆藏);明抄本(国家图书馆藏);明抄本(天一阁文物保管所藏);清初吕氏宝诰堂刻本(北京大学图书馆、南京图书馆、复旦大学图书馆、湖北省图书馆藏);清乾隆十五年聚锦堂刻本(湖北省图书馆藏);《四库全书》本;《西京清麓丛书》本(光绪刻);清光绪二十四年广雅书局刻本(辽宁省图书馆藏);朝鲜铜活字印本(北京大学图书馆藏)。

仪礼经传通解续

宋黄榦、杨复撰。

宋张虙《嘉定癸未刊仪礼经传通解续序》:南康旧刊朱文公《仪礼经传》与《集传集注》，而《丧》《祭》二礼俄空焉，盖以属门人勉斋黄榦，俾之类次而未成也。虑来南康，闻勉斋已下世，深恨文公之志不终。士友闲有言勉斋固尝脱稿，今在南剑陈史君处，欲全此书，索之南剑可也。南剑知之，果以其书来，且并遣刻者数辈至，于是锓木，更一年而后毕。是虽《丧》《祭》二门，而卷帙多前书三之一，以是刊造之日长。点勘之功，乡贡进士杨用为多。又助以王镇圭、童居钦、黄嵩三君，披阅精强，错乱脱字往往无之。虑生不为晚，而不能一识文公。文公不可得而见，得见勉斋者斯可矣，又复失之。分符星渚，乃文公遗爱之地，高山仰止，惓惓兴怀，兹又得全其所欲述之书，以毕其平日传授之志，岂非幸欤？第闲习礼度，不如式瞻仪刑；讽味遗言，不如亲承音旨。诚有如古人之论，抚卷为之三叹也。嘉定癸未孟秋上澣四明张虑识。《皕宋楼藏书志》卷七。

宋陈宓《嘉定癸未刊仪礼经传通解续序》：朱文公先生所编礼书已刻于南康，独《丧》《祭》二门属勉斋黄先生补而足之。宓假守延平，将刻之郡庠，适南康张侯虑以书来索。盖延平本无此书，刻此二门则无始；南康已有此书，刻此二门则有终。于是归其书于南康，俾得为全帙云。嘉定癸未七月初吉朝奉大夫权知南剑州军州兼管内劝农事借紫陈宓谨书。《皕宋楼藏书志》卷七。

宋杨复《绍定辛卯刊仪礼经传通解续修定本序》：先师朱文公集《家》《乡》《邦国》《王朝》及《丧》《祭》礼，皆以《仪礼》为经而诸书为传，名曰《仪礼经传通解》。庆元丙辰，先生六十有七矣，而《家》《乡》《邦国》之礼始成，《王朝礼》大纲举而未脱稿，惟《丧》《祭》二礼属勉斋黄先生编次，篇帙浩繁，倍于《家》《乡》《邦国》《王朝》诸书，久而未就。文公晚年与勉斋书，责望尤拳拳也。及嘉定己卯，《丧礼》始克成编，以次将修《祭礼》，即以其书稿本授复曰："子其读之。"盖欲复通知此书本末，有助纂辑也。复受书而退，启缄伏读。书皆古今天下大典礼，其关系甚重，其条目甚详，其经传异同、注疏抵牾，上下数千百载间，是非淆乱，纷错甚众。自此朝披夕阅，不敢释卷，时在勉斋左右，随事咨问抄识，以待先生笔削。不幸先生即世，遂成千古之遗憾。日迈月征，今十余年。南康学宫旧有《家》《乡》《邦国》《王朝礼》及张侯虑续刊《丧礼》，又取《祭礼》稿本并刊而存之，以待后之学者。故四方朋友皆有《祭礼》稿本，未有取其书而修定之者，顾复何人，敢任其责？伏自惟念齿发浸衰，曩日幸有所闻，不可不及时传述。窃不自揆，遂据稿本，参以所闻，稍加更定，以续成其书。《仪礼》正经，惟《特牲馈食》《少牢馈食》二篇仅存，后之言礼者必稽焉，故以冠于《祭礼》之首篇。此后皆搜辑《周礼》《礼记》诸书，分为经传以补其缺。夫祀天神，祭地示，享先王，礼之大经也，故综之以《通礼》。礼莫重于祀天，故首之以天神。天子事天明，事地察，故次之以地示。《大宗伯》吉礼十有二，而享先王在祀天神、祭地示之后，故次之以宗庙。有天下者祭自百神，故次之以百神。有正祭之礼，有因祭之礼，天子将出，类乎上帝，宜乎社，造乎祢，若是之类皆因事而祭之，故次之以因祭。天子亲耕以其粢盛，王后亲蚕以为祭服，牲杀器皿礼乐不备，不敢以祭，故次之以祭物。礼有专一事而言者，如天神地示以下是也；有统论凡祭祀之礼者，如祭名祝号之类是也，故次之以祭统。而礼之行也又有变礼，有杀礼，有失礼，故并见于是篇之终焉。恭惟文公平日笃志礼书，于《祭礼》虽未属笔，而讨论考核为尤详。如郊祀，如明堂，如北郊，如古今庙制，如四时禘祫之类，皆历世聚讼大公案。诸儒未能究见本末，迁就依违，莫之厘正，悉经先师折衷而论始定，故引而归之于各条之下。凡散见于它集，前后不同时，记载非一书者，今并著见于《祭礼》之本篇，俾后之议礼者有所据依而取正焉，此则先师扶植纲常、垂世立教之本心也。载念先师经世宏纲莫重此书，更二世而未就。小子狂简，述而成之，所惧识见有蔽，义理难精。然天下公理无彼我，习礼君子傥裁而正之以归于至当，是则先师所望于后人之意也。绍定辛卯七月望日三山杨复谨序。《皕宋楼藏书志》卷七。

宋杨复《嘉定癸未刊仪礼经传通解续目录后序》：勉斋先生《祭礼》，自《天神》而下，纂集多年，前《祭法》一篇，晚年始就。暨将修定，始出《特牲》《少牢》《有司彻礼》，指授学者，俾分章句、附传注，而未遂，后乃因先生指授之意而成之。附传记一节，惟《特牲礼》本经自有记，中间已逐条附入他书，可互相发明。当附入者，未经先生折衷，不敢妄意增损。先生尝言《祭礼》有七分，盖有欲笔削而未及者，此类是也。南康旧刻朱文公先生《仪礼经传通解》，尚缺《丧》《祭》二门，待勉斋黄先生成其书。嘉定癸未，南剑陈侯以此书归于南康而刊之。南康张侯以书来，谓："《祭礼》有门类而未分卷数，先后无辨，则如之何？"同志皆曰："张侯之言是也。"遂相与商榷，仿《丧礼》题曰"仪礼经传通解续卷几"，以别其次第，且述其成书本末如此，以复张侯。后之君子，必有因观此书以能成先王之志者矣。

杨复谨书。《皕宋楼藏书志》卷七。

宋杨复《嘉定癸未刊仪礼经传通解续丧礼后序》：昔文公朱先生既修《家》《乡》《邦国》《王朝礼》，以《丧》《祭》二礼属勉斋黄先生编之。迨文公属纩之前，所与手书尤拳拳以修正礼书为言。先生伏膺遗训，不敢少忘，然其书久未脱稿。嘉定己卯，先生归自建邺，奉祠家居。先取向来《丧礼》稿本，精专修改，至庚辰之夏而书成，凡十有五卷。复尝伏而读之，大哉书乎，秦汉以下未尝有也，复何足以窥其阃奥！然窃闻其略曰：礼时为大要，当以《仪礼》为本。今《仪礼》惟有《丧服》《士丧》《士虞》谨存，而王、侯、大夫之礼皆缺。近世以来，儒生诵习，知有《礼记》而不知有《仪礼》；士大夫好古者，知有唐开元以后之礼，而不知有《仪礼》，昔之仅存者皆废矣。今因其篇目之仅存者，为之分章句、附传记，使条理明白而易考，后之言礼者有所依据，不至于弃经而任传、遗本而宗末。故总包尊卑上下之服，则有《丧服》；明士礼之节文次序，则有《士丧礼》上、《士丧礼》下、《士虞礼》（凡上下通用之礼，于此《士丧礼》《士虞礼》应载者亦附于此。）王、侯、大夫之礼关于纲常者为尤重，《仪礼》既缺其书，后世以来，处此大变者咸幽冥而莫知其原，取具临时，沿袭鄙陋，不经特甚，可为慨叹。今因《小戴》《丧大记》一篇，合《周礼》《礼记》诸书以补其缺，而王、侯、大夫之礼莫不粲然可考，故有《丧大记》上、《丧大记》下。本经《士丧》、《士虞》、补经《丧大记》皆至虞礼而止，而王、侯、大夫、士卒哭祔练祥禫之礼又无所稽决，故有《卒哭祔练祥禫记》。本经丧服之外，凡服之散见于传记注疏者莫得而推寻，故有《补服》。哀杀有渐则变除有节，其文错出于经传者不可不表而出之，故有《丧服变除》。丧服当辨其名物，衰与其不当物也宁无衰，故有《丧服制度》。圣人制服之意文理密察，不可以不明，故有《丧服义》。丧礼之外，三年通行之礼其目不一，故有《丧通礼》。变礼非常，情文尤密，故有《丧变礼》。宾吊主人之礼不可以无所考，故有《吊礼》。礼之数可陈也，其义难知也，故有《丧礼义》。于是丧礼之本末经纬莫不悉备。既而又念丧礼条目散阔，欲撰《仪礼丧服图式》一卷以提其要，而附古今沿革于其后。草具甫就而先生没矣，呜呼，此千古之遗憾也！先生所修《祭礼》，本经则《特牲》《少牢》《有司彻》，《大戴礼》则《衅庙》（已上四卷未分章句，入注疏。）所补者则自《天神》《地祇》《百神》《宗庙》以至《因事而祭》者，如《建国》《迁都》《巡狩》《师田》《行役》《祈禳》及《祭服》《祭器》，事序始终，其纲目尤为详备。先生尝为复言："《祭礼》用力甚久，规模已定，每取其书翻阅而推明之闲一二条，方欲加意修定而未遂也。"呜呼，礼莫重于丧、祭，文公以二书属之先生，其责任至不轻也。先生于二书也，推明文、武、周公之典，辨正诸儒异同之论，掊击后世蠹坏人心之邪说，以示天下后世，其正人心、扶世教之功至远也。而《丧服图式》《祭礼》遗稿尚有未及订定之遗恨，后之君子有能继先生之志者出而成之，是先生之所望也。抑复又闻之先生曰："始余创二礼粗就，奉而质之先师，先师喜谓余曰：'君所立《丧》《祭》礼规模甚善，他日取吾所编《家》《乡》《邦国》《王朝礼》，其悉用此规模更定之。'"呜呼，是又文公拳拳之意。先生欲任斯责而卒不果也，岂不痛哉！同门之士以复预闻次辑之略，不可以无言也，复因敬识其始末以告来者。《丧礼》一十五卷前已缮写，《丧服图式》今别为一卷，附于正卷帙之外，以俟君子，亦先生平日之志云。嘉定辛巳七月日门人三山杨复谨序。《皕宋楼藏书志》卷七。

宋杨复《嘉定癸未刊仪礼经传通解续祭礼后序》：勉斋黄先生编纂《祭礼》，用先师朱文公礼书之通例，先正经而后补篇。正经则以《特牲馈食》《少牢馈食》《有司彻》为先，所以尊圣经也，而《大戴》、《迁庙》、《衅庙》二篇附焉。补篇则以《祭法》为先，所以明大分也。而天神、地祇、宗庙、百神以及于时巡、迁国、立君、讨罪、会同、行役、类祃 、雩禜、祈禳、衅衈之礼次之，而乐舞、器服、祭用无不备焉。夫礼莫重于祭，自天子宗庙而下，其仪文制度各有精义而不可易。宗庙之祭，自天子诸侯下及于士庶人，其文理密察，各有常经而不可紊。今见于《仪礼》者，惟《特牲》《少牢》《有司彻》三篇谨存。夫《特牲》，士礼也；《少牢》《有司彻》，大夫礼也。大夫以上，并逸其文。若夫事天事也，国家之大典大法皆湮没不传，而先王制作精微之意不可得而复考，亦可叹矣。幸而有司之所职掌、圣贤之所问答、诸儒之所记录，犹散见于《周官》传记之书，尚可裒集以见其梗概，此补篇之所为作也。初，先生集《丧礼》《祭礼》粗有成编，嘉定己卯奉祠闲居，始得订定《丧礼》，俾复预检阅之役，次第将修《祭礼》，故朝夕议论多及之。尝有言曰："《祭礼》已有七分，惟《天神》一门为郑氏谶纬之说所汨，其言最为不经。今存其说于书者，非取之也，存之乎书，使天下后世知其谬，乃所以废之也。又有不可不正者，夫禘，王者之大祭也。王者既立始祖之庙，又推始祖所自出之帝，祀之于始祖之庙，而以始祖配之，其见于《礼记》《大传》《小记》，亦已明矣。而郑氏乃云禘为祀天于圜丘。郊与圜丘本本是一事，以所在言之则谓之郊；于郊筑泰坛象圜丘之形以祀天，则谓之圜丘，非郊之外别有圜丘也。而郑氏又云圜丘比郊为大祭。自郑氏之说既立，而圣经之意益微，诸儒起而争之，其说多矣。惟赵伯循之言为尤精当，其说曰：郑氏以禘为配祭昊天上帝于圜丘，盖见《祭法》所说禘、郊、祖、宗，禘文在郊上，谓为郊之最大者，故为此说。《祭法》所论禘、郊、祖、宗者，谓六庙之外永世不绝者有四种耳，非关配祭也。禘之所及最远，故先言之，何关圜丘哉？是以先师《论语》问禘章特著赵伯循《春秋纂例》之说，非专以释一章之旨，此正礼书笔削大义之所存也。”黄先生此论特发其端耳，即其所已言，推其所未言者，又可知也。不幸志未遂而先生没，岂天尼其事而啬其传邪，抑斯文未丧犹有所待而后明邪？正经《特牲》《少牢》《有司彻》，先生尝教学者分章句，附传记而未备。《祭法》一篇，乃先生晚年手自编定，亦未备。先生既没，学者不敢妄意损益，谨录其稿而藏之，因记其语于篇末，以俟后之君子云。嘉定癸未季夏门人三山杨复谨书。《皕宋楼藏书志》卷七。

《直斋书录解题》卷二《礼类》:《古礼经传续通解》二十九卷。外府丞长乐黄榦直卿撰。榦，朱侍讲之高弟，以其子妻之。自号勉斋，因妇翁荫入仕，为吏亦以材称。始晦庵著《礼书》，丧、祭二礼，未及论次，以属榦续成之。然亦有未备者。

《文献通考》卷一八〇《经籍考七》:《古礼经传续通解》二十九卷。陈氏曰:“外府丞长乐黄榦直卿撰。榦，晦庵之婿，号勉斋。始，晦庵著礼书，《丧》《祭》二礼未及伦次，以属榦续成之。”《朱子语录》：贺孙因问：“《祭礼》附《祭仪》，如说孝许多，如何来得？”曰：“便是《祭礼》难附。兼《祭仪》前所说多是天子礼，若《仪礼》所存，唯《少牢馈食》《特牲馈食礼》是诸侯大夫礼。兼又只是有《馈食》。若天子祭，便合有初间祭腥等事，如所谓‘建设朝事，燔燎膻芗’。若附《仪礼》，此等皆无入头处。意问欲将《周礼》中天子祭礼逐项作一总脑，却以《礼记》附。如疏中有说天子，皆编出。”因云：“某已衰老，其间合要理会文字，皆起得个头在。及见其成与不见其成，皆未可知。万一不及见此书之成，诸公千万勉力整理，得成此书，所系甚大。”“古礼于今实是难行，当祭之时，献神处少，只说酌奠，卒祝、迎尸以后，都是人自食了。主人献尸，尸又酢主人，酢主妇，酢祝及佐食宰、赞、众宾等，交相劝酬，甚繁且久。所以季氏之祭，至于继之以烛。窃谓后世有大圣人者作，与他整理一过，令人苏醒，不必一一如古人之繁，但放古人大意，简而易行耳。温公《仪》人所惮行者，只为闲辞多，长篇浩翰，令人难读，其实行礼处无多。某尝修《祭仪》，只就中间行礼处分作五六段，甚简易晓。后被人窃去，亡之矣。”信斋杨氏序曰：昔文公朱先生既修《家》《乡》《邦国》《王朝礼》，以《丧》《祭》二礼属勉斋黄先生编之。先生伏膺遗训，取向来《丧礼》稿本，精专修改。书成，凡十有五卷。复伏读，曰：大哉书乎！秦、汉而下未有也。近世以来，儒生习诵，知有《礼记》，而不知有《仪礼》；士大夫好古者知有唐开元以后之《礼》，而不知有《仪礼》。今因其篇目之仅存者，为之分章句，附传记，使条理明白而易考，后之言礼者有所据依，不至于弃经而任传，遗本而宗末。王侯大夫之礼，关于纲常者为尤重，《仪礼》既缺其书，后世以来，处此大变者，咸幽冥而莫知其原，取具临时，沿袭鄙陋，不经特甚，可为慨叹。今因《小戴·丧大记》一篇，合《周礼》《礼记》诸书，以补其缺，而王侯大夫之礼，莫不粲然可考，于是《丧礼》之本末经纬，莫不悉备。既而又念《丧礼》条目散阔，欲撰《仪礼丧服图式》一卷，以提其要，而附古今沿革于其后。草具甫就，而先生没矣。呜呼！此千载之遗憾也。先生所修《祭礼》，本经则《特牲》《少牢》《有司彻》,《大戴礼》则《衅庙》。以上四卷未分章句，入注疏。所补者，则自天神地祇、百神宗庙，以至因事而祭者，如建国迁都、巡狩师田、行役祈禳，及祭服祭器。事序始终，其纲目尤为详备。先生尝为复言，《祭礼》用力甚久，规模已定，每取其书翻阅而推明之，间一二条，方欲加意修定，而未遂也。呜呼！《礼》莫重于《丧》《祭》，文公以二书属之先生，其责任至不轻也。先生于二书也，推明文王、周公之典，辨正诸儒异同之论，掊击后世蠹坏人心之邪说，以示天下后世，其正人心，扶世教之功至远也。而《丧服图式》《祭礼》遗稿，尚有未及订定之遗恨，后之君子有能继先生之志者，出而成之，是先生之所望也。抑复又闻之先生曰：“始，余创二礼粗就，奉而质之先师，先师喜谓余曰：‘君所立《丧》《祭》，礼规模甚善，他日取吾所编《家》《乡》《邦国》《王朝礼》，其悉用此规模更定之。’”呜呼！是又文公拳拳之意，先生欲任斯责而卒不果也，岂不痛哉！同门之士，以复预闻次辑之略，不可以无言也，复因敬识其始末，以告来者。《丧礼》一十五卷，前以缮写，《丧服图式》，今别为一卷，附于正卷帙之外，以俟君子，亦先生平日之志云。又曰：嘉定己卯，《丧礼》始克成编，以次将修《祭礼》，即以其书稿本授复，曰子其读之。盖欲复通知此书本末，有助纂辑也。复受书而退，启缄伏读，皆古今天下大典礼，其关系甚重，其条目甚详，其经传异同。注疏抵捂，上下数千百载间，是非淆乱，纷错甚众。自此朝披夕阅，不敢释卷。时在勉斋左右，随事咨问抄识，以待先生笔削。不幸先生即世，遂成千古之遗憾。日迈月征，今十余年，南康学宫旧有《家》《乡》《邦国》《王朝礼》及张侯宓续刊《丧礼》，又取《祭礼》稿本并刊而存之，以待后之学者。故四方朋友，皆有《祭礼》稿本，未有取其书而修定之者。顾复何人，敢任其责。伏自惟念齿发浸衰，曩日幸有所闻，不可不及时传述。窃不自揆，遂据稿本，参以所闻，稍加更定，以续成其书，凡十四卷云。

《文渊阁书目》卷二：《仪礼经传通解续》一部三十册。《仪礼经传通解续》一部六册。

《国史经籍志》卷二《经类》：《续编》二十九卷。朱熹。

明黄佐《南雍志·经籍考》：《仪礼经传续通解》二十九卷。朱熹以《丧》《祭》二礼未及论次，属门人黄榦编之。榦尝谓其门人杨复曰："始余创二礼粗就，奉而质之先师，先师喜曰：'君所立《丧》《祭》礼规模甚善，它日取吾所编《家》《乡》《邦国》《王朝礼》，其悉用此规模更定之。'"勉斋因取向永《丧礼》稿本，精加修改。书成，凡十五卷。又欲撰《丧服图式》一卷以提其要，而附《古今沿革》于其后。草具甫就而没矣。所修《祭礼》纲目尤为详备，复遂据稿本，又以所闻稍加更定，凡十四卷云。

《孝慈堂书目》：《仪礼经传续》。宋朱熹，二十九卷，杨复编，三册，绵纸。

《经义考》卷一三二《仪礼三》：黄榦《续仪礼经传通解》。《宋志》：二十九卷。存。

杨复序曰："昔文公朱先生既修《家》《乡》《邦国》《王朝礼》，以《丧》《祭》二礼属勉斋黄先生编之。先生伏膺遗训，取向来《丧礼》稿本，精专修改，书成，凡十有五卷。复伏读曰：'大哉书乎！秦汉而下未有也。近世以来，儒生习诵，知有《礼记》，而不知有《仪礼》；士大夫好古者，知有唐开元以后之礼，而不知有《仪礼》。今因篇目之仅存者，为之分章句，附传记，使条理明白而易考，后之言《礼》者，有所据依，不至于弃经而任传，遗本而宗末。王侯大夫之礼，关于纲常者为尤重，《仪礼》既缺其书，后世以来处此大变者，咸幽冥而莫知其源，取具临时，沿袭鄙陋，不经特甚，可为感慨。今因《小戴·丧大记》一篇，合《周礼》《礼记》诸书以补其缺，而王侯大夫之礼，莫不粲然可考，于是丧礼之本末经纬，莫不悉备。既而义念丧礼条目散阔，欲撰《仪礼丧服图式》一卷，以提其要，而附古今沿革于其后，草具甫就，而先生没矣。呜呼！此千载之遗恨也。先生所修《祭礼》，本经则《特牲》《少牢》《有司彻》，《大戴礼》则《衅庙》，所补者则自天神、地祇、百神、宗庙，以至因事而祭者，如建国、迁都、巡狩、师田、行役、祈禳，及祭服、祭器，事序始终，其纲目尤为详备。先生尝为复言《祭礼》，用力甚久，规模已定，每取其书翻阅，而推明之间，一二条方欲加意修定，而未遂也。呜呼！礼莫重于丧、祭，文公以二书属之先生，其责任至不轻也。先生于二书也，推明文王、周公之典，辨正诸儒异同之论，掊击后世蠹坏人心之邪说，以示天下后世，其正人心、扶世教之功至远也。而《丧服图式》《祭礼》遗稿尚有未及订定之遗恨，后之君子有能继先生之志者，出而成之，是先生之所望也。抑复又闻之先生曰：‘始余创二礼粗就，奉而质之先师，喜谓余曰：君所立《丧》《祭》礼，规模甚善，他日取吾所编《家》《乡》《邦国》《王朝礼》，其悉用此规模更定之。’呜呼！是又文公拳拳之意，先生欲任斯责而卒不果也，岂不痛哉？同门之士，以复预闻次辑之略，不可无言也，复因敬识其始末，以告来者。《丧礼》一十五卷，前已缮写，《丧服图式》今别为一卷，附于正帙之外，以俟君子，亦先生平日之志云。”又曰：“嘉定己卯，《丧礼》始克成编，以次将修《祭礼》，即以其书稿本授曰：子其读之，盖欲通知此书本末，有助纂辑也。受书而退，启缄伏读，皆古今天下大典礼，其关系甚重，其条目甚详，其经传异同，注疏抵牾，上下数千百载间，是非淆乱，纷错甚众，自此朝披夕阅，不敢释卷。时在勉斋左右，随事咨问抄识，以待先生笔削，不幸先生弃世，遂成千古之遗憾，日迈月征，今十余年。南康学宫旧有《家》《乡》《邦国》《王朝礼》，及张侯虙续刊《丧礼》，又取《祭礼》稿本，并刊而存之，以待后之学者。故四方朋友皆有《祭礼》稿本，未有取其书而修定之者，顾何人敢任其责，伏自惟念齿发侵衰，曩日幸有所闻不可不及时传述，窃不自揆，遂据稿本，参以所闻，稍加更定，以续成其书，凡十四卷云。”

张虙序曰：“南康旧刻朱文公《仪礼经传》与《集传集注》，而《丧》《祭》二礼俄空焉，盖以属门人黄勉斋，俾之类次而未成也。虙来南康，勉斋已下世，深恨文公之志不终。士友间有言勉斋固尝脱稿，今在南剑陈使君处，索之可也。南剑知之，果以其书来，至是锓木一年而毕，是虽丧、祭两门，而卷帙多前书三之一。点勘之功，乡贡进士杨复为多，助以王镇圭、童居钦、黄嵩三君，披阅精强，错简脱字，往往无之。虙分符星渚，乃文公遗爱之地，高山仰止，惓惓予怀，兹又得全其所欲述之书，岂非幸欤？第闲习礼度，不如式瞻仪刑；讽咏遗言，不如亲承音旨，诚有如古人之论，抚卷为之三叹也。”

陈振孙曰：“外府丞长乐黄榦直卿撰。榦，晦庵之壻，号勉斋。始晦庵著礼书，丧、祭二礼未及论次，以属榦续成之。”

赵希弁曰：“《仪礼经传通解》续卷《祭礼》十四卷，右朱文公编集，而丧、祭二礼未就，属之勉斋先生；勉斋既成丧礼，而祭礼未就，又属之杨信斋；信斋据二先生稿本，参以旧闻，定为十四卷，为门八十一。郑逢辰为江西仓，进其本于朝。信斋，福州人，名复，字茂才。书既奏，赠文林郎。”

《经义考》卷一三二《仪礼三》:《仪礼经传通解续》十四卷。存。

张萱曰：“宋淳祐间，信斋杨复著。朱晦庵编集《仪礼经传通解》，独丧、祭二礼未完，以属黄勉斋榦续成之，勉斋即世，祭礼犹未就，于是信斋据二公草本，参以旧闻，精加修定，凡十四卷，八十一门。”

《也是园藏书目》卷一《经部》:《仪礼经传通解续》二十九卷。

《读书敏求记》卷一《经》:《仪礼经传通解续》二十九卷。朱子晚年，著《经传通解》，属稿甫定而殁，未成丧、祭二门。尝以规模次第，属之门人黄榦勉斋，俾为类次。嘉定癸未，四明张虙来南康，知勉斋此稿在南康陈史君宓处，以书索来，凡二十九卷，校刊之，并前书传于世。焦氏《经籍志》混称《朱子通释》二十三卷、《续编》二十九卷，不分勉斋续稿之详。今黄俞邰、周雪客《征刻书目》因之，是殆未取原书覆阅也。

《传是楼书目·经部》: 宋杨复《仪礼经传通解续》二十九卷。

《培林堂书目·经部》: 黄榦《仪礼经传续解》半部，三十五册。

《天禄琳琅书目后编》卷八《元版经部》:《仪礼经传续》二函十二册。宋黄榦撰。榦字直卿，闽县人，官知安庆府，谥文肃。书二十九卷，盖本其师朱熹所属《丧》《祭》二礼以续《通解》者也。《丧礼》分丧服、士丧礼、士虞礼、丧大记、卒哭祔练祥禫记、补服、丧服变除、丧服制度、丧服义、丧通礼、丧变礼、吊礼、丧礼义、丧服图式十四门，《祭礼》分特牲馈食、少牢馈食、有司彻、诸侯迁庙衅庙、祭法、天神、地示、百神、宗庙、因事之祭、祭统、祭物、祭义十三门。其第十六《丧服图式》一卷，后有嘉定辛巳杨复序，称《丧服图式》,《祭礼》遗稿尚有未经订定之恨。《丧礼》十五卷，前已缮写，《丧服图式》今列附正卷帙之外，亦先生平日之志。是此卷及《祭礼》，又榦卒后复所定者。复字茂才，号信斋，长溪人，受业朱熹。序于榦又称门人云。郑逢辰为江西漕，以是书献于朝，赠文林郎，复别著《仪礼图》行世。

《文选楼藏书记》卷五：《仪礼经传通解续》二十九卷。宋黄榦著。刊本。是书辑丧、祭二礼，以补朱子所未竟。

《浙江采集遗书总录》乙集《经部》：《仪礼经传通解续》二十九卷。刊本。右朱子弟子黄榦辑。文公之书，原缺丧、祭二门，尝以规模次第属榦为之。榦因本师意而续焉。丧礼十五卷，榦所修定。其祭礼仅有稿，未及删正，杨氏复又参以所闻，搜经摭传，重加更定，厘为十四卷，始合成编。

《鸣野山房书目》卷一《经之六》：《仪礼经传续》二十九卷，宋黄勉斋辑。

《爱日精庐藏书志》卷四《经部》：《仪礼经传通解续》二十九卷，影写元刊本。宋黄榦撰。卷十六至末则杨复所重修也。此本从元元统补刊本影写，中多缺文，甚有三四页全缺者。盖元本模糊，写者未敢臆填，犹有谨慎不苟之意。吕氏刊本，凡空白处皆以意联属。如卷一“著之冠者绞带者绳带也”条疏下，计缺二百五十一字，吕氏本据贾疏填补，溢至三百七十七字。此类不可枚举。其以意联属，显然可知。每思得元刊初印本校补缺文，俾是书复还旧观，愿与同志共访之。目录后有“元统三年六月日刊补完成”一行，后列衔名五行。

《爱日精庐藏书简目》：《仪礼经传通解续》二十九卷，影写元刊本。

今按：宋嘉定十六年南康军刻元明递修本（国家图书馆藏）；明正德十六年刘瑞曹山刻本（国家图书馆、上海图书馆、南京图书馆、吉林大学图书馆、浙江图书馆藏）；明刻本（湖北省图书馆、四川省图书馆藏）；明抄本（天一阁文物保管所藏）；清初吕氏宝诰堂刻本（北京大学图书馆、南京图书馆、复旦大学图书馆、湖北省图书馆藏）；《四库全书》本；清乾隆十五年聚锦堂刻本（湖北省图书馆藏）；《西京清麓丛书》本（光绪刻）；清光绪二十四年广雅书局刻本（辽宁省图书馆藏）。

仪礼逸经传

元吴澄撰。

《季沧苇藏书目·宋元杂板书》：《仪礼逸经传》一卷，吴澄。

《四库全书总目》卷二〇《经部二十·礼类二》：《仪礼逸经传》二卷，两江总督采进本。元吴澄撰。澄有《易纂言》，已著录。是篇掇拾逸经，以补《仪礼》之遗。凡经八篇，曰《投壶礼》，曰《奔丧礼》，取之《礼记》。曰《公冠礼》，曰《诸侯迁庙礼》，曰《诸侯衅庙礼》，取之《大戴礼记》，而以《小戴礼记》相参定。曰《中溜礼》，曰《禘于太庙礼》，曰《王居明堂礼》，取之郑康成《三礼注》所引逸文。其编次先后，皆依行礼之节次，不尽从其原文。盖仿朱子《仪礼经传通解》之例。其引二戴《记》著所出，郑《注》不著所出，则与王应麟《郑氏易》同。由古人著书，不及后来体例之密，不足异也。其《传》十篇，则皆取之二戴《记》，曰《冠仪》，曰《昏仪》，曰《士相见仪》，曰《乡饮酒仪》，曰《乡射仪》，曰《燕仪》，曰《大射仪》，曰《聘仪》，曰《公食大夫仪》，曰《朝事仪》。其《乡射仪》《大射仪》，取《礼记·射仪篇》所陈天子诸侯卿大夫之射，厘之为二。其《士相见》《公食大夫》二仪，则取宋刘敞之所补。敞拟《记》而作者尚有《投壶仪》一篇，亦见《公是集》中，澄偶遗之。明何乔新尝取以次《朝事仪》后，并为之跋。通志堂刻《九经解》，复佚其文。盖所据乃未补之旧本，非乔新本也。又阎若璩《尚书古文疏证》第二十一篇曰："汉兴，高堂生传《礼》十七篇。孔壁出，多三十九篇，谓之《逸礼》。平帝时，王莽立之，旋废。犹相传至东汉，郑康成注三《礼》曾引之。《天子巡狩礼》云：制币丈八尺，纯四职。《中溜礼》云：以功布为道布，属于几。《烝尝礼》云：射豕者。《军礼》云：无干车，无自后射。《朝贡礼》云：纯四职，制丈八尺。《禘于太庙礼》云：日用丁亥，不得丁亥则己亥、辛亥亦用之，无则苟有亥焉可也。又《中溜礼》云：凡祭五祀于庙用特牲，有主有尸，皆先设席于奥。祀户之礼，南面设主于户内之西，乃制脾及肾为俎，奠于主北。又设盛于俎西，祭黍稷、祭肉、祭醴，皆三。

祭肉，脾一，肾再。既祭，彻之，更陈鼎俎设馔于筵前。迎尸略如祭宗庙之仪。《王居明堂礼》云：出十五里迎岁。又云：带以弓韣，礼之禖下，其子必得天材。又云：季春出疫于郊，以攘春气。又《中溜礼》云：祀灶之礼，先席于门之奥，东面设主于灶陉，乃制肺及心肝为俎，奠于主西。又设盛于俎南，亦祭黍三，祭肺、心、肝各一，祭醴三。亦既祭彻之，更陈鼎俎设馔于筵前。迎尸如祀户之礼。又《王居明堂礼》云：毋宿于国。又《中溜礼》云：祀中溜之礼，设主于牖下，乃制心及肺、肝为俎，其祭肉，心，肺、肝各一，他皆如祀户之礼。又云：祀门之礼，北面设主于门左枢，乃制肝及肺、心为俎，奠于主南，又设盛于俎东。其他皆如祭灶之礼。又《王居明堂礼》云：仲秋九门磔禳，以发陈气，御止疾疫。又云：仲秋农隙，民毕入于室，曰时杀将至，毋罹其灾。又云：季秋除道致梁，以利农也。又《中溜礼》云：祀行之礼，北面设主于軷上，乃制肾及脾为俎，奠于主南，又设盛于俎东。祭肉，肾一，脾再。其他皆如祀门之礼。又《王居明堂礼》云：孟冬之月，命农毕积聚，系牧牛马。又云：季冬命国为酒，以合三族。君子说，小人乐。又云：仲秋乃命国醵。《逸奔丧礼》云：不及殡日，于又哭，犹括发即位，不袒。告事毕者，五哭而不复哭也。又云：哭父族与母党于庙，妻之党于寝，朋友于寝门外，壹哭而已，不踊。又云：凡拜吉丧，皆尚左手。又云：无服袒免为位者唯嫂与叔，凡为其男子服，其妇人降而无服者麻。凡二十五条。为篇名者八，吴草庐《逸经》八篇，仅及其三”云云，则亦不免有所疏漏。然较之汪克宽书，则条理精密多矣。《明一统志》：“沅州刘有年，洪武中为监察御史，永乐中上《仪礼逸经》十有八篇。”杨慎求之内阁，不见其书。朱彝尊《经义考》谓有年所进即澄此本，《逸经》八篇，《传》十篇，适符其数。其说似乎有据。今世传《内阁书目》，惟载澄书，不著有年姓名。盖当时亦知出于澄矣。

《郑堂读书记》卷四《经部》：《仪礼逸经传》二卷，通志堂经解本。元吴澄撰。仕履见《孝经类》。《四库全书》著录，倪氏、钱氏《补元志》、朱氏《经义考》所载，俱分《仪礼逸经》八篇《仪礼传》十篇。焦氏《经籍志》止载《仪礼逸经》六卷。“六”为“八”之误也。草庐以《逸礼》唐初犹存，诸儒曾不以为意，遂至于亡。因为纂次，凡经八篇，一《投壶礼》，即大小《戴记》文；二《奔丧礼》，即小《戴记》文；三《公冠礼》，四《诸侯迁庙礼》，五《诸侯衅庙礼》，皆即大《戴记》文。六《中灵礼》，七《禘于太庙礼》，八《王居明堂礼》，皆取之郑氏《三礼注》所引逸文。而《禘于太庙礼》止有“日用丁亥”一句，则实不足以成篇矣。其传十篇，凡冠、昏、乡、燕、射、聘六义，皆即小《戴记》文。朝事义，即大《戴记》文。士相见义、乡射义，皆刘原父所补之文。夫以宋人所拟作，而问厕大小《戴记》之间，此则踵《仪礼经传通解》之谬也。况《逸经》为郑注所引者尚有二十余条，为篇名八，俱见《经义考·逸经门》，而草庐概不之及，亦难免于疏漏之讥。竹垞且称其“文简而伦叙秩然，可以颁之学官”，过矣。是书经与传各有自序。卷首有至正甲午李俊民序，卷末有成化甲辰程敏政序。《学津讨原》亦收入之。

《八千卷楼书目》卷二《经部》:《仪礼逸经传》二卷，元吴澄撰。通志堂本、学津讨原本。

《郋嬛妙境藏书目录》卷一《经部》:《仪礼逸经传》，元吴澄。

《皕宋楼藏书志》卷六《经部》:《仪礼逸经》八篇，《传》十篇，草庐吴先生之所纂次也。先生《易》《书》《春秋》《小戴记纂言》《大戴记订正经文》，悉行于世，独此十有八篇，学者未之见也。先生之孙、今礼部郎中当伯尚、高第弟子兵部员外郎危素太朴，乡与俊民同官学省，乃请而得之。缮写甚谨，校雠甚精，于是一时僚友谓宜刊布以淑来学，遂命工绣梓。既毕，前大司成王公致道以集贤侍讲学士复兼祭酒，见而嘉叹，俾叙其概。俊民泰定初尝拜先生于翰苑，先生之学虽不敢妄议，姑即礼经而论之，秦焰既熄，掇拾遗余，兼收并蓄，得传于后，汉儒之力也。依稀论著，以存其旧，唐贤之学也。会通经传，洞启门庭，以祛千载之惑，朱子之特见也。若夫造诣室奥，疏剔户牖，各有归辄，则至先生始无遗憾焉。世有好《礼》之士，先观注疏旧本，次考朱子《通解》，然后取先生所次所释而深研之，乃知俊民之言为不妄也。集贤公以为然，遂书于其端云。至正十四岁次甲午七月既望奉直大夫国子司业李俊民谨序。

重刊朱子仪礼经传通解

清梁万方撰。

《四库全书总目》卷二五《经部·礼类存目三》:《重刊朱子仪礼经传通解》六十九卷，大学士于敏中家藏本。国朝梁万方撰。万方字广庵，绛州人。朱子《仪礼经传通解》本未竟之书，至黄榦乃续成之。此本名为“重刊”，实则改修。大致据杨复序文，谓朱子称黄榦所续《丧》《祭》二礼规模甚善，欲依以改定全书而未暇，遂以榦之体例更朱子之体例，与榦书合为一编，补其缺文，删其冗复，正其讹误。又采近代诸说，参以己意发明之。其中间有考证，而亦颇失之芜杂。如所补《学礼书》数篇，朱子原《序》本云取许氏《说文·序说》及《九章算经》为此篇。万方乃曼衍及五百四十部之首，附以周伯琦之《字原》。非略非详，已无裁制。至于以“楷书运笔诸法”为一章，更为泛滥。又不采古人旧说，而惟取近时傅山、冯班之论。其中“傅山”一条云：“乱嚷吾书好，吾书好在那。点波人应尽，分数自知多。汉隶中郎想，唐真鲁国讹。相如颂布濩，老腕一双摩。”掩其书名而观之，殆莫能知为《仪礼经传通解》之文也。

《郑堂读书记》卷六《经部》:《重刊朱子仪礼经传通解》六十九卷，聚锦堂刊本。国朝梁万方撰。万方，字统一，号广庵，绛州人。《四库全书》存目。广庵以杨信斋复序云：“黄勉斋先创丧、祭二礼稿，朱子喜而谓曰：‘君所立丧、祭礼规模甚善，他日取吾所编家、乡、邦国、王朝礼，悉用此规模更定之。’而黄先生究未及为也。”以上杨序。因遵朱子遗意，就《通解》原书，悉用黄氏规模，细为更定，俾前后画一，并合勉斋所续丧、祭礼，取诸家注疏，详加择别，间以己意，补其缺略，以成是编。其子启后开宗以其遗稿复详细讨论，反复校正，凡三脱稿，始成定本。分家礼五卷，乡礼三卷，学礼十二卷，邦国礼五卷，王朝礼十五卷，丧礼十六卷，祭礼十三卷，凡七部，共九十篇。篇数无改其旧，惟依旧目，补入学礼《书数》一篇，王朝礼《卜筮》一篇，但所补二篇颇伤于泛滥，不称《仪礼经传通解》之目。即其于注内所加附注、附按及附前人说三者，亦太失之芜杂。考广庵与江慎修同时，而著书各不相谋，其实此书逊江氏《礼书纲目》远甚，其不知《祭礼》为信斋所编，又其小焉者矣。前有乾隆庚午陈沧洲世倌、雷翠庭鋐二序及自撰凡例、总目、参阅姓氏，又载原本所有朱子《乞修三礼札子》，并朱子子在跋，信斋三序，张虙、陈宓二序，及原本目录，末有启后后序及启后子思炽跋。

《万卷精华楼藏书记》卷七《经部四》:《重刊朱子仪礼经传通解》六十九卷，国朝梁万方编。原本。是本以黄氏体例改朱子之体例，合为一编，删繁补缺，参以己意，颇伤芜杂。《书数》篇，采及运笔诸法，尤为无当。案《礼书纲目》,《书数》篇在《通礼》内，有目无书，盖如朱子之旧，不敢妄补也。《直斋书录》:外府丞长乐黄榦直卿,晦庵之壻也,号勉斋。始晦庵著礼书,《丧》《祭》二礼未及,谕次以属榦续成之。朱在《仪礼经传目录》记曰:《经传通解》二十三卷,盖先君晚岁之所亲定,次第具见于目录。唯《书数》一篇缺而未补,而《大射礼》《聘礼》《公食大夫礼》《诸侯相朝礼》八篇，则犹未脱稿也。其曰《集传集注》者,此书之旧名也。凡十四卷,为《王朝礼》,而《卜筮礼》亦缺，余则先君所草定而未暇删改者也。至于《丧》《祭》二礼，则尝以规模次第属之门人黄榦，俾之类次，他日书成，亦当相从于此，庶几此书本末具备。吴师道曰:以《三礼》论,则《周官》为纲,《仪礼》乃本经,而《礼记》诸篇则其疏义,三者固有本末之相须而不可缺,是以子朱子慨然定为《仪礼经传通解》。集注之书未完者，门人又足成之，可谓礼书之大全，千古之盛典也。虞集曰：先王既远，礼崩乐坏。秦汉以来，诸儒相与缀辑所传闻而诵说之,后世犹得稍见其绪余者,则其功也。然其臆说自为抵牾,亦不无焉。自非真知圣人之道，不能有所决疑于其间。伊洛诸君子出，然后制作之本盖庶几矣。至于朱子，将观其会通以行其典礼，故使门人辑为《通解》，其志固将有所为也。事有弗逮，终身念之。而所谓《家礼》者，因司马之说而粗为檃括,特未成书,而世已传之。其门人杨氏以其师之遗意为之记注者,盖以补其缺也。曾棨曰：朱子挈《仪礼》正经以提其纲，辑《周礼》之记诸经有及于礼者以备其缺，厘为家、乡、邦国、王朝之目，自天子以至于庶人之礼，谓之《仪礼经传通解》。然亦未及精详。又曰：杨氏因朱子之意，取《仪礼》十七篇悉为之图，制度名物，粲然毕备。以图考书，如指诸掌。西山真氏称为不刊之典焉。又曰:勉斋即世,《祭礼》未就,信斋据二公草本,参以旧闻，精加修定，凡十四卷。

仪礼经传内编外编

清姜兆锡撰。

《四库全书总目》卷二五《经部·礼类存目三》:《仪礼经传内编》二十三卷,《外编》五卷。江苏巡抚采进本。国朝姜兆锡撰。兆锡有《周易本义述蕴》,已著录。是书《内编》首《嘉礼》，以《士冠礼》冠之,《大夫冠礼》以下继焉。《昏礼》《饮食》《飨燕》《宾射》《脤膰》《贺庆》又次之。次《军礼》，次《宾礼》，次《凶礼》，次《吉礼》。《外编》为《丧服本经》，又《补丧服》，又采经四篇，终之以《图考》。大率以《仪礼》为主，《仪礼》所未备，则采他书以补之。类多因袭前人，发明最少。即如《大夫冠礼》，在古礼本无可据。此本但取《礼记》无大夫冠礼而有其昏礼。古者五十而后爵，何大夫冠礼之有？又引《国语》"赵文子冠"一段，以此为足以补大夫之冠礼。是欲以空言当实义。揆其著书之意，盖欲补正《仪礼经传通解》，然不及原书远矣。

《八千卷楼书目》卷二《经部》：《仪礼经传内编》二十三卷，《外编》五卷，国朝姜兆锡撰。刊本。

《问源楼书目初编》卷一中《经部》：《仪礼经传内编》二十三卷、《外编》五卷，姜兆锡撰，原刊本。

家礼

宋朱熹撰。

朱熹《家礼序》：凡礼有本有文。自其施于家者言之，则名分之守，爱敬之实，其本也；冠昏丧祭、仪章度数者，其文也。其本者有家日用之常礼，固不可以一日而不修，其文又皆所以纪纲人道之终始，虽其行之有时，施之有所，然非讲之素明，习之素熟，则其临事之际，亦无以合宜而应节，是不可以一日而不讲且习焉也。三代之际，礼经备矣。然其存于今者，宫庐器服之制，出入起居之节，皆已不宜于世。世之君子虽或酌以古今之变，更为一时之法，然亦或详或略，无所折衷。至或遗其本而务其末，缓于实而急于文，自有志好礼之士，犹或不能举其要，而困于贫窭者，尤患其终不能有以及于礼也。熹之愚，盖两病焉。是以尝独观古今之籍，因其大体之不可变者，而少加损益于其间，以为一家之书。大抵谨名分，崇爱敬，以为之本。至其施行之际，则又略浮文，敦本实，以窃自附于孔子从先进之遗意。诚愿得与同志之士熟讲而勉行之，庶几古人所以修身齐家之道，谨终追远之心，犹可以复见，而于国家所以敦化导民之意，亦或有小补云。《晦庵先生朱文公文集》卷七五。

宋黄榦《书晦庵先生家礼后》：昔者闻诸先师曰：礼者，天理之节文，人事之仪则也。盖自天高而地下，万物散殊，礼之制已存乎其中矣。于五行则为火，于四序则为夏，于四德则为亨，莫非天理之自然而不可易。人禀五常之性以生，则礼之体始具于有生之初。形而为恭敬辞逊，著而为威仪度数，则又皆人事之当然而不容已也。圣人因人情而制礼，既本于天理之正。隆古之世，习俗醇厚，亦安行于是理之中。世降俗末，人心邪僻，天理堙晦，于是始以礼为强世之具矣。先儒取其施于家者，著为一家之书，为斯世虑至切也。晦庵朱先生以其本末详略犹有可疑，斟酌损益，更为《家礼》。务从本实，以惠后学。盖以天理不可一日而不存，则是礼亦不可一日而或缺也。先生教人，自格物、致知、诚意、正心以修其身，皆所以正人心复天理也。则礼其可缓与？迨其晚年，讨论家、乡、侯、国、王朝之礼，以复三代之堕典，未及脱稿而先生殁矣，此百世之遗恨也。则是书已就，而切于人伦日用之常，学者其可不尽心与？赵君师恕之宰余杭也，乃取是书锓诸木，以广其传，盖有意乎武城弦歌之遗事。学者得是书而习之，又于先生所以教人者深致意焉，然后知是书之作，无非天理之自然，人事之当然，而不可一日缺也。见之明，信之笃，守之固，礼教之行，庶乎有望矣。嘉定丙子夏至门人黄榦敬书。《勉斋先生黄文肃公文集》卷二〇。

宋陈淳《代陈宪跋家礼》：予职宪广东之明年，先生之门人临漳陈淳安卿者为予言祭仪，始得王郎中子正传本三卷。上卷编程子《祭说》及主式。中卷自《家庙》《时祭》以至《墓祭》，凡九篇，而《时祭篇》中又分卜日、斋戒、陈设、行事凡四条，为文盖一统而无分纲目。下卷则列诸祝词而已。盖最初本也。既而绍熙庚戌于临漳郡斋，尝以冠昏丧祭礼请诸先生，先生曰："温公有《书仪》，罕见行于世者，只为闲词繁冗，长篇浩瀚，令人难读，往往未及习行，而已畏惮退缩"。盖尝深病之，欲为之裁订增损，举纲张目，别为一书，令人易晓而易行。旧亦略有成编矣，在僧寺为行童窃去，遂亡本子，更不复修。是时只于先生之季子敬之传得《时祭仪》一篇，乃其家岁时所常按用者。其文有纲目、大小字之别，纲为正文，大书；目则小注于其下。盖甚简洁明白，最令人易晓。虽未见亡本之为如何，而比前所谓初本者，体制迥不同也。又后庆元己未到考亭精舍，闻先生家时祭，今只定用二分二至，不复卜日，校临漳所传卜日丁亥，虽本《仪礼》之文，而实不若此，乃求鬼神于阴阳魂魄屈伸之际，其义又为益精矣。于是又叩先生以冬至立春二祭，则愀然为言：后来有疑乎冬至之祭似禘，立春之祭似祫，更不敢冒举。嘉定辛未，自南官回，过温陵，值敬之倅郡，出示《家礼》一编，云此往年僧寺所亡本也，有士人录得，会先生葬日携来，因得之，即就传而归。为篇有五，通礼居一，而冠昏丧祭四礼次之。于篇之内，各随事分章；于章之中，又各分纲目。未几，亦有传入广者。廖子晦意其为成书定本，遽刊诸帅府，即今此编是也。因以前后本相参订，所谓《时祭仪》，纲目大概如临漳所传，但降神在参神之前，不若临漳传本降神在参神之后为得之。盖既奉主于位，则不可虚视其主，而必拜以肃之，参神宜居于前。至灌，则又所以为将献而亲飨其神之始也，故降神宜居于后。然始祖先祖之祭，只设虚位而无主，则又当降神而后参，亦不容以是为拘。但彼冬至、立春二仪，乃其所未定；及卜日一节，当并以今不用者为定义；又治葬章中所用石灰，亦有不出石灰处，则此制难以通行，只得随土俗审处。而题主一节，只依温公行于墓所，而不行于反哭入室之后，疑失之少早，则于礼之既亡而后以鬼飨者为不合，恨不及面订于先生耳。其他诸仪大概皆已简洁，明白可按。而其间亦尚有缺文而未及补，脱句而未及填，与讹舛字之未获正者或多见之。惜其书既亡而复出，不出于先生无恙之前，而出于先生既没之后，不幸而不能垂为一定之成仪，以幸万世，而反为未成之缺典，至贻后世千古无穷之恨，甚可痛也。予闻其言，慨然为之有感，因识诸编末以示来者，使读是书而有志焉者知始末之所由，其于宏纲大节之昭昭不可揜者，既得以从容从事而无所疑，而于一二疑义之未定及讹缺脱漏之多错见者，亦有以考究折衷，而为至当之归。不至于一直例行按用之，或有误焉而不自觉也。呜呼！于以助成斯世礼俗，而推广圣朝道化之美，尚有以庶几先生之志乎哉！《北溪大全集》卷一四。

宋陈淳《家礼跋》：嗟乎！礼教之废于世也久矣。由古今异俗，宫庐器服异制，无圣人者作，为之通损益之宜，而世莫从而折衷以为依据者。在昔程子、张子尝有意乎此，皆未及成书。惟司马公有成书，而读者又厌其长篇浩瀚，未及习行，而已望风畏缩。先生盖深病之，旧因举纲张目，别为是书，以示斯世，欲其易知而易从。方尔草定，即为僧童窃去，至先生没而后，遗编始出，不及先生一修其间，犹有未定之说。五羊本先出，最多讹舛。某尝以语曲江陈宪，而识诸编末矣。余杭本再就五羊本为之考订，所谓时祭一章，乃取先生家岁时所用之仪入之，准此为定说，并移其诸参神在降神之前。今按余杭本复精加校，至如冬至、立春二仪，向尝亲闻先生语，以为似禘祫而不举。今本先生意删去。至题主一节，按《礼记·问丧》“送形而往，迎精而反”，“其往也如慕，其反也如疑”，“入门而弗见也，上堂又弗见也，入室又弗见也，曰亡矣丧矣，不可复见已矣”，然后“祭之宗庙，以鬼飨之”，盖丧礼自既敛尸柩在堂以后，事死如事生，凡朝夕纯用生前奉养之礼，及既葬入室弗见以后，则事亡如事存，以鬼神之道接之。今方奉柩入圹，未及迎精，而反以伸夫如疑之情，而遽为决辞以神之，恐失之少早，于孝子痛割之情为未安。或曰：此正所以为迎精，而亦主人赠而祝宿虞尸之比。不思迎精固已有魂帛，而虞尸之宿，乃祝者先归，私自备之，非行于墓所，而于主人盖无与焉。窃以为此节当移于反哭入室之后行之，然后虞祭乃于礼为有合，而于情为得宜。惜不及面订此明证耳。其他一二小节，如注酒之或亲不亲，及告筵祝词之未填，与葬用石灰，有乡土所缺，则非通行之制，各等正在人参酌审处。要之以全编大旨而言，则其纲在当日已定，坦然简易，而粲然明白，情文适中，本末相副，上不失先王之大典，而下甚便于斯世之礼俗，虽圣人起，不能以易此矣。严陵郡某侯欲刻以示后世，而命余跋之。余深幸古礼之复见于今也，爰书数语以为识。陈某谨书。《北溪大全集》卷一四。

宋陈淳《代郑寺丞跋家礼》：此书酌古通今，纲条节目甚简易明白，最有关于风教之大，人人当服习而家家当讲行也。因刻之严陵郡庠，与邦人共之。凡我父兄子弟，其相与勉焉，以脱末俗之陋，而成此邦礼义之风，顾不伟欤！《北溪大全集》卷一四。

宋周复《家礼附录跋》：右文公门人三山杨复所附注于逐条之下者，可谓有功于《家礼》矣。复别出之，以附于书之后，恐其间断文公本书也。抑文公此书欲简便而易行，故与《仪礼》或有不同，如妇人用今之衰裳，吊丧者徇俗而答拜之类。其所同者又不能无详略之异，如《昏礼》之六礼，《丧礼》袭敛用衣多少之类。杨氏往往多不满之意。复窃谓《仪礼》存乎古，《家礼》通于今，《仪礼》备其详，《家礼》居其要，盖并行不相悖也。故文公虽著《家礼》，而尤拳拳于编集《仪礼》之书，遗命治丧，必令参酌《仪礼》《书仪》而行之，其意盖可见矣。好古而欲尽礼者，固有《仪礼》在。杨氏之说有不得而书录云。淳祐五年乙巳岁二月既望上饶周复谨书。《朱子全书》第七册。

宋方大琮《家礼附注后序》：文公先生《家礼》，今士大夫家有之。初，乾道己丑，成于寒泉精舍，虽门人未之见。越三十有二年，唐石会葬，乃有持出者。又十年，廖槎溪守广，刊之学，视诸本为最早。又二十年，杨信斋《附注》出，而当时损意折衷之意始见。日用常行无非礼，讲则明，差则俚。司马、程、张、高氏，皆有功于冠昏丧祭者。合其善而为《家礼》，先生其大成也。非一家之书，天下之书也。既成矣，逸之，久而后出。既出矣，辅以《注》而益详，况有文而近乎古，去俚而沿乎情。先生尝有省径何苦不行之语，则知此书传于世之艰，用于世之易，何幸有所据依，遵而行之，当自士大夫始。其首载司马氏《居家杂仪》，以崇爱敬为实，必体之身，行之家，以仪其乡而化其俗，则先生纲维世教之本意云。后槎溪三十年，广人以旧板既漫告，遂出《附注》本，刊而授之。淳祐壬寅仲春朔日后学莆田方大琮德润父敬书于郡之平堂。《朱子全书》第七册。

明陆深《俨山集》卷四四《重刻家礼序》：徽国文公朱先生《家礼》一书，世行久矣。曲阜郭侯节之倅松之明年，将纳民于轨，遍求郡邑之文献加意焉。既得是书，乃抚卷叹曰："是不当家有而人传耶？"既又从二三子读之，则又叹曰："昔者先生之为是书也，盖云自附于孔子从先进之遗意。今允礼之为政也，独不得自附于朱子作家礼之遗意耶？"亟捐俸刻之，刻成，以示郡人。陆深曰："愿有序。"深闻之，礼也者理也。先王因人情之多变，于是为之节文以还于理。孔子曰："喜怒哀乐之未发谓之中，发而皆中节谓之和。"夫喜怒哀乐，其变盖有不可胜言者矣。节而后和，故曰："礼之用，和为贵。"夫礼以和而行，亦以不和而废也。先生之为是书也，其义精，其文辩，其大指见于《自叙》，其微意之所存，则深有病于好礼者之无所折衷，而贫窭者之不得与于礼也。惟吾松、饶而多才，风俗淳厚，重以侯之爱礼也，既知教之，必且富之，由是君子和德于上，小人和力于下，庶几先生之意日新，而侯之惠松者日远也。深谨按此书成于隆兴己丑，行于先生易箦之后。又按先生既修《家》《乡》《邦国》《王朝》礼，乃以《丧》《祭》二礼属其高第弟子黄榦氏成之。书凡十有五卷，今书四卷，尝经后儒撰次。若文庄丘公尤有功于是书者，类亦不失先生之意也。窃惟先生大儒，意在发挥周公、孔子之道，举一世而剂和之，兼总古今，制为通礼，以示法程。惜也立朝之日浅，居闲之时长，著述之功多，经纶之业寡，意者有遗憾焉。安知百世而下，乃有同志合德如侯者，率其道而尊之，而深也获睹敦本复古之举，自吾松始，故乐为之序。侯别号复斋，举乡贡于甲子科，实孔氏之外孙云。

清阎若璩《潜邱札记》卷五《跋家礼》：按《年谱》：乾道五年，文公年四十，丁母祝孺人忧，始辑《家礼》，其明年书成。门人黄勉斋作《行状》，谓其后多损益，未暇更定。杨信斋亦谓《家礼》乃初年本也。今姑即丧制考之，其与经传异者五：齐衰悉有衰负版辟领，一也。妇人不衰，二也。既葬无受衰，三也。大祥用忌日，则仅得二十四月又一日，似乖二十五月而毕之义，四也。若大祥仅二十四月一日，假使禫祭得卜在二十七月后一旬，则是间二月，而禫非间月矣。卜祭先上旬，次中旬，与礼丧事先远日相反，五也。自明孝慈录集礼会典，俱遵用此书，以故沿袭至今，殆非文公本意。若万历中，坊本间有增损，则益失其旧矣。唯此为正德以前所刻，附以杨氏注、刘氏增注、补注，虽有缺讹，差可喜也。

《读书附志》卷上《仪注类》：《家礼》五卷。右朱文公所定，而赵崇思刻之萍乡者。潘时举、李道传、黄榦、廖德明、陈光祖序跋附焉。

《直斋书录解题》卷六《礼注类》：《朱氏家礼》一卷。朱熹撰。

《文献通考》卷一八八《经籍考十五》：《朱文公家礼》。朱子自序曰：“尝独究观古今之籍，因其大体之不可变者，而少加损益于其间，以为一家之书。大抵谨名分、崇爱敬，以为之本。至其施行之际，则又略浮文、务本实，以窃自附于孔子从先进之遗意。诚得与同志之士熟讲而勉行之。”李氏曰：“先生居母祝令人忧，居丧尽礼。盖自始死以至祥禫，参酌古今，咸尽其变，因成《丧》《葬》《祭礼》，又推之于《冠》《婚》，共成一编，命曰《家礼》。既成，为一童行窃之以逃。先生易箦，其书始出，今行于世。然其间有与先生晚岁之论不合者，故未尝为学者道之。”杨氏曰：“愚按《家礼》一书，今之士大夫家冠婚丧祭多所遵用。然此书始成，辄复失之，先生未尝再加审订，则世或未之知也。初，先生所定《家》《乡》《邦国》《王朝礼》，专以《仪礼》为经，及自述《家礼》，则又通之以古今之宜。故《冠礼》则多取司马氏，《婚礼》则参诸司马氏、程氏。《丧礼》本之司马氏，后又以高氏之书为最善。及论祔迁，则取横渠《遗命》，治丧则以《书仪》疏略而用《仪礼》。祭礼兼用司马氏、程氏，而先后所见又有不同。节祠则以韩魏公所行者为法。若夫明大宗、小宗之法，以寓爱礼存羊之意，此又《家礼》之大义所系，盖诸书所未暇及，而先生于此尤拳拳也。惜其书既亡，至先生既没而后出，先生不及再修为一定之成仪，以幸万世，而反为未成之缺典。愚尝与朋友读而病之，于是窃取先生平日去取折衷之言，有以发明《家礼》之意者，若婚礼亲迎用温公，入门以后则从伊川之类是也；有后来议论始定，不必守《家礼》之旧仪者，若《祭礼》祭始祖，初祖而后不祭之类是也；有超然独得于心，不用疏家穿凿之说，而默与郑注本义契合，若“深衣之续衽钩边”是也；有用先儒旧义，与经传不同，未见于后来之考订议论者，若丧服辟领、妇人不杖之类是也。凡若此者，悉附于逐条之下，以待朋友共相考订，庶几粗有以见先生之意云。

《宋史》卷二〇四《艺文志三》：《家礼》一卷。

《文渊阁书目》卷三：《文公家礼》一部一册，缺。《文公家礼附注》一部二册，缺。《文公家礼附录》一部一册，缺。

《濮阳蒲汀李先生家藏目录》中间朝西二柜：《文公家礼》。一本。

《晁氏宝文堂书目》卷上《经》：《文公家礼》。

《澹生堂藏书目》卷四《史类第十二》：《朱文公家礼》四册。四卷。

《徐氏家藏书目》卷一《经部》：《文公家礼》五卷《附录》一卷。吴松顾氏翻宋板。

又：《文公家礼》七卷。高安朱吾弼重编。

又：《文公家礼》四卷。

《徐氏红雨楼书目》卷一《经部》：《文公家礼》四卷。

又：《文公家礼》五卷，附录一卷。吴松顾氏翻宋板。

又：《文公家礼》七卷。朱吾弼重编。

《古今书刻》上编《南京国子监》：《文公家礼》。

《汲古阁珍藏秘本书目》：《宋板文公家礼》四本一套。与今世行本不同，校对便知。杨复附注、刘垓孙增注。

《绛云楼书目》卷一《礼类》：《文公家礼》一册。

《孝慈堂书目》：《宋版朱文公家礼》。朱熹，五卷，赵凡夫藏。凡夫写脚，二册。

《读书敏求记》卷一《经》：《文公家礼》十卷。文公居母丧尽哀，自初死以至祥禫，参酌古今之宜，成丧葬祭礼，又推之于冠昏，共成一编，名曰《家礼》。书初成，失之。至殁后始出，杨复惜其未尝再加审定，因采诸家议论，有以发明《家礼》之意者，附注逐条下，并载诸图。而刘垓孙又增注之，览者得详考焉。

《传是楼书目·经部》:《文公家礼》十卷，四本。

《好古堂书目·史部》:《家礼》五卷，宋朱熹，一本。

《好古堂书目·子部》:《家礼》五卷，宋朱熹，四本。

《本立堂藏书目·经二》:《文公家礼》八卷，六本。

《怡府书目》六百七十三号 :《文公家礼》，六本。

《四明卢氏藏书目录》:《家礼》五卷，《附录》一卷。宋朱熹撰。“江东陆氏书画珍藏”“渡口人家”两印。

《知圣道斋书目》卷二《史部》:《家礼》，宋朱子，五本。

《四库全书总目》卷二二《经部二二·礼类四》:《家礼》五卷、《附录》一卷，少詹事陆费墀家藏本。旧本题“宋朱子撰”。案王懋竑《白田杂著》有《家礼考》，曰“《家礼》非朱子之书也。《家礼》载于《行状》，其《序》载于《文集》，其成书之岁月载于《年谱》，其书亡而复得之由载于《家礼附录》。自宋以来，遵而用之。其为朱子之书，几无可疑者。乃今反复考之，而知决非朱子之书也。李公晦叙《年谱》，《家礼》成于庚寅居祝孺人丧时。《文集序》不记年月，而《序》中绝不及居丧事。《家礼附录》陈安卿述朱敬之语，以为此往年僧寺所亡本，有士人录得，会先生葬日携来，因得之。其录得携来，不言其何人，亦不言其得之何所也。黄勉斋作《行状》，但云所辑《家礼》，世所遵用，其后有损益，未及更定，既不言成于居母丧时，亦不言其亡而复得。其《书家礼后》亦然。敬之，朱子季子。公晦、勉斋、安卿，皆朱子高第弟子。而其言参错，不可考据如此。按《文集》朱子《答汪尚书书》《与张敬夫书》《吕伯恭书》，其论《祭仪》《祭说》，往复甚详。汪、吕书在壬辰、癸巳，张书不详其年，计亦在其前后也。壬辰、癸巳距庚寅仅二三年。《家礼》既有成书，何为绝不之及，而仅以《祭仪》《祭说》为言耶？陈安卿录云：‘向作《祭仪》《祭说》，甚简而易晓，今已亡之矣。’则是所亡者乃《祭仪》《祭说》，而非《家礼》也明矣。《文集》《语录》自《家礼序》外，无一语及《家礼》者。惟《与蔡季通书》有‘已取《家礼》四卷纳一哥’之语。此《仪礼经传通解》中《家礼》六卷之四，而非今所传之《家礼》也。甲寅八月《跋三家礼范后》云：‘尝欲因司马氏之书，参考诸家，裁订增损，举纲张目，以附其后。顾以衰病，不能及已。后之君子，必有以成吾志也。’甲寅距庚寅二十年，庚寅已有成书，朱子虽耄老，岂尽忘之，至是而乃为是语耶？窃尝推求其故，此必有因《三家礼范》跋语而依仿以成之者。盖自附于后之君子，而传者遂以托之朱子所自作。其《序》文亦依仿《礼范》跋语，而于《家礼》反有不合。《家礼》重宗法，此程、张、司马氏所未及。而《序》中绝不言之，以跋语所未有也。其《年谱》所云‘居母丧时所作’，则或者以意附益之尔。敬之但据所传，不加深考，此如司马季思刻温公书之比。公晦从游在戊申后，其于早年固所不详，只叙所闻以为谱，而勉斋《行状》之作在朱子没后二十余年。其时《家礼》已盛行，又为敬之所传录，故不欲公言其非，但其词略而不尽。其《书家礼后》，谓《经传通解》未成为百世之遗恨，则其微意亦可见矣。后之人徒以朱子季子所传，又见《行状》《年谱》所载，廖子晦、陈安卿皆为刊刻，三山杨氏、上饶周氏复为之考订，尊而用之，不敢少致其疑。然虽云尊用其书，实未有能行者，故于其中谬误，亦不及察，徒口相传以熟文公《家礼》云尔。惟元应氏作《家礼辨》，其文亦不传，仅见于明丘仲深濬所刻《家礼》中。其辨专据《三家礼范》跋语，多疏略，未有以解世人之惑，仲深亦不然之。故余今遍考《年谱》《行状》及朱子《文集》《语录》所载，俱附于后，而一一详证之。其应氏、邱氏语，亦并附焉。其他所载谬误亦数十条，庶来者有以知《家礼》决非朱子之书，而余亦得免于凿空妄言之罪”云云，其考证最明。又有《家礼后考》十七条，引诸说以相印证。《家礼考误》四十六条，引古礼以相辨难。其说并精核有据。懋竑之学，笃信朱子，独于《易本义》九图及是书断断辨论，不肯附会。则是书之不出朱子，可灼然无疑。然自元明以来，流俗沿用。故仍录而存之，亦记所谓礼从宜、使从俗也。

《求古居宋本书目》:《朱氏家礼》，内抄，一本，三册。

《百宋一廛书录·序》:《家礼》。朱子书宋刻者余所见极多，皆疏行大字，字形方板。此《家礼》一至三为抄补，四、五卷《附录》则皆宋刻本也。阅抄补之序云：“赵君师恕之宰余杭也，乃取是书锓诸木，以广其传。”是今所存者当是余杭本。刻本上有“竹东草堂书画”印，未知谁何。

《孙氏祠堂书目》内编卷一:《家礼》八卷。宋朱氏撰，明丘濬刊本。

《吾园书目·子部》:《朱子家礼》六本。

《问源楼书目初编》卷一上《经部》:《家礼》八卷，旧本题朱子撰，元刊本。又明刊《性理大全》本。又明刊本。

《带经堂书目》卷一《经部》:《家礼》八卷，元刊本，季水朱竹垞曝书亭藏书，宋朱文公撰。

《许氏古韵阁书目》卷一《经部》:《家礼》八卷，宋朱熹撰，吕氏刊本。

《郑堂读书记》卷六《经部》:《家礼》五卷附录一卷，明仿宋刊本。旧题宋朱子撰。名熹，字元晦，一字仲晦，婺源人。绍兴十八年进士，特赠宝谟阁学士。谥曰文。《四库全书》著录。《书录解题》不载，《通考》仪注所载无卷数，《宋志》仪注类所载止作一卷，俱次于《四家礼范》五卷之后。陈氏亦载《四家礼范》，称张栻、朱熹所集司马、程、张、吕氏诸书，而建安刘珙刻于金陵。据此，知各为一书，不相干涉。《宋志》作一卷者，殆因其书不分卷数而致误欤？此本盖以杨信斋附注本作五卷而因之也。信斋谓《家礼》一书，今之士大夫家冠婚丧祭，多所遵用，然此书始成，辄复失之，先生未尝再加审订，则世或未之知也。又谓惜其书既亡，至先生既没而后出，先生不及再修为一定之威仪，以幸万世，而反为未成之缺典。见《通考》引。观此数语，已未见灼然知其为朱子手笔矣。近王与中《白田杂著》有《家礼考》一篇，遍考年谱、行状及文集、语录所载，而一一详证之，以决其非朱子之书，其考证最明。又有《家礼后考》十七条，引诸说以相印证，《家礼考误》四十六条，引古礼以相辨难。其说并精核有据，合之信斋所云，益知与中非好为议论者矣。此书当亦如《通鉴纲目》，盖朱子之意而门人记之也。前有序文，不题年月名氏，惟序中有云“熹之愚，盖两病焉”，显然依托之辞，而后之编《大全集》者误收之尔。卷首有祠堂图，图后引程子之说，而系以嘉定癸酉临海刘仲举时举识语。首为通礼，卷二以下，以冠、昏、丧、祭分卷，其附录一卷，为信斋所附注于逐条之下者，上饶周复恐其间断朱子本书，为别出之，以附于书之后，然以附注本核之，此不过采择其三之一耳，非本全也。据其淳祐乙巳书后云云，尚不知此书之不出于朱子，然犹属宋人依托之书，故自元明以来，流俗沿用，俱与司马氏《书仪》并称也。此本系明仿宋刊，殊非丘濬窜乱之本可比云。

《铁琴铜剑楼藏书目录》卷四《经部》:《家礼》五卷、《附录》一卷，明刊本。朱子原书五卷。《附录》一卷，乃淳祐间周氏复采信州杨氏所注各条下者别出之也。是本与元刊本卷第同，而去其《家礼图》一卷、《深衣考》一卷，故为五卷。卷首载木主式与元刊本小异。主式后，有嘉定癸酉潘时举跋，盖明嘉靖间以旧本重刻者。

《大梅山馆藏书目》卷一《经部》：朱文公《家礼》八卷，《四礼初稿》四卷，《四礼约言》四卷。

《藏园订补郘亭知见传本书目》卷二《经部四》：《家礼》五卷附一卷。宋朱熹撰。〇汲古阁有宋刊本，杨复注，与今世行本不同。〇明仿宋录一卷，石门吕氏刊本。〇元刊本《纂图集注》十卷，刘垓孙增注，刘璋补注。〇昭文张氏有《纂图集注文公家礼》十卷，题杨复附注，刘垓孙增注，即钱尊王家物。〇张氏又有影宋刊本十卷。〇邓钟岳仿宋本。〇康熙辛巳汪氏刊本。〇明邱文庄刊本多所更定，非原书，编八卷。附：〇近洪氏刊宋本。（眉）补：〇聊城杨氏有宋刊本，七行十六字，白口，左右双栏。首三卷抄配。〇明刊本，七行十六字，白口左右双栏。扬州文富堂见。

《楹书隅录》卷一《经部》：宋本《家礼》五卷，附录一卷，三册一函。每半叶七行，行十六字。卷一至卷三影宋精抄补，附录后有淳祐五年上饶周复跋，云文公门人三山杨复所附注于逐条之下者，可谓有功《家礼》，复别出之，以附于书之后。恐其间断文公本书也。卷中避宋诸讳，"廓"字缺笔，当是上饶原刻。琼山所称南雍旧本，与此俱合，未知为明时重雕，抑即此本旧帙弃之监中者耶？有竹东草堂书画印。

《万卷精华楼藏书记》卷七《经部四》：《家礼》八卷，旧题宋朱子撰。紫阳书院本。此本有刊书跋。温公有成书，读者厌其长篇浩瀚，先生因为是书，方草定即为僧童窃去，其间有未定之说。先生殁，五羊本先出，最多讹舛。余杭本再就五羊本为之考订，复精加校正，纲条节目，灿然明白，甚便服行。严陵闻侯因刻之郡庠，与邦人共之。郑寺丞名之悌，严陵守。陈氏曰：始得王郎中子正传本三卷，上卷编程子祭说及主式。中卷自家庙时祭以至墓祭，凡九篇，而时祭篇中又分卜日、斋戒、陈设、行事，凡四条，为文盖统一而无分纲目。下卷则列诸祝词而已。盖最初本也。先生之季子敬之传得时祭仪一篇，其文有纲目、大小字之别，明白易晓，虽未见亡本之为何，如比初本，体例不同。有士人录得僧寺亡本五篇，《通礼》居一，《冠》《昏》《丧》《祭》四礼次之。篇内随事分章，章之中又各分纲目。未几，传人廖子晦意为定本，遽刊诸帅府，其间有缺文脱句讹字。惜其书出于先生既殁之后，反为未完之缺典，甚可痛也。录于《北溪大全集》。王氏曰：《家礼》载于《行状》，其序载于《文集》，其成书之岁月载于《年谱》，其书亡而复得之由载于《家礼》附录。黄勉斋作《行状》，但云所辑《家礼》世所遵用，其后多有损益，未及更定。《文集》《语录》序外无一语及《家礼》者，惟与蔡季通书，有“已取《家礼》四卷纳一哥“之语。此《仪礼通解》中《家礼》六卷之四，非今所传之《家礼》也。后人以朱子家季子所传，廖子昭、陈安卿皆为刊刻，三山杨氏、上饶周氏复为之考订，虽尊用其书，实未有能行者。故于其中谬误，亦不及察。应氏《家礼》辨其文不传，仅见于邱氏本。予遍考《文集》《语录》所载一一详注之，所摘谬误亦数十条，庶来者有以知《家礼》决非朱子之书，而俟考古者裁定之也。录于《白田草堂集》。文光案，予所藏邱氏本，为钱时所刊，微胜俗本。又武先慎《家礼集议》一卷，乾隆癸丑自刊本。王复《家礼辨定》十卷，康熙四十六年自序。

《持静斋书目》卷一《礼类》:《家礼》五卷附录一卷坊本。旧本题朱子撰。

《八千卷楼书目》卷二《经部》:《家礼》五卷附录一卷，宋朱子撰。明刊本、望三益斋刊本。

《海源阁宋元秘本书目》卷一《经部》: 宋本《文公家礼》五卷附录一卷，三册一函。

《增订四库简明目录标注》卷二《经部四》:《家礼》八卷。旧本题宋朱熹撰，据王懋竑《白田杂著》所考，盖依托也。自明以来，坊刻窜乱，殆不可读。此本为邓钟岳所刻，犹宋人原帙也。《总目》作五卷，《附录》一卷。明邱文庄刊本。邓钟岳仿宋刊本。康熙辛巳汪氏刊本。御儿吕氏刊本，佳。昭文张氏有影写宋刊本。《纂图集注文公家礼》十卷，题杨复附注，刘垓孙增注，即钱遵王家物。汲古阁有宋刊本，毛扆云:“与今世行本不同。”校对便知，亦杨、刘注。《孝慈堂目》有宋板《文公家礼》五卷，赵凡夫所藏。附录:《东湖丛记》有宋刊《纂图集注》本。(绍箕)续录:元刊本《纂图集注》十卷。洪氏刊宋本。望三益斋刊本。日本须原屋茂兵卫等刊本五卷，图不分卷。

今按：宋刻本（国家图书馆藏）；明刻本（国家图书馆、中国科学院图书馆、上海图书馆藏）；清雍正十年拙修斋刻本（复旦大学图书馆藏）；《四库全书》本；清同治四年刻本（复旦大学图书馆藏）；《西京清麓丛书》本（同治至民国刻）；《洪氏公善堂丛书》本（光绪刻）；清岐山武氏重刻白鹿洞本（湖北省图书馆藏）；清光绪十七年思贤讲舍刻本（国家图书馆、北京大学图书馆、中国科学院图书馆、湖北省图书馆藏）。

文公家礼集注

宋杨复等注。

《百川书志》卷二《仪注》:《朱子家礼集注》四卷,《家礼补注》二卷,《图》一卷,宋文公新安朱熹撰,门人杨复等批注。

《也是园藏书目》卷一《经部》:杨复集注《文公家礼》十卷。

《钱遵王述古堂藏书目录》卷一《经》:杨复集注《文公家礼》十卷四本。元板。

《虞山钱遵王藏书目录汇编》卷一《经部》:杨复集注《文公家礼》十卷。述礼乐杨复集注《朱文公家礼》十卷,四本,元板。敏礼乐《文公家礼》十卷。

《爱日精庐藏书志》卷四《经部》:《纂图集注文公家礼》十卷,影写宋刊本。宋朱子撰,门人秦溪杨复附注,后学复轩刘垓孙增注。朱子序。

《爱日精庐藏书简目》:《纂图集注文公家礼》十卷,影写宋刊本。

《铁琴铜剑楼藏书目录》卷四《经部》:《文公先生家礼》七卷元刊本。题“门人杨复附注,刘垓孙增注,刘璋补注”。凡《通礼》一卷、《冠礼》一卷、《昏礼》一卷、《丧礼》一卷、《祭礼》一卷,凡五卷。首有《家礼图》一卷,末有《深衣考》一卷。前列朱子自序,后有淳祐壬寅莆田方大琮后序。其杨复跋语,则冠以“长溪杨氏复曰”六字,则是本已非出杨氏手定矣。

又:《纂图集注文公家礼》十卷,宋刊本。题“门人秦溪杨复附注,后学复轩刘垓孙增注”。前有朱子自序,凡《通礼》一卷,《冠礼》一卷,《昏礼》一卷,《丧礼》五卷,《祭礼》二卷,其图散见各门中。元刻本重编卷数,抽出《深衣制度》,另为《深衣考》一卷,并抽出各图,另立一卷,失其旧矣。其附注、增注,俱以阴文标明,明刻混而一之,遂致莫辨。每半叶七行,行十四字,注双行,行十一字。字体古雅,板刻清朗。序文尚是朱子手书,与本集所载,多不合处。如:“用于贫窭”,《集》讹作“困于”明刻本亦讹“困”;“究观古今”,《集》少“究”字;“务本实”,《集》作“敦本”是也。白田王氏以此序为依仿《礼范》跋语者,由未见是本故耳。卷首有“得树楼藏书”“南书房史官”“查慎行字夏重又曰悔余”诸朱记。

《郑堂读书记》卷六《经部》:《纂图集证文公家礼》十卷,元刊本。宋杨复附注,刘垓孙增注,刘璋补注。复,字茂方,号侑斋,福州人。乡贡进士。郑逢辰进其所续《仪礼经传通解》于朝，赠文林郎。垓孙与璋大约宋末人，里贯俱未详。钱氏《读书敏求记》《述古堂书目》俱载之，但《敏求记》止详垓孙之增注，而不及璋之补注。考张氏《爱日精庐藏书志》所载影宋抄本亦云然，或钱、张两家据宋本而言，此为元人所刊，复增入璋之补注耳。信斋以《家礼》一书始成，辄复失之，至朱子既殁而后出，朱子不及再修为一定之威仪，而反为未成之缺典，于是取朱子平日去取折衷之言，有以发明《家礼》之意者，有后来议论始定，不必守《家礼》之旧仪者，有超然独得于心，不用疏家穿凿之说，而默与郑注本义契合者，有用先儒旧义，与经传不同，未见于后来之考证议论者，诸如此类，悉附于逐条之下，以待朋友共相考证，庶几有以见朱子之意云。今以周复所辑《家礼》附录核之，仅摭取此书附注三之一，而间有删节不全之条，不若此书之完备也。垓孙既为之增注，其有未尽者，璋又为之补注，大都与杨注相次而备。卷首冠以原序及图式二十八，中有引朱子语，当出于杨氏所增入，故亦间有垓孙之增注。相其版式，尚属元刊，亦非丘濬《家礼仪节》本可比也。

《吟香仙馆书目》卷一《经部》:《纂图集注文公家礼》十卷。宋杨复等注，宋朱子撰。

《藏园订补郘亭知见传本书目》卷二《经部四》补 :《文公先生家礼》七卷。宋杨复撰。〇海虞瞿氏有明刊本，十二行二十三字，大黑口，四周双栏，是成、弘间刊本，有方大琮后序、杨复跋语，号为元刊。

又 :《文公家礼集注》十卷。宋杨复、刘垓孙撰。〇乙丑岁维古山房见元刊本，七行十四字，注双行二十一字，附注低大字一格，约十九字，黑口，四周单栏。有汲古阁毛氏印。〇海虞瞿氏亦藏一帙，行款同而左右双栏。

今按：元刻本（国家图书馆藏）；明刻本（上海图书馆藏）。

家礼笺补

宋杨复撰。

《铁琴铜剑楼藏书目录》卷四《经部》:《家礼笺补》八卷，旧抄本。旧题“杨复撰”。有嘉定三年自序。据序知复于《家礼》板行之后，更以其获闻师说而原书未及者，为笺补之。惟核是书与《附注》无一语相同，疑出后人依托。

翼礼

元程荣登撰。

《千顷堂书目》卷二《礼乐类》：程荣登《翼礼》。取朱子之言行有系于礼者，以羽翼《家礼》，故名。荣登，字孟敷，休宁人，江浙儒学提举。

《经义考》卷二七四《拟经》：程氏荣秀《翼礼》。佚。

《徽州府志》：程荣秀字孟敷，休宁人。延祐中嘉兴路儒学教授。以《家礼》出文公殁后，复取文公言行有涉于礼者，为《翼礼》以传。后仕至江浙提举副提举。

家礼仪节

明丘濬撰。

明丘濬《家礼仪节序》：礼之在天下，不可一日无也。君子所以异于宵小，人类所以异于禽兽，以其有礼也。礼其可一日无乎？成周以礼持世，上自王朝，以至于士庶人之家，莫不有其礼。秦火之厄，所余无几。汉魏以来，王朝郡国之礼虽或有所施行，而民庶之家则荡然无余矣。士夫之好礼者，在唐有孟诜，在宋有韩琦诸人。虽或有所著述，然皆略而未备，驳而未纯。文公先生因温公《书仪》，参以程、张二家之说，而为《家礼》一书，实万世人家通行之典也。议者乃谓此书初成，为人所窃去，虽文公亦未尽行。文公之身，动容周旋，无非礼者。方其存时，固无俟乎此书。今其既没之后，有志欲行古礼者，舍此将何据哉？礼之在人家，如菽粟布帛然，不可斯须无之。读书以为儒，而不知行礼，犹农而无耒耜，工而无绳尺也，尚得为农、工哉？夫儒教所以不振者，异端乱之也。异端所以能肆行者，以儒者失礼之柄也。世之学儒者徒知读书，而不知执礼，而吾礼之柄遂为异教所窃弄而不自觉。自吾失吾礼之柄，而彼因得以乘间，阴窃吾丧祭之土苴，以为追荐祷禳之事。而吾之士大夫名能文章通经术者，亦且甘心随其步趋，遵其约束，而不以为非。无怪乎举世之人靡然从之，安以为常也。世儒方呶呶然作为文章，以攻击异端为事。噫！吾家之礼为彼所窃去，而不知所以，反求顾欲以口舌争之哉？失其本矣。窃以为《家礼》一书，诚辟邪说、正人心之本也。使天下之人，人诵此书，家行此礼，慎终有道，追远有仪，则彼自息矣，儒道岂有不振也哉？然世之好议人者，已懵然于仪文节度之间，而忌人有为也。闻有行礼者，则曰彼行某事未合于礼，彼行某礼有戾于古。甚者又曰彼行之不尽，何若竟不行之之为愈也？殊不思人之行礼如其读书然，读书者，未必皆能造于圣贤之域，然错认金根为金银者，较之并与金银不识者，果孰能哉？濬生遐方，自少有志于礼学，意谓海内文献所在，其于是礼，必能家行而人习之也。及出而北仕于中朝，然后知世之行是礼者，盖亦鲜焉。询其所以不行之故，咸曰礼文深奥，而其事未易以行也。是以不揆愚陋，窃取文公《家礼》本注，约为《仪节》，而易以浅近之言，使人易晓而可行，将以均诸穷乡浅学之士。若夫通都巨邑明经学古之士，自当考文公全书，又由是而上进于古《仪礼》云。成化十年。《琼台会稿》卷九。

《脉望馆书目·儒家》:《家礼仪节》四本。

《澹生堂藏书目》卷四《史类第十二》:《家礼仪节》八册。八卷，丘濬编定，常州官本。

《晁氏宝文堂书目》:《家礼仪节》。

《国史经籍志》卷三《史类》:《家礼仪节》八卷，丘濬。

《绛云楼书目》卷一《礼类》:《家礼仪节》八册。八卷，丘濬。

《千顷堂书目》卷二《礼乐类》: 丘濬《家礼仪节》八卷。本之考亭，参以明制，世多遵行之。

《奕庆藏书楼书目》经之六《礼》:《文公家礼仪节》八卷，乙套，四本，琼州丘濬辑。

《传是楼书目·经部》: 丘濬《文公家礼仪节》。

《培林堂书目·史部》: 丘濬《文公家礼仪节》四卷，二册。又一册。

《好古堂书目·史部》:《家礼仪节》八卷，明丘濬、杨慎，四本。

《佳趣堂书目》:《家礼仪节》八卷，丘濬。

《振绮堂书目》卷二 :《文公家礼仪节》四册。

《拜经楼书目》卷下 :《文公家礼仪节》，三本。

《四库全书总目》卷二五《经部·礼类存目三》:《家礼仪节》八卷，少詹事陆费墀家藏本。明丘濬撰。浚字仲深，琼山人。景泰甲戌进士，官至文渊阁大学士，谥文庄。事迹具《明史》本传。是书取世传朱子《家礼》而损益以当时之制。每章之末，又附以余注及考证，已非原本之旧。惟所称："文公《家礼》五卷，不闻有图。今刻本载于卷首，而不言作者，多不合于本书。《通礼》曰立祠堂，而图以为家庙，一也。深衣缁冠，冠梁包武而屈其末，图则安梁于武之上，二也。本文黑缕而图下注用白，三也。《丧礼》陈袭衣有深衣等物，而不用《仪礼》质杀二冒，图乃陈之，四也。本文大敛无布绞之数，而图有之，五也。大敛无棺中结绞之文，而图下注则结于棺中，六也。《尺式图》下载天台潘时举说，末识岁月曰嘉定癸酉，是时距文公没时庆元庚申十有三年矣，岂可谓为文公作哉！"又称："或曰信如此言，图固非朱子作，何以'祠堂'章下有'主式见《丧礼》及前图'八字。愚案南雍旧本，于'立祠堂'下注圈外，止云'主式见《丧礼》治葬章'，并无'见前图'三字，不知近本何据改'治葬章'三字为见前图"云云，其辨证颇明。然此本"祠堂"章"神主"一条下并无"见治丧章"字，乃有"详具图"三字，与濬所言不合。又图散于各章之中，庞杂错落，殊无伦叙。其《香案图》前以二丫髻童子执幡前导，如释家之状，决非旧图所有，亦决非濬之所为。盖又坊刻所窜乱者也。

《鉴止水斋藏书目》经部第二厨：《家礼仪节》八本。

《问源楼书目初编》卷一中《经部》：《家礼仪节》八卷，明丘濬撰。明嘉靖刊本。

《鸣野山房书目》卷一《经之六》：《文公家礼仪节》八卷，琼州丘濬辑。

《藏园订补郘亭知见传本书目》卷二《经部四》补：《文公家礼仪节》八卷。明丘濬辑。〇余藏明正德十三年戊寅常州府刊本，八行十六字，黑口，四周双栏。书后有刊书跋十行，知此书初刻于广州，再刻于京师，成化十六年再刻于建阳书肆，此则正德戊寅常州府重刊建阳坊本也。

《善本书室藏书志》卷二《经部三》：《文公家礼仪节》八卷明万历刊本。后学丘濬辑，杨廷筠订，钱时刊。前有朱子原序及黄氏榦诸儒论说。书本五卷，琼山先生复衍以图式，参酌编次，一通礼，二冠礼、冠图，三婚礼、婚图，四丧礼、丧图，五丧葬、丧图，六丧虞，七祭礼、祭图，八杂录，序而行之，又经杨廷筠所订。按元应氏《家礼辨》，其文不传，仅见于是书。廷筠字仲坚，万历乙未进士，累官顺天府丞。魏阉用事，乞归。《府志》入《名臣传》。应氏，武林籍，廷筠亦仁和人，先后皆吾乡先哲羽翼。此书不仅以刻工精好，版字宽大，为可宝也。

《艺风藏书续记》卷一《经学第一》:《文公家仪礼节》八卷。明刻本。明丘濬撰。前有朱子原序及黄氏榦《诸儒》说。书本五卷，琼山先生复衍以图式，参酌编次。一通礼，二冠礼冠图，三婚礼婚图，四丧礼丧图，五丧葬丧图，六丧虞，七祭图，八杂录，序而行之。又经杨廷筠所订。案:元应氏《家礼辨》其文不传，仅见于是书。

《增订四库简明目录标注》卷二《经部四》:丘濬《家礼仪节》八卷，入存目。《仪礼节略》二十卷，清朱轼撰。高安全书本。入存目。续录:《家礼仪节》有明正德十三年常州府刊本,《仪礼节略》有藏书十三种本。

今按：明正德十二年应天府刻本（浙江大学图书馆藏）；明正德十三年常州府刻本（北京大学图书馆、中国人民大学图书馆藏）；明刻本（复旦大学图书馆、华东师范大学图书馆、甘肃省图书馆藏）；明万历四十年刻本（北京大学图书馆藏）；明万历四十六年何士晋刻本（国家图书馆、复旦大学图书馆藏）；明刻本（国家图书馆、上海图书馆、西北大学图书馆、江西省图书馆、湖南省图书馆藏）；明末刻本（复旦大学图书馆藏）；明抄本（上海图书馆藏）；清康熙四十年同德堂刻本（南京图书馆藏）；清康熙四十年紫阳书院重刻本（湖北省图书馆藏）；清康熙四十年汪氏刻本（天津图书馆藏）；清乾隆三十五年宝敕楼刻本（北京大学图书馆藏）；清乾隆三十八年博雅堂刻本（北京大学图书馆、天津图书馆藏）；清嘉庆十年刻本（北京大学图书馆藏）；清光绪七年何国桢刻本（北京大学图书馆、辽宁省图书馆藏）；朝鲜刻本（中国科学院图书馆藏）。

别本家礼仪节

明杨慎编。

《问源楼书目初编》卷一中《经部》:《别本家礼仪节》八卷，明杨慎编，明刊本。

《八千卷楼书目》卷二《经部》:《别本家礼仪节》八卷，明杨慎撰。刊本。

杨氏订正文公家礼

明杨慎撰。

《孝慈堂书目》:《杨氏订正文公家礼》。八卷，杨慎序，四册。

家礼易简编

明朱天球撰。

《澹生堂藏书目》卷四《史类第十二》:《家礼易简编》一卷，一册。

《千顷堂书目》卷二《礼乐类》: 朱天球《家礼易简编》一卷。

《传是楼书目·经部》:《家礼易简编》。朱天球。一本。

《脉望馆书目·儒家》:《家礼易简编》一本。

今按：明万历二十一年林一材刻本（安徽省博物馆藏）。

家礼旁附

明方澥撰。

《千顷堂书目》卷二《礼乐类》: 方澥《家礼旁附》。字源深，莆田人。自称柳东耕老，景泰四年进士，官行人。平生邃《礼》学，尝慨文公《家礼》，虽经诸儒注释，而去取或晦，朝代迁改，冠服不同，乃作是书，首列图而条析于下。

补注文公家礼正衡

明彭滨撰。

《千顷堂书目》卷二《礼乐类》: 彭滨《补注文公家礼正衡》八卷。崇安人。

今按：明万历二十七年闽书林自新斋余明吾刻本（国家图书馆、辽宁省图书馆、日本内阁图书馆藏）;明崇祯十年刻本（日本内阁图书馆藏）。

家礼要节

明王叔杲撰。

《温州经籍志》卷四《经部》：王氏叔杲《家礼要节》一卷。存。隆庆辛未王氏自刻本。《自序》：余家自先世敦行族约，其所以节文之者，实惟文公《家礼》，因删繁撮要，稍稍损益，俾简而易从，总为一帙，曰《家礼要节》。曩余令吴时，曾携刻焉。顾吴俗尚奢而入于靡，顷领郡魏博，魏俗则朴而近于陋。夫奢则荡而难挽，朴则俭而易循。古称忠信为礼之质，魏俗其殆近之。余见今之为政者率以乡约为首务，自监司以至守令，往往申饬，顾于四礼则缺而未讲。夫所谓约者，约之以礼也，舍礼则奚约哉！夫礼非强世因人情而为之节文以为民防者也。故能止邪于未形，使民日善，远罪而不自知。孔子之《论政》曰："道之以德，齐之以礼。"余诵法孔子者，躬行君子，余实愧焉。乃若防民之淫而挽俗之陋，诚不能舍礼以有事矣。既以申明乡约，因刻《家礼要节》，颁之州邑，愿诸大夫相与共成之。《玉介园存稿》八。

今按：明隆庆五年王氏刻本（国家图书馆藏）。

家礼经典参同

清郑元庆撰。

《藏园订补郘亭知见传本书目》卷二《经部四》补：《家礼经典参同》不分卷。清郑元庆撰。〇稿本。钤有"小谷口鱼计亭主郑元庆一字芷畦""郑元庆""芷畦"诸印。有毛奇龄、戴暹跋。钤"毛奇龄印""太史氏"诸印。卢址抱经楼遗书。

家礼仪节辑要

清李士达撰。

《八千卷楼书目》卷二《经部》：《家礼仪节辑要》八卷，国朝李士达撰。刊本。

家礼辨定

清王复礼撰。

《四库全书总目》卷二五《经部·礼类存目三》:《家礼辨定》十卷，浙江巡抚采进本。国朝王复礼撰。复礼字需人，号草堂，钱塘人。其书创始于康熙壬午，定本于丁亥。因朱子《家礼》而增损之，仍分冠、昏、丧、祭四类。每类之中首以《事宜》，复礼所酌定者也。次以《论辨》，阐所以更定之意也。次以《人鉴》，引古事以证得失也。次以《律例》，申王法之所禁也。次以《择日》，代卜筮也。终以《启式》，为不娴文词者设也。其删去繁文，则用吕维祺之说。其删去图式，则用丘濬之说。考李方子作《朱子年谱》云："乾道五年，先生居母丧，成《家礼》。晚年多所损益，未暇更定。"朱子门人黄榦亦云："其书始定，为一行童窃以逃。先生殁，其书始出，今行于世。然其间有与先生晚岁之论不合者。"又明丘濬云："《家礼》不闻有图，今卷首图注多不合于本书，文公岂自相矛盾？末识岁月曰嘉定癸酉，是时距文公没十有三年矣，岂可谓之公作哉？盖杨氏赘入昭然也。"据是数说，则《家礼》实朱子未定之本，且久亡其稿。迨其复出，真赝已不可知。又参以门人所附益，固未可执为不刊之典。近日王懋竑为笃信朱子之学者，所作《白田杂著》，亦深以《家礼》为疑。复礼之辨定，未为不可。然所辨定者意在宜古宜今，然纯以臆断，乃至于非古非今。又泛引律例，且滥及五行家言，尤为芜杂。中引骂詈、斗驱、赌博诸律，已为不伦，又引"官吏宿娼律"一条，"擅食田园瓜果律"一条，使掩其卷而思之，是于四礼居何门哉？

《浙江采集遗书总录》乙集《经部》:《家礼辨定》十卷，瓶花斋写本。右国朝钱唐王复礼辑。复礼以朱子《家礼》乃乾道五年丁母祝令人忧时所作，至晚年多所损益，未暇更定，因取旧本重写厘次。多采及近时诸家之说。〇按复礼矻矻著述，与毛奇龄、吴农祥诸人往复切劘云。

《文选楼藏书记》卷五:《家礼辨定》十卷，国朝王复礼著。钱塘人。抄本。是书采辑宋儒之说，其论《礼》多折衷古今。

今按：清康熙四十七年刻本（南京图书馆藏）；清光绪二年九思堂刻本（湖北省图书馆藏）。

家礼辨说

清毛奇龄撰。

《八千卷楼书目》卷二《经部》:《家礼辨说》十六卷，国朝毛奇龄撰。明辨斋本。

今按：清同治二年余氏家刻本（湖北省图书馆藏）。

朱子礼纂

清李光地撰。

《四库全书总目》卷二二《经部二二·礼类四》:《朱子礼纂》五卷，江苏巡抚采进本。国朝李光地撰。光地有《周易观象》，已著录。是书于朱子《仪礼经传通解》及《家礼》二书外，凡说礼之条散见于《文集》《语类》者，以类纂集，分为五目，曰《总论》，曰《冠昏》，曰《丧》，曰《祭》，曰《杂仪》。缕析条分，具有统贯。虽采辑不无遗缺，若《文集》有《答潘恭叔书》，论编《仪礼》《礼记》章句,《答王子合书》论居丧家祭,又有《周礼三德说》《乐记动静说》《书程子禘说后》等篇，此书皆不见录。又《与吴晦叔书》论太庙当南向，太祖当东向，虽与此书所录《答王子合书》大义相似，然答晦叔书更为详尽，今乃删详而存略。又《集》载《鄂州社坛记》，前列罗愿在鄂州所定坛壝制度及社稷向位，朱子必以其深合典礼，故详述之，以补礼文之缺，而此书乃尽删前篇，但存某案以下云云，亦失朱子备载之意。然朱子说礼之言，参差散见，猝不能得其端绪。光地类聚而区分之，使秩然有理，于学礼者亦为有功矣。

《问源楼书目初编》卷一上《经部》:《朱子礼纂》五卷，李光地撰，原刊本。

《思补精舍书目·经部》:《朱子礼纂》五卷，国朝李光地撰。

《许氏古韵阁书目》卷一《经部》:《朱子礼纂》五卷，国朝李光地撰，抄本。

《郑堂读书记》卷六《经部》:《朱子礼纂》五卷，《文贞全集》本。国朝李光地编。光地仕履，见《孝经》类。《四库全书》著录。按朱子说礼之书，具有

《仪礼经传通解》三十七卷,《家礼》五卷，而其《语类》《文集》之说及礼者，亦皆随处而是，厚庵因纂为是编。凡总论一卷，冠婚一卷，丧一卷，祭一卷，杂仪一卷，门分类别，条理赅贯，足与《家礼》一书相辅而行。惜朱子当时说冠、婚礼本略，故仅八则，不能如丧、祭、杂仪之详耳。厚庵所纂，以《语类》《文集》核之，尚有失采之处，余欲取其失采者，分附于各卷之后，亦厚庵之志欤?

《藏园订补郘亭知见传本书目》卷二《经部四》:《朱子礼纂》五卷。国朝李光地编。○榕村全书本。补：○清教忠堂刊本。○清乾隆元年刊李文贞公全集本。○清道光九年刊榕村全书本。

《八千卷楼书目》卷二《经部》:《朱子礼纂》五卷，国朝李光地撰。原刊本、刊本。

《增订四库简明目录标注》卷二《经部四》:《朱子礼纂》五卷，清李光地编，于朱子《仪礼经传通解》《家礼》二书外，采其说礼之言，散见于《文集》《语录》者。榕村全书本。

《清史稿》卷一四五《艺文志一》:《朱子礼纂》五卷。李光地纂。

今按：清雍正十一年教忠堂刻本（清华大学图书馆、浙江图书馆藏）;《李文贞公全集》本（乾隆嘉庆刻）;《四库全书》本；《榕村全书》本。

礼书纲目

清江永撰。

清张鉴《礼书纲目序》:《礼经》于六籍尤繁难治，朱子在经筵，曾有乞修三礼之札，未果行。晚年乃亲定《仪礼经传通解》一书，大旨以古十七篇为主，而取《礼记》及群经子史所载有及于礼者，皆附于其下。草创虽定，未遑删改,故以《丧》《祭》二礼属勉斋黄氏为之。勉斋续编,一准朱子遗说。然尚有未定，复以其书授信斋杨氏，而后粗有端绪。三礼之难成也如是。至于品节度数,尚待后人之补掇。复数百年于兹矣,婺源老儒江慎修先生有忧之,乃取紫阳遗书别立门目，更为凡例。补其缺者固多，弼其违者亦不少。增损檃括，成此一编。此编向已录入《四库全书》，其卷帙烦重，人间转抄希少，顾世所传先生著作，如《群经补义》《乡党图考》，譬诸九鼎一脔，非其绝诣。

先生生平著作，略见于戴庶常东原所撰《家传》，而此编又举世所愿读而不可得者，是可慨也！先生没后，高第弟子如金修撰辅之、程孝廉易田，屡谋剞劂而中辍。最后得婺源俞君荆玉独任其事，遂鸠工开雕。将卒事，其孙锦波以易田孝廉为介来丐序。余因思此学既为绝学，而其书又为古今不可少之书，非特嘉惠后来，亦以卒朱子未竟之绪，其业可不谓伟欤！夫《仪礼》难读，古今通论。昔嘉兴冯氏尝刻秀水盛君庸三《仪礼集编》，余既序而行之矣。今复得是编，益叹我国家运际昌明，经术之盛，莫之比并。明人如此经无一字者，而鸿编巨制，若斯之夥。儒者苟因两家之说沿而上之，蕲至于三代之制度，不难矣。《冬青馆集》乙集卷五。

《四库全书总目》卷二二《经部二二・礼类四》:《礼书纲目》八十五卷，安徽巡抚采进本。国朝江永撰。其书虽仿《仪礼经传通解》之例，而参考群经，洞悉条理，实多能补所未及，非徒立异同。如《士冠礼》“屦夏用葛”以下五十字，本在辞后记前，《通解》移置经文“陈器服”节末。是书亦沿袭其说，不故相诘难。至于《士昏记》“父醮子命之辞曰”以下三十一字，《通解》列在“陈器馔”节下，而是书改列在“亲迎”节下。又《通解》以记文“妇入三月，然后祭行”二句，别为“祭行”一节，在“奠菜”节之前，而是书以此二句附于“庙见”节之末。盖是书“庙见”节，《通解》之所谓释、奠也。揆以《礼》意，较《通解》为有伦次。又《通解》割《士冠礼》“无大夫冠礼，而有婚礼”以下四句，谓当在《家语・冠颂》内，疑错简于此经，颇涉臆断。是书则仍记文之旧，不从《通解》，尤为详慎。亦未尝曲相附合也。盖《通解》，朱子未成之书，不免小有出入。其间分合移易之处，亦尚未一一考证，使之融会贯通。永引据诸书，厘正发明，实足终朱子未竟之绪。视胡文炳辈务博，笃信朱子之名，不问其已定之说、未定之说，无不曲为袒护者，识趣相去远矣。

《文选楼藏书记》卷二:《礼书纲目》九十一卷。国朝江永著。婺源人。刊本。是书首三卷，采诸儒序论与朱子所论，编为书纲领。后分八门，嘉礼、宾礼、凶礼、吉礼，皆因《仪礼》所有者而增益之。军礼、通礼、曲礼，皆补《仪礼》之所未备。乐一门居后。又附《深衣考误》一卷,《律吕管见》二卷。

《郑堂读书记》卷六《经部三之四》:《礼书纲目》八十五卷，留真堂刊本。国朝江永撰。《四库全书》著录。慎修以朱子《仪礼经传通解》修于晚岁，前后体例亦颇不一，因以黄氏榦《丧礼》为式，为之增损檃括，以成此编。其门凡八，曰《嘉礼》十九篇十二卷，曰《宾礼》十篇五卷，曰《凶礼》十七篇十六卷，曰《吉礼》十五篇十四卷，皆因《仪礼》所有者而附益之。曰《军礼》五篇五卷，曰《通礼》二十八篇二十三卷，曰《曲礼》六篇五卷，皆补《仪礼》之所不备。《乐》一门居后，六篇五卷。总有百六篇八十有五卷。而以孔颖达、贾公彦、陈祥道、杨复、张虙诸序及朱子《三礼札子》《考定汉志》《论编礼书》《论礼纲领》《仪礼释宫》。按是篇宋李如圭撰，江氏尚误为朱子作。为首三卷，不入卷数。凡三代以前礼乐制度散见经传杂书者，搜罗该备。考证详密，而篇章次第较之《通解》尤有条而不紊焉。汪瑟庵师序之，以谓“先王之全经，虽不幸不得见于后世，而由是循类而求之，错综以通之，其节目之精密，规模之博大，犹可略见。而天下后世有志于修己治人之学者，咸得以观其曾通而措之事业。斯则先王之礼，得朱子而不坠；朱子之志，得先生而后成。此岂寻常经生之书断断于章句训诂间者所可比哉？”按是书成康熙辛丑，自为之序。以其卷帙繁重，久未授梓。至嘉庆庚午，其邑人俞鸣玉、荆玉兄弟始刻成之，冠以《提要》一则及刘海峰大槐所作传。阮云台师又为之序。

《八千卷楼书目》卷二《经部》:《礼书纲目》八十五卷，国朝江永撰。原刊本。

文公家礼通考

日本室直清撰。

《八千卷楼书目》卷二《经部》:《文公家礼通考》一卷，日本室直清撰。甘雨亭本。

春秋

春秋经

宋朱熹纂。

《世善堂藏书目录》卷上《经类》:《春秋经》一卷。朱文公。

春秋宗朱辨义

清张自超撰。

《四库全书总目》卷二九《经部二九・春秋类四》:《春秋宗朱辨义》十二卷，浙江巡抚采进本。国朝张自超撰。自超字彝叹，高淳人。康熙癸未进士,未仕而卒。《江南通志》列之《儒林传》中。是书大意本朱子据事直书之旨，不为隐深阻晦之说，惟就经文前后参观以求其义，不可知者则缺之。篇首《总论》二十条，颇得比事属辞之旨。其中如单伯逆王姬，则从王氏之说，以为鲁之大夫。于秦获晋侯,辨所以不书名之故。于宋师败绩,辨所以不书公之故。于司马华孙来盟，辨胡传义不系乎名之说。于盟宋，罪赵武之致弱。于楚公子比公子弃疾弑立，书法见《春秋》微显之义。于齐杀高厚，谓非说晋，而于卫人立晋一条尤得《春秋》深意。虽以“宗朱”为名,而参求经传,务求心得,实非南宋以来穿凿附会之说。后方苞作《春秋通论》,多取材此书。近时解《春秋》者，焦袁熹《春秋缺如编》外，此亦其亚矣。

《浙江采集遗书总录》闰集《春秋类》:《春秋宗朱辨义》十二卷刊本。右国朝进士固城张自超撰。自谓宗紫阳朱子，辨诸儒是非异同之说，以发明《春秋》之义云。

《问源楼书目初编》卷一上《经部》:《春秋宗朱辨义》十二卷，张自超撰。原刊本。

《八千卷楼书目》卷二《经部》:《春秋宗朱辨义》十二卷。国朝张自超撰。世耕堂刊本。

《藏园订补郘亭知见传本书目》卷二《经部五》:《春秋宗朱辨义》十二卷。国朝张自超撰。〇刊本。

孝经

古孝经

宋朱熹纂。

《孝慈堂书目》:《古孝经》。朱熹，一卷，附《训子诗》九十八首一卷。

孝经集注

宋朱熹撰。

《传是楼书目·经部》: 宋朱熹《孝经集注》。

晦庵先生删古文孝经

宋朱熹撰。

《晁氏宝文堂书目》卷上《经》:《晦庵先生删古文孝经》。

孝经句解（又名：朱文公定古文孝经注）

宋朱申注。

《千顷堂书目》卷三《孝经类》: 朱申《孝经句解》一卷。

《四库全书总目》卷三二《经部三二·孝经类存目》:《孝经句解》一卷，内府藏本。元朱申撰。申有《周礼句解》，已著录。是编注释极浅陋，如"仲尼闲居"句下注曰："孔子名某，字仲尼。闲居谓闲暇居处之时。""曾子侍"句下注曰："曾子，孔子弟子，名参，字子舆。侍孔子坐。""子曰"句下注曰"孔子言曰"。"参"字下注曰："呼其名而告之。"盖乡塾课蒙之本，不足以言诂经者也。卷首题"晦庵先生所定古文孝经句解"，而书中以今文章次标列其间，其字句又不从朱子《刊误》本，亦殊糅杂无绪。《通志堂经解》刻之，盖姑以备数而已。

《郑堂读书记》卷一《经部一》:《孝经句解》一卷，通志堂经解本。元朱申撰。申字周翰，里贯未详，乃宋末元初间人也。《四库全书》存目。倪氏《宋志补》、钱氏《补元志》、朱氏《经义考》俱载之。是书卷首题曰“晦庵先生所定古文孝经句解”，而书中仍标列今文章次，其字句亦不尽从朱子《刊误》本。惟每章离句为注，章后略具音释，俱极浅陋。盖聊以备训蒙之本，非为说经而作也。其全录《刊误》之说，并于卷末全载朱子《刊误跋》，故卷首标题如此。

《佳趣堂书目》:《晦庵先生所定古文孝经句解》，朱申周翰注。

《续修四库全书总目提要》第十四册 :《朱文公定古文孝经注》一卷，宋朱申注。申爵里事迹无可考，书亦无序例，与朱子《刊误》本又不尽同。《刊误》定为经一章，传十四章。是本从古文章次，每章之后，别注今文，以为某章。惟“庶人”章，古文本分为二，而是本仍从今文作一章。又《刊误》本章末所引诗书，俱被删削，是本一仍其旧，惟于“聿修厥德”下注云 :“凡添者皆是后人增加之文，晦庵之所删去，后皆仿此”云云。“天子”章及“庶人”章首，《刊误》本无“子曰”字，是本有之。《刊误》所定《传》十四章，是本次序与之全异，而同于古文。其异于古文者，则古文“乎”“也”等助词，是本多去之。于古文“训”字每改作“顺”，古文“谊”字每改从“义”。“因天之道”，“因”作“用”;“因天之明”，“因”作“则”，盖又同于今文矣。申所注甚简略。书为明翻宋本，以与《刊误》本有别，宜并存之。

今按 :《孝经丛书》本（万历刻）;《孝经总函》本（明内府抄、明抄）;《孝经大全》十二集本（崇祯刻）;《孝经大全》十集本（崇祯刻）;《通志堂经解》本（康熙刻、同治刻、日本文化刻）; 民国二十七年北京来熏阁书店影印日本林秀藏元刻本（国家图书馆、辽宁省图书馆、辽宁大学图书馆藏）。

孝经刊误

宋朱熹撰。

宋朱熹《孝经刊误后记》: 熹旧见衡山胡侍郎《论语说》疑《孝经》引《诗》非经本文，初甚骇焉，徐而察之，始悟胡公之言为信，而《孝经》之可疑者不但此也。因以书质之沙随程可久丈，程答书曰 :“顷见玉山汪端明亦以为此书多出后人付会。”于是乃知前辈读书精审，其论固已及，又窃窃自幸有所因述，而得免于凿空妄言之罪也。因欲掇取他书之言，可发此经之旨者别为外传，如冬温夏凊、昏定晨省之类，即附始于事亲之传。顾未敢耳。淳熙丙午八月十二日记。《晦庵先生朱文公文集》卷六六。

宋陆秀夫《编正孝经刊误跋》:《孝经》一书，古文不可得而考见矣。所可考者，汉世《艺文志》、颜氏、刘氏、司马氏编次之文而已。要之，皆古文之旧也。秀夫幼而读之，莫觉其非。长而疑焉，涉猎载籍，罔非类是，莫敢有所与。既入仕，滥次西藏勾当，得朱元晦《刊误》一编而玩味之，夫然后心目开朗，欣欣然若有所得。于是与在馆诸同志，因元晦之议，从而删削次第之，然而敢以粟丝己意妄有所参涉于其间，以得罪于先正。庶几是经灿然可复，而元晦刊正之功不泯。圣世以孝治天下之化，或不能无少助云。陆秀夫识。《宋左丞相陆公全书》卷三。

《读书附志》卷上《经解类》:《孝经刊误》一卷。右朱文公所定也。皆以古文为正，惟《传》之六章或从今文。庐山胡冰叙于后。

《直斋书录解题》卷三《孝经类》:《孝经刊误》一卷。朱熹撰。抱遗经于千载之后，而能卓然悟疑辨惑，非豪杰特起独立之士，何以及此？后学所不敢仿效，而亦不敢拟议也。

《文献通考》卷一八五《经籍考十二》:晦庵《孝经刊误》一卷。《中兴艺文志》:《刊误》谓今文六章，古文七章，以前为经，后为传。经之首，统论孝之终始，乃敷陈天子、诸侯、卿大夫、士、庶人之孝。而其末曰:“故自天子至于庶人，孝无终始，而患不及者，未之有也。”其首尾相应，文势联贯,实皆一时之言。而后人妄分为六七,又增“子曰”及《诗》《书》之文，以杂乎其间。今乃合为一章，而删去“子曰”者二，引《书》者一，引《诗》者四，凡六十一字，以复经文之旧。又指传文之失，删去“先王见教”以下凡六十七字，“以顺则逆”已下凡九十字，余从古文。跋尾云：熹旧见衡山胡侍郎《论语说》，疑《孝经》引《诗》，非经本文，初甚骇焉，徐而察之，始悟胡公之言为信，而《孝经》之可疑者，不但此也。因以书质之沙随程可久丈，程答书曰：“顷见玉山汪端明亦以为此书多出后人附会。”于是乃知前辈读书精察，其论固已及此。又窃自幸有所因述，而得免于凿空妄言之罪也。因欲掇取他书之言可发此书之旨者，别为《外传》，如冬温夏凊、昏定晨省之类，即附始于事亲之传。顾未敢耳。《语录》:《孝经》,疑非圣人之言。且如“先王有至德要道”,此是说得好处。然下面都不曾说得切要处着,但说得孝之效如此。如《论语》中说孝,皆亲切有味,都不如此。《士》《庶人章》说得更好,只是下面都不亲切。陈氏曰:抱遗经于千载之后,而能卓然悟疑辩惑,非豪杰特起独立之士,何以及此?后学所不敢仿效,而亦不敢拟议也。

《宋史》卷二〇二《艺文志一》:朱熹《刊误》一卷。

《万卷堂书目》卷一《孝经》:《孝经刊误》一卷朱熹。

《晁氏宝文堂书目》卷上《经》:《孝经刊误》。

《澹生堂藏书目》卷一《经类第六》:《孝经刊误》。一卷,朱文公。

又:朱子《孝经刊误》。一卷。

《徐氏家藏书目》卷一《经部》:《孝经刊误》一卷。朱子。

《徐氏红雨楼书目》卷一《经部》:《孝经刊误》一卷。朱子。

《国史经籍志》卷二《经类》:《孝经刊误》一卷。朱熹。

《经义考》卷二二六《孝经五》:朱子熹《孝经刊误》。《宋志》:一卷。存。

朱子后序曰:“熹旧见衡山胡侍郎《论语说》,疑《孝经》引《诗》非经本文,初甚骇焉,徐而察之,始悟胡公之言为信,而《孝经》之可疑者,不但此也。因以书质之沙随程可久丈,程答书曰:‘顷见玉山汪端明,亦以为此书多出后人付会。’于是乃知前辈读书精审,其论固已及此。又窃自幸有所因述,而得免于凿空妄言之罪也。因欲掇取他书之言可发此经之旨者,别为《外传》,顾未敢耳。淳熙丙午八月十二日记。”

《中兴艺文志》:“《刊误》谓《今文》六章、《古文》七章以前为经,后为传,经之首,统论孝之终始,乃敷陈天子、诸侯、卿、大夫、士、庶人之孝。而其末曰:‘故自天子至于庶人,孝无终始而患不及者,未之有也。’其首尾相应,文势联贯,实皆一时之言,而后人妄分为六七,又增‘子曰’及《诗》《书》之文,以杂乎其间。今乃合为一章,而删去‘子曰’者二,引《书》者一,引《诗》者四,凡六十一字,以复经文之旧。又指传文之失,删去‘先王见教’以下凡六十九字,‘以顺则逆’以下凡九十字,余从《古文》。”

陈振孙曰:“抱遗经于千载之后,而能卓然悟疑辨惑,非豪杰特起独立之士,何以及此?后学所不敢仿效,而亦不敢拟议也。”

赵希弁曰:“右朱文公所定也,皆以《古文》为正,惟传之六章,或从《今文》。庐山胡泳叙于后。”

黄震曰:“晦庵朱先生因衡山胡侍郎及玉山汪端明之言，就《古文孝经》作《孝经刊误》，以‘天子’至‘庶人’五章，皆去‘子曰’与引‘《诗》云’之语，而并五章为一章，云疑所谓《孝经》者，本文止如此，而指此为经，其余则移置次第，而名之为传，并刊其用他书窜入者，如‘孝天之经，地之义’至‘因地之利’为《春秋左氏传》载子太叔为赵简子道子产之言。如以‘顺则逆’以下，为《左氏传》所载季文子、北宫文子之言。如‘进思尽忠，退思补过’，亦《左氏》所载士贞子之言，遂以《孝经》为出于汉初《左氏传》未盛行之前，且云不知何世何人为之。愚按:《孝经》视《论语》虽有衍文，其每章引《诗》为断，虽与刘向《说苑》《新序》《列女传》文法相类，而孝为百行之首，孔门发明孝之为义，自是万世学者所当拳拳服膺。他如文义之细而不容不考，至晦庵疏剔了然矣。‘严父配天’一章，晦庵谓‘孝之所以为大者，本自有亲切处，使为人臣子者，皆有今将之心，反陷于大不孝，此非天下通训，而戒学者详之’，其义为尤精。愚按:《中庸》以追王太王、王季为达孝,亦与此章严父配天之孝同旨。古人发言,义各有主,学者宜审所躬行焉。若夫推其事之至极，至于非其分之当言，如晦庵所云者，则不可不知也。”

陆秀夫后序曰:“《孝经》一书，《古文》不可得而考见矣，所可考者，汉世《艺文志》、颜氏、刘氏、司马氏编次之文而已，要之，皆《古文》之旧也。秀夫幼而读之，莫觉其非，长而疑焉，涉猎载籍，罔非是是，莫敢有所与。既入仕，滥次西藏勾当，得朱元晦《刊误》一编而玩味之，夫然后心目之开朗，欣然若有所得，于是在馆诸同志，因元晦之议，从而删削次第之。然而敢以粟丝己意，妄有所参涉于其间，以得罪于先正，庶几是经灿然可复,而元晦刊正之功不泯。圣世以孝治天下之化,或不能无少助云。”

朱鸿曰:“朱子《刊误》，经一章，传十四章，删去《古文》二百二十三字。”

按:自汉以来，说经家鲜有移易经文片言者，移之自二程子《大学》始也。自汉以来，注疏家莫能删削经文只字者，删之自朱子《孝经刊误》始也。曰:费直以《彖》《象》《文言》附《卦辞》，非移《易》乎?曰:直受之于师则然，非直自移之。曰:李林甫承诏定《月令》,非删削乎?曰:《月令》知为吕不韦书，非经文也。

《也是园藏书目》卷一《经部》:朱子《孝经刊误》一卷。

《虞山钱遵王藏书目录汇编》卷一《经部》：朱子《孝经刊误》一卷。

《好古堂书目·子部》：《孝经刊误》。

《本立堂藏书目·文集四》：《孝经刊误》一卷。

《四库全书总目》卷三二《经部三二·孝经类》：《孝经刊误》一卷，通行本。宋朱子撰。书成于淳熙十三年，朱子年五十七，主管华州云台观时作也。取古文《孝经》分为经一章、传十四章，删旧文二百二十三字。后有《自记》曰："熹旧见衡山胡侍郎《论语说》，案胡宏高宗时为礼部侍郎，居衡州，故曰衡山，所著有《五峰论语指南》一卷，疑《孝经》引《诗》，非《经》本文。初甚骇焉，徐而察之，始悟胡公之言为信。而《孝经》之可疑者不但此也，因以书质之沙随程可久丈按可久，程迥之字也。程答书曰：顷见玉山汪端明，案汪应辰，孝宗时为端明殿学士。亦以此书多出后人附会。于是乃知前辈读书精审，其论固已及此。窃幸有所因述而得免于凿空妄言之罪"云云。今以《朱子语录》考之，黄榦记云："《孝经》除了后人所添前面'子曰'及后面引《诗》，便有首尾。"又云："'以顺则逆，民无则焉'，是季文子之词。'言斯可道，行斯可乐'一段，是北宫文子论令尹之威仪，在《左传》中自有首尾。载入《孝经》，都不接续，全无意思。"又叶贺孙记云："古文《孝经》有不似今文顺者，如'父母生之，续莫大焉'，又著一个'子曰'字，方说'不爱其亲而爱他人者，谓之悖德'。此本是一段，以'子曰'分为二，恐不是。"又辅广记云："'孝莫大于严父，严父莫大于配天'，岂不害理？如此则须是如武王、周公方能尽孝道，寻常人都无分，岂不启人僭乱之心？"是朱子诋毁此书，已非一日，特不欲自居于改经，故托之胡宏、汪应辰耳。欧阳修《诗本义》曰："删《诗》云者，非止全篇删去也，或篇删其章，或章删其句，或句删其字。"引《唐棣》《君子偕老》《节南山》三诗为证。朱子盖阴用是例也。陈振孙《书录解题》载此书，注其下曰："抱遗经于千载之后，而能卓然悟疑辨惑，非豪杰特起独立之士，何以及此？此后学所不敢仿效，而亦不敢拟议也。"斯言允矣。南宋以后，作注者多用此本。故今特著于录，见诸儒渊源之所自与门户之所以分焉。

《问源楼书目初编》卷一上《经部》：《孝经刊误》一卷，宋朱子撰，《遗书》本。

《许氏古韵阁书目》卷一《经部》：《孝经刊误》一卷，宋朱熹撰。朱氏刊本。

《郑堂读书记》补逸卷六《经部》:《孝经刊误》一卷，写本。宋朱子撰。《四库全书》著录。赵氏《读书附志》、陈氏《书录解题》《通考》《宋志》俱载之。乃其取古文《孝经》，删二百二十三字，分为经一章，传十四章，其所删者则以圈记之，间附以辨论之语。后有淳熙丙午自跋，盖书成于朱子主管华州云台观时也。陈氏云 :“抱遗经于千载之后，而能卓然悟疑辨惑，非豪杰特起独立之士，何以及此？后学所不敢仿效，而亦不敢拟议也。”至赵氏所称庐山胡泳有后序，则今本已佚矣。

《藏园订补郘亭知见传本书目》卷三《经部六》:《孝经刊误》一卷。宋朱子撰。〇朱子遗书本。〇经苑本。

《持静斋书目》卷一《经部六》:《孝经刊误》一卷，刊本。宋朱子撰。

《八千卷楼书目》卷二《经部》:《孝经刊误》一卷，宋朱子撰。吕刊《朱子遗书》本、经苑本。

《增订四库简明目录标注》卷三《经部六》:《孝经刊误》一卷，宋朱熹撰。《朱子遗书》本。明朱鸿编《孝经十书》本。经苑本。

今按 :《朱子遗书》本（康熙刻）;《四库全书》本 ; 经苑本（道光咸丰刻、同治印、民国补刻）; 清道光十五年抄本（上海图书馆藏）;《今古文孝经》汇刻本（道光刻）; 日本宽政二年京都书林上轩刻本（北京大学图书馆藏）; 反约篇本（同治抄 ; 福建师范大学图书馆藏）;《榕园丛书》本（同治刻、民国印）;《西京清麓丛书》本（光绪刻）。

孝经大义

元董鼎撰。

宋熊禾《孝经大义序》: 孔门之学，惟曾氏得其宗。曾氏之书有二，曰《大学》，曰《孝经》。经传章句，大略亦相似。学以大学为本，行以孝经为先，自天子至于庶人一也。《尧典》一篇，《大学》《孝经》之祖也。自克明峻德，以至亲睦九族，极而百姓之昭明，万邦之于变，大学之序也。孝之为道，盖已具于亲睦九族之中矣。何也？一本故也。自是舜以克孝而徽五典，禹以致孝而叙彝伦，伊尹述成汤之德，一则曰立爱惟亲，二则曰奉先思孝。当时人纪之，修孰大乎是。文武周公率是而行，上而宗庙之飨，下而子孙之保，宗支庶蕃，道化流衍，且二千余年。推其效必至于四海之内，人皆亲其亲，长其长，一鳞毛一芽甲之微，无不得所，而后为孝之极致。呜呼！二帝三王之教可谓大矣，《孝经》一书，即其遗法也。世入春秋，皇纲纽解，孔子伤之，三复昔者明王孝治之言，思之深，望之切矣。诚使天子公卿躬行于上，凡礼乐刑政之具，壹是以孝为本，则斯道也固天性之自然，人心之固有。一转移间，王道顾不易易乎？惜也徒托之空言，而仅见于门人记录之书也。书存而道可奉，虽不能行诸一时，犹可诏诸来世。今此经之可考者，不过《汉·艺文志》而已。而其篇次，则颜注古文二十二章，孔壁所藏本也。今文一十八章，汉河间王所得颜芝本，而刘向之所参校者也。要之，出于汉儒付会，皆非曾氏门人所记旧文矣。唐玄宗开元敕议，意非不美，而司马贞浅学陋识，并以《闺门》一章去之，卒启玄宗无礼无度之祸。而其所制序文，至以礼为外饰之所资，仁义为后来之渐有。不知所谓因心之孝者果何所因，而又何自而萌乎？学之不讲，德之不修，一至于此。桓桓朱子，特起南夏，平生精力，用功于《易》《四书》为多。至此书，则仅成《刊误》一编。注释大义，犹有所未及。噫！人子不可斯须忘孝，则此为天子至庶人一日不可无之书。章句已明，而文义犹缺，顾非一大欠事乎？盖尝有志汇集诸家传注以明一经，而未果。一日，余友人新安胡庭芳挈其高弟番阳董真卿访余云谷山中，手携父书，有《孝经大义》者，取而阅之，则其家君深山先生董君季亨父所辑也。其书为初学设，故其词皆明白易晓。熟玩之，则其间义趣精深，又有非浅见謏闻所能窥者。辄为刊之鳌峰书塾，以广其传。此岂惟学者修身齐家之要，而有国有天下者亦岂能外是而他有化民成俗之道哉？噫！文公一用之于滕，而四方草偃风动。拓跋帝再用之于魏，至使邻国君臣耸动愧悔而不自已。生于其心，发于其政。今考二君行事，皆班班有三代之风，而况不止为滕、魏者乎？嗟夫！此经之废盖千五百余年矣，悠悠天壤，人极未坠，岂无以二帝三王之心为心者？仁，人心也。学所以求仁，而孝则行仁之本也。《语》曰："如有王者，必世而后仁。"愚何幸身亲见之。《勿轩集》卷一。

《晁氏宝文堂书目》卷上《经》:《孝经大义》。

《季沧苇藏书目·经解目录》:《孝经大义》一卷。元董鼎。

《万卷堂书目》卷一《孝经》:《孝经大义》一卷。董鼎。

《千顷堂书目》卷三《孝经类》：董鼎《孝经大义》一卷。

《四库全书总目》卷三二《经部三二·孝经类》：《孝经大义》一卷，两江总督采进本。元董鼎撰。鼎有《尚书辑录纂注》，已著录。初，朱子作《孝经刊误》，但为厘定经、传，删削字句，而未及为之训释。鼎乃因朱子改本，为之诠解。凡改本圈记之字，悉为芟除。改本辨正之语，仍存于各章之末。所谓“右传之几章释某义”者，一一顺文衍出，无所出入。第十三章、十四章所谓不解经而别发一义者，亦即以经外之义说之，无所辨诘。惟增注今文异同为鼎所加耳。其注稍参以方言，如云“今有一个道理”，又云“至此方言出一孝字之类”，略如《语录》之例。其敷衍语气，则全为口义之体。虽遣词未免稍冗，而发挥明畅，颇能反复以尽其意，于初学亦不为无益也。前有熊禾《序》，盖大德九年鼎子真卿从胡一桂访禾于云谷山中，以此书质禾，禾因属其族兄熊敬刊行，而自序其首。《序》称朱子为“桓桓文公”，按《书》曰：“勖哉夫子，尚桓桓。”孔《传》曰：“桓桓，武貌。”《尔雅》曰：“桓桓、烈烈，威也。”均与著书明道之旨无关，颇为杜撰。又“文公”字跳行示敬，而“孔子”“曾子”字乃均不跳行，亦殊颠倒。以原本所有，姑仍其旧录之焉。

《八千卷楼书目》卷二《经部》：《孝经大义》一卷，宋董鼎撰。通志堂本。

今按：明抄本（国家图书馆藏）；抄本（国家图书馆藏）。

孝经刊误定本

明谈复初撰。

《稽瑞楼书目》：《孝经刊误定本》一卷，宣德中邑人谈复初据朱子旧本订正，正统三年其子懋跋。抄本，一册。

孝经刊误

明晏璧撰。

《国史经籍志》卷二《经类》：《孝经刊误》一卷。晏璧。

《千顷堂书目》卷三《孝经类》：晏璧《孝经刊误》一卷。庐陵人。

《明史》卷九六《艺文一》：晏璧《孝经刊误》一卷。

孝经刊误集注

明应纲撰。

《千顷堂书目》卷三《孝经类》：应纲《孝经刊误集注》一卷。字恒道，永康人，成化中贡士，官归德州训导，以孝行被旌。

孝经刊误浅解

明史尊朱撰。

《八千卷楼书目》卷二《经部》：《孝经刊误浅解》一卷，明史尊朱撰。刊本。

《温州经籍志》卷五《经部》：史氏尊朱《孝经刊误浅解》一卷。道光《乐清县志》十一。存。乐清郑氏刊本。《自序》：天地生物之心，元也，人得之以为心而有仁；父母爱子之心，仁也，子得之以为心而知孝。天、亲、仁、孝，一也。尽所以为子而亲悦之，则尽所以为人而天佑之。若子而不子，则人为匪人。失其天性，逆天之命矣，罪将安祷乎？此祸福之攸分，而治乱之自始也。治至二帝三王，尚矣。钦明峻德，先亲九族，重华升闻，闻以烝乂，禹之干蛊，弼成五服。汤则圣敬日跻，肇修人纪，文王之为世子，朝于王季日三，武王、周公所称达孝者也。是其德之本于孝者一也。孝之为道，于身焉求之，其不敢毁伤也。则不登高，不临深，为能戒逸欲，儆风愆，以强固其身矣，其立身行道也。一举足不敢忘父母，则所以作肃者本乎是；一出言不敢忘父母，则所以作乂者本乎是；视于无形，听于无声，永言孝思，则所以作哲作谋作圣者本乎是；充之而事亲而克谐，即事天而休征也。人本乎天，子本乎亲，自天子以至庶人，同以吾亲为身之本，同以孝为身之德之本，其知爱知敬，乃不虑而知之良知，不学而能之良能，出于性而不容已者。经曰："爱亲者不敢恶于人，敬亲者不敢慢于人。"人必爱亲而后能爱人，亦至于能爱人，乃尽其所以为爱亲。人必敬亲而后能敬人，亦至于能敬人，乃尽其所以为敬亲。天子以爱敬之德教于上，天下以爱敬之德顺于下，合四海皆归于爱敬，而无敢恶慢，则肃肃雍雍，不争无怨，中和建而礼乐兴，礼乐兴而教化行，父父子子，君君臣臣，大伦以正，庶务以理，而清宁咸若，灾害不生，祸乱不作，司寇之刑可措，司马之兵可戢，何唐、虞三代之治不再见哉？甚矣，孝之大也！正闺门、顺四海、享祖考、格天神，道无逾于此者。自孝道之衰，父子君臣，大伦攸斁人事失其经，天道乱其序，于是孔子惧而作《春秋》以救其变，著《孝经》以道其常。故曰："志在《春秋》，行在《孝经》。"二书原并出者也。古用竹书，易于错简，又经秦火，《孝经》所传多误，妄立章名，训注亦谬。朱子谓其附会芜杂而失次，文义有不通贯，因为删削附会，合经分传而序次之，觉义理之精深，规模之宏远，一同于《大学》，是皆为孔子之言，皆传于曾子者，又皆以朱子之更定而得其正也。是宜以朱子所定，颁之学宫，合于《大学》，以命题取士，庶是经大行于世，用致和平之治于无疆也。尊朱不揣固陋，为之浅解，非能于精意发其万一，亦曰刍荛之言，聊备采择焉云尔。道光《乐清县志》十一。贾声槐《序》：丁亥秋，乐清郑生耀廷，以其乡先辈史格庵先生《读书浅解》请为序。先生深于理学，羽翼紫阳，卓然可传于后世。原版残于回禄，郑生寻旧藏本重镌之，其志可嘉。今春来谒曰："先生《孝经刊误浅解》可并付梓。"余读其自序，于天人性命之原，仁孝合一之理，发挥透彻，注解清晰周备，是诚有裨于名教，而为圣贤之功臣矣。昔夫子以《大学》授曾子，曾子围发为《传》。秦汉以后，书多错简，朱子更定，分为十传，条目井井，与博文约礼大旨相合，后来有疑而议之者过矣。《孝经》亦夫子所授于曾子者也，始于事亲，中于事君，终于立身，实包乎诚正修齐治平之旨，而力行必先致知，道本一贯也。是书流传久多错杂，朱子《刊误》，亦分为传十章，释明经义，后二章发经外之义。文从理顺，质之先圣而不易，格庵先生解之而曰浅。夫庸言庸行，通乎鬼神，察乎天地，《孝经》与《大学》相表里，《四书》《五经》之理尽包孕其中。浅解也而精深广大孰能外此乎？孝弟者为仁之本，仁性也，天也，亦即中也，诚也。《太极图说》《西铭》，理一分殊，先生为能观其通矣。道光戊子孟夏序。道光《乐清县志》十一。

今按：清道光间刻本（南京图书馆藏）。

孝经刊误辩说

清倪上述撰。

《续修四库全书总目提要》第十四册：《孝经刊误辩说》，清倪上述撰。

上述，河北乐亭人。是书首有自序，后又有记。大旨以《刊误》一书，其经文必出朱子之所定，然辞说之际已不能尽得其旨。至传十四章，则多所割裂，不顾语脉之断乱，统纪之混淆。其间驳议与删除，尤非朱子所肯出，又以为考之本文，揆诸情事，确为曾氏门人所记，且断然与《大学》《中庸》同出于子思。此三书之中，于仲尼则称字，祖也；于曾子则称子，师也。又以为经传之说，确不可易。但谓传文乃杂引传记，则大不然。详传文前后问答，本与经文语势连接。即中间“孝治”等章，虽无问答相属之词，然亦皆曾子所述孔子之言。本为阐明首章之意，故分而观之，虽有经有传，合而记之，正不妨通谓之经。按上举数条，皆荦荦大者。其他所辩亦多惬当。至谓“《刊误》中诸说，求其辞气，有确为朱子者，有颇类朱子者，有断非朱子者”，俱能体会微妙。《刊误》非朱子所作，前人多已论之，而未有若此书之畅且核者。书刊于乾隆壬午。

读朱就正录

清张锡嵘撰。

清张锡嵘《读朱就正录序》：天地之全理具于性，天下之大本系于孝；圣人明性命之理，而著之于经。《孝经》，其总会也。《孝经》古今文之殊，一出颜芝，一出孔壁，而挈长较短，终当以古文为正，司马温公论之详矣。自朱子《刊误》出，而古今文乃皆有可疑。嵘少汩没于举业，中年始知学。窃谓先圣之道，莫著于《五经》《四子书》；先儒之书，莫粹于朱子。欲学孔子之学，而不读朱子之书，其不误于他歧者鲜矣。惟此《刊误》一书，始从缺疑之义。自温公《指解》以及各家，则皆远揽旁搜，研求至是。尝疑诸家之注未足尽圣人之意。非惟未尽，或又戾焉。因积服习所得，辑为《章句》，以俟君子。犹恐得失之微，有所未尽，乃复取《刊误》读之。及读之，而愈不能无疑焉。疑则疑夫朱子集中所载，于诸儒语录，尚存其疑而不改其文，谓“随手改易，即此气象已非”。此诚有德者之言也，何于此经而不然耶？继即朱子所疑，为之推求其所由来，更以朱子之论，参合愚之所致疑于注释诸家者，多不谋而合。乃知朱子所疑之义，皆注释家之误会经文，使经之语脉意旨隔阂晦滞、隐而不彰详后各说，转觉经之正文，亦有非圣人言语者。是朱子疑经之心，实出于尊经。揆之愚见，虽信疑不同，而同出于笃信圣人之意。前之疑朱子者，不惟涣然释，亦且怡然顺也。故特将朱子之因注疑经分列于后，间有不因注而疑，而实注家有以遗之者，亦为胪其原委，附以愚见，义取质疑，或亦就正有道之资，而朱子之所许乎？嗟乎，坠绪茫茫，既不获就炙孔曾之门，面聆夫微言绪论；又不获出所见就正于先儒如朱子者，问难考订，此余所俯仰太息者也。然天地之理，赋于性，具于心，不以古今殊也，特患学力浅薄，不能窥圣贤之堂奥耳。圣贤之义理其在遗籍，与在当人之心者，块然具足也，嵘也敢不勉哉！录璧后学张锡嵘谨序。《朱子全书》第二十七册《序跋》。

今按：张敬堂太史遗书本（同治刻）。

五经总义

朱子五经语类

佚名编。

《澹生堂藏书目》卷二《经类第九》：《朱子五经语类》。二十八卷，《语类大全》本。

朱子五经语类

清程川撰。

《四库全书总目》卷三三《经部三三・五经总义类》：《朱子五经语类》八十卷，江苏巡抚采进本。国朝程川编。川字鄘渠，号春昙，钱塘人。乾隆元年荐举博学鸿词。是书成于雍正乙巳，乃川肄业敷文书院时所刊。取《朱子语录》之说《五经》者，州分部居，各以类从，以便参考。凡《易》四十卷、《书》九卷、《诗》七卷、《春秋》三卷、《礼》二十一卷。昔朱子之孙鉴，尝缉《文公易说》二十三卷，又缉《诗传遗说》六卷，国朝李光地又有《朱子礼纂》五卷，而《书》与《春秋》卒无专书。特诸家援引遗文，据以折衷众说而已。且其间各以意为去取，不能尽睹其全。又不著为某氏某年所录，亦无以考其异同先后之由。黎靖德所编《语录》，虽荟萃无遗，然不及一一诠次，亦猝不得其端绪。川此编于每经皆以总论居前，论旧说得失者次之，其余则以经文为序，并各著某人所录于下，且注其年月及朱子是时年若干岁于首条。条分缕析，至为明白。虽其间记录或失其真，前后偶异其说者未为一一辨明，然比类而观，互相勘校，其得失亦粲然具见矣。三《礼》之末，缀以《大戴礼记》，似乎不伦。考是书，历代史志皆著录于礼类。史绳祖《学斋占毕》称宋时尝并《大戴记》于《十三经》末，称《十四经》。虽绳祖不详事在何朝，然谅非诬说。且其文与三《礼》多相出入，可以为参考之资。附录于末，亦不得以泛滥为疑矣。

《问源楼书目初编》卷一上《经部》:《朱子五经语类》八十卷，程川撰，原刊本。

《藏园订补郘亭知见传本书目》卷三《五经总义类》:《朱子五经语类》八十卷。国朝程川撰。〇雍正乙巳刊。

《持静斋书目》卷一《经部七》:《朱子五经语类》八十卷，雍正乙巳刊本。仅《易》四十卷，缺后半。国朝程川撰。

《增订四库简明目录标注》卷三《经部七》:《朱子五经语类》八十卷，清程川撰。雍正乙巳刊本。康熙中陈鐩辑朱子文集内论《四书》语三十二卷，有刊本。附录：陈鐩所辑朱子论《四书》语，曩尝购得，上并有张杨园、吕晚村两先生圈识。有同取者，有分取者，皆有符号为别。（永朴）

《清史稿》卷一四五《艺文志一》:《朱子五经语类》八十卷。程川撰。

今按：《四库全书》本。

经说

宋黄大昌、王迂编。

《读书附志》卷上《经解类》:《经说》三十卷。右晦庵先生朱文公熹仲晦之说也。《易说启蒙》三卷，《大易问答》两卷，《尚书问答》三卷，《毛诗问答》一卷，《礼记问答》一卷，《中庸问答》二卷，《大学问答》二卷，《周礼春秋问答》一卷，《论语问答》并《拾遗》八卷，《孟子问答》并《拾遗》并《孝经刊误》四卷，附《太极解义》，《太极问答》，《西铭解义问答》三卷，通为三十卷。邵武黄大昌、鄱阳王迂编次，凡《六经》之要旨，《论》《孟》之奥义，悉可以类而求之。延平廖德明为之序。

《千顷堂书目》卷三《经解类》：黄大昌《晦庵经说》三十卷。

《经义考》卷二四四《群经六》：黄大昌《晦庵经说》三十卷。未见。

五经四书性理大全

明胡广等辑。

《文渊阁书目》卷一：《五经四书性理大全》一部一百九十册。

又：《五经四书性理大全》一部一百九十册。

《天禄琳琅书目》卷七《明版经部》：《五经四书性理大全》，十二函一百二十册。明永乐间奉敕辑。首载胡广等《进书表》。《易》，宋程颐传，朱子本义，二十四卷，前总目，次凡例、程颐序、朱子上下篇义、《图说》《五赞》《筮仪》《易说纲领》。《书》，宋蔡沈集传，十卷，前凡例、书图、沈《集传序》《书说纲领》、汉孔安国序、后书序。《诗》，朱子集传，二十卷，前凡例、诗图、朱子序、《诗传纲领》，后大小序《辨说》。《春秋》，宋胡安国传，三十七卷，前凡例、序论、年表、《诸国兴废说》、东坡《图说》。《礼记》，宋陈澔集说，三十卷，前凡例、总论、澔序。《大学》，朱子章句，前《读大学法》、《或问》、朱子序、凡例。《中庸》，朱子章句，前《或问》、朱子序、《读中庸法》。《论语》，朱子《集注》，二十卷，前《读论语孟子法》、朱子《序说》。《孟子》，朱子集注，十四卷，前朱子《序说》。《性理》，七十卷，前明成祖序，次先儒姓氏。此书中《五经大全》，皆攘前人成书以为己有。顾炎武、朱彝尊尝讥之，已载前元版经部中矣。其辑《性理大全》附于书后者，盖以先儒议论格言足以辅翼五经四书也。成祖序、诸臣进表，皆作于永乐十三年。书前所列编纂儒臣衔名，共四十有二，而胡广、杨荣、金幼孜实董其成。刊印之善，亦足称焉。考《明史》，胡广字光大，吉水人。洪武三年以文学选为御史。成祖即位，偕解缙迎附，擢侍讲，迁学士兼左春坊，进文渊阁大学士。卒，赠礼部尚书，谥文穆。杨荣字勉仁，建安人。建文三年进士，授编修。成祖入京，以请先谒陵受知，屡迁其官。仁宗初，由谨身殿大学士进工部尚书。正统间，进少师。卒，谥文敏。金幼孜，名善，以字行，新淦人。建文二年进士，授户科给事中。成祖即位，改翰林检讨。官至礼部尚书，兼武英殿大学士。卒，谥文靖。

又：《五经四书》，十函五十六册。明正统间奉敕刊。首载英宗谕旨。《易》，宋程颐传，朱子本义，十卷，前颐序，次易图、《易说纲领》，后上下篇义、《五赞》《筮仪》。《书》，宋蔡沈集传，六卷，前沈序，次书图、《书说纲领》、汉孔安国序，后书序。《诗》，朱子集传，二十卷，前朱子序、诗图、《诗说纲领》、大小序《辨说》。《春秋》，宋胡安国传，三十卷，前安国序、春秋图、春秋《兴废说》、春秋总例。《礼记》，宋陈澔集说，十六卷，前澔序、《集说凡例》。《大学》，朱子章句，前朱子序，后《大学或问》。《中庸》，朱子章句，前朱子序，后《中庸或问》。《论语》，朱子集注，十卷，前朱子《序说》。《孟子》，朱子集注，十四卷，前朱子《序说》、后《读论语孟子法》。英宗谕旨：以《五经四书》经注，书坊刊本讹误者多，令司礼监誊写重刊，以取便于观览。其版宽行大字，槧印颇精，嘉惠艺林，亦盛典也。《诗经》内有"枕流漱石""君则氏"二印，系先割去旧有之印，钤于补纸上者，其"君则氏"印本小，乃平列二方，与"枕流漱石"配合，明属书贾伪为。又《四书》内有"尚宝寺卿表忠彻家藏书画"印记，《明史·职官志》有尚宝司，而无尚宝寺之名。其列传内载袁忠彻字静思，鄞人，从父珙谒燕王，王厚遇之。及即位，召授鸿胪序班，赐赉甚厚，迁尚宝司丞，寻进少卿。今印记中以"司"为"寺"，以"袁"为"表"，谬误尤甚，均不足存。"真赏斋""荆溪邵氏"收藏二印，亦无考。

今按：明永乐十三年内府刻本（国家图书馆、中国科学院图书馆、复旦大学图书馆、南京图书馆、浙江图书馆、辽宁省图书馆、大连市图书馆、山西省图书馆、福建省图书馆、湖南省图书馆、广东省中山图书馆、云南省图书馆藏）；明弘治八年书林魏氏仁实堂刻本（首都师范大学图书馆、华东师范大学图书馆、河北师大图书馆、柳州市图书馆藏）；明嘉靖十二年叶氏作德堂刻本（南京大学图书馆藏）；明嘉靖十三年王氏三槐堂刻本（上海图书馆藏）；明嘉靖二十二年应天府学刻本（北京大学图书馆、中国科学院图书馆、华东师范大学图书馆、辽宁省图书馆、山东大学图书馆、浙江图书馆、湖南省图书馆藏）；明嘉靖三十五年建宁府刻本（国家图书馆藏）；明嘉靖三十八年樊献科刻本（首都图书馆、辽宁大学图书馆、浙江图书馆、安徽省图书馆、安徽省博物馆、郑州大学图书馆藏）；明万历二十五年吴勉学师古斋刻本（北京大学图书馆、天津图书馆、上海图书馆、河北大学图书馆、吉林省图书馆、福建省图书馆、四川大学图书馆藏）；清康熙十二年内府刻本（上海图书馆藏）;《四库全书》本。

朱子经说

明陈龙正编。

《千顷堂书目》卷三《经解类》：陈龙正《朱子经说》。

《经义考》卷二五一《群经十三》：陈龙正《朱子经说》十四卷。存。

龙正自序曰："《朱子语类》略定颇无憾，惟说经一类占且大半。私念传注者，朱子生平精力之所聚也，各附经以见，未尝入本集，此实传注之余，而独搀入语中为一类，顾又独多于众类，纲纪非称，譬之车以载物，而物跨于车，室以处人，而人壮于室，曷不别为一书，使穷经者尤便考证乎？携入都以示伯玉，而未质也。伯玉读之逾月，喜甚，谓立义起类，更置先后，裁并条句，浑然灿然，莫可易者。惟说经宜提出别行，更快人意。予闻跃然，事固有不约以孚如斯者，所以怀来遂决。但朱子当年，或因门人执经问难，旁及他事，与经指绝不相涉，则移从各类；或他类中有专为经文经义发明，亦移入说经。凡以益于省观，使人无茫然混淆之困而已。圣作明述，皆欲置人清辨之地也，去其混淆与以清辨，意者因说经之意以通经意者欤。"又序曰："呜呼！此予所为《朱子经说》原序也，越四年为甲申，而有三月十九之事。伯玉殉难，最先最烈，与刘宫谕理顺并轨焉。念海内同志，不过数人，而学同者尤鲜。以禅染方炽，或明承，或暗随，求其纯以孔、孟之学，昼夜相切磨者，在京邸时，惟伯玉暨刘公耳。至其临大节也皆卓绝。呜呼！正学不足以益人显遂，而足以固人忠贞，兹非其明验耶？伯玉已矣，今而后复有好研经术，好读《语录》，由程、朱溯孔、孟，孳孳问难，相对无倦者，天南地北，属之何人？不数月间，遂成隔世，每展卷辄潸然长叹。"

《拜经楼书目·经部》：《朱子经说》十四卷，五本。

今按：明崇祯十七年稿本（上海图书馆藏）；明崇祯十七年刻本（清华大学图书馆藏）。

五经研朱集

明张煊撰。

《千顷堂书目》卷三《经解类》：张煊《五经研朱集》二十二卷。字大生。崇祯戊辰序。

《明史》卷九六《艺文一》：张瑄《五经研朱集》二十二卷。

朱子六经图

清江为龙、叶涵云编。

《浙江采集遗书总录》丙集《经部》：《朱子六经图》十六卷，刊本。右国朝知县桐城江为龙辑。因朱子《六经图》之旧，复取《四书图》参订异同，以附于后。

《郑堂读书记》卷二《经部》：《朱子六经图》十六卷，江西宜春官舍刊本。国朝江为龙、叶涵云同编。为龙，号砚崖，桐城人，康熙庚辰进士，官吏部主事。涵云，号长山，亦桐城人。《四库全书》存目，无“朱子”二字。前有砚崖、长山二序。信州学宫旧有《六经图》勒石，砚崖以其摹印维艰，因与长山汇次成帙，复取《四书图》互为参考，以附于后，凡《诗经》《尚书》《周易》《周礼》《春秋》《礼记》图各一卷，附《四书图》四卷。其中有各经互见、体式相同者，则不重出，有互见而体式不合，如《周礼》九畿之制，不与《禹贡》合，封国之制，不与《武成》《孟子》合，建都之制，不与《洛诰》《召诰》合，设官之制，不与《周官》合之类，则各存其一二焉。考明章达有重刻《五经图》六卷，国朝卢云英有重编《五经图》十二卷，皆本信州石刻成编，而书名不标朱子之称，此本徒以附入《四书图》之故，冠以“朱子”二字，究属非是，故《提要》本删之也。

四书

四书章句集注

宋朱熹撰。

宋马光祖《宋当涂郡斋刻本四书章句集注跋》：当涂郡斋旧有文公《语》《孟集注》，注与本文皆大字，于老眼为宜，盖正肃吴公所刊，见谓善本。光祖揭来假守，依仿规制，取《中庸》《大学章句》并刊之，足成《四书》。《语》《孟》岁月浸久，间有漫灭，就加整治。是书在天地间无穷达老少皆不可一日废，熟复玩味，则施之行事，其有不敬且畏哉？淳祐壬子孟秋朔旦金华马光祖敬识。《铁琴铜剑楼藏书目录》卷六。

宋陈宓《跋四子章句或问集注辑略》：朱文公平生精力尽于《四子章句》《或问》《集注》《辑略》，决泽是正，精确详密，虽使孔、孟复生，若合一契。盖以《大学》为学之始，《论》《孟》次之，《中庸》为学之终，使人自志学至成德求之而不穷，自修身至平天下用之而不尽，其有功于后世大矣。经生学士，所宜家传人诵，幼习壮行。然而多尚词章，罕知讲习。间有能读者，口耳之外，未必体之于心。教之不明，道之不行，此其由也。是书遐陬远峤，或广其传，莆阳学官，却未之有。三山陈君汲，笃信君子也，裒学余廪，慨然鸠工锓刻，以惠学者，俾知进学之门庭，造道之阃奥，可谓以文公之心为心矣。书成，属某识于卷末，用勉同志云。《龙图陈公文集》卷一〇。

明娄坚《重较四书集注序》：太仓金氏绩较刻《四书集注》，而王太常敬美先生序之。大抵言近世无复小学，故多不得其句读、音义，而嘉绩之独勤于是书也。自岁壬午距今三十年所，板刻漫漶。而读者或续订其讹舛，复得数条，于是邑人周缵虞辄改定而重刻之，来以序请。予于宋之说经者得二人焉。或尽废专门之学，创为独断，而当时遂用以取士者，王介甫之新学也。或颇本师承之绪，自许折衷，而至今行之不废者，朱元晦之《集注》也。盖介甫以得君显，当时之不与者众，故骤行而旋废。元晦以讲学名，其徒之推崇者力，故派远而弥彰，亦势之所趋也。间尝读《王洪范传》，窃以为非苟然者，思一见其全书而不可得。而胜国儒者若吴幼清、金吉甫皆号为精诣其说，时与朱相出入，盖有助焉，而世亦莫之讲也。昔者闻通儒之论，以谓圣人之经，宜存众多异同之说，以待读者之自得。且汉人去古尚近，学有承受，其说决不可尽废。当国初儒学之臣不能将顺明主之德意，而狃于所闻，一切抹杀，此与介甫之新学何异？今之举子业，自当以朱传为宗，若好古博雅之士，似宜斟酌古今之间，不容守其固陋而已。世有雠较汉、唐之遗文如金氏、周氏之于是书者，予虽老矣，犹愿执笔而陪其后。《学古绪言》卷一。

《文渊阁书目》卷四：《四书集注》一部十八册，完全。《四书集注》一部十八册，残缺。《四书集注》一部十八册，残缺。《四书集注》一部六册，残缺。《四书集注》一部六册，残缺。《四书集注》一部六册，残缺。《四书集注》一部六册，缺。

《濮阳蒲汀李先生家藏目录》中间朝西二柜：《四书集注》。十二本。

《濮阳蒲汀李先生家藏目录》东间朝东头柜：《四书集注》。四本。《四书集注》。十本。

《濮阳蒲汀李先生家藏目录》东间南架一层：《四书集注》。十本。

《天一阁书目》卷一之二《经部》：《四书章句集注》二十六卷宋刊本。宋朱子撰并序。

《万卷堂书目》卷一《经解》：《四书集注》二十卷。朱熹。

《晁氏宝文堂书目》卷上《经》：《四书集注》。

《古今书刻》上编《内府》：《四书集注》。

《奕庆藏书楼书目》经之八《四书》：《四书》。俞板，共二十一卷，乙套，五本，宋朱熹集注。

又：《四书》。十九卷，乙套，六本，宋朱熹注。

《经义考》卷二五二《四书一》：《四书集注章句》二十六卷。存。

《季沧苇藏书目·宋元杂板书》：宋板《四书集注》，二十本。

《怡府书目》一百一号：《朱注四书》，九本。

《天禄琳琅书目》卷一《宋版经部》：《四书》，五函二十七册。朱子章句集注。《大学》一卷，《中庸》一卷，《论语》十卷，《孟子》十四卷。朱子《序说》《读法》。咸淳癸酉，衢守长沙赵淇刊于郡庠，每版中有“衢州官书”四字。《中兴馆阁续录》：秘书郎莫叔光上言：“今承平滋久，四方之人益以典籍为重。凡搢绅家世所藏善本，外之监司郡守搜访得之，往往锓版以为官书。其所在，各自版行。”宋时郡守刻书，于此可证。此本，淇为衢守所刻，时度宗九年。

按虞集《道园学古录》，淇乃赵葵次子，幼以郊恩补承奉郎，举童子科。刻书后六年而入元，拜湖南道宣慰使。又赵希鹄《洞天清录》，镂版之地有三：吴、越、闽。衢郡属越，由来旧矣。琴川毛氏藏本印记最夥，其“鼎”“元”双印，《秘殿珠林》内钱选《洪崖图》帧首有之。上有钱氏印，下曰“仲雅”，又见宋版《汉书》。下曰“伯雅”，而此曰“季雅”，似昗弟行，好古鉴藏家也。余无考。

《四库全书总目》卷三五《经部三五·四书类一》：《大学章句》一卷、《论语集注》十卷、《孟子集注》七卷、《中庸章句》一卷，通行本。宋朱子撰。案《论语》自汉文帝时立博士，《孟子》据赵岐《题词》，文帝时亦尝立博士，以其旋罢，故史不载。《中庸说》二篇见《汉书·艺文志》。戴颙《中庸传》二卷，梁武帝《中庸讲疏》一卷，见《隋书·经籍志》。惟《大学》自唐以前无别行之本。然《书录解题》载司马光有《大学广义》一卷、《中庸广义》一卷，已在二程以前，均不自洛闽诸儒始为表章。特其论说之详，自二程始；定著“四书”之名，则自朱子始耳。原本首《大学》，次《论语》，次《孟子》，次《中庸》。书肆刊本以《大学》《中庸》篇页无多，并为一册，遂移《中庸》于《论语》前。明代科举命题，又以作者先后，移《中庸》于《孟子》前。然非宏旨所关，不必定复其旧也。《大学》古本为一篇，朱子则分别经、传，颠倒其旧次，补缀其缺文。《中庸》亦不从郑注分节，故均谓之“章句”。《论语》《孟子》融会诸家之说，故谓之“集注”，犹何晏注《论语》，裒八家之说称“集解”也。惟晏注皆标其姓，朱子则或标或不标，例稍殊焉。《大学》章句，诸儒颇有异同，然“所谓诚其意者”以下并用旧文，所特创者不过补传一章，要非增于八条目外，既于理无害，又于学者不为无裨，何必分门角逐欤？《中庸》虽不从郑注，而实较郑注为精密。盖考证之学，宋儒不及汉儒；义理之学，汉儒亦不及宋儒。言岂一端，要各有当，况郑注之善者，如“戒慎乎其所不睹”四句，未尝不采用其意；“虽有其位”一节，又未尝不全袭其文。观其去取，具有鉴裁，尤不必定执古义以相争也。《论语》《孟子》亦颇取古注。如《论语》“瑚琏”一条与《明堂位》不合，《孟子》“曹交”一注与《春秋传》不合，论者或以为疑，不知“瑚琏”用包咸注，“曹交”用赵岐注，非朱子杜撰也。又如“夫子之墙数仞”注“七尺曰仞”，“掘井九仞”注“八尺曰仞”，论者尤以为矛盾。不知“七尺”亦包咸注，“八尺”亦赵岐注也。是知镕铸群言，非出私见，苟不详考所出，固未可概目以师心矣。大抵朱子平生精力，殚于《四书》，其剖析疑似，辨别毫厘，实远在《易本义》《诗集传》上。读其书者要当于大义微言求其根本。明以来攻朱子者务摭其名物度数之疏，尊朱子者又并此末节而回护之，是均门户之见，乌识朱子著书之意乎？

《经籍跋文·宋本四书跋》：宋淳祐本《四书》，《大学章句》一卷，《中庸章句》一卷，《论语集注》十卷，《孟子集注》十四卷。《大学序》后有跋云："四书家藏人诵，而版行者类多细字，不无讹舛。今得燕山嘉氏所刻宣城旧本于京师，经注字等，实便观读。于是补其残缺，置诸泳泽书院，嘉与学者共之。淳祐丙午秋八月识。"凡五行。考嘉氏，宋有嘉正，太平兴国进士，湘乡人。又有嘉承，永州司法。此燕山嘉氏，不知何人。京师原本空格，盖指临安。而泳泽书院亦未详何地。《四书》最先刻者为临漳本，此宣城旧本，不知视临漳所刻何如。而缮写精良，字大悦目，诚为至善。近得是本于吴中，似系国初翻刻者，与向所藏《易本义》《诗集传》诸宋本规模，具体而微。每叶十六行，行十五字，注作大字，低一格。尝以今本校之，《大学》"其命维新"作"惟新"。《中庸》"必有妖孽"作"妖孼"；"鼋鼍蛟龙"作"鲛龙"；"考诸三王而不谬"作"不缪"。《论语序》后有《读论语孟子法》一篇，"惟仁者"作"唯仁"，"女得人焉耳乎"作"尔乎"；"惟我与尔有是夫"作"唯我"；"忽然在后"作"忽焉"；"没阶趋进翼如也"作"没阶趋"，无"进"字。按注引陆氏曰"趋"下本无"进"字，俗本有之，误也。盖经文无之，故引是说。惟"阶"字偶从俗，下文"阼阶"仍作"阶也"；"廐焚"作"廄焚"；"斯为之仁矣乎"作"已乎"；"毋自辱焉"作"无自"；"期月而已可也"作"朞月"，"冉子退朝"作"冉有"；"唯上知与下愚"作"惟上"；"鐘鼓云乎哉"作"锺鼓"。《孟子》"将以衅锺"作"衅鐘"，下"锺鼓"并同；"其如是孰能御之"作"若是"；"王曰吾惛"作"吾惽"；"行者有裹粮也"作"裹囊"，与《盐铁论》取下篇云"行者有囊"合；"古公亶父"作"亶甫"；"凶年饑岁"作"飢岁"；"思以一毫"作"一豪"；"则塞乎天地之间"作"塞于"；"泰山之于丘垤"作"太山"；"矢人惟恐不伤人"作"唯恐"，下同；"吾闻之也，君子不以天下俭其亲"，无"也"字；又"从而为之辞"，无"而"字；"古之为市者"作"市也"；"子三宿而出昼"作"而后出昼"；"其命维新"作"惟新"；"井地不均"作"不钧"；"有小人之事"作"小民"；"有攸不为臣"作"惟臣"，注同，按赵注无；"不惟念臣子之节本”作“惟也”；“泰誓曰”作“太誓”，后同；“此率兽而食人也”，“兽”上有“禽”字；“事在易而求诸难”作“求之”；“则天下平”作“而天下平”；“瞽瞍底豫”作“底豫”，注有“底之而反”四字；“好勇斗狠”作“斗很”；“王使人瞯夫子”作“瞷夫子”，下“瞷良人”同；“则其小者不能夺也”作“弗能”；“必至于彀”作“必志”；“孝悌而已矣”作“孝弟”；“彊恕而行”作“强恕”；“见且犹不得亟”作“由不”；“无不知爱其亲也”作“亲者”；“独孤臣孽子”作“孼子”；“可以无饥矣”作“足以无饥矣”；“亦不陨厥问”作“不殒”；“来者不拒”作“不距”；“人能充无穿窬之心”作“穿逾”。俱与唐宋石经及《七经孟子考文补遗》合。《孟子集注》十四卷，尚仍赵注古本之旧，明初刻本犹然，不知坊本何以并为七卷也。其注之与今木异者，《大学》“古之欲明明德”注“欲其必自慊”作“欲其一于善”；“先慎乎德”注，作“先谨”，避讳。《中庸》“天命之谓性”注“盖人知己之谓性”云云，作“盖人之所以为人，道之所以为道，圣人之所以为教，原其所自，无一不本于天，而备于我。学者知之，则其于学知所用力而自不能已矣。故子思于此首发明之，读者所宜深体而默识也。道也者”注，“则岂率性之谓哉”作“则为”；“外物而非道矣，天下国家可均也”注“至难也”下作“然不必其合乎中庸，则质之近是者，皆能以力为之。若中庸则虽不必皆如三者之难，然非义精”云云，此三条皆依未改原本，前二条与《四朝闻见录》合。“德輶如毛”，注作“德轻”；“上天之载”，注作“之事”。《论语》“道千乘之国”，注“道，治也”，下有“马氏云八百家出车一乘”十字，“为政以德”，注“行道而有得于心也”作“得于心而不失之谓也”；“慎终追远”，注“慎终者”作“谨终者”；“殷礼吾能言之”，注“宋殷之后”作“商之后”；“揖让而升”，注“揖让而升者”作“揖逊”；“能以礼让为国乎”，注“让者”作“逊者”。皆避讳。“据于德”，注“德则行道而有得于心也”作“德者得也，得其道于心而不失之谓也”；“得见有恒者”，注“有恒者”作“有常”；“君子笃于亲”，注“慎终”作“谨终”。皆避讳。“莫春者”，注“莫春和煦之时”，无此六字。“礼云礼云”，注“且如置两椅”作“两倚”；“夫子之得邦家者”，注“圣而进于”，无“进于”二字；“虽有周亲不如仁人”，注“不如周家之多”，“仁人”作“少仁人”，与《书·泰誓传》合。《孟子》“无恒产而有恒心者”，注作“常产”“常心”；“夫子当路于齐”章，注“一匡天下”作“一正”，避讳。“二老者注其意暗与此合”，无“其意”二字；“帝使其子”，注“又言”作“《史记》言”；“主司城贞子”，注作“正子”，避讳。“富岁子弟多赖”，注“故其所赖藉”作“顾藉”；“山径之蹊间”，注“山路也”作“小路”；“动容周旋中礼者”，注“细微曲折”，无“曲折”二字。凡皆胜于今本。其注之尤为切要者，《大学》“此以没世不忘也”，注“咏叹淫泆”作“淫液”；《论语》“子问公叔文子”，注“卫大夫公孙枝也”作“公孙拔”。按《困学纪闻》云：“《大学章句》‘咏叹淫液’，刊本误为‘淫泆’”。又云：“《论语》孔注作‘公孙拔’，《集注》云‘公孙枝’，盖传写之误。”此在宋季已然。毛大可《四书改错》妄加指斥，岂知本不误也。《孟子》“纣之去武丁未久也”，注“凡七世”作“九世”，阎百诗《四书释地》尝言其误，宋本并未曾误。“抱关击柝”，注“柝夜行所击木也”作“行夜”，《四书释地》引何屺瞻曰：“《集注》：柝，行夜所击木也。本用赵氏注，今皆讹为‘夜行’。虽监本亦然。”百诗谓“行夜”“夜行”，何啻霄壤。假使两家得见斯本，当亦爽然。其它一二字异同及助语音切之增损者，犹不可悉数。向藏明内府所刻《四书》大字本，已与时刻不同。然经注字不相等，且不免舛谬，注语间有删削。自后坊版渐失，其初夫以家藏人诵童而习之之书，何可任其谬种流传。不意衰年获见善本，如拨雾开天，讵非幸事？家中又有国初翻刻宋咸淳本《周易本义》，与所藏宋本次序悉合，纸墨并佳。较之是书，大略相等。然咸淳本《周易》世尚有之，钱辛楣詹事曾有题识。独此淳祐本《四书》从未有语及者，一旦得之，不尤足珍重耶？

《问源楼书目初编》卷一上《经部》：《大学章句》一卷《论语集注》十卷《孟子集注》七卷《中庸章句》一卷，宋朱子撰。宋刊经注跳行本。又明仿宋刊经注皆大字本。又明刊大字本。又明刊小字本。又何焯校刊本。

《思补精舍书目·经部》：《大学章句》一卷《中庸章句》一卷《论语集注》十卷《孟子集注》七卷，宋朱熹撰。

《许氏古韵阁书目》卷一《经部》：《大学章句》一卷《论语集注》十卷《孟子集注》七卷《中庸章句》一卷，宋朱熹，嘉靖刊本。

《郑堂读书记》卷一二《经部七之上》：《大学章句》一卷、《中庸章句》一卷、《论语集注》十卷、《孟子集注》七卷，云间华氏敬义堂刊本。宋朱子撰。朱子仕履见礼类四。《四库全书》著录。按《书录解题》，《学庸章句》入礼类，《论孟集注》入语孟类，《宋志》则《论语集注》自入论语类，而以《孟子集注》入儒家类，作十四卷，与陈氏同。然则作七卷者，乃后人所并也。在朱子当日，本以《大学》《中庸》同称《章句》,且篇帙无多,故并为一册。若为学者讲说,必先《大学》,次及《论》《孟》,后及《中庸》,翟晴江灏《四书考异》言之最详,盖自是始有《四书》之名,而《章句》《集注》亦遂为说《四书》者之所祖,先儒旧解,不复能与争席矣。凡《学》《庸》前各有淳熙己酉自序,《论》《孟》前各有序说。考序说皆前载《史记》,后载诸儒之说,但可称为集说,而不可称为序说,此朱子之偶误也。

又:《四书章句集注》二十六卷附录六卷,真有意堂刊本。宋朱子定本,国朝吴志忠辑。志忠,吴县人。是编校刊于嘉庆辛未,凡《大学章句》一卷,《中庸章句》一卷,《论语集注》十卷,《孟子集注》十四卷。其《孟子》作十四卷者,从《读书志》《书录解题》《通考》《宋志》所载赵注本也。朱子《章句集注》元有初本、定本之分,其略见于《文集》《语录》中,今坊本皆仍明《永乐大全》之本,《大全》则袭元倪氏士毅《四书辑释》之误,《辑释》则袭宋祝氏洙《四书集注附录》之误也。有堂以宋真氏德秀《四书集编》、赵氏顺孙《四书纂疏》、元詹氏道传《四书纂笺》、胡氏炳文《四书通》及翻宋淳祐本《四书朱注》、《仪礼经传通解》、黄氏震《读书日抄》各本,以求朱子《章句集注》最后改定之本及传写未误者,别录一部,而并记考注四卷附于后,有疑则折衷于其父伯和英。凡改一字一句,无不各有所本,即所著经注句读,亦非漫然下笔。后附伯和所辑《四书家塾读本句读》一卷,即校定经注当句当读而成;又《四书章句集注定本辨》一卷,即略辨朱注初本、定本之异同;又《章句附考》一卷,《集注附考》三卷,则仿陆氏《释文》之例,考证经文音注之异文异字,即所以分别初出、定本之异同也。从此四百余年以来朱注之误本,一旦得以尽发其覆,若吴氏父子者,可谓有功于朱注非尠矣。

《铁琴铜剑楼藏书目录》卷六《经部》:《四书章句集注》二十六卷,宋刊本。《大学章句》一卷,《中庸章句》一卷,《论语集注》十卷,《孟子集注》十四卷。《大学》卷末题“从政郎提领江淮茶盐所准备差遣刘梦高校正”一行。后有跋云:“当涂郡斋旧有文公《语孟集注》,注与本文皆大字,于老眼为宜。盖正肃吴公所刊,见谓善本。光祖竭来假守,依仿规制,取《中庸》《大学章句》并刊之,足成《四书》。《语》《孟》岁月浸久,间有漫灭,就加整治。是书在天地间无穷达,老少皆不可一日废。熟复玩味,则施之行事,其有不敬且畏哉!淳祐壬子孟秋朔旦金华马光祖敬识。”每半叶八行,行十五字。

经文皆顶格，注文亦作大字，低一格。以今本校之，《大学》："其命维新"，作"惟新"；"无诸己而后非诸人"，无此八字；疑宋本脱。"鼋鼍蛟龙"，作"鲛龙"。《论语》：卷首有《读论语孟子法》一篇，"没阶趋进，翼如也"，作"没阶趋"，无"进"字；案，注引陆氏曰："'趋'下本无'进'字，俗本有之，误也。"盖经文无之，故引是说。惟"阶"字偶从俗。"毋自辱焉"，作"无自"；"冉子退朝"，作"冉有"；"鐘鼓云乎哉"，作"锺鼓"。《孟子》："将以衅锺"，作"衅鐘"；下"锺鼓"并同；"古公亶父"，作"亶甫"；"凶年饑岁"，作"飢岁"；"思以一毫"，作"一豪"；"泰山之于丘垤"，作"太山"；"吾闻之也，君子不以天下俭其亲"，无"也"字；"予三宿而出昼"，"昼"上有"后"字；案，"后"字当在"出"上，误倒耳。"其命维新"，作"惟新"；"井地不均"，作"不钧"；"有小人之事"，作"小民"；"南面而征北狄怨"，作"北夷"；疑涉上文"夷"字而误。"有攸不为臣"，作"惟臣"，注同；案，赵注"无不惟念臣子之节"本作"惟也"。"此率兽而食人也"，"兽"上有"禽"字；"事在易而求诸难"，作"求之"；"由已溺之也"，无"也"字；"好勇斗狠"，作"斗很"；"则其小者不能夺也"，作"弗能"；"见且犹不得亟"，作"由不"；"无不知爱其亲也"，作"亲者"；"可以无饥矣"，作"足以"；"亦不陨厥问"，作"不殒"；"四肢之于安佚也"，作"四枝"；"来者不拒"，作"不距"；"人能充无穿窬之心"，作"穿逾"；"万章曰，一乡皆称原人焉"，作"万子曰"。俱与唐宋《石经》及《七经孟子考文补遗》合。《孟子集注》十四卷，尚仍赵氏古本之旧，不同今本，并为七卷。其注之与今本异者，《大学》"古之欲明明德"注，"欲其必自慊"，作"欲其一于善"。《中庸》"天命之谓性"注，"盖人知己之有性"云云，作"盖人之所以为人，道之所以为道，圣人之所以为教，原其所自，无一不本于天而备于我。学者知之，则其于学知所用力而自不能已矣。故子思于此首发明之，读者所宜深体而默识也"。"道也者"注"则岂率性之谓哉"，作"则为外物而非道矣"。"天下国家可均也"注"至难也"，下作"然不必其合于中庸，则质之近似者，皆能以力为之；若中庸则虽不必皆如三者之难，然非义精"云云。此四条，皆为最后定本。《论语》"道千乘之国"注，"道，治也"，下有"马氏云八百家出车一乘"十字；"有所不行"注"则亦非复礼之本然矣"，又"此礼之自然"，二"礼"字皆作"理"；"为政以德"注"行道而有得于心也"，作"得于心而不失之谓也"；"据于德"注"德则行道而有得于心者也"，作"德则行道而有得于心而不失之谓也"；

"莫春者"注"莫春和煦之时",无此六字;"夫子之得邦家者"注"圣而进于不可知之之神矣",无此十一字。《孟子》:"师行而粮食"注"二千五百人为师",作"千二百五十人为师";"纣之去武丁未久也"注"凡七世",作"九世";阎氏《四书释地》,尝言"七世"之误,不知宋本实未曾误也。"帝使其子九男二女"注"又言",作"《史记》言";"请无以辞却之"注"但无以言辞闲而却之",作"言语问";"抱关击柝"注"柝,夜行所击木也",作"行夜"。《四书释地》引何屺瞻曰:"《集注》'柝,行夜所击木也',本用赵氏注,今皆讹为'夜行',虽监本亦然。"百诗谓:"'行夜''夜行',何啻天壤!"使两家得见宋本,当亦爽然。"今夫弈之为数"注"识者恨之",无此四字;"亦终必亡而已矣"注"终必并与其所为而亡之",作"其小仁";"动容周旋中礼者"注"细微曲折",无"细微"二字。皆较今本为胜。其他一二字异同及助语音切之增损者,犹不可悉数。凡宋讳"弘""殷""匡""恒""慎""让""贞""桓"等字,于经文皆缺笔,于注文则以"洪"代"弘"、"商"代"殷"、"康"代"匡"、"常"代"恒"、"谨"代"慎"、"逊"代"让"、"正"代"贞"、"威"代"桓",亦间有不代而缺笔者。案,陈氏鳣《经籍跋文》所载国初翻宋淳祐本《四书》,卷第行式与此悉合,惟云"《大学》序后有淳祐丙午一跋凡五行",今是本无之,则所翻者非是本也。吴氏真意堂所刊《四书》,末有《附考》,搜罗最夥,亦仅见国初翻宋本而未见是本。翟氏灏《四书考异》,《梁惠王》篇云"行者有裹粮也",宋本作"裹囊",今是本仍作"裹粮";《公孙丑》篇云"古之为市者",宋本作"市也",今是本仍作"市者",则翟所据亦非是本也。是本为诸家所未见,故并无题识及收藏印记,而间有妄加涂改之处。然楮墨完好,字大悦目,真宋椠之上品也。

《铁琴铜剑楼藏书目录》卷六《经部》:《大学章句》一卷附《大学或问》二卷,《中庸章句》一卷附《中庸或问》二卷,《论语集注》十卷,《孟子集注》十四卷宋刊本。首载朱子原序,《论语序说》后有《读论语孟子法》一篇,又有《凡例》及《音考》,乃刻书人所作者。此本不详宋何时所刻,然犹仍朱子原本之旧。其佳处往往与淳祐本合。如《大学》"其命惟新",不作"维新"。《中庸》"鼋鼍鲛龙",不作"蛟龙";"考诸三王而不缪",不作"不谬"。《论语》"忽然在后",不作"忽焉没阶";"趋,翼如也","趋"下无"进"字;"无自辱焉",不作"毋自";"冉有退朝",不作"冉子";"惟上知与下愚不移",

不作“唯上知”。《孟子》“王曰吾惛”，不作“惽”；“古公亶甫”，不作“亶父”；“思以一豪挫于人”，不作“一毫”；“则塞于天地之间”，不作“塞乎”；“太山之于丘垤”，不作“泰山”；“矢人唯恐不伤人”，不作“惟恐”；“吾闻之，吾子不以天下俭其亲”，“闻之”下无“也”字；“其命惟新”，不作“维新”；“井地不钧”，不用“不均”；“有小民之事”，不作“小人有”；“攸不惟臣”，不作“为臣”；“《太誓》曰”，不作“泰誓”；“此率禽兽而食人也”，“兽”上不脱“禽”字；“事在易而求之难”，不作“诸难”；“瞽瞍克厎豫”，不作“底豫”；“好男斗狠”，不作“斗很”；“则其小者弗能夺也”，不作“不能”；“见且由不得亟”，不作“犹不”；“无不知爱其亲者”，不作“亲也”；“亦不殒厥问”，不作“不陨”；“来者不距”，不作“不拒”；俱与《唐石经》合。至其注之异于今本者，如《大学》“古之欲明明德”注“欲其一于善而无自欺也”，不作“欲其必自慊”；“此以没世不忘也”注“咏叹淫液”，不作“淫佚”；“先慎乎德”注“先谨乎德”，不作“先慎”。《中庸》“天命之谓性”注“盖人之所以为人，道之所以为道，圣人之所以为教，原其所自，无一不本于天而备于我。学者知之，则其于学，知所用力而自不能已矣。故子思于此首发明之，读者所宜深体而默识也”，不作“盖人知己之有性”云云；“道也者”注“若其可离”下作“则为外物而非道矣”，不作“则岂率性之谓哉”；“天下国家可均也”注“天下之至难也”下作“然不必其合于中庸，则质之近似者，皆能以力为之。若中庸，则虽不必皆如三者之难”，下接“然非义精仁熟”云云，不作“然皆倚于一偏”云云；“德輶如毛”注“所言德轻如毛”，不作“德輶”；“上天之载”注“所言上天之事”，不作“之载”。《论语》：“为政以德”注“德之为言得也”，下作“得于心而不失也”，不作“行道而有得于心也”；“慎终追远”注“慎终追远慎终者”，作“谨终者”；“揖让而升”注“揖让而升者”，作“揖逊”；“殷礼，吾能言之”注“宋，殷之后”，作“商之后”；“能以礼让为国乎”注“让者”，作“逊者，俱避讳也”；“据于德”注“德者得也，得其道于心而不失之谓也”，不作“行道而有得于心也”；“得见有恒者”注“有恒者”，作“有常者”；“君子笃于亲”注“慎终”，作“谨终”；“点，尔何如”注无“莫春和煦之时”六字。《孟子》“纣之去武丁未久也”注“自武丁至纣凡九世”，不作“七世”；“二老者，天下之大老也”注“暗与此合”，上无“其意”二字。“主司城贞子”注“贞子”作“正子”，亦避讳；“抱关击柝”注“行夜所击木也”，不作“夜行”；案，孙宣公《音义》：“行夜，下孟切。”此本圈作去声。“富岁子弟多赖”注“故有所顾藉而为善”，不作“赖藉”。皆足供订证之助。每半叶七行，每行二十五字，注字同。“匡”“贞”“征”“恒”“桓”“构”“彀”字皆缺笔。旧为毘陵周氏藏书。卷首有“毘陵周氏”“九松迂叟藏书记”“周良金印”“周笈私印”“马晋蕃印”诸朱记。

《持静斋藏书记要》卷上：《四书集注》二十六卷，附《大学中庸或问》二卷。宋朱子撰。明司礼监刊本。

《藏园订补郘亭知见传本书目》卷三《四书类》：《大学章句》一卷、《论语集注》十卷、《孟子集注》七卷、《中庸章句》一卷，宋朱子撰。〇内府仿宋淳祐刊本。〇元和吴志忠仿宋本，附《考证》。嘉靖丁亥南康府六老堂刊本。〇明刊仿宋本，大字，每卷后有音注，不知何人所刻。每半页七行，行十五字。〇钱塘丁丙收一本，亦七行十五字者。经注句读有旁抹及方圆围，其文字异今本处，与吴志忠所言宋本大同。序后及每卷末皆附《音考》，于名物制度，亦有补益。盖宋元间翻刻所加，当在用以取士后也。其《音考》，字较本书圆活。同治丁卯秋，客杭见之。附：〇吴志忠本、明经厂本《孟子》皆十四卷。（眉）〇宋大字本、正统六经本附《或问》。〇吴门吴刻仿宋本。（邵氏）〇补按：海昌朱氏有宋本《孟子》十四卷，已佚一卷。

《藏园订补郘亭知见传本书目》卷三《四书类》补：《四书章句集注》二十六卷，《大学》一卷、《中庸》一卷、《论语》十卷、《孟子》十四卷，宋朱熹撰。〇宋刊元修本，八行十五字，白口，左右双栏。版心单鱼尾。序后有补刊识语，末行填淳祐丙午伪纪年。故宫藏书。

又：《四书章句集注》二十八卷。本经外《论语》《孟子》各有《序说》一卷。〇宋刊本，七行十五字，注双行同，白口，左右双栏。行间加句读，行侧有旁抹。每卷后有音考。后有蒋泽培跋。江南图书馆藏。〇日本静嘉堂有皕宋楼旧藏元明间刊本，《论》《孟》后无《序说》，而《学》《庸》后附《或问》各一卷，七行十五字，注双行同，有句读标抹。每卷后附音考。刊工潦草，陆氏误定为宋刊。〇宋淳祐十二年壬子当涂郡斋刊本，八行十五字，白口，左右双栏，版心双鱼尾。海虞瞿氏藏。〇宋元间刊本，十一行二十一字，注大字低一格，细黑口，四周单栏。周良金藏印。

又：《四书章句集注》二十六卷，附《考证》四卷《句读》一卷。宋朱熹撰。〇清嘉庆十六年辛未璜川吴志忠真意堂刊本，九行十七字，仿宋刊。

《越缦堂书目·经部》:《四书集注》，宋朱熹。嘉庆十六年吴英、志忠父子校刻本。

《万卷精华楼藏书记》卷一一《经部八》:《大学章句》一卷、《中庸章句》一卷、《论语集注》十卷、《孟子集注》十四卷，宋朱子撰。宋本。此本似系国初翻刻，与宋本《易本义》《诗集传》相似。缮写精良，纸墨皆佳。每叶十六行，行十五字。注作大字，降一格。《大学序》后有木记。《四书》最先刻者为临漳本，不知视此本何如。此泳泽书院本，刊于淳祐丙午。其经文之异，与唐宋石经及考文合，已详著于《目录学》。注文之异，如《天命》章，末段似是朱子未定之论，未可据以改今注也。《孟子》十四卷，尚仍赵注之旧，明初刻本犹然，不知坊本何以并为七卷也。吴氏跋曰：近得宋淳祐本《四书》于吴中，其注之尤为切要者，《大学》“此以没世不忘也”注，“咏叹淫泆”作“淫液”。《论语》“子问公叔文子”注，“公孙枝也”作“公孙拔”。按《困学纪闻》云：《大学章句》“咏叹淫液”，刊本误作“淫泆”。又云：《论语》孔注作“公孙拔”，《集注》“公孙枝”。盖传写之误，此在宋时已然。毛大可《四书改错》妄加指斥，岂知本不误也。《孟子》“纣之去武丁未久也”注，“凡七世”作“九世”。阎氏《释地》尝言其误，宋本并未曾误。“抱关击柝”注，“柝，行夜所击木也”作“夜行”。何义门曰：《集注》“柝，行夜所击木也”，本用赵注，今皆讹为“夜行”，虽监本亦然。百诗谓“行夜”“夜行”，何啻霄壤。假使两家得见此本，当亦爽然向藏。明内府所刻《四书》大字本已与时刻不同，然经注字不相等，且不免舛谬，注语间有删削，自后坊板渐失其初。此本从未有误及者，一旦得之，不尤足珍重耶。文光案，此本得于吾邑曹氏。又于祁邑书市中见一本与此同，末记云：得燕山嘉氏所刻宣城旧本，补其残缺，与学者共之。燕山本、宣城本俱未之见，此本胜于今本者甚多，其助语音切之增损者，尤不可悉数，诚堪宝也。

《持静斋书目》卷一《附录》:《大学章句》一卷、《论语集注》十卷、《孟子集注》七卷、《中庸章句》一卷，明司礼监刊本。《四书集注》二十六卷，附《大中或问》二卷。又三部，无《或问》，俱字大豁目。又同治二年芋栗园刊《便蒙》本。宋朱子撰。

《八千卷楼书目》卷三《经部》:《大学章句》一卷、《论语集注》十卷、

《孟子集注》七卷、《中庸章句》一卷，宋朱子撰。宋刊本、吴志忠刊本、日本刊本、左氏刊本、淮南局刊本、撷云腴山馆刊本、春秀堂刊本、大文堂刊本、稽古楼本、明嘉靖伊藩刊本、明正统吉府刊本。

《善本书室藏书志》卷四《经部六》:《大学章句》一卷、《中庸章句》一卷、《论语集注》十卷、《孟子集注》十四卷，元刊宋本，袁又恺藏书。是书版心均题“晦庵大学”“中庸”“论语”“孟子”等字，每叶十四行，行大字十五，小字双行，鱼尾上有字数，每卷后有《音考》。凡一节之义，一章之旨，一篇之凡，皆有旁抹，衍文加圆圜，误字加方围，主意字眼加上下圆圜。其中《大学》“维新”作“惟新”。《中庸》“蛟龙”作“鲛龙”,“考诸三王而不谬”,“谬”作“缪”。《论语》“女得人焉耳乎”,“耳”作“尔”,“忽然在后”作“忽焉没阶”,“趋进”无“进”字,“冉子退朝”作“冉有”。《孟子》“古公亶父”作“亶甫”,“井地不均”作“不钧”,“有小人之事”作“小民”,“此率兽而食人”,“兽”上有“禽”字,“必至于彀”作“必志”。其注之异者,《大学》中“欲其必自慊”作“欲其一于善之”,皆与陈鳣《经籍跋文》所记淳祐本合。又考杨士奇《东里文集续编·四书集注跋》云:“句读旁抹之法，兼取勉斋黄氏、北山何氏、鲁斋王氏、导江张氏诸本之长，宣城张师曾为之参校，加以音考，盖今之最善本也。刻版在常州府学。”此则句读、旁抹、音考一一吻合。《中庸》末有“平江章有常刊”六字,其为常州版所出无疑矣。有“万卷堂印”“吴越钱氏鉴藏书画”“顾曾寿”“项氏世家”“项氏少溪主人子信家藏”“袁又恺藏书”“卷石山房鸿城蒋培泽印”“介青”诸图记，又有高望曾为介青藏护是书题记。少溪主人者,明嘉兴项梦原别号也。梦原为笃寿之子,万历己未进士。

又:《四书》二十六卷，明吉府翻正统经厂本。《大学》朱子《章句》前有淳熙己酉二月甲子新安朱子序，后附《大学或问》。《中庸》朱子《章句》前有淳熙己酉春三月戊申新安朱子序，后附《中庸或问》。《论语》十卷前有朱子《集注序说》,《孟子》十四卷前有朱子《集注序说》，后附《读论语孟子法》。有“吉府图书”大方印。按周宏初辑《古今书刻》，吉府刊《四书集注》，当既翻正统司礼监刊本，故盖印于每卷之前。

又:《大学章句》一卷、《中庸章句》一卷、《论语集注》十卷、《孟子集注》十四卷。明伊藩翻正统本。各书前均有朱子序及序说，又《读论语孟子法》，并有嘉靖戊申十月伊藩掌国正派体元子亲笔撰序于钦赐正谊楼，云："予于嘉靖乙巳奏请颁降《五经》《四书》等书以备观览，既而小儿辈少知向学，纪善伴读等官持南版《四书》以进，纸粗字讹，有误后学。因命工正官将原颁官本《四书》翻刻，传之子孙，贻于后世云。"所谓原颁官本《四书》，即正统间司礼监所刊之《五经四书》也。行宽字大，槧印颇精。翻刻悉仍旧观，惟无《大学》《中庸或问》耳。

《艺风藏书续记》卷一《经学第一》:《四书合刻》三十六卷、《大学中庸或问》二卷。明巡按福建监察吉澄校刊。《四书》末叶、《或问》末叶均有牌子两行。《四书》附《学庸或问》。原有宋本，见《铁琴铜剑楼书目》，即此所从出欤？至宋本佳处，仅存"考诸三王而不缪"不作"谬"，"没阶趋翼如也"无"进"字，"无自辱焉"不作"毋"，"吾惛"不作"惽"，"寒于天地之间"不作"乎"，"太誓曰"不作"泰"，"好勇斗狠"不作"很"，《中庸注》"上天之事"不作"之载"数处，余悉与坊本同矣。书版沿革，亦以渐致也。

《增订四库简明目录标注》卷四《经部八》:《大学章句》一卷、《论语集注》十卷、《孟子集注》七卷、《中庸章句》一卷，宋朱熹撰。内府仿宋淳祐刊本，二十六卷，八行，行十五字。明嘉靖丙辰广东崇正堂刊本，十四卷。嘉靖丁亥南康府六老堂刊本。吴志忠翻宋本，附考证。附录：《大学章句或问》《中庸章句或问》《论语集注》,陆有宋刊本，明周九松旧藏。每卷有音考，每叶十四行，行十五字，板心有字数。（绍箕）

今按：宋刻本（国家图书馆藏）；宋刻本（国家图书馆藏，存《论语集注》十卷《序说》一卷、《孟子集注》十四卷《序说》一卷）；元延祐五年温州路学稽古阁赵凤仪刻本（日本内阁图书馆藏）；元至正二十二年武林沈氏尚德堂刻本（山东省图书馆藏）；元刻本（上海图书馆藏，明魏校批，袁克文跋）；元刻本（南京图书馆藏，《孟子集注》卷三、四配清咸丰九年抄本，清蒋培泽、清高王曾、清丁丙跋）；明成化十五年吉府刻本（国家图书馆、山东省博物馆、南京图书馆、四川省图书馆藏）；明嘉靖四十三年益藩乐善堂刻本（国家图书馆、中共中央党校图书馆、日本内阁图书馆藏）；明正统十二年司礼监刻本（国家图书馆、上海图书馆、华东师范大学图书馆、天津图书馆、内蒙古自治区社会科学院图书馆、陕西省图书馆、浙江图书馆、江西省图书馆、湖北省图书馆、广西师范大学图书馆、四川省图书馆、日本宫内省、日本御茶之水藏）；明隆庆四年衡府刻本（南京图书馆藏）；明万历元年自新斋余幼山刻本（日本龙谷大学藏）；明万历十年金积刻本（四川省图书馆藏）；明万历二十七年休阳黄氏忠恕堂刻本（上海图书馆藏）；明万历三十四年陈氏余庆堂刻本（日本内阁图书馆藏）；明万历间吴勉学刻本（辽宁省图书馆、中山大学图书馆藏）；明万历间刻本（上海图书馆藏）；明崇祯七年刻本（上海图书馆藏）；明崇祯十四年汲古阁刻本（国家图书馆藏）；明蔡日安刻本（日本广岛市立浅野图书馆藏）；明刻西陵在兹堂印本（日本广岛市立浅野图书馆藏）；明书林怡庆堂刻本（日本大阪府立图书馆藏）；明种德堂刻本（国家图书馆藏）；明豹变斋刻本（故宫博物院图书馆藏）；明书林郑继闵刻本（上海图书馆藏）；明刻朱墨套印本（山东省图书馆藏）；清顺治间刻本（上海图书馆藏）；清康熙间内府刻本（故宫博物院图书馆藏，清高宗弘历跋）；清康熙间崇道堂刻本（上海图书馆、中国科学院图书馆、浙江图书馆）；清雍正间国子监刻本（北京大学图书馆）；清武英殿刻本（北京大学图书馆藏）；清乾隆二十年云林周氏万卷楼刻本（上海图书馆藏，清佚名批）；明嘉靖间吉澄刻本（上海图书馆、吉林省图书馆、日本小如舟书屋藏）；明嘉靖二十七年伊藩刻本（南京图书馆藏，清丁丙跋）；明刻朱墨套印本（山东省图书馆藏）；清内府刻本（国家图书馆、中共中央党校图书馆、复旦大学图书馆）；清初春秀堂刻本（上海图书馆藏，清佚名过录批注）；清内府重刻宋淳祐六年永泽书院本（天津图书馆、上海图书馆、南京图书馆藏）；《四库全书荟要》本；《四库全书》本。

四书章句大全

明胡广等奉敕撰。

《八千卷楼书目》卷三《经部》:《大学章句大全》一卷、《中庸章句大全》一卷、《论语集注大全》二十卷、《孟子集注大全》十四卷，不著撰人名氏。朝鲜刊本。

《善本书室藏书志》卷四《经部六》:《大学章句大全》一卷、《中庸章句大全》一卷、《论语集句大全》二十卷、《孟子集注大全》十四卷，高丽刊本。明永乐翰林学士胡广等奉敕所撰。前有《大学读法》《中庸读法》，而皆无《或问》，亦无纂修四十二臣衔名，盖高丽翻雕本也。棉纸墨印，殊有可观。

今按：明永乐十三年刻本（国家图书馆、内蒙古大学图书馆、日本东洋文库藏）；明天顺二年黄氏仁和堂刻本（浙江图书馆藏）；明天顺间游明刻本（浙江图书馆、上海图书馆藏）；明嘉靖十一年魏氏仁实堂刻本（广西壮族自治区图书馆藏）；明德寿堂刻本（河南省图书馆藏）；《四库全书》本。

四书或问

宋朱熹撰。

明韩重《四书或问序》：昔文公先生尝谓《学》《庸》《论》《孟》四书为六经之阶梯，学者求道之至要，故既定为《章句集注》，又各设为《或问》以发明之。至《中庸》，则又因石氏《辑略》而为之。若《论》《孟》者，虽勉斋叙《行状》略而不言，然大要有非先生不能为是也，其嘉惠后学深矣！学士南昌张公廷祥手录是书于中秘，又得《辑略》于司成罗公明仲处，于是《四书或问》始为全书。既梓行西江，而湖藩士子犹未获尽见，故命工再刻之以广其传焉。盖尝考诸圣门弟子之务学，既问于师，又辨诸友。《易》曰“问以辨之”，《中庸》亦曰“审问之”，孟子所谓学问之道者，诚以学必以问，而明为师者当有以待问，而为弟子者当知所问也。今有志于学者，类恨以不得与先生同时，殊不知义理玄微，先生皆预为学者先道其疑，设为问答，若亲处其地而察其心，毫分缕析，一一皆中其肯綮。况理无不同，由是推类以尽其余，以究其极，则四书、六经实相贯通，当自有以逢原于左右矣。虽先生复生，亦不过以是教人也。程子尝谓学者须将诸弟子问处便作己问，圣人答者便作今日耳闻，自然有得。而陈定宇亦谓程、朱语录，皆当以此法看之，视问辞如出吾口，听答辞如入吾耳，斯为善学。愚于是书亦云。使或视为陈言常语，而于先生当时设为或问之意，不知究心，甚则谓是书无与于六经之阶梯，学者求道之至要切要初不在是，卒蹈于玩物丧志、买椟还珠之戒，又岂先生所望于后之学者哉！则是书前此未见者固为不幸，而今日获睹者抑未为全幸也。工告成，谨僭书此，相与励戒，以致丁宁之意云。弘治甲子季夏之吉后学古绛韩重书。明弘治十七年重刻本卷首。

《文渊阁书目》卷一：《四书或问》一部十五册。

《濮阳蒲汀李先生家藏目录》东间南架一层：《四书或问》。八本。

《万卷堂书目》卷一《经解》：《四书或问》三十六卷。朱熹。

《孝慈堂书目》：《四书或问》。宋朱熹，四十一卷。

《经义考》卷二五二《四书一》：《四书或问》三十六卷。存。

李方子曰："《语》《孟》二书，世所诵习，为之说者亦多，而析理未精，释言未备。《大学》《中庸》自程子始表章之，然《大学》次序不伦，缺遗未补，《中庸》虽为完篇，而章句浑沦，读者亦莫知其条理之粲然也。先生搜辑先儒之说，而断以己意，汇别区分，文从字顺，妙得圣人之本旨，昭示斯道之目标。又使学者先读《大学》以立其规模，次及《语》《孟》以尽其蕴奥，而后会其归于《中庸》。尺度权衡之既当，由是以穷诸经，订群史，以及百氏之书，则将无理之不可精，无事之不可处矣。"

陈宓曰："先生所著书数十种，而尤切于世教者，曰《大学中庸章句》《或问》《语孟集注》。"陈普曰："文公《四书》大意精义，发明抉剔，似无余蕴。今细详之，则其引而不发，留待后人者尚多。"

王袆曰："《论语》，先汉时已行，诸儒多为之注。《大学》《中庸》二篇在《小戴记》中，注之者，郑康成也。《孟子》初列于诸子，及赵岐注后遂显矣。爰自河南程子，实尊信《大学》《中庸》而表章之，《论语》《孟子》亦各有论说。至朱子始合四书，谓之'四子'，《论语》《孟子》则为之注，《大学》《中庸》则为之章句、或问。自朱子之说行，而旧说尽废矣。于是四子者与六经并行，而教学之序莫先焉。"

薛瑄曰："《四书集注章句》《或问》，皆朱子萃群贤之言议，而折衷以义理之权衡，至广至大，至精至密，发挥先圣贤之心，殆无余蕴。"

《传是楼书目·经部》：宋朱熹《四书或问》。

《四库全书总目》卷三五《经部三五·四书类一》：《四书或问》三十九卷，江苏巡抚采进本。宋朱子撰。朱子既作《四书章句集注》，复以诸家之说纷错不一，因设为问答，明所以去取之意，以成此书。凡《大学》二卷、《中庸》三卷、《论语》二十卷、《孟子》十四卷。其书非一时所著。《中庸或问》原与《辑略》俱附《章句》之末，《论语》《孟子》则各自为书。其合为一帙，盖后来坊贾所并也。中间《大学或问》用力最久。故朱子《答潘恭叔问》，尝自称诸书修得一过，《大学》所改尤多，比旧已极详密。《中庸或问》则朱子平日颇不自惬。《语类》载游某问："《中庸》编集如何？"曰："缘前辈诸公说得多了，其间尽有差舛处，又不欲尽驳难他底，所以难下手。不比《大学》，都未曾有人说。"又载朱子以《中庸或问》授黄罃云"亦未有满意处。如评论程子诸子说处尚多俙"云云，是其意犹以为未尽安也。至《论孟或问》，则与《集注》及《语类》之说往往多所抵牾，后人或遂执《或问》以疑《集注》，不知《集注》屡经修改，至老未已，而《或问》则无暇重编。故《年谱》称《或问》之书，未尝出以示人。书肆有窃刊行者，亟请于县官，追索其版。又《晦庵集》中有《与潘端叔书》曰："《论语或问》，此书久无工夫修得。只《集注》屡更不定，却与《或问》前后不相应"云云，可见异同之迹，即朱子亦不讳言。并录存之，其与《集注》合者，可晓然于折衷众说之由；其于《集注》不合者，亦可知朱子当日原多未定之论，未可于《语录》《文集》偶摘数语，即为不刊之典矣。

《问源楼书目初编》卷一上《经部》:《四书或问》三十九卷，宋朱子撰，《遗书》本。

《许氏古韵阁书目》卷一《经部》:《四书或问》三十九卷，宋朱熹撰，天启天正堂刊本。

《藏园订补郘亭知见传本书目》卷三《四书类》:《四书或问》三十九卷。宋朱子撰。〇《论孟或问》,《朱子遗书》本。〇《大学中庸或问》，元、明《四书集注》及明以来《大全书》并附各章句之后，坊本始删去之。〇合刻《四书或问》徐思旷夹注本。〇墨润斋刊本。补：〇明弘治间刊黑口本，十行十八字，黑口，四周双栏。京肆见一帙，不全。

《八千卷楼书目》卷三《经部》:《四书或问》三十九卷，宋朱子撰。吕氏刊本。

《增订四库简明目录标注》卷四《经部八》:《四书或问》三十九卷，宋朱熹撰。墨润斋刊本。《论孟或问》,《朱子遗书》本。《大学中庸或问》,《大全》书及元明《四书集注》刻本，并附各章句之后，坊本始删去之。合刻《四书或问》，又有徐思旷夹注本。存目《或问小注》三十六卷，旧题朱子撰,《提要》力斥其伪，不知是书即思旷所注也。续录：元刊大字八行，明弘治刊本。清同治十二年刘氏刊本。日本正保四年京都书肆风月庄左卫门刊本，三十八卷。

今按：明弘治间刻本（北京大学图书馆藏）；明正德十二年闵文刻本（上海辞书出版社、河北大学图书馆藏）；《朱子遗书》本（康熙刻）；清康熙间天盖楼刻本（国家图书馆藏）；《四库全书》本；《西京清麓丛书》本（光绪刻，朱子遗书重刻合编）；抄本（上海图书馆藏）；日本正保四年京都书肆风月庄左卫门刻本（北京大学图书馆藏）；清同治十二年云山刘启发五忠堂仿白鹿洞刻本（国家图书馆、北京大学图书馆、中国科学院图书馆、上海图书馆、复旦大学图书馆、南京图书馆、辽宁省图书馆、湖北省图书馆藏）；《洪氏唐石经馆丛书》本（光绪印）；清墨润斋刻本（北京大学图书馆藏）。

或问小注

宋朱熹撰。

清王懋竑《题四书或问小注前》：往者康熙壬申、癸酉间，余应试泰州，于书坊中见朱子《或问小注》一书，其序文以为朱子所自作，余一笑而置之，其谬妄盖不足辨。自后书坊中亦不复见。壬寅，余为安庆教授时，郑鱼门先生督学江南。先生，余教习师也。未至安庆，先遣使以书四部贻余，命分各学中。余发视之，即前所见《或问小注》本，为之大骇。……余间一视之，其书乃老学究所纂缉，盖自朱子《文集》《语类》《四书大全》及《蒙引》《存疑》《浅说》《达说》《说统》《翼注》，以及近时诸家之说，皆尝遍览，其删并《文集》《语类》，较《辑释》《大全》为稍胜，而于诸家之说，颇能辨其得失。特其自以删改《文集》《语类》，心有所不安，遂伪撰序文与门人书，托于朱子所自作，以为可免于大不韪之罪，而不知作伪之罪，更有甚焉。至其谬误，已不待辨而明也……丁巳九月，宝应王懋竑书。《白田草堂存稿》卷八。

《四库全书总目》卷三七《经部三七・四书类存目》：《或问小注》三十六卷，安徽巡抚采进本。旧本题“朱子撰”。宋以来诸家书目皆不著录，诸儒传朱子之学者亦无一人言及之。康熙壬午，始有陈彝则家刻本，称明徐方广所增注。越二十年壬寅，郑任钥又为重刻，而附以己说，并作《后序》，反复力辨，信为朱子书。如卷首载朱子《与刘用之书》及《序》四篇，《晦庵集》中不载，则以为集中偶佚。《年谱》不记作此书，则以为《年谱》遗漏。书中多讲时文作法，则以为制义始王安石，朱子亦十九举进士，必善时文。连篇累牍，欲以强词夺理。至如解《中庸》“其至矣乎”一节、“道之不行也”一节，皆剽《四书大全》所载双峰饶氏语；“射有似乎君子”一节，全剽《四书大全》所载新安陈氏语。伪迹昭然，万难置喙，则以为《大全》误题姓名。其偏执殆不足与辨。又既称此书作于《集注》之后，而《孟子》“万物皆备于我矣”一章，乃于第三条下附记曰：“此条系《语类》说，第八条系《或问》说，前辈多疑此为未定之说在《集注》之前，信哉！”是《小注》又在《集注》前矣，不亦自相抵牾耶？所载《中庸》原序称“淳熙己酉冬十月壬申”，考《宋史·孝宗本纪》，是月有庚子、壬寅二日。使庚子为朔，则下推三十二日为壬申，使壬寅为晦，则上推三十一日为壬申，均不得在十月。《文献通考》载朱子之言曰“《集注》后来改定处多，遂与《或问》不相应，又无工夫修得”云云，是《或问》尚未暇改，何暇又作《小注》？陈振孙《书录解题》又曰：“《论语通辑》十卷，黄榦撰。其书兼载《或问》，发明妇翁未尽之意。”使朱子果有此书，榦亦何必发明乎？其为近人依托无疑。王懋竑《白田杂著》有是书《跋》，称任钥刻是书后，自知其谬，深悔为汤友信所卖。并称《序》及诸论皆友信之笔，任钥未尝寓目云。

《八千卷楼书目》卷三《经部》：《或问小注》三十六卷，宋朱子撰。刊本。

四书纂疏

宋朱熹集注，赵顺孙纂疏。

宋赵顺孙《四书纂疏序》：子朱子《四书注释》，其意精密，其语简严，浑然犹经也。顺孙旧读数百过，茫若望洋，因遍取子朱子诸书及诸高第讲解有可发明注意者，悉汇于下，以便观省，间亦以鄙见一二附焉，因名曰《纂疏》。顾子朱子之奥，顺孙何足以知之，架屋下之屋，强陪于颖达、公彦后，祇不韪尔。遇大方之家，则斯疏也，当在所削。后学赵顺孙书。《全宋文》卷八一二一。

宋洪天锡《四书纂疏序》：或问尹和静读《易传》之法，和静曰：“体用一源，显微无间。”李延平闻之曰：“此语固好，然学者须理会六十四卦、三百八十四爻皆有归著，方可及此。”二先生岂异旨哉！言各有当也。盖学不可以徒博，亦不可以径约，徒博则杂，径约则孤。此约礼必先之以博文，而详说乃所以反约也。文公朱子之于《论》《孟》，既成《集义》，又作《详说》，既约其精者为《集注》，又疏其所以去取之意为《或问》。其后《集注》删改日以精密，而《或问》遂不复修。文公自谓《集注》乃《集义》之精髓，一字秤轻等重，不可增减，读《论》《孟》者，取足是书焉可也。格庵赵公复取文公口授及门人高弟退而私淑与《集注》相发者，纂而疏之，间以所闻附于其后，使读之者如侍考亭师友之侧，所问非一人，所答非一日，一开卷尽得之。博哉书乎！然非约之外有所谓博也。人莫不饮食也，知味者鲜。文公一生精力多在此书，一章之旨，一字之义，或数年更易而后定，或终夜思索而未安，学者以易心读之，岂能得圣贤之意哉！如援先儒与诸家之说，有随文直解，不以先后为高下者；有二说俱通，终以前说为正者；有二说相须，其义始备，不可分先后者。设非亲闻，未易意逆，此《纂疏》所以有功于后学也。仆晚末闻道，加以衰聩废学，公不鄙辱教，且命之曰序以幸子。窃惟《论》《孟》二书，文公凡几序矣。仆于《要义》而得熟读深思、优游涵泳之说，于《训蒙》而得本末精粗、无敢偏废之说，又于《集义》而得操存涵养、体验充广之说，终身受持，犹惧不莸，何敢复措一辞？抑文公曾有言曰：“《大学》一书，有《正经》，有《批注》，有《或问》，看来看去，不用《或问》，只《批注》足矣。久之，不用《批注》，只《正经》足矣。又久之，自有一部《大学》在吾胸中，《正经》亦不用矣。”此文公吃紧教人处也。仆于《集注》《纂疏》亦云。清源洪天锡序。《全宋文》卷七九九〇。

宋应俊《四书纂疏序》：朱子《四书》，如日星丽天，万象昭著。然学者傥不精体深验，而以易心读之，则毫厘之差，违道已远。盖其语脉流行之处，辞气抑扬之间，皆精义至理之所遇也。格庵赵公始作《纂疏》，搜辑一门师友之言，字字研核，又为推说其所未备，而后读者涣然怡然，皆得其门而入。朱子有功于《四书》，格庵又有功于朱子矣。俊叨恩守括，乃以邦人之志请入梓，教授倪君澄、王君庆高先后为校雠，且莅其役。《论》《孟》成，会缙云令王君既济已刊《中庸》《大学》，遂并列于学官云。《全宋文》卷七九九五。

清纳兰容若《四书纂疏序》：格庵赵氏《四书纂疏》共二十六卷，前有清源洪天锡序，而陵阳牟子才又分序之。其书一以朱子为归，不杂异论。于《大学》《中庸》先之以《章句》，次以《或问》，间以所闻附其后，又以《语录》暨诸儒发明大义者注其下。于《论语》《孟子》则一本《集注》，而采《或问》《集义》《详说》《语录》所载分注焉。昔朱子之为《章句》也，《大学》则宗程子，会众说而折其中；《中庸》则以己意分之，复取石子重《集解》，删其繁，名以《辑略》。其为《集注》也，取二程、张、范、二吕、谢、游、杨、侯、尹十一家之说辑为《要义》，更名之曰《精义》，载更《集义》；又本《注疏》参说，又会诸家之言为《训蒙口义》，更名之曰《详说》，然后约其精粹为《集注》。而于《集注》《章句》之外，记其所辨论、取舍之意别为《或问》。若是其严密也。朱子自言《集注》如称上称来无异不高不低，又言添减一字不得。然学者非由《集义》《详说》《或问》《语录》以观其全，无由审《章句集注》之精粹，则是书之有功于朱子多矣。今学宫所颁《四书大全》，盖即倪仲弘之《辑释》。而是编之流传者少，乃较而刊行之，俾相为表里云。康熙丁巳，纳兰成德容若序。《四库全书》本《四书纂疏》卷首。

《文渊阁书目》卷一：《四书纂疏》一部二十册。

又：《四书纂疏》一部二十册。

《国史经籍志》卷二《经类》：《四书纂疏》□卷。

《季沧苇藏书目·宋元杂板书》：元板《四书纂疏》二十二本。

《季沧苇藏书目·经解目录》：《四书纂疏》廿六卷，宋赵顺孙。

《千顷堂书目》卷三《四书类》：赵顺孙《四书纂疏》二十八卷。字和仲，缙云人。度宗时官资政殿大学士、福建安抚使。

《虞山钱遵王藏书目录汇编》卷一《经部》：赵顺孙《四书纂疏》二十六卷。

《经义考》卷一五六《礼记十九》：赵氏顺孙《四书纂疏》，二十六卷。存。

《四库全书总目》卷三六《经部三六·四书类二》：《四书纂疏》二十六卷，内府藏本。宋赵顺孙撰。顺孙字格庵，括苍人。考《黄溍集》有《顺孙阡表》，曰："自考亭朱子合《四书》而为之说，其微词奥旨散见于门人所记录者莫克互见，公始采集以为《纂疏》。盖公父少傅魏公雷，师事考亭门人滕先生璘，授以《尊所闻集》。公以得于家庭者溯求考亭之原委，《纂疏》所由作也。"则顺孙距朱子三传矣。故是书备引朱子之说，以翼《章句集注》。所旁引者惟黄榦、辅广、陈淳、陈孔硕、蔡渊、蔡沈、叶味道、胡泳、陈植、潘柄、黄士毅、真德秀、蔡模一十三家，亦皆为朱子之学者，不旁涉也。邓文原作胡炳文《四书通序》，颇病顺孙此书之冗滥，炳文亦颇摘其失。然经师所述，体例各殊。注者词尚简明，疏者义存曲证。顺孙书以疏为名，而自序云“陪颖达、公彦后”，则固疏体矣。繁而不杀，于理亦宜，文原殆未考孔、贾以来之旧式，故少见而多怪欤？

《皕宋楼藏书志》卷一〇《经部》：《四书纂疏》二十六卷，元刊元印本，季沧苇旧藏。宋后学赵顺孙纂疏。“子朱子《四书注释》，其意精密，其语简严，浑然犹经也。顺孙旧读数百过，茫若望洋，因遍取子朱子诸书，及诸高第讲解有可发明注意者，悉汇于下，以便观省，间亦以鄙见一二附焉，因名曰《纂疏》。顾子朱子之奥，顺孙何足以知之？架屋下之屋，强陪于颖达、公彦后，祇不韪尔。遇大方之家，则斯《疏》也，当在所削。后学赵顺孙书。”《引用书目》案：此元刊元印本。每叶二十行，每行二十字，小字双行，每行二十四字。卷中有“振宜之印”朱文方印、“扬州季氏”朱文长印、“沧苇”朱文长印、“季振宜读书”朱文长印。

《郑堂读书记》卷一二《经部七之上》：《四书纂疏》二十六卷，《通志堂经解》本。宋赵顺孙撰。顺孙字仲和，号格庵，缙云人。官至资政殿大学士。《四库全书》著录，《宋史》失载。倪氏《补元志》、朱氏《经义考》俱载之。但倪氏《宋志补》不载，入之《补元志》，殊误。其书一以朱子为归，不杂异端。论于《大学》《中庸》，先之以《章句》，次之以《或问》，间以所闻附于后，又以《语录》暨诸儒发明大义者，分注其下。于《论语》《孟子》，则一本《集注》，而采《或问》《集义》《详说》《语录》及诸儒之说分注焉。所谓诸儒之说，不外引用《总目》所列黄氏榦、辅氏广、陈氏淳、陈氏孔硕、蔡氏渊、蔡氏沈、叶氏味道、胡氏泳、陈氏埴、潘氏柄、黄氏士毅、真氏德秀、蔡氏模十三家，皆恪守朱子之学，不旁涉他家者也。考真西山《集编》专采朱子之说以疏朱注，此编则又兼采诸儒为朱子之学者之说，以疏朱注。至元倪氏士毅《辑释》、明胡氏广《大全》，更扩而充之，冗滥益甚。是书尚繁而不杀，可备宋学之一种焉。前有《自序》及洪天锡、应浚二《序》，《学》《庸》前各有牟子才《序》，又各有《读章句纲领》，《论语》前有《读论语孟子法》。则纂程子之说为之，而各以朱子及诸儒之说注于其下，亦如《学庸章句序》《论孟序说》体焉。前又有康熙丁巳纳兰容若《序》。

《藏园订补郘亭知见传本书目》卷三《四书类》：《四书纂疏》二十六卷，

宋赵顺孙撰。通志堂本。

《藏园订补郘亭知见传本书目》卷三《四书类》补：《四书纂疏》二十六卷，宋朱熹集注，赵顺孙纂疏。〇元刊本，十行二十字，注双行二十四字。日本静嘉堂文库藏书。

今按：元刻元印本（日本静嘉堂藏）；《通志堂经解》本（康熙刻、乾隆补修、同治刻、日本文化刻）；《复性书院丛刊》本（民国刻）。

四书通义

宋朱熹撰。

《国史经籍志》卷二《经类》：《四书通义》三十六卷。

《千顷堂书目》卷三《四书类》：《四书通义》三十六卷。

《传是楼书目·经部》：宋朱熹《四书通义》三十六卷。

四书问目

宋朱熹讲，刘爚、刘炳记。

《四库全书总目》卷三七《经部三七·四书类存目》：《四书问目》，无卷数，浙江吴玉墀家藏本。旧本题曰“考亭朱元晦先生讲授，门人云庄刘爚、睦堂刘炳述记”。前有永乐壬寅其九世孙刘文《序》，称：“《四书问目》世所传者，《四书大全》、朱子《文集》内载数条而已。近于亲表教授程蕃家求得《论语》二十篇。及任江西丰城尉，适吴侍御家，得《大学》《中庸》数十条。而《孟子》则同修国史崇邑邱公永锡家藏焉。于是散者复合，而缺者几全。”又有弘治十一年郑京《序》称：“宣德间书林有与同姓者，欲附其族，为刘氏子孙所辱，遂于凡载籍间二人姓名悉剔去之，或易以他名，欲灭其迹。”又称“刘文所辑湮晦失传，其裔孙复于鹰山游氏得其全帙”云云。案朱彝尊《经义考》，刘爚有《四书集成》，刘炳有《四书问目》，并注“已佚”。则《问目》独出于炳，不应兼题爚名。又《丰城县志》载明一代典史六十三人，亦无所谓建阳刘文。且建阳一书贾，其力几何，安能尽毁爚、炳之书？又安能尽铲爚、炳之名易以他氏？其说皆抵牾支离。书中问答，亦皆粗浅，不类朱子之语。殆皆其后人所依托欤？

《文选楼藏书记》卷五：《四书问目》四册。宋刘爚、刘炳同著。建宁人。抄本。是书记述朱子所讲授。

四书集义

宋朱熹撰，卢孝孙集。

宋欧阳守道《四书集义序》：庐陵郡学后刊朱文公《中庸》《大学》《论语》《孟子》章句、集注、或问。淳祐十一年，通守古汴赵侯某、博士海陵蔡君某又以郡学与白鹭洲书院养士之余力刊《四书集义》者，太守於潜徐侯某先守安吉，与友人卢某之所集。盖文公《四书》定本之外，凡平日交游书问之所往还，门人请教之所闻，与凡片言只字，不专为《四书》发，而与《四书》旨意相流通，散见于《文集》《语录》间者，悉会萃于此。初刊于安定书堂，暨摹本至庐陵，赵侯偕蔡君以为请，遂命两学之士复精校而刊焉，《四书》训说于是大备。或曰："文公先生之于《章句》《集注》《或问》也，更定数次而后决然，以诏后学，盖沉潜研索，精约审订，用意至密，而为传世计至远也。学者学此足矣，而又待《集义》以求备乎？"某曰：不然。圣人之道，君子之学，自有端的会归。惟见之之明，则虽千万言而未尝不一；如见之之疑，则虽一二言未尝不枝。今先生之于《四书》也，其沉潜研索而言者如此，其从容酬应而言者亦如此；其精约审订而言者如此，其敷畅宏肆而言者亦如此。不于其言于其行，则相去不知几载，所告不知几人，而无一不同，深造而自得之，居之安，资之深，取之左右逢其原，于此可想见也。《章句》《集注》《或问》之书固亲定于先生之手，然先生一言一话，义理之归于此者尽收拾而存之，则岂不足以益见先生之心，而为后学更互发明之一助哉？始徐侯为州，雅意于表章儒先，风厉士习之事，某间得侍见，侯必亹亹以讲学为言。《集义》摹本之至自安吉也，某最先得见，窃叹侯于方今吏事日不暇给之时，而所至辄留意此书如此，独恨安吉相去之远，欲亟与同志传摹而未能也。侯莅事逾年，而州学得蔡君为博士，已而鹭洲书院又得赵侯为之提领，惓惓斯文之意如出一人，故是书得刊于此。既成，两侯暨博士一辞命某为之序，其辞不可谢，避席言曰：四书，万世之书也，而方今世道一恃此以为命，后学学此，敢不敬哉！昔者孔子、曾子、子思、孟子著书以遗后人，千五百年湮没不章。天以斯文畀于我有宋，然后儒先辈出，复为学者指示。暨文公先生竭其心思役志于此，一圣三贤之微旨发明尽矣。运遭圣主，书遂盛行，孔、孟以后未有幸于此时也。是以讲读传习，上自天子之经筵，而下遍于陋巷，布之窗几，缙绅场屋议论文章有一言不依乎此，则五尺之童羞之，文公先生可作，岂不甚自慰哉！今《集义》之书继作，读之者又如终身侍先生之丈席，而无一言之不得闻也，抑又幸矣。然愚窃谓世道依人心以立，读书为士，不得不以世道为己任。文公先生于此《四书》，所为谆切反复，以诏后学，此心犹可识也。讲学穷理，所以推见本心之体而究极之用，此学而成，当世宜有所嘉赖，虽在穷约，关系正不轻也，而况于得有所施者欤！天子方尊信四书，士之得行所学，未有易于此时也。学文公先生之学，心文公先生之心，宜必有有志之士，慨然深忧方今之世道者，上念正君定国之道所以益圣德而端化原者何在，下念斯民廉善之方所以遏人欲而存天理者何繇，而必一本之于已，患吾学之未成，不患吾用之不及。己为大人，不患不能格君心之非；己为先觉，不患后觉之不可使觉。根本先立，望实斯孚，积诚尽忠，以俟感动，一如文公先生之所以事君与教人者，于以生全人类，长育人材，则前所谓四书，当世之系命，岂不深有望于斯人哉！不然，朝吟而暮诵之，以资言语文章，投好尚、干禄利而已，则举世皆《四书》，而《四书》皆福泽，曾不少见于天下，岂惟非今日所以纂集之意，亦徒使或者重悲文公先生平生之志也。某不敏，不足与于斯文，独幸生圣主尊尚正学之时，接儒先开悟群疑之后，而格言明训，又幸遇贤守贰师儒尽取而共传之，且使抒写愚见而附于右方，敢不敬荐所闻，推前之所望于大人先觉者，诸公毋逊其责，使《四书》纲维世道之明教，幸亲见之，尤区区之愿也。《巽斋文集》卷一二。

《国史经籍志》卷二《经类》:《四书集义》一百卷。卢孝孙。

《古今书刻》上编《内府》:《四书集义》。

《千顷堂书目》卷三《四书类》: 卢孝孙《四书集义》一百卷。

《经义考》卷二五二《四书一》: 卢氏孝孙《四书集义》，一百卷。佚。

四书语类

宋朱熹语。

《国史经籍志》卷二《经类》:《四书语类》八十卷。朱熹。

《文渊阁书目》卷一 :《四书语类》一部十八册。

《经义考》卷二五二《四书一》: 朱子熹《四书语类》八十卷。存。

《传是楼书目・经部》:《朱子四书语类》五十二卷。宋朱熹。七本。

《四库全书总目》卷三七《经部三七・四书类存目》:《朱子四书语类》,五十二卷,江西巡抚采进本。国朝周在延编。在延,祥符人,后流寓于江宁。其书乃于《朱子语类》中专取《四书》诸卷刊行,别无增损,亦无所考订发明。

今按:清康熙四十七年金陵周氏四流堂刻本(国家图书馆藏);清康熙石门吕氏天盖楼刻本(国家图书馆藏)。

四书朱子语类

清张履祥、吕留良抄辑。

《增订四库简明目录标注》卷四《经部八》:《四书朱子语类》三十八卷,清张履祥、吕留良抄辑,康熙刊本。

《续修四库全书总目提要》第十四册 :《四书朱子语类摘抄》三十八卷,清张履祥、吕留良辑。按《朱子语类》一书,多初年未定之说,又出于门人手记,参错不一,精而别之甚难。履祥、留良就《语类》中属于四书一部分相约抄辑,履祥先殁,未竟其事,留良亦抄至《论语・泰伯篇》而止。留良子公忠因合两家之所采汇而录之。公忠更为拾掇遗漏而成是书,附以凡例十二条,就中履祥所取稍宽,留良所采较严,不无出入。公忠不欲相混,各为识别。其他尚有句读等种种识别,虽无关大义,要于读者称便也。履祥、留良俱尊奉紫阳,深研有得。其抄此书,去取之间,具有精意,非同节录。惟公忠删履祥所抄"问尽心"等三条,谓与《集注》《章句》未吻合。且谓"理解必归画一,方足为学者笃信谨守。四书之有《集注》《章句》,所当画一者也"。按公忠此说,未免自作聪明。朱子成《集注》《章句》在先,晚年所见更进，有未及追改者，略见于《语类》及《或问》。《文集》中《语类》之异乎《集注》《章句》者，应细加审察，未可执一以绳也。公忠字无党，后更名葆中，康熙四十五年进士，以第二人及第。书无刊版年月，据公忠自识，留良殁于癸亥夏，又十九年而刊行是书，盖康熙四十一年壬午也。

今按：清康熙四十年南阳讲习堂刻本（国家图书馆、北京大学图书馆、中国科学院图书馆、上海图书馆、南京图书馆、浙江图书馆、湖北省图书馆藏）。

朱张四书

宋朱熹、张栻撰。

《文渊阁书目》卷四：《四书朱张注》一部十四册，完全。

《千顷堂书目》卷三《四书类》：《朱张四书》十四册。集晦庵、南轩讲义。

朱真四书

宋朱熹、真德秀撰。

《文渊阁书目》卷四：《四书朱真注》一部十二册，完全。

《千顷堂书目》卷三《四书类》：《朱真四书》十二册。集晦庵、西山注，不知何人。

四书集编

宋真德秀、刘承编。

宋真志道《学庸集编序》：《大学》《中庸集编》，先公手所定也。公每晨起坐堂上，炷香开卷，必雠校一章，从而演说其义，子侄皆立侍焉。既终篇，呼志道而前，告之曰："《大学》《中庸》之书，至于朱子而理尽明，至予所编而说始备。虽从《或问》《辑略》《语录》中出，然铨择刊润之功亦多。间或附以己见，学者傥能潜心焉，则有余师矣。然又须先熟乎诸书，然后知予用功深、采取精，此亦自博而约之义也。"志道拜受此书，铭记于怀，于今三纪，不敢失坠。挈之郛居间以语同志，而郡博士谢君闻之，来请甚勤。且曰："刊之泮宫，俾家有其书，人传其学，岂不公溥。"志道有感其言，遂出授之。且著其说于下，方使得此书者必深思而力践之，斯为善读，庶亦不负谢君私淑之意。谢君，莆之名士，于斯道有闻，故于学政知所先务云。如《论语》《孟子集注》虽已雠校，而《集编》则未成。《全宋文》卷八二五二。

宋刘才之《序》：朱子《四书》，郡庠旧所刊也，自壬子水荡之后，遂为阙里一大欠事。近得西山所编《中庸》《大学》，本之朱子集注，附以诸儒问辨，间又断之以己意，会萃详、采择精，诚后学所愿见者。已锓之梓，为衍其传。惟《论》《孟》二书缺焉，扣之庭闻，则云已经雠校，但未编集。是《论》《孟》固未尝无成书也。一旦论诸堂上，学正刘朴溪承谓《读书记》中所载《论》《孟》处，与今所刊《中庸》《大学》凡例同，其他如《文集》《衍义》等书亦有可采摭者。因勉其汇集成书，凡五阅月而帙就，又五阅月而刊毕。至是西山所编之《四书》为大全，不惟有以成西山雠校之初志，抑使天下学者得是书而读之，皆曰：自是建学始庶知沿流而溯源，夫岂小补云乎哉。咸淳九年至日。《经义考》卷二五二。

明黄佐《南雍志·经籍考》：《四书集编》十卷。《大学》存者三十七面，《孟子》存者八十七面，《中庸》存者三十五面。○西山真德秀所辑。先书朱子《集注》于前，而后纂集《或问》《辑略》、朱子《语录》与先儒之说于后。

《国史经籍志》卷二《经类》：《四书集编》二十六卷，真德秀。

《文渊阁书目》卷一：《四书集编》一部十八册。

《季沧苇藏书目·经解目录》：《四书集编》廿六卷，真德秀。

《千顷堂书目》卷三《四书类》：真德秀《四书集编》二十六卷。

《四库全书总目》卷三五《经部三五·四书类一》：《四书集编》二十六卷，两江总督采进本。宋真德秀撰。德秀字希元，浦城人。庆元五年进士，中词科。绍定中拜参知政事，进资政殿直学士，提举万寿观。卒谥文忠。事迹具《宋史·儒林传》。此书惟《大学》一卷、《中庸》一卷为德秀所手定。《大学章句序》后有题记一行，称"宝庆三年八月丁卯，后学真德秀编于学易斋"者，其成书年月也。其子志道《序》，亦惟称《大学》《中庸》，而云《论语》《孟子集注》虽已点校，《集编》则未成。咸淳九年，案：原本作"咸宁九年"。宋无此年号，今改正。刘才之《序》始称"西山所编《中庸》《大学》，惟

《论》《孟》二书缺焉。扣之庭闻，则云已经点校，但未编辑。是《论》《孟》固未尝无成书。一旦论诸堂上，学正刘朴溪承谓《读书记》中所载《论》《孟》处，与今所刊《中庸》《大学》凡例同。其他如《文集》《衍义》等书，亦有可采摭者。因勉其汇集成书，凡五阅月而帙就，又五阅月而刊成”云云。是《论语》十卷、《孟子》十四卷，皆刘承以德秀遗书补辑成之者也。朱子以《大学》《中庸》《论语》《孟子》合为《四书》，其《章句》多出新意，其《集注》虽参取旧文，而亦多与先儒异。其所以去取之意，散见《或问》《语类》《文集》中，不能一一载也。而《或问》《语类》《文集》又多一时未定之说及门人记录失真之处，故先后异同，重复颠舛，读者往往病焉。是编博采朱子之说以相发明，复间附己见，以折衷讹异。志道《序》述德秀之言，自称有铨择刊润之功，殆非虚语。赵顺孙《四书纂疏》备列德秀所著诸书，而不载其目。盖至宋末始刊，其出最晚，顺孙未之见也。自是以后，踵而作者汗牛充栋，然其学皆不及德秀，故其书亦终不及焉。

《郑堂读书记》卷一二《经部七之上》:《四书集编》二十六卷,《通志堂经解》本。宋真德秀撰。德秀字希元，浦城人。庆元五年进士，中词科。绍定中拜参知政事，进资政殿直学士，提举万寿观。卒谥文忠。《四库全书》著录，倪氏《宋志补》、朱氏《经义考》俱载之。按：是书凡《大学》一卷、《中庸》一卷、《论语》十卷、《孟子》十四卷。《宋志》止有“《论语》类”而无“《四书》类”，凡《学》《庸》入“礼类”，《孟子》入“儒家类”。然惟《论语集编》十卷，余者皆无之，故倪氏为之补入。朱氏既有《论语》《孟子》二类，复有“《四书》类”，因于“《论语》类”载《集编》，而“《孟子》类”亦未载，未免仍《宋志》之缺也。前有西山子志道《序》，首称“《大学》《中庸》，先公所手定也”。又述西山之言曰：“《大学》《中庸》之书，至于朱子而理尽明，至予所编，而说始备。虽从《或问》《辑略》《语录》中出，然诠释刊润之功亦多。间或附以己见。”末又称：“如《论语》《孟子集注》，虽已点校，而《集编》则未成。咸淳癸酉。”咸淳旧误作“咸宁”。刘才之《序》亦称:“近得西山所编《中庸》《大学》，已锓之梓，为衍其传。惟《论》《孟》二书缺焉。扣之庭闻，则云已经点校，但未编集。是《论》《孟》固未尝无成书也。一旦论诸堂上，学正刘朴溪承谓《读书记》中所载《论》《孟》处，与今所刊《中庸》《大学》凡例同，其他如《文集》《衍义》等书，亦有可采摭者。因勉其汇集成书，编之《四书》为大全。”据此二《序》所云，知《学》《庸》为西山集诸书补缀成编。所谓庭闻，当即志道之字耳。盖目朱子作《章句集注》，而后西山始创为依注作书之例。从此以迄永乐，《大全》而集其成。自永乐以迄今，兹改修《大全》者，又更仆难数，然皆是书为之滥觞也。末有咸淳壬申谢侯善《后序》。

《八千卷楼书目》卷三《经部》：《四书集编》二十六卷，宋真德秀撰。通志堂本。

《铁琴铜剑楼藏书目录》卷六《经部》：《四书集编》二十六卷，明刊本。《大学章句》后有题记一行，称："宝庆三年八月丁卯后学真德秀编于学易斋。"首列其子志道序，次列刘才之序，次列谢侯善序。案，《四库总目》，此书惟《大学》一卷，《中庸》一卷，为德秀所手定。《论语》十卷，《孟子》十四卷，皆刘承以德秀遗书补辑成之。所载朱注，如《大学》"古之欲明明德于天下"节注"欲其一于善而无自欺也"；《中庸》"天命之谓性"节注"盖人之所以为人"云云，悉与宋本合。字画清劲，明刊本之最精者也。

今按：《通志堂经解》本（国家图书馆、北京大学图书馆、北京师范大学图书馆、中国科学院图书馆、上海图书馆藏）；《四库全书荟要》本；《四库全书》本。

四书朱陆会同注释

宋龚霆松注。

元袁桷《龚氏四书朱陆会同序》：五经专门之说不一，既定于石渠、鸿都，嗣后学者，靡知有异同矣！《易》学以辞象变占为主，得失可稽也。王辅嗣出，一切理喻，汉学几于绝熄。宋邵子、朱子震始申言之，后八百余年而始兴者也。《春秋》家刘歆尊《左氏》，杜预说行，《公》《穀》废不讲。啖、赵出，圣人之旨微见，刘敞氏、叶梦得氏、吕大圭氏，其最有功者也。尊王褒贬，则几于赘，是千余年而始著者也。《书》别于今文、古文，晋世相传，驯致后宋时，则有若吴棫氏、赵汝谈氏、陈振孙氏，疑焉有考，过千百年而能独明者也。《诗》本于大、小叙，诸家诗已废，毛公说尊。独苏辙氏始删，郑樵氏悉去之，朱子祖之，此又几二千年而置议焉者。《三礼》守郑玄氏《正义》，皆旁正曲附。唐赵匡氏始知其非，宋诸儒驳郑，几不能以立，甚者疑《周官》非圣人书。卓识独见，虽逾千百世，亘万古而不泯。是则宁能以一时定论为是哉！曩朱文公承绝学之传，其《书叙》疑非西京，于《孝经》则刊误焉。《诗》去其《叙》，《易》异程氏，《中庸》疑于龟山杨氏。程、杨、朱子，本以传授者也，审为门弟子，世固未以病文公也。陆文安公生同时，仕同朝，其辨争者，朋友丽泽之益。朱、陆书牍具在，不百余年，异党之说兴，深文巧辟，而为陆学者不胜其谤，屹然墨守。是犹以丸泥而障流，杯水以止燎，何益也？淳祐中，鄱阳汤巾氏合朱、陆之说，至其犹子端明文清公汉，益阐同之，足以补两家之未备。抑又闻之：当宝庆、绍定间，黄公榦在，朱子门人不敢以先人所传为别录。黄既死，夸多务广，有《语录》焉，有《语类》焉，望尘承风，相与刻梓，而二家矛盾，大行于南北矣。广信龚君霆松，始发愤为《朱陆会同》，举要于《四书》，集陆子及其学者所讲授，俾来者有考。删繁荟精，余于龚君复有望焉。夫事定于千百年则罔有异论，故历举兴废之说若是。噫！龚君之书，有俟夫后若余言，亦殆将得以同传也。至治二年八月辛未，袁桷序。《清容居士集》卷二一。

《千顷堂书目》卷三《四书类》：龚霆松《四书朱陆会同注释》二十九卷，又《举要》一卷。贵溪人，宋咸淳乡举元，郡县上所著书于省，省闻之朝，授汉阳教谕，不就。

《经义考》卷二五三《四书二》：龚霆松《四书朱陆会同注释》或作张霆松。二十九卷。又《会要》一卷。未见。

袁桷序曰："《五经》专门之说不一，既定于石渠、鸿都，嗣后学者靡知有异同矣。《易》学以辞象变占为主，得失可稽也，王辅嗣出，一切理喻，汉学几于绝息。宋邵子、朱子震始申言之，后八百余年而始兴者也。《春秋》家刘歆尊《左氏》，杜预说行，《公》《穀》废不讲。啖、赵出，圣人之旨微见。刘敞氏、叶梦得氏、吕大圭氏，其最有功者也，尊王褒贬则几于赘，是千余年而始著者也。《书》别于今文、古文，晋世相传，驯致后宋时，则有若吴棫氏、赵汝谈氏、陈振孙氏，疑焉有考，过千百年而能独明者也。《诗》本于大小《序》，诸家《诗》已废，毛公说尊独。苏辙氏始删，郑樵氏悉去之，朱子祖之，此又几二千年而置议焉者。《三礼》守郑玄氏，《正义》皆旁证曲附，唐赵匡氏始知其非。宋诸儒驳郑，几不能以立，甚者疑《周官》非圣人书，卓识独见，虽逾千百世，亘万古而不泯，是则宁能以一时定论为是哉？曩朱文公承绝学之传，其《书序》疑非西京，于《孝经》则《刊误》焉，《诗》去其《序》，《易》异程氏，《中庸》疑于龟山杨氏。程、杨、朱子，本以传授者也，审为门弟子，世固未有以病文公也。陆文安公生同时，仕同朝，其辨争者，朋友丽泽之益，朱、陆书牍具在。不百余年，异党之说兴，深文巧辟，而为陆学者不胜其谤，屹然墨守，是犹以泥丸而障流，杯水而止燎，何益也？淳祐中，鄱阳汤巾氏合朱、陆之说，至其犹子端明文清公汉益阐同之，足以补两家之未备。抑又闻之，当宝庆、绍定间，黄公榦在朱子门人，不敢以先人所传为别录。黄既死，夸多务广，有《语录》焉，有《语类》焉，望尘承风，相与刻梓，而二家矛盾，大行于南北矣。广信龚君霆松始发愤为朱、陆会同，举要于《四书》，集陆子及其学者所讲授，俾来者有考。删繁会精，予于龚君复有望焉。夫事定于千百年，则罔有异论，故歷举兴废之说若是。噫！龚君之书，有俟于后，若予言，亦殆将得以同传也。”

黄虞稷曰："贵溪人。宋咸淳乡举。元郡县上所著书于省，省闻之朝，授汉阳教授，不就。"

四书集成

佚名撰。

《铁琴铜剑楼藏书目录》卷六《经部》:《四书集成》二十卷，宋刊本。不著纂辑姓氏。次行阴文题诸儒集成之书曰：朱子《集注》、朱子《集义》、朱子《或问》、朱子《语录》、南轩张氏《注》、黄氏《通释》、蔡氏《集疏》、赵氏《纂疏》。案，《集义》即《精义》，初改名《要义》，后改《集义》。“张氏注”即《癸巳论语解》。《通释》为黄氏勉斋榦著，今已佚。《集疏》为蔡氏觉轩模著，九峰之长子也。九峰编次未成，觉轩与弟杭商榷以成，今仅存《孟子集疏》,而《论语》已佚。《纂疏》乃括苍赵氏格庵顺孙作。又前标列《语录》《集疏》《纂疏》中所载凡一百十一人，注明氏号里居。案，宋吴真子有《四书集成》一书，元定宇陈氏本之，为《四书发明》，云峰胡氏本之为《四书通》，仲弘倪氏又本二书为《四书辑释》，明时辑《四书大全》则全用倪氏书，实皆出自《集成》，此本殆即吴氏原书，仅存《论语》一种欤？每半叶十行，行十八字，小字双行，行二十二字。字画清朗，当是宋末刻本，故“慎终”犹作“谨终”。旧为叶文庄藏书。卷首有“叶氏菉竹堂藏书”朱记。

《四库未收书目提要续编》卷一《经部》:《四书集成》二十卷，不著编辑名氏。次行阴文题诸儒集成之书曰：朱子《集注》，朱子《集义》，朱子《或问》，朱子《语录》，南轩张氏注，黄氏《通释》，蔡氏《集疏》，赵氏《纂疏》。又标列《语录》《集疏》《纂疏》中所载凡一百十一人，皆注明氏号里居。案《集义》即《精义》，“张氏注”即《癸巳论语解》《癸巳孟子说》，《纂疏》为赵顺孙撰，《四库》均著录；《通释》为黄榦撰，今已佚；《集疏》为蔡模撰，《四库》仅著录其《孟子》，而《论语》亦佚。考宋吴真子有《四书集成》一书，元陈栎本之为《四书发明》，胡炳文本之为《四书通》，倪士毅又本二书为《四书辑释》。永乐时纂《四书大全》，则全用倪书，实皆出自《集成》。此瞿氏所藏宋刊本，其《藏书目录》疑即吴氏原书，而仅存《论语》一种。今以其书颇病泛滥，而黄说及蔡氏说，藉是以存大概，为录而存之焉。

四书标题

元熊禾撰。

《文渊阁书目》卷一:《四书标题》一部五册。

《千顷堂书目》卷三《四书类》: 熊禾《四书标题》。

《铁琴铜剑楼藏书目录》卷六《经部》:《四书标题》十九卷，元刊本。题“朱子《章句集注》，建安后学熊禾标题”。凡《大学》一卷，《中庸》缺，存《或问》一卷，《论语》十卷，《孟子》七卷。全书刻朱注，《学》《庸》后有《或问》，其中字句与今通行本有异者，悉同宋本。《四书》所谓“标题”者，皆列上方，《学》《庸》则分节以释之，《论》《孟》则每章标出“学”与“身心”“家国”“天下”诸目，诸目中更分细目，又分事与义以释之。事则略举典故，义则以己意发明书旨，或引旧说，语简而该。如《论语》“山梁”节引穆生以不设醴而去，诸葛待先主而后起；《孟子》“视君如寇仇”句，引《书》“虐我则雠”为证。皆有卓见。案，是书流传绝少，惟见《菉竹堂书目》，胡氏《四书通》曾引及之，其余各家，俱未著录。旧为汲古阁藏本。卷首有“毛扆之印”“斧季”“毛氏图史子孙永保之”诸朱记。

《四库未收书目提要续编》卷一《经部》:《四书标题》十九卷，宋熊禾撰。禾有《勿轩易学启蒙图传通解》，是编已著录。此书全用朱注，《学》《庸》后有《或问》。凡《大学》一卷；《中庸》缺，存《或问》一卷；《论语》十卷；《孟子》七卷。其中字句与今通行本异者，悉与宋本合。标题皆列上方，《学》《庸》则分节以释之，《论》《孟》则每章标出“学”与“身”“心”“家”“国”“天下”诸目，诸目中更分细目，又分“事”与“义”以释之。“事”则略举典故，“义”则发扔己意，或引旧说，如《论语》“山梁”节，引穆生以不设醴而去，诸葛待先主而后起；《孟子》“视君如寇仇”句，引《书》“虐我则仇”为证，尚属简明。传本绝少，胡炳文《四书通》曾及其说。此瞿氏所藏元刊本。《四库》所录《勿轩集》中有《四书标题》一卷，非全书也。

今按：元刻本（国家图书馆藏）；民国瞿氏铁琴铜剑楼影抄元刻本（国家图书馆藏）；明天顺间刻本（日本尊经阁藏）。

四书通

元胡炳文撰。

元胡炳文《四书通序》:《四书通》何为而作也？惧夫读者得其辞未通其意也。《六经》，天地也。《四书》，行天之日月也。子朱子平生精力之所萃，而尧、舜、禹、汤、文、武、周、孔、颜、曾、思、孟之心之所寄也。其书推之极天地万物之奥，而本之皆彝伦日用之懿也，合之尽于至大，而析之极于至细也。言若至近而涵至永之味，事皆至实而该至妙之理。学者非曲畅而旁通之，未易谓之知味也；非用力之久而一旦豁然贯通焉，未易谓之穷理也。予老矣，潜心于此者余五十年，谓之通矣乎？未也。独惜乎疏其下者或泛或舛，将使学者何以抉择于取舍之际也。呜呼！此予所以不得不辨其同而辨其异也，辨之庶不失其宗，辨之庶不惑于似也。予不敢自谓能通者，傥恕其僭而正其所未是，则予之所深冀也。泰定甲子九月旦日，新安后学胡炳文序。《云峰集》卷三。

元邓文原《四书通序》:《四书》之学，初表章于河南二程先生，而大阐明于考亭朱夫子。善读者先本诸经，而次及先儒论著，又次考求朱夫子取舍之说，可与言学矣。然习其读而终莫会其意，犹为未善也。《纂疏》《集成》博采诸儒之言，无虑数十百家，使学者贸乱而无所折衷，余窃病焉。近世为图为书者益众，大抵于先儒论著及朱夫子取舍之说有所未通，而遽为臆说以衒于世。余尝以谓昔之学者常患其不如古人，今之学者常患其不胜古人。求胜古人而卒以不如，予不知其可也。今新安云峰胡先生之为《四书通》也，悉取《纂疏》《集成》之戾于朱夫子者删而去之，有所发挥者则附己说于后。如谱昭穆以正百世不迁之宗，不使小宗得后大宗者，惧其乱也。汉世定论经传于白虎阁，因名曰《白虎通》，汉末封司马迁后为史通，通之为义尚矣。若夫习其读而会其意，此又学者之事，庶无负先生名书之旨云。泰定三年良月朔旦，巴西邓文原叙。《全元文》卷六四七。

《国史经籍志》卷二《经类》:《四书通》三十四卷，胡炳文。

《文渊阁书目》卷一 :《四书通》一部十二册。

《千顷堂书目》卷三《四书类》:胡炳文《四书通》三十四卷。一作《四书通考》。正饶鲁之说与朱子异者。

《四库全书总目》卷三六《经部三六・四书类二》:《四书通》二十六卷，两江总督采进本。元胡炳文撰。炳文有《周易本义通释》，已著录。是编以赵顺孙《四书纂疏》、吴真子《四书集成》皆阐朱子之绪论，而尚有与朱子相戾者，因重为刊削，附以己说，以成此书。凡朱子以前之说，嫌于补朱子之遗，皆斥不录，故所取于《纂疏》《集成》者仅十四家。二书之外，又增入四十五家，则皆恪守考亭之学者也。大抵合于经义与否非其所论，惟以合于注意与否定其是非。虽坚持门户，未免偏主一家，然观其《凡例》，于"颜渊好学"章，哀乐、哀惧一字之笔误，亦必辨明；于"为政以德"章，初本作"行道而有得于身"，祝洙本作"行道而有得于心"，改本又作"得于心而不失"，刊本先后之差，亦悉加考正。其于一家之学，用心亦勤且密矣。《章句集注》所引凡五十四家，今多不甚可考。蔡模《集疏》间有所注，亦不甚详。是书尚一一载其名字，颇足以资订证。然如《集注》以"有妇人焉"为邑姜，所引"刘侍读曰"者即刘敞《七经小传》之说也，炳文独遗漏不载。盖敞在北宋，闭户穷经，不入伊洛之派。讲学之家，恶其不相攀附，遂无复道其姓名者。故朱子虽引之，而炳文不知为谁也。是亦各尊所闻之一验矣。

《八千卷楼书目》卷三《经部》:《四书通》二十六卷，元胡炳文撰。靖江朱氏刊本。

《郑堂读书记》卷一二《经部七之上》:《四书通》二十六卷,《通志堂经解》本。元胡炳文撰。炳文,婺源人。尝为信州道院山长,调兰溪州学正,世称云峰先生。《四库全书》著录。倪氏、钱氏《补元志》俱作三十四卷。倪氏注云:"一作《四书通考》,二十六卷。"朱氏《经义考》作二十六卷,注云:"或作三十卷。"按:是书《大学》《中庸》各一卷,《论语》十卷,《孟子》十四卷。其分作三十卷。《经义考》又载有《四书辨疑》,无卷数,注云:"未见。"钱氏亦载之,或即三十四卷之本耳。是编以《章句集注》为主,悉取赵氏顺孙《纂疏》、吴氏真子成之。戾于朱子者删而去之,有所发挥者则加附己说于后。《学庸或问》不为分析,以失朱子本意,编附于《章句通》后。又于《集注》字之奇者,增入释文,事之隐者,附以通证。于赵氏、吴氏所引一十四家之外,复增入七十一家,大都去处异议,使尽归于一家之言。其于朱子之学,诚不愧之一字矣。前有邓文原《序》,张存中《跋》及《自序》《凡例》,又有引用姓氏,而于朱子所引脱去郑氏、刘氏敞,于《四书通》所引脱去朱子《或问》,则未免为失之耳目之前矣。

《铁琴铜剑楼藏书目录》卷六《经部》:《四书通》二十六卷,元刊本。题"朱子《章句集注》,后学胡炳文通"。前有泰定戊辰自序,次列邓文原序,次列泰定甲子自序、朱子《四书》引用姓氏、《四书通》引用姓氏及新安张存中跋。通志堂本即从此出。跋谓"泰定三年存中奉浙江儒学提举志行杨先生命,以胡先生《四书通》能删《纂疏》《集成》之所未删,能发《纂疏》《集成》之所未发,大有功于朱子,委令赍付建宁路建阳县书坊刊印。志安余君命工绣梓,度越三稔始克就"云云。此书第一刻本也。书中朱注与今通行本有异文、异句,为朱子晚年改定本,每与淳祐本《四书》合。如《大学》"古之欲明明德于天下"节注"实其心之所发"句下,作"欲其一于善",不作"欲其必自慊";"先慎乎德"注作"先谨乎德",讳"慎"为"谨",与下"不可不谨"一例。《中庸》"天命之谓性"节注"若礼、乐、刑、政之属是也"句下,作"盖人之所以为人,道之所以为道,圣人之所以为教,原其所自,无一不本于天而备于我。学者知之,则其于学知所用力而自不能已矣。故子思于此首发明之,读者所宜深体而默识也",不作"人知己之有性"云云;"道也者"注"若其可离"句下,作"则为外物而非道矣",不作"则岂率性之谓哉";"天下国家可均也"注"天下之至难也"句下,作"然不必其合于中庸,则质之近似者,皆能以力为之。若中庸,则虽不必皆如三者之难,然非义精仁熟,而无一毫人欲之私者,不能及也",不作"然皆倚于一偏"云云;"上天之载"注"所言上天之事",不作"上天之载"。《论语》"为政以德"注"德之为言得也"句下,作"得于心而不失也",不作"行道而有得于心也";"据于德"注"执守之意"句下,作"德者得也,得其道于心而不失之谓也",不作"德则行道而有得于心者也";"莫春者"注无"莫春和煦之时"六字、"咏歌也"三字;"夫子之得邦家者"谢氏注"盖不离于圣,而有不可知者存焉"句下,无"圣而进于不可知之神矣"十一字。《孟子》"二老者"注"暗与此合",上无"其意"二字;"富岁子弟多赖"注"故有所顾藉而为善",不作"赖藉";"抱关击柝"注"柝,行夜所击木",不作"夜行"。惟"王厚斋云,《大学》章句,咏叹淫液",刊本误作"淫佚"。《论语集注》"公孙拔"误作"公孙枝";阎百诗云:"《孟子集注》,自武丁至纣凡九世,误作七世,此元时传写之误。"是本亦同。旧为汲古阁藏书。每卷末有"汲古阁""毛子晋氏"二朱记。

今按:元天历二年崇化余志安勤有堂刻本(国家图书馆藏);《通志堂经解》本(康熙刻、乾隆补修、同治刻、日本文化刻);《四库全书荟要》本;《四库全书》本;清道光十四年靖江朱勋刻本(中国科学院图书馆、上海图书馆、南京图书馆、浙江图书馆藏)。

四书待问

元萧镒撰。

元萧镒《自序》:《四书》有疑,朱门师友辨之详矣,而散出于其所自为书,观者难以历览,未有合之者。天朝取士,以经疑为试艺之首,盖欲吾党之士强勉学问,以求圣贤立言之微意。而或者昧焉。若《大学》"道"字训言,而以为道理之道;性善贤愚同得,而谓愚者得其伪;博文约礼重在行,而曰主于知。详说反约专言知,而曰主于行。亦既得隽乡闱,策名天府矣,则眇迓眇之故也。比客建城,与友人欧阳养正读书之次,随时采集,因成是编。皆先儒之遗言绪论,及时之不倍师说者,间亦附以一二鄙语及养正所述,则以"会蕞""自修"别之,凡五百四十问,一百一十七则,以经之篇章为之次，目曰《四书待问》。非敢拟诸叩钟者，以是待有司之问焉，则庶几其应不匮。比类而求之，则凡经之所疑皆可旁通而尽得之。是书之集本为举子观览之便，由是而得其义，则于穷理尽性之功为尤大，而于进取又其余事矣。泰定甲子日南至。《经义考》卷二五五。

元季存《荟蕞丛述序》：异时，经义声律之学之盛，凡一题之出，一卷之入，则主司、举子将相与角其艺于拔新领异之域，彼以难穷人，此以巧应敌，日长月盛，顾亦安所底止哉。一变而阁束者四十年，亦其势之所必至者也。晦翁固言之矣。嗟乎！自表章之诏下，而《四书》之天定矣。自吾幼时，亦惟声律是习，方其汲汲于斯也，日不暇给，于《四书》乎何有？当是时，为子弟而十五六之间，弗此之成也，则父兄觖焉，朋友弗齿之矣。此岂有《四书》岁月哉？余于是愧焉多矣。今余以场屋陈人，侥幸昔者之一试而得与渝之士游也，亦天也，为妍为杰，往往于季课间得之。如月西萧君南金，盖妍杰之迭见者也。及尽观其平日所为经疑类，皆简明峻洁，本乎朱说，而以己意贯之。盖邃于《四书》者也。而他文称是，其用心亦勤矣。且吾闻君甲寅宾兴之初，尝贡于乡，既而以漏字黜，识者憾焉。君独益自厉弗替。嗟乎月西！吾何足以知君？吾所知者，有《四书》之天在。延祐丁巳中秋前三日，长沙季存谨书。《皕宋楼藏书志》卷一〇《新编四书待问》条。

元季存《荟蕞续抄序》：余在渝，盖尝读月西之文，而寄吾意于编末矣。又三年，月西书来长沙，复征余叙言其续稿。嗟乎月西，其以余真足以知君哉！自圣门称颜子问寡问不能，而后世之学者知义理真无穷，物我真无间，而为学之律令格例始定。此其为百世之师也。月西其闻风而兴者欤，吾愧君多矣。淮阴侯功盖一世，而北面师其人，此亦入道之常。顾今人弗能耳，吾何敢以为月西多。自吾少时，尝有志于上下四方。弱冠之际，先老犹多在。而荏苒岁华，怵惕世故，自堕其身于空荒晻霭之域，以至此幽闲无聊，蘼苫可者一笑，则抚髀浩歌，击壶欲缺，反成狂疾，亦徒为旁观怪惊而已。吾知月西善学，不以功名有无动其心，惟知天理之当尽。吾知月西真能学颜子之学，而为仆者，当虎帅以听。吾知月西用意千载之上，而中有缺文者不足贵。月西之文，固当自有知者，余之卷卷斯言，所以表君意之古，而凡学者当如是也。至治新元上巳，邵陵冷掾季存谨书。《皕宋楼藏书志》卷一〇《新编四书待问》条。

明杨士奇《四书待问跋》：《四书待问》一册八卷，元临江萧镃南金编，为科举之学设也。元场屋有《四书》疑问，国初三科犹然。洪武甲子始改为《四书》义。此书余初习举业时受之司仓伯。今吾所畜书，独此最久也。《东里文集续编》卷一七。

《文渊阁书目》卷一：《四书待问》一部一册。

《季沧苇藏书目·宋元杂板书》：元板《四书待问》廿二卷。临江萧镒。缺前八卷。

《千顷堂书目》卷三《四书类》：萧镒《四书待问》二十二卷。泰定甲子序。

《传是楼书目·经部》：《四书待问》二十二卷，元萧镒，一本。

《元史艺文志》：萧镒《四书待问》八卷。一作二十二卷。字南金，临江人。

《四库未收书目提要》卷一《经部》：《四书待问》二十二卷，元萧镒撰。镒字南金，临江人。是书因当时取士以经疑为试艺之首，历采宋、元诸儒如朱晦庵、张南轩一十三家之说而折衷之，亦间取时文之不倍师说者设为问答之义。书前有邵陵冷掾季存所谓《荟蕞述》及《续抄》两序，称其于甲寅宾兴之初，尝贡于乡，既而以漏字黜。则此为其发科决策之作。大旨以新安朱子之说为主，而以己意贯串之，于四子书意颇多发明。近时目录家所载甚少，惟黄虞稷《千顷堂书目》中有“萧镒《四书待问》二十二卷，泰定甲子序”，即是此本。兹就元时影抄，前有《四书互义》，后分列《论语》《大学》《中庸》《孟子》凡五百四十问，七百一十七则。书中各条之下，有注荟蕞者，即镒自作；有注自修者，则为龙江欧阳蒙所作。镒序所谓“比客建城，与友人欧阳养正读书之次，随时采集，因成是编”，即其人也。

《爱日精庐藏书志》卷六《经部》：《四书待问》二十二卷。旧抄本，元临江萧镒编。凡《四书互义》五卷、《论语》七卷、《大学》《中庸》各二卷、《孟子》六卷。注“荟蕞”者，镒所自作；注“自修”者，则龙江欧阳蒙所作也。《互义》者，以《四书》同异参互比较，故曰互义。明洪武三年初行秋举，其《四书》疑问以《大学》“古之欲明明德于天下者”二节与《孟子》“道在迩而求诸远”一节合为一题，问二书所言平天下大旨同异，见《日知录》。盖沿元代经疑旧制。经疑者，辨别疑似，或阐义理，或用考证，非融会贯通、迎刃而解者不能。此《互义》所为作也。所探朱子、张宣公、谢谔、黄榦、陈淳、辅广、陈傅良、陈孔硕、蔡渊、陈植、真德秀、叶味道、蔡模一十三家。大率以朱子之说为主，而以己意贯穿之，于四子书颇多发明，勿以场屋之书而忽诸。千顷堂、传是楼两家《书目》俱著录。《经义考》、钱氏《补元史艺文志》止载八卷，殆未见足本欤。自序，泰定甲子。

今按：以下季成《荟蕞丛述序》《荟蕞续抄序》，略。

《皕宋楼藏书志》卷一〇《经部》：《新编四书待问》二十二卷，旧抄本注韩居旧藏。元临江萧镒编。（今案：以下萧镒《自序》及季成《荟蕞丛述序》《荟蕞续抄序》，略。）后有“泰定丁卯春仲，虞氏务本堂”一行。张氏金吾曰：凡《四书互义》五卷，《论语》七卷，《大学》《中庸》各二卷，《孟子》六卷。注“荟蕞”者，镒所自作；注“自修”者，则龙江欧阳蒙所作也。《互义》者，以《四书》同异参互比较，故曰《互义》。明洪武三年初行科举，其《四书》疑问，以《大学》“古之欲明明德于天下者”二节，与《孟子》‘道在迩而求诸远’一节合为一题，问二书所言平天下大指同异。见《日知录》。盖沿元代经疑旧制。经疑者，辨别疑似，或阐义理，或用考证，非融会贯通、迎刃而解者不能。此《互义》所为作也。所采凡朱子、张宣公、谢谔、黄榦、陈淳、辅广、陈傅良、陈孔硕、蔡渊、陈埴、真德秀、叶味道、蔡模一十三家，大率以朱子之说为主，而以己意贯穿之。于四子书颇多发明，勿以场屋之书而忽诸。千顷堂、传是楼两家《书目》俱著录，《经义考》、钱氏《补元史艺文志》止载八卷，殆未见足本欤。

《铁琴铜剑楼藏书目录》卷六《经部》：《四书待问》二十二卷，旧抄本。元萧镒编并序，又李存序。镒字南金，事迹未详。所著又有《荟蕞丛述》，即见是书中。元时以经疑试士，是编因之而作，采宋元诸儒朱子以下十三家之说而折衷之。凡五百四十问，七百十七则，以经之篇章为次，于书义颇有发明。见《千顷堂书目》。

四书重订辑释章图通义大成

元倪士毅重订辑释，赵汸同订，朱公迁约说，程复心章图，王元善通考，王逢通义总要，程复心撰经进源流本末，刘用章辑。

《善本书室藏书志》卷四《经部八》：《重订辑释章图通义大成大学章句》一卷，《或问》一卷，《中庸章句》一卷，《或问》一卷，《论语集注》二十卷，《孟子集注》十四卷，《四书章图檃括总要发义》二卷，《新刊重订辑释通义源流本末》一卷。元刊本。

《大成》题新安道川倪士毅重订辑释，题新安东山赵汸同订，鄱阳克升朱公迁约说，题新安林隐程复心章图，莆田后学王元善通考，后学鄱阳王逢订定总要，题林隐程复心了见经进源流，题松坞门人京兆刘用章辑。有至正丙戌长至后七日新安汪克宽序，及重订姓氏、凡例源流。惜已残缺，仅《总要》二卷全耳。

《皕宋楼藏书志》卷一〇《经部》:《大学章句重订辑释章图通义大成》一卷,《朱子大学或问重订辑释通义大成》一卷,《中庸朱子章句重订辑释通义大成》一卷,《中庸或问重订辑释通义大成》一卷,《论语集注重订辑释章图通义大成》二十卷,《孟子集注重订辑释章图通义大成》十四卷,《四书章图檃括总要发义》二卷,《新刊重订辑释通义源流本末》一卷，元刊本。《通义大成》，元新安道川倪士毅重订辑释，新安东山赵汸同订，鄱阳克升朱公迁约说，新安林隐程复心章图，莆田后学王元善通考，后学鄱阳王逢订定通义总要，林隐程复心了见撰经进源流本末，松坞门人京兆刘用章辑。重订姓氏。凡例源流。《四书》者，六经之阶梯，东鲁圣师，以暨颜、曾、思、孟传心之要，舍是无以它求也。孟子没，圣学湮晦千五百年，迨濂洛诸儒先抽关发蒙，以启不传之秘。而我紫阳子朱子，且复集诸儒之大成，扩往圣之遗蕴，作为《集注》《章句》《或问》，以惠后学。昭至理于皦日，盖皜皜乎不可尚已。而其词意浑然犹经，虽及门之士，且或未能究其精微，得其体要，矧初学之昧昧乎？近世儒者惧诵习之难，于是取子朱子平日之所以语学者，并其高第弟子训释之辞疏，于朱子注文之左。真氏有《集义》，祝氏有《附录》，蔡氏、赵氏有《集疏》《纂疏》，相继成编。而吴氏《集成》最晚出，盖欲博采而统一之。但辨论之际未为明备，去取之间颇欠精审，览者病焉。比年以来，家自为学，人自为书，架屋下之屋，迭床上之床，争奇衒异。窃自附于作者之列，锓于木而传诸人，不知其几益，可叹矣！同郡定宇陈先生、云峰胡先生，睹《集成》之书行于东南，辗转承误，莫知所择。乃各摭其精纯，刊剔繁复，缺略者又足以己意。陈先生著《四书发明》，胡先生著《四书通》，皆足以磨刮向者之敝。而陈先生晚年且欲合二书而一之，而未遂也。友人倪君仲和实从游于陈先生，有得于讲劘授受者，盖稔且详，乃会萃二家之说，字求其训，句探其旨，鸠僝精要，考订讹舛，名曰《四书辑释》。学者由是而求子朱子之意，则思过半矣。至正辛巳建阳刘叔简得其本而刻之。后二年，倪君复虑其犹有未底于尽善者，爰即旧本，重加正是，视前益加精密。征余叙其所以然者，余窃以为，书固不可不解，解固不可不详。然理贵玩索，始有自得之功。读是书者，苟不能沉潜反复求其义而反诸身，而徒资口耳之末，则非子朱子所望于后学也。倪君曰然，乃叙而书之，以志卷颠云。时至正丙戌长至后七日新安汪克宽谨书。

今按：至正日新书堂刻本、日本文化翻刻本；元刻本（日本静嘉堂藏）；正统刻本。

四书集注集略

佚名撰。

《文渊阁书目》卷四：《四书集注集略》一部二十二册，完全。

删改四书朱子集注

明陈公懋撰。

《千顷堂书目》卷三《四书类》：陈公懋《删改四书朱子集注》。无锡人，书成化二十年进，诏毁之，并令治罪。惟以《孟子·冯妇章》“士则”之句，时颇传之。（吴补）

四书补注

明朱绶撰。

《万卷堂书目》卷一《经解》：《四书补注》三卷朱绶。

《千顷堂书目》卷三《四书类》：朱绶《四书补注》三卷。

《明史》卷九六《艺文一》：朱绶《四书补注》三卷。

四书朱子大全

清戴名世编。

清戴名世《四书朱子大全序》:《四书》义读取朱子一家之言，为之采掇会萃，以类相从，而附于《章句》《集注》之下，盖发端于程君凤来，而余之属笔则在于乙酉、丙戌间。后因简帙重繁，又属程君去其重复、正其讹舛。丁亥秋，程君举以归余，余更略为出入，而后其书乃为定本。程君于是锓之于板，以广其传。明年春二月，刻且成，而余为之序曰：《四书》历汉及唐，至宋诸儒出而其义乃大明。盖自二程子始发孔孟之秘于千载废坠之余，至朱子出，而其学尤为纯粹以精，其阐明《四书》之义者尤为详密而完备。虽其精义微言时时见于他书，而《集注》则朱子以为称量而出，增损一字不得者。于《章句》则引温公之言，以为平生精力尽在此书。故余于是书，一以《集注》《章句》为主。其于朱子他书采掇会萃，凡有合于《集注》《章句》者列而存之。其稍有不合者，为朱子早年未定之论，则弗之录也。兢兢择别，不敢有失。黄勉斋之序《朱子语类》后也，所谓“其辨愈详，其义愈精”，读之历千载而如会一堂，合众闻而悉归一己，此则余与程君区区为是书之意也。呜呼！自朱子没而诸儒竞起，人各为书，或不能尽得朱子之本旨，其阳奉而阴违者亦往往有之。明永乐中，诏诸臣编纂《四书大全》。一时诸臣皆不知圣人之道，窃取倪氏、吴氏两家庞杂割裂之书以应诏，是非互陈，邪正并列。自是学者眩瞀莫辨，而虽显背于朱子之旨者，亦与朱子并奉以为不刊。盖《四书》之义既大显明于朱子之手，而复混淆于诸儒者，历二三百年矣。近日平湖陆氏、长洲汪氏为之抉摘其疵谬，以告于世，于是《大全》之云雾渐扫。而余以谓古人罢黜百家、独尊孔氏，今之尊朱氏，即所以尊孔氏也。故余是书一以朱子为主；其于朱子之书，一以《集注》《章句》为主。至于朱子他书与《集注》《章句》互相发明者，采其精要，集而次之，而务一其旨归。其于诸儒之说，概弗之参载焉。夫诸儒之说，其庞杂割裂而疵谬者，使学者眩瞀莫辨而误其所从，汰而去之，固其宜也。然其中不无可采之论、至当之言而亦莫之入者，何也？夫其可采之论、至当之言，原不能出乎朱子涵盖之内，而余之为是书也，所以类聚朱子之语，欲得其全而观之也。既得其全而观之，则于诸儒之说，虽其至当而可采者，固亦有所弗暇及也。譬如一堂之上，众说喧呶，纷纭攻讦，苟非穷理之深、析义之精，听之焉能无误哉？惟得一明允之吏，片言立剖，而纷纭之辨顿息。是故学者但明于朱子一家之言，而诸儒之说，是非邪正，自了然于胸中，而不为其所乱。此则余与程君区区为是书之意也。昔张宣公以程子之意，将孔孟之言仁者类聚观之，而朱子深恐长学者欲速好径之心、滋入耳出口之弊。则是书也，得毋犯朱子之所恐乎？然在程子之意，则以其比并较勘，便于观览而玩索也；在朱子之意，则预忧夫学者之或因是以失于卤莽而不遍考于诸书也。盖朱子亦尝辑周、张、二程之言以为《近思录》矣。其言曰："穷乡晚进有志于学，而无明师良友以先后之者，诚得此而玩心焉，亦足以得其门而入矣。如此，然后求诸四君子之全书，沉潜反复，优柔餍饫，以致其博而反诸约焉，庶乎其有以尽得之。若惮烦劳、安简便，以为取足于此而可，则非今日所以纂集此书之意也。"余不自揣固陋，窃本朱子此意，而惓惓书于序之篇终云。《南山集》卷四。

清程逢仪《四书朱子大全序》：朱子之书，广大悉备，其学无所不通，而一生精力尤在《四书》。自《大学中庸章句》《论孟集注》而外，凡其所著作与夫友朋师弟子间往复问答之言，为书不下数百卷，其所以发明圣贤之旨者无余蕴矣。朱子既没，历代皆表章其书，学者莫不奉以为宗师，然能沉潜反复其旨趣者，百不得一。虽《章句》《集注》犹或诵之而不能深思其意，至于他书，则孰有购而为之讲习贯通者？自朱子没后，诸儒多有讲说，其于朱子或离或合，卒未能折衷而归于一。南山戴先生尽取朱子之书整齐排缵，辑其尤切要者，逐章逐节而附录于《章句》《集注》之后，于是朱子之发挥《四书》者粲然大备，而学者之诵法朱子也，不苦于卷帙之浩繁，不眩于异说之汗漫，有观览诵习之便，而无歧途杂径之忧。先生不以仪为无似，而属仪襄其役。仪坐萧寺中历一年，斟酌详审，其中颇复有所损益，乃定为若干卷，刊而布之。窃惟朱子之书，后儒莫不尊奉，虽有不尽合者，而未敢讼言背叛也。乃自有明正德以后，异说横行，多能诋訾朱子，而厌恶其穷理格物之学。譬之丘垤之高、行潦之水，而欲以跨越泰岱、嘲笑沧海也，于朱子何伤？亦见其不自量而已矣。余尝博考朱子之书，见近世所诋朱子者，朱子早已解之；疑朱子者，朱子早已定之；辨驳朱子，自以为独得之解者，朱子早已穷其弊而唾弃之。未尝见朱子之全书，而肆其胸臆，攘臂叫嚣，以狎侮程、朱，如是而曰吾以明圣人之道，吾不信也。是书也，搜辑条疏，颇无遗漏，学者一开卷而已览朱子之大全，则异说不得以相溷，而正学于以日兴矣。仪不敏，敬承先生之意，既审定其书，而后为之序其端如此。钱塘程逢仪书。《朱子全书》第二十七册《序跋》。

清程崟《四书朱子大全序》：《四书朱子大全》乃吾师南山先生原辑，而吾族兄凤来实襄其成，崟与参订雠校之役。盖尝闻先生之言矣，先生曰："举业兴而文章亡，讲章兴而理学亡。夫文章者，所以明乎道也。道之不明，而安得谓之文？今举业家为俗说之所浸灌，以苟且侥幸为务，其为杂淫日日已甚。往往举百里之大、人士之众、举业之文之多，求一言之几乎道而不可得也。故曰举业兴而文章亡也。理学经宋氏诸儒而大明，朱子集诸儒之大成，其注《四书》者，实得孔孟之遗旨。其书班班具在，而奈何为讲章者不能遍观而尽识，往往失其本真，或至攘臂裂眦而与之抗？夫朱子于圣人之道，身体而力行之，慎思明辨，以著为书，与《四书》《五经》并垂于天壤。而讲章家以其管窥蠡测之智，侮前贤而误后生，致使举世瞀惑，往往邪正之不能辨，故曰讲章兴而理学亡也。以故余为此书也，取朱子一家之方，次而辑之，类而编之，而凤来复为之芟定，使读者开卷了然，而尽见朱子之全旨，庶不至为讲章家异说所乱，则所以维理学之衰，使举业家不至误于所从，而文章于是乎兴，在是书或亦不无小补乎？"盖先生之定为此书，其大旨如此。窃以为朱子《集注》《章句》而外，其发明《四书》者甚多，学者穷年而莫究。在东南士人家，有其书者不过百之一二，又未必能细加探索；而西北则学者恐不能举其名目矣。夫朱子诸书与《章句》《集注》相为发明也。读《章句》《集注》而不观于诸书，则其义犹有隐而不尽出者。今先生于诸书撮其精华、钩其切要，附于《章句》《集注》之下，使学者便于观览，其有功于朱子而为惠于后学甚大。刻既成，崟因识之，以告世之学者，使知先生所以为此书之意也。歙县程崟书。《朱子全书》第二十七册《序跋》。

《增订四库简明目录标注》卷四《经部八》：《四书朱子大全》四十卷，清戴名世编，康熙四十七年刊本。

四书程朱绎旨

明莫如忠撰。

《万卷堂书目》卷一《经解》:《四书程朱绎旨》。莫如忠。

《经义考》卷二五七《四书六》:莫如忠《四书程朱绎旨》。未见。缪泳曰:“华亭人。嘉靖戊戌进士。”

四书正学渊源

明章一阳编。

《经义考》卷二五七《四书》:章氏一阳《金华四先生四书正学渊源》十卷,存。

萧阳复序曰:“诸儒之说,至晦庵始集其成。勉斋黄氏亲受业于朱子之门,金华何文定先生虽后朱子生,而口传心受,得之勉斋。自是而传之王文宪、金文安、许文懿,仅二百年间,四先生踵武相承,凡四子之书,悉为之注疏,阐其微词奥义,以翊朱注。国朝采集《大全》,书中溯其渊源所自,谓非朱氏之嫡传不可也。今四先生生于一郡,相继而兴,所谓文不在兹乎?然世代既远,遗书散逸,元江章先生乃裒而辑之。章分句释,以附于朱注。而传注益以显,则先生之用心亦勤矣。先生司训于漳绍,乃祖枫山之家学。殆闻四先生之风而兴起者乎?吾于是益信兹郡之多贤也。敬为之序。

《四库全书总目》卷三七《经部三七・四书类存目》:《四书正学渊源》十卷,副都御史黄登贤家藏本。明章一阳编。一阳,金华人。自何基受业黄榦之门,其后王柏、金履祥、许谦递相传受,皆自称朱子之传。一阳因取四人之发明《四书》者,分载于《章句》《集注》之下,名曰《正学渊源》。盖以阐扬金华之宗派,不为发明《四书》作也。

朱子四书语类

清周在延编。

清周在延《重刻朱子四书语类序》:朱夫子生平于书无所不读,而所恃以修己治人、化民成俗者，无过四圣之书，故其用力为尤精，而所注为尤备。《集注》外，有《或问》《精义》《辑略》。而《语类》一书，则与门人问答，门人退而记录者。永乐时纂修《四书大全》，采择《语类》，仅十分之一，且于各条内删削割裂，文义既多不属，而《或问》则取《学》《庸》而去《语》《孟》，登载尤为未详。自《大全》行，而《或问》等全本湮没无闻。夫不读其全，岂能尽其蕴哉？自是以后，讲章盛行，转相传习，迄于今坊间本子愈出愈谬，学者不知方，且家占户毕。至问以朱子之书，则识其名者或鲜矣，是亦可慨也已！近吕晚村先生刊《论孟或问》《论孟精义》《中庸辑略》《近思录》，名曰《朱子遗书》，学者亦既诵习之，独《语类》尚尔湮没。在延因取家藏旧本，重加校梓，先成《四书》五十二卷。其余杂录，与《四书》相发明者，亦多有可采。而朱子《文集》所载《四书说》，其发挥四圣之微言反复详尽，更有《或问》《语类》所未备者，暇日复合二书，分章辑略，共为一编，名曰《朱子四书集解》，行将公之海内，庶天下得读紫阳之全书，不特一切谬种讲章，支离陋劣，不足参观，即取《大全》而反复玩味，尽为糟粕矣。然近日学者宁一不全之《说约》奉为金科玉律，求其能细阅《大全》亦不可得，又安望尽取朱子之书熟读而精思之？使非有好学深思，特出于流俗之外者，其孰勉焉？尤愿好为讲章者，亦取《或问》《语类》诸全本，降心卒业，识力自当精进，不必徒费笔墨，摭掇《蒙》《存》《浅》《达》之唾余，饾饤成书，遂谓有合乎千载不传之秘也。康熙戊午六月朔大梁后学周在延谨识于师经堂。《朱子全书》第二十七册《序跋》。

《本立堂藏书目·经二》:《朱子四书语类》五十二卷，十四本。

《传是楼书目·子部》:《朱子四书语类》五十二卷，宋朱熹，二本。

《四库全书总目》卷三七《经部三七·四书类存目》:《朱子四书语类》五十二卷，江西巡抚采进本。国朝周在延编。在延，祥符人，后流寓于江宁。其书乃于《朱子语类》中专取《四书》诸卷刊行，别无增损，亦无所考订发明。

朱子文集纂四书

清陈鏦编。

清陈鏦《朱子文集纂四书序》:朱子《大学中庸章句》《语孟集注》，发明四子之理无余蕴矣，他如《文集》《语类》二书，广大悉备，其中论辨问答深切著明，与《章句》《集注》相为表里。第《语类》之为书，以类相从，易以简阅，而《文集》议论错见，故读者往往弗深考。如《四书大全》，所载《语类》略备，而取之《文集》者十不及一二。更有误者，《论语》首章《集注》引程子“时复思绎”之说，南轩说中所引，改“思绎”为“䌷绎”，《文集》中与南轩论此甚详，而《大全》反取南轩“䌷绎”之解附于程子本文之下，其谬亦可略睹矣。夫学者观书，日泛滥于众说，而于朱子之书，反有所未尽，此书义之所以不明也。鏦窃有病于此，因与同学诸子仿《语类》之作，搜辑条分，次为是编。俾观书者玩心于《章句》《集注》而有所未解，合此而观之，以其说之详明，而究夫《章句》《集注》之精蕴，优柔厌饫，久之而《文集》之说与《章句》《集注》之说融洽而无间，则四子之理涣然，不逆于心矣。抑鏦之为是编也，特以为学者穷理莫先于四子之书，当知所先而急从事焉耳。从事于此而有所见，然后求之于全书，致博学详说之功，而后豁然贯通者可得而言也。若夫惮烦劳、安简便，朱子固尝以是为学者痛矣，而可乎？抑古人之学在于反求诸己，躬行实践，而非徒以为谈说之资、文学之用也。倘曰由是而辞可善，由是而文可工，而于身心之实初未尝有用力处，虽曰取朱子之书而读之究之，与不读等耳。此为学之大弊，鏦尤愿与四方同志之士共戒之。清溪陈鏦谨识，时康熙己巳四月既望。《朱子全书》第二十七册《序跋》。

今按：清康熙二十八年行恕堂刻本（北京大学图书馆、湖北省图书馆藏）。

四书朱子异同条辨

清李沛霖编。

李沛霖《四书朱子异同条辨序》：天下之患，莫大乎名从而实违，习其所固然，而不知其所以然，则其患将不可止，而况圣人之道乎？今之读四子书者，初未尝深思力索圣人之道，第以为吾从朱而已。而世之学者，闻其从朱，则佥曰：“此不畔于道者。”呜呼！岂非名从而实违、习其所固然而不知其所以然者与？四子之书，一火于秦。汉之儒者，率以注疏发明之，其时无有得于圣人之道者，故其说多离而少合。唐无人焉，惟昌黎能见其大意，而第肆力于文字之间，则其于四子之言，言未涵泳而深旨其趣矣。有宋以来，程子得不传之绪，而阐四子之微，故其言深厚而有余味、精明而无游移，然间亦有以己意解经，虽无背于圣道之大本，而未晰其文辞之支流者，则亦有所未密也。杨、谢之徒，虽从学程子，多未得程子之意，而歧出其旨，则已疏矣。惟子朱子起于周、程、张子之后，其于前人之发明圣道者，既观其备，而又以其明睿诚笃之资，致其博辨精端之力，豁然贯通，然后融会而为《章句》《集注》。其有前人之已是者，不敢以或更也；其有前人之未是者，不敢以不正也。而犹恐人之以自信己说为疑，则有《或问》之假借以明焉；而犹恐《章句》《集注》之简括难见，则又有《语类》之反复以详焉；而犹恐前人之精思要论，或以己之兼该而隐，而又疑于说之未能尽取也，则又有《精义》《辑略》之并存以备参焉。呜呼！向使朱子之心少有私意之蔽，而其所言者，非其身体力行之所得，亦安能与四子之书之意浑合而无间者与？夫朱子之心，亦既殚且竟矣；朱子之说，亦既大且精矣。而后之学者，或执其辞而晦其意者有之，或得其意而误其辞者亦有之。不然，则见其粗而忘其精也；不然，则明于此而昧于彼也；不然，则知其一说而不知其又有一说，而莫或贯之也。此非但数百年之后深体其说者盖寡，即勉斋之徒亲炙于朱子之门者，殆已不无相沿而缪戾者也。是岂圣人之道之果难明与，抑身体力行者少，而深思力索者竟亦不多觏与？呜呼！此予深惜其名从而实违、习其所固然而不知其所以然者也。予则何人，其于圣人之道，其亦未能身体而力行之矣。而窃思天下之理，吾心所自具之理也，玩索而未有明也，证之《章句》《集注》而合焉；于《章句》《集注》之理，玩索而未有明也，证之《或问》《语类》而又合焉；乃于《或问》《语类》之说之理，玩索而未有明者，证之前之游、杨、谢、吕而有合有不合矣，证之后之勉斋、双峰之徒而亦有合有不合矣，即证之有明三百年之中，虚斋、次崖之徒，有合有不合，而幽缪而显畔者，更不知其几矣。而况今人之有合，不过踵前人之已合而合者也；今人之不合，亦不过踵前人之不合而不合者也。而一二杰出之士，如晚村、稼书之徒，其不踵前人之已合而有合者，吾安敢以为非也；其不踵前人之不合而犹不合者，吾安敢以为是也。此予自宋、元、明以迄于今，诸儒之说虽为世所尊崇效法，而予断然有异同之辨者也。或曰：“子不踵前人之已合而以为有合，并不踵前人之不合而亦以有合，乌在合者之非不合，而不合者之不有合与？”曰：“吾乌敢谓吾之无不合乎哉！不执其辞以晦其意，不得其意以误其辞。见其粗，不敢忘其精；明于此，不敢昧于彼。知其一说，而必更通其又有一说。如是而已矣。”且予之所辨，非敢掩前人以自逞其论也，为并列而详载之。其朱子之言，实有得于圣人之道，浑合而无间者，可探而取也；其宋、元、明以迄于今，诸儒之或同或异，未能实有得于圣人之道者，可班而考也。即予之所辨，或有偏畸差谬于圣人之道，而以同为异、以异为同者，亦可指而摘也。则予虽狂悖，其不敢以吾心之私淆天下之理，并不敢妄据吾心之理，以淆天下人心同具之理者，正以古圣人之心之理，所著之为经、衍之为传，即此天下人心同具之理，自天命以来，无有易焉者也，而何所容其矫饰以欺世而自是乎哉！呜呼，后之读四子书者，欲从朱以明圣人之道，慎毋名从而实违、习其所固然而不知其所以然也与！康熙壬午春王月望日都梁后学李沛霖序。《朱子全书》第二十七册《序跋》。

清李振裕《四书朱子异同条辨序》：今天下渐摩陶冶于礼乐文章之盛，孔子、孟氏之道，揭日月而丽中天。圣天子右文稽古，固非浅陋肤末所能窥其万一，而悬为功令，则一以子朱子为宗。近又命儒臣纂辑《朱子全书》，其嘉与海内之士，同臻于一轨，盖欲由朱子以溯乎孔孟，无歧旨也。盱眙李生适有《朱子异同条辨》一书，予览其说，不但异乎朱子、显然离叛者不复收采，即同一朱子之言，尤必析其毫芒、别其疑似，其用心于朱子可谓勤矣。盖自周子以《太极》一图、《易通》数十篇揭斯道于既衰之日，而二程子继之，有以发明其不传之旨。其高第弟子，如游、杨、谢、吕诸家，亦间出其所见而为之说。惟朱子出而集其成，往往采择二程先生之言，其于诸家之说，有合者亦间及之，有不合者，则又杂见于《语类》《或问》《精义》《辑略》诸书，以证已之所然与其所不然，择焉精而语焉详，求于圣人之道，无毫发之憾而后已。然朱子亦有言，谓外托乎程氏而窃其近似之言，以文异端之说者，此诚不可以入乎学者之心，其虑夫世之隐附吾道而实叛之者如此其慎也。不能力求其微，反借其一二近似之说，而援之以乱其正，如有明中叶，沸羹蜩螗，至今未已。此李生之所以辨者，不容已也，则其致辨而为此书者，于圣天子尊崇朱子之意，不深有当欤？予不敏，承乏秩宗，喜其言之详而见之确，于国家久道化成之方不无补也，因其请而乐为之序。康熙四十有四年岁在乙酉春二月经筵讲官礼部尚书加三级吉水李振裕撰。《朱子全书》第二十七册《序跋》。

清李祯《四书朱子异同条辨序》：今夫圣人之道，圣人之言传之也。而后世欲明圣人之言者，咀之而愈旨，推之而愈深，扩充之而愈不可穷且诘，即纷揉淆杂之而愈不可诬且乱。岂非以事物之所当然，而人心之不可易者乎？然咀之而旨，而或别见其味矣；推之而深，而或幽缪其趣矣；扩充之不可穷且诘，而或浩博而无归矣；纷揉淆杂之不可诬且乱，而或拘滞而不通其变矣。则圣人之道本无不在，而圣人之言本无不明者，以不言而失，非以言之而益失耶？夫言之而失，而愈不可以不言，则其言之也必详；言之而失，而愈不可以易言，则其言之也必慎。欲详且慎，则其考之也不可以不博，审之也不可以不精，先疑也而后得所信，先似也而后得其真。此固穷年累月之所难几，而终身玩索之不可以必尽者也。古者十五而学圣人之道，余计其时，所从事者才十数年于兹耳，考之也未博，审之也未精。疑之不深，何自而得所信？似之未别，何自而得其真？特以幼服习于吾兄之教，已考者举之以端绪，已审者晓之以是非。既疑而后信，则予之以信而令勿界于疑；由似而得真，则予之以真而令勿守夫似。此譬之适邦畿者，千里之遥，不可以臆而度也，有已经者同引而共趋焉，则其山川之险易、关津之通塞，与夫都邑乡陬之曲折，不待考问疑虑而坦然由之，有荡荡安驱之乐者，非以先导者之熟且易耶？虽然，为之亦有道焉。凡事取之易，则得之不觉其难；言之谆详，则听之不觉其善而易忽。此行矣不著、习矣不察，虽先导之有人，而能明夫圣道者之亦寡也。此又如边邦畿者，既引其途，既趋其径，而不留心于高下原委左右回转之所由，欲使之独行而有得焉，亦不能也。且余尤因之自惧矣。天下之视邦畿，如此其广延也；东西朔南，其望邦畿而思立者，如此之参差不一也。苟由一途而遽至，而于秦、楚、吴、越、齐、梁之区，所以各边夫邦畿者，终未知山川之为险易、关津之为通塞，与夫都邑乡陬之为曲折者究何如也。一旦易置其身于或秦或楚，或吴越齐梁之区，方将茫然惘然不知所为邦畿者于何而至止也，则余其由邦畿而更穷极夫东西朔南之所以得至于是者，而从事焉，而乌敢以自足乎哉！后之读是书者，亦可以见余之有志于圣道，而言之偶合，不过因先导之有人，以幸致夫早获其必当深思而实体之也夫！后学李祯壬午正月二十一日谨序。《朱子全书》第二十七册《序跋》。

《思补精舍书目・经部》：《四书朱子异同条辨》十四卷，国朝李沛霖编，近譬堂本。

《八千卷楼书目》卷三《经部》:《四书朱子异同条辨》四十卷，国朝李沛霖、李祯撰。刊本。

《清史稿》卷一四五《艺文志一》:《四书朱子异同条辨》四十卷。李沛霖、李桢撰。

今按:清康熙四十一年刻本(浙江图书馆藏);清康熙间近譬堂刻本(国家图书馆、北京大学图书馆、清华大学图书馆、中国科学院图书馆、中国社科院考古研究所、天津图书馆、上海图书馆、复旦大学图书馆、山西文物局、南京图书馆藏);清朱文堂翻刻近譬堂本(浙江图书馆、湖北省图书馆藏);清黎光楼翻刻近譬堂本(国家图书馆、北京大学图书馆、天津图书馆、浙江图书馆藏)。

四书朱子本义汇参

清王步青撰。

清王步青《四书朱子本义汇参序》:六经《易》最难言，邵子以数，程子以理。而朱子之注《易》也，本圣人作《易》之初，原其义所由起，曰《周易本义》。明乎《易》本为卜筮作，俾学者象占分晓，而理与数自引伸类长于其中。由是观之，读圣贤书，不可不通乎本义审矣。步青尝禀此以读四子之书。四子书之本义，固以朱子为宗;而朱子书之本义，则必折衷于《章句》《集注》以为断。盖朱子于《章句》，尝引温公之言，谓平生精力尽在此书;于《集注》则谓某曾等称过来，增减一字不得。此其于孔、曾、思、孟之微言大义，提要钩元，精审悫实，盖不复稍留毫发憾矣。自余亡论汉唐注疏，及宋、元、明诸儒赓续发明，后先错出，即以朱子之书亦夥矣。《或问》则设为问答，以畅其旨;《语类》则生徒辨论，以析其疑;《文集》则敷陈往复，以抒其酝。以视《章句》《集注》，非不更详且悉矣，而言各有当，其义指要亦不能无所异同，可覆而按也。明永乐时，诏儒臣编纂《四书大全》，颁之学宫，著为功令，文学之士，家奉一编矣。然考其书，择焉不精，语焉不详。论者皆以谓当年奉敕诸臣迫于成命，袭取吴氏《集成》、倪氏《辑释》，仓卒应诏，而不知由未尝禀《章句》《集注》为权衡，故虽以《或问》《语类》诸书点窜涂改，多所龃龉，且习焉不察，又何有于本义之有异有同，必较其分寸豪厘，疏通证明，以衷于一是也。自时厥后，《蒙》《存》继作，不少发挥，终鲜驳正，以至讲章盛行。兔园学究既没溺于高头俗说，而不知其陋；而嗜奇衒博之徒，则又考索愈烦，瞀惑滋甚。朱子有言：学者谈经之大病，本卑也，而抗之使高；本浅也，而凿之使深；本近也，而推之使远；本明也，而必使至于晦。夫《章句》《集注》，不可谓卑且近也，学者童而习之，口相沿以熟，遂忘乎其为布帛之文、菽粟之味，探赜索隐，以务名家。而本义模糊，浸寻畔道，阳朱阴陆，异说蜂起，隆万以下，盖多有之，职思其故，有自来矣。我国家列圣相承，昌明正学，广厉师儒，兴贤育德。皇上性学崇深，缵承统绪，诞敷文教，道一风同。步青生逢盛世，自为诸生，二十六年登贤书，又九年成进士。入史馆凡五年，婴疾告归，仍理故业，于今复十有八年矣。追忆曩时从事帖括，习复四子之书，与生徒口讲指划，间有心得，札记简端，辄复涂乙，不知几更矣。三数年来，屏当一切，翻绎旧闻，研寻本注。仰见朱子竭一生之精神，发明四子之义蕴，精微洞彻，铢两悉称，确然信以为此朱子之本义，即孔、曾、思、孟之本义。学者第虚心涵泳，切己体察，惟默会其意言指趣，而《或问》《语类》《文集》，皆所以疏通证明。其间有异有同，可以《章句》《集注》断之，而晓然于其孰为已定、孰为未定。夫然后旁参众说，自汉唐以至今日，凡前后乎朱子者，胥有以博稽其义类，而辨别其指归，单词只义苟有当焉，无不可以互相发，而其非者则固所必汰也。爰辑此书，窃取朱子所以注《易》之指，而惴惴乎惧弗当也。题曰《本义汇参》，藏之家塾，俾儿孙辈知所取裁，庶由是心解力行，以适于圣贤之路，毋徒以资帖括而已。书既成，客有见之者，遂请授诸梓。夫步青则何敢遽尔，惟念平生乡道之私，所愿以质诸当代宗工而未果者，今其藉手正焉，傥幸鉴其愚而纠其缪。步青老矣，盖尤跂予望之。乾隆十年岁在乙丑秋七月谷旦赐同进士出身翰林院检讨加一级金坛后学王步青书于竹里草堂，时年七十有四。《朱子全书》第二十七册《序跋》。

清崔纪《四书朱子本义汇参序》：国家以四子书取士，士之游于庠序者，自龆龄受书，即诵习朱子《章句》《集注》。比长而试于有司，作为制义，稍差累黍，则不合程式。盖朱子竭一生之心力，阐发圣贤之精蕴，毋论汉唐以来疏解者不离训诂、讲说者未得真诠，即朱子《文集》《或问》《语类》诸书，其间言以人殊，识随年进，不无浅深离合之异，未有如《章句》《集注》之印合心源、纯粹至善者也。余幼习举业，颇不慊于坊刻讲章，因取三鱼堂、遄喜斋所纂《大全》参互考订，间未有合于《章句》《集注》之处，心窃病之。通籍后，迭掌成均，出抚秦楚，与六馆诸生及书院肄业之士讲习讨论，必以《章句》《集注》为宗，而参以《或问》《语类》诸说，往往悠然有会于心。顾惭鲁钝，又不获殚智毕力于其中，究未能触处洞然，涣若冰释也。今岁奉命视学，江左为人才渊薮，群儒辈出。校阅之下，即其文以觇其学，才华驰骋者率有余，根极理要者或不足，大都传习于父兄师友之结论，而沉潜于《章句》《集注》，确乎心有所得者，盖亦鲜矣。金坛王罕皆先生所辑《朱子本义汇参》一书，融会贯通，发微诣极。荟萃群言，而必折衷至当；标举新蕴，而非索隐钩深。其澄心凝思，直从数百载下，恍然如睹朱子之几席丹铅，默契孔、曾、思、孟之微言大义而毫发无间者。是朱子之《章句》《集注》为四子之功臣，而先生之《本义汇参》实有功于朱子，夫岂寻常讲义可同日语哉！盖先生之讲义于是书也，溯诸生以及入史馆之岁凡三十余年，家居后又十有八年，然后出此编以问世。其用力之勤且久，几与朱子之辑《章句》《集注》等，所谓立言期于不朽者。与夫朱子覃精核微，著为《章句》《集注》，非徒为后世科举之学藉以弋获功名，即自制科取士历久不变者，固将期多士以蕴之为德行、行之为事业，庶几见于文词者，身有之而言之亲切有味云尔。董子曰："尊其所闻则高明矣，行其所知则光大矣。"士之读是编者，奉为贤关圣域之阶梯，涵泳从容，躬行心得，务臻于光大高明，而勿堕于拘墟闇汶，出为良佐，处为醇儒。是则先生之所以嘉惠后学，而学使者之所厚望于多士者也。乾隆十年乙丑十二月赐进士出身国子监祭酒提督江苏等处学政纪录二次年家眷弟崔纪顿首拜撰。《朱子全书》第二十七册《序跋》。

今按：清乾隆十年敦复堂刻本（国家图书馆、北京大学图书馆、上海图书馆、南京图书馆、浙江图书馆藏）；清三槐堂刻本（国家图书馆藏）。

四书朱子大全经传蕴萃

清朱良玉编。

清朱良玉《四书朱子大全经传蕴萃叙》：天地之精蕴悉畀于圣贤之心，而萃之简册以尽其蕴奥者，其《四书》乎！盖自羲皇画卦，文、周系以《彖》

《爻》，尼山赞以《十翼》，三才之蕴，莫详于《易》矣。《典》《谟》《训》《诰》，载二帝三王之法，义蕴所涵，洵万世心传也。《三百篇》之《风》《雅》《颂》，始于闺门，达乎朝庙，则又发之声歌，而抒其妙蕴者也。子曰："吾志在《春秋》，行在《孝经》。"之二书者，明千秋之褒贬是非、阐先王之至德要道，察其蕴蓄，包罗万象，至深远矣。若夫《三礼》之表章制度、陈列经典，虽云纂自汉儒，未必皆当，然其事详而核，其言文而旨，亦岂浅学之士所能窥测其蕴耶？至于《四书》，圣人之微言至论，固竭两端而无遗；诸贤语或有偏，要莫不以圣言为依归。明新至善，传于《大学》；中和位育，揭于《中庸》。崇仁尚义，黜霸尊王，至孟子而道弥彰。此则玩其言，如布帛菽粟而极其精，则已包天地之奇、泄鬼神之秘，而伏羲、尧、舜、禹、汤、文、武、伊、周之蕴，莫不萃于是矣。世之学者，家诵童习，而罕能穷其蕴。非蕴之难穷也，其故有二：一则塾师固陋，珍奉俗解，略知分章晰句，便负明通，流衍沿布，不可救药，此以鄙俚而忘其蕴也；一则妄恃聪明，标树新异，巧饰辩舌，以炫人耳目，此以穿凿而晦其蕴也。玉窃思程朱注释，灿若日星。更有勉斋、西山、新安、云峰、庆源、双峰诸儒，搜阐几尽，而已贻驳而不醇之忧。《蒙》《存》《翼》《浅》后，群言踵出，离合相参，然折衷于《集注》《或问》《语类》，是非自灼于心胸，又何有臆见之纷纭，讼说不休乎？纵或好为高谈，正恐拾前人已弃之余唾耳。况奉朝廷功令，以制艺取士，首命《四书》题，圣天子厘正文体，必曰清真雅正。夫亦多方策励，俾其明义理之精蕴。而今日敷奏以言者，他日即明试以功也。有明三百年，初若王、唐、归、胡，无不秉理守法，成一代之宗工。隆万时，风骨渐弱，犹不失先民轨范。唯天崇末，怪思诡论，离经叛注，虽不无奇才伟士，而亦染于习尚，识者悼之。盖文非载道，于圣贤之蕴无与，君子弗贵也。玉向有《释注》一编，近复删其繁冗，增以前此未及闻见者，颜之曰《蕴萃》，亦私冀萃先儒之言、阐《四书》之蕴，愿操觚者共矢此志尔。玉僻壤贱士，兼成羸老，妄为纂辑，极知冒昧贻讥。然颇费攻苦，不敢自匿。伏望高明哲匠匡其未逮，不弃迂诎而辱教之，则幸甚。乾隆十四年己巳岁七月望日朱良玉西田氏题于畹香书屋。《朱子全书》第二十七册《序跋》。

今按：清同治八年凝香阁刻本（北京大学图书馆、上海图书馆藏）。

四书章句附考

清吴志忠撰。

清吴英《四书章句附考序》：朱子之注《四书》也，毕生心力于斯，临没前数日，犹有改笔。但其本行世早，而世之得其定本者鲜，此注本所以有异也。又有因传写而异者，亦未免焉。定本如《大学》“欲其必自慊”，后为“欲其一于善”而定也；《论语》“行道而有得于心”，后为“得于心而不失”而定也，此类是也。传写而异，如《论语》“卫大夫公孙拔”，误为“公孙枝”；《孟子》“自武丁至纣凡九世”，误为“七世”之类耳。传写之误，固注疏家之常事，若夫注是书而毕生心力于斯，没前有改笔，则朱子之注《四书》也，其用心良苦，其用力独瘁矣。夫朱子之意，必欲精之又精，以造乎其极，亦何为也哉？立志于为圣贤，在自得躬行，而不在于《注》之有定本也；用以治国平天下，在体诸身、施于政，亦不在于《注》之有定本也；即以讲论《四书》经文，亦在于大本大源，而不在于一句一字之间也。然则我子朱子之苦心瘁力于斯者，何为也哉？盖以四子之书为两间至精之理，为孔门至精之文。为之注者，必至当而不可易，乃与斯文为无所负焉耳，此子朱子之意也。况有非朱子原文，为传写所误者耶？况不惟注也，经文历汉以来，授受既远，亦不免有传写之误者耶！英自癸卯而后，困于棘闱者二十余年。此二三十年间，颇亦手不释卷，而于朱子《注》之异同处，不暇详也。未尝不研摩于朱子《文集》及朱门诸子集中语录，然于其自论注处，则置之。未尝不涉历于朱子《仪礼经传通解》、东发《黄氏日抄》，然于其中《学》《庸》注，则置之。何也？以为通经致用之学不系此也。《十三经》经义之未通而求通者，汲汲不暇，而奚暇于此也！慨自丁卯，英与儿志忠偕入省，未数日，母病信至，与儿偕还，已抱恨终天。自是每闻人言乡试，则心痛，尽弃所业，而就业名山。忠儿感予心之近摧伤，亦不乐习帖括。今岁，忠遍觅借古本《四书》及疏释《四书》之书，以求朱子《章句集注》最后改定本及传写未误者，别录一部，而私记《考证》附于后。有疑则折衷于予，然不能多得善本，予惧其折衷之犹未当，命付梓以广其就正有道之帙。斯役也，固幼学壮行者所不屑为之之事也。乡使英于屡踬场屋之年，即得所愿，则儿当亦相从于青云之路，求所谓通经致用之学而学焉，又奚暇为此学？乃今而英之所遇可谓穷矣，穷况及于家人，非听儿之不自量而为此迂远也。四方诸君子见其书而教正其中之缪讹，尚其哀英之遇，而谅忠之情也夫！嘉庆辛未重阳日吴邑吴英序。清嘉庆十六年吴氏真意堂刻本。

《拜经楼书目·经部》:《四书章句集注附考》，吴县吴志忠辑。

《问源楼书目初编》卷一下《经部》:《四书章句附考》四卷，吴志忠撰，原刊本。

《续修四库全书总目提要》第十五册:《四书章句附考》四卷、《家塾读本句读》一卷，清吴英及其子志忠撰。英字伯和，江苏吴县人。父子俱诸生。按朱子注《四书》，注成复改，且非一次，临殁前数日犹有改笔。但其本行世早，而世之得其定本者鲜，此注本所以有异也。然亦有因传写而误者，如《论语》卫大夫"公孙拔"误为"公孙枝"，《孟子》"自武丁至纣凡九世"误为"七世"之类。此等之误，无关重要，尚可忽视。若朱子所自改则识随年进，虽一字之差，而义理之浅深广狭，迥乎不同。所惜读朱注者，浸不觉察。即偶然觉察及之，亦不辨孰为定本，孰非定本也。是书首有英自序，言"命其子忠遍觅借古本《四书》，求疏释《四书》之书，以求朱子《章句集注》最后改定本，及传写未误者，别录一部，而私记考证附于后，有疑则折衷于予"云云。次为英所撰《四书章句集注定本辨》，谓"定本句有不待辨者，有犹待辨者，有不可不辨者。不待辨者，如《大学·诚意章》，'故必谨之于此，以审其几焉'，为定本。其初本则曰：'慊与不慊，其几甚微。'如此之类是也。犹待辨者，如《大学·圣经章》，'欲其必自慊'，此初本。其定本则曰：'欲其一于善。'《论语·为政章》，'行道而有得于心也'，此初本。其定本则曰：'得于心而不失也。'如此之类是也。不可不辨者，如《中庸》首章：'盖人知己之有性，而不知其出于天。知事之有道，而不知其由于性。知圣人之有教，而不知因我之所固有者裁之也。故子思于此首发明之，而董子所谓道之大，原出于天，亦此意也。'此亦非定本，其定本则曰：'盖人之所以为人，道之所以为道，圣人之所以为教，原其所自，无一不本于天，而备于我。学者知之，则其于学，知所用力，而自不能已矣。故子思于此首发明之，读者所宜深体而默识也。'如此之类是也。所为不待辨者，则坊本与定本相合，故不待辨也。所为犹待辨者，以虽有善本可证，又有朱子及先儒之说，然皆与坊本不合，故犹待辨也。所为不可不辨者，以既与坊本不合，为见闻所骇异，而善本及先儒疏释本，又但从善本而无所辨说，故不得不辨也。又推究坊本致误之由，盖源于明胡广之《永乐大全》本。而胡广又剿袭元倪士毅之辑释本，倪士毅又剿袭宋祝洙之附录本。祝洙之父穆为朱子母党，尝受业于朱子，实不知有定本”云云。其说甚长。书分四卷，其《家塾读本句读》，则忠所撰也，尤便诵读，原附忠所翻刊宋本《四书章句集注》后，刊于嘉庆辛未。

今按：清嘉庆十六年璜川吴氏真意堂刻本（国家图书馆、北京大学图书馆、中共中央党校图书馆、天津图书馆、上海图书馆、辽宁省图书馆藏）。

四书章句集注定本辨

清吴英撰。

清吴英《四书章句集注定本辨》：辛未夏，儿志忠学辑《四书》朱子《注》之定本，句考之而有所疑，折衷于予。此非易事也，得不尽心焉！定本句有不待辨者，有犹待辨者，有不可不辨者。不待辨者维何？如《大学·诚意章》“故必谨之于此，以审其几焉”，为定本；其初本则曰“慊与不慊，其几甚微”。如此之类是也。犹待辨者维何？如《大学·圣经章》“欲其必自慊”，此初本，非定本，其定本则曰“欲其一于善”。《论语·为政章》“行道而有得于心也”，此初本，非定本；其定本则曰“得于心而不失也”。如此之类是也。不可不辨者维何？如《中庸》首章“盖人知己之有性，而不知其出于天；知事之有道，而不知其由于性；知圣人之有教，而不知其因我之所固有者裁之也。故子思于此首发明之，而董子所谓道之大原出于天，亦此意也”。此实非定本，其定本则曰“盖人之所以为人，道之所以为道，圣人之所以为教，原其所自，无一不本于天而备于我。学者知之，则其于学知所用力，而不能已矣。故子思于此首发明之，读者所宜深体而默识也”。如此之类是也。所以一为不待辨，一为犹待辨，一为不可不辨，何哉？吾苏坊间所行之本，多从《永乐大全》本。相习既久，人情每安于所习，而先入者常为主。《诚意章》“故必谨之于此，以审其几焉”，凡所习坊本既与之相合矣，久而安之矣，此固宜不待辨矣。若夫《圣经章》“一于善”句、《为政章》“得于心”句，二者虽有善本可证，又有朱子及先儒之说，然皆与坊本不合，所以犹待辨也。“盖人之所以为人”一段，既与所习熟之坊本不合，为见闻所骇异，而善本及先儒疏释本又但从定本而无所辨说，而又为小儒之所訾，得毋益甚其骇异？所以不可不辨也。今试辨之：所以知“人之所以”一段之为定论者，我朝所橅刻宋淳祐版大字本原自如此，即此可知其为定本而无疑矣。朱子《仪礼经传通解》全载《学》《庸》注，其于此段，亦原自如此。朱子之子敬止跋云：“先公晚岁所亲定，为绝笔之书，未脱稿者八篇。”则殁后而书始出也。殁而始出，则《学》《庸》注岂非所改定者乎？于此又可知其为定本而无疑矣。是则此段之为定本，得斯二者，正可以决然从焉而不必有旁求矣，而况又下及纳兰氏翻刻西山真氏《四书集编》亦如是。《集编》惟《学》《庸》为真氏所手定。真氏亲受业于朱子，而得其精微者也，则其手定《学庸集编》，安有不从最后定本而遽取未定本以苟且从事者乎？于此又益可知其为定本而无疑也。格庵赵氏《四书纂疏》亦如是。赵氏，其父受业于朱子之门人，故以所得于家庭者溯求朱门之源委而作《纂疏》，又岂有不从最后定本者？于此又益可知其为定本无疑也。东发黄氏所著《日抄》，亦全载《学》《庸》注，而此段亦如是。黄氏亦渊源朱子而深有得者，《日抄》皆其著作，而乃载《章句》，岂苟然哉？此其为定本又益可无疑也。云峰胡氏《四书通》，此段亦如是。自南宋至前明，为朱子《注》作疏解者多矣，若《四书通》，可谓最善，而《通》于此段亦如是，但惜无辨说，然以他处有辨者推之，此其为定本又益可无疑也。旁求之，复有如此，何不可决之坚矣。而坊本则皆作“知己之有性”云云，考其缘由，则惟《辑释》之故；而穷究其源，则自《四书附录》始也。《辑释》者，元新安倪氏士毅所作也；《附录》者，宋建安祝氏洙所作也。今坊本《四书注》，皆仍明胡氏广《永乐大全》本。《大全》只剿袭《辑释》，《学》《庸》尤无增减，虽谓《永乐大全》即倪氏之书可耳，其于胡氏又何责焉？故论坊本所从之缘由，不谓《大全》而谓《辑释》也。倪氏之师，定宇陈氏栎也。陈氏著《四书发明》，惟主祝氏《附录》而已。倪氏惟师是从，亦惟主《附录》而已。故穷究坊本所从之源，则惟在祝氏之《附录》也。诸儒或多从祝氏者，只以其父讳穆，字和父，为朱子母党，尝受业于朱子。然迹和所著《方舆胜览》一书，则其人近于风华淹雅，未必内专性学者。今祝氏《四书附录》虽未见其全书，而即《辑释》所载引诸说以观之，是直不知有定本，已为《四书通》道之矣。《四书通》曰：“如《为政章》祝本作‘有得于心’，则于改作‘得于心而不失’，祝未之见也。”《通》之说有如此，仍倪氏后生不能择善以从，而因阿其师以及祝氏。至颠倒是非，即朱子口讲指画之言，而亦弗之信焉，何其无识欤？而祝本之为非定本可以决然矣。然犹可委者，曰“源路远，派亦分矣”。乃祝本之为非定本，更有即出于朱子后嗣之人之言为祝氏微辨者，即出于信从祝氏之人自呈破绽者。倪氏《辑释》引陈氏《四书发明》之言曰：“文公嫡孙鉴书祝氏《附录》本卷端云：‘《四书》元本，则以鉴向得先公晚年绝笔所更定而刊之兴国者为据。’”按此语：曰“元”，宗之也；曰“则以”、曰“所”、曰“者”，别有指之辞也；曰“得”，则已失也。子明题祝本也如是，则是明明谓祝本与子明所得之本不合矣，明明谓祝本非刊之兴国之本矣，明明谓祝本非绝笔更定之本矣。朱子之家犹自失之而觅得之，况祝氏何从得乎？其不直告以此非定本，必自有故，不可考矣。然其辞其意则显然也，而祝氏不达。陈氏信祝本而载之于《发明》，而倪氏又述之于《辑释》，皆引之以为祝本重，亦未达也。又何其并皆出于卤莽耶？而祝本之为非定本更可以决然矣。祝本如此，则其相传以至于《辑释》，亦如此矣；《辑释》如此，则其脱胎于此之《大全》，亦如此矣；《大全》如此，则从《大全》之坊本，亦如此矣。总之，不知朱子改笔之所以然尔。今取此段而细绎之，熟玩之，即其所以必改之旨有可得而窥见者。“人之所以为人，道之所以为道”二句，浑括“天命之谓性，率性之谓道”二句，不复分贴，以首节三句原非三平列也。道从性命而来，性命从天而来。“修道之谓教”，即道中之事，即天命中之事也。其不曰“性之所以为性”者，以经义系于明吾人之有道，而不系于明性也。“人之所以为人，道之所以为道，圣人之所以为教”三句，一气追出“原其所自，无一不本于天而备于我”二句来，方才略顿，使下文“学者知之，则其于学知所用力而自不能已矣”二句，直腾而上接也。“本于天而备于我”，与此章总注“本原出于天，实体备于己”恰相针对，虽总注多“不可易”“不可离”两层，然“不可易”即“出于天”足言之耳，“不可离”即“备于己”足言之耳，非有添出也。即此“无一不本于天而备于我”一句之中，亦已具有“不可易”“不可离”之意。性、道、教无一非不可易，无一非不可离也。次节经文，特从首节三句中所蕴含之意抽出而显言之，使首次二节筋络相联耳。“学者知之，则其于学知所用力而自不能已矣”，此二句正为此节经文推原立言之所以然处，正得子思吃紧启发后学心胸之旨。此节注要义在此，故下文“子思于此首发明之”二句，十分有力。一部《中庸》，其妙如此。若初本“知己之有性”云云，尚觉粗漫而未及精深，况三平列，亦依文而失旨，虽似整齐，而仍于第一句遗“命”字，于第三句遗“道”字，文亦未能尽依。董子所谓“道之大原”云云，为知言则可矣；若引来证《中庸》此节，则为偏重“本于天”意，而未及“备于我”意，则是仍未免遗却亲切一边意矣。定本与未定本相较，虽皆朱子之笔，而尽善与未尽善悬殊。朱子岂徒为好劳？岂乐人之取其所舍而舍其所取耶？乃《辑释》反为引陈氏之言曰：“元本含蓄未尽，至定本则尽发无余蕴。”是粗浅则得解而以为尽发，精深则不得解而以为含蓄，似为无学。又引史氏之言曰：“‘学者知之，则其于学知所用力而自不能已矣’，不过称赞子思勉励学者之言，不复有所发明于经。”是以钩深致远之言，仅视为称赞而勉励，似为无见。又引陈氏之言曰：“‘知己有性’六句，义理贯通，造语莹洁，‘所以为人’三句，未见贯通之妙。至‘无一不本于天而备于我’，其义方始贯耳。”是讨寻章句而仅乃用其批评帖括之笔，似为无知。此所以缪从祝本，而致令圣经贤传授心法之文，大儒毕生心力而为之以成其至粹者，千百缺其一二，故曰不可不辨也。“欲其一于善而无自欺也”一句，《四书通》曰：“初本‘必自慊’，后改作‘一于善’。朱子尝曰：‘只是一个心，便是诚；才有两，便自欺。’愚谓《易》以阳为君子，阴为小人，阳一而阴二也。一则诚，二则不诚。改‘一于善’，旨哉！”《通》之说如此，则“一于善”为定本无疑也。“诚其意者”，自修之首，故提善字，以下文“致其知”句方有知为善以去恶之义，而此节后言“致知”先言“诚意”，不比下节及第六章皆承“致知”来也。“一于”二字，有用其力之意，正与第六章《注》“知为善以去其恶，则当实用其力”，恰相针对也。若作“必自慊”，则终不如“一于善”之显豁而缜密也。改本之胜于初本又如此，而《辑释》顾乃又引陈氏之言曰：“‘一于善’，不若‘必自慊’对‘毋自欺’，只以传语释经文，尤为痛快该备。”夫传本释经，何劳把注？以用传释经为快，不如不注，而但读传文矣。圣经三纲领犹必言善，若注自修之首而不提善字，何以反谓该备耶？“得于心而不失也”一句，《四书通》曰：“初改本云：‘行道而有得于心。’后改本云：‘得于心而不失。’门人胡泳尝侍坐武夷亭，文公手执扇一柄，谓胡泳曰：‘便如此扇，既得之而复失之，如无此扇一般。’所以解‘德’字用‘不失’字。”《通》之所引如此，则“不失”为最后定本无疑也。政者，正也；德者，得也。

得字承上“为政”二字来。得于心者，心正也。心正而后身正，身正而后朝廷正，朝廷正而后天下正，所谓“正人之不正”者，此也。不失者，兢兢业业，儆戒无虞，罔失法度也。不失，便是不已无息也。若作“行道”，则上文既言“政之为言正也，德之为言得也”，则“得于心”句正宜直接，而于此复加以“行道”二字，岂不赘乎？初本是“行道而有得于身”，次改“身”作“心”而仍未去“行道”二字者，沿古注而未能尽消镕耳。况不失，则道之行也自在其中而不待言矣。行道，则虽有得于心而未见其必不失也。最后改本之胜于初次二本又如此，而《辑释》顾乃又引陈氏之言曰：“此必非末后定本，终不如‘行道而有得于心’之精富。‘得于心而不失’，得于心者何物乎？方解德字，未到持守处，不必遽云不失。‘据于德’注‘得之于心而守之不失’，道得于心而不失，乃是自‘据’字上说来。况上文先云德，则行道而有得于心者也；若遽云不失，则失之急。《大学序》谓‘本之躬行心得’，躬行即行道，心得即有得于心，参观之而祝氏定本为尤信。”是又皆谬证。夫《大学序》之言躬行也，上有“自王公以下至于庶人之子弟，自天子之元子、众子，以至公、卿、大夫、元士之適子，与凡民之俊秀”之文，下有“当世之人”之文，故其间不得不言躬行也。若为政以德，则其所为者即其所以。所为所以，非有异时，何得多添“行道”二字于其间乎？“据于德”注之言行道也，经文上有“志于道”之文。“据于德”德字原根道字来，故注德字不得不言行道也。若为政以德，德字即承政字来，何必增“行道”二字，反似政在行道之外乎？《中庸》说到“不显惟德”，亦此德字，何得谓方解德字，未到持守处耶？又引史氏之言曰：“定宇谓得于心者何物？此说极是。《大学》释明德曰：‘所得乎天。’便见所得实处。今但曰得于心，而不言所得之实，可乎？况不失为进德者言，为政以德是盛德，不失不足以言之。”是又缪议。不失二字即得字而足言之也。《为邦章注》曰：“一日不谨则法坏矣。”故必言不失以足之。岂盛德不可言不失耶？《大学注》谓“人之所得乎天”，以见德非大人所独有；此节注不言行道，以见圣人之德所性而有，而乃妄以为罅漏也而议之耶？故曰犹待辨也。若夫《诚意章注》，坊本与定本合，固不待辨矣。然礼部本有诸处不合定本，而独于最后所改之《诚意章》“故必谨之于此，以审其几焉”无殊。夫此，以《年谱》考之，是在没前三日所改者也，何以祝本反得与之合耶？陈氏信祝本为定本，以他本为未定本，而惟此无殊，陈氏亦自不解。

即倪氏从陈氏，而倪氏亦自不解。然此亦易解也。子明之题祝本也，即曰“向得先公晚年绝笔所更定”，则晚年所更必不能缕述，而绝笔所更必为之述于此，以扬先人之精勤。祝氏得此语，潜为改正，而秘其因题得改之由。自谓此本今而后人之见之者皆以为晚年绝笔所更定之本矣，于是但述所云“《四书》元本”以下二十六字，示人谓此最后定本之证也。况朱子之疾，来问者众，殁前有改笔，及门必述传一时，祝氏因得闻而窃改。若其余诸处，安得尽闻之而改之乎？此所以他处多未定本，此处反得定本也。陈氏既不得其解，易《年谱》以就之。《辑释》引陈氏之言曰：“‘欲其必自慊而无自欺也’一句，惟祝氏《附录》本如此，他本皆作‘欲其一于善’。《年谱》谓：‘庆元庚申四月辛酉，公改《诚意章句》。甲子，公易箦。’今观《诚意章》，则祝本与诸本无一字殊，惟此处有‘一于善’三字异，是其绝笔改定在此三字也。”倪氏又不得其解，亦疑《年谱》。于《辑释》摘录《年谱》而附其说于后曰：“鉴有晚年改本之说，愚考之《年谱》，无一语及晚年改本之论，似为可疑。”信如陈氏、倪氏之言，是《年谱》有讹文也。夫惟知信祝本，而于其罅隙可疑之处，不能因疑生悟，而强断《年谱》之文为有讹，抑何愚乎！不待辨者，窃更有所解如此，若不可不辨者甚多，不能尽记。予有健忘之疾，恐尽忘而无以请正于先生朋友也，故姑取其尤要者记焉。忠所学《附考》粗就，因命忠刻此以弁于卷首。清嘉庆十六年吴氏真意堂刻本《四书章句附考》卷首。

《拜经楼书目·经部》:《四书章句集注定本辨》，吴县吴英撰。

《问源楼书目初编》卷一下《经部》:《四书章句集注定本辨》一卷，吴英撰，原刊本。

朱子四书注避宋讳

清钱大昕撰。

《十驾斋养新录》卷一:《朱子四书注避宋讳》。《论语》“管仲之器小”章注“相威公，霸诸侯”；“天生德于予”章注“威魋，宋司马向魋也。出于威公，故又称威氏”，又“威魋其奈我何”；“管仲非仁者与”章引程子“威公兄也”一条，“威”字六见。“禄之去公室”章注“历悼、平、威子。三威，三家皆威公之后”，又引苏氏“三威以微”；“公山弗扰”章注“与阳虎共执威子”；“齐人归女乐”章注“季威子，鲁大夫”;《孟子》“齐桓晋文之事”章注“齐威公、晋文公，皆霸诸侯者”；“夫子当路于齐”章注“威公独任管仲”；“以力假仁”章注“若齐威、晋文是也”；“或谓孔子”章注“威司马，宋大夫向魋也”；“五霸者，三王之罪人”章注“齐威、晋文”两见；“古之君子”章注“若孔子于季威子是也”；“为政不难”章注“麦邱邑人祝齐威公”云云。此避钦宗讳也。见赵氏《四书纂疏》。今世俗本皆改“桓”字矣，唯《论语》“谲而不正”章、“召忽死之”章、《孟子》“敢问交际”章，注于“桓”字俱未回避，盖刊《纂疏》时校书人妄改，犹幸改有未尽耳，《纂疏》本《大学章句》“先谨乎德”承上文“不可不谨”而言，自“先谨乎德”以下至此，此三“谨”字本皆“慎”字，避孝宗讳以“谨”代之。今本改“先谨”为“先慎”，而于“不可不谨”之“谨”则不知改，进退皆失据矣。《论语》“慎终追远”章注“谨终者，丧尽其礼”;“君子食无求饱”章注“谨于言者，不敢尽其所有余也”;“子张学干禄”章注“谨言行者守之约”;“恭而无礼”章注“谨不葸，谨终追远之意”。今注中诸“谨”字皆改为“慎”，独《孟子》“鲁欲使慎子”章注中“慎子”四见，《纂疏》亦不回避，盖亦刊本辄改。《论语》“君子无所争”章注“揖逊而升者，《大射》之礼”，“能以礼让”章注“逊者，礼之实也”，改“让”为“逊”，避濮安懿王讳。今本皆作“让”字。《孟子》“夫子当路于齐”章注“一正天下”，改“匡”为“正”，避太祖讳也。然《论语》注中“匡人”、《孟子》注中“匡章”，《纂疏》亦未改，此校书者之失，非赵氏有误也。《孟子》“或谓孔子于卫”章注“司城正子，亦宋大夫之贤者也。孔子去陈，主于司城正子”，改“贞”为“正”，避仁宗讳也。今本皆作“贞”字。

四书朱注发明

清王掞撰。

清王掞《四书朱注发明序》:《四子》一书，家弦户诵，学者童而习之以至髦老，父兄之所训，师友之所讲解，未有不详且尽者。然而故说旧闻相沿已久，讹谬错杂不可殚述，学者生圣贤之后，欲明圣贤之心于千百岁之上，别其是非以定取舍，其可不悉心体究，以使斯理之晦而复明哉？朱子刻《章句》《集注》在淳熙三年，自谓一字不稳洽，不以入注。故其为书极简严，亦极明尽，盖其心思力行，实从圣贤分上探讨出神味来，然后注解于本章句之下，于圣贤当日之旨无不吻合。其他书所论《四子》书大指，或因学者辩难往复，意固有在，及质之注中，有合有否。则其既经手订，与他书之传述纂集者，其精粗详略，有不可同日而语者矣。且其论《大学》则云："我平生精力尽在此书。"论《论语集注》："如秤上称来无异，不高不低。自是学者不肯用功看，如看得透，存养熟，可谓甚生气质。"又人问："赵书记以先生《中庸解》锓木如何？"先生曰："公归时烦说与切不可。某为人迟钝，旋见得旋改，一年之内改了数遍不可知。又自笑那得个人如此著述。"又云："读书而不能尽知其理，只是心精意广。凡解说文意，须是虚心玩索，圣人言语义理，该贯如丝发相通，若只恁大纲看过，何缘见得精微出来？"朱子教人读书，千言万语，不啻耳提面命。即此数条亦可见其用心之至，而嘉惠后学之深。后人略不经意，肆口评论，妄相传达，往往而有。呜乎，亦多见其不自量也已！钱子我持沉潜于朱子之书，说心研虑，博学详说，反复以推求《集注》之意，为《发明》一十九卷。体验切实，剖析精微，真朱氏之功臣而圣经之梯梁也。刻既成，属余序作书之意。后之学者读是书，而虚心以逆先儒志意之所在，庶几不溺于俗说旧闻，以至浸失朱子之意，是则钱子之志也夫！康熙五十八年二月上浣娄水王掞序。《朱子全书》第二十七册《序跋》。

《八千卷楼书目》卷三《经部》:《四书朱注发明》十四卷，国朝王掞撰。刊本。

《续修四库全书总目提要》第十四册:《朱注发明》十九卷，清王掞撰。掞号颛庵，江苏太仓人，太常时敏子，康熙庚戌进士，官至文渊阁大学士。是书无序，有钱之骏所作凡例。先《大学》，次《论语》，次《中庸》，又次《孟子》，以为统系次第应如此。掞笃信朱子，就《章句集注》中，一字一句细意体会，发明其未宣之蕴。其涉注义处，即列本注之后。其涉通章大旨，或列首节注之后，或列末节注之后，不一例。掞以为朱子于《学》《论》《庸》《孟》所分内外注，各各不同。《大学章句》，为朱子生平全力所注，《章句》原不分内外，但读者不能贯证前后，甚或前后混杂不分，致生舛错。诸说与《章句》合者无几，故辨之加详。《论语》则朱子取其大醇者入内注，醇疵相间者入外注，辨析本严。此书从内注不从外注，而外注为朱子所自言，则又必急为表出。《中庸》不分内外，与《大学》同，以是发明稍略。《孟子集注》分内外，又与《论语》同，且外注仅居十之二，其中又半为朱子所自言，其他亦多妙言粹论，故《集注》内外兼收。此其大概也。惟是书专以本注为主，他书载朱子之言，有与本注不合者，概以为未定之论。不知朱子见解，因时不同，有晚年自悟其非，而本注不及改定者，未可执一而论也。无刊书年月，当在康熙间。

今按：清康熙间潮济堂刻本（南京图书馆藏）。

四书集注缓读辨

清于光华录。

《续修四库全书总目提要》第十五册：《四书集注缓读辨》一卷，心简书屋刊本。清于光华录。是书专就读《四书集注》说法，大旨以每章总注及说性理处，概不可缓。章内前后节脉络贯通，或前后章相承照应者，并宜细玩，不得随手点画，遗前忽后，抹煞先贤苦心。所辨凡二十四节，体会虽细，但俱无关紧要。盖其时蒙塾以《集注》与圣经同读，而《集注》及若重于圣经，故于读法亦详究及之。亦适形其陋而已。

四书遵朱求是录

清周镛撰。

《问源楼书目初编》卷一下《经部》：《四书遵朱求是录》四卷、《补录》一卷、《考辨》一卷，周镛撰，原刊本。

今按：清道光十四年刻本（中国科学院图书馆藏）。

四书遵朱会通

清杨廷芝撰。

《续修四库全书总目提要》第十五册：《四书遵朱会通》不分卷，清杨廷芝撰。廷芝字仁圃，山东蓬莱人。是书既曰“遵朱”，又云“会通”，大旨详于自序，以为“朱子教人读书，无疑者须教有疑，有疑者却要无疑。故‘宪问’篇‘不患’章尝四见，而注云：‘凡指同而文不异者，一言而重出。文小异者，屡言而各出。’‘离娄’下‘君仁’章，或谓重出，而注以‘上主人臣言，下就人君言’，则朱子于此已显示人以会通之例矣。故亦欲本朱子之例，引而申之，触类而长之”云云。书分四例，一曰错简，二曰重出，三曰衍文，四曰疑字。后又有附录、补录、重录各若干条。如“错简”例中，“此谓知本”句，谓“《大学》古本前后有两‘知本’，前一‘知本’是知格物致知为修身之本，后一‘知本’是知慎独为诚身之本。其实皆切身之事，故曰壹是皆以修身为本”。“互乡难与言”章，谓“‘与其进也’至‘唯何甚’，指互乡之童子；‘人洁己以进’至‘不保其往也’，拓开泛言之，若离若合，语意与‘君子可逝也，不可陷也’四句同”。“重出”例中，谓“《阳货》篇‘巧言令色’节，为观人者言，与《学而》篇为学者本身下针砭不同。就下文恶郑声恶利口看自知”。“衍文”例中，“宰予昼寝”章，次节“子曰”二字。“圣人吾不得见”章，第二个“子曰”谓皆更端之词。“子曰好学近乎知”节，谓“子曰”二字亦息而复起之词。“疑字”例中，“见贤而不能举，举而不能先，命也”，谓“‘命’字不烦改读”。“子张问十世可知也”，谓“子张意夫子必有十世可知之道，故‘特’下‘也’字，不是疑问”。“无所取材”句，据古注以“桴木”解“材”字，以子路不解微言，故戏之。“井有仁焉”句，据孔《注》“仁”字读“如”字，“井”盖喻言为仁之难，而忧仁心之穷也。“小人之中庸也”句，谓“‘之’字直注‘下无忌惮’，正小人非中庸而自托于中庸处。若添‘反’字，则泄漏下意矣”。附录中，“子夏问孝”节，谓“‘色难’二字，正意已完。次却离开就旁面翻衬，如弟子之敬先生，以见敬与爱之有别。先生与弟子相对，非父兄。弟子亦与子弟有别”。“地不改辟矣，民不改聚矣”，谓“两不‘改’字断句，上‘改’字指开垦言，下‘改’字指招集言”。“好名之人”节，谓“‘名’如‘名义’‘名节’之名，言人能好名，则千乘可轻。苟非其人，箪食豆羹为重。以见人之度量，相越甚远”。凡此诸条，所解俱曲当。廷芝先著有《乡党约说》，后成此书，二书宜合参。此书刊于道光乙巳。

今按：清道光二十六年武功党氏刻本（国家图书馆藏）。

四书朱子集注古义笺

清李滋然撰。

《续修四库全书总目提要》第十五册 :《四书朱子集注古义笺》六卷，清李滋然撰。滋然字命三,四川长寿人，光绪甲辰进士，官广东新会知县。罢官后随出日本大臣李家驹为学务专员，是书即在日本时所印行也。按朱子注《四书》，于《大学》一篇，分别经传，改易旧次 ;《中庸》亦不从郑《注》分节，故称《章句》。《论语》《孟子》则称《集注》。其实皆荟萃诸家之说，与何晏之《论语集解》无异。所异者，晏所集限于八家，其注各标以姓，朱子则所集较广，自汉儒正注，以至经子古谊，无不甄采。而选择折衷，至较精审。惟所引诸家之说，有标名者，有不标者，不知者遂疑其多出杜撰，此大谬也。是书首有滋然自序及凡例。凡朱注与古注同者，先列经文，次列朱注，次列古注，而以己意为之笺。今观所列，有直用古注者，有用其义而变其文者，有参引异说者，有融会众说而成者。其中如《论语》“瑚琏”一条，与《明堂位》不合。《孟子》“曹交”一注，与《春秋传》不合。“夫子之墙数仞”，注“七尺曰仞”;“掘井九仞”，注“八尺曰仞”。论者或疵其与经传相背，或讥其自相矛盾。不知“瑚琏”及“七尺曰仞”，皆包咸注。“曹交”及“八尺曰仞”，皆赵岐注。《论语》《孟子》，本各自成书，各存师说，不足异也。滋然所笺，如“夏时殷辂周冕”“贡助彻”“九一”诸条，俱足补朱子所未及。惟“故为政在人”一条，朱子引《家语》，亦是古训。而滋然必以《家语》出王肃伪撰，又以剿袭郑说附会之，未免多一转折。而“申枨”一条，又添出“公伯僚”以攻《家语》，愈显支离。所谓借他人酒杯消自己块垒，夫亦可以不必矣。

今按 : 清宣统三年铅印本（国家图书馆藏）; 民国间铅印本（国家图书馆藏）。

朱子不废古训说

清李中培撰。

清李中培《朱子不废古训说序》: 先人譬斋公为乐昌学博时，著《四书读》

一编，研究圣文义理，已锓版行世，书目载《广东通志·艺文略》中。而凡考证异同，中培总角受经时尝口讲指画，辨惑释疑，第质鲁善忘，旋得旋失。自严亲见背，橐笔舌耕，学徒问难，惧恍惚无以应也，故凡遇典制训诂众说纷拏者，辄就夙闻父师之言，及前儒名论，会稡而札证之，间亦附以鄙见。积久成编，剖分卷帙，署曰《四书考证问疑》。并《孔孟生卒处考异》《五帝三王统系》《春秋列国诸侯大夫士世系》《井田》《学校》《军赋》《宗庙》《郊社》《禘祫》《乐律》各《图考》，《周官孟子王制班爵禄异同表》各卷。道光丙申春，学海堂以《朱子不废古训说》命题课士，发问曰："世之学者皆以汉儒训诂、宋儒义理分为两事，其实朱子何尝尽废古训？即以《四书集注章句》言之，其本于古训者多矣。试详言之。"中培卷本旧纂，以立说蒙总制道赏。时授徒羊城，讲贯余暇，循省课稿未尽发挥，乃复取《四书考证》《名特图表》及《隶书辨伪》各种，凡有关《四书》中朱子之说与古训相证明者，附注各说下，条理成编，分为十六卷，末附朱注《引用文献考略》四卷，而就质于乡先进及同学诸子。夫四子书微言说论贯串诸经，乃义理之阃奥、典制之渊林，蠡测管窥，安足发明于万一？即如古来笺疏汗牛充栋，今见于马氏《文献通考》、王氏《续文献通考》《钦定四库书目》、朱氏《经义考》，可屈指者不下数百家，坊刻讲章尚在其外。末学囿于方隅，家无五车，岂能搜择融贯、得其会归，不过就先儒名论而引伸之，以见朱子之书无非古训，是或百家腾跃、轇轕纷纶，必折衷于紫阳而后定尔。道光二十年岁次庚子长至日嘉应李中培自识。《朱子全书》第二十七册《序跋》。

清陈继昌《朱子不废古训说序》：二帝三王之学，至孔子而集大成。孔子删定赞修，厥功甚伟，而微言大义又莫备于《论语》一书。《大学》阐明新之道，曾氏独得其宗；《中庸》探明诚之旨，子思详演其说。后百余年，又得孟氏以承先圣道统。四子之言，前后若合符节矣。北宋英宗之前，《论语》为经，《孟子》为子，《大学》《中庸》并载《戴记》。炎汉以来，如郑、孔、何、赵、皇侃、邢、孙，注疏林立，至朱子裒合《学》《庸》《语》《孟》为《四书》，采汉、魏、唐、宋诸儒精粹之说，益以己意，而圣贤宗旨遂以大明，盖又集诸儒之大成者也。陆清献公云："《四书》经朱子订定，如大禹平成天地一番。"诚哉是言！然论者每谓汉儒详于训诂，宋儒精于义理。甚且汉学、宋学，区别门户，转假四子书为攻诘之端，如韩子所谓不合不公者。不知朱子于汉儒训诂多沿其旧，特阐发义理实为汉人所未到耳。夫文章为宇宙公，理求其是，义得其安，亦何分疆域之见哉！粤东自阮芸台相国总制两粤时，创学海堂以课士，专务明经绎史。博雅之士，蛟腾鹊起，迄今踵而行之者垂二十年，罔或废替，相国嘉惠后学者可谓至矣。道光己丑、庚寅，余主讲越华，展阅《学海堂集》，知粤中人士谈著述彬彬有人。越十年庚子，余假息里门，嘉应李子义门以其先大父譬斋公所著《四书读》远道见遗，并以其尊甫根五先生近作《朱子不废古训说》并注相质，将付剞劂，而以弁言为请。余受而卒读之，知其书始为朱子不废古训而作，继为考证诸说异同而注。凡于朱子之注，每字每句必溯其源。自注凡五百条，繁征博引，皆原原本本，殚见洽闻。尽去循声模响之习，亦无附会穿凿之弊。尤能以经证论，而一折衷于朱子，洵紫阳之功臣也。是书出，庶共晓然于朱子《集注》《章句》无非古训是式，而汉学、宋学门户党援之说亦可以息矣。先生之学，渊源有自，所谓能读父书，克成家学者，允宜公诸同好，以广其传。是为序。道光二十年岁次辛丑正月谷旦赐进士及第翰林院修撰诰摄通奉大夫直隶承宣布政使司布政使加二级随带加一级奉假在籍桂林陈继昌谨序。《朱子全书》第二十七册《序跋》。

《续修四库全书总目提要》第十五册：《朱子不废古训说》十六卷附《朱注引用文献考略》四卷，清李中培撰。中培字根五，广东梅县（旧称嘉应州）人，诸生。中培尝肄业学海堂，堂课以“朱子不废古训说”命题，谓“世之学者，皆以汉儒训诂、宋儒义理分为两事，其实朱子何尝尽废古训。即以《四书集注章句》言之，其本于古训者多矣”云云。中培卷被总制首赏，既以课稿未尽发挥，乃复参稽群籍而为是书。首叙《论语》《孟子》及《礼记》内《中庸》《大学》各注疏源流。次叙朱子裒合《学》《庸》《论》《孟》为《集注》《章句》，引用古训诸说根柢，及唐宋诸儒解说书名，朱子编辑更改颠末。次分引用古训之例凡五，一曰引其说而系其氏，二曰但称旧说一说或曰，三曰因其训诂而不标其姓字，四曰本其文义而稍有更易，五曰达其意旨，遂异其说辞。又以《论》《孟》《礼记》三经，历代笺疏不下数百家，自元明以来解说者尤悉数难终。大约言义理者十之九，言典故者十之一，而专门考证异同者又百之三四。于是说中加注，专为义旨典制名物训诂诸说聚讼，及声音句读疑似混淆者，特为拈出辨论。又于制度器物非可想象而得者，比附本文作为一图。而制度有等级，名物有数目，众说互异。难于枚举者，俱作一表。又自注者，凡四百九十二条，附于各说下。另依《四书》次序作一总目，以便查检。又以朱子《四书章句集注》所引贤儒之说，子史之语，虽称其姓字标其书名，而读者于先正品学著述，古书传授源流，尚未缕悉。复从正史及他志传谱录中摘抄，汇为四卷。篇末系以朱子本传及贤儒从祀孔庙考。按是书用力甚勤，条理亦密。虽尊信紫阳，而后儒辨论与朱子异者，间亦采掇。诚读《四书章句集注》者参考所必及也。书刊于道光二十一年，前有陈继昌序及自序。

今按：清道光二十三年四谦堂刻本（北京大学图书馆、上海图书馆、南京图书馆、湖北省图书馆藏）。

四书章句抄说

日本仲钦撰。

《八千卷楼书目》卷三《经部》:《四书章句抄说》十卷，日本仲钦撰。日本刊本。

大学中庸章句

宋朱熹撰。

明黄仲昭《书新刊大学中庸章句或问后》: 曩予提督江西学事，遍历属郡，视诸生学业，似于《大学中庸或问》多未尝诵习也。予怪而问之，皆谓书坊所摹二书无《或问》久矣。因就书肆取而阅之，果然。是盖刻书之家欲省纸札以规微末之利故耳。窃惟子朱子于此二书，既著《章句》以明其大旨，复著《或问》以析其精微。其开示后学之意至深切矣。有志于学者可偏废哉？用是僭取《大学或问》，逐节刊附《章句》之下，以便初学诵习。其《中庸或问》原附《辑略》之后，《章句序》中已论之详矣，故其间多论辨《辑略》取舍之意，不专发明《章句》之旨也。予既尝刻《辑略》《或问》全书于江西提学分司，摹以示诸生，复详节论辨《辑略》之文，而取其与《章句》相发明者，仿《大学或问》之例，逐节录附《章句》之下，刻之家塾，非敢妄意以乱朱子之成书也，亦姑以便初学之诵习云尔。若有志于穷理之学，则前所刻全书具在，不妨取而熟玩之也。板刻既成，因识其始末如此。《朱轩文集》卷四。

《读书附志》卷上《经解类》:《中庸章句》一卷,《或问》二卷,《中庸辑略》二卷。《大学章句》一卷,《或问》二卷。右晦翁先生既定著章句于经文之下,又述平时问答所疑,以为《或问》。《中庸》又述《辑略》两卷,盖集伊洛诸儒之说也。希弁所藏各两本,岳麓书院精舍及白鹿洞书院所刊者。

《直斋书录解题》卷二《礼类》:《大学章句》一卷、《或问》二卷,《中庸章句》一卷、《或问》二卷。朱熹撰。其说大略宗程氏,会众说而折其中。又记所辨论取舍之意,别为《或问》以附其后,皆自为之序。至《大学》则颇补正其脱简缺文。

《玉海艺文校证》卷五《三礼》:《淳熙大学章句中庸章句》。朱文公熹撰。淳熙十六年二月甲子序《大学章句》,三月戊申序《中庸章句》。二书各有《或问》,《中庸》又有《辑略》。绍熙五年闰月戊午朔讲《盘铭》。

《文献通考》卷一八一《经籍考八》:《大学章句》《或问》,《中庸章句》《或问》各三卷。陈氏曰:"朱熹撰。其说大略宗程氏,会众说而折其中。又记所辨论取舍之意,别为《或问》,以附其后,皆自为之序。至《大学》则颇补正其脱简缺文。"《朱子语录》曰:"《大学》一书,有正经,有《或问》,看来看去,只看注解便了;久之,又只看正经便了;又久之,自有一部《大学》在我胸中,而正经亦不用矣。然不用某许多工夫,亦看某底不出;不用圣贤许多工夫,亦看圣贤底不出。伊川旧日教人看《大学》,那时未有解,而今有注解,觉大段分晓了,只在仔细去看。《大学》解本文未详者,于《或问》中详之。《或问》未要看,俟有疑处,方可去看。"又曰:"《中庸》一篇,某妄以己意分其章句,是书岂可以章句求哉!然学者之于书,未有不得于辞而能通其意者。《中庸》自首章以下,多对说将来,直是整齐。某旧读《中庸》,以为子思做,又时复有个'子曰'字,读得熟后,方知是子思参夫子之说,著为此书。自是沉潜反复,遂渐得其旨趣,定得今《章句》,摆布得来,直是恁细密。《中庸》全在章句,其《或问》中皆是辩诸家说,恐未必是。"问:"《中庸》编集得如何?"曰:"便是难说。缘前辈诸公说得多了,其间尽有差舛处,又不欲尽剥难他底,所以难下手。不比《大学》,都未有人说。"

《好古堂书目·经部》:《学庸章句》《或问》,《论孟集注》,宋朱熹,十二本。

《皕宋楼藏书志》卷一〇《经部》:《大学章句》一卷、《大学或问》一卷、《中庸章句》一卷、《中庸或问》二卷，宋刊本，明周九松旧藏。宋朱熹章句。《大学章句序》。《中庸章句序》。案行款与《论孟集注》同。

今按：宋淳祐十二年当涂郡斋刻本。

大学中庸或问

宋朱熹撰。

今按：参见上朱熹《大学中庸章句》条。

大学章句笺注　中庸章句笺注

宋王柏撰。

《〈大学章句笺注〉〈中庸章句笺注〉识语》：两坊旧刊《四书》讹谬不一，今得金华鲁斋王先生批点笺注正本，仍分章旨，明事义，正句读，附释音。端请名儒，三复校正，经注大字，暂新绣梓，视他本实为明备，愿与四方学者共之。至正丙申孟春翠岩精舍谨识。元至正翠岩精舍刻本。

大学章句

宋朱熹撰。

朱熹《大学章句序》:《大学》之书，古之大学所以教人之法也。盖自天降生民，则既莫不与之以仁、义、礼、智之性矣。然其气质之禀或不能齐，是以不能皆有以知其性之所有而全之也。一有聪明睿智能尽其性者出于其间，则天必命之以为亿兆之君师，使之治而教之，以复其性。此伏羲、神农、黄帝、尧、舜所以继天立极，而司徒之职、典乐之官所由设也。三代之隆，其法寖备，然后王宫国都以及闾巷莫不有学。人生八岁，则自王公以下至于庶人之子弟，皆入小学，而教之以洒扫应对进退之节，礼、乐、射、御、书、数之文。及其十有五年，则自天子之元子、众子，以至公卿大夫元士之適子，与凡民之俊秀，皆入大学，而教之以穷理正心、修己治人之道。此又学校之教大小之节所以分也。夫以学校之设其广如此，教之之术其次第节目之详又如此，而其所以为教，则又皆本之人君躬行心得之余，不待求之民生日用彝伦之外，是以当世之人无不学；其学焉者，无不有以知其性分之所固有、职分之所当为，而各俛焉以尽其力。此古昔盛时所以治隆于上、俗美于下，而非后世之所能及也。及周之衰，贤圣之君不作，学校之政不修，教化陵夷，风俗颓败。时则有若孔子之圣，而不得君师之位以行其政教，于是独取先王之法，诵而传之，以诏后世。若《曲礼》《少仪》《内则》《弟子职》诸篇，固小学之支流余裔。而此篇者，则因小学之成功以著大学之明法，外有以极其规模之大，而内有以尽其节目之详者也。三千之徒，盖莫不闻其说，而曾氏之传独得其宗，于是作为传义，以发其意。及孟子没，而其传泯焉，则其书虽存，而知者鲜矣。自是以来，俗儒记诵词章之习，其功倍于小学而无用；异端虚无寂灭之教，其高过于大学而无实。其他权谋术数，一切以就功名之说，与夫百家众技之流，所以惑世诬民、充塞仁义者，又纷然杂出乎其间，使其君子不幸而不得闻大道之要，其小人不幸而不得蒙至治之泽，晦盲否塞，反复沉痼，以及五季之衰而坏乱极矣。天运循环，无往不复。宋德隆盛，治教休明，于是河南程氏两夫子出，而有以接乎孟氏之传，实始尊信此篇而表章之。既又为之次其简编，发其归趣，然后古者大学教人之法、圣经贤传之指粲然复明于世。虽以熹之不敏，亦幸私淑而与有闻焉。顾其为书，犹颇放失，是以忘其固陋，采而辑之。间亦窃附己意，补其缺略，以俟后之君子。极知僭逾，无所逃罪。然于国家化民成俗之意，学者修己治人之方，则未必无小补云。《晦庵先生朱文公文集》卷七六。

宋黄榦《书晦庵先生正本大学》：榦尝获受业于晦庵先生之门，窃观先生训释著书，皆虚心平气以玩其词，研精覃思以究其旨，字寻句索，缕析毫分。其察理之精，措辞之当，必欲深探古人之意，而使后学晓然易知。至于一语之未安，则反复䌷绎，寝食之顷不忘也。《大学》修改无虚日，诸生传录几数十本。《诚意》一章，犹未终前三日所更定，既以语门人曰："《大学》一书，至是始无憾矣。"今惟建阳后山蔡氏所刊为定本，潮州廖君德明得之，以授潮阳尉赵君师恕。赵君锓板县庠，且虑传本之多，无以取信后来，因属榦记之。呜呼，先生不复见矣，所恃以明善诚身者，不过文字之间，是岂可以不谨其所传哉？遂敬为之挥涕书此。嘉泰辛酉十又一月朔旦，门人长乐黄榦敬书。《勉斋先生黄文肃公文集卷》二〇。

明王彝《大学章句序说》:《大学》本汉儒戴圣所编《礼记》中之一篇。程夫子见此篇与《中庸》非圣贤不能作,而俱隐《礼记》中,始取以配《论语》《孟子》而为《四书》。朱夫子俱为作《章句》凡若干言。题之曰《章句》者,分章断句以发明之也。不曰《集注》以拟诸《论》《孟》者,古注外诸儒未备言也。于二篇独为之序者,总言其所以述作之大旨也。此序白云许先生以为当分作三大节看,而每节又分两段。自篇首至“非后世所能及”为第一节。“所由设也”以上,其前段也;“三代之隆”以下,其后段也。自“及周之衰”至“坏乱极矣”为第二节。而“知者鲜矣”以上,其前段也;“自是以来”以下,其后段也。自“天运循环”至篇终为第三节。“复明于世”以上,其前段也;“某之不敏”以下,其后段也。彝窃谓第一节言圣人得其位而大学之教行于天下。天下既共由乎此,故前段言阐教者之犹有人,立教之道有其原,后段言设教之德极其备。第二节言圣人不得位而《大学》之书始传于后世,后世乃反乱乎此。故前段言阐教者之犹有书,后段言害教者之不知书。第一节言大贤得其传,而《大学》之书复显于天下,私淑者当自任以此。故前段言遗书之托为有人,后段言补书之责当在己也。彝之先君子曰:此《序》法《孟子》“一治一乱”章而作。盖大学之教明晦而治乱分焉。继天立极,其法寖备,皇王之一治也;教化陵夷,风俗颓败,周衰之一乱也。若吾夫子及曾、孟二子作而又一治;异端俗儒众流起而又一乱。至程、朱夫子出而又复一治。孟子固曰:我欲承三圣。吾朱夫子于此而有不得而辞责矣。林隐程氏曰:《序》意始终推言治、教、学三字。盖大学之道,君以此治之,师以此教之,王公庶人之子弟于此学之。此圣学之兴废、王道之隆替皆视此何如尔。《王常宗集补遗》。

《百川书志》卷一《经》:《大学章句》一卷,宋朱文公章句。

《世善堂藏书目录》卷上《经类》:《大学章句或问》三卷。朱子。

《国史经籍志》卷二《经类》:《大学章句》一卷。朱熹。

《经义考》卷一五六《礼记十九》:朱子熹《大学章句》。《宋志》:一卷。存。

黄榦曰:“先生于《大学》,修改无虚日,《诚意》一章,未终前三日所更定。”

陈振孙曰：“朱子《章句》，大略宗程氏，会众说而折其中。又记所辨论取舍之意，别为《或问》，以附其后，皆自为之序。至《大学》则颇补正其脱简缺文。”

王应麟曰：“淳熙十六年二月甲子，文公序《大学章句》，三月戊申，序《中庸章句》，二书各有《或问》，《中庸》又有《辑略》。”

黄震曰：“晦庵先生表章《四书》，遂以《大学》为称首，所定为《章句》，又与程氏不同。自《修身》一章以后，程氏尝移易者，今悉仍旧，今举世之所诵习者，惟《章句》也。”

王祎曰：“《大学》在《礼记》中通为一篇，朱子始分为经传，以明德、新民、止善为三纲领，以格物、致知、诚意、正心、修身、齐家、治国、平天下为八条目。惟其间《格物致知传》，朱子以为亡而补之，孰知其未亡也，今即其书求之，有曰：‘知止而后有定，定而后能静，静而后能安，安而后能虑，虑而后能得，物有本末，事有终始，知所先后，则近道矣，此谓知本。子曰：‘听讼，吾犹人也，必也使无讼乎？’无情者不得尽其辞，大畏民志，此谓知本，此谓知之至也。此十七句足为“格物致知”传，盖错简在他所，则为羡语，而取以为《传》，则极其精切。朱子勇于补，而不知移易，何耶？且三纲领、八条目之外，安有所谓本末，乃别为之耶？董丞相槐及玉峰车氏、西磵叶氏皆著论以辨其非，使朱子复生，将必以其言为然也。”

王彝曰：“《大学》本《礼记》中之一篇，程子见此篇与《中庸》，非圣贤不能作，而俱隐《礼记》中，始取以配《论语》《孟子》，而为《四书》。朱子俱作为《章句》，凡若干言，题之曰《章句》者，分章析句，以发明之也。不曰《集注》，以拟诸《论》《孟》者，古注外，诸儒未备言也。于二篇独为之序者，总言其所以述作之大旨也。”

王鏊曰：“《大学》原文见古本《礼记》，郑玄为之注，依文释义，略通而已，缺文错简，亦不复识别。至程、朱始别为纲领三、条目八，分传以释之，其义精矣。惜致知格物之《传》独亡，或以为非亡也，移‘物有本末’一节，继以‘知止能得’，又继以‘听讼吾犹人’一节，而结之曰‘此谓知本，此谓知之至也’，即释格物致知之义，似亦可通。盖知物之本末始终，而造能得之地，是格物之义也，而尤以知本为贵，与程子之义，亦不相妨。朱传以‘听讼’一节为释本末，则可疑，本末非纲领、非条目，何以释为？且本末既释，终始独遗之耶？”

都穆曰：“朱子作《大学章句》，尝取程子之意，以补致知格物之《传》。《黄氏日抄》载董丞相之说，谓经本无缺文，此特错简之厘正未尽者耳。首章‘明明德’三句纲领之下，即继以‘欲明明德’以下条目八事之详，此经也。自‘知止而后有定’至‘则近道矣’，及‘听讼吾犹人也’至‘此谓知之至也’，此正释致知在格物，不俟他补。后黄岩车清臣著《大学沿革论》，其见与董氏合，王鲁斋闻之，谓洞照千古之错简。本朝大儒如宋学士、方正学，其见亦同，宋公曰：‘纲与目之名，无有所谓本末者，何必传以释之。’方先生曰：‘以听讼释本末，律以前后之例不类，合为一章而观之，与《孟子》“尧、舜知不遍物”之言正相发明，其为致知格物之《传》何惑焉？’是语虽异于朱子，而不乖乎道，固朱子之所取也。”陆深曰：“朱晦庵作《大学章句》，说经是孔子之言，而曾子述之，《传》是曾子之意，而门人记之。夫不得其言，徒记其意，遂乃支分节解，微恐于理有碍，不若程子只说‘《大学》，孔氏之遗书’恰好。”

李蓑曰：“子思遭乐朔之难，作《中庸》，事具《孔丛子》明矣。曾子著《大学》，初谓朱说有本，然观《与林择之书》，《大学》正经云云，亦以意言尔。《传》中引‘曾子曰’，知曾氏门人成之，则晦翁亦未有所本也。”

陈耀文曰：“《大学或问》云：‘正经盖夫子之言，而曾子述之，其《传》则曾子之意，而门人记之。’盖传文或引曾子之言，而又多与《中庸》《孟子》者合，则知其成于曾氏门人之手无疑。夫无所承受，无他左验，而据其相似者，辄谓某之所作，所谓自信之笃，而能自得师者与。”

樊良枢曰：“《大学》古本原无经传，朱子述程子之言，曰‘《大学》，孔氏之遗书’，乃割一经为曾子所述，分十《传》为门人之记，遽称曾子之书，似与遗书之说不合。观《诚意章》别引曾子之言，决非曾子之书可知也。王文恪谓《大学》初无缺文，王文成谓《大学》亦无错简，郑端简颇信其说。”

冯屺章曰：“《大学》在《戴记》中，从未尝属谁氏作，不知朱子何以确指为曾子，此必有所受而言之。”

钱䎃曰：“《大学》一篇，汉、唐诸儒并未言作者，晦翁分叙经传，迁次旧文，定为曾子及其门人所述，世遂信而莫敢疑。”

按：《汉艺文志》：“《曾子》十八篇。”今见于《大戴记》者十篇，曰《曾子立事》，曰《曾子本孝》，曰《曾子立孝》，曰《曾子大孝》，曰《曾子事父母》，曰《曾子制言上》，曰《曾子制言中》，曰《曾子制言下》，曰《曾子疾病》，曰《曾子天圆》，篇篇必冠以曾子二字，其余虽无闻，使其存，亦必冠以曾子，如《大戴》所记矣。《大学》不题作者姓氏，或云七十子之徒共撰所闻，或云是子思作。至朱子于百世之后，毅然论定为曾子之书，且析为经传。谓经一章，盖孔子之言，而曾子述之；《传》十章，则曾子之意，而门人记之。其《答林择之书》云："《传》中引曾子曰，知曾氏门人成之。"而《樗斋漫录》又云："《大学》决是子思所作，不然《诚意传》中不合有'曾子曰'三字。"黄冈樊氏亦曰："《记》引曾子之言，决非曾子之书。"可知学者所见不同如是，当日复斋陆氏、东磵汤氏，咸谓朱子《中庸》《大学》，其传不远。而朱德庄亦不信朱子《章句》，于是董文清而后，改本纷纶出矣。又按：香溪范氏云："班生志儒家书，有'《曾子》十八篇'，今其存者十篇而已，不知余八篇为何"等语，意其亡于魏、晋之间也，范氏于朱子未成《大学章句》以前，故为是言。迨《章句》行，而十篇之外，又增出《大学》一篇，人不敢复致疑矣。

《旧山楼书目》：宋朱文公写《大学章句》草稿。十一页。

今按：《四书章句集注》本（宋淳祐当涂郡斋刻，国家图书馆藏）；《四书章句集注》本（宋刻，国家图书馆藏）；《四书集注》本（元至正尚德堂刻，山东省图书馆藏）；《四书章句集注》本（元刻，上海图书馆藏）；《四书集注》本（元刻，南京图书馆藏，清蒋培泽、高望曾、丁丙跋）；《四书集注》本（延祐温州路学刻，日本内阁图书馆藏）；《四书集注》本（正统司礼监刻，国家图书馆、天津图书馆、上海图书馆、华东师范大学图书馆、浙江图书馆、江西省图书馆藏）；《四书集注》本（成化吉府刻，国家图书馆、山东省博物馆、南京图书馆、四川省图书馆藏）；《四书集注》本（嘉靖伊藩刻，南京图书馆藏，清丁丙跋）；《四书集注》本（嘉靖应槚刻，国家图书馆、上海图书馆藏）；《四书集注》本（隆庆衡府刻，南京图书馆藏）；《四书集注》本（万历金积刻，四川省图书馆藏）；《四书集注》本（万历忠恕堂刻，上海图书馆藏）；《四书集注》本（万历余庆堂刻，日本内阁图书馆藏），《四书集注》本（万历吴勉学刻，辽宁省图书馆、广东省中山图书馆藏）；《四书》本（崇祯汲古阁刻，国家图书馆藏藏）；《四书集注》本（明朱墨套印，山东省图书馆藏）；《四书集注》

本（顺治刻，上海图书馆藏）；《四书集注》本（康熙内府刻，故宫博物院图书馆藏，清高宗弘历跋）；《四书集注》本（康熙崇道堂刻，上海图书馆藏，清戴有祺批）；《四书集注》本（雍正国子监刻，北京大学图书馆藏）；《四书章句集注》本（清初春秀堂刻，上海图书馆藏，清佚名过录批注）；《四书集注》本（清内府刻，国家图书馆藏、中共中央党校图书馆、复旦大学图书馆）；《四书集注》本（武英殿刻，北京大学图书馆藏）；清乾隆二十年云林周氏万卷楼刻本（上海图书馆藏，清佚名批）；《四库全书荟要》本；《四库全书》本。

大学或问

宋朱熹撰。

《宋史》卷二〇二《艺文志一》：《或问》二卷。

《濮阳蒲汀李先生家藏目录》西间朝西二柜：《大学或问》。

《天一阁书目》卷一之二《经部》：《朱子大学或问》二卷。宋朱子撰并序。

《万卷堂书目》卷一《礼》：《大学或问》一卷朱熹。

《百川书志》卷一《经》：《朱子大学或问》一卷，《大学章句大全》一卷，《大学或问大全》一卷。大明永乐十三年翰林学士胡广等奉敕纂修。

《澹生堂藏书目》卷一《经类第五》：《大学或问》。二卷，朱文公。

《国史经籍志》卷二《经类》：《或问》一卷。朱熹。

《经义考》卷一五六《礼记十九》：《大学或问》。《宋志》：二卷。存。

《传是楼书目·经部》：宋朱熹《大学或问》一卷。

《本立堂藏书目·经二》：《大学或问》二卷。

《佳趣堂书目》：《大学或问》。

今按：《四书章句集注》本（宋刻，国家图书馆藏）；《四书集注》本（元覆宋刻，日本静嘉堂藏）；《四书章句集注》本（元刻，上海图书馆藏，明魏校手批，袁克文跋）；《四书集注》本（元刻，南京图书馆藏，清蒋培泽、高望曾、丁丙跋）；《四书集注》本（成化吉府刻，国家图书馆、山东省博物馆、南京图书馆、四川省图书馆藏）；《四书集注》本（嘉靖吉澄刻，上海图书馆、吉林省图书馆藏）；《四书集注》本（嘉靖应槚刻，国家图书馆藏）；《四书集注》本（嘉靖益藩乐善堂刻，中共中央党校图书馆藏）；《四书集注》本（明朱墨套印，山东省图书馆藏）；《四书集注》本（清内府刻，国家图书馆、中共中央党校图书馆、复旦大学图书馆）。

晦庵改本大学

宋朱熹撰。

宋陈淳《代跋大学》：此书乃群经之纲领，而初学入德之门。晦庵先生解之已明白亲切详尽矣。今得先生绝笔定本，因刻之严陵郡庠，以示学徒。其相与复之熟之，要使圣贤深长意味源源出于中，而宏大器局卓然呈露于前，然后知此书之为真不我诬，而圣贤大业其可进矣。《北溪大全集》卷一四。

《也是园藏书目》卷一《经部》：《晦庵改本大学》一卷。

《钱遵王述古堂藏书目录》卷一《经》：《晦庵改本大学》一卷一本。抄。

《虞山钱遵王藏书目录汇编》卷一《经部》：《晦庵改本大学》一卷。述经抄。

朱子格致余论

宋朱熹撰。

《晁氏宝文堂书目》卷上《经》：《朱子格致余论》。

朱子经筵讲义

宋朱熹撰。

明宋佛《朱子经筵讲义跋》：余于戊午春出守完山。其年秋，元监司混巡到，谓余曰："金校理麟厚尊信《大学》，至于手书朱文公《经筵讲义》而与其友，吾偶得而嘉重之，遂刊于兹府。往者入燕都，购得《真西山文集》来，见其中亦有此《讲义》，平居未尝释手。"余乃起答曰："西山以倡明道学为己任，而在《大学》一书尤致拳拳焉。若得与此书编为一帙以惠学者，不亦令美乎？"监司唯唯。及还京师，付厥本于李都事遴，使之传余。余即倩补字官李成庆移出他纸以入梓，附益于文公《讲义》之尾，作为上下篇。仍敛衽三复曰：人臣导君为善之言，固当如此，平易从容，明白深切，虽至数百世之下，丁宁告戒，炳若耳提而面谕，使读之者不过一再即晓然无疑，宜各表而出之，以为百王之要典也。后之君子须以文公之《或问》、西山之《衍义》，参此两篇之旨，朝思暮绎，积以岁月，痛自策励，期至讲明而后已，则何虑乎己学之不达、而君心之未格耶？但自“正心”以下文公之讲阙如，是则后学之不幸耳。嘉靖三十八年秋八月上澣嘉善大夫全州府尹宋佛谨识。《朱子全书》第二十七册《序跋》。

大学章句疏义（又名：大学疏义）

宋金履祥撰。

清胡凤《大学疏义序》：《大学》一书，宋以前犹列《戴记》中，不甚尊而信之也。自伊川先生教人读书先看《大学》，而朱子始作《章句》，且曰：“平生精力，尽在此书。”复作《或问》以申明之。然后圣人之微言奥义，遂昭然若揭日月而行江河。然朱子《答许顺之书》云：“《大学》之说，近日多所更定。”一年之内，《章句》屡更，而《或问》未改。二书不甚相符，故学者疑之。此仁山先生《大学疏义》所由作也。先生姓金氏，字吉父，谥文安，兰溪人。初补郡博士弟子，以文名。德祐初，诏为迪功郎、史馆编校，辞不受。家贫饔飧不继，独抱遗经力学不倦。其为学私淑朱子，尝读《大学章句》，穷日夜之力，循其章第，畅其意旨，遂成是书，为朱子补其未逮。并作《指义》一篇以发其凡。而为之序者，其弟子柳文肃也。是编雍正间先生十八世孙律重刻于家。首序者，滇海赵元祚、东阳王崇炳。而先生《指义》之说与柳序均散佚无存。余惧其久而益淹也，乃重锓以永其传。后之读《大学》者，得是书而参考之，苟不忽于讲说之浅近，而由是以求格致诚正修齐治平之理，一一有得于身心，则岂独先生之所深望哉？当亦子朱子所愿引为同志者矣。

《四库全书总目》著录是书于朱子章句之后，谓其“依文诠解，多所阐发”。尊是书即所以尊《章句》文。以此立言，深得体要，自当与此书并传。张炳堃。

简而要，真而朴，此文之绝无枝蔓粉泽者。张凯嵩。《退补斋诗文存》卷一。

明黄佐《南雍志·经籍考》:《大学疏义》一卷。好板三十六面，坏板六面，缺者四十一面。仁山金履祥撰。如曰"'在明明德'一句是下二句之纲领，下一句是上二句之目标"。又引其师王鲁斋曰"至善即是中"。又引先师何文定曰"圣人之道只是至善"。曰"'明明德于天下'，有以见体用之一"。曰"上而致知诚意，乃正心之材料；下而修齐治平，乃正心之推拓。故'正心'以下皆以序言，以上独不以序言也"。曰"'修身'以上是忠，'齐家'以下是恕"。皆其言之有所发明者也。

《世善堂藏书目录》卷上《四书类》:《大学章句疏义》二卷，金履祥。

《千顷堂书目》卷二《礼类》: 金履祥《大学章句疏义》一卷。

《经义考》卷一五七《礼记》: 金氏履祥《大学章句疏义》《大学指义》各一卷。未见。

《一斋书目》有柳贯曰："《大学》，文公既定次《章句》，而《或问》之作所以反复章明其义趣者尤悉。然后之学者尚有疑焉。先生复随其章第，衍为《疏义》，以畅其文；申为《指义》，以统其会。《大学》之教于是乎？无毫发之滞矣。"

《四库全书总目》卷三五《经部三十五·四书类一》:《大学疏义》一卷，浙江巡抚采进本。宋金履祥撰。履祥有《尚书考注》，已著录。履祥籍隶兰溪，于王柏为同郡，故受业于王柏。然柏之学，其诋毁圣经，乖方殊甚。履祥则谨严笃实，犹有朱子之遗。初，朱子定《大学章句》，复作《或问》以申明之。其后《章句》屡改，而《或问》则不复改，故前后抵牾，学者犹有所疑。履祥因随其章第，作《疏义》以畅其旨，并作《指义》一篇以括其要，柳贯尝为之序。朱彝尊《经义考》于二书皆注"未见"，但据《一斋书目》著于录。此本为金氏裔孙所刊，盖出于彝尊《经义考》之后。然仅存此《疏义》一卷，其《指义》及贯《序》则并佚之矣。书中依文铨解，多所阐发。盖仁宗延祐以前尚未复科举之制，儒者多为明经计，不为程试计，故其言切实，与后来时文讲义异也。

《郑堂读书记》卷一二《经部七之上》:《大学疏义》一卷，藕塘祠塾重刊本。宋金履祥撰，履祥仕履见《书类》。《四库全书》著录，倪氏、钱氏《补元志》俱作《大学章句疏义》，朱氏《经义考》于《大学章句疏义》下文载《大学指义》一卷，俱注曰"未见"，又注曰《一斋书目》有。此本为其十世孙律道律合《论孟考注》重梓，已无《指义》。则佚之久矣。仁山从学于王鲁斋柏，为朱子之四传弟子，而其学较鲁斋为笃实。初朱子既定次《大学章句》，而《或问》之作所以反复章明其义趣者尤悉，然后之学者尚有疑焉。仁山复随有章第，衍为《疏义》，悉本传注而发挥之，于举业为近。然根柢既深，较之世之讲章，固不可同日语也。书刊于雍正己酉，前有赵元祚、王崇炳二序。

《八千卷楼书目》卷三《经部》:《大学疏义》一卷，宋金履祥撰。率祖堂本、金华丛书本。

大学拾朱

明李承恩撰。

《国史经籍志》卷二《经类》:《大学拾朱》一卷，李承恩。

《万卷堂书目》卷一《礼》:《大学拾朱》一卷。李承恩。

《千顷堂书目》卷二《三礼类》:李承恩《大学拾朱》一卷。字君赐，祥符人。正德十四年举人。下第归，即究心理学。著书甚多，又有《中庸拾朱》。

大学章句解

清郭学淮撰。

《稽瑞楼书目》:《大学章句解》三卷，郭学淮，二册。

大学章句质疑

清郭嵩焘撰。

清郭嵩焘《大学章句质疑序》:朱子辑《四书》，首列《大学》，为于其中分经传，而以谓经者孔子之言，尊之以冠于《论语》之前。自言于《大学》用功最久，见于《或问》。其答门人书："《中庸》前人论说多，时有差舛，驳难不易。不如《大学》从未有著录，是以编次《大学》，因程子考定之本，更加纂辑，使章句相为附属。"盖非独详其文义而已，躬行而实有得焉。足以穷其节目而究其精微也。元世定为科举甲令，学者尊其说八百余年，其要义所系，尤在“格物致知”一传。攻之者亦用是为射者之的。姚江之说行，聚讼纷纭，讫明之终，其说交胜，而朱子切己之学，循序渐进之功，于学者为有据依。老师大儒笃信谨守，无敢失坠。雍乾之交，朴学日昌，博闻强力，实事求是，凡言性理者，屏不得与于学。于是风气又一变矣。乃至并《大学》《中庸》之书蔑视之，以为《礼运》《学记》之支言绪论，要其义蕴之闳深，研之而愈出，析之而愈精，郑注《礼记》之文具在，视《章句》所发明，岂足校其毫厘分寸哉？嵩焘于朱子之书沉潜有年，而知圣人尽性以尽人物之性，统于明德、新民二者，而其道一裕之学。学者致知诚意，极于修身止矣。致知之道广而具于心者约，诚意之功严而尽天下之事固无不包也。格物者，致知之事也。物者何？心身家国天下是也。格物之事何？所以正之、修之、齐之、治之、平之者是也。格者，至也。穷极物之理而不遗。格者，又明有所止也。揆度物之情而不逾其则，知此，则《大学》一书完具无缺。数百年之辨争，盖皆求之于外，而于中之要领有未究也。用其书以求朱子之学，深味而力行之可也。强《大学》之书以从朱子，比类而附之，循章以求之，则亦徒见其陵越而已。当朱子时，陆子寿氏谓《论语孟子集注》纯实精洁传世之书，而疑《大学》《中庸》为未至。嵩焘心契其说，而谓朱子之言理，后人无能有易也。而求之过密，析之过纷，可以言学而不可以释经。稍因朱子《章句》就经以求其义，而后此经之微言大谊以明。即朱子之言，惟其所以附丽之而精神愈出。尊经也，亦即所以尊朱子也。时光绪十六年夏六月朔日。《养知书屋集》文集卷三。

清王先谦《大学章句质疑后序》：郭筠仙先生为《大学章句质疑》既有年，先谦始得受读卒业，谨推其义而为之说，曰：《大学》一书，圣功王道备矣。而其要莫先致知，知止也，知所先后也，皆知之事也。知止然后见圣功无不贯，知先后然后见王道无速成，是故明乎天下国家之必本于修身，而治乱厚薄之几可以立决。此知先后即知本也。明乎诚意为明德新民之要，知其所当止而反求之，而圣德之宣昭，至于使民怀而不能忘，畏而不敢欺。故曰诚者，非自成己而已也，所以成物也。至诚而不动者，未之有也。此知止亦即知本也。知止所以得道，而知先后已近之矣。明德、新民，其为物一也。既曰物有本末，即曰知所先后，是致知在格物也。格，即格其本末也。物格而后知至，故知本即为知之至也。推吾身心以达之家国天下，必好恶得其正而不可有辟，而其行政用人所以同民好恶者，则德本财末足以该之。此君子所谓絜矩之道也。格者，度也。《文选·芜城赋》：格高五岳。李注引《苍颉篇》云：格，量度也。絜，亦度也。郑注：絜，犹结也；挈也。君子有絜法之道，谓当执而行之。又云：絜矩之道，善持其所有以恕于人耳。郑云：絜，犹结也。挈也者，《释名》：挈，结也，结束也，束持之也。明挈结非有二义，并取同声字为训，总谓执持其矩耳。朱注：絜，度也。或问何谓言絜之为度也？曰：此庄子所谓絜之百围之木，贾子所谓度长絜大者也。愚按：絜训麻一端，无持度义。郑、朱二说皆读絜为挈，《曲礼》，《释文》：挈又作絜。挈，壶氏注挈读如絜发之絜。是挈、絜字通。《说文》：挈，县持也。持此者可以度彼。故挈又引申训为度。郑云善持其所有以恕于人，亦持己度物之意。二说元可通。格物与絜矩，无二义也。通天下之人情而剂其平，即以操天下之物理而无所遁，而岂有他也哉？自魏世考正石经，以为此书序次倒乱，宋儒各加论定。而朱子《章句》为学者所宗，其补致知格物传开示入道之门，用心至勤，而缘此聚讼者亦滋纷，循经以求之，然后知其理已具也。《章句》释物有本末，曰明德为本，新民为末。是所谓物者，显属之明德新民矣。而舍此以言格物何谓也？其释格物，曰物犹事也。是固即事穷理之义，而补传之言曰：即凡天下之物，莫不因其已知之理而益穷之，以求至乎其极。世之学者疑其言浩渺无涯涘。今夫先王以礼治天下，大之极于郊社宗庙之崇，而微之通乎箕帚干糇之故，可谓繁赜而无算矣。而其要惟在因人情而为之制，是大人格物之学也。外是而言格物，非大人所以为学也。明乎此，奚以补传为哉？凡读古书，因其条理而为之节目而已，不当以己意与乎其间。如《章句》所云，殆犹以己意与其间者也。先生此书，还古本之旧观，息数百年之辨争，使大义粲然复明于世，为功于学术治道甚巨。先谦深味其旨，复有见于格物絜矩相通之理，稍著其义于简末，几附先生之书以不朽，或于圣贤垂训之意不无一当云。《虚受堂文集》卷五。

《续修四库全书总目提要》第十五册：《大学章句质疑》一卷，清郭嵩焘撰。首有王先谦序及嵩焘自序。按朱子《大学章句》，改易古本而补“格物致知”一传。尝自谓《大学》用功最久，盖于“明善”“诚身”条理次第，深有体会。而验之躬行，非漫然也。嵩焘晚年治朱子之学，以为“《大学》一书完具无缺，数百年之辨争，盖皆求之于外，而未究其中之要领。惟用其书以求朱子之学，深味而力行之则可，强《大学》之书以从朱子，比类而附之，循章以求之，则亦徒见其陵越而已”。又云：“窃疑《章句》之书，纲目条领之分，未足以见圣经之全，而或失之纤曲。”此书之所由作也。其最要者，谓“‘止于至善’一语，不得与‘明德’‘新民’同为《大学》之纲领”。又谓“郑《注》以‘致知在格物’别为一节，格物即是致知，故直曰‘在’而不曰‘先’。自‘诚意’章以下，首言所谓修身在正其心，齐家、治国诸章并同此例。疑此云‘致知在格物’，而结之以‘此谓知本’‘此谓知之至也’，即朱子所补格物致知一章之义，经文本自无缺。然诚意、致知两项工夫，却是并进，不能划分先后。故云‘致知在格物’，即结之以‘此谓知之至也’云。所谓‘诚其意’，即结之以‘君子必诚其意’。经直拆分两章，不更相为联属”。又云“《大学》所重，惟在致知、诚意。疑明德、新民，以止于至善，不必分章为释”云云。所见俱亦近理。他条多纠正朱氏之失，然与攻朱者固大有别也。先谦序自抒己见，亦有发明。书为光绪十六年思贤讲舍刊本。

今按：清光绪十六年思贤讲舍刻学庸质疑本（国家图书馆、中国科学院图书馆、湖北省图书馆、天津图书馆、上海图书馆、南京图书馆、湖北省图书馆藏）。

补辑朱子大学讲义

清何桂珍撰。

《续修四库全书总目提要》第十四册：《补辑朱子大学讲义》二卷，清何桂珍撰。桂珍字丹畦，云南师宗人，道光戊戌进士，授职编修，外放安徽徽宁池太广道，为降捻李兆受所害，赠光禄寺卿衔，赐谥文贞。是书为其值上书房时所著，卷首有自序及进呈原疏。按朱子于绍熙五年召侍经筵，著有《讲义》六章，寻罢退。桂珍为补其所未及者四章，兼采真德秀辑《大学衍义》之意。但以为《衍义》实之以事，而《讲义》先明其理，不得乎理之真宰，亦无观乎事之会通。故书中摘录朱子《文集》，其小注则改照《章句》定本。《讲义》则间参《或问》《语类》及奏札、封事等篇，复附以诸儒之说，折衷朱子之意。其修、齐、治、平四章，系桂珍按式纂补，而附己说于后。按是书意在辅君德而推本朱子，并引申其所未及。故其意纯诚，而说尤渊粹。真德秀《大学衍义序》称“欲尽君道而尽臣道，未有切于是书者”。桂珍殉难英山，曾国藩为作碑记，极其惋惜。复则亦无负此书矣。是本为光绪十年方宗诚所刊遗书之一。据倭仁所撰墓表，尚有《衍义附编》四卷，想已散佚矣。

朱子大学章句释疑

清简岸读书堂同人撰。

《续修四库全书总目提要》第十四册:《朱子大学章句释疑》一卷，题“顺德简岸读书堂同人萃编”，盖简朝亮之门人。集朝亮所著《论语集注述疏》及《读书堂答问》若干条。又以朝亮之学，出于南海朱次琦。次琦《九江集》中有《格物说跋》。《格物说》者，顺德吴昭良撰，凡三篇，附刊《九江集》中，一并引之。盖朱子《大学章句》，因王阳明别倡古本，学者多所致疑。次琦、朝亮，俱宗朱子者也，于《大学》无专著，而其说往往散见于文集及他著。门人更以尊师者尊朱，此辑录之大旨也。朝亮谓“朱子未尝改古本，其所移者，乃参程子定本，别古本而行。且经文一章，本无错简，无待于移。其释《大学》全书，实由经文定其义”。又谓“《章句》释格至也，盖本之《诗·大雅》《书·大诰》《尔雅·释诂》《易传》诸经义，视郑注格来之训远胜之”。又谓“传不必补，经则必注，何不可视补传文为首章注文”。又谓“《大学》首无‘子曰’字，盖述古而传之七十子者，与《论语·尧曰章》同例”。又谓“《礼记》‘冠义’‘昏义’诸篇释《仪礼》‘冠’‘昏’诸经，若《仪礼》‘丧服’则经传同篇，何疑于《大学》之分经传”。又谓“《大学》引曾子曰:‘十目所视，十手所指，其严乎？’明慎独也。与引古圣贤人诸文异，如不连上文言诚意之慎独者，将何所视而何所指。此朱子所以云‘盖孔子之言，而曾子述之也’”。又谓“程子云‘亲当作新’，据下文《康诰》作‘新民’也。孟子之言曰:‘君子之于物也，爱之而弗仁。于民也，仁之而弗亲。亲亲而仁民，仁民而爱物。’如《大学原本》果曰在亲民，孟子何以云然”。至吴昭良、朱次琦之说，主于辟阳明，与朝亮诸说互相羽翼，皆所谓持之有故言之成理者。书印于民国辛未。

中庸辑略

宋石𡼖编，朱熹删定。

朱熹《中庸集解序》:《中庸》之书，子思子之所作也。昔者曾子学于孔子，而得其传矣。孔子之孙子思又学于曾子，而得其所传于孔子者焉。既而惧夫传之久远而或失其真也，于是推本所传之意，质以所闻之言，更相反复，作为此书。孟子之徒实受其说，孟子没，而不得其传焉。汉之诸儒虽或擎诵，然既杂乎传记之间而莫之贵，又莫有能明其所传之意者。至唐李翱，始知尊信其书，为之论说。然其所谓灭情以复性者，又杂乎佛老而言之，则亦异于曾子、子思、孟子之所传矣。至于本朝，濂溪周夫子始得其所传之要，以著于篇。河南二程夫子又得其遗旨而发挥之，然后其学布于天下。然明道不及为书，今世所传陈忠肃公之所序者，乃蓝田吕氏所著之别本也。伊川虽尝自言"《中庸》今已成书"，然亦不传于学者。或以问于和靖尹公，则曰先生自以不满其意而火之矣。二夫子于此既皆无书，故今所传，特出于门人记平居问答之辞。而门人之说行于世者，唯吕氏、游氏、杨氏、侯氏为有成书。若横渠先生，若谢氏、尹氏，则亦或记其语之及此者耳。又皆别自为编，或颇杂出他记。盖学者欲观其聚而不可得，固不能有以考其异而会其同也。熹之友会稽石君𡼖子重乃始集而次之，合为一书，以便观览，名曰《中庸集解》。复第其录如右，而属熹序之。……抑子重之为此书，采掇无遗，条理不紊，分章虽因众说，然去取之间不失其当，其谨密详审，盖有得乎行远自迩、登高自卑之意。唯'哀公问政'以下六章，据《家语》，本一时问答之言，今从诸家，不能复合，然不害于其脉理之贯通也。又以简帙重大，分为两卷，亦无他义例云。《晦庵先生朱文公文集》卷七五。

朱熹《书徽州婺源县中庸集解版本后》：此书始刻于南剑之尤溪，熹实为之序其篇目。今建阳、长沙、广东西皆有刻本，而婺源宰三山张侯又将刻之县学，以惠学者。熹故县人，尝病乡里晚学见闻单浅，不过溺心于科举程试之习，其秀异者又颇驰骛乎文字纂组之工，而不克专其业于圣门也。是以儒风虽盛，而美俗未纯，父子兄弟之间，其不能无愧于古者多矣。今得贤大夫流传此书，以幸教之，固熹之所欲闻而乐赞其成者也。是书所记，虽本于天道性命之微，而其实不外乎达道达德之粲然者，学者诚能相与深究而力行之，则先圣之所以传与今侯之所以教者，且将有以自得之，而旧俗之未纯者，亦可以一变而至道矣。《晦庵先生朱文公文集》卷八一。

宋张栻《跋中庸集解》：右石𡼖子重所编《集解》两卷，某刻于桂林郡学官。子重之编此书，尝从吾友朱熹元晦讲订，分章去取，皆有条次。元晦且尝为之序矣。桂林学宫旧亦刻《中庸解》，而其间杂乱以他，惧其反误学者，于是漫去旧版，而更刻此书。窃惟《中庸》一篇，圣贤之渊源也，体用隐显，成己成物备矣。虽然，学者欲从事于此，必知所从入，而后可以驯致焉。其所从入奈何？子思以不睹不闻之训著于篇首，又于篇终发明“尚絅”之义，且曰“君子之所不可及者，其惟人之所不见乎”，而推极夫笃恭之效，其示来世，可谓深切著明矣。学者于此亦知所用其力哉。有以用其力，则于是书反复紬绎，将日新而无穷。不然，譬诸枵腹而观他人之食之美也，亦奚以益哉？《南轩集》卷三三。

宋卫湜《中庸集说小序》:《中庸》一篇，会稽石氏集解，自濂溪先生而下凡十家。朱文公尝为之序，已而自著《章句》，以十家之说删成《辑略》，别著《或问》，以开晓后学。然十家之说，《辑略》所不敢取者，朱氏《或问》间疏其失，仅指摘三数言，后学或未深解。今以石氏本增入，庶几览者可以参绎其旨意。《礼记集说》卷一二三。

宋黄震《读礼记中庸小序》:《中庸》。按《家语》子思所作，实得圣门之亲传，非汉儒所集其他记礼比也。然至唐李翱始为之说，至本朝周濂溪始得其要，至二程先生、张横渠、吕氏、游氏、杨氏、侯氏、谢氏、尹氏，始各推衍其义。自是为集解者凡三家。会稽石𡼖初集濂溪以下十人之说。晦庵先生因其《集解》，删成《辑略》，别为《章句》以总其归，又为《或问》以明其所以去取之意，已无余蕴矣。吴郡卫湜再为《集解》，乃增入石氏元本，及附入石氏元所不集，与晦庵以后诸说皆取之晦庵《章句》，虽亦参错其间，意若反有未满于晦庵者。天台贾蒙久为集解，杂列诸家晦庵《章句》之说，又特间见一二而已。晦庵以命世特出之才，任万世道统之托，平生用力尽在《四书》。《四书》归宿，萃于《中庸》，其该贯精备，何可当也，而二家之所见如此哉。《黄氏日抄》卷二五。

明唐顺之《中庸辑略序》:《中庸辑略》凡二卷。初，宋儒新昌石君𡼖子重，采两程先生语，与其高第弟子游、杨、谢、侯诸家之说《中庸》者，为《集解》凡几卷，朱子因而芟之为《辑略》。其后朱子既自采两程先生语入《章句》中，其于诸家则又著为《或问》以辨之。自《章句》《或问》行，而《辑略》《集解》二书因以不著于世。友人御史新昌吕信卿，宿有志于古人之学，且谓子重其乡人也，因购求此两书，而余以所藏宋板《辑略》本授之。已而吕子巡按江南，则属武进李令板焉，而《集解》则不可复见矣。序曰：盖古之乱吾道者，常在乎《六经》、孔氏之外，而后之乱吾道者，常在乎《六经》、孔氏之中。昔者世教衰而方术竞出，阴阳、老、墨、名、法，尝与儒并立，而为六家为九流，其道不相为谋，而相与时为盛衰。佛最晚出，其说最盛，至与吾儒并立而为儒佛，然其不相谋而相盛衰也，则亦与六家九流同。夫彼之各驾其说，而其盛也，至与儒亢而六而九而二也，斯亦悖矣。虽然其不相为谋也，则是不得相乱也。呜呼，《六经》、孔氏之教，所以别于六家九流与佛，而岂知其后也，六家九流与佛之说窜入于《六经》、孔氏之中，而莫之辨也。说《易》者以阴阳或以老庄，是《六经》、孔氏中有阴阳家有老家矣；说《春秋》者以法律，说《礼》者以刑名度数，是《六经》、孔氏中有名家有法家矣；说《论语》者以"尚同"之与"兼爱""尚贤""明鬼"，是《六经》、孔氏中有墨家矣；性不可以善恶言其作用，是性之说乎？心不可以死生言其真心，常住之说乎？是《六经》、孔氏中有佛家矣。六家九流与佛之与吾《六经》、孔氏并也，是门外之戈也，六家九流与佛之说窜入于《六经》、孔氏之中而莫之辨也，是室中之戈也。虽然六家九流之窜于吾《六经》、孔氏也，其为说也粗，而其为道也小，犹易辨也。佛之窜于吾《六经》、孔氏也，则其为道也宏以阔，而其为说也益精以密。儒者曰体用一原，佛者曰体用一原，儒者曰显微无间，佛者曰显微无间，其孰从而辨之？嗟乎，《六经》、孔氏之旨与伊洛之所以讲于《六经》、孔氏之旨者，固具在也。苟有得乎其旨，而超然自信乎吾之所谓"一原""无间"者，而后彼之所谓"一原""无间"者可识矣。儒者于喜怒哀乐之发，未尝不欲其顺而达之。其顺而达之也，至于天地万物皆吾喜怒哀乐之所融贯，而后"一原""无间"者可识也。佛者于喜怒哀乐之发，未尝不欲其逆而销之。其逆而销之也，至于天地万物泊然无一喜怒哀乐之交，而后"一原""无间"者可识也。其机常主于逆，故其所谓旋闻反见与其不住声色香触，乃在于闻见色声香触之外。其机常主于顺，故其所谓不睹不闻与其无声无臭者乃即在于睹闻声臭之中。是以虽其求之于内者，穷深极微几与吾圣人不异，而其天机之顺与逆，有必不可得而强同者。子程子曰：圣人本天，释氏本心。又曰：善学者却于已发之际观之。是《中庸》之旨而百家之所不能驾其说，群儒之所不能乱其真也。彼游、杨、谢、侯诸家之说，其未免于疵矣乎？吾弗敢知，然而醇者大矣。其未能不浸淫于老与佛乎？吾弗敢知，然而师门之绪言盖多矣。学者精择之而已矣，则是书其遂可废乎？是信卿所为刻以待学者之意也。

嘉靖乙巳八月朔旦武进唐顺之序。明嘉靖刻本。

清陈大典《重订中庸辑略序》:《辑略》一书何昉乎?宋儒子重石先生忧《中庸》之失其传而为是书也。《中庸》之旨自子舆氏后,惟两程夫子得其解,而未获成篇。先生爰集遗语,并采门人吕、游、杨、谢之说,汇为《集解》,删为《辑略》,其道乃复著于天下。先生与考亭朱夫子称道义交,而是编尤为考亭所推许。彼时石氏簪黻盈朝,先生身登华仕,志在理学,与考亭共相砥砺,故学业弥劭云。晚开义塾,构书院于鼓山之巅,讲学论道,延四方之来学,而弟子日益进为当时之宗工矣。予习呫哔,最留意于《中庸》,谓是圣贤心法所在,必有阐发蕴奥、锡后学指南者。于是广为搜罗,闻有宋石先生《辑略》,惜乎购求未得,有似饥渴在怀,庶几旦暮遇之。适同年张子沭新与先生十二世裔孙鸣之为姻娅至戚,予藉是以获交。鸣之倜傥磊落,居今嗜古,说剑谈文,韦皋、魏了翁之流也。燕京聚首,每述其箕裘,诚剡水望族,并叙其家学,辄称道先生。予闻而叹曰:"安得续李青莲之神游天姥,得过先生之讲堂,睹先生之肖貌,快读先生之遗编耶!"孰意天作之合,谒选得新昌令,奉檄而南。私心深幸昔之愿梦游而不获者,今得亲履其地,可以慰仰望矣。下车之始,访先生之书院,已埋没于荒烟蔓草,购先生之遗书,半零落于鼠碎虫侵。蹑鼓山而徘徊,有父老向予言曰:"此基址乃先生创立以延来学者也,此书院乃郡侯洪公增建以隆庙祀者也,此理学名儒坊又洪公以表厥宅里、树之风声者也。今院存两楹,坊日就圮,鼓山名胜,渐沦榛莽。"窃计次年簿书之余,当勤求《辑略》正本,修葺书院坊碑,以复前人旧观,以续先贤正脉。奈何甲寅岁初,羽书旁午,直至于今,供糗粮,饬武备,是吏之寝食俱废矣,不遑酬志,隐疚在心。而鸣之自都门还里,力为重光先泽,弘长道风,以俗吏末学未逮之志愿,俱为箕为裘之子孙一肩任之。鸠材庀工,百废俱兴,将见书院坊碑相继巍焕矣。更搜《辑略》残编,鸣之不惮晨窗暮火,越五阅月,始得校正鲁鱼,雠订亥豕,重翻刻梓,昭示后学。昔《中庸》自尧舜以来,道比相承,至孔子而成其大,子思纂集以为书,子舆氏、两程氏尽悟其旨,考亭夫子注疏其义,子重先生汇归其要,使理障豁然,道垂成裸。嗟夫!朱夫子、石先生洵《中庸》之功臣也。至数百年后,微言将绝,又得石鸣之留心理学,究古情殷,重葺《中庸辑略》,缀新堂构,可谓先儒之功臣,石氏之孝裔,岂惟功名事业在韦、魏之流亚也!以儒将而翼赞圣经,则功德所被,更觉渊远矣。康熙乙卯秋初知新昌县事三韩后学陈大典顿首拜撰。清康熙石佩玉刊本。

清石佩玉《重订中庸辑略序》：予族自汉万石君后，建安太守渊为从晋元帝渡江，徙于会稽，至检校太保讳元，遂居新昌。嗣自英硕鹊起，缨委蝉联，忠孝节烈之事，经邦弘化之才，俱不可更仆数，而独以理学著闻者，则有吾祖知南康军子重公，郡志所载理学第一人者是也。夫古称大儒，立德、立言、立功三者俱堪不朽，而予谓立言更难，其为烈更远。故曰：存则其人，亡则其书。使千百世之读其书者，由此而德以弘，更由此而功以显，则是立言者必包举其二无疑也。予自成童时，稔闻父兄之教，云子重公遗有《中庸辑略》一书，实足以衣被人文，鼓钟来学。恨予生也晚，既不获负剑辟咡，亲承其诏，迄今断琴故履，零落莫追，以至欲读其遗书而不可得。既而违志而乖世，匏系长安，凡荐绅先生及四方知名士，每见必首问吾祖子重公，其遗书何在，予因是饥惄弥甚。客岁乞假南旋，遂趋新昌故里，登彭山之巅。期间山容水色，良山美池，犹如故也。至欲觅吾祖讲学之所，则已鞠为茂草矣。凭吊久之，恻然怀抱。因思吾祖之书，衣被人文，鼓钟来学，其遗泽未泯，而皋比之室，无有能修复之者，以是嗟吾族之式微，而今昔之不同也。予毅然谋所以修复之举，而复购得其所镂旧版于残缺失次之余，为之细加雠校，补遗订讹。予朝夕卒读之，真足发理义之渊懿，阐圣贤之指归，所谓文如日月，终古不变，而光景常新，毋惑乎紫阳之以兄事吾祖也。予手是编，呼子侄之“暹”辈进，而语之曰：“家学渊源，其在是矣。尔辈俱以能文称于时，而不研绎理学，则所颂习者皆糟粕耳。且祖宗无不欲贤其子孙，能守其金玉与能读其遗书，孰贤乎？今榱桷如故，坊记继起，不无望无后贤矣。且使合邑诸君子俱能振兴于斯，则以为吾祖之传人也可，以为子思之传人也亦可。”时康熙乙卯仲秋十二世裔孙佩玉拜识。清康熙石佩玉刊本。

清莫友芝《校刊中庸集解序》：《中庸集解》者，宋新昌石氏子重集录周子、二程子、张子，及程子门人吕、谢、游、侯、尹十家之说，《宋志》又谓《十先生中庸集解》。朱子《论孟精义》每标签题皆冠以“国朝诸老先生”字，则云“十先生”者，疑为元题。书成于乾道癸巳，朱子为讲订而序其篇目，极称其谨密详审。越十年，淳熙癸卯，据今《辑略》本所题年，删为《辑略》，仍以元序冠之。后又为《或问》以明诸家之淳驳。淳熙己酉《中庸章句》成，乃以《辑略》《或问》并附诸后，故《中庸序》并举三书也。《辑略》行，《集解》遂微。

自铁峰赵氏《中庸笺义》数所集十家，遗尹氏而妄增司马温公、王荆公二家。临川詹氏《中庸纂笺》、讷庵景氏《中庸集说启蒙》所记亦尔。盖元时已罕觏本书，不至唐荆川序《辑略》、谢鸣治志《赤城》始叹佚亡矣。戊申秋，课彝儿读《戴记》时，检阅卫氏《集说》，则十家之说具在。喜遗绪之可寻，亟为抄出，复取《辑略》及真氏《集编》、赵氏《纂疏》所引，校其文句，补脱存异，以还石氏之旧。夫《章句》者《中庸》之指归，《集解》者《章句》之寻原。未有《章句》，既缘《集解》以观会通；已有《章句》，宜溯《集解》以明取舍。夫治狱者不审爰书，不知用律之曲当；治医者不析证变，不识处药之至精。《集解》之于《章句》《或问》，亦犹是而已矣。特是述朱子者，谨守一先生之说，小有同异，即束弃不观。故黄东发氏论卫氏《礼记》，必斥其备载石本及增入诸家之非。门户在胸，虽大路椎轮，浸鲜有过而问焉者。逮科举学盛，凡非《章句》《集注》之义，又皆在所摈。于是并《辑略》精义亦置之若存若亡间。呜呼！是岂朱子意哉？且《辑略》之成，已不尽出朱子手。《章句序》云："一二同志取石氏书，删其繁乱，名以《辑略》。"而今世流传，又唯吕信卿所刊唐荆川本。其中《或问》所驳先儒诸说，多所删节，有竟削不存者。《四库全书提要》已谓其故不可得详，因细考之，尚有《章句》引用而亦删弃者，有《或问》并出可否而存此删彼者，有以张、杨语为程子语者，有遗脱句语其义不完者。颠倒瞀乱，殆于不可卒读。恐朱子门人不应率漏至是，意必唐、吕私有增损，苟且就雕，致懵学者逾三百年，非得石氏本书，亦谁从觉其非哉？又考真氏所引《辑略》，在今本外者尚四十余条，言皆大醇，非应删者。私意真氏未引为唐、吕刊落者，必犹有若干条。《辑略》既非完本，则《集解》愈足珍惜矣。校既竣，同人趋付之梓，以广其传。因复举《辑略》所删及删而集编引为《辑略》者，各注当条之下，欲使学者读一书而得二书之益云尔。朱氏《经义考》载是书有石氏裔孙佩玉新昌家塾刻本，僻处未见，他日获之，当更校诸别纸。道光己酉夏五月书。《郘亭遗文》卷一。

清莫友芝《中庸集解后序》：友芝始校录石氏《集解》，见南轩跋，有"子重编此书，尝从吾友朱元晦讲订分章"语，又以《辑略》出于《集解》，其分章处并倒题右第若干章。朱子《文集》又有《书中庸后》一篇，详言分章之意。因谓三十三章是朱子定说，石氏分章，既从朱子讲订，当不应有异，遂据为章题者三十三行付雕矣。既而思朱子元序言分章虽因众说，然去取不失其当。又特举“哀公问政”以下六章，以从诸家不能复合，则与《辑略》章题及南轩语显相抵牾。走书质疑于郑子尹，子尹再三检核，跃然曰：子自误读南轩语耳。南轩语当以“讲订断句，以分章去取，皆有条次”为句，此不与朱子序言章者语异意同也乎？于是乡者牵引《辑略》分章作《集解》分章之为误的然无疑。乃亟削去三十三题，以《辑略》所增诸题注改入校语，使不与石氏本书相乱。盖石氏分章既因众说，众说所不合，石氏自不能合。乃必欲强以《章句》之说合之，岂不傎哉？今案，卫氏录石氏书分四十段，《辑略》删石氏书亦四十段。朱子以“哀公问政”下六段为六章，吕氏解“天命之谓性”下三段并称此章。然则石氏书分四十章矣。分章录解，而诸家之解尚有通上下章者，故悉不用章题，使贯串如一章。其与《章句》异者，“哀公”章增其五，“天命”章增其二。而朱子但举“哀公”六章，不及“天命”三章者，三章文义各足，三与一皆通，非如六章有《家语》，据知为一时问答之言。然但章后录解概不加题，则虽分之，而文意接续。故朱子又谓不害于其脉理之贯通也。因思《辑略》既与《章句》并行，章题总注不应复载，载之又与本书不契。私意朱子元本必仍《集解》，其后二书别行，浅人乃取《章句》题注益之，又于各章中值朱子分节处悉加圈间隔，皆非朱子之旧。惜元本不可见耳。北风凝寒，覆校《集解》新刻本一通，因著刊改之由，以识吾过。亦冀来者勿复滋误云。道光己酉大雪节，书于遵义经历旧署之寓。《郘亭遗文》卷一。

《直斋书录解题》卷二《礼类》：《中庸辑略》一卷。朱熹既为《章句》，复取石子重所集解，删其繁乱，名以《辑略》。其取舍之意，则《或问》详之。

《文献通考》卷一八一《经籍考八》：《中庸辑略》二卷。陈氏曰：“晦庵既为《章句》，复取石子重所集解，删其繁乱，名以《辑略》。其取舍之意，则《或问》详之。”

《宋史》卷二〇二《艺文志一》：《中庸辑略》二卷。

《文渊阁书目》卷四：《中庸辑略》一部四册，缺。《中庸辑略》一部二册，完全。《中庸辑略》一部二册，缺。

《万卷堂书目》卷一《礼》：《中庸辑略》二卷。朱熹。

《晁氏宝文堂书目》卷上《经》：《中庸辑略》。

《世善堂藏书目录》卷上《经类》：《中庸辑略》一卷。朱子。

《徐氏家藏书目》卷一《经部》:《中庸辑略》二卷。朱子。

《徐氏红雨楼书目》卷一《经部》:《中庸辑略》二卷。朱子。

《国史经籍志》卷二《经类》:《中庸辑略》二卷。朱熹。

《经义考》卷一五二《礼记十五》:朱子熹《中庸辑略》。《宋志》:二卷。存。

陈振孙曰:"晦庵既为《章句》,复取石子重所集解,删其繁乱,名以《辑略》。其取舍之义,则《或问》详之。"

赵希弁曰:"晦翁先生既定著章句于经文之下,又述平时问答所疑,以为《或问》,《中庸》又述《辑略》两卷,盖集伊、洛诸儒之说也。希弁所藏各两本,岳麓书院精舍及白鹿洞书院所刊者。"

唐顺之序曰:"《中庸辑略》凡二卷,初宋儒新昌石𡼖子重采二程先生语,与其弟子游、杨、谢、侯诸家之说《中庸》者,为《集解》,凡几卷,朱子因而芟之为《辑略》。其后朱子既自采二程先生语入《章句》中,其于诸家,则又著为《或问》以辨之。自《章句》《或问》行,而《辑略》《集解》二书,因以不著于世。友人御史新昌吕信卿宿有志于古人之学,且谓子重其乡人也,因购求此二书,而余以所藏宋本《辑略》本授之,已而吕子巡按江南,则属武进李令板焉,而《集解》则不可复见矣。序曰:盖古之乱吾道者,常在乎《六经》、孔氏之外;而后之乱吾道者,常在乎《六经》、孔氏之中。昔者世教衰而方术竞出,阴阳、老墨、名法尝与儒并立,而为六家,为九流,其道不相为谋,而相与时为盛衰。佛最晚出,其说最盛,至与吾儒并立,然其不相谋,而相盛衰也,则亦与六家、九流同。其不相为谋也,则是不得相乱也。呜呼!《六经》、孔氏之教所以别于六家、九流与佛,而岂知其后也,六家、九流与佛之说窜入于《六经》、孔氏之中,而莫知辨也。说《易》者,以阴阳,或以老、庄,是《六经》、孔氏中,有阴阳家、有老家矣。说《春秋》者,以法律;说《礼》者,以形名度数,是《六经》、孔氏中有名家、有法家矣;说《论语》者,以《尚同》之与《兼爱》《尚贤》《明鬼》,是《六经》、孔氏中有墨家矣;性不可以善恶言,其作用是性之说乎?心不可以死生言,其真心常住之说乎?是《六经》、孔氏中有佛家矣。六家、九流与佛之与吾《六经》、孔氏并也,是门外之戈也。六家、九流与佛之说窜入于《六经》、孔氏之中,而莫之辨也,是室中之戈也。虽然,六家、九流之窜于吾《六经》、孔氏也,其为说也粗,而其为道也小,犹易辨也。佛之窜于吾《六经》、孔氏也,则其为道也宏以阔，而其为说也益精以密。儒者曰体用一原，佛者曰体用一原，儒者曰显微无间，佛者曰显微无间，其孰从而辨之？嗟乎！《六经》、孔氏之旨，与伊、洛之所以讲于《六经》、孔氏之旨者，固具在也。苟有得乎其旨，而自信乎吾之所谓一原无间者，而后彼之所谓一原无间者可识矣。儒者于喜怒哀乐之发，未尝不欲其顺而达之，其顺而达之也，至于天地万物，皆吾喜怒哀乐之所融贯，而后一原无间者可识也。佛者于喜怒哀乐之发，未尝不欲其逆而消之，其逆而消之也，至于天地万物，泊然无一喜怒哀乐之交，而后一原无间者可识也。其机尝主于逆，故其所谓旋闻反见，与其不住色声香触，乃在于闻见色声香触之外；其机尝主于顺，故其所谓不睹不闻，与其无声无臭者，乃即在于睹闻声臭之中。虽其求深于内者，穷深极微，几于吾圣人不异，而其天机之顺与逆，有必不可得而强同者。子程子曰'圣人本天，释氏本心'，又曰'善学者却于已发之际观之'，是《中庸》之旨，而百家之所不能驾其说，群儒之所不能乱其真也。彼游、杨、谢、侯诸家之说，其未免于疵矣乎？吾弗敢知，然而醇者大矣；其未能不浸淫于老与佛乎？吾弗敢知，然而师门之绪言盖多矣，学者精择之而已矣。则是书其遂可废乎？是信卿所为刻以待学者之意也。"

《传是楼书目·经部》：宋朱熹《中庸辑略》二卷。

《好古堂书目·子部》：《中庸辑略》二卷。

《本立堂藏书目·经二》：《中庸辑略》二卷。

《本立堂藏书目·文集四》：《中庸辑略》二卷。

《浙江采集遗书总录》乙集《经部》：《中庸辑略》二卷，刊本。右宋朱子撰。陈振孙曰："晦庵为《章句》，复取石子重著《集解》，删其繁乱，名以《辑略》。其取舍之意，则《或问》详之。"按《集解》，《宋志》作《十先生中庸集解》。十先生者，周子、二程子、张子及吕氏、游氏、杨氏、侯氏、谢氏、尹氏也。唐荆川谓："自《章句》行，而《辑略》《集解》二书因以不著于世。余藏有宋本《辑略》，其《集解》不可复见矣。"《经义考》两收之，而所引谢鸣治《赤城续志》之言，似转混《辑略》《集解》为一书。今本直作石𡼖，盖刻者不审也。

《四库全书总目》卷三五《经部三五·四书类一》：《中庸辑略》二卷，江苏巡抚采进本。宋石𡼖编，朱子删定。𡼖字子重，号克斋，新昌人。绍兴十五年进士，官至太常主簿，出知南康军。《中庸》为《礼记》第三十一篇，孔颖达《疏》引郑玄《目录》云："此书于《别录》属通论。"《汉书·艺文志》有《中庸传》二篇，颜师古注曰："今《礼记》中有《中庸》一篇，亦非本礼经，盖子思之作。"是书本以阐天人之奥，汉儒以无所附丽，编之《礼记》。实于五礼无所属，故刘向谓之"通论"，师古以为非本礼经也。梁武帝尝作《义疏》，见于《隋志》，然其书不传。迨有宋诸儒研求性道，始定为心传之要，而论说亦遂日详。故憝辑是编，断自周子、二程子、张子，而益以吕大临、谢良佐、游酢、杨时、侯仲良、尹惇之说。初名《集解》。乾道癸巳，朱子为作《序》，极称其谨密详审。越十有六年，淳熙己酉，朱子作《中庸章句》，因重为删定，更名《辑略》，而仍以《集解》原《序》冠其首。观朱子《中庸章句自序》，称"既定著《章句》一篇，以俟后之君子，而一二同志复取石氏书删其繁乱，名以《辑略》，且别为《或问》以附其后"云云。据此，则是编及《或问》皆当与《中庸章句》合为一书。其后《章句》孤行，而是编渐晦。明嘉靖中，御史新昌吕信卿始从唐顺之得宋椠旧本，刻之毘陵。凡先儒论说见于《或问》所驳者，多所芟节。如第九章游氏以舜为绝学无为之说，杨氏有能斯有为之说、第十一章游氏离人立于独未发有念之说，多竟从删薙，不复存其说于此书。至如第一章内所引程子答苏季明之次章，《或问》中亦力斥其记录失真，而原文乃仍载书中。或为失于刊削，或为别有取义，则其故不可得详矣。

《问源楼书目初编》卷一上《经部》：《中庸辑略》二卷，宋石憝撰，朱子删定，明刊本。又《朱子遗书》本。

《许氏古韵阁书目》卷一《经部》：《中庸辑略》二卷，宋朱熹编，嘉靖吕氏刊本。

《郑堂读书记》卷一二《经部七之上》：《中庸辑略》二卷，明刊本。宋石憝编，朱子删定。憝，字子重，号克斋，新昌人。绍兴十五年进士，官至太常主簿，出知南康军。《四库全书》著录。《读书附志》《书录解题》《通考》《宋志》俱载之。初，克斋采二程子语，与其门人游、杨、谢、侯诸家之说《中庸》者，为《集解》二卷，朱子因而芟其繁乱，以为是编。自第一章至第十七章为上卷，第十八章至第三十三章为下卷，一依《章句》次序，其取舍之义，则《或问》详之。考《章句序》中所列，殆合《章句》《辑略》《或问》而汇为一书者，厥后《章句》单行，明永乐时所订《大全》专采《或问》，而是编乃仅存于朱子遗书，世有知之者盖尠。至嘉靖乙巳，新昌吕信卿以唐荆川顺之所藏宋本属武进知县刊之，而荆川为之序，并为附刻朱子所作《集解》原序，庶朱子当年编辑之深心，藉此可仰窥一二焉。

《藏园订补郘亭知见传本书目》卷三《四书类》:《中庸辑略》二卷。宋朱子撰。〇明嘉靖乙巳吕信卿刊本。〇《朱子遗书》，康熙六十年湖北车双亭刊本。〇墨润斋刊本。〇今行本多错误，友芝曾以宋人引据校于石氏《集解》本。

《八千卷楼书目》卷三《经部》:《中庸辑略》二卷，宋石𡼖编，朱子删定。吕氏刊本、《朱子遗书》本。

《增订四库简明目录标注》卷四《经部八》:《中庸辑略》二卷，宋朱熹编。因石𡼖《中庸集解》而删其繁芜。初附《章句》之末，后乃别行。《朱子遗书》本。明嘉靖乙巳吕信卿刊本。墨润斋刊本。康熙六十一年车鼎丰重刊本，名曰《朱子中庸辑略》，《或问》原本内附《中庸或问》。续：宋本。今行本多错误，莫友芝曾以宋人引据校于石氏《集解》本。

今按：宋刻本（国家图书馆藏）；明嘉靖间刻本（浙江图书馆藏）；明刻本（中国科学院图书馆藏）;《朱子遗书》本（康熙刻）；清康熙十四年石佩玉等刻本（北京大学图书馆藏）;《四库全书》本;《西京清麓丛书》本（光绪刻，朱子遗书重刻合编）；清光绪三年刻沃州余庆堂印本（湖北省图书馆藏）；清光绪二十九年湖南尚志斋刻本（湖北省图书馆藏）；清墨润斋刻本（北京大学图书馆藏）。

中庸定本

宋朱熹撰。

《万卷堂书目》卷一《礼》:《中庸定本》一卷。朱熹。

中庸古本

宋朱熹撰。

明黄佐《南雍志·经籍考》:《中庸古本》。计五十四面。

《晁氏宝文堂书目·四书》:《中庸古本》。

《万卷堂书目》卷一《礼》:《中庸古本》一卷。朱熹。

中庸章句

宋朱熹撰。

朱熹《中庸章句序》:《中庸》何为而作也?子思子忧道学之失其传而作也。盖自上古圣神继天立极,而道统之传有自来矣。其见于经,则"允执厥中"者,尧之所以授舜也。"人心惟危,道心惟微,惟精惟一,允执厥中"者,舜之所以授禹也。尧之一言,至矣尽矣,而舜复益之以三言者,则所以明夫尧之一言必如是而后可,庶几也。盖尝论之,心之虚灵知觉,一而已矣。而以为有人心、道心之异者,则以其或生于形气之私,或原于性命之正,而所以为知觉者不同,是以或危殆而不安,或微妙而难见耳。然人莫不有是形,故虽上智不能无人心;亦莫不有是性,故虽下愚不能无道心。二者杂于方寸之间,而不知所以治之,则危者愈危,微者愈微,而天理之公卒无以胜夫人欲之私矣。精则察夫二者之间而不杂也,一则守其本心之正而不离也。从事于斯,无少间断,必使道心常为一身之主而人心每听命焉,则危者安,微者著,而动静云为自无过不及之差矣。夫尧、舜、禹,天下之大圣也;以天下相传,天下之大事也。以天下之大圣,行天下之大事,而其授受之际,丁宁告戒不过如此,则天下之理岂有以加于此哉?自是以来,圣圣相承,若成汤、文、武之为君,皋陶、伊、傅、周、召之为臣,既皆以此而接夫道统之传。若吾夫子,则虽不得其位,而所以继往圣,开来学,其功反有贤于尧、舜者。然当是时,见而知之者,惟颜氏、曾氏之传得其宗。及曾氏之再传,而复得夫子之孙子思,则去圣远而异端起矣。子思惧夫愈久而愈失其真也,于是推本尧、舜以来相传之意,质以平日所闻父师之言,更互演绎,作为此书,以诏后之学者。盖其忧之也深,故其言之也切,其虑之也远,故其说之也详。其曰天命率性,则道心之谓也;其曰择善固执,则精一之谓也;其曰君子时中,则执中之谓也。世之相后,千有余年,而其言之不异,如合符节。历选前圣之书,所以提挈纲维,开示蕴奥,未有若是其明且尽者也。自是而再传,以得孟氏为能推明是书,以承先圣之统。及其没,而遂失其传焉。则吾道之所寄,不越乎言语文字之间，而异端之说日新月盛，以至于老佛之徒出，则弥近理而大乱真矣。然而尚幸此书之不泯，故程夫子兄弟者出，得有所考，以续夫千载不传之绪；得有所据，以斥夫二家似是之非。盖子思之功于是为大，而微程夫子，则亦莫能因其语而得其心也。惜乎其所以为说者不传，而凡石氏之所辑录，仅出于其门人之所记，是以大义虽明而微言未析。至其门人所自为说，则虽颇详尽而多所发明，然倍其师说而淫于老佛者亦有之矣。熹自早岁即尝受读而窃疑之，沉潜反复，盖亦有年。一旦恍然似有以得其要领者，然后乃敢会众说而折其中。既为定著《章句》一篇，以俟后之君子，而一二同志复取石氏书，删其繁乱，名以《辑略》，且记所尝论辨取舍之意，别为《或问》，以附其后。然后此书之旨支分节解，脉络贯通，详略相因，巨细毕举。而凡诸说之同异得失，亦得以曲畅旁通而各极其趣。虽于道统之传不敢妄议，然初学之士或有取焉，则亦庶乎行远升高之一助云尔。《晦庵先生朱文公文集》卷七六。

朱熹《书中庸后》：右《中庸》一篇，三十三章。其首章子思推本先圣所传之意以立言，盖一篇之体要。而其下十章，则引先圣之所尝言者以明之也。游氏曰："以性情言之则曰中和，以德行言之则曰中庸，其实一也。"至十二章，又子思之言。而其下八章，复以先圣之言明之也。十二章明道之体用，下章庸言庸行，夫妇所知所能也。君子之道，鬼神之德，大舜、文、武、周公之事，孔子之言，则有圣人所不知不能者矣。道之为用，其费如此。然其体之微妙，则非知道者孰能窥之？此所以明费而隐之义也。第二十章，据《家语》，本一时之言，今诸家分为五六者，非是。然《家语》之文，语势未终，疑亦脱"博学之"以下，今通补为一章。二十一章以下至于卒章，则又皆子思之言，反复推说，互相发明，以尽所传之意者也。二十一章承上章总言天道人道之别。二十二章言天道，二十三章言人道，二十四章又言天道，二十五章又言人道。二十八、二十九章承上章"为下""居上"而言，亦人道。三十章复言天道，三十一、三十二章承上章"小德""大德"而言，亦天道。卒章反言下学之始，以示入德之方，而遂极言其所至，具性命、道教、费隐、诚明之妙，以终一篇之意，自人而入于天也。熹尝伏读其书，而妄以己意分其章句如此。窃惟是书，子程子以为孔门传授心法，且谓善读者得之，终身用之有不能尽，是岂可以章句求哉？然又闻之，学者之于经，未有不得于辞而能通其意者。是以敢私识之，以待诵习而玩心焉。《晦庵先生朱文公文集》卷八一。

清李绂《中庸章句序》：（今按，前有朱熹序，略）己酉岁，朱子年六十。而所以序《中庸》者，悉本于心学。然则以心学疑陆、王者，可以悟矣。

《宋史》卷二〇二《艺文志一》：《中庸章句》一卷。

《百川书志》卷一《经》：《中庸章句》一卷，宋朱文公章句。

《世善堂藏书目录》卷上《经类》：《中庸章句或问》三卷。朱子。

《国史经籍志》卷二《经类》：《中庸章句》一卷。朱熹。

《经义考》卷一五二《礼记十五》：《中庸章句》。《宋志》：一卷。存。

黄震曰："会稽石𡼖集濂溪以下十人之说，晦庵先生因其《集解》删成《辑略》，别为《章句》，以总其归，又为《或问》，以明其所以去取之意，已无余蕴矣。吴郡卫湜《集解》，乃增入石氏元本，又附入石氏元所不集，与晦庵以后诸皆取之。晦庵《章句》虽亦错杂其间，意若反有未满于晦庵者。天台贾蒙为《集解》，杂列诸家，若晦庵《章句》之说特见一二而已。晦庵以命世特出之才，任万世道统之托，平生用力尽在《四书》，《四书》归宿，萃于《中庸》，而二家之所见如此何哉？"郑明选曰："子思作《中庸》，朱子定为三十章。按《孔丛子》云子思撰《中庸》之书四十九篇，不当作三十章。"

今按：《四书章句集注》本（宋淳祐当涂郡斋刻，国家图书馆藏）；《四书章句集注》本（宋刻，国家图书馆藏）；《四书》本（清内府重刻宋本，天津图书馆、上海图书馆、南京图书馆藏）；《四书集注》本（至正尚德堂刻，山东省图书馆藏）；《四书章句集注》本（元刻，上海图书馆藏，有抄配及缺叶，明魏校批，袁克文跋）；《四书集注》本（元刻，南京图书馆藏，清蒋培泽、清高望曾、清丁丙跋）；《四书集注》本（延祐温州路学刻，日本内阁图书馆藏）；《四书集注》本（正统司礼监刻，国家图书馆、天津图书馆、上海图书馆、华东师范大学图书馆、浙江图书馆、江西省图书馆、湖北省图书馆、广西师范大学图书馆、四川省图书馆藏）；《四书集注》本（成化吉府刻，国家图书馆、山东省博物馆、南京图书馆、四川省图书馆藏）；《四书集注》本（嘉靖伊藩刻，南京图书馆藏，清丁丙跋）；《四书集注》本（嘉靖应槚刻，国家图书馆、上海图书馆藏）；《四书集注》本（隆庆衡府刻，南京图书馆藏）；《四书集注》本（万历自新斋刻，日本龙谷大学藏）；《四书集注》本（万历余庆堂刻，日本内阁图书馆藏）；《四书集注》本（万历吴勉学刻，辽宁省图书馆、广东省中山图书馆藏）；《四书集注》本（万历刻，上海图书馆藏）；《四书集注》本（崇祯刻，安丘市图书馆藏）；《四书》本（崇祯汲古阁刻，国家图书馆藏）;《四书集注》本（崇祯刻，日本尊经阁藏）;《四书集注》本（明在兹堂刻，日本广岛市立浅野图书馆藏）;《四书集注》本（明朱墨套印，山东省图书馆藏）;《四书集注》本（顺治刻，上海图书馆藏）;《四书章句集注》本（清初春秀堂刻，上海图书馆藏,清佚名过录批注）;《四书章句集注》袖珍本（雍正明善堂刻）;《四书集注》本（武英殿刻，北京大学图书馆藏）；清乾隆二十年云林周氏万卷楼刻本（上海图书馆藏,清佚名批）;《四库全书荟要》本;《四库全书》本。

中庸或问

宋朱熹撰。

《宋史》卷二〇二《艺文志一》:《或问》二卷。

《文渊阁书目》卷四 :《中庸或问》一部三册，缺。

《濮阳蒲汀李先生家藏目录》西间朝西二柜 :《中庸或问》。二本。

《万卷堂书目》卷一《礼》:《中庸或问》一卷。朱熹。

《百川书志》卷一《经》:《朱子中庸或问》一卷,《中庸章句大全》一卷,《中庸或问大全》一卷。大明永乐年翰林学士胡广等奉敕纂修。

《脉望馆书目・中庸》:《中庸或问》二本。

《脉望馆书目・旧板书・经类》:《中庸或问》二本。

《国史经籍志》卷二《经类》:《或问》二卷。朱熹。

《经义考》卷一五二《礼记十五》:《中庸或问》。《宋志》: 二卷。存。

《传是楼书目・经部》: 宋朱熹《中庸或问》一卷。

《本立堂藏书目・经二》:《中庸或问》三卷。

《佳趣堂书目》:《中庸或问》。

今按 :《四书章句集注》本（宋刻，国家图书馆藏）;《四书集注》本（元覆宋刻，日本静嘉堂藏）;《四书章句集注》本（元刻，上海图书馆藏，明魏校手批，袁克文跋）;《四书集注》本（元刻，南京图书馆藏，清蒋培泽、清高望曾、清丁丙跋）;《四书集注》本（成化吉府刻，国家图书馆、山东省博物馆、南京图书馆、四川省图书馆藏）;《四书集注》本（嘉靖吉藩刻，首都图书馆、上海图书馆、吉林省图书馆）;《四书集注》本

（嘉靖应槚刻，国家图书馆藏）;《四书集注》本（嘉靖益藩乐善堂刻，中共中央党校图书馆、日本内阁图书馆藏）;《四书集注》本（明朱墨套印，山东省图书馆藏）。

中庸语类

宋朱熹语。

《澹生堂藏书目》卷一《经类第五》：朱子《中庸语类》。三卷，《语类》本。

中庸章句详说

明刘清撰。

《国史经籍志》卷二《经类》：《中庸章句详说》一卷。刘清。

《万卷堂书目》卷一《礼》：《中庸章句详说》一卷。刘清。

《千顷堂书目》卷二《礼类》：刘清《中庸章句详说》一卷。永嘉人，明初隐居不仕。

《温州经籍志》卷二《经部》：刘氏清《尚书古义》，万历《温州府志》十七。佚。蔡璞《东瓯诗集》七：刘清字惟寅，永嘉人，安节先生裔孙。《千顷堂书目》卷二《中庸章句详说》下：刘清，永嘉人，明初隐居不仕。

中庸章句解

清郭学淮撰。

《稽瑞楼书目》：《中庸章句解》三卷，郭学淮，二册。

中庸章句质疑

清郭嵩焘撰。

清郭嵩焘《中庸章句质疑序》：《汉书·艺文志》：《中庸说》二篇。颜师古注《礼记·中庸》一篇，盖此之流。《中庸》附之于《礼》，子思著书之本旨。

《汉志》别录之，必尚在《礼记》百三十一篇之外。《隋书·经籍志》有宋戴颙《中庸传》二卷、梁武帝《中庸疏》一卷、《中庸义》五卷，实始为《中庸》解义与《礼记》本别行。宋仁宗时，范文正公取以授张子，而其书始显。其后司马温公为《中庸大学解义》，又为《广义》，犹循《礼记》次序，编《大学》之前。《大学》一书，程子始表章之，而温公实发其端。《中庸》一书，则自汉以来儒者多能明其义，而其辨之明而析之精，亦始自程子。而朱子所以阐发疏通之，其功尤深，而其旨盖尤微矣。嵩焘少读是书，亦时有疑义。君臣父子兄弟夫妇朋友之为达道，尽人所知也。知、仁、勇之为达德，尽人所能言也。然何以行之一生，知安行数者之分，为达德言也。所以行之，又何义也。《中庸》于此三者言之详矣。《章句》又稍分次第，而于勇之一德，若有忽视焉，则益疑所谓达德不当复有参差也。涉历世故，积岁已多，值世变之殷烦，考古人之成迹，乃知圣人开物成务所为过化存神者，非有异术也。知足以知之，仁足以裕之，勇足以行之，而积诚以循乎自然之节，为时措之宜，则几于化矣。故夫知仁勇者，所以为行道之资也。知此，而《中庸》全书之言必可了然无疑也。圣人之道，其迹存乎名物象数之末，而其精究乎天人。精者未易以言传也，循乎名物象数而得其秩叙之节而礼行焉。又益以讲习讨论之功，而学兴焉。其传之人而见之于其书者，名物象数之迹而已。积累之久而得其精微，于是而有成德之君子用其躬行实践之效，以鼓舞整齐天下而人知圣贤之可学，而至奋起而赓续之。而天下之言学者，纷然出于一途，一不由此，谓之杂学。既久而其说寖微，又返而求之名物象数，以是为实学，天下又靡然从之以成乎风会，循实以求之，考求名物象数其制行必皆卓绝，言性理者兼综博览，通知古今之变，亦岂不由学问之深哉。而各据其一端以相胜，亦皆足以自成其说，以务张其所学，其倡为是言者，实亦有转移天下之力而君子之为学求得于心而已。必能不从乎风会以与为波流，而后可言自立。朱子《中庸章句序》言与石氏《辑略》并行，又为《或问》以通其说。《辑略》者，采辑二程子与程门诸贤所为《中庸》之说也。《章句》一宗程子，而其言亦有异同。嵩焘所疑又与《章句》微有异同。百川学海，大小曲折，随其流衍渐至于海而已。读《中庸》者能知知、仁、勇三者之所以行，其于圣贤成己成物之功，亦足窥其崖略矣。光绪十有六年夏六月朔日。《养知书屋集》文集卷三。

清王先谦《中庸章句质疑序》：天下何以不治？非愚不肖之为患也。贤知者，岐其心思，腾其口说，乱吾教而贼吾道也。取贤知者范围之，使确然知吾教之不可易，谨守吾道，相引于无穷，而天下治矣。自周衰，迄乎春秋战国，天子威令不行，先王之礼教废而不讲，奸顽并兴，犯分乱理。高世之士思救其敝，而不知所裁。于是发愤太息，欲殚残圣法，掊弃一切，以反乎无为。其言曰："礼，相伪也，道之华而乱之首也。"而儒者之言亦曰："礼生于圣人之伪，非生于人之性也。人之性固无礼，强学而求有之也。"其言离礼与性而二之，使夫颛颛者皆曰："吾性非有是也，是宰治天下者束缚而苦我也。"则礼坏而先王之道穷矣。之二人者，岂欲乱天下者邪？是贤知之过也。子思子忧当时道术日晦，而知其弊必将出于此，乃作《中庸》以维世。其意抑贤知之过，而令求之卑迩也。以为先王所以为教，原于天而赋于人，君臣父子兄弟夫妇朋友之交，有分以相临，有情以相接。因其知觉而为之节文，莫之能外，则莫之能易也。非礼不动以为修身之基，而尊亲之等杀，又礼所从出也。推其义极于广大高明，谨其微，先在喜怒哀乐。是故由困知勉行以几于知仁勇。由慎独以进于至诚无息，惟崇礼而已。居上则行礼，如舜武周公极其位天地育万物之功能，而祇以全孝。为下则学礼，如仲尼虽有溢中国施蛮貊之声名，而不敢倍周。各尽其性而已。反是，则无忌惮之小人也，素隐行怪者也，行险以徼幸者也，自用自专生今而反古者也。身且不保，何论行道？此《中庸》教人之微意与？朱子《章句》表章此书至矣，而求之过密，析之过纷，经文浩衍，随所指言之而亦各自为归宿。筠仙先生独有见于子思子著书之精意，实以礼为之质干，反复推阐，而皆不离其宗。盖此书越二千年，得先生发明之，而始有正解，诚亦古经之幸。先谦获从先生后，稍窥厓略，承命作叙，谨撮其旨要而推论其著书之缘起如此。以谓立言而靖万世之人心者，莫如子思氏之学也。《虚受堂文集》卷五。

清郭嵩焘《书中庸章句质疑后》：右《中庸章句质疑》，大端一依《章句》，而辨证其所疑。朱子表章《中庸》之功至矣。汉以来，儒者传注，旨趣各不同，实始折衷而会归于一。此由其践履体验之余，默契于心，自成条理，其于理道之渊微，文辞之曲折，若倾家积而会计之，以与经旨相印证者。夫圣人之言，贤人传之，而固不能无异同。子思亲受圣人之传，千有余年而后，程朱氏兴。朱子于此，一循程子之说以徐观其会通。由其传之也远，则于所私淑而体味之有得者，为能近取而资之深。诚慎之也。嵩焘于朱子之学，无能窥见万一。顾窃疑《章句》之书，求之过密，如谓十二章以上承费隐言，二十一章以下承天道人道言之类。析之过纷，如谓戒慎恐惧，致中以位天地；慎独，致和以育万物。及生安、学利、困勉三者以其分言、以其等言之类。更涉世变，参考人事，恍然有悟知、仁、勇三达德之旨，即体以为用，随所得浅深而莫能外，而益疑《章句》薄视“勇”字之非经旨。如不赖勇而裕如。及困而知，勉而行者，勇之事也。及三近者，勇之次也之类。沉潜反复，十载于兹，乃于子思立言之旨粗有证明。独憾生朱子后七百年，无从执经一质所疑。稍取区区所见附之《章句》之后，期以发明经言，使承学之士取择焉。《养知书屋集》文集卷三。

《续修四库全书总目提要》第十五册：《中庸章句质疑》二卷，清郭嵩焘撰。是书首有王先谦序并嵩焘自序。嵩焘以为：“《中庸》一书，汉以来儒者多明其义，而其辨之明而析之精者，始自程子。朱子阐发疏通之，其功尤深。惟求之过密，析之过纷，不免有憾。”是书要旨，谓“全书以慎独为主，以知、仁、勇三达德为纲，以至诚为归宿。大段分两截，由慎独以贯乎知仁勇之全，所以成德也。始条理者圣之事也。由知仁勇以合乎至诚之撰，所以尽神也。终条理者智之事也”。又云：“谓之性者，圣人与天合德，创制显庸，一依天理以为之则，而道皆其性。谓之教者，仁义之名立，而礼以生，圣人用之以为教，人皆得知其所以然，以求复其性。性者圣人所以自尽，教者圣人所以尽人之性。”又云：“成己成物，皆圣人分内事。故曰‘合内外之道，成己成物，皆所以自成也’。然成己有成己之功，成物有成物之功，条理秩序，随事而具。时措之宜者，于此措之己而宜，于此措之物而宜也。盖必有礼以为之节文，而后措则正，而施别行。诚之行乎仁，知而措之宜者，礼为之也。”旧注于此颇多含混，不如嵩焘所解分明。又知、仁、勇三者并举，而《章句》薄视“勇”之一德，亦乖经旨。嵩焘于此其说加详。嵩焘自称“沉潜反复，十载于兹”，宜其灼然有得，不同肤泛也。书为光绪十六年思贤讲舍刊本。

论语孟子集注

宋朱熹撰。

《读书附志》卷上《经解类》：《论语集注》十卷，《孟子集注》十四卷。右朱文公所著也。先生之于《语》《孟》，始集程、张、吕、范十一人之说，以为《集义》。既又本之《注疏》,参之《释文》,采之先儒,断之详说,以为《集注》。《语》《孟》之精微，盖萃于此书矣。希弁所藏各两本，岳麓、白鹿洞所刊也。

《直斋书录解题》卷三《语孟类》:《论语集注》十卷,《孟子集注》十四卷。朱熹撰。大略本程氏学，通取注疏古今诸儒之说，间复断以己见。晦翁生平讲解，此为第一，所谓毫发无遗憾者矣。

《玉海艺文校证》卷七《论语》:《淳熙论语孟子集注或问》。朱文公熹撰，淳熙四年六月癸巳成。初，编次《集义》，辑二程之说，又取张、范、二吕希哲、大临。谢、游、杨、侯仲良。尹氏九家，初名《要义》，改名《精义》，最后名曰《集义》。三十四卷。又本《注疏》，参《释文》，会诸老先生之说，间附所闻于师友得于心思者,为详说。旧名《训蒙口义》。既而约其精粹为《集注》《十卷》,又疏其所以去取之意为《或问》《十卷》。其后《集注》删改日益精密，而《或问》不复厘正，故其去取间有不同者。黄氏曰："朱子《集注》于一字未安，一语未顺，覃思静虑，更易不置，或一二日而未已。用心如此，学者顾以易心读之,安能得圣贤之意哉？朱子言:三十始为《集注》,至老改犹未已，非草草看者。陈氏曰:《集注》遍阅诸家说，虽一句一字，皆为抄掇，旋加磨刮，翦繁趋约，不啻数百过。又曰：学者须专事《集注》为标准，复读餍饫，胸中已有定见。然后参以《集义》,方识诸家是非得失。始知《集注》明洁亲切,辞约而旨富，义精而味长，信为万世不刊之书。

《藏园订补郘亭知见传本书目》卷三《四书类》补:《论语集注》十卷、《序说》一卷,《孟子集注》十四卷、《序说》一卷。宋朱熹撰。〇宋元间刊本，七行十二字，注双行十六字，黑口，左右双栏。避宋讳至"慎"字。钤归有光伪印。又一帙，行款版式同上，惟宋讳不避。存《孟子集注》十卷，不全。正文斋见。

《宝礼堂宋本书录・经部》:《论语集注》十卷、《孟子集注》十四卷，十二册。朱子撰。原为《四书》,《大学》《中庸》已散佚。此仅存《论》《孟》二种,《论语》十卷、《孟子》十四卷。《四库》著录《孟子》七卷，所据为通行本,故不同。是本字句与通行本异者,《论语》如《述而》"与其进也"节，未据错简改。《乡党》"没阶趋翼如也","趋"下无"进"字,与陆氏注合。"入大庙","大"不作"太",与唐石经合。《子路》"冉子退朝","子"不作"有"。《阳货》"惟上知与下愚不移","惟"不作"唯"。"锺鼓云乎哉","锺"不作"鐘"。《孟子·梁惠王上》"吾惛不能进于是矣","惛"不作"惽"。《梁惠王下》"今之乐犹古之乐也","犹"不作"由"。"古公亶甫","甫"不作"父"。此三字均与宋石经合。《公孙丑上》"思以一豪挫于人","豪"不作"毫"。"则塞于天地之间","于"不作"乎"。《公孙丑下》"吾闻之君子不以天下俭其亲","之"下无"也"字。《滕文公上》"其命惟新","惟"不作"维"。"井地不钧","钧"不作"均"。此二字亦与宋石经合。《滕文公下》"有攸不惟臣","惟"不作"为"。"此率禽兽而食人也","率"下不脱"禽"字。《离娄上》"事在易而求之难","之"不作"诸"。《告子上》"则其小者弗能夺也","弗"不作"不"。《尽心上》"见且由不得亟","由"不作"犹"。"无不知爱其亲者","者"不作"也"。"足以无饥矣","足"不作"可"。《尽心下》"亦不殒厥问","殒"不作"陨"。"来者不距","距"不作"拒"。"万子曰一乡皆称原人焉","子"不作"章"。凡此皆与诸旧本相合。其注中文字与时本异同尤多,不能尽举。宋讳"敦""廓"等字均不避,是必刻于孝宗之世。按《朱子年谱》:光宗绍熙元年庚戌,"刊四经四子书于郡"。是年四月,文公抵漳州新任。书刻于漳郡,必在四月以后,时光宗嗣位已逾一年,功令煌煌,御名不容不避,故知此决非刻于漳郡之本。又《年谱》:"淳熙四年丁酉夏六月,《论孟集注或问》成。"四子书人所必读,文公名满天下,每成一书,人人乐为锓梓,故书肆有窃刊或问者,文公请于县官追索其版。又《己酉后语录》:"《论语集注》盖某十年前本,为朋友传去,乡人遂不告而刊。及知觉,则已分裂四出而不可收矣"云云。是必书成之后为他人所窃刊,与《集注》《或问》事同一例,或即在所云己酉十年之前,故不避光宗之讳。即以此为是书之最初刊本,无不可也。卷首有《读论语孟子法》。两书各有序说。版式:每卷首题"论语卷第几",下二格"朱熹集注",次行低二格篇名第几,又次行低半字小注,为本篇大旨或章数。正文每章首行上加空圈,次行顶格,读音注本节下,注低一格,引他家注各以圈别之。《孟子》同。惟次行篇名下题"章句上下"。半叶七行,行十二字。小注双行,行十六字。左右双栏,版心细黑口,双鱼尾。《论语》偶记字数。书名题"论语已几""论语几""仑吾已几""仑吾几""仑已几""仑几""吾已几""吾几""已吾几""孟子已几""孟子几""孟几""子已几""子几"。宋讳:匡、恒、征、让、桓、构、毂、慎等字缺笔。藏印:"归有光印""南阳居士""百柳塘主人""廖见亭读弌过”“嫏嬛妙境”。

《皕宋楼藏书志》卷一〇《经部》:《论语集注》十卷、《孟子集注》七卷，宋刊本，明周九松旧藏。宋朱熹集注。《读论语孟子法》。《论语序说》。《孟子序说》。每卷后有音考。案每叶十四行，每行十五字，小字双行，版心有字数。卷中有“昆陵周氏九松迂叟藏书记”朱文长印、“周良金印”朱文方印。

今按：宋嘉定十年当涂郡斋刻嘉熙四年淳祐八年十二年递修本（国家图书馆藏）。

论语孟子或问

宋朱熹撰。

明张诩《论孟或问序》:《论孟或问》，世多闻其名，而未获睹其书。乃今出于数百年之后，与《大学中庸或问》并行于世，使学者有所考据，得以益广其知识，开其聪明，而为斯道之碑也。是书之出也，诩固窃为天下后世喜也。虽然，予欲无言。孔子尝以是为子贡启也，故曰：“天何言哉？四时行焉，百物生焉。天何言哉？”“尽信书不如无书”，孟子尝有所感，故曰：“吾于《武成》取二三策而已矣。”夫诲人不倦，圣人之心，而欲无言。《六经》万世所尊，而孟子犹有所择。自古圣贤指之的、择之精，不徇迹而任真，不贵耳而贱目也。如是使学者深悟而自得焉，则《论》《孟》本具胸中，虽无《论》《孟》可也，况《或问》乎？不然溺意筌蹄，留神糟粕，吾恐认浮云而迷太虚，知识多而大智昏，聪明作而太朴散，卒为斯道之障也。是书之出也，诩又窃为天下后世忧也。先儒著述之富未有如文公先生者。盖当时欲矫陆学之偏故耳。在文公则然，在我学者不可以不之觉也。御史君某近得善本将刻而传之。夫流布贤传以上翼《六经》，下惠来学，甚盛举也。间属诩一言，且语之曰：是书得尹、杨诸老全书，撮其语分注于辨款之下，尤为明备耳。今姑刻之，以竢后之成人之美者补焉。呜呼！圣贤隐没，正道将沉。凡声利得丧足以败道而丧心者，其为迷也显，人犹知之。至于溺意旨、逐影响，其为迷也微，而觉者鲜矣。诩诚无似，因御史君间属僭一言之，不敢不置不腆之辞于先贤著述之末，而因之以声其一得之愚焉。盖足音之喜，固不胜其杞人之忧也。《明文海》卷二一二。

明张元祯《论语孟子或问序》：我朱子一生精力，尽在《四书》。《四书集注章句》皆有《或问》，《大学》《中庸或问》附于《大全》《章句》，学者无不得而诵之，唯《论语》《孟子或问》，虽间载于《大全》各章小注，而学者未见成篇，终未得乎语意之详也。祯为庶士读书中秘，时获睹二书《或问》，手自抄录，间出示学者，无不惜其未能梓行，以为四方之幸。弘治初以史事起，道南康，郭郡守瑨与语及之，欣然曰："瑨叨续貂南康，深欲访我文公著述之未传者传焉。"遂授其书，俾刻置之白鹿书院。既祯复得《中庸辑略》于罗司成明仲，乃知《大全》所附，非《章句》《或问》，实《辑略》《或问》也。奉阅于提学黄佥宪仲昭，佥宪亲为校字讹缺，将并《大学或问》刻之，通曰《四书或问》云。时弘治七年岁在甲寅五月后学南昌张元祯序。明弘治十七年刻本。

明赵璹《论语孟子或问序》：右《论孟或问》，文公朱紫阳所著也，刊行于中国已久，而独不传于东夏，实吾儒之不幸。至于我朝，募朱遗编，即出芸阁，第以本帙剜缺，多有误字，以此为病，遂不入梓。甲戌春，府伯金侯伟幸因郑君云龙得见二书于奇高峰家塾，欲与二三同志精校错误，倩金秀才忠考一手楷书。方欲锓梓之际，金侯偶以军籍事径递，垂成之功，几至废弃。适使相朴讳民献、亚使尹讳先觉崇儒雅，重道学，乃其志也，其寿梓广布之意，尤勤恳不已，别定尹季才元鳞等为监刻督役，不数月而讫功，何其政效之斯速也！呜呼，道载于书，书以明道，则书之刊出，道之斯行，金侯有志而未遂，使相与新府伯季讳仲虎乐从而孱功，此实斯文之一大幸也！万历二年甲戌七月生员赵璹亦在监刻之列，谨跋。万历二年朝鲜刻本。

《直斋书录解题》卷三《语孟类》：《论语或问》十卷、《孟子或问》十四卷。朱熹撰。《集注》既成，复论次其取舍之所以然，别为一书，而篇首述二书纲领，与读书者之要法。其与《集注》实相表里，学者所当并观也。

《传是楼书目·经部》：宋朱熹《论语孟子或问》三十四卷。

《好古堂书目·子部》：《论孟或问》三十四卷。

论孟集义（又名：语孟要义、论孟精义）

宋朱熹撰。

朱熹《书语孟要义序后》：熹顷年编次此书，锓版建阳，学者传之久矣。后细考之，程、张诸先生说尚或时有所遗脱。既加补塞，又得毗陵周氏说四篇有半于建阳陈焞明仲，复以附于本章。豫章郡文学南康黄某商伯见而悦之，既以刻于其学，又虑夫读者疑于详略之不同也，属熹书于前序之左，且更定其故号《精义》者曰《要义》云。淳熙庚子冬十有一月己丑朔旦，江东道院拙斋记。《晦庵先生朱文公文集》卷八一。

《直斋书录解题》卷三《语孟类》：《语孟集义》三十四卷。朱熹撰。集二程、张氏及范祖禹、吕希哲、吕大临、谢良佐、游酢、杨时、侯仲良、周孚先凡十二家，初名“精义”，后刻于豫章郡学，始名“集义”。其所言“外自托于程氏，而窃其近似之言、以文异端之说”者，盖指张无垢也。无垢与僧宗杲游，故云尔。

《万卷堂书目》卷一《经解》：《论孟精义》二十九卷。朱熹。

《好古堂书目·子部》：《论孟精义》三十四卷。

《问源楼书目初编》卷一上《经部》：《论孟精义》三十四卷，宋朱子撰，《遗书》本。

《四库全书总目》卷三五《经部三五·四书类一》：《论孟精义》三十四卷，江苏巡抚采进本。宋朱子撰。初，朱子于隆兴元年辑诸家说《论语》者为《要义》，其本不传。后九年为乾道壬辰，因复取二程、张子及范祖禹、吕希哲、吕大临、谢良佐、游酢、杨时、侯仲良、尹焞、周孚先等十二家之说，荟萃条疏，名之曰《论孟精义》，而自为之序。时朱子年四十三。后刻版于豫章郡，又更其名曰《要义》。《晦庵集》中有《书论语孟子要义序后》，曰：“熹顷年编次此书，锓版建阳，学者传之久矣。后细考之，程、张诸先生说尚或时有所遗脱。既加补塞，又得昆陵周氏说四篇有半于建阳陈焞明仲，复以附于本章。豫章郡文学南康黄某商伯既以刻于其学，又虑夫读者疑于详略之不同也，属熹书于前《序》之左，且更定其故号《精义》者曰《要义》”云云，是其事也。后又改其名曰《集义》，见于《年谱》，今世刊本仍称《精义》，盖从朱子原《序》名之也。凡《论语》二十卷，《孟子》十四卷。又各有《纲领》一篇，不入卷数。朱子初集是书，盖本程氏之学以发挥经旨。其后采掇菁华，撰成《集注》。中间异同疑似，当加剖析者，又别著之于《或问》。似此书乃已弃之糟粕。然考诸《语录》，乃谓：“读《论语》须将《精义》看。”又谓：“《语孟集义》中所载诸先生语，须是熟读。一一记于心下，时时将来玩味，久久自然理会得。”又似不以《集注》废此书者。故今亦仍录存之焉。

《许氏古韵阁书目》卷一《经部》:《论孟精义》三十四卷，宋朱熹撰。朱氏刊本。

《藏园订补郘亭知见传本书目》卷三《四书类》:《论孟精义》三十四卷。宋朱子撰。〇《朱子遗书》本。

《八千卷楼书目》卷三《经部》:《论孟精义》三十四卷，宋朱子撰。吕氏刊本、公善堂刊本、明抄本。

《增订四库简明目录标注》卷四《经部八》:《论孟精义》三十四卷，宋朱熹撰。辑二程、张子、范祖禹、吕希哲、吕大临、谢良佐、游酢、杨时、侯仲良、尹焞、周孚先十二子解释《论语》《孟子》之语。初名《精义》,后改名《要义》,又改名《集义》。《朱子遗书》本。续录：明抄本、公善堂刊本、清初刊本。

语孟注

宋辅广撰。

元袁桷《辅汉卿先生语孟注序》:解经莫严于圣贤，见于《语》《孟》,其语简，其旨明。子思之释经，尤得圣人之微旨，今其书具在也。自汉传注之学兴，蔓辞衍说，浸淫乎万言。魏、晋一切扫削，明理之说，归乎空玄。二者之弊，遂沦于偏滞，学者昧昧无所依凭焉。逾千有余载矣，至宋，春陵硕儒开伊洛之绪，正说至道，粲于简册，良谓大备。后朱文公出，惧其剽窃之近似也，源同而派别之，统宗据要，盖将使夫学者不躐等而进，若律之有均，衡之有权，不得以锱铢差也。既又惧其疑之未释，复为问答，以曲喻之。其详且尽，不复可以有加矣。书大行于天下，而后之师慕者，类天台释氏之教文，旁行侧注，挈纲立目，茫乎皓首，不足以窥其藩篱。卒至于圣人之经旨，莫之有解，日从事于口耳。孩提之童，齐襟拱手，相与言道德性命者，皆是也。桷幼承父师，独取黄、辅二先生之书而读之。黄公之书，尝辅翼其未备，若可疑者，则以昔之所闻于先师而申明之。至于辅公，则直彰其义，衍者隐之，幽者畅之，文理炳著，不别为目标，以尽夫事师之道。微文小义，简焉以释经为急，而其知行体用之说，不蕲合而有合矣。二公所为，是诚有益于后世。而今世补文公之遗书，夸多务博，杂然前陈，莫知拣择，余独病之。合黄、辅以传，则文公授受之旨，益得以远。辅公书，其子季章旧刻于武冈，兵祸散轶。今其从孙政与其子华亭丞友仁，相与谋曰："遗书不传，吾辅氏子孙责，曷敢缓！"遂刻先生之书于家塾，俾序其事。予独连言于黄公者，将使夫后人知二公为文公亲授。黄公之泽已斩，辅氏为未坠，是可哀也已！是可嘉也已！愿勉哉！正学之兴，其必在是也。《清容居士集》卷二一。

论语集注

宋朱熹撰。

清潘衍桐《朱子论语集注训诂考叙》：朱子《论语训蒙口义》叙云："本之注疏，以通其训诂。"《语类》云："某寻常解经，只要依训诂说字。"又《与吕伯恭书》云："不读《说文》，训诂易谬。"《答黄直卿书》云："近日看得后生，且是教他依本子认得训诂，文义分明为急。"朱子解经，教人厥初如此。世儒谓朱子不明训诂，谬加诋诃，与夫空疏浅率之流空谈性理，未知为学之伦，类皆失之也。窃谓朱子生平著书致多，而《论语集注》尤为精粹。因命诂经精舍诸生寻绎此书，详考义所从出，遍采旧注，及群经子史注以著来历，明非朱子所自造。课卷甚繁，细加搴采，撮为二卷，取其易晓。义或简奥，则援某生说以申明之。研经之士，由是以考制度，辨名物，窥先圣之微言，穷义理之所归，余固日夕望之也。光绪十有六年十二月南海潘衍桐叙于浙江学署之敬乐斋。《朱子全书》第二十七册《序跋》。

《文献通考》卷一八四《经籍考十一》：《论语集注》十卷。陈氏曰："朱熹撰。大略本程氏学，通取注疏古今诸儒之说，间复断以己意。晦庵先生平生讲解，此为第一，所谓毫发无遗憾者矣。"《朱子语录》曰："《集注》如秤上秤来无异，不高些，不低些。如看得透，存养熟，甚生气质。《集注》添一字不得，减一字不得。看《集注》时不可遗了紧要字，盖解中有极散缓者，有缓急之间者，有极紧要者。某下一字时，直是秤等轻重，方敢写出。《集注》乃《集义》之精髓。"问："《集注》引前辈之说，而增损改易本文，其意如何？"曰："其说有病，不欲更就下面安注脚。"问："《集注》中有两存，何者为长？"曰："使某见得长底时，岂复存其短底？只为二说皆通，故并存之。然必有一说合圣人之本，但不可知耳。”复曰：“大率两说，前一说胜。《集注》，某自三十岁便下工夫，到而今改犹未了。不是草草看者。”朱在《过庭所闻》曰：“《集注》于正文之下，正解说字训文义与圣经正意。如诸家之说有切当明白者，即引用而不没其姓名，如《学而》首章，先尹氏，而后程子，亦只是顺正文解下来，非有高下去取也。章末用圈，而列诸家之说者，或文外之意，而于正文有所发明。不容略去；或通论一章之意，反复其说，切要而不可不知也。”

《宋史》卷二〇二《艺文志一》：《集注》十卷。

《百川书志》卷一《经》：《论语集注》十卷，宋朱子集注。

《徐氏家藏书目》卷一《经部》：《论语集注》十卷。

《国史经籍志》卷二《经类》：《论语集注》十卷。朱熹。

《经义考》卷二一七《论语七》：《论语集注》。《宋志》：十卷。存。

朱子自述曰：“《集注》乃《集义》之精髓。”又曰：“《集注》后来改定处多，遂与《或问》不相应，又无工夫修得《或问》，故不曾传出，今莫若只就正经上玩味，有未通处，参考《集注》，更自思索为佳，不可恃此未定之书，便以为是也。”又曰：“《集注》盖熹十年前本，为朋友间传去，乡人遂不告而刊，及知觉，则已分裂四出而不可收矣，其间多有未稳。”

□□曰：“《集注》发明程子之说，或足其所未尽，或补其所未完，或白其所未莹，或贯其所未一，其实不离乎程说之中，必如是而后有功于程子，未可以优劣较之。”黄榦曰：“朱子《集注》于一字未安、一语未顺，覃思静虑，更易不置，或一二日而未已。用心如此，学者顾以易心读之，安能识圣贤之意哉？”

陈淳曰：“《集注》遍阅诸家说，虽一字一句皆为抄掇，旋加磨刮，翦繁趋约，不啻数百过。”又曰：“学者须专事《集注》为标准，复读餍饫，胸中已有定见，然后参以《集义》，方识诸家是非得失，始知《集注》明洁亲切，辞约而理富，义精而味长，信为万世不刊之书。”

陈振孙曰：“《集注》大略本程氏学，通取注疏、古今诸儒之说，间复断以己意，晦庵先生平生讲解，此为第一，所谓毫发无遗憾者矣。”

魏了翁《朱氏语孟集注序》曰：“王师北伐之岁，予请郡以归，辅汉卿广以《语孟集注》为赠。曰：‘此先生晚年所授也。’谨拜而受之。较以闽浙间书肆所刊，则十已易其二三。赵忠定公帅蜀日成都所刊，则十易六七矣。前辈讲学工夫，皆于躬行日用间，真实体验以自明厥德，非以资口笔也。故历年久，阅天下之义理多，则知行互发，日造平实，语若近而指远。余慕之累岁，每读辄异他日，故不敢秘其本，以均淑同志之士云。”

子在曰：“《集注》于正文之下，止解说字训文义与圣经正意。如诸家之说，有切当明白者即引用，而不没其姓名。如《学而》首章，先尹氏而后程子，亦只是顺正文解下来，非有高下去取也。章末用圈而列诸家之说者，或文外之意，而与正文有所发明，不容略去。或通论一章之意，反复其说切要，而不可不知也。”

黄震曰：“南轩《论语》多是统说大体，又多于本意上生新意。晦庵则分文释句，只依本意，而使学者自得之。”又曰：“晦庵集注《论语》，祖诂训，明字义，使本文坦然易知，而后择先儒议论之精者一二语附之，以发其指要，诸说不同，恐疑误后学，又为《或问》以辨之。近世辟晦庵字义者，固不屑事此，其尊而慕之者，又争欲以著解名家，浩浩长篇，多自为之辞，于经渐相远。甚者或凿为新奇，反欲求胜，岂理固无穷耶！”

今按：主要版本及馆藏信息见前《四书章句集注》。

论语或问

宋朱熹撰。

明程敏政《书论语或问》:《或问》“气质之说”一章，尾缺四十三字。《或问》“见善之说”一章首缺十五字，盖当时板本弗完也。不知者取《语录》中“九思”二段，剿入以充《或问》，文势大不类。今考《集成》及《通释》中勘定如此，而“九思”章下亦原未有《或问》。其妄甚矣！续刊者宜补正之。《篁墩文集》卷三九。

《文献通考》卷一八四《经籍考十一》:《论语或问》十卷。陈氏曰：朱熹撰。《集注》既成，复论次其取舍之所以然，别为一书。而篇首述二书纲领，与读者之要法。其与《集注》实相表里，学者所当并观也。《朱子文集》:“《集注》后来改定处多，遂与《或问》不相应，又无工夫修得《或问》，故不曾传出。今莫若只就正经上玩味，有未通处，参考《集注》，更自思索为佳，不可恃此未定之书，便以为是也。”

《经义考》卷二一七《论语七》：《论语或问》。《宋志》：二十卷。存。

陈淳曰："《论》《孟》须以《集注》为正，如《或问》后来置之不修，未得为成书。今细观之时，觉有枯燥处，亦多有不稳处，亦多有失之太甚处，比之《大学中庸或问》之书大不同，若姑借之以参订《集注》之所未详则可矣，未可全案之以为定论也。”

陈振孙曰："朱子撰《集注》既成，复论次其取舍之所以然，别为一书，而篇首述二书纲领与读者之要法，其与《集注》实相表里，学者所当并观也。”

王应麟曰："文公初编次《集义》，辑二程之说，又取张、范、二吕、谢、游、杨、侯、尹氏九家，初名《要义》，改名《精义》，最后名曰《集义》，三十四卷。又本注疏，参以《释文》，会诸老先生之说，间附以闻于师友、得之心思者为详说，旧云《训蒙口义》者也。既而约其精粹，为《集注》十卷，又疏其所以去取之意，为《或问》十卷，其后《集注》删改，日以精密，而《或问》不复厘正，故其去取间有不同者。”

《濮阳蒲汀李先生家藏目录》西间朝西二柜：《论语或问》。二本。

《培林堂书目·经部》：朱熹《论语或问》二十卷，三册。

《本立堂藏书目·经二》：《论语或问》二十卷。

《本立堂藏书目·文集四》：《论语或问》二十卷。

今按：《四书或问》本（弘治刻、正德刻、康熙刻、清墨润斋刻、抄本）；《朱子遗书》本（康熙刻）；《四库全书》本；《四书或问并考异》本（同治五忠堂刻）；《洪氏唐石经馆丛书》本（光绪印）；《西京清麓丛书》本（光绪刻，《朱子遗书》重刻合编）；日本正保四年刻本（北京大学图书馆藏）；《倭板四书》本（日本正保刻，北京大学图书馆藏）。

论语详说

宋朱熹撰。

宋真德秀《论语详说后序》：建安太守三山陈侯某既以武功戡寇难，又思以文教淑人心，曰《论语》一书，子朱子之所用力而终其身者也，其始有《要义》焉，其次有《集义》焉，又其次则有《详说》，而以《集注》终焉。今《集注》之书家传人诵，若《详说》则有问其名而弗知者。夫圣人之道大矣，善学如颜子，且亲得圣人而师之，犹必仰钻瞻忽，久而未获，至于循循善诱之余，既竭吾材而后卓然有见于道之全体，况今之人即书而求道，其难于颜子又倍矣。故虽以子朱子之学得之于天，而其进也亦必以渐。盖沉潜玩索，不知老之将至，迨乎《集注》之出，然后极其全而亡憾，学者可不遍考之乎？譬之于玉，《集注》其圭璧斝琐也，人见其温润缜栗，无少瑕点，以为出于天成，而不知追琢磨治之功非一朝夕积也。故此书之视《集注》《章句》详略往往弗同，而于先儒之说去取亦或小异。昔若何而详，今若何而略，昔奚为而取，今奚为而去，斟酌权量之微，范镕点化之妙，盖不待从游于考亭云谷之间，而言论风指若亲承而面命矣，是非求道之至要耶？故予欲学者以《集注》为本，而参之以此书，观子朱子之所得月异而岁不同，庶乎知圣言之指为无穷，而问学之功不可以已也。既以镂诸梓，而俾某述其所以然，是用笔之篇末。《西山先生真文忠公文集》卷二九。

《经义考》卷二一七《论语七》:《论语详说》初名《训蒙口义》。佚。

真德秀后序曰（今按，内容见前，此处略）。按：是《序》又载刘爚《云庄集》。

袁桷曰："文公之教于家也，谓《集义》之作，义理详而训诂略，别为一书，曰《训蒙口义》，今此书不存。"

论语问辨

宋朱熹撰。

《澹生堂藏书目》卷二《经类第七》: 朱子《论语问辨》。三十二卷，《语类》本。

论语集义（又名：论语精义）

宋朱熹撰。

《读书附志》卷上《经解类》:《论语精义》十卷，《孟子精义》十四卷。右明道、伊川、横渠三先生、成都范氏、荥阳吕氏、蓝田吕氏、上蔡谢氏、建安游氏、延平杨氏、河东侯氏、河南尹氏十一人之说，晦庵先生所编集也。

初曰《精义》，后改《集义》。卷末“淳熙辛丑冬至前五日点毕”十一字，乃先君子戒庵居士师向手泽也。

《文献通考》卷一八四《经籍考十一》:《论语集义》三十四卷。陈氏曰：“朱熹撰。集二程、张氏及范祖禹、吕希哲、吕大临、谢良佐、游酢、杨时、侯仲良、周孚先凡十一家。初名《精义》，后刻于豫章郡学，始名《集义》。其所言‘外自托于程氏，而窃其近似之言，以文异端之说’者，盖指张无垢也。无垢与宗杲游，故云尔。”《朱子语录》曰：“读《论语》，须将《精义》看一段，次看第二段，将两段比较，孰得孰失，孰是孰非。又将第三段比较如前，又总一章之说，而尽比较之。其间须有一说合圣人之意，或有两说，有三说，有四五说皆是，又就其中比较疏密。如此，便是格物。及看得此一章透彻，则知便至。或自未有见识，只得就这里挨。一章之中，程子之说多是，门人之说多非。然初看时，不可先萌此心，门人所记，亦多有好处。”蜚卿曰：“若只将程子之说为主，如何？”曰：“不可，只得以理为主，然后看他底。看得一章直是透彻，然后看第二章，亦如此法。若看得三四篇，此心便熟;数篇之后，迎刃而解矣。读书考义理，似是而非者难辩。且如《精义》中，惟程先生说得的当确至。其门人非惟不尽得夫子之意，虽程子之意，亦多失之。今读《语》《孟》，不可便道《精义》都不是，都废了。须借他做个梯阶去寻求，将来自见道理。知得他是非，方是自家所得处。”

《宋史》卷二〇二《艺文志一》：朱熹《论语精义》十卷。《集义》十卷。

《文渊阁书目》卷一：《论语精义》一部二十一册。

《绛云楼书目》卷一《论语类》：《论语集义》三册。三十四卷。朱子集程、张、范、吕诸儒先之说，凡十二家，初名曰《精义》，刻于豫章郡学，始名《集义》。

《经义考》卷二一七《论语七》：朱子熹《论语集义》。初名《要义》，又名《精义》。《宋志》：十卷。《通考》：三十四卷。存。

朱子《论孟精义》自序曰：“《论》《孟》之书，学者所以求道之至要。古今之为说者，盖已百有余家。然自秦汉以来，儒者皆不足以与闻斯道之传，其溺于卑近者，既得其言，而不得意；其骛于高远者，则又支离踳驳，或乃并其言而失之，学者益以病焉。宋兴百年，河洛之间，有二程先生者出，然后斯道之传有继。其于孔氏、孟氏之心，盖异世而同符也。故其所以发明二书之说，言虽近而索之无穷，指虽远而操之有要，使夫读者非徒可以得其言，而又可以得其意；非徒可以得其意，而又可以并其所以进于此者，而得之其所以兴起斯文、开悟后学，可谓至矣。间尝搜辑条疏以附本章之次，既又取夫学之有同于先生者，与其有得于先生者，若横渠张公，若范氏、二吕氏、谢氏、游氏、杨氏、侯氏、尹氏，凡九家之说以附益之，名曰《论孟精义》，以备观省。而同志之士，有欲从事于此者，亦不隐焉。抑尝论之，《论语》之言，无所不包，而其所以示人者，莫非操存涵养之要；七篇之指，无所不究，而其所以示人者，类多体验扩充之功。夫圣贤之分，其不同固如此，然而体用一源也，显微无间也。是则非夫先生之学之至，其孰能知之？呜呼！兹其所以奋乎百世绝学之后，而独得夫千载不传之绪也与！若张公之于先生，论其所至，窃意其犹伯夷、伊尹之于孔子，而一时及门之士，考其言行，则又未知其孰可以为孔子之颜曾也？今录其言，非敢以为无少异夫先生而悉合乎圣贤之意，亦曰大者既同，则其浅深疏密、毫厘之间，正学者所宜尽心耳。至于近岁以来，学于先生之门人者，又或出其书焉。则意其源远末分，醇醨异味，而不敢载矣。或曰：'然则凡说之行于世而不列于此者，皆无取已乎？'曰：'不然也！'汉魏诸儒正音读、通训诂、考制度、辨名物，其功博矣。学者苟不先涉其流，则亦何以用力于此？而近世二三名家与夫所谓学于先生之门人者，其考证推说，亦或时有补于文义之间，学者有得于此而后观焉，则亦何适而无得哉！特所以求夫圣贤之意者，则在此而不在彼耳。若夫外自托于程氏，而窃其近似之言以文异端之说者，则诚不可以入于学者之心。然以其荒幻浮夸，足以欺世也，而流俗颇已归乡之矣，其为害岂浅浅哉？顾其语言气象之间，则实有不难辨者，学者诚用力于此书而有得焉。则于其言虽欲读之，亦且有所不暇矣。然则是书之作，其率尔之诮，虽不敢辞，至于明圣传之统，采众说之长，折流俗之谬，则窃亦妄意其庶几焉！"又曰："读《论语》须将《精义》看。"

陈振孙曰："朱子撰集二程、张氏及范祖禹、吕希哲、吕大临、谢良佐、游酢、杨时、侯仲良、尹焞，凡十有二家，初名《精义》，后刻于豫章郡学，始名《集义》。其所言'外自托于程氏，而窃其近似之言以文异端之说者'，盖指张无垢也。无垢与僧宗杲游，故云尔。"

王文贯曰："晦庵读书，古今注解自音而训，自训而义，自一字而一句，自一句而一章，以至言外之意，透彻无碍，莹然在心，如琉璃然，方敢下笔。

一字未透，即云未详。”

《本立堂藏书目·文集四》:《论语精义》十卷。

《传是楼书目·经部》: 宋朱熹《论语集义》十卷。

《浙江采集遗书总录》丙集《经部》:《论语集义》十卷,《通考》作三十四卷。写本。右朱子撰。淳熙庚午自叙，谓以二程、横渠为宗，附以二吕、范、谢、游、杨、尹、侯、周九家之说。陈振孙曰：“初名《精义》，后刻于豫章郡学，始名《集义》。其序所称为‘自托于程氏而窃其近似之言以文异端之说’，盖指张无垢也。无垢与宗杲游，故云。”

《带经堂书目》卷一《经部》:《论语集义》十四卷，旧抄本，宋朱文公撰。前有乾道壬辰元旦文公自序，淳熙庚子冬十一月己丑朔旦江东道院文公记。

《善本书室藏书志》卷四《经部六》:《国朝诸老先生论语精义》二十卷、《孟子精义》十四卷明抄本。朱子于乾道壬辰取二程、张子及范祖禹、吕希哲、吕大临、谢良佐、游酢、杨时、侯仲良、尹焞、周孚先诸老先生之说，荟萃条疏，名曰《精义》，自为之序，各有纲领一篇列于前。白纸朱丝栏，十行，写本，字画精工，当为明人手笔。

《皕宋楼藏书志》卷一〇《经部》:《论语集义》二十卷，旧抄本。宋朱子撰。朱子序，乾道壬辰。朱子跋，淳熙庚子。

今按：明抄《论孟精义》本（清丁丙跋，南京图书馆藏）;《朱子遗书》本（康熙刻）;《洪氏唐石经馆丛书》本（光绪印）;《四库全书》本；《西京清麓丛书》本（光绪刻,《朱子遗书》重刻合编）。

论语注义问答通释

宋黄榦撰。

宋陈宓《论语通释题叙》: 先生合文公《集注》《集义》《或问》三书而通释之。盖《集注》之辞简而严，学者未能遽晓，于是作《或问》一书，设为问答，以尽其详，且明去取诸家之意。先生恐学者不暇旁究，故直取疏解《集注》之辞而列之于后，以便观览。然《集注》《或问》间有去取之不同，发挥之未尽，先生追忆向日亲炙之语，附以己意，名曰《通释》，于是始无遗憾矣。呜呼！文公年七十一，自弱冠至于易箦，未尝一日不用其力于此书。先生弱冠从文公游者三十余年，未尝不执经在左右，其去取之论无不与闻。先生年亦七十，从事是书亦五十年。晚岁得闲归三山，生徒云集，讲论余暇，率夜坐至四鼓，未晨而兴，手释二十篇，此成而逝。其用心坚苦如此，学者其可以易观哉！《全宋文》卷六九六四。

宋陈宓《跋论语集义或问通释》：勉斋黄先生榦作《论语通释》一书，所以䌷绎文公朱先生之意尽矣。某尝版于延平郡庠，与学者共之。吾乡士友欲观是书，不可多得，往往转借艰滞，莫惬见闻。郡文学温陵苏君思恭，潜心理义，岁月深久，分教莆垒，专以是道诲人，学者确然知理义之可说。既有以兴起其志矣，可无书以开导而启发之乎？郡庠旧有《集注》，于是直取《集义》《或问》《通释》，别为一帙以足之。俾学者互观参考，且可以家有其书。此苏君汲汲诲人之意也，学者毋以易得而忽诸！《龙图陈公文集》卷一〇。

宋魏了翁《论语通释序》：勉斋黄直卿合朱文公三书为《论语通释》，吾友复斋陈师宓叙所以作，张敏则刻之潭之湘乡之涟溪。予首从萧定夫得善本以归，里人赵心传请刻诸梓以幸惠学士，而属予申其义。呜呼，是书之有传，士得之以增益知虑而益邵所学，士之幸也。论说之益广，士窃之以给取利禄而罔闻于行，予之忧也。呜呼，学者其亦知所择哉！《鹤山先生大全文集》卷五五。

《读书附志》卷上《经解类》：《论语注义问答通释》十卷。右勉斋黄先生榦通释晦庵先生《集注》《或问》之书也。

《直斋书录解题》卷三《语孟类》：《论语通释》十卷。黄榦撰。其书兼载《或问》，发明晦翁未尽之意。

《文献通考》卷一八四《经籍考十一》：《论语通释》十卷。陈氏曰："黄榦撰。其书兼载《或问》，发明晦翁未尽之意。"

《宋史》卷二〇二《艺文志一》：《论语注义问答通释》十卷。

《文渊阁书目》卷一：《论语通释》一部三册。

《世善堂藏书目录》卷上《四书类》：《论语通释》十卷。黄勉斋。

《经义考》卷二一七《论语七》：黄榦《论语注义问答通释》。《宋志》：十卷。未见。《一斋书目》有之。

陈振孙曰："其书兼载《或问》，发明晦翁未尽之意。"

赵希弁曰："右勉斋黄先生榦通释晦庵先生《集注》《或问》之书也。"

魏了翁序《通释》曰："勉斋黄直卿合朱文公三书为《论语通释》，吾友复斋陈师宓叙所以作，张敏则刻之潭之湘乡之连溪。予首从萧定夫得善本以归里，赵心传请刻诸梓以幸惠学士，而属予申其义。呜呼！是书之有传，士得之以增益智虑，而益邵所学，士之幸也。论说之益广，士窃之以给取利禄，而罔闻于行，予之忧也。呜呼！学者其亦知所择哉！"

晦庵语类

宋潘墀集。

《直斋书录解题》卷三《语孟类》：《晦庵语类》二十七卷。蜀人以晦庵语录类成编，处州教授东阳潘墀取其《论语》一类，增益其未备，刊于学宫。

《文献通考》卷一八四《经籍考十一》：《晦庵语类》二十七卷。陈氏曰："蜀人以晦庵语录类成编，处州教授东阳潘墀取其《论语》一类，增益其所未备，刊于学宫。"

《文渊阁书目》卷四：《论语文公类语》一部八册，缺。

论语集注纂疏

宋赵顺孙撰。

《国史经籍志》卷二《经类》：《论语集注纂疏》十卷。赵顺孙。

《千顷堂书目》卷三《论语类》：赵顺孙《论语集注纂疏》十卷。

《藏园订补郘亭知见传本书目》卷三《四书类》补：《论语纂疏》十卷。宋朱熹集注，赵顺孙纂疏。〇宋刊本，九行二十字，注双行同，白口，左右双栏。避宋讳至"廓"字。《集注》中"慎"作"谨"，"匡"作"康"，"让"作"避"。余藏。

今按：元覆宋刻本（日本东洋文库藏）；《四书纂疏》本（日本静嘉堂藏）；《通志堂经解》本（康熙刻、同治刻、日本文化刻）；《四库全书荟要》本；《四库全书》本；《复性书院丛刊》本（民国刻）。

论语集注考证

宋金履祥撰。

元李桓《序》:《论语》《孟子》之书，六经之外，圣贤之遗言皆在焉。自汉以来，儒者为之训解，专门名家者固已众矣。微辞奥旨，犹或未著。盖至于《集注》之作而始明。自朱子之有《集注》，而门人高第以及私淑之徒又皆为之疏义。盖黄氏之《通释》，祝氏之《附录》，蔡氏、赵氏之《集疏》《纂疏》相继而出，极其旨趣而敷绎之。然至于《考证》之修而后备。按朱子之后，四传而为仁山金先生。先生承师友之渊源，博记广闻，讲贯真切，积其平日之所得,萃为此书。其于《集注》也,推其意之未发,佐其力之不及，以简质之文，达精深之义，而名物度数、古今实事之详，一皆表其所出。后儒之说可以为之羽翼者，间亦采摭而附入之。观之时若不同，实则期乎至当。故先生尝自谓朱子之忠臣。夫忠臣者，固不为苟同，而其心岂欲背戾以求异哉？盖将助之而已矣。斯则《考证》之修,所以有补于《集注》者也。先生既殁三十有五年，得其学者惟许谦益之，每以师说讲于诸生，而藏其书于家,躬自雠正,以俟知者。其传于时也,实自浙东宪司经历张公而始。初，公既获其书于许君，览而善之，以为不可以不传。惟锓诸梓，则其传也广而远。婺学者，先生之乡校也，既尝刻其《通鉴前编》之书矣，因以畀郡侯管者思监使并刻之。侯乃率其佳属，割俸赀以共费不足，则继之以学廪之赢。越三月而板成。夫见善而知以为善鲜矣，知其善恐其泯没而不传者为尤鲜。不私诸己，汲汲焉思广于人以为务，孰能若是乎？继自今以往，是书大行，学者读而有得焉，皆公之赐也。公名仲诚，字信卿，为人廉刚正敬，尚儒术而笃意于风化。凡事之害于学校者，必深疾而力去之。苟有益焉，又乐为之如此。呜呼！岂独是书之幸，斯文之幸也！并志之以为序。至元三年岁次丁丑孟秋吉日文学掾中山李桓谨序。《皕宋楼藏书志》卷一〇《经部》。

清胡凤丹《论孟集注考证序》：尝读《朱子年谱》，载先生当淳熙间始编次《论孟集义》，复作《训蒙口义》，嗣又约其精粹妙得本旨者为《集注》，而疏其所以去取之意为《或问》。故其《答孙敬甫书》云："南康《论》《孟》是后来所定本。"又云："某于《论》《孟》，四十余年理会，中间逐字称等。惟《集注》删改日益精密，而《或问》则不复厘正。"间有不同，故读者多以为自相抵牾。迨仁山先生作《论语集注考证》十卷、《孟子集注考证》七卷，与《论孟集注》并行于世。先生自跋其书曰："古书之有注者必有疏，《论孟考证》即《集注》之疏也。"举凡书中事迹之舛错，名物之异同，山川都会之区，典要音义之训，朱子所未详者，靡不引经据史，博采诸子百家，考核详明，折衷至当。乌虖！自朱子《集注》出，而孔孟之心源遥遥若接，其有功于圣门甚巨。而先生是书，补正朱子之所未备，其有功于朱子者又岂浅鲜哉？余今春购获是书，系元至治间校刊本，首序者先生弟子许文懿。卷末有刊书跋，则吾邑吕迟也。自元至今，历五六百年，而流传天壤间犹不磨灭者，岂独斯文之幸，抑亦余汇刻丛书之幸矣。梓既竟，遂撮其要旨而为之序。

《论》《孟》皆朱子肆力之书，亦即金氏笃好之书，足见古人为学功夫。胡子此序，能发明二书之旨，而文字亦极精洁。学进而文亦进，是得读书之益者也。彭崧毓。

笔力健举，而情韵亦悠然不匮。乃知作家于文，无复有平淡题目也。张凯嵩。《退补斋诗文存》卷一六。

明黄佐《南雍志·经籍考》：《论语集注考证》二十卷。好板九十三面，坏板十八面，缺者三十二面。仁山金履祥撰，文学掾中山李桓序。

《国史经籍志》卷二《经类》：《论语集注考证》十卷。金履祥。

《千顷堂书目》卷三《论语类》：金履祥《论语集注考证》十卷。

《经义考》卷二二〇《论语》：金氏履祥《论语集注考证》十卷。未见。

柳贯曰："文公于《论》《孟》制集注，多因门人之问而更定之。其问所不及者，亦或未之备也。而事物名数，又以其非要而略之。先生皆为之修补，附益成一家言，题其编曰《论语孟子考证》。"

许谦曰："圣人之心尽在《四书》，而《四书》之义备于朱子。顾其立言辞约意广，读者或得其粗而不能悉究其义。或以一偏之致自异，而初不知未离其范围。世之诋訾贸乱务为新奇者，其弊正在此耳。此金先生《考证》之所由作也。"

《四库全书总目》卷三五《经部三五·四书类一》：《论语集注考证》十卷、《孟子集注考证》七卷，浙江巡抚采进本。宋金履祥撰。后有自跋，谓："古书之有注者，必有疏。《论孟考证》即《集注》之疏。以有《纂疏》，故不名《疏》。而文义之详明者，亦不敢赘。但用《经典释文》之例，表其疑难者疏之。"其书于朱子未定之说，但折衷归一。于事迹典故，考订尤多。盖《集注》以发明理道为主，于此类率沿袭旧文，未遑详核，故履祥拾遗补缺，以弥缝其隙，于朱子深为有功。惟其自称此书不无微牾，自我言之则为忠臣，自他人言之则为谗贼，则殊不可训。夫经者古今之大常，理者天下之公义。议论之得失惟其言，不惟其人。使所补正者果是，虽他人亦不失为忠臣。使所补正者或非，虽弟子门人亦不免为谗贼。何以履祥则可，他人则必不可？此宋元间门户之见，非笃论也。其中如辨《论语注》“公孙枝”云：“案《左传》，当作公孙拔，《集注》或传写之误。”辨《孟子注》“许行神农之言，史迁所谓农家者流”云：“《史记》六家无农家，《汉书·艺文志》九流之中乃有农家。”皆为典确。至于辨《公刘》“后稷之曾孙”一条，谓公刘避桀居豳，去后稷世远，非其曾孙。不知古人凡远祖多称高祖，《左传》郯子称“我高祖少皞”是也；凡远孙多称曾孙，《左传》蒯聩称“曾孙蒯聩敢昭告皇祖文王”是也。如此之类，则《注》不误而履祥反误，亦未尽确当不移。然其旁引曲证，不苟异，亦不苟同，视胡炳文辈拘墟回护，知有注而不知有经者，则相去远矣。书凡一十七卷，首有许谦《序》，后有吕迟刊书跋，犹为旧本。朱彝尊《经义考》称《一斋书目》作二卷，注曰“未见”。盖沿袭之误，不足据也。

《问源楼书目初编》卷一上《经部》:《论语集注考证》十卷、《孟子集注考证》七卷，宋金履祥撰。

《许氏古韵阁书目》卷一《经部》:《论语集注考证》十卷、《孟子集注考证》七卷，宋金履祥撰，金氏刊本。

《郑堂读书记》卷一二《经部七之上》:《论语集注考证》十卷、《孟子集注考证》七卷，藕塘祠塾重刊本。宋金履祥撰。《四库全书》著录。倪氏、钱氏《补元志》及朱氏《经义考》俱分载之，竹垞俱注曰“未见”。此二种乃雍正己酉仁山十八世孙律道律合《大学疏义》重梓。前有元至顺庚午许谦序，重纪至元丁丑李桓残序，后有仁山自跋及吕迟刊书跋，知其据旧本重刊也。按朱子于《论》《孟》制《集注》，多因门人之问而更定之，其间所不及者，亦或未之备也。而事物名数，又以其非要而略之。仁山因为之修补，成一家言，俱合经文及注并序说，摘其字句为纲，而考证于下，如陆氏《释文》之例，或檃括其说，或演绎其简妙，或摅其幽发其粹，或补其古今名物之略，或引群言以证之，大而道德性命之精微，细而训诂名义之弗可知者，本隐以之显，求易而之难，诚可为朱子之忠臣矣。世之读《集注》者，其可舍此而他求哉？

《八千卷楼书目》卷三《经部》：《论语集注考证》十卷《孟子集注考证》七卷，宋金履祥撰。率祖堂本、《金华丛书》本。

今按：清雍正七年金氏刻本（国家图书馆藏）；《四库全书》本；《率祖堂丛书》本（光绪补刻）；清金律刻本（北京大学图书馆、湖北省图书馆藏）；《金华丛书》本（同治光绪刻、民国补刻）。

论语句解

元刘岂蟠撰。

《国史经籍志》卷二《经类》：《论语句解》十二卷。元刘岂蟠。

《千顷堂书目》卷三《论语类》：刘岂播《论语句解》十二卷。庐陵人，分析朱注，附以图说。

论语集注大全

明胡广等奉敕纂。

《百川书志》卷一《经》：《论语集注大全》二十卷，大明翰林学士胡广等奉敕纂修。

今按：《增订四书集注大全》本（康熙刻）；《四书大全》本（南京图书馆藏）。

朱子论语集注训诂考

清潘衍桐撰。

《八千卷楼书目》卷三《经部》：《朱子论语集注训诂考》二卷，国朝潘衍桐撰。刊本。

《清史稿》卷一四五《艺文志一》：《朱子论语集注训诂考》二卷。潘衍桐撰。

《续修四库全书总目提要》第十五册：《朱子论语集注训诂考》二卷，清潘衍桐辑。衍桐，广东南海人，同治进士，官至翰林院侍讲学士。朱子注《论语》，虽长于义理，而亦不废训诂。观其《论语训蒙考义叙言》："本之注疏，以通其《训诂》《语类》言："某寻常解经，只要依训诂说字。"又《与吕伯恭书》言："不读《说文》，训诂易谬。"而世儒顾诋朱子不明训诂，盖未考也。是书为衍桐官浙江学政时，命诂经精舍诸生，就《论语集注》详为寻绎，并考之群经子史注以证其所出，撮为二卷。其间义或简奥，则援某生说以申明之。书中所著邹寿祺、陈景综、崔适、楼蔚然、王正春、袁尧年、汪昌烈、陆以增、杨誉龙、孙兆熊、袁宝忠、袁尧年、高辛元、项咏之说是也。其间偶有订正，如注云"《家语》记伯子不衣冠而处"，今《家语》乃无此文，而见《家语》"后叙"及《说苑》第十篇。又"柴也愚"章注云："《家语》记其足不履影，启蛰不杀，方长不折。执亲之丧，泣血三年，未尝启齿。"乃《家语》"弟子行"篇，无"泣血三年"四字。其藉引申而明者，如"尤罪自外至者也""科等也""裁割正也""摄管束也""栖栖犹依依也""周服有五祭服之冠也""和以处众曰群""耦并耕也"，诸条盖非专以抄撮为能者。书刊于光绪十六年。

今按：清光绪十七年浙江书局刻本（国家图书馆、北京大学图书馆、中国科学院图书馆、天津图书馆、上海图书馆、南京图书馆、复旦大学图书馆、浙江图书馆、辽宁省图书馆、湖北省图书馆、南京图书馆藏）。

论语集注附考

清丁晏撰。

《八千卷楼书目》卷三《经部》:《论语集注附考》一卷。国朝丁晏撰。抄本。

《清史稿》卷一四五《艺文志一》:《论语集注附考》一卷。丁晏撰。

论语集注辨正

日本田中颐撰。

《八千卷楼书目》卷三《经部》:《论语集注辨正》二卷、《讲义》四卷，日本田中颐撰。日本刊本。

孟子集注

宋朱熹撰。

《玉海艺文校证》卷七《孟子》：《淳熙孟子集注》《或问》《精义》，朱文公熹撰，各十四卷。

《文献通考》卷一八四《经籍考十一》：晦庵《孟子集注》《或问》各十四卷。

《宋史》卷二〇五《艺文志四》：朱熹《孟子集注》十四卷。

《百川书志》卷一《经》：《孟子集注》七卷，宋朱子集注。

《徐氏家藏书目》卷一《经部》：《孟子集注》十卷。朱子。

《国史经籍志》卷二《经类》：《孟子集注》十四卷。朱熹。

《经义考》卷二三四《孟子四》：朱子熹《孟子集注》。《宋志》：十四卷。存。

夏渊曰："淳熙四年，文公年四十八，注《孟子》'子产听郑国之政'，谓成周改岁首而不改月，则晚年之确论也。尝欲更注，而其书已行于世。以时令考之，戌亥之月未甚寒，犹可褰裳以涉也。子丑之间，涸阴冱寒，当此之时，而以乘舆济民，民能免于病涉乎？桥梁道路，可以观政。九月成杠，十月成梁，戒事之辞也；十一月徒杠成，十二月舆梁成，序事之辞也。《国语》有戒备之意，《孟子》就冻极之时言之，皆夏时云。"

《吟香仙馆书目》卷一《经部》：《大字孟子》十四卷。宋朱熹注。

今按：主要版本及馆藏信息见前《四书章句集注》。

孟子或问

宋朱熹撰。

元王恽《读孟子或问》：《四书或问》，独邹书多设疑诘难，何也？孟轲氏终是去圣人一间，辨论之际，其言英气发露，不无激切轻重之异，故文公于此颇详，讲明折衷，要使不诡于理，先后一揆而后已。何则？温公，大贤也，犹有《疑孟》等篇，况解之云乎？此晦翁惓惓于是，亦临川翼之之意也。入伏后三日，课读此书《或问》偶书，晚学小子题。《全元文》卷一七七。

《宋史》卷二〇五《艺文志四》:《或问》十四卷。

《濮阳蒲汀李先生家藏目录》西间朝西二柜 :《孟子或问》。二本。

《晁氏宝文堂书目》卷上《经》:《孟子或问》。

《脉望馆书目·孟子》:《孟子或问》二本，甲。又二本。乙。

《国史经籍志》卷二《经类》:《孟子或问》十四卷。朱熹。

《绛云楼书目》卷一《孟子类》:《孟子或问》。十四卷，朱子。

《经义考》卷二三四《孟子四》:《孟子或问》。《宋志》：十四卷。存。

《也是园藏书目》卷一《经部》：朱晦庵《孟子或问》二卷。

《虞山钱遵王藏书目录汇编》卷一《经部》：朱晦庵《孟子或问》二卷。述经《孟子或问》二卷。

《培林堂书目·经部》：朱熹《孟子或问》十四卷，三册。

《本立堂藏书目·经二》:《孟子或问》十四卷。

《本立堂藏书目·文集四》:《孟子或问》十四卷。

今按:《四书或问》本（弘治刻、正德刻、康熙刻、清墨润斋刻、抄本);《四库全书》本;《四书或问并考异》本（同治五忠堂刻);《洪氏唐石经馆丛书》本（光绪印);《西京清麓丛书》本（光绪刻，《朱子遗书》重刻合编);《倭板四书》本（日本正保刻，北京大学图书馆藏)。

孟子要略

宋朱熹撰。

宋真德秀《孟子要略序》：太守陈侯既刊文公朱先生《论语详说》于郡斋，又得《孟子要略》以示学者，曰先生之于《孟子》发明之也至矣，其全在《集注》，而其要在此编。盖性者义理之本源，学者必明乎此，而后知天下万善皆繇是出，非有假乎外也，故此编之首曰性善焉。性果何物哉？曰五常而已尔。仁义者，五常之纲领也，故论性之次曰仁义焉。心者性之主，不可以无操存持养之功，故论心为仁义之次。事亲从兄，天性之自然而本心发见之尤切者也，故孝弟为论心之次。仁义者，人心之所同，而所以贼之者利也，学者必审乎义利之分，然后不失其本心之正，故义利为孝弟之次。义利明矣，推之于出处，则修吾之天爵而不诱于人爵，推之于政事，则纯乎王道而不杂以霸功，故义利之次，二者继之。圣贤之学，循天理之正，所以尽其性也；异端之学，循人欲之私，所以拂其性也。故以是终焉。先后次第之别，其指岂不甚明也哉？学者于《集注》求其全体，而又于此玩其要指焉，则七篇之义无复余蕴矣。虽然，学者之于道，岂苟知而已耶？昔尝闻先生与其门人论辑此书之意，而诲之曰："观书不可仅过目而止，必时复玩味，庶几忽然感悟，到得义理与践履处融会，乃为自得。"呜呼，是又先生教人之要指也！予之刻此书也，岂苟然哉！侯以序引见属，退惟末学未能窥先生之门墙，故于侯之命虽不敢辞，而亦不敢以序自任也。姑论次侯本语系诸编末，与朋友共讲云。《西山先生真文忠公文集》卷二九。

《经义考》卷二三四《孟子四》:《孟子要略》。未见。真德秀序曰（今按，内容已见前，此处略。）按：是序亦载刘爚《云庄集》。

《八千卷楼书目》卷三《经部》:《孟子要略》五卷，宋朱子撰，国朝刘传莹辑。道光刘氏刊本、同治蒋氏刊本、《湖北丛书》本、传忠书局本。

今按：清道光二十九年汉阳刘氏刻本（国家图书馆、北京大学图书馆、天津图书馆、上海图书馆、湖北省图书馆藏）；清同治六年蒋氏衍芬草堂重刻本（南京图书馆、浙江图书馆藏）；《曾文正公全集》本（同治刻）；清光绪十四年山东书局刻本（国家图书馆、南京图书馆藏）；《湖北丛书》本（光绪刻）；清光绪二十八年广雅书局刻（国家图书馆、湖北省图书馆藏）；清光绪二十九年云南官书局刻本（国家图书馆、北京大学图书馆、中国科学院图书馆、上海图书馆、复旦大学图书馆、南京图书馆藏）。

孟子指要

宋朱熹撰。

《世善堂藏书目录》卷上《经类》:《孟子指要》二卷。朱子。

孟子问辨

宋朱熹撰。

《澹生堂藏书目》卷二《经类第七》:《孟子问辨》。十一卷，朱文公熹。《朱子语类》本。

《经义考》卷二三四《孟子四》:《孟子问辨》十一卷。存。右见本集。

孟子集义（又名：孟子精义）

宋朱熹撰。

《宋史》卷二〇五《艺文志四》:《孟子集义》十四卷。

《文渊阁书目》卷四 :《孟子精义》一部十册，缺。

《经义考》卷二三四《孟子四》:《孟子集义》。初名《精义》。《宋志》：十四卷。存。

《本立堂藏书目·文集四》:《孟子精义》十四卷。

今按：明抄《论孟精义》本（清丁丙跋，南京图书馆藏）;《朱子遗书》本（康熙刻）;《四库全书》本；清同治十三年金陵公善堂仿石门吕氏刻《论孟精义》本（国家图书馆、天津图书馆、复旦大学图书馆、南京图书馆、湖北省图书馆藏）;《西京清麓丛书》本（光绪刻,《朱子遗书》重刻合编）。

孟子集疏

宋蔡模撰。

清纳兰性德《建安蔡氏孟子集疏序》: 牧堂老人蔡发仲与朱子称其教子不于利禄，而开之以圣贤之学，非世人所及。其子元定季通，孙渊伯静、沈仲默，曾孙模仲觉、杭仲节，皆隐居著书。既而，仲觉任建安书院席长，以谢方叔、汤恢荐补迪功郎，添差本州岛教授。而仲节旋中进士，为诸王教授，累迁端、明殿学士、参知政事。蔡氏撰述，季通《律吕新书》、仲默《书传》最著，而伯静《易训解》,鄱阳董氏载入《诸儒沿革》中。仲觉则有《易传集解》《大学衍》《论语孟子集疏》《河洛探赜》《续近思录》诸书。予所见者，仅《孟子集疏》十四卷而已。仲节为之后序,称其参《或问》以见同异,采《集义》以备缺遗,洵有功于《集注》者矣。仲觉被荐，尝疏言敬义为万世帝王心学之本,而《大雅》价人维藩六语为国家守邦要道。又请以《白鹿洞学规》颁诸天下。盖无愧牧堂老人之教，而其家学诚非世人所能几及也。《通志堂集》卷一二。

宋蔡杭《孟子集疏跋》：杭闻之先师曰，《论》《孟》二书，孔门传授心法。是古之学者，其始即此以为学，其卒非离此以为道，穷理尽性，修己治人，内外一致，盖取诸此而已。噫，天何言哉！四时行焉，百物生焉，天何言哉！圣人成德大业，日新而富有，其存神过化，固有在言语之外者。子贡所谓“夫子之言性与天道，不可得而闻”者，此也。至若语之不惰，于吾言无所不说，非颜氏子，其谁能之，故自曾子之徒会集以为《论语》。孟氏传得其宗，著书七篇，有以广其所未发，以此见圣人之精蕴与天地相为无穷，非大贤成德，何足以蠡测而管窥之哉！自汉以来，及我有宋，训释《论》《孟》凡几家，求其得圣贤之意盖鲜。天下爱道，濂溪周子生焉，为民先觉，绝学赖以复续。再传而得河南二程子，然后孔孟之教复明，其书稍稍尊信于世。迨及紫阳朱子，沿流溯源，集诸儒之大成，洞《四书》之蕴奥，天下学者翕然宗之。若《论》《孟》二书，则有《集义》以发其所疑，有《或问》以别其所异，于是尽平生之力，兼众说之长，而《集注》出焉，盖至于今，家传人诵，学者有所目标，其羽翼斯文之功，顾不大欤！噫！朱子之心，即周、程之心，孔、孟之心，能言者不可复加矣。杭之王父西山府君，在师门最久，朱子故以老友称之，尝引以自匹，则曰翁季，二书之会稡也，取舍抉择，与有闻焉。先伯父节斋府君、先君子九峰府君，克世师学，易箦不离左右，得于问辨讲明为尤详。先君子谓杭兄弟曰：学二书者，求诸《集注》固也。《集注》气象涵蓄，语意精密，至引而不发，尤未易读。尝欲取《集义》《或问》及张、吕诸贤门人高弟往复问答，如朱子所谓搜辑条流、附益诸说者，类聚缕析，期于语脉分明，宗旨端的而已，不幸赍志以往。嘉熙己亥，杭需次家食，伯氏觉轩相与语及过庭旧闻，慨然旁搜博取，以就先志。越明年，重罹陟屺之戚，庐墓东原，对床读《礼》之暇，益翻阅诸书，参伍考订，至忘寝食。伯氏不以杭无似，俾共商榷焉。朝夕玩味稽合，盖亦有年。杭以随牒四方，不获执笔砚从伯氏卒业。岁在丙午，备员册府，伯氏以书诲杭曰：“《集疏》成编，今九年矣。吾未敢脱稿，尚冀有进，试为我序所以会集之意。”杭闻伯氏究心于是也，参《或问》以见同异，采《集义》以备缺遗，《文集》则以剖决而无隐，《语录》则以讲辨而益精，以至两世之所见闻，门人之所敷绎，有足以发越朱子言外之意及推广其余说者，会而通之，间以评论附焉。故观《集疏》者，《集注》之意易见；观《集注》者，《论》《孟》之指益明。恍如侍席于竹林精舍间，虽千载犹一日也。然则《集疏》之作，有助于学者不既多乎！抑先君子有言："书之成也不易，读其书者可以易而得之乎？"不敢僭书篇端，姑述其概于后，与同志共之。是年九月朔旦，弟宣教郎、秘书省校书郎、兼枢密院编修官、兼诸王宫大小学教授杭谨识。《全宋文》卷七七一八。

《文渊阁书目》卷四：《孟子蔡觉轩集注》。一部六册，缺。

《国史经籍志》卷二《经类》：《孟子蔡觉轩集疏》十八卷。

《千顷堂书目》卷三《孟子类》：蔡模《蔡觉轩孟子集疏》十四卷。

《虞山钱遵王藏书目录汇编》卷一《经部》：蔡模《孟子集疏》十四卷。

《经义考》卷二三四《孟子三》：蔡氏模《孟子集疏》，十四卷。存。

《传是楼书目·经部》：《孟子集疏》十四卷。宋蔡模。三本。

《四库全书总目》卷三五《经部三五·四书类一》：《孟子集疏》十四卷。两江总督采进本。宋蔡模撰。模字仲觉，号觉轩，建安人。蔡沈之子，蔡杭之兄也。赵顺孙《四书纂疏》载模所著有《大学演说》《论语集疏》《孟子集疏》，今惟此书存。据卷末杭《后序》，称沈尝以《论语孟子集注》气象涵蓄，语意精密，至引而不发，尤未易读。欲取《集义》《或问》及张、吕诸贤门人高第往复问答语，如朱子所谓搜辑杂流、附益诸说者，类聚缕析，期于语脉分明，宗旨端的。未及编次而卒。模乃与杭商榷以成此书，皆备列朱子《集注》原文，而发明其义，故曰《集疏》，言如注之有疏也。然贾、孔诸《疏》循文阐衍，章句不遗。此则或佐证注义，或旁推余意，不尽一一比附。又谨守一家之说，亦不似疏文之曲引博征。大抵于诸说有所去取，而罕所辨订。惟"不得于言"一条致疑于《语录》《集注》之不同，以为未及修改。"效死而民勿去"一条引《语录》谓《注》中"义"字当改"经"字而已。又"是乃仁术"一条，《集注》以"术"为法之巧，模则引蔡氏之说曰："《乐记注》：术，所由也。"又曰："术，犹道也。此言仁术，恐是仁心所发之路。"又"禹疏九河"一条，《集注》以简洁为两河，模则引《尔雅》九河以简洁为一，谓《书传》与《集注》少异，《书传》实经先师晚年所订正，当以为定案朱子订正《书传》，仅及《大禹谟》之半。此模委曲回护之言不足为据。又"仁之端也"，《集注》训"端"为绪，蔡元定则训"端"为尾，亦两存之。盖他说与师说异，则舍他说从师说；师说与祖、父说异，则又不得不舍师说以从祖、父之说。此亦人情之至也。然杭《序》称始事于嘉熙己亥，至丙午尚未敢脱稿，其简汰颇为不苟。故所取甚约，而大义亦皆赅括，迥异后来抄撮朱子之说，务以繁富相尚者。亦可知其渊源有自，知之确，故择之精矣。

《郑堂读书记》卷一二《经部七之上》:《孟子集疏》十四卷。《通志堂经解》本。宋蔡模撰。模字仲觉，号觉轩，建安人。元定之孙，沈之子，朱子之门人也。尝任建安书院山长。以荫补本州岛教授。《四库全书》著录。《书录解题》《通考》《宋志》俱不载。倪氏《宋志补》、朱氏《经义考》俱载之。《经义考》又载其《论语集疏》，无卷数，注曰"未见"，而以刘应李《语孟集解序》系其下，以其弟仲节杭《后序》载入《孟子集疏》后，盖即从此本。其实仲节《后序》亦合两书言之，以为伯氏究心于是也，参《或问》以见同异，采《集义》以备缺遗。《文集》则以剖决而无隐，《语录》则以讲辨而益精，以至两世之所见闻，门人之所敷绎，有足以发越朱子言外之意，及推其余说者，合而通之，间以评论附焉。故观《集疏》者，《集注》之意易见；观《集注》者，《论》《孟》之指益明云云。盖两书体例相同，故可合而序之。皆于每章之后，杂引诸说以发明《集注》之意，总以师说为归宿。或朱子之说与西山、九峰异者，则又舍师说而从祖、父之说也。前有康熙丙辰纳喇容若《序》。

《八千卷楼书目》卷三《经部》:《孟子集疏》十四卷，宋蔡模撰。通志堂本。

《藏园订补郘亭知见传本书目》卷三《四书类》:《孟子集疏》十四卷，宋蔡模撰。通志堂本。何焯云：尚有《论语集疏》，当访求刻之。

今按:宋刻本（国家图书馆藏）;《通志堂经解》本（康熙刻、同治刻、日本文化刻）。

孟子集注纂疏

宋赵顺孙撰。

《千顷堂书目》卷三《孟子类》:赵顺孙《孟子集注纂疏》十四卷。

今按：元刻元印本（日本静嘉堂藏）;《通志堂经解》本（康熙刻、乾隆补修、同治刻、日本文化刻）;《四库全书荟要》本;《四库全书》本;《复性书院丛刊》本（民国刻）。

孟子集注考证

宋金履祥撰。

宋金履祥《跋孟子集注考证》：古书之有注者，必有疏，《论孟考证》即《集注》之疏。以有《纂疏》，故不名《疏》，而文义之详明者，亦不敢赘，但用陆氏《经典释文》之例，表其疑难者疏之。文公《集注》，多因门人之问更定。其问所不及者，亦或未修，而事迹名数，文公亦以无甚紧要略之，今皆为之修补。或疑此书不无微牾者，既是再考，岂能免此。但自我言之则为忠臣，自他人言之则为谗贼尔。此履祥将死真切之言，二三子其详之。浙河后学金履祥吉父敬书仁山堂病舍。《全元文》卷二八一。

元吕迟《孟子集注考证跋》：右仁山先生《论孟考证》，所以继文公之绪，惟益之许先生得其传以授后学。然抄写不缮，而谬误相承，尤非所以广布也。宪幕张公特为主盟，俾鸠工锓梓，以便学者，属愚董其役。于是许先生手自校证，点画无讹。非特学者之多幸，亦斯文之多幸也。古丽后学吕迟谨识。《全元文》卷一八〇八。

《千顷堂书目》卷三《孟子类》：金履祥《孟子集注考证》七卷。

今按：清雍正七年金氏刻本（国家图书馆藏）；《四库全书》本；《金华丛书》本（同治光绪刻、民国补刻）；抄本（上海图书馆藏）。

孟子集注大全

明胡广等奉敕纂。

《百川书志》卷一《经》：《孟子集注大全》十四卷，大明翰林学士胡广等奉敕纂修。

今按：《四书集注大全》本（明永乐刻、内府刻、天顺刻、弘治刻、嘉靖刻、康熙刻、朝鲜刻）；《四库全书》本。

小学

小学

宋朱熹编。

朱熹《题小学》：古者小学教人以洒扫应对进退之节，爱亲敬长、隆师亲友之道，皆所以为修身齐家治国平天下之本，而必使其讲而习之于幼稚之时，欲其习与知长，化与心成，而无扞格不胜之患也。今其全书虽不可见，而杂出于传记者亦多，读者往往直以古今异宜而莫之行，殊不知其无古今之异者，固未始不可行也。今颇搜辑以为此书，受之童蒙，资其讲习，庶几有补于风化之万一云尔。《晦庵先生朱文公文集》卷七六。

朱熹《小学题辞》：元亨利贞，天道之常；仁义礼智，人性之纲。凡此厥初，无有不善。蔼然四端，随感而见。爱亲敬兄，忠君弟长。是曰秉彝，有顺无强。惟圣性者，浩浩其天。不加毫末，万善足焉。众人蚩蚩，物欲交蔽。乃颓其纲，安此暴弃。惟圣斯则，建学立师。以培其根，以达其枝。小学之方，洒扫应对。入孝出弟，动罔或悖。行有余力，诵诗读书。咏歌舞蹈，思罔或逾。穷理修身，斯学之大。明命赫然，罔有内外。德崇业广，乃复其初。昔非不足，今岂有余？世远人亡，经残教弛。蒙养弗端，长益浮靡。乡无善俗，世乏良材。利欲纷拏，异言喧豗。幸兹秉彝，极天罔坠。爰辑旧闻，庶觉来裔。嗟嗟小子，敬受此书。匪我言耄，惟圣之谟。《晦庵先生朱文公文集》卷七六。

明刘剡《文公先生小学集注大成书后》：《小学》一书，子朱子忧学者入道之失其本而述也。盖人禀天地之德，五行之秀，所以为人。故人之德有五，仁、义、礼、智、信是也。人之伦亦有五，父子、君臣、夫妇、长幼、朋友是也。以五德行于五伦之间，各尽其分，乃所谓奉天命、立人道也。然人生气禀不同，上品之人不教而善，中品之人教而后善，下品之人教亦不善。凡上品、下品分数常少，而中品分数常多。圣人立教，使民生八岁皆入小学，及其十有五岁学有进益，始与王公卿士之子弟同入大学。小学教人自下事上之道，如子孝于父、臣忠于君等之类是也。大学教人自上临下之道，如敬天修德、节用爱民之类是也。上知所以临下，则下顺；下知所以事上，则上安。上安下顺，此古昔唐虞治代之隆，必本于小学、大学之教也。及周之衰，教化陵夷，于是天生夫子，诵传先王之法，以教诸人，扶三纲于当时，立人极于万世，厥功盛矣。惜乎书遭秦火，小学不传。至宋二程子表章《大学》于《戴记》之中，考亭朱子又从而章句焉。又恐学者有失序无本之患，于是稽述圣经贤传而为《小学》之书，纲维整肃，节目分明。近代豫章、勿轩二熊氏为之标题句解，建安何氏为之集成，予宗叔翰林文江刘先生子钦之门人海虞吴公讷又为之集解。友生熊道轩潜心是书，芟繁就简，辑而一之，名曰《小学集注》，而请予校之。敬用质于东阳贰尹南康何公景春，谓纂图粲备，批注详明，有俾幼学，辄捐俸绣梓以广其传，其用心仁矣哉！予愚陋寡识，固不知其去取之当否，然于爱亲敬君弟长之事，吾徒尚当以身体而力行之，庶无负于子朱子惓惓教人之意。而生于圣明治教比隆三代之盛世，岂不至乐矣乎！因掇拾数语，书卷末以志云。宣德九年岁在甲寅春正月丁未松坞门人京兆刘剡敬识。明宣德刻本。

明叶盛《晦庵小学定本》：晦庵《与刘清之书》云："《小学》近略修改，又别为题词韵语，庶便童习。"又一书云："见此修改，益以古今故事，移首篇于书尾，使初学开卷便有受用，而末卷益以周、程、张子教人大略，及乡约杂仪之类，别为下篇，凡定著六篇云。"尝窃以为所谓首篇者，即今所题数语；所谓末卷下篇，即今外篇《嘉言》《善行》二篇是已。今观北京国子监《小学》书板，元至正十三年重刻元统癸酉燕山嘉氏本，有祭酒王思诚、监丞危素、助教熊太古等题识。其晦庵所题，乃在卷末，目曰"朱文公题小学书后"，而题辞则在卷端，是矣。吴思庵《集解》则曰"《小学》书题置之题辞之前"，意者本《朱子大全》，然《大全》编次伦序不能精当，恐亦未可凭也，不知思庵当时曾见此本否？《水东日记》。

清世宗《御制小学序》：古者八岁而入小学，教之以洒扫应对进退之节，爱亲敬长之义，俾童而习之，以养其德性。其说散见经传，朱子采集为《小学》一书，所以示人教学之方，而有以为正心修身之本。其言约，其理该，盖《六经》《四子》《性理》诸书之阶梯也。皇考圣祖仁皇帝尝特颁谕旨，令有司兼以命题课士，海内士子固已咸知诵法矣。又命尚书顾八代一人翻译清文，日进呈览钦定，三年而后成。嘉惠后学之心，至深且厚。当日未经刊刻颁行。朕敬承皇考遗志，特命校对授梓，以资肄习。读者宜知纲常伦纪之当崇、视听言动之当谨，与夫嘉言懿行之当遵循慕效，修其职自在家庭日用之常经，而充其量可以成圣贤忠孝之大节。子弟之习，于是而淳；教化之原，于是而备。

《诗》曰："成人有德，小子有造。"朕盖深有望焉。雍正五年十二月初三日。清文渊阁《四库全书》本。

《读书附志·拾遗》:《小学之书》四卷。右朱文公先生所编也。有内篇，有外篇。其宏纲有三：曰《立教》，曰《明伦》，曰《敬身》。《明伦》则有父子、君臣、夫妇、长幼、朋友之品，《敬身》则有《心术》《威仪》《衣服》《饮食》之目。又采摭古今经传书史之所纪载，曰《稽古》，曰《嘉言》，曰《善行》，以广其教而实其事。小学之工程，大学之门户也。

《直斋书录解题》卷九《儒家类》:《小学书》四卷。朱熹所集古圣格言、至论以教学者，皆成童幼志进学之序也。《内篇》曰《立教》《明伦》《敬身》《稽古》，《外篇》曰《嘉言》《善行》。

《文献通考》卷一九〇《经籍考十七》:《小学书》四卷。陈氏曰："朱熹所集古圣格言至论，以教学者，皆成童幼志进学之序也。内篇曰《立教》《明伦》《敬身》《稽古》，外篇曰《嘉言》《善行》。"《朱子语录》曰："修身之法，《小学》备矣。后生初学，且看《小学》之书，这个是做人底样子。学之小大虽不同，而其道则一。《小学》是事，如事君、事父、事兄、处友等事，《大学》是发明此事之理。"游倪曰："自幼既失《小学》之序，愿授《大学》。"先生曰："授《大学》甚好，也须把《小学》书看，只消旬日工夫。"

《宋史》卷二〇二《艺文志一》：朱熹《小学之书》四卷。又《四子》四卷。

《文渊阁书目》卷四:《小学》一部三册，完全。《小学》一部三册，完全。

《天一阁书目》卷三之一《子部一》:《小学》六卷，明嘉靖福建刊本。宋朱子撰。

《天一阁书目》补遗《子部》:《朱文公小学》六卷，刊本。宋朱子撰。卷端载文公小像并《小学纲领》。《内篇》四卷、《外篇》四卷。首卷文公小学书题、小学题辞。明罗田张明道订正，乐平叶稠图释。

《晁氏宝文堂书目》卷中《子部》:《文公小学》。

《百川书志》卷一《经》:《小学》六卷，宋晦庵先生著。

《徐氏家藏书目》卷三《子部》:《朱子小学大全》六卷。

《徐氏红雨楼书目》卷三《子部》:《朱子小学大全》六卷。

《国史经籍志》卷二《经类》:《小学》四卷。朱熹。

《绛云楼书目》卷二《道学类》:《朱文公小学注》。

《楝亭书目》:《小学详解》。宋新安朱熹序辑，六卷，一册。

《孝慈堂书目》:《小学集解》。朱熹，六卷，二册。

《培林堂书目·经部》: 朱子《小学》。内篇四卷，外篇二卷。又陈选集注，二册。又二册。

《好古堂书目·子部》:《小学》六卷，宋朱熹辑，四本。

《佳趣堂书目》:《文公先生小学书解》。

《马氏道古楼书目》:《朱子小学》，吴注，六卷，二本，陆稼书刊。

《知圣道斋书目》卷三《子部》:《小学》，宋朱子，二本。

《藏园订补郘亭知见传本书目》卷七《子部一》:《小学集注》六卷。旧本题宋朱子编。〇明嘉靖福建刊本。〇明吴讷思庵《集解》本。〇钱曾有元李成己《小学书纂疏》四卷。〇吕氏宝诰堂刊本，无注。〇黄澄《集解》本。〇陆清献刊本。〇雍正五年内府刊本。〇乾隆十三年尹会一刊高愈《纂注》六卷。〇祁刊无注本。〇又尹刊巾箱本。〇张伯行《集解》本。〇道光间安岳王莲洲刊本。〇蒋永祥刊本。附：〇《水东日记》云："北京国子监《小学》书板，元至正十三年重刻元统癸酉燕山嘉氏本，有祭酒王思诚、监丞危素、助教熊太古等题识。"（眉）〇内府本。（邵氏）〇正谊堂本。（眉）

《持静斋书目》卷三《子部一》:《小学集注》六卷，坊本。旧本题宋朱子编。

《八千卷楼书目》卷一〇《子部》:《小学集注》六卷，宋朱子撰。吴氏刊本、近思堂刊本、殿刊本。

《增订四库简明目录标注》卷九《子部一》:《小学集注》六卷，旧本题宋朱熹编，其注为明陈选作。明嘉靖福建刊本。雍正五年内府刊本。道光间安岳王莲洲先生刊本。吕氏宝诰堂刊本，无注。祁刻无注本。尹刊巾箱本。乾隆十三年尹会一刊高愈纂注本。陈选注本，名《小学句读》，盖以拟《大学章句》也。高愈注自为解释，仍题"小学句读"四字于篇首，误为朱子原本，而加分疏"句读"二字之语于其下，殆失考耳。清王建常有《小学句读记》六卷，以选注为主，而采他书分疏于其下。张伯行集解本。黄澄集解本。蒋永修集解本。续录：崇祯八年刊本。清同治二年吴棠刊本。同治八年江苏局刊高愈纂注本。近思堂刊本。

今按：清雍正九年刻本（吉林省图书馆藏）；清道光间刻本（天津

图书馆藏）；清咸丰三年刻同治五年重修本（南京图书馆藏）；《正谊堂丛书》本（同治刻）；清光绪八年湖南书局刻本（沈阳市图书馆、吉林大学图书馆藏）、清光绪十三年陕西布政司刻本（黑龙江大学图书馆藏）；《广雅书局丛书》本（光绪刻）；清光绪间刻本（香港中山图书馆藏）；清求是轩刻本（国家图书馆藏）；清末刻本（南京图书馆、辽宁省图书馆藏）。

小学句读白文

宋朱熹撰。

《万卷堂书目》卷一《小学》:《小学句读白文》六卷。朱熹。

朱氏小学书

元于景龙注。

元戴表元《于景龙注朱氏小学书序》: 余儿童时，闻乡里老儒先生以小学教授者才四五家，每讲课罢，杂试《河图》《洛书》之数，若《尧典》闰法、《禹贡》赋则、《周礼》兵制之类。又少暇，则都讲口授《颜氏家训》《少仪外传》等小书。故诸生略有姿性者，自未冠以前，而诸成人之事皆已概举。于时朱氏书犹未盛行浙中，时从人传抄之，以相启发，恍然如扬雄问《方言》、蔡邕见《论衡》之喜。及甲辰、乙巳间，有用其说取甲科者，四方翕然争售朱学，而吾乡以远僻，方获尽见徽文公所著书。大抵诸书惟《易本义》《四书注》《小学书》最为完备，其余或未经脱稿，或杂出他手，非全书也。今三书者，惟《四书》家有人诵之，《易本义》真知者绝少。而《小学书》最益于人，人无读者，良可悯痛。于君景龙生于文公阙里，年齿长大，而好深沉之思，独取《小学书》句释章解，欲以行世，美哉其为人乎！余也少而远游，长而亟仕，不惟学不俟成，而并与儿童之所得而失之，固于君之罪人哉！天启其衷，方自悔咎，幸于君书成，则愿秉烛而学焉。属书序引，谨笔诸其篇端云。元贞乙未季秋朔旦。《剡源集》卷七。

小学纂疏

元李成己撰。

《国史经籍志》卷二《经类》:《小学纂疏》四卷。元李成己。

《文渊阁书目》卷四 :《小学纂疏》一部六册，完全。

《千顷堂书目》卷三《小学类》: 李成己《小学纂疏》四卷。

标题注疏小学集成

元何士信辑，朝鲜金汶校。

朝鲜郑麟趾《标题注疏小学集成跋》:《小学》之书切于人伦日用，而其批注未有若《集成》之明备者也。宣德四年夏五月，殿下出经筵所藏一本，俾锓梓于铸字所，命左代言臣许诚监其事，三阅月而功告成，与《五经》《四书》《性理大全》板本同置板堂，使人人得而印之，以广其传。恭维我殿下惇典敷教，汲汲于风化之心，呜呼至哉！宣德四年己酉秋八月日通政大夫集贤殿副提学知制教经筵侍讲官郑麟趾拜手稽首敬跋。日本万治元年风月庄左卫门重刻本。

朝鲜金汶《标题注疏小学集成跋》:朱子尝言:修身大法,《小学》书备矣；义理精微,《近思录》详之。二书之切于人伦道学而不可不讲也如是。惟我殿下慨念世之学者率皆忽于明善诚身之学，而徒务于涉猎记诵之末，思欲广布是书以祛兹弊。顾其旧本间有误字,乃命臣汶雠校。臣汶谨考群书,参其同异,凡诸改正缺疑，悉受睿断。仍命铸字所模印颁赐，俾人人读《小学》书以正其操履，读《近思录》以识其门庭，而不迷于所从。呜呼，我殿下尊崇正学，维持世教之意至矣哉！正统元年六月日奉训郎集贤殿副校理知制教世子左司经臣金汶拜手稽首敬跋。日本万治元年风月左卫门重刻本。

小学章句

明王云凤著。

《国史经籍志》卷二《经类》:《小学章句》四卷。王云凤。

《万卷堂书目》卷一《小学》:《小学章句》四卷。王云凤。

《天一阁书目》卷三之一《子部一》:《小学章句》四卷，刊本。王云凤著。首列朱子题辞。

《千顷堂书目》卷三《小学类》: 王云凤《小学章句》四卷。

《明史》卷九六《艺文一》: 王云凤《小学章句》四卷。

小学集解（又名：小学大全）

明吴讷集解。

清陆陇其《小学集解跋》: 明初注《小学》者二家，宣德时常熟吴氏讷有《集解》，成化时临海陈氏选有《集注》。二公皆名儒，皆以其身体力行者，发其蕴奥以诏来学，非世俗之训诂比。二书虽详简不同，其中多互相发者，不可偏废也。自正德嘉靖后，学术分裂，《小学》一书且束之高阁，又何有两家之批注哉？崇祯时，诏以陈氏《小学注》颁学宫，《集注》始显，而《集解》罕有传者。余从虞山得其抄本，因录而藏之，当再访求别本校其讹而授梓焉。原本有《文恪传》，不知何人撰，今仍存之，使学者诵其书而知其人，庶几有以兴起也夫。原本分为十卷，今合为六卷，而存其旧目。《三鱼堂集》文集卷四。

《万卷堂书目》卷一《小学》:《小学集解》十六卷。吴讷。

《千顷堂书目》卷三《小学类》: 吴讷《小学集解》十卷。

《八千卷楼书目》卷一〇《子部》:《小学集解》六卷。明吴讷撰。三鱼堂刊本。

《文瑞楼藏书目》卷四《子类》:《小学大全》十卷，宋新安朱熹编，明海虞吴讷集解。

小学集注（又名：小学句读）

明陈选注。

明陈选《小学句读又称〈小学集注〉序》: 昔二帝三王，我朝一祖四宗之道统，圣天子既承之，忧士或遗实学而骛空文，无以赞道化也，复慨然俞商相国之言，诏天下士，皆先从事于小学，然后进乎大学。于乎，士不幸不逢时，犹将违俗而学圣人，幸而值乎今之世，道化方盛，有小学以成始，有大学以成终，有选举之途出而行所学以及人，盖亦思所以学乎！圣人之道，人伦而已矣，学之必自小学始。子朱子《小学》一书，其教化在于明伦，其要在于敬身，盖作圣之基也。从事于斯，岂惟读其辞而已邪！读《明伦》而知父子之亲、君臣之义、夫妇之别、长幼之序、朋友之交，必践其事焉；读《敬身》而知心术之要、威仪之则、衣服之制、饮食之节，必严诸己焉。及进乎大学，格物致知，则因吾已知者，而究极之也。诚意正心修身，则因吾已行者而敦笃之也。由是推之于家，则家可齐；推以赞道化，则国可治，天下可平。故学圣人之道，必自小学始，否则虽欲勉焉以进乎大学，犹作室而无基也，成亦难矣，况骛空文乎！夫为学而不严诸己，不践其事，诵说虽多，辞章虽工，皆空文也，于吾身何益哉？于家国天下何补哉？于圣人之道何所似哉？选学也晚，道未之闻，以奉诏来总中州教，周还诸士间，有一朝之义，故敢句读是书，相与讲而行之，期底于成，以副圣天子作人之盛意。若四方之士，则恶乎敢。成化癸巳五月望日天台陈选序。明万历二十六年曹璜刻《小学》卷首。

《国史经籍志》卷二《经类》:《小学句读》六卷。陈选。

《澹生堂藏书目·经部》:《小学句读》九卷，二册。陈选。又新板六卷，二册。

《万卷堂书目》卷一《小学》:《小学句读》六卷。陈选。

《千顷堂书目》卷三《小学类》: 陈选《小学句读》六卷。

《明史》卷九六《艺文一》: 陈选《小学句读》六卷。

《传是楼书目·经部》:《小学句读》六卷，明陈选。四本。

《四库全书总目》卷九二《子部二·儒家类二》:《小学集注》六卷，通行本。宋朱子撰，明陈选注。选字士贤，临海人。天顺庚辰进士，官至广东布政使，追赠光禄寺卿，谥恭愍。事迹具《明史》本传。朱子是书，成于淳熙丁未三月。凡内篇四，曰立教，曰明伦，曰敬身，曰稽古。外篇二，曰嘉言，曰善行。考《晦庵集》中有《癸卯与刘子澄书》，盖编类此书，实托子澄。其初有文章一门，故书中称“文章尤不可泛，如《离骚》一篇，已自多了。《叙古蒙求》亦太多，兼奥涩难读，非启蒙之具。却是《古乐府》及杜子美诗意思好，可取者多”。又有《乙巳与子澄书》，称“《小学》见比修改，凡定著六篇”云云。是淳熙十二年始改定义例，又越二年乃成也。案《语类》，陈淳录曰：“或问《小学·明伦篇》何以无朋友一条？”曰：“当时是众人编类，偶阙此尔。”又黄义刚录曰：“《曲礼》‘外言不入于阃，内言不出于阃’一条，甚切，何以不编入《小学》？”曰：“这样处漏落也多。”王懋竑《朱子年谱考异》，谓据此则编类不止子澄一人，而于两录又可见古人著书，得其大者小小处亦不屑寻究。其说最确。后人或援引古书，证其疏略，或误以一字一句皆朱子所手录，遂尊若六经，皆一偏之论也。选注为乡塾训课之计，随文衍义，务取易解，其说颇为浅近。然此书意取启蒙，本无深奥，又杂取文集子史，不尽圣言。注释者推衍支离，务为高论，反以晦其本旨。固不若选之所注，尤有裨于初学矣。是书自陈氏《书录解题》即列之经部小学类。考《汉书·艺文志》以《弟子职》附《孝经》。而小学家之所列，始于史籀，终于杜林，皆训诂文字之书。今案以《幼仪》附之《孝经》，终为不类。而入之《小学》，则于古无征。是书所录皆宋儒所谓养正之功，教之本也。改列儒家，庶几协其实焉。

《问源楼书目初编》卷三上《子部》:《小学集注》三卷，旧本题宋朱子撰，明陈选注，明刊本。

《郑堂读书记》卷三六《子部一之上》:《小学集注》六卷，莲花书院刊本。宋朱子撰，明陈选注。选字士贤，临海人。天顺庚辰进士，官至广东布政使。追赠光禄寺卿，谥恭愍。《四库全书》著录。《读书附志》《宋志》《书录解题》《通考》小学类俱作《小学书》四卷，《明史·艺文志》、焦氏《经籍志》小学类俱作陈选《小学句读》六卷。盖士贤始分四卷为六卷。其称《句读》，当属初名，后改称《集注》也。朱子以古者小学，教人以洒扫应对进退之节，爱亲敬长隆师亲友之道，必使其讲而习之于幼稚之时，因以孔门圣贤为教为学之遗意，参以《曲礼》《少仪》《内则》《弟子职》诸篇，辑为小学之书。其内篇纲目有三，曰立教，曰明伦，曰敬身，次曰稽古，所以载三代圣贤已行之迹，以实前三卷立教、明伦、敬身之言；其外篇曰嘉言，曰善行，载汉以来贤者所言之嘉言，所行之善行，其纲目亦不过立教、明伦、敬身也。衍内篇之言，以合外篇，则知外篇者小学之枝流；约外篇之言，以合内篇，则知内篇者小学之本源。合而观之，则小学之规模节目无所不备矣。特是书发凡起例，当出于朱子之意，而刘子澄之所类次，观《大全集》中所载《癸卯与子澄书》可见，犹《通鉴纲目》出赵师渊手也。近王与中《白田杂著》考得《家礼》亦非朱子之书，固不独是书为然耳。自宋以后，注者纷纷，或失之过高，或失之过繁，皆非幼学所宜。惟士贤所注，专为训蒙而设，词取通俗，颇为浅近，故独盛行于世，且并朱子原序、题解一概注之，冠以诸儒小学总论及自序。至国朝高东轩，复命江阴夏起八宗澜等取坊本讲说稍顺者，略为增删，补定案语，加于上栏，如高头讲章之式，刊版书院中，卷首冠以雍正五年御制《小学序》，末有乾隆乙丑起八跋及编纂校刊姓氏。

今按：明崇祯八年内府刻本（国家图书馆、北京师范大学图书馆、故宫博物院图书馆、辽宁省图书馆、安徽省博物馆藏）；明崇祯间刻本（国家图书馆、中国科学院图书馆、上海图书馆、南京图书馆、辽宁省图书馆藏）；明沈自彰刻本（北京大学图书馆藏）；明刻本（北京大学图书馆藏）；清康熙三十六年刻本（国家图书馆藏）；清雍正五年武英殿刻本（国家图书馆、辽宁省图书馆、大连市图书馆、南京图书馆藏）；清乾隆二十七年古吴校经堂刻本（上海图书馆藏）；《四库全书荟要》本；《四库全书》本。

小学旁训

明郑寿昌撰。

《奕庆藏书楼书目》经之十《小学》:《小学旁训》。六卷，二本，宋朱熹著，明郑寿昌训。

《鸣野山房书目》卷一《经之十》:《小学旁训》六卷，宋朱熹著，明郑寿昌训。

文公先生小学明说便览

明夏相纂辑。

《八千卷楼书目》卷一〇《子部》:《小学明说便览》六卷。宋夏相撰。元刊本。

《善本书室藏书志》卷一五《子部》:《文公先生小学明说便览》六卷，元刊本，翁萝轩藏书。后学余姚夏相纂辑，松坞门人京兆刘剡音校。前有文公《小学书题》及《题辞》十节，更列弟子受业之图至衿鞶箧笥楎椸图，凡五十有四。与四库本《家山图书》相合，惟缺首叶《小学本旨》一图。《提要》引

《读书敏求记》云："《家山图书》，晦庵私淑弟子之文，盖逸书也。"李晦显翁得之于刘世常平父，刘得之于鲁斋许文正公，其书以《易》《中庸》《古大学》《古小学》参列于图，而于修身之旨归，纲领条分极详。此本惜不多觏，道学家宜刊传之。钱曾所藏旧本，无从踪迹，惟《永乐大典》尚载原文。兹独附《小学》之首，与阁抄《家山图书》对看，赖以补正甚多。夏相，《余姚志》无其名，《经籍志》亦无其目。卷首有"翁嵩年字康饴"朱文椭圆印。嵩年号萝轩，仁和人，康熙戊辰进士，历官刑部郎中。老屋在学官巷，即孙氏寿松堂寒舍，相距甚近。今幸得遗籍，能无动梓桑恭敬之念乎？

小学集说

明程愈撰。

《国史经籍志》卷二《经类》:《小学集说》六卷。程愈。

《千顷堂书目》卷三《小学类》: 程愈《小学集说》六卷。

《善本书室藏书志》卷一五《子部一》:《小学集说》六卷。明刊本。后学淳安程愈编。前有成化二十二年自序，云:"奉命分理河道于济，暇取《小学》，参考诸家之注，间有不能无疑，欲会通其说。幸得济人李晦之、李继宗，相与研究众说之精当，而不咈乎本义者，随录以为《集说》。"前列总论、凡例。按阁本著录者为陈选《集注》本，先有吴讷《集解》，其后有李德用、李多见重雕，亦入藏书家目录，顾不及程愈。考愈字节之，号味道，淳安人。成化辛丑进士，都水司主事。督济河道治水利，边方入贡，有异志，至大同，宣示德威，卒效顺。擢山东参议，适阙里圣庙灾，董工营造，祠乡贤。是书正刻于督济河时也。与天台陈士贤同时所编，惟字句稍有不同耳。

《八千卷楼书目》卷一〇《子部》:《小学集说》六卷。明程愈撰。日本刊本。

《四库未收书目提要续编》卷三《子部》:《小学集说》六卷，宋朱熹撰，明程愈集说。愈字节之，号味道，淳安人，成化辛丑进士，官至山东参议。是书随文敷义，浅明易晓。前有成化二十二年自序，称"奉命分理河道于济，暇取《小学》，参考诸家之注，间有不能无疑，欲会通其说，幸得济人李晦之、李继宗相与研究，众说之精当而不咈乎《本义》者，随录以为《集说》"云云，是其书实成于二李。前列总论、凡例。为江南图书馆所藏原刊本。考《四库》著录陈选《集注》外，《存目》又附多家，皆不及陈注之便于初学，惟此庶或近之耳。

小学集解

清张伯行撰。

清张伯行《小学集解序》：古者有大学、小学之教。八岁入小学，十五入大学。《大学》之书，传自孔门，立三纲领、八条目，约二帝三王教人之旨以垂训，程子以为入德之门是也。而小学散见于传记，未有成书，学者不能无憾。于是朱子辑圣经贤传及三代以来之嘉言善行，作《小学》书。分内外二篇，合三百八十五章，以立教、明伦、敬身、稽古为纲，以父子、君臣、夫妇、长幼、朋友、心术、威仪、衣服、饮食为目，使夫入大学者，必先由是而学焉，所谓做人底样子是也。是故孔子以前，大学未有书，自孔子作之，而入德之门在是矣。朱子以前，小学未有书，自朱子述之，而做人样子在是矣。学者读孔子之书，不以《大学》为之统宗，则无以知孔子教人之道；读朱子之书，不以《小学》为之基本，则无以知朱子教人之道，即无以知孔子教人之道。观其《立教》《明伦》《稽古》，井井乎有条，循循乎有序者，即孔子教弟子以入孝、出弟、谨言、爱众、亲仁、学文之旨也。朱子自谓一生得力只看得《大学》透。而又辑《小学》一书者，以为人之幼也，不习于小学，则无以收其放心、养其德性，而为大学之基本。盖朱子教人之道，即孔子教人之道。学者有志圣贤，诚未有先于是书者也。圣朝正学昌明，孔、孟、程、朱之教如日中天。曩者颁行《小学》，课童子试，俾初学之士，讲而习焉，以兴起其良心，而成就其德业，为圣为贤于是乎始。今海内之士，家传户诵，非不甚盛。然第以为课试作论之资，而不知为圣为贤之道所由基。坊间刻本，亡虑数十种，纂注标题，亦止为试论剽窃之地，而鲜有寻绎其文义之微与教人亲切之意，引学者以躬践而力行之者。如此，则何贵乎朱子之辑是书以教人？而何以仰副诏旨颁行期望始学之至意乎？夫朱子之为是书也，规模节目，无所不备。即一篇之中，章章节节，句句字字，皆有义理，皆有次第。每见注家引《四书》之下，辄注之曰："已见《论语》、已见《孟子》。"而不知孔、孟之言编入《小学》，则为《小学》之义理次第，虽意无殊归，而语各有当，何得如此疏略？盖彼不过视为课试作论之资，而不知为圣为贤之道即于此托始也。夫《小学》大旨，前贤论之甚详，余括其要而言之，不离乎“敬”之一字。故必于内外二篇三百八十五章，章章节节，句句字字，看得敬字义理次第分明，体之于身而实践之。方知人之所以为人，以其身周旋于父子、君臣、夫妇、长幼、朋友之中，而心术、威仪、衣服、饮食，无不各有当然不易之则，修之则吉，悖之则凶，然后有以收其放心，养其德性，而大学之本已立。苟不能敬，而存心处事，待人接物，有与此书相背违者，则已失却做人底样子矣。失却做人底样子，而欲求入德之门，譬犹人之形体尚不全，而欲肩重大之任以经营四方也，有是理哉？然则小学为大学之基本，学者有志圣贤，诚未有先于是书者也。余故集诸家注释善本而融会之，以成是编，俾学者切己体认，见得做人底样子，忽徒视为课试之资，庶几兴起良心，成就德业，或有以仰佐国家化民成俗之意于万一也夫。康熙五十年辛卯蒲月谷旦仪封后学张伯行题于姑苏之正谊堂。清康熙刻正谊堂全书本。

《四库全书总目》卷九五《子部五·儒家类存目一》:《小学集解》六卷，直隶总督采进本。国朝张伯行撰。是编以坊刻《小学》数十种，纂注标题，止为试论剽窃之具，无当于朱子亲切指点，引人身体力行之意。因集诸家注释，融会其说，以成是编。伯行殁后，其门人乐亭李兰梓行之。

《八千卷楼书目》卷一〇《子部》:《小学集解》六卷。国朝张伯行编。山东刊本、正谊堂本。

小学集解

清黄澄撰。

《四库全书总目》卷九五《子部五·儒家类存目一》:《小学集解》六卷，福建巡抚采进本。国朝黄澄撰。澄字庭闻，莆田人，康熙中诸生。其书取朱子《小学》内外篇参会旧注，附以己见。章分句释，援引颇为赅洽。然亦不免于过冗。

小学集注

清徐树谷撰。

《文瑞楼藏书目》卷四《子类》:《小学集注》六卷，宋新安朱熹编，昆山徐树谷辑。

续小学

清叶钤撰。

《四库全书总目》卷九八《子部八·儒家类存目四》:《续小学》六卷，浙江巡抚采进本。国朝叶钤编。钤号潜夫，嘉善人。是书成于康熙辛未。以朱子《小学》一书所采至宋淳熙而止，因续采自宋迄明诸儒言行可为师法者，仍以内外篇目分条类叙，自为之注。其“立教”第一篇末附“幼仪”三十则，则钤所自撰也。

《八千卷楼书目》卷一〇《子部》:《续小学》六卷。国朝叶钤撰。刊本。

《文选楼藏书记》卷二:《续小学》六卷，国朝叶钤著。嘉善人。刊本。是书以朱子《小学》所采录至宋淳熙年止，钤为续辑，广所未备。仍依内、外篇目，条分类次。

小学书图

佚名撰。

《文选楼藏书记》卷二:《小学书图》二卷。不著撰人姓名。刊本。是书因朱子《小学》，汇列理学诸图，并及礼器、仪节，采辑各家图说。

童蒙须知（又名：训学斋规）

宋朱熹撰。

宋朱熹《童蒙须知序》:夫童蒙之学始于衣服冠履，次及语言步趋，次及洒扫涓洁，次及读书写文字，及有杂细事宜，皆所当知。今逐目条列，名曰《童蒙须知》。若其修身、治心、事亲、接物，与夫穷理尽性之要，自有圣贤典训昭然可考，当次第晓达，兹不复详著云。《居家必用事类全集》甲集。

明薛应旂《刻童蒙须知序》:《童蒙须知》五篇，晦庵先行条列以训童蒙也。言近指远，事切理该，养正之功端在是矣。余视浙学之又明年，深愧菲薄，无能为范，而学校诸生未尽相信。因思蒙养既失于初，而遽欲责成于习染沉痼之后，宜其若是之难也。余真不谅彼己者哉？因取先生是编，并《训子帖》数条，诗六十首，刻以散诸社学，俾童子转相传习，庶几蛾子时术，而日渐月摩，将来不无得什一于千百矣。凡我社学之师，其尚体余此意，勿谓余之不谅彼己而视为文具，斯厚幸焉。《方山先生文录》卷九。

《文渊阁书目》卷八：朱子《童蒙须知》一部一册，完全。

《万卷堂书目》卷一《小学》:《童蒙须知》一卷，朱熹。

《百川书志》卷三《蒙求》:《童蒙须知》一卷，朱子著，凡五篇。

《也是园藏书目》卷一《经部》: 朱子《童蒙须知》一卷。

《虞山钱遵王藏书目录汇编》卷一《经部》: 朱子《童蒙须知》二卷。

《郑堂读书记》补逸卷二〇《子部》:《训学斋规》一卷，《说郛》本。宋朱子撰。是编乃其训教童蒙之作，故语极浅显。凡五篇，一衣服冠履，二语言步趋，三洒扫涓洁，四读书写文字，五杂细事宜。前后各有自撰序跋。《杨园全书》中《经正录》亦收藏之。

史部

编年

资治通鉴纲目

宋朱熹撰。

宋朱熹《资治通鉴纲目序》：先正温国司马文正公受诏编集《资治通鉴》既成，又撮其精要之语，别为《目录》三十卷，并上之。晚病本书太详，《目录》太简，更著《举要历》八十卷以适厥中，而未成也。至绍兴初，故侍读南阳胡文定公始复因公遗稿，修成《举要补遗》若干卷，则其文愈约，而事愈备矣。然往者得于其家而伏读之，犹窃自病记识之弗强，不能有以领其要而及其详也，故尝过不自料，辄与同志因两公四书，别为义例，增损檃括，以就此编。盖表岁以首年，逐年之上行外书某甲子，遇“甲”字、“子”字则朱书以别之。虽无事，依《举要》以备岁年。而因年以著统，凡正统之年岁下大书，非正统者两行分注。大书以提要，凡大书有正例，有变例。正例如始终兴废、灾祥沿革及号令、征伐、杀生、除拜之大者。变例如不在此例，而善可为法、恶可为戒者，皆特书之也。而分注以备言，凡分注，有追原其始者，有遂言其终者，有详陈其事者，有备载其言者，有因始终而见者，有因拜除而见者，有因事类而见者，有因家世而见者，有温公所立之言、所取之论，有胡氏所收之说、所著之评。而两公所遗与夫近世大儒先生折衷之语，今亦颇采以附于其间云。使夫岁年之久近，国统之离合，辞事之详略，议论之同异，通贯晓析，如指诸掌，名曰《资治通鉴纲目》，凡若干卷，藏之巾笥，姑以私便检阅，自备遗忘而已。若两公述作之本意，则有非区区所敢及者。虽然，岁周于上而天道明矣，统正于下而人道定矣，大纲概举而监戒昭矣，众目毕张而几微著矣。是则凡为致知格物之学者，亦将慨然有感于斯，而两公之志，或庶乎其可以默识矣。因述其指意，条例如此，列于篇端，以俟后之君子云。乾道壬辰夏四月甲子，新安朱熹谨书。《晦庵先生朱文公文集》卷七五。

宋陈孔硕《宋温陵刻本资治通鉴纲目后语》：右《资治通鉴纲目》《提要》各五十九卷，盖朱文公先生祖司马公之成书，而断以《春秋》之法，提其要以为纲，则《春秋》之经也；疏其绪以为目，则《春秋》之三传也，特微有删润而已。如四皓定太子事，司马公以一时之疑而削去之。又如置汉昭烈于藩臣而帝曹魏，书吕武称制事而忘其宗，皆因旧史之失，与《春秋》之法不合，前辈巨儒固尝辨明而论著之，其大义明甚。先生皆窃取其说而附见于传注之下，使后世得详焉，皆羽翼《通鉴》而补其所未及，盖有功于司马氏之书也。著《汲冢》之书出于西晋，然所书三代以还及诸国事，多与经传、古史异，则知鲁史之初，未经孔子之手，其得诸讣告传闻之讹，而又变乱于奸臣贼子之所讳者，盖亦不少矣。孔子自历诸国，得诸史氏而参稽之，订以事实而加笔削焉，然后《春秋》始备。太史公父子变编年为纪传，非得已也。盖录上下数千载之事，散阔遗轶，其年不可得而编，其事不可得而比，故不得用《春秋》之法。后世史氏可以系年而不复用，遂至纪事无统，条贯繁紊，历数千年而不知改，此《通鉴》之所为作也。自元符以来，奸臣得志，党祸一起，至以御制《序》为非神皇所作，此书堙厄，又不知其几何年。中兴以来，始蒙表出，由是此书始得登经帏以备乙览，而其本益光。朱文公生于绍兴之初，首䌷绎而条理之。然则此书之废兴，夫岂偶然；其述作之艰，亦岂一人之力哉！使孔子、司马公复生，亦将以为是助我者矣。温陵守真侯得是书而校雠之，刊于郡斋，使知《春秋》而为史学者有考焉。刊成，属孔硕书其后。荒坠晚学，岂敢与于斯文，辞不获命，窃诵所闻如此。嘉定己卯仲夏后学陈孔硕谨书。国家图书馆藏宋刻元修本《资治通鉴纲目》。

宋李方子《宋温陵刻本资治通鉴纲目后序》：《春秋》，《鲁史》之旧名也；

编年，《鲁史》之旧制也；策书，《鲁史》之旧文也。夫子述而不作，孰谓《春秋》为作？曰：其事则述，其义则作。本天道以正人事，本王道以正伯图，严君臣，辨内外，惩恶而劝善，其要归于拨乱世反诸正，笔则笔，削则削，非圣人孰能作之。故《春秋》，史也，而谓之经。自圣经孤行，三家各以所闻为传，舛午异同，不能尽合于圣人之意，学者病之。然其大经大法，所以建诸天地而不悖，质诸鬼神而无疑，百世以俟圣人而不惑者，固非专门名家之流所能揜蔽之也。粤自纪传创兴，而编年之法废。细大不捐，猥醨不纲，而策书之法废。是非去取，由其一隅之见，不能不谬于圣人，而惩劝之法又废矣。独司马公处史法废坠之余，超然远览，推本荀悦《汉纪》，以为《资治通鉴》一书，凡一千三百六十二年之事，珠贯绳联，粲然可考，而《春秋》编年之法始复，其功可谓伟矣。若策书之法，公尝著于《稽古录》，而不引之于此以相附近，广记备言，曲畅旁通，包括既众，前后相承，若长江大河，顺流东趋，虽欲尽为界限而莫可得，盖其详固未易记识，而其大要亦未易以概举也。至于帝曹魏而寇蜀汉，帝朱梁而寇河东，系武后之年，黜中宗之号，与夫屈原、四皓之见削，扬雄、荀彧之见取，若此类，其于《春秋》惩劝之法，又若有未尽同者，此子朱子《纲目》之所为作也。踵编年之成文，还策书之旧制，一年之内，纲别其条，一条之下，采摭其要，井井有条，如指诸掌。细故浮辞，固就刊削，至言确论，复多增补，简而周，详而整。纲仿《春秋》，而参取群史之良；目仿左氏，而稽合诸儒之粹。至于大经大法，则一本于圣人之述作，使明君贤辅，有以昭其功；乱臣贼子，无所逃其罪。而凡古今难制之变、难断之疑，皆得参验稽决，以合于天理之正，人心之安，而后世权谋术数、利害苟且之私，一毫无得参焉。则是继《春秋》而作，未有若此书之盛者也。况于兼策牍之制，会文质之中，不使孤行以启后世异同之说，其亦毫发无遗恨矣。或曰："然则此书之作，曷为不继《春秋》？丽泽先生吕公之为《大事记》也，固接于获麟，且托始而迷先机，《斋居感兴》亦既言之矣，今而不易，何也？"曰："《事记》之书，用马迁之法者也，故续获麟而无嫌。《纲目》之书，本《春秋》之旨者也，故续获麟而不可。夫固各有当也。自有史册而有《春秋》，自有《春秋》而有《通鉴》，有《通鉴》而有《纲目》。其间盖欲晚岁稍加更定，以趋详密，而力有未暇焉者。然其大经大法之所存，是岂秦汉以后操觚执简之士，所能历其庭而涉其级哉！"岁在庚午，方子始获传此于嗣子寺正君而服膺焉。试吏南来，负以与俱。会建安真侯德秀惠临此邦，暇日取而读之，喟然叹曰："大哉深乎，信《春秋》以来，未之有也。为人君而通此书，足以明德威之柄，烛治乱之源；为人臣而通此书，足以守经事之正，达变事之权。盖穷理致用之总会，而万世史笔之准绳规矩也。"慨郡计堇堇无乏，乃相与隐核渗漏之余财，复求寺正君新校之本，参定而锓诸木，盖将上裨乙夜之观览，而下淑学者之讲明。阅岁书成，而侯易帅江右。元戎将启行矣，于是亟以告诸朝廷，请上其板于成均，以给四方之求，且庶几乎转以上闻。又俾方子书其所为刻之故。方子固不得而辞也。昔者窃闻之，二程子倡明斯道，以续绝学之传，其于史事，若未数数然也。然伯子读《汉书》，未尝辄遗一字，叔子每观史至半，必掩卷思其成败，其有不合，又复深思，研精若此，岂有他哉！学之全体大用，固当无所不用其极也。至于此书之成，义正而法严，辞核而旨深，陶镕历代之偏驳，会归一理之纯粹，振《麟经》之坠绪，垂懿范于将来，盖斯文之能事备矣。使司马公见之，必将心满意惬，有"起予"之叹。而王氏高谈性命，绝灭史学，卒稔夷狄之祸，君子所以深诛而不听者也。虽然，《五经》备而后《春秋》作。《五经》言其理，《春秋》言其用，理未极于精微，《春秋》未易学也。子朱子首释《四书》，以示入道之要，次及诸经，而后可以读此书焉。学者必循序而学之，然后本末兼该，内外融贯，其于学之全体大用，傥庶几乎。苟不揣其本而齐其末，不养其内而急其外，遽以此书为先，夫岂不足措之事业，终不若体用两全之为纯且懿也。故具论之。而著书之凡例，立言之异同，又附列于其后，使览者得考焉。嘉定己卯冬十月庚午门人文林郎泉州观察推官李方子谨书。清康熙四十七年武英殿本《资治通鉴纲目》。

宋王柏《宋咸淳稽古堂刻本资治通鉴纲目凡例后语》：《通鉴纲目》之惠后学久矣，李果斋《后语》曰："著书之凡例，立言之异同，附列于其后。"然有是言也，而未见是书也。五十有余年，莫有知其详者，未尝不抚卷太息，遐想于斯焉。噫！麟笔绝而史法坏，司马公鉴古，托始三侯之僭命，自是权谋变诈之习益深，坑师灭国，乾统夷族，相迹而奔，兴废离合，轇轕于一千三百六十二年之间，其端如毛。朱子推絜矩之道，寓权衡之笔，大书分注，自相错综，以备经传之体。史迁以来，未始有也。苟非发凡释例，一以贯之，则述作之意执得而明，劝惩之意执得而辨，而大经大法，所以扶天伦，遏人欲，修百王之轨度，为万世之准绳者，何以见直书不隐之实。是岂寻行数墨，强探力索者，所可得其仿佛哉！宜后学之所大恨也。一日，观讷斋赵公文集，间有考亭往来书问，乃知纲下之目，盖属笔于讷斋，而昔未之闻。讷斋曰："《凡例》一册，已抄在此。"信乎果有是书也。尘编将发，影响自露，及因上蔡书堂奉祠谢君作章为赵之婿，力嘱其访问，曰："尝毁于水而未必存。"越一年，始报曰："《凡例》幸得于赵君与峦。"录以见授，如获天球弘璧，复得傃轩赵公本，参校互正，遂成全书。今诸本所刊《序例》，即此《凡例》之序也。其后刊十有九门，总一百三十有七条。凡下有目，目下有类，正统无统之分甚严，有罪无罪之别亦著。或君其王，或主其帝，或以盛书，或以僭书，或以得失书，或以更革建立书。有以自为自称书者，有以贤否用舍书者，有以可戒可法书者，有以示疑著伪书者。或著刑臣有功之始，或著刑臣与政之始，或著外家与政之始。征寇诛杀之不同，薨殂卒死之有异，条分缕析，该核谨严，治乱跃如也。昔夫子之作《春秋》，因《鲁史》之旧文，不见其笔削之迹，正以无凡例之可证。朱子曰："《春秋》传例，多不可信也，非夫子之为也。"今《纲目》之《凡例》，乃朱子之所自定也，其大义之炳如者，固一本于夫子。至若曲笔乱纪，隐慝匿情，有先儒之所未尽者，悉举而大正之。盖深以邪说横流，诚有甚于洚水猛兽之害，有不可辞其责。朱子亦谓《纲目》义例益精密，乱臣贼子真无所匿其形矣。开历古之群蒙，极经世之大用，谓之《续春秋》，亦何愧焉！吁，朱子之书，流行天下无有遗者，独此一卷，晦迹既久，殆将堙沦。不广其传，则读是书者，终无释疑而辨惑。遂锓梓于稽古堂，与同志共之。有宋咸淳乙丑正月望金华王柏书。清康熙四十七年武英殿本《资治通鉴纲目》。

元程巨夫《跋朱文公通鉴纲目稿》：遂良出示《通鉴纲目稿》一幅，书建武二十六年七年事，曰朱子之笔。维昔道学诸儒于字画盖不数数然也，独朱子少尝学书，而其字画奇伟卓绝，片纸流落，人之好之宝之也殊尤。虽然，朱子之为人，《纲目》之为书，其所以可好可宝者，夫岂以其字哉？览者详焉。至元甲午中秋广平程某识。《雪楼集》卷二四。

元周巽《读通鉴纲目》：书法麟经述作成，奸邪胆落鬼神惊。帝王著统三纲正，甲子编年万目明。春日丽天光炳焕，秋霜肃墅气澄清。遂令览者无遗恨，如镜悬空似水平。《性情集》卷五。

明朱见深《御制资治通鉴纲目序》：朕惟朱子《通鉴纲目》，实备《春秋》

经传之体，明天理，正人伦，褒善贬恶，词严而义精，其有功于天下后世大矣。顾传刻岁久，间有缺讹，甚至书法与所著《凡例》《提要》或有不同，是以后人疑焉，有《考异》《考证》之作，两存其说，终莫能定。朕尝深求其故矣。盖《凡例》《提要》，乃朱子亲笔以授门人，使据之以成书。及书既成，再加笔削，则随事立文，时有小异，而大体终不出乎劝惩之外，岂可一一致疑其间。昔者《五经》同异，赖汉宣帝命诸儒讲论于石渠阁，亲称制临决，然后归一。朕于《纲目》斯有意焉，特命儒臣重加考订，集诸善本，证以《凡例》，缺者补之，羡者去之，事关大义，若未逾年改元者依例正之，至若汉初纪年首冬，惟景帝中后二年，旧史误列冬十月于岁终，朱子虽以传疑，而吕东莱《大事记》已考正于次年首矣。此则宜从吕氏，其余书法与《凡例》小异无大关涉者，悉仍其旧。尽去《考异》《考证》，不使并传，所以免学者之疑，成朱子笔削之志也。考订上呈，具如朕意，《纲目》于是为完书矣。於戏，是书所载，自周、秦、汉、晋，历南北朝、隋、唐以及五季，凡千三百六十二年之间，明君良辅有以昭其功，乱臣贼子无所逊其罪，而疑事悖礼，咸得以折衷焉。俾后世为君为臣者，因之以为鉴戒劝惩而存心施政，胥由正道，图臻于善治，其于名教，岂小补哉。然则是书诚足以继先圣之《春秋》，为后人之轨范，不可不广其传也。因命缮录定本，附以《凡例》，并刻诸梓以传，爰序首简，俾读者知所自云。成化九年二月十六日。明成化九年内侍府刻本《资治通鉴纲目》。

明张鲲《资治通鉴纲目叙》:《纲目》旧称《资治通鉴》，在宋新安，盖有子朱子云其言曰：此编表岁以首年，因年以著统，大书以提要，分注以备言。凡以檃括温国公、胡文定之遗稿也。时则有若汪克宽作《考异》，有若徐昭文作《考证》，有若王幼学作《集览》，有若陈济作《正误》，有若刘友益作《书法》，有若尹起莘作《发明》。是间虽存有异同，咸可以羽翼《纲目》。先时，提学黄仲昭氏实并录之，乃嘉靖甲午。六峰侍御李公循义读而称善，遂鸠工版之江西按察司。其副使柴君经缮授之，劳居多也。嗟夫，《纲目》之书固诸史之纯粹精者，刻弗传，传弗广，风化曷赖焉。矧曰：大书分书，统闰分矣；善善恶恶，劝惩悬矣；举大拾细，显幽毕矣，其裨补名教殆与《春秋》经传相表里。夫朱子之功视公羊、穀梁、左氏，岂其下哉。刻成之明年，鲲来承乏，陈兹臬事。居无何，弼教堂灾，板告残缺，鲲乃谋诸方伯陆君杰，宪学李君舜臣，请诸今巡按横阳侍御王公，曰爰亟补之。既得教，鲲乃同副使胡君德、刘君可、吴君章、佥事卢君耿麟、林君应标、朱君孔阳、周君相各稍稍割俸加证校焉。其参议郝君世家、李君士允、丘君茂中时曰赞襄，不旬时而补刊幸完，用题兹语，将以永横阳汲汲于图牒，迪厥后来之心。横阳名镐，字宗周，直隶滦州人，别号横阳云尔。嘉靖十四年春二月癸巳崧少山人张鲲著。明嘉靖十三年江西按察司刻十四年张鲲重修本《资治通鉴纲目》。

明陈继儒《资治通鉴纲目题跋》：文公因司马文正《资治通鉴》作《纲目》五十九卷，大书为纲，分注为目。其书则孔子作《春秋》之义，以正人心，植世教，有助于治道者也。分注既详，而其言与事或出于深僻，有非浅鲜所能遽通。昔王行卿尝著《集览》以便学者，考据精切，殆无余憾，治乱得失之故，开卷燎然，后之学者，志存经济，于是求之足矣。余故择其元本之善者什藏之，以为后人稽古之助云尔。明初刻本《资治通鉴纲目》。

明刘文彬《校刻通鉴纲目全书后语》：蜀藩旧刻《通鉴纲目》，始周威烈王戊寅二十三年，止周恭帝己未六年，盖朱子依司马温公《通鉴》而修者。威烈戊寅而上，恭帝己未而下，皆所未备，读者有遗憾焉。万历己丑，承奉兰公玉购得《纲目全书》，始于盘古，迄于元季，编者虽不出自一人，然上下千万年兴亡治乱之迹，尽在是矣。进呈睿览，嘉之，因命锓梓以广其传。不以臣不肖，滥竽校雠之役。臣自惟学识短浅，何能奉上指。兹于其杀青也，谨述其概，复稽首再拜而缀之言曰：后世议者谓《通鉴纲目》非朱子所自修，盖出于门人赵师渊手。师渊史学非其所长，故多疏舛。夫朱子《纲目》，世所宗尚久矣，犹不免后人讥评如此，况夫洪荒之世，年代绵邈，考证殊艰，宋元之世，夷虏杂扰，是非多谬，安知后之议今，不犹今之议昔哉！然而扶天常，植人纪，备观省而昭鉴戒，其大体不可易也。且今明圣御统，硕彦朋生，宁无班马雄才，订疑剪秽，因是书而追获麟之指者乎！此则睿上所以命刻之意，非独乐东平之善购河间之书，姑以博名高而已也。臣故表而出之，以告夫世之读是书者。时龙飞万历癸巳秋孟后学臣刘文彬顿首谨跋。明万历二十一年蜀藩刻本《资治通鉴纲目》。

明黄仲昭《书新刻资治通鉴纲目后》：经以载道，史以纪事，其述作之体，自不同也。然吾夫子之作《春秋》，因鲁史所载之事，而以尧、舜、禹、汤、文、武之道定其是非，以垂万世之鉴戒，则其体固史，而其道实与《易》《书》《诗》《礼》《乐》诸经并行而不悖焉。子朱子因司马文正公所辑《资治通鉴》

而修《纲目》，盖仿吾夫子《春秋》之法也。其事固因历代之所纪载，而所以定其是非以垂鉴戒者，亦何莫而非尧、舜、禹、汤、文、武之道乎！读史而不从事于斯，则虽贯穿今古而无或遗，则亦不免为玩物丧志，其于修己治人之道，亦奚补哉！仲昭承乏提督江西学政，因为学者定读书之法。其于诸史，则欲其熟观《纲目》以端其本，顾书坊刻板岁久刓缺，而其所附《考证》《考异》及《集览》《正误》三编俱类刻于各卷之后，不便览观。又元儒庐陵刘友益所著《书法》一编，其有功于朱子“大书提要”之旨尤多，旧未尝附载于篇。仲昭每欲重新缮写，而取上四编之言，各附入本条之下，刻梓以诏学者。第患工费颇多，非独力能办。一日以语同寅婺源汪君从仁，君慨然曰：“是书重刻，于世道不为无补，当相成之。”遂募书人缮写成帙，俾临川儒士黎喆精加校雠，以正讹谬，复相与规措其工费。方将登梓，而君以贺圣寿入京，仲昭亦以职务行部，俱弗获督其成，遂以付南昌滑守浩、张同守汝舟，俾募工刻焉。经始于弘治癸丑之春，至是四阅载而工告毕，因识其颠末，以见仲昭及汪君所以重刻是书之意云。诸凡有劳于是役者，并列其姓名如左。《未轩文集》卷四。

明杨士奇《通鉴纲目识语》：朱文公因司马温公《资治通鉴》别为义例，作《纲目》五十九卷。至矣哉！其《春秋》之意也。其条贯皆出文公，而缀缉于诸门人之手。间有异同，或者亦抄录传刻之失乎？吾居京师，与给事中林从为邻，其出为陕州判官，卖家具给行费，余从市得此书，凡十六册。《东里续集》卷一七。

清圣祖《书通鉴纲目后》：史之作也，不惟其备纪载而已，将以昭劝惩于万世。自孔子作《春秋》，以明天德，以彰王事，善善恶恶之间，褒贬见焉。故其文则史也，其抑扬予夺之法即经也。自是而降，一代之兴，必有一代之史，皆易编年为纪传，本末具于篇中，是非备于论赞。至司马光综括古今为《通鉴》一书，采获详博，考据精严，为诸史之大成。然据事胪列，褒贬之义或缺，此朱子《纲目》所以继《春秋》而作也。然考历朝正史之外，有金履祥《通鉴前编》以及马总之《通历》、宋庠之《通谱》，靡不网罗旧闻，多所引证，然终不若朱子之《纲目》为切要而纯正。信乎！其有功于世道人心非浅鲜也。观其《自序》之言，曰：“大书以提要，分注以备言，使详略同异，通贯晓析，如指诸掌。”盖隐然不敢当笔削之意焉。然其邪正是非之辨，贤奸忠佞之分，寓大义于微词，绍素王之心法，麟经以后，惟有此书。朕披读寻绎，弗释于怀，治天下者，其视此为龟鉴也夫！《圣祖仁皇帝御制文集》卷二九。

清高宗《朱子资治通鉴纲目序》：孔子作《春秋》而乱臣贼子惧。夫《春秋》亦一编年之书，而曰乱臣贼子惧者，盖谓彰善瘅恶，比事属辞，诛奸谀于已往，杜僭乱于将来，使乱臣贼子不畏王法者，读此书而知惧，岂非有功于世道人心者哉！三代而下，孔子之道几乎息矣，故臣叛其君者有之，子背其父者有之，而乱臣贼子无所忌惮。子朱子生于周、程之后，修明绝学，深痛而甚悯之，祖夫子《春秋》之笔削，因温公《通鉴》之书，更创义例为书，曰《资治通鉴纲目》。其《自序》曰："表岁以首年，因年以著统，大书以提要，分注以备言。"洵哉！善善恶恶，是是非非，具于一篇之中，而无不备矣。然后人知忠臣义士必获天休也，虽不用于一时，而后世莫不褒叹，效法之恐后也。乱臣贼子必撄天诛也，虽幸免于当世，而千载以下，公议莫逃也。彰善瘅恶，比事属辞，虽不足以尽《春秋》之义，抑其大略，则可谓同揆矣。夫三代以下，传世久远者莫如汉、唐，当其盛时，政教恩泽入民之深，非不可称，然其易代之际，死君事者可数焉。自修《纲目》之后，士知顾礼义廉耻，以事二姓为辱，故南宋之末，忠臣义士捐躯而徇王事，不肯忍耻偷生以求苟活者屡见于史策之中。且元代宋、明代元，无分析割据如前五代、后五代之乱者，亦因忠奸贤佞、褒嘉贬斥，凛若衮钺，人知有所惩劝，惧见诛于后世也。如是而谓之《纲目》修而乱臣贼子惧，其谁曰不然。《御制乐善堂全集定本》卷七。

《读书附志》卷上《编年类》：《资治通鉴纲目》五十九卷《序例》一卷，右晦庵先生朱文公所编也。司马文正既为《资治通鉴》，又别为《目录》及《举要历》，胡文定复修《举要补遗》。朱文公因文正、文定两公四书，别为义例。表岁以首年，而因年以著统，大书以提要，而分注以备言，其纲仿《春秋》，而参取群史之长，其目效《左传》，而稽合诸儒之粹。真德秀刻于泉南，陈孔硕、李方子叙其后。希弁所藏夔本，为板四千二百有奇。吉本二千八百，而且无陈、李二公之序。希弁又尝参以泉本，校其去取之不同，并考温公、文公之书法，为《资治通鉴纲目考异》。淳祐丙午，秘省尝下本州岛借本书写云。

《直斋书录解题》卷四《编年类》：《通鉴纲目》五十九卷，侍讲新安朱熹元晦撰。始，司马公《通鉴》有《目录》《举要》。其后，胡给事安国康侯又修为《举要补遗》。朱晦翁因别为义例，表岁以首年，因年以著统，大书以提要，而分注以备言，自为之序，乾道壬辰也。大书者为纲，分注者为目，纲如经，目如传。此书尝刻于温陵，别其纲谓之提要，今板在监中。庐陵所刊则纲目并列，不复别也。

《玉海艺文校证》卷一三《编年》:《乾道资治通鉴纲目》。绍兴八年，胡安国因司马光遗稿修成《举要补遗》，文约而事备。乾道壬辰，朱熹因两公之书，别为义例，为《纲目》五十九卷。《序例》一卷。纲效《春秋》而参取群史之长，目效《左氏》而稽合诸儒之粹。纲者，《春秋》著事之法。目者，《左氏》备言之体。《序例》曰："表岁以首年，逐年之上行书其甲子，遇"甲"字、"子"字则朱书以别之。则虽无事，依《举要》以备岁年。而因年以著统。凡正统之年岁下大书，非正统者两行分注。大书以提要，凡大书有正例、变例，正例如始终、兴废、灾祥、沿革及号令、征伐、生杀、除拜之大者，变例如不在此例而善可为法，恶可为戒者，皆特书之。而分注以备言。凡分注有追原其始者，有遂言其终者，有详陈其事者，有备载其言者，有因始终而见者，有因拜罢而见者，有因事类而见者，有因家世而见者，有温公所立之言，所取之论，有胡氏所收之说，所著之评，而两公所遗与夫近世大儒先生折衷之语，今亦颇采，以附于其间。岁周于上而天道明，统正于下而人道定，大纲概举而鉴戒昭，众目毕张而几微著。"

《文献通考》卷一九三《经籍考二十》:《通鉴纲目》五十九卷。陈氏曰："侍讲新安朱熹元晦撰。始，司马公《通鉴》有《目录》《举要》。其后，胡给事安国康侯又修为《举要补遗》。朱晦翁因别为义例著此书，自为之序，乾道壬辰也。大书者为纲，分注者为目，纲如经，目如传。此书尝刊于温陵，别其纲，谓之《提要》，今板在监中。庐陵所刊，则纲目并列，不复别也。"朱子自序曰："温公《通鉴》既成，又撮其精要之语，别为《目录》三十卷，并上之。晚病本书太详，《目录》太简，更著《举要历》八十卷，以适厥中。绍兴中，胡文定公因公遗稿，修成《举要历补遗》若干卷，则其文愈约，而事愈备矣。今辄与同志，因两公四书，别为义例，增损檃括，以就此篇。盖表岁以首年，而因年以著统，大书以提要，而分注以备言，使夫岁月之久近，国统之离合，辞事之详略，议论之同异，通贯晓析，如指诸掌，名曰《资治通鉴纲目》云。"《建炎以来朝野杂记》:"自昔注书，首尾多不相照，虽《资治通鉴》亦或未免此病，大抵编集非出一手故也。姑以一事论之，汉景帝四年、中四年皆以冬十月日食，今《通鉴》并书于夏、秋之后，盖编缉者自本志中摘出，而不思汉初以十月为岁首，故误系之岁末耳。近岁吕伯恭最为知古，陈君举最为知今。伯恭亲作《大事记》，君举亲作《建隆编》，世号精密。余尝考之，皆不免差误，亦随事辨之矣。朱文公《通鉴纲目》条贯至善，今草本行于世者，于唐肃宗朝直脱二年之事，亦由门人缀辑，前后不相顾也；又自唐武德八年以后至于天祐之季，甲子并差。考求其故，盖《通鉴》以岁名书之，而文公门人大抵多忽史学，不熟岁名，故有此误。余因诸生有问，亦为正之矣。然则该贯古今，亦非可薄之事，但不至于丧志可也。"

《宋史》卷二〇三《艺文志二》：朱熹《通鉴纲目》五十九卷，又《提要》五十九卷。

《文渊阁书目》卷五：《通鉴纲目》一部二册，缺。《通鉴纲目》一部三十册，缺。《通鉴纲目》一部十三册，缺。《通鉴纲目》一部十四册，完全。《通鉴纲目》一部六十册，缺。《通鉴纲目》一部二十册，完全。《通鉴纲目》一部十五册，缺。《通鉴纲目》一部六十册，缺。《通鉴纲目》一部十五册，缺。《通鉴纲目》一部二十九册，缺，塾本二十五册。《通鉴纲目》一部四十册，缺。

《濮阳蒲汀李先生家藏目录》中间朝西头柜：《通鉴纲目》。三套，朱刻，三十本。

《濮阳蒲汀李先生家藏目录》中间朝西二柜：《资治通鉴纲目》。三套，三十本。

《濮阳蒲汀李先生家藏目录》中间朝东头柜：《资治通鉴纲目》。十二本。

《濮阳蒲汀李先生家藏目录》中间朝东二柜：《通鉴纲目》。十六本。

《濮阳蒲汀李先生家藏目录》东间朝东二柜：《资治通鉴纲目》。三十本。

《濮阳蒲汀李先生家藏目录》东间南架一层：《资治通鉴纲目》。六十本。

明黄佐《南雍志·经籍考》：《通鉴纲目》十四本。

《天一阁书目》卷二之一《史部一》：《朱子纲目》五十九卷。宋朱子撰。乾道壬辰夏四月甲子自序。

又：《资治通鉴纲目》五十九卷。皇明弘治戊午岁书林慎独斋刊。卷首载朱子原序，朱子与讷斋赵氏师渊论《纲目》手书，李方子《纲目后序》，王柏《纲目后语》，汪克宽序，徐昭文《考证序》，王幼学《集览序》，陈济《集览正误序》，揭傒斯《书法序》，尹起莘《发明序》。

又：《资治通鉴纲目》五十九卷。明嘉靖岁次甲午春江西按察司重刊。卷首序跋同前。

《万卷堂书目》卷二《编年》：《资治通鉴纲目》五十九卷。

《晁氏宝文堂书目》卷上《史》：《通鉴纲目》。

又：《资治通鉴纲目》。内府刻。

又：《资治通鉴纲目》。旧刻，五家注。

《赵定宇书目·杨升庵书集目录·内府板书》：《通鉴纲目》。

又：《纲目》。

《脉望馆书目·编年类》：《纲目》三十本。

又：《资治通鉴纲目》廿二本。第五十六卷配。

《世善堂藏书目录》卷上《史类》：《通鉴纲目》五十九卷。

《澹生堂藏书目》卷四《史类第三》：《资治通鉴纲目正编》八十册。六十卷，朱文公熹。

《澹生堂藏书目》卷四《史类第十二》：《资治通鉴纲目》三十册。五十九卷，赵藩藏本。

《徐氏家藏书目》卷二《史部》：《通鉴纲目》五十九卷。

《徐氏红雨楼书目》卷二《史部》：《通鉴纲目》。

《国史经籍志》卷三《史类》：《通鉴纲目》五十九卷。朱熹。

《古今书刻》上编《内府》：《朱子纲目》。

《古今书刻》上编《南京国子监》：《通鉴纲目》。

《绛云楼书目》卷一《编年类》：《资治通鉴纲目》二十四册。五十九卷。宋温陵刻《通鉴提要》，即此书之纲也。庐陵所刊，则纲目并列，见陈氏《书录》。

《绛云楼书目》卷一《编年类》：元板朱子《纲目》。

《奕庆藏书楼书目》史之二《编年》：《资治通鉴纲目》。前编廿五卷，宋金履祥编；正编五十九卷，宋朱熹编；续编廿七卷，明商辂续。

《楝亭书目》：朱子《资治通鉴纲目》。内板，宋文公朱熹序纂，五十九卷，十函八十册。

《钱遵王述古堂藏书目录》卷三《史》：《资治通鉴纲目》。

《竹垞行笈书目》"版"字号：《纲目》七十六本。

《传是楼书目·史部》：《资治通鉴纲目》五十九卷，宋朱熹，三十本。

《培林堂书目·史部》：商辂等《通鉴纲目》正编、前编、续编，全，未订。

《好古堂书目·史部》：《通鉴纲目》五十九卷，宋朱熹；《前编》二十五卷，明南轩；《续纲目》二十七卷，明商辂。一百七本。

《本立堂藏书目·史第三》：《资治通鉴纲目》正编五十九卷，续编二十七卷，前编二十五卷，共一百一十一卷，一百本。

《季沧苇藏书目·宋元杂板书》：宋板《资治通鉴纲目》五十九卷。又一部，元板，廿本。又一部，六十本。

又：元板《资治通鉴纲目》五十九卷。

又：宋板《纲目》五十六卷，内少二本。

《文瑞楼藏书目》卷二《史部》：《通鉴纲目》五十九卷，《宋元纲目》二十七卷，宋朱熹编。《宋元纲目》，明成化编定。

《马氏道古楼书目》：紫阳《纲目》五十九卷，五十本，福建清江杨氏刊。

《振绮堂书目》卷三：《通鉴纲目》六十四册，五十九卷，宋朱子撰。

《怡府书目》一号：《资治通鉴纲目》，二十八本。

《怡府书目》二号：《资治通鉴纲目》，二十八本。

《怡府书目》七号：《资治通鉴纲目》，二十四套，计一百〇四本。

《怡府书目》十八号：《通鉴纲目》，宋板，三十套，计二百四十本。

《怡府书目》二十一号：《资治通鉴纲目》，明板，四套，计二十四本。

《怡府书目》三十五号：《资治通鉴纲目》，十四套，计六十七本，不全。

《怡府书目》四十三号：《通鉴纲目》，五十九本，不全。

《怡府书目》五十七号：《通鉴纲目》，明板，六套，计三十本。

《怡府书目》一百五十六号：《通鉴纲目》，明板，十套，计一百本。

《怡府书目》一百五十七号：《通鉴纲目》，十二套，计一百二十本。

《怡府书目》一百五十八号：《通鉴纲目》，十二套，计一百二十本。

《怡府书目》三百六十四号：《通鉴纲目》，十套，计九十二本。

《怡府书目》三百六十七号：《通鉴纲目》，八套，计八十本。

《怡府书目》三百七十号：《资治通鉴纲目》，十二套，计一百二十本。

《天禄琳琅书目》卷二《宋版史部》：《资治通鉴纲目》，六函六十册。宋朱子撰。五十九卷。前自序。宋陈振孙《书录解题》载朱子《纲目》，云："刻于温陵，别其纲谓之《提要》，今版在监中。庐陵所刊，则纲、目并列，不复别也。"

是书大书细注，字画分明，即当时庐陵刊本。御题："涑水创为开义例，紫阳述订益精微。直传一贯天人学，兼揭千秋兴废机。敬胜治兮怠胜乱，念兹是耳释兹非。三编惟此遵纲纪，辑览曾无越范围。锓出新安留面目，弆增天禄有光辉。外王内圣斯诚备，勿失服膺永敕几。乾隆甲午仲秋月，御笔。"钤宝二：曰"乾隆宸翰"，曰"几暇临池"。前绘御容，钤"乾""隆"双玺。卷后间有印记，俱经割去，不知谁氏所藏。而补抄之叶，纸洁字工，竟无异于刊本，则藏是书者必为好古之士。书中虽有八册以别本补入，纸色印工稍逊，而亦皆取之旧刻，不相悬绝也。缺补卷一全、卷九二之十二、卷三十二十六、十七、卷五十四一之三、卷五十七十二之十四、卷五十九。末叶。

《天禄琳琅书目》卷五《元版史部》:《资治通鉴纲目》，三函十八册。宋朱子撰。五十九卷。元王幼学撰《集览》。前载朱子及幼学《序例》各一篇。朱子《资治通鉴纲目》，宋时庐陵刊本已载前矣，此为幼学作《集览》既成，刻梓以行于世者。《序例》后有"岁在上章敦牂孟夏，魏氏仁实书堂新刊"分书木记。魏仁实，应是当时书贾姓字。幼学序称"编始于大德己亥，迄于延祐戊午，积二十年。七易稿，而编甫成。以其荟萃丛集，颇可省览，因题之曰《通鉴纲目集览》"云云。是幼学之作是书，用心良苦。考《安庆府志》，幼学，字行卿，望江人，博览经史，宗程朱之学。至元间，躬耕慈湖之坂，与学者讲道不辍，时称为慈湖先生。明厉文晖藏本。凌迪知《万姓统谱》载文晖，名升，无锡人。性狷介，与人不苟合。以岁贡入胄监，授浙江青田知县，持公秉廉，孜孜爱民。去二十年，邑人犹怀慕其德，立生祠祀之。本朝泰兴季氏亦经收藏。

又:《资治通鉴纲目》，六函五十九册。宋朱子撰。五十九卷，前自序。是书纲、目并列，系照宋庐陵本刊梓，然版之尺寸较缩，字画纸墨亦远不相及。此宋椠所为，尤可宝也。明顾仁效藏本。考王鏊《震泽集》，有《阳山草堂记》，云顾仁效结庐阳山之下，弃去举子业，独好吟咏，兼工绘事。坐对阳山，拄颊搜句，日不厌，或起作山水人物，悠然自得，人无知者。本朝泰兴季氏亦经收藏，余印无考。缺补卷四之卷七全、卷五十九三十四、三十五。

又:《资治通鉴纲目》。六函六十册。篇目同前。此书与第一部同版，而墨色少差，燕印在其后也。施愈收藏，印记无考。

《天禄琳琅书目》卷八《明版史部》:《文公先生资治通鉴纲目》，六函六十册。宋朱子编，五十九卷。前《批抹纲目凡例》，次《朱子纲目凡例》，次朱子《序例》、王幼学《集览序例》、尹起莘《发明序》，次朱子《与赵师渊论纲目书》，附宋王柏识语。此书仿宋椠式，不能精善。所采王幼学《集览》、尹起莘《发明》、汪克宽《考异》，皆分标于《纲目》每条之下，其中亦间有载陈济《正误》者。数人之名，皆于每卷标题后按行分列。并称“京兆刘宽裕刊行”，宽裕为何如人，不可考。按汪克宽、陈济，皆明人。而书首所载《纲目凡例》，视各卷之版缩半寸余，似是从他本割取补入。盖《凡例》从宋王柏识语，有“锓梓于涵古堂，与同志共之”之语，书贾得是书，不知克宽、济为明人，欲借柏识语以充宋椠耳。克宽字仲裕，祁门人。元举于乡，不第，遂隐居教授。明初，预修《元史》，程敏政目为史局第一人。见凌迪知《万姓统谱》。陈济字伯载，武进人，成祖诏修《永乐大典》，用大臣荐，以布衣召为都总裁。书成，授右赞善。《明史》有传。收藏印记无考。

又：《资治通鉴纲目》，八函五十六册。宋朱子编。五十九卷。前明宪宗序，次《纲目凡例目录》，次《纲目凡例》，后附宋王幼学《集览》五十九卷并序，尹起莘《发明》五十九卷并序，《续纲目》二十七卷并宪宗序、《续纲目凡例》，商辂、万安等《进书表》。宪宗《纲目序》称：“传刻既久，间有缺讹，甚至书法与所著《凡例》《提要》或有不同，是以后人疑焉，有《考异》《考证》之作。尝求其故，盖《凡例》《提要》乃朱子亲笔以授门人，使据之以成书。及书既成，再加笔削，随事立文，时有小异，而大体终不出乎劝惩之外。所有书法，与《凡例》小异无大关涉者，悉仍其旧，尽去《考异》《考证》，不使并传，此重刊《纲目》之意也。”《续纲目序》称：“宋元二代之史，迄无定本，虽有《长编》《续编》之作，然概以朱子书法未能尽合，乃申敕儒臣，遵朱子成例编纂二史，上接《纲目》，共为一书。此重编《续纲目》之意也。”其书刻印精良，纸洁墨润，洵推明刻善本。当时董其事者，为商辂、万安。考《明史》，辂字宏载，淳安人，登正统十年进士及第，除修撰，历官至吏部尚书，进谨身殿大学士，加少保。卒，赠太傅，谥文毅。安字循吉，眉州人，正统十三年进士，改庶吉士，授编修，累官至吏部尚书，进华盖殿大学士，加少傅。卒，赠太师，谥文康。恩遇常优于辂，而品节则远不逮焉。明内府藏本，有“广运之宝”“表章经史之宝”。

又：《资治通鉴纲目》。八函五十四册。篇目同前。此坊间翻刻之本，樵印之工，次于前部。

又：《资治通鉴纲目》。六函四十二册。篇目同前，缺王幼学《集览》、尹起莘《发明》。考明王圻《续文献通考》，所载朱子《资治通鉴纲目》、王幼学《集览》、尹起莘《发明》，皆各为单行之书。此本以正、续《纲目》合装，则本文已成全帙。虽无《集览》《发明》，正不得以缺佚弃之。书中有"项氏家藏""汪氏象家"二印，篆文杜撰，昧于古法，又二印字画模糊，不可辨识，均出书贾伪造之手，不足存也。

又：《资治通鉴纲目》。六函四十二册。篇目同前，缺《续通鉴纲目》。宪宗《续纲目序》有"朱子《通鉴纲目》，既命儒臣重加校定，锓梓颁行"之语，是《续纲目》未成帙时，此书已传宇内，非始全而终缺也明矣。明内府所钤之宝，与前第一部同，又有"道卿顿首"印，考《明太学进士题名碑》，有吴道卿者，山东平山卫人，隆庆五年进士，或即其人。余印无考。

《天禄琳琅书目后编》卷九《元版史部》：《资治通鉴纲目》，八函五十九册。宋朱熹撰。书五十九卷。前有熹自序、王幼学《集览》、尹起莘《发明》、元汪克宽《考异》、陈济《正误》。幼学，已见。起莘字耕道，遂昌人，隐居不仕。克宽字仲裕，祁门人。济字载之，武进人，《明史》有传。三人皆元末名宿，入明与修《元史》。克宽史事毕，以疾辞，不仕。济为总裁，书成，授右春坊右赞善。书内第十六卷不书济《正误》，别著张光启纂辑，殆从别本窜入者。自明成化中商辂等修《续纲目》，并正书通行刊本。正德年黄仲昭羼入《发明》《质实》《考异》等书，今所通行。此犹元季旧刻也。

《天禄琳琅书目后编》卷一四《明版史部》：《资治通鉴纲目》十二函八十四册。《资治通鉴纲目》，篇目见前《元版史部》。明成化九年奉敕重刊，前有宪宗御制序。《续资治通鉴纲目》二十七卷，前亦有宪宗御制序，乃因重锓本目，而宋、元二代无定本，虽有《长编》《续编》，而采择不精，书法未能尽合，敕儒臣编纂，共为一书。成化十二年书成，前列纂修商辂等十五人，两序俱前钤"广运之宝"，后钤"表章经史之宝"。明官刻颁行本。

又：《资治通鉴纲目》，十二函五十四册。同上，系一版摹印，有商辂等《进表》。附刻陈济《资治通鉴纲目集览》五十九卷，前有永乐壬寅济自序。尹起莘《发明》五十九卷，后有起莘自序。陈贞慧字定生，宜兴人，都御史于廷之子。复社诸生，为阮大铖所构被逮，得脱。缺补卷三十二、三十三。全。

又：《资治通鉴纲目》，八函八十册。篇目见前。而诸家序跋较为全备，《纲目》前有乾道壬辰朱熹自序，次凡例，次论《纲目》手书，次嘉定己卯李方子后序，盖泉州初刻时作。次咸淳乙丑王柏后语，次文天祐后语，盖稽古堂刻序例时作。次尹起莘《发明》自序，次永新刘氏《书法》凡例，分正统、帝王、皇后、皇太子、列国、大臣、师众、诛杀、临幸、杂例十类，有刘友益识语。次嘉定元年王幼学《集览叙例序》，次至顺壬申贺善、次天历二年揭傒斯两序，至元二年刘椝跋，皆为刘友益《书法》而作，椝即友益子也。次至正二年倪士毅序，盖建安刘叔简坊刻，并附方氏《纲目论》时作。次至正癸未汪克宽《考异》自序及《考异》凡例。次至正己亥徐昭文《考证》自序，次永乐壬寅陈济《集览正误》自序，盖为驳正王幼学书作。次宣德己卯杨士奇序，盖建阳知县张光启以尹氏《发明》、徐氏《考证》、王氏《集览》、汪氏《考异》纂集于《纲目》书中，而附陈氏《正误》于后，属书林刘宽梓行时作。次成化元年冯智舒《质实》自序。次弘治丙辰黄仲昭序，盖仲昭取徐氏《考证》、汪氏《考异》、陈氏《集览正误》、刘氏《书法》、冯氏《质实》五书各附入本条之下，与汪从仁及黎诰、吴锜、邓杰等精校，刻于南昌时作。次编集诸儒姓氏，即上七家，有正德癸酉刘继善识语，即校正是本时作。《续纲目》前有明宪宗御制序、商辂等进表，辂及万安刘珝、王献、彭华、丘濬、邱淳、谢一夔、刘健、汪谐、程敏政、郑环、罗璟、陆简、林瀚等十五人衔名。次弘治元年吏部听选监生张时泰进所撰《续资治通鉴广义疏》，次弘治十一年余杭学生员周礼进所撰《续资治通鉴发明疏》，次凡例。《纲目》一书，宋元明三朝诸家撰述传刻合本、专本源流具是。然必读《御批通鉴纲目》《御批通鉴辑览》《御制发明广义题辞》，而后是非予夺理正义彰，诸家偏曲之论始得所折衷定一矣。黄仲昭，名潜，以字行，莆田人。成化丙戌进士，官江西提学佥事，故是书刻于南昌也。

《鉴止水斋藏书目》史部第五厨：《资治通鉴纲目》、《续资治通鉴纲目》四十四本。

《吾园书目·史部》：《通鉴纲目》六十本。

《问源楼书目初编》卷二下《史部》：《资治通鉴纲目》五十九卷，宋朱子撰，元刊本。又明赵王府刊本。又明苏州刊本。又明朱氏刊本。

《稽瑞楼书目》：《通鉴纲目》，五十册。

《带经堂书目》卷二《史部》:《朱子纲目》五十九卷，明书林慎独斋刊本，高祖候选司训久台公旧藏。宋朱文公撰，前有乾道壬辰自序。

《爱日精庐藏书续志》卷二《史部》:《资治通鉴纲目》五十九卷，宋淳祐刊本，季沧苇藏书。宋朱子撰。目录后有“武夷詹光祖重刊于月崖书堂”一行。卷一后有“建安宋慈惠父校勘”一行。卷五十九后同。案：宋慈惠父即编《提刑洗冤集录》者，盖淳祐间人也。又案《咸淳昆陵志》卷八《秩官门》有宋慈，亦当淳祐时，未知即此人否。季沧苇、徐健庵俱有印记。神宗《御制资治通鉴序》,司马温公《进资治通鉴表》《奖谕诏书》《与范梦得论修书帖》《资治通鉴目录序》。资政殿学士、中大夫、提举临安洞霄宫臣克家言：“臣克家以绍兴元年罢政事，寓居于泉州。陛下命相臣颐浩以书谕旨，俾上所藏故相司马光《资治通鉴举要历》八十卷，臣以旧本纸墨渝敝，不可奏御，既缮写俾泉州州学教授臣朱克明主之，分俾肄业之士雠正之。恨旧本勘覆不详，讹转脱漏尚多有之，不敢以意定也。臣尝闻之长老，光之修《通鉴》也，英祖实命之，神宗实序之。书成奏御之明日，辅臣亟请观焉。神祖出而示之，每篇始末识以‘睿思殿宝’章，盖尊宠其书如此。光尚患本书浩大，难于领略。若目录振取精要之语，无复首尾，晚著是书以绝二累，时人未之见也。臣尝获见其稿于故徽猷阁待制臣晁说之家，皆光手书，细字惟谨，乃得说之所录而传之。今达于聪闻，仰备乙览，以禆圣学，二祖在天之灵，固宜悦豫于上。惟光编削之勤,亦可无憾于九原矣。臣又闻傅说之复商宗则曰‘王人求多闻’,又曰‘非知之艰’。仲舒之对汉帝则曰‘强勉学问，则问见博而知益明；强勉行道,则德日起而大有功’。此皆可使还至而有效者也。知言之要如二臣者,可以当之。顾臣之愚,何以知此。臣克家昧死上。”“昔闻赠大谏延平陈公自言,因读《资治通鉴》,然后知司马文正公之有相业也。绍圣元年大谏入为太学官,是时当路者专意遵述熙宁政事，复尊王氏新说，按为国是。凡元祐人才术学一切斥废。有奏疏乞用字书者，事方施行，又有窃议欲禁阅史籍者。会冬十月二月策试诸生，陈公雅欲护持此书，即发扬神宗皇帝御制序篇所谓‘汉之文宣、唐之太宗，吾无间然’等语指为问目，同寮见之，有色骇然者，虽侧目莹中而不得较也。自是，书虽无敢议而诵习者亦鲜矣。予既远迹林壑，数尝翻阅，究观编削之意。窃伏自念，志学以来，涉猎史篇，文词汗漫，莫知统纪，徒费精神而无得也。及读此书，编年纪事先后有伦，凡君臣治乱、成败安危之迹，若登乎乔岳，天宇澄清，周顾四方，悉来献状。虽调元宰物，辅相弥纶之业，未能窥测，亦信其为典型之总会矣。惟公研精极虑，历十有九年修成。本书序述既详，又别举事目，年经而国纬之，以备检寻，莫非要语，犹虑本书浩博，条理错综，披卷难知，而目录所提首尾不备，又不可考，晚年复著《举要历》八十卷，以趋详略之中，去取益以精矣。然自战国秦项两汉隋唐之际，五胡南北十国分裂之余，日毂冥蒙，众星争耀，偏方下土，窃号僭名。其事又与诸国相干者，盍从举重之文。而每国名书徒然重复，至于侵削褊小，寻自亡灭，本无可纪。以示惩劝则宜依微者之例，而必载本末，尚为烦冗。若西汉盛日，董、贾名儒议论奏篇，班班可述，乃或遗削，有未录焉，窃意公方笔削之时，入秉钧轴，寻薨于位，不得为成书也，辄因余暇，略用《春秋条例》，就《正本》《目录》《举要》三书修成若干卷，名曰《资治通鉴举要补遗》，以成公愿忠君父稽古图治之意云。绍兴四年冬十有二月武夷胡安国序。”朱子自序。乾道壬辰。

又:《资治通鉴纲目》五十九卷，宋淳祐刊本。

《思补精舍书目·史部》:《资治通鉴纲目》五十九卷，宋朱熹撰，明板。

《许氏古韵阁书目》卷一《史部》:《资治通鉴纲目》五十九卷，宋朱熹撰，黄氏刊本。

《嫏嬛妙境藏书目录》卷二《史部》:朱子《纲目》十二套。

《郑堂读书记》卷一六《史部二》:《资治通鉴纲目》五十九卷，明长洲陈氏刊本。宋朱子撰。朱子仕履见礼类四。《书录解题》《通考》《宋志》俱载之，《宋志》又别出《提要》五十九卷，盖即一书而误分为二也。《四库全书提要》因有圣祖仁皇帝御批，著录于《史评类》中。按朱子自序云:“表岁以首年，而因年以著统，大书以提要，而分注以备言。”全书体例，已尽此四语。此序孝宗乾道壬辰作，至宁宗嘉定己卯，门人李方子刻于泉州，并为之序。此书行世，距朱子没已二十年矣，展转传抄，不知是原本否？且方子序有云“晚岁欲加更定，以趋详密，而力有未暇”，则此本若为朱子未定之稿。又有《凡例》一卷，则直至度宗咸淳乙丑，王鲁斋柏始序而刻之，距朱子没又六七十年，不知果真出朱子否？假令果真，而明宪宗序又称书与《凡例》或有不同，是皆大可疑者。观朱子《与赵讷斋师渊手书》六则，始知纲下分注之目，朱子属讷斋成之。但讷斋非身侍讲堂，随事讨论，每纂成若干卷寄呈，而朱子复书往往云“未暇观也”，则分注又未必尽经朱子之目，其间抵牾，诚难保其必无。于是遂昌尹耕道起莘撰《发明》，永新刘益友友益撰《书法》，望江王行卿幼学撰《集览》，上虞徐季章昭文撰《考证》，祁门汪环谷克宽撰《考异》，武进陈思斋济撰《集览正误》，建安冯□□智舒撰《质实》，皆所以弥缝朱子之失者也。当时各自为书，至明弘治丙辰，莆田黄仲昭汇辑诸家之本，分附《纲目》之下而合刊之。陈明卿即其本，为之评阅重刊，故前有崇祯三年史应选序、评鉴十八法、庐山文天祐凡例识语、尹氏以下七家序例十二篇，及弘治间合刊各注序跋四篇。

《铁琴铜剑楼藏书目录》卷九《史部二》:《资治通鉴纲目》五十九卷，宋刊本。宋朱子撰。不题名。前列治平四年《御制通鉴序》《奖谕诏书》，司马温公《进书表》《与范梦得论修书帖》《通鉴目录序》《举要补遗序》，朱子自作《序例》。目录后有“武夷詹光祖重刊于月崖书堂”一行。卷一与卷五十九后俱有“建安宋慈惠父校勘”一行。张月霄氏谓惠父即编《提刑洗冤集录》者，为淳祐间人，遂定为淳祐刊本。是书即月霄所藏也。每半叶十行，行十六字。目用双行，行廿二字。“匡”“恒”“贞”“侦”“朗”“桓”“完”“构”“慎”字皆缺笔。字画清朗，楮印如新，与所藏《资治通鉴》本相似，可谓双璧矣。卷首有“御史之章”“季振宜印”“沧苇”“乾学”“徐健庵”“天官冢宰”诸朱记。

又:《资治通鉴纲目》五十九卷。元刊本。是本板印精好，不减宋刻，惜原序已失。旧为杨五川万卷楼藏书。卷首有“杨梦羽氏”朱记。

《宋元旧本书经眼录》卷一:《资治通鉴纲目》五十九卷。宋乾道本。乾道壬辰四月刊。绵纸精印，首尾一律。每半叶八行，行十七字，双行亦行十七字。有弘治初人题识，谓在当时已难得如此善本。季沧苇旧藏，有名字印。后为郁泰峰宜稼堂所收，今归丰顺丁氏禹生氏。

《宋元旧本书经眼录》卷二:《资治通鉴纲目》四十九卷。元本。每半叶十行，行大十六字，小二十二字。遇宋讳或缺或不缺，盖元覆宋板也。其结行、字体极似震泽王氏所刊《史记》，善印亦佳，本不易得者。是书自明正德福州刊七家注，搀入《书法》《考异》《发明》《质实》诸闲文，甚为碍目。宋、元人本犹无之，故已可贵。阊门市出，惜缺后半。

《持静斋藏书记要》卷上:《资治通鉴纲目》五十九卷。宋朱子撰。乾道壬辰四月刊。绵纸精印，半页八行，行十七字。目双行，亦十七字。季振宜、郁松年经藏。有明弘治初题识，已谓“此书难得善本，似此首尾精完，无搀配，尤难得”。矧更历三百七十年，犹精完无少损缺，真鸿宝也。

又：《资治通鉴纲目》五十九卷。宋朱子撰。附商辂撰《续编》二十七卷。明成化官刊大字本。

又：《资治通鉴纲目》七家注五十九卷。明正德癸酉福州刊本。七家者，宋尹起莘《发明》、刘友益《书法》，元汪克宽《考异》、王幼学《集览》、徐文昭《考证》，明陈济《正误》、冯智舒一作刘弘毅《质实》。本各自为书，自弘治戊午黄仲昭刊本汇入编中，此本继之。《书法》《发明》，义例纷纭，尤乱人意。后来传刻通行，未有能廓清之者。

《藏园订补郘亭知见传本书目》卷四《史部二》：《资治通鉴纲目》五十九卷。宋朱子撰。〇有乾道壬辰四月刊本，洁纸初印，每页八行，行十七字，双行，注同。首尾完具，无搀配。季振宜旧藏，后归郁松年，今归丰顺丁日昌禹生。〇原翻宋本《通鉴纲目》，每半页十行，行大十六字，小二十四字。遇宋讳或省或不省，字体书式极似明人王柯《史记》，而字较流美。是书自明人刊本以七家注羼入，甚为碍目。惟宋元旧本无之，故可贵。此间门肆出，惜缺后半。〇明弘治戊午黄仲昭校刊本，取宋尹起莘《发明》、刘友益《书法》，元汪克宽《考异》、王幼学《集览》、徐文昭《考证》，明陈济《正误》、冯智舒（一作刘宏毅）《质实》，凡七家之书，散入条下，是为今本。后传刻非一，唯成化内府刊大字本无诸家注。后附《集览》《发明》二种单行本，较为清豁。〇嘉靖甲午江西本。〇正德癸酉福州本。〇陈仁锡本。〇康熙己巳徽州刊本。按：四库著录《通鉴纲目》于史评类，加康熙批，名《御批通鉴纲目》，莫氏移置于此。补：〇宋刊大字本，八行十五六字，注双行二十二字，白口，左右双栏。刘启瑞藏。〇宋刊本，八行十七字，注双行同，白口，左右双栏。潘明训宝礼堂藏。其卷四十六配另一宋本，八行十五字，白口，左右双栏。卷四十七至五十一配另一宋本，十行十四至十六字，细黑口，四周双栏。〇宋刊本，十行十六字，细黑口，四周双栏，版心间记刊工姓名。刘启瑞藏，内阁大库佚出之书。〇宋刊本，十行十六字，细黑口，左右双栏，左栏外记帝号。海虞瞿氏藏。〇元翻宋本，十行十六字，细黑口，左右双栏。版式与宋本同，而字体圆活粗松。亦海虞瞿氏藏。〇明嘉靖三十五年赵府居敬堂刊本，十行二十字，白口，四周双栏。李木斋先生藏。

《藏园订补郘亭知见传本书目》卷四《史部二》补：《资治通鉴纲目》五十九卷。宋朱熹撰，元尹起莘《发明》，元刘友益《书法》，汪克宽《考异》，徐文昭《考证》，王幼学《集览》，明陈济《正误》、冯智舒《质实》。〇明嘉靖十三年江西按察司刊，十四年张鲲修补本，九行二十字，白口，四周双栏。李木斋先生有一帙，壬子间厂肆见一帙。

《宝礼堂宋本书录·史部》：《资治通鉴纲目》五十九卷。五十九册。卷首朱子自序，作于宋乾道壬辰。次目录。均抄配。又补配六卷，卷四十六为一本，卷四十七至五十一又为一本，然均宋刊也。余尝见涵芬楼所藏残本，版刻相同。有嘉定己卯陈孔硕后跋，谓此为真西山守温陵时所刊。别有一跋，撰者朱子门人李方子，所纪年月亦为嘉定己卯。文中有言："其间盖有晚岁稍欲更定，以趋详密，而力有未暇焉者。"又云："岁在庚午，方子始获传此书于嗣子寺正君，而服膺焉。试吏南来，负以与俱，会建安真侯德秀惠临此邦，暇日取而读之。"又云："复求寺正君新校之本参定而锓诸木。"据此，则朱子成书以后，此为第一刻矣。莫郘亭谓丰顺丁氏所得季振宜、郁泰峰故物为乾道壬辰刊，似未确也。方子跋又云："著书之凡例，立言之异同，又附列于其后。"是本未见凡例。余获见明本有咸淳乙丑金华王柏后序，亦云李果斋有是语而未见是书，然则宋末已不存，岂刊而已佚耶？或真氏进版时有此意而未及行也？是本第九卷刻工姓名多至五十四人，无一与他卷同者，且版心鱼尾上每叶以千字文为次，大都不记字数，而书法镌工又与他卷一无区别，涵芬楼藏本亦同，未审何因。陈氏后跋，他本罕见，借录附后，庶得考见刊版颠末。附录陈孔硕跋："右《资治通鉴纲目》《提要》各五十九卷，盖朱文公先生祖司马公之成书，而断以《春秋》之法。提其要以为纲，则《春秋》之经也；疏其绪以为目，则《春秋》之三《传》也。特微有删润而已。如四皓定太子事，司马公以一时之疑而削去之。又如置汉昭烈于藩臣而帝曹魏、书吕武称制事而忘其宗，皆因旧史之失，与《春秋》之法不合。前辈巨儒固尝辨明而论著之，其大义明甚，先生皆窃取其说而附见于传注之下，使后世得详焉，皆羽翼《通鉴》而补其所未及，盖有功于司马氏之书也。昔汲冢之书出于西晋，然所书三代以还及诸国事多与经传古史异，则知鲁史之初未经孔子之手，其得诸讣告、传闻之讹，而又变乱于奸臣贼子之所讳者，盖亦不少矣。孔子自历诸国，得诸史氏而参稽之，订以事实而加笔削焉，然后《春秋》始备。太史公父子变编年为纪传，非得已也。盖录上下数千载之事，散阔遗佚，其事不可得而编，其事不可得而比，故不得用《春秋》之法。后世史氏可以系年而不复用，遂至纪事无统，条贯繁紊，历数千年而不知改，此《通鉴》之所为作也。自元符以来，奸臣得志，党祸一起，至以御制序为非神皇所作，此书堙厄，又不知其几何年。中兴以来，始蒙表出，由是此书始得登经帏以备乙览，而其书益光。朱文公生于绍兴之初，首䌷绎而条理之，然则此书之废兴，夫岂偶然？其述作之艰，亦岂一人之力哉！使孔子、司马公复生，亦将以为是助我者矣。温陵守真侯得是书而校雠之，刊于郡斋，使知《春秋》而为史学者有考焉。刊成，属孔硕书其后。荒坠晚学，岂敢与于斯文，辞不获命，窃诵所闻如此。嘉定己卯仲夏，后学陈孔硕谨书。”版式：半叶八行，行十七字。小注双行，字数同。左右双栏，上栏外记干支，遇“甲”字、“子”字均黑地白文。版心又鱼尾，上记字数，下记刻工姓名。书名题“资治通鉴纲目卷几”。卷九一册版心上记《千字文》，每叶一字，其记字数者仅有数叶。卷四十六补配本。半叶八行，行十五字。小注双行，行二十二字左右。双栏，上栏外纪干支。版心白口，短栏上记字数，下记刻工姓名。书名题“通鉴纲目几”。卷四十七至五十一补配本。半叶十行，行二十二字。正文大字跨行，行十四至十六字不等。小注双行，行二十二字。四周双栏，左栏外书耳题“某帝”，上栏外记干支。版心细黑口，双鱼尾，上记字数，下记刻工姓名，其不记姓名者则移记字数于下。书名题“目几”。刻工姓名：王中、李涣、潘亮、李洽、李合、李千、曾立、蔡义、蔡乂、王友、丁万、黄光、周明、李养、高宣、明乂、苏定、陈溜、陈智、王定、张才、叶永、余才、吴中、刘兴、虞丙、虞文、虞全、蔡正、范庚、李元、蔡寅、蔡申、郑文、江文、刘中、共友、余万、熊仁、蔡中、魏全、何文、刘遂、李文、蔡仲、邓洽、周全、周文、叶定、叶茂、叶友、吴仁、吴圭、蔡甫、李建、吴申、徐万、陈先、孟文。以下专见于卷九一册者，凡五十四人，其姓名为丁松年、冯祖、毛祖、沈珍、王涣、吴春、曹鼎、顾建、蔡邠、蒋容、詹世荣、陈彬、徐珙、凌宗、童遇、金祖、金嵩、金荣、吕信、吴志、杨润、杨荣、陈寿、王进、陈伸、石昌、毛端、顾永、王汝霖、宋琚、徐义露、李仲、庞和柔、庞汝升、方中、方信、钱宗、朱玩、陈良、张升、宋通、刘昭、王寿、求裕、吴祐、王恭、章忠、王定、陈浩、陈润、沈忠、陈日新、何泽。又见于各卷首，尚有才、涣、妙、洽、文、奂、中、成、亮、千、太、明、祐、万、恭、立、宣、友、合、光、乂、谅、应、定、养、旻、包、尤、元、寅、吴、丙、永、余、溍、范、申、刘、苏、章、京、仁、遂、右、仲、茂、建、全、先、圭、朱、邓各单字。卷四十六补配本，为曾宣、子明、彭庆、陈英、景年五人，又益、宣、曾、泾、英、固、年各单字。卷四十七至五十一补配本，为余老、元吉、王秀、文王、为印、子权六人，又土、秀、陈、兴、吉、王、玉、立、元、正各单字。宋讳：玄、朗、敬、儆、警、惊、殷、匡、筐、恇、胤、恒、峘、祯、桢、侦、贞、征、让、树、戌、勖、桓、峘、完、构、购、慎、敦、廓等字缺笔。卷四十六补配本，缺笔者有玄、殷、恒、贞、征、让、署、洹、峘、完、构、慎等字。卷四十七至五十一补配本，缺笔者有玄、朗、匡、恇、恒、贞、征、让、署、竖、勖、桓、完、构、遘、慎、敦等字。藏印："碧山学士藏书"。又卷四十七至五十一补配本："海曲马氏""欣遇艸堂之章""赵次公印""旧山楼书藏"。

《旧山楼书目》：元刊《朱子纲目》。残本。

《旧山楼藏书记》：元刊本《资治通鉴纲目》残本。十卷，三十八之五十一，中缺四十三、四十四。莫友芝《经眼录》云："元覆宋板也。其结行字体极似震泽王氏所刊《史记》，善印，亦佳本不易得者。是书自明正德福州刊七家注，搀入《书法》《考异》《发明》《质实》诸闲文，甚为碍目。宋元人本无之，故已可贵。阊门市出，惜缺后半。"按此书每半页十行，行大十六字，小二十二字。

《万卷精华楼藏书记》卷二九《史部二》：《资治通鉴纲目》五十九卷，附《五代史续编》一卷，宋朱子撰。纲目全书本。明陈仁锡校刊。起周威烈王二十三年，讫唐昭宣帝天祐三年，五十三卷。终五十四卷起丁卯，五十九卷讫己未，凡五十三年。前有成化九年御制序，次崇祯三年史应选序，次乾道壬辰朱子序，次评鉴十八说，次目录，次朱子凡例一卷，次朱子与赵讷斋论《纲目》手书，次王柏《纲目后语》，次文天祐识语、门人李方子后序，次尹起莘《发明》序，次刘友益《书法》凡例，次天历二年揭傒斯《书法》序、至顺壬申贺义《书法》序、刘椝《书法》序跋、至正二年倪士毅凡例序，次汪克宽《考异》凡例序、王幼学《集览》序，次徐昭文《考证》序，次明陈济《正误》序、杨士奇《正误》序，次宣德壬子书林刘宽合刻各注引，次冯智舒序，次弘治丙辰黄仲昭初刻合注序、余以能合注序，次编集姓氏。《纲目》为朱子未定书，多出赵师渊手，行世在朱子没后，舛误甚多。凡例一卷，王柏所刊，不知果出朱子否。宋尹起莘著《发明》五十九卷，宋末隐士刘友益著《书法》五十卷，历三十年而后成。元汪克宽著《考异》，其凡例、《考异》序，见《环谷集》。元王幼学苦《纲目》援引幽邃，句读疑难，著《集览》。元徐昭文著《考证》，《明一统志》失其名氏。明陈济著《集览正误》，明冯智舒著《质实》，《明一统志》未及采入。正德八年，福建学政副使姚有麟委侯官县学教谕刘继善订刊，有跋，《续编》一卷。元四明陈桱《拾遗》，附正编之末。陈本序最繁冗，尹氏等注亦无意义。明赵府本一举而弃之，止存正文及目录，最为清朗。陈氏《书录》:《纲目》常刻于温陵，别其纲谓之提要。今板在监中。庐陵所刻纲目并列，不复别也。汪氏曰：《纲目》与凡例，时或异同，皆抄录传刻之失也。尹氏所纪，如“秦王迁太后”误作“秦人”，“隋主坚弑介公阐”误作“弑慕容泓”，“败死”作“贬死”，“征士陶潜”作“处士”之类，讹舛尤甚。书肆所刻《纲目》，如“英布”误作“黥布”，“狄道刘裕至彭城戒严”误作“解严”之类，未可悉举。录于《原谷集》。杨氏曰：《通鉴》云：“补缺乔知之有婢名碧玉，美色善歌舞，知之为之不昏。”“昏”与“婚”古字通用，《纲目》去“不”字，盖误以婚姻之昏为昏或之昏也。字义不明，《纲目》似此类极多。盖朱子门人赵师渊奉师命所编，师渊史学既非所长，古文又未经心，其疏舛固宜。录于《升庵集》。

《持静斋书目》卷二《史部二》:《通鉴纲目》五十九卷，宋本。乾道壬辰四月刊，绵纸，薄如蝉翼，墨光亦复夺目。如此巨册，藏经六七百年毫无损污，真天壤鸿宝也。半页八行，行十七字。季振宜、郁松年均藏。宋朱子撰。卷首有题识云：“史书多新刊，惟《纲目》难得善本，苦于《书法》《发明》之杂也。孙文贵持此售我，喜识岁月。弘治改元七月。”

《八千卷楼书目》卷四《史部》:《通鉴纲目》五十九卷，宋朱子撰。明刊大字本、明刊小字本、慎独斋本。

《善本书室藏书志》卷七《史部》:《资治通鉴纲目外纪》一卷，《前编》十八卷，《纲目》五十九卷，《续编》二十七卷。明归仁斋书林刊本。《外纪》，四明陈子桱辑；《前编》，仁山金履祥编；《纲目》，朱子撰；《续编》，明大学士商辂等奉敕纂修。是书当是明麻沙坊贾并刻也。首一卷，首述盘古至高辛氏，即陈子桱续编之一，有元至正周伯琦序。次十八卷，乃金仁山以刘恕《通鉴外纪》失之好奇，特引经据典，作此以矫其失。上则断自唐尧，止于春秋。《纲目》五十九卷，起自周威烈王，尽于唐昭宣帝，为朱子所撰。而撰《考异》者，新安汪克宽。撰《考证》者，上虞徐文昭。撰《集览》者，慈湖王幼学。撰《正误》者，毘陵陈济。撰《质实》者，建安冯智舒。撰《书法》者，庐陵刘友益。撰《发明》者，遂昌尹起莘。皆从单行本合刻者。前有朱子自序及凡例，后跋。《续纲目》二十七卷，起周恭帝元年，尽元顺帝二十七年。成化十二年吏部尚书大学士商辂等表进，有御制序。又有监生张时泰进《广义》、余杭增生周礼奏进《发明》两表。

《增订四库简明目录标注》卷五《史部二》：《资治通鉴纲目》五十九卷，宋朱熹撰。昭文张氏有宋淳祐刊本，目录后有"武夷詹光祖重刊于月崖书堂"一行，卷一后有"建安宋慈惠父校勘"一行，末卷后同。明黄仲昭校刊本，取尹起莘《发明》、刘友益《书法》、汪克宽《考异》、王幼学《集览》等数家之书，散入各条之下，是为今本。明成化内府刊大字本。又赵府居敬堂刊本，无诸家注，后附《集览》《发明》二种单行本。弘治戊午慎独斋刊本。嘉靖甲午江西刊本。续录：宋乾道壬辰四月刊本，洁纸初印，半叶八行，行十七字，注双行，首尾完具，无搀配。季振宜旧藏，后归丰顺丁日昌。元翻宋本，半叶十行，行大字十六，小字二十四，遇宋讳或省或不省。明正德癸酉福州刊本。

今按：宋嘉定十四年江西刻本（国家图书馆、上海图书馆、天津图书馆、山东省博物馆、吉林省图书馆藏）；宋刻本（国家图书馆藏，卷四十六配另一宋刻本，卷四十七至五十一配又一宋刻本）；宋刻本（国家博物馆藏，存卷一至九、十二、十五至三十二）；宋刻本（上海图书馆藏，存卷三十八至三十九、四十四至四十六，清赵宗建跋）；宋刻本（国家博物馆藏，存卷二十八至二十九、五十七）；宋刻元修本（国家图书馆藏，卷九配另一宋刻本，卷三配明抄本，卷一至十一、十八至二十八、三十一至三十五、四十一明张谷抄配并跋，明秦嘉楫、陈所蕴、莫云卿、陆应阳、张所敬、朱家法、沈明臣、张懋寅跋）；宋刻配元刻本（上海图书馆藏）；元至元二十四年詹光祖月崖书堂刻本（国家图书馆、上海图书馆藏）；元刻本（国家图书馆、天津图书馆藏）；元周氏留耕书堂刻本（国家图书馆藏，存卷一至八、十二至十四、十八至二十、三十六至三十八、四十八至五十）；元刻本（国家图书馆、上海图书馆藏）；明成化九年内府刻本（国家图书馆、北京大学图书馆、上海图书馆、辽宁省图书馆、浙江图书馆藏）；明嘉靖八年慎独斋刻本（辽宁省图书馆藏）；明嘉靖十三年江西按察使司刻本（北京大学图书馆、南京图书馆藏）；明嘉靖三十五年赵府居敬堂刻本（国家图书馆、北京大学图书馆、上海图书馆、浙江图书馆藏）；明延平府儒学刻本（华东师范大学图书馆藏，存卷二至五十九）；明刻本（湖北省图书馆藏，清黄彭年跋）；《通鉴纲目全书》本；《资治通鉴纲目四编合刻》本；清光绪二年刘氏述荆堂刻本（国家图书馆、上海图书馆藏）。

资治通鉴纲目凡例

宋朱熹撰。

元倪士毅《资治通鉴纲目凡例序》：朱子《纲目》之作，权度精切，而笔削谨严，先辈论之详矣。赞不待赘，惟《凡例》世尚罕传，学者于书法，有未窥其要者。至元后戊寅冬，友人朱平仲晏归自泗滨，明年春，出其所录之本，谓得于赵公继清贫翁之子嘉绩凝，始获披阅。遂节录之，暇日详观，因转相传录，而不能无小误，惜未有他本以参校。乃随所可知，正其错简三条："岁年门"二条，"即位门"一条。漏误衍文，共三十余字，以寄建安刘叔简锦文，刊之坊中，与四方学者共之。又记昔受学于先师定宇陈先生时，得李氏《纲目论》一篇，实能发朱子此书之大旨，而见者亦少，今并录以附于后。盖《凡例》当与《纲目》并行，而李氏《纲目论》当与尹氏《纲目发明》并行，若《纲目》及尹氏之书，皆盛行矣。故愿以是二书备传之，苟能相与讲习，则朱子继《春秋》之笔，焕然以明，其于世教岂曰小补。至正二年壬午夏五月辛未朔新安倪士毅谨书。清康熙四十七年武英殿本。

宋文天祐《宋刻本资治通鉴纲目凡例识语》：右《通鉴纲目凡例》，得之今贰车潘公子舆，盖金华始锓木，而学者多未见也。是书固宜与《纲目》并出，然自乾道壬辰，今百年矣，彼先后显晦之故，抑有其数耶？发凡以言例，夫子何隐乎尔，而使后人随义而昭明之，殆有所属。不然，夫子岂靳乎是而不传哉！执传例以求《春秋》勿可，执是书以求《纲目》则可。微《纲目》，无以知《春秋》；微是书，无以读《纲目》。信其传之不可不广也。贰车念家学考亭，谓刻诸学宫，以惠我人。既成矣，复相语曰："安得并刻《纲目》，备此一书，以为宣学巨丽之典也哉！"郡文学掾庐山文天祐谨识。清康熙四十七年武英殿本《资治通鉴纲目》。

明杨士奇《通鉴纲目凡例识语》:《通鉴纲目凡例》十九类，朱子所定。读《纲目》者，必得此而后灼见古人精意之所寓。今太学有刻板。余家一册，邹仲熙侍讲所惠。又有抄录汪克宽《凡例考异》在后。《东里文集续编》卷一七。

御批通鉴纲目

清圣祖撰。

清圣祖《通鉴纲目序》：朕惟自古帝王御世大经大法，莫备于史。唐虞三代之史,《尚书》所载典谟训诰皆是也。自仲尼因鲁史作《春秋》,始编年系月，纪载之中褒贬寓焉。大要归于扶植纲常，阐扬道法，后之言史者必宗之。宋司马光奉诏纂修《资治通鉴》，论者以为博而得其要，简而周于事。朱熹本之为《纲目》，纲仿《春秋》，目仿《左氏》，义例森严，首尾条贯，足以示劝惩而昭法戒，煌煌乎典章之总会，而治道之权衡也。《前编》则上溯羲黄，征引经传，足备稽考。《续编》则下逮宋、辽、金、元，其中叙事虽间得其实，然而议论偏私、纪载乖舛往往有之，视朱熹所撰《纲目》，迥乎其不侔矣。朕抚御宇内，夙夜兢业，每思《说命》之言曰:"学于古训乃有获。"朕于万几之暇，潜心六经大义微言，孜孜殚究，以讲求古帝王治天下之大道，于《纲目》一书，朝夕起居之时，循环披览，手未释卷，以是考前代君臣得失之故，世运升降之由，纪纲法度之所以立，人心风俗之所由纯，事有关乎典常、言有裨乎治体者，靡不竟委穷源，详加论断，如是者有年矣。爰于内廷设立书局，命翻译呈览，朕躬亲裁定，为之疏解，务期晓畅无遗，归于至当，而后止立有程课，自元旦以至岁除，未尝有一日之间。即巡幸所至，亦必以卷帙自随。迄今三年有余，全集告竣，将锓梓颁行，儒臣请序其端。朕念是编所记述，皆有关于治天下国家之务，非等于寻常纪载之书，法戒昭然，永为金鉴。凡我臣工，其各殚心观摩，以体朕黾勉法古之意，且垂之奕世，使子孙臣僚莫不奉为典型，酌乎治理，斯作君之道出其中，而作师之道亦出其中矣。是又朕惓惓此书之意也夫！《圣祖仁皇帝御制文第二集》卷三二。

《文瑞楼藏书目》卷二《史部》:《御批通鉴纲目》一百四卷。

《怡府书目》十九号:《御批通鉴纲目》，内府板，八套，计五十本。

《四库全书总目》卷八八《史部四四·史评类》:《御批通鉴纲目》五十九卷，《通鉴纲目前编》一卷，《外纪》一卷，《举要》三卷，《通鉴纲目续编》二十七卷。康熙四十七年吏部侍郎宋荦校刊，皆圣祖仁皇帝御批也。朱子因司马光《资治通鉴》以作《纲目》，惟《凡例》一卷出于手定。其纲皆门人依《凡例》而修，其目则全以付赵师渊。后疏通其义旨者，有遂昌尹起莘之《发明》，永新刘友益之《书法》；笺释其名物者，有望江王幼学之《集览》，上虞徐昭文之《考证》，武进陈济之《集览正误》，建安冯智舒之《质实》；辨正其传写差互者，有祁门汪克宽之《考异》。明弘治中，莆田黄仲昭取诸家之书，散入各条之下，是为今本，皆尊崇朱子者也。故大抵循文敷衍，莫敢异同。明末张自勋作《纲目续麟》，始以《春秋》旧法纠义例之讹。芮长恤作《纲目拾遗》，以《通鉴》原文辨删节之失。各执所见，屹立相争。我圣祖仁皇帝睿鉴高深，独契尼山笔削之旨，因陈仁锡刊本，亲加评定，权衡至当，衮钺斯昭。乃厘正群言，折衷归一。又金履祥因刘恕《通鉴外纪》失之嗜博好奇，乃搜采经传，上起帝尧，下逮周威烈王，作《通鉴前编》。又括全书纲领，撰为《举要》殿于末。复摭上古轶闻，撰为《外纪》冠于首。陈仁锡稍变其体例，改题曰《通鉴纲目前编》，与《纲目》合刊，以补朱子所未及。亦因其旧本，御笔品题。至商辂等《通鉴纲目续编》，因朱子《凡例》纪宋元两代之事颇多舛漏。六合之战，误称明太祖兵为贼兵，尤贻笑千秋。后有周礼为作《发明》，张时泰为作《广义》，附于条下。其中谬妄，更不一而足。因陈仁锡缀刊《纲目》之末，亦得同邀乙览，并示别裁。乾隆壬寅，我皇上御制题词，纠正其悖妄乖戾之失，以辟诬传信。复诏廷臣取其书，详加刊正，以协于至公。尤足以昭垂千古，为读史之指南矣。

《郑堂读书记》卷三五《史部二十一》:《御批通鉴纲目》五十九卷，《通鉴纲目前编》十八卷，《外纪》一卷，《举要》二卷，《通鉴纲目续编》二十七卷。宋荦校刊本。康熙四十六年圣祖仁皇帝御撰。谨案，朱子《通鉴纲目》

一书，虽□约《通鉴》之文为之，而其笔削义例，多取法《春秋》，尹起莘为作《发明》，刘友益为作《书法》，总未能得其要领。仰蒙睿裁论定，微旨乃明。所据系明陈仁锡刊本，乃并金履祥之《前编》、商辂之《续编》，亦得一体并邀圣鉴，有所折衷，洵足以昭垂千古，为读史之指南矣。卷首冠以康熙四十一年御制叙，而以朱子序例、倪士毅凡例序、王柏凡例后语、文天祐凡例识语、朱子手书、李方子后序，尹起莘《发明》序、贺善《书法》序、揭傒斯序、刘友益《书法》凡例、刘桨后跋、汪克宽《考异》序例、王幼学《集览》序例、徐昭文《考证》序、陈济、杨士奇《集览正误》二序、冯智舒《质实》序、董仲昭《合注》后序，及遍集诸儒姓氏为首卷，列于《纲目》之前，履祥所撰《外纪》列于《前编》之首，又所撰《举要》列于《前编》之末，成化十二年御制《续纲目序》文及辂所作凡例列于《续纲目》之前，卷末又有康熙四十六年御制后序，总名曰《御批资治通鉴纲目全书》云。

《藏园订补郘亭知见传本书目》卷六《史部十五》:《御批通鉴纲目》五十九卷《通鉴纲目前编》十八卷《外纪》一卷《通鉴纲目续编》二十七卷。康熙五十四年，圣祖仁皇帝御撰。〇内府刻本。〇宋荦苏州刻本。

《八千卷楼书目》卷九《史部》:《御批通鉴纲目》五十九卷、《前编》一卷、《外纪》一卷、《举要》三卷、《续编》二十七卷，康熙四十六年御撰。京板本、浙局本。

今按：清康熙四十六年内府刻本（上海图书馆、天津图书馆、辽宁省图书馆、湖北省图书馆藏）；清康熙四十六年至四十九年扬州诗局刻本（辽宁省图书馆藏）；清光绪十三年上海同文书局石印本（北京大学图书馆、上海图书馆、南京图书馆藏）；《四库全书荟要》本；《四库全书》本。

资治通鉴纲目大全

佚名编。

《晁氏宝文堂书目》卷上《史》:《纲目大全》。

《世善堂藏书目录》卷上《史类》:《通鉴纲目大全》五百九十一卷。

《也是园藏书目》卷二《史部》:《通鉴纲目大全》五十九卷。

《钱遵王述古堂藏书目录》卷三《史》:《资治通鉴纲目大全》五十九卷，

四十本。

《虞山钱遵王藏书目录汇编》卷二《史部》:《通鉴纲目大全》五十九卷。述史《资治通鉴纲目大全》五十九卷，四十二本。

资治通鉴纲目发明

宋尹起莘撰。

宋魏了翁《通鉴纲目发明序》: 尝闻先儒谓《通鉴》之书，虽非一岁之积，一人之力，乃繇数论新法，小人思以中伤，遂谓书局之人利尚方好赐者，于是速于成书。呜呼！君子之不容于世也如此。以司马公之笃学实践，与刘、范诸贤之清介，无毫发可指，尚文致其事。既乃知实未尝有所受，然因是畏谗远谤，自唐至五代，期会迫蹙，不暇详校矣。朱文公为之《纲目》以集其成。书法精严，彪举胪列，亦几无余憾。而尹君起莘又为之《发明》，或疑其赘，而予谓不然。文公虽以文正、文定四书檃栝成书，而实本诸《春秋》之法，著国统之离合，谨义例之正变，贯事辞之始终，此犹坦白易见。至有直书详述，而一字一言之间，如称国称名、书卒书杀之等，不加褒贬而美恶自见者，则《发明》之书于是为不可已。予以疾惫，读尹君之书不能竟帙，而尝涉猎焉。三晋之事，直据《史记》，为自相推立，实未尝请命。曹操篡于汉末，实未尝畏名义而不敢废汉。至书汉、魏、晋、唐以来乱臣贼子、孽后妖嫔，推明文公秉法之意，尤懔懔可畏。是书若行，《纲目》之忠臣也。《鹤山先生大全文集》卷五六。

清俞樾《尹氏纲目发明序》: 自孔子作《春秋》绝笔获麟，司马温公继之以《资治通鉴》，然散而无纪，体例犹未善也。朱子因《通鉴》作《纲目》，而后秦汉以后之事，笔则笔，削则削，华衮斧钺，上绍麟经。自朱子作《纲目》,刘友益辈讲求书法,然于紫阳之义未尽得也。尹尧庵先生作《纲目发明》,而后微言大义阐发无遗，正例变例秩然各当。愚故尝曰:“《纲目》者，朱子之《春秋》。而《发明》者,《纲目》之《公》《穀》也。”然其书世罕传本，有明之季先生同邑遂昌包君万，有得永乐中内府刻本。至国初处州修府志，先贤遗书皆醵金刊刻，是书亦刻以行世。存版学宫，年久散佚，雍正初又重刻之,嘉庆中又补其缺。而后海内学者得见全书。至咸丰戊午,岁遭粤寇之乱,版之缺者又居大半。同治甲戌，尹氏修谱牒，乃复补刊以还旧观。此固其后人抱残守缺之盛心，而亦见先生之书，大义炳然，如日星河岳，不可得而废也。《纲目》托始于三家之分晋，先生推而论之，以为王泽之斩自秦并天下始。秦并天下，自三家分晋始。《纲目》首此以著古今世道更变之端。乌乎！知言哉！夫三代之天下与汉唐之天下判若冰炭，而其间为之管辖者秦也。秦兴而封建废，井田坏，先王礼乐扫地无遗。凡古人之制之委曲繁重期于久远而不可乱者，悉举而更张之。委曲者改而便利，繁重者改而简易。古人百年之久而未底于成者，后世可以旦夕之间必其效，而大朴以散，大伪以生，天地风会，日异月新，譬彼舟流不知所届。推原祸本，皆秦为之也。则皆三家分晋为之也。乌呼！知言哉！先生之三十六世孙名俊者求序于余，余何足序先生之书？然读其首篇，有慨乎是，辄书此以报之。若夫先生之书，深得紫阳之意，足为《纲目》功臣，则固不待余言也。《春在堂杂文》续编卷二。

《读书附志》卷上《编年类》：《纲目发明》五十九卷。右建康布衣尹起莘所著，以发明《纲目》义例。别之杰帅金陵，进其书于朝。魏文靖公了翁为之序。

《文渊阁书目》卷六：尹起莘《纲目发明》一部三册，缺。尹起莘《纲目发明》一部十册，缺。尹起莘《纲目发明》一部四册，完全。尹起莘《纲目发明》一部四册，缺。尹起莘《纲目发明》一部八册，缺。

《万卷堂书目》卷二《编年》：《资治通鉴纲目发明》五十九卷。

《赵定宇书目·杨升庵书集目录·内府板书》：《纲目发明》。

《世善堂藏书目录》卷上《史类》：《资治通鉴纲目发明》五十九卷。

《天一阁书目》卷二之一《史部》：《资治通鉴纲目发明》五十九卷。刊本。元臣尹起莘上进。书后自序。

《澹生堂藏书目》卷四《史类第三》：《资治通鉴纲目发明》四册。五十九卷，尹起莘。

《千顷堂书目》卷五《史学类》：尹起莘《资治通鉴纲目发明》五十九卷。

《怡府书目》四百三十九号：《资治通鉴纲目发明》，一套，计八本，不全。

《问源楼书目初编》卷二下《史部》：《纲目发明》五十九卷，宋尹起莘撰，明刊本。

《藏园订补郘亭知见传本书目》卷四《史部二》增：宋尹起莘《纲目发

明》单行本。〇崇祯壬午包氏刊，作五十九卷。〇宋刘友益《书法》五十九卷，元徐文昭《考证》一卷，元王幼学《集览》五十九卷，瞿宗佑《集览镌误》三卷，一本附《纲目考异辨疑》，明永乐中刊本。〇元汪克宽《考异》五十九卷。明陈济《集览正误》二卷。《纲目释地纠谬》六卷，补注六卷，国朝张庚撰。四库存目。

《藏园订补郘亭知见传本书目》卷四《史部二》补：《资治通鉴纲目发明》五十九卷。元尹起莘撰。〇元末刊本，十二行二十字，黑口，左右双栏，眉栏上记干支。文友堂见。〇明成化间司礼监刊本，八行十四字，注双行二十一字，大黑口，四周双栏。〇清顺治八年刊本。

《八千卷楼书目》卷九《史部》：《纲目发明》五十九卷，宋尹起莘撰。明刊本、退补斋刊本、尹氏家祠刊本。

《增订四库简明目录标注》卷五《史部二》：尹起莘《纲目发明》单行本，明崇祯壬午包氏刊，作五十九卷。续录：元刊本，十二行，二十字，黑口双栏，次行题"布衣臣尹起莘上进"。清同治十三年补刊本。

今按：明洪武十一年建安书市刻本（国家图书馆藏）；明初刻本（哈尔滨市图书馆藏）；明内府刻本（国家图书馆、北京大学图书馆、上海图书馆、辽宁省图书馆、南京图书馆、浙江图书馆藏）；清雍正八至十一年刻本（辽宁省图书馆藏）；清雍正八至十一年刻嘉庆重修同治十三年补刻本（国家图书馆、北京大学图书馆藏）。

纲目分注发微

宋刘国器撰。

《文渊阁书目》卷六：刘国器《纲目发微》一部二册，缺。

《爱日精庐藏书简目》：《纲目分注发微》十卷，抄本。

《爱日精庐藏书志》卷九《史部》：《纲目分注发微》十卷，丛书堂抄本。宋从政郎安吉州安定书院山长刘国器撰。《分注》出赵师渊手，其中谬误，经后人纠正者甚多。国器则直以《分注》为朱子所作，凡旧史所载，或存或削，均谓具有深意，而随事阐明之。故曰《发微》。《文渊阁书目》著录，板心有"丛书堂"三字。

尝阅六朝史，至陈宝应使人读《汉书》，闻蒯通说韩信“相君之背，贵不可言”之语而谓之智士。虞寄则告以班彪《王命论》之识所归，为之叹曰：通之设是辞，特以遂其计，反不能取信于当时。史之载是辞，盖以纪其实，而乃贻后世无穷之祸，作史者可不谨哉？及观《纲目分注》，于蒯通所说则削而不存，于班彪所论则载之甚备，吁，亦可以见朱文公之心矣。因是反复推研，参以《通鉴》，凡所损益，虽片言只字必究极夫事理之所以然，则知前史纪载，是非善恶混焉而莫识其真。简册浩繁，辞义精密，虽未能详尽厥旨，试摭其一二而考订之：贾谊告文帝体貌，大臣谓其以绛侯讥上；威、君雅疑李渊而不发兵，谓其引突厥入寇；任尚与邓遵争功，而罪以增级受贿；从谏表士良罪状，而诬以窥伺朝廷；守志不屈，指曰不敬；抵排异端，目为矫激；而司马昭则谓能以德攻，略其杀诞之罪；扬雄则谓不诡于圣人，遗其美新之失；道成并宋也，曰能全国家；朱温篡唐也，曰能安社稷。孙宏多诈，而曰其行谨厚；牛李奸邪，而曰谨守格式。才能之真伪，论议之得失，茫无折衷。而所载之事，且乖错而失伦。王莽之立司市，与《易》系正辞之文并录；太宗之击高丽，与夏禹治水之功互纪；铜匦以来告密，而托名于伸冤招谏；白马以陷忠良，而归咎于衣冠浮薄。若此之类，并经《纲目》所削。盖司马文正公之作《通鉴》，因旧史以纪事，其言曰“使观者自择其善恶得失以为劝戒”，意可知矣。朱文公之作此书，乃以《纲目》为名，事之得其条理，虽莫要于纲，而纤悉具备，尤莫详于目。况夫隐伏而难见，疑似而难明，参错同异而难齐，几微之际又不可以不察也。故大书以提要，分注以备言，言必证其事，事必验其实。刊落浮辞，约归至理。是其天地之心，阴阳之蕴，万物之情，数千百年行事之迹，已洞究于胸中。则纵横泛应，无一而非。《春秋》之微意，岂若后世纪传之书而已哉。故曰：纲者，法家之条令。目者，法家之断案。呜呼微矣。然坎井之见，不足以识江河之大；蔀屋之陋，不足以发日月之光。世之君子，能明朱文公之旨者，愿执鞭以请教云。咸淳乙丑仲夏莆田刘国器谨书。

《铁琴铜剑楼藏书目录》卷九《史部二》:《纲目分注发微》十卷，抄本。题“从政郎安吉州安定书院山长刘国器撰”。自序谓“温公因旧史以纪事，使观者自择其善恶得失，以为劝戒。朱子则言必证其事，事必验其实，理虽莫要于纲，而尤详于目。故大书以提要，分注以备言，刊落浮辞，约归至理，因以己意阐明其故，洵足推见朱子作书之微旨矣”。诸家书目俱不载，惟见《文渊阁书目》。此由丛书堂本传录。

《增订四库简明目录标注》卷五《史部二》：《纲目分注发微》十卷，宋刘国器撰。昭文张氏有旧抄本，以《纲目》分注为朱子所作，凡旧史所载，或存或削，均谓具有深意，而随事阐明之，故曰发微。四库未收。

《四库未收书目提要续编》卷二《史部》：《纲目分注发微》十卷，宋刘国器撰。国器，莆田人，未详其字。是编题“从政郎安吉州安定书院山长”，亦未知其终于何官也。其书以《分注》参求之《通鉴》，凡或存或削，虽片言只字，为之反复推究，揭其意之所在，故曰“发微”。前有咸淳乙酉自序，称“司马文正公作《通鉴》，因旧史以纪事，使观者自择其善恶得失，以为劝戒。朱文公作此书，事之得其条理，虽莫要于纲，而纤悉具备，尤莫详于目，故大书以提要，分注以备言，言必证其事，事必验其实，刊落浮辞，约归至理”云云。为瞿氏所藏抄本。考《分注》实出赵师渊手，师渊《讷斋集》中，载其与朱熹往还书牍甚详，今国器直以《分注》为熹作，已失之不考。又其中舛漏者非一，故张自勋《纲目续麟》、芮长恤《纲目分注补遗》、陈星云《纲目订误》，递有纠正，今国器于《分注》之删削《通鉴》，或至失其本事者，率曲为回护，亦失之偏私。然如《汉书·虞寄传》载陈宝应使人读《汉书》，闻蒯通说韩信“相君之背贵不可言”之语，而谓之智士，寄则告以班彪《王命论》之识所归。今《分注》于蒯通所说，削而不存，于班彪所论，载之甚备，国器以为可见文公之心。此类或得“分注”之旨，且亦见其有所参考，则不能竟废也。此书印本甚稀，诸家书目俱不载，惟见《文渊阁书目》。至张氏《藏书志》著录，已为丛书堂抄本，岂吴宽时已少流传欤。

今按：清抄本（国家图书馆藏）。

纲目书法纂要

宋刘国器撰。

《文渊阁书目》卷六：刘国器《纲目书法纂要》一部二册，缺。

“十三五”国家重点图书出版规划项目
国家古籍整理出版专项经费资助项目

朱子学著述序跋题记资料汇编

（下）

江西省 2011 朱子文化协同创新中心项目

顾宏义　许起山　编

江西人民出版社
Jiangxi People's Publishing House
全国百佳出版社

目录

集部

纲目疑误

宋周密撰。

《鉴止水斋藏书目》史部第四厨:《纲目疑误》一本。

《许氏古韵阁书目》卷一《史部》:《纲目疑误》一卷，宋周密撰，旧抄本。

《增订四库简明目录标注》卷五《史部二》:《纲目疑误》一卷，宋周密撰，许氏有抄本。

今按:《说郛》本（宛委山堂本）。

通鉴纲目凡例考异

元金居敬撰。

《千顷堂书目》卷五《史学类》:金居敬《通鉴纲目凡例考异》。

通鉴纲目凡例考异

元汪克宽撰。

元汪克宽《通鉴纲目凡例考异序》:克宽谨按,《纲目凡例》与《纲目》之书，皆子朱子手笔。褒善贬恶，明著义例，悉用《春秋》法，一字不苟。然学者抄录，书肆传刻，久而漏误者多。尹氏《发明》，乃或曲为之说。噫！朱子论《春秋》变例，谓门人曰:“此为可信。圣人作《春秋》，正欲示万世不易之法。今乃或用此以诛人，未几又用此说以赏人，使天下后世皆求之而莫识其意。是乃后世弄法舞文之吏之所为也，曾谓大中至正之道乃如此乎？”窃详此言，则《纲目》之与《凡例》，时或异同，皆抄录传刻之失也。况尹氏所纪《纲目》,如“秦王迁太后”误作“秦人”,“隋主坚弑介公阐”误作“杀”,“慕容败死”作“贬死”,“征士陶潜”作“处士”之类，讹舛尤甚。克宽自幼受读，尝有所疑，而未敢决其必然。今者僭躐，谨摭刊本《纲目》与子朱子《凡例》相戾者敬录于左，以俟有识者考焉。《环谷集》卷四。

《千顷堂书目》卷五《史学类》:汪克宽《通鉴纲目凡例考异》一卷。

《增订四库简明目录标注》卷五《史部二》:汪克宽《考异》五十九卷。

通鉴纲目测海

元何中撰。

《晁氏宝文堂书目》卷上《史》:《通鉴纲目测海》。

《千顷堂书目》卷五《史学类》: 何中《通鉴纲目测海》三卷。

《四库全书总目》卷四八《史部四·编年类存目》:《通鉴纲目测海》三卷，江西巡抚采进本。元何中撰。中，字太虚，一字养正，抚州人，事迹具《元史·儒学传》。是书以纠《通鉴纲目》书法之同异。卷末有大德丙午自跋曰："朱子作《纲目》续《春秋》，然其间书法，可商略者犹多。间附己意，缉成《纲目测海》三卷，示儿辈"云云。盖不知《纲目》出赵师渊之手，犹误以为朱子书也。书中所列凡三例，一辨胡、吕二家所注，如"魏徙都大梁"条，胡氏谓魏王不恨不用孟子，而恨不听公叔之言，中以为徙都之后六年，孟子方至魏之类是也。一发明二家所未注，如"秦人诛卫鞅"条下，中补注曰"书秦人何，鞅得罪于众，犹共诛之"之类是也。一乃纠正本书之讹异，于全书之中，不过十之二三耳。其中如"秦魏冉出其故君之妃归于魏"一条，中谓诸侯之妻宜称夫人，不宜称妃。不知元妃孟子，固《左传》文也。又"汉元狩六年封三王"一条，中谓宜载诰策之辞。不知《纲目》纪事之书，非载文之书也。又"莽废孺子"一条，中谓既书始建国元年，则不必书莽。不知孺子废而后成为始建国也。又"秦王世民杀太子建成"一条，中谓宜削秦王字。此泥以爵字为褒贬例也。又"张柬之等举兵讨武氏"一条，中谓多"之乱"二字。不知书法在"讨"字，此二字删之固可，存之亦无害也。又"晋主重贵发大梁"一条，中谓宜书"北迁"。不知朱子宋人，避二帝北迁之事，变其文也。其他间有可取，不过摭拾细碎，不能深裨于史学。《纲目》非无可纠，如中此书，尚未足以纠《纲目》也。

通鉴纲目书法

元刘友益撰。

元揭傒斯《通鉴纲目书法序》: 孔子因鲁史作《春秋》，以为万世之法。朱子因司马氏《通鉴》作《纲目》，以正百王之统。此天地之君臣之义而圣贤之心也。世之言《春秋》者，自《公羊》《穀梁》《左氏》以下无虑数十家，而义犹有未明，疑犹有未解者。鲁史不可复见，且圣人之制作也，后之羽翼六经者宜莫如朱子，犹不敢言《春秋》。然《纲目》之作非深得圣贤之旨者不能也。故朱子不言《春秋》，而知《春秋》者莫如朱子。世之言《纲目》亦无虑数十家，既有《春秋》为之义例，又有诸史可以究其始末，且去朱子之世为未远，而又有亲及其门者。然言愈烦而义愈密，非深得朱子之意如朱子之知《春秋》者不能言也，能言未有若庐陵刘氏《纲目书法》者，其辞则《公羊》《穀梁》，其义则《春秋》，而其志则朱子也。古之有天下者莫若舜、禹、汤、武，然汤有惭德，武未尽善，舜、禹之后，得天下者莫如汉。曹氏亲受汉禅，威加中国，卒不能夺诸葛孔明汉贼之分。元魏据有中国，行政施化，卒不能绝区区江左之晋而继之。此万世之至公，而不可易焉者。而犹或易之，此《纲目》不得不继《春秋》而作，此《书法》不得不为《纲目》而发也。此朱子之志也。刘氏讳友益，字益友，遭宋讫录，闭门读书，既深于经，复长于史。其为此书，凡三十年，寸寸而较，铢铢而积，微词隐义，高见特识，既足以启发千载而中有无穷之忧。余故曰：非深知朱子之意如朱子之知《春秋》者不能言，能言未有若刘氏《纲目书法》者。而又曰：此朱子之志也。於乎！后之览是书者尚求其志哉！天历二年六月十日序。《文安集》卷八。

元许有壬《纲目书法序》：朱子感兴诗，躐举三朝而不他及。其有激于欧、马，而《纲目》之所以作也。周不纲非一日，至命三家为诸侯，则其纲不复可振矣。此一家托始之命意也。《晋史》帝魏，习凿齿已病之。《唐书》纪武则，范氏之论至矣。《通鉴》千三百六十二年事，如指诸掌，伟哉书乎！其文则犹史也。朱子慨然本《春秋》之旨，任笔削之重主，正统以明君臣之分，严书法以诛乱贼之心，其取义大矣。永新刘益友先生作《书法》发明之，其徒进士湖广省照磨冯君敬修，欲其说襮于世，俾抒其概。噫！朱子之心忧世甚至，非矛盾温公者也。民彝物则之所系，则因革生焉。诸侯僭王，则贬称君；无正统，则并书不相下。帝昭烈以明正统，书在房陵以合乾侯。死扬雄之仕莽，卒陶潜而系晋。皆凛乎斧钺其笔，而君臣之大义明矣。他如奥义微旨，益友之撤覆发韫，殆无余焉。若夫开卷之初，命三家率旧文者，终卷非一义，苟至当，吾何异焉！盖《纲目》成，读《通鉴》者有所折衷，而乱臣贼子无所逃罪矣。二书可相有而不可相无者也。益友之书，适而不牵，会而不�，智周于理，而力周于文矣。或谓：孔子作《春秋》，《三传》且相异同。朱子学孔子者，益友《书法》果尽合朱子之心乎？予曰：朱子之书主褒贬，其心易知也。昔之书，今之削；昔之遗，今之特书。揆之以始末，律之以凡例，举此以见彼，寓微而示显者，益友之综核精矣。窃尝一二致疑，沉潜反复，祇见目力心思之不逮，而足之所未至，固未易悉其地之所有也。然则《书法》一书，抑《纲目》之不可无者乎？后之人有如《左氏》《公》《穀》者操戈而出，则非区区之所及知也。《圭塘小稿》卷五。

元欧阳玄《庐陵刘氏通鉴纲目书法后序》：昔司马文正公变纪传为编年，作《资治通鉴》。朱文公稍变其法，且寓所去取焉，是谓《纲目》。读是书者，夫人以为《春秋三传》之遗意也。夷考文公生平于《易》《诗》《书》《礼》，或自传注，或寓门人，皆有成书，独《春秋》缺焉。至胡氏《传》，又往往信未之确。然则《纲目》何为而作耶？盖尝求之《春秋》者，鲁史旧文说者，谓直书其事，美恶自见，初未尝拘拘于义例者。愚盖不敢必以其言为非也。若司马公，则志存鉴戒，已见于著书之名，而予夺权衡时有所憾。文公患之，故有是作焉。初意固有间矣，书王宗周，天下是时有与周同称号者乎？黜魏帝汉有说也，乾侯之公在是也，房陵之帝王乎？帝乎？故知是书于《春秋》所以异之迹，则知所以同之旨矣。推二大节引而申之，书法断不诬矣。近时儒者疑为文公未脱稿之书，或疑为门人之作，皆未究所以作《纲目》之志云尔。庐陵刘先生研覃于是三十余载，比辞而核研，推事以求度，纲举目张，如指诸掌，曰《通鉴纲目书法》，亶其严乎！余从友人鄂省宰属冯君子羽得而读之，三复叹之曰：“《春秋》微《公》《穀》、啖赵诸说犹可，《纲目》微刘氏书，诚不可也。何时归青原故乡，愿即先生一二而扬确之。”姑志余说于帙末。《圭斋文集》卷七。

《晁氏宝文堂书目》卷上《史》：《通鉴纲目书法》。元刻，不全。

《文渊阁书目》卷五：《纲目书法》一部八册，缺。

《万卷堂书目》卷二《编年》：《纲目书法》五十九卷。刘友益。

《绛云楼书目》卷一《编年类》：元刘友益《资治通鉴纲目书法》八册。字益友，宋末元初人，以三十年之功为此书，见揭傒斯序。

《千顷堂书目》卷五《史学类》：刘友益《资治通鉴纲目书法》五十九卷。永新人。

《也是园藏书目》卷二《史部》:《通鉴纲目书法》五十九卷。

《钱遵王述古堂藏书目录》卷三《史》:刘友益《通鉴纲目书法》五十九卷，八本。

《虞山钱遵王藏书目录汇编》卷二《史部》:《通鉴纲目书法》五十九卷。述史：刘友益《通鉴纲目书法》五十九卷，八本。

《季沧苇藏书目·宋元杂板书》:元板《纲目书法》五十九卷，八本。

《振绮堂书目》卷一:《资治通鉴纲目书法》八册。

《增订四库简明目录标注》卷五《史部二》:刘友益《书法》五十九卷，八本。

今按：元刻本（国家图书馆藏，存卷十二、三十五至四十一）。

资治通鉴纲目集览

元王幼学撰。

《文渊阁书目》卷六:《纲目集览》一部四册，缺。《纲目集览》一部四册，缺。《纲目集览》一部四册，缺。《纲目集览》一部四册，缺。《纲目集览》一部四册，缺。《纲目集览》一部四册，缺。

《濮阳蒲汀李先生家藏目录》中间朝西二柜:《资治通鉴纲目集览》十本。

《澹生堂藏书目》卷四《史类第三》:《资治通鉴纲目集览》六册。五十九卷，王幼学辑，陈济考正。

《绛云楼书目》卷一《编年类》:王幼学《资治通鉴纲目集览》十册字行卿，元人。永乐间，毘陵陈太史济著《集览正误》一书，凡正王氏之误四百余事，援据皆精切。宣德间刊行，西杨作序极称之。自《正误》出，而《集览》可废矣。

《千顷堂书目》卷五《史学类》:王幼学《资治通鉴纲目集览》五十九卷。字行卿，望江人。

《也是园藏书目》卷二《史部》:《通鉴纲目集览》五十九卷。

《钱遵王述古堂藏书目录》卷三《史》:王幼学《通鉴纲目集览》五十九卷。八本。

《虞山钱遵王藏书目录汇编》卷二《史部》:《通鉴纲目集览》五十九卷。述史王幼学《通鉴纲目集览》五十九卷，八本。

《问源楼书目初编》卷二下《史部》:《通鉴纲目集览》五十九卷，元王幼学撰，元刊本。

《铁琴铜剑楼藏书目录》卷九《史部二》:《资治通鉴纲目集览》五十九卷，元刊本。元王幼学撰。案，幼学字行卿，望江人，学宗程、朱。至元间，躬耕慈湖之坂，与学者讲道不辍，人称慈湖先生。自序谓编始于大德己亥，迄延祐戊午，积二十年，七易稿而成。后来陈济有《集览正误》，瞿佑有《集览镌误》，纠正颇多。弘治间，莆田黄治中取其书，与尹氏《发明》、刘氏《书法》、徐氏《考证》、陈氏《正误》、冯氏《质实》、汪氏《考异》散入《纲目》各条下，而是书遂无专刻矣。此犹初刻，原本有朱子原序，幼学自序。序后有墨图记八分书二行，云“岁在上章敦牂孟夏魏氏仁实书堂新刊”。

《藏园订补郘亭知见传本书目》卷四《史部二》补 :《资治通鉴纲目集览》五十九卷。元王幼学撰。〇明刊本，十行十七字，注双行二十四字，细黑口，四周双栏，左栏外标帝名。似明翻元建本。〇明景泰元年魏氏仁实书堂刊本，十二行十八字，注双行二十二字，细黑口，四周双栏。序后有“岁在上章敦牂孟夏魏氏仁实书堂新刊”牌子，隶书二行。海虞瞿氏及江南图书馆均有之。

《八千卷楼书目》卷四《史部》:《通鉴纲目集览》五十九卷，元王幼学撰。明刊本。

《增订四库简明目录标注》卷五《史部二》: 王幼学《集览》五十九卷，八本。附录 : 附《集览》一种本，每半叶十二行，大十八字，小双行，每二十字。(懿荣)

《四库未收书目提要续编》卷二《史部》:《资治通鉴纲目集览》五十九卷，元王幼学撰。幼学字行卿，望江人，至元间躬耕慈湖之阪，与学者讲道不辍，人称慈湖先生。是书首载朱子原序，又有自序，称“编始于大德己亥，迄延祐戊午，积二十年，七易稿而成”，其用功可谓勤挚，虽陈济《集览正误》、瞿佑《集览镌误》颇多纠正，不独沈攸之所称“宁为王凌死”，乃魏王凌谋除司马懿，非汉王陵面折廷争事，为陈霆《两山墨谈》所讥，而大体要自可观。明弘治中莆田黄仲昭取其书，与尹起莘《发明》、刘友益《书法》、汪克宽《考异》、徐昭文《考证》、陈济《正误》、冯智舒《质实》，散入《纲目》各条下，而是书罕有专刻之者矣。此犹元刊本，为瞿氏所藏，录之以存其庐山真面焉。吴师道《敬乡录》称宋王师古有《通鉴集义》八十卷，今其书久佚。师古字唐卿，绍兴甲戌进士，即王象之之父。

今按：元刻本（存卷一至十四）；明洪武二十一年梅溪书院刻本（国家图书馆藏）；明景泰元年魏氏仁实书堂刻本（国家图书馆、上海图书馆藏）；明刻本（浙江图书馆藏）。

资治通鉴纲目集览正误

明陈济撰。

明杨士奇《通鉴纲目集览正误序》：朱文公因司马文正《资治通鉴》作《纲目》五十九卷，大书为纲，分注为目。其书则孔子作《春秋》之义，以正人心，植世教，有助于治道者也。分注既详，而其言与事或出于深僻，有非浅鲜所能遽通。昔王行卿尝著《集览》以便学者，其意善矣。然其间不无《文选》蹲鸱之陋。亡友右春坊赞善陈济伯载为正其谬误四百余事，名曰《集览正误》。伯载学博识端，于此书致力勤而历年，多考据精切，殆无余憾，有助于《纲目》者也。其书故藏予家，近陪太师英国公在史馆间，论及《纲目》书，公益深叹《集览》之误。因出伯载所著，公阅而是之，曰："宜广其传。"遂取梓行之。嗟乎！《纲目》，有关治道之书也。伯载此编，诚不可无者。太师公勋德大臣，好贤重儒之有素，而图其不泯，所存厚矣。士君子有志尊主庇民之道，而欲稽古以扩充焉者，是编岂小补之哉！予深嘉之，故为序诸简首。《东里续集》卷一四。

《天一阁书目》卷二之一《史部》：《纲目集览正误》二卷，刊本，明昆陵陈济撰。永乐壬寅自序云："《资治通鉴》全书二百九十四卷，惟胡三省《音注》优于诸家。第卷帙浩繁，人不易致，故学者多读《纲目》。王行卿《集览》为《纲目》而作，惜草率欠精，缪戾为多。辄用他书考正，无虑数四百余条。久而成编，姑遗儿辈习之。"

《千顷堂书目》卷五《史学类》：陈济《资治通鉴纲目集览正误》五十九卷。

《明史》卷九七《艺文二》：陈济《通鉴纲目集览正误》五十九卷。

《增订四库简明目录标注》卷五《史部二》：陈济《集览正误》二卷。

今按：明宣德四年张辅刻成化六年陈鉴重修本（国家图书馆藏，沈德寿跋）。

通鉴纲目集览镌误

明瞿佑撰。

《脉望馆书目·史评》:《纲目集览镌误》一本。

《千顷堂书目》卷五《史学类》:瞿佑《通鉴纲目集览镌误》一卷。

《钱遵王述古堂藏书目录》卷三《史》:瞿宗吉《通鉴纲目集览镌误》三卷。一本。

《虞山钱遵王藏书目录汇编》卷二《史部》:瞿宗吉《通鉴纲目集览镌误》三卷。据述史补。

《季沧苇藏书目·宋元杂板书》:《纲目集览镌误》一本。

《爱日精庐藏书简目》:《通鉴纲目集览镌误》三卷，附《纲目考异辨疑》，明永乐刊本。

《爱日精庐藏书志》卷九《史部》:《通鉴纲目集览镌误》三卷附《纲目考异辨疑》。明永乐刊本，季苍（沧）苇藏书。

明瞿佑撰，纠王幼学《集览》之误。《集览》一书，谬误宏多，本不足辨。惟其书散附《纲目》，盖已家弦户诵。非瞿氏一一摘出，孰知其荒谬一至此耶？故录存之。卷首有“季振宜藏书”印记。

望江王氏之著《集览》也，自谓积二十年，七易稿而后成。其用心盖亦勤矣。读《鉴》者争先快睹，视犹指南，共珍惜而尊信之。予自幼阅《分注》，遇有疑难，试出是编以考焉，则亦缺然无所稽载也。窃意所志者，不过地理之沿革，官制之变更，音训之异同，句读之断续而已。遂高阁束之，未暇遍览也。不料残龄久拘囹圄，长昼默坐，无所用心。适都督袁公赍《纲目》一部，乃建宁新版，就于《分注》下附刊《集览》者，因得以备观焉。则荒辞猥注，层见错出。地理不分南北，官制不辨古今，音训谬于理，而句读不成文，甚则违道背义而肆为臆说者有之。盖向者自为一书，虽有舛误，人未易见。今附录于后，随事证验，玼璺了然，始不可得而掩矣。辄不自揆，每事以片楮录之，久而盈箧。公因命标注于卷上，遂不获辞，既而仍存其旧稿。凡二百一十六条，析为上中下三卷。第以患难中，别无书籍可考，而新版又多脱略，乏善本校正，为可恨耳。嗟夫！磨光刮垢，固知获谴于前人；承误踵讹，又恐传疑于后学。然与其为《公羊》之罪人，宁为《穀梁》之忠臣也。

永乐八年岁在庚寅冬十月初吉钱塘瞿佑谨书。

《增订四库简明目录标注》卷五《史部二》：瞿佑《集览镌误》三卷，一本。附《纲目考异辨疑》。明永乐中刊本。

《四库未收书目提要续编》卷二《史部》：《通鉴纲目集览镌误》三卷、附《纲目考异辨疑》一卷，明瞿佑撰。佑有《四时宜忌》，《四库》已列入《存目》。是编以王幼学《集览》舛误迭出，凡地理不分南北，官制不辨古今，音训谬于理，句读不成文，甚至有违道背义肆为臆说者，皆一一纠之，得一百一十六条，虽未免稍涉吹求，而大率多中其失。惟佑以作诗事谪戍保阳，撰此书时，尚在戍所，未能征引他书，使地理沿革、官制变更、音训异同、句读断续，言言有据。又未见原本，仅据建宁《新刊纲目分注附集览》本，往往有原本未误者，恐未尽足以折服其心。前有永乐庚寅自序，称“患难中别无书籍可考，而新版又多脱略，乏善本校正为可恨”云云，是则佑亦自知之也。所附《纲目考异辨疑》，乃驳汪克宽之说，亦可存焉。《提要》于张庚《通鉴纲目释地纠谬》，以为《集览》荒陋，本不足与辨，不知业为黄仲昭散入《纲目》各条下，则《集览》已家弦户诵，安得任其疑误后学。是故摭实之学，佑非其长，而此书所镌，要亦未尝不可节取，特过而存之焉。

今按：明永乐八年刻本（上海图书馆藏，明赵琦美跋）。

纲目集览正误

明释信受撰。

《千顷堂书目》卷五《史学类》：释信受《纲目集览正误》。

通鉴纲目考证

元徐昭文撰。

明朱右《通鉴纲目考证序》：上虞徐昭文考朱子《通鉴纲目凡例》，以证刊本脱误，及补朱子之未备，凡若干卷，名曰《考证》。有以淑后之人，其功不细矣。予乃为之序曰：大道之世，典礼命讨皆原于天，礼乐征伐自天子出，书不作可也。大道既隐，礼乐征伐出自陪臣，刑爵不咨于众，吾夫子盖不得已而托二百四十二年典礼命讨之权，此《春秋》之所由作也。自时明王不兴，治教靡著，奸臣、女后擅政滋甚，司马氏述左氏为编年，而发原于韩、赵、魏，亦以王纲所系，典礼所存，而天下之大经大法在焉。子朱子又祖《春秋》以修《纲目》，其岁年之久近，国统之离合，政刑之得失，人材之贤否，大书以提其要，分注以备其辞，诚有得于笔削遗意，后世之鉴诫昭矣。近代尹起莘《发明》既相依附，汪克宽《考异》又多未精。比以朱子《凡例》参会今本，未免致疑。兹读徐君《考证》，则涣然冰释矣。其大者如莽之弑帝，必加进毒；操、懿进爵，必加自为；刘裕、朱晃称帝，必著其姓。君臣之义，凛不可犯。汉昭烈章武三年，分注建兴；晋武大康十一年，分注永熙；父子之伦有叙不紊。如汉景尊太后，则加薄氏；帝禅立张后，则加贵人。于以别嫡庶贵贱之分。窦宪曰舅，梁冀曰后兄，杨坚曰后父，杨钊曰贵妃兄。于以惩外戚僭窃之祸。高力士、李辅国、程元振辈，皆书宦者。于以防寺人干政之患。拓跋禄官、南诏酋龙之卒，皆以死书。于以戒蕃将用事之渐。李从珂必书养子，又以明异姓绝嗣之危。他如高后废少帝，则改曰主。霍光辅少主，则改曰帝。至若临视、如幸、攻讨、诛弑，莫不注意而备书之。一字褒贬，善恶靡逃，然后朱子立言之旨无毫发爽。其君臣贤否之实，治乱盛衰之机，已了然于心目间，学者自是无缺略抵牾之患。徐君之用心可谓公且勤矣。使朱子复生，必将有起予之叹。是书之行，讵不有关于世教也哉！其徒将锓梓以传，遂书于首简。《白云稿》卷五。

《绛云楼书目》卷一《编年类》：《通鉴纲目考证》一册。徐昭文，元人。此书出于汪克宽《考异》之后。

《千顷堂书目》卷五《史学类》：徐昭文《资治通鉴纲目考证》五十九卷。字季章，上虞人，韩性门人。

《钱遵王述古堂藏书目录》卷三《史》：徐昭文《通鉴纲目考证》一卷，一本。

《虞山钱遵王藏书目录汇编》卷二《史部》：徐昭文《通鉴纲目考证》一卷。据述史补。

《季沧苇藏书目·宋元杂板书》：《通鉴纲目考证》一本。

《增订四库简明目录标注》卷五《史部二》：徐昭文《考证》一卷。

纲目音训

元孔克表撰。

《文渊阁书目》卷六：孔克表《纲目音训》一部一册，缺。

通鉴纲目附释

元孔克表撰。

《千顷堂书目》卷五《史学类》：孔克表《通鉴纲目附释》。字正夫，永嘉人，孔子五十五世孙，元至正戊子进士，官翰林院修撰。（卢补）

通鉴纲目音释

明孙吾与撰。

《文渊阁书目》卷六：孙吾与《纲目音释》一部一册，缺。

《千顷堂书目》卷五《史学类》：孙吾与《通鉴纲目音释》一集。

朱子纲目折衷

明周礼撰。

《千顷堂书目》卷五《史学类》：周礼《朱子纲目折衷》，又《续编纲目发明》，又《通鉴外纪论断》。三书弘治中进呈。

纲目撮要补遗

明郑瓘撰。

《千顷堂书目》卷五《史学类》：郑瓘《纲目撮要补遗》。字温卿，兰溪人，弘治庚戌进士，楚雄府通判。

通鉴纲目集说

明扶安撰，晏宏补校。

《传是楼书目·史部》：明扶安、晏宏《通鉴纲目集说》五十九卷。

《天禄琳琅书目》卷八《明版史部》：《资治通鉴纲目集说》，八函六十二册。明扶安辑。《纲目》五十九卷，《前编》二卷。首列朱子《序例》，次朱子《与赵师渊论纲目书》，次元汪克宽《考异序》、徐昭文《考证序》、宋王幼学《集览序》、明陈济《正误序》、冯智舒《质实序》、尹起莘《发明序》、元揭傒斯《书法序》，次历代先儒姓氏，次明晏宏识语，次朱子《纲目凡例》《纲目目录》，次明刘玑序。刘玑序称"镇守陕西東斋晏先生集胡三省《音注》、吕东莱《大事记》《少微通鉴》《大明一统志》、丘濬《世史正纲》诸家之说，合而为一稿。虽其师马平扶先生自立，然实托诸先生以成之也"。又称"马平，讳安，字世宁，卒年七十有二。朝廷赐祠额'昭义'，荫其侄孙数人。東斋，名宏，字约之"云云。考《明史·职官志》，有以文臣而称镇守者，永乐时命尚书侍郎、都御史、少卿等官巡行天下，初名巡抚，亦名镇守，后定为巡抚，或加提督，或加赞理、参赞并总督诸名，不复称镇守。惟内监为镇守者，始于洪熙，遍于正统，凡各省镇无不有之，至嘉靖八年后始革。今按，玑序作于嘉靖己丑，正嘉靖八年，其犹称晏宏为镇守，则为宦官无疑矣。而扶安之赐祠赐荫，亦明代内寺恩幸之常数也。"王道浚"收藏诸印无考。

《八千卷楼书目》卷四《史部》：《资治通鉴纲目集说》五十九卷、《前编》二卷，明扶安、晏宏同撰。明刊本。

《善本书室藏书志》卷七《史部》：《资治通鉴纲目集说》五十九卷、《前编》二卷，明嘉靖刊本。明扶安原辑，晏宏补校。安字世宁，别号静安，马平人，卒于嘉靖乙酉，赐葬祭祠，额曰"昭义"。宏字约之，号東斋，明世宗时宦者，嘉靖时镇守陕西。是书首列朱子序例，次朱子《与赵师渊论纲目书》，次元汪克宽《考异序》、徐昭文《考证序》、宋王幼学《集览序》、明陈济《正误序》、冯智舒《质实序》、尹起莘《发明序》、元揭傒斯《书法序》，次历代先儒姓氏，次晏宏识语，次朱子《纲目凡例》《纲目目录》，次户部尚书致仕关中刘玑序，云："《通鉴纲目》，朱子本司马温公《资治通鉴》而修，此又今镇守陕西東斋晏先生以音注、谥法、正统、地理，《纲目》所未载者，则集胡三省、吕东莱《少微通鉴》《大明一统志》、丘琼台《世史正纲》诸家之说，合而为一者也。其书法虽本《纲目》，然中间亦有应书主而书帝，应书死而书卒，悉考正之。且《集览》《质实》《正误》多在逐段之末，则移之于各句之下。及字有难识、一字数音，而义各不同者，则遍考《洪武正韵》《玉篇》《五音集韵》《篇海》《韵府》诸书。若唐诗咏史、胡曾《百将传》《中州集》，凡关风化诸诗，亦标诸简端，以便后学观览。稿虽其师马平扶先生手自创立，然实先生自闲居至镇守，凡阅二十余寒暑而成。复患《纲目》断自周威烈王以后中古以前，三皇五帝三王，皆继天立极，使无所纪，则后世不知所自。乃遵时制，复取孝庙时史官纂修《通鉴节要》以冠于前。譬诸水木，始有本源矣。”是书《四库》不收，《天禄琳琅》藏之。且考《明史·职官志》内监为镇守者，始于洪熙，遍于正统，几各省无不有之。至嘉靖八年后始革。今按，巩序作于嘉靖己丑，适当嘉靖八年，其犹称晏宏为镇守，则为宦官无疑矣。按《群书集事渊海》，为内官贾某所刊，吏部尚书洛阳刘健序，称“贾公雅好文事，日以传达帝命至内阁”。今且称扶、晏为先生，可以见当日风气云。

《四库未收书目提要续编》卷二《史部》:《资治通鉴纲目集说》五十九卷、《前编》二卷，明扶安撰，晏宏补校。安字世宁，别号静安，马平人，嘉靖乙酉卒，赐葬祭祠，额曰“昭义”。宏字约之，号东斋，明世宗时宦者，嘉靖间镇守陕西。是编首列朱熹序例，次熹《与赵师渊论纲目书》，次汪克宽《考异序》、徐昭文《考证序》、王幼学《集览序》、明陈济《正误序》、冯智舒《质实序》、宋尹起莘《发明序》、元揭傒斯《书法序》，次历代先儒姓氏，次晏宏识语，次朱熹《纲目凡例》《纲目目录》，次嘉靖己丑刘巩序。殆无义例可言。书中以音注、谥法、正统、地理，《纲目》所未载者，则集胡三省注及《明一统志》、丘濬《世史正纲》诸家之说以附之。其一字而数音数义者，又据《玉篇》《五音集韵》《篇海》《韵府》《洪武正韵》诸书以益之，采缀亦殊丛杂。以唐诗咏史、胡曾《百将传》《中州集》凡关风化诸篇，标诸简端，尤不伦不类。《书法》虽本《纲目》，而以为应书主而书帝，应书死而书卒者，悉为改易，义未尽允，观崇祯间张自勋《纲目续麟》可见。惟将《集览》《质实》《正误》之在逐段末者，移于各句下，较便浏览耳。据巩序，知稿创自安，而宏阅二十余年始成，复遵时制，取孝庙时史官纂修《通鉴节要》,以三皇五帝三王冠于前。然则安书原本,或不至如是芜秽欤。此江南图书馆所藏嘉靖原刊本，附录之以见后世宦官之无李巡其人也。

今按:明嘉靖间晏宏刻本(国家图书馆、上海图书馆、复旦大学图书馆、南京图书馆藏)。

通鉴纲目集要

明蔡伸撰。

《万卷堂书目》卷二《编年》:《通鉴纲目集要》十卷。

《赵定宇书目·杨升庵书集目录·内府板书》:《纲目集要》。

《千顷堂书目》卷四《编年类》: 蔡伸《通鉴纲目集要》十卷。

通鉴纲目发微

明王峰撰。

《千顷堂书目》卷五《史学类》: 王峰《通鉴纲目发微》三十卷。南直隶通州人。

《也是园藏书目》卷二《史部》:《通鉴纲目发微》八卷。

《虞山钱遵王藏书目录汇编》卷二《史部》:《通鉴纲目发微》八卷。

通鉴纲目事类

明包瑜撰。

《万卷堂书目》卷二《编年》:《通鉴纲目事类》一百二十一卷。包瑜。

《晁氏宝文堂书目》卷上《史》:《通鉴纲目事类》。

《季沧苇藏书目·宋元杂板书》:《通鉴纲目事类》一百廿一卷，八十本。

《千顷堂书目》卷四《编年类》: 包瑜《通鉴纲目事类》一百二十一卷。

今按：明刻本(无锡市图书馆藏，缺)。

通鉴纲目前编

宋金履祥撰。

《四库全书总目》卷四七《史部三·编年类》:《通鉴前编》十八卷《举要》三卷，编修邵晋涵家藏本。宋金履祥撰。履祥有《尚书表注》，已著录。案柳贯作《履祥行状》曰:“司马文正作《资治通鉴》,系年著代。秘书丞刘恕作《外纪》, 以记前事。顾其志不本于经，而信百家之说，不足传信。乃用邵氏《皇极经世书》、胡氏《皇王大纪》之例，损益折衷，一以《尚书》为主。下及《诗》《礼》《春秋》，旁采旧史、诸子，表年系事，复加训释。断自唐尧，以下接于《资治通鉴》，勒为一书。既成，以授门人许谦曰：二帝、三王之盛，其微言懿行，后王所当法。战国申、韩之术，其苛法乱政，亦后王所当戒。自周威烈王二十三年以后，司马公既已论次。而春秋以前无编年之书，是编固不可少之著也”云云。盖履祥撰述之意，在于引经据典，以矫刘恕《外纪》之好奇。惟履祥师事王柏，柏勇于改经，履祥亦好持新说。如释“桑土既蚕”，引后所谓桑间为证；释“封十有二山川”，谓营州当云其山碣石，其川辽水;以《笃公刘》《七月》二篇为豳公当时之诗，非周公所追述;又以《七月》为豳诗,《笃公刘》即为豳雅；皆不免于臆断。以《春秋》书尹氏卒为即与隐公同归于鲁之郑大夫尹氏，尤为附会。至于引《周书》记异，于周昭王二十二年书释氏生。则其征引群籍，去取失当，亦未必遽在恕书上也。然援据颇博,其审定群说,亦多与经训相发明。在讲学诸家中,犹可谓究心史籍,不为游谈者矣。履祥自撰《后序》,谓既编《年表》,例须表题,故别为《举要》三卷。凡所引经传子史之文,皆作大书。惟《训释》及《案语》则以小字夹注,附缀于后。盖避朱子《纲目》之体,而稍变《通鉴》之式。后来浙江重刻之本,列《举要》为纲，以经传子史之文为目，而《训释》仍错出其间，已非其旧。又《通鉴纲目》刊本,或以此书为冠,题曰《通鉴纲目前编》,亦后来所改名。今仍从原本，与《纲目》别著于录，以存其真焉。

《鸣野山房书目》卷二《史之二》:《资治通鉴纲目前编》二十五卷，宋金履祥编；正编五十九卷，宋朱熹编；续编二十七卷，明商辂续。

《思补精舍书目·史部》:《纲目前编》十八卷《举要》三卷，宋金履祥撰。

通鉴纲目前编

明许诰撰。

明何瑭《通鉴纲目前编序》：作史果难乎？据事直书，吾未见其难也。作史果易乎？孔子作《春秋》，笔则笔，削则削，游夏不能赞一辞。然则谓之易，不可也。盖据事直书，可能也。考订史籍之讹，曲尽事物之变，使往古之迹洞见于笔削之间，是非之实不谬于予夺之际，则非学问精博识见平正者不可能也。是固不易矣。友人函谷许子，以《春秋》终于获麟，《纲目》始于周侯三晋，中间断而不续余七十年，乃作《通鉴纲目前编》三卷以补其缺。参稽诸史，旁及经传，岁月事迹之讹，悉加考订。至于大书提要，分注备言，则取法于《春秋》《纲目》。其用心可谓劳矣。间以示瑭，俾序诸首。瑭惟古之圣贤得位行道，则不暇著书。其著书者，大抵多出于穷居困阨之士。盖其学问识见既足以经济天下，而目前之事又有以感触其心，欲起而治之不可得，故不得已而寓于著述之间，使后世有能信而行之者。则施设之权虽不自我出，而道固已行矣。孔子之作《春秋》、朱子之作《纲目》，皆此意也。函谷之作是编，夫岂偶然哉？函谷在孝宗朝任黄门给事，在武宗朝任翰林检讨，位尝显矣。值逆瑾用事，尊甫冢宰公以持正相忤致仕，函谷及弟松皋皆外补。瑾诛，征拜尚宝卿。函谷遂辞位家居，著书立言，若将没齿。其作此编，不可谓之无意也。顷以当道论荐，征拜南京通政司参议，渐当柄用。呜呼！圣贤之道，未得位则寓于书，既得位则行于时，自古皆然。吾于函谷有望矣。函谷之学问识见，备作史之难，观者自能得之，不暇多赞。姑书此编首，以明雅志，以征他日云。《柏斋集》卷五。

《天一阁书目》卷二之一《史部》：《纲目前编》三卷。刊本。明许诰著，嘉靖丙戌弟许赞序。

《万卷堂书目》卷二《编年》：《通鉴纲目前编》三卷。许诰。

《徐氏家藏书目》卷二《史部》：《通鉴纲目前编》三卷。许诰。

《千顷堂书目》卷四《编年类》：许诰《纲目前编》三卷。

《明史》卷九七《艺文二》：许诰《纲目前编》三卷。

《怡府书目》六号：《资治通鉴纲目前编》，六本。

《怡府书目》十一号：《资治通鉴纲目前编》，九本。

《怡府书目》三十六号：《资治通鉴纲目前编》，六本。

《怡府书目》六十八号：《资治通鉴纲目前编》，六本。

《怡府书目》九十五号：《资治通鉴纲目前编》，六本。（今按，以上七条著录，不言著者、时代、卷数，暂置此，待考。）

《四库全书总目》卷四八《史部四·编年类存目》：《通鉴纲目前编》三卷，江苏巡抚采进本。明许诰撰。诰自号函谷山人，灵宝人，吏部尚书进之子，文渊阁大学士赞之兄，兵部尚书论之弟。弘治己未进士，官至南京户部尚书，谥庄敏。事迹附见《明史·许进传》。是书以司马光《通鉴》、朱子《纲目》皆不直接《春秋》，中间缺七十余年之事，金履祥《通鉴前编》，书法又多舛迕，乃重辑是编，以订讹补缺。其中如辨宋昭公非周元孙，魏文侯未弑晋幽公，赵鞅、赵无恤之卒岁《史记》并误，亦小有考证。而摹仿《春秋》过甚，拘文牵义，往往画虎不成。又或生例于《春秋》之外，如《春秋》书卫侯毁灭邢，说者谓恶其灭同姓。又或以为因下卫侯毁卒之文而讹，已非成例。而诰于楚子章灭陈书名，于越勾践灭吴并削爵。《史记·越世家》："越致贡于周，周元王使人赐勾践胙，命为伯。"所谓伯者，盖为方伯，非由子爵晋为伯爵也。诰乃自是，俱书越伯。至于《春秋》无事必书时，例也，于春特书王正月，明正朔也。诰于无事之年既不备书，又不书王正月，必于年下别标一"春"字。《自序》谓"行夏时，重岁首也"，亦不善于学步矣。

今按：明嘉靖五年刻本（天一阁文物保管所藏）。

通鉴纲目前编

明南轩撰。

《澹生堂藏书目》卷四《史类第三》：《资治通鉴纲目前编》十册。二十五卷，明南轩。

《四库全书总目》卷四八《史部四·编年类存目》：《通鉴纲目前编》二十五卷，编修邵晋涵家藏本。明南轩撰。轩，字叔后，渭南人。据轩《自序》，题吏部文选司郎中前翰林院庶吉士。《明史》附见《南居益传》，亦云官吏部郎中，尝著《纲目前编》。然又有其门人杨光训《序》，称轩为渭上先生，壮游金马，阅铨曹，历藩臬。是其官不终于郎中。《陕西通志》称其终山东参议，与光训《序》合，当得其实。然《太学进士题名碑录》载轩为嘉靖癸丑进士，而《通志》作甲辰进士，则《通志》又传写之误矣。此书以金履祥《通鉴前编》、陈桱《通鉴前编外纪》合并删削，共为一编。起自伏羲，终于周威烈王。然不明提纲分目之法，冗琐糅杂，殊无可取。至于引《尔雅》曰："熊罴貔貅貙虎六者，猛兽可以教战。"引《左传》曰："龙角亢星也，建戌之月见于东方，故戒民以土工之事。"《尔雅》《左传》皆无其文。盖有明一代，八比盛而古学荒。诸经注疏，皆以不切于时文，庋置高阁。故杂采类书，以讹传讹，至于如此。又金履祥受业王柏，故征引师说，称"子王子"。此书既尽变履祥之例，而引王柏之说，仍称为"子王子"，是更与不去葛、龚同一例矣。

《万卷精华楼藏书记》卷二九《史部二》:《资治通鉴纲目前编》二十五卷，明南轩撰。《纲目全书》本。起伏羲终威烈王二十三年。首扬光训序，次原始，次辨体，次万历乙未南轩序，次义例，次辨疑，次目录。谨案，殿本《纲目全书前编》为金履祥所著，与此本不同。此本见《存目》。

《郑堂读书记》卷一六《史部二》:《通鉴纲目前编》二十五卷，明长洲陈氏刊本。明南轩撰。轩字叔后，渭南人，嘉靖癸丑进士，官至山东参议。《四库全书》存目。《明史·艺文志》亦载之。叔后因金仁山《通鉴前编》独断自尧以下，以子史传记诸家之说与经语并提大书，殊失尊经之体。而陈子经《通鉴前编外纪》泝自盘古，迄于高辛，其中多不经之谈，又非传信之书。乃起伏羲氏，终周威烈王二十三年，为此编。大都即金、陈两家合并删削，分纲列目，悉仿朱子之体。间有引他书以附益者，颇多舛漏，由其胸无卷轴，专凭类书也。前有自引、原始、义例、辨体、辨疑五则，及其门人杨光训序。此本又为陈明卿评阅重刊。

今按：明万历二十四年展卷堂刻本（复旦大学图书馆藏）；明万历二十八年朱燮元等刻本（南京图书馆藏）；明刻本（福安县图书馆藏）。

通鉴纲目前编

明陈仁锡撰。

《许氏古韵阁书目》卷一《史部》:《资治通鉴纲目前编》二十五卷，明陈仁锡撰，陈氏刊本。

今按：明崇祯三年刻本（北京大学图书馆、中国科学院图书馆、上海图书馆、湖北省图书馆藏）；清嘉庆八年敬书堂刻本（上海图书馆藏）；清嘉庆九年姑苏聚文堂刻本（辽宁省图书馆藏）。

续资治通鉴纲目

明商辂等撰。

《濮阳蒲汀李先生家藏目录》中间朝西二柜：《续资治通鉴纲目》。二套十四本。

《赵定宇书目·杨升庵书集目录·内府板书》：《续纲目》。

《世善堂藏书目录》卷上《史类》：《续资治通鉴纲目》。

《国史经籍志》卷一《敕修》：《续资治通鉴纲目》二十七卷。

《澹生堂藏书目》卷四《史类第三》：《资治通鉴纲目续编》二十七册。二十七卷。

《百川书志》卷四《史》：《续资治通鉴纲目》二十七卷，皇明文渊阁学士商辂修。

《天一阁书目》卷二之一《史部》：《续资治通鉴纲目》二十七卷。明大学士商辂等奉敕纂修并表上。成化十二年御制序。

《千顷堂书目》卷四《编年类》：《续宋元资治通鉴纲目》二十七卷。成化九年敕修，遵朱熹《资治通鉴纲目》例，纂宋元二史，上续其书。总裁大学士彭时、户部尚书商辂、礼部尚书万安。

《也是园藏书目》卷二《史部》：《续资治通鉴纲目》二十七卷。

《明史》卷九七《艺文二》：《续宋元资治通鉴纲目》二十七卷，成化中商辂等修。

《传是楼书目·史部》：《续资治通鉴纲目》一部二十七卷。明商辂。十四本。

《竹垞行笈书目》“版”字号：《续纲目》十本。

《振绮堂书目》卷一：《御批续通鉴纲目》十四册。

《怡府书目》十号：《纲目续编》，十四本。

《怡府书目》三十七号：《通鉴纲目续编》，二十七本。

《怡府书目》四十四号：《通鉴纲目续编》，十一本，不全。

《怡府书目》六十号：《通鉴纲目续编》，十四本。

《怡府书目》九十号：《资治通鉴纲目续编》，十四本。

《怡府书目》四百十五号：《通鉴纲目续编》，二套，计十四本。

《郑堂读书记》卷一六《史部二》：《续资治通鉴纲目》二十七卷，明长洲陈氏刊本。明商辂等奉敕撰。辂字宏载，淳安人，宣德乙卯乡试、乙丑会试、殿试，俱第一。官至谨身殿大学士，谥文毅。《明史·艺文志》、焦氏《经籍志》制书类俱载之。《四库全书提要》因有圣祖仁皇帝御批，著录于《史评类》。明宪宗以李焘《长编》、陈桱《续编》采择不精，是非颇谬，乃敕辂等一遵朱子凡例，编纂是书。上接朱子《纲目》，始于宋建隆庚申，终于元至正丁未。其事迹悉据正史，参取《长编》《续编》《经世大典》等书增入订正。或事有疑，正史不载，而传闻彰著者，略述于目之末，以圈隔之。或书其人曰，以为别诸儒论断，附于目中，皆称姓名。其出于正史者，止称史臣。其采辑颇博，而不免有偏谬之处。以言乎续紫阳之作，尚有待于刊正矣。后余姚周礼撰《发明》、张时泰撰《广义》，其中谬妄更不一而足。本各自为书，陈明卿合而为一，评阅重刊。前载成化十二年御制序、辂等进表及凡例，并礼进《发明》表及自序、余杭邵氏序，又有时泰进《广义》表。

《八千卷楼书目》卷四《史部》：《续纲目》二十七卷，明商辂撰。明刊本、慎独斋刊本。

《万卷精华楼藏书记》卷二九《史部二》：《续资治通鉴纲目》二十七卷，明商辂等撰。纲目全书本。成化十二年御制序。既刻《纲目》，因命儒臣遵朱子凡例，编纂宋元二史，上接《纲目》为一书。次商辂等进书表，次监生张时泰《进续纲目广义表》，书凡二十七卷。次周礼《进纲目发明表》，书凡二十七卷。弘治丙辰辂自序。次仰儒《发明序》，其《广义》《发明》，俱刻入《续编》。次目录。文光案，《纲目》合注本初刻于宣德壬子，刘宽序，此本无《质实》。再刻于弘治丙辰，黄仲昭序。三刻于正德八年，姚委刘刊。四刻于崇祯十年，陈仁锡评阅，合前后编同刊，是为《纲目全书》。嘉庆甲子年书林重刊。有通行本。此习见之书，本不足录，惟读《纲目》者不知其为三书也。知有前后编者，又不知为谁著也。至于某之《集览》，某之《质实》，何时所刻，何人所合，更莫能辨。眼前之书已昏昏，是古书之面目如何能识？因详著之，使知其由来。吾乡读史者如观小说，或藉以遣睡，或资为谈柄，尚何望哉？

《增订四库简明目录标注》卷五《史部二》：《续资治通鉴纲目》二十七卷，明商辂撰，明刊本。续录：明成化时官刊本，八行，二十字，黑口双边。前有纂修官衔十五行，小字双行。入存目。明弘治十一年刊本，题周德恭撰。

今按：明成化十二年内府刻本（国家图书馆、北京大学图书馆、上海图书馆、辽宁省图书馆、山东省图书馆、浙江图书馆藏）；明刻本（首都图书馆藏）；《通鉴纲目全书》本；《资治通鉴纲目四编合刻》本。

续资治通鉴纲目广义

明张时泰撰。

《赵定宇书目·沈滨庄》：《续纲目广义》。四本。

《天一阁书目》卷二之一《史部》：《续资治通鉴纲目广义》十七卷，刊本，明云间张时泰著并表上。弘治己酉南城罗玘序。

《奕庆藏书楼书目》史之二《编年》：《续资治通鉴纲目广义》。十七卷，一套，六本，云间张时泰著。

《千顷堂书目》卷五《史学类》：张时泰《续资治通鉴纲目广义》十七卷。字吉甫，华亭人，秀水县训道。嘉靖中进呈史馆。

《明史》卷九七《艺文二》：张时泰《续通鉴纲目广义》十七卷。

《传是楼书目·史部》：张时泰《续资治通鉴纲目广义》二十七卷。

今按：明弘治三年自刻本（国家图书馆、上海图书馆藏）。

通鉴纲目要略

明秦继宗撰。

《澹生堂藏书目》卷四《史类第三》：《通鉴纲目要略》十册。十二卷，秦继宗。

今按：明万历四十一年刻本（美国普林斯顿大学藏）。

纲目问答

明陈曾晔撰。

《千顷堂书目》卷五《史学类》：陈曾晔《纲目问答》。汇诸史考订。

纲目集略

明赵□辑。

《文瑞楼藏书目》卷二《史部》：《纲目集略》五卷，明赵□辑。

通鉴纲目六家注录

明黄仲昭撰。

《千顷堂书目》卷四《编年类》：黄仲昭《通鉴纲目六家注录》五十九卷。以《考异》《考证》《集览》《正误》《书法》《发明》六书，各自为书，不便览，乃分录于《纲目》各条之下，而为此书。（卢补）

纲目续麟

明张自勋撰。

《四库全书总目》卷四七《史部三·编年类》：《纲目续麟》二十卷、《校正凡例》一卷、《附录》一卷、《汇览》三卷，江西巡抚采进本。明张自勋撰。自勋，字卓庵，南昌人。是编成于崇祯癸未。首为《校正凡例》一卷，列朱子《凡例》与刘友益《书法凡例》，而各著所疑。次为《附录》一卷，备列朱子《论纲目手书》十二篇，及李方子《纲目后序》、王柏《书纲目大全后》、徐昭文《纲目考证序证》。《纲目》一书，非惟《分注》非朱子手定，即正纲亦多出赵师渊手，并证刘友益误以晚年未定之本为中年已定之本，遂不求端讯末，强辨诬真。其《续麟》二十卷，则案原书次第，摘列《纲目》及《考异》《书法》《发明》《考证》之文，而一一辨正其是非。《汇览》三卷，则列增删正纲者三千六百四十余字，增删《分注》者四百四十余字。盖《汇览》为改正之本，而《续麟》则发明改正之所以然。《分注》之文，《汇览》仅改其年号、君名、谥号之类，而其他所当改者，以其文太繁，则散见于《续麟》中。盖二书详略互见，相辅为用者也。其宗方孝孺之论，不以统予秦、晋、隋，未免儒生胶固之见。然其他参互比校，每能推其致误之所以然。如唐以前太子即位皆书名，至唐独不书名，刘友益曲为之说，自勋则以为太子即位，前史皆书名，至《唐书》本纪独不书名，《纲目》不过误从史文，不必强为穿凿。又如汉景帝中元年十二月晦日食，《纲目》漏书。三年九月晦日食既，《纲目》漏书"既"字。自勋以为皆《汉书》本纪先漏，《纲目》但据本纪而未见《五行志》，故有此失，别无他义。皆足破陋儒附会之说。他若唐太宗贞观元年书征隋秘书监刘子翼不至，刘友益《书法》称书不至何，美子翼也。尹起莘《发明》亦以特书隋官为美之。自勋则据《唐书·刘祎之传》，载子翼后复召拜吴王府功曹参军，终著作郎、弘文馆直学士，谓《纲目》失考，误以为陶潜一例。如是之类，其说皆凿凿有征，非故与朱子为难者比。至于《凡例》称曹丕、刘裕书姓，而《纲目》书宋王裕乃无"刘"字。又《凡例》称宦者封爵皆加"宦者"字，如郑众之属，而《纲目》书郑众封鄛乡侯乃无"宦者"字。用证《纲目》传写刊刻，不免讹脱，不必以抄胥刻工之失，执为朱子之笔削。尤为洞悉事理之言，视徒博尊朱子之名而牵合迂谬，反晦朱子之本旨者，相去远矣。谨案：四库编纂之例，凡笺注古书者仍以所笺所注之时代为次。是书本为朱子《纲目》而作，《纲目》经圣祖仁皇帝御批，当以御批为主，已恭录于《史评类》中。故《编年类》中不录《纲目》，而是编及芮长恤、陈景云书则仍从《纲目》之次序，列诸此焉。

《藏园订补郘亭知见传本书目》卷四《史部二》:《纲目续麟》二十卷、《校正凡例》一卷、《附录》一卷、《汇览》三卷，明张自勋撰。按:《四库》著录，莫氏失收。

纲目续麟汇览

明张自勋撰。

《八千卷楼书目》卷四《史部》:《纲目汇览》三卷，明张自勋撰。刊本。

今按：清抄本（国家图书馆藏）。

纲目举要

佚名撰。

《文渊阁书目》卷五：《纲目举要》一部二册，缺。

纲目提要

佚名撰。

《文渊阁书目》卷五：《纲目提要》一部十册，缺。《纲目提要》一部四册，缺。

纲目稽疑

佚名撰。

《文渊阁书目》卷六：《纲目稽疑》一部九册，缺。

纲目订正

明杨伯珂撰。

《千顷堂书目》卷四《编年类》：杨伯珂《纲目订正》。字直甫，淮安大河卫人，万历丙戌进士，汾州府同知。

纲目述史断要

佚名撰。

《晁氏宝文堂书目》卷上《史》：《纲目述史断要》。

三家注纲目

佚名撰。

《晁氏宝文堂书目》卷上《史》:《三家注纲目》。

纲目标题要选

明王世贞撰。

《传是楼书目·史部》: 明王世贞《纲目标题要选》十二卷。

朱子纲目辑略

清周简庵撰。

清周简庵《朱子纲目辑略序》: 忆少时从学于世父好生先生，尝举陆清献公之言曰:“学者不可不穷经，又不可不读史。经以载道，道不明无以探性命之精;史以载事，事不核无以识治乱之故。史之有《春秋》，尚矣。自司马迁以下，变编年为纪传，虽事颇详核，而抑扬进退，或不能合乎天下万世之公。朱紫阳因司马温公《资治通鉴》，提纲以断是非，列目以详事实，深得《春秋》之旨。学者必先从事于朱子《纲目》，则胸有权度，然后读诸家之史，乃可以不惑于异说。”盖好生先生与陆清献公为道义交，生平教训后学，其所称述多类此，此其一端也。时家贫无此书，居乡僻陋，无从借阅。后馆朱溪既翕堂张氏，乃得借阅而伏读之。其中如大书、细书之辨，以昭烈继汉，以嗣圣系唐，扬雄之书“莽大夫”，陶潜之书“晋处士”，上下一千三百余年微显阐幽，实发前人所未发。继复遍阅历代全史，益叹此书之是非褒贬，悉合乎天理之公、人心之正。而好生先生所述陆清献公之遗训，真信而有征也。岁丁未，馆秦望山单氏，学徒民表好聚书，得朱子《纲目》善本，请于余曰:“先生尝读朱子《纲目》，第小子质钝，如七雄、三国、南北朝、五胡、五代事各系年，不能悉记。愿先生总其始终、撮其大要，庶使小子得其纲领，而后致力于全书，易于见功。”余辞之曰:“昔紫阳已略涑水之所详矣，余何敢复略紫阳之所详哉!”请再三，不获已，乃于功课之余，复取原本熟读三复。凡一代之始终、一王之本末，必前后贯串于胸中，爰取而类叙之。中间稍参论断，篇末又加总论，皆采拾先儒之说，或窃附己意，亦细绎先儒之意而申明之，非敢臆断也。但挂一漏万，取讥博雅，聊为生徒读史入门之资，藏之箧中，何敢出以问世？前年漳浦鹿皋王公闻有是书，索而阅之，怂恿付梓，余为惭谢。今年秋，及门谋授剞劂，余力阻之，业已开雕，不能禁也。又欲乞当世名公卿序以弁于首，余曰："若是，则重余耻也。"因止存迪喆张表兄旧序，并自序其所以编次之由如此。嗟乎！学者或未读《纲目》，先阅此以略得梗概、粗识大义，于初学或有小补。若曰阅此足矣，《纲目》可以束之高阁也，则余非特为朱紫阳之罪人，而且为陆清献公及好生先生之罪人，是则余之所深惧也。时乾隆己巳八月，书于竹友草堂。《朱子全书》第二十七册《序跋》。

清谢来源《朱子纲目辑略后序》：吾师耻亭先生，潜修力学，颇饶著作，同门生久谋锓梓，以广其传，先生勿之许。己巳秋，金山徐子叔纯首倡捐资，于是诸同门踊跃襄事。余小子念昔年负笈从游于秦山单氏，先生方著《纲目辑略》。时囿于俗，尚欲专攻举子业，未暇遍涉经史，仅抄全帖，藏诸巾笥。辘辘二十年，奔走名场，仍未窥其底蕴也。迩来杜门守拙，重整旧时师授，伏而读之，始有旨味。因与石友张子旋九互相参订，自夏徂秋，经半载而毕。余以此书曾经手授，爰竭蹷独任焉。窃尝论之，汉司马迁变编年为纪传，破《春秋》之大法，唐萧茂挺始能议之。直至宋朱子作《纲目》，远接获麟绝笔，同时惟吕伯恭《大事纪》详略虽异，义理则同。后之续者，弗可及已。明琼山邱氏取方逊志《统论》著《世史正纲》一书，与朱子《纲目》实相吻合，前辈亦称良史，惜耳之而未目也。先生融义例、该事实，折衷诸家之说，以推见历代治乱根原而定其是非。其意旨肃括、议论正大，可与《唐鉴》齐驱并驾。读者诚由是书以求朱子笔削之意，则于道思过半矣。时乾隆庚午春三月既望，受业门人平湖谢来源百拜谨识。《朱子全书》第二十七册《序跋》。

今按：清乾隆十五年刻本（上海图书馆藏）。

纲目大成

清林皋撰。

《徐氏红雨楼书目》卷二《史部》:《纲目大成》六十卷。

订补纲目摘要

清梅士亨撰。

《澹生堂藏书目》卷四《史类第三》:《订补纲目摘要》六册。六卷，梅士亨。

《千顷堂书目》卷五《史学类》: 梅士亨《订补纲目摘要》六卷。

纲目分注拾遗

清芮长恤撰。

《传是楼书目·史部》:《纲目分注拾遗》四卷，清芮长恤，二本。

《四库全书总目》卷四七《史部三·编年类》:《纲目分注补遗》四卷，浙江巡抚采进本。国朝芮长恤撰。长恤，字蒿子，原名城，字岩尹，溧阳人，前明诸生。初，朱子因司马光《通鉴》作《纲目》，以分注浩繁，属其事于天台赵师渊。师渊《讷斋集》中载其往来书牍甚详。盖《分注》之属师渊，犹《通鉴》之佐以刘、范，在朱子原不讳言。因流传刊版未题师渊之名，后人遂误以为《分注》亦出朱子。间有舛漏，皆委曲强为之辞。长恤考究本原，知不出朱子之手。故凡《分注》之删削《通鉴》以至失其本事者，悉列原文某句某字之下。有某句某字于前，而推求事理为之考辨于后。使证佐分明，具有条理。昔元汪克宽力崇道学，笃信新安，而作《考异》一编，订讹正舛，至今与《纲目》并刊。盖是非者天下之公，苟一间未达，于圣人不能无误。而大儒之心廓然无我，亦必不以偶然疏漏，生回护之私。是即真出朱子，亦决不禁后儒之考订，况门人代拟之本哉。且其说皆引据旧文，原书具在，亦非逞臆私谈，凭虚肆辨，如姚江末流所为者，是亦可为《纲目》之功臣矣。陈鼎《留溪外传》列长恤于《理学部》中，称其手著《纲目存遗》等书，盖嫌于朱子尚有所遗，待人之补，故改“补”为“存”，以讳其事。门户之见，又何其陋欤。

《文选楼藏书记》卷二：《纲目分注拾遗》四卷。明芮长恤辑。溧阳人。刊本。是书取《通鉴》《纲目》两书参互考订，条举其异同、详略处而折衷之。

《许氏古韵阁书目》卷一《史部》：《纲目分注补遗》四卷，国朝芮长恤撰，嘉庆刊本。

《藏园订补郘亭知见传本书目》卷四《史部二》：《纲目分注补遗》四卷。国朝芮长恤撰。〇刊本。

《增订四库简明目录标注》卷五《史部二》：《纲目分注补遗》四卷，清芮长恤撰，有刊本。

今按：清康熙二十年留馀堂刻清道光二十八年休宁方德肇重修本（上海图书馆藏）。

通鉴纲目拾遗

清黎邦彦撰。

《本立堂藏书目·史第三》：《通鉴纲目拾遗》四卷，四本。

朱子通鉴札记

佚名撰。

《怡府书目》四百八十七号：《朱子通鉴札记》，一本。

纲目赘言

清张如锦撰。

《拜经楼书目》卷上：《纲目赘言》，抄本，二本。

《拜经楼藏书题跋记》卷二：抄本《纲目赘言》十卷，国朝张如锦撰。前有彭定求序。

纲目订误

清陈景云撰。

《四库全书总目》卷四七《史部三·编年类》:《纲目订误》四卷，江苏巡抚采进本。国朝陈景云撰。初，尹起莘所作《通鉴纲目发明》，凡有疑义，率委曲以通其说。至周密作《癸辛杂识》，始辨其"中宗、武后并书年号"一条，然其说不甚确。后作《齐东野语》，又辨《纲》中"北齐高纬杀其从官六十人"一条；"郭威弑隐帝书'杀'，弑湘阴王书'弑'"一条；"开元九年冬十一月罢诸王都督刺史"等四条；"贞元二年十一月皇后不书氏"一条；《目》中"开皇十七年赦萧摩诃"一条；"贞观元年太宗诘杜淹"一条；则颇中其失。后明末张自勋、国朝芮长恤亦递有订正。景云是书，又捃摭诸家所未及，悉引据前史原文，互相考证。其中毛举细故，虽未免稍涉吹求，然如汉萧望之误书"下狱"，"汉中王即位"条下误载司马光《论》，雍闿之叛误"四郡"为"三郡"，钟会过王戎误书其祖官，曹志免官误作"除名"，拓拔贺傉误为郁律之子，石虎擒刘岳误以为杀王导，论刘允语误脱"布在江州"四字，乞伏步颓之叛误在苻坚败后，孙恩走郁州误作"陷广陵"，宋高祖诫义符语误删"非如兄韶有"五字，始兴王浚在西州误删朱法瑜事，沈文季为仆射误与萧坦之并书，贺拔岳误书雍州刺史，高洋误漏还晋阳，西魏洛阳、平阳以东地入于齐误删"以东"字，陈武帝祔祖于庙误作周事，隋文帝斩问事误作斩所捶之人，柴绍为长史误连下文作咨议，李吉甫漏书罢相，李行言杀强盗误作杀北司，官军乱焚杀李克恭误作自焚，罗绍威表词误以设言为实事，梁以钱镠为吴越国王误复上卷，王峻以枢密使同平章事兼领平卢误作"出镇"，皆指摘精确，足正传讹。附纠汪克宽《考异》误读高密王恢，陈济正误解太兴殿后厅，胡寅《读史管见》误指宇文孝伯谗王轨，及误论安史，刘友益《书法》误论削高侃名诸条，亦皆允当。其于摭实之学，亦可云愈推愈密矣。

《稽瑞楼书目》:《纲目订误》，一册。

《许氏古韵阁书目》卷一《史部》:《纲目订误》四卷，国朝陈景云，旧抄本。

《郑堂读书记》卷一六《史部二》:《纲目订误》四卷，文道十书本。国朝陈景云撰。《四库全书》著录。朱子《纲目》之书，宋人尊之若《春秋》然，莫能赞一辞矣，惟周公谨密《齐东野语》颇摘其失，至元何养正之《测海》，汪环谷之《考异》，张卓庵之《续麟》，国朝芮蒿子之《分注补遗》诸书，递加订正，已极详晰。少章又就诸家所未及订正者，取正史及《通鉴》原文，互相比较，以订其舛谬，皆证以实据，不尚空谈，以较从前各家，真愈推愈密，无以复加矣。书成于康熙癸未，自为之序，安溪李光墺亦为之序。至乾隆甲戌，全州蒋千之良骐始捐赀刊竣，其子黄中为之后跋。

《藏园订补郘亭知见传本书目》卷四《史部二》:《纲目订误》四卷。国朝陈景云撰。〇《文道十书》本。

《八千卷楼书目》卷四《史部》:《纲目订误》四卷，国朝陈景云撰。文道十书本。

《增订四库简明目录标注》卷五《史部二》:《纲目订误》四卷，清陈景云撰，文道十书本。

《清史稿》卷一四六《艺文志二》:《纲目订误》四卷。陈景云撰。

今按 :《文道十书》本 ;《四库全书》本。

御定通鉴纲目三编

清张廷玉等奉敕撰。

《四库全书总目》卷四七《史部三·编年类》:《御定通鉴纲目三编》四十卷，乾隆四十年奉敕撰。初，大学士张廷玉等奉敕采明一代事迹，撰《通鉴纲目三编》，以续朱子及商辂之书。然廷玉等惟以笔削褒贬求书法之谨严，于事迹多所挂漏。又边外诸部，于人名、地名多沿袭旧文，无所考正，尤不免于舛讹。夫朱子创例之初，原以纲仿《春秋》，目仿《左传》。《春秋》大义数千，炳若日星。然不详核《左传》之事迹，于圣人予夺之旨尚终不可明。况史籍编年，仅标梗概于大书，而不具始末于细注，其是非得失，又何自而知。即圣谕所指福藩田土一条，其他条之疏略皆可以例推。至于译语，原取对音。唐以前书，凡外邦人名、地名见于史册者，班班可考。惟两宋屈于强邻，日就削弱，一时秉笔之人，既不能决胜于边圉，又不能运筹于帷幄，遂译以秽语，泄其怨心，实有乖纪载之体。沿及明代，此习未除。如圣谕所指朵颜、青海诸人名，书“图”为“兔”之类，亦往往而有，鄙倍荒唐，尤不可不亟为厘正。

是编仰禀睿裁，于大书体例，皆遵《钦定通鉴辑览》；而细注则详核史传，补遗纠谬，使端委秩然。复各附《发明》，以阐衮钺之义；各增《质实》，以资考证之功。而译语之诞妄者，亦皆遵《钦定辽金元国语解》，一一改正，以传信订讹。较张廷玉等初编之本，实倍为精密。圣人制事，以至善为期。义有未安，不以已成之局而惮于改作。此亦可仰窥万一矣。

《问源楼书目初编》卷首《史部》:《通鉴纲目三编》二十卷，乾隆四年张廷玉等奉敕撰。

又:《御定通鉴纲目三编》四十卷。

《八千卷楼书目》卷四《史部》:《御定通鉴纲目三编》四十卷。乾隆四十年奉敕撰。江西局本、古香斋二十卷本、巾箱二十卷本。

《许氏古韵阁书目》卷一《史部》:《御定通鉴纲目》，国朝乾隆奉敕撰，内府刊本。

《郑堂读书记》卷一六《史部二》:《御撰资治通鉴纲目三编》二十卷，武英殿刊本。乾隆十一年高宗纯皇帝御撰，张廷玉等奉敕编次。谨按，是书仿朱子《纲目》义例，编辑明代君臣事迹，起戊申元顺帝至正二十八年明太祖洪武元年，尽甲申明庄烈帝崇祯十七年五月，以续朱子及商辂两书之后，故曰《三编》。冠以乾隆十一年御制序、乾隆四年上谕、乾隆十一年廷玉等进表。至乾隆四十年，特诏修改，定为四十卷，著录于《四库全书》，则较是本特为精密云。

《藏园订补郘亭知见传本书目》卷四《史部二》:《御定通鉴纲目三编》四十卷。乾隆四十年奉敕撰。〇内府刊本。是书先撰者二十卷，有内刊本及古香斋巾箱本。外间传刻数本皆二十卷本，四十卷本未见传刻。

通鉴纲目释地纠缪

清张庚撰。

《四库全书总目》卷四八《史部四·编年类存目》:《通鉴纲目释地纠缪》六卷、《补注》六卷，浙江巡抚采进本。国朝张庚撰。庚字浦山，秀水人。是书以《通鉴纲目集览》《质实》谬误不少，惟胡三省《通鉴注》颇属精当，可以正二书之谬。又校以顾祖禹《读史方舆纪要》及《舆图》等书，为《纠缪》以正其失，又为《补注》以拾其遗。用力颇为勤挚。然《集览》《质实》之荒陋，本不足与辨。今既与之辨矣，则宜元元本本，详引诸书，使沿革分合，言言有据。庶几以有证之文，破无根之论。而所纠所补，乃皆不著出典，则终不能关其口也。

《问源楼书目初编》卷二中《史部》:《通鉴纲目释地纠谬》六卷、《补注》六卷，张庚撰，原刊本。

《八千卷楼书目》卷四《史部》:《通鉴纲目释地纠谬》六卷、《补注》六卷，国朝张庚撰。原刊本。

《增订四库简明目录标注》卷五《史部二》:《纲目释地纠谬》六卷、《补注》六卷。清张庚撰，有刊本。续录：乾隆间刊强恕斋四种本。乾隆济美堂刊本。

今按：清乾隆间济美堂刻本（北京大学图书馆藏）;《藏修堂丛书》本;《芋园丛书》本。

纲目摘注

清王永倓撰。

《问源楼书目初编》卷二下《史部》:《纲目摘注》二卷，王永倓撰，原刊本。

今按：清乾隆三十四年刻本（上海图书馆藏）。

纲目通论

清任兆麟撰。

《问源楼书目初编》卷二下《史部》:《纲目通论》一卷，任兆麟撰。原刊本。

《八千卷楼书目》卷九《史部》:《纲目通论》一卷，国朝任兆麟撰。刊本。

读通鉴纲目条记

清李述来撰。

《藏园订补郘亭知见传本书目》卷四《史部二》增：《读通鉴纲目条记》二十卷。国朝李述来撰。取御批本、元本及明诸本会校之，凡原本疏舛，刊本讹谬，逐条札记。

《八千卷楼书目》卷四《史部》：《读通鉴纲目条记》二十卷，国朝李述来撰。日本刊本。

《增订四库简明目录标注》卷五《史部二》：《读通鉴纲目条记》二十卷。清李述来撰。取御批本及元本、正德、嘉靖、万历及陈仁锡各本，合而校之。凡原本疏舛及刊本讹谬，逐条札记。嘉庆中刊本。续录：嘉庆本莳芗阁刊。

《清史稿》卷一四六《艺文志二》：《读通鉴纲目条记》二十卷。李述来撰。

今按：清嘉庆七年刻本（北京大学图书馆、上海图书馆、南京图书馆藏）；清嘉庆间刻本（国家图书馆、辽宁省图书馆、南京图书馆藏）。

续纲目条记

佚名撰。

《稽瑞楼书目》：《续纲目条记》，六册。

纲目志疑

清华湛恩撰。

《八千卷楼书目》卷四《史部》：《纲目志疑》一卷，国朝华湛恩撰。《昭代丛书》本。

《清史稿》卷一四六《艺文志二》：《纲目志疑》一卷。华湛恩撰。

今按：《昭代丛书》本（道光本）。

奏议

朱子奏议

明朱吾弼编。

明叶向高《朱子奏议序》：朱生崇沐既刻《朱子语类》，而余为之序，大较言朱子之学同于孔子，有孔子，不可无朱子也。朱生复裒《朱子奏议》刻之，而仍属余序。余于是叹曰：夫朱子者，非但学之同于孔子也，其遇亦同于孔子。孔子当周之东而欲挽之西也，辙环列国，以尊周攘夷为事，而列国不能用也，周遂不复西而并于夷秦；朱子当宋之南而欲挽之北也，历事诸帝，以尊宋攘夷为事，而诸帝不能用也，宋遂不复北而并于夷元。此一圣一贤者，其身之合与不合、言之用与不用，非但关当代之存亡，而天地之所以晦明，运会之所以升降，生民之所以为华为夷为人为兽，皆于此决之。非如寻常谋国之士，争一事之是非、计一时之得失已也。或者曰：孔子用而周必西，则吾信之矣，夫朱子也，而若是班乎？余曰：不然。朱子之地位力量，信不及于孔子也，而其学问之所至、功业之所竟，必足以为天地立心、为生民立命，则吾以为自孔子而后，儒者之有实用未有远过于朱子者。当孝宗之初立也，朱子上封事至数千言，惟以勤政讲学、绝和议复仇耻为说，已切中当日之膏肓。其后更历三朝，屡废屡召，屡有建白。小之而地方之利病、民生之休戚，如救荒恤刑之类，固已为之规画措置，经久可行；大之而朝廷之纪纲、军国之谋议，如奄竖窃权、贤才废弃、兵食耗损诸弊，又为之发愤开陈，思有补益。而其所为本本原原、言之谆复曲折。至于世人诋为迂谈而不能自已者，则惟在于人主之一心。盖其言曰：“人主之心术公平正大，无偏党反侧之私，然后纪纲有所系而立。又必亲贤臣，远小人，讲明义理之归，闭塞私邪之路，然后人主之心可得而正。”使宋之君臣能用其说，必有以成恢复之功，而不至覆亡之祸，盖万万无疑者。然而居官九考，立朝仅四十日。同时士大夫所为推毂之口与媒孽之谈，常递为胜负。而人主之心所为倾慕倚注，欲究其用，与所为龃龉厌畏，不能安之于朝廷之上者，亦递为疑信。而卒之王淮、陈贾之徒曹起而攻之，虽以孝宗之聪明、宁宗之笃向，亦为所夺矣。盖贤人君子之道，其难行于天下如此。然至今读其封事疏札及诸奏对之言，无不明白正大，辞畅而意真，使贾谊、刘向之徒为之，不能如是之剀切也。故孝宗得其疏，至漏下七刻，犹披衣起读。而宁宗伍当进讲，必问熹说云何。盖贤人君子之言，其易于感动又如此。近世人士既诋訾宋儒，遂谓其用舍无益成败，而欲束之高阁。至如正心诚意之说，宋人以为世主所厌闻者，今已绝口不复谈，学术坏而责难陈善之谊衰，其日睽日隔，渐以成极否之势而不可挽回无惑也。然则朱生兹刻，其关系世道固不小哉！时万历甲辰初夏午日，赐进士出身通议大夫南京吏部右侍郎闽中后学叶向高谨序。《苍霞草》卷五。

《文渊阁书目》卷四：《朱子奏议》一部二册，残缺。

《澹生堂藏书目》卷一二《集类第一》：《朱子奏议》八册。十五卷，朱熹。

《奕庆藏书楼书目》集之三《章疏》：《朱子奏议》。十六卷，八本，宋朱熹著。

《传是楼书目·集部》：《朱文公奏议》十五卷，宋朱熹，八本。

《天禄琳琅书目》卷一〇《明版集部》：《重锓文公先生奏议》，一函五册。宋朱子著。十五卷。前明叶向高序。向高序作于万历甲辰，称“朱生崇沐既刻《朱子语类》而余为之序，兹复裒《奏议》刻之，仍属余序”云云。崇沐，为万历间庠生，文公十三世孙，即详此书所刊同校诸人姓氏之末。而每标题下首行，又称“宗后学监察御史高安朱吾弼编”，按，崇沐有世次可考，而吾弼但称“后学”，则崇沐非吾弼同里之人已可概见。乃向高序中止言崇沐而不及吾弼，岂当时编校二人实共成其事，而向高者仅与崇沐相知，而遂独称其名耶？考《明史》，朱吾弼字谐卿，高安人。万历十七年进士，累官南京太仆卿。叶向高见前。

《四库全书总目》卷五六《史部一二·诏令奏议类存目》：《朱子奏议》十五卷，两江总督采进本。明朱吾弼编。吾弼字谐卿，号密林，高安人。万历己丑进士，官至南京太仆寺卿。事迹具《明史》本传。是编皆自《晦庵集》中抄出，凡章奏十卷，书状、札子五卷。《朱子文集》，家弦户诵，此刻可谓屋下屋，床上床矣。

《鸣野山房书目》卷四《集之三》：《朱子奏议》十六卷，宋朱熹著。

《善本书室藏书志》卷八《史部六》：《重锓文公先生奏议》十五卷，明刊本。宗后学监察御史高安朱吾弼编，十三世孙庠生朱崇沐校梓。卷一、二为封事，卷三、四、五为奏札，卷六至十为奏状，卷十一至十三为申请，十四、五为辞免。万历甲辰南京吏部右侍郎闽中后学叶向高序，称“朱生崇沐既刻《朱子语类》，兹复裒《奏议》刻之，仍属余序”云云。按崇沐为万历间庠生，而每卷标题首行又称“宗后学高安朱吾弼”，崇沐有世次可叙，而吾弼但称“后学”，则非与崇沐为同里者矣。吾弼字谐卿，万安人，万历十七年进士，累官南京太仆寺卿。

《八千卷楼书目》卷四《史部》：《朱子奏议》十五卷，明朱吾弼撰。明刊本。

朱子议政录

清邢廷荚编。

清邢廷荚《朱子议政录》：叙曰：《易》之赞圣王也，曰：“通其变，使民不倦。”《春秋》立三世、三统之义，而改制质文之说详焉。《诗纬》曰：“王者三百年一变政。”《孟子》亦曰：“由今之道，而不变俗，虽天不能一朝居。”变则治，不变则乱；变则存，不变则亡。三代以上，圣贤之论治，罔不重变法矣。后世变法之最著者，则有若赵武灵、秦商鞅、魏孝文、宋王安石。武灵胡服以制胡，孝文用夏以变夷，无可訾议，论者几忘之矣。商君佐秦成帝业，虽严酷不道，人亦不甚归罪。而群矢咸集安石，相戒不可言变法，言则人亦以安石诟詈之，甚且以经术奸言之谬说丑诋之。夫病安石可也，病变法不可也。谓安石所变之法不合经义可也；因其不知经义，而并谓经义之不可施于实用不可也。阴主杨氏为我之意，阳托护卫圣道之名，日谭精奥，而于圣人范围百世、随时损益之大法，熟视若无睹，此中国之大，所以因循萎顿以有今日也，岂不谬哉！夫有宋一代，主变法者安石，而明经义者，宜莫如朱子。朱子亲见中原沦于夷狄，则变法之说，宜痛之恶之，而不忍出诸口，乃其上告君父，下告友朋，尤斤斤于此，而一再言之，虽获罪当世而不恤。朱子果亦何乐于此而然耶？其亦瞢于经术，而甘以是自戾于圣人耶？是不可以不深长思矣。予既悲变法之说见诟于后世，又恨先生之志不获大展于当时，乃剌取当时议政之言尤精切而适时用者，部分类聚，都为十篇。有触余怀，亦加引伸，不敢谓有当于先生意，亦聊以证道在因时制宜，而仁义性命之不可空谈而已。呜呼！先生已矣，魁儒伪学，何所重轻？冒其名而弗究其用，则亦所云鲁国尽儒服，而真儒无一人也。世有讲先生之学，以上窥先生经世之志乎？则鲰生之所馨香祝之，而亟欲就正者矣。光绪二十五年中秋后四日邢廷荚。《朱子全书》第二十七册《序跋》。

清高凤岐《朱子议政录序》：自欧、美诸儒之遗著重译递衍，以主兹土，而吾国学业界为之一变。年少鼎鼎，争与崇奉，至欲尽褫吾先儒之书以事之；而老悖排外之辈，则又视为彼族之言，无不乱吾道。吾谓学问者，天下之公器，其理与天地并为无穷。环球万国，正当互采互勘，共求其学以为归，非一国一家一人之说所得而私据之也。吾国讲学家日以派别为断断，今则学界之閧，一以国界为争。三十年前，苦心变法之士，至搜讨西政西艺偶合《六经》、诸子者，名为东来法，以塞守旧之口。嗟乎！同此法也，名为东则可，名为西则不可。几几乎天地之大，惟吾国有学，而万国皆无学，国界之具可谓重矣。乃至今日之所谓国界，则不在此而在彼，又几几乎万国有学，而吾国独无学。其炫于众者，不曰英儒之斯宾塞，即曰法儒之孟德斯鸠。岂知伦敦、巴黎，译吾《孟子》之七篇、朱子之《语类》，至彼此互勘，惊其精理，以为不可磨灭。苟掩其书目、易其名手，又转译为汉文以入吾土，彼学界中之媚外者，亦将心醉此书，以为是诚彼国哲学，有精理而不可磨灭者也。曩者林迪臣太守重刊陶氏《求己录》以饷学子，以明先儒义理之学，未尝无裨于人国，迄今累年，稍稍厌弃矣。兹劳玉初吏部，又重印邢氏所辑《朱子议政录》，督余序之，至于再三。吏部老而劬学，日求译本，固无学界国界之见，而独勤勤于此书者，盖欲学者勿轻弃祖国以贻外人之讥，万万非以宋儒树帜也。抑余又有说焉：世人敢于掊击宋学，彼岂有恶于宋，为不便于声色货利，不得恣而肆耳。若夫忠亮之士，割嗜欲以专国耻，愈精各国学理，愈益采录杂说以相刻励，盖天下未有不事旧学，足以冒新学者；未有真知新学，终以仇旧学者。在青年人，有志有气，但能自锄私欲，即无不轨于正以达其用。所难者暮齿昏眊之辈，于新理新法，一无所窥耳。苟得此书而警醒之，遇有真守旧者，彼见吾国大儒，犹公然昌言变法，而无所谓变于夷，则此书已不为裨矣。光绪癸卯年正月长乐高凤岐桐甫。《朱子全书》第二十七册《序跋》。

清劳乃宣《朱子议政录跋》：右《朱子议政录》一卷，醴泉邢氏撰。剌取朱子书中言变法者，以谂当世，使笃旧学者泯异视新学之情，崇新学者释鄙夷旧学之惑。心甚苦，意甚盛，裨益于学界者甚大。原板远莫能致，爰重付排印以饷学者。好学深思之士，有能会古今中外而贯通之者乎？斯则天下国家之幸也。光绪癸卯二月桐乡劳乃宣识。《朱子全书》第二十七册《序跋》。

今按：清光绪二十五年刻本（吉林大学图书馆藏）；清光绪二十九年桐乡劳乃宣铅印本（上海图书馆、南京图书馆藏）。

大儒奏议

明邵宝编。

《国史经籍志》卷五《集类》：《宋大儒奏议》六卷。程、朱。

《澹生堂藏书目》卷一二《集类第一》：《大儒奏议》六卷，二册。

《天一阁书目》卷二之一《史部》：《大儒奏议》六卷，刊本。又一册，蓝印。明弘治乙丑江西学政无锡邵宝编，慈溪王德明序后。

《万卷堂书目》卷二《奏议》：《大儒奏议》六卷。

《千顷堂书目》卷三〇《表奏类》：邵宝《大儒奏议》六卷。辑二程及朱子书疏。

《四库全书总目》卷五六《史部一二・诏令奏议类存目》：《大儒奏议》六卷，江苏巡抚采进本。明邵宝编。宝有《左觿》，已著录。是书取宋二程子及朱子奏议汇抄成帙。盖宝督学江西时所刊。然三子以道学传，不以经济见也。

传记

八朝名臣言行录

宋朱熹撰。

朱熹《八朝名臣言行录序》：予读近代文集及记事之书，观其所载国朝名臣言行之迹，多有补于世教，然以其散出而无统也，既莫究见始终表里之全，而又汩于虚浮诡诞之说，予常病之。于是掇取其要，聚为此录，以便记览。尚恨书籍不备，多所遗缺，嗣有所得，当续书之。《晦庵先生朱文公文集》卷七五。

宋李居安《宋李衡校正本叙》：本朝名臣，一言一行，史笔所录，法当详赡。然始初之正本固详赡矣，而统纪之漫漶；近世之纂要虽剪截矣，而颠末之参差。每参错而并观，惧览者之不一。点勘订正，有宗有元，不繁不简，此本殆庶几乎！试刻诸梓，与有志于斯文者共。宝祐戊午中和节，庐陵李居安叙。

晦庵先生朱熹纂集。

太平老圃李衡校正。《朱子全书·八朝名臣言行录附录》。

《直斋书录解题》卷七《传记类》：《八朝名臣言行录》二十四卷。侍讲朱熹撰。以近代文集及传记所载本朝名臣言行，掇取其要，辑为此录。前五朝五十五人，后三朝四十二人。

《玉海艺文校证》卷二四《录》：《皇朝名臣言行录》。《五朝》起赵普至苏洵，凡五十五人；《三朝》起韩琦至陈师道，凡四十人。朱熹撰。

《文献通考》卷一九九《经籍考二十六》：《八朝名臣言行录》二十四卷。陈氏曰："侍讲朱熹撰。以近代文集及传记载本朝名臣言行，掇取其要，辑为此录。前五朝五十五人，后三朝四十二人。"

《宋史》卷二〇三《艺文志二》：朱熹《五朝名臣言行录》十卷，又《三朝名臣言行录》十四卷。

《天一阁书目》卷二之一《史部一》：《宋名臣言行录》十四卷，刊本。宋晦庵朱子编并序。

《世善堂藏书目录》卷上《史类》：《八朝名臣言行录》二十四卷。朱子。

《澹生堂藏书目》卷四《史类第十》：《宋名臣言行录》十二册。七十五卷，朱文公，监本、新本、广平本。

《徐氏家藏书目》卷二《史部》：《宋名臣言行录》。

《国史经籍志》卷三《史类》：《八朝名臣言行录》二十四卷。朱熹。

又：《宋名臣言行录》七十五卷。朱熹。

《绛云楼书目》卷一《史·传记类》：《宋名臣言行录》四册。二十四卷，朱子编。

《也是园藏书目》卷二《史部》：朱晦庵《名臣言行录》十卷、《后集》十四卷。

《虞山钱遵王藏书目录汇编》卷二《史部》：朱晦庵《名臣言行录》十卷、《后集》十四卷。

《天禄琳琅书目》卷五《元版史部》:《五朝名臣言行录》。一函二册。《前集》十卷，《后集》十四卷，宋朱子撰，李衡校正。前朱子自序，李居安序。此朱子所辑前后集单行之本，振孙所指即为是书，独惜非宋椠耳。缺补《后集》卷四。六。

《马氏道古楼书目》:《宋名臣言行录》前集十卷，后集十四卷，四本，吕晚村刊。

《郋嬛妙境藏书目录》卷二《史部》:《宋名臣言行录》二套，宋朱子撰。

《大梅山馆藏书目》卷二《史部上》: 朱子《名臣言行录》十卷,《后集》十四卷。

《藏园订补郘亭知见传本书目》卷五上《史部七》补 :《五朝名臣言行录》十卷,《三朝名臣言行录》十四卷。宋朱熹撰。

《宝礼堂宋本书录·史部》:《五朝名臣言行录》十卷、《三朝名臣言行录》十四卷，二十册。宋朱子撰。自序谓“国朝名臣言行之迹，多有补于世教”，又谓“掇取其要,聚为此录,以便记览。尚恨书籍不备,多所遗缺”云云。“五朝”谓太祖、太宗、真宗、仁宗、英宗，所录凡五十五人。“三朝”谓神宗、哲宗、徽宗，所录凡四十二人。是本宋讳避至高宗止，盖为成书后第一刊本。卷首自序，次总目。两《录》分列，卷若干人，人各一章，自为起讫。全部书法，多宗平原、率更，神采焕发。镌印至此，可称能手，真宋椠本中之上驷也。按“八朝”之名，仅陈振孙《直斋书录解题》及陈均《皇朝编年备要》引用书目有之，自李士英续辑《四朝》书出，刊者并为一编，而朱书单行之本遂微。故赵希弁《郡斋读书志附录》只有“十三朝”之名，而无“八朝”之名。今行世者亦惟此合刊之本。道光初年，洪莹尝取宋刻李衡校正本覆刊之，其前百余字，后集第一计八千五百余字。至短词单字之遗落者，尤不可以数计。而编次之颠倒，文字之讹夺，犹其余事。吾不知李衡所谓校正者，何以谬妄至此。使非是本具存，读者能无为考亭疑乎？是本《三朝录》中原缺四叶，卷一之一第十七叶，洪本可补一百三十七字。卷八之二第二十六叶，仅可补六十四字。卷十一之一第十九叶，仅可补三十六字。至卷十三之一第十叶，且无一字可补。洪氏刻本顾千里覆校后记所指脱误为数甚夥，当时仅据别本校正，麻沙雕本已难得若此，况此为初刻原本乎？又《四库总目》谓“刘安世气节凛然，争光日月，《尽言集》《元城语录》今日尚传，当日不容不见，乃不登一字”云云。按，是本采《元城语录》者凡三节，一安世到南方断酒，一言金陵有三不足，一言金陵亦非常人。前一节洪本无之，后二节则有而不全。四库馆臣乃作是语者，岂朱子及李士英原编本均未之见，而所见者更出麻沙本下耶？滋可异已。校勘表（略）。版式：每卷首行书名、卷第几之几，第二章首行无书名，仅题卷数之几。次行低四格，官谥姓名。三行低二格，本人小传。每节正文顶格，次行以下均低一格，末记所引书名。半叶十行，行十七字。小注双行，低一格，行二十字。四周双栏，版心白口，双鱼尾。无书名，仅题“卷几之几”，下记刻工姓名，其上记字数者仅《三朝》十四卷。刻工姓名：周俊、吴拱、周通、刘永、詹文、刘升、江陵、叶新、陈闰、余阐、李立、李辛、谢四、万十四、李盛、杨郴、吴先、张洪、周升、周时、刘光、杜明、上官信、余山、柯文、高安道、蔡元、陈中、江忠、蔡中、萧韶、余仁。宋讳：玄、眩、敬、警、惊、匡、胤、耿、贞、侦、征、让、曙、署、树、戌、朂、旭、煦、桓、垣、完、纨、购、勾、瑗、援、伟等字缺笔，“构”“慎”二字注“御名”，“玮”字注“御旧名”。又“慎”“玮”二字亦间有缺笔者。藏印：“陈氏家藏子孙永宝”“以诚私印”“君明子孙鉴赏”。

今按：宋淳熙间刻本（国家图书馆藏）；明建昌郡斋刻本（江西省图书馆藏）；《四库全书》本；《西京清麓丛书》本；《四部丛刊》本。

五朝名臣言行录

宋朱熹撰。

明张采《重刊李幼武本前集识·读前集》：《前集》首赵普，昔人有烦言。然普内瑕，犹著显绩，若程琳当章献垂帘，上七庙图，且庸庸何取？要之善善长，恶恶短，劝惩焉尔。我读是集而考其世，盖自艺祖迄仁宗四朝，于时君求相，相求贤，人皆轻于为善，而易于见才，故出则良臣，处则吉士，即中人邂逅，推前引后，亦将声施矣。然吕夷简之任术，得全功名，王旦之约守，不保晚节者，真宗以媚求下，仁宗以正道进退其臣，旦惧祸，故媚以自脱，夷简恋爵位，故假正道以固宠，上使之然尔。夫谓臣下之贤不肖因乎上，其言未可量贤者。德望如吕端、李沆、范仲淹、杜衍，经国如寇准、张咏，恬退如钱若水，丰裁如马知节、鲁宗道、薛奎、包拯、田锡、孙奭、孔道辅、孙甫，此诸贤者，天然间气，岂夷险荣辱，足动荡万一！然而坦坦履道，不致忧谗畏讥，即或时有罣遣，而卒至举朝别白，无终回枉者，斯非生适逢世之幸乎？即将臣如曹彬，惟艺祖自将将，故得成其武功，他若曹玮，非李迪则秦州报警，且以妄言戮，种世衡、狄青，非庞籍保任则青涧不得立，智高不得平。盖军庸与品节有辨，品节可自树，即摧折屈抑，因以愈显，军庸厥系君相，设小旁挠，或呼应不当，机事去矣。凡此皆有志之士，审时度势，不能不流连于此四朝者也。然希夷、君复之徒，生斯世而悠然高卧者，曰惟斯世得高卧尔，故朱子前后二集，俱于卷末录处士，使学者知言行攸关，出处一致，若而人者，又匪君相可轻重者矣，其亦有遁之心也夫？明应天府学重刊本。

清爱新觉罗·允礼《书朱子五朝名臣言行录后》：朱子所编《五朝名臣言行录》，其事与辞，皆取之世人所撰次，泛览之，若无以异人，及究其所以劝惩之义，然后知非有道有德者莫能裁也。赵中令之谋国，功莫并焉，而其忮害贪冒之私，弗讳也。王荆公之误国，毒民甚矣，而内行之修弗遗也。至议差役，则非司马温公而是章惇。盖过以功覆，则启才士以恣睢之心；瑜以瑕掩，则名亏者将怠于善。大贤也，而一眚之不隐；大奸也，而一言之当必录。然后君子益自严，而小人不甘于暴弃。其他平列嘉言善行者虽多，而指要类如此。夫据事直书，而善恶细大表里毕见，惟《春秋》为然。故韩子称为谨严。下此记事记言，莫良于《左》《史》。而左氏是非多蔽于俗论，故病其浮夸；而文中子推《史记》为实录，然观其侪卫、霍于佞幸，而进朱家、郭解为贤豪，则亦不能无激于意气之偏而失其实矣。朱子法《春秋》作《通鉴纲目义例》，其徒承而修之，虽未能尽合经意，而所发诸史之蔽实多。是编乃手订也，其有得于谨严之义宜矣。用此知记事与言，亦非有道有德者莫能任也。《皇清文颖》卷二一。

《文渊阁书目》卷六：《五朝名臣言行录》一部六册，缺。

《天一阁书目》卷二之一《史部一》：《五朝名臣言行录》十四卷，刊本。宋晦庵朱子编并序。

今按：宋淳熙间刻本（国家图书馆藏）；《四库全书》本；《西京清麓丛书》本；《四部丛刊》本。

三朝名臣言行录

宋朱熹撰。

明张采《重刊李幼武本后集识·读后集》:《后集》载王安石何居？夷考集中，如韩、富、司马六七公，皆身任宗社，为世元龟，其他俱声实茂烈，式昭轨度，而安石一人败之有余，故诸君子多以不合新法著，则朱子岂有恕辞！乃我即安石尚论曰：君心常渺焉不如其祖宗，则自能知人而守法。如神宗非不明韩、富、司马之贤，谓祖宗旧人，不足有为，俟制度一新，徐与论思尔。故韩琦死，帝自为碑文；富弼召拜司空，迄后眷礼不替；蒲宗孟一斥司马光，帝直视不语，嘉其不拜枢密。其待诸大臣何如？乃卒不见用者，菲薄其才也。菲薄旧人，而思凌越其祖宗，此意岂有量哉！于是安石得而乘之。然神宗第以诸君子为无才，故熙宁之罢斥，犹得为元祐用；哲宗直以诸君子为奸邪，故绍圣之党禁，遂与国俱尽。嗟夫！端起微芒，而害贻天下，可不慎乎？然诸君子亦有责矣，方元祐末，群宵侧目伺间，乃盛气相攻，自开之衅，一时洛、蜀、朔党之号，使韩、富、司马六七公在，奚啻闻蔡襄《四贤诗》，顿足呼坏事，而诸贤恬不知戒，相率戮逐，可慨也。尝稽韩公作相，司马公争刺陕西义勇甚力，韩公无少忤。司马公作相，苏轼论役法，争辨朝堂，司马公笑而止。此何得有党？韩公驱任守忠，欧公直填空敕，韩公又云："与希文、彦国相善，正如推车子，心主于车，可行而已。"此为道合，亦何得有党？党起于好同，好同则为一味之和，一弦之奏，势必至君子不相能，则小人残之易为力，又何爱而不一网尽乎？故愿读是集者，知朝廷莫先乎择相，人臣莫大乎无党。党事明，则贤否自辨，相臣得而中国拜司马，虏戒边吏矣。是以论其世也。张采识。明应天府学重刊本。

《文渊阁书目》卷六:《三朝名臣言行录》一部十册，缺。

今按：宋淳熙间刻本（国家图书馆藏）;《宋名臣言行录》本;《四库全书》本;《西京清麓丛书》本;《四部丛刊》本。

宋名臣言行录

宋朱熹、李幼武撰。

宋赵崇硂《宋李幼武皇朝名臣言行续录序》：本朝《名臣言行录》，紫阳朱夫子所编也。惜此书止集于八朝之前，而未竟于中兴之后。南渡以来，忠臣义士，名声在人，项背相望，摭实采迹，得此失彼，岂惟朱夫子遗憾，亦学者觖观也。外孙李士英，顷以宗人太平老圃所校《八朝名臣言行录》锓梓，大为学者便矣。今又于中兴四朝诸名臣，搜阅行事，集为全编。笔成示余，一览在目不泛不略，似欲希紫阳者。然紫阳岂易希哉！希之者，非僭则妄。余惟惜此书未竟于前时，而幸此编稍全于今日，故为识之。景定辛酉人日，浚仪赵崇硂平翁序。《朱子全书·八朝名臣言行录附录》。

明焦竑《刻宋名臣言行录序》：有宋巨公硕儒，项背相望，一言一行，可为后法。晦庵先生惧其漫漶无统，为之辑前、后二集，以表章先哲，垂示来兹者甚具。厥后朋溪先生继之，爰辑续、别、外三集，庚先生未竟之志。合之得七十有五卷，号称完璧矣。直指云蛟黄公，手披心醉，积有年祀，每出必鐍以自随。至是弭节淮南也，重刻之以贻同好，而征余为序。余读之抚卷而叹曰：嗟呼！人道经纬，万端所从来矣。修身缮性之方，致君理国之具，开卷犁然，纤忽毕载，流风扇被，映我后人。盖上臣勋名，固不以巧辞饰行而取哉！诚指南之前车，已疢之上丹也。夫古以准今，学业以致用。故考古者将以蓄德，匪曰说铃；企贤者将以成材，匪曰耳瑱。悬一心之鉴，集众贤之长，是取材于山，挹润于海也。不然，辟之隶农，即有坻京之菽谷，难以望果然之腹矣。语有之，日月丽天，瞻之不坠，仁义在躬，用之不匮。君子称性而出，忘乎为我，率其所至，何必减于古人？傥其迷自性之真源，袭已然之陈迹，则亦郑人之置履而信度也，其与几何？即两先生淍研童豪，刳心龟手，而不能已者，岂欲其如斯焉止耶？直指公书非圣不读，行非古不遵，宪肃风清之暇，雅意文教，所版行书甚多，此其一也。观者执是可以卜公之所存焉。万历丁未夏日，后学焦竑书。明扬州重刊本。

明杨以任《重修宋名臣言行录序》：朱子既集《名臣言行录》，李幼武以为未备也，取中兴诸人续之，论者复病其多可，即浚仪平翁，亦谓希朱者不僭则妄。嗟乎！后之学者，不法朱子奚法哉！且续者滥矣。朱子所纂，亦未为全得也。朱子首赵则平，非夫教人以窃国篡君，杀其兄之子与其弟，而自为宠禄计者乎？此贾充、徐绩之所为，《春秋》所必诛而不赦，而首以为录，朱子自背《纲目》之例，又何怪乎续之者曰："朱子为宋之臣，不得不云尔。桓、文岂纯节哉，《春秋》惟是之为录，且因其事以为劝惩。朱子于诸人言行，各胪其实，抑亦劝惩之义，非专取以法也。"八朝数十人，悉以此意衡之，救世之心实苦。若夫续之者，意在数美，止据本传，朱子劝惩之意微矣。然即不续，一时忠臣良将，磊落掀揭之士，俱不获数，亦何以全其为宋臣之言行也？迁、固之史，岂能不妄？而后之君子有取焉，盖因其最著，以知其庸庸不足数，取之乃所以为黜。此又朱子不烦笔削，而即借后人之心，为公断者也。且朱子非取必纯臣为也，纂曰"名臣"，名之藏伪多矣。遁世之学，斩绝名根，潜德弗光，原本一闷，世之转旋面目，不可测识者，皆名人也，有败不败尔。朱子岂以名诲天下哉，就名破名，使知善败并存，初终莫掩，学者必求安身立命之处，唯究极实地，乃为得耳。又岂后之执笔者，所能窥测一二欤？然则濂溪、明道诸先生，其于暗意非不近矣，朱子何不取以正之，而必待续之性命之学，标之以名，原非朱子意中事。况诸子所造，亦自不犹，统命之名，以开道学一径，滋他日之伪，朱子弗是也。就其意而深求之，其名者与，不必名者与？名之为累者，亦既灿然，虽不必删，有严于删者矣。是书也，残缺已甚，余怃然恐遂灭没，而昔人意绪，将无所托以传，乃访一二旧本，属贾君柱明授梓成书焉。梓既竣，为挈此义，欲共学者审于劝惩，无为名所眩也。崇祯六年三月，虔州杨以任谨序。明应天府学重刊本。

明张采《刻宋名臣言行录跋》：此我友维节杨子旧序也。是书故尝锓版，藏在应天府学，日久漫灭，几不成册。维节以进士受学官，表章先籍，鸠工修辑。癸酉春，访余于虎丘僧舍，以一部贻赠，随商略可否，相期评定属梓，并以国朝名臣录分任。因各举闻见，历书姓名，扃之笥箧，盘桓三日别去。越明年甲戌，维节遂为古人。维节性孝友，醇然长者，平居勤苦。未第，读书庐山，经年独坐。在官厉清操，诸生不得以贽谒。死之日，友人襄助为敛。嗟夫！若国朝录成，维节即一人，一人数事矣，今余以此任分之雍瞻侯子。而宋录之刻，则与令申宋子、培元马子成之。工既竣，为理旧序，奚啻闻山阳笛，经过黄公酒垆也。吴下张采跋。明应天府学重刊本。

明张采《重刊李幼武本题辞》：《言行录》者，所以教人学为人也。夫为人莫大乎畜德，故受之以前言往行，使夫知所乡方，则可以与于道矣。然昔人之言行，有不尽由学，亦有学所不能致者，则尝论之。才分者于天，择术者于人。于天有限，而于人无限。是故匹夫募义，何处不勉，在所自待何如尔。今夫道古而怀其人，纪史而扬其事，下迄村氓负贩，皆知凭吊往烈，则善善恶恶，固莫之或昧，而当身反是者无他，志不立而气因之也。但立志有渐，平时无所仪刑，一旦几以士君子之实，世不概见，而欲式仪刑于百世之下，离前绝后，舍先籍又何赖焉？故朱子即宋名臣为则，而李氏又补其世，凡举一人，必节其持身处室，立朝服官，以及履常蹈变，栉比成册。采得而读之曰："为人其难，如望海若。"既曰"为人其易，如获舟楫"矣。《书》曰："学无尝师，主善为师。"学者能从是得师，诚正以治其身，忠孝以事其君。毋以贫滥曰宋先生敝衣蔬食如此，毋以贱枉曰宋先生乐天知命如此。居安毋怠，思伊川云闲过日月，即是天地一蠹。蒙难毋错，思蔡季通编管道州，无几微不适意。仿而习，习而安焉，则非古人之书，盖直求其在我者耳。从而求之，笄角之童，韦布朴遬之子，可以为圣人徒。不则百岁不为寿，三公不为贵，聪明记问不为贤。故曰："古今非甚相远，使引之如同时同事，以不及为耻，则古人奚啻接席连步！"彼悠悠之旅，甘心退落者曰："我固不为贤人尔。"岂知不学为人，即已非人，其去能言之鹦鹉何几哉！则朱子深切之思，又能已也？崇祯戊寅后学张采序。明应天府学重刊本。

明张采《重刊李幼武本纪事》:《宋名臣言行录》，其《前集》十卷，《后集》十四卷，属紫阳朱夫子所辑，讫自八朝以前。厥后李幼武氏，继编凡三，一《续集》，约靖康、建炎前后诸臣，总八卷；一《别集》，约中兴四朝诸臣，总十三卷，卷分上下；一《外集》，首系道统，次绘宋先生像，题为《道学名臣》，总十七卷。按史不立幼武传，而序《后集》者，为庐陵李居安，叙幼武《集》者，为浚仪赵崇硂，举莫可考，惟序末记宝祐、景定，知为理宗时人，宜其综核，断自宁宗止耳。幼武集称"宗人太平老圃"者，李衡字彦平，江都人，服官孝宗朝，以厉节退老昆山，为时大贤。即彦平推皆流亚欤？繇是言，则宝庆后，如西山真氏、鹤山魏氏，以迄死国诸臣，先后相望，犹缺焉靡及，抑岂有善本，藏之名山耶？要皆后世人任也。即今行世卷集，其应天府学小版，既日久漫灭，扬州版差明了，然皆讹乱倒错，令人读不能句。有本文作细注，一事未完，而即空白，如《后集》韩琦、刘安世两录者；有裂后数行于前，缀前数字于后，一卷之中，洞移六七纸，如《后集》王安石、《别集》李刚录者；有前则逸后半，后则逸前半，连书为一，如《外集》朱文公录者；有遗字及地，如《别集》宇文虚中录，遗字如胡舜陟录者。其他疑误展楮皆是。谨就所知识，一一较正，间即考补，窃于是书，谬有微功。复不自量，辄加丹黄，且致评骘，平翁有言，"非僭则妄"，余敢乎哉！明应天府学重刊本。

清洪莹《重刊宋本名臣言行录李幼武本序》：赐进士及第、文渊阁校理、翰林院修撰教习，庶吉士洪莹撰。五期三名，臣节用著；姬汉以前，麟炳为烈。《论语》云："为臣不易。"又曰："君子疾没世而名不称焉。"取容悦而旅进退之流，羼名饰后，盖綦难矣。自袁宏《三国》之赞，著选萧《文》，吴竞十卷之奏，编题《唐志》，名臣之目，斯其缘起。有宋际五季之厄运，缵三唐之坠绪，趯耀厓垠，陬置殷辅。南都天水，非关妇子之谣；中朝人心，早振士夫之气。语其开国，则忠献、武惠、鲁国、宣靖辈出，为桓、武戓定之规；洎其中叶，而平仲、孝先、希文、公序嗣美，垂蹇谔匪躬之节。是以五凤中鸣，而晨鸡罔刺；一龙偏骛，则枥骥咸归。自非气节矢诸旦明，忠荩肫诸夙夜，曷以富、韩耆旧，合轨于前，宗、岳宿将，摧躬于后？求诸前代，蔑以臻兹。若乃昌明性道，开关、闽、濂、洛之传；发为文章，挺欧、苏、曾、王之秀。得人之效，养士之报，其显著焉。不独《绍兴小录》同年，特异考亭，《宝祐登科》三仁，尤推宋瑞也已。《名臣言行录》一书，凡《五朝名臣言行录》十卷，《三朝名臣言行录》十四卷，《皇朝名臣言行续录》八卷，《四朝名臣言行录》上十三卷、下十三卷，《皇朝道学名臣言行外录》十七卷。五朝谓开国至英宗，三朝则英宗以后至徽宗也，皆朱子撰。四朝谓中兴以后，皆朋溪李幼武士英撰。陈均《备要》，从其朔而标名；景定镂版，合全书而汇刻。国史、家乘，并见搜罗；嘉言懿行，悉加编记。赵子直之《奏议》，大意见于分门；杜眉州之《碑录》，旁采亦资别集。与此雁骖，斯为鼎峙焉矣。夫总裁全局，咸遵《吉觧》之成编；事略贵详，尤访《东都》于禹偁。读史征信，不其然乎？是书传刊，旧多讹舛，近得宋椠，完善可观，则太平老圃校正，崇砼平翁序识者也。竱本肇末，篇次秩然，乃知吕祖谦之初见，草创本非完书；赵希弁之所藏，差误必属另本。觏兹全璧，爰付重雕，冀广流传，其资探讨。至于错简更厘，讹文纠正，则元和顾君千里之功多焉。乌丝彇扁，存麻沙旧日之模；青简摩挲，竭兰膏数夕之力。细遗编于石室，实赖弆藏；操坠简于崇山，斯深景仰云尔。清顾千里校、洪莹重刊本。

清包良《重刊宋名臣言行训识》：《宋名臣言行录》前、后集，朱子撰，续集、别集、外集，李幼武撰。吕东莱以其去取多不然，纪氏就朱子自谓“尚多谬误”之说轻之。然刘公之言行，载二十余事，王临川之弊政，亦无曲饰，是未可以一废百也。世传久无善本，洪君钤庵曾得宋本重刊行世，又得顾千里为之覆校讹误，诚盛举已。钤庵既归道山，其板零落星散，余乃用其原书，补缀收拾，顿复旧观。是区区之抱残守缺，亦犹钤庵之志也。松溪包良训识。清顾千里校、洪莹重刊本。

清顾千里《重刊宋名臣言行录记》：钤庵殿撰重刊《宋名臣言行录》成，属为覆校，因悉心细勘一过。底本有全叶落去者，如《后集》十二卷之十及十三卷之十三、十四是也，皆据别本补之。有错简累数百字者，如《后集》六卷“不能周知四方风俗”起至“多有文字论列”止，及《别集》上一卷“若能率励将士”起至“有诏不得进兵”止是也，皆按文义移之。又证诸《宋史》与说部文集，则见其有年名误者，如《别》下十二绍兴十一年，十一误七，《别》下十三绍兴三十一年，三误二；《外》十二己未，己误乙；《外》十六绍熙四年，熙误兴；又淳熙戊戌，淳误绍之属是也。有地名误者，如《前》八定川，定误广；《后》五春州，春误秦；《续》八承州，承误成；《别》上二仙人关，仙误金；《别》下一京口，京误荆之属是也。有人名误者，如《前》一弭德超，弭误弥；又魏仁浦，浦误溥；又罗彦瓌，瓌误環；《后》十二梁焘，焘误寿；《后》十三王韶，韶误诏；又张绎，绎误驿；《别》下五朱勔，勔误腼之属是也。有人谥误者，如《别》下六晁文元，文误友之属是也。有官名误者，如《前》九将作分司，作误军；《别》下九保定军节度，定误静；又奉国军《别》下十三同，奉误秦；《别》下十一兼营田大使，营误管之属是也。有脱字者，如《前》七“为河东、陕西宣抚使”，无宣字；《后》五“累官至屯田员外郎”，无屯田二字；《后》六“熙宁七年”，无七字；《别》下十二“进少保”，无少字；又张子盖无盖字之属是也。有脱句者，如外五“老于太平世”，全无此五字之属是也。有两句各脱其半者，如《续》三“今日一人言之以为是而行，明日一人言之以为非而止”，无“是而行明日一人言之以为”十一字；《别》下八“《周礼辨学》五卷，《辨学外集》一卷”，无“五卷辨学”四字之属是也。有衍字者，如《后》

十三“志完以书约承君”，承下君上衍唐字；《别》下七徐俯师川，徐下俯上衍川字之属是也。有倒字者，如《别》下五弭盗遏虏，作弭虏遏盗；《外》十四待知己，作待己知之属是也。有讹字者，如《前》三乑市，乑讹牙；《前》十窆棺，窆讹空；《后》二欧、余、王、蔡，王讹生；又机席，机讹枕；《后》三译人，译讹泽；《后》四参伍，伍讹任；《别》下十二劫之，劫讹却；外十二苛急，苛讹奇之属是也。有误字者，如《后》四“阴生于午”，午误子；又“故阴乘而动”，乘误盛；《外》五“十二万九千六百年”，九千六百误九百六十之属是也。有小字侧注错入正文而横隔句中者，如《前》五“贾同字希德门人私谥存道先生”十三字，在“一日贾存道过济”之间；《前》八范镇二字，在“时予为谏官”之间之属是也。有注所出书名而讹脱者，如《后》二《温公日录》，日讹目；《后》十三崔正言《婆娑集》，《婆娑集》误姿姿佳；《前》二《金坡遗事》，无坡字；《后》七《冷斋夜话》，无夜字之属是也。有引用古事而讹误及脱者，如《后》六硕人，硕讹顾；《续》三“去健羡”，去误美；又“下笔不能自休”，不讹才；《外》四县贲父，县讹孙；《外》五外臣，外误老；又“三百八十四爻”，无“三百”二字；《外》十三“暖暖姝姝”，暖讹暧之属是也。有因当时俗体字致误者，如《后》三卞急《外》四同，卞作辨；《别》上三余干，余作馀；《别》下四“贤否之辨”，辨作卞之属是也。凡若此者，皆一一改而正之，至于与正史他书，虽为驳异，而文义无差者，皆存其旧，即有元缺，不敢妄足。与殿撰钩稽检核，阅百余日，乃始蒇事，大抵完整可通矣。且以字画纸墨验之，知系麻沙重雕朋溪本，故不能无失。今兹所订，期合厥初尔。唯恐将来观者，不察新旧本异同之由，爰为举例，著之如右，其类繁多，不一二遍出也。元和顾千里记。清顾千里校、洪莹重刊本。

《读书附志》卷上《传记类》：《十二朝名臣言行录》七十二卷。右八朝朱文公所编也，四朝乃后人所续者。

《文渊阁书目》卷六：《宋名臣言行录》一部二十册，缺。《宋名臣言行录》一部四册，缺。

《濮阳蒲汀李先生家藏目录》中间朝西头柜：《宋名臣言行录》。十二本。

《濮阳蒲汀李先生家藏目录》西间朝西头柜：《宋名臣言行录》。八本。

《天一阁书目》卷二之一《史部一》：《名臣言行录》前集十卷，后集十四卷，续集八卷，别集十三卷，外集十七卷。刊本。卷首皆有“古司马”“万古同心之学”二图章。《前集》《后集》并朱子撰，《续集》《别集》《外集》，李幼武补编。

《万卷堂书目》卷二《谱传》:《宋名臣言行录》□卷。

《晁氏宝文堂书目》卷上《史》:《宋名臣言行录》。闽旧刻。

《徐氏红雨楼书目》卷二《史部》:《宋名臣言行录》。

《奕庆藏书楼书目》史之四《记传》:《宋名臣言行录》。《前集》十卷，《后集》十四卷，《别集》十三卷，《外集》十七卷，《续集》八卷。

《楝亭书目》:《宋名臣言行录》。宋朱熹纂集二十四卷，李幼武续纂五十一卷，二函十六册。

《孝慈堂书目》:《宋名臣言行录》。十二册。

《竹垞行笈书目》“版”字号 :《宋名臣言行录》五本。

《传是楼书目·史部》:《名臣言行录》。《前集》十卷，《后集》十四卷，宋朱熹；《续集》八卷，《别集》十三卷，《外集》十七卷，宋李幼武。

《培林堂书目·史部》:《宋名臣言行录》，朱子《前集》《后集》，李幼武《续集》《别集》《外集》，六十二卷，十二册。

《好古堂书目·史部》:《宋名臣言行录》《前集》《后集》二十四卷，宋朱熹 ;《续集》《别集》《外集》五十一卷，宋李幼武。

《文瑞楼藏书目》卷三《史部》:《宋名臣言行录》六十二卷，宋新安朱熹编辑，朋溪李幼武补辑。

《振绮堂书目》卷三 :《五朝宋名臣言行录》十二册，《前集》十卷，《后集》十四卷，宋朱子撰。《续集》八卷，《别集》二十六卷，《外集》十七卷，宋李幼武士英撰。

《怡府书目》四十一号 :《宋名臣言行录》，二套，计十六本。

《知圣道斋书目》卷二《史部》:《宋名臣言行录》，宋朱子、李幼武，十六本。

《拜经楼书目》卷上 :《宋名臣言行录》，八本。

《天禄琳琅书目》卷五《元版史部》:《宋名臣言行录》。十函六十册。《前集》十卷，《后集》十四卷，宋朱子撰，李衡校正。前朱子自序，李居安序。《续集》八卷，《别集》十三卷，《别集下》十三卷，《外录》十七卷，宋李幼武撰。赵崇硂序。《外录》前有《道统传授图》，并程颐、司马光、尹焞、杨时、李侗、朱子、张栻、吕祖谦诸像。陈振孙《书录解题》载《八朝名臣言行录》二十四卷，称朱子“以近代文集及传记载本朝名臣言行，撮取其要，辑为此书。前五朝五十五人，后三朝四十二人”云云。按《前集》始赵普终苏洵，自太祖以至英宗，固为五朝矣。而《后集》始韩琦终陈师道，由仁宗以至徽宗，亦五朝，合两集而名为“八朝”则可，如专指《后集》为“三朝”则不可也。故李幼武于《后集》亦标“五朝”，而其所纂《续集》《别集》《外录》，则标“皇朝”以别之。幼武此书，宋人诸书目中皆不采入，惟明焦竑《经籍志》载朱子《宋名臣言行录》七十五卷，与是书卷数相符，即系幼武合辑之本，竑不标五朝而统之以宋，是矣。然以七十五卷尽属于朱子，又何其漫不加考耶？幼武所纂《续集》《别集》及《别集下》皆载名臣，而《外录》则专为道学统宗而设。考《宋史·宗室世系表》，崇砼为太宗长子汉王元佐九世孙，序称“外孙李士英，顷以《八朝名臣言行录》锓梓。又于中兴四朝诸名臣搜阅行事，集为全编”云云，士英，乃幼武字，而《宋史》无幼武传，其爵里俱不可考。序朱子《名臣言行录》之李居安，《江西志》载为庐陵人，登宝庆二年丙戌进士。其校正之李衡，《宋史》载为江都人，字彦平，登进士第，由吴江主簿历官秘阁修撰。致仕，定居昆山，结茅别墅，杖屦徜徉，聚书万卷，号曰乐庵。幼武编辑既成，曾自刻梓。而此本字画不匀，纸墨粗黝，系元时翻刻，非宋椠也。明焦竑藏本，有“弱侯”印，见前。余印无考。缺补《后集》卷十三、十、十一、十四。卷十四、一、三、六。《别集》卷七、一。《别集下》卷一、一。《外录》卷十二。二十六、二十七。

《天禄琳琅书目后编》卷一五《明版史部》：《宋名臣言行录》。三函十八册。同上，系一版摹印，前多周镳序。镳字仲驭，金坛人，崇祯戊辰进士，官礼部员外郎。

《四库全书总目》卷五七《史部一三·传记类一》：《名臣言行录前集》十卷、《后集》十四卷、《续集》八卷、《别集》二十六卷、《外集》十七卷，浙江郑大节家藏本。《前集》《后集》并朱子撰，《续集》《别集》《外集》李幼武所补编。幼武字士英，庐陵人，据其《续集》序文，盖理宗时所作，其始末则未详。观其《外集》所录皆道学宗派，则亦讲学家矣。赵希弁《读书附志》载此书七十二卷，今合五集计之，实七十五卷，殆传刻者误以“五”为“二”欤？朱子《自序》谓“读近代文集及纪传之书，多有裨于世教，于是掇取其要，聚为此书”。乃编中所录如赵普之阴险，王安石之坚僻，吕惠卿之奸诈，与韩、范诸人并列，莫详其旨。明杨以任序谓“是书各胪其实，亦《春秋》劝惩之旨，非必专以取法”。又解“名臣”之义，以为“名以藏伪，有败有不败者”，其置词颇巧。然刘安世气节凛然，争光日月，《尽言集》《元城语录》今日尚传，当日不容不见，乃不登一字，则终非后人所能喻。考吕祖谦《东莱集》，有《与汪尚书书》，曰：“近建宁刻一书，名《五朝名臣言行录》，案祖谦所见乃《前集》，故但称“五朝”。云是朱元晦所编，其间当考订处颇多。近亦往问元晦，未报。不知曾过目否？”《晦庵集》中亦有《与祖谦书》，曰：“《名臣言行录》一书，亦当时草草为之。其间自知尚多谬误，编次亦无法，初不成文字。因看得为订正，示及为幸。”云云。则是书瑕瑜互见，朱子原不自讳。讲学家一字一句尊若《春秋》，恐转非朱子之意矣。又叶盛《水东日记》曰：“今印行《宋名臣言行录前集》《后集》《续集》《别集》《外集》，有景定辛酉浚仪赵崇硂引云，其外孙李幼武所辑。且云朱子所编止八朝之前，士英所编则南渡中兴之后四朝诸名臣也。今观《后集》一卷有李纲，二卷有吕颐浩，三卷有张浚，皆另在卷前，不在《目录》中，又缺残脱版甚多。颇疑其非朱子手笔，为后人所增损必多。盖朱子纂辑本意，非为广闻见，期有补于世教，而深以虚浮怪诞之说为非。今其间吕夷简非正人，而记翦髭赐药之详；余襄公正人，而有杖臀怀金之耻；苏子瞻苏木私盐等事亦无甚关系；若此者盖不一也。李居安所谓‘翦截纂要’，岂是之谓欤？尝见章副使绘有此书，巾箱小本。又闻叔简尚宝家有宋末庐陵钟尧俞所编《言行类编举要》十六卷《前》《后集》，尚俟借观，以祛所惑”云云。则盛于此书亦颇有所疑。顾就其所录观之，宋一代之嘉言懿行，略具于斯。旁资检阅，固亦无所不可矣。幼武所补，大抵亦步亦趋，无甚出入，其所去取，不足以为重轻。以原本附骥而行，今亦姑并存之，备考核焉。

《浙江采集遗书总录》戊集《史部》：《宋名臣言行录》前集十卷、后集十四卷、续集八卷、别集十三卷，俱分上下。外集十七卷。刊本。右前集、后集朱子所录北宋诸臣，又名《八朝名臣言行录》。陈振孙谓于文集、传记中撮举其要。前五朝五十五人，后三朝四十二人。其续集录靖康、建炎前后诸臣。别集录中兴四朝诸臣。外集录道学诸臣。则宋李幼武以次辑成者。按赵希弁《附志》但云后人所续，而不著幼武之名。或当时未显，后乃考定耳。

《孙氏祠堂书目》内编卷三：《五朝名臣言行录》前集十卷，后集十四卷，续集八卷，别集二十六卷。前、后集宋朱子撰，续、别集宋李幼武撰。

《廉石居藏书记》卷上：《五朝名臣言行录》前集十卷，后集十四卷，续集八卷，别集二十六卷，《道学名臣言行录》外集十七卷。右《名臣言行录》前集、后集，朱文公撰，李衡校正，有朱序及宝祐时李安居序。续、别、外三集，李幼武所撰。俱安福张鳌山刊本，纸版尚佳，十二行，每行二十三字。外集前有景定时赵崇硂序。外集题“宋道学名臣言行录”，卷端有道统传授图及伊川、涑水多载语录，殊失雅训。并载朱文公言“道理自孔孟没便无人理会得，及至程子始推广其说”云云，涉于标榜，且置汉唐名儒于何地？以旧本存之。崇硂为太宗长子汉王元佐九世孙，李安居《江西志》载为庐陵人，宝祐二年进士。李衡见《宋史》，江都人，官秘阁修撰，致仕居昆山，聚书万卷，号乐庵。

《吾园书目·史部》：《宋名臣言行录》十二本。

《问源楼书目初编》卷二上《史部》：《名臣言行录》前集十卷、后集十四卷，宋朱子撰；续集八卷、别集二十六卷、外集十七卷，宋李幼武撰。明陈氏刊本。又包氏仿宋刊本。

《稽瑞楼书目》：《宋名臣言行录》，二十四册。

《带经堂书目》卷二《史部》：《宋名臣言行录》五集六十三卷，抄本。前、后集，宋朱文公撰；续、别、外三集，李幼武撰。

《鸣野山房书目》卷二《史之四》：《宋名臣言行录》前集十卷，后集十四卷，别集十三卷，外集十七卷，续集八卷。宋朱熹辑，明张乘评。

《许氏古韵阁书目》卷一《史部》：《名臣言行录》前集十卷，后集十四卷，续集八卷，别集二十六卷，外集十七卷。前集、后集，宋朱熹撰；续集、别集，李幼武所补。洪氏刊本。

《小山堂藏书目录备览》：《宋名臣言行录》，李幼武。

《大梅山馆藏书目》卷二《史部上》：李幼武《名臣言行录别集》十三卷，《外集》十七卷，《续集》八卷。

《郑堂读书记》卷二三《史部九》：《五朝名臣言行录》前集十卷，《三朝名臣言行录》后集十四卷，《皇朝名臣言行续录》八卷，《四朝名臣言行录》别集上十三卷，别集下十三卷，《皇朝道学名臣言行外录》十七卷。道光辛巳歙县洪氏续学堂刊本。前集、后集宋朱子撰，续录以下李幼武所补编。幼武，字士英，庐陵人。《四库全书》著录，无“五朝”“三朝”“皇朝”“四朝”等字，别集上下总作二十六卷，“外录”作“外集”，不标“道学”二字，盖据明张氏评阅本。是本则据宋椠本重刊也。《读书附志》总作《十二朝名臣言行录》七十二卷。案总数当作七十五卷，字之误也。《书录解题》《通考》俱止载朱子《八朝名臣言行录》二十四卷，而不及士英所补，《宋志》始各为志之，云：“朱熹《五朝名臣言行录》十卷，又《三朝名臣言行录》十四卷，《四朝名臣言行录》十六卷，《四朝名臣言行续录》十卷。”注云：“并不知何人编。”虽为分志，而卷数却不合，且以《三朝名臣言行录》上即著一“又”字，以为何人所编，又不载及《理学外录》，亦不足据也。朱子以近代文集及记事之书，所载北宋名臣言行之迹，多有补于世教，因掇取其要，聚前后两集，并为之序。又有宝祐戊午庐陵李居安序。前集自太祖至英宗五朝，凡五十五人，附三人，后集自神宗至徽宗三朝，凡四十二人，附二人。所录善善长而恶恶短，故赵普、王安石亦载之，诚不免后人之指摘也。至士英所编续录，凡二十九人，皆在北宋之末，所以补后集之遗也。前有景定辛酉浚仪赵崇硂序。别集上下均中兴四朝诸臣，凡六十五人。外集三十八人，附六人。冠以《道统传授图》，则又《伊洛渊源录》之重儓也。又有伊川以下八像，更俗不可耐矣。此本为洪铃庵莹得宋麻沙重雕明溪重刊本，元和顾涧蘋千里为之错简讹文更厘纠正。卷前有钤庵刊序，后有千里跋。别有明张受先采所评阅本，俱有圈点，与《四库》著录本同，附记于此。

《藏园订补郘亭知见传本书目》卷五上《史部七》:《名臣言行录前集》十卷，《后集》十四卷，《续集》八卷，《别集》二十六卷，《外集》十七卷。宋朱熹撰。〇安福张鳌山刊本。〇道光元年洪莹仿宋刊本，佳。〇万历丁未扬州刊本。〇崇祯癸酉南京刊小字本。〇崇祯戊寅张来刊本。补：〇宋淳熙江西刊本，为《五朝名臣言行录》十卷，《三朝名臣言行录》十四卷，十行十七字，白口，四周双栏，注双行低一格。袁克文藏。〇元刊本，十二行二十三字，黑口，左右双栏。《前集》全，《后集》《续集》《别集》《外集》均有抄配。日本静嘉堂文库藏。李木斋先生有残本，为《前集》卷一、三、六、十，计四卷。徐乃昌有一帙，余曾借校。凡洪莹翻本缺叶，此本皆有之，而顾所据补之别本则不尽合，则此本可宝贵可知矣。〇明建昌郡刊本，为《前集》十卷，《后集》十四卷，十一行二十三字，白口，四周单栏。目录三行，题“建昌郡斋校刊”，又附补遗正误五叶，文友堂见。○明安福张鳌山刊本，《前集》《后集》《续集》《别集》《外集》全，共七十五卷，十二行二十三字，白口，四周单栏。卷首题“后学安福张鳌山校正重刊”字样。文德堂见。

又：《皇朝名臣言行续录》八卷，《四朝名臣言行录》上十三卷下十三卷，《皇朝道学名臣言行外录》十七卷。宋李幼武撰。○清道光元年歙洪莹刊本。余曾据宋巾箱本《四朝名臣言行录》校。此书为黎莼斋见贻。

《越缦堂书目·史部》：《宋名臣言行录》十二册，清顾广圻校，仿宋刻本。

《万卷精华楼藏书记》卷三八《史部七》：《名臣言行录》前集十卷，后集十四卷，续集八卷，别集二十六卷，外集十七卷。前集、后集宋朱子撰，续集、别集、外集李幼武补。洪氏仿宋本。每叶二十四行，行二十三字。别集分上下，各十三卷。外集为道学传，每条下各著所引之书。太平老圃李衡校正。首为宝祐戊午庐陵李居安刊书序，次朱子序。续集前有景定辛酉浚仪赵崇硂平翁序。幼武字士英，朋溪人。朱子序曰：“予读近代文集及记事之书，观其所载国朝名臣之迹多有补于世教者。然以其散出而无统也，既莫究其始终表里之全，而又汩于虚浮怪诞之说。予尝病之，于是掇取其要，聚为此书，以便记览。尚恨书籍不备，多所遗缺，嗣有所得，当续书之。”赵氏序曰：“本朝《名臣言行录》，紫阳朱夫子所编也。惜此书止集于八朝之前，而未竟于中兴之后。南渡以来，忠臣义士名声在人，项背相望，摭实采迹，得此失彼，岂惟朱夫子遗，亦学者觖观也。外孙李士英顷以宗人太平老圃所校《八朝名臣言行录》锓梓，大为学者便矣。今又于中兴四朝诸名臣搜缺行事，集为全编。笔成示予，一览在目，不流不略，似欲希紫阳者也。然紫阳岂易希哉？希之者，非僭则妄。余惟惜此书未竟于前时，幸此编稍全于今日，故为识之。”文光案，名臣言行当录其远者大者，使后人兴起而则效之，斯亦足矣。其或事非习见，书将散亡，亦可录之以广见闻。若书为人人所传诵，及不必名臣皆可有是言行者，可弗录也。李氏所录，言或及于闲谈，事多出于琐细，譬如苏、黄二家，收其诗话文评，兼采书法，则盈篇累牍，亦漏略良多，《简明目》以为不足观。赵序云“希紫阳者非僭则妄”，盖亦不以其书尽为善也。

《持静斋书目》卷二《史部七》：《名臣言行录》前集十卷，后集十四卷，续集八卷，别集二十六卷，外集十七卷。依明刊抄本。又刊本。前集、后集宋朱子撰，续集、别集、外集李幼武所补。

《八千卷楼书目》卷五《史部》:《名臣言行录》前集十卷，后集十四卷，续集八卷，别集二十六卷，外集十七卷。前集、后集，宋朱子撰。别集、续集、外集，李幼武所补。仿宋刊本。

《增订四库简明目录标注》卷六《史部七》:《名臣言行录》前集十卷，后集十四卷，续集八卷，别集二十六卷，外集十七卷。前集、后集，宋朱熹撰；续集、别集，李幼武所补。安福张鳌山刊本。道光元年洪氏刊仿宋本，佳。万历丁未扬州刊本。崇祯癸酉南京刊小字本。崇祯戊寅张采刊本。续录：宋刊本。张菊生藏宋刊本，与今本不同。徐积余藏宋麻沙覆明溪本，十二行，二十三字，宋讳缺笔。凡洪翻本缺叶，此本皆有之，而顾所据补之本则不尽合，则此本可宝可知。明翻宋本。日本宽文七年京师肆风月庄左卫门刊本。

今按：明正德十三年建阳书肆刻本（中国科学院图书馆藏）。

宋名臣言行录别集（又名：四朝名臣言行录）

宋李幼武撰。

《文渊阁书目》卷六：《四朝名臣言行录》一部二十四册，缺。《四朝名臣言行录》一部五册，缺。《四朝名臣言行录》一部十七册，缺。《四朝名臣言行录》一部三册，缺。《四朝名臣言行录》一部五册，缺。

《晁氏宝文堂书目》卷上《史》:《四朝名臣言行录》。

《藏园订补郘亭知见传本书目》卷五上《史部七》补：《四朝名臣言行录》□□卷。○宋刊巾箱本，十四行十九字，细黑口，四周双栏，左栏外标篇名。建本。存卷一至四,六、八，凡六卷。

又：《四朝名臣言行录别集》十六卷，《后集》十六卷。宋李幼武撰。○宋末中字建本，十一行二十一字，白口，四周双栏。镌雕精丽，故宫藏。

《也是园藏书目》卷二《史部》：李幼武《名臣言行录》别集二十六卷，续集八卷。

宋名臣言行录外集（又名：宋道学名臣言行录）

宋李幼武撰。

《文渊阁书目》卷四：《宋道学名臣言行录》一部三册，缺。

宋名臣言行类编举要

宋钟尧俞撰。

明杨士奇《宋名臣言行类编举要》：右《宋名臣言行类编举要》一册，余游武昌时得之郭俨彦庄甫。此书，吾庐陵钟尧俞编，前、后集总十六卷。钟自序云："前集举言行之体，后集发言行之用。"始终皆有微意，盖取朱子所编及《会要》《长编》诸书所纪有益于世教者而类编之，以为此书有足观者。尧俞咸淳四年以史馆编校得旨赴殿，进士出身。

《千顷堂书目》卷一〇《传记类》：钟尧俞《宋名臣言行类编举要》十六卷。庐陵人，咸淳十四年以史编校，得旨赴殿，进士出身。（卢补）

宋名臣言行录摘粹

明程再伊撰。

《徐氏家藏书目》卷二《史部》：《宋名臣言行录摘粹》一卷。新安程再伊。

南宋名臣言行录

明尹直撰。

《澹生堂藏书目》卷四《史类第十》：《南宋名臣言行录》四册。十六卷，尹直集。

《天一阁书目》卷一之一：《南宋名臣言行录》十六卷。

《奕庆藏书楼书目》史之四《记传》：《南宋名臣言行录》。十六卷，四本。澄江尹直纂。

《千顷堂书目》卷一〇《传记类》：尹直《南宋名臣言行录》十六卷。

《明史》卷九七《艺文二》：尹直《南宋名臣言行录》十六卷。

《文选楼藏书记》卷三：《南宋名臣言行录》十六卷。明大学士尹直辑。澄江人。抄本。是书于《宋名臣言行录》五集之外，补集陈后乡以下诸贤，得一百二十有一人。

《四库全书总目》卷六一《史部一七·传记类存目三》：《南宋名臣言行录》十六卷，浙江范懋柱家天一阁藏本。明尹直撰。此书续朱子《名臣言行录》而作。前有弘治癸亥自序，云"取《宋史》列传，自陈俊卿以下，芟繁节冗，撮采其要，得百二十有三人"。然朱子所作《名臣言行录》，原以网罗旧闻，搜载轶事，用备史氏之采择。若徒抄录史文，一无考证，则《宋史》列传具在，亦何必徒烦笔墨乎。

《藏园订补郘亭知见传本书目》卷五上《史部七》补：《南宋名臣言行录》十六卷。明尹直撰。自陈俊卿至家铉翁，凡一百二十一人。〇十行二十二字，黑口，四周单栏。似弘治本。文友堂见。《四库存目》。

朱子传道经世言行录

清舒敬亭辑。

清王峻《朱子传道经世言行录序》：彭城舒君孝征，今之笃行硕儒也，余至云龙，即耳其名，近者惠然来顾，出所辑《朱子言行录》示余。余盥手展观，既卒卷，喟然叹曰："大哉，舒君之为是书乎！"昔文公朱子，以至大至精至正之学，集有宋诸儒之大成，绍孔孟之道统。其在于今，如云汉之章天，江河之行地矣。顾朱子一生，所以自治与所以教人者，未尝泛骛高远也。由小学而成德，自洒扫应对进退之末，以至格致诚正之要、修齐治平之方，莫不循序渐进，兼综条贯。其言不离乎切近，其行总归于笃实。事不越乎伦常，道必原于性命。此朱子之学，所以本末兼该，小大毕备，尤为后来所当法也。无如人心好异，世风日漓，自当时象山陆氏已不能无异同，元明以来，其传不绝如线。方其盛时，人以朱学为宗，士习正而真儒间出焉；及其末也，人以背朱为能，放纵无忌，士习坏而人材亦衰歇矣。我圣祖仁皇帝以天纵圣神，尊尚正学，表章全书，跻祀堂上，未尝一体验自家身心；而一二高明之士，又或左袒陆王，傲然自是。岂徒学术之患，亦世道之隐忧。舒君一老诸生，独奋然以朱子为必当法，沉潜覃思于全集者有年，因而首列遗像，以志仰止之私，乃考定年谱，上溯渊源，详录言行，条理井然，如亲炙紫阳而得其一生大概。使贤者观之，可以希踪先哲；愚者观之，可以憬然内省，其有补于学术人心岂浅哉！且舒君留心世务，于当世吏治民生及教育人才诸大政，咸能洞悉本原、详究利病。尝著书数万言，敷陈剀切，实可坐言起行。今世有此体用兼备之士，庙堂求贤，舍此曷先焉？峻少习程朱之书，分心俗学，长而浮沉世路，年将五十，自考身心，茫无所得，所为三复是编而汗流浃背者也。乾隆庚申八月望后虞山王峻书于云龙书院。《朱子全书》第二十七册《序跋》。

清舒敬亭《朱子传道经世言行录序》：敬生贫贱，舞勺之年，始获从师读书，朝夕讲授，习为语言文字之学，以为精此可以掇巍科、登显仕，富贵功名相因而致。而翔步出入动容之节，孝弟亲爱谨信之实，师不以之为训，弟子亦不以之为学。至语夫穷理正心、省衍克己，所以本诸身以措之天下国家者，益不通晓。敬年渐壮，出与州里学士接会谈聚，讲其所持以广之朋侪者，亦不过以文必如何而中时好，又必如何而应世求。敬以生长草野，所走数百里之地，无从游于海内大贤之门，聆其至论以淑诸身。然就目之所见，耳之所闻，实止如此。展转萦扰，志气灭没，其中谋虑研仿，莫非人为之私，而无念出于天理之公矣。窃意古之学者断不如是，且我国家设学养士，冀获英贤之用也，士学如此虚浮无用，内不足以成己，外不足以成物，其于国家何赖焉？嗣是乙酉，敬年二十二岁，间从友人借观程朱诸儒语录。展读未及半卷，已不禁汗流浃背，曰："吾人为学，宜如是也，不则虚此生矣。"敬于是痛悔俗学之陋，愧励振拔，矫节力持，举曩时愿外为人之习，尽转为反躬切己之务。复不揣量，妄意于程朱所论修身寡过之术、立教行政之方，酌会成卷，以训子侄。顾以不学无文，知识暗陋，一语不合，即失先贤旨趣，是以稿虽已脱，辄自毁弃，不敢示人。然景芳烈、佩懿讽，思为表章推行之道者，固未尝一日去诸怀也。丁巳秋，敬以试事留府城，适夏邑蒋子垂青来徐，以介会敬于旅次。越二日，虞城王子懋悳存又复来徐。夫悳存诸君子，信皆敦品尚实、笃行有道之士，独以敬志行多愆，无足当其知，顾为可耻也。坐间，悳存因出所录《朱子年谱》一卷示敬，谋欲登之梓人，且曰："学者日置此卷于案头，时复展览，举目动心，亦即天理之发。苟于理念之发充之，又充以至于极，则亦已卓尔有道之士，可以兴廉而起懦矣，此又奚俟广求哉？”时敬与诸友咸以其言为然，归而谋诸同人，襄成其美。惟只以《年谱》刻行，终觉简略。当检《文公全集》，细加检阅。恭摹文公四十年遗像，并及赞词，颜于篇端，庶开卷瞻像，肃然生敬，已各知所兴起。附以《道学渊源录》《周子事实》《二程子年谱》《行状》，以见文公生周程之后，上接尧舜周孔之传，又见先贤后贤若合符节，而文公又一人集诸儒之大成也。且文公布帛菽粟之文，动为世则，无可去取。但典帙浩繁，恐难卒读，亦惟取其关大体而切日用者，节录于后，以便诵读。文虽无多，而显微本末之理已具，苟于此体之而有得焉。派正舵直，于以航于大道为无难矣。故学者于是书也，诚能因言以景其行，因行益师其言，体诸身心，彰诸履蹈，蕴之为德行，发而为文章，施而为事业，华实并茂，体用咸该。于焉养之学，为纯儒而风俗以正；升之朝，为纯臣而治道益端。虽以敬之愚贱，妄为纂辑，僭逾之罪无所逃避，然于国家兴学育材之道，或亦稍有补助也云尔。乾隆己未七月中浣之吉后学舒敬亭谨识。《朱子全书》第二十七册《序跋》。

《四库全书总目》卷六〇《史部一六·传记类存目二》:《朱子文公传道经世言行录》八卷，浙江巡抚采进本。国朝舒敬亭撰。敬亭字孝征，铜山人。是书取朱子言行汇为一编。前有朱子小像及父师题辞，又有自题赞及诸人先后题赞。卷一、卷二为《年谱》《行状》，卷三为《道学渊源》。其中《濂溪事实记》，盖取之文公《文集》，《明道行实》则取之二程《文集》。卷四为《伊川行状》及道体，卷五为学存养克己，卷六教人儆戒，卷七观圣贤、辨异端，卷八治道。皆取之《文集》《近思录》，而以《读书志不自弃》文终焉。皆抄撮习见之文，于朱子之学不能有所发明也。

《浙江采集遗书总录》闰集《儒家类》:《朱子言行录》八卷。刊本。右国朝彭城舒敬亭辑。首列朱子遗像、年谱，后详为学、教人、居官之要。

《问源楼书目初编》卷二中《史部》:《朱子文公传道经世言行录》八卷，舒敬亭撰，原刊本。

《清史稿》卷一四七《艺文志三》:《朱子言行录》八卷。舒敬亭撰。

皇明名臣言行录

明杨廉撰。

《世善堂藏书目录》卷上《史类》:《名臣言行录》二卷。杨廉。

《百川书志》卷四《史》:《皇明名臣言行录》九卷。丰城杨廉纂集。

《国史经籍志》卷三《史类》:《皇明名臣言行录》四卷。

《澹生堂藏书目》卷四《史类第十》:《皇明名臣言行录》四卷。二册。杨廉。

理学名臣言行录

明杨廉撰。

《天一阁书目》卷二之一《史部》:《明理学名臣言行录》二卷，刊本，明嘉靖月湖杨廉撰并题辞。云："予既仿《宋名臣言行录》为《皇明名臣言行录》，或谓宋有《道学名臣言行录》，本朝独可缺乎？于是复得十有五人。盖旧收名臣录四人，今收一十有一人，合之以成，名曰《皇明理学名臣言行录》云。"

《晁氏宝文堂书目》卷上《史》:《理学名臣言行录》。

《澹生堂藏书目》卷四《史类第十》:《皇明理学名臣言行录》二卷。二册。

《千顷堂书目》卷一〇《传记类》:《理学名臣言行录》二卷。

《明史》卷九七《艺文二》:《理学名臣言行录》二卷。

《传是楼书目·史部》:《理学名臣言行录》二卷。明杨廉。二本。

历代名臣言行录

清朱桓撰。

《万卷精华楼藏书记》卷三八《史部七》:《历代名臣言行录》二十四卷，国朝朱桓撰。宜兴朱氏本。是书著于乾隆戊寅，有自序，刊于嘉庆丁酉。前有《舆地》《谥法》诸考。朱子《名臣言行录》起宋建国，不及南渡，至李幼武续、别、外三集、杜大珪《名臣碑传》、苏天爵《名臣事略》、明徐纮《名臣录》、国朝徐氏开任录等书，止于宋元明三朝，余皆缺如。浯村是书，上自战国，下迄胜朝，皆据正史节录，以补朱子等书所未备。为时代十有八，为姓氏一千七百有奇。二千余年间，价藩硕辅、尽忠义烈、名儒师傅、布衣巾帼，凡有关于世道人心学问经济者，靡不毕载。大抵举要删繁，使人明白易晓，例曰名臣，间有小疵，时复略之，偏方割据诸国间亦及之。年八十以上者，必书老成黄发，邦家之光也。成仁取义者，必书其年，哀之也。历朝卷末附巾帼、名臣奏议书疏诗文。案，《录》中以布衣烈女为名臣，窃所未安，固不如名儒烈女各分传之为得体也。然嘉言懿行，粲然完备，其有稗于世也，岂浅鲜哉。

《八千卷楼书目》卷五《史部》:《历代名臣言行录》二十四卷。国朝朱桓撰。活字板本。

《清史稿》卷一四六《艺文志二》:《历代名臣言行录》二十四卷。朱垣撰。

伊洛渊源录

宋朱熹编。

宋魏了翁《伊洛渊源录序》：里人张寅臣既刊《伊洛渊源录》，求予一言。予方自靖还邛，未遑也。会邵阳守李侯□谦以予昔岁为周、程诸儒请易谥及前作祠堂记梓为一编，刻成见寄。予举而付之曰："予所欲言者，尽于是矣。"寅臣请其说，予慨然曰："难言也。士患书之不广也，词之不多也，不知书益广而废学者深湛之思，词益繁而非古人萃涣之义，然则是录也，无乃非学士之幸与？《易》之《象》曰：'天在山中，大畜。君子以多识前言往行，以畜其德。'学者诚能玩天在山中之象，而知多识言行者，将以反观内省，蕴实含美，为辉光日新之本，非以资四寸之口耳也，则是录之行，庶几其有益乎！"《鹤山先生大全文集》卷五五。

元苏天爵《伊洛渊源录序》:《伊洛渊源录》者，新安子朱子之所辑也。朱子既录八朝名臣言行，复辑周、程、邵、张遗事以为是书，则汴宋一代人材备矣。天爵家藏是书有年，及来鄂省，谋于宪府诸公，刊置郡学，与多士共传焉。间尝诵程子之言曰："周公没百世无善治，孟轲死千载无真儒。"盖治不出于真儒，虽是弗善也。自圣贤既远，治教渐微，汉、唐数百年间，逢掖之徒岂无名世者欤？盖溺于词章记诵之习者，既不足以知道德性命之原，诛于权谋功利之说者，又不足以求礼乐刑政之本，此教之所以不明，治之所以弗古。若也宋氏之兴，儒先挺出，周子得不传之学于图书，阐发幽秘，二程子扩大而推明之，穷理致知，以究其极，邵子、张子则又上下其论议，然后天理之微，人伦之著，事物之众，鬼神之幽，焕然复明于世，一时及门之士，讲明正学，风采言论，各有所传。朱子悉登载于是书，以为训焉，其有望于天下后世，可谓至矣。盖自古为政者，必明道术以正人心，育贤材以兴治化。然则是书所述，其有关于世教已夫。昔我世祖皇帝既定天下，惇崇文化，首征覃怀许文正公为之辅相，文正之学，尊明孔孟之遗经以及伊洛诸儒之训传，使夫道德之言衣被天下，故当时学术之正，人材之多，而文正之有功于圣世，盖有所不可及焉。迨仁宗临御，肇兴贡举，网罗俊彦，其程试之法表章六经，至于《论语》《大学》《中庸》《孟子》，专以周、程、朱子之说为主，定为国是，而曲学异说悉罢黜之。是则列圣所以明道术以正人心，育贤才以兴治化者，其功用顾不重且大欤！夫伊洛之书，固家传而人有之，然学之者欲以见诸实用，非徒诵习其文，以为决科之计而已。尝即是书而考之，谓人君当防未萌之欲，辅养君德，要使跬步不离正人，谓一命之士苟存心于爱物，于人必有所济，则正主庇民之道，岂有外此者乎？谓杀人以媚人，吾不为也。谓荐士当以才之所堪，不当问所欲，则慎刑官人之法，岂有不本于此者乎？其他一言行之嘉，一政令之善，莫不皆可以为法焉。读者能即是而求之，本乎圣贤修己之学，自不溺于词章记诵之习，明乎圣贤治人之方，必不诛于权谋功利之说，庶几先儒次辑是书，有望于后学者哉。盖学问之传授，不以时世而存亡，师友之渊源，不以风俗而间断，然而巽懦无志者不足以有望，必得豪杰特立之士，观感兴起，知求圣贤之学而学焉，则真儒善治之效可得而致矣。至正癸未十月既望，赵郡苏天爵序。《滋溪文稿》卷五。

元黄清老《伊洛渊源录序》：圣人之道，自孟子没，其学不传。历汉、晋、隋、唐，溺于异端邪说一千五百有余年矣。濂溪周子始倡道于舂陵，子程子廓而大之，振纲挈维，发钥启键，曰致知，曰笃行，曰存养，曰省察，蔽之以一言，则曰敬。体用动静，本末上下，一以贯之。呜呼至矣。昔在春秋，尧、舜、禹、汤、文、武之道不行，吾夫子作六经，天地赖以有立。迨及战国，杨、墨塞途，孟子辟之，人道由是不坠。子程子之生，去圣人远矣，乃能因遗经继绝学，辩异端，斥邪说，孔子之道得以复明于万世，孟子以后，一人而已。当是之时，天下英材云从风应，立其门，传其学，祖述推明，左右羽翼，虽资器有大小，闻见有浅深，要其功化，一变历代习俗之陋，而反之于唐虞三代，洙泗以来，未之有也。朱子取其最显著者四十有六人，汇于一编，题曰《伊洛渊源录》。窃惟伊洛之传，在诸子辟之水焉，其行乎地中，支分派别，奚啻万有不同，然穷其所出，则初无二源也。呜呼盛哉！大参赵郡苏公志在斯文，藏此本，既而叹曰："词章之盛，性命之衰也。盍广吾传乎？"时湖北道贰宪仲温公见之曰："是录天命在焉，人不可以不闻道，岂独学者哉！"乃以公帑锓于鄂宫。呜呼！学者读伊洛之书，求伊洛之道，尚论其人及其世，与其所友，而有以兴其高山景行之思，则此编者亦可以见大意矣。《（乾隆）河南通志》卷七八。

明陶安《伊洛渊源录序》：道在天地间，经纬人文，纲纪世教，无一息不存，其明与晦，系乎人而已矣。三代浸远，真儒善治，世不一见，圣途榛芜，为害滋众。上下千余年，孔孟遗统，泯焉坠地，斯道久晦，天实厌之。于是濂溪先生特立先觉，建图演书，启导后人。程两夫子，心领正传，遂嗣邹鲁绝响。其学以诚敬涵养本原，自洒扫应对，贯乎精义入神，自静存动察，极乎尽性至命，即物以穷其理，反躬以践其实，扩圣贤未发之秘，凡群言混淆，俗学乖陋，一扫其弊，悉反诸正。时则康节邵子游神先天，阐扬理数；横渠张子得于见闻，沉潜尧舜之域，以相羽翼，斯道大明于世天下，英才接迹及门，佩膺师说，言行出处，散载方册。朱子汇次成编，总四十六人，题曰《伊洛渊源录》。所以上泝洙泗，下衍考亭之流，可见道无一息不存，因其人而明焉尔。国朝许文正公身任斯道，传之右丞耶律公，俱掌胄监，唱和伊洛之学，使其渊源之盛，充溢四海，故为士者皆知根据理性，考精粹而弃穿凿，其于闻道，反若出乎三代之前者，盖有所自来也。右丞之后行己公光嗣家学，曩贰宪湖北，尝出是编，寿梓鄂泮。及调江东，复命刊置姑孰郡庠。值太守子明高侯大新庙学，图兴教养之具，喜得其书，用广传布。府推李君全初协心董事，将俾学者探讨服行，约诸身心，建诸事业，归宿乎仁义中正，其于人文世教，信有补益哉！《陶学士集》卷十二。

明吴与弼《跋伊洛渊源录》：永乐己丑冬，姑苏别驾李侯能白寄此集于先君，与弼灯下阅之，伏睹道统一脉之传，不觉心醉，而于明道先生猎心之说尤为悚动。盖平昔谓圣贤任道之统者，皆天实笃生，非人力可勉，遂置圣贤于度外，而甘于自弃。及睹此事，乃知所谓程夫子者，亦尝有过，亦资于学也。于是思自奋励，窃慕向焉。既而尽焚旧时举子文字，誓必至乎圣贤而后已。辛卯冬，与弼归乡里，而京师官舍被火，意此书必煨烬矣，居常思一再读而不可得。今年春，赍先君遗籍于莲塘故址，忽喜无恙，遂奉至小陂茅屋，日敬玩味，以酬素愿。呜呼！与弼迷途少改，实始此文，于以见朱夫子纂集垂惠后学之功盛矣。而李侯远赠之勤，其敢忘哉。《康斋集》卷十二。

明张瓒《伊洛渊源录序》：《伊洛渊源》一书，考亭朱先生辑录周、程、张、邵四先生及其门人之言行政事者。前元时，大参苏天爵尝镂板于鄂、吴二庠，鄂板盖至正癸未，吴板则至正乙丑，去今几二百年。世异时殊，卒无全板，故其为书，学者罕见。予近得二程先生《遗书》，已刊行于世，然以不见此书为恨。今年秋，四明杨解元守址偶获全本，欣然持示，盖吴板旧物，真希世之拱璧也，然亦间有剥落，无可考证。已而同寅右布政使祁阳宁公元善适得善本于编修南昌张先生元祯，以世罕此书，托以刊行。予因与元善躬自参校，付之梓人，不匝月而讫工。呜呼！文者载道之器，道之在天下者未尝泯，故载道之书亦未尝亡也。《伊洛》之书，当时师友渊源之懿在焉，孔孟千载不传之绪在焉，矧经考亭先生手自编摩，皆其精神心术之所寓者，譬之“龙泉”“太阿”，虽埋伏丰城，而其祥光异气上干斗牛，自有不可掩者。然自宋淳熙至今凡三百年，其间荐经兵火，而此书岿然如鲁灵光独存者，谓非有神物护持不可也。乃今复大行于世，虽其理之必然，然亦岂非学者之大幸哉！伊洛之道，有元诸老序之已详，后生末学固不敢伸喙其间，姑识得书之由于右，抑亦考岁月云。成化癸巳冬十月既望，赐进士第、通奉大夫、浙江等处承宣布政使司布政使孝感张瓒谨识。明成化刻本。

明黄仲昭《伊洛渊源录序》：圣贤之道，达而推行于民，则为善治；穷而讲明于己，则为正学。所谓道统之传，不外是也。粤自书契肇兴，斯道至尧而始大著，尧以是传于舜，舜以是传于禹，禹以是传于汤，汤以是传于文、武、周公。文、武、周公没，而是道不行于世，天下遂不复知有善治矣。孔子以生知大圣而不得位，乃与其徒讲明是道，删述《六经》，遂集群圣之大成，而斯道之统以续，故《论语》于终篇备载尧、舜、汤、武之事，盖以明圣学之所传，实渊源于尧、舜也。孔子之道惟颜子、曾子得之为最深，其后曾子则传于子思，子思复再传于孟子，故孟子于七篇之中，亦历叙尧、舜、汤、文、孔子相承之次，盖亦以明其所传，实渊源于孔子也。孟子没，而其传遂泯，则千载之下，不复知有正学矣。至宋濂溪周子始，超然独诣，而发其精微之奥于《图》《书》，当其时则有河南二程夫子，实得其学而益扩以广。故子朱子著《伊洛渊源录》一编，备载其师友之所讲明传授，与其见于言行政事之间，所以著明其上承孔、孟之统，下启关、闽之传，其亦《论》《孟》终篇所叙意欤！南京户科给事中丰城杨君方震，早知慕向正学，其于是录留意有年矣，因其间有朱子所欲删改而未之及者，稍加更定，复采朱子《文集》《语录》有论及编内诸贤事迹者，各增入本录之后，盖欲使学者一览而尽得其为人之实，法其所可法，而戒其所可戒，其用心亦勤矣哉。既尝序其颠末而登于梓，复走书谓仲昭曰："愿丐一言以发明伊洛之传，并示学者门户路径，明白亲切，庶几有补也。"仲昭虽窃有志于是，而未知其指归，方切望洋之叹，其奚敢言？然尝观朱子答吕成公有曰："旧读程子之书而未得其要。比因诵其'涵养须用敬，进学则在致知'者，两言虽约，其实入德之门，无逾于此。"此朱子为学者抽关启钥,要切之言。吾党之士能从事于斯而有得焉,则为圣为贤,皆由于此。达则行之，以善其治;穷则守之，以善其身，庶其不负编录之意矣。而杨君所以期望于后学者，意其在此，故特举之，以复其请，并与同志之士共勖焉。弘治丙辰闰三月庚申后学莆田黄仲昭序。明弘治刻本。

明杨廉《伊洛渊源录序》：晦庵先生所编《伊洛源渊录》，自孟子以来，道学宗派，具见于此。廉尝观先生《答吕东莱书》，则其为《录》去取凡例，悉有深意，而宏纲大旨，初无遗憾焉者。但其间谓吕原明学佛事不必载而卒载之，又谓吕晋伯和叔事不当附而卒附之，正以《录》成而未暇于更定耳。然此岂惟先生之论，廉固有疑于是矣。因谓先生之为此《录》既有未尽之意，不若取先生平日之言有及于伊洛者并以附之，庶几读者有所折衷，而不昧于从违之间也。用是辄采先生《文集》《语录》中议论，增入于各条之下，而于晋伯和叔事亦别出之，旧题"蓝田吕氏兄弟"亦僭去之，而于"宝文""宣义""正字"之上各加"吕"字，仿程张先生兄弟例。既成，因序其所以，至于不为入耳出口，亦窃欲与吾党之士自勉焉，而不敢负大贤编集之意云。丰城杨廉序。明弘治刻本。

明卢谦《伊洛渊源录序》：渊源不在书也，朱子用以名伊洛者，盖孟子没后，千四百年疏河洛、导洙泗之语，此人心渊源疏导者机也，可幸也。我明表章正学，崇尚宋儒，乃正、嘉以来学者不习《伊洛渊源》之书矣。此人心渊源阻阏者机也，可虞也。行不著，习不察，而不习《伊洛渊源》之书，此以混沌为阻阏也已，可虞也。若于良知氿出，无善无恶，谓仪、秦辈得良知妙用，谓良知色色现成，以虚见为超悟，以任情为率性，以破戒为不好名，以不事检束为孔、颜乐地，以无所用耻为不动心，以放其心而不求为，求学致纤毫之力，而不屑习《伊洛渊源》之书，此以旁溢为阻阏也，更可虞也。噫！伊洛诸子揭出人心渊源原头，点出人心渊源本体，并指出人心渊源功夫。彼不屑习《伊洛渊源》之书者，何处是原头，何物是本体，何事是工夫，出于清渊，迷于浊水，遵何道以上窥伊洛、洙泗哉！圣主在御，尧天舜日，海晏河清。涣讲学之令，嘉与天下，阐明道统，此又人心渊源疏导之一大候也，大可幸也。时学溺人甚且久，浸假厌正学，而仍往日之旁溢，《伊洛渊源》竟归阻阏已矣，其何以称圣明至意，又大可虞也。吾邑杨侯家学渊源，抚民铸士，卓然儒者经济。顷梓《伊洛渊源》，使人向往正学，不致旁溢以负圣明至意，又大可幸者也。崇祯己巳岁仲冬之吉，庐江后学庐谦拜手撰。明崇祯刻本。

明高赉亨《伊洛渊源二录跋》：嘉靖己丑，予董学事于闽，惧弗德，无以率先诸士，乃取《伊洛渊源录》及《续录》合而刻之，咸俾观焉，庶几所兴起而自得师；若徒获取以供较艺，是为闽生一赘事也，是予重得罪于诸先哲也。诸士子念之。明嘉靖重刊。

《文渊阁书目》卷四：《伊洛渊源》一部三册，完全。《伊洛渊源》一部三册，完全。

《濮阳蒲汀李先生家藏目录》东间北架一层：《伊洛渊源》。二本。

《濮阳蒲汀李先生家藏目录》西间朝西二柜：《伊洛渊源录》。四本。

《万卷堂书目》卷三《儒家》：《伊洛渊源录》十四卷。朱熹。

《晁氏宝文堂书目》卷上《经》：《伊洛渊源》。

《百川书志》卷四《史》：《伊洛渊源录》十四卷，宋新安朱子辑。录周、程、张、邵五先生及其门人四十一人言行政事。

《赵定宇书目·经类》：《伊洛渊源》。二本。

《脉望馆书目·儒家》：《伊洛渊源》四本。

又：《伊洛渊源》二本。

《世善堂藏书目录》卷上《经类》：《伊洛渊源》六卷。

《澹生堂藏书目》卷二《经类第十》：《伊洛渊源》四册。《前录》十四卷，《续录》六卷。

《徐氏家藏书目》卷二《史部》：《伊洛渊源》十卷、续二卷。

《徐氏家藏书目》卷三《子部》：《伊洛渊源》十二卷。

《徐氏红雨楼书目》卷二《史部》：《伊洛渊源录》十卷、续二卷。

《徐氏红雨楼书目》卷三《子部》：《伊洛渊源》十二卷。

《国史经籍志》卷四《子类》：《伊洛渊源录》二十四卷。

《绛云楼书目》卷二《道学类》：《伊洛渊源》。十四卷，朱子编，谢方石撰《续录》。

《竹垞行笈书目》"版"字号：《伊洛渊源》一本。

《培林堂书目·子部》：《伊洛源源录》十四卷，一册。

《好古堂书目·子部》：《伊洛渊源录》四卷，宋朱熹辑，四本。

又：《伊洛渊源录》十四卷。

《本立堂藏书目·文集四》：《伊洛渊源录》十四卷。

《季沧苇藏书目·宋元杂板书》：《伊洛渊源》十四卷。

《振绮堂书目》卷三：《伊洛渊源录》二册，十四卷，宋朱子撰，元苏天爵序。

《怡府书目》七十号：《伊洛渊源录》，明板，一套，计四本。

《知圣道斋书目》卷三《子部》：《伊洛渊源录》，四本。

《四库全书总目》卷五七《史部一三·传记类一》：《伊洛渊源录》十四卷，副都御史黄登贤家藏本。宋朱子撰。书成于乾道癸巳，记周子以下及程子交游门弟子言行。其身列程门而言行无所表见，甚若邢恕之反相挤害者，亦具录其名氏以备考。其后《宋史》道学、儒林诸传多据此为之。盖宋人谈道学宗派，自此书始。而宋人分道学门户，亦自此书始。厥后声气攀援，转相依附。其君子各执意见，或酿为水火之争。其小人假借因缘，或无所不至。叶绍翁《四朝闻见录》曰："程源为伊川嫡孙，无聊殊甚，尝鬻米于临安新门之草桥。后有教之以干当路者，著为《道学正统图》，自考亭以下，剿入当事姓名。遂特授初品，因除二令。又以轮对改合入官，迁寺监丞。是直以伊洛为市矣。"周密《齐东野语》《癸辛杂识》所记末派诸人之变幻，又何足怪乎。然朱子著书之意，则固以前言往行矜式后人，未尝逆料及是。儒以诗礼发家，非诗礼之罪也。或因是并议此书，是又以噎而废食矣。

《问源楼书目初编》卷二上《史部》：《伊洛渊源录》十四卷，宋朱子撰。《遗书》本。

《稽瑞楼书目》：《伊洛渊源录》，一册。

《带经堂书目》卷二《史部》：《伊洛渊源》十四卷，刊本，宋朱文公撰。

《许氏古韵阁书目》卷一《史部》：《伊洛渊源录》十四卷，宋朱熹撰，明杨氏刊本。

《郑堂读书记》卷二三《史部九》：《伊洛渊源录》十四卷，嘉靖己丑刊本。宋朱子撰。朱子仕履见礼类四。《四库全书》著录。《宋志》及《宋志补》俱失载。朱子尝取周、程、张子之书辑为《近思录》，以示当世。既又虑夫世之学者，徒得其言而不得其所以言，乃复取其平生出处履历之详，以及其师友之所授受者，萃而录之，凡四十有六人，皆本各家事状、墓志、文集、语录诸书而成，盖即其精神心术之所寓者。从此道学一派，宗旨定于是书，《宋史》之分《道学》《儒林》二传，亦据此书为定论也。前有元至正癸未昭武黄清老、赵郡苏天爵二序，后有至正九年永嘉李世安序，又有明成化癸巳孝感张瓒重刊序。

《藏园订补郘亭知见传本书目》卷五上《史部七》：《伊洛渊源录》十四卷。宋朱子撰。〇吕氏刊《朱子遗书》本。〇《正谊堂丛书》本。〇明嘉靖乙丑刊本。〇元至正癸未，苏天爵伯修在鄂，刊于武昌郡庠。既莅浙，又命刻于吴学。郡守萧仁甫相成之子，至正九年己丑三月，详李世安《后序》。〇郘亭有吴本，同治戊辰十一月收于泰州肆中，盖此书传本最旧者。〇《续录》六卷，明谢铎撰刊。补：〇明初刊本。十行二十字，白口，四周单栏。似成、弘间刊。刘承干嘉业堂藏。题为元本。

《万卷精华楼藏书记》卷三七《史部七》：《伊洛渊源录》十四卷，宋朱子撰。遗书本。前后无序。《提要》曰："书成于乾道癸巳，记周子以下及程子交游门弟子言行。《宋史》道学、儒林诸传多据此为之。盖宋人谈道学宗派自此书始。而宋人分道学门户亦自此书始。……然朱子著书之意，则固以前言往行矜式后人，未尝逆料及是。或因是并议此书，是又因噎而废食矣。"明谢铎撰《续录》六卷，凡二十一人。盖续朱子而作。以朱子为宗主，始于朱子之师佐，以朱子之友终，则传朱子之学者也。庆源辅氏《明一统志》载其始末甚详，此书但载辅广姓名，里居尤为疏略。明宋端仪撰《考亭渊源录》二十四卷，首溯朱子师承之所自，次为同时友人，次备列朱子门人，末卷则考亭叛徒赵师雍、傅伯寿、胡纮等三人，亦用《伊洛渊源录》载邢恕例也。原书未见，今行者薛应旂重修之本。

《八千卷楼书目》卷五《史部》:《伊洛渊源录》十四卷，宋朱子撰。《朱子遗书》本、吕氏刊本、正谊堂本。

《善本书室藏书志》卷九《史部》:《伊洛渊源录》十四卷，明刊本，何义门批校。宋朱子撰。记周子以下及程子交游门弟子言行，元至正间有刊本，明谢铎更有《续录》六卷本，此明末所刊，何义门所手批也。有“须静心要在腔子里”“晦斋”“云溪儆惰矫轻”“飞云阁”“毅斋”“何焯之印”“一瓢颜巷”诸印，皆押于每卷之端。焯字屺瞻，号义门，长洲人。康熙癸未特赐进士，授编修，赠侍讲学士。博览群籍，长于考证，手校各书，艺林宝之。

《皕宋楼藏书志》卷二七《史闻》:《伊洛渊源录》十四卷，元刊本，凌丽生藏书。宋朱熹撰。“圣人之道，自孟子没，其学不传。历汉晋隋唐，溺于异端邪说一千五百有余年矣。濂溪周子始倡道于舂陵，子程子廓而大之，振纲挈维，发钥启键，曰致知，曰笃行，曰存养，曰省察，蔽之以一言，则曰敬体用动静，本末上下，一以贯之。呜呼至矣！昔在春秋，尧舜禹汤文武之道不行，吾夫子作六经，天地赖以有立。迨及战国，杨墨塞途，孟子辟之，人道由是不坠。子程子之生，去圣人远矣，乃能因遗经继绝学，辨佛老，斥百家，孔子之道，得以复明于万世。孟子以后，一人而已。当是之时，天下英材云从风应，立其门，传其学，祖述推明，左右羽翼，虽资器有大小，闻见有浅深，要其功化一变历代习俗之陋，而反之于唐虞三代，洙泗以来，未之有也。朱子取其最显著者四十有六人，汇于一编，题曰《伊洛渊源录》。窃惟伊洛之传在诸子辟之水焉，其行乎地中，支分派别，奚啻万不同，然穷其所出，则初无二源也。呜呼盛哉！大参赵郡苏公，志在斯文，藏此本唯。既而叹曰：‘词章之盛，性命之衰也。盍广吾传乎？’时湖北道贰宪仲温公见之曰：‘是《录》，天命在焉，人不可以不闻道，岂独学者哉？’乃以公帑锓于鄂宫。呜呼！学者读伊洛之书，求伊洛之道，尚论其人及其世与其所友，而有以兴其高山景行之思，则此编者亦可以见大意矣。至正癸未十月朔，后学昭武黄清老敬序。”“《伊洛渊源录》者，新安子朱子之所辑也。朱子既录《八朝名臣言行》，复辑周、程、张、邵遗事以为是书，则汴宋一代人材备矣。天爵家藏是书有年，及来鄂省，谋于宪府诸公，刊置郡学，与多士共传焉。间尝诵程子之言，曰周公没百世无善治，孟轲死千载无真儒。盖治不出于真儒，虽治不善也。自圣贤既远，治教渐微，汉唐数百年间，逢掖之徒，岂无名世者欤？盖溺于词章记诵之习者，既不足以知道德性命之原，怵于权谋功利之说者，又不足以求礼乐刑政之本。此教之所以不明，治之所以弗古也。宋氏之兴，儒先挺出，周子得不传之学，于图书阐发幽秘。二程子扩大而推明之，穷理致知以究其极。张子、邵子则又上下其论议，然后天理之微，人伦之著，事物之众，鬼神之幽，焕然复明于世。一时及门之士，讲明正学，风采言论，各有所传。朱子悉登载于是书，以为训焉。其有望于天下后学，可谓至矣。盖自古为政者，必明道术以正人心，育贤材以兴治化。然则是书所述，其有关于世教已夫。昔我世祖皇帝既定天下，敦崇文化，首征覃怀许文正公为之辅相。文正之学，尊明孔孟之遗经，以及伊洛诸儒之训传，使夫道德之言，衣被四海。故当时学术之正，人材之多，而文正之有功于圣世，盖有所不可及焉。逮仁庙临御，肇兴贡举，网罗俊彦，其程试之法，表章六经，至于《论语》《大学》《中庸》《孟子》，专以周、程、朱子之说为主，定为国是。而曲学异说，悉罢黜之。是则列圣所以明道术，以正人心，育贤材，以兴治化者，其功用顾不重且大欤。夫伊洛之书，固家传而人有之。然学之者，欲以见诸实用，非徒诵习其文，以为决科之计而已。尝即是书而考之，谓人君当防未萌之欲，辅养君德，要使跬步不离正人。谓一命之士，苟存心于爱物，于人必有所济，则正主庇民之道，岂有外此者乎？谓杀人以媚人，吾不为也。谓荐士当以才之所堪，不当问所欲，则慎刑官人之法，岂有不本于此者乎？其他一言行之嘉，一政令之善，莫不皆可以为法焉。读者能即是而求之本乎，圣贤修己之学，自不溺于词章记诵之习。明乎圣贤治人之方，必不怵于权谋功利之习。庶几先儒次辑是书，有望于后学者哉！盖学问之传授，不以时世而存亡。师友之渊源，不以风俗而间断。然而巽懦无志者，不足以有望。必得豪杰特立之士观感兴起，知求圣贤之学而学焉。则真儒善治之效，可得而致矣。至正癸未十月既望，后学赵郡苏天爵书。”

《海源阁宋元秘本书目》卷二《史部》：明本《伊洛渊源录》十四卷，八册一函。

今按：元刻本（上海图书馆、广东省中山图书馆藏）；明黄瑜刻本（江西省图书馆藏）；明成化九年张瓒刻本（浙江图书馆藏）；明刻本（国家图书馆、北京大学图书馆、清华大学图书馆、中央民族大学图书馆藏）；明嘉靖八年高贲亨刻本（中国科学院图书馆、四川省图书馆藏）；明万历四年积善堂陈昆泉刻本（上海图书馆藏）；明刻本（海盐博物馆藏，清王棻校并跋）；《朱子遗书》本（南京图书馆藏，清丁丙跋）；《四库全书》本；《正谊堂全书》本；《西京清麓丛书》本；《丛书集成初编》本。

伊洛渊源续录

明胡居仁撰。

《浙江采集遗书总录》己集《子部》：《伊洛渊源续录》六卷，刊本。右明余干胡居仁撰。阐性理经学以及制度事功。凡八门。居仁为康斋吴氏门人，与乡人娄一斋、罗一峰、张东白为会于弋阳之龟峰，历主讲席。淮王闻之，请讲《易》于其府。尝曰："以仁义润身，以牙签润屋，足矣。"

伊洛渊源续录

明谢铎编。

《明史》卷九八《艺文志三》：谢铎《伊洛渊源续录》六卷。

《天一阁书目》卷二之一《史部一》：《伊洛渊源续录》六卷，刊本。宋朱子撰。明成化庚子黄岩谢铎序。

《晁氏宝文堂书目》卷上《经》：《伊洛渊源续录》。

《千顷堂书目》卷一一《儒家类》：谢铎《伊洛渊源续录》六卷。

《佳趣堂书目》：《伊洛渊源续录》六卷。

《四库全书总目》卷六一《史部一七·传记类存目三》：《伊洛渊源续录》六卷，浙江巡抚采进本。明谢铎撰。铎有《赤城论谏录》，已著录。是书所录，凡二十一人，盖继朱子《伊洛渊源录》而作。以朱子为宗主，始于罗从彦、李侗，朱子之学所自来也。佐以张栻、吕祖谦，朱子友也。自黄榦而下，终于何基、王柏，皆传朱子之学者也。然所载张栻等七人，则全录《宋史·道学传》。吕祖谦等七人，则全录《宋史·儒林传》。李侗等六人，略采行状、志铭、遗事。其辅广一人，则但载姓名里居，仅数十字而止，尤为疏略。案广即世所称庆源辅氏，《明一统志》载其始末甚详，铎偶未考耳。《明史》铎本传，载其为南京国子监祭酒时，上言六事，其三曰正祀典，乃请进宋儒杨时而退吴澄，为礼部尚书傅瀚所持，仅进时而澄祀如故。夫澄之学虽曰未醇，然较受蔡京之荐者则有间矣。铎欲以易澄，盖以道南一脉之故，而曲讳其出处也。然则是录之作，其亦不出门户之见矣。

《文选楼藏书记》卷二：《伊洛渊源续录》六卷。明谢铎辑。黄岩人。刊本。是书续朱子《伊洛渊源录》，载宋罗从彦起，至王柏止，共二十一人。

《郑堂读书记》卷二三《史部九》：《伊洛渊源续录》六卷，嘉靖己丑刊本。明谢铎撰。铎字鸣治，黄岩人。天顺甲申进士，官至礼部侍郎，谥文肃。《四库全书》存目。鸣治以朱子之遗言绪论，散见六经四子者，固已家传人诵，独其授受源委与夫出处履历之详，穷乡下邑之士，或所未究，于是规仿《伊洛渊源录》之意，具录黄勉斋所撰《行状》与其师友称述之间，凡二十有一人，定为《续录》六卷，大抵皆南宋人也。当其著是书时，已在明之中叶，而不及元代一人，盖亦不出门户之见矣。前有成化庚子自序，后有嘉靖己丑临海高贲亨重刊跋。

《八千卷楼书目》卷五《史部》：《伊洛渊源续录》六卷，明谢铎撰。明刊本、重刊本。

《善本书室藏书志》卷九《史部》：《伊洛渊源续录》六卷明刊本。前有成化庚午黄岩谢铎撰序，曰："昔晦庵先生尝取周、程、张子之书，绪正表章，以示当世。又虑世之学者徒得其言，而不得其所以言，乃复取其平生出处履历之详，以及其师友之所授受者，稡而录之，曰《伊洛渊源录》。先生既没，其遗言绪纶散见六经四子者，固已家传人诵矣。独其授受源委与出处履历之详，穷乡下邑之士或所未究，则无以尽见其全体大用之学。铎不自量，窃取先生之意，具录勉斋所撰《行状》与其师友之间凡有预闻于斯道者，定为《续录》六卷，以见先生继往开来之功，于是为大。而是《录》之不可以不续也。"末有嘉靖己丑临海高贲亨闽中重刊跋。天一阁范氏书目，亦止收《续录》也。

今按：明嘉靖八年高贲亨刻本（中国科学院图书馆、四川省图书馆藏）；明刻本（海盐县博物馆藏，清王棻校并跋）；清道光间万载李春菲等刻本

（上海图书馆藏）。

伊洛渊源录类增

明杨廉辑。

《明史》卷九八《艺文志三》：杨廉《伊洛渊源录类增》十四卷。

《千顷堂书目》卷一一《儒家类》：杨廉《伊洛渊源录类增》十四卷。取朱子平日之言有及伊洛者，附于原本各条下，于正本兼有更定。

《文瑞楼藏书目》卷四《子类》：《新增伊洛渊源录》十四卷，明丰城杨廉辑。

续朱子伊洛渊源录

明林稹撰。

《千顷堂书目》卷一一《儒家类》：林稹《续朱子伊洛渊源录》。

伊洛渊源续录

清张伯行撰。

《四库全书总目》卷六三《史部一九·传记类存目五》：《伊洛渊源续录》二十卷，两江总督采进本。国朝张伯行撰。是编因明谢铎《伊洛渊源续录》采辑未备，薛应旂《考亭渊源录》去取未严，因重为考订，以补正二家之缺失。然书甫出而谭旭《谋道续录》又反复千百言，纠其漏胡寅、真德秀矣。讲学如聚讼，亶其然乎。有朱子之学识而后可定程子门人之得失。此中进退，恐非后学所易言也。

《万卷精华楼藏书记》卷三七《史部七》：《伊洛渊源续录》二十卷，国朝张伯行撰。正谊堂本。是编因谢《录》采辑未备，薛《录》去取未严，因重为考订，以正二家之缺失。

《清史稿》卷一四六《艺文志二》：《伊洛渊源续录》二十卷。张伯行撰。

伊洛考亭渊源

明卢谦撰。

明杨墀《伊洛考亭渊源合刻序》:《易》曰:"几者动之微,吉之先见者也。"又曰:"知几其神乎?"古圣贤潜见变化,皆本诸此。张子据虎皮讲《易》,见程子则爽然自失,曰:"二程深明《易》道。"遽命学者师之。考亭从儿时即能画沙中八卦为戏,其后登第五十年,立朝才四十日,韩侂胄用事,攻伪学者无虚日,而考亭率其徒仍讲诵不辍,盖其自晦者微矣。今世《易》学不明,比匪触藩者勿论,即如熹皇出震之时,正遂官坚冰之始,士大夫方弹冠相庆,谁能见微远引,不俟终日?故六七年来,邪正互攻,名士弥耳就戮,而缙绅之祸日以深,则吾党之过也。所见超然免于评论者,惟芳菱卢先生。先生学识渊静,呼起截断,有谨微慎独之功,无论东南士子,奉为先正典型,凡吏兹士者,以有所就正,稍加自戢,不冠盖辱,皆先生化雨也。一日,出《伊洛》《考亭》二书示余,余然后知先生渊源有自,自度功程圆满,行世度世无穷矣,亟命镌之,以公来学。异时天子起先生田间,益阐明光大之,固不至如有宋之晦否。即今者暂尔家食,而登坛握麈,振聋醒聩,以举起斯文为己任,则先生守待之力,岂直北面程、朱已哉!行且由考亭而溯伊洛,由伊洛而溯洙泗,则是刻也,亦祭海先河之意云耳。墀不敏,蹈道无能,窃尝侍教有道之侧,述其所闻者如此,亦以见读是书而不能如先生之沉深体认,其于进退存亡之几,犹未易言也。崇祯己巳岁仲冬之吉,文林郎、知庐江县事,关西金明后学杨墀谨序。明崇祯刻本。

明方大镇《明崇祯合刻伊洛考亭渊源录序》:学士诵读孔子,澡身揖志,奉以为宗,虽弥天之才,弗能格也;雕谈绮辨,弗能溢也。春秋以下,纷纶决裂,孔子之道不著,学不讲,即一二善为推尊者,亦希音寡和,弗能鼓吹洙泗。迨于有宋,奎聚景运,天固开之,诸儒继出,声气应求,挈孔子如线之脉,昭回云汉,斯之谓正道,斯之谓正学。其合道与学而名之者,表其学为孔子之道,非异端所可望焉。伊川、考亭两先生会逢绍圣、庆元之际,干戈加遗无虚日,屹然守正俟命,为圣门九鼎,是宋儒之功伟,两先生尤伟哉!我圣祖定制科,耑采宋儒为甲令,渊谟睿断,匪夷所思。今百年间浸淫庞杂,猎乾竺以下一切无稽之言架邹、鲁上,其于程朱大儒,直厌薄视之,伏戎于莽，几至如宋之雨禁。夫道学者天下之元气也，不善自卫而故旁侵，使贤人君子乃与烹小鲜等，抑亦诵读者之过耶？有识之士慨焉，思以挽回而计无复之，亦莫如敬遵今上明诏，申正道，讲正学而已。潜川卢侍御芳菱公向与余有同事之谊，为令留惠政，居西台持风采，遭时拂袖，扃户不入市。今复从臾其邑杨侯对龙公，新营讲院，嘉兴多士，更始合《伊洛》《考亭渊源》二录，并见所宗。夫文翁兴学，蜀人化之，遂有词赋之盛，为循良称首。以今兹举，俨然立雪开洞之意，趋步两先生，而正人心、闲先圣，其愿力当又不在孟子后，救时之药石，造道之津梁也，讵侈言汉事哉！昔耿天台先生因友人问天命之学，答曰："余安敢谈此，但愿以今六十奇之年，希夫子十五志学之志，日月积累，不知老之将及。"余尝佩服斯训，举以敝社诸友，今亦请于潜川。多贤风动云从，计日鹊起，讵惟棫朴薪槱，收誉髦之效，究且沿流溯源，共游伊洛，再振考亭之业。余亦愿借嘤鸣之缘，缪附于高山景行之义。幸终诲之矣。桐川后学宁澹居士方大镇稽首拜撰，时在慕亭。明崇祯刻本。

考亭渊源录

明宋端仪撰，薛应旂重修。

《明史》卷九八《艺文志三》：薛应旂《考亭渊源录》二十四卷。

《天一阁书目》卷二之一《史部一》：《考亭渊源录》二十四卷，刊本。明宋端仪初稿，林润校正。隆庆戊辰武进薛应旂参修，序云："前广东提学佥事莆阳宋公端仪尝编《考亭渊源录》，以未及详定，自题曰初稿。今御史中丞念堂林公与公同邑，谓是编未竟公之志，示旂删润。旂观考亭编《伊洛渊源》，首载濂溪，次及其同时之友、及门之士，乃若龟山、上蔡、广平，则皆程门高第。《弟子传》之豫章、讲之、武夷，以及延平、籍溪、屏山、白水，而考亭实皆师之。一时若广汉、金华、金溪、永康、东嘉，皆以学名世，而考亭与之往复切磋，此正渊源所在。而初稿自广汉、金华之外，咸未之录，余悉为增入。仍仿濂溪之例，发端于延平，其诸以次书之。"隆庆己巳华亭徐阶有序。

《脉望馆书目·儒家》：《考亭渊源录》十一本。

《徐氏红雨楼书目》卷二《史部》：《考亭渊源》。

《徐氏家藏书目》卷二《史部》:《考亭渊源》。

《国史经籍志》卷四《子类》:《考亭渊源录》十四卷。

《绛云楼书目》卷二《道学类》:《考亭渊源》十一册。二十四卷，薛应旂编。

《楝亭书目》:《考亭渊源录》。明莆阳宋端仪初稿，武进薛应旂删润，二十四卷，一函五册。

《千顷堂书目》卷一一《儒家类》: 宋端仪《考亭渊源录》□卷，又《道南三先生遗书》，又《朱子事类》。

又 :《考亭渊源录》，录豫章、延平诸先生及蔡西山，下至元许谦诸儒行实。

又 : 薛应旂《考亭渊源录》二十四卷。

《明史》卷九八《艺文三》: 薛应旂《重编考亭渊源录》二十四卷。

《传是楼书目・子部》: 明薛应旂《重编考亭渊源录》二十四卷，隆庆，八本。

《佳趣堂书目》:《考亭渊源录》二十四卷。

《振绮堂书目》卷三 :《考亭渊源录》六册，十四卷，明宋端仪撰。起自朱子，终及门人之无记述文字者。

《四库全书总目》卷六一《史部一七・传记类存目三》:《考亭渊源录》二十四卷，浙江吴玉墀家藏本。明宋端仪撰，薛应旂重修。端仪字孔时，莆田人。成化辛丑进士，官至广东提学佥事。事迹具《明史》本传。应旂有《四书人物考》，已著录。此编仿《伊洛渊源录》之例，首列延平李侗、籍溪胡宪、屏山刘子翚、白水刘勉之四人，以溯师承之所自。次载朱子始末。次及同时友人，至南轩张栻以下七人。次则备列考亭门人，自勉斋黄榦以下二百九十三人。其二十三卷则门人之无记述文字者，但列其名，凡八十八人。末卷则考亭叛徒赵师雍、傅伯寿、胡纮等三人，亦用《伊洛渊源录》载邢恕例也。史称端仪慨建文朝忠臣湮没，乃搜辑遗书，为《革除录》。建文忠臣之有录，自端仪始。然其书今未见，即此书原本亦未见，世所行者惟应旂重修之本。应旂作《宋元通鉴》，于道学宗派，多所纪录，此书盖犹是意。然应旂初学于王守仁，讲陆氏之学，晚乃研穷洛、闽之旨，兼取朱子。故其书《目录》后有云:“两先生实所以相成，非所以相反。”遂以陆九渊兄弟三人列《考亭渊源录》中，名实未免乖舛也。

《浙江采集遗书总录》己集《子部》:《考亭渊源录》三十四卷，刊本。右前人辑。以朱子为主。先之延平、籍溪、屏山、白水四先生，以发其端。旁及同时之南轩、东莱、复斋、梭山、象山、同甫、君举诸公。而凡在朱门者，共三百八十三人，悉以次录焉。末一卷录考亭叛徒三人，则赵师雍、傅伯寿、胡纮也。或曰此书本宋端仪初稿，而直足成之。

《文选楼藏书记》卷五:《考亭渊源录》二十四卷。明提学副使薛应旂辑。武进人。刊本。是书本宋端仪初稿而足成之。

《问源楼书目初编》卷二中《史部》:《考亭渊源录》二十四卷，明宋端仪撰，薛应旂重修，明刊本。

朱氏传授支派图

宋王力行撰。

《世善堂藏书目录》卷上《史类》:《朱氏传授支派图》。同安王力行，朱子门人。

朱子门人师友图

元赵复撰。

《千顷堂书目》卷一一《儒家类》:赵复《朱子门人师友图》。

朱子门人谱

佚名撰。

《澹生堂藏书目》卷五《史类第十五》:《朱子门人谱》一卷。

紫阳道脉录

明江尚和撰。

明吕柟《紫阳道脉录序》:休宁人江尚和年已五十余，尝数及予门，一日出所辑朱夫子授受诸贤名姓行实一帙，曰《道脉录》，谓予曰：“尚和亦尝从学于阳明王先生，王先生讲知行合一之义，切中时学浮泛之病，顾学者听之不审，传之太过，遂至于贬吾朱夫子焉。尚和是以深痛之，仿《伊洛渊源》，有是录也。使天下后世知朱夫子与一时门弟子问答者，固非若今之论矣。”曰：嗟乎！朱夫子何可当也！今已读其书，解其意，乃又索其失而贬之，是操戈而入室也。但道乃天下公共之物，有见一句，闻一言，窥一隙，觑一瘢者，著论亦无妨。若或行在尺寸之近，而言在千万里之远者，是则可尤耳！夫《道脉录》固可以见朱门躬行之实，开时学之惑矣。但《录》首序道统，谓尧舜以来，传至龟山、豫章、延平、晦庵，晦庵又以传蔡西山、黄勉斋四十九人，则又似以言语文字为传矣。盖龟山之学尚不及程门之尹焞，而豫章、延平恐又不可与尧舜周孔比伦。若蔡、黄诸君去程门杨、谢诸君又相径庭矣，至谓尧舜以来皆一人相传，则又使是道不许众人为邪？盖是道有数百年无人传者，有一时数人得者，有数人所得有浅深大小之不同者。是故舜、禹、皋陶、稷、契五人一时也，成汤、伊尹、仲虺三人一时也，高宗、傅说二人一时也，微子启、比干、箕子、伯夷、叔齐五人一时也，文、武、周、召、太公望、散宜生六人一时也，孔、颜、曾、思、闵、冉、孟轲七八人一时也，周、程、张、邵、司马六人一时也。其他为之友者亦有之矣，为之徒者亦有之矣。今夫汉儒人所耻言也，然如董、汲、郭、黄、诸葛，虽朱夫子且或让焉，况其门人乎？隋唐诸儒，人所不道也，然如王仲淹、韩退之，虽两程子且或取焉，况其他人乎？若是则《道脉录》行亦可也。《泾野先生文集》卷一。

《千顷堂书目》卷一一《儒家类》：江尚和《紫阳道脉录》四卷。字节夫，休宁人。

濂洛风雅

宋金履祥编。

《百川书志》卷一九《集》：《濂洛风雅》七卷，元仁山金履祥吉甫记录，石泉唐良瑞进之编类宋濂洛诸君子之作。以师友渊源为统纪，古今体制为正变，有关名教之书也。

《天一阁书目》卷二之一《史部一》：《濂洛风雅》七卷，刊本。第四卷有“德辉”二字图章。宋邵康节、张横渠、程明道、程伊川、杨龟山、游广平、尹和靖、李荥阳、张思叔、胡文定、李延平、朱晦庵、吕东莱先生交游渊源，往来赠答，尽悉收入。仁山金履祥纪录。卷首有《诗派图》，元元贞丙申唐良瑞原序。明弘治庚申南山潘府重刊序曰：“余友董遵道赝岁荐来京师，以遗稿视余，复图锓行于世。适同志彭济物出守徽郡，遂以是属焉。”弘治壬戌年李旻有序。

《四库全书总目》卷一九一《集部四十四·总集类存目一》：《濂洛风雅》六卷，浙江巡抚采进本。元金履祥编。履祥有《尚书表注》，已著录。是编乃至元丙申，履祥馆于韩良瑞家齐芳书舍所刻。原本选录周子、程子以至王柏、王偘等四十八人之诗，而冠濂洛诗派图。但以师友渊源为统纪，初不分类例。良瑞以为濂、洛诸人之诗固皆风雅之遗，第风、雅有正变、大小之殊，颂亦有周、鲁之异。于是分诗、铭、箴、诫、赞、咏四言者为风雅之正，其楚辞、歌骚、乐府、韵语为风雅之变，五、七言古风则风雅之再变，绝句、律诗则又风雅之三变云云，具见良瑞所作序中。盖选录者履祥，排比条次者则良瑞也。昔朱子欲分古诗为两编而不果。朱子于诗学颇邃，殆深知文质之正变、裁取为难。自真德秀《文章正宗》出，始别为谈理之诗。然其时助成其稿者为刘克庄，德秀特因而删润之。故所黜者或稍过，而所录者尚未离乎诗。自履祥是编出，而道学之诗与诗人之诗千秋楚越矣。夫德行、文章，孔门即分为二科；儒林、道学、文苑，《宋史》且别为三传。言岂一端？各有当也。以濂、洛之理责李、杜，李、杜不能争，天下亦不敢代为李、杜争。然而天下学为诗者，终宗李、杜，不宗濂、洛也。此其故可深长思矣。

洛闽源流录

清张夏撰。

《楝亭书目》：《洛闽源流录》。本朝锡山张夏纂，十八卷，一函四册。

《传是楼书目·子部》：张夏《洛闽源流录》十七卷，五本。

《四库全书总目》卷六三《史部一九·传记类存目五》：《洛闽源流录》十九卷，江苏巡抚采进本。国朝张夏撰。夏有《杨文靖年谱补遗》，已著录。是书取有明一代讲学之儒，分别其门户，成于康熙壬戌。大旨阐洛、闽之绪而力辟新会、余姚之说。自一卷至十三卷列为洛、闽之学者，正宗十六人，羽翼三十九人，儒林一百九十二人，并合传、附传者共二百五十余人。十四卷为新会之学，十五卷为余姚之学，所列羽翼八人、儒林三十九人，而正宗则缺。十八、十九二卷谓之《补编》，所列仅儒林五十八人，并羽翼之名亦不予之矣。自明以来，讲学者酿为朋党，百计相倾。王守仁作《朱子晚年定论》，程敏政作《道一编》，欲援朱子以附陆氏，论者讥其舞文。张烈作《王学质疑》，熊赐履作《闲道录》，又诋斥陆、王，几不使居于人类，论者亦讥其好胜。虽各以卫道为名，而本意所在，天下得而窥之也。夏此书以程、朱之派为主，而于陆氏之派亦节取所长，以示不存门户之见，用意较为深密。然卷首称明太祖以理学开国，谀颂几四五百言，以为直接尧、舜、禹、汤、文、武之统，殊非笃论，亦非事实。其《凡例》称："人品自人品，学术自学术，如赵南星、杨涟、缪昌期、李应升诸人，可谓之忠臣，不可列之于儒林。"立说尤僻。岂程、朱之传惟教人作语录乎？

《浙江采集遗书总录》己集《子部》：《洛闽渊源录》十九卷，刊本。右国朝无锡张夏撰。纂明一代诸儒学行梗概，取其渊源程、朱，题曰"洛闽"。分三品，曰正宗十六人，曰羽翼四十七人，其余为儒林三百五十余人。人各为传，仍以时代为次而别识之。

《万卷精华楼藏书记》卷三七《史部七》：《洛闽源流录》十九卷，国朝张夏撰。彝叙堂本。康熙壬戌门人黄昌道校刊，有跋。前有张夏自序，并凡例。自一卷至十三卷为洛闽之学，曰正宗，曰羽翼，曰儒林。十四卷为新会之学，十五卷为余姚之学，皆缺正宗。十八、十九二卷仅列儒林，谓之补编。张氏自序曰："朱子《伊洛渊源录》为程子作也，谢方石氏《伊洛渊源续录》为朱子作也。及立齐宋氏、方山薛氏各著《考亭渊源录》，取名尤显切。其列考亭友徒而宋儒大备矣。厥后少墟冯氏集元儒百人，乃更名《元儒考略》，岂元儒于洛源有不尽合者乎？今夏僭不自量，纂故明一代诸儒学行梗概，统程朱故题，曰《洛闽源流录》。"盖为程朱后人作也。自洪武初年起，崇祯末年止，凡三百余人。

《八千卷楼书目》卷五《史部》：《洛闽源流录》十九卷，国朝张夏撰。刊本。

《清史稿》卷一四六《艺文志二》：《洛闽渊源录》十九卷。张夏撰。

朱文公行状

宋黄榦撰。

《读书附志》卷上《传记类》:《朱文公行状》一卷。右门人黄榦所作也。

《直斋书录解题》卷七《传记类》:《朱侍讲行状》一卷。奉议郎三山黄榦直卿撰。其高第弟子且子壻也。

《文献通考》卷一九九《经籍考二十六》:《朱侍讲行状》一卷。陈氏曰：“奉议郎三山黄榦直卿撰。其高第弟子且子婿也。”

《宋史》卷二〇三《艺文志二》:《朱文公行状》一卷，黄榦撰。

《濮阳蒲汀李先生家藏目录》东间朝东三柜 :《朱文公行状》。

《万卷堂书目》卷二《谱传》:《朱文公行状》一卷。黄榦。

《晁氏宝文堂书目》卷上《史》:《晦庵先生行状》。

《国史经籍志》卷三《史类》:《朱侍讲行状》一卷。黄榦。

《古今书刻》上编《南京国子监》:《朱子行状》。

《八千卷楼书目》卷五《史部》:《朱文公行述》一卷，附刻一卷，宋黄榦撰。明辨斋本。

朱文公传

元吴梦炎撰。

《文渊阁书目》卷四 :《朱文公传》一部二册，完全。

《千顷堂书目》卷一〇《传记类》: 吴梦炎《朱文公传》二卷。至元间人，采集旧史李焘所为传，并载文公前后历官诰词及建学碑志诸文。

朱子实纪

明戴铣撰。

明戴铣《朱子实纪序》:《朱子实纪》，纪朱子之始末，与夫今昔尊崇之实也。旧名《年谱》，今更曰《实纪》，何也？谓之《年谱》，则绍乎前、彰乎后者不足以该，必曰《实纪》，然后并包而无遗，亦犹史家有世表、年表，总谓之实录也。或曰:“尧、舜始末,孔子纪于《典》;孔子始末,马迁纪于《世家》。濂溪、伊川始末,朱子纪于《事状》《年谱》。是编亦拟孔、朱而作欤?”铣避席而对曰:“不然。此果斋李氏之书,屡经锓补,颇涉淆舛。加以事或逸于时,文寖增于后,未有稡其全者。铣于朱子受罔极之恩,且为乡后辈,与有旷坠之责。不自揆,因其旧而修之,厘为十有二卷,以至景行之私,非敢妄作也。夫尧、舜、周、程之事,固赖孔、朱以传。乃若孔子虽无《世家》,而《六经》之昭于万世者自若;朱子虽无《实纪》,亦奚病于其书之昭于万世哉?书昭于万世,即道之昭于万世,何赖乎此编也?抑朱子尝言《伊川年谱》不能保无谬误,此固夫子自道,亦足以见纪述之难。大贤且然,矧区区小子乎?同志君子,幸原其僭而加订之,使读之者有以睹夫德业之全而兴起焉,得有所据,以为希贤希圣之阶,则其为助似当不小尔。正德丙寅岁十月朔旦后学婺源戴铣谨书。《朱子全书》第二十七册《序跋》。

明李梦阳《刻朱子实纪序》:《朱子实纪》一十二卷,婺源戴氏所编,而刻于歙鲍雄氏。予在白鹿洞书院,感朱子出处之事,会得《实纪》而览,恻怆俯仰,于是泫然而悲焉。按《实纪》,朱子年二十二仕,七十致仕,中间五十年更事四朝,然官不过待制。在外者九考,立朝则四十日而已。白鹿洞建书院也,时年五十矣,犹知南康军事。於戏!何其遇不易至此哉!它不必论,孝宗者,非宋之英明君哉?亦不为不知公,三十年间,诏对垂拱殿者一,延和殿者二而已。岂所谓吾退而寒之者至邪?世常言,用舍有命,亦关运数。故以文帝之明,而使贾谊、李广没于下位;有武帝之好文,而董仲舒不能安诸其朝。夫宋之南也,斯则何时,而可以汉之二帝诿邪?故知贤而不好,是曰不知;好而不用,是曰不好;用而不专,犹不用也。若孝宗者,于公为用耶?好耶?知邪?於乎!难言哉!当是时,大臣知公者陈俊卿辈数人耳,亦寡矣。誉者已,毁者继,引者厄,嫉者力。黄氏状公行曰:“百年论定,必有知愚言者。”予读之,未尝不泫然而悲也。公既没于是,大人君子宗其学,达官显夫程其猷,言臣文士颂其业,门人发明其授受,见者怀其仪刑,闻者淑其绪理,薄海内外遵诵其书。于是谥赠议于上,祠庙建于下,荫录及其子孙。盖其论不俟百年而定矣。何则?水平则鉴物。故贤者沮抑于生时,而论每定于身后者,以平也。然于宋则何补矣。人曰:仲尼之不遇,春秋之不幸,万世之幸。如是,则公之遇不遇,吾又奚悲?戴氏名铣,字宝之,为给事中卒。有生曰汪愈者,戴甥也，以《实纪》视雄。雄先世名元康者，复朱子祠田者也，文载《实纪》中。《空同集》卷五〇。

《天一阁书目》卷二之一《史部一》:《朱子实纪》十二卷。刊本。缺首四卷。

南京户科给事中戴翀峰先生编次。婺源汪愈序后。

《晁氏宝文堂书目》卷中《子部》:《朱子实纪》。

《脉望馆书目·儒家》:《朱子实纪》四本。

《澹生堂藏书目》卷五《史类第十五》:《朱文公实纪》四册。十卷。

《千顷堂书目》卷一〇《传记类》：戴铣《朱子实纪》十二卷。

《明史》卷九七《艺文志二》：戴铣《朱子实纪》十二卷。

《也是园藏书目》卷五《子部》:《朱子实记》十二卷。

《钱遵王述古堂藏书目录》卷二《儒》:《朱子实记》十二卷，四本。

《虞山钱遵王藏书目录汇编》卷四《子部》:《朱子实记》十二卷。述儒四本。

《潜采堂宋元人集目录》:《朱子实纪》十二卷。正德八年李梦阳序，四册。

《竹垞行笈书目》“林”字号 :《朱子实记》四本。

《传是楼书目·子部》：明戴铣编《朱子实纪》十二卷，六本。

又 :《朱子实纪》十二卷，明戴铣编，六本。

《文瑞楼藏书目》卷七《集部》:《实纪》十二卷。

《振绮堂书目》卷三 :《朱子实纪》四册，明戴铣撰。自序。

《四库全书总目》卷六〇《史部一六·传记类存目二》:《朱子实纪》十二卷，江苏巡抚采进本。明戴铣编。铣字宝之，婺源人，弘治丙辰进士，官至给事中，以疏弹太监高凤下诏狱，廷杖创甚而卒。事迹具《明史》本传。是书详述朱子始末，首曰《道统源流》《世系源流》，次《年谱》，次《行状》《本传》，次《庙宅》，次《门人》，次《褒典》，次《赞述》，次《纪题》。其书本因《年谱》而作，其标曰《实纪》者，铣《自序》称：“谓之《年谱》，则绍乎前、彰乎后者不足谈。必曰《实纪》，然后并包而无遗。”盖《年谱》主于明朱子学问之序，出处之道。而铣是书则主于以推崇褒赠，夸耀世俗为荣。其立意本各有取也。

朱文公登科录（又名：绍兴十八年同年小录）

佚名撰。

明沈一贯《书绍兴十八年同年小录后》：右宋《绍兴十八年同年小录》，为王佐榜进士，以朱晦翁在，故世传之。世本出句容江玺，玺，《录》中纠弹宾王之裔也。弘治辛亥，蒲田郑祭酒纪有抄本，属督学王御史鉴之梓于徽，而纪与鉴之皆有序。嘉靖戊子，滁阳常中丞再属太原守黄卿梓于晋，而卿有序。若余族父句章公所藏本，独与前梓殊，而无三序与御笔手诏，岂其逸也？是年进士三百三十人，而余远祖抑强公举五甲第六十六人。抑强，字也，讳中立，贯光同乡中林里，即所称栎社者，今句章公及箕仲犹聚族于是。志曰：栎社之望曰沈。沈之世也久矣。此其为抑强公释褐本邪？非我家之球驯刀图乎哉？然余览是异焉。抑强公生于戊寅，而小名虎正，与句章公之生与小名同，生之月日，后禊之期八，又正与不肖生之月日同。金鹅之鸣岂有契邪？又缘知宋之故与今异者四。宋三试者，再及奉大对而七，今会试三、殿试一；宋试诗赋、经义、论策，而今增表判，无诗赋；是岁分五甲，又有特奏一人，而今独三甲，无他进；是岁一甲者十人，而今一甲惟三人。其他供事员御多寡仍变，然不大殊。至于罗才适治之意，岂有二揆哉？所恨宋宇侵小，广求士而不尽用，如晦翁立朝才四十六日，我抑强公之不究，复何恨也？我世中衰，乃始稍稍起，如一贯蹇劣，恐终辱贤书。吾昆弟子侄，其班班后先奋庸，无复以不尽用为解。丁亥秋，一贯觐省在告，谒句章公于丰对楼，公出是观，命题其后子孙宝之，勿以世有而置常牍中。今好事者尚能以晦翁宝此，吾家又当以抑强公宝此。《喙鸣诗文集》文集卷四。

《百川书志》卷四《史》：《宋晦庵先生同年录》一卷。绍兴十八年王佐榜五甲三百三十人籍贯、祖父、姓氏、年甲、小名、小字，并御制、试官，皆录焉。

《赵定宇书目·小说书》：《朱文公登科录》。一本。

《脉望馆书目·小说》：《朱文公登科录》一本。

《上善堂宋元板精抄旧抄书目·校本》：旧刻《朱文公登科录》一本，钱遵王藏本。

《四库全书总目》卷五七《史部十三·传记类一》：《绍兴十八年同年小录》一卷，两淮马裕家藏本。宋王佐榜进士题名录也。考刘一清《钱塘遗事》，宋时廷试，发榜唱名后，谒先圣先师，赴闻喜宴，列叙名氏乡贯三代之类具书之，谓之《同年小录》。是科为绍兴戊辰，南渡后第七科也。所取凡三百三十人。又特奏名四百五十七人，其四百五十六人，原本佚缺，《录》内仅存一人。首载前一年御笔手诏，次载策问及执事官姓名，又次载进士榜名，末乃载诸进士字号、大小、乡贯、三代。后又有《附录》，记董德以下三十二人之事，而状元王佐等三人对策之语，亦载其略。皆附会和议甚力，不知何人所记。疑宋元间相率而成，非出一人之手也。宋代同年小录，今率不传。惟宝祐四年榜以文天祥、陆秀夫、谢枋得三人为世所重，如日星河岳，亘古长留，足以撑拄纲常，振兴风教。而是榜以朱子名在五甲第九十，讲学之家亦自相传录，得以至今。明弘治中，会稽王鉴之重刻于紫阳书院，改名曰《朱子同年录》。夫进士题名，统以状头，曰“某人榜进士”，国制也。标以年号，曰“某年登科小录”，亦国制也。故以朱子传是书可也，以朱子冠是书而黜特选之大魁，进缀名之末甲，则不可。以朱子重是书可也，以朱子名是书而削帝王之年号，题儒者之尊称，则尤不可。鉴之所称，盖徒知标榜门户，而未思其有害于名教。今仍以原名著录，存其真焉。

《郑堂读书记》卷二三《史部九》:《绍兴十八年同年小录》一卷，写旧本。不著编辑者名氏。乃宋王佐榜进士题名录也。《四库全书》著录。《宋志》载乐史《登科记》三十卷，又二卷，起建隆至宣和四年。崔氏《登科记》一卷，不知作者。洪适《宋登科记》二十一卷，《书录解题》载李椿《中兴登科小录》三卷，俱已不传。传者惟宝祐四年榜，以文文山、陆君实、谢迭山三公而传。而是榜则以朱文公名在五甲第九十而传也。前载绍兴十七年手诏及次年策问，次载执事各官姓名，又次载进士姓名、字号、生年、月日、三代、乡贯。凡一甲十人，二甲十九人，三甲三十七人，四甲一百二十二人，五甲一百四十二人，特奏名一人。案是科特奏名四百五十七人，而此仅存一人。据《提要》，原本佚缺。又《提要》称执事官姓名后尚有进士榜名，并称又有《附录》记董德以下三十二人之事，而状元王佐等三人对策之语亦载其略，不知何人所记。疑宋元相继，增益非出一人之手也。是本后有“用弘治刻本校”一道一行，而无进士榜名及附录，或所据别是一本欤？

《爱日精庐藏书志》卷一三《史部》:《绍兴十八年同年小录》一卷，明初刊本，述古堂藏书。宋绍兴十八年王佐榜进士题名录也。卷末有“虞山钱曾遵王藏书”印记。

《皕宋楼藏书志》卷二七《史部》:《绍兴十八年同年小录》一卷，旧抄本。宋绍兴十八年王佐榜进士题名录也。

《善本书室藏书志》卷九《史部七》:《绍兴十八年同年小录》一卷，抄本。右为宋绍兴十八年戊辰王佐榜进士题名录，因朱子列第五甲第九十人而重。明弘治间版刊之，张安道且于滁州欧梅亭石刻之，此萧山王宗炎从吴门黄丕烈传录本也。首列十七年开科手诏，次十八年四月三日御试策问，次敕差与试诸官衔名，次期集所供事人名日期，次录第一甲十人，第二甲十九人。第三甲三十七人，第四甲百二十二人，第五甲百四十二人，特奏名一人。每人下列名字、小名、小字、年甲、外氏、行第、兄弟、妻氏、三代、籍贯、里户，盖科例如是也。是榜徐履以南省第一人而殿五甲，张荃翁《贵耳录》谓："履因功名念重，遂有心疾。殿试卷子写一竹，题曰：'画竹一竿，送上试官。'朝廷亦优容之。"别本附录云：时秦桧欲妻以女，因佯狂，廷对不答一字。乃附五甲之末。以视状元王佐等三人对策之语，皆附会和议为何如？后有黄丕烈、王宗炎跋。

《铁琴铜剑楼藏书目录》卷一〇《史部三》:《绍兴十八年同年小录》，抄本。此宋绍兴十八年王佐榜进士题名录。世以是录因朱子而重，故明初有刊本，又有石刻在滁州欧梅亭，明人张安道所刻。惟朱子名字、三代、乡贯全载，其余仅书名及本贯州县。此从明初本传录，犹同宋时旧帙也。首列绍兴十七年三月二十四日手诏及御试策一道，后列知贡举以下衔名。是榜徐履以南省第一人而殿五甲，张荃翁《贵耳录》谓："履因功名之念太重，遂有心恙之疾。殿试卷子写一枝竹，题曰：'画竹一竿，送上试官。'朝廷亦优容之。"此本附录云："时相秦桧欲妻以女，因阳狂，廷对不答一字，乃附第五甲末。"其说不同，各记所传闻耳。又是科吾邑登第者曰冷世光、世修兄弟及胡百能。《录》云："世光第四甲第七人。字宾王，小名福子，小字庆孙，年二十七，六月二十八日生。外氏沈具庆，下第四十一，兄弟五人，一举。娶何氏。曾祖迈，故，不仕。祖侁，故，不仕。父嗣立，见任秀州助教。本贯平江府常熟县积善乡虞山里。父为户。""世务按'务'当是'修'之误第五甲第二十五人。字良器，小名庆儿，小字余庆。年二十四，三月十八日生。第四十四。娶马氏。余同世光。""百能第四甲第五十一人。字少明，小名同老，小字祖寿。年四十八。

七月十二日生。外氏楼永感，下第。二十一兄弟，终鲜，六举。娶张氏。曾祖教，故大中大夫。祖稷言，故通直郎。父峄，故右迪功郎。本贯平江府长洲县安乐乡弦歌里。祖为户。”按百能，邑之涂菘人，后居郡城，故贯长洲。宋时功令无寄籍之嫌，犹朱子籍婺源而《录》中贯建州建阳也。备录之以资修邑乘者参核。

《八千卷楼书目》卷五《史部》:《绍兴十八年同年小录》一卷，宋绍兴戊辰王佐榜进士题名也。抄本。

五先生政迹

明李贵辑。

《天一阁书目》卷一之一 :《五先生政迹》一册。

《千顷堂书目》卷一〇《政刑类》:李贵《五先生政迹》。字廷良，丰城人，李裕后人。嘉靖癸丑进士，四川按察司副使。五先生者，濂溪、明道、横渠、紫阳、象山五贤。

《文选楼藏书记》卷三 :《五先生政迹》一册，明李贵辑。丰城人。刊本。是书载宋儒周敦颐、程颢、张载、朱熹、陆九渊居官事迹。

《四库全书总目》卷六一《史部一七 · 传记类存目三》:《宋五先生郡邑政绩》一卷，浙江范懋柱家天一阁藏本。明李贵撰。贵字廷良，丰城人，嘉靖癸丑进士，改庶吉士。贵先尝编次《程明道郡邑政绩》一卷，此复增入周、张、朱、陆四子莅民之事，合为一书。然皆史传文集所已载，无庸贵之表章也。

《浙江采集遗书总录》戊集《史部》:《五先生政迹》一册，刊本。右纪宋周、程、张、朱、陆五子之政事。明丰城李贵汇而录之。

闽学志略

清李清馥撰。

《四库全书总目》卷六三《史部一九 · 传记类存目五》:《闽学志略》十七卷，福建巡抚采进本。国朝李清馥撰。清馥有《闽中理学渊源考》，已著录。是编取自唐迄明闽中之有关讲学者，人各系传，以志其略。盖仿汤斌《洛学编》之例。大旨以朱子为宗，朱子以后传其教者皆录之，朱子以前则自欧阳詹以后亦仿斌例为《前编》。然隐逸之流，似不在讲学之例，收之稍滥。且唐、宋、元共八卷，而明一代至九卷。其时代先后，亦多紊淆。似不及《闽中理学渊源考》也。

濂洛关闽六先生传

清罗惇衍辑。

《续修四库全书总目提要》第十四册：《濂洛关闽六先生传》，道光二十七年刊本。清罗惇衍辑。惇衍字椒生，广东顺德人，道光乙未进士，官至户部尚书，谥文恪。惇衍尝督学安徽，书即成于其时。首有自序，称“取宋贤书，反复推勘，见研极莫精于濂溪，规模莫大于康节，运量莫周于横渠。纯公之纯，有似颜子。正公之正，有似子思。至朱子则析杪忽，贯天人，奄有诸贤之长，而综其成”。又称“考之史实，参之传记，实有见于濂溪诸先生之学，非如世俗所诟病。因采其立行垂教之要，与其格君心、救民瘼之大节，汇而辑之，以与多士观感而向往”云云。按《大程传》，兼记其父伯温治行。自《康节传》外，余皆治行与学术并详。惟率抄撮旧文，毫无阐发。《康节传》不录天津桥闻鹃事，甚是。而《大程传》乃有“安石子雱囚首跣足携妇人冠以出”等语，此野史恨安石父子者丑诋之词，何足置信？乃亦采之传中，斯无识矣。又按《康节传》，应在首列，否则亦宜在濂溪之次。今以次二程之后，岂亦微存进退之见耶？此则大非也。

朱子世家

元朱右撰。

《千顷堂书目》卷一〇《谱系类》：朱右《朱子世家》。

考订朱子世家

清江永撰。

《四库全书总目》卷六〇《史部一六·传记类存目二》:《考订朱子世家》一卷，安徽巡抚采进本。国朝江永撰。永有《周礼疑义举要》，已著录。永家婺源，与朱子同里，故取《年谱》旧本重加删订，各附考证，而终以婺源子孙承袭博士支派。后附《天宁寺会讲辨》一篇，专论《学会录》所载庆元丙辰朱子至新安会讲天宁寺事，为明季良知之徒凿空撰出，以厚诬朱子云。

《清史稿》卷一四六《艺文志二》:《考订朱子世家》一卷。江永撰。

今按：清乾隆间刻本（南京图书馆藏）；清嘉庆十二年婺源李氏刻本（国家图书馆、上海图书馆藏）；清道光二十四年张日晟刻本（沈阳市图书馆、吉林社科院图书馆、南京图书馆藏）；清咸丰三年刻本（国家图书馆、上海图书馆、东北师范大学图书馆、黑龙江省图书馆、南京图书馆藏）；清光绪元年香山何璟刻本（香港中文大学图书馆藏）；清刻本（国家图书馆藏）。

文公台寓录

明朱纨撰。

《赵定宇书目·沈滨庄》:《文公台寓录》。二本。

《脉望馆书目·儒家》:《文公台寓录》二本。

《绛云楼书目》卷一《地志类》:《朱文公台寓录》。

《千顷堂书目》卷八《地理类下》: 朱纨《朱文公台寓录》三卷。

《也是园藏书目》卷六《子部》:《朱文公台寓录》三卷。

《钱遵王述古堂藏书目录》卷四《人物志》:《朱文公台寓录》三卷，一本。

《虞山钱遵王藏书目录汇编》卷三《史部》:《朱文公台寓录》三卷。述人物志。

伊川先生年谱

宋朱熹编。

明程敏政《书伊川先生年谱后》: 按朱子云《伊川年谱》取证他书，不能保无谬误。而宋季秀岩李公心传尝辑《道命录》一书，中有考异数段，深有裨于年谱，谨附著之。《篁墩集》卷三七。

《万卷精华楼藏书记》卷三六《史部七》：《伊川先生年谱》一卷，宋朱子编。《二程遗书》本。谱后有附录。黄氏曰："古无年谱，昉自宋人。若洪兴祖于昌黎、文安礼于子厚、吕大防于子美、薛仲邕于太白、楼钥于范文正、薛齐谊于欧阳、何抡于三苏、黄莹于山谷、李方子于紫阳是也。自为年谱，近方有之。然徐文长《畸谱》、李元仲《岁纪》，虽编年自作，不以年谱名充其类，其诸王充自纪、陶潜自传、江淹自序之遗意与。"录于《唐棠集》旧稿。胡氏曰："年谱不一，惟桐川薛齐谊、庐陵孙谦益及曾三异三家为详。"录于旧稿。

朱文公年谱

宋李方子撰。

宋魏了翁《朱文公年谱序》：天生斯民，必有出乎其类者为之君师，以任先觉之责，然而非一人所能自为也，必并生错出、交修互发，然后道章而化成。是故有尧、舜，则有禹、皋陶；有汤、文，则有伊尹、莱朱、太公望、散宜生，各当其世，观其会通，以尽其所当为之分。然后天衷以位，人极以立，万世之标准以定，虽气数诎信之不齐，而天之爱人，阅千古如一日也。自比闾节授之法坏，射饮读法之礼无所于行，君师之枋，移于孔子，则又有冉、闵、颜、曾群弟子左右羽翼之，微言大义，天开日揭，万物咸睹。自孔子没，则诸子已有不能尽得其传者，于是子思、孟子又为之阐幽明微，著嫌辨似，而后孔氏之道历万世而亡敝。呜呼，是不曰天之所命而谁实为之？秦汉以来，诸儒生于籍去书焚、师异指殊之后，不惟孔道晦蚀，孟氏之说亦鲜知之。千数百年间，何可谓无人，则往往孤立寡俦，倡焉莫之和也，绝焉弗之续也。乃至国朝之盛，南自湖湘，北至河洛，西极关辅，地之相去何翅千有余里，而大儒辈出，声应气求，若合符节。曰极、曰诚、曰仁、曰道、曰中、曰恕、曰性命、曰气质、曰天理人欲、曰阴阳鬼神、若此等类，凡皆圣门讲学之枢要，而千数百年习浮踵陋，莫知其说者，至是脱然如沉痾之闲、大寐之醒。至于吕、谢、游、杨、尹、张、侯、胡诸儒，切磋究之，分别白之，亦几无余蕴矣。然而绝之久而复之难，传者寡而咻者众也。朱文公先生始以强志博见，凌高厉空，自受学延平李子，退然如将弗胜，于是敛华就实，反博归约，迨其蓄久而思浑、资深而行熟，则贯精粗、合外内，群献之精蕴、百家之异指，毫分缕析，如视诸掌。张宣公、吕成公同心协力，以闲先圣之道，而仅及中身，论述靡竟；惟先生巍然独存，中更学禁，自信益笃。盖自《易》《诗》《中庸》《大学》《论语》《孟子》，悉为之推明演绎，以至《三礼》《孝经》，下迨屈、韩之文，周、程、邵、张之书，司马氏之史，先正之言行，亦各为之论著。然后帝王经世之规、圣贤新民之学，粲然中兴。学者习其读，惟其义，则知三才一本，道器一致，幽探乎无极太极之妙，而实不离乎匹夫匹妇之所知；大至于位天地、育万物，而实不外乎暗室屋漏之无愧。盖至近而远、至显而微，非若弃伦绝学者之慕乎高，而哗世取宠者之安于卑也，猗其盛欤！吾友李公晦方子尝辑先生之言行，今高安洪史君友成为之锓木，以寿其传。高安之弟天成，属予识其卷首。呜呼，帝王不作，而洙泗之教兴，微孟子，吾不知大道之与异端果孰为胜负也；圣贤既熄，而关洛之学兴，微朱子，亦未知圣传之与俗学果孰为显晦也。韩子谓孟子之功不在禹下，予谓朱子之功不在孟子下。予生也后，虽不及事先生，而与公晦及辅汉卿广昔者尝共学焉，故不敢以固陋辞。年月日临邛魏了翁序。《鹤山先生大全文集》卷五四。

明汪仲鲁《朱文公年谱序》：洪武二十七年甲戌秋，我文公阙里掌祠事朱境，以书告曰：《文公年谱》谋锓诸梓，邑贤令佐，斯文朋友，愿就徽猷，敢以序文为请。呜呼，大贤君子，一动一静，一语一默，无非教也，况吾文公之年谱乎哉！刊以传示于人，固其宜也。然在当时，《年谱》与《行状》二文并传，故《年谱》所载求师取友、注述本末、出处进退、居官莅政前后次第，悉详年月书之。而《行状》则惟以发明求端用力之精义微旨、造道成德之渊奥要归，所以承先圣道统之传，信有在也。昔伊川撰《明道行状》，而伊川之年谱、行述，则有待于文公。呜呼，大贤君子，盛德形容，良不易易也。此康节墓志所以惟属之明道，而濂溪之行述亦待吾文公而后方为撰述，盖惟圣贤能知圣贤故也。《中庸》称仲尼祖述尧舜、宪章文武，均之为圣人也。达而在上，则立君道以正万方；穷而在下，则立师道以教万世。尧、舜、禹、汤、文、武、周公，达而在上之圣人也，立君道以正万方者也；仲尼，穷而在下之圣人也，立师道以教万世者也。师道之立，君道所由以立也。先儒有言，孔子集群圣之大成，而朱子则集诸儒之大成，是亦所谓立师道以教万世者与！今文公之学，薄海内外，凡有血气者，莫不尊亲，家有其书，人诵其言。然经燹之余，此文或不能尽见也。以平日仰慕之心，诚得此而寓目焉，则其感发兴起，若时雨之沾溉，自有不能已者。《诗》曰："高山仰止，景行行止。"其是之谓与！若邑令佐倡率刊行，而前广西护卫知事李文征辞疾家居，集议督工，力就厥绪，均知崇尚斯文，以隆治化，咸可尚也，故不敢辞，以复命于掌祠云。是岁之九月三日汪仲鲁序。清乾隆刻本王懋竑《朱子年谱》卷首。

宋蔡模《书朱文公年谱大略》：先生讳熹，字仲晦，姓朱氏，世居歙之黄墩。公九世祖茶院，唐天祐中，以歙州刺史陶雅之命，领卒三千戍婺源，邑民以安，因家焉。四世祖惟甫生振，振生绚，皆不仕。绚生森，少务学，不事进取，戒饬诸子淳淳以忠孝和友为本。且曰："吾家业儒，积德五世矣，后必有显者。当勉励谨饬，无堕先业。"卒赠承事郎。承事生三子，长曰松，字乔年，甫冠擢进士第，入馆为尚书郎兼史事，以不附和议去国。少以诗闻名，从豫章罗公从彦仲素游，则闻龟山杨氏所传河洛之学，得古先贤不传之遗意，于是益自刻励，痛刮浮华，以趋本实。日诵《大学》《中庸》之书，以用力于致知诚意之地。自谓卞急害道，因取古人佩韦之义名其斋以自警，世号韦斋先生。次柽。季槔，负轶不肯俯仰于世，有诗高远近道，号《玉澜集》。韦斋娶同郡祝氏，封孺人，赠硕人，慈顺孝谨。生三子，伯仲皆夭，季则先生。其渊源有自来矣。谨以家世本末具著右方，而表年系事序次如左。《觉轩公集》。

《读书附志》卷上《谱谍类》：《朱文公年谱》三卷。右先生门人李方子所编也。卢壮父刻之于瑞阳者为三册，倪灼刻于康庐者为一册，今两存之。

《直斋书录解题》卷七《传记类》：《紫阳年谱》三卷，朱侍讲门人通判辰州昭武李方子公晦撰。

《直斋书录解题》卷一八《别集类下》：《紫阳年谱》三卷。昭武李方子公晦所述，其门人也。

《文献通考》卷一九九《经籍考二十六》：《紫阳年谱》三卷。陈氏曰："朱侍讲门人通判辰州昭武李方子公晦撰。"

《文渊阁书目》卷四：《紫阳先生年谱》一部三册，缺。

《晁氏宝文堂书目》卷下《年谱》：《文公年谱》。

又：《晦庵先生年谱》。

《世善堂藏书目录》卷上《史类》：《紫阳年谱》三卷。

《澹生堂藏书目》卷五《史类第十五》:《朱文公年谱》四册。三卷,《附录》三卷。

《徐氏家藏书目》卷二《史部》:《朱文公年谱》五卷。

《绛云楼书目》卷一《史传记类》:《朱文公年谱》。三卷，门人李公晦编。

《也是园藏书目》卷六《子部》:《朱文公年谱》二卷。

《钱遵王述古堂藏书目录》卷三《史》:《朱文公年谱》二卷二本。

《虞山钱遵王藏书目录汇编》卷三《史部》:《朱文公年谱》二卷。述年谱。

《传是楼书目·史部》:《朱文公先生熹年谱》。

《怡府书目》五百二十四号 :《朱子年谱》，一套，计二本。

《鉴止水斋藏书目》史部第六厨 :《朱子年谱》三本。

《吾园书目·史部》:《朱子年谱》四本。

朱子年谱

宋袁仲晦撰。

《四库全书总目》卷五九《史部一五·传记类存目一》:《朱子年谱》一卷，江西巡抚采进本。宋袁仲晦撰。案《朱子年谱》，宋洪友成刻者为洪本，闽省别刻者为闽本，明李默刻者为李本。此本前有朱子后裔怀庆《序》，谓因各本不同，因订正重刊。然校以王懋竑本，此本犹多漏略，不能一一精核也。

太师徽国公文公年谱

明叶公回撰。

《天一阁书目》卷二之一《史部一》:《太师徽国公文公年谱》五卷，刊本。明宣德六年括苍叶某重刊。邱阳孙原贞、汪仲鲁序，八世孙湛识。

紫阳文公先生年谱

明李默撰。

明李默《重刊紫阳文公先生年谱序》: 世传李果斋公晦尝著《紫阳年谱》

三卷，魏了翁为之序。今其序固在，但云果斋辑先生言行，即不称有年谱。及考朱氏今所存谱，盖多出于洪武、宣、景间诸人之笔，与朱氏增益所成，断非果斋之旧。其最谬者，先生殁后数十年间所得褒典，犹用编年之法。甚者尊朱诋陆，为私家言，非述作体也。比侍御元山曾君佩，按闽至建阳，得其书读之，颇疑冗脱，将重加刊正，而以其事谋于默。默惟尚友古人，必论其世，矧先生立言垂训在礼，学者所宜立为先师，乃其行年素履，桑梓后人顾可诿之弗知？即虽不文，谊何敢辞？窃闻之，古昔圣贤，道术精纯，要以践形尽性为至。学也者，学此者也。论性莫如孔子，曰："性相近也，习相远也。唯上智与下愚不移。"论学莫如孟子，曰："学问之道无他，求其放心而已。"大贤而下，靡不须学。其为道也，本除习气，以还真性。所不能者，学与习相为进退，量尽而止耳。故为果、为达、为艺、为孝、为简、为鲁、为愚，所至不同，其所以学则一也。《易》称"学以聚之"，所聚何事？《中庸》语"博学"，"弗能弗措"，所博何物？盖学举全功，行要实德，非徒读书穷理空谈为也。如此，斯可谓之学也已。宋自周、程以还，谈道术者盖多歧矣。先生崛起于时，早闻父师之训，既舍二氏、黜百家，遂自力于学问思辩之间，以求圣贤不传之绪，卒于遗编得之，折衷群儒，直泝伊洛。故其析义最精、著书最富，与陆氏之学颇相违异，此其途辙所从入不同明矣。然观先生微言细行，具皆笃守圣谟。至进退取舍之际，与立朝大节，尤皭然著明于世。惟其以疏远犯人主、触权路，见嫉群邪，蒙讥伪学，非先生之过。流风余韵，盖有起千载斯人之慕者，岂独传注为世所遵用哉！默也后先生数百年，翔泳高深，欲起九京质疑义而不可得。而于今谱所述，又素乏讨论，辄以元山君之意，咨于先生裔孙河。河指摘谱中舛误者数事，与予意合。因属之考订，一准《行状》《文集》《语录》所载。默不自揆，稍为删润，其猥冗左谬不合载者，悉以法削之。视旧本存者十七，不以鄙诬累先哲也。谱成，复取勉斋《行状》并《国史》本传为附录，以示传信。其自宋以来褒典，亦汇附于末，与是谱合为五卷云。元山君每按部，所至问俗，察举之暇，必访求儒先故迹，如文公先生祠、墓、遗书，尤所注意。慕向如此，风猷可想见矣。默猥本论次，妄原道术问学之实，欲使后世尊先生者就而考之，然知不免于世讥。元山君学古人者也，宁无谅于予心乎？嘉靖壬子夏六月既望同邑后学李默谨撰。明万历刻本《紫阳文公先生年谱》卷首。

明朱家栤《紫阳文公先生年谱序》：天运流行之迹皆天也，人之应迹亦然。年谱者，其生人之应迹乎！天行躔度次舍，历为载；人之生平履历，谱为载。外躔度次舍以求天行不可得，执人之生平履历而曰此论世者所不载，则所以迹果在迹之外乎？新安之得统于邹鲁，神者受之矣。其书在天下，年谱所载，千不得一，然而不可谓非先生之应迹也。顾其书，独其后之居闽者藏之，不概见。新安，先生阙里所在，犹然未具，盖其缺也。先生十三世孙诸生崇沐，雅有志焉，喟然叹曰："周礼不在鲁乎？既不有仲尼笔削，不敢知，然姑以鲁之《春秋》，则亦为新安后者所当宝也。"于是即闽本梓之，文献足矣。时小子栤，临川朱源出也，于先生先世有宗盟。读先生之书，叨教兹土，阙里在望，贤者贤而亲其亲，得所归矣。《年谱》适成，幸得受读。即无能赞一辞，而于先生生平终始之故、君臣师友之交、出处去就之节、明道讲学之意，恍若神交。乃知所谓迹焉已者，亦自知天恩者言耳，天命流行岂有迹哉！不知者见为滞迹，其知者见为传神。金川后学朱家栤撰。明万历刻本《紫阳文公先生年谱》卷首。

明朱凌《紫阳文公年谱后序》：《紫阳文公年谱》，宋李果斋氏所著也。益以勉斋黄氏《行状》、先祖生平履历、道学事功始终，大致尽矣。婺源戴氏因旧本厘正，附谥议、诗文，而总曰《实纪》，重于徽也。考亭仍婺叶侯重修本，并附书院题记，总曰《年谱》《行状》，重于建也。盖子孙世守以为家乘。凌不敏无闻，承先训如恐坠之。顷病谢山居，嘉靖壬子春仲，大巡侍御元山翁曾老先生按闽之暇，凌以年末胥见于建溪行台。时元翁纪肃度贞，右文崇教。比询家世，间出《年谱》求正。公披览一尽，叹字迹多漫灭，亟欲修订，且慨旧本之未尽善也。遂檄郡贰杨侯、节推操侯、介守谢侯，敦请于大冢宰古冲翁李老先生，重加参定校阅，纂辑之勤，历三时焉，备载翁所序集矣。录既成，以呈侍御公。乃命付诸木，嘉惠四方学者。凌私心感激，其何可喻？复移檄郡判潘侯，谕凌撰序诸后。凌叨末裔，奚敢厕以文辞？顾仰荷元翁隆重盛心、冲翁裁成雅教，义不容缄也。爰俾朱氏之派，世世护持，袭如瑶珙，服如韦弦，庸副作新盛典，所以报德哉！抑凌窃闻晦祖受业延平，推衍闳大，尊信表章，实程氏之学也，河洛渊源，即孔孟正脉也。夫子之道，万世一日，独吾祖之学，近稍废而不讲，固凌不肖者之罪，于今何幸，逢乎侍御公之乡多文献，景行得师，超轶闻见，已神会孔门于千百世之上，而独崇尚晦祖，惓惓思兴起其学。冲翁桑梓在念，悉力订雠，即其用心俱可想也。将使晦祖之学行，而后孔孟之道可明；孔孟之道明，而后圣王之治可复。兹或二公意也。要皆能以斯文鸣国家之盛者，凌故阐而扬之。大雅君子，冀原僭妄，惟以可告于宗云。嘉靖壬子仲冬既望十一世孙凌顿首谨撰。明万历刻本《紫阳文公先生年谱》卷末。

《天一阁书目》卷二之一《史部一》：《紫阳文公年谱》五卷，刊本。明嘉靖侍御曾佩重刊。李默序云："世传李果斋公晦尝著《紫阳年谱》三卷，魏了翁为之序。考朱氏今所存谱，非果斋之旧。侍御元山曾君按闽，至建阳，得其书读之，颇疑冗脱，将重加刊正。以其事谋于默，默咨于先生裔孙河，河指摘谱中舛误者数事，与余意合。因属之考订，一准《行状》《文集》《语录》所载，删其猥冗，视旧本存者十七。取勉斋《行状》并国史本传附录焉。自宋以来褒典，亦汇附于末，与是谱合为五卷"云。

《孝慈堂书目》：《紫阳朱文公年谱》。朱熹，五卷，李默序，四册，绵纸。

《千顷堂书目》卷一〇《传记类》：李默《朱子年谱》四卷。

《明史》卷九七《艺文志二》：李默《朱子年谱》四卷。

《振绮堂书目》卷二：《朱子年谱》二册，五卷，宋李方子编，明李默增修。

文公年谱

明汪世德撰。

《千顷堂书目》卷一〇《传记类》：汪世德《文公年谱》二卷。婺源人。

朱子年谱

佚名编。

《郑堂读书记》补逸卷一〇《史部》：《朱子年谱》六卷，通行本。不著重编人名氏。按朱子门人李公晦方子初撰有《年谱》三卷，《直斋书录解题》载之，其后重刻递有增损，今其原本已不可见。此为国朝乾隆中华亭姚平山培谦所刊，前四卷为《年谱》，第五卷附黄直卿榦所撰《行状》，第六卷附《宋史》本传，虽卷首仍冠以魏华父了翁之原序，而卷数不符，已非李本之旧，其《行状》《本传》亦不知何人所附也。

周朱二先生年谱

佚名编。

《晁氏宝文堂书目》卷下《年谱》:《周朱二先生年谱》。

朱紫阳先生年谱

清毛念恃撰。

《续修四库全书总目提要》第十五册:《朱紫阳先生年谱》一卷,康熙丙午刊本。清毛念恃录。首有引,称“间较旧本,增损一二”。而疏略殊甚,如乙未四十六岁条下,记“梭山陆公子寿、象山陆公子静来会于鹅湖寺”。按子寿号复斋,不号梭山,当因象山辨《太极书》,屡言梭山而误。又壬子六十三岁条下,记“永嘉陈同甫来访”。考两家文集,以壬寅来见朱子于婺州,别无壬子相见之事。此皆旧《谱》舛谬之显然者,念恃俱沿之而未改。所云“增损”者,不过文句间而已。

今按:延平四先生年谱本。

重镌朱子年谱

清何可化等编。

《续修四库全书总目提要》第十五册:《重镌朱子年谱》三卷,康熙癸卯刊本。题何可化、蓝润、王同春、蔺一元、林云铭、李脱凡重编。其署衔,自巡按江宁御史至婺源县知县。曰重编者,实重镌耳。近世所称徽本指此。首有康熙癸卯聂炜序,次录魏了翁《年谱》旧序、戴铣《实纪》旧序、朱家栋《年谱》旧序,末有十五世孙烈跋。卷一至二《年谱》,卷三《行状》。按谱朱子者,始李方子,原作三卷,其书已佚。戴铣《朱子实纪》中,《年谱》亦占三卷,而《行状》别为一卷。是《谱》但称重镌,而不言所镌何本。虽录戴铣一序,而分卷即不依之。取戴《谱》相校,所系事亦多不同。而所录朱家楙序，称“十三世孙诸生崇沐，即闽本梓之”云云。然则所重镌者，乃崇沐本，亦即闽本也。王懋竑以闽本为疏略，然未见是本也。

朱子年谱

清洪去芜撰。

清洪璟《重刻朱子年谱序》：古今著述之富，无有过于朱文公者。盖朱子之学，集诸儒之大成。所著有《小学》《近思录》《四书章句集注》《诗集传》《仪礼经传通解》《周易本义》《启蒙》《太极图说》《通书西铭解义》《楚辞集注》《通鉴纲目》《名臣言行录》诸书，而又有《文集》百余卷、门人记录问答之语百四十余卷。今家有其书，学者无不诵法，可谓盛矣。然读其书而不考其生平师友渊源、出处进退之所经历，与夫文章事业、艰危患难之所履蹈，将微言大义湮郁而不章。孟子所云：“诵其诗，读其书，不知其人，可乎？”则是《年谱》之作，恶可以已也！考朱子门人李果斋氏，尝叙次朱子之言行，虽未以年谱称，而大端岁月之终始可与稽也。明世宗时，李古冲从而修之，以旧谱为多出于洪、宣、景间诸人之所改窜，是岂果斋之谱不复见于世欤？当古冲同修《年谱》诸公在嘉靖之朝，姚江之学方盛，其以果斋之谱为多所改窜，非旧本者，不过如序中所称果斋尝辨朱、陆异同，从而疑其书之未能尽善，而不知果斋亲见朱子辨正象山，岂尝有晚年定论之说，其亦据实而直书之，以俟夫后人之折衷定论，不可谓著书立说者之不当出于此也。然而古冲之所修，其亦有出于果斋之所未逮，如大修荒政、条奏诸州利病诸书法，与陈同甫来往，当在其大书之下，及毁秦桧祠事，皆绝有关系，不可以略者。家兄去芜尝辑两家之谱，而参以朱子从学延平及与张敬夫氏中和三变之书，而合为一编，附以黄氏《行状》、《宋史》本传与历代褒典、庙记诸文，以俟后之君子。其书旧刻于金陵，因不揣固陋，用序述而传之。世有能读朱子之全书者，得见兹谱，亦足以想见朱子之为人为学，而诵法步趋如亲炙之焉，岂谓无所帮助也哉！题曰“重刻”，仍其旧也。康熙三十九年岁在庚辰秋八月既望紫阳后学洪璟识。清乾隆刻本《朱子年谱》卷首。

朱子年谱

清王懋竑撰。

清王安国《朱子年谱序》：自洙泗徂而群言乱，有宋朱子集濂洛之大成，以上溯孔孟，于是道之晦者复明，如日再中矣。明中叶以降，异论复起，或踵宋僧宗杲故智，取朱子门人所记早岁未定之言与己意近似者，易置先后，以愚诳后人。其说之是非，有目共见，摘瑕而攻者，亦不乏人。顾晚近学者，深造之力既百不逮古人，又急人知而名，喜其说之便于放言高论，每明知其痂而嗜之，以致真伪之辩垂五百余年未定。甚有平日服习于朱子之道者，激于草庐吴氏调停之说，乃亦截取《语录》所述早岁未定之言，附会于离问学而尊德性者，汲汲辩言，谓吾朱子何尝不足于是，以为庶几可以竞胜于非朱子之徒，而不知适为惑世诬民者助之薪而张其焰，使存心致知力行朱子尊道之全功由此益晦。是矛盾起于门墙，而朱紫之淆将与为终古，则识者所深忧也。白田先生读朱子书数十年，于朱子之学既讲明而私淑之，其所得之精微，见于《文集》中与友人辩论诸书。又以明李默古冲所定《朱子年谱》，多删改原编，与《晚年定论》《道一编》暗合，阳为表章，而阴移其宗旨。后之人不辩其伪而尊信之，其为害滋甚。乃取朱子《文集》《语类》，条析而精研之，更博求所述诸儒之绪论、师友之渊源，与夫同志诸子争鸣各家之撰著，曲畅旁通，折衷于勉斋黄氏所作《朱子行状》，以正年月之后先、旨归之同异，订为《年谱》四卷。其间辩论之迹、考据所由，别为《考异》四卷。又以朱子自序中和旧说，谓读程子书，涣然冰释，自乾道己丑之春，复取己丑以后论学切要之语，分年编次为《附录》二卷。然后朱子生平，自早岁从师讲学，中间博访友朋，归而反复遗编，卒得《大学》《中庸》圣贤授受心法，晚与门弟子究悉精蕴，辨超悟之诣、功利之习之非，以垂一脉真传，其为学诲人，本末次第，了如指掌。俾有志于朱子之学者，如就山川道里图考而数计归程，不致临岐亡羊，为异说所迷眩。其有裨于圣道，良非浅鲜，岂特于朱子有功已哉。先生之为是书也，未尝轻以示人。殁后十年，先生子箴传乃出以授梓，而属安国为之序。国惟古人之书，盖皆不得已而后作，其忧在百世，其成之也，必本诸暗然为己、毋自欺之一心。故其序述圣贤，悉如其本旨，不敢以私意穿凿，驱前言而就我。其有所论撰，又必体验之后，得之真知，不敢据恍惚之见，妄托高深，夺帝者之心志，而迷所向往。下此则微特炫其诡异、盗名一时者，不足语于圣人之道，即闭门独造，穷极幽险，以冀后世之有述，顾立心之始，已不能毫厘无差，及其流失，岂获免千里之谬？先生学朱子之学，自处闺门里巷，一言一行，以至平生出处大节，举无愧于典型。其成是书，固深惧朱子之学不明，即孔孟之道不著。求《年谱》原本不可得，不得已笔削伪本以反其溯，而穷年考订，殁而后出，其斤斤致慎又如此。末学浅薄，望先哲之门墙而不知所从入，愧无以发明是书，启斯人之信从。故原古人著述之成法，告天下学者，读先生是书，庶几知所别择云尔。时乾隆壬申秋季中浣，高邮宗后学安国谨序。清乾隆刻本王懋竑《朱子年谱》卷首。

清王懋竑《记朱子年谱正讹后》：武进邹君琢其，雍正己酉以御史谪居吾邑，与吾友湘涛游，相好也。琢其以文名，而湘涛讲于朱子之学，劝令读朱子书，时与共讲。逾年始与余相晤。余时方考订朱子《文集》《语类》，因亦共讲之，每聚谈辄移晷。余偶有所见，必以相商榷，所谓倒廪倾囷罗列而进者，琢其但唯唯而已，绝不辨其是否也。既而湘涛卒，琢其从余索《文集注》观之，余辞以此未成书，考订岁月尚多讹误，所附议论亦有疏略，不可以示人。琢其再三索观，余乃抄诸签帖稿与之，而属其为余订正。琢其广为援引，前后较勘，订正其讹误者十之三四，大抵皆在岁月先后，而于所附议论仍不置一语，次第校阅仅及八十余卷，而琢其以期满归矣。余覆阅之，服其订正之精审不可移易，而惜其尚多阙略；又于议论处自有改易，而琢其已归，无与共语，未尝不怅然也。戊午秋，琢其自金陵贻余《朱子年谱正讹》一册，副以手书。其书大概言旧谱多讹，所当是正。而所附论学诸语，亦以《文集》《语录》类叙，可见古人为学次第，不烦论释。至所用两先生语，皆向日所闻，归辄记之，近不复忆其为何人语，亦概叙入，非掠美也。其谱例因旧谱间有改正，其所附论诸书，次第规模用湘涛《正学考》，而其议论杂用余说。其大指以《正学考》收载太繁、语释太冗，仅删取其什一，而所增入几半之。其论朱子未尝始同于陆，《答江许书》之不在庚寅，《答薛书》之不专指佛学，指示本体非止晚年，而晚年亦不专指本体，皆湘涛说也。具据《江书》，学禅止在早年，不可执己丑一悟为定。潭州之会，南轩以延平默坐澄心为非，据《吕方书》，朱子于延平前后略有异同，《答刘秀章书》非另有不言不语工夫。《答廖子晦书》为晚年定论，则余说也。至于小小考订，如陈俊卿之为陈康伯，《和鹅湖诗》之在铅山，《诗集传序》后来所不用，《宋史》以《家礼》

易《古今家祭礼》之谬，亦皆从余说。而《家礼》非朱子书，乃余所独创，与勉斋、北溪相违异，心窃不安。而琢其亦断从之，削去“《家礼》成”一条。昔范淳夫《唐鉴》多用伊川议论，伊川语人曰：“不意淳夫乃能相信如此。”余万万不敢望伊川，而琢其之相信则类淳夫矣。顾其言仅据洪本与新闽本，而李本则未之见，李果斋原本不可见，今行世者有李、洪、闽三本。李为阳明后人，多所删改。洪本略有增入，而无能是正。闽本尤为疏略。故无以考其异同。又据《文集》《语录》增入者多，而与旧谱混而不分。其所发明自得者亦多，而以他人之说杂之，不可识别。所增入者，间不言其所据，详略亦无定例，颇非著书之体。余窃考其书，采摭广博，辨正精详，而所附论学诸语亦简要分明，可见古人为学大略，皆旧谱之所不及，其传于后无疑。但犹有未尽合者，故为一一条疏之。俾后人知其用思之密、用力之深，而其所自得者，峣然特出，而不为众说之所乱。至有一二可疑者，亦间注于下，以俟他日与琢其相见共商之。而余别有《年谱考异》一书，琢其盖未之见，亦俟他日与琢其相删订，庶可成书。然自寄书后已二载，莫知音问，道里隔阔，而余又老且病矣，相见之期未可以定，姑记其说于此云。乾隆庚申十月白田王懋竑。《白田草堂存稿》。

清王箴传、孙仝辙、孙仝敞《朱子年谱识语》：先君子纂订《朱子年谱》历二十余年，凡四易稿而后定，别为《考异》附后后，又续辑《论学切要语》并附焉。岁辛酉秋书成，先君子弃世，不肖等谨藏箧中。今年春，孙氏甥仝辙、仝敞亟请付梓。窃惟先君子此书非一人一家之言，事体重大，而广其流传以质当世，诚子孙之责宜祇承者。两甥惓惓行远之意，甚可嘉尚。因出其书，与共校写，锓于版。刻既竣，追溯先君子殁相去十载，伏读之下，不胜泣然。乾隆十六年辛未秋九月甲子朔男箴传谨识。外大父编修公白田先生，笃守朱子之学，于《文集》《语录》别择精严，晚年定著是书，盖易箦前数日犹加厘正，不忍释手。昔司马温公《资治通鉴》、朱子《大学章句》，所谓生平精力尽在是书者，庶几近之。仝辙兄弟，少小尝侍先生左右，窃闻教诲，略窥纂订之意，辄不揣谫陋，强缀例义十有二条，列诸篇端，览者可以知其大概云。外孙高邮孙仝辙、仝敞谨识。

《四库全书总目》卷五七《史部一三·传记类一》：《朱子年谱》四卷、《考异》四卷、《附录》二卷，兵部侍郎纪昀家藏本。国朝王懋竑撰。懋竑字予中，宝应人，康熙戊戌进士，授安庆府教授。雍正癸卯特召，入直内廷，改翰林院编修。初，李方子作《朱子年谱》三卷，其本不传。明洪武甲戌，朱子裔孙境别刊一本，汪仲鲁为之序，已非方子之旧。正德丙寅，婺源戴铣又刊《朱子实纪》十二卷，惟主于铺张褒赠，以夸讲学之荣，殊不足道。至嘉靖壬子，建阳李默重编《年谱》五卷，《自序》谓"猥冗虚谬不合载者，悉以法削之，视旧木存者十七"。然默之学源出姚江，阴主朱、陆始异终同之说，多所窜乱，弥失其真。国朝康熙庚辰，有婺源洪氏续本，又有建宁朱氏新本，及武进邹氏正讹本，或详或略，均未为精确。懋竑于朱子遗书，研思最久，因取李本、洪本互相参考，根据《语录》《文集》，订补舛漏，勒为四卷。又备列其去取之故，仿朱子校正《韩集》之例，为《考异》四卷。并采掇论学要语，为《附录》二卷，缀之于末。其大旨在辨别为学次序，以攻姚江《晚年定论》之说。故于学问特详，于政事颇略。如淳熙元年劾奏知台州唐仲友事，后人颇有异论，乃置之不言。又如编类《小学》，既据《文集》定为刘子澄，而编类《纲目》乃不著出赵师渊。《楚辞集注》本为赵汝愚放逐而作，乃不著其名。至于生平著述，皆一一缕述年月，独于《阴符经考异》《参同契考异》两书不载其名，亦似有意讳之。然于朱子平生求端致力之方，考异审同之辨，元元本本，条理分明。无程瞳、陈建之浮嚣，而金溪紫阳之门径，开卷了然。是于年谱体例虽未尽合，以作朱子之学谱，则胜诸家所辑多矣。

《许氏古韵阁书目》卷一《史部》:《朱子年谱》四卷、《考异》四卷、《附录》二卷，国朝王懋竑撰。白田草堂刊本。

《藏园订补郘亭知见传本书目》卷五上《史部七》:《朱子年谱》四卷、《考异》四卷、《附录》二卷。国朝王懋竑撰。〇乾隆辛未白田草堂刊本。〇道光中江宁刊本。〇粤雅堂本。〇《朱子年谱》旧有明洪武甲戌裔孙景刊本。宣德六年叶氏刊本。嘉靖间李默刊本、婺源洪氏本皆五卷。〇建宁朱氏本。〇武进邹氏本。

《万卷精华楼藏书记》卷三六《史部七》:《朱子年谱》四卷、《考异》四卷、《附录》二卷，国朝王懋竑撰。白田草堂本。李方子作《朱子年谱》三卷，其本不传。朱子裔孙境别刊一本，戴铣又刊《朱子实纪》十二卷，李默重编《年谱》五卷，明刻凡三卷。国朝有婺源洪氏续本，建宁朱氏新本，武进邹氏正讹本，均未精确。王氏于朱子遗书用功最深，因取李本、洪本参考订补，勒为四卷。又备列其去取之故为《考异》，并采论学要语为《附录》。考朱子之学者，可于此得其门径矣。

《持静斋书目》卷二《史部七》：《朱子年谱》四卷、《考异》四卷、《附录》二卷，粤雅堂刊本。国朝王懋竑撰。

《八千卷楼书目》卷五《史部》：《朱子年谱》四卷、《考异》四卷、《附录》二卷，国朝王懋竑撰。原刊本、粤雅堂本。

《增订四库简明目录标注》卷六《史部七》：《朱子年谱》四卷、《考异》四卷、《附录》二卷，清王懋竑撰。王谱事实太略，李默所编五卷本，不可废也。乾隆辛未白田草堂刊本。道光中江宁重刊本。旧有朱子门人李晦编原本三卷。洪武甲戌刊本。宣德六年叶氏刊本。嘉靖中李默刊本。均五卷。婺源洪氏璟本。建宁朱氏凌本。武进邹氏琢本。名年谱正讹。续录：《粤雅堂丛书》本。

《清史稿》卷一四六《艺文志二》：《朱子年谱》四卷，《考异》四卷，《附录》二卷。王懋竑撰。

今按：清乾隆十七年宝应王氏白田草堂刻本（上海图书馆、辽宁省图书馆藏）；清乾隆十七年王氏白田草堂刻清末浙江书局补刻本（上海图书馆、辽宁省图书馆藏）；《四库全书》本；清道光三年唐鉴四砭斋刻本（上海图书馆藏）；《粤雅堂丛书》本；《丛书集成初编》本。

别本朱子年谱

清黄中撰。

《四库全书总目》卷六〇《史部一六·传记类存目二》：《别本朱子年谱》二卷、《附录》一卷，安徽巡抚采进本。国朝黄中撰。是编刻于康熙戊午，冠以《画像》《世系》《题名录》《别录》，附以《庆元党籍》、吕祖泰书及历代褒典。其《别录》惟载朱子言行七条，不知其去取之意与编次之例安在。又以朱子名字号谥夹注于末，益不可解。《年谱》中多附以议论，大旨主于颂美，无所考证。其附录之《序》，谓程朱之显晦，关宗社之存亡。中以“李德裕论邪正”一条，列于真德秀之后、张浚之前，似不知德裕为唐人也。

《清史稿》卷一四六《艺文志二》：《别本朱子年谱》二卷，《附录》一卷。黄中撰。

《续修四库全书总目提要》第十五册：《朱子年谱》不分卷，康熙庚子刊本。清黄中辑。中字平子，安徽舒城人。是书有中自序，题康熙庚子。又有重刻自记，不题年月。盖刻成后，又有所增删也。《谱》前有像赞、世系图、题名录、年谱别录。《谱》后附录道学始祸、沈继祖参伪学疏、伪学籍、元祐党籍碑、韩侂胄权奸纳贿迹、吕祖泰上书、历代褒典。盖兼为程《谱》言之，中所异于他《谱》者在此。至于编年系事，大率本之洪去芜本，而亦不尽依之。惟沿误而未为是正者不少，具见王懋竑《朱子年谱考异》。然懋竑并未见是《谱》所校者洪《谱》，而中与之同借为他山之攻可也。

今按：清康熙二十九年舒城黄氏泳古堂刻本（国家图书馆藏）。

朱子年谱

清朱世润编。

《四库全书总目》卷六〇《史部一六·传记类存目二》：《朱子年谱》六卷，副都御史黄登贤家藏本。国朝朱世润编。世润，朱子十八世孙，袭翰林院五经博士。《朱子年谱》旧本，明戴铣增之为《实纪》。李默修之，复称《年谱》。国朝又有洪去芜本、王懋竑本。诸家之中惟懋竑本最精核，他家皆不免疏舛。是编意主铺张，不求考核，故未免踵讹袭谬。至于李公晦叙述朱子生平数万言，见《性理大全》，洪本有之。新闽本、王本所载则更多于《大全》，盖即其所作《言行录》也。今乃载魏序而不载李书。又朱子五十六岁辨陆学之非，辨陈学之非，旧谱有之，惟李默本删去，以默传金溪之学故也。此从李本，亦似非朱子之意。且以年谱为名，而《年谱》仅居第三卷。自第四卷为行状外，其余褒崇题咏之类，乃占前后四卷。末大于本，于体例亦未协也。

朱子年谱

清王意存撰。

《续修四库全书总目提要》第十五册：《朱子年谱》一卷，乾隆五年刊本。清王意存录。意存无可考。是《谱》附刊舒敬亭所编《朱文公经世言行录》中。敬亭题云："此中州王意存所录，托以授梓者，不敢妄为增减"云云。按是书大抵循袭旧《谱》，别无特见。按诸《谱》于“二十四岁受学李延平”条下，多称“先生学无常师，出入于经传，泛滥于释老者几十年。年二十四，见延平，洞明道要，顿悟异学之非，尽能掊击其失。由是专精致诚，剖微穷深，昼夜不懈，至忘寝食。而道统之传，始有所归”云云。此是李方子原《谱》之文，而李默本无之。盖默奉阳明之学，不欲以“道统”二字归之朱子，故删之也。今是本亦无此文，是又参用李默本之一证也。

重订朱子年谱

清褚寅亮撰。

《清史稿》卷一四六《艺文志二》:《重订朱子年谱》一卷。褚寅亮撰。

今按：清乾隆四十七年长洲褚寅亮刻本（国家图书馆藏）。

朱子年谱纲目

清李元禄编。

清李元禄《朱子年谱纲目序》:历圣相承之统，自孟子后不得其传已一千五百余年，及朱夫子出，然后集诸儒之大成，而斯道得以大明。凡其生平所言所行，进以入告我后，退而传道吾徒，与夫见于注释经书、论列史传、考察诸子百家，盖莫非身心自得之余、义理精微之极，为后学之规矩准绳而不可易。而天下后世之学者，亦既无一日而不读其书矣。然元窃以为，读其书而不知其人，不可也，欲按其年岁次其先后，以考其终身议论行事之本末。彼载诸年谱有本传者，亦略而不能得其详，及反复他书，又以卷帙繁多，散见错出，苦资性不敏，艰于记忆，往往忘前失后，私窃病之。因本《言行录》，更取之《文集》《语类》诸书，而约举为学之道、用世之方，仿编年纪载体，提其大纲，详其节目，系于各年之下，名曰《年谱纲目》，以便按年检阅，得以知其始终出处之大略。至于发明全体大用之极致，见于门弟子所撰之《行状》及杂记者，则总录于终篇，亦曰置诸几案，朝夕读之，以备遗忘而已。若夫读其书而求其人，得其人而责诸己，亦何能希望于万一焉。虽然，朱夫子之道，教人主敬致知，复其本然之性以为学者也。盖性即理也，原于天，具于心，见于人伦日用事物之间，推之天下国家之大。严其心以渐穷之，而必会其全；体诸身则扩充之，而必极其量。察气禀之偏，祛物欲之蔽，不惑于空寂，不杂于功利，不炫于词章。内外一致，己物无殊。此历圣所相授受，诸儒所由继起。而朱子上接心传，息异学争鸣之喙，定群言淆乱之宗。缕析毫析，精入于无间；融会贯通，大极于无余。启前贤未发之秘，探后人无尽之求。其心即天地之心也，其功为万世之功也。后之学者，贤智之资，外此无由作圣；愚柔之质，舍是则无以别乎人禽矣。岂仅出口入耳，以资举业云尔哉！元自愧资材庸下，志力弗强，怅望前修，邈然莫逮，用成此谱，以志高山景行。虽不能至，私心向往之意，特以学无所得，妄意推求，不免叙次无伦、烦简失当。稿虽三四易，尚多有未安者。惟愿有道之君子，教其所不及而为之指示焉，是则元之所厚幸也。抑念元三岁而孤，庭训无闻，幸获侍于从伯父作霖先生，语以理道之途，而又时举与先君子立庵先生，当日兄弟相师，所为讲求圣贤之遗旨，叹息为元言之。然则今之所以犹知有朱子之学，不敢忘其自。而此谱之成，其于国家尊崇正学以端士习之意，庶得与同志共勉云。时嘉庆二年丁巳夏四月，楚南后学李元禄涵万甫敬书于泮泉书房。《朱子全书》第二十七册《序跋》。

《续修四库全书总目提要》第十五册：《朱子年谱纲目》十四卷，嘉庆七年刊本。清李元禄编。元禄字涵万，湖南兴宁人。是书首有元禄自序，及罗典、何学林序。卷首《提纲》，卷一至十为《年谱纲目》，卷十一《行状》，卷十二《门人》。又补遗一卷，大旨以为“读朱子书，欲按其年岁，次其先后，以考其终身议论行事之本末。彼载诸《年谱》及本传者，亦略而不能得其详。及反复他书，又以卷帙繁多，散见错出，因本之《言行录》，更取之《文集》《语类》诸书，约举为学之道，用世之方，仿编年纪载体，提其大纲，详其节目，系于各年之下，以便按年检阅，得以知其始终出处之大略。其或年岁无考，或年岁不同而与事相例者，亦因例以见”云云。其例则分见各卷之首，或各条之下。与他谱异者，除生卒及奏事、除官、罢官外，皆不书时月。虽不废记事，而究致详于言。是书初刊于闽汀，后复考订，刊于郴州。刊成后，续有刊订，成补遗一卷，标明补入某条之后，或与某条相易。殆与朱泽沄《圣学考》相近，为年谱之别体也。

今按：清嘉庆七年敬修斋刻本（国家图书馆藏）。

朱子年谱

清郑士范撰。

清贺瑞麟《朱子年谱序》：朱子之道，孔子之道也；朱子之学，孔子之学也。欲知孔子之道与学，当明朱子之道与学；欲明朱子之道与学，当考朱子之人与世，则《行状》《年谱》二者其要也。《行状》为门人黄勉斋榦所著，《年谱》为门人李果斋方子所著。而《行状》余已属门下刘升之与《明道行状》合刻。吾邑果斋初止辑《朱子言行》，未名"年谱"，魏文靖序言之。然其名传之已久，其书终不可得，于是后之为朱子年谱者纷然各出，人自为说。虽朱子之道学昭如日星，而其生平之详，卒未大著明于天下后世。惟乾隆中宝应白田王氏所撰《朱子年谱》，又为之《考异》，世称善本。吴清卿先生视学吾秦，曾以是书见赠，读之诚叹其精严详核，高出诸家，而北方之学者，实未易数数觏也。光绪己卯，余游凤翔，谒张子祠，遂至府学司训吾友长安寇允臣所，晤郡人郑冶亭先生后嗣。余闻先生为朱子之学也久，因求著述，乃得《朱子年谱》及《许鲁斋年谱》抄本归。而心惓惓，谓何无人锓以公世，已乃属寇君转语郡士周宗钊士甫，士甫慨诺，乐善重道，其志洵可尚已。余与诸生雠校之余，窃见先生所见徽谱即白田本，建谱即福建祠堂本。祠堂本自有误，而先生此本与白田本亦多有异同。白田独不信《家礼》为朱子作，《年谱》削而不载，先生亦沿其说，不能传疑。朱子年二十四师事延平，白田则载于三十一岁为受学之始，先生改从二十九岁。虽据赵师夏《跋延平答问》"领簿同安，始弃所学而师事之"语，而不知朱子三十四岁而延平卒，《祭延平文》有曰"从游十年，诱掖谆至"，则白田失之，而先生未见其为必然也。至于五十五岁辨浙学、五十六岁辨陆学之非、辨陈学之非，先生一皆去之，独未提纲，或恐开后人攻击之端欤？此皆朱谱大关键，虽非旧谱所有，亦当大书特书，况白田固已引证明确，乃犹有议其为妄加者。夫朱子一生极力所明辨，而今反为之回护，不惟圣贤卫道苦心指示亲切之处黮暗不明，且使有志于学者亦将混淆两可，道术因以蔽晦，甚或诬吾朱子，可不为之大惧耶？然亦不敢辄为增补，以俟读者得见其真而审察焉。又如归刘氏田之在三十四岁，《通书解》亦成于四十四岁，陈同甫来访之在五十三岁，《楚辞集注》《后语》《辨证》成之在七十岁，白田本皆与此未能如一，此亦所当参考互订者也。要之，先生此书于徽、建两谱，各有折衷，间复补注，简要切实，诚有益于学者。即此以求吾朱子之全，其于造道入德之方，进礼退义之节，忠君爱民之诚，著书立教之旨，本末体用，亦略可见。由是益进，而《文集》《语类》诸书，熟读精思，虚心切己，本果斋原谱总论所谓居敬穷理、反躬圣学功夫，与《行状》如出一词者，而实用力焉，则一切空虚功利、驰骛博雅，与夫阳儒阴释、颠倒中晚、始异终同之说，举不足惑其胸中。然后孔子以来，博文约礼，双方其极者，可得而信。而孔子集群圣之大成，朱子集诸儒之大成，学术道统渊源有归，即以此为吾儒之指南。麟虽浅陋无闻，窃愿与吾党士共证焉。呜呼，是刻岂小补哉！庚辰九月丙戌三原贺瑞麟复斋甫序。《朱子全书》第二十七册《序跋》。

《续修四库全书总目提要》第十五册：《朱子年谱》一卷，光绪六年刊本。清郑士范纂。《谱》后有士范自记，题同治戊辰。首及末，又有贺瑞麟、寇守信序跋，题光绪庚辰。盖成于同治戊辰，而刊于光绪庚辰也。自记称："参徽、建二《谱》，于提纲稍有所删，而不敢增。其目则仍全录本文，而增《文集》《语录》中之年月确然宜入者，以补其缺而订其讹"云云。按士范未见王懋竑《朱子年谱》，故经懋竑改订者，士范多不及采。尤谬者，朱子师事李延平，旧《谱》系之二十四岁，士范乃系之二十九岁。按朱子三十四岁而延平卒，其祭延平文云："从游十年，诱掖谆至。"则士范之失，与懋竑断三十一岁为受学之始者正同。而贺瑞麟序，竟硬坐士范记中徽本，即王懋竑本。懋竑，宝应人，与徽无涉，所云徽本，或即朱烈之重镌本。惟其未见懋竑本，故系多与之异。瑞麟乃疑其有意去之，而不为《提纲》，岂非痴人说梦语乎？

今按：清光绪六年周氏正谊堂刻本（国家图书馆、上海图书馆藏）。

婺源茶院朱氏续谱

明朱泰坛编。

明朱泰坛《婺源茶院朱氏续谱序》：朱氏之先，本高阳氏之后，有晏安者食邑于曹。至陕，佐周武王克商，始封于邾，子孙以国为氏。后世有家吴郡而避地居歙之黄墩者讳环，唐天祐中以刺史陶雅之命，领兵戍婺源，制置茶院，子孙因家焉，遂为茶院朱氏。阅三世，始有长田、溆溪之分。盖长田郎二公惟则，潋溪耶三公惟甫也，子孙各自坟墓，为土著尔。长田四世有奉使公并之子孙赐第于钱塘，潋溪四世有吏部公松宦闽而生文公，长田五世有五六公然之子孙世居长田。淳熙丙申，文公还自闽，展坟墓，叙世次。癸卯，始定为《婺源茶院朱氏世谱》，于然实有与焉。而奉使公之孙曾道梗无闻，然又会族立之于祠，命其子祀之，其于宗族拳拳有如此者。谱自文公迄今五世矣，徽、建千里，新收名数，弗克时相告语，窃尝憾之。近始蒙诏立婺源文庙檄，取其五世孙勋归掌祠事，仅获系续其枝，而旁犹弗能及也。泰坛方有志于谱，不幸偶罹兵燹，逃窜山林，亟于然之诸孙图之，幸存其似本。掇拾遗文煨尽之末，卧起与俱，悯悯有待。今幸天朝平定，文庙欲新，将复征祠嗣朱为无所待也。岁月侵寻，大惧荒失，辄因似本而附益之，续为《婺源茶院朱氏世谱》，谋梓以图不朽。学疏才谫，言俚无章，极知僭逾无所逃罪，固不敢妄拟于文公之为，第无愧于然足矣。梓成，不揆芜陋，诿记岁月云。大明洪武二年己酉岁次秋八月既望茶院府君十五世孙泰坛右拜谨序。《朱子全书》第二十七册《序跋》。

重修朱氏会谱

明朱长宗编。

明夏时正《成化壬辰重修朱氏会谱序》：谨按考亭文公先生《婺源茶院朱氏世谱序》有曰："吾家先世居歙之黄墩，相传望出吴郡。唐天祐中，歙州刺史陶雅初克婺源，命吾祖领兵戍之，是为制置茶院府君。卒葬连同，子孙因家焉。其后多散居他乡者。连同别有朱氏，旧不通谱，近有自言为茶院昆季之后，犹有南唐谱谍，其是非不可考矣。"洪武初，环溪子孙有真佑字彦常者，重修《环溪谱》。翰林学士宗人朱允升序之，谓吾宗自革、瓌二公，由苏之洗马桥同时避地，徙歙之黄墩，革则吾祖，瓌则彦常祖也。以今考之，瓌即文公先生所谱婺源始迁祖制置茶院是已。茶院以下五世，至芦村府君振，生四子：中立、绚、发、举。绚为文公先生曾大父，而生森。森生韦斋先生，韦斋去尉尤溪，生文公先生，因家建阳，遂为建阳朱氏。举之长子瓒，亦徙休宁之临溪，是为临溪朱氏。瓒之孙时，与时之孙兴同徙月潭，是为月潭朱氏。时之子垍，又徙歙之杏城，去黄墩三里而近，即环溪也，是为环溪朱氏。

当文公序世谱时，在淳熙中，还婺源展连同之墓，已与二世祖妣方夫人等墓皆失之矣。亟访且言于官，止得连同兆域，而绚已无他子，因感世次之易远，骨肉之易疏，坟墓之不易保，乃为序次，定为《婺源茶院朱氏世谱》而序之，别录其副，以示族十一世以下来者。且属徽、建二族，自今每岁当以新收名数更相告语而附益之，庶千里之外，两书如一，传之永远，有以不忘宗族之义也。呜呼！大贤尊祖敬宗不泄不忘固如是欤！临溪之谱，瓒八世孙天锡修之；月潭之谱，则兴之孙汝贤修之；环溪之谱，垍之七世孙真佑修，而子复德成之。复德子惠志欲会诸谱，未就也，逮属纩，而命其子长宗。至是，长宗乃用禀于仲父良，即走月潭，转相告之族弟云宗，咸如所志，各出所藏谱，更相考订，重加编辑，而复收其未登名者。自茶院至今通二十一世，可谓盛矣。然特详于瓒之一派，而瓒一弟天倪与凡居婺、建二族，自十一世以下皆未及附载之焉。虽亲疏之势等殊知，尚有俟于他日，而一本万殊，万殊一本，会而归之，油然兴思于水木本源者，岂直不以途人视之而已哉！夫谱谍之作，所以原本始，序昭穆，隆宗支，别亲疏，属涣散而厚人伦，其于风化之系重矣。然贵有以见之行焉，有其名而践其实，庶无忝所生而善锡类，庶无忝后于文公先生也，尚其勉诸！谱既成集，复以朱氏先世遗文附之谱后，共为卷十，图绣梓以传。长宗不远来请为序其首简，予重朱氏后人之多贤也，故不辞而序之。时成化九年岁在癸巳春三月朔日，赐进士出身嘉议大夫南京大理寺卿致仕仁和夏时正序。《朱子全书》第二十七册《序跋》。

考亭朱氏文献全谱

明朱钟文撰。

《天一阁书目》卷二之一《史部一》:《考亭朱氏文献全谱》十卷，刊本。明考亭孙钟文跋。

《四库全书总目》卷六〇《史部一六·传记类存目二》:《考亭朱氏文献全谱》十二卷，浙江巡抚采进本。明朱钟文撰。钟文字吾沧，朱子十二世孙，官大足县知县。新安朱氏，支派非一，其北洛墩头之朱，本不出于考亭。时方醵金购谱建祠，钟文恐其乱宗，乃溯唐茶院公以来世次，纂纪本末。搜讨颇详，分类凡十三门，曰《广睦》，曰《明宗》，曰《溯本》，曰《尊祖》，曰《著居》,曰《庭训》,曰《褒典》,曰《汇文》,曰《列传》,曰《宦达》,曰《女德》,曰《外戚》,曰《杂纪》。冠以朱子所作《世谱》原序。

《浙江采集遗书总录》戊集《史部》:《考亭朱氏文献全谱》十册,刊本。右明歙县朱钟文辑。钟文,朱子十二世孙也。于明万历年间重修。溯唐茶院公以来支派,纂纪本末,而于文公生平事迹及历代褒典并后贤纪述搜讨颇详。分《广睦》至《杂记》共十三门。

《增订四库简明目录标注》卷六《史部七》:《考亭朱氏文献全谱》十册,明万历中朱子十二世孙钟文撰,分《广睦》至《杂记》十三门。有刊本。入存目。

朱氏统宗谱胜会实录

明朱镗编。

明朱镗《朱氏统宗谱胜会实录序》:《胜会引》:此会在天地间为至仁、至义、至荣、至贵、至美、至大、至严、至难,虽古昔齐桓公召陵之盟、晋文践土之役,亦未足拟,故凡有人心者,宜无不愿与兹会者。但智愚不一,事每抵牾,所以能辐辏而事底于成者,竟寥寥又矣。若夫朱氏曾挟得姓迄于今,年凡二千七百有奇,世则九十有余。是间反复起伏,盖不知其详,然存一星之火为可观者,幸有上祖源流,世世相承。自后各宗其宗,各地其地,分形析影,筑一宫墙,尔界我疆;立一门户,率至于统绪紊、派履淆、砆玉之莫辨者,大抵皆由此也。视前人以天地心立天下事,余波遗烬,至于今日尚可循袭者,其功效果何如哉?具仪屏所以用心于此久矣,故兹会倡谋于家君之诚心,而数年之间,犹不得以大偿其愿,而必有待者,岂无自而然耶?盖由紫欲夺朱、莠欲乱苗、正道难行、邪道易入故尔。不然,此感彼应自然之理,矧帅以尊祖敬宗,而何阻格之若是哉?此所以有能成于今日者,诚不可以小小论也。故常观同志之士,喜能矻然砥柱,分劳任责,百苦不辞者不一人也,庸可无一字以暴白其所用心耶?是故与兹会者,功有大小,劳有远近,事有久暂,行有勤怠,悉皆随事类序于首,俾后检阅之际,为之子若孙者,指其名,验其实,庶得以知其某时某人曾有是劳,某地某祖曾有是力,今日一举,顾非万世之功耶?於戏!斯会千载奇逢,斯书万世盛典，直与天地同悠久者也。万历甲申岁在春五月谷旦，裔孙镗谨书。《朱子全书》第二十七册《序跋》。

月潭朱氏谱

清朱汝贤编。

清朱汝贤《月潭朱氏谱序》：按古邾国，密迩洙泗之乡，渐濡周孔之教，自受封以来历数百年。入《春秋》首，邻好累见于《经》。齐桓北杏之会，晋文温之盟，皆执玉帛后先，以同尊王室。其君以利民为急而不计其身，其民以一言却诸侯八百乘之师而定国。其地虽介乎数国强大之区，终春秋二百四十二年间，比他国为独寿，而其民可使者，皆其君习闻乎《诗》《书》礼义，以之导其民，而天理有以维持其心也。故楚灵王会诸侯于申以称霸，侈心虚焰，震动中华，元侯大国奔赴恐后，而邾独晏然不与，楚灵王亦不敢以力临之，《诗》《书》礼义之效乃如此。周衰，秦罢侯，邾之子孙以国为姓而从朱。汉之云，刚方有守，薛宣不能吏；晋之序，不忘晋，以一言破苻坚百万之之师；唐之敬则，兄仁轨，家传孝义，世被旌表；其初皆一人之身也。奈何五代之后，宗法废，既不能一其族；支流繁，又不可聚。历世愈远，谱谍难属，往往著姓皆然。吾家可稽者，自大唐僖宗广明间避巢寇居歙之黄墩，天佑中瓌以歙州刺史陶雅之命总卒三千戍婺源，制置四县，婺源、祁门、德兴、浮梁。因家焉。又数世，一支迁建之政和，今徽国文公家是也。一支迁休宁之临溪，今吾家是也。但家中所编谱于婺源、建宁稍略，于临溪月潭甚详，予乃整而辑之，所以收宗族、厚人伦，书之以示子孙，庶几乎会千载于一日，归万殊于一本，而思仰报先世积累之德，衍绵绵之泽于无穷焉。此予深所愿望也，其懋之哉！乙巳岁九月朔日，茶院十四世孙汝贤拜书。《朱子全书》第二十七册《序跋》。

月潭朱氏族谱

清朱国兰等编。

清魏学诚《月潭朱氏族谱序》：自禹汤文武既往，而孔孟以道统治天下数千百年，而紫阳继之。《四书》《五经》炳若日星，俾天下之聋者振、瞶者开，厥功亦甚伟哉！新安文献之区，地灵人杰，紫阳先生实产于此。予家居西北，去新安数千里，然心仪大儒，时窃神往。每从江南之官京师者游，辄询紫阳家世，知紫阳先生产于新安而宦游于闽，故其支遂两处焉。今其宗居于婺而迁于休、歙者，如月潭、临溪、环溪皆成望族，昭穆行第，按谱可稽。予益叹贤者之族必昌，而其流泽余风愈远而愈无穷也。今国家重道右文，于濂洛关闽诸贤褒礼有加，而于紫阳尤推崇不置，凡学使者出，辄手书紫阳遗文以赐，此以见天子阐扬理学、表章先儒，而于紫阳尤谆谆不置也。丙戌，予奉简命视学江南，喜道出先贤名区，而紫阳之宗分居月潭者谱适成。丁亥秋，予校士池阳，因其太守西斋马老父台世兄，以大吕、士骐等叨居世谊，手持《月潭宗谱》一集，代为请序于余，曰："月潭朱氏，休宁望族也。自婺源迁休宁，谱凡数修，代有闻人。今阅其谱，其表章绝学也，恍与昔之圣贤晤对焉；其推扬节义也，足令后之顽懦自立焉。其山川景物，足令卧游者神往焉；其起居风俗，足令披读者兴起焉。其岁终伏腊也，报本之思寓焉；其四时家祭也，事先之礼存焉。其宦于四方者，德政皆有考焉；其官于京师者，文采皆可传焉。观于月潭之谱，而知先贤德泽在人，而流风余韵愈远而愈无穷也。今先生奉视学，方将褒表名儒、崇尚气节，俾俗尽长厚、人尽雍睦，其于月潭朱氏之谱可无一言以纪之乎？"予按家谱之立，以睦族也，《紫阳年谱》有建、婺二支，岁杪毕书之例，于合族颇为尽善，而年远族繁，遂有不尽举行者。今月潭朱氏犹能效厥贻模，不忘先绪，不益可嘉乎？虽然，予窃有进焉。《诗》曰："无念尔祖，聿修厥德。"紫阳为孔孟功臣，为之宗者，果能修其祖德，为国家正学术，为民生敦教化，其念尔祖也，不更大乎哉！遂书此以应命，并以勖紫阳之子孙。康熙四十六年仲秋月，提督江南学政东宫讲官詹事府左春坊左谕德兼翰林院修撰蔚州后学魏学诚顿首拜题于秋浦试院。《朱子全书》第二十七册《序跋》。

清朱国兰《月潭朱氏族谱弁言》：紫阳朱氏之有谱也，订自文公也。以茶院府君为始祖，恐源远而昧所自，慎厥始也。先世皆居婺之阙里，至瓒公自婺阙里徙居休之南，是为临溪府君。至兴公自临溪东徙十里曰月潭，是为月潭府君。同时有时公者，自月潭徙居歙之环溪，是为杏城府君。徽郡朱姓最繁，而紫阳之派惟此四族为著，其他皆附紫阳以见者也。自文公订谱后，五世孙汝贤公举宋度宗朝进士，官至提举观察使。元兵下，弃职隐居，聚《族谱》及《文公年谱》重刊之。有明成化，提举六世孙齐宗公合《环溪族谱》重修之，然族众浩繁，时已有遗漏不及订入者矣。国兰上溯齐宗公九世下，而侄辈已有举耳孙者。历年近三百，历世十二三，其间迁徙流亡不知凡几，而欲举而辑之、按簿而考之，不亦难哉！然阅年久，恐转转相因，一本之好不敦，同宗之谊罔识，世愈远则愈不知所自，而迁徙流亡愈有不可知者。国兰惟宗法之陨越是惧，同侄士骐等，于甲申之春，大聚族人，告之祖庙而重辑之。其远徙客乡者，则遣人四出而征采焉。自甲申至丙戌，辑成《宗谱》凡十卷，视前之辑谱者较难，然视前之遗失有未易更仆数者矣。昔文公订谱，著之为训，令族之人岁杪举一年之生齿悉书之于册，则无注漏之失，间有流寓，亦按簿可稽。呜呼，昔之人岁一修之，而后之子孙数百年一举之，其视谱之轻重为何如也？《朱子全书》第二十七册《序跋》。

清朱国兰《月潭朱氏修谱启》：盖闻土姓之锡，肇自《夏书》；而国族之繁，系于《左氏》。凡瓜瓞之日衍，恐奕叶之易淆。读史迁《自序》之文，司马是重黎一本；玩子云《反骚》之句，扬侯乃汾祖真传。历数先民，大以水源木本为念；悯予小子，敢以年湮代远为辞？宗支是重，谱牒宜修。惟我朱氏，系先火正，苗裔出自高阳；国本邾娄，授社邻于宗鲁。自地遭楚并，遂去邑从朱。代有伟人，多勒勋于史册；世称望族，每散颖于寰区。据徽之一派，亦分枝于两省，源从吴郡，更徙金陵白下，重迁黄墩寄迹。舜臣公身膺戎旅，自唐末造，兵戍婺源；讳瓌，茶院公也，唐禧宗时。韦斋公官拜迪功，当宋偏安，家留南建，文公父也，讳松。至临溪为休宁之祖，临溪公讳瓒，自婺阙里始迁临溪。粤月潭为特起之宗。月潭公讳兴，自临溪再迁月潭。试上溯乎芦村，均为一父之子；再进推乎茶院，孰非一祖之孙。惟兹月潭之支，越四传而大显，实我竹溪远祖联九族以成书。竹溪公讳汝贤，月潭公四世孙，官提举。弟竹窗讳汝清，明州同知。竹林讳汝弼，瓯宁县丞。竹轩讳汝辅，湖南承宣使。兄弟同居，世称义门，首修家谱。棣萼联辉，勋阶并贵。紫阳义居之号，赐自宋朝；家有紫阳义居赐宅，宋度宗朝建。白岳圣人之宅，建由独力。休宁明伦堂，系竹溪公建，事详邑志。甲第极云霄之上，园亭据山水之间。此月潭一派，至今繁衍者也。乃临溪之三世，实先月潭之迁；有时公之一支，独著环溪之胜。时公无号，其子埴迁环溪，临溪公之曾孙也。月潭公则临溪公之玄孙也。此歙县环溪派也。留临溪而不徙，守高唐之祖茔。此本邑临溪派也。兰等族居月潭，派分阙里，自提举公刊《年谱》而后，黄海代有亢宗；提举汝贤公，去文公五世，修《宗谱》及《文公年谱》重刊之。粤齐宗公修《家乘》而还，白岳未踵灵秀。齐宗公，提举六世孙，成化壬辰修谱，至今凡十三世，近三百年未修。惟三百年之遗绪失坠，致十三世之谱系无闻。不揣轻微，欲搜辑夫家乘；庶几近易，用起例自月潭。书法不厌其详，详夫祖先名讳，生卒年寿行第；纪事务求其备，备及子女嫁娶，郡邑姓氏官阶。庶见竟蹶而成一书，行将连类而全完谱矣。谨启。康熙四十三年甲申岁八月朔日茶院二十七世孙国兰拜书。《朱子全书》第二十七册《序跋》。

朱子家谱

佚名编。

《培林堂书目·史部》:《朱子家谱》五卷，二册。

程朱阙里志

明赵滂编。

明高攀龙《程朱阙里志序》: 自昔大圣贤之生，必有同道共德者出于其地，相与左右，后先以明其学，拨天下之乱而反之治。吾夫子生尼山，颜、曾、思三大贤非出其家，即出其乡，七十二弟子大抵鲁人为多。至孟氏道益大明，而近圣人之居，又若是其甚也，岂偶然之故与？孟氏之后，圣学不传千四百年，重开于周子，光大于程朱。程夫子生洛，朱夫子居闽，人知三夫子洛、闽相去之遥，不知两姓之祖同出歙，又同出黄墩之撮土也。天地之气，山川之灵，钟为圣贤，或发于一时一地，或培其先世而发于异地异时，盖上下千古不能几见。然则黄墩者，固千古灵异所钟，而歙之最胜事也。朱子而来四百余年，未有表其事者。表之，自赵诚之先生始。方定之先生继之而后，歙侯刘公即地创祠焉。太学赵君某，诚之先生孙也，乃博考旁搜，举凡有关三夫子者，汇而志之。使新安人士，开卷见三夫子也。志成，以鲍公中素教征言攀龙。攀龙何所知，盖尝窃窥古今之概矣。三代而后，圣王不作，于是夫子出，以六经治天下，决是非，定好恶，使天下晓然知如是为经常之道。

越志者欲有所肆焉，民得执常道以格之，故乱臣贼子不旋踵诛夷，生民之类不至糜烂而无遗余。是六经者，天之法律也，顺之则生，逆之则死。天下所以治而无乱，乱而即治者，以六经在也。然汉唐之间，儒者溺训诂，而传六经之糟粕。佛氏言心性，而乱六经之精微。传其糟粕者，言理而不本之心。乱其精微者，言心而不本之理。一则穷深极微而外于彝常日用，一则彝常日用而不可知化穷神。于是六经又敝。而周、程、张、朱五夫子出，而后知六经者"天理"二字而已。天理者，天然自有之理，天得之为天，地得之为地，人得之为人者也。无所增于圣，无所减于凡，无所升于古，无所降于今者也。诚者诚此，敬者敬此，格物者格此，明此而后知俗儒之所蔽，佛氏之所乱，一膜而千里也。人知程、朱三夫子之黄墩，亦知其学之黄墩乎？岂惟三夫子，千圣万贤之黄墩胥于是乎？在尼山乎？黄墩乎？天地之气，山川之灵，钟为圣贤。其生也有自，其出也有为。夫何为哉？明此而已矣。《高子遗书》卷九上。

《千顷堂书目》卷八《地理类下》：赵滂《程朱阙里志》。新安人，太学生，高攀龙为序。

《四库全书总目》卷六〇《史部一六·传记类存目二》：《程朱阙里志》八卷，两淮马裕家藏本。明赵滂编。滂，歙县人。是书前有高攀龙序，则成于万历中也。大旨谓朱子系出新安，二程祖墓亦在焉，故合志之，分为七门。案阙里乃孔子里名，非推尊之号。宋咸淳五年诏婺源祠所称文公阙里，已为失实。今程子亦称阙里，则尤承讹踵谬，习焉而不察者也。

《八千卷楼书目》卷五《史部》：《程朱阙里志》八卷，明赵滂撰。雍正重刊本。

地理

道南书院录

明金贲亨著。

《天一阁书目》卷二之一《史部》：《道南书院录》五卷，刊本。明嘉靖乙未临海金贲亨序云：嘉靖乙丑，贲亨董闽学事，既作道南书院于会城，以祀龟山、豫章、延平、晦庵四先生，而复推四先生之志以祀明道。于是闽士相与观叹，若向往焉，而愧无以道之也。乃与友黄君伟节萃五先生言行心法为兹《录》，将梓而人授之。稿成，调官江右。未几谢事归，乃复与吾友赵君渊应君大猷订正，藏以私淑。鄱阳舒春芳、建安杨应诏、临安赵渊、福清魏濠俱有序，安成刘佃跋。

《传是楼书目·子部》:《道南书院录》五卷。明金贲亨。二本。

《文选楼藏书记》卷五 :《道南书院录》五卷。明参议金贲亨著。临海人。刊本。是书汇集程明道、杨龟山、罗豫章、李延平、朱子行状并诸语录。

考亭书院志

明朱用圭撰。

《问源楼书目初编》卷二下《史部》:《考亭书院志》十三卷，明朱用圭撰。明刊本。

政书

绍熙州县释奠仪图

宋朱熹撰。

《四库全书总目》卷八二《史部三十八·政书类二》:《绍熙州县释奠仪图》一卷，两淮盐政采进本。宋朱子撰。考《朱子年谱》，绍兴二十五年乙亥，官同安主簿。以县学释奠旧例，止以人吏行事，求《政和五礼新仪》于县，无之。乃取《周礼》《仪礼》《唐开元礼》《绍兴祀令》，更相参考，画成礼仪、器用、衣服等图。训释辨明，纤微必备。此《释奠礼》之初稿也。淳熙六年己亥，差知南康军，奏请颁降礼书，又请增修礼书，事未施行。绍熙元年庚戌，改知漳州。复列上释奠礼仪数事，且移书礼官，乃得颇为讨究。时淳熙所镂之版已不复存，后乃得于老吏之家。又以议论不一，越再岁始能定议，而主其事者适徙他官，遂格不下。此《释奠礼》之再修也。绍熙五年甲寅，除知潭州。会前太常博士詹元善还为太常少卿，始复取往年所被敕命，下之本郡。吏文繁复，几不可读。且曰属有大典礼，未遑遍下诸州。时朱子方召还奏事，又适病目，乃力疾钩校，删剔猥杂，定为四条，以附州案，俾移学官。是为最后之定稿，即此本也。书首载淳熙六年《礼部指挥》一通，《尚书省指挥》一通，次《绍熙五年牒潭州州学备准指挥》一通，皆具录原文。次《州县释奠文宣王仪》，次《礼器十九图》。其所行仪节，大抵采自杜氏《通典》及《五礼新仪》，而折衷之。后来二丁行事，虽仪注少有损益，而所据率本是书。惟所列两庑从祀位次，有吕祖谦、张栻，则其事在理宗以后。又有咸淳三年改定位次之文。检勘《宋史·礼志》，载咸淳诏书，其先儒名数及东西次序，与此书一一吻合，与朱子益不相及。盖后人随时附益，又非其原本矣。

《善本书室藏书志》卷一三《史部十三》:《绍熙州县释奠仪图》一卷，抄本。宋朱子撰。绍兴二十五年，朱子官同安主簿，以县学释奠，旧例止以八吏行事。求《政和五礼新仪》，于县无之，乃取《周礼》《仪礼》《唐开元礼》《绍兴祀令》参考画成礼仪、器用、衣服等图，训释辨明，纤微必备，是为初稿。淳熙间复列上数事，虽定议仍格不下。绍熙五年，又钩校删剔，定为四条，以附州案，俾移学官，是为最后定本。首官牒，次释奠仪注，次礼器图。至今七百年来，春秋二丁，大概沿用此书。惟所列两庑从祀有吕祖谦、张栻名位，朱子已不及见，当属后人随时附益耳。

《八千卷楼书目》卷九《史部》:《绍熙州县释奠仪图》一卷，旧本题宋朱子撰。抄本。

今按 :《四库全书》本 ;《指海》本。

子部

儒家

周子书

宋朱熹、张栻编。

《万卷堂书目》卷三《儒家》:《周子书》一卷。朱熹。

《传是楼书目·子部》: 宋朱熹、张栻《周子书》一卷，一本。

周子通书遗文遗事

宋朱熹编。

《直斋书录解题》卷九《儒家类》:《周子通书遗文遗事》一卷。侍讲朱熹集次。刊于南康。

《文献通考》卷二一〇《经籍考三十七》:《濂溪遗文遗事》一卷。陈氏曰：侍讲朱熹集次。刊于南康。

通书述解

明曹端撰。

《郑堂读书记》补逸卷二〇《子部》:《通书述解》二卷。

今按：参见下“太极图说述解”条。

通书解拾遗

清李文照撰。

《清史稿》卷一四七《艺文志三》:《通书解拾遗》一卷,《后录》一卷。李文照撰。

太极图说解

宋周敦颐撰，朱熹解。

宋张栻《太极图解序》：二程先生道学之传，发于濂溪周子，而《太极图》乃濂溪自得之妙，盖以手授二程先生者。或曰濂溪传《太极图》于穆修，修之学出于陈抟，岂其然乎？此非诸子所得而知也。其言约，其意微，自孟氏以来未之有也。《通书》之说，大柢皆发明此意，故其首章曰：“诚者，圣人之本。‘大哉乾元，万物资始’，诚之源也。‘乾道变化，各正性命’，诚斯立焉。”夫曰圣人之本、诚之源者，盖深明万化之一源也，以见圣人之精蕴。此即《易》之所谓密、《中庸》之所谓无声无臭者也。至于“乾道变化，各正性命”，则是本体之流行发见者，故曰“诚斯立焉”。其篇云：“五行阴阳，阴阳太极，四时运行，万物终始，混兮辟兮，其无穷兮。”道学之传实出乎此。愚不敏，辄举大端与朋友共识焉。虽然，太极岂可以图传也！先生之意，特假图以立义，使学者默会其旨归，要当得之言意之表可也。不然，而谓可以方所求之哉！《元公周先生濂溪集》卷一。

宋张栻《太极图解后序》：或曰：《太极图》，周先生手授二程先生者也。今二程先生之所讲论、答问之见于《遗书》者，大略可睹，独未及此图，何耶？以为未可遽示，则圣人之微辞见于《中庸》《易·系》者，先生固多所发明矣，而何独秘于此耶？栻应之曰：“二程先生虽不及此图，然其说固多本之矣。试详考之，当自可见。学者诚能从事于敬，真积力久，则夫动静之几，将深有感于隐微之间，而是图之妙可以默得于胸中。不然，纵使辨说之详，犹为无益也。嗟乎！先生诚通、诚复之论，其至矣乎！圣人与天地同用，通而复，复而通。《中庸》以喜怒哀乐未发、已发言之，又就人身上推寻，至于见得大本达道处又衮同，只是此理。此理就人身上推寻，若不于未发、已发处看，即何缘知之？盖就天地之本源与人物上推来，不得不异。此所以于动而生阳，难为以喜怒哀乐已发言之。在天地只是理也。今欲作两节看，切恐差了。《复卦》见天地之心，先儒以为静见天地之心，伊川先生以为动乃见，此恐便是动而生阳之理。然于《复卦》发出此一段示人，又于初爻以颜子不远复为之证，只要示人无间断之意。人与天地一也，就此理上皆收拾来，"与天地合其德，与日月合其明，与四时合其序，与鬼神合其吉凶"，皆其度内尔。《元公周先生濂溪集》卷一。

宋度正《书太极图解后》：正始读先生所释《太极图说》，莫得其义，然时时览而思之，不敢废。其后十有余年，读之既久，然后始知所谓上之一圈者，太极本然之妙也。及其动静既分，阴阳既形，而其所谓上之一圈者，常在乎其中，盖本然之妙未始相离也。至于阴阳变合而生五行，水、火、木、金、土各具一圈者，所谓分而言之，一物一太极也。水而木，木而火，火而土，土而金，复会于一圈者，所谓合而言之，五行一太极也。然其指五行之合也，总水、火、木、金而不及土者，盖土行四气，举是四者以该之，两仪生四象之义也。其下之一圈为乾男坤女者，所谓男女一太极也。又其下之一圈为万物化生者，所谓万物一太极也。以见太极之妙，流行于天地之间者，无乎不在，而无物不然也。然太极本然之妙，初无方所之可名，无声臭之可议，学者之求之，其将何以求之哉？亦求之此心而已矣。学者诚能自识其心，反而求之日用之间，则将有可得而言者。夫寂然不动，喜怒哀乐之未发者，此心之体，而太极本然之妙于是乎在也；感而遂通，喜怒哀乐之既发者，此心之用，而太极本然之妙于是而流行也。然已发者可见，而未发者不可见；已发者可闻，而未发者不可闻。学者于此深体而默识之，因其可见以推其不可见，因其可闻以推其不可闻，庶乎融会贯通，太极本然之妙可求，而心极亦庶乎可立矣。或者不知考察乎此，而于所谓无极云者，真以为无，而以为周子立言之病，失之远矣。先生尝语正曰："万物生于五行，五行生于阴阳，阴阳生于太极，其理至此而极。"正当时闻之，心中释然，若有以见夫理之所以然、名之所以立者。先生又曰："'乾道成男，坤道成女'，何也？此程子所谓'海上无人之境，而人忽生乎其间'者；此天地生物之始，礼家所谓感生之道也。”又曰：“生天生地，成鬼成帝，即太极动静生阴阳之义。”盖先生晚年表里洞然、事理俱融，凡诸子百家一言一行之合于道者，亦无不察，况圣门之要旨哉！遂宁傅耆伯成未第时，尝从周子游而接其议论。先生闻之，尝令正访其子孙而求其遗文焉。在吾乡时，傅尝有书谢其所寄《遇说》；其后在永州，又有书谢其所寄改定《同人说》。但傅之书稿无恙，而周子之《易说》则不可复见耳。闻之先生：今之《通书》，本名《易通》，则六十四卦疑皆有其说。今考其书，独有《乾》《损》《益》《家人》《睽》《复》《无妄》《蒙》《艮》等说，而亦无所谓《遇说》《同人说》者，则其书之散逸亦多矣。可不惜哉！夫太极者，所以发明此心之妙用也。《通书》者，又所以发明太极之妙用也。然其言辞之高深、义理之微密，有非后学可以骤而窥者。今先生既已反复论辩，究极其说，章通句解，无复可疑者，其所以望于后之学者至矣。正也辄不自量，并以其闻之先生者附之于此，学者其亦熟复而深味之哉！

右正少时得明道、伊川之书，读之始知推尊先生，而先生仕吾乡时，已以文章闻于当世。遂搜求其当世遗文石刻，不可得；又欲于架阁库访其书判行事，而郡当两江之会，屡遭大水，无复存者。始仕遂宁，闻其乡前辈、故朝议大夫知汉州傅耆曾从先生游，先生尝以《姤说》及《同人说》寄之，遂访求之，仅得其目录及《长庆集》，载先生遗事颇详。久之，又得其手书、手谒二帖。其后，过秭归，得《秭归集》；之成都，得李才元《书台集》；至嘉定，得吕和叔《净德集》；来怀安，又得蒲传正《清风集》，皆载先生遗事。至于其他私记小说，及先生当时事者，皆纂而录之。一日，与今夔路运司帐干杨齐贤相会成都。时杨方草先生年谱，且见嘱以补其缺、刊其误。杨，先生之乡士也，操行甚高，记览亦极详博，意其所考订必已精审。退而阅之，其载先生来吾乡岁月颇自差舛，甚者以周恭叔事为先生事，又以程师孟送行诗为赵清献诗。于是屡欲执笔，未暇也。及来重庆，官事稍闲，遂以平日之所闻者而为此篇。然其所载，于先生入蜀本末为最详，其他亦不能保其无所遗误。正往时尝有志遍游先生所游之处，以访其遗言遗行，今自以衰晚，莫能遂其初志。有志之士傥能垂意搜罗，补而修之，使无遗缺，实区区之志也。呜呼！天之未丧斯文也，故其绝千有余年而复续，续之未久，复又晦昧，至近世而复灿然大明。小人之用事者，自以为不利于己，尽力以抑绝之。赖天子圣明，大明黜陟，而斯文复兴，如日月之丽天，人皆仰之，有愿学之志。假令百世之下，复有能沮毁之者，其何伤于日月乎！其何伤于日月乎！嘉定十四年八月二十九日，后学山阳度正谨书。《元公周先生濂溪集》卷一。

《晁氏宝文堂书目》卷下《法帖》:《朱子太极图》。常德府旧刻。

《传是楼书目·子部》：宋周敦颐、朱熹解《周子太极图通书》一卷，一本。

《郑堂读书记》卷三六《子部一之上》:《太极图说注》一卷、《通书注》一卷、《西铭注》一卷，《文贞全集》本。国朝李光地编，宋朱子撰。朱子、光地仕履俱见礼类。案《读书志》止载《周子通书》一卷,时尚未有朱注,至《书录解题》《通考》既载《通书》一卷，复载《太极图说》一卷，盖据朱注本著之。《宋志》总作《太极通书》一卷，不知所据何本也。又陈、马两家俱载《西铭集解》一卷，陈氏云："赵师侠集吕大临、胡安国、张九成、朱熹四家之说,为一编。"则朱子注已总在一书中,故不别载专注本也。《四库全书》著录三书，系明曹端《述解》本。惟《性理大全》所收，俱全载朱注。厚庵即据以录出，各为一卷，于三书后分载朱跋，而《通书》之后，仍依《大全》录出《通书后录》附之，并自为之记，《后录》条下亦间有所附记。其全集中又载明道程子《论定性书》，附以朱子《定性书说》及伊川程子《颜子所好何学论》，附以朱子《答胡广仲书》《记论性答稿后》，以其不成卷帙，附记于此，庶可考见厚庵启发学者之心，真无微不至矣。

今按：重刊道藏辑要本（光绪刻）。

无极太极辨

宋朱熹等撰。

《读书附志》卷下《语录类》:《无极太极辨》一卷。右朱文公、陆梭山、象山往复论难之书也。

太极图西铭解

宋周敦颐、张载撰，朱熹注，元胡季时解。

元郑玉《跋太极图西铭解后》：为学之道，用心于支流余裔，而不知大本大原之所在者，吾见其能造道者鲜矣。周子《太极图说》、张子《西铭》，其斯道之本原欤？太极之说，是即理以明气；《西铭》之作，是即气以明理。太极之生阴阳，阴阳之生五行，岂有理外之气！“天地之塞吾其体，天地之帅吾其性”，岂有气外之理！然则天地之大、人物之繁，孰能出于理气之外哉！二书之言虽约，而天地万物无不备矣。婺源胡季时因朱子所注诸书，表二书而出之，且发明朱子之意而为之解，其亦知为学之本原者欤？尝出以示予，属予题其后，今五年矣，未有以复其命也。因阅家中故书，复见季时所著，伏读之余，因书所见如此，将以质于季时。《师山遗文》卷三。

太极图说述解

明曹端撰。

《万卷堂书目》卷三《儒家》：《太极图说述解》一卷。曹端。

《千顷堂书目》卷一一《儒家类》：曹端《太极图说述解》一卷。

《八千卷楼书目》卷二〇《子部》：《太极图说述解》一卷《通书述解》一卷《西铭述解》一卷。明曹端撰。杨氏刊本。

《郑堂读书记》补逸卷二〇《子部》：《太极图说述解》一卷、《通书述解》二卷、《西铭述解》一卷，乾隆中重刊本。明曹端撰。仕履见经部礼类。《四库全书》著录。《明史·艺文志》不载，惟本传载之，作《释文》，此作《述解》，疑后所改也。月川为明代醇儒之首，平生著述甚多，其解周子、张子之书，大旨宗朱子，其有异者亦不肯苟同，盖实有心得，非依傍者可比也。《太极图说》前有宣德戊申自序，又有孙奇逢《太极图西铭述解》总序，末有正德辛未黎尧卿跋，《通书述解》前亦有奇逢序。《提要》载后有奇逢跋，此本偶佚之。《太极图说》《西铭》，本作一帙，今分析志之弥。

今按：曹月川先生遗书本（万历刻）；《四库全书》本；《复性书院丛刊》本（民国刻）。

太极图说解

清陈兆成撰。

《浙江采集遗书总录》己集《子部》:《太极图说解》一册，刊本。右国朝上虞陈兆成撰。以周子图说与朱子注并列,而以己意为折衷焉。并荟萃诸儒《易》训及《南华》《参同》之说。

太极图解拾遗

清李文照撰。

《清史稿》卷一四七《艺文志三》:《太极图解拾遗》一卷。李文照撰。

今按:《宋五子书》本(雍正刻)。

西铭解义

宋张载撰，朱熹解。

宋张栻《跋西铭》:人之有是身也，则易以私，私则失其正理矣。《西铭》之作，惧夫私胜之流也，故推明其理之一以示人。理则一，而其分森然自不可易。惟识夫理一，乃见其分之殊；明其分殊，则所谓理之一者，斯周流而无蔽矣。此仁义之道所以常相须也。学者存此意涵泳体察，求仁之要也。辛卯孟秋寓姑苏，书以示学生潘友端。《南轩集》卷三三。

宋张栻《跋西铭示宋伯潜》:人惟拘于形气私胜而迷其所自生，故《西铭》之作，推明理之本一，公天下而无物之不体。然所谓分之殊者，盖森然具陈而不可乱，此仁义之道、所以立人之极也。学者深潜力体，而后知所以事天事亲者，其持循之要，莫越于敬而已。乾道八年七月己卯敬书以遗宋刚仲伯潜父。《南轩集》卷三三。

《文渊阁书目》卷四:《西铭解义》一部一册，完全。

今按:朱文端公藏书本;《李文贞公全集》本(乾隆嘉庆刻);《性理四书注释》本(康熙刻);《朱子三书》本(康熙刻)。

西铭集解

宋赵师侠集解。

《直斋书录解题》卷九《儒家类》:《西铭集解》一卷。张载作《订顽》《砭愚》二铭,后更曰《东》《西铭》,其《西铭》即《订顽》也。大抵发明理一分殊之旨。有赵师侠者,集吕大临、胡安国、张九成、朱熹四家之说为一编,刻之兴化军。

西铭述解

明曹端撰。

《郑堂读书记》补逸卷二〇《子部》:《西铭述解》一卷。

今按:参见上“太极图说述解”条。

西铭解拾遗

清李文照撰。

《清史稿》卷一四七《艺文志三》:《西铭解拾遗》一卷,《后录》一卷。李文照撰。

二程全书

宋程颢、程颐撰,朱熹编。

宋张玘《程氏全书后序》:右《程氏先生经说》合《遗书》《外书》《文集》总若干卷。玘窃惟圣人之道,自孔孟既没,浸失其传。至我宋而二程先生出,五三载籍,几坠之文,千四百年不传之学,始大昌明于世。格言大训,见于河南门人之所记录,考亭先儒之所纂辑者,有是书存。譬之菽粟布帛,不容以一日无也。然稽之诸郡,或缺略而无有,或锓梓而未全,均有负学者之望。玘领教兹邦,积廪稍之余,益以己俸,尝补官书之未备者,唯是四书犹缺。余心恧焉,乃求善本,俾二三同志重加考订,刻诸学宫。庶几学者家传而人颂之。由二先生之书，以绎二先生之心，以印孔孟之心云。淳祐戊申四月戊寅天台张玘谨书。明嘉靖李中刊本《河南二程先生全书》卷首。

元邹次陈《河南程氏全书序》：右《河南程氏遗书》《外书》，俱出程门弟子手记，考亭朱夫子家藏，类访旁搜，先后次第为此，世所刊本无不同者，独二先生《文集》出胡文定公家，颇有改削，如《定性书》及《明道行述》《上富公》与《谢帅书》中删却数十字，《辞官表》之颠倒次第，《易传序》之改"沿"为"泝"，《祭文》之改"侄"为"犹子"。刘、张二公以是本刻之长沙，考亭定其所当改者数纸，与共父刘帅书，及与南轩张子屡书，凛然承舛习讹，末流波荡之为惧，而卒亦莫之从也。今所传《文集》，大率潭本，是固不能无余论矣。临川谭善心元之，早读二书，虑其传本寖少，悉为刻枣，而于《文集》复加详审，与蜀郡虞槃叔常往复讨论，以复乎考亭所改之旧，且注刘、张本异同于其下，其余遗文，凡集所未录者，各以类附焉。至若《伊川经说》，其目见《近思录》，其书见时氏本，特《易传》止《系辞》上篇，《春秋传》止鲁桓九年，《书解》止"舜格于文祖"，《诗解》止"四方以无拂"，《论语解》止"吾从下"。恨多误字，不敢臆决，惟《易系》取吕氏《精义》所编，《春秋传》取尹氏《纂集》所补，以旧板本审校先刊，而他书则俟求善本雠校续刻。此其为意，固将以集程氏书文之全，明程朱授受之正，稽之往哲而不悖，传之来裔而无穷，观此书者，如挹座春而立门雪，俱非苟然为之也。呜呼！元之之用心亦可谓勤也。已装褫成帙，家学人诵，谨缉大意，书于左方。至治二年壬戌之秋七月既望临川后学邹次陈谨书。明嘉靖李中刊本《河南二程先生全书》卷首。

元谭善心《河南程氏全书序》：右程子《遗文遗事》一卷，善心所搜辑，可缮写。始虑世传胡氏本犹未尽善，而朱子改本惜不可见也。贞白虞叔，世联葭莩，尽牍往还，商略考订，推本朱子之意，以复于旧。然如《定性书》，富、谢二公书所删字，终不可考，则固未敢自信，而亦未能自慊也。一日以书来，盖从今内翰吴先生得家藏别本，乃与臆见吻合，而凡删字皆在，且又益以数篇焉。遂与一二同志，三复校正，用锓诸梓，以与学者共之。其朱子与刘、张二公辩论所及者，悉附注于目录之下。其余脱误错简，文字同异，不复具列。且为窃考《程氏世系谱》于十二卷之首，以便观览。此外有《经说》七卷，而当嗣刻，以传永久。至治三年秋九月丙午临川后学谭善心谨书。明嘉靖李中刊本《河南二程先生全书》卷首。

明李贤《二程全书序》：呜呼！道不易知也，宜乎知之者寡。自孔、孟至两程夫子，中间千数百年，学者于斯道渺渺茫茫，无异于梦中。若汉之董仲舒、扬雄，隋之王通，唐之韩愈，亦皆有志斯道，殷勤著述，以传后世。求其造之深而知之真者，卒未有焉。由是观之，道果易知乎？向无两程夫子以出类之资，深造是道而发明之，则千数百年之后，学者复如梦中而已。虽然，宋之大儒，于斯道造之深而知之真者，尚有其人，顾贤独推两夫子者何耶？盖周子虽云默契道体，而两夫子受学之后，扩充广大，发明亲切，其功过于周子矣。张子虽云妙契洛书，及闻两夫子之论，尽弃其学而学焉，实有得于两夫子矣。至于朱子集群贤之大成，则又神会心得于两夫子之言而兴起者。观其于群书之中，摘《庸》《学》《语》《孟》四书为标指，而发明其理，以示后学于无穷，则续孔、孟千载不传之绪者，舍两夫子，其谁哉？然则两夫子之书，学者所当尊信，与《四书》并行可也。今去两夫子四百余年，学者不见其全书，天下缺事，无大于此矣。国子监丞阎禹锡惓惓访求两夫子遗言，尽得其书，而集之名曰《二程全书》，欲刻梓以传，求贤为序。夫两夫子发明斯道之言具载是集，顾贤何人，而敢置喙于其间？景行之余，不能自已，特著其梗概于编首如此。若夫以诚敬为入门，以践履为实地，脱于言语之间，而得心传之妙，则在学者所自勉也。禹锡，两夫子故里人，贤亦忝在乡邦云。《古穰集》卷八。

明李瀚《二程全书序》：先正有言，文、武之后，不得不生仲尼，仲尼之后，不得不生孟轲。瀚于是亦云，孟轲之后，不得不生二程子。於乎！轲死，天下无传，贸贸百千载而二夫子出，毅然以道自任，续不传于遗经而尽发明之。上极尧舜禹汤文武，以至孔孟之精微，下若阴阳实物神仙怪诞，无一而不归诸正，有以破千载之惑，微二夫子，则道卒丧而言卒湮矣。千钧一发之际，天岂无意耶？故曰：孟轲之后，不得不生二程子。当时一言一行，门人争相记录，各自为书，传之于人人。若《遗书》《外书》《经说》《文集》，在宋时固已板行，号“程氏四书”。自时迄今，几四百年，书在人间，各相珍袭，好事者往往刻其所藏本。天顺间，国子监丞洛阳阎君子与，求得“四书”，及临川谭元之所搜辑遗文遗事，合为一书。太师南阳李文达公题曰《二程全书》，而为之序。今学士泌阳焦君为编修时，尝为校正。南阳知府阳曲段君可久，实刊行之。二先生之书，至是亦昌矣。然板留偏郡，字多漫漶，行亦不广，学者憾焉。瀚自志学，即好观二先生之书，窃以为是书与《六经》相古今。《六经》薄海内外无处无之，而是书之全者既不可尽见，其仅存者又不得遍海宇而人观之。尝欲取南阳本与家藏旧本参订梓之，而力有所不逮。顷者奉命来按河南，亲历先生故址，谋酬初志，访得各本，遂属参议康君孝隆重为编辑，佥事彭君性仁复从而校正焉。又采《程氏家谱》《像赞》揭于前，俾学者开卷起敬。并取《宋史·程珦传》，及谥议制词诸文系于后，以见二先生之道，前有所启，生虽见摈斥而其后卒大行也。凡六十五卷，缮写既完，河南知府东嘉陈君文德，乐承绣木之任。河南二先生乡郡，居四方之中，素称多士。书得梓于是，其不与《六经》相悠久，遍于人人□哉！是业也，陈君其永之。时弘治戊午冬十月朔。明嘉靖李中刊本《河南二程先生全书》卷首。

明陈宣《二程全书后序》：吾郡永嘉，故有儒者之风，日骎骎然起。若宋王公景山，抱道作先，虽其全书不得尽见，而《儒志》一编，亦足以见其略矣。既没四十余年，而二程夫子出，以道学大鸣于河洛，盖真有以得夫千载不传之绪，而学者称宗师必首稽焉。于时吾乡若周公行己，鲍公若雨，刘公兄弟安节、安止，陈公兄弟经正、经邦，与夫谢公天申、许公景衡、潘公旻、戴公述、薛公季宣十数辈，皆不远数千里来拜二夫子之门，身为其弟子而亲授受。且以其所有得者，私淑于其乡，与其后人，若蒋氏元中、宋氏之才、王氏十朋、陈氏傅良、陈氏埴、朱氏景元、叶氏适、汤氏建、戴氏溪、史氏伯璇、陈氏子上，与宣先师杨氏克明，皆得其绪余，以发其精萃，至今传颂不衰。吾乡故号为小邹鲁，岂无自而然邪？宣自少不学无闻见，尝侍父兄与乡长者论，每每溯为渊源自重，以吾乡学道者，固当知有所自也。宣时默识于心，迟迟至于老大，徒自怍已焉耳。去岁来知河南府事，自幸得以入夫子之境，拜夫子之祠墓，而平生之所愿慕者，不愈亲切有所感动也乎！既而蜀参乔君廷仪，致政还洛，日相与讲明二程之学。上而圣人之道赖之以不坠，下而儒先皆不能及之。但其全书虽刻于南阳，洛人亦少得而睹之，况其偏乡下邑，吾徒不能以无负也。适巡按河南监察御史沁水李公，突然以斯文为己任，寻以《二程全书》属宣锓梓，以传不朽，正先得吾心之所同然者，而其言且谆谆也。於乎！吾乡先进游于是，吾乡道学原于是，吾平生之所愿慕者亦在是，敢不敬承，谨书于末简。弘治戊午秋八月上丁日赐进士出身中顺大夫河南府知府东嘉陈宣书。明嘉靖李中刊本《河南二程先生全书》卷首。

明彭纲《二程全书后》：监察御史沁水李公重刊《二程全书》，属少参武定康君孝隆编辑，俾纲校正。按《程氏遗书》《外书》《经说》《文集》，宋淳祐间教授张玘已刊行，号“程氏四书”，其目录各冠本部，盖各自为书也。今既为《全书》，则当总列于前，卷次序说悉仍其旧，而于各卷端，类题《二程全书》以统之。《伊川文集》目录后，元有程端中自序，旧本削去，今增入。《遗文》并《续记》，系谭善心所搜辑，旧本没其主名，而抑为附录，今复之。并考他本，增其所未备，为《文集》拾遗。朱子《辨胡本书》以下十篇，旧本既题后序，今增入谭善心自序一篇，并《太中传》以下八篇为续，附录详见各目录下。噫！二先生书与《六经》相表里，纲何人而敢墨于其间哉？顾其书元经朱子更定者，固无容议，若后来所辑，则犹有不能不致疑者。朱子去程子才数十年，而于《遗书》，犹谓传诵道说，玉石不分，不足以尽得其精微严密之旨，而况去此益远而言益湮乎！姑举一二言之。仲尼不语怪，程子学仲尼者也，《文集》中如文简公及寺丞事，似非不语怪之训，窃以为非伊川手笔。《六经》经汉儒，不能无讹，二先生书又岂免好事者之窜易增添哉？纲职司狱宪，庭日如市，不能章为之辨，姑于鲁鱼豕亥之间，聊一二真之，以酬李公美意，用书以俟云。弘治戊午冬十月后学清江彭纲识。明嘉靖李中刊本《河南二程先生全书》卷首。

明余祐《二程子全书序》：孔孟之道既不行于当时，而其学乃传于后世。学之传者，道之穷也。圣贤岂得已哉！孔子不得已而挥删述《六经》之笔，孟子不得已而撰仁义七篇之书。然实用是垂教万世，与天地相为无穷，而教又政之所从出焉。后世之人获闻孔孟之教，随其所得，浅深小大，施及于民，则固孔孟之道行矣。呜呼！晦之近者，未始不为明之远也。天意盖有攸在，而孔孟之功，贤于尧舜汤武，岂不信乎！自是能继其学与道者，汉唐迄宋，惟二程夫子足以当之，而亦不获行道于时，推其所学以为教者，即孔孟家法也。伯子年逾五十而卒，未及大有述作。叔子则有《易》《春秋三传》通行于世，学者诵习，而伯叔子各有门人传录遗言、《文集》之类。先儒编集，旧名《全书》，《六经》《四书》之后，同为市帛菽粟，以资民生日用，在二夫子者，犹其在孔孟也。今读其书而私淑以修其身。穷固未尝不可为教，达则兼政与教行之，斯世斯民，实亦蒙被二夫子之泽，而岂徒曰书云乎哉！夫不读其书而欲得其道者鲜矣，然徒读焉，弗克验之于心，体之于身，措之于事，则亦古人糟粕，而果何贵于书，何裨于治也耶？广右督学李宪副中，因念地在僻远，庠序士子罕见二夫子《全书》，爰命学宫刊梓，未完乃以忧去。祐为僚友兼督学政，书成而教谕林文炳等请序卷首。顾予何人，能言二夫子之学与道耶！虽尝细续其书，庶几有见而功力不逮，岁月云徂，思更求进而未能尔。是书梓行，嘉惠广右士子博矣。但未知读者果能深求其学与道乎，否则恐非二夫子立言垂训，冀望后学之盛心也。凡为吾徒，尚共勉哉！嘉靖三年甲申岁九月朔日后学鄱阳余祐谨序。明嘉靖李中刊本《河南二程先生全书》卷首。

清贺瑞麟《河南二程先生全书叙》：右《遗书》《外书》《文集》，是皆朱子手定。《遗书》《附录》《外书》三序具见朱子《文集》。二程《文集》虽无朱子序，然朱子《辨胡本书》载于《文集》，今本俱从朱子改正，则犹或朱子当日所见之本也。至于《易传》，朱子《文集》亦有《书伊川易传板本后》一篇，今所传者不知即朱子所书原文与否。后人以《易传》《经说》《粹言》均附《遗书》《外书》《文集》之后，是为《二程全书》。《全书》有二：一明徐氏本，一国朝吕氏本。又有中州本、祠堂本，无《易传》《经说》《粹言》。然诸本各有异同舛误，兹依吕氏重刻，而以诸本详加校正，庶几便于读矣。夫二程之学，朱子发明至矣尽矣。今即朱子所以读程书者读之，则必有以得程学之深，是书之刻，非其厚幸者欤。虽然张宣公当时于程书之出则曰：传之之广，得之之易，则又惧夫有玩习之患，或以备闻见，或以资谈论，或以助文辞，或以立标榜，则亦反趋于薄，失先生所以望于后人之意为逾甚矣。要当以笃信为本，谓圣贤之道由是可以学而至，味而求之，存而体之，涵泳敦笃，斯须勿舍，以终其身而后已。呜呼！斯言也，岂非今日学者所当知者哉！仍用敬书册首，愿与同志者共警焉。光绪壬辰五月朔三原贺瑞麟谨识。清光绪传经堂刊本《河南二程先生全书》目录后。

《天禄琳琅书目后编》卷一六《明版子部》：《二程全书》二函十二册，明阎禹锡汇刊。禹锡字子与，洛阳人，正统九年举人，旌表孝行。官至监察御史、督畿内学政。为薛瑄门人。入《明史·儒林传》。书五十一卷，凡《遗书》二十五卷，为二先生语录十卷，《明道先生语录》四卷，《伊川先生语录》十一卷，朱熹编有序。《外书》十二卷，皆二先生语录，亦熹编，有序。《明道先生文集》四卷《附录》一卷，亦熹编，有记。《伊川先生文集》七卷，其孙昺编，子端中序。又《附录》一卷，《续附录》一卷，天顺辛巳李贤序，为禹锡刻书作。禹锡起家国子监学正，贤所荐也。隆庆庚午杨俊民后序，为金立敬重刊作。贤天顺年大学士。俊民字伯章，蒲州人，嘉靖四十一年进士，官户部尚书。立敬台州临海人，嘉靖庚辰进士。

《铁琴铜剑楼藏书目录》卷一三《子部一》:《二程全书》六十五卷，明刊本。此书为二程子门人所记，朱子复次录之，凡记载失真者，皆为刊削，成《遗书》二十五卷。附录《行状》《墓表》《年谱》为一卷。又虑或有所遗，复于门人集录者采择成编，得十二卷，题曰《外书》，以别于《遗书》。淳祐间，教授张玘合《经说》《文集》刊行，号“程氏四书”，犹各自为书也。明天顺间，国子监丞阎子与重刻之。南阳李文达题曰“二程全书”。弘治间，监察御史李瀚以旧藏本与阎本属参议康绍宗、佥事彭纲编校，河南知府陈宣刻之，有朱子二跋，及李瀚、彭纲、陈宣序。

《楹书隅录》卷三《子部》: 元本《河南程氏遗书》二十五卷，附录一卷，《外书》十二卷，《文集》十二卷，遗文一卷，二十四册四函。每半叶十行，行二十字。首载朱子《辨误书》，次宋赵师耕麻沙本后序、李袭之春陵本后序，又元邹次陈、虞槃序二篇，及谭善心识语。《遗书》《外书》俱出程门弟子手记。朱子家藏世所刊本，无不同者，独二先生文集出胡文定公家，颇有改削，朱子定其所当改者数纸，屡以书致刘共父、张南轩二公。然承舛习讹，卒莫之从。谭元之因与蜀郡虞槃往复讨论，用复朱子所改之旧，至治壬戌锓梓以传。《天禄琳琅书目》所载，即此本也。惟天禄本已缺程氏世系谱，并抄补第八卷，此尚完帙云。彦合记。在卷末。

《藏园订补郘亭知见传本书目》卷七《子部一》补:《二程子全书》五十一卷。宋程颢、程颐撰。〇明嘉靖三年李中、余祐刊本。为《二程遗书》二十五卷，《附录》一卷；《外书》十二卷；《文集》十二卷，《遗文》一卷。十行二十字，黑口，四周双栏。余藏。《遗书》余据影写宋刊本《诸儒鸣道集》校，又据宋刊十一行本校。《外书》据北京图书馆藏宋刊大字残本校卷一至八。〇明刊本。行款同上。余藏。

《善本书室藏书志》卷一五《子部》:《二程全书》六十五卷，明弘治刊本。河南布政司右参议武定康绍宗重编。是书为二程子门人所记、朱子编次之成二十五卷，益以《行状》《表谱》一卷，时为乾道四年。又虑或有所遗，更采择门人集录成十二卷，目曰《外书》。淳祐间教授张玘合经说文集刊行，号《程氏四书》。犹各自为书。及明天顺间国子监丞阎子与重刻之，南阳李文达题曰《二程全书》。此弘治戊午监察御史李瀚，以旧藏本与阎本属参议康绍宗、佥事彭纲编校，河南知府陈宣刻之。有朱子二跋及李瀚等序。前列程太中公、明道纯公、伊川正公三像。

《皕宋楼藏书志》卷三九《子部》:《重刊二程全书》六十五卷，明弘治刊本，璜川吴氏旧藏。宋朱子编。无名氏序，弘治戊午。陈宣跋，弘治戊午。

今按：明弘治十一年陈宣刻本（国家图书馆、北京大学图书馆、中国科学院图书馆、北京文物局、上海图书馆、南京图书馆、浙江图书馆、广西壮族自治区图书馆、重庆市图书馆藏）；明成化十二年段坚刻本（南京图书馆藏）；明嘉靖三年李中、余祐刻本（国家图书馆、上海图书馆、华东师范大学图书馆藏）；明隆庆四年金立敬刻本（上海图书馆、吉林大学图书馆、江西省图书馆、湖南省图书馆藏）；明万历二十年蒋春芳刻本（国家图书馆藏）；明万历三十四年徐必达刻本（国家图书馆、中国人民大学图书馆、北京师范大学图书馆、吉林市图书馆、山东省图书馆、天一阁文物保管所、湖南省图书馆、四川省图书馆藏）；清康熙二十五年程氏刻本（国家图书馆、中国科学院图书馆、南京图书馆藏）；清康熙间内府写本（故宫博物院图书馆藏）；清康熙间吕氏宝诰堂刻本（国家图书馆、中国科学院图书馆、青海省图书馆藏）；《西京清麓丛书》本（光绪刻）；清小嫏嬛山馆刻本（国家图书馆、南京图书馆藏）；清刻本（南京图书馆藏）。

程氏遗书

宋程颢、程颐撰，朱熹编。

宋朱熹《程氏遗书后序》:右《程氏遗书》二十五篇，二先生门人记其所见闻答问之书也。始诸公各自为书，先生没，而其传寖广，然散出并行，无所统一，传者颇以己意私窃窜易，历时既久，殆无全编。熹家有先人旧藏数篇，皆著当时记录主名，语意相承，首尾通贯，盖未更后人之手，故其书最为精善。后益以类访求得，凡二十五篇，因稍以所闻岁月先后第为此书，篇目皆因其旧，而又别为之录如此，以见分别次序之所以然者。然尝窃闻之，伊川先生无恙时，门人尹焞得朱光庭所抄先生语，奉而质诸先生，先生曰："某在，何必读此书？若不得某之心，所记者，徒彼意耳。"尹公自是不敢复读。夫以二先生倡明道学于孔、孟既没千载不传之后，可谓盛矣，而当时从游之士，盖亦莫非天下之英材，其于先生之嘉言善行，又皆耳闻目见而手记之，宜其亲切不差，可以行远，而先生之戒犹且丁宁若是，岂不以学者未知心传之要，而滞于言语之间，或者失之毫厘，则其谬将有不可胜言者乎？又况后此且数十年，区区掇拾于残编坠简之余，传诵道说，玉石不分，而谓真足以尽得其精微严密之旨，其亦误矣。虽然，先生之学，其大要则可知已。读是书者，诚能主敬以立其本，穷理以进其知，使本立而知益明，知精而本益固，则日用之间，且将有以得乎先生之心，而于疑信之传可坐判矣。此外诸家所抄尚众，率皆割裂补缀，非复本篇，异时得其所自来，当复出之，以附今录，无则亦将去其重复，别为《外书》，以待后之君子云尔。《晦庵先生朱文公文集》卷七五。

宋朱熹《程氏遗书附录后序》：右《附录》一卷，《明道先生行状》之属凡八篇，伊川先生《祭文》一篇，奏状一篇，皆其本文无可议者，独伊川行事本末当时无所论著，熹尝窃取《实录》所书，《文集》内外书所载，与凡他书之可证者，次其后先，以为《年谱》。既不敢以意形容，又不能保无谬误，故于每事之下各系其所从得者。今亦辄取以著于篇，合为一卷，以附于二十五篇之后。呜呼！学者察言以求其心，考迹以观其用，而有以自得之，则斯道之传也，其庶几乎！乾道四年岁在著雍困敦夏四月壬子，新安朱熹谨记。《晦庵先生朱文公文集》卷七五。

宋赵师耕《程氏遗书外书后序》：《河南二程先生文集》，宪使杨公已锓板三山学官，《遗书》《外书》则庾司旧有之，乙未之火，与他书俱毁不存。诸书虽未能复，是书胡可缓。师耕承乏此来，亟将故本易以大字，与《文集》为一体，刻之后圃明教堂。赖吾同志相与校订，视旧加密，二先生之书于是乎全。时淳祐丙午古汴赵师耕书。明嘉靖李中刊本《河南二程先生全书》卷首。

宋李袭之《程氏遗书后序》：《程氏遗书》长沙本最善，而字颇小，阅岁之久，板已漫漶。教授王君湜，出示五羊本，参校既精，大字亦便观览，然无《外书》。袭之乃模锓于春陵郡庠，又取长沙所刊《外书》附刻焉，愿与同志者共学。淳祐六年立秋日东川李袭之谨题。明嘉靖李中刊本《河南二程先生全书》卷首。

元虞槃《河南程氏遗书外书序》：周、二程、张、邵书，予以晁昭德《读书志》校之，周子《通书》一卷、明道《中庸解》一卷、《程氏易》一卷、《书说》一卷、《诗说》两卷、《论语说》十卷、《孟子解》十四卷、《伊川集》二十卷、《程氏杂说》十卷、张子《正蒙书》十卷、《渔樵问对》一卷、《信闻纪》一卷、《孟子解》十四卷、《易说》十卷、《春秋说》一卷、横渠《崇文集》十卷、邵子《皇极经世》十二卷、《观物篇》六卷、《击壤集》二十卷，凡十九部一百五十四卷。所谓《程氏杂说》十卷者，疑即朱子所谓"诸公各自为书散出并行"之一者也。而遗书所录，不见其目，朱子因其先人旧藏益以类访为《遗书》二十五卷，又为《外书》十二卷，益多《杂说》数倍，而《杂说》固不传。合晁氏所记与今所传续，盖可见矣。然今所传本皆家藏故书，数十年前所刻就，令刻板具在，意且漫漶废弃不少矣。清庙雅乐，姑以备数，而郑卫之声，人争爱之，则此日少而彼日多者，亦其势然也。近年始有新刻邵子书闻风而起者，或诮为迂阔且笑之。宜黄谭善心，同邑傅君友谅之同人也，奋然不顾，取《二程遗书》《文集》刻之，且将考订《程氏经说》，以次锓木，盘托中表之好，乃得预闻其说，喜其事之有成，而学者得以传读先儒之遗文而不倦。其卓然之见，良有可取。故题其后，以勉同志之士云。蜀郡后学虞槃。明嘉靖李中刊本《河南二程先生全书》卷首。

宋黄震《读本朝诸儒理学书》：《程氏遗书》卷一，盖李吁字端伯所录，而伊川尝谓得其意者。二，初吕与叔从张横渠，张死而入洛，所谓《东见录》也，《附东见录》亦与叔所记。三，谢显道记忆平日语。四，游定夫所录。五、六、七、八、九，皆不知姓氏。十，洛阳议论，苏昞录。十一，刘绚质夫录明道语。十二，刘质夫录明道语。十三、十四，皆刘质夫录明道语。十五，关中学者录伊川语。十六，己巳冬所闻，不知何人所记。十七，亦不知何人所记，或云周行己，或刘安节，皆永嘉人。程氏发明孔孟正学于千四百年无传之后，微言奥旨，特散见于门人之集录。赖朱子起，而搜逸访遗，始克成编，其尤切于日用者，已类而为《近思录》矣。然朱子之录《近思》，必丁宁学者更求之《全书》。及考其所编《全书》，乃称伊川自谓惟李吁得其意，故以为首篇，且反复详论，谓失之毫厘，则其缪将有不可胜言者。然则学者之读《遗书》全编，其又可不谨乎。自今观之，"孔子梦周公"一也，张绎所录，则谓"晚年不遇，不复梦见"，鲍若雨所录，则谓"若曾梦见，大段害事"。梦周公何害事之有？殆惑于异端真人无梦之说耳，是鲍之录不若张之近人情。“赐不受命”一也。游定夫所录，则谓“不受天命”，不知姓氏所录，则谓“不受爵命”。子贡盖尝结驷邻国矣，何尝不受人之爵命？是或者之录不如游之得事实。《乾》《坤》六子之说，一以为《乾》《坤》退处而用六子，一以为六子之用即《乾》《坤》，是甲之录不若乙之通。养生延年之说，一以为人力可胜造化，一以为天命不可损益，是前之录不若后之确。善恶之判晓然也，录者谓恶亦不可不谓性，又谓天下善恶皆天理，此虽穷极底蕴之辞，然恐不若直言择善之为经。鬼神之事难明也，录者谓风肃然起于人心之怖畏，又谓雷击人起于恶气之相触，此虽晓谕世俗之辞，然恐不若泯于忘言之为得。谓以心知天为未然，而谓心即是天，固于知天之上加通彻矣。若夫谓道不可离为未然，而谓道岂有可离不可离，何其荡无绳墨也。此畅潜夫之录，朱子注其多非先生语欤。以至诚赞天地为未足，而云同此一诚，何助之有，固于天地圣人之诚加混合矣。若夫谓“谨礼者不透，可读庄子”，何其矫枉过正也。此刘元承之录，朱子又注其为别本所增欤。洒扫应对与佛家默然处合，此殆言工夫之始耳。程子平日之言，本斥佛学之无用，而谓吾儒自洒扫以上，便是圣人事也。敬其心不接视听，此殆指收敛之极耳。程子平日之言，本主视听之以礼，而斥禅学之绝耳闻目见为丧天真也。大抵孔孟之学，大中至正之极，而二程之学，正以发明孔孟之言。不幸世之黠者，借佛氏之名，售庄、列之说，荡以高虚。举世生长习熟于其间而不自知，闻程子之说，稍不加审，则动必陷入于彼。今欲辨程录之真伪无他，亦观其于孔孟之说相合，或于庄、列之言相似与否耳。程门高第，才莫过于谢显道，何其所录程说之可疑，亦莫多于谢显道耶？第一条所录，以“鸢飞鱼跃”为活泼泼。活泼泼何等语，求之孔门，惟见其云“君子之道，造端夫妇”耳。第二条言切脉，第三条言观鸡雏，而皆指以为仁。切脉观鸡，殆于机触神悟，求之孔子，唯曰“居处恭，执事敬”，而孟子亦以恻隐为仁之端耳。谓尧舜之事如太虚中一点浮云过目，何其与“四海困穷，天禄永终”之戒异也。谓与善人处坏了人，何其与“毋友不如己者”之意殊也。谓庄生形容道体之语为尽好，谓老氏谷神不死一章为最佳，此殆其本心之形见，而记忆其师平日之言，亦粉泽于其所学，自成一家之后矣。杨子云有言，适尧、舜、文王为正道，非尧、舜、文王为他道。愚亦谓合于孔孟者，程录之真，异于孔孟者，程录之误。《黄氏日抄》卷三三。

《读书附志》卷下《语录类》:《河南程氏遗书》二十五卷,《附录》一卷,《外书》十二卷。右李吁、吕大临、谢良佐、游酢、苏昺诸人记二先生语十卷,刘绚录明道语四卷,刘元承、杨遵道、周孚先、张绎、唐棣、鲍若雨、邹柄、畅大隐诸人录伊川语十三卷。《附录》则明道《行状》,刘立之、朱光庭、邢恕、范祖禹叙述,游酢《书行状后》、吕大临《哀词》《明道墓表》《伊川年谱》、张绎《祭文》、胡安国《奏状》。《外书》则拾遗也,朱光庭录二卷、陈渊本、程氏学、冯氏本、罗氏本、胡氏本、游氏本、《春秋录》《大全集》、时氏本、《传闻杂记》各一卷。朱文公记其后。

《直斋书录解题》卷九《儒家类》:《程氏遗书》二十五卷、《附录》一卷、《外书》十三卷。朱熹集录二程门人李吁端伯而下诸家所闻见问答之语,附录行状、哀词、祭文之属八篇。其《年谱》,朱公所撰述也。《外书》则又二十五篇之所遗者。

《文献通考》卷二一〇《经籍考三十七》:《程氏遗书》二十五卷,《附录》一卷,《外书》十三卷。陈氏曰:"朱熹集录二程门人李吁端伯而下诸家所闻见问答之语,附录行状、哀词、祭文之属八篇。其《年谱》,朱公所撰述也。《外书》则又二十五篇之所遗者。"朱子《答张敬夫书》曰:"明道之言,发明极致,通透洒落,善开发人。伊川之言,即事明理,质悫精深,尤耐咀嚼。然明道之言,一见便好,久看愈好,所以贤愚皆获其益。伊川之书,乍看未好,久看方好,故非久于玩索者,不能知其味。"又《答吕伯恭书》曰:"《遗书》节本已写出,愚意所删去者,亦须用草纸抄出,逐段略注删去之意,方见不草草处。若只暗地删却,久远却惑人。记《论语》者,只为不曾如此,留下《家语》,至今作病痛也。"

《文渊阁书目》卷四:《程氏遗书》一部十二册,残缺。《程氏遗书》一部六册,完全。《程氏遗书》一部四册,残缺。

《濮阳蒲汀李先生家藏目录》东间南架一层:《二程先生遗书》。六本。

《濮阳蒲汀李先生家藏目录》西间朝西头柜:《程氏遗书》。六本。

《万卷堂书目》卷四《文集》:《二程遗书》八册。

《赵定宇书目·经类》:《程氏遗书》八本。

《脉望馆书目·儒家》:《程氏遗书》八本。

《世善堂藏书目录》卷上《经类》:《程氏遗书》《外书》共二十八篇。

《澹生堂藏书目》卷二《经类第十》:《程氏遗书》八册三十一卷。

《古今书刻》上编《南京国子监》:《程氏遗书》。

《绛云楼书目》卷二《道学类》:《程氏遗书》八册。二十五卷，又《外书》十三卷，朱子集录。

《振绮堂书目》卷三 :《程氏遗书》四册，二十五卷，内抄三册，宋朱子编并序。

《怡府书目》七百八十二号 :《二程遗书》，九本，不全。

《天禄琳琅书目》卷六《元版子部》:《河南程氏遗书》，一函八册。宋朱子辑。二十五卷，附录一卷。《外书》十三卷。后附《文集》十二卷。又元谭善心辑《遗文》一卷。目录后有善心识语并朱子《辩误》。书末载宋赵师耕麻沙本后序、李袭之春陵本后序，又元邹次陈、虞槃序二篇。谭善心，字符之，临川人。《元史》无传，其事迹不可考。所作识语称"《程子遗文遗事》一卷，善心始虑世传胡氏本犹未尽善，而朱子改本惜不可见，贞白虞叔近示以所得吴内翰家藏别本，乃与臆见吻合，用锓诸梓，以与学者共之。其朱子与刘共父、张南轩辩论所及者，悉附着于目录之下。且为窃考《程氏世系谱》于十二卷之首"云云。《世系谱》此本已缺。邹次陈序称"《遗书》《外书》，俱出程门弟子手记，朱子家藏，世所刊本无不同者。独二先生《文集》出胡文定公家，颇有改削。朱子定其所当改者数纸，屡以书致刘、张二公，然承舛习讹，卒莫之从。谭元之因与蜀郡虞槃往复讨论，以复乎朱子所改之旧焉"。今观李袭之春陵本后序，只言《遗书》《外书》，而不及《文集》。其赵师耕麻沙本后序，则称"《二程先生文集》，宪使杨公已锓版三山学宫。《遗书》《外书》，则庾司旧有之，后俱毁于乙未之火。师耕承乏来此，亟将故本易以大字，与《文集》为一体，刻之后圃明教堂"云云。按陈振孙《书录解题》，载《河南程氏文集》十二卷，谓为建宁所刻本，载在集部，不与《遗书》合录子部之中，是振孙所指建宁本似为杨公所刊，而以一体合刻，则自师耕始也。考《浙江通志》，师耕，黄岩人。登宋宁宗嘉定七年进士第。其序犹自署"古汴"者，盖不忘故土之意。李袭之，无考。《元史》：虞槃，字仲常，隆州仁寿人，集之弟。登延祐进士，授吉安永丰丞，后终嘉鱼县尹。《西江志》：邹次陈，字周弼，一字悦道，宜黄人。中博学宏辞科。所著有《遗安集》十八卷，《史抄》十卷。此书校正《文集》虽足订别本之讹，然槧印草草，纸墨皆不求精，在元刻中又其次者。书中有“赵氏子昂”“龙门子图书记”“进士郡李县令”三印。考《元史》，孟頫以英宗至治二年六月卒，而邹次陈序作于至治二年七月，谭善心识语作于至治三年九月，是孟頫殁时书尚未经刊行，安得其收藏印记？“进士郡李县令”一印，文义亦不可解。观三印，篆法俱极粗劣，其为书贾伪造无疑，故不采录。缺补《文集》卷八。全。

《四库全书总目》卷九二《子部二·儒家类二》:《二程遗书》二十五卷《附录》一卷，江西巡抚采进本。宋二程子门人所记，而朱子复次录之者也。自程子既殁以后，所传语录，有李吁、吕大临、谢良佐、游酢、苏昺、刘绚、刘安节、杨迪、周孚先、张绎、唐棣、鲍若雨、邹柄、畅大隐诸家，颇多散乱失次，且各随学者之意，其记录往往不同。观尹焞以朱光庭所抄伊川语质诸伊川，伊川有若不得某之心，所记者徒彼意耳之语。则程子在时，所传已颇失其真。案：此事见朱子后序中。故《朱子语录》谓游录语慢，上蔡语险，刘质夫语简，李端伯语宏肆，永嘉诸公语絮也。是编成于乾道四年戊子，乃因家藏旧本，复以类访求附益，略据所闻岁月先后，编第成为二十五卷。又以行状之属八篇为附录一卷。《语录》载陈淳问第九卷介甫言律一条何意，曰：“伯恭以凡事皆具，惟律不说，偶有此条，遂漫载之。”又郑可学问《遗书》有古言《乾》《坤》不用六子一段如何？曰：“此一段却主张是自然之理，又有一段却不取。”又《晦庵文集》内有《答吕伯恭书》，曰：“《遗书》节本已写出，愚意所删去者，亦须用草纸抄出，逐条略著删去之意，方见不草草处。若暗地删却，久远却惑人”云云。今观书内如刘安节所录“谨礼者不透，须看《庄子》”一条，语涉偏矫，则注云“别本所增”。又畅大隐所记“道岂可离而不可离”一条，纯入于禅，则注“云多非先生语”。其去取亦深为不苟矣。考《文献通考》载《遗书》卷目，与此本同。而黄震《日抄》所载则至十七卷而止，与此互异。又震所载《遗书》卷目吕与叔《东见录》及《附东见录》均次为第二卷，而此本则《次附东见录》为第三卷，殆传本有异同欤？至附录中年谱一篇，朱子自谓实录所书文集内外书所载，与凡他书之可证者。震则谓朱子访其事于张绎、范棫、孟厚、尹焞而成。盖朱子举其引证之书，震则举其参考之人，各述一端，似矛盾而非矛盾也。

《吾园书目·集部》:《二程遗书》九本。

《问源楼书目初编》卷三上《子部》:《二程遗书》二十五卷、《附录》一卷，宋朱子编次，明刊本。

《郑堂读书记》卷三六《子部一之上》:《二程遗书》二十五卷、《附录》一卷，二程全书本。宋朱子编。《四库全书》著录。《读书附志》《书录解题》《通考》《宋志》俱载之。《宋志》只称程颐《遗书》，无《附录》一卷。惟陈氏称“朱子集录二程门人李吁端伯而下诸家所闻见问答之说，附录行状、哀词、祭文之属八篇，其年谱朱子所撰述也”。案是编前有朱子目录后序云：“始诸公各自为书，先生没而其传寖广，然散出并行，无所统一，传者颇以己意私窃窜易，历世既久，殆无全篇。熹家藏数篇，皆著当时记录主名，语意相承，首尾通贯，尚未更后人之手，故其书最为精善，后益以类访求，得凡二十五篇，因稍以所闻岁月先后，第为此书，篇目皆因其旧，而又别为之录，以见分别次序之所以然者。”他日又答吕伯恭书曰：“《遗书》节本已写出，愚意所删去者，亦须用草纸抄出，逐段略注删去之意，方见不草草处，若只暗地删却，久远却惑人。”据此，知朱子于是编之外，又有删节文本矣。其本不传，惟《黄氏日抄》三十三所载《遗书》止十七卷，次第亦皆不合，岂即朱子删节本欤？当晁氏作《读书志》时，尚未及见朱子编定之书，仅载《程氏杂说》十卷，云：“正叔门人杂记其师之言。”《通考》所载同。《通考》又有《河南师说》十卷，载陈氏云：“尚书颍川韩元吉无咎以《河南雅言》《伊川杂说》及诸家语录，厘为十卷，以尹和靖所编为卷首，不如《遗书》之详订也。”今各本俱佚，惟朱子所编存，殆以是欤？

《楹书隅录》卷三《子部》:元本《河南程氏遗书》二十五卷《附录》一卷《外书》十二卷《文集》十二卷《遗文》一卷，二十四册，四函。每半叶十行，行二十字。首载朱子辨误书，次宋赵师耕麻沙本后序、李袭之春陵本后序，又元邹次陈、虞槃序二篇，及谭善心识语。《遗书》《外书》，俱出程门弟子手记，朱子家藏，世所刊本无不同者。独二先生《文集》出胡文定公家，颇有改削。朱子定其所当改者数纸，屡以书致刘共父、张南轩二公。然承舛习讹，卒莫之从。谭元之因与蜀郡虞槃往复讨论，用复乎朱子所改之旧，至治壬戌锓梓以传。《天禄琳琅书目》所载即此本也。惟天禄本已缺《程氏世系谱》，并抄补第八卷，此尚完帙云。彦合记在卷末。

《藏园订补郘亭知见传本书目》卷七《子部一》:《二程遗书》二十五卷《附录》一卷。程子门人所记，朱子编次。〇明成化丁酉张瓒刊本。〇《二程全书》本六十五卷，弘治戊午李瀚重刊。〇又明阎禹锡刊本，五十一卷。〇又金立敬重刊本。均无《经说》。〇又明徐必达刊《二程全书》，六十八卷。〇吕氏宝诰堂刊本，佳。〇河南祠堂本，不佳。〇又有明分类本，三十一卷，明杨廉编。〇宋淳祐丙午，古汴赵师耕刊大字本《遗书》《外书》于明教堂，世谓麻沙本。〇宋又有春陵本，刊于淳祐六年秋。东川李袭之题云："《程氏遗书》长沙本最善而字小，岁久漫漶，教授王湜出示五羊本，参校既精，大字亦便观览，然无《外书》。袭乃模锓于春陵郡库，又取长沙所刊《外书》附焉。"〇元有至正二年壬戌临川谭善心刊大字本，盖即依赵、李二本。页二十行，行二十字。补：〇明成化刊本，九行二十字，黑口，左右双栏。余藏。〇明嘉靖本，十行行二十字，黑口，左右双栏。余藏。与嘉靖李中本不同，是另一刊本。

《藏园订补郘亭知见传本书目》卷七《子部一》补：《程氏遗书》二十五卷。宋朱熹辑。〇宋刊本，十行二十字，白口，左右双栏。每则首行顶格，其余均低一格。内阁大库旧藏储残卷。

又：《二程遗书》二十五卷、《附录》一卷、《外书》十二卷、《文集》十二卷、《遗文》一卷、《附录》一卷。宋程颢、程颐、朱熹辑。〇清同治十年求我斋刊本，二十册。

又：《河南程氏遗书附录》一卷。〇宋刊本，十一行二十字，白口，左右双栏。避宋讳至慎字。钤有吴廷伟书画印。

《旧山楼书目》：《二程遗书》。八本。

《万卷精华楼藏书记》卷七四《子部一》：《二程遗书》二十五卷、《外书》十二卷，程子门人所记，朱子编次。河南程氏本。二书今在《全书》中。《全书》刊于康熙二十五年，汤潜庵校正，附《拾遗》。《二程遗书》为问答之语，附《行状》《年谱》一卷。《外书》有朱子记："既定《遗书》，又得此十二篇，取之杂，故曰《外书》。"谨案，称名史例也。周、程、张、朱独称子者，圣祖仁皇帝所定，凡诏诰奏章俱然。于以见我朝尊尚正学卓越前代焉。吴氏跋《外书》曰："昔大程夫子仕上元县，故建康有明道书院以祠二程子。近年行台治书侍御史郭侯尝命山长赵普之重刊程氏《遗书》于既毁之后。今钱唐沈天锡嗣长书院，而曰有《遗书》无《外书》，是二程夫子之遗训犹未完也。乃续刻《外书》十二卷，以备一家之言。余嘉其知崇先哲以启后觉也，再为识《外书》之左方。”录于《文正公集》。

《八千卷楼书目》卷一〇《子部》:《二程遗书》二十五卷、《附录》一卷，程子门人所记，朱子编。明刊本、明成化刊《全书》本。

《皕宋楼藏书志》卷三九《子部》:《河南程氏遗书》二十五卷、《附录》一卷，明成化刊本。宋朱子编。朱子跋，乾道四年。

《增订四库简明目录标注》卷九《子部一》:《二程遗书》二十五卷、《附录》一卷，程子门人所记而朱子编次之。其《附录》一卷，则《行状》之类也。成化丁酉张瓒刊本。续录：宋淳祐丙午古汴赵师耕刊大字本《遗书》《外书》，世谓麻沙本。宋淳祐六年秋东川李袭之刊本。元至正二年临川谭善心刊大字本，盖即依赵、李二本，半叶十行，行二十字。道古楼有元聂崇义本。

今按：宋刻本（国家图书馆藏）；元至治三年临川谭善心刻本（东北师范大学图书馆藏）；明成化十年张氏刻本（北京大学图书馆藏）；《二程全书》本（弘治陈宣刻）；《二程全书》本（成化段坚刻）；《二程子全书》本（嘉靖李中、余祐刻）；《二程全书》本（明刻）；《四库全书》本；《西京清麓丛书》本（光绪刻）。

二程子遗书纂

清李光地编。

清李光地《二程子遗书纂序》:前年视学时，曾刻《朱子语类四纂》以示生徒，又恐观者苦于南北方言，故为之离句读，稍加批释，然取舍之间，复漏尚多，至今以轻妄自愧。《程氏遗书》读之尤久，手所纂录，又已忘其几也。虽然，其取舍未能精详，则一耳。为既出朱书于前，子弟辈谓且并刻，以损童蒙欲读者之劳，盖句读批释，比朱稍详矣。其精蕴所在，不耻不类，辄为发明一二，及其师友之间渊源明昧，议论出入，后学指为疑案云者，亦颇用臆测而概，未必其是也。退之言纂言者必钩其玄。自韩子没，不见其所为纂言之书。甚矣，述之难与！深于此学者，不鄙而讲而正之，则又幸也。《榕村集》卷一一。

《郑堂读书记》卷三六《子部一之上》:《二程子遗书纂》二卷、《外书纂》一卷，文贞全集本。国朝李光地编。案朱子所编《二程遗书》二十五卷，《外书》

十二卷，高云从攀龙、陈愓龙龙正、张孝先伯行递有纂本，而皆未善，至厚庵复纂录为是编，序而刊之。其句读批释，比《朱子语类四纂》稍详，其精蕴所在，辄为发明一二，及其师友之间渊源明昧，议论出入，后学指为疑案者，亦颇详加阐发，以衷于是，于韩退之所云“纂言者必钩其玄”，诚无愧矣。

《藏园订补郘亭知见传本书目》卷七《子部一》补：《二程子遗书纂》二卷《外书纂》一卷。清李光地辑。〇清刊本。二册。余藏。

今按：清康熙间浙江学院刻本（上海图书馆藏）；《李文贞公全集》本（乾隆嘉庆刻）；《榕村全书》本（道光刻）。

程氏外书

宋程颢、程颐撰，朱熹编。

宋朱熹《程氏外书后序》：右《程氏外书》十二篇，熹所序次，可缮写。始熹序次《程氏遗书》二十五篇，皆诸门人当时记录之全书，足以正俗本纷更之缪，而于二先生之语，则不能无所遗也。于是取诸集录，参伍相除，得此十有二篇，以为《外书》。夫先生之言，非有精粗之异，而两书皆非一手所记，其浅深工拙之未可以一概论，其曰《外书》云者，特以取之之杂，或不能审其所自来，其视前书，学者尤当精择而审取之耳。乾道癸巳六月乙亥，新安朱熹书。《晦庵集》卷七五。

元吴澄《跋河南程氏外书》：昔大程夫子仕上元县，故建康有明道书院以祠二程。近年行台治书侍御史郭侯尝命山长赵晋之重刻《程氏遗书》于既毁之后，今钱塘沈天锡嗣长书院，而曰：“有《遗书》无《外书》，是二程夫子之遗训犹未完也。”乃续刻《外书》十二卷，以补一家之言。余嘉其知崇先哲以启后觉也，再为识《外书》之左方。《吴文正集》卷六三。

《文渊阁书目》卷四：《程氏外书》一部二册，完全。《程氏外书》一部一册，残缺。《程氏外书》一部二册，残缺。《程氏外书》一部一册，缺。

《百川书志》卷三《道学》：《程氏外书》十卷。亦当时学者所记，以其取之之杂，或不能审其所自来耳。然朱子采用，颇并前书，兼亦分类云。

《振绮堂书目》卷三：《外书》一册，十二卷，宋朱子编。

《四库全书总目》卷九二《子部二·儒家类二》：《二程外书》十二卷，江西巡抚采进本。亦二程子门人所记，而朱子编次之，成于乾道癸巳六月，在《遗书》之后五年。后序称《遗书》二十五篇，皆诸门人当时记录之。《全书》足以正俗本纷更之谬，而于二先生之语则不能无所遗。于是取诸人集录，参伍相除，得此十二篇，以为《外书》。凡采朱光庭、陈渊、李参、冯忠恕、罗从彦、王苹、时紫芝七家所录，又胡安国、游酢家本及《建阳大全》集印本三家，又传闻杂记自王氏《麈史》至孔文仲《疏》，凡一百五十二条，均采附焉。其语皆《遗书》所未录，故每卷悉以“拾遗”标目。其称《外书》者，则朱子自题所谓取之之杂，或不能审所自来，其视前书，学者尤当精择审取者是也。中间传闻异词，颇不免于丛脞。如“程氏学拾遗”卷内，以“望道未见为望治道太平”一条，黄震《日抄》谓恐于本文有增。又“时氏本拾遗”卷内，以“老子天地不仁万物刍狗之说为是”一条，震亦谓其说殊有可疑。盖皆记录既繁，自不免或失其本旨。要其生平精语，亦多散见于其中。故但分别存之，而不能尽废。如吕氏《童蒙训》记伊川言“僧家读一卷经，要一卷经道理受用，儒者读书，都无用处”一条，又“明道至禅寺，见趋进揖逊之盛，叹曰：‘三代威仪尽在是’”一条，《朱子语录》尝谓其记录未精，语意不圆。而终以其言足以警切学者，故并收入传闻杂记中，无所刊削。其编录之意，亦大略可见矣。

《文选楼藏书记》卷二：《程氏外书》十二卷。宋朱熹辑。新安人。刊本。是书因程氏二书二十五篇，复采诸儒，集所未备。

《问源楼书目初编》卷三上《子部》：《二程外书》十二卷，宋朱子编次，明刊本。

《浙江采集遗书总录》己集《子部》：《程氏外书》十二卷刊本。右朱子所序次。其先曾集《程氏遗书》二十五篇，复裒诸家所辑录者，参互乘除得十二篇，题曰《外书》。有乾道癸巳跋语。

《郑堂读书记》卷三六《子部一之上》：《二程外书》十二卷，二程全书本。宋朱子编。《四库全书》著录。《读书附志》《书录解题》《通考》《宋志》俱载之，陈、马二家俱作十三卷，字之误也。乾道癸丑，朱子既编定《二程遗书》，其目录后序有云：“此外诸家，所抄尚众，率皆割裂补缀，非复本篇，异时得其所自来，当复出之，以附今录，无则亦将去其重复，别为《外书》，以待后之君子”云云，故越六年，复编定是书，仍各随其家所录分卷，而殿以传闻杂记，皆所以补《遗书》所未备，因于每卷俱称曰拾遗。前亦有目录后序，称："二先生之言，非有精粗之异，而两书皆非一手所记，其浅深工拙，又未可以一概论，其曰《外书》云者，特以取之之杂，或不能审其所自来，其视前书，学者尤当精择而审取之耳。"是朱子亦不以是编所录为尽善矣，所以《黄氏日抄》三十三亦曾指摘其失云。

《藏园订补郘亭知见传本书目》卷七《子部一》:《二程外书》十二卷。程子门人所记，朱子补遗。〇《二程全书》本。〇宝诰堂本。〇河南祠堂本。

《八千卷楼书目》卷一〇《子部》:《二程外书》十二卷，宋朱子编。明刊本、明刊《全书》本、吕氏刊本、明成化刊《全书》本。

《增订四库简明目录标注》卷九《子部一》:《二程外书》十二卷，亦程子门人所记，朱子又取他书所载程子语一百五十二条益之，以补《遗书》所未备。《二程全书》本。续录:时刊本。明成化刊《全书》本。吕氏宝诰堂本。河南祠堂本。

今按：元至治三年临川谭善心刻本（东北师范大学图书馆藏）;《二程全书》本（成化段坚刻）;《二程子全书》本（嘉靖李中、余祐刻）;《二程全书》本（明刻）;明抄本（上海图书馆藏）;《四库全书》本;《西京清麓丛书》本（光绪刻）。

二程子外书纂

清李光地编。

今按：清浙江学院刻本（南京图书馆藏）；清刻本（天津图书馆藏）。

增损吕氏乡约

宋朱熹编。

明孙承恩《重刊文公乡约序》：郡伯内江喻先生之治松也，日求所以裕民者，劳心焦思，勉焉若弗及也，欿然其未足也，昼然如有伤也。呜呼！其拳拳为民之念，天实临之。间示走以《文公乡约》一帙曰：此先生所以导民俗以归于厚者，予不佞，无以称师帅之职。兹欲刻是书以教吾民也。信能行之，浇漓之俗一变而之厚，吾之心其少慰矣乎。子以为何如？走也窃闻之，禁民为不善，善也，非善之善也。化不善使为善，善也，善之善也。吏习盛，而儒者之效不白于世，先王之法意泯灭殆尽。是故耽冥沉酣，睢盱恣肆，付民事于罔知者，固不暇论。而其能尽心者，则又不过汲汲于簿书期会之间，谳鞫讯断之际，惟禁戒是严，惟刑罚是峻，强察自用，以邀誉于上下，则已为良有司矣。而何以教为？居今之世，而有事于教者，孰不笑其迂且无用耶？夫其所以笑其迂且无用者，以民不易教也。呜呼！天下岂有终不可教之民哉？未尝教之，而即谓民弗率教。此则厚诬吾民之甚，而先生之所弗取也。走昔尝侍先生议论之末，而因以求其政，未尝不严且明也。而一以宽厚爱人为本，所谓惨刻峻厉者咸无取焉。盖儒者之政也。是书既行，诚使如先生所言，风移俗易，庶几复见先王治化之盛，而彼呫呫然笑以为迂者，无所容其喙。则岂惟一郡是赖，将于我国家实有助焉。虽然，昔子朱子之修是编也，亦尝虑其难行矣。盖常情可与乐成而不可与图始。呜呼！此则在我二三父老相与倡率之。而走也，及今病废家居，亦敢不偕我同志，敬劝相之，以副先生盛意哉？《文简集》卷三〇。

《晁氏宝文堂书目》卷下《政书》：《朱文公乡约》。

《百川书志》卷二《仪注》：《增损吕氏乡约》一卷，宋朱文公校定，四类。

《传是楼书目·子部》：宋朱熹、真德秀《朱子增损吕氏乡约》一卷。《文公政训》一卷、《西山政训》一卷。合一本。

《八千卷楼书目》卷一三《子部》：《增损吕氏乡约》一卷，宋朱子撰。刊本。

上蔡语录

宋谢良佐语录，朱熹删定。

宋朱熹《谢上蔡语录后序》：右《上蔡先生语录》三篇。先生姓谢氏，名良佐，字显道，学于程夫子昆弟之门，笃志力行，于从游诸公间，所见最为超越。有《论语说》行于世，而此书传者盖鲜焉。熹初得友人括苍吴任写本一篇，题曰《上蔡先生语录》。后得吴中板本一篇。题曰《逍遥先生语录》，陈留江读之作序云："得之先生兄孙少卿伋及天隐之子希元者。"二家之书，皆温陵曾恬天隐所记。最后得胡文定公家写本二篇于公从子籍溪先生，题曰《谢子雅言》。凡书四篇，以相参校。胡氏上篇五十五章，记文定公问答，皆他书所无有，而提纲挈领，指示学者用力处，亦卓然非他书所及。下篇四十七章，与板本吴氏本略同，然时有小异。盖损益曾氏所记而精约过之，辄因其旧，定著为二篇，且著曾氏本语及吴氏之异同者于其下，以备参考。独板本所增多犹百余章，然或失本指，杂他书，其尤者五十余章，至诋程氏以助佛学，直以"或者"目程氏，而以"予曰"自起其辞，皆荒浪无根，非先生所宜言，亦不类答问记述之体，意近世学佛者私窃为之，以亢其术，偶出于曾氏杂记异闻之书，而传者弗深考，遂附之于先生。传之久远，疑误后学，使先生为得罪于程夫子，而曾氏为得罪于先生者，则必是书之为也。故窃不自知其固陋，辄放而绝之。虽或被之以僭妄之罪，而不敢辞也。其余所谓失本指、杂他书甚者，亦颇刊去，而得先生遗语三十余章，别为一篇。然记录不精，仅存仿佛，非复前篇比矣。凡所定者书三篇，已校定，可缮写。因论其所以然之意，附见其后，以俟知言有道君子考而择焉。绍兴二十九年三月庚午，新安朱熹谨书。《晦庵先生朱文公文集》卷七五。

宋朱熹《谢上蔡语录后记》：熹顷年校定《上蔡先生语录》三篇，未及脱稿，而或者传去，遂锓木于赣上，愚意每遗恨焉。比因闲暇，复为定著此本，然亦未敢自以为可传也。因念往时削去版本五十余章，特以理推知其决非先生语，初未尝有所左验，亦不知其果出于何人也。后籍溪胡先生入都，于其学者吕祖谦得江民表《辨道录》一篇读之，则尽向所削去五十余章者，首尾次序无一字之差，然后知其为江公所著，而非谢氏之语，益以明白。夫江公行谊风节，固当世所推高，而陈忠肃公又尝称其论明道先生有足目相应之语，盖亦略知吾道之可尊矣，而其为言若此，岂差之毫厘，则夫千里之缪有所必至而不能已者耶？因书以自警，且示读者，使毋疑旧传谢先生与胡文定公手柬，今并掇其精要之语，附三篇之后云。乾道戊子四月壬寅熹谨记。《晦庵集》卷七七。

宋胡宪《谢上蔡语录后记》：宪大观初年在长沙侍文定公左右，每听说上蔡先生之学问，以为其言善启发人。其后在荆门学舍，从朱二丈子发游甚款。子发所得话言及书疏，必以相示，云先生监西竹木场，曰："自太学往见之，坐定，子发进曰：'震愿见先生久矣，今日之来，无以发问，不知先生何以见教？'先生曰：'好与贤说一部《论语》。'子发愕然，意日刻如此，何由款其讲说。已而具饮酒五行，只说他话，及茶罢，掀髯曰：'听说《论语》。'首举子见齐衰者、冕衣裳者与瞽者，见之，虽少必作，过之必趋。又举师冕见及阶，子曰：'阶也。'及席，子曰：'席也。'皆坐，子告之曰：'某在斯，某在斯。'子张问曰：'与师言之道与？'子曰：'然。固相师之道也。'夫圣人之道，无显无微，无内无外，由洒扫应对进退以至于天道，本末一贯。一部《论语》只恁地看。"其后有书答子发云："窃承求志有味道腴是嗜信，后当益佳胜。"康侯谓公博洽，少辈未知。公既宅心道学之后处之当何如。昔见明道先生读《前汉书》，未尝蹉过一字。至见他人有记问者，则曰玩物丧志。此可以窥其意旨也。宪因读朱元晦所定著《上蔡先生语录》三卷，得以详观其是正精审，去取不苟，可传信于久远，窃叹其志尚如此，而自惟畴昔所闻将恐零落，辄书以附于卷之末焉。绍兴二十九年四月十八日，籍溪胡宪跋。《上蔡语录》卷末。

《文渊阁书目》卷四：《上蔡语录》一部一册，完全。《上蔡语录》一部一册，完全。《上蔡语录》一部一册，缺。

《晁氏宝文堂书目》卷上《经》：《上蔡语录》。

《百川书志》卷三《道学》：《上蔡先生语录》三卷，宋学士上蔡谢良佐显道之语也，朱子校定。

《世善堂藏书目录》卷上《经类》：《上蔡语录》一卷。

《澹生堂藏书目》卷二《经类第十》：《上蔡先生语录》一册。三卷。

《徐氏家藏书目》卷三《子部》：《上蔡先生语录》一卷。宋谢良佐。

《徐氏红雨楼书目》卷三《子部》：《上蔡先生语录》一卷。

《国史经籍志》卷四《子类》：《上蔡语录》三卷。

《楝亭书目》：《上蔡语录》。抄本，宋谢良佐著，一卷，一函二册。

《传是楼书目·子部》：宋谢良佐、朱熹编《上蔡先生语录》三卷，一本。

《培林堂书目·子部》：《上蔡语录》一册。

《好古堂书目·子部》：《谢上蔡语录》三卷。

《本立堂藏书目·文集四》：《上蔡语录》三卷。

《四库全书总目》卷九二《子部二·儒家类二》：《上蔡语录》三卷，浙江巡抚采进本。宋曾恬、胡安国所录谢良佐语，朱子又为删定者也。良佐字显道，上蔡人，登进士第。建中靖国初，官京师。召对忤旨，出监西京竹木场，复坐事废为民。事迹具《宋史·道学传》。恬字天隐，温陵人。安国有《春秋传》，已著录。是书成于绍兴二十九年，朱子年三十岁，监潭州南岳庙时。生平论著，此为最早。据朱子后序称："初得括苍吴任写本一篇，皆曾天隐所记。最后得胡文定公写本二篇，凡书四篇，以相参校。胡氏上篇五十五章，记文定公问答。下篇四十九章，与版本、吴氏本略同，然时有小异。辄因其旧，定著为二篇。独版本所增多，犹百余章，或失本旨杂他书。其尤者五十余章，至诋程氏以助佛学，辄放而绝之。其余亦颇刊去，而得先生遗语三十余章别为一篇，凡所定著书三篇"云云。是朱子于此书芟薙特严。后乾道戊子，重为编次，益以良佐与安国手简数条，定为今本。又作后记，称胡宪于吕祖谦家得江民表《辨道录》，见所删五十余章，首尾次序，无一字之差。然后知果为江氏所著，非谢氏之书。则去取亦为精审。观《语录》称"某二十年前得《上蔡语录》观之，初用朱笔划出合处；及再观则不同，乃用粉笔；三观则又用墨笔。数过之后，全与原看时不同"。则精思熟读，研究至深，非漫然而定也。良佐之学，以切问近思为要。其言论闳肆，足以启发后进。惟才高意广，不无过中之弊。故《语录》云："看道理不可不仔细。程门高弟如谢上蔡、游定夫、杨龟山，下梢皆入禅学去。"又云："上蔡《观复斋记》中说道理皆是禅底意思。"又云："程子诸门人，上蔡有上蔡之病，龟山有龟山之病，和靖有和靖之病，也是合下见得不周偏差了。"其论皆颇以良佐近禅为讥。然为良佐作《祠记》，则又云："以生意论仁，以实理论诚，以常惺惺论敬，以求是论穷理，其命意皆精当。而直指穷理居敬为入德之门，尤得明道教人之纲领。"乃深相推重。盖良佐之学，醇疵相半，朱子于《语录》举其疵，于《祠记》举其醇，似矛盾而非矛盾也。合而观之，良佐之短长可见矣。

《浙江采集遗书总录》闰集《儒家类》:《上蔡先生语录》三卷，刊本。右宋学士谢良佐撰。以朱子先后所校传本定为三篇。后附各家增录十六条。

《鉴止水斋藏书目》子部第一厨:《谢上蔡语录》一本。

《问源楼书目初编》卷三上《子部》:《上蔡语录》三卷，宋谢良佐语，朱子删定，明刊本。又《朱子遗书》本。

《藏园订补郘亭知见传本书目》卷七《子部一》:《上蔡语录》三卷。宋曾

恬、胡安国所录谢良佐语，朱子又为删定之。〇吕氏刊《朱子遗书》本。附：〇正谊堂本。（眉）

《增订四库简明目录标注》卷九《子部一》：《上蔡语录》三卷，宋曾恬、胡安国所录谢良佐语，朱子又为删定之。《朱子遗书》本。明刊本。续录：正谊堂本。

今按：《诸儒鸣道》本（宋刻、清初荣光楼抄、清抄）；明正德八年汪正刻本（浙江图书馆藏）；明正德九年许翔凤刻递修本（国家图书馆藏）；明刻本（上海辞书出版社图书馆、福建省图书馆藏）；《朱子遗书》本（康熙刻）；《四库全书》本；清道光间古歙洪锡谦刻本（国家图书馆藏）；清道光间刻本（吉林大学图书馆、黑龙江省图书馆藏）；清同治二年刻本（国家图书馆藏）；清同治三年上蔡学署刻本（辽宁省图书馆、东北师范大学图书馆藏）；《正谊堂全书》本（同治刻）；清光绪四年张仕可刻本（南京图书馆藏）；《西京清麓丛书》本（光绪刻）。

延平问答

宋李侗著，朱熹编。

宋赵师夏《宋嘉定姑孰刻本延平答问跋》：延平李先生之学，得之仲素罗先生；罗先生之学，得之龟山杨先生；龟山盖伊洛之高弟也。李先生不特以得于所传授者为学，其心造之妙，盖有先儒之所未言者。今观此编与行述之所纪，智者观之，当见之矣。始我文公朱先生之大人吏部公，与延平先生俱事罗先生，为道义之交，故文公先生于延平为通家子。文公幼孤，从屏山刘公学问。及壮，以父执事延平而已，至于论学，盖未之契，而文公每诵其所闻，延平亦莫之许也。文公领簿同安，反复延平之言，若有所得者，于是尽弃所学而师事焉。则此编所录，盖同安既归之后也。文公先生尝谓师夏曰：“余之始学，亦务为儱侗宏阔之言，好同而恶异，喜大而耻于小，于延平之言，则以为何为多事若是，天下之理一而已，心疑而不服。同安官余，以延平之言反复思之，始知其不我欺矣。盖延平之言曰：‘吾儒之学所以异于异端者，理一分殊也。理不患其不一，所难者分殊耳。’此其要也。”今文公先生之言行布满天下，光明俊伟，毫厘必辨而有以会其同，曲折致详而有以全其大，所谓“致广大而尽精微，极高明而道中庸”，本末兼举，细大不遗。而及门之士，亦各随其分量，有所依据而笃守，循序而渐进，无凭虚蹈空之失者，实延平先生一言之绪也。世之学者，其尊信文公之道者，则以为聪明绝世，故其探讨之微有不可及。至于不能无疑者，则又以为其学出于性习之似、得之意好之偏而已，而不知师弟子之间，离合从违之际，其难也如此。呜呼！此盖为千古计也，岂容有一毫曲徇苟合、相为容悦之意哉！北海王耕道旧读此书而悦之，摄篆姑孰，取之刊之郡斋，以畀学者，其惠宏矣。师夏赞贰于此，因得述其所闻于后，以告同学者，盖丙辰夏夜之言也。幸贳其僭。嘉定甲戌三月望日后学赵师夏谨识。清光绪刻本。

宋曹彦约《宋嘉定益昌刻本延平答问跋》:《延平答问》一编，始得当涂印本于黄岩赵师夏致道，携度剑阁，以示石照度正周卿，因得周卿所藏临川邹非熊宗望录本与麻沙印本，刊其误而阙其疑，可以传矣。锓本益昌学宫，与四蜀之士共焉。嘉定丙子冬至日后学曹某谨识。《昌谷集》卷一七。

明周木《延平答问序》:《延平答问》者，子朱子述其师延平李先生答其平日之问，以明其传之有自也。先生之学得之豫章，豫章得之龟山，龟山实得之于伊洛，伊洛之学则又得于濂溪。其源流之正、授受之真，不啻日月之明、雷霆之震，虽聋瞽之人，有不可掩者。朱子固以豪杰之才、圣贤之质，尝泛滥于诸家，入出于佛老者，亦既有年。年二十四，为簿同安，始受学于先生之门，服膺先生之训，剖微穷深，至忘寝食，而道统之传始有所归矣。故尝曰：“自见李先生，为学始就平实，乃知向日从事于释老之说皆非。”又尝与先生论《易》，问之，悚然曰：“始知前日空言，全不济事。”自此读书益加详细。先生亦尝与友人书曰：“元晦进学甚力，所论难处，皆是操戈入室。今既见儒者路脉，一味潜心于此。”端明汪应辰亦云：“元晦师事延平，久益不懈，尝言每一见而复来，则所闻必益超绝，盖其上达不已，日新如此。”先生之学虽出于罗、杨，而自得之妙则又青于蓝而寒于水，是宜朱子之出其门也。然其学也，妙体用而为一，合显微而无二，实斯文之正脉，吾道之的传，与尧、舜、禹、汤、文、武、周公、孔子无异趣者。而末学晚生未窥户牖，有或以著述少之。呜呼！天地之能不可见，观之春夏秋冬可见；孔子之能不可见，观之颜、曾、思、孟可见；先生之能不可见，观之朱子，当见之矣。则朱子之所以得为朱子，实赖是编以启之也。木思睹有年，遍求于人而不可得，深愧寡陋，未考《元史》从祀之详。成化乙巳，乃复上请于朝，并乞校颁其书，羽翼正学。有司置议，事不果行。既六年，乃得延平郡庠近刻本而读之，承传舛讹，益增疑惧。又三年，始求得嘉定间刻本而校正焉，比近本既多《后录》，而复僭为《补录》，以附于后，刻之严郡，传示将来，俾知朱子有得于先生，而先生有功于朱子，诚如雷霆日月之不可掩矣。弘治乙卯夏四月既望后学琴川周木序。清光绪刻本。

明熊尚文《延平问答序》：语言著脚安所获，著述全璧□珍之。适承乏校闽，以属先生乡井，或有家乘可采。乃两载博搜，仅得《师弟问答》及《续录》中互见一二耳。然《问答》属紫阳手编，而黄钟异叩，节目骎繁，二录又□紫阳引用证可语，恐后学观者沿流而不知其源，得无令先生颛注之精神湮没不传乎？不佞用是稍为编校，首以问条，次及酬答奥义，又次及二录中所摘出之霏玉碎金，汇成一集授梓。庶先生平日所得于豫章，而紫阳氏所藉以演心传于万祀者，是集稍觇一斑矣。万历己酉春仲月后学丰城熊尚文书于知本堂。清光绪刻本。

清周元文《延平答问序》：窃闻秦汉而降，道统不绝如线，迨至有宋，二程子发其宗指，朱子集其大成，而圣道以明。程子得杨龟山先生，目之曰："吾道南矣。"继之者为罗仲素先生，又传而为李愿中先生，而后有朱子。其间师弟相承，后先继起，则杨、罗、李三先生实为传道之正宗。而三先生皆延平人也，故学者皆称愿中先生为李延平。元文守延三年，求先生之遗书，散轶不可卒得。偕其后人再三购求，得《延平问答》一书，乃朱子之所辑。尝于《集注》中称述之，至云："默坐体验，洒然融洽。"盖共辨晰经书，推见至隐，虽虞廷之精一，孔门之一贯，不是过也。程子曰："《中庸》一书，乃孔氏传授心法。"则是书也，其即紫阳所受之心法欤？元文疏陋，不能阐发其精蕴，而幸官于斯土，知理学之所归，得此书于榛芜之余。原板既不可得，而仅存之本已就破碎，不可收拾。惧其湮没不传，敬付之梓，以俟凡百君子之探索焉，是为序。时大清康熙丙戌清明日中宪大夫知延平府金州周元文谨识。清光绪刻本。

清广敏《延平答问序》：粤稽道统相传，自尧舜禹汤文武周孔，以迄思孟，灿著于群经。降而下之，荀与杨也，择焉不精，语焉不详，道统于是乎少微矣。紫阳出，数百年坠绪忽焉复振，究其渊源，则延平先生所传也。先生得濂洛正派，即绍洙泗真传。其学大者罩天地之表，细者入纤毫之内，渊渊乎殆莫测其涯际，然未尝不备见于《答问》一书。丁丑岁孟冬，敏巡察是邦，获快睹焉。细绎数四，益叹是书于圣经大有发明。傥研精之士，身体力行，其斧藻至德，琢磨令范，有裨后学岂浅鲜哉！敏不才，于道无所窥见，何敢谬赞一词！爰志数语简端，聊见向往之心云尔。光绪五年岁次己卯季冬下澣分巡延建邵使者广敏谨识。清光绪延平府刻本。

清张国正《延平答问序》：《延平答问》者，子朱子辑其师延平李先生平日传授之言，盖圣贤之心法也。《宋史》引邓迪语，称先生"如冰壶秋月，莹澈无瑕"，其气象可想。先生之学，超然独得于心性隐微之间，而非语言文字之末，宜人不及知，惟子朱子得以真知之。全书具在，后学何敢更赞一词！延郡旧板，年久漫漶缺佚。前张小舫太守筹资重刻，板藏郡署，学者得广其传。国正承乏其后，幸游大贤之乡，获睹遗书，不胜忻慰。因与都人士议修九峰山书院故址，并整治崇仁里瓦口乡先生坟茔。询谋佥同，次第毕举，因叹流风余泽，浸灌人心，而此邦风尚之美，有由来矣。岂非守土者之大愿哉！谨书颠末，以志景仰。大清光绪五年岁次己卯世袭子爵知延平府事古燕张国正谨识。清光绪延平府刻本。

明李习《延平答问跋》：紫阳朱夫子受学于老祖文靖公之门，尝以平日答问要语编录成书，流布天下。惜夫迭经翻刻，字多舛讹。近荷琴川周大参公详校，始复其正。大父仲质公由乡进士判无为州，先君天瑞公领南畿乡荐，拜瑞金令，俱欲刊此，未就。习幸知广州府幕事，适家居，取周公校正本重新绣梓，与四方学者共之。庶延平垂教之意不泯，朱子尊师之心有在，而先人之愿亦得以少遂矣。正德癸酉岁春正月十四世孙李习拜识。清光绪刻本。

清邓炎《延平答问跋》：溯昔四贤，道统相续，阐发经传，固已散见诸书，而《答问》一编，则李、朱二夫子传授心法，其讲学精奥，洵继往开来，不容泯没者也。第迩时耑尚帖括，鲜有奉为典刑，即后裔株守微言，字迹亦复剥落，几不可绎。适值中宪济庵周公祖莅任延津，百废振兴之暇，购求遗书，于卷帙散逸中，获此尺璧，不啻吉光片羽。爰加雠校，因命剞劂，以广翻阅，俾道脉统绪复昭焜耀，厥功伟矣。明铜山黄石斋先生有言："汉唐而下，斗分自缩趋盈，文章自衰趋盛。"今当事培养人才，留心理学，岂非气运昌明，盛而又盛者哉！炎末学，司铎南平，固陋寡闻，上仰贤大夫教育之隆，下冀众学士体认之切，因弁数言于简末，以诏读者。延平府南平县儒学教谕邓炎谨跋。清光绪刻本。

清钟紫帏《延平答问跋》：余自幼读书，见《朱子大全》尝载有李延平先生条训，知其发明理道，精切详明。是朱子虽集群儒大成，其得于先生之力居多。因忆《延平答问》一书，乃朱子授受衣钵，迄今披阅研究，俨接两贤笑语，不禁喟然曰："吾道南来，真谛其在斯乎？其在斯乎？"然生平不少概见，何哉？盖《答问》之书，非若讲章传注，为士子讽诵之资，又非若词赋文章，为学人讴吟之具，不独坊肆不知刊行，即藏书之家，亦不多觏，殆几几乎断简残编，荒凉灭没也。及余访道延津，忝居司训，凡属先贤苗裔，俱与订交。得李先生二十一代裔孙元璋者，询及《延平答问》之书，旧版虽存于祠后御书阁内，中有散失。予向以不少概见，常深灭没之惧。方忆剑津为先生发祥之乡，其人虽往，遗书尚存，学士、大夫谅必家弦户诵，与《朱子文集》颉颃并著，而竟寥寥焉，是何朱子之书刊刻者甚多，而《延平答问》独无人过而问乎？余益滋惧。爰取全书，与李氏藏板详加检阅，计其缺略者三十篇。因不惜捐俸，偕其裔孙元璋重镌补缺。虽不敢自谓绝续有功，其于《答问》一书，谅不无少补云。乾隆己未孟春月平川后学钟紫帏敬跋于南平学署。清光绪刻本。

清苏渭生《延平答问跋》：自龟山得濂洛之传，而道学之统闽中为盛。顾上承杨、罗而下开考亭，则延平李先生之功为甚巨。世所传《延平答问》，皆与朱子相往复之书，实《集注》渊源所自出。海内学者莫不家置一编，读其书而想见流风余韵者也。余筮仕鳌江，不半载，调任南邑，即展谒先生之祠，见其栋宇辉煌，乃乾隆七年守先生之祠二十一世嫡裔李生腾晖，前为祠生，向请学宪于公为之修葺。其祠后御书阁，伊祖梦碧、父一范请前郡守任公创焉。夫先生之车服、坟宅、祠器、御书，皆腾晖之世承传奉。求其遗书，而《答问》一编，板经蠹蚀，晖则为之刊补，其《四贤年谱》一集，腾晖以旧本进请道宪滏阳张公序而梓之，以故俱得复为完书矣。余用是深叹先生之世泽绵远，而后人克守先绪，不胜欣且慕焉。三载以来，簿书之余，辄至祠稍事补葺。续据先生后裔元升、腾晖以特祠缺祀吁增，余不胜惕焉。考核详定，俾春秋二享无缺于供。方将欲修先生之墓，搜求先生遗文裒为一集，而孔道殷繁，碌碌未及。会余奉调东宁，而李生腾晖谓余有功于先生之祠事，序言为请。夫先生之遗泽，衣被无穷，宰斯土者，理宜钦式，亦何敢以是为功！惟是附名简末，实生平私淑之愿，且以书尤为学者之布帛菽粟，不可一日无者也。爰赘数言以为跋。乾隆十三年岁次戊辰长夏知南平县事滇南后学苏渭生拜撰。清光绪刻本。

清张其曜《延平答问跋》:《延平答问》一书，先儒所授受，实后学之法程，凡以阐明斯道者，无微不显。板藏郡城李先生祠，历年既久，蚀缺遂多。其曜忝守是邦，大惧前贤遗训或致残失也。因请诸道宪张焕堂观察，并商南平令范廷玉司马，筹赀重刊，俾传不朽，士林之幸，亦守土者之责也。工既竣，用志数语于此。时为光绪二年丙子季秋，署延平府知府会稽张其曜谨识。清光绪延平府刻本。

《读书附志》卷下《语录类》:《延平先生问答》一卷。右延平先生李侗愿中之语，而晦庵先生所录也。

《宋史》卷二〇五《艺文志四》:《延平师弟子问答》一卷。

《文渊阁书目》卷四 :《延平问答》一部一册，完全。《延平问答》一部一册，缺。

《濮阳蒲汀李先生家藏目录》东间朝东三柜 :《延平答问》。

《万卷堂书目》卷三《儒家》:《延平问答》四卷。朱熹。

又 :《延平遗书》二卷。朱熹。

《晁氏宝文堂书目》卷上《经》:《延平问答》。

《百川书志》卷三《道学》:《延平李先生师弟子答问》一卷，宋朱熹元晦编述其师李延平之语也。

《脉望馆书目・儒家》:《延平问答录》二本。

《澹生堂藏书目》卷二《经类第十》:《延平问答》二册。二卷，朱文公编。

《徐氏家藏书目》卷三《子部》:《延平答问》二卷。宋李侗。

《徐氏红雨楼书目》卷三《子部》:《延平问答》二卷。

《国史经籍志》卷四《子类》:《延平问答》三卷。

《绛云楼书目》卷二《道学类》:《延平问答》。一卷，又《后录》一卷，朱子编。王耕道刊于姑孰郡斋，朱门弟子赵师夏识其后。时嘉定甲戌也。盖开板在朱子下世之后矣。

《楝亭书目》:《李延平师弟子答问》。抄本，门人朱熹编，一卷，后录一卷，一册。

《传是楼书目・子部》: 宋李侗、朱熹编《延平问答》一卷，一本。

《培林堂书目·子部》:《延平问答》一卷，后录一卷，补一卷，一册。又一册。

《好古堂书目·子部》:《延平问答》。

《本立堂藏书目·文集四》:《延平答问》二卷。

《四库全书总目》卷九二《子部二·儒家类二》:《延平答问》一卷、《附录》一卷，浙闽总督采进本。宋朱子撰。程子之学，一传为杨时，再传为罗从彦，又再传为李侗。侗字愿中，延平其所居也。侗于朱子为父执。绍兴二十三年，朱子二十四岁，将赴同安主簿任，往见侗于延平，始从受学。绍兴三十年冬，同安任满，再见侗，仅留月余。又阅四载而侗没。计前后相从，不过数月。故书札往来，问答为多。后朱子辑而录之。又载其与刘平甫二条，以成是书。朱子门人又取朱子平昔论延平语，及祭文、行状别为一卷，题曰《附录》，明非朱子原本所有也。后侗裔孙葆初，别掇拾侗之诸文，增入一卷，改题曰《延平文集》，且总题为朱子所编，殊失其旧。今仍录原本，而葆初窜乱之本别存目于集部焉。

《鉴止水斋藏书目》子部第一橱:《延平问答》二本。

《问源楼书目初编》卷三上《子部》:《延平问答》一卷、《附录》一卷，宋朱子撰，明刊本。又《遗书》本。

《郑堂读书记》补逸卷二〇《子部》:《延平师弟子答问》一卷、《后录》一卷《补录》一卷，延平府重刊本。宋李侗语，朱子撰。侗字愿中，延平人。学者称延平先生。《四库全书》著录，《后录》作《附录》，无《补录》。赵氏《读书志》《宋史·艺文志》俱载前录一卷，赵氏作《延平答问》，省文也。延平与朱子之父韦斋松同受业于罗豫章从彦，后朱子复师事延平而得其传，故凡《集注》中所称"愚闻之师曰"者即延平也。乃以其平日互相答问之语记录成帙，其《后录》则朱子门人辑朱子之论有涉于延平者，并及其祭文、行述也。延平之学，多得于性道隐微之间，而非语言文字之末，非朱子不足以阐发之。嘉定甲戌，北海王耕道为刊二录于姑熟郡斋，赵师夏识其后。明弘治乙卯，琴川周木得其本，较明代时刻多《后录》，因辑《补录》系于后，以补《后录》之未备，为序而重锓之。正德癸酉，延平十四世孙习为跋。上本乃国朝康熙丙戌，知延平府周元文以琴川本重梓，元文为序，邓炎跋之。

《藏园订补郘亭知见传本书目》卷七《子部一》:《延平答问》一卷、《附录》一卷。《延平答问》宋朱子撰。〇明刊大字本。〇《朱子遗书》本。

《藏园订补郘亭知见传本书目》卷七《子部一》补：《延平李先生师弟子答问》一卷、《后录》一卷。宋朱熹辑。〇清康熙中御儿吕氏宝诰堂刊《朱子遗书》本。

《万卷精华楼藏书记》卷七四《子部一》：《延平问答》一卷，宋朱子撰。平川钟氏本。是本刊于乾隆己未，题曰《延平李先生师弟子答问》。前有钟紫帏序。西河谷际岐记此书甚详。因从大儒诗抄中录出，使观者详焉。谷氏曰：谨案，今本二卷，上卷即原本，下卷则明弘治间琴川周木所补辑，故名曰《补录》，非原本所有也。备考今本所载，有宋嘉定甲戌赵师夏序，称北海王耕道摄篆姑孰，刻之郡斋。又周木序称，求得嘉定间刻本校正，比近本既多，《后录》而复僭为《补录》。附刻又载康熙丙戌知延平府周元文序、乾隆己未南平儒学钟紫帏序、乾隆十三年延平县滇南苏渭生序，各皆著其板缺补刻之由。是此书之刻始于嘉定间，但有《正编》与《后录》。今校诸翰院所藏底本即此。其《补录》则明时始著而合梓之，历明至今，屡次补刻，即此本也。而今本又附刻杨、罗、李、朱四先生年谱，乃康熙丙午社台晋陵毛氏念恃所手辑，而裔孙腾晖梓之者也。至《延平文集》一卷，系其裔孙葆初拾掇而成，与《延平答问》同题为朱子所编，殊失其旧。《四库》止存其目，世亦未见其本，惟《宋诗纪事》载诗一首，采自《延平府志》，其他诗文未有闻焉。文光案，《延平答问》又见于《朱子遗书》。余家所藏凡三本，一《遗书》本，一明本，一钟本，而钟本为佳，故著之。《四库全书提要》曰：程子之学，一传为杨时，再传为罗从彦，又再传为李侗，侗于朱子为父执。绍兴二十三年，朱子年二十四岁，将赴同安主簿任，往见侗于延平，始从授学。绍兴三十年冬，同安任满，再见侗，仅留月余。又阅四载而侗殁。前后相从不过数月，书札往来问答为多。后朱子辑而录之，又载其与刘平甫二条，以成是书。朱子门人又取朱子平昔论延平语及祭文、行状，别为一卷，题曰《附录》，非原书所有也。

《八千卷楼书目》卷一〇《子部》：《延平答问》一卷《附录》一卷，宋朱子撰。明延平府刊本、《朱子遗书》本、吕氏刊本。

《增订四库简明目录标注》卷九《子部一》：《延平答问》一卷、《附录》一卷。《延平答问》，宋朱熹撰，其《附录》则朱子门人取朱子论侗之语及祭文、行状并载焉。《总目》凡朱子所撰书皆作“宋朱子撰”,不斥其名。《朱子遗书》本。明周本刊大字本。续录:《后录》《补录》各一卷，明正德李习刊本。日本正保三年风月宗智刊本。

今按:明正德间李习刻本(北京大学图书馆藏);清康熙四十五年周元文刻乾隆十三年李腾晖重修本(南京图书馆藏);《朱子遗书》本(康熙刻);清乾隆十三年刻本(黑龙江社科院图书馆藏);《四库全书》本;清光绪二年延平府署刻本(北京大学图书馆、辽宁省图书馆、长春市图书馆藏);清光绪五年刻本(天津图书馆藏);清光绪五年张国正刻本(国家图书馆、南京图书馆藏);清光绪九年刻本(国家图书馆藏);清刻本(国家图书馆藏);复性书院刊本(民国刻)。

延平问答续录(又名:延平问答后录)

明周木编。

《百川书志》卷三《道学》:《延平答问后录》一卷,《延平答问补录》一卷。皇明南京行人司副琴川周木编。

《千顷堂书目》卷一一《儒家类》:周木《延平答问续录》一卷。字近仁，常熟人，成化乙未进士，南京行人司副。学者称勉思先生。

《明史》卷九八《艺文志三》:周木《延平问答续录》一卷。

延平答问补录

明周木编。

《稽瑞楼书目》:《延平问答补录》一卷，弘治中周木校刻《延平答问》附于后，一册。

李延平集

宋李侗撰，朱熹编定。

清张伯行《李延平集序》:笃学积行之躬，日用寻常，真实为己，不求知于世，世亦莫知也。然而守其所学，待诸其人，前不忘师传之所自，后以启授受之源流，天下后世终有能知之者，其惟延平李先生乎？先生少豪迈，及涵养精粹，终日无疾言遽色，恂恂焉温谦悫厚。当其时，乡党称善人已耳。顾能绍豫章之学，独深得其阃奥，开道南秘钥于紫阳，经学纯明，答问不倦，虽以集群儒之成如朱子者，往往亲承服教，久而莫见其涯，此其学问本原之地，亦岂乡党中人所及知者！先生初见罗豫章，谓欲操袯篲几年于兹，徒以习举子业，不行服役门下。及豫章令先生于静中看喜怒哀乐未发前气象，而求所谓中者，由是切实体会，道日盛，学日彰，则已无复应举，陶然自乐，信乎足于中，无待于外，默坐澄心，加功日用，所谓赖天之灵，此道常在心目者也。赵致道曰："李先生之学，不但得于所授，其心造之妙，实有先儒之所未言者。"诚如先生哉！夫先生与韦斋为同门友，数十年道谊之契甚深。朱子幼时承遗命，师事籍溪及二刘草堂、屏山，而于先生犹以父执事之也。至诵所闻于先生，先生独未之许。嗣领簿同安，反复先生言，若有所得，遂徒步往从。盖其相契合于观感者深矣。先生不著书，又不喜作文。然读朱子所编《答问》，解经精当，析理毫芒，至示学者入道之方，又循循有序，理一分殊，彻始彻终。惟先生以是教人，故紫阳渊源有自，得以大广其传。圣学光昌，而道南一脉，衍洛闽之绪于无穷，皆先生贻之也。彼自号著书为文者，纵累读盈笥，独能与先生比烈哉！噫！天下后世尚有未能知先生者，亦徒为乡曲中人，而甘自见弃于先生已矣。爰书而为之序。康熙四十八年己丑孟冬谷旦仪封后学张伯行书于榕城之正谊堂。清康熙正谊堂刻本。

《文选楼藏书记》卷二：《李延平集》五卷。宋李侗著。延平人。刊本。是书多系讲论理学，门人朱熹编定。

《带经堂书目》卷四上《集部》：《李延平集》五卷，抄本，宋李侗撰。集为门人朱文公编定。

《浙江采集遗书总录》壬集《别集类二》：《李延平集》五卷刊本。右宋延平李侗撰，门人朱子编定。

《八千卷楼书目》卷一五《集部》：《李延平集》四卷，宋李侗撰。正谊堂本。

今按：清顺治十一年李孔文刻本（上海图书馆藏）。

近思录

宋朱熹、吕祖谦编。

朱熹《书〈近思录〉后》：淳熙乙未之夏，东莱吕伯恭来自东阳，过予寒泉精舍。留止旬日，相与读周子、程子、张子之书，叹其广大闳博，若无津涯，而惧夫初学者不知所入也。因共掇取其关于大体而切于日用者，以为此编。总六百一十二条，分十四卷。盖凡学者所以求端用力、处己治人之要，与夫辨异端、观圣贤之大略，皆粗见其梗概。以为穷乡晚进有志于学，而无明师良友以先后之者，诚得此而玩心焉，亦足以得其门而入矣。如此，然后求诸四君子之全书，沉潜反复，优柔厌饫，以致其博而反诸约焉，则其宗庙之美，百官之富，庶乎其有以尽得之。若惮烦劳，安简便，以为取足于此而可，则非今日所以纂集此书之意也。五月五日新安朱熹谨识。《晦庵先生朱文公文集》卷八一。

明林应麒《〈近思录〉叙》：录者何？录哲言以明心学也；思者何？心之官也；近者何？因心也。心之官则思，犹目之官则视、耳之官则听也。听因于声，视因于色，故同声而听，虽尽耳也，无改闻矣；因色而视，虽尽目也，无改见矣。触而应，过而无迹，不虑而知，不学而能，如鉴效照，如钟应响，无古今圣愚，一也。何独至于心而疑之？正心者之于思也，亦若是而已矣。廓然而大公，物来而顺应。是以先天而天弗违，后天而奉天时，考诸三王而不谬，百世以俟圣人而不惑也。其所由病也，则不因以为之故尔。或将也，或迎也，或留也，或战也，四者思之莫因也，是以远也。其犹病耳者之自鸣乎，不因于声矣，将不可得而听也；由病目者之自翳乎，不因于色矣，将不可得而视也。此之谓失其本心。《系辞》曰："天下何思何虑，天下殊途而同归，一致而百虑。"《通书》曰："无思，本也。思，通用也。"呜呼，尽之矣！是则近思之说也。使得其说而通之，则于是录思亦过半；不然，执是录而拘拘求之事、为之末以证所谓近思，抑又远矣。希程张君令吴江时，惟取是录，托吴子以传，其亦探本之义也与哉！予承乏二载，始克读而序之，思与同志共明其旨云。淳熙（当是嘉靖）戊戌秋季望后仙居林应麒书。嘉靖十七年吴邦模刻本。

明汪伟《跋》：《近思录》为卷十四，为条六百二十二，惟我文公与成公所铨定。近时刻本既多淆乱，又建安叶采有《集注》，代郡杨伯嵒有《衍注》，皆未能究有所发明。伟承乏成均，患诸士枝叶繁而本根昧，思有以易之。乃与同寅中兄景伯时取是编，考定其条件，正其谬误，缮写刻之，以复于旧。诚能反复周洽、熟读而精思之，虽有疑窒，自当相说以解。一日既有得，然后知向之区区于口耳文词者之为末也。纂集之旨，二先生言之备矣。文公则忧夫惮劳而安简便者之陋，成公则惧夫厌卑近而骛高远者之疏。贤智之过与愚不肖之不及，此道之所以不明不行也。伟愿与诸同志加勖焉。刻且半，诸生卢襄与偶得宋本，取以相较，良合。时正德己卯岁秋九月既望，后学弋阳汪伟谨书。崇祯九年张雋等刻本卷末。

明吴邦模《跋》:《近思录》者，朱、吕二夫子之所为编也，我玉泉张先生令吴江，以是书为士人进道之基，不宁取给于身心，异时居官任政所以尊主庇民者，端有赖焉。盖事有本末，道无精粗，其致一也。属令邦模复新诸梓，愧不肖不足以窥先生之盛心，而窃疑其在此也。庸表而出之，俾读者庶几有益，而是书也，抑不宁弥文尔矣。虽然，尝观先生经纶之略、牧爱之方、清修之节，而实推于渊源之渐，若今《律吕》《史纲》之解之纂可考焉。是书也，先生其身之矣，读者当重嘉先生而知所法也。谨载拜稽首而为之跋云。乃若名编之意，则二夫子之序具存，不敢复言，惧赘也。延陵后学吴邦模题。嘉靖十七年吴邦模刻本。

《读书附志》卷下《语录类》:《近思录》十四卷。右晦庵先生、东莱先生集周、张、二程之说也。

《直斋书录解题》卷九《儒家类》:《近思录》十四卷。朱熹、吕祖谦取周、程之书关于大体而切于日用者六百十九条，取“切问近思”之义，以教后学。

《文献通考》卷二一〇《经籍考三十七》:《近思录》十四卷。陈氏曰："朱熹、吕祖谦取周、程氏之书关于大体而切于日用者六日十九条，取‘切问近思’之义，以教后学。”赵氏跋曰："朱子、吕子相与讲明伊、洛之学，取其言之简而要者，集为是书，要使学者知所趣向。譬如洛居天下之中，行者四面而至，苟不惑其途路，则千里虽远，行无不至矣。然其间亦有平居师友相问答之际，尽意倾吐，义已切至而语不暇择者。学者得其意，玩其辞可也。不然，徒高远其言，诡异其行，俾世之人咸共指目曰道学云云者，则甚非朱、吕所以为书之意也。”

《宋史》卷二〇五《艺文志四》:《近思录》十四卷，朱熹、吕祖谦编类周敦颐、程颐、程颢、张载等书。

《文渊阁书目》卷四 :《近思录》一部八册，完全。《近思录》一部八册，完全。《近思录》一部八册，完全。《近思录》一部八册，残缺，塾本十册。《近思录》一部册，残缺。《近思录》一部十册，完全。

《濮阳蒲汀李先生家藏目录》中间朝西头柜 :《近思录》。十本。

《天一阁书目》卷三之一《子部一》:《近思录》十四卷，刊本。宋朱熹、吕祖谦同撰。明弋阳汪伟序云 :“《近思录》为卷十四，为条六百二十二，惟我文公与成公所铨定。近时刻本既多淆乱，建安叶采有《集注》，代郡杨伯嵒有《衍注》，皆未能深有所明。伟承乏成均，患诸士枝叶繁而本根昧，思有以易之。乃与同寅中允景伯时取是编，考定其条件，正其谬误，缮写刻之，以复于旧。刻且半，诸生卢襄偶得宋本，取以相校，良合。时正德己卯岁秋九月既望。”

《万卷堂书目》卷三《儒家》:《近思录》十四卷。朱熹。

《晁氏宝文堂书目》卷上《经》:《近思录》。

《百川书志》卷三《道学》:《分类经进近思录集解》十四卷。朱子同东莱伯恭取周、程、张四子之书，凡十四种，采其关于大体，切于日用者，以为此篇，总六百一十二条。

《脉望馆书目·儒家》:《近思录》六本。

《世善堂藏书目录》卷上《经类》:《近思录》十二卷。

《澹生堂藏书目》卷二《经类第十》:《近思录》三册，十四卷。吕祖谦辑。新本、旧本、婺源本。

《徐氏家藏书目》卷三《子部》:《近思录》十四卷。

《徐氏红雨楼书目》卷三《子部》:《近思录》十四卷。

《国史经籍志》卷四《子类》:《近思录》十四卷。

《古今书刻》上编《南京国子监》:《近思录》。

《绛云楼书目》卷二《道学类》:《近思录》，十四卷。朱子与吕成公同编，柳贯有《近思录广辑》三卷。

《竹垞行笈书目》“林”字号 :《近思录》三本。

《传是楼书目·子部》：宋朱熹、吕祖谦《五子近思录》十四卷，四本。

《培林堂书目·子部》：《近思录》十四卷，汪伟刻板。抄一册。

又：《五子近思录》十四卷，二册。

又：《近思录》十四卷，宋朱熹辑，叶采分类集解，三本。

《好古堂书目·子部》：《近思录》十四卷，宋朱熹辑，吕氏家塾读本，三本。

又：《近思录》十四卷。

《本立堂藏书目·经二》：《近思录》十四卷，二本。

《本立堂藏书目·文集四》：《近思录》十四卷。

《文瑞楼藏书目》卷四《子类》：《五子近思录》，宋新安朱熹编。

《振绮堂书目》卷三：《近思录》二册，十四卷，宋朱子、吕祖谦同撰。

《怡府书目》七十七号：《近思录》，一套，计二本。

《怡府书目》八十号：《近思录》，一套，计二本。

《怡府书目》二百一号：《近思录》，新板，一套，计三本。

《拜经楼书目·子部》：《近思录》十四卷，一本。宋新安朱熹撰，建安叶采集解。

《拜经楼藏书题跋记》卷四：《近思正续录》二十三卷，宋刻本。每叶二十六行，每行大字二十四，小字二十五六字不等。纸墨精雅。有"东谷武原郑氏"图记，盖端简旧藏，弥足珍重。

《天禄琳琅书目》卷六《元版子部》：《近思录》，一函四册。宋朱子、吕祖谦同辑，十四卷。宋叶采集解。前采序并进书表、目录，后载朱子、祖谦识语二篇。陈振孙《书录解题》、马端临《文献通考》皆载《近思录》十四卷，而不及叶采《集解》。明王圻《续文献通考》载《近思录》，有何基《发挥》、戴亨《补注》、柳贯《广辑》、黄绩《义类》诸书，亦不载此本。考《宋史》无叶采传。凌迪知《万姓统谱》称："采字仲圭，成都人。初从蔡渊受《易》学，已而往见陈淳。淳以其好躐高妙而少循序就实工夫，屡折而痛砭之。采自是屏敛锋芒，骎趋著实，淳深喜之。理宗宝庆初为秘书监，尝论郡守贪刻之害，上嘉纳之。"今观书中《进表》，系淳祐十二年，表后结衔为"朝奉郎、监登闻鼓院兼景献府教授"，距作秘书监时已历二十八载。迪知乃未经考及耳。《集解》之作，盖在黜浮崇实之后，序中有"研思积久，逾三十载，义稍明备”之语。用心亦良苦矣。此本系仿宋刊，而纸质不免粗黝之病。缺补卷二、三十五。卷九。十六。

《天禄琳琅书目》卷六《元版子部》:《近思录》。一函三册。篇目同前，缺叶采序。此本版式较大，纸质亦极坚致，胜于前本。缺补卷一、四。卷十、十一、十二。卷十四。十一之十三。

《四库全书总目》卷九二《子部二·儒家类二》:《近思录》十四卷，直隶总督采进本。宋朱子与吕祖谦同撰。案《年谱》，是书成于淳熙二年，朱子年四十六矣。书前有朱子题词曰："淳熙乙未之夏，东莱吕伯恭来自东阳，过余寒泉精舍，留止旬日。相与读周子、程子、张子之书，叹其广大宏博，若无津涯，而惧夫初学者不知所入也，因共掇取其关于大体而切于日用者，以为此编"云云。是其书与吕祖谦同定，朱子固自著之，且并载祖谦题词。又《晦庵集》中有《乙未八月与祖谦》一书，又有《丙申与祖谦》一书、《戊戌与祖谦》一书，皆商榷改定《近思录》，灼然可证。《宋史·艺文志》尚并题"朱熹、吕祖谦类编"，后来讲学家力争门户，务黜众说而定一尊，遂没祖谦之名，但称朱子《近思录》，非其实也。书凡六百六十二条，分十四门，实为后来性理诸书之祖。然朱子之学，大旨主于格物穷理，由博反约，根株六经，而参观百氏，原未暖暖姝姝守一先生之言。故题词有曰："穷乡晚进有志于学，诚得此而玩心焉，亦足以得其门而入矣。然后求诸四君子之全书，以致其博而返诸约焉，庶乎其有以尽得之。若惮烦劳，安简便，以为取足于此而止，则非纂集此书之意。"然则四子之言且不以此十四卷为限，亦岂教人株守是编，而一切圣经贤传束之高阁哉！又吕祖谦题词，论首列阴阳性命之故曰："后出晚进，于义理之本原虽未容骤语，苟茫然不识其梗概，则亦何所底。列之篇端，特使知其名义，有所向往而已。至于余卷所载讲学之方，日用躬行之实，自有科级。循是而进，自卑升高，自近及远，庶不失纂集之旨。若乃厌卑近而骛高远，躐等凌节，流于空虚，迄无所依据，则岂所谓近思者耶？"其言著明深切，尤足药连篇累牍，动谈"未有天地以前"者矣。其《集解》则朱子殁后，叶采所补作。淳祐十二年，采官朝奉郎，监登闻鼓院，兼景献府教授时，尝赍进于朝。前有进表及自序。采字仲圭，号平岩，建安人。其序谓悉本朱子旧注，参以《升堂记闻》及诸儒辨论，有略缺者，乃出臆说。又举其大旨，著于各卷之下，凡阅三十年而后成云。

《问源楼书目初编》卷三上《子部》:《近思录》十四卷，宋朱子、吕祖谦同撰，元刊本。又无锡秦氏刊本。又明刊本。又《遗书》本。

《稽瑞楼书目》:《近思录》，二十册。

《艺芸书舍宋元本书目·元板书目》:《近思录》十四卷。

《思补精舍书目·子部》:《近思录》十四卷，国朝张孝先注。

《嫏嬛妙境藏书目录》卷三《子部》:《近思录》一套，宋朱子、吕祖谦同撰。

《宋元旧本书经眼录》卷一 :《文场资用分门近思录》二十卷《近思后录》十四卷，宋本。海宁查氏藏本，盖南宋末坊刊。朱子序后有“建安曾氏刊于家塾”二行木记。以朱子书分为百二十一目，破析琐碎，直不成书。闻元周公恕有此书，分类集解颇妄为分析移置，大概与此书相似。观其书题，可知其不学矣。其《后录》皆采朱子所录之外，程门诸儒以下及于朱子之说，分道体、论学、致知、存养、克己、家道、出处、治道、制度、事理、教人、谨戒、异端、气象十四目，各为一卷，较前书为有条理，不知何人编也。唯其刊印精雅，即坊刻乃胜明。隆万以还，江河日下，有即梓匠一端可以观者。己巳二月识。

《藏园订补郘亭知见传本书目》卷七《子部一》:《近思录》十四卷。宋朱子、吕祖谦同撰。〇明正德乙卯汪伟刊本。〇明高攀龙刊本。〇《朱子遗书》本。〇莲花书院刊叶采《集解》本。〇吴郡邵氏刊《集解》本。〇又张伯行《集解》本。附:宋刊叶采《集解》本，每半叶八行，行十八字。(王国维)〇宋本叶二十六行,行大字二十四,小字二十五六不等。吴跋。(邵氏)补:〇明嘉靖六年刊本，九行十九字，白口，四周单栏。庚戌文琳堂见。索十五两,纸劣,未收。〇明末刊本,九行二十字。〇清康熙吕氏宝诰堂刊《朱子遗书》本。〇明正德汪伟本，见《南雍志》。世未见传本，或莫氏自《南雍志》中录其目。

《藏园订补郘亭知见传本书目》卷七《子部一》补 :《近思录》十四卷。宋朱熹、吕祖谦辑。清张伯行集解。〇清同治五年福州正谊书字刊《正谊堂全书》本。

《万卷精华楼藏书记》卷七四《子部一》:《近思录》十四卷，宋朱子、吕东莱同编。《朱子遗书》本。朱子与东莱吕子会于寒泉精舍，相与读周子、程子、张子之书，叹其广大闳博，若无津涯，而惧初学者不知所入，因共掇其要为此编。总六百二十二条。有淳熙三年五月五日朱子识，四月四日东莱识。坊本多从周公恕分类，割裂舛错，尽失其初。此本采自《文集》《文衡》《语类》及《性理大全》诸书，与原本不同。

《持静斋书目》卷三《子部一》:《近思录》十四卷刊本。宋朱子、吕祖谦同撰。

《八千卷楼书目》卷一〇《子部》:《近思录》十四卷，宋朱子、吕祖谦同撰。吕氏刊本、《朱子遗书》本、抄八卷本、吴勉学刊本、徐氏刊无注本。

《增订四库简明目录标注》卷九《子部一》:《近思录》十四卷，宋朱熹、吕祖谦同撰。淳熙二年取周子、程子、张子之言，释其切要者，得六百二十二条，分十四门。淳祐十二年叶采为之集解，始表进于朝。《朱子遗书》本。莲花书院刊叶采集解本。四库著录即集解本。明刊集解，九行二十一字。又张伯行集注本。明正德乙卯汪伟刊本，即南监板。明高攀龙刊本。近刻窜乱，谓周公恕本，及新安朱氏刊本。续录：宋刊本，半叶十三行，行大二十四，小二十五六字不等。吴郡邵氏刊集解本。明吴勉学刊本。徐氏刊无注本。明稽古斋刊本。正谊堂本。拜经楼吴氏有《近思录续录》二十三卷，宋刊本，每叶二十六行，每行大字二十四，小字二十五六不等。《好古堂目》:《近思录》十四卷，宋蔡模撰。附录：《拜经楼题跋》标《近思录续录》甚缪，缘即《性理群书句解后集》二十三卷也，不宜两存。说见《艺风藏书续记》。(荃孙)新安汪氏佑于《近思录》每篇增入朱子之言，名《五子近思录》。施氏璜又为之发明，采薛敬轩、胡敬斋、罗整庵、高景逸四字语录入注。近江阴何氏又专集朱子语，依原书分类，名《续近思录》，皆有刊本。又张清恪先有《续录》《广录》各十四卷，有刊本，不甚行。续录：日本刻宋蔡模辑《续录》《别录》各十四卷。

今按：明嘉靖六年贾世详刻本（中国科学院图书馆、上海图书馆藏）；明万历三十五年朱崇沐刻本（湖南省图书馆藏）；明崇祯八年鲍懋度刻本（国家图书馆、山东省图书馆藏）；明崇祯九年张隽等刻本（国家图书馆藏）；明吴邦模刻本（上海图书馆藏）；明刻本（北京大学图书馆、吉林大学图书馆、吴江市图书馆、湖南省图书馆藏）；《朱子遗书》本（康熙刻）；清康熙间吕氏家塾本（上海图书馆藏）；《四库全书》本；清道光三年姚氏刻本（上海图书馆藏);清咸丰十年刻本(南京图书馆藏);《西京清麓丛书》本(光绪刻);清刻本(上海图书馆藏);《刘氏传经堂丛书》本(光绪刻)。

近思录集解

宋叶采撰。

宋叶采《近思录集解序》:皇宋受命,列圣传德,跨唐越汉,上接三代统纪。至天禧、明道间,仁深泽厚,儒术兴行,天相斯文,是生濂溪周子,抽关发蒙,启千载无传之学。既而洛二程子,关中张子,缵承羽翼,阐而大之。圣学湮而复明,道统绝而复续,猗与盛哉!中兴再造,崇儒务学,遹遵祖武,是以巨儒辈出,沿溯大原,考合诸论。时则朱子与吕成公,采摭四先生之书,条分类别,凡十四卷,名曰《近思录》,规模之大,而进修有序;纲领之要,而节目详明。体用兼赅,本末殚举。至于辟邪说、明正宗,罔不精核洞尽,是则我宋之一经,将与四子并立,诏后学而垂无穷者也。尝闻朱子曰:"四子,六经之阶梯;《近思录》,四子之阶梯。"盖时有远近,言有详约不同,学者必自近而详者,推求远且约者,斯可矣。采年在志学,受读是书,字求其训,句探其旨,研思积久,因成《集解》。其诸纲要,悉本朱子旧注,参以《升堂纪闻》及诸儒辩论,择其精纯,刊除繁复,以次编入。有缺略者,乃出臆说。朝删暮辑,逾三十年,义稍明备,以授家庭训习。或者谓寒乡晚出,有志古学,而旁无师友,苟得是集观之,亦可创通大义,然后以类而推,以观四先生之大全,亦《近思》之意云。淳祐戊申长至日,建安叶采谨序。元刻明修本卷首。

《澹生堂藏书目》卷二《经类第十》:《近思录集解》四册。十四卷,叶采辑。

《孝慈堂书目》:《近思录集解》。朱熹十四卷,叶采,二册,绵纸。

《千顷堂书目》卷一一《儒家类》:叶采《近思录集解》十四卷。建安人。

《也是园藏书目》卷五《子部》:《近思录集解》十四卷。

《虞山钱遵王藏书目录汇编》卷四《子部》:《近思录集解》十四卷。

《传是楼书目·子部》:宋叶采《近思录集解》十四卷,五本。

《文瑞楼藏书目》卷四《子类》:《近思录批注》,宋新安朱熹编,宋建安叶采集解，十四卷。

《佳趣堂书目》:《近思录集解》十四卷。

《马氏道古楼书目》:《近思录集解》，绵纸，十四卷，二本，叶采注，周公恕分类，刘仕贤刊。

《鉴止水斋藏书目》子部第一橱 :《近思录集解》二本。

《郑堂读书记》卷三六《子部一之上》:《近思录集解》十四卷，吴郡邵氏刊本。宋朱子与吕祖谦同撰，叶采集解。祖谦仕履见诗类。采字仲圭，号平岩，建安人。淳祐十二年官朝奉郎，监登闻鼓院，兼景献府教授。《四库全书》著录。《读书附志》《书录解题》《通考》《宋志》及《宋志补》俱载之。倪氏仍为载入，盖忘却《宋志》已载也。是编以周、张、二程之书广大闳博，若无津涯，惧初学者不知所从入，因共掇取其关于大体而切于日用者，以为此书。凡分道体、论学、致知、存养、克己、家道、出处、治体、治法、政事、教学、警戒及辨异端、观圣贤十四门，门各一卷，总六百二十二条，取子夏"切问近思"之义以名之。其书规模之大，而进修有序，纲领之要，而节目详明，体用兼赅，本末殚举，至于辟邪说，明正宗，罔不精核洞尽，所以诏后学而垂无穷者也。仲圭尝读其书，字求其训，句探其旨，研思积久，因成《集解》。其诸纲要，悉本朱子旧注，参以《升堂纪闻》及诸儒辨论，择其精纯，刊除繁复，以次编入，有缺略者，乃出己说，以附益之。淳祐戊申书成，自为之序。越五载壬子，表进于朝，并存朱子、吕氏前后二引于首，又有采引群书姓氏。是本为吴郡邵沧来仁泓所刊，并跋其后。

《铁琴铜剑楼藏书目录》卷一三《子部一》:《近思录集解》十四卷，宋刊本。宋朱子、吕成公同辑，建安叶采注。前有淳熙乙未朱子原序及淳熙三年成公题辞，又淳祐戊申叶采序、淳祐十二年叶采《进书表》。全书共六百二十二条，每卷记若干条。每半叶八行，行十八字。双行夹注，每行十八字。鱼尾注大、小字数。"惇"字缺笔，即淳祐时刻本也。

《藏园订补郘亭知见传本书目》卷七《子部一》补 :《近思录集解》十四卷，宋叶采撰。〇元刊本，八行十八字，注双行同，黑口，左右双栏。有淳熙二年乙未朱熹序，三年吕祖谦题辞，淳祐八年戊申叶采序，十二年叶采《进书表》。海虞瞿氏藏，号为宋刊本，实元明之际所刊者。〇元明间刊本，九行十九字，白口，四周单栏。刊工潦草。〇明末刊本，九行十九字。二册，余藏。

《万卷精华楼藏书记》卷七四《子部一》:《近思录集解》十四卷，宋叶采撰。邵氏重刊宋本。是本仿宋刻之旧，刊于吴门。板心题“近思录”，内题“《近思录集解》，新安朱子原编，建安叶采集解”。每叶十九行，每行大字十九字，小字二十四字。首为淳祐十二年朝奉郎、监登闻鼓院兼景献府教授叶采进书表，次叶采序，次《近思录》，前引朱子撰，后引吕成公撰，次集解姓氏。吴郡邵仁泓跋。叶氏取朱子、张南轩、吕东莱、黄勉斋、蔡节斋、李果斋六家之说，参以周、程、张子之言，而成此注。盖朱子与吕成公同撰是书之后，至此始表上之。《简明目》所著《近思录》十四卷，即此本也。节斋名渊，果斋名方。叶氏序曰："采年在志学，受读是书，字求其训，句采其旨，研思积久，因成《集解》。其诸纲要，悉本朱子旧注，参以《升堂纪闻》及诸儒辨论，择其精纯，刊除繁复，以次编入。有缺略者，乃出臆说。朝删暮辑，逾三十年，义稍明备，以授家庭训习。"邵氏跋曰："《近思录》坊本甚多，或有依明贤本增入紫阳者，或有分门别类体制乖错者，或有遵原本而全删叶注者，或有存叶注而妄加去取者，凡此俱非善本。泓于汲古后人师郑架上得宋刻朱子原本，并叶氏原注，请归读之。因叹原本之美备，实足以该四子之精微。而叶注之详明，又足以阐近思之实。理因亟刊之，以公同志。"

今按：元刻明修本（国家图书馆藏）；明崇祯八年陆云龙刻本（泰州市图书馆藏）；明刻本（上海图书馆藏）；清初邵仁泓刻本（南京图书馆藏）；清初刻本（上海图书馆藏）；清康熙间刻本（国家图书馆、辽宁省图书馆、黑龙江省图书馆藏）；清乾隆元年陈氏培远堂刻本（吉林大学图书馆藏）；清同治八年江苏书局刻本（吉林大学图书馆藏）；清吴门程氏刻本（国家图书馆藏）；清在兹堂刻本（上海图书馆藏）；清莲花书院刻本（国家图书馆藏）；清刻本（国家图书馆、辽宁省图书馆、辽宁大学图书馆、吉林省图书馆、东北师范大学图书馆、吉林社科院图书馆、黑龙江大学图书馆藏）。

近思录分类集解

明周公恕撰。

《千顷堂书目》卷一一《儒家类》：周公恕《近思录分类集解》十四卷。吉安人，就叶采集解参错杂折之，非叶氏本书也。

近思录集解

清张伯行撰。

清张伯行《近思录集解自序》：集群圣之成者，孔子也，删定往训，垂为六经，而道统治法备焉；集诸儒之成者，朱子也，采摭遗书，作《近思录》，而性功王事该焉。夫以尧、舜、禹、汤、文、武、周公之圣，使不得孔子继起而绍述之，则《诗》《书》《礼》《乐》虽识大识小之有人，而残缺灭裂之余，谁为阐圣言于来祀？以周子、程子、张子诸儒之贤，使不得朱子会萃而表章之，则微文大义所与及门授受而讲贯者，即未尽泯没于庐山之阜、伊洛之滨，关中之所传贻，然而斯人徒与，寥落几何？一脉绵延，安恃不堕？况其时又有介甫之坚僻、杨刘之纤巧、佛老之寂来虚无，浸淫渐染，卒难划除，其势皆足为吾道敌。惟子朱子承先启后，崇正辟邪，振寰序之心思，开一时之聋聩，亟取周子、二程子、张子各书，采其关于大体、切于日用者，辑为是录。俾学者寻绎玩味，心解力行，庶几自近及远、自卑升高，而诐淫邪遁不能淆、训诂词章不得而汩没焉。此则许鲁斋所称为入圣之基，而朱子亦谓“四子，六经之阶梯，《近思录》，又四子之阶梯”者也。噫！尧、舜、禹、汤、文、武、周公虽圣，得孔子而益彰；周子、二程子、张子虽贤，不亦得朱子而益著哉？我皇上德迈唐虞，学配孔孟，性功与王猷并懋，道统偕治法兼隆。故六经、四子而外，每于濂、洛、关、闽四氏之书，加意振兴，以宏教育。近复特颁盛典，俎豆宫墙，跻朱子于十哲之次。诚以集群圣之成者孔子，用是师表于万世；集诸儒之成者朱子，故能启佑乎后人也。伯行束发受书，垂五十余年，兢兢焉以周、程、张、朱为标准，而于朱子是录，尤服膺弗失。间尝纂集诸说，谬为疏解，极知浅陋无当。然藉是以与天下之有志者，端厥趋向，淬厉濯磨。毋厌卑近而骛高远，毋觊凌躐而遁虚无，然后优柔厌饫，有先后次序，所谓江海之浸、膏泽之润，涣然冰释，怡然理顺，以不负先儒谆复诲诱之心也。于是乎士希贤而贤希圣，其以维持道脉，光辅圣朝，斯文之盛未艾矣。爰命李生丹桂、史生大范校梓，而书此为序。康熙四十九年庚寅仲夏谷旦仪封后学张伯行题于姑苏之正谊堂。《正谊堂丛书》本《近思录集解》卷首。

清尹会一《近思录集解序》：子朱子有言："修身大法，《小学》书备矣；义理精微，《近思录》详之。"诚以二书固圣道之阶梯，学者所宜亟尽心也。自人骛词章，此二书或罕寓目，欲以入道，难矣。余备官淮海，以商士请，因安定故祠辟书院，延余同年友王罕皆太史为师。既进诸生，屡申《小学》，尤欲以《近思录》与讲明而切究焉。仪封张先生《集解》，致为晓畅，惜版已漫灭，乃与太史商重锓之。盖太史故尝讲学于先生之门，而余亦获交嗣君西铭宪副，窃闻庭训，得藉手兹编，广先生教泽，余二人实厚幸焉。按《集解》旧节四十余条，先生当自有意。顾念后出晚进，未睹朱子原编，兹悉为增列，采宋叶平岩先生辑注参补之，欲学者得尽见此书之全也。谨序。乾隆元年丙辰夏五，博陵后学尹会一书于淮扬使院。《正谊堂丛书》本《近思录集解》卷首。

《八千卷楼书目》卷一〇《子部》：《近思录集解》十四卷，国朝张伯行撰。正谊堂本。

《清史稿》卷一四七《艺文志三》：《近思录集解》十四卷，《续近思录》十四卷，《广近思录》十四卷。张伯行撰。

今按：清乾隆间维扬安定书院刻本（国家图书馆、南京图书馆藏）。

近思录集解

清李文照撰。

《四库全书总目》卷九五《子部五·儒家类存目一》：《近思录集解》十四卷，湖南巡抚采进本。国朝李文照撰。是编取朱子之说散见各书者，附于《近思录》各条之下。其未备者则益以诸家之说，间亦自附己意。前有纲领数条，末附《感应诗解》一卷、《训子诗解》一卷。《感应诗》见《朱子大全集》，《训子诗》称传自黄榦，而无可证据。其诗浅俗，决非朱子所为也。

《清史稿》卷一四七《艺文志三》：《近思录集解》九卷。李文照撰。

近思录集注

清茅星来撰。

清茅星来《近思录集注序》:子朱子纂辑周、程、张四先生之书，以为《近思录》，盖古圣贤穷理正心修已治人之要，实具于此，而与《大学》一书相发明者也。故其书篇目，要不外三纲领、八条目之间，而子朱子亦往往以《小学》并称，意可见矣。先君子默存先生尝手录是书，俾不肖星来受而卒业，曰:“此圣道阶梯也。”星来反复寻绎，久而稍觉有得，颇思博求注解，以资参讨。顾今坊间所行者，惟建安叶氏《集解》而已；杨氏泳斋《衍注》，则藏书家仅有存者。星来尝取读之，粗率肤浅，于是书了无发明，又都解所不必解，其有稍费拟议处则阙焉。至于是间，彼此错乱，字句舛讹。以二子亲承朱子绪论，而其为书乃如此，其他又何论乎？然则彼穷乡晚进，无明师良友以先后之者，虽使有志于学，得是书而玩心焉，亦恐终无以得其门而入矣。星来用是不揣固陋，辄购取四先生全书及宋元来《近思录》本，为之校正其异同得失。其先后次第，悉仍其旧。旧本舛错，仿朱氏《论》《孟》重出错简之例，注明其下，不敢擅自更易也。本既定，然后乃敢会萃众说，参以愚见，支分节解，不留疑窦。其名物训诂，虽非是书所重，亦必详其本末，庶几为学者多识之一助。又仿朱氏《论》《孟》附《史记》世家、列传例，取《伊洛渊源录》中四先生事状，删其繁复，为之注释，以附简端。盖是二书相为表里，且以见《录》中所言，实可见诸施行，四先生固已小用之而小效也。其与朱子有未尽合处，亦以愚见斟酌从违，使会归于一也。盖星来悉心探讨，随得随记，亦已有年，期于是书粗有所补，弆之箧衍，以为后之有志于学者取焉。康熙辛丑七月七日，归安茅星来序。道光三年姚氏刻本。

清茅星来《近思录集注后序》:《近思录集注》既成，或疑名物训诂非是书所重，胡考订援据之不惮烦为？曰：此正愚注之所以作也。自《宋史》分道学、儒林为二，而后之言程朱之学者，往往但求之身心性命之间，而不复以通经学古为事，于是彼稍稍知究心学古者，辄用是为诟病，以谓道学之说兴而经学寖微。噫！何其言之甚欤？夫道者，所以为儒之具也，而学也者，所以治其具也。故人不学则不知道，不知道则不可以为儒。而不通知古今则不可以言学。夫经，其本也。不通经，则虽欲博观今古，亦泛滥而无所归也。

《宋史》离而二之，过矣。伊川分学者为三，曰文章，曰训诂，曰儒者。夫六经皆文章也，其异同疑似，为之博考而详辨之，即训诂也。子曰："有德者必有言。"非儒者之文章乎？孟子曰："不以文害辞，不以辞害志，以意逆志，是为得之。"非儒者之训诂乎？然则文章也，训诂也，而儒之所以为儒者，要未始不存乎其间。然而伊川且必欲别儒于文章、训诂之外者，何也？盖欲求儒者之道于文章、训诂中则可，而欲以文章、训诂尽儒者之道则不可，其本末先后之间，固有辨也。奈之何进训诂、章句之学于儒林，而反别道学于儒之外，其无识可谓甚也。夫道学与政术判为二事，横渠犹病之，况离道学于儒二之耶？甚矣其蔽也！盖尝窃论之：马、郑、贾、孔之说经，譬则百货之所聚也，程朱诸先生之说经，譬则操权度以平百货之长短轻重者也。微权度，则货之长短轻重不见，而非百货所聚，则虽有权度亦无所用之矣。故愚尝以谓欲求程朱之学者，其必自马、郑诸传疏始。愚故于是编，备著汉唐诸家之说，以见程朱诸先生学之有本，俾彼空疏寡学者，无得以藉口焉。乾隆元年正月之望，归安后学茅星来谨识。道光三年姚氏刻本。

清姚椿《近思录集注跋》：昔子朱子患当世穷乡晚进有志于学，而无明师良友以先后之，则不得其门而入，乃与东莱吕成公辑为是书，传世已久。近世之人，多溺于词章训诂，其于是书，或未暇读，抑或视为平近无奇，而不遑深究其义，于是此书之作，若存若亡，此于先正著书之心，固未敢谓能得其意者已。椿少而失学，未获研究，中年多病，乃始服膺。窃以为经学之枢缄，人伦之的鹄，言近而旨远，语简而义赅，学者诚由是而求之，则于夫子之门，其登堂而入室也何有？适得是书善本，辄为付梓，以广流传。虽此书之存，不因此增重，而区区之志，固有所不容已也。今天子敦重儒术，方表章《朱子全书》，以风厉学者，草茅之士，所以仰承德化，其意恉亦未尝不窃取于斯。至此书，宋有建安叶氏采注本，国朝则归安茅氏星来、婺源江氏永皆有笺释，载于《四库书目》。叶氏注今既未暇刻，江氏注闻有刻本，亦未及见，而茅氏之书，则雷通政铉自浙携诸家之集解而探讨之，考其学术之醇驳，详其辨说之异同，博观约取，以冀心得，此则子朱子所望乎后人，而吾党有志之士所宜交勉者也。嘉庆十二年十二月甲午后学姚椿谨记。长兴王豫云："予尝目归安茅钝叟为博雅陈同甫。已而以所注《近思录》见示，余语之曰：'同甫是未见《近思录》之钝叟，钝叟是已读《近思录》之同甫。'茅亦受之而不以为牾。”椿按：王氏之言是也。然同甫与朱文公、吕成公同时，《近时录》之成在淳熙乙未，是时文公年四十六，成公年三十九，而同甫以绍熙四年擢第遽卒，计年五十六间。当淳熙乙未，与二公相上下，又与往来，计无不见是书者，是则见而不肯读耳，《龙川集》中与文公论王霸书可见。娄姚椿识。道光三年姚氏刻本。

《四库全书总目》卷九二《子部二·儒家类二》:《近思录集注》十四卷，编修徐天柱家藏本。国朝茅星来撰。星来字岂宿，乌程人。康熙间诸生。按朱子《近思录》，宋以来注者数家，惟叶采《集解》至今盛行。星来病其粗率肤浅，解所不必解，而稍费拟议者则缺，又多彼此错乱，字句讹舛。因取周、张、二程全书及宋、元《近思录》刊本，参校同异。凡近刻舛错者，悉从朱子考正错简之例，各注本条之下。又荟萃众说，参以己见，为之支分节解。于名物训诂，考证尤详。更以《伊洛渊源录》所载四子事迹，具为笺释，冠于简端，谓之《附说》。书成于康熙辛丑，有星来自序。又有后序一篇，作于乾隆丙辰，去书成时十五年，盖殚一生之精力为之也。其后序有曰："自《宋史》分道学、儒林为二，而言程、朱之学者，但求之身心性命之间，不复以通经学古为事。盖尝窃论之，马、郑、贾、孔之说经，譬则百货之所聚也。程、朱诸先生之说经，譬则操权度以平百货之轻重长短者也。微权度，则货之轻重长短不见；而非百货所聚，则虽有权度亦无所用之。故欲求程、朱之学者，其必自马、郑诸传疏始。愚于是编，备著汉、唐诸家之说，以见程、朱诸先生学之有本，俾彼空疏寡学者无得以藉口”云云。其持论光明洞达，无党同伐异、争名求胜之私，可谓能正其心术矣。

《问源楼书目初编》卷三上《子部》:《近思录集注》十四卷，茅星来撰。

《藏园订补郘亭知见传本书目》卷七《子部一》:《近思录集注》十四卷《附说》一卷。清茅星来撰。按：四库著录，莫氏失记。〇四库本已印入《四库全书珍本初集》中。

《八千卷楼书目》卷一〇《子部》:《近思录集注》十四卷，国朝茅星来撰。抄本。

《增订四库简明目录标注》卷九《子部一》:《近思录集注》十四卷，清茅星来撰。续录：抄本。

《清史稿》卷一四七《艺文志三》:《近思录集注》十四卷。茅星来撰。

今按：《四库全书》本；清抄本（南京图书馆藏）。

近思录集注

清江永撰。

清江永《近思录集注自序》：道在天下，亘古长存。自孟子后，一线弗坠，有宋诸大儒起而昌之。所谓"为天地立心，为生民立命，为去圣继绝学，为万世开太平"，其功伟矣。其书广大精微，学者所当博观而约取、玩索而服膺者也。昔朱子与吕东莱晤于寒泉精舍，读周子、程子、张子之书，叹其宏博无涯，恐始学不得其门，因公掇其关于大体、切于日用者，为《近思录》十四卷，凡义理根源、圣学体用，皆在此编。其于学者身心疵病、应接乖违，言之尤详，箴之极切。盖自孔、曾、思、孟以后，仅见此书。朱子尝谓："四子，六经之阶梯；《近思录》，四子之阶梯。"又谓："《近思录》所言，无不切人身、救人病者。"则此书直亚于《论》《孟》《学》《庸》，岂寻常之编录哉！其间义旨渊微，非注不显。考朱子朝夕与门人讲论，多及此书，或解析文义，或阐发奥理，或辨别同异，或指摘瑕疵，又或因他事及之，与此相发，散见《文集》《或问》《语类》诸书，前人未有为之荟萃者。宋淳祐间，平岩叶氏采进《近思录集解》，采朱子语甚略。近世有周公恕者，因叶氏注，以己意别立条目，移置篇章，剖析句段。细校原文，或增或复，且复脱漏讹舛，大非寒泉纂集之旧，后来刻本相仍，几不可读。永自早岁，先人授以《朱子遗书》原本，沉潜反复有年。今已垂暮，所学无成，日置是书案头，默自省察，以当严师。窃病近本既行，原本破碎，朱子精言，复多刊落，因仍原本次第，裒辑朱子之言有关此《录》者，悉采入注。朱子说未备，乃采平岩及他氏说补之，间亦窃附鄙说，尽其余蕴，盖欲昭晰，不厌详备。由是寻绎本文，弥觉义旨深远，研之愈出，味之无穷。窃谓此《录》既为四子之阶梯，则此注又当为此《录》之牡钥，开扃发镭，祛疑释蔽，于读者不无小补。晚学幸生朱子之乡，取其遗编，辑而释之，或亦先儒之志。既以自勖，且公诸同好，共相砥砺焉。乾隆壬戌九月丁巳朔，婺源后学江永序。清嘉庆十二年李承端刻本。

清李承端《近思录集注跋》：前秋谒相国石君师，出《近思录集注》抄本，语端曰："江先生辑朱子之语以注朱子之书，至为精切，虽非时儒所好，然使是书得行，必将有读之而兴起者，用补益于世道人心不浅。夫人必能体程朱之心，然后能为程朱之学。躬行实践，岂在多言？以江先生之发挥汉学、著述等身，考据家莫不宗仰；至其深入宋儒奥窔，研悦而羽翼之，则知者鲜矣。”端受书退，因与锐斋汪君互相校雠，订其讹舛，请正于师，醵资授梓。今梓成，不幸师不及见，未得一序言，为可惜也；然其表章后学以迪后进之盛心，于兹刻盖三致意云。嘉庆十二年丁卯春正月婺源后学李承端谨识。清嘉庆十二年李承端刻本。

《四库全书总目》卷九二《子部二·儒家类二》:《近思录集注》十四卷，安徽巡抚采进本。国朝江永撰。永有《周礼疑义举要》，已著录。《近思录》虽成于淳熙二年，其后又数经删补，故传本颇有异同。至各卷之中，惟以所引之书为先后，而未及标立篇名，则诸本不殊。至淳祐间，叶采纂为《集解》，尚无所窜乱于其间。明代有周公恕者，始妄加分析，各立细目，移置篇章，或漏落正文，或淆混注语，谬误几不可读。永以其贻误后学，因仍原本次第，为之集注。凡朱子《文集》《或问》《语类》中其言有相发明者，悉行采入分注。或朱子说有未备，始取叶采及他家之说以补之。间亦附以己意，引据颇为详洽。盖永邃于经学，究心古义，穿穴于典籍者深，虽以余力为此书，亦具有体例，与空谈尊朱子者异也。

《问源楼书目初编》卷三上《子部》:《近思录集注》十四卷，江永撰。

《藏园订补郘亭知见传本书目》卷七《子部一》:《近思录集注》十四卷，国朝江永撰。嘉庆壬申江西督学王鼎刊本。婺源刊本。同治三年望三益斋刊本。

《藏园订补郘亭知见传本书目》卷七《子部一》补 :《近思录集注》十四卷《考订朱子世家》一卷，清江永撰。《校勘记》一卷，清王炳撰。清光绪八年应宝时刊本。

《持静斋书目》卷三《子部一》:《近思录集注》十四卷，国朝江永撰。同治三年望三益斋刊本。

《八千卷楼书目》卷一〇《子部》:《近思录集注》十四卷，国朝江永撰。吴氏刊本、局刊本、广雅局本。

《增订四库简明目录标注》卷九《子部一》:《近思录集注》十四卷，清江永撰。嘉庆丁卯京师刊本。嘉庆甲戌江西刊本。续录。嘉庆壬申江西督学王鼎刊本。婺源刊本。同治三年吴氏望三益斋刊本。广雅局本。

《清史稿》卷一四七《艺文志三》:《近思录集解》十四卷。江永撰。

今按:《四库全书》本;清同治四年盱眙吴棠刻本(国家图书馆藏);清光绪元年香山何璟刻本(国家图书馆藏);清光绪十四年山西浚文书局刻本(辽宁省图书馆藏);清光绪二十五年浙江官书局刻本(天津图书馆、上海图书馆、南京图书馆、吉林市图书馆、吉林大学图书馆、黑龙江省图书馆藏)。

近思录补注

清戴亨撰。

《温州经籍志》卷三六《辨误》:戴亨《近思录补注》。乾隆《温州府志》二十七据《台海源流》收。案:金贲亨《台学源流》六:戴蠢翁名亨,字子元,临海人。所著有《太极图说》《人心道心说》《近思录补注》《朱子诗解》《北溪字义辨正》。据此知亨乃台州临海人,与温州无涉。旧《府志》收其著述殊误。至所引《台海源流》,考各家书目,并无其书,盖亦即《台学源流》之误。今考正删之。

近思录传

清张习孔撰。

清张习孔《近思录传序》:《近思录》者,吾乡朱晦庵先生所裒集周、张、二程四子之文辞德业,举其要领,编次成书,以嘉惠后学者也。先生与东莱吕伯恭氏读四子书,以为广大闳博,若无津涯,恐为学之士不知所从入,故采其关于大体、切于日用者,辑为此篇,分为十四卷,总六百十二条。精粗本末先后之序,条理精善,其功于往圣、德于来者,甚盛心也。至淳祐间,建安叶氏为之集解,自序已经进御。后乃有曰鹭洲周公恕者,取叶氏本参错离折之,先后倒乱,且有删逸,仍冒叶氏名,曰《分类集解》,创为二百余类,全失朱子之意。流传既久,几乱本真,世亦无知而辨之者,此实后学者之责也。习孔幸同先生梓里,凡先生一言一字,无论其云仍世守保无亡失,而郡邑之士亦家藏户习,代有表章。至于此《录》,上自天地阴阳之奥,下及修己治人之方，无弗具备。上智之士循习不已，可以入圣。即姿质中下，随其力之所至，亦不失为善人。诚学者所当服膺而弗失也。习孔自少受读是书，喜其约而备、微而显，昕夕玩诵，意有所会。辄不自揆，敬为传数行附缀本文之下，以相发明。序次篇章悉本朱子之旧，日诠月徙，积成篇集。自甲寅编定以来，又已数易其稿，间有旁通微辞，要亦本乎心之所明，直而弗省，盖不敢屈抑依附以蹈不诚之愆，或亦无悖于先贤或欺之旨欤？尝见朱子《与孙敬甫书》“《易》说初以未成，故不敢出。近觉衰耄不能复有所进，颇欲传之于人”云。习孔虽抱道未见之志，而衰耄甚于朱子，其不能进于是也，愧慊当无已矣。呜乎！义理无穷而资识有量，以孔子之圣，且以不能徙义为忧。习孔何人，敢谓此编为不易之书哉！亦以日迫崦嵫，微志窃同夫朱子云尔。况保其故物，无使紊轶，固后学所宜有事也。用是不避僭逾之责，而溃于成，以俟后之君子择焉。康熙戊午二月甲子新安张习孔序，时年七十有三。《朱子全书》第二十七册《序跋》。

《本立堂藏书目·经二》:《近思录传》十四卷，四本。

今按：清康熙十七年饮醇阁刻本（上海图书馆藏）。

续近思录

宋蔡模撰。

《读书附志》卷下《语录类》:《续近思录》十四卷。右宝庆丁亥蔡模纂晦庵先生之语以续之。

《徐氏家藏书目》卷三《子部》:《续近思录》。

《徐氏红雨楼书目》卷三《子部》:《续近思录》。

《绛云楼书目》卷二《道学类》:《近思续录》。蔡模。

《好古堂书目·子部》:《近思续录》十四卷，宋蔡模，一本。

《本立堂藏书目·经二》:《近思续录》十四卷，一本。

《怡府书目》八十八号 :《续近思录》一套，计九本。

《拜经楼书目》卷下 :《近思续录》，宋板，六本，曾藏查燕绪处，知已归南林张氏。

《拜经楼书目·子部》:《近思续录》六本。

《问源楼书目初编》卷三下《子部》:《近思续录》十四卷，宋蔡模辑，柯氏刊本。

今按：清康熙二十八年刻本（吉林省图书馆藏）；清同治八年刻本（东北师范大学图书馆藏）;《西京清麓丛书》本（光绪刻）；清光绪三十一年正谊书院刻本（东北师范大学图书馆、黑龙江大学图书馆藏）；清刻本（国家图书馆藏）。

近思别录

宋蔡模编。

《国史经籍志》卷四《子类》:《近思别录》八卷。

近思录精义

宋赵顺孙撰。

《千顷堂书目》卷一一《儒家类》: 赵顺孙《近思录精义》。

近思录发挥

宋何基撰。

《文渊阁书目》卷四 :《近思录发挥》一部一册，完全。

《国史经籍志》卷四《子类》:《近思录发挥》十四卷。何基。

《千顷堂书目》卷一一《儒家类》:《近思录发挥》十四卷。

近思杂问

宋陈埴撰。

《问源楼书目初编》卷三下《子部》:《近思杂问》一卷，宋陈埴撰，元刊本。

近思录广辑

元柳贯辑。

《千顷堂书目》卷一一《儒家类》：柳贯《近思录广辑》三卷。

近思精语

明盛顺撰。

《楝亭书目》：《近思精语》。明延陵盛顺序纂朱子《近思录》二卷，一册。

续近思录

明郭儒撰。

《千顷堂书目》卷一一《儒家类》：郭孺《续近思录》二卷。号一泉，祁县人。凡十一篇。嘉靖丁酉举人，官淳化知县，以清干称。

《传是楼书目·子部》：明郭儒《续近思录》二卷，一本。

《培林堂书目·子部》：郭儒《续近思录》一册。

续近思录

明江□□撰。

《千顷堂书目》卷一一《儒家类》：江□□《续近思录》十四卷。

续近思录

明刘维深撰。

明林俊《续近思录序》：天地之间，无适非道。有而非无也，实而非虚也，至常而非怪，至近而非高。远而难行也。惟其忽之近易，而骛其高且难，故无求之，虚求之，恠又求之，沦于拘，溺于蔽，流于诞而亡检，去人伦，外事物，立愈异而害道愈深，非达道矣。今夫天无二日月，无二昼夜，则无二阴阳，又安有所谓二道者哉？道非各立门户物也。塞天地，贯古今，初不越乎日用事物当然之理，无窈幻诡奇诧视骇听之事，故曰尧舜之道，孝弟亦岂远乎哉！近思者，以类而推进道之科级也。学而至于圣贤，其端在此。此考亭朱夫子《近思录》所为作也。录止濂溪周子、河南二程夫子、横渠张子，盖考亭录也。考亭集四子而大成之语类尤多,要非初学便览。此刘君维深《续近思录》所为作也。立例编类，亦卷一十有四。考亭谓“四子之书，六经阶梯；《近思录》，四子阶梯”。考亭阶梯，其无在于是耶？维深之心固勤，其夙尚亦自见矣。夫著书多晚年，积久历深，择精而语以醇，故其为书传永永无弊。韩子谓俟五六十为之未晚。吾夫子年六十八，始用著书。吕成公《史记详节》成于早年，故芟辑阔疏。文中子续经，尤属僭妄。或疑维深亦太早计者，抑不知采摘要语为始学启扃，亦信古传述遗意，故无作也。曰：“续骚如何？”曰：“是非晚学容喙。”然前编犹牵合大事记，犹断例折衷是录，故无作也。曰：“近时潘南山颜子何如？”曰：“颜子鲁论已传，无作可也。”西事孔棘，寝食忘味，草阅是编，谬序数言，请从仲父东川先生质之。《见素集》卷四。

续近思录

清郑光羲撰。

《四库全书总目》卷九七《子部七·儒家类存目三》:《续近思录》二十八卷，两江总督采进本。国朝郑光羲撰。光羲字夕可，无锡人。是编前集十四卷，采薛瑄、胡居仁、陈献章、高攀龙四人之说；后集十四卷，采王守仁、顾宪成、钱一本、吴桂森、华贞元及其父仪曾六人之说。前有光羲自序云:“不有朱子，孔子之道不著；不有高子，朱子之道不著。朱子依然一孔子，高子依然一朱子。朱子功不在孟子下，高子功不在朱子下。”然讲学之家，申明圣贤之绪论以引导后学则有之矣，动拟之于孔子，孔子岂若是易为哉？

《清史稿》卷一四七《艺文志三》:《续近思录》二十八卷。郑光羲撰。

续近思录

清张伯行撰。

《四库全书总目》卷九七《子部七·儒家类存目三》:《续近思录》十四卷,河南巡抚采进本。国朝张伯行编。伯行有《道统录》,已著录。是编因《近思录》门目,采朱子之语分隶之,而各为之注。然自宋以来,如《近思续录》《文公要语》《朱子学的》《朱子节要》《朱子近思录》之类,指不胜屈,几于人著一编。核其所载,实无大同异也。

《八千卷楼书目》卷一〇《子部》:《续近思录》十四卷,国朝张伯行撰。正谊堂本。

《藏园订补郘亭知见传本书目》卷七《子部一》补:《续近思录》十四卷。清张伯行辑。〇清同治初福州刊《正谊堂全书》本。四库入存目。

今按:《正谊堂全书》本(康熙雍正刻、同治刻)。

近思续录

清刘源渌撰。

《四库全书总目》卷九八《子部八·儒家类存目四》:《近思续录》四卷,副都御史黄登贤家藏本。国朝刘源渌撰。源渌字昆石,自号直斋,安丘人。是书因朱子《近思录》篇目,采辑朱子《或问》《语类》《文集》分门编辑。前有康熙辛巳其门人陈舜锡、马恒谦二序。舜锡序称其“每祭朱子,品物丰洁,极其诚敬”。恒谦序称其“于朱子《文集》《或问》《语类》三书,沉潜反复,撮辑纂叙,席不暇暖,手不停笔,二十余年,凡三创草,三脱稿,乃成是书”云。

《清史稿》卷一四七《艺文志三》:《近思续录》四卷。刘源渌撰。

今按:清康熙三十二至三十三年马常沛抄本(国家图书馆藏);清嘉庆十二年刘耀椿抄本(山东省图书馆藏);清同治八年刻本(中国科学院图书馆、南京图书馆藏);清同治八年青州学署刻光绪十七年中州刘景宸补刻本(北京大学图书馆藏);清抄本(国家图书馆、复旦大学图书馆)。

续近思录

清何克庵编。

清沈维鐈《续近思录序》：朱子《文集》《语类》二书，一生为学功夫，先后浅深，曲折次第，具载其中。所以提挈纲维、开示蕴奥者，辨之极其精，语之极其详，有志于圣学者，诚不可不熟复而精究之也。顾其为书，详略有无，往往互见，宝应朱止泉氏尝言之矣。如己丑之悟，《中和旧说序》《与湖南诸公书》等篇，《文集》所有，《语类》所无；如语陈北溪穷究根原来处、识许多规模大体等篇，《语类》所有，《文集》所无；如《近思录》，周、张、二程遗书之解，《语类》所详，《文集》所略；如封事奏札以告君，时事出处以答朋友之词，《文集》所详，《语类》所略。此等相参处甚多，然则此书岂可以易而读哉？余欲取止泉朱氏选定本所分九类，循序读之，庶几本末浅深、曲折次第，得以窥见一二，而因循颓惰，久未卒业。已矣，不敢复言学问事矣。南陵何君克庵，潜心朱子之书数十年，以所辑《续近思录》见视。踵原编体例，取朱子之言，详审而缕分之，令其文意相属、条贯可寻，善哉乎君之用心也！君与鲍觉生侍郎以正学相砥砺，此编之作，侍郎实赞成之，盖审定再四而弃取始不疑焉。君于朱子之言，洵能熟复而精究之矣。余语君速以此编开雕，俾志于正学者得其从入之津梁，由是扶圣学之统而熄俗学之氛，人心正而风俗淳，君之功岂小补哉！道光十四年八月槜李愚弟沈维鐈序。《朱子全书》第二十七册《序跋》。

清何鸿器《续近思录后序》：右所辑《续近思录》十四卷。当朱子原编《近思录》后，其友刘子澄复著《近思续录》，朱子以其所辑程子门人等之言，其说不纯粹，谓可以弗作，今其书或不传。近世有朱子之书，参列原编，为《五子近思录》，则是破朱子之成书以为己书；亦有专以朱子之书，依原编之例，采辑成集，而其节录间有改易本文。觉生先生既皆病之，又以朱子《文集》等书，简帙浩繁，恐学者不能悉心遍读，于是将《全集》《语类》《或问》三书，属鸿器为采辑。鸿器案原编以所引著书之人为先后，此系朱子一人之言，虽非出于一时，如令文意相属，则更得所言之条贯，爰殚心详味于各类之中，分其言之浅深先后、本末始终，别为各册之次序如右。窃谓道有定体、学有成法。自尧舜禹汤文武而上，修齐治平之道，全见于行。至孔孟不获行，则道隐而不可见，惟寓于学以传之。秦汉而后，并孔孟之学不传。其所谓学者险肤怪诞，斯其所谓道者卑陋悖谬，去圣人也远矣。迨宋濂洛关闽之学兴，得孔孟渊源之正，而共以唱明穷理正心、修己治人之道，盖其于全体大用无不明者，由其于尊闻行知无不一者也。夫轨必同而后合辙，迹必践而后入室。自有宋五子以来，圣学之成法，炳如日星，由是以求道，具见全体。是编从简，不无挂漏之讥，要不过踵原编之意，以备五子之全。朱子之书具在，非遍读不足以见其闳深，然以道与学而言，则全体成法，二编已无不备矣，读者其尽心焉。嘉庆庚辰正月南陵何鸿器谨叙。《朱子全书》第二十七册《序跋》。

清何鸿器《续近思录识语》：向在都中，与觉生先生参订是书，友人戴韫山时往来觉生先生寓所，见而好之，尝语予以不能身体力行为愧。嗣后改官，选授金坛县教谕，以培养人材、振兴学校为己任，十余年来会语不数次。今秋因公来省，盘桓竟夕，语次谈及文公。沈鼎甫先生怂恿，以是书付梓，苦无刊资。韫山慨然曰：“是书有功圣教，正士习、挽颓风，此亦一助。不能梓行，是吾辈责也。”爰助全俸以为之倡，继得庄玉章、刘符阶诸友共相资以成是举。余与韫山交最久，其生平所见于言行者，无非仁义之心，如业成是书之类是也。讵料话别不及三月而溘然长逝，不及见是书之成。余不忍没其好善之心，感伤而志之。甲午嘉平月日鸿器并识。《朱子全书》第二十七册《序跋》。

五子近思录

明钱士升辑。

明钱士升《五子近思录序》：《近思录》集自紫阳，旧称四子。高忠宪公复取紫阳全书比类而纂之，名曰《朱子节要》。于是濂洛关闽之微言并揭中天矣。顾两书同类异名，弓裘各别，原忠宪本旨，直以不敢遽拟大儒，故两行以俟后人之合尔。其合称《五子近思录》，则自兹刻始。嗟乎！学术之坏久矣，百年以前诋諆传格物者，比于杨墨夷狄，浸淫流失，风尚遂成。初学小生未识之无，便抹杀传注，识田中已无复有义理种子矣。微独传注即孔孟仁义之说，悍然发冢而操刃焉，大胆放言，稚狂相扇，居今世而取诸儒皮阁饱蠹之陈言，家谕而户说，是欲以井田封建之法行之叔季也。不可谓大惑乎？呜呼！其亦弗思而已。试近取诸身，反观深省，目何以视，耳何以听，口何以言，手足何以持行，天与人何以无间，人与禽兽何以几希，原始要终何以知生知死。则于五子之言，必有憬然而悟，瞿然而悔，爽然而解者矣。《洪范》曰“思作睿”，《孟子》曰“思则得之”，周子曰“无思本也，思通用也”，高子曰“思者思其无思也”。思之时义大矣哉！虽然，余非能思者也。今有膏粱于此，不自食而号于人曰“曷不食”，食者饱矣，已能无馁乎？然则余之大惑，盖在此而不在彼也。书此以志吾愧。《赐余堂集》卷二。

《奕庆藏书楼书目》经之九《理学》:《五子近思录》。十四卷，一套五本，嘉善钱士升辑。

《鸣野山房书目》卷一《经之九》:《五子近思录》十四卷，嘉善钱士升辑。

今按：明崇祯间刻本（复旦大学图书馆、浙江图书馆藏）。

五子近思录

清王鼎撰。

《螂嬛妙境藏书目录》卷三《子部》:《五子近思录》一套，王鼎集。

五子近思录发明

清施璜撰。

《问源楼书目初编》卷三下《子部》:《五子近思录发明》十四卷，施璜撰。李氏刊本。

《吟香仙馆书目》卷三《子部》:《五子近思录发明》十卷。国朝施璜注。

《万卷精华楼藏书记》卷七四《子部一》:《五子近思录发明》十四卷，国朝施璜撰。合河孙氏本，雍正五年孙嘉淦校刊，有序。周子、二程子、张子、朱子为五子。汪祐补朱子之书增入各卷之后，是为五子，合编《发明》。又类聚薛、胡、罗、高之粹言，分附五子之末，凡五百四十八条。孙氏序曰：“张子之书，间有出入；二程之语，多出于门人所记；朱子早年所著，有晚而更之者。因即旧编，更审择之。惟期言愈简而意愈明，庶学者不迷于所趋焉。”

今按：清康熙四十四年世荣堂刻本（北京大学图书馆藏）；清康熙四十四年聚锦堂刻本（上海图书馆藏）；清康熙间刻本（国家图书馆藏）；清光绪六年云南书局刻本（上海图书馆、南京图书馆藏）；清英秀堂刻本（上海图书馆、香港中文大学图书馆藏）；清刻本（南京图书馆藏）。

广近思录

清张伯行辑。

《四库全书总目》卷九七《子部七·儒家类存目三》：《广近思录》十四卷，副都御史黄登贤家藏本。国朝张伯行撰。伯行是编采集宋张栻、吕祖谦、黄榦，元许衡，明薛瑄、胡居仁、罗钦顺七家之遗书，以续朱子《近思录》。分十四门，仍如朱子原书之目。

《藏园订补郘亭知见传本书目》卷七《子部一》补：《广近思录》十四卷。清张伯行辑。〇清同治初福州刊《正谊堂全书》本。四库入存目。

《八千卷楼书目》卷一〇《子部》：《广近思录》十四卷，国朝张伯行撰。正谊堂本。

近思录辑要

清孙嘉淦辑。

《怡府书目》五百七十三号：《近思录辑要》，二本。

朱子近思录

清朱显祖撰。

《培林堂书目·子部》：《朱子近思录》十四卷。朱显祖，二册。

《问源楼书目初编》卷三下《子部》：《朱子近思录辑补》十四卷，朱显祖辑，原刊本。

《万卷精华楼藏书记》卷七四《子部一》：《朱子近思录》十四卷，国朝朱显祖重编。通行本。采《文集》《性理》诸书，与原本不同。自宋以来，注《近思录》者数家，唯叶氏《集解》，至今盛行。国朝乌程茅氏病其粗率肤浅，别撰《近思录集注》十四卷。其注参校诸本，荟萃众说，支分节解，考证尤详。而传本未广，叶《解》无所窜乱，明代周公恕妄加分析，江氏《集注》出，始正其谬。

今按：清光绪二十八年绍越千、铁宝臣刻本（上海图书馆、南京图书馆藏）。

读近思录

清汪绂撰。

《清史稿》卷一四七《艺文志三》：《读近思录》一卷。汪绂撰。

今按：清光绪十年刻本（国家图书馆、中国社会科学院图书馆、上海图书馆、吉林省图书馆藏）；《汪双池先生丛书》本（光绪汇印）。

家山图书

宋朱熹撰。

《绛云楼书目》卷一《礼类》：《朱文公家山图书》一册。

《读书敏求记》卷三《子》：《家山图书》一卷。《家山图书》，晦庵私淑子弟之文，盖逸书也。李晦显翁得之于刘世常平父，刘得之于鲁斋许文正公。其书以《易》《中庸》《古大学》《古小学》参列于图，而于修身之指归纲领，条分极详。此本惜不多觏，道学家宜刊布之，以广其传。

《钱遵王述古堂藏书目录》卷一《经》：《考亭家山图书》一卷，一本。宋本影抄。

《虞山钱遵王藏书目录汇编》卷一《经部》：《考亭家山图书》一卷。述经一本。宋本影抄。敏子《家山图书》一卷。抄本。

《小山堂藏书目录备览》：《家山图书》，朱文公。

《四库全书总目》卷九二《子部二·儒家类二》：《家山图书》一卷，永乐大典本。不著撰人名氏。《永乐大典》题为朱子所作。今考书中引用诸说，有《文公家礼》，且有“朱子”之称，则非朱子手定明矣。钱曾《读书敏求记》曰：“《家山图书》，晦庵私淑弟子之文，案：‘弟子’二字刊本误倒其文，今改正。盖逸书也。李晦显翁得之于刘世常平父，刘得之于鲁斋许文正公。其书以《易》《中庸》《古大学》《古小学》参列于图，而于修身之旨归纲领，条分极详。此本惜不多觏，宜刊布之，以广其传”云云。曾家所藏旧本，久已不传。世无刊本，书遂散失。惟《永乐大典》尚备载其原文。然首列《小学本旨图》，中多《曲礼》《内则》《少仪》之事，与曾所谓以《易》《中庸》《古大学》《小学》参列于图者，体例稍异。意是书诸儒相传，互有增损，行世者非一本欤。然要其旨归则一也。其书先图后说，根据礼经，依类标题，词义明显。自入学以至成人，序次冠、昏、丧、祭、宾、礼、乐、射、御、书、数诸仪节，至详且备。而负剑、辟咡以及乡饮、五御诸图，尤足补聂崇义所未及。盖朱子《小学》一书详于义理，而此则详于名物度数之间，二书相辅而行，本末互资，内外兼贯，均于蒙养之学深有所裨，有不容以偏废者焉。

《八千卷楼书目》卷一〇《子部》：《家山图书》一卷。不著撰人名氏。抄本。

《增订四库简明目录标注》附录二《四库未传本书目》：《家山图书》一卷，宋朱熹撰。《大典》本。

晦庵题跋

宋朱熹撰。

明毛晋《晦庵题跋识语》：“先生为绝学梯航、斯文菽粟，即童蒙皆能道之。故先哲尚论者，辄作道巍德尊等语。至若癖耽山水，跌宕诗文，一往情深，几为理学所掩。唯寿昌吴氏一赞颇具只眼，《赞》云：先生每观一水一石，一草一木，稍清阴处，竟日目不瞬，饮酒不过两三行，又移一处。大醉，则趺坐高拱。经史子集之余，虽记录杂说，举辄成诵。微醺，则吟哦古文，气调清壮。某所闻见，则先生每爱读屈原《离骚》、孔明《出师表》、陶渊明《归去来辞》，并杜子美数诗而已。余今独梓其题跋若干卷，亦即与寿昌同欣赏云。海隅毛晋识。”按《先生年谱》，绍兴十八年戊辰春登进士第。予幸见《同年小录》有冷世光、冷世修，系吾常熟县人，父母具庆，兄弟联捷，真盛事也。

又有弟名世南，同入太学，时称为“三冷”，邑志载其各有文集，惜乎今已不传，因附记于此，晋又识。《津逮秘书》。

《楝亭书目》:《晦庵题跋》。宋朱子著，三卷，一册。

《小山堂藏书目录备览》:《晦庵题跋》。

《问源楼书目初编》卷三下《子部》:《晦庵题跋》三卷，宋朱子撰。明毛氏刊本。

杂学辨

宋朱熹撰。

《好古堂书目·子部》:《杂学辨》。

《本立堂藏书目·文集四》:《杂学辩》二卷。

《四库全书总目》卷九二《子部二·儒家类二》:《杂学辨》一卷，附《记疑》一卷，副都御史黄登贤家藏本。宋朱子撰，以斥当代诸儒之杂于佛老者也。凡苏轼《易传》十九条，苏辙《老子解》十四条，张九成《中庸解》五十二条，吕希哲《大学解》四条，皆摘录原文，各为驳正于下。末有乾道丙戌何镐跋。镐字叔京，何兑之子。丙戌为乾道二年，朱子三十七岁，监岳庙家居时也。《记疑》一卷，前有朱子题词，称“偶得杂书一册，不知何人所记，惧其流传久远上累师门”云云。盖程子门人记录师说，附以己意，因而流入二氏者，亦摘录而与之辨，凡二十条。其书作于淳熙二年丙申三月，朱子方在婺源，距作《杂学辨》时十年矣。后人附刻《杂学辨》后，以类相从。今亦仍旧本录之焉。

《问源楼书目初编》卷三上《子部》:《杂学辨》一卷，附《记疑》一卷，宋朱子撰。明刊本。又《遗书》本。

《藏园订补郘亭知见传本书目》卷七《子部一》:《杂学辨》一卷，附《记疑》一卷。宋朱子撰。《朱子遗书》本。

《八千卷楼书目》卷一〇《子部》:《杂学辨》一卷，附《记疑》一卷，宋朱子撰。吕氏刊本。

《增订四库简明目录标注》卷九《子部一》:《杂学辨》一卷，附《记疑》一卷，宋朱熹撰。《记疑》一卷，则辨程氏门人所记语录也。《朱子遗书》本。

朱子遗书

宋朱熹撰。

《天一阁书目》卷三之一《子部一》:《朱子遗书》十册。刊本。

《竹垞行笈书目》“白”字号:《朱子遗书》十二本。

《培林堂书目·子部》:《朱子遗书》六册，又一册。

《好古堂书目·子部》:《朱子遗书》，宋朱熹，八本。

又:《朱子遗书》，二刻。

《本立堂藏书目·文集四》:《朱子遗书》。

《马氏道古楼书目》:《朱子遗书》，初刻、二刻，十四种，初八本，二九本。石门吕晚村刊。

《怡府书目》二百四十八号:《朱子遗书》，一套，计十本。

《怡府书目》六百六十八号:《朱子遗书》，二套，计十九本。

《怡府书目》二百八十五号:《朱子遗书》，一套，计十二本。

《怡府书目》五百八十七号:《朱子遗书》，一套，计八本。

《鉴止水斋藏书目》子部第一厨:《朱子遗书》七种八本。

朱子三书

宋朱熹撰。

宋朱浚《题朱子三书》:《四书》广大精微，与天地并。道之不明千载，周子图之、书之，张子铭之。我先文公曰:《通书》与《太极图》相表里；又曰:《太极图》于《西铭》都相贯穿，然则《四书》之后，有《三书》焉。《三书》者，一书也。妙而造化阴阳，奥而道德仁义，大而天地民物之理，如日星之揭，如雨露之润。而乃有疑无极太极者，议乾父坤母宗子者。先文公既发明以示学者，又且冲锋破焰而力争之，道由是而无晦蚀。今闽府通守黄君益能，会粹儒先之言，伦通类聚。览之，何其富也！然而旨本师传，辞非已出，述而不作。如此，真博学而详说者欤？真入耳而著心者欤？是知黄君笃志为已之学也。向浚需次仙游，至官之时，黄君去为湖湘帅。咸淳辛未，浚甫列郎闱，君过我甚厚，惠示此编，意其或有庭闻也。涵泳省察之余，敬题梗概而归之。是岁季夏中澣朱湙敬书。《新安文献志》卷二三。

《文渊阁书目》卷四：《朱子三书》一部一册，完全。《朱子三书》一部三册，完全。

《濮阳蒲汀李先生家藏目录》西间朝西二柜：《朱子三书》。二部八本。

《古今书刻》上编《南京国子监》：《朱子三书》。

《怡府书目》一百三十号：《朱子三书》，一本。

今按：清康熙间刻本（国家图书馆、上海图书馆藏）；清刻本（国家图书馆藏）。

朱子成书

元黄瑞节辑。

《文渊阁书目》卷四：《朱子成书》一部二册，完全。《朱子成书》一部六册，完全。

《濮阳蒲汀李先生家藏目录》中间朝西头柜：《朱子成书》。六本。

《濮阳蒲汀李先生家藏目录》西间朝西二柜：《朱子成书》。六本。

《晁氏宝文堂书目》卷上《经》：《朱子成书》。

《赵定宇书目·小说书》：《朱子成书》。三本。

《脉望馆书目·儒家》：《朱子成书》三本。

《绛云楼书目》卷二《道学类》：《朱子成书》。

《千顷堂书目》卷一一《儒家类》：黄瑞节《朱子成书》十卷。字观乐，以荐授泰和州学正，不赴。辑朱子《太极图》《通书》《正蒙》《西铭》诸解，及《易启蒙》《家礼》《律吕新书》《皇极经世》《阴符经》《参同契注》，而以己所见为附录。

《传是楼书目·子部》：《朱子成书》十种，宋朱熹，二本。

《季沧苇藏书目·宋元杂板书》：《朱子成书》三卷，元板。

《爱日精庐藏书志》卷二一《子部》：《朱子成书》，元刊本。元庐陵后学黄瑞节附录。黄虞稷《明史艺文志补》曰：黄瑞节字观乐，以荐授泰和州学正，不赴。辑朱子《太极图》《通书》《正蒙》《西铭》诸解及《易启蒙》《家礼》《律吕新书》《皇极经世》《阴符经》《参同契注》，而以己所见为附录。此本凡

《太极图说注》《通书注》《西铭注》《正蒙注》《律吕证辨》《家礼》六种，俱不分卷。缺《易启蒙》《皇极经世》《阴符经》《参同契》四种。

元刘将孙序：吾友黄观乐取晦庵朱氏诸书在《四书》外者，粹为十种，博注增说，名之曰《朱子成书》，俾予序。呜呼，是可以言成矣，朱子前盖未尝有成书也。传注繁芜，杂著偏驳，至《通书》而后，粹然出于正。然自为书与诸子相望，非述而不作意也。朱氏出，而后《六经》之说粲然复兴，诸子百家之可传者，亦各有论著，始终条理，可以言大备矣。昔者吾夫子盖未尝著书，《书》定《诗》删，《春秋》笔削而已。今诵《四书》者，《六经》如可后，遵《集注》者，他书皆可略。甚不然也。余少不佞，自为时文时，每欲穷索古人心胸，趣味不但雷同，是非止尝，尽读朱氏书，漫试语同辈："朱氏于熙宁、元祐孰主？介父、君实孰右？"无不谓主元祐，右君实，乃殊不尽然。由是观之，议论之不可尽如此，况学问哉？《四书》外，政大有事，此成书之不容已也。今成书为《太极图》《通书》，此所为异象山而费论辨者也。《正蒙》由《易》以起，而《启蒙》又本义之所以本也。《西铭》则天地万物之同体，所以施之天下国家之道也。《皇极》指要则西山相与沉潜，趋悟天人之要，而门弟子之不得闻者也。冠昏丧祭，折衷三千年之异同而归之一，莫备于《家礼》。阴阳水火，流行造化之妙，度量权衡，统和天人之本，莫博于《参同契》。《律吕书》若阴符之说，所以袪世惑而反之正者。皆不可以不之知也。嗟乎，《四书》者，天地也。是十书者，二气、五行也。微是十者，无以发《四书》之用。不观于此者，亦无以集朱氏之成。学者试以予言思之，岂不足以矫然而有省矣乎。不然，无有乎尔，则亦无有乎尔。观乐是编，翻《语录》《全集》，披同时往复，跋涉阔，订质确。又将类诗话、杂说于此外如干种，未整也。观乐学于先子有年，往从庐山西坡家，有异闻，得遗墨。今为此书，与勉斋、西坡皆当家尽力于朱门云。大德乙巳冬至庐陵刘将孙谨书。

《铁琴铜剑楼藏书目录》卷一三《子部一》:《朱子成书》十卷，元刊本。题"庐陵后学黄瑞节附录"。案，瑞节，字观乐，元时以荐授泰和州学正，未赴。为学得朱门传授，辑朱子书在《四书》外者共十种，曰《太极图说》、《通书》、《西铭》、《正蒙》诸解、《易学启蒙》、《家礼校正》、《律吕新书》、《皇极经世指要》、《周易参同契解》、《校正阴符经》，每种为一卷。前有大德乙巳庐陵刘将孙序，目录后有墨图记曰“至正元年辛巳日新书堂刊行”。

《藏园订补邵亭知见传本书目》卷七《子部一》补:《朱子成书》十卷。宋朱熹撰。元黄瑞节辑。《附录》，元黄瑞节撰。〇元至正元年日新堂刊本，十一行，二十二字，注双行同，黑口，四周双栏。前大德乙巳刘将孙序，次目录，列《太极图》《通书》《西铭》《正蒙》《易学启蒙》《家礼》《律吕新书》《皇极经世指要》《周易参同契》《阴符经》，均朱熹撰辑注解或校正之书，目后有“至正元年辛巳日新书堂刊行”牌记二行。故宫藏。〇明景泰元年善敬书堂刊本，十一行二十字，黑口。目后有牌记一行。

《增订四库简明目录标注》卷九《子部一》:《朱子成书》不分卷，元黄端节辑朱子《太极图》《通书》《正蒙》《西铭》诸解及《易启蒙》《家礼》《律吕新书》《皇极经世》《阴符经》《参同契》注，凡十种。又附以己见，为附录。昭文张氏有元刊不全本。附录:按《朱子语录类要》,余尝见元刊本。《朱子成书》，余曾见旧刻巾箱本。(诒让)

《四库未收书目提要续编》卷三《子部》:《朱子成书》不分卷，元黄瑞节辑。瑞节字观乐，庐陵人，以荐授泰和州学正，不赴。是编取朱熹《太极图》《通书》《正蒙》《西铭》诸解，及《易启蒙》《家礼》《律吕新书》《皇极经世》《阴符经》《参同契》注，凡十种，而以己意附案语于其后，名曰“附录”。大致此十种外，凡《语录》《文集》中朱说之有涉及于各书者，罔不采集，以相发明。所附己见，亦不为空衍。如释《正蒙·参两篇》“地有升降”，谓其执四游旧说，虽为李光地《批注》所非，而其释日月五星交食之理，则李文照《集解》全用之。又如释《参同契跋》“邹欣”二字,以为朱借之托名。复据留宿蔡迪寒泉，相与订正《参同契》事，以为脱屣世外之意。凡若斯类，致为明确。其他各书，苟有所见，亦大率应有尽有，颇为简括。前有大德乙巳刘将孙序，称其“翻《语录》，披《全集》，同时往复跋涉，商订质确”，似将孙亦有所参酌。又称“又将类诗话、杂说于此外如干种，未整也”云云，今未知有无成书，而其于朱熹一家之学，亦可谓尽心者矣。此元刊本，题“庐陵后学黄瑞节附录”。《吉安府志》以为安福人,非是。又以《朱子成书》为“诸子”,《律吕新书》为《律吕精义》，亦误。《四库》所录《阴符经》及《参同契考异》，即此本，而他种未之及。此十种有易类、礼类、乐类，术数类、道家类似当隶杂家，而亦未充，兹姑从其重者，隶于儒家焉。

今按：元至正元年日新书堂刻本（国家图书馆、中国科学院图书馆、上海图书馆、吉林省图书馆、扬州市图书馆藏）；明初刻本（国家图书馆藏）；清初抄本（国家图书馆藏）。

朱子全书

明朱吾弼编。

明曹楷《重锓朱子全书序》：我国家统一，圣真所为广厉学官、以弘薪槱者，一禀于《六经》，此三代以还所未有也。故二百余年于兹，家无异学，学无异门，道德一而风俗同。然而《六经》之说，惟考亭朱氏犹居其半。列圣表彰诸儒，以羽翼《六经》，亦惟考亭氏之说，更炳日星，盖严且重矣。夫周东迁而孔子生，宋南渡而朱子起。先儒刘因有言：邵氏至大，周氏至精，程氏至正，而考亭则极其大、尽其精，而又贯之以正。陈蒙正亦言：孔子，天之孝子也；朱子，孔子之孝子也。世运升降，天必生大圣大贤，以继往诏来。五帝三王之道，不得孔子则不明；孔子之道，非得朱子则不著。虽圣人复起，不易斯言矣。挽近士习佻荡，敢于叛经，而朱子之说几为薄蚀。嗟嗟，诸人士之于朱子，盖自角丱习之也，又其所阶以进也。夫惟角丱习之也，既以狎焉而玩；其阶之进也，又以有所嗜而汩。彼叛之也固宜。然未进而阶之，既阶而叛之，无论叛师，抑且叛圣，其可容于统一圣真之世乎？今侍御朱君有慨于中，乃采摭考亭遗书语录若干卷、奏议若干卷，都为全集，梓于金陵，以嘉惠后学。梓成，属余序。余谢不敏。夫今之叛考亭者，非以其卑卑无甚高论乎？夫不睹百官之富、宗庙之美，即吾孔子，亦曰数仞之墙耳，何问考亭！考亭之学，圣人全体大用之学也。本之身心，则为德行，措之天下国家，则为大业。其体有健、顺、中、正之性，其用有治教农、礼、兵、刑之具，而其大根本，则穷理致知，反躬践实，而一于主敬。今从事口耳，仅能于《四书》《诗》《易》数种帖括以取世资，宜其狎而玩、嗜而汩也。今全书梓行，学者诚人藏一编，则天地帝王、古今治乱、七略九流、稗官小说，无不毕具。至于正心诚意、纪纲修攘诸疏，非惟忠爱恳至，敷陈曲中，为当时药石，即施之今日，尤圣君贤相所宜讲求者，岂第嘉惠后学已哉！语曰："惟其有之，是以似之。"侍御君风采擅一时，贞度肃宪，江圯澄清，而尤精心名理，能以斯文为己任，故于是书，独惓惓而寿之梓。不佞盖窃有感焉。考亭经孔孟之传，悬之日月。今复得侍御君以行其说，《六经》之精蕴，藉此以阐；孔孟之命脉，藉此以传。其有功于考亭，不亦远且大乎！不佞生而近圣人之居，是役也，不特为考亭庆，且为洙泗庆也。侍御君讳吾弼，豫章人，己丑进士。巡按直隶、监察御史清源后学曹楷撰。《朱子全书》第十八册《朱子语类》附录。

朱子全书

清圣祖等编。

清圣祖《御制朱子全书序》：唐、虞、夏、商、周，圣贤迭作，未尝不以文字为重。文字之重，莫过《五经》《四书》。每览古今，凡传于世者，代不乏人。秦汉以下，文章议论，无非因时制宜，讽谏陈事、绳愆纠谬、绝长补短之计耳。若观文辞之雄、摛藻之严，古人已有定论，予何敢言？但不偏于刑名，则偏于好尚；不偏于杨墨，则偏于释道；不偏于词章，则偏于怪诞。皆不近于王道之纯。予少时颇好读书，只以广博华丽为事、刚勇武备为用。自康熙三十五年天山告警，朕亲擐甲胄，统数万子弟，深入不毛沙碛、乏水瀚海，指挥如意，破敌无存，未十旬而凯旋，可谓胜矣。后有所悟，而自问：兵可穷乎？武可黩乎？秦皇汉武，英君也，因必欲胜而无令闻，或至不保者，岂非好大喜功、与乱同道之故耶？所以宵旰孜孜、思远者岂不柔？近者岂不怀？非先王之法不可用，非先王之道不可为。反之身心，求之经史，手不释卷，数十年来方得宋儒之实据。虽汉之董子、唐之韩子亦得天人之理，未及孔孟之渊源。至邵子而玩弄河洛之理，性命之微，衍先天后天之数，定先甲后甲之考。虽书不尽传，理亦显然矣。周子阐无极而太极《通书》之类，其所授受，有自来矣。如星辰系乎天而各有其位，不能沦也。光风霁月之量，又不知其何似。二程之充养有道，经天纬地之德，聚百顺以事君亲，前儒已诵之矣。至于朱夫子集大成而绪千百年绝传之学，开愚蒙而立亿万世一定之规，穷理以致其知，反躬以践其实。释《大学》则有次第，由致知而平天下，自明德而止于至善，无不开发后人而教来者也。五章补之于断简残篇之中，而一旦豁然贯通之为止，虽圣人复起，必不能逾此。问《中庸》名篇之义，则不偏不倚，无过不及之名。未发已发之中，本之于时中之中，皆先贤所不能及也。

论《语》《孟》则逐篇讨论，皆内圣外王之心传，于世道人心之所关匪细。如《五经》则因经取义，理正言顺，和平宽弘，非后世浅见而轻议者同日而语也。至于忠君爱国之诚、动静语默之敬、文章言谈之中，全是天地之正气、宇宙之大道。朕读其书、察其理，非此不能知天人相与之奥，非此不能治万邦于衽席，非此不能仁心仁政施于天下，非此不能外内为一家。读书五十载，只认得朱子一生所作何事，故不揣粗鄙无文，而集各书中凡关朱子之一句一字，命大学士熊赐履、李光地素日留心于理学者，汇而成书，名之《朱子全书》，以备乙夜勤学，庶几寡过。虽未能，亦自勉君亲之责者。朕又所思者，朱子之道，五百年未有辩论是非，凡有血气，莫不尊崇。朕一生所学者，为治天下，非书生坐观立论之易。今集朱子之书，恐后世谓借朱子之书自为名者，所以朕敬述而不作，未敢自有议论。往往见元明至于我朝，注作讲解，总不出朱子，而各出己见，每有驳杂，反为有玷宋儒之本意。况天下至大，兆民至众，舆图甚远，开地太广，诸国外蕃，风俗不同，好尚各异，防此失彼之患，不可不思。若以智谋而得人心，如挟泰山而超北海也。以中正仁义、老成宽信，似乎近之。凡读是书者，谅吾志不在虚词，而在至理；不在责人，而在责己。求之天道而尽人事，存，吾之顺；末，吾之宁。未知何如也？康熙五十二年岁在癸巳夏六月敬书。《朱子全书》第二十七册《序跋》。

《传是楼书目·子部》：《朱子全书》一百十一卷，十七种，宋朱熹，十二本。

《振绮堂书目》卷一：《御纂朱子全书》二十四册，六十六卷，康熙五十二年大学士李光地等奉敕撰。

《怡府书目》一百二十一号：《朱子全书》，内府板，五套，计二十六本。

《怡府书目》一百九十号：《御纂朱子全书》，三套，计二十五本。

《怡府书目》三十一号：《朱子全书》，明板，十套，计一百本。

《怡府书目》七百十号：《朱子全书》，十四本。

《拜经楼书目》卷上：《朱子全书》，二十一本。

《四库全书总目》卷九四《子部四·儒家类四》：《御纂朱子全书》六十六卷，康熙五十二年，圣祖仁皇帝御定。南宋诸儒，好作语录，卷帙之富，尤无过于朱子。咸淳中，黎靖德删除重复，编为一集，尚得一百四十卷。又南宋文集之富，无过周必大、杨万里、陆游，而《晦庵大全集》卷帙亦与相埒。

其记载杂出众手，编次亦不在一时。故或以私意润色，不免失真；或以臆说托名，全然无据。即确乎得自师说者，其中早年晚岁，持论各殊，先后异同，亦多相矛盾。儒者务博笃信朱子之名，遂不求其端，不讯其末，往往执其一语，奉若六经，而朱子之本旨转为尊朱子者所淆。考《朱子语录》，称孔门诸子留下《家语》，至今作病痛，憾其择之不精也。然则读朱子之书者不问其真赝是非，随声附和，又岂朱子之意乎哉！圣祖仁皇帝表章朱子之学，而睿鉴高深，独洞烛《语录》《文集》之得失，乃特诏大学士李光地等，汰其榛芜，存其精粹，以类排比，分为十有九门。金受炼而质纯，玉经琢而瑕去。读朱子之书者，奉此一编为指南，庶几可不惑于多岐矣。

《鉴止水斋藏书目》子部第一厨：《御纂朱子全书》三十六本。

《问源楼书目初编》卷首《子部》：《御纂朱子全书》六十六卷。又古香斋袖珍本。

《思补精舍书目·集部》：《朱子全书》六十六卷，宋朱熹撰。

《郑堂读书记》卷三七《子儒一之下》：《御纂朱子全书》六十六卷，武英殿刊本。康熙五十二年，大学士李光地等奉敕撰。谨案，南宋诸儒所作《语录》《文集》，惟朱子卷帙最为繁富，然《语类》为门人黎靖德所编，中间不无讹误冗复，杂而未理，《大全集》亦精粗杂载，细大兼收，观者又苦其烦，多迷于指趣。是编分类排纂，厘为一十九门，凡《学》六卷，《四书》十九卷，《六经》十六卷，《性理》七卷，《理气》二卷，《鬼神》一卷，《道统》六卷，《诸子》三卷，《历代》二卷，《治道》二卷，《艺文》二卷，冠以御制序文及进表、职名、凡例。

《藏园订补郘亭知见传本书目》卷七《子部一》：《御纂朱子全书》六十六卷。康熙五十二年，大学士李光地等奉敕撰。〇内府刊本。原请名《朱子类书》，改名《全书》。〇各直翻刊本。〇古香斋袖珍本。

《八千卷楼书目》卷一〇《子部》：《御纂朱子全书》六十六卷，康熙五十二年，李光地等奉敕撰。京板本。

《增订四库简明目录标注》卷九《子部一》：《朱子全书》六十六卷，康熙五十二年李光地等撰。原请名《朱子类书》，赐名《全书》。内府刊本。古香斋袖珍本。有外省翻刻本。附录：贵阳、成都均有仿刻本。（绍箕）续录：《朱子文语纂编》十四卷，康熙戊戌吴兴岩鸿逵辑。日本天保十四年刊本。

《清史稿》卷一四七《艺文志三》:《朱子全书》六十六卷。康熙五十二年，李光地等奉敕撰。

今按：清康熙五十三年武英殿刻本（国家图书馆、北京大学图书馆、中国科学院图书馆、天津图书馆、上海图书馆、南京图书馆、辽宁省图书馆、吉林省图书馆、黑龙江省图书馆藏）；古香斋袖珍十种本（内府刻、南海孔氏重刻）；《四库全书荟要》本；《四库全书》本；清嘉庆二十二年刻本（香港大学图书馆藏）；清嘉庆间刻本（北京大学图书馆藏）；清道光间刻本（国家图书馆藏）；清同治八年成都书局刻本（国家图书馆、上海图书馆、辽宁省图书馆藏）；清光绪间江西书局刻本（国家图书馆、上海图书馆藏）；清尊经阁刻本（大连市图书馆、吉林省图书馆、长春市图书馆、东北师范大学图书馆藏）；清广东刻本（天津图书馆藏）。

文公经济文衡

宋滕珙编。

明曹于汴《题文公朱先生经济文衡》：朱先生之学，茧丝牛毛而未尝不廓大，远搜旁稽而未尝不简要，履绳蹈尺而未尝不透悟。世之外于先生者，曰何其不廓大也、不简要也、不透悟也，是不谙其所到而枉之者；其归于先生者，曰先生茧丝牛毛已也，远搜旁稽、履绳蹈尺已也，是割其所到而枉之者。由前之人犹可言也，犹后之人不可言也，故舍朱从陆，与辟陆从朱，总之不知先生。盖儒贤之从事于学，入门不必同，及抵堂奥，未尝或异。傥未窥其堂奥，第望门而评骘焉，乌足以尽？余年友张华东氏尊信先生，宝其文衡，昕夕披玩，楮敝墨渝，重加装演，不忍释手。其嗜之若此，盖亦游先生之堂奥者矣，可不谓千载知己乎哉。《仰节堂集》卷三。

明杨一清《朱子经济文衡类编序》：儒者之学，穷理尽性，以至于命。其用则经纬天地、参赞化育，以康济斯世斯民，垂教立则，传之无穷。《六经》《四书》，如日丽天，凡有目者之所共见。去圣逾远，正学日以湮微，濂洛诸大儒起而阐明之。至紫阳朱文公先生，集诸儒之大成。其所撰述，有功圣门，与《六经》《四书》并传天地，同为悠久矣。前辈尝采葺先生答问要语为《经济文衡》，有前、后、续三集，板行已久，字多漫灭。总督漕运都宪沁水李公谓其传不广，出所藏善本，属淮安知府西蜀赵君俊重刻之。同知杨君戬、通判罗君胤衡、推官涂君文祥咸与力焉。都宪以书征予序。夫先生之文，布在经传，括天地，贯古今，穷事物之奥，极鸿纤之变。吾儒当会其全，岂《文衡》可得而尽耶？顾今之学者，未仕局于举业，仕则夺于职守，读书穷理，往往有遗力焉。是书钩玄撮要，自道德性命之蕴，以至簿书名例之细，具载乎其中。于是玩索而有得焉，明体适用之学，致君泽民之术，庶几乎不昧其所从矣，亦可以弗畔矣。夫世俗声律伎俩之文，徒为木灾，较之广是书之传，孰得孰失，有不待论者。一清末学小子，何敢序先生之文？而都宪志崇风教，郡守诸君式克相成，皆不可以不著，于是乎书。正德四年己巳春正月既望，资善大夫都察院右都御史前奉敕总制陕西三边诸军事兼督理马政石淙杨一清。《朱子全书》第二十七册《序跋》。

明朱吾弼《朱子经济文衡类编序》：夫经者，常道也，世之有常道，犹天地之有日月。日月有二，明无两体；常道有明，体与适用而无二致。故本来理性曰经，以为天下国家，则九经亦曰经，文武之政备矣。统之以道，是谓在兹之文。仲尼所以为万代师，删述《六经》也。见礼知政知圣者，等事功于百王一以贯之之道乎！先儒言经术所以经世务，此如禹之治水，总会其络脉，而九川涤荡、四海会同耳。今之工缛绣以取世资者，飞影敷珍，岂不艳发？然割裂装缀，靡靡相胜，如华藻之绘明星，伎儿之舞讶鼓，无当世用。间或侈谈理性，亦复凭虚耽寂，号空中注脚。谓一切形器法度皆刍狗之余，卒至坐忘废务，并其世用无之。夫无当于世用，用犹可循也；并世用无之，祸身心以祸家国，岂渺小哉！紫阳当乾道、淳熙间，绍濂洛诸儒之学，而集其成。盖《六经》之摈诏，孔氏之宗臣也。其所披陈于四朝者，又皆凛若霜雪、鉴如蓍篮。前辈常总其答问、奏记为《经济文衡》。自太极心性及天时律吕，自三皇五帝及潮汐井田，与夫荒政、养役、庙祀、兵刑、亟罢和议以尽战守诸疏，靡不殚载。夫论世务则世务耳，何至合理性于簿书名例之细，而以为经济耶？理性，吾本源也。本源理会，彼于宇宙内事，犹以高下制水、燥湿制火、按方察脉，神明之妙自行，固非弃伦绝学之虚而哗世取宠之陋矣。《史记》引孔子曰："六艺于治一也：《礼》以节人，《乐》以发和，《书》以道事，《诗》以达意，《易》以神化，《春秋》以道义。"仲尼之徒受业身通者七十二人，当是时，回为邦，赐专对，由治赋求理财，视禹稷夷夔，即曰未尽相等，使得见诸行事，总非空言。紫阳羽翼《六经》，其于帝王淑世之规、圣贤新民之旨，固已天开日揭。经学、经济，夫岂三体？且闻经纬天地之为文，文而经纬天地，文之实也。仲尼所云得与于斯文而提衡万世者，在紫阳哉！紫阳遗文亦多在闽，闽董公崇相乃出家藏善本以授余。余同台孙公、李公方砥柱澄清，期在共济，遂协意锓梓。朱生崇沐慨然身任，力阐先传。因属王生、吴生专力校雠，刻成而征余序。夫紫阳之文以《六经》为藏府，岂尽《文衡》一编？顾其中所载三才一本，道器一致，至近而远，至显而微，何所不尽也。独惜其时见嫉群邪，不尽经济之用耳。而阐幽明微，使仲尼之道历万世亡敝，用孰与大乎？但求紫阳者无博观而精探之，则平生所学四字，固孔门大经济也。明经以经世者，将无愿学乎哉！时万历丙午三十有四年仲秋之吉。《朱子全书》第二十七册《序跋》。

清程恂《朱子经济文衡序》：宋婺源滕公珙，采子朱子《文集》《语类》，区分条目，为《经济文衡》三集若干卷。夫经济以致用也，农田、财赋、兵刑，皆经世要务。是编不先治法，而首太极道体心性功夫，滕公辑录之意深矣。天德王道，体用同原，本体不立而求致用，道德入于清净，仁义杂以权谋，汉唐以降，二帝三王之道，所以不明不行也。有宋大贤辈出，寻坠绪于遗经。子朱子集厥大成，躬负名世之才，而筮仕九考，立朝仅数十日。正心诚意之论，反复切挚，末繇启沃君心，上无善治，而下有真儒，其将以俟后圣于无穷也。我朝列圣相承，远宗二帝三王之心法，数千年来道统、治统始合于一。皇上至德渊微，治功巍焕，所以推而放之四海而准者，与子朱子竭诚入告之言，一一若合符节。至于紫阳之学术事功、遗籍绪论，上禅宸修，追崇表章，超轶前代。苏氏有言："但使圣贤之相契，直如臣主之同时。"盖子朱子之经济于斯为大，而滕公此编迄今而显，亦千古一时也。南昌杨公守新安，校刻《纲目》《年谱》《名臣言行录》既竣，复得此本。捐俸授梓，以广其传，而藏版官舍。恂与婺源江永襄校厥事，爰志此书编辑刊布之源流如此。滕公字德章，南夫先生之嗣，与兄璘德粹偕受业朱子之门，并得其学。入太学，登淳熙第，为合肥令，有仁声。杨公名云服，字卫京，号檀浒，雍正甲辰进士。由户部郎中历守两郡，今荐升江安粮储参政。乾隆四年九月翰林院检讨新安后学程恂书。《朱子全书》第二十七册《序跋》。

《文渊阁书目》卷四：《朱子经济文衡》一部六册，缺。

《天一阁书目》卷三之一《子部一》:《经济文衡》二十五卷，刊本。宋朱子撰，明石淙杨一清编。

《濮阳蒲汀李先生家藏目录》中间朝东三柜:《文公经济文衡》。六本。

《千顷堂书目》卷一一《儒家类》:马季机《经济文衡前集》二十五卷、《后集》二十五卷、《续集》二十二卷，皆辑朱子文字及问答要语。杨一清序，正德四年刊。

《绛云楼书目》卷二《道学类》:《朱文公经济文衡》十五册。

《也是园藏书目》卷五《子部》:《朱子经世文衡》五十卷。

《虞山钱遵王藏书目录汇编》卷四《子部》:《朱子经世文衡》五十卷。

《传是楼书目·子部》:宋朱熹《朱子经济文衡》前集二十五卷，续集二十二卷，后集二十五卷，十本。

《澹生堂藏书目》卷二《经类第十》:《文公经世文衡》一册。十五卷。

《佳趣堂书目》:《类编标注文公朱先生经济文衡》二十五卷。

《振绮堂书目》卷三:《类编朱子经济文衡》前后续六册，前二十五卷，后二十五卷，续二十二卷，旧题宋滕珙编，或题宋马季机编，明正德中重刊本。

《传是楼书目·子部》:《经济文衡后集》二十五卷，朱熹，七本。

《天禄琳琅书目》卷六《元版子部》:《类编标注文公先生经济文衡》，一函六册。宋马括辑。《前集》二十五卷，《后集》二十五卷，《续集》二十二卷，共七十二卷。前宋黄升序、括自序。马括，《宋史》无传，宋人诸书目亦不载是书。其序作于淳祐辛亥。按：辛亥为宋理宗淳祐十一年。书中盖取朱子所著论者类而编之，加以标注。黄升序称括字曰季机，而未详其爵里。升，《宋史》亦无传，著有《中兴词选》，字曰叔旸，号曰玉林，又号花庵。胡德方为之序，称其早弃科举，吟咏自适。秋房楼公以泉石清士目之。马括当时纂辑此书，似未刻梓。是本《前集》总目后有"时泰定甲子春刊于梅溪书院木记"。按:泰定甲子，为元泰定帝御极之元年。版式系仿宋巾箱本，而未能如宋椠之工也。

又:《类编标注文公先生经济文衡》一函六册。篇目同前。此书即前版，橅印亦出一时。"周大训印"，无考。

《培林堂书目·集部》:朱熹《晦庵先生经济文衡》二十五卷，十二册。

《怡府书目》八百八十号:《朱子经济文衡》，二套。

《四库全书总目》卷九二《子部二·儒家类二》:《经济文衡前集》二十五卷、《后集》二十五卷、《续集》二十五卷，安徽巡抚采进本。不著编辑者名氏。初刻于正德辛巳，有杨一清序，但称先儒所集。再刻于万历，丙午有朱吾弼序，但称为董崇相家藏本，亦不能指作者何人。黄虞稷《千顷堂目》亦皆相合。乾隆乙未，南昌杨云服重刊，程恂序之，称为宋滕珙编。考滕珙字德章，号蒙斋，婺源人。淳熙十四年进士，官合肥令。与兄璘俱游朱子之门，朱子铭其父墓，称二子皆有声州县间，又称珙廷对甚佳。盖亦新安高弟也。今观是书取朱子《语录》《文集》分类编次，《前集》皆论学，《后集》皆论古，《续集》则兼二集所遗而补之。每一论必先著其缘起，次标其立论之意，条分缕析，条理秩然，视他家所编经世大训之类，或简而不详，或繁而少绪者，迥乎不同，即不出于珙手，要非学有渊源者不办也。惟是朱子平生学问，大端具见于此，而独以“经济”为名，殆不可晓。即以开卷一篇论之，“太极”“无极”有何经济可言耶？其门目亦太烦碎，多不应分而分之，前集尤甚，亦为一瑕，读者取其宏旨可矣。

《四库全书总目》卷九五《子部五·儒家类存目一》:《分类标注朱子经济文衡》七十五卷江苏巡抚采进本。宋滕珙编。其原本已著录，此本为明朱吾弼重刊，即珙之书而标其要语于简端，以备答策之用。殊为猥陋。

《皕宋楼藏书志》卷四〇《子部》:《类编标注文公朱先生经济文衡》前集二十五卷、后集二十五卷、续集二十五卷，明刊本。宋滕珙编。朱吾弼序，万历丙午。

《善本书室藏书志》卷一五《子部一》:《类编标注文公先生经济文衡》前集二十五卷、后集二十五卷。明万历婺源刊本。宗后学高安朱吾弼命刻，十三世孙朱崇沐校梓。是书取朱子《语录》《文集》分类编次，前集论学，后集论古。尚有续集，则补二集所遗也。黄氏《千顷堂书目》称为马季机编，乾隆间程恂则称为宋滕珙编。珙字德章，号蒙斋，婺源人，与兄璘并游朱子之门。二者相较，似以滕编为近。明正德己巳初经雕版，杨一清有序。此则第二刻也。有万历丙午朱吾弼序，称：“紫阳地文亦多在闽，闽董公崇相出家藏善本授余，余同台孙公、李公协意锓梓。朱生崇沐慨然身任，力阐先传。因属王生、吴生专力校雠”云。按孙为御史沁水孙居相，李为御史内乡李云鹄。王名正已，吴名伯与。续集二十二卷，缺。

《八千卷楼书目》卷一〇《子部》:《经济文衡》前集二十五卷、后集二十五卷、续集二十二卷。宋滕珙编。明刊前后集本、乾隆刊本。

《艺风藏书记》卷二《诸子第三》:《类编标注文公先生经济文衡》前集二十二卷,元刊本。每半叶十二行,每行二十三字。中多明人补叶。收藏有“文登于氏谟觞馆藏本”白文长印。其余藏印累累，皆伪作也。

《艺风藏书续记》卷二《诸子第三》:《类编标注文公先生经济文衡》前集二十五卷、后集二十五卷、续集二十二卷。元刻本。明人补版。每半叶十二行，行二十三字。高六寸二分，宽四寸五分。宋滕珙取《朱子语录》《文集》分类编次。沁水李瀚以旧板漫漶，属淮安知府赵俊补足。正德己巳杨一清序。元板重补板一望可知，序云“重刻”。明人于补板活字板均云“重刻”，不必拘泥。

今按：元泰定元年梅溪书院刻本（国家图书馆、清华大学图书馆、上海博物馆藏）；明正德四年赵俊刻本（中国科学院图书馆、故宫博物院图书馆、上海图书馆、复旦大学图书馆、东北师范大学图书馆、山东省图书馆、江西省图书馆藏）；明嘉靖三十三年刻本（东北师范大学图书馆藏）；明万历三十四年朱崇沐刻本（国家图书馆、北京大学图书馆、故宫博物院图书馆、南京图书馆、扬州市图书馆、山东省图书馆、济南市图书馆、辽宁省图书馆、大连市图书馆、天一阁文物保管所、湖北省图书馆藏）；清乾隆四年杨云服刻本（北京大学图书馆、中国科学院图书馆、南京图书馆、辽宁省图书馆、吉林省图书馆藏）;《四库全书》本；清乾隆间刻本（天津图书馆藏）。

文公经世大训

明余祐编。

《濮阳蒲汀李先生家藏目录》东间朝东头柜 :《文公经世大训》。六本。

《濮阳蒲汀李先生家藏目录》东间朝东三柜 :《文公经世大训》。二部。

《万卷堂书目》卷三《儒家》:《文公经世大训》十六卷。朱熹。

《晁氏宝文堂书目》卷中《子部》:《文公经世大训》。

《澹生堂藏书目》卷二《经类第十》:《文公先生经世大训》四册。十六卷。

《徐氏红雨楼书目》卷三《子部》:《文公经世大训》。

《徐氏家藏书目》卷三《子部》:《文公经世大训》。

《楝亭书目》:《朱子大训》。明鄱阳余祐序集，十六卷，一函六册。

《传是楼书目·子部》：明余祐编《文公经世大训》十六卷，六本。

《培林堂书目·集部》：朱熹《经世大训》十六卷，六册。

《千顷堂书目》卷一一《儒家类》：余祐《文公经世大训》十六卷。又《游艺至论》一卷，录朱子论文之语。

《四库全书总目》卷九五《子部五·儒家类存目一》:《文公先生经世大训》十六卷，礼部尚书曹秀先家藏本。明余祐编。祐字子积，鄱阳人。弘治庚戌进士，官至云南布政使。内召为太仆寺卿，未及行，又擢吏部侍郎，未闻命而病卒。《明史·儒林传》附见《胡居仁传》中。祐，居仁之门人，又其婿也。是书成于正德甲戌，采朱子《文集》《语类》二书，分类排纂为三十六门，别无一字之发挥。其曰《大训》，盖取与天球河图并重之义。然书所称者乃古圣先王之教典，非大贤以下所敢受，恐未必合朱子意也。

《问源楼书目初编》卷三中《子部》:《文公先生经世大训》十六卷，明余祐编，明刊本。

今按：明嘉靖元年河南按察司刻本（北京大学图书馆、清华大学图书馆、天津图书馆、南京图书馆、浙江大学图书馆藏）；明嘉靖五年湖广布政司刻本（安徽省图书馆）；明天启间刻本（国家图书馆）。

文公训故

宋吴居仁编。

《绛云楼书目》卷一《故事类》:《文公训故》〇官箴。吴居仁。

朱文公政训

明彭韶编。

明彭韶《朱文公政训前序》：圣贤之训多矣，能认得为己，则随地可行。不然，日肆月偷，无所警省，白首且昏如，其能知一言为可用乎？宋李文靖公谓圣人节用爱人一语尚不能行，是虽有激而云，然非身行之，未必真知其难也。继圣人之后，朱文公一人而已。文公之学，全体大用之学也。范我后人，如规之圆，如矩之方，万世所不能外也。间与门弟子问答时政，又皆指示病源，亲切的实，读之使人凛然知惧，盖不独为门人弟子语也。继文公而兴者，又莫如西山真先生焉。先生尝著《心》《政》二经，传在学者。其帅湖南、守温陵，于僚属吏民屡有谕教。谆谆一家之言，委曲详尽，读之使人油然欣慕，亦非其僚吏所可专也。韶以海隅鄙人，承乏按察使于蜀余一载矣，修己治人，茫然无术。比欲与同寅诸君子文告有司上下，深虑无益。乃录文公弟子问答之语、西山谕属之文，名曰“政训”，刻梓以行。期与吾僚吏共勉之，以所答词为己之答，以所谕词为己之谕，不患无益矣。若夫礼乐之懿、格心之妙，不敢辄及。然能于此勉慕而有得焉，则所以为之地者，亦未尝不在也。或谓文靖公澹然无欲，其所激殆为风俗侈靡而发也，孰知今之助奢尤有甚乎？噫！此心一萌，其不能从事于吾政训矣。三尺之法，明明具在，岂容少私哉？愿相与戒之。成化十二年岁次丙申冬十月既望，后学莆田彭韶序。《彭惠安集》卷二。

明张悦《朱文公政训后序》：夫所谓政者，非徒事乎法度禁令而已，要在夫推吾心之所以正者以正人也。盖心生道也，乃乾坤之元，万物所以资始资生者也，人得之以为心，即所谓仁也。然众人虽有是仁，不能不为邪诱所迁，惟圣人之心，粹然至正，故其所行，莫非仁政，不使一物弗获其所，殆与天地生物之心同一仁矣。未至于圣者，必致知以明其理于心，而后力行以求至其地焉。奈何孔孟以后，心学失传。人不知要，惟务口耳文字丧志之学，无复涵养本原、研穷义理，其于己之身心已无所得，况望其善诸政以利乎物哉！迨至有宋，濂洛关闽真儒辈出，讲明心学，反复详至，仁政之蕴，悉备于辞。不得于辞，奚以善政？然其辞浩瀚广博，若无际涯，欲入其门者，未必尽知所由。吾僚长宪彭君凤仪有见于此，乃于退食之暇，翻阅朱子相与门弟子问答时政之语，并真西山氏所著《心》《政》二经，与夫戒谕僚属之文，掇取其尤切于日用者，总若干条，粹为一编，名曰政训。既自为文以序其端，出示僚佐，将板行以诏诸有司上下，盖欲其行远自迩、登高自卑，以求尽为政之道，非欲其取足于此而遂已也。有志于仁政者，诚能由此入门，更求诸儒全书以及《六经》而有得焉，则升堂入室，大有所见。以之施于有政，不暇勉强穿凿，一由乎心学中流出，而彼之被吾政者，亦岂有困于劳扰而弗获其所者哉！若乃安于卑近，而不复求进高远，则非今日纂集是编之本意也。刻板既成，复属予序之以广其意，义不可辞，故并言其政之所以然，俾观者益有以知所本云。成化丙申冬十二月之吉，四川按察司副使云间张悦序。《朱子全书》第二十七册《序跋》。

《晁氏宝文堂书目》卷下《政书》:《文公政训》。

《澹生堂藏书目》卷五《史类第十三》:《文公政训》一册。一卷。

《徐氏红雨楼书目》卷三《子部》:《朱文公政训》一卷。

《楝亭书目》:《朱子政训》。明彭韶序编，一卷，三册。

白鹿洞学规

宋朱熹撰。

《天一阁碑目·宋》:《白鹿洞学规》。隶书。明嘉靖十年刻。

《百川书志》卷二《仪注》:《白鹿洞书院揭示》一卷，朱文公定，四篇。

《上善堂宋元板精抄旧抄书目·宋板》: 宋板朱文公《白鹿讲书规》一本，新安程孟阳藏本，有明人跋十六叶，孙伟书文公像一叶。

《问源楼书目初编》卷三下《子部》:《白鹿洞书院教规》一卷，宋朱子撰，秀水曹氏刊本。

《八千卷楼书目》卷一〇《子部》:《白鹿书院教规》一卷，宋朱子撰。《学海类编》本、半亩园本。

朱子白鹿洞规条目

清王澍撰。

清王澍《朱子白鹿洞规条目序》: 人之所以为人者，性而已矣。学者，所以成性也；教者，所以兴学者也。先王之世，党有庠，术有序，国有学，故其时教化翔洽、风淳俗美，父父子子兄兄弟弟夫夫妇妇，莫不各得其性而一于理。人知有学，家知有教，邪说灭息，奸伪不起。此由教化渐劘之深，非独风气淳庞故也。及至于秦，销刻德义，尊用名法，废先王之道，燔列圣之经，上不知教，下不知学，棼棼泯泯，民无所措手足。三代圣人教育之方于是大坏。汉兴，承秦之弊，得之马上而不能治，《诗》《书》之气，厄塞屏绝，民志无所兴起，延百余年。至于文、景之间，兵革不试，太平无事，乃稍稍破除故习，开挟书之禁，引用儒生，先圣遗经于是间出于煨烬之余矣。而贾、董之徒，抱残守缺，未窥先圣蕴奥，零星补缀，千创百孔，专一不通，于世教民心终不能大有补益。晋、唐以下，亦无闻焉。至于有宋，天起生民，真儒并出。濂洛关闽诸子后先接迹，互为维持。开盲声，起僵仆，导清源，遏狂流。三代圣人之道，千数百年间所厄塞屏绝不兴于民者，至于兹而始得大明也。于虖，可谓盛也已矣！朱子生濂洛后，远本先圣遗经，近守周程明教，与其徒反复讲切，转相倡导，六子、四经外，如《小学》《近思》，其尤深切著明者也。而其简而该、详而密、切而有条者，尤莫如《白鹿洞规》。上之所以教，下之所以学，舍是即亡所用，举而行之，虽以治天下可也。澍生也晚，学殖荒略，未窥朱子墙壁。顾尝读《白鹿洞规》，以为中虽圣作复起不能易也。乃窃取《小学》《近思》成例，捃拾先圣贤之言，以《洞规》为纲，中分支派，从类条析，勒成二十条。始自戊寅四月，迄癸未十月，中更六年，三易其稿，而定名曰白鹿洞规条目。吾闻之：道之大原出于天命，天命不已，人事且起而有功。圣人知天之不可弃也，是故等伦有辨，学问有序，教养有方，动作有守，以一其民。民亦不强而从之，代天之工而已矣。后世道术不明，不因天而开人，但因心以立制，推之无本，行之不恕。意非不勤，知营力取，去人性远矣。《洞规》，事天之学也。以是为学，尽性也；以是为教，修道也。人能修道，尽性以达于天，虽以之为尧舜可也。金坛王澍书。《朱子全书》第二十七册《序跋》。

《四库全书总目》卷九八《子部八·儒家类存目四》：《白鹿洞规条目》二十卷，江苏巡抚采进本。国朝王澍撰。澍有《禹贡谱》，已著录。是编取朱子《白鹿洞规》为纲，而分类条析，证以经史百家之语。自序云："始自戊寅四月，迄癸未十月，中更六年，凡三易稿"云。

《浙江采集遗书总录》己集《子部》：《白鹿洞规条目》二十卷，刊本。右国朝王澍辑。以《白鹿洞规》为纲，摭拾前哲之言为目。

《郑堂读书记》卷三七《子儒一之下》：《白鹿洞规条目》二十卷，积书岩六种本。国朝王澍撰。《四库全书》存目。箬林以朱子《白鹿洞规》，上之所以教，下之所以学，舍是即无所用，乃规取《小学》《近思录》成例，捃拾经传百家之语，以《洞规》为纲，中分支派，从类条析，勒成是编，凡五教之目、为学之序各五卷，修身之要六卷，处事之要、接物之要各二卷，而仍冠以朱子原本一篇。其自序称："《洞规》，事天之学也。以是为学，尽性也。以是为教，修道也。人能修道尽性，以达于天，虽以之为尧、舜可也。"则未免放言高论，适足以滋学者之惑而已。

《清史稿》卷一四七《艺文志三》：《朱子白鹿洞规条目》二十卷。王澍撰。

今按：清康熙间刻本（南京图书馆藏）；清刻本（国家图书馆、上海图书馆藏）；《积书岩六种》本（乾隆刻，朱子白鹿洞规条）。

读白鹿洞规大义

清任德成撰。

《四库全书总目》卷九八《子部八·儒家类存目四》：《读白鹿洞规大义》五卷，江苏巡抚采进本。国朝任德成撰。德成，字象元，吴江人。是书取朱子《白鹿洞规》原文，各分段落，标于每卷之首，而引历代诸儒名言附于后，凡二百四条。前有《读白鹿洞规文约》，举邵、周、程、张、吕、陆诸子之说以冠之，则一篇之纲领也。

《清史稿》卷一四七《艺文志三》：《读白鹿洞规大义》五卷。任德成撰。

传道精语

宋李方子编。

《读书附志》卷下《语录类》：《传道精语》三十卷，《后集》二十六卷。右李方子编濂溪、康节、横渠、明道、伊川、晦庵、南轩、东莱之说，类而集之。

文说

宋包扬编。

《直斋书录解题》卷二二《文史类》：《文说》一卷。南城包扬显道录朱侍讲论文之语。

师诲

宋吴必大编。

《读书附志》卷下《语录类》:《师诲》三卷,《附录》一卷。右吴必大记录晦庵先生之语。朱鉴刻于兴国。

玉溪师传录

宋童伯羽撰。

《四库全书总目》卷九五《子部五•儒家类存目一》:《玉溪师传录》一卷、《附录》一卷,两江总督采进本。旧本题宋童伯羽撰。伯羽,字蜚卿,瓯宁人,朱子之门人也。是编所录朱子语,在《语录》饶本内,系以庚戌。庚戌为绍熙元年,伯羽时年四十七也。本名晦庵语录。明成化中,其九世孙训,以语类诸本参校补订,改题今名。前列道学统宗一图,上溯羲、孔,而以伯羽直接朱子之下,盖亦训之所为。后附《墓表》《行实》,载朱子诗二首及《敬义堂铭》,考朱子《文集》及续刊诸集,皆所未载,莫详所自。其称伯羽撰《四书集成》《孝经衍义》《群经训解》三书,《宋志》不著录。朱彝尊《经义考》亦惟载伯羽有《四书训解》,无此诸名。又前有丘濬序,其文不类。复有龚道后序,作于万历甲午,而称皇宋淳熙,跳行出格,尤为舛迕。疑即训捃拾《语类》附益之,非必果出伯羽也。

朱子语录

宋叶味道等编。

《晁氏宝文堂书目》卷上《经》:《朱子语录》。

《晁氏宝文堂书目》卷上《文集》:《朱子语录》。

《绛云楼书目》卷二《道学类》:《朱子语录》十七册。四十六卷,《续录》卷数亦同,刻于九江。

《鉴止水斋藏书目》子部第一橱：《朱子语录》三十二本。

《温州经籍志》卷一四《子部》：叶氏味道《朱子语录》，雍正《浙江通志》二百四十五。万历《温州府志》十七作“《辑次朱子语录》”。佚。《朱子语录》“姓氏”：叶贺孙，字味道，括苍人，居永嘉。辛亥以后所闻。《池录》七、八、九、十、十一。黎靖德《朱子语类》卷首。案：叶文修《朱子语录》，黎靖德谓“辛亥以后所闻”。考辛亥为绍熙二年，时朱子方以知漳州罢奉祠居建阳。《宋史》本传谓“味道师事朱熹，试礼部第一，时伪学禁行，味道对策无所避，既不第，复从熹于武夷山中”。即其时也。此《录》宋以来无单行本，惟嘉定乙亥李道传辑《朱子语录》四十三卷，刻于池州，曰《池录》，内载叶《录》凡四卷，《池录》今不传，而黎氏所编《语类》首卷所载甚明。雍正《浙江通志》据何镗《括苍汇记》谓“叶《录》四十三卷”，府、县志同。则以《池录》全书并属之文修，殊误。今据《语类》著录于此，而删其卷数，俾览者无疑焉。

晦庵语录

宋李道传编。

宋黄榦《池州刊朱子语录后序》：晦庵朱先生所与门人问答，门人退而私窃记之。先生没，其书始出。记录之语，未必尽得师传之本旨，而更相传写，又多失其本真；甚或辄自删改，杂乱讹舛，几不可读。李君道传贯之自蜀来仕于朝，博求先生之遗书；与之游者亦乐为之搜访，多得记录者之初本。其后出守仪真，持庾节于池阳，又与潘时举、叶贺孙诸尝从游于先生之门者互相雠校，重复者削之，讹谬者正之，有别录者，有不必录者，随其所得为卷帙次第，凡三十有三家。继此有得者，又将以附于后，特以备散失，广其传耳。先生之著书多矣，教人求道入德之方备矣。师生函丈间，往复诘难，其辨愈详，其义愈精，读之竦然，如侍燕闲，承謦欬也！历千载而如会一堂，合众闻而悉归一己，是书之传，岂小补哉！贯之既以锓诸木，以榦与闻次辑而俾述其意云。嘉定乙亥十月朔旦，门人黄榦谨书。中华书局点校本《朱子语类》卷首。

《读书附志》卷下《语录类》：《晦庵先生语录》四十三卷。右廖德明、辅广、余大雅、陈文蔚、李闳祖、李方子、叶贺孙、潘时举、董铢、窦从周、金去伪、李季札、万人杰、杨道夫、徐寓、林恪、石洪庆、徐容、甘节、黄义刚、夑渊、龚盖卿、廖谦、孙自修、潘履孙、汤泳、林夔孙、陈埴、钱木之、曾祖道、沈僩、郭友仁、李儒用三十三人记录晦庵先生之语也，李文惠公道传持江东庾节，刻于池阳，黄榦书于目录之后。

《直斋书录解题》卷九《儒家类》:《晦庵语录》四十六卷。著作佐郎陵锡李道传贯之，裒晦翁门人廖德明子晦而下三十二家，刻之九江。

《文献通考》卷二一〇《经籍考三十七》:《晦庵语录》四十六卷。陈氏曰："著作佐郎陵阳李道传贯之，裒晦翁门人廖德明子晦而下三十二家，刻之九江。"

《宋史》卷二〇五《艺文志四》:《语录》四十三卷，朱熹门人所记。

《文渊阁书目》卷四 :《晦庵语录》一部，四十二册，完全。案，塾本尚有二部，俱三十册，完全。《晦庵语录》一部三十册，缺。案，塾本作《语录》十五册，缺。《晦庵语录》一部六册，完全。

《濮阳蒲汀李先生家藏目录》中间朝东二柜 :《晦庵语录》。四本。

《晁氏宝文堂书目》卷上《经》:《晦庵语录》。

《世善堂藏书目录》卷上《经类》:《晦庵语录》一卷。

《国史经籍志》卷四《子类》:《晦庵语录》四十六卷。

晦庵先生语续录

宋李性传编。

宋李性传《饶州刊朱子语续录后序》:嘉定乙亥岁，仲兄文惠公持节江左，取所传《朱文公先生语录》锓木池阳，凡三十有三家。其书盛行。性传被命造朝，益加搜访，由丙戌至今，得四十有一家，率多初本。去其重复，正其讹舛，第其岁月，刻之鄱阳学宫。复考池录所余，多可传者，因取以附其末。合池录与今录，凡先生平生所与学者谈经论事之语，十得其九；嗣有所得，尚续刊之。池录之行也，文肃黄公直卿既为之序，其后书与伯兄，乃殊不满意，且谓不可以随时应答之语易平生著述之书。性传谓记者易差，自昔而然。《河南遗书》以李端伯《师说》为首，盖端伯所记，伊川先生尝称其最得明道先生之旨故也。至论浩气一条，所谓"以直养而无害"云者，伊川乃深不谓然。端伯犹尔，况于其他，直卿之云真是也。然尝闻和靖先生称伊川之语曰:"某在，何必观此书？"而文公先生之言则曰 :"伊川在，何必观？伊川亡，则不可以不观矣。”盖亦在乎学者审之而已。先生《家礼》成于乾道庚寅，《通鉴纲目》《西铭解义》成于壬辰，《太极通书义》成于癸巳，《论孟注问》《诗集传》成于淳熙丁酉，《易本义》《启蒙》成于乙巳、丙午之间，《大学中庸章句》《或问》成书虽久，至己酉乃始序而传之，《楚辞集注》《韩文考异》成于庆元乙卯，《礼书》虽有《纲目》，脱稿者仅二十有三篇，其著书岁月次第可考也。《家礼》编成而逸，既殁而其书出，与晚岁之说不合，先生盖未尝为学者道也。《语》《孟》《中庸》《大学》四书，后多更定。今《大学》“诚意”章，盖未易箦前一夕所改也。是四书者，覃思最久，训释最精，明道传世，无复遗蕴。至其他书，盖未及有所笔削，独见于疑难答问之际，多所异同，而易书为甚。渊所录一编，与本义异者十之三四，大率多合先君文昭《本传》之说。文昭谓《乾》《坤》之用，主于诚敬；《坎》《离》之用，主于诚明。世未有通其义者，而先生独称之，其不执一说，惟是之从如此。故愚谓《语录》与《四书》异者，当以书为正，而论难往复，书所未及者，当为助；与《诗》《易》诸书异者，在成书之前亦当以书为正，而在成书之后者，当以语为是。学者类而求之，斯得之矣。不特此也，先生平日论事甚众，规恢其一也。至其暮年，乃谓言规恢于绍兴之间者为正，言规恢于乾道以后者为邪。非《语录》所载，后人安得而知之！是编也，真不为无益，而学者不可以不之读也。先生又有《别录》十卷，所谭者炎兴以来大事。为其多省中语，未敢传，而卯火亡之。今所存者，幸亦一二焉。嘉熙戊戌月正元日，后学三嵎李性传书。中华书局点校本《朱子语类》卷首。

《读书附志》卷下《语录类》:《晦庵先生语续录》四十六卷。右黄榦、何镐、程端蒙、周谟、潘柄、魏椿、吴必大、黄罃、杨若海、杨骧、陈淳、童伯羽、郑可学、滕璘、王力行、游敬仲、黄升卿、周明作、蔡懇、杨与立、郑南升、欧阳谦之、游倪、杨至、潘植、王过、董拱寿、林学蒙、林赐、李儒用、胡泳、吕焘、黄义刚、吕寿昌、杨长孺、吴琮等四十一家记录晦庵先生语也。内五家莫详姓氏，后一卷则前录廖德明、潘时举、董铢、万人杰、徐寓、林恪所遗也。李性传叙而刻之鄱阳。

《直斋书录解题》卷九《儒家类》:《晦庵续录》四十六卷。李太史之弟枢密性传成之，又得黄榦直卿而下四十一家，及前录所无者并刻之，合贯之前录，益见该备矣。

《文献通考》卷二一〇《经籍考三十七》:《晦庵续录》四十六卷。陈氏曰 :"李太史之弟枢密性传成之,又得黄榦直卿而下四十一家,及前录所无者并刻之。"

《文渊阁书目》卷四 :《晦庵语续录》一部六册,完全。《晦庵语续录》一部二十六册,完全。

又 :《朱文公续录》一部十八册,残缺。

又 :《文公续语录》一部十四册,缺。

《国史经籍志》卷四《子类》:《晦庵续录》四十六卷。

晦庵先生朱文公语续录后集

宋蔡杭编。

宋蔡杭《饶州刊朱子语后录后序》:鄱阳所刊先师文公朱先生《语录》,固欲续池录所未备。然先师之言满天下,二录所收,亦岂能遽尽哉?淳祐戊申,杭将诣江东,鄱阳洪叔鲁芹以其外大父吏部杨公方手所录《寒泉语》见示,既又于安仁汤叔逊次得其家藏包公扬所录。二公在师门为前辈,所录尚未编入,则所遗者亦多矣。既而东阳王元敬佖亦以所集刊本见寄,又得里中朋友所传一二家,乃悉以次编入,为二十六卷。先师之绪言,虽未敢谓无复遗逸,然所会粹益富矣。独念先师又有亲自删定与先大父西山讲论之语及性与天道之妙,名曰《翁季录》者,久未得出以流行于世。岂斯文之显晦固自有时乎!窃尤有感于此,故辄并识其拳拳之意云。淳祐己酉中秋日,门人建安蔡杭书。中华书局点校本《朱子语类》卷首。

《读书附志·拾遗》:《晦庵先生朱文公语续录后集》二十五卷。右杨方、黄榦、包扬、刘琰、刘子寰、邵浩、刘砥、刘砺、李辉、陈芝、黄灏、黄卓、汪德辅、吴振、吴雉、钟震、林子蒙、林学履、萧佐、舒高、魏椿、杨至二十二人记录晦庵先生之语也。蔡杭将诣江东,集而刻之。

《文渊阁书目》卷四 :《文公语录续后集》一部四册,缺。

晦翁先生朱文公语后录

宋王佖编。

《读书附志·拾遗》:《晦翁先生朱文公语后录》二十卷。右东阳王佖记杨方、黄榦、刘琰、黄灏、邵浩、刘砥、李辉、黄卓、汪德辅、陈芝、吴振、吴雉、林子蒙、林学履、刘砺、钟震、萧佐、舒高、魏椿、杨至所录也。其说谓“池《录》初成，勉斋犹未免有遗恨于刊行之后，况饶本又出于其后乎？此二十卷，皆池、饶所未及刊者，稽其所自，证其所得，尝屡反复焉，无一语或敢不谨也”。又谓“晦翁始与南轩讲于岳麓，后与东莱及象山讲于鹅湖。此皆先贤讲论大端，深恨从游者莫能录其所闻，以示后世云”。

紫阳宗旨

宋王佖撰。

《文渊阁书目》卷四:《紫阳宗旨》一部四册，完全。

《国史经籍志》卷四《子类》:《紫阳宗旨》三十八卷。王佖编。

《千顷堂书目》卷一一《儒家类》: 王佖《紫阳宗旨》三十八卷。宋淳祐间金华人，编次朱子语录。

《四库全书总目》卷九五《子部五·儒家类存目一》:《紫阳宗旨》二十四卷，两江总督采进本。旧本题宋王佖撰。佖，东阳人，即淳祐壬子作《朱子年谱序》者也。其书采辑朱子《文集》《语类》，分诲人、析理、明经、论事四门，每门又各分子目。其中注语有出朱子原文者，亦有出佖所增识者。考赵希弁《读书附志》，载《晦庵先生朱文公语后录》二十卷，注曰右东阳王佖记，杨方、黄榦、刘琰、黄灏、邵浩、刘砥、李辉、黄卓、汪德辅、陈芝、吴振、吴雉、林子蒙、林学履、刘砺、钟震、萧佐、舒高、魏春、杨至所录也。其说谓“池《录》初成，勉斋犹未免有遗恨于刊行之后，况饶本又出于其后乎？此二十卷，皆池、饶所未及刊者”云云。其书名各异，卷数复殊，据其所言，乃续刊之语录，体例亦与此书不合。惟《内阁书目》有佖《紫阳宗旨》三十八卷，《千顷堂书目》则作二十八卷。书名撰人均与此本相合，而卷数复异，未详其故。然《浙江通志·经籍门》中，以佖《朱文公语后录》列为一条，而以此书附载于下，不入标目，则亦疑非伪作矣。

朱子语类

宋黄士毅编。

宋魏了翁《眉州刊朱子语类序》：开禧中，予始识辅汉卿于都城。汉卿从朱文公最久，尽得公平生语言文字，每过予，相与熟复诵味，辄移晷弗去。予既补外，汉卿悉举以相畀。嘉定元年，予留成都，度周卿请刻本以幸后学。予曰："予非敢靳也，所为弗敢传者，恐以误后学耳。"周卿艴然曰："奚至是！"予曰："子知今之学者之病乎？凡千数百年不得其传者，今诸儒先之讲析既精，后学之粹类亦广，而闽浙庸蜀之锓刻者已遍于天下。若稍损赀用，则立可以充厨牣。凡苟有小惠纤能，涉其大指，则亦能以缀说缉文，或以语诸人，则亦若稍尝从事焉者，奚必诵先圣书而后为学乎？亦取诸此而足矣。且张宣公以程子之意类聚孔孟言仁，而文公犹恐长学者欲速好径之心，滋入耳出口之弊。脱是书之行，其无乃非公所云云者乎？吾甚惧焉！"周卿由是姑徐之。后数年，竟从予乞本刊诸青衣，彼不过予所藏十之二三耳。然予且谓周卿曰："子其以此意著于篇端，俾学者毋袭是弊也。"其后李贯之刊于江东，则已十之六七。今史廉叔所得黄子洪类本，则公之说至是几无复遗余矣。廉叔将板行，以予有志于斯也，属叙所以作。予为言尝以告周卿者。廉叔曰："然则已诸？"曰："已之无伤。虽然，安于小成，甘于自弃者，气质之偏，而无以矫之也。而秉彝好德之心谁独无之！予前所忧，盖为世之专事乎耳目口笔，苟以哗众取宠而无志乎远且大者也。傥不忍自薄其身，则无宁深体熟玩，以为求端用力之模准者乎！今未可概以是为疑而阏其传。盍遂以此冠篇而并刻之，将听学者之自择焉。"子洪名士毅，姑苏人，尝类《文公集》百五十卷，今藏之策府；又类注《仪礼》，未成书云。嘉定十三年九月丁亥朔，临邛魏了翁序。中华书局点校本《朱子语类》卷首。

宋黄士毅《朱子语类后序》：右《语类》总成七十家，除李侯贯之已刊外，增多三十八家。或病诸家所记互有重复，乃类分而考之。盖有一时之所同闻，退各抄录，见有等差，则领其意者斯有详略。或能尽得于言，而首尾该贯；或不能尽得于言，而语脉间断；或就其中粗得一二言而止。今惟存一家之最详者，而它皆附于下。至于一条之内无一字之不同者，必抄录之际，尝相参校，不则非其闻而得于传录，则亦惟存一家，而注与某人同尔。既以类分，遂可缮写，而略为义例，以为后先之次第。有太极然后有天地，有天地然后有人物，有人物然后有性命之名，而仁义礼智之理则人物所以为性命者也。所谓学者，求得夫此理而已。故以太极天地为始，乃及于人物性命之原，与夫古学之定序。次之以群经，所以明此理者也。次之以孔、孟、周、程、朱子，所以传此理者也。乃继之以斥异端，异端所以蔽此理，而斥之者，任道统之责也。然后自我朝及历代君臣、法度、人物、议论，亦略具焉。此即理之行于天地设位之后，而著于治乱兴衰者也。凡不可以类分者，则杂次之，而以作文终焉。盖文以载道，理明意达，则辞自成文。后世理学不明，第以文辞为学，固有竭终身之力，精思巧制，以务名家者。然其学既非，其理不明，则其文虽工，其意多悖，故特次之于后，深明夫文为末，而理为本也。然始焉妄易分类之意，惟欲考其重复。及今而观之，则夫理一而名殊，问同而答异者，浅深详略，一目在前，互相发明，思已过半。至于群经，则又足以起或问之所未及，校《本义》之所未定，补《书说》之所未成，而《大学章句》所谓高入虚空、卑流功利者，皆灼然知其所指而不为近似所陷溺矣，诚非小补者。故尝谓孔孟之道至周程而复明，至朱子而大明。自今以后，虽斯道未能盛行于世，而诵遗书，私淑艾者，必不乏人，不至于千五百年之久绝而不续。反复斯编，抑自信云。

又：《语类》成编，积百四十卷。同志艰于传录，而眉山史廉叔愿锓于木。士毅之类次，虽犯不韪，而不复固辞者，庶几无传录之艰也。独池本陈埴一家，惟论仁一条，按遗文，乃答埴书，不当取为类，故今不载。又辅广所录，以先生改本校之，则去其所改而反存其所勾者，合三十余条，今亦惟据改本。自首连数至“君子所贵乎道者三”而注云：“自此以前，皆先生亲改。”亦传闻之误。当时杂改定者八十余条耳。或有一条析为三四条，如窦从周录所见先生语之类，今则复其旧。或士毅所传本多于刊本，如黄义刚者，悉类入而不去。文异者，则姑注一二条云：“一本作某字。”以上皆与池本异者。盖池本虽黄侯直卿之所次辑，然李侯贯之惟据所传以授直卿，而直卿亦据所授以加雠校，且有增改于已雠校之后者不与焉。故近闻之直卿，欲求元本刊改，而未能也。至于或出于追述，故得于传闻，则文辞之间，不无差误。凡此之类，读者详考《四书》及他记录，而折衷其所疑可也。惟学类七卷，虽出于臆见，而实本先生教人之方，后学于此三复而得夫入道之门，则能总会是编，而体之于身矣。己卯九月望日，门人莆田黄士毅谨识。中华书局点校本《朱子语类》卷首。

宋吕午《徽州刊朱子语类后序》：孔孟之书，至濂洛讲说而明；濂洛之书，得朱子讲说而粹；朱子之书，恭遇皇上表章而益尊显于天下。夫道固未易以言语求，舍言语亦无以求道。特儒先之言，散在方策，浩若烟海，学者不能尽得之，此类书所以不可无也。自周子《太极通书》得所传授，二程子及高第弟子难疑答问，散见不一。朱子出，而应记备录，提要钩玄，始融会而一之。既仿孔门会集夫子所言以为《论语》之意，集为《程氏遗书》。复访程子取圣贤言仁处类聚以观之意，而以程子发明《语》《孟》者搜辑条流，附于本章之次，而益以十家之说，为《语孟集义》。又纂为《近思录》十有四篇，虽不明标篇目，而门分类聚，自可推见，使开卷者知其一又知其二，得于此又得于彼，所以惠后学甚渥。此意流传，卓为轨范。故因朱子与门人问答，各记所闻，李道传贯之尝各合为《语录》，而池本出焉。彼其会粹三十三家锓之梓，虽未免重复，惟在学者参考而自得之，亦既得朱子编《遗书》之意矣。至嘉定庚辰、辛巳间，建安杨与立始约为《语略》，行于东南。而眉丹棱史公说廉叔，时亦得莆田黄士毅子洪《语类》增于池本三十八家者，刊之于蜀，最为详备，而蜀本出焉。是又得朱子《语孟集义》与《近思录》之意矣。洪平斋独先得是书，东南之士多未之见也。迩年蜀经兵火，廉叔之弟敏叔，崎岖万里，护是书之板至江陵，今置于鄂，东南诸郡，亦未有第二本也。仅有所谓《格言》《精语》继《语略》而出，皆非朱子语录全书也。吾郡贰车洪勋，实平斋嗣子，以朝命领袖紫阳书室，绣使蔡杭首为澹廪助，泉使程元凤继之。贰车谓增田以丰衿佩之养，不若刊书淑衿佩之心，既设朱子之学，又不可无朱子之书也。书之要切莫若《语类》，吾得之过庭遗训，未尝不惓惓于斯。乃以旧所得蜀本属诸职事校正字之讹脱，而刊之书堂。然其费甚夥，山长张文虎，又撙节裒集以相继；而大捐钱米，鸠工聚板以终成之者，太守谢堂也。板成，字画明整，视蜀本为胜。自是四方学者，可家有而人诵之。山长与诸职事合词以序来请，午窃惟类分大概，黄子洪已于总目之末具言重复互相发明之义；而惧学者徒以是滋入耳出口之弊，而望其深体熟玩，以为求端致力之标准者，魏鹤山又尝丁宁告戒于蜀本之篇端矣。顾小学浅闻，奚敢复赘？抑闻之尹氏得朱氏所抄伊川先生语，质之先生，先生曰："若不得某之心，所记者徒彼意耳。"朱子释之曰："学者未知心传之要，而滞于言语之间，则失之毫厘，其谬将有不可胜言者。"于是有主敬立本、穷理致知之说，以为是可得先生之心，而判疑信之传。则今之读《朱子语类》者，欲得于言传，当得其心传可也。其或不然，虽以《近思录》之十四篇，类聚剖析非不明也，而见其前说与后说不同，此说与彼说有异，或者未免犹有疑焉。朱子谓不知其中自有路陌推寻得通，只是一理。又援伊川所云"穷理得多，理自通彻"。其示人以读《近思录》之要旨尤为切至。然则读《语类》者，亦当博学审问、慎思明辨以尽穷理功夫，而终之以笃行，则于朱子之心庶乎有得，而于朱子之语庶乎无差矣。虽然，子洪既类朱子之语，而廉叔又类南轩张子之语，何也？盖得濂洛之学者，惟朱、张二子，道同志合，相与往返议论，切磋琢磨，卒归于一。四德之说，可以合观而类推矣。此千万世学者之规矩准绳也。舍是而他求，夫岂无可观者，而枝词蔓语，易失本真，得无程子所谓"彼意"，朱子所谓"其谬有不可胜言"乎？学者其谨诸！淳祐辛亥良月望日后学新安吕午谨序。《朱子全书·朱子语类附录》。

宋王佖《徽州刊朱子语续类后序》：《文公朱先生语类》一百三十八卷，壶山黄子洪取门人所录语以类相从也。先是，池本饶本，人各为录，间见错出，读者病焉。子洪既以类流传，便于玩索，而微言精语，犹有所遗。佖每加访求，得所未见。自是朋友知旧知其有心于纂辑，亦颇互出所有以见示，凡三十有余家。既裒以为婺录，而继之者尚未艾也。佖幽居无事，盖尝潜心而观之，审订其复重，参绎其端绪，用子洪已定门目，粹为《续类》，凡四十卷。或谓《前类》不为少矣，又以《续类》附益之，不已多乎？窃谓学固戒于徒博，然亦不可以不博而径约也。又况文公先生之道，高明广大，致极无遗，学者正当尽博约之方，而后精微中庸之趣始可渐而求。佖每观诸家所录，以其问有浅深，故于教告亦有不同，其视文公先生之精蕴，不能得其全者尚多有之。佖也笃信好学，反复寻绎，能知所尽心焉，虽以《前》《续》之繁，固将无所厌斁。不然，则虽先生平日已著为定论之书，尚有所惮而不肯观，而况于此乎哉！然则先生片言半语，苟有所传，固不容有所忽而不究其所归也。新安魏史君，盖鹤山先生之嗣也，近以紫阳所刊《语类》为寄，因以《续类》为请，而慨然欲并刊之，以全书院之传布，其乐于阐明文公先生之遗训盖如此。

遂举以属之，且窃识于后，庶几乎与愿学之士从事于详说反约之功云尔。淳祐壬子上冬。中华书局点校本《朱子语类》卷首。

宋蔡杭《徽州刊朱子语类后序》:《论语》一书，乃圣门高第所集，以记夫子之嘉言善行，垂训后世。《朱子语类》之编，其亦效是意而为之者也。或曰：“语必以类相从，岂论语意欤？”曰：“《学而》一篇所记多务本之意，《里仁》七章所记皆为仁之方，若《八佾》之论礼乐，《乡党》之记言行，《公冶长》辨人物之贤否，《微子》载圣贤之出处，亦何尝不以类哉！天下之理，‘同归而殊途，一致而百虑’，非有以会而通之，则只见其异耳。《大传》曰：‘触类而长之，天下之能事毕矣。’而伊川之诲学者亦必曰：‘将圣贤言仁处类聚观之。’然则《语类》之集，其有功于学者多矣！”新安旧有紫阳书堂，而紫阳之书未备也。通守洪君勋、教授张君文虎相与谋以蜀本《语类》刊之，越二岁而书成。郡侯谢工部坐属余为跋其梗概，予不得辞也。因僭为之说曰，理有可以类通，而非可以类止；是其然，必有所以然。学者因其类以究极朱子之全书，使此理融会通贯，不梏于一事一物而止，则无愧于吾夫子触类而长之训也。若夫惮烦劳，安简佚，以为取足于此，则朱子固尝以是为学者病矣，乌乎可！抑二君推广私淑之意，亦贤矣哉！淳祐壬子六月望日。中华书局点校本《朱子语类》卷首。

朱子语别录

宋吴坚编。

宋吴坚《建安刊朱子语别录后序》:子朱子《语录》行于世，尚矣。池录三十有三家；鄱本《续录》四十有二家，其三十四家，池本所未有也，再见者两家，录余凡六家。又《后录》二十三家，其二十家亦池本所未有也，再见者三家。合三录为八十七家。及门之士，固有如谢先生在程门无录者。其有录可传者既如此矣。坚末学生晚，嘉定癸未、甲申间，侍先君子官长沙，师西山真先生、倅宏斋李先生，常进之函丈。又侍长沙舒先生，列岳麓诸生。果斋李先生过潭，又获侍讲席焉。果斋，先君子畏友也，尝介以登朱子之门。坚由是多见未行语录，手抄盈箧，凡六十五家，今四十年矣。晚得池、鄱本参考，刊者固已多。然黄士毅所录，朱子亲笔所改定者，已见于辅广录中，其所自录及师言，则亦三录所未有。若李壮祖、张洽、郭逍遥所录，亦未有也。朅来闽中，重加会粹，以三录所余者二十九家及增入未刊者四家，自为别集，以附《续录》后集之末。泰华高矣，沧海深矣，非有待增益也。独念早所闻于父师者，罔敢失坠。今幸是录所已行者如此，则其尚有所遗者，敢附之一笔删去哉！亦并行之可也。抑坚闻之，大易居行，先以学聚问辩；中庸笃行，先以学问思辩；程子以讲明道义、论古今人物为格物致知之首，则学非问辩不明，审矣。朱子教人既有成书，又不能忘言者，为答问发也。天地之所以高厚，一物之所以然，其在成书引而不发者，语录所不可无也。凡读先生成书者，兼考乎《语录》可也。若但涉猎乎《语录》，而不玩味于成书，几何而不为入耳出口之资！为己之学，盖不然也。书于篇端，以谂同志，抑以自警焉！咸淳初元嘉平之月，后学天台吴坚敬识。中华书局点校本《朱子语类》卷首。

朱子语略

宋杨与立编。

明杨士奇《朱子语略识》：余少则闻先生长者言，学者日诵五经四书诸史外，闲暇宜玩《朱子语类》。一日过水南段福可，福可先待制侍史，其家有《语类》二卷。福可谓此杨氏故物，即以归我。虽不完，然始识此书，喜持归。先宜人见之，泣指所题签帖，语不肖曰："小子敬之。此汝父手笔也！"无几，先叔子超携入灌塘尹氏馆中，失焉。自是所至，求《语类》全书不可得。此集二册，特《语略》耳，朱子门人杨与立编。刻板在北京国子监。永乐庚寅，杨庶子扈从还以见遗，所缺什一，得邹侍讲本补录，遂为完书。总二十卷，二千四百八十条。凡学者明善诚身之方，大要具是，诚能身体力行之，可以驯致乎古人。然《语类》固学者不可少哉。《东里续集》卷一七。

《读书附志》卷下《语录类》：《朱子语略》二十卷。右杨与立编次晦庵先生之语。萧一致刻于道州。

《文渊阁书目》卷四：《文公语略》一部三册，缺。

《濮阳蒲汀李先生家藏目录》东间朝东三柜：《朱子语略》四本。

《万卷堂书目》卷三《儒家》：《朱子语略》二十卷。杨与立。

《晁氏宝文堂书目》卷上《经》:《朱子语略》。

明黄佐《南雍志·经籍考》:《朱子语略》十卷。脱者十三面，存者三百五十二面。朱子门人建安杨与立编。

《澹生堂藏书目》卷二《经类第十》:《朱子语略》四册。二卷。

《古今书刻》上编《国子监》:《朱子语略》。

《古今书刻》上编《南京国子监》:《朱子语略》。

《千顷堂书目》卷一一《儒家类》: 杨与立《朱子语略》二十卷。建安人，朱子门人，知遂昌县人，称船山先生。国子监书目作十卷。

《传是楼书目·子部》:《朱子语略》二十卷，宋杨与立编，四本。

《培林堂书目·子部》:《朱子语略》四册。

《问源楼书目初编》卷三下《子部》:《朱子语略》二十卷，宋杨与立辑，甘氏刊本。

《藏园订补郘亭知见传本书目》卷七《子部一》增 :《朱子语略》二十卷。宋杨与立编。姚惜抱文后集有跋语。《四库》未收。补 :〇明弘治四年南京国子监刊本，九行十五字，黑口，四周双栏。此书《南雍志》著录，时存板三百五十二面，脱十三面。惟误二十卷为十卷。庚戌九月李紫东自南携津求售。

《增订四库简明目录标注》卷九《子部一》:《朱子语略》二十卷，宋杨与立编，姚惜抱文后集有跋语。道光十四年金陵甘福刊本。《四库》未收。

今按 : 明弘治四年南京国子监刻本（中国科学院图书馆、温州市图书馆藏）; 清嘉庆十三年程师义刻本（北京大学图书馆藏）; 清咸丰六年刻本（上海图书馆藏）。

朱子语录类要

宋叶士龙编。

《文渊阁书目》卷四 :《朱子语录格言》一部一册，缺。

《万卷堂书目》卷三《儒家》:《晦庵语录》十八卷。叶士龙。

《百川书志》卷三《道学》:《晦庵朱子语录类要》十八卷，宋勉斋黄氏门人考亭书院堂长括苍淡轩叶士龙云叟编次，初十九卷，名曰《格言》，后去兵事，更定为此。分四十八类，载答门弟子四十四人。

《楝亭书目》:《朱子语录》。宋括苍叶士龙编次，十八卷，敷阳王遂序，一函六册。

《千顷堂书目》卷一一《儒家类》: 叶士龙《晦庵朱子语录类要》十八卷。括苍人，字云叟，号澹轩，黄榦门人，为考亭书院堂长。凡四十八类。

《培林堂书目·子部》:《朱子语录类要》十四卷，三册。

《四明卢氏藏书目录》:《朱子语录类要》十八卷，大德刻本。宋叶是龙编。

《楹书隅录》卷三《子部》: 元本《新编晦庵先生语录类要》十八卷，六册。卷首有嘉熙戊戌新安朱熹、淳祐甲辰敷阳王遂两序。卷末大德壬寅武夷詹天祥跋，云："右《文公语录类要》十八卷，故考亭书院堂长澹轩叶氏手编之书也。堂长讳士龙，字云叟，弱冠由括苍来考亭从勉斋游，因家焉。学成行尊，台郡迎致讲说。其所著书，有《论语详说》二十篇，又文集若干卷。是编取文公语录撮要分类，初题曰语录格言，凡十九卷。殿讲徐公几爱其简切，更题曰语录类要，内独省去第十九卷，盖不欲学者骤言兵也。近年兵毁不复存。天祥家藏殿讲手校本，乃重校刻之。"云云。是书较《语类大全》颇极详该。诸家书目俱未载，惟上元倪闇公灿《宋史艺文志补》始著录。顾既列之《宋志》，自当依云叟之旧，乃题叶士龙《语录类要》十八卷，似有未安。或亦未睹此本，不知经后人删易耶。每半叶十一行，行二十字。有"楝亭曹氏藏书""树德堂英和私印""长白敷文氏""谨斋昌龄图书印""谨斋图书""蒋成山记"各印。

《藏园订补郘亭知见传本书目》卷七《子部一》补:《晦庵先生语录类要》十八卷。宋叶是龙编。〇明成化六年韩俨刊本，十一行十九字，黑口，四周双栏。从元大德本出。

《海源阁宋元秘本书目》卷三《子部》: 元本《新编晦庵先生语录类要》十八卷，六册一函。

《增订四库简明目录标注》卷九《子部一》:《朱子语录类要》十八卷，宋叶士龙编，括苍人，勉斋门人也。初十九卷，名曰格言，后去兵事，更定为此，分四十八类。《续录》: 明初覆刻元大德武夷詹天祥本。明刊本。

今按：明成化六年韩俨刻本（北京大学图书馆、清华大学图书馆、复旦大学图书馆、浙江图书馆、美国哈佛大学燕京图书馆藏）。

朱子语类

宋黎靖德编。

明彭时《朱子语类大全序》：自帝王道化不行于天下，而后孔孟道学之传兴。孟氏既没，其传遂泯。历秦、汉、隋、唐至于有宋，周、程、张、朱诸君子继出，而后道学复明焉。然究其推演性命道德之精微，剖析天人事物之蕴奥，而折衷群圣贤之述作，俾学者有所据依，以为学则，功未有盛于朱文公先生者也。文公传注成言，至精至粹，固已家传人诵矣。而一时门人进而请教，退而各记所闻者，其语尤详，其详辨博喻尤为易晓。如此者殆百余家，蜀士李道传始取而刻之为《语录》，莆田黄士毅又因而分之曰《语类》。《语录》之外有《续录》《后录》《别录》，《语类》之外有《续类》。诸书并行错出，读者病焉。最后黎靖德参校诸书，去其重复谬误，因士毅门目，以类附焉，名曰语类大全，凡一百四十卷。于是文公遗语备诸此矣。惜乎板本今不复传，间有传录者，又不免乎亥豕之讹也。三山陈君炜，自天顺庚辰第进士为御史，屡欲访求善本而不得。成化庚寅，副宪江右，访于豫章胡祭酒颐庵家，得印本，中缺二十余卷。明年，分巡湖东，又于崇仁吴聘君康斋家，得全本而缺者尚一二，合而校补，遂成全书。欲重刻以广其传，谋于宪使严郡余公。公喜，倡诸同寅各捐俸余，并劝部民之好义者出赀，以相其成。自今春始工，期以秋毕。因寓书语予以其故，并征予序焉。愚谓文公遗语，无非谭经论事明理之言也，学者不循其言以求至乎圣贤之域，则理有不明，心无实得，岂善学哉？惟其不善学也，是以性汩于气，私胜而理微，注措云为，鲜有不戾道者。士习日以卑陋，民风日以颓弊，而治道不能复古，有由然也。窃尝病此而力未能救，恒用愧叹而已。公暇览阅秘书，喜诵《语类》以自益，因慨见此不早，且以不能人有是书为恨。何则？圣贤格言大训，世非不多，而此尤明切易晓，可为入道之指南故也。陈君有见乎此，乃力求是书，刻而传之，以惠学者，以端其习，以为圣朝道化之助，其用心岂浅浅者哉！而是书之传，今自江右始，抑非吾党之士之幸欤！幸矣而不自勉不可。有志者诚以文公成言为主，而以《语类》为助，博观精择，以求入道，则途辙正矣。慎毋惮其浩博而止，亦毋徒资其博而不实践以要其成也。因书篇首，愿与四方之士其勉焉。成化九年癸巳秋九月朔旦，赐进士及第、资德大夫、正治上卿、太子少保、吏部尚书、兼文渊阁大学士知制诰、同知经筵事、国史总裁后学安成彭时序。《朱子全书》第十八册《朱子语类》附录。

明叶向高《重锓朱子语类叙》：或曰：朱子之学，其行于世也孰为之？余曰：天为之。何以明其天也？当夏、商、周之世，群圣继起，而孔子集其成；未几有秦氏坑焚之厄也，于是汉祖兴，折节崇祀于干戈扰攘之秋，使天下闻风而靡，而孔子之道尊。当汉、唐、宋之世，群儒继起，而朱子集其成；未几有元人腥秽之厄也，于是高皇帝兴，县布考亭之传注于学宫，使天下颟然一遵其说毋敢出入，而朱子之道尊。孔子大圣，朱子大贤，其道之必尊且信于天下后世，固万万无疑者。然非有汉高帝与明高帝开天立极之圣人为之发明表章，亦安能当坑焚腥秽之后，焕然揭日月而行天？故夫孔子、朱子之道，其尊且信于天下后世者，孰为之？天为之也！自孔子之道尊，而万世之人得不沦于禽兽；自朱子之道尊，而孔学益明。万世之人，愿学孔子者，如登天然，若为之梯；如泛海然，若为之航。故有孔子，必不可无朱子也。近世之为新学者，好龁龁朱子，其始直朱子耳，浸淫不已，且及孔子。盖至今日，士大夫修瞿昙净土之业，其卑訾洙泗家言，以为不足当灵山之下乘者，喙争鸣也，孔子之道于是大厄。其原皆始于轻诋朱子，以至于此。夫朱子之学，吾不知其何如也，然而知其必为孔子也；近世所崇尚之学，吾不知其何如也，然而知其未必为孔子也。孔子之言多矣，挈其大旨，不过曰"博文约礼"。经礼三百，曲礼三千，如此其繁也。而孔子以为约，何也？为其有途而可遵也，有规矩准绳而可守也。夫可遵可守者，孔子之所谓约也。而今之人，为简易，为直截，言之甚可听也，而其实无可遵、无可守。夫无可遵，则其途愈歧；无可守，则必荡然于规矩准绳之外。然则今之简易与直截者，皆恶吾道之拘而逃焉以自便者也。其与孔子约礼之教，已判然苍素之不相入矣。又何怪其操入室之戈以自摽于门墙之外哉！朱子之言曰："近世学者，求道太迫，立论太高，往往嗜简易而惮精详，乐浑全而畏剖析，以此不见天理之本然，各堕一偏之私见。"呜呼！此朱子之学所以不谬于孔子也。世之人惟其不欲为孔子也，是以轻诋朱子。其弊至于悖天侮圣，而畔高皇帝之功令也，亦大惑已。侍御高安朱公，每与余言，辄慨然发愤，思欲广朱子之遗言以行于世。会行海上，而锡山高君云从出其所藏《朱子语类》一百四十卷，相与读之而喜。以属朱之裔孙诸生崇沐者校而梓焉。侍御复命余序。余非能明朱子之学者，顾尝慕夫不为朱子者之高，求其所为简易直截，而卒不可得也。反而绎朱子之言，则其说若烦，而为途实甚夷，其教若拘，而其为规矩准绳实一定而不可易。以质于孔子“博文约礼”之指，真有合者。窃以为，今之人能为孔子亦可矣，不必更陵孔子而出其上。夫欲陵孔子而出其上也，则必别有谬巧，无所用朱子矣。如其惟欲为孔子也，而舍朱子，其将孰遵而孰守哉？今士大夫既以朱学起家，而弁髦其言，无所顾惜。乃侍御与高君独笃好若是，此其人皆所谓欲为孔子者。有其倡之，世必有和者。其使孔子、朱子之道复尊且信于天下后世，未必不由此矣。此亦天之所开，非人力也。余故喜而书此，以俟后之君子，因以复于侍御。侍御之先，故与紫阳共本，其躬修实践，大有家法。兹刻也，捐助为多，乃崇沐能挫产成之，亦可谓无愧于先世者。故并及之。时万历三十一年癸卯长至日，赐进士出身、通议大夫、南京吏部右侍郎后学闽福清叶向高谨序。《朱子全书》第十八册《朱子语类》附录。

明朱吾弼《重刻朱子语类大全序》：紫阳先生《语类》一百四十卷，余得之同年高云从氏。而婺源诸生崇沐者，先生裔孙也，请于余刻焉。刻成，少宰福唐叶公为序其端，而余不佞，亦继为之说。曰：甚矣！先生之学，至今日而大厄，而先生之功，亦至今日而益明且信也。盖自仲尼没，而群言乱学者之岐辙多矣，至先生而复定于一。由濂洛以达孔氏，其途可遵，其方不易。上者以彻道德性命之源，而中才守之，亦不离于尺寸绳墨。数百年间，经正民兴，邪慝不作，先生摧陷廓清之功，不可诬也。世久蠹生，自新学一唱，而黠者和合禅悦以佐其焰，士皆化为夷狄。其视先生成言，如所云“居敬穷理”“下学上达”者，且以为弁髦，且以为土梗。上烦诏旨，不能谕下勤功，令不克禁也。故曰至今日而大厄。然彼之为是说者，业已阴叛吾道而不能不阳窃之。以为用语玅圆，则托《大易》之寂感；谈止观则依《大学》之静虑。与凡虞廷“道心”之旨、《中庸》“未发”之论，靡所不曲假而肆其说，变幻莫诘，凑泊无形，微直淄渑泾渭之淆而已。而独于先生宁甘弃同即异，终不容援而入之于彼，与推而附之于此。盖先生躬承百世之弊，而已逆知其有今日。故其为学，藩篱固而操戈者不容入；其为说，界限明而矫伪者无所藏。将使后之人得有所依据生平著述，具有成书。若《语类》，则出于一时之论议，而成于门人记录者之手，其间不能无小出入。要以互证旁通，愈详而益畅，且因岁月之先后，考立言之同异，其有裨成书尤多，是在读者精索明辨之而已。

嗟乎！世有弱丧其乡者，不幸而入于淫坊酒肆，沉湎流浪，自以为至快矣，一日如梦而觉，而有指其父兄家业之所在者，有不痛泣匍匐而归者耶？斯人也，其视父兄也必加亲，其视桑梓也必加敬。夫至情无终泯，至理无常晦。孔氏之道、先生之学，亦儒者父兄家业之所在也，其痛泣匍匐而归之也必有日矣。姑序以订之。时万历三十一年癸卯至后三日，赐进士第、文林郎、南京浙江道监察御史宗后学筠阳朱吾弼谨序。《朱子全书》第十八册《朱子语类》附录。

明朱吾弼《补刊朱子语类大全序》：成化癸巳岁，江西藩司重刊《朱子语类大全》，凡百四十卷，传之四方，学者赖焉。或者艰于应索，乃深秘之，久而芜没，虽来旬者亦弗之知矣。予按是邦，求之以资浅薄，佥以无言。左辖孙君用吉，说道者也，驱吏遍索，于故椟中获之，蚀而逸者居半。遂谋诸同寅，相为修补，白于予曰："江西为朱子仕学之地，《语类》复传，其神一苏矣，宜有言□。"予曰："简首载安成彭文宪公序，善矣，兹不必为也。"君以重木为辞，请再四。予闻《语类》初刻时，康斋先生云："江西欲刻《语类》，以扬绝学、惠后来，喜不自胜，恨不即睹盛事之成。"然则今日之补刊，必有闻之而喜如康斋者矣。矧引端自予也，岁月之纪，奚容于嘿。盖朱子明道之功，当与霄壤同敝。传注成书，其手泽之存也；《语类大全》，其口泽之存也。学者由口泽以究夫手泽之微，以达夫心学之妙，则道斯明矣。《语类》可无乎！夫以朱子之徒朝闻夕记，裒为语录，导江黎子因三录二类，集为《大全》，三山陈子订讹补缺，锓梓以传，则是书之成，信为不易。读之者知君子用心之勤，必加重而深味焉可也，否则未免椟珠之诮。窃惟朱子语录，犹孔门之《论语》，未可拟议。彼倡为诋訾之说者，只以蠹吾道耳，亦名曰"录"，欲学者传之，谬哉！读《语类》者勿为它语惑焉，是亦朱子徒矣。

宗后学监察御史高安朱吾弼重编；

邑后学礼部郎中汪国楠，

邑后学礼部主事江起鹏，

宗后学婺源教谕新淦朱家楙同校；

宗后学中书舍人休宁朱家用，

歙后学中书舍人吴養春，

歙后学光禄寺署丞吴勉学，

十三世孙翰林院博士朱德洪同阅；

宗后学庠生高安朱家纪，

十三世孙庠生朱崇沐校梓。《朱子全书》第十八册《朱子语类》附录。

明谭昌言《重锓朱子语类大全序》：万历甲辰岁，婺邑重刻《朱子语类》成。兹刻也，侍御高安朱公以正学明道为任，从锡山名家访得江右善本，授朱裔诸生崇沐刻之，命学谕朱君家栻校焉。卯冬经始，辰之春遂成书矣。余令是邑，以辰岁元朔入境。窃意仕学之旨，而念婺固文献里也，谒文公祠，私心瞻依，拱立庙庭下，敬进其衣冠之裔而问藏书。佥曰："向无书，近始有书《语类》，且不日成，乃我宗侍御意也。"索阅数帙，较旧勒不啻琬琰。迨毕全书读之，而畴昔之窥容光于纂录者，今其见日月乎？自宋儒易词赋为明经，而朱子之学著。我明高皇帝以传注翼经书，而朱子之学益著。迩来学士大夫以异说矫传注，而朱子之学更著而明。盖非圣者出，愿为圣徒者并出。即今高安一倡，而福清、西京诸巨公尊明而扬揭之。若邑中汪司空，学者目为紫阳后身，正学明道，与高安侍御相表里。其言载简首，皦如也日月在中天，浮云其何伤！彼辟此衷，不晦不朽，非独朱学之幸，世道人心实攸赖焉。顷奉明诏，一切邪说伪书，尽行烧毁。部议宪约，行之有司。首严删注之禁，凡书籍与朱注相发明，有裨经传者，方许刊行。余捧檄而喜曰：火，删朱者，以卫朱也；锓，明朱者，以翼朱也。况语自朱子，类自门人，直以朱裨朱者乎！兹刻成，可藉手以报功令矣。经正民兴，邪慝不作。侍御所摽，良为吃紧。往甲午，侍御以司李校浙，余两受特知于江右师，而侍御赏之，赏余之宗朱也。公门六士，并儁南宫，宗朱心同，海内且合符焉。余今日之校朱承役，去甲午越十年耳，敢忘所自而不体侍御正学明道之意哉！幸朱子有后，崇沐克振家学，损产佐梓，而朱学谕苦心订正，力相其成。续刊奏议诸书，而建藏书楼于邑治前善地，以守世宝。数仞高悬，中天显揭，余辈羹墙见之，俨如瞻依庙庭间也。是邦学士大夫交勖此道，以先海内。语语笃信，中心藏之，四方亡诮椟珠者。甲辰盛事，良足纪云。赐进士出身、婺源县知县浙嘉兴后学谭昌言谨序。《朱子全书》第十八册《朱子语类》附录。

明汪应蛟《重刻朱子语类大全叙》：夫道之流行于天地也，岂不以人而任、以言而明哉！是故天无言，而圣人代言之；圣人有所未言，贤人代言之。然圣贤能以其言明道于天下，不能使天下之人常尊信其道而不流于邪诐。天必复生后圣后贤者，为昭涤而羽翼之，然后前圣之道常尊且信于万世而不变。

昔周衰，王教陵夷，孔子以素王任道统，删定《六经》，为万世法，是谓代天而言，言之至也。孔子没，异学蜂起，思、孟二氏，不得不以言卫之。孟氏而后，不绝如线。重以天竺蜃鸣，道与世交丧。宋周、程继作，复昌言以反之正，而吾紫阳朱子集其成。其为学，以“居敬穷理”为的；其为言，自经书传注以及门弟子问答。天人性命之奥，古今事变之赜，靡不精研洞贯，一归于天，则俾后世学圣人者，有所持循而入。故夫孔子之道，得以常尊且信从天下者，朱子之力也。我明高皇帝御极，罢黜百家，令天下学术一尊孔氏，黉序明经，悉从朱子传注。盖始教之端醇，三代比隆已。乃近世学士大夫，厌故常而骛奇诡，惮拘检而乐简易，一倡百和，至标空寂为上乘，无论诋背朱子，且并孔子而弁髦之。夫佛教之炽于中国，起于清谈之徒为之敷扬润色，其后崇信弥深，乱亡弥促，效固可睹也。今世遭明盛，而袭齐、梁、晋、宋之余唾；身系彝伦，而慕无父无君之异法。或稍见光景，则云平地证圣；或荡逾绳墨，犹云不碍性体。藉令以其说试之天下国家，其不至纲沦法斁，胥斯人为禽兽，能几何哉！顷岁明诏屡下，令经生必遵朱注，毋参异说，士大夫有谈虚寂者，听归山林。此天欲孔子之道复明于天下也。今天下惟无朱子耳，有如朱子者，精思力践，实悟实修，于以讲明正学，振发一世之群蒙，吾见孔子之道，如日中天，寸云尺翳，乌能为世道患耶？侍御高安朱公得朱子旧刻《语类》百四十卷，以畀朱子裔孙诸生崇沐暨吾邑学博朱君楙校而梓焉，少宰福清叶公既序之，侍御亦自有序矣。学博谓予生朱子之里，且深信其学，似不可无言。予尝窃论老庄尚自然，而子思言戒慎；杨墨偏守仁义，而孟氏言时中；周子主静，虚寂者犹或托口；而朱子专言主敬。此数大贤者，皆因邪说之横流而随时立论，为圣道羽翼。然言殊而指则一，总之不离虞廷一语，曰：“精一执中。”盖天授之尧、舜，尧、舜授之孔子，万古此人心，万古此学脉，圣哲不能为之益，异端不能为之损。朱子虽往，而其言在则学在，朱子之学在，则孔子之道在也。侍御此举，以承家则克绍先德，以卫道则圣人之徒。愧余谫陋无当，顾尝感慨于正学之湮晦，欲出一言昭涤而不敢，今侍御与少宰鸣建鼓而先之，予敢不竭蹷以从！若学博方严，能树师道；崇沐捐产成书，且建藏书阁世守之，皆无忝家学矣！时万历癸卯嘉平月望日，赐进士出身、嘉议大夫、工部右侍郎在告星源后学汪应蛟谨序。《朱子全书》第十八册《朱子语类》附录。

明汪国楠《重刻朱子语类全书叙》：盖自紫阳传注行，而千蹊万径，总归一类矣。李道传、黄士毅、王元敬诸氏，又有《语类》之纂，岂更有赤水玄珠劳索象罔乎？盖道无畛域，学竞门户。类与类溷，华夷燕越可易面也；类与类辨，毫厘系缕若列眉也。盖二氏与吾儒异类。儒者顿渐诚明又异类。即同类中，而论天、论人、论理、论事、论古、论今，又自为类。藉棼而无绪，是燕之适而南其辕也。末学多歧，曷怪哉！故曰：方以类聚。又曰：触类而推，聚则推，推则一以贯之矣。譬之水焉，浮而为沤，鼓而为浪，凝而为冰，总水类耳；譬之木焉，盘而为株，错而为节，斫而为材，总木类耳。类也而逃于非类，非类也而托于类，始焉茑萝，卒焉阵垒，不啻糅于稗也、橘于枳也、碔砆于玉也。此之谓不知类，而本根于是乎拨。是编也，池本、饶本、蜀本、徽本毕矣。或一时答问与著述不同，纪载有详略不同，见解有偏全不同，要以阶梯可凭、蘧芦可宿，如《孔氏家语》与《六经》并传，所谓司南之车非耶？夫适异国者，见乡人而喜；行空谷者，闻足音而喜。傥厌虚而就实，厌怪而就平，当不视为骈拇也。余虹井里人，稔闻父老所传。朱裔自闽还婺，则族侍御用晦公为役，袭爵则族尚书东峰公为役。余又从座师朱侍御后，与诸生崇沐重新剞劂，固礼官职也，亦气类合也。时万历癸卯一阳月长至日，兰台大夫阪上汪国楠题。《朱子全书》第十八册《朱子语类》附录。

明王图《朱子语类序》：道不可苟，学不可岐。彼亦意世必有借口上达，造不深、学不笃，而以恍惚为自得者矣；必有取捷于约而不得其方，私以其知见乱天下者矣。是故析义于毫厘，察几于幽隐，究极于天人，综心于物变，蹈迪于体验。推而放之于天下国家，沛如也。其功似难而皆实，其说似常而愈有旨。今之操戈而寻焉者，吾推其意，大约有四端。非以其难而畏之，则嗛其实而避之；非厌常则骛高。夫知见之学，不可凭也而可匿，片言证圣，孰辩真似？今提而命之，曰躬行，曰敬义，曰存省。彼安所匿焉？故畏之也。夫九层之台，实有其基；塔顶说铃，等之风影。然虚者易欺，实则难掩矣。难掩则不乐趋，故避之。夫稷黍，生人者也，日见之，谓常食耳，然弃之则死。今之食紫阳之余者久矣，彼且谓是不足自神，久则厌，厌则玩，玩则弃，是弃黍稷之类也。夫性命，即夫子罕言也。妄意而言之，即不必是，犹足骇众。夫紫阳氏所谓"以道深造、下学上达"者也，然而不如禅悦之超脱可喜。夫以厌、以畏、以避之心忽见夫可喜之说，其不推高而徒入之乎？徒而入之，于彼必操戈而寻于此，其势固然。吾请以一言断之，彼虽易、虽新、虽可喜，然究之虚也；此虽难、虽常、虽无可喜，然究之实也。由彼者心无忌惮，儒为霸，教为夷；由此则心有所束而入，行有所约而正，功有所循，道有所极。以之为己则治，以之为天下国家则井而理。此孰是孰非，孰得孰失，必有能辩之者。况夫高皇帝之所崇，以一士习，诏旨之所惇切，童之所习，塾之所讨，夙昔所北面焉者，而公然违悖。立私学、扞明诏，则无君也；抗颜自命，不顾传习，则无师也。无君无师，反谓超筏，恬不知畏，使孟子见此，当何如发慨，而有世道之任者，宁能默默已哉？噫！今之世，有能归命紫阳者，即亦圣人之徒而已。侍御高安朱公尝与予叹息此事，慨然有正人心、明圣学之志，因行部，得《语类》，欲广其传。而紫阳裔孙诸生崇沐者实任之，曰："此吾家学，非子孙谁为倡者！"噫，吾犹记童子时，里先生谈说性理语录诸书，后乃有注不尽读者，今乃益甚。盖士习之变如此，孰有留意全书，缕析而胪列之，以为道筏？伟哉，侍御之功！即若崇沐者，亦可谓无陨家声者矣。万历甲辰上元日，赐进士第、奉议大夫、右春坊掌坊事、右庶子兼翰林院侍读、东宫讲官、前右中允、掌南京翰林院事后学西京王图谨序。《朱子全书》第十八册《朱子语类》附录。

明杨宏科《朱子语类序》：朱子文公重于天下，匪其语之谓，矧其语之谓，以《语类》重，文公托之也。夫天地凭依，将在道矣；天地之道凭依，将在人矣。道以人重，人以道重；人与道合并，而道统于人，始有统名。统如春蚕之丝，如线而不绝；统如裔姓之谱，遇世而即承。要之，丝危于线，而谱艰于世，其关键，联络为最重焉。道之统，自宓羲以下，谈者谓尧舜承天之统，而授之孔子；孔子承尧舜之统，而授之文公。其间世代辽阔，贤哲辈兴，唯是性学渊源，儒术中正，丝牵绳联，谱明派远，此其犖犖大者。记曰：百世而一圣，若比肩也。岂虚也哉！以余观于天地之道，弥漫布塞，浃洽旁皇，何尝一日不明不行？其有不明不行，亦人为之。易简坦直之彝，厌以为常；机智勇辩之术，斗以为捷。矫称纷起，各谓一道，沾沾自喜，高睨于天下，而天下争相慕艳，至诋吾道出其下。嗟嗟，道于是裂，而天地亦块然无用，而道与天地从此不敝。唐虞之世，几坏于弗询无稽，震惊朕师，而尧舜执中精一之传，为吾道重。成周几坏于道德乱贼，一为赘词。孔子之时无道德乱贼，可相安于文武成康之旧，而仁智博约为剩语。总之，托于空文，亦何以自见，可以轻重吾道？夫亦唯吾道几晦，如丝将绝，如谱将斩，匪得圣哲直标宗旨以示天下，则无救于不明不行之道。故勋华事功不足多，礼乐删定不足尽。如所谓君臣相传十六字、师弟问答二十篇，万世遵信，奉为吾道左券，是圣人不得不有托，而后世不得不因托之以重圣人。而道斯常明常行于天下，此其中维持吾道，均不操有微权哉！耀蝉者明其火，转毂者利其辖，语所托耳。朱子文公起于宋季，应星奎之运，集关洛之成，于道无所不窥，而其学主格物穷理、主敬实践，由尧舜至于孔子，统实归焉。明兴，太祖辟乾御宇，稽古崇儒，颁布经籍，疏传独宗朱。奕世以来，无不家习户诵，被服儒术，造次必于朱者，暨今文日盛，道日衰，学士大夫闳侈巨衍，竞于使人不能加己，往往龃龁朱，观诸要难。呜呼！唐虞之有弗询无稽，而洙泗与道德相持，不复起于今天下哉！柄世道者有深悲矣。同台高安朱公与其宗诸生崇沐、学博家林，皆朱裔。朱公修行好古，实学求是，祖述宪章，得文公与当时徒众讲解《语类》若干卷，大抵网罗已无遗。谋广其行于世，而崇沐、家林从臾之，剞劂竣事，已在今上之癸卯岁。而余于次年来南中视学，游朱公，朱公出视是编，得寓目焉。余谓方受今上诏旨督责，遵诵文公传注，谆谆执是，以风励学者。吾道常明常行，不在兹乎！夫弦者高张急征，则坐者不期而赴。曾欲章其教，可不申其说？救世之微，权恒于斯。履者迹所出，下之循迹以求履，上之得履以忘迹。觉世之奥旨，亦恒于斯。览者已过矣。篇之首诸名公皆有序，余乌得无序？会多病，浃月而始脱稿。人咸谓杨子与朱公同官同志，其悯道之不明不行，而重有味于是编也。虽然，无非托之也。文公之重，岂其语之谓也！杨子曰：信也。万历甲辰季秋，赐进士第、文林郎、江西道监察御史、奉敕提督南畿学校勾余杨宏科撰。《朱子全书》第十八册《朱子语类》附录。

明张元祯《刻朱子语类后序》：伊川先生语质诸伊川，伊川曰："某在，何必观此！不得某之心，则所记者徒彼意耳。"夫伊川在，诚不必观其言。伊川没，未有不因其言而得其心者，但在学者有以精择而审取之耳。朱子教学者以读《程氏遗书》，曰："主敬以立其本，穷理以进其知。使本立而知明，知精而本益固。则日用之间，将有以得乎先生之心。"愚于此编亦云然。此编江西宪副三山陈公文耀翻刻，以幸学者。公至存斯道，不欲一己独得，而有望于天下，其用心仁矣。读者盍相与戒乎愚之所虑，而以朱子之言勉之！成化癸巳十月甲子，赐进士出身、翰林院编修南昌张元祯谨序。《朱子全书》第十八册《朱子语类》附录。

明陈炜《刻朱子语类后序》：晦庵朱先生既没，诸从游者追录其往还问答之语各自为书，如《池录》《饶录》《建录》《蜀类》《徽类》，先后错出。若是编者，乃导江黎靖德合三录二类，而名为《大全》。其删定复讹，门分类列，用心亦勤矣。惜岁久板敝，学者多不及见。天顺庚辰，炜举进士，于同年读书中秘者得写本，手录未半而辍。继因提学近畿，始得全录。鱼阴之病，谩不可读。成化辛卯，来佐宪江右，偶于豫章胡颐庵家访得印本，缺卷二十余，无可补者。越二年，巡湖东，复得全本于吴康斋家。虽有残缺，补以胡家本，斯无遗矣。窃惟皇朝承平日久，文字日繁，不根理，不载道，无益之言传布满天下，蛊惑人心目。若是书者，虽出朱氏门人追述之语，未必尽得师传本旨，使人人得而读之，安知无能精择而审取者出为之重加证定焉，则是书之嘉惠来学不小也！遂用胡家本重寿于木，其中遗讹悉仍其旧，即黎公所谓无别本可证定故尔。板工既毕，僭识末简以俟。成化九年癸巳十一月望，赐进士、江西按察副使三山陈炜谨书。《朱子全书》第十八册《朱子语类》附录。

清贺瑞麟《重刻朱子语类序》：子朱子平生所著述，如《小学》《近思录》《四书章句集注》《诗》《易》传义诸书，固已昭垂前世，如日月经天，江河行地矣。《文集》《语类》卷帙浩繁，见者往往生畏，不能卒业。顾《文集》犹或寓目，且尚有传布。至《语录》，当时三录二类，搜刻非一。厥后一百四十卷始编定于黎氏。而元明以来，重刻者绝少。无论购求匪易，世士率未之睹，或并不知有此书。幸而有意于学，亦多以门人记录不能无失而置之。薛文清，深得朱子之学者也，乃谓朱子《语录》，断不若读其手笔之书。而陈剩夫亦云，《语类》皆门人退录，岂尽得朱子之心？是皆以《语类》尚有差谬，恐学者不知抉择，亦可谓虑之深矣！是意也，原《序》多详言之。然以此而谓《语类》遂不可读，则大不然。朱子当日不刻程子《遗书》乎？不更刻《外书》乎？夫朱子之学，固以程子为宗。然窃意其得力所自，亦未必不在于《遗书》《外书》。如此，又何疑于《语类》？但朱子所谓"主敬立本""穷理致知"者，读程《书》之法，即读《论语》之法，是在学者立志何如耳。果于朱学深嗜而笃好之，既以《小学》《近思录》《章句集注》《传》《义》诸书熟读精思而体之于身，亦断未有不求《语类》者。遍参互证，益见发挥，久之亦将默契乎精微严密之旨，而明辨乎深浅疑信之间，其于朱子之心，亦庶乎有以得之。盖《语类》既无所不有，又多门人晚年所闻，或经朱子亲手删定，其言义理工夫，尤为透切明畅，意味无穷，较之《文集》间有少壮之作者尚不同。陆清献所谓“传注损益之妙，往往见于《文集》《语类》手笔之书有得《语类》页益明者”，岂不信然乎哉！熊愚斋直诋为“驳杂汗漶之书”，则有激之论，亦见其或求学潜心逊志于斯也。是书国朝惟吕氏有刊本，然好者既少，故书肆罕见。近友朋间知好之矣，仍难其得。且不可以不广传也，乃属门下刘升之东初并《文集》刻于吾邑，而是书先成。其间讹字已改，与疑字而不敢遽改者，别为《正讹》《记疑》两卷，附刻于后，以俟后之君子。所改显误，更不记。司校诸子：朝邑杨凤诏信甫、阌乡韩止敬煌臣、华阴王守恭逊卿、李蔚坤匪莪、大荔扈森仲荣、兴平马鉴原养之、澄城运春魁梅轩、三原靳浩子直、曹如埙子伯。监刻：张怡绳宜堂、王守模小泉、刘怀玺尔玉、宜堂子浚、汝、深，皆三原人。例得并书。光绪庚午十二月既望，清麓贺瑞麟谨序。《朱子全书》第十八册《朱子语类》附录。

《濮阳蒲汀李先生家藏目录》西间朝西二柜：《朱子语类大全》。二套，三十本。

《天一阁书目》卷三之一《子部一》：《朱子语类大全》一百四十卷刊本。宋导江黎靖德类编。明成化三山陈炜校刊。安成彭时序云：“文公传注成言，固已家传人诵矣。一时门人进而请教，退而各记所闻，如此者殆百余家。蜀士李道传始取而刻之为《语录》，莆田黄士毅又因而类分之曰《语类》。《语录》之外有《续录》《后录》《别录》，《语类》之外有《续类》。诸书并行错出，读者病焉。最后导江黎靖德参校诸书，去其重复谬误，因士毅门目以类附焉，名曰《语类大全》，凡一百四十卷，版本今不复传。三山陈君炜，自天顺庚辰第进士为御史，屡欲访求善本而不得。成化庚寅，副宪江右，始访于豫章明祭酒颐庵先生家，得印本，中缺二十余卷。明年，分巡湖东，又访于崇仁吴聘君康斋家，得全本，而缺者尚一二。合而校补，遂成全书。谋于宪使岩郡余公，公倡同寅捐俸，并劝部民之好义者出资，以相其成。”陈炜、张元祯均有后序。

《万卷堂书目》卷三《儒家》：《朱子语类》一百四十卷。黎靖德。

《晁氏宝文堂书目》卷上《经》：《朱子语类大全》。

《晁氏宝文堂书目》卷上《文集》:《朱子语类大全》。

《赵定宇书目·杨升庵书集目录·内府板书》:《朱子语类》。

《脉望馆书目·旧板书·子》:《朱子语类》二十本。不全。

《澹生堂藏书目》卷二《经类第十》:《朱子语类大全》四十册。一百四十卷，理气、鬼神、性理、四子、六经、先儒、自序、政治、训言、诸子、本朝论著、历代论著、杂类、诗文、训略。

《古今书刻》上编《南京国子监》:《朱子大全》。

《楝亭书目》:《朱子语类》。宋导江黎靖德类编，一百四十卷，四函四十册。

《也是园藏书目》卷五《子部》:《朱子语类》二十卷。

《钱遵王述古堂藏书目录》卷二《儒》:《朱子语类》二十卷，二十本。

《虞山钱遵王藏书目录汇编》卷四《子部》:《朱子语类》二十卷。述儒二十本。

《培林堂书目·子部》:《朱子语类》三十二册。

《好古堂书目·子部》:《朱子语类》一百四十卷。

《振绮堂书目》卷三 :《朱子语类》四册。

《怡府书目》六百六十四号 :《朱子语类》，四套，计四十本。

《天禄琳琅书目》卷六《元版子部》:《朱子语类》，八函九十六册。宋黎靖德辑。一百四十卷。前载宋黄榦、李性传、蔡杭、吴坚、黄士毅、魏了翁、王佖诸序，并《语录姓氏门目》。目录后靖德识语二篇、考订九条。马端临《文献通考》载李道传辑《晦庵语录》四十六卷，其弟性传又辑《续录》四十六卷。王圻《续文献通考》载《文公语类》一百三十八卷，乃黄士毅所序次者。今按靖德识语，称“李道传刊《语录》于池，李性传刊《续录》、蔡杭刊《后录》，皆于饶，是为三录。黄士毅辑《语类》，刊于蜀，王佖作《续类》，又刊于徽，是为二类。凡五书，靖德合而参校之，削其复者一千一百五十余条”云云。是靖德所见者博，而所采者精也。凌迪知《万姓统谱》载 : 靖德，永嘉人。为沙县主簿，摄县事清谨，善理繁剧。博学能文，尝修《沙阳志》。此书字画不工，纸粗墨黯，乃元时坊刻之本。槜李项氏藏本。本朝黄虞稷亦经收藏。按 : 虞稷字俞邰，晋江人。康熙间以诸生预修《明史》，食七品俸，一时以为荣。缺补卷三十二六、二十一，卷三十五二、十七，卷八十一三十二，卷九十四十四、十五，卷一百十一，卷一百二十八十。

又:《朱子语类》。四函二十四册。篇目同前，前有宋王柏序。此与前部同出一版，橅印之时亦不相远，而此书多王柏序。序作于宋咸淳乙丑，称“靖德编校成书，文公之遗语大备”。是柏序专为此书而作，前部无之，当属缺佚。第柏序纸色与全部深浅迥殊，似非一时所印，或由取资于别本耳。

《天禄琳琅书目后编》卷五《宋版子部》:《朱子语类》，八函八十册。宋黎靖德编。靖德，永嘉人。书百四十卷，二十六门。前有序，缺名;次诸本目;次嘉定乙亥黄榦《池州刊朱子语录后序》;次嘉熙戊戌李性传《饶州刊朱子语续录后序》;次淳祐己酉蔡杭《饶州刊朱子语后录后序》;次咸淳元年吴坚《建安刊朱子语别录后序》;次黄士毅《朱子语类后序》二;次嘉定十三年魏了翁《眉州刊朱子语类后序》;次淳祐壬子蔡杭、王佖《徽州刊朱子语类后序》;次《姓氏》，注诸人某年所闻，各注某录。所谓池录、饶录、饶后录、蜀类、徽续类、建别录者，即靖德所辑诸本，故前皆列其序;次门目，乃黄士毅编，靖德因之;次卷目，缀以景定癸亥靖德纂书序，又一篇，咸淳庚午靖德行盱江郡事，刻之郡斋再序也;次考订八条，乃删增校改之例。宋人尊信朱子，单文只语皆为著录，至此书而集大全矣。按:乐山乃元卓德庆号。余无考。

《四库全书总目》卷九二《子部二·儒家类二》:《朱子语类》一百四十卷，内府藏本。宋咸淳庚午导江黎靖德编。初，朱子与门人问答之语，门人各录为编。嘉定乙亥，李道传辑廖德明等三十二人所记为四十三卷，又续增张洽录一卷，刻于池州，曰池录。嘉熙戊戌，道传之弟性传续搜黄榦等四十二人所记为四十六卷，刊于饶州，曰饶录。淳祐己酉，蔡杭又裒杨方等二十三人所记为二十六卷，亦刊于饶州，曰饶后录。咸淳乙丑，吴坚采三录所余者二十九家，又增入未刊四家为二十卷，刊于建安，曰建录。其分类编辑者，则嘉定己卯黄士毅所编，凡百四十卷，史公说刊于眉州，曰蜀本。又淳祐壬子王佖续编四十卷，刊于徽州，曰徽本。诸本既互有出入，其后又翻刻不一，讹舛滋多。靖德乃裒而编之，删除重复一千一百五十余条，分为二十六门，颇清整易观。其中甚可疑者，如包杨录中论胡子知言以书为溺心志之大穽之类，概为刊削。亦深有功于朱子。靖德目录后记有曰:“朱子尝言《论语》后十篇不及前，六言六蔽，不似圣人法语。是孔门所记犹可疑，而况后之书乎?”观其所言，则今他书间传朱子之语而不见于《语类》

者，盖由靖德之删削。郑任钥不知此意，乃以《四书大全》所引，不见今本《语类》者，指为或问小注之证，其亦不考之甚矣。

《吾园书目·集部》:《朱子语类》。

《问源楼书目初编》卷三上《子部》:《朱子语录》一百四十卷，宋黎靖德编。

《铁琴铜剑楼藏书目录》卷一三《子部一》:《朱子语类》一百四十卷，明刊本。门人汇辑。与朱子问答语各录成编。咸淳间，导江黎氏靖德合《池录》《饶录》《饶后录》《建录》《建别录》《蜀类》《徽续类》，考其同异，削其舛讹，分为二十六门，序而刻置郡斋。此明人翻雕本，一遵宋刻之旧。

《藏园订补郘亭知见传本书目》卷七《子部一》:《朱子语类》一百四十卷。宋黎靖德编。〇成化九年陈炜刊本。〇石门吕氏刊本。〇《天禄后目》有宋咸熙刊本。补：〇明刊小字本，十四行二十四字，白口，左右双栏。每则首行顶格，余均低一格，似成化弘治间所刊，甚粗率，审其行款版式，却似从旧版出。刘承干嘉业堂藏书，存六十一卷，号为宋刊。

《越缦堂书目·子部》:《朱子语类》三十册，宋黎靖德编，光绪二年刘氏传经堂重刻本。

《旧山楼书目》:《朱子语类》。二十本。

《万卷精华楼藏书记》卷七四《子部一》:《朱子语类》一百四十卷，宋黎靖德编。通行本。此本不知何人所刊，序目皆完，款式次第悉如宋刻之旧。首叶题"朱子语类大全语录"。凡五本。池州所刊《语录》四十三卷，续增张洽录一卷。饶州所刊《语续录》四十六卷。饶州所刊《语后录》二十六卷。建宁新刊《别录》二十卷，《语类》二本。蜀中所刊《语类》一百四十卷。徽州所刊《语续类》四十卷。池州《语录》，嘉定乙亥门人黄榦序。饶州《续录》，嘉熙戊戌李性传后序。《后录》，淳祐己酉门人蔡杭后序。建安《别录》，咸淳初元吴坚后序。《朱子语类》，黄士毅序并跋。眉州《语类》，嘉定十三年魏了翁序。徽州《语类》，淳祐壬子蔡杭后序。《续类》，王佖后序。姓氏自廖德明至不知何氏，各记某年所闻所录。下标"池录"等录目录，曰理气，曰鬼神，曰性理，曰性情，曰学，曰四书，曰易、书、诗、孝经、春秋、三礼，曰乐，曰孔、孟、周、程、张子，曰周子书，曰程子书，曰邵子书，曰程子门人，曰杨氏、尹氏门人，曰罗氏、胡氏门人，曰朱子门人，曰吕伯恭、陈、叶、陆氏，曰老庄释氏，曰本朝自实录法制人物至盗贼夷狄，曰历代，曰战国、汉、唐诸子，曰杂类，曰作文，曰拾遗。目后有黎氏二跋，并考订七条。次门目，黄氏解鬼神、性理之类。凡四书语类五十卷，经类三十六卷。谨案，《天禄琳琅书目》所著宋本与此悉同，惟前序一首，此本无之。姓氏注所谓《池录》《饶录》《饶后录》《蜀类》《徽续类》《建别录》者，即靖德所辑诸本，故前皆列其序。门目乃黄士毅编，靖德用之。次卷目，缀以景定癸亥靖德纂书序，又咸淳庚午靖德行盱江郡事刻之郡斋再序。次考订，乃删增校改之例。宋人尊信朱子，单文只语，皆为著录，至此书而集大全矣。诸录中有可疑者，此本辄删之。

《持静斋书目》卷三《子部一》:《朱子语类》一百四十卷，宝诰堂刊本。宋黎靖德编。

《八千卷楼书目》卷一〇《子部》:《朱子语类》一百四十卷，宋黎靖德编。吕氏刊本、明成化刊本。

《善本书室藏书志》卷一五《子部》:《朱子语类大全》一百四十卷，明成化依宋咸淳刊本，叶氏菉竹堂藏书。宋导江黎靖德编。是书每叶二十八行，每行二十四字，明翻宋椠也。前有黄榦池州刊本序、李性传饶州刊《续录》序、蔡杭刊《后录》序、吴坚建安刊《别录》序、黄士毅《分类语录》序及锓木跋、魏了翁眉州刊本序、蔡杭徽州刊版序、王佖刊《续录》序，次姓氏，次门目、目录，后有靖德景定癸亥书，咸淳庚午再书，次考订。书久散逸，成化九年安成彭时序曰："文公传注成言，固已家传人诵矣。一时门人进而请教，退而各记所闻，如此者殆百余家。蜀士李道传始取而刻之为《语录》，莆田黄士毅又因而类分之曰《语类》。《语录》之外，有《续录》《后录》《别录》,《语类》之外有《续类》，诸书并行错出，读者病焉。最后黎靖德参校诸书，去其重复谬误，因士毅门目，以类附焉，名曰语类大全，凡一百四十卷。"三山陈君炜，自天顺庚辰第进士为御史，屡欲访善本而不得。成化庚寅，宪副江右，访于豫章胡祭酒颐庵家，得印本，中缺二十余卷。明年分巡湖东，又于崇仁吴聘君康斋家得全本，遂梓其书。厥后版缺，又补刊成。有"叶氏菉竹堂藏书"圆印。

《皕宋楼藏书志》卷三九《子部》:《朱子语类》一百四十卷，宋刊元修本。宋导江黎靖德类编。黄榦池州刊本序，嘉定乙亥。李性传饶州刊《续录》

序，嘉熙戊戌。蔡杭饶州刊《后录》序，淳祐己酉。吴坚建安刊《别录》序，咸淳初元。黄士毅后序。黄士毅跋。魏了翁眉州刊本序，嘉定十三年。蔡杭徽州刊本序，淳祐壬子。王佖《后录》序，淳祐壬子。朱子遗语之行于世也，盛矣！盖本其旧者有三，而从以类者二，靖德尝受读而病其难也。昔朱子尝次程子之书矣，著记录者主名而梢第其所闻岁月，且以精择审取，戒后之学者。李公道传之刊《池录》也，盖用此法。黄公榦既序之矣，后乃不满意，盖亦惧夫读者之不得其方也。二公之心，其亦韩子所谓尧舜之利民也大，而禹之虑民也深者乎？是以黄公不自出其所录。其后李公性传刊《续录》于饶，以备《池录》之所未。蔡公杭刊《后录》，又益富矣。然《饶录》最后三家，李公尝附致其疑，而其四十二卷元题"文说"者，以靖德考之，疑包公杨所录，盖公之子尚书恢，尝刻公所辑《文说》一编，视此卷虽略，而《饶后录》所刊，包公录中往往有此卷中语，是知谓为公所录亡疑。独所载胡子《知言》一章，谓"书为溺心志之大穽"者，为最疑忌后学，使不知者谓为先生语是，当削去亡疑。而李公不能察也。《语录》之难读如此，黄公之虑，岂为过哉？语之从类，黄子洪士毅始为之。史廉叔公说刻之，蜀近岁徽州又刻之。王公佖为《续类》，徽州又刻之。昔张宣公类洙泗言仁祖，程子意也。而朱子以滋学者入耳出口之弊疑之，魏公了翁援是为学者虑当矣。蔡公乃曰《论语》诸篇记亦以类，则议者亦莫能破也。然三录二类，凡五书者，并行而错出，不相统一。盖《蜀类》增多《池录》三十余家，《饶录》增多《蜀类》八九家，而《蜀类》《续类》又有《池、饶、王录》所无者。王公谓《蜀类》作于池、饶各为录之后者，盖失之。而今《池录》中语尚多《蜀类》所未收，则不可晓已。岂《池录》尝再增定邪？抑子洪犹有遗邪？子洪所定门目颇精详，为力厪矣。廉叔刻之，不复雠校，故文字甚差脱，或至不可读。徽本附以《饶录》续类，又增前类所未入，亦为有功。惜其杂乱重复，读者尤以为病。而《饶后录》新增数家，王公或未之见，未及收也。靖德忘其晚陋，辄合五书而参校之，因子洪门目以《续类》附焉，《饶后录》入焉。遗者收之，误者正之，考其同异，而削其复者一千一百五十余条，越数岁编成，可缮写。顾文字浩博，犹不敢谓亡舛误，览者幸哀其劬而正之。其或一二字可疑，则元录之讹无别本可订定，固不得辄改也。诸公序语列之篇端，合而考之，黄公谓"历千载而如会一堂，合众闻而悉归一己，所以志学者之幸"。李公谓"《语录》

与诸书异者，当以岁月先后求之”。亦确论也。独论记者易差，而谓李端伯犹尔，则不然。盖以至大至刚以直为句者，乃伊川之说，端伯不误也。读书之难，岂独《语录》？朱子尝言《论语》后十篇不及前，六言六蔽，不似圣人法语，是孔门所记犹可疑也，而况后之书乎？读者诚能服膺乎？精择审取之训，以为读《语类》之法，而又以滋入耳出口之弊云者，为读《语类》之戒，则庶乎可与共学矣。景定癸亥秋八月戊申朔，后学导江黎靖德书。李公性传叙《饶录》谓，先生有《别录》，多谭炎兴大事，未敢传而亡于火，犹幸存一二。顷尝问诸其家，则所云存者亦不存矣。甚可惜也。因读蔡公所刻包公录，凡四卷，其一卷既与元题文说者相出入，而他三卷所言，大抵多炎兴间事，疑即李公昔藏而今亡者。但略无互见于诸家之所录，则与其子枢密所跋文，谓“公所录多且详，与世所传大概无异，故藏而不出”云者不相似。枢密又谓“公所录已亡于建安之火，不复存”，而汤氏乃有藏本，是皆不能使人亡疑焉者。靖德来盱江，枢密甫下世，恨不及质之也。近岁吴公坚在建安，又刊《别录》二册，盖收池、饶三录所遗而亦多。已见他录者，并参校而附益之，粗为定编。靖德适行郡事，因辄刻之郡斋，与学者共之。咸淳庚午正月辛亥靖德再书。案此宋咸淳刊本也，间有元修之叶。每叶二十八行，每行二十四字，版心有字数，每卷下有计若干板等字。黎靖德，永嘉人，淳祐间为沙县主簿，摄县事，清谨善理繁剧，博学能文辞，尝修《清源县志》。

《增订四库简明目录标注》卷九《子部一》:《朱子语类》一百四十卷，宋黎靖德编。明成化九年陈炜刊本。石门吕氏刊本。《天禄后目》有宋咸淳刊本。附录：日本有刊本。（绍箕）续录：《朱子语类》八十卷，清程川重编，雍正三年刊本。

今按：明成化九年陈炜刻本（国家图书馆、中国科学院图书馆、天津图书馆、南京图书馆藏）；明万历三十二年朱崇沐刻本（国家图书馆、中国科学院图书馆、上海图书馆、浙江图书馆、南昌大学图书馆、中山大学图书馆藏）；清康熙间吕氏宝诰堂刻本（上海图书馆、南京图书馆藏）；四库全书本；清同治十一年天盖楼刻本（北京大学图书馆藏）；清同治十一年应元书院刻本（国家图书馆、上海图书馆、南京图书馆、辽宁省图书馆、沈阳市图书馆、大连市图书馆、吉林省图书馆、香港中文大学图书馆藏）；清同治十一年广东萃文堂刻本（天津图书馆藏）；清光绪二年刻本（国家图书馆、上海图书馆藏）；清光绪六年传经堂刻本（黑龙江大学图书馆藏）；清刻本（上海图书馆藏）；清广东刻本（国家图书馆藏）。

晦庵语录纲领

宋佚名编。

《楝亭书目》：《晦庵语录纲领》。宋本，宋朱熹著，门人十三家录，十三卷，一函三册。

文公要语抄

元熊禾编。

《世善堂藏书目录》卷上《经类》：《文公要语抄》一本。熊禾。

《千顷堂书目》卷一一《儒家类》：熊禾《文公要语》。取文公诸书，择其精要为之，而以赵、马、张、吕及朱氏门人之书附录。

朱子语类

明林武编。

《温州经籍志》卷三六《辨误》：林武《朱子语类》。万历《温州府志》十七、雍正《浙江通志》二百四十五、乾隆《温州府志》二十七、乾隆《永嘉县志》二十三。

朱子语录述要

明范涞撰。

《千顷堂书目》卷一一《儒家类》：范涞《朱子语录述要》。

《问源楼书目初编》卷三下《子部》：《朱子语录类要述》十八卷，明范涞撰，明刊本。

今按：明万历四十年詹光陛等刻本（清华大学图书馆、中国人民大学图书馆、中国科学院图书馆、哈尔滨师范大学图书馆、南京图书馆、安徽省图书馆、湖南省图书馆藏）。

朱子抄释

明吕柟撰。

明吕柟《朱子抄释序》：予在江南日，徽中士从予游者，请刻《朱子抄释》，予诺之未有应也。比守太学，徽士戴冠辈十余人复以是请，予乃取朱子门人杨与立所编《语略》者，遗其重复，取其切近，抄出一帙，条释其下，以使初学览阅。夫朱子之文动千万言，学者少而读之，至于白首，不能穷尽，乃今落落数百条，何也？曰君子之学，虽贵于博而尤要于约也。维其博之趋，在朱子大贤也则可，于初学岂不泛滥而无所归哉！学者苟于是编少加意焉，然后以观朱子之全书，自当知所从矣。且因是以窥周、程、张子之奥，上溯孔、颜、思、孟之道，亦可优入而不难也。嘉靖十五年丙申秋八月己丑国子监祭酒吕柟序。《朱子全书》第二十七册《序跋》。

《四库全书总目》卷九三《子部三·儒家类三》：《朱子抄释》二卷，两江总督采进本。明吕柟撰。是编乃嘉靖丙申柟为国子监祭酒时所定。宋儒之中，惟朱子著述最富，辨论亦最多。其时诸弟子所述者，有《池录》《饶录》《饶后录》《建录》诸刊，黎靖德刊除重复，分类编次，尚得一百四十卷，则浩博可知矣。柟此本所抄，止于二卷，乃较张子、二程子为少。然朱子之学，无所不通，及门人亦无所不讲。黎氏《语类》以二十六目举其大凡，包括尚有未尽，读者茫无津涯。又早年、晚年持论或异，门人所记，或以己意增损之，亦往往彼此不同，读者亦莫能决其去取。明人递相选录，几于人有一编。其大意乃在于胜负相争，区分门户，不过借朱子为名，未尝真为明道计也。柟作是编，惟摘切要之词，而不甚以攻击为事，于学问大旨，转为简明。然于"与陆子静论意见"一条，注其下曰"陆氏终近禅"。则是非之辨，亦未尝不谨严矣。

《八千卷楼书目》卷一〇《子部》：《朱子抄释》二卷。明吕柟撰。明刊本、惜阴轩本。

《藏园订补郘亭知见传本书目》卷七《子部一》：《朱子抄释》二卷。明吕柟撰。〇惜阴轩丛书本。

《增订四库简明目录标注》卷九《子部一》:《朱子抄释》二卷，明吕柟撰。惜阴轩丛书本。

今按:《宋四子抄释》本（嘉靖刻）;《四库全书》本;《惜阴轩丛书》本（道光刻、光绪刻）。

文公语录摘要

佚名编。

《晁氏宝文堂书目》卷中《子部》:《文公语录摘要》。

朱子语录摘抄

明周海门编。

《澹生堂藏书目》卷二《经类第十》:《朱子语录摘抄》一册一卷。周海门先生。

参定朱子语类

明陈龙正编。

《千顷堂书目》卷一一《儒家类》:陈龙正《参定朱子语类》十一卷。

《拜经楼书目·子部》:《朱子语类》四本，明嘉善陈龙正编。

今按:清刻本（上海图书馆藏）。

朱子语类四纂

清李光地编。

清李光地《朱子语类四纂序》:自始读《语类》，苦其已多，于是芟冗重，录精要，以备忘遗。取舍失中，过辄稍觉，或增或省，至是而四。前年从弟辈请刻之楚中，余曰:“此非千周不可。”未之许也。视学畿辅，朋友间有欲布之者，曰:“为其门目部分之约，易于寻检;士子等进于经书之便，其又下者敷议论对策有司，抑其根柢也。”余既惧存录之未当，然颇有童蒙向余索书，无以应之者。牵勉所请，刻以诒之。若夫美成在久，则虽终身反复其道，虑有未窥焉尔。《榕村集》卷一一。

《怡府书目》五百二十六号：《朱子语类四纂》，一套，计二本。

《怡府书目》六百六十五号：《朱子语类四纂》，一套，计二本。

《郑堂读书记》卷三六《子部一之上》：《朱子语类四纂》五卷，《文贞全集》本。国朝李光地编。案宋黎靖德所编《朱子语类》凡一百四十卷，厚庵苦其太多，于是芟冗，重录精要，以备遗忘，又以其取舍失中，过辄稍觉，或增或省，至是而四，方成定本，始为序而刊之。凡分十门：曰学，曰师友渊源，曰学语孟庸，曰六经，曰通礼，曰治道，曰圣贤诸子异端，曰历代，曰天道，曰心性命。较黎氏原编，更觉清整易观。每条间有引证及旁批，上栏亦间有评语，皆原本所有，非其孙清植所加入也。

今按：清康熙间浙江学院刻本（上海图书馆藏）；《李文贞公全集》本（乾隆嘉庆刻）；《榕村全书》本（道光刻）。

朱子语类辑略

清张伯行编。

清张伯行《朱子语类辑略序》：窃惟千古斯道之传，首重在见知，其次莫如闻知。见知则亲承其盛，如七十子之于孔子，无行不与，不独言说之间而已也。闻知则去圣日远，不获睹其音容，所赖者言说之存，识大识小，以私淑艾而已。是二者均道之所寄，而未始有先后之分者也。顾尝思之：论道而专求诸语言文字之间，则道晦矣；抑论学而不求之语言文字之间，则道亦泯矣。所以孔门之教，不离乎《论语》上下篇，以相授受；在当时门弟子则见而知之，后此举皆闻知者也，其由来远矣。有宋文公朱夫子出，上接孔孟之真传，于四子之书，有《集注》，有《章句》，有《精义》《或问》等书，剖抉精蕴，无复遗憾。即以上班颜曾之列，其深契道妙，不过如是。至于平生言有教、动有法、声为律、身为度，则又莫备于《语类》一书，盖当时与诸门人问答之辞，浅深互发，无所不尽，是亦犹孔门之有《论语》也。夫道一而已矣，士生千载而下，不及见孔子，见朱子如见孔子焉。孔子性与天道所未易闻，闻朱子之言则可知孔子之言矣。然则《语类》也者，其诚为大道之航筏，而圣门之阶梯也，宁非急务哉！余慕古志迂，既编辑《朱子文集》，而复重订《语类》，以公同好。念穷乡僻壤而无明师良友以先后之，苟能于此而究心焉，则亦何异于登仁智之堂、考紫阳之钟，而日闻謦欬也乎？顾所虑者，章句之徒，泥于训诂，无由知有弘通简易之至理，矜才能者，肆其夸诞，无与适乎仁义中正之经途。则虽有前圣往哲与之觌面周旋，亦一交臂失之，而况于语言文字之间，能沉潜玩味乎？语言文字且不可得，而况可望于无声无臭之中，而神明会通也乎？是以每叹士生今日，载籍甚盛而读书不及古人，议论甚多而识见不及古人，学问甚博而根本不及古人。总之，病在浮华鲜实矣。今试与读《朱子语类》之书，理无微而不析，道无往而不贯，学无弊而不究，开卷如耳提面命，循循善诱，各极其量，然后知圣学之规模至大至正、孔孟之指趣有本有原。所谓见知，知此而已；所谓闻知，闻此而已。是何也？夫道一而已矣。康熙四十七年戊子季秋月仪封后学张伯行书于榕城之正谊堂。《正谊堂全书》。

《八千卷楼书目》卷一〇《子部》:《朱子语类》八卷，国朝张伯行编。正谊堂本。

《清史稿》卷一四七《艺文志三》:《朱子语类辑略》八卷。张伯行撰。

今按：《正谊堂全书》本（同治刻）。

朱子语类纂

清王钺撰。

《四库全书总目》卷九五《子部五·儒家类存目一》:《朱子语类纂》十三卷，山东巡抚采进本。国朝王钺撰。钺有《粤游日记》，已著录。是书其《世德堂遗书》之第五种也。取黎靖德所编《朱子语类》一百四十卷，摘“理气”“鬼神”“性理”“论学”四门，余皆不取。四门之外，又各删存大略，而间附以己说。如朱子谓理气本无先后，语原无病，钺必谓先有天地之理，然后太极生两仪。如其所说，是理又别是一物，可以生气。然则气未生时，理又安在？此主理太过之弊。又如谓雨是郁蒸之气，有时龙能为之者，龙亦是郁蒸之气。雹是不和之气，有时蜥蜴能为之者，蜥蜴亦是不和之气。执一理以该天下之变，不至于穿凿附会不止矣。

《清史稿》卷一四七《艺文志三》:《朱子语类纂》十三卷。王钺撰。

今按：清康熙间刻本（国家图书馆藏）;《世德堂遗书》本（康熙刻）。

选读朱子语类

清朱泽沄编。

清朱泽沄《选读朱子语类目录后序》: 或问于予曰："《朱子语类》已有成书，持守知行，分载明白。子之是选也何为乎？"予曰：子洪先生分类最确，无庸拟议。予之分九条者，固以便于诵读体验，而亦有说焉。朱子之学，原是尊道齐头用功，虽有"道问学工夫多了"之语，实从德性上著力，且明以训诂词章无益于性情之病深戒学者。后儒吴草庐辈遂从而分之，以尊德性属陆氏，以道问学属朱子。历今五百余年，未有定论。正嘉间，阳明倡为格物徇外之说，以议朱子，使后世之宗其说者皆执此言，纷纷立论。遂使朱子平生尊德性最切要、最精透之旨，皆置而不省。为吾徒者，虽谨以朱子为宗，而于此等切要精透处，亦不力加发明，阐扬其蕴，且以心学为讳，是无异于藉寇兵而赍盗粮也。幸子洪先生记载分明，令人一见了然，有直截下手处，深得当日谆谆诲人收敛藏密、专致其尊德性之教，是洵一片苦心，上卫朱子圣道，而下教后学者矣。但切要精透语，散见于各卷者甚多。在子洪先生亦不料后世学脉分裂之弊竟至于此，后人值妄说猖狂之余，若不汇聚发明，拈出此义，力为说破，以明当日指本体亲切做工夫深意，则为彼妄说者只以讲解常语视之，而为吾徒者，又不知从此等切要精透语，循其方、遵其旨，就自己身心实下奉持德性工夫，则朱子诲人收敛藏密之教，依旧埋没于纸上，而不深入于人心，大可痛惜，莫此为甚。有志朱子圣学之正脉者，安得不起而任其责哉！予愚不敏，不足以及此。窃虑学脉不明，思得前哲留传之集有能明此者，以为之宗而继述之。遍为搜访于书肆藏家，既不获有一二，又求之近世海内宗匠儒者，冀有同心，共学商究，而知交既寡，解者无人。于是不揣愚昧，擅为阐明，选《文集》数百篇，略叙此义。尚有未尽，继乃依九条之式，采《语类》各卷切要精透之语，附于《文集》之后，而此义亦大显明矣。试以"居敬持志"一条言之，如五十九卷"仁父问平旦"数段，一百十八卷"一日因论读《大学》"数段，一百二十一卷"或问居处恭"数段，其敛束放心者如何切要，如何精透，象山、阳明集中有此等语乎？犹谓之略于尊德性乎？以"涵养未发"一条言之，如六十二卷杨通老问《中庸或问》数段，七十四卷"易简理得"数段，九十四卷"问无极而太极"数段，其涵养本体者如何切要，如何精透，象山、阳明集中有此等语乎？犹谓之略于尊德性乎？即此一百八十条段读之，自知朱子收敛藏密之功，煞有次第，故举以教人。于德性之体段条理，言之极详，尊之之功契合。历观先贤之言，所以指示性情、提撕工夫，未有若此之明且要者也。且非独二条为然也。朱子二十余岁时，从事延平以求圣学之传，后交南轩以识端倪之真，至四十透未发之旨，自此以后，无时不用力于尊德性矣。以主敬补小学，即以养德性之原。其言立志知性者，所以植德性之发几，识德性之脉络也。其言穷理致知者，所以开明此德性，而不使之稍昏昧蔽塞也。其言力行践履者，所以坚实此德性，而不使之稍倾圮虚浮也。其言王道措施者，所以运用此德性，而不仅仅独善自了已也。若夫历患难生死，而德性之凝定贞固，不摇夺于利害；极盛大辉光，而德性之纯粹精白直驯，至于浑全。此尊德性之极功，而终其身以优入圣域而无已时者也。合此四百余段读之，皆是循循收敛藏密，以尽尊德性之实修。乃知其道问学之孜孜不已者，无非明莹德性，无有不透澈，无有不完足，以充满夫全体大用之本量，而非判为两途。何尝有徇外遗内之病，如彼妄说之分毫哉？又岂屑与彼只拈心灵以为奇特，而混佛、老、管、商以为体用者共较短长哉！呜呼，朱子之学原自显明于天地间，上承孔、颜、曾、思、孟之正脉，非象山、阳明所能几及。即其所訾议，亦扣盘扪烛之见，何能损其万一。然自正嘉后，学者颇有分门竖帜之势。则卫道之责，必有修属。后世诚有卓然崇正之儒，于《语类》一书反复研穷，沉潜玩味，寻其脉理先后次第之所在，日用之间，认得自己德性。以其所言尊之之功为宗，步步遵循，时时效法，战兢惕厉，以保守其固有之良。又读书穷理，力践躬行，以不懈其道问学之业，则德性日存日充，问学日明日著，以求无负朱子嘉惠后学之教。又与二三同志共为讲求，俾各尊其德性，各道其问学，一如朱子与朋友讲习之旨，则子思子尊道之教，惟朱子得其宗。惟宗朱子之学者，为能传其宗。而彼之奉佛老以托名于尊德性、师管商以托名于道问学者，谬戾舛差，不待辨而自明。以此质之子洪先生，可以印合；即上质之朱子，亦可以潜通而无愧也夫！《朱子全书》第二十七册《序跋》。

今按：清光绪二十三年刻本（上海图书馆藏）。

朱子文语纂编

清严鸿逵辑。

日源忠邦《翻刊朱子文语纂编叙》：壬寅岁六月，有旨令列国刻典籍，予欲获其最有裨世用者锲之，询诸大学头林用韬，用韬乃出《朱子文语纂编》示之，曰：依《近思录》体以抄朱子要语者，世有蔡氏《续录》，然采辑简粗，有及斯编之详也。而舶载者綦少，凡简策之未更重镌而切于世教者，以是为最。乃受而卒业焉，信乎择焉而精者矣。吾闻治天下，以正风俗、得贤才为本，盖声教一则风俗正，造就至则贤才出。而声教之所以一、造就之所以至，舍学而何以哉！虽然，学亦有弊，当今学术之弊，多书居其一焉。今使东闾奏雅乐，西闾歌俗谣，命里人纵其所习，则不背西而向东也必矣。故华实俱陈，则孰弗取华而舍实？浅深相错，则孰弗赴浅而背深？世益降而书益多，书益多，而浮华浅肤、无实无用之言日益行矣。夫如是，风俗安得不日偷、人才安得不日坏也。然则奈之何而可？亦莫若以正学之书救焉。昔从林快烈受业，居恒以此见勖，及用韬示之，乃命翻刊。原本出大坂尼崎某。若其书由，使儒臣识诸简尾，故不复道。天保十四年癸卯三月源忠邦。臣岩崎胜兴谨书。《朱子全书》第二十七册《序跋》。

日源忠精《翻刊朱子文语纂编引》：皇威远敷，有逾风飞雷行；天德溥容，靡拒蚁附蝇慕。遐方筐篚，奚屑珍玩；殊域制作，独取典策。爰有《朱子文语纂编》，传自闽、浙商舶，醇儒之格言，名家之精撰。部类详备，体用兼该。广深之理，醒聋发蒙；谆笃之训，刺骨擢髓。弘之在己，用之惟时。如登昆仑以拾群玉，似入蓬瀛而采绮贝。仁者诵之，资诸文治；智者观之，籍诸武备。顾当紫阳之时，外有女真之患。敌忾之愤，间见乎斯书；同仇之慨，复发于吾侬。封豕长蛇，无国弗伏；远洋世涛，有航可济。曲突徙薪，陈艾备痼。不恤纬而忧天，匪输载以戒辙。嗟此遇悯，寔从庭训。缵箕裘之志，促梨枣之工。剞劂始竣，铅椠是完。聊启微衷，以质大雅。安政三年柔兆执徐壮月上弦源忠精。《朱子全书》第二十七册《序跋》。

清严鸿逵《朱子文语纂编识语》：纂辑朱子《文集》《语类》凡若干条，依《近思录》例，编为十四卷，因名曰朱子文语纂编。昔先师吕子尝病蔡觉轩《近思续录》失之太简，至如《学的》《节要》等书，非编类杂而少当，则采择略而不精。因欲除凡朱子所已成书外，约取《文集》《语类》二书为《朱子近思录》，书未成而遽殁，学者至今以为恨。鸿逵不敏，读朱子书，患弗能记。自岁甲申始合二书掇其精要，纂录成帙，凡以自备遗忘，为朝夕观览之便而已。稿凡数易，阅十年，癸巳之秋甫就稿。楚邵车遇上自金陵来，见之便携归誊写，且约将付诸梓。鸿逵窃惟朱子之书广大精深，岂末学小生之所能窥。顾此编纂辑之时，恐微言或有遗漏，故前后参互，不厌详复，盖所谓宗庙之美、百官之富，庶几于此尽在。世有默契道要、由博反约者，则《近思》之续，固将可以不外是而他求矣。因更与遇上反复商订而出之，愿与世之善读朱子书者共质焉。若以为成先师未成之绪，则逵也岂敢！戊戌七月既望吴兴严鸿逵谨识。《朱子全书》第二十七册《序跋》。

清邵车《朱子文语纂编识语》：朱子《文集》《语类》两书各盈尺许，皆所谓圣人之言，学者所当熟复潜玩而不可一字忽遗者也。顾自有明中叶以还，俗学束阁不观，良知家横肆讥诋，陵夷至于末季，而紫阳流传版本，亦俱渐就磨灭，晦盲否塞，莫此为甚。晚邨吕子出，痛圣学之将湮，悯人心之陷溺，购刊《遗书》，广播宇内。于时文评语中，辄为之厘正是非，大声疾呼，以震醒聋聩，而朱子之学始较然复明于世。晚将辑《朱子近思录》以便学者，朝夕诵览，赍志未遂，而其门人寒邨先生起而承之，反复于两书者盖十有余年，而编始成。不以余为不肖，俯就商订。而余亦因得与闻决择之旨，虽其取舍次第不知于吕子何如，在寒邨亦并不敢袭《近思》之名，谓能成吕子之志，而要其于朱子所谓求端用力、处已治人、辨异端、观圣贤之大略，亦庶几途径井然，可以得其门而入，而不为他歧所惑矣。顾或犹有执《近思录》条数之无多，而病是编为太繁复者，不知朱子之书之流传，较之周、张、二程，本不啻数倍，又况其辨析毫芒，乐诲不倦，精微广大，实超出四子之上，而集四子之大成。读其书者，虽若浩无津涯，而逐条味之，无不根极理要，稳惬人心，协乎无过不及之中，而切于日用事物之实。盖其单词词组，皆如布帛菽粟之难以一日缺焉。寒邨之为是编也，方惧多所遗漏，而世顾且病其太繁，尚安望其熟复潜玩于《文集》《语类》之大全耶？此适足以见其信好之不笃，而朱子之书之悬日月而豁群蒙者，固不可以繁简论也。噫！有志者亦确志所从事而已矣。康熙戊戌秋中楚邵车鼎丰谨书。《朱子全书》第二十七册《序跋》。

日佐藤坦《朱子文语纂编跋》：朱子之学大如海，无所不有也。今夫海，当风猛涛怒，则云雾咫尺，鲸鲵吼，雪山崩，何其壮也！至于风歇波恬，则千里一瞬，船帆走，岛屿浮，何其豁也！晓暾则波面漾金，夜月则星宿涵珠，何其丽且妍也！然其为海则同矣。朱子之学亦犹是也。毕生撰著，不啻等身，经注成书之外，《文集》《语类》亦累百卷，可谓极盛且大，无所不有矣。故后之为其学者，往往采纂成编，而率皆随其人之所尠，每编各异，不犹观海者之殊其赏，而概谓之海也乎？今读严鸿逵斯编，亦就《文集》《语类》选之，体例一依《近思录》，分类井然可见也。闻鸿逵受学于吕氏晚村，而晚村笃信朱子，平生规规乎早晚之论，则弟子所纂，意有师授也。抑夫朱子之说，其出于中年而确不可易者固不尠，虽出于晚年而犹未定者亦有之，未可遽以中年而屏之，是又其所以为大如海，若能取舍而决择之，要在观海者之巨眼尔。如斯编，则虽尠吕氏之所尠，而语混中晚，不坠偏执，几乎有眼识者欤，抑师传尔欤？属者滨松侯拟翻雕，征言于坦，乃且经纬持论，系诸尾如是。弘化乙巳夏五中澣一斋陈人佐藤坦跋。关研书。《朱子全书》第二十七册《序跋》。

日盐谷世弘《朱子文语纂编跋》：右《朱子文语纂编》十四卷，清吕留良门人严鸿逵所辑。原本为大坂尼崎孝德藏本。考《四库全书》，题书目而不著选人名氏，盖以吕氏书系国禁，采访时削其名而上之也。其传于我者，仅有此一部。孝德惜其传播之不广也，献诸祭酒林君，请官为锓之。会刻书令下，我公谋当急梓者于祭酒，祭酒以此书怂恿，因命付工。昔者坂府有一老生，得王锡侯《字贯》，喜曰：“清人所禁，吾独获之，天锡吾也。”以为帐秘，生既死，书不知存否。夫书者天下之公用也，而私之，不亦不仁之甚乎？若夫诵其书而得其心、施诸事而达诸政，天下当多一人，不当少一人。公之亟命翻刊，盖亦有取于孝德焉。至斯编简择之精，则林君之言尽矣，臣特举事由以附于后。臣盐谷世弘敬跋。《朱子全书》第二十七册《序跋》。

《四库全书总目》卷九五《子部五·儒家类存目一》：《朱子文语纂编》十四卷，编修励守谦家藏本。不著编辑者名氏。其书取朱子《文集》《语类》约略以类相从，而不分门目，前后亦无序跋。盖草创未完之本也。

《八千卷楼书目》卷十《子部》:《朱子文语纂编》十四卷，不著编辑者名氏。日本刊本。

今按：清康熙五十九年刻本（国家图书馆、南京图书馆藏）。

朱子语略

清程世萱编。

清程师羲《朱子语略刻版缘起》:家雪门封君校刊《朱子语略》，年远板失，书亦罕传。外舅盛百堂先生偶于邻人爨余，购得残板，知系甥家故物，遂以归之。板缺十之二，遍求完本不可得。近获弘治四年南监刻本核对，即是本所据以校刊也。惜首卷霉烂数页，亦非完书。监本板依宋板，间有断行缺字，一仍其旧，知为原本宋刻者，以每遇“本朝”“朝廷”等字俱空一格也。是本已泯其迹，惟十五卷首行仅存“尽性至命”四字，与监本同。因照监本补录，尚缺三十三行。余惟古人得残帖数行，学之亦可名也，况义理之书乎？遂补刊印行，尚冀藏书家以原刻见示，俾成全璧，幸甚。嘉庆十三年龙集戊辰嘉平养真子程师羲识。《朱子全书》第二十七册《序跋》。

清程开旸《朱子语略跋》:理学之传尚矣。紫阳、象山异同，判若径庭。数百年来宗鹿洞之教者，率契真传焉。顾朱子全书，学者苦卷帙之充盈，未能得其纲领，此我宗雪门封翁所以有《语录》之辑也。圣朝治教纯备，士子束发受书，咸识讲求义理。上命于童子试，制艺、诗赋而外，兼试以性理论，《易》曰：“蒙以养正，圣功也。”理学有不蒸蒸日上者乎？旸远祖明道、伊川二子各有全集行世，而先君得此《语略》旧板，曾雠校刊而流传焉。迄于今，鸽蟀数更，复有损失，遂谋诸梓人，而新其漫漶，补其遗亡，谨识数语于简末。时咸丰六年丙辰暮春之初，云间程开旸斗麓谨识。《朱子全书》第二十七册《序跋》。

朱子语类日抄

清陈澧编。

清陈澧《朱子语类日抄序》:朱子之学衰绝近百年矣。澧早年涉猎世学，不知读朱子书，中年以后始读之，以《语类》繁博，择其切要，标识卷端，冀可寻其门径。亡儿宗谊，抄为一帙。是时方避夷乱，寓居横沙。逾年，宗谊死，乃检取所抄，增损排类，分为五卷。尝考《四库存目》，抄朱子语者凡十余家，《提要》皆颇贬抑，盖道学风气盛时，或依附以沽名，或争辩以求胜，故无取焉。近时风气不复有此，惟元和顾千里抄《语类》为一编，名曰遁翁苦口，然闻其名，未见其书，盖成书而未刻。澧为此编，初亦不欲示人也。呜呼！兵燹流离之际，独以举世所不谈之学，父子相与讲诵于空江寂寞之滨，其迂拙可哂矣。其子又短命而死，暮年屯蹇，又可悲矣。近年颇有著书，然其成不成正不可知。此编简约，今以付刻，冀有因此而读朱子之书、为朱子之学者，则吾将释悲而为喜也。咸丰十一年十月番禺陈澧谨序。《丛书集成续编》。

《八千卷楼书目》卷一〇《子部》:《朱子语类日抄》五卷,国朝陈澧编。刊本。

《增订四库简明目录标注》卷九《子部一》:《朱子语类日抄》五卷，清陈澧辑，咸丰十一年陈氏刻钟山别业丛书本。

《清史稿》卷一四七《艺文志三》:《朱子语类日抄》五卷。陈澧撰。

今按：清咸丰十一年番禺陈氏刻本（国家图书馆、东北师范大学图书馆、南京图书馆藏）;《有诸己斋格言丛书》本（光绪刻）；清光绪二十二年皖江藩署刻本（国家图书馆、天津图书馆藏）；清光绪二十六年广雅书局刻本（国家图书馆、上海图书馆、吉林市图书馆、东北师范大学图书馆、南京图书馆藏）。

程朱书抄

宋程颢、程颐、朱熹撰。

《怡府书目》五百九十三号 :《程朱书抄》，一套，计八本。

二程周朱张子抄释

明黄榯泾编。

《徐氏红雨楼书目》卷三《子部》:《二程周朱张子抄释》二十卷。

《徐氏家藏书目》卷三《子部》:《二程子周子朱子张子抄释》共二十卷。

《千顷堂书目》卷一一《儒家类》:黄栢泾《五子抄释》二十一卷。周子二卷，张子二卷，二程子八卷，朱子九卷。

程朱正学纂要

明陈真晟编。

《千顷堂书目》卷一一《儒家类》:陈真晟《程朱正学纂要》。天顺三年诣阙上。

四子抄释

明吕柟编。

《楝亭书目》:《四子抄释》。明国子祭酒高陵吕柟抄释。十五卷。周子、张子、二程子、朱子。

今按：明嘉靖十六年汪克俭等刻本（国家图书馆、清华大学图书馆、中共中央党校图书馆藏）;《惜阴轩丛书》本（道光刻、光绪刻）。

朱程问答

明程资编。

《传是楼书目·子部》:宋朱熹、程询《朱程问答》，明程资编，三卷，一本。

濂洛关闽书

清张伯行撰。

清张伯行《濂洛关闽书朱子书序》:黄勉斋曰："由孔子而后，曾子、子思继其微，至孟子而始著。由孟子而后，周、程、张子继其绝，至朱子而始著。"信斯言也，韩昌黎谓孟子之功不在禹下，余亦谓朱子之功不在孟子下。

盖孟子时，邪说诐行，溺于人心，如杨墨之害仁害义，告子之食色言性，乡愿之同流合污，皆悖先圣之道而驰者。于是乎正之息之，距之放之，虽以为好辩，勿恤焉。若朱子时，则世学不明，异端之蜂起尤甚，学老氏谈道德而遁于虚无，学浮屠者谈心性而流于寂灭。他若王、苏之夸诞险诐，陆子之顿悟近禅，凡为吾道之害者，几几乎沦肌浃髓，不可救药。朱子大声疾呼，辞而辟之，日有孜孜，心良苦矣。善夫张子之言曰："为此学者苟非将大有为，必有所甚不得已。"殆善道孟子之心，亦即先得朱子之心者欤？夫朱子之表章圣学，羽翼斯道，合周、程、张子而集其大成。其在经书传注，制举家当无不习而识之。独《语类》《文集》诸书，浩繁难读。谨撮其要，编定七篇，妄为诠解。惟期当代君子订而正之，益信勉斋黄氏之言，而知朱子之功，直上跻孟子之列也云尔。仪封张伯行书。《正谊堂全书》本。

《四库全书总目》卷九七《子部七·儒家类存目三》:《濂洛关闽书》十九卷，副都御史黄登贤家藏本。国朝张伯行编。取宋五子之书，粗存梗概，各为之注。凡周子一卷，张子一卷，二程子十卷，朱子七卷。每条皆以"某子曰"字冠之。夫《正蒙》间涉汗漫，程、朱语录浩繁，多所刊削，尚为有说，至周子《通书》言言精粹，朱子尚为全注，伯行乃铲除其大半，何耶？

《问源楼书目初编》卷三中《子部》:《濂洛关闽书》十九卷，张伯行撰，原刊本。

《藏园订补郘亭知见传本书目》卷七《子部一》补:《濂洛关闽书》十九卷。清张伯行撰。清同治初福州刊正谊堂全书本。四库入存目。

《八千卷楼书目》卷一〇《子部》:《濂洛关闽书》十九卷，国朝张伯行撰。正谊堂本。

《清史稿》卷一四七《艺文志三》:《濂洛关闽书》十九卷。张伯行撰。

今按：清康熙四十八年正谊堂刻本（上海图书馆藏）；清光绪六年云南书局刻本（上海图书馆藏）；《正谊堂全书》本（同治刻）；清刻本（南京图书馆藏）。

宋五子书

清李芳华编。

清李芳华《宋五子书后序》：岁庚寅，余授徒宗祠，得晨夕接诲于家元朗先生。一日，偶语及濂洛关闽诸子书，渊微浩博，后生无由得觅梁筏。余应之曰："唯《太极》阐天人之秘，《通书》揭理性命之旨，《西铭》明理一分殊之道，《正蒙》虽多未莹，然囊括三才、论述《六经》，不可谓非造道之轨范也。《近思》一录，纲领该括、节目精深，朱子亦尝自谓'四子之梯阶'，而《语类》则又朱子平日与及门讲学论道之粹言也。乃若《感兴》之什，则人心道心之介，古今升降之故，道术之绝续，圣学之源委，罔不具备。《训子》之篇，则又由下学以几上达，由成己以迄成物，无弗明明示诲。是二诗者，宁愧物则民彝之旨，敬仪慎话之规哉？顾《太极》《通书》《西铭》之解，朱子只发其大义，《近思》之注，诸家互有其醇疵，令读者不能无不备不纯之叹。若《正蒙》及朱子诸诗，则肄业及之者亦罕矣。至于《朱子语类》，乃其门人各记师说而汇集之者，故语句重迭，且多少年未定之论，诚解释而纂辑之，则其裨益后进，良非浅鲜也。"先生慨然以为己任，于是荟萃群言，参以旷识。而末学寡昧，亦得俾与商榷大旨，爬梳详密，条理分明，皆可寻绎。复取《语类》，删其重复，择其精要，订为约编，并以公世。学者苟潜玩是书，有以见夫其大无垠、其小莫破，亘宇宙而常新，合道器而一贯，则由是上溯四子、《六经》，不啻问途于已经轻车，驱周道矣。嗟夫！去圣日远，来者有待，吾道岂听其晦明剥复于两间？有志之士，诚讲明而佩服之，固绝续之所由系也。若谓圣功浩浩，非绵力眇材所能胜任，而却顾不前，则是果于自弃而不仁之甚，殊非解辑此书之意也。今适授梓，故特叙编注始末，附识于后，与高明共质证之。雍正甲寅仲春湘川李芳华谨书。《朱子全书》第二十七册《序跋》。

朱子学的

明丘濬撰。

明丘濬《朱子学的·自识十五则》：《学的》曷为而作？拟《论语》也。昔人僭拟《论语》，得罪圣门，曷为效之？王通自著书，以己拟孔子；愚则采辑朱子语而窃推之，以继孔子之后，非效通也，效曾子、有子之门人也，岂谓僭哉！朱子之言，天下后世，家传而人诵之，何用此为？朱子平生著述，多是阐明圣经贤传之旨，未尝自为一书，此愚所以不揆寡陋而妄有所辑也。今所辑者，多经书传注中语，学者既已熟闻之矣，而又赘之者何？此亦朱子辑《近思录》，采程氏《周易》《春秋》传文之意也。名以《学的》者何？学以圣人为的，龟山杨子之言也。而朱夫子于《中庸或问》论中和位育处亦以是为言，喻学者之必志于为圣贤，亦如射者之必志于中的也。愚于九篇载之，不无意焉。自昔性理诸书，皆始于太极，今先下学者何？书为初学者作也。《论语》编次无伦，今有次第者何？《论语》之书，成于众贤之所记，而愚此书则采朱子之成书故也。所谓次第者何？姑以首篇言之，人之为学，必自下学人事始，下学则可以上达矣。是则儒者之学也。儒者之学，学所以至乎圣人之道也，其要莫先乎为己为人之辨。《大学》一书，为己之学也，欲为为己之学，必先效法于人而后用功于己。其用功之要，程子所谓涵养，须用敬进，学则在致知是也。以此立志用功，循序积累，则知与行偕进、心与理昭融，中外本末，隐显精粗，一一周遍，是则儒者之学矣。古之学者，始乎士而终于圣人，不过下学上达而已矣。若通论一书，则首篇是其凡例，第二篇、三篇是其功用之要，是则程子两语也。盖今人既无小学工夫，须必先于持敬，敬不可以不立，而理不可以不穷。彼夫《四书》《五经》以及近世诸儒之书，穷理之具也。必欲穷理而又不可不知理之所以名，故以字训继焉。既穷理矣，由是而治心，由是而治身，以之正伦理、成治功，以至于穷神知化，参天地，赞化育，而极其功用之全。是则所谓圣神之能乎，学问之极功也。学者下学人事而至于上达天理，如此岂非儒者全体大用之学乎？此四篇至九篇之大意也。其第十篇效《论语》之《乡党》，举朱子平生言行出处，示学者以目标也。前十篇固已备矣，而又续以后十篇者何？上编如《小学》之内篇，下编则其外篇也。上编由事以达于理，下编则由理而敬之事，一以进德言，一以成德言也。自昔先儒论敬，皆自内而之外，今而反之何？自学者言，使有下手处耳。穷理略于格物而详于读书何？读书亦格物之一事，今之学者无师授，而欲舍读书以穷理，吾见其泛无归宿矣。《六经》次第皆始《易》，次《书》《诗》《春秋》《礼》，而今先《诗》《书》《礼》，而后及《易》《春秋》何？由浅以及深也。人伦次第，皆先君父而后夫妇、长幼、朋友，今以父子兄弟、夫妇、朋友、君臣为序何？由近以及远也。上编既言敬矣，而下编又专以仁义为一篇何？孔门教人以仁为先，求仁之要，由礼而入，言礼则敬在其中矣。终篇序道统，载周、程、张四子赞，而不取邵焉何？黄直卿论朱子道统之所以传，亦云由孟子而后，周、程、张子继其绝，而不及邵焉。其意盖本诸此，非愚敢妄为去取也。愚编此书成，恐或者不能无疑，窃观勉斋先生作《朱子行状》，拟答或人之疑于后，因效之书此卷末。盖志所见耳，非敢窃比《大学》《中庸》之《或问》也，观者尚矜其志而无备责矣。天顺七年癸未春正月壬辰后学琼台丘濬谨识。

以上十五则，文庄自识，非序也。今集本目为序，误矣。先生自云书于卷末，然今重刻是书，俾后人开卷，识其大凡，故敬载于卷端，犹《法言序》之例也。乾隆辛卯七月十日大兴后学翁方纲识。《琼台会稿》卷九。

明朱吾弼《朱子学的序》：琼山丘文庄采文公先生之言，次之为《学的》，授先生之九世孙训导祯。祯之子经历燔受而藏之，乃请于婺令郭濂，因为之梓，藏于家。岁久漶漫，版几尽废。燔之曾孙诸生崇沐，以锓先生《语类》《近思录》及《全集》《楚辞注》《家礼》《韩文考异》诸书之暇，旁及于采先生言若《经济文衡》者，而并锓是集。余因得以窃观焉。善乎丘文庄之言先生也，曰："学以圣人为的。"先生于中和位育推而言曰："此万化之本原，圣神之能事，学问之极功，如射者之的，行者之家。"然则由下学而上达，先生之的也。窥的在目，至的在力，中的在巧。夷以清为的，尹以任为的，惠以和为的，孔以时为的，而孟子皆目之曰"圣人"。先生之学，盖以孔孟为的者也。的在是，学在是，故夫析之有以极其精者，先生之所为发矢；然后合之有以尽其大者，先生之所为中鹄。小德川流，大德敦化，吾道所为一贯也。先生之学，不求直截，必由下学以至上达。其言近而可遵、恪而可据。株守约礼，循循先后，用力一原，收功百倍，而终之以非全放下，终难凑泊。然则先生之所为终身彀率者，即先生所为万世目标。欲学圣人，而不于先生成法是守，是犹不能决拾而欲舍矢如破也，不可几矣。先生之学，未尝专勒一家，如杨、王诸人，而散见于《六经》《语》《孟》《庸》《学》诸编。文庄准《论语》而集之，微情深意，见于跋述。其用心之勤，盖以己之得于先生者，而欲后人皆有以知先生。非知先生也，知圣人之学之的也。知先生之的则知学，知先生之学则知圣人，然则睹是编者，其亦有志彀之思也夫！时万历丙午岁冬月之吉宗后学高安朱吾弼题。《朱子全书》第二十七册《序跋》。

清张伯行《朱子学的序》：自考亭朱子倡明绝学，由周、张、二程上溯孔孟，迄明宪宗之世，二百余年。当其时，金溪之说未炽也。而文庄丘氏依仿《论语》二十篇，采朱子之言次为《学的》，以为吾道之体要、圣学之统宗。下学上达之旨，天德王道之全，靡不兼收条贯，会归于斯集。盖文庄之所纂辑，即文庄之所得力者。故荟萃先训，昭示来滋，或原或委，若此其深切著明也。迨金溪之学盛，姚江、新会并起争衡。群言淆乱，莫知所宗。学者罕能窥于道德之要，又丰蔀以制科之帖括，爚乱以剽窃之词章，然后朱子之学日以益晦。呜呼，其不达于圣人之的，后之学者宜其蔽欤！夫欲工于射而闭其目，虽羿蒙不能发一矢；欲入其室而懵其途，虽回赐不能有所就。今使学者省括于度，以从事于是编，精于思而不惑，纯于气而不乱。其知之明，极之穷神达化，而无所不通；其才之充，推之修齐治平，而无所不得。其道之行，至于化俗；其教之成，至于动众。则朱子之的，亦藉是以粗明。夫朱子之的，固周、张、二程之的。周、张、二程之的，固孔、曾、思、孟之的也。朱子集周、张、二程之言，作《近思录》，为孔、曾、思、孟之阶梯；文庄作《学的》，为周、张、二程之阶梯。学者诚由《学的》以求周、张、二程，从《近思录》以求孔、曾、思、孟，而由是以造乎圣人之道，犹善射者操弓挟矢，命中于百步之外，吾知其必有合也。是以不辞重锓，而为之序。康熙四十八己丑仲春仪封后学张伯行书于榕城之正谊堂。《正谊堂续集》卷四。

清蔡衍鎤《朱子学的序》：圣人可学而至，学者以圣人为的，犹射者以正鹄为的也。昔孟子以巧力喻智圣，而曰："犹射于百步之外，其至尔力，其中非尔力。"明中的之难也。一日又曰："仁者如射，射者正己而后发。"盖恐人情相诿于难，而教以操（原作搯）弓挟矢之道焉。汉唐以来，鲜知此意。至宋，周子始言太极、言中正仁义，是示学者以的也；程子言涵养须用敬，进学在致知，是告学者以中的之法也。迨朱子出，复推本此意而神明之，以卓尔为的，以礼文为法，以一贯为的，以忠恕为法。凡威仪容貌之必肃，亦如射者进退周旋之求合于礼也。读《易》而得其两言曰："敬以直内，义以方外。"谓为学之要无以易此，亦如射者之内志正、外体直也。谓《大学》之道，莫先格物，而穷理以致其知，反躬以践其实，亦如射者之持弓矢审固，而后可以言中也。用力若此，成功若彼，朱子之学，不诚中的矣乎！数百年后，有琼山丘文庄先生雅摭其言，分上下卷以拟《小学》，总二十篇以拟《论语》。上篇自《下学》至《天德》，由事而达理，而终之以《韦斋》，所以纪朱子之生平言行，犹《论语》之有《乡党》也。下篇自《上达》至《斯文》，由理而散事，而终之以《道统》，所以纪濂洛关闽之学之所由来，犹《论语》之有《尧曰》也。则所谓的者，不既彰彰较著，而所谓操（原作搢）弓挟矢之道者，不于兹焉具乎？学者有志圣人，舍下学而别求神智，何异射百步之外，舍彀率而别求巧力，无怪乎中的之难也，愿与三复是编。康熙己丑春正谊堂受业门人漳浦蔡衍鎤拜题。《操斋集》卷七。

《百川书志》卷三《道学》:《学的》三卷。皇明琼台丘濬采辑朱子语，以拟《论语》，继孔子之后也。凡二十类。

《澹生堂藏书目》卷二《经类第十》:《朱子学的》二册。二卷，丘文庄公濬辑。

《楝亭书目》:《朱子学的》。明琼台丘濬编辑，二卷，二册。

《千顷堂书目》卷一一《儒家类》: 丘濬《朱子学的》二卷。凡二十篇，辑朱子语为之，以拟《论语》。

《振绮堂书目》卷三 :《朱子学的》六册，二卷，宋朱子撰，明丘濬编。又二册。

《四库全书总目》卷九五《子部五・儒家类存目一》:《朱子学的》二卷，副都御史黄登贤家藏本。明丘濬编。濬有《家礼仪节》，已著录。是编上卷分下学、持敬、穷理、精蕴、须看、鞭策、进德、道在、天德、韦斋等十篇，下卷分上达、古者、此学、仁礼、为治、纪纲、圣人、前辈、斯文、道统等十篇。蔡衍鎤序曰:“上编自《下学》以至《天德》，由事而达理，而终之以《韦斋》，所以纪朱子之生平言行，犹《论语》之有《乡党》也。下编自《上达》以至《斯文》，由理而散事，而终之以《道统》，所以纪濂洛关闽之学之所由来，犹《论语》之有《尧曰》也。”然濬阐朱子之言以示学者，即仿朱子编《近思录》《小学》之体足矣，何必摹拟《论语》，使之貌似圣人？况扬雄、王通之僭经，朱子尝深讥之。濬之是编，岂朱子所乐受乎？

《问源楼书目初编》卷三中《子部》:《朱子学的》二卷，明丘濬编，明刊本。

《浙江采集遗书总录》己集《子部》:《朱子学的》二册，刊本。右明大学士琼山丘濬辑。本朱子居敬穷理之旨，采其平日言行，与所闻于二程子之说合编之。以为学者之的。

《八千卷楼书目》卷一〇《子部》:《朱子学的》二卷，明丘濬撰。刊本、明刊残本、正谊堂本。

今按：清初汪氏刻本（吉林省图书馆藏）;《正谊堂全书》本（康熙雍正刻、同治刻）；清乾隆三十六年石洲草堂刻本（国家图书馆、上海图书馆藏）；清嘉庆二十五年石洲草堂刻本（北京大学图书馆藏）；清新安汪薡高兴郡署刻本（国家图书馆藏）。

闲辟录

明程曈著。

明程曈《闲辟录序》:昔我新安夫子倡明圣学于天下，时则有若陆氏兄弟，浙之吕、陈，亦各以其学并驰争骛而号于世国。陆则过高而沦于空虚，浙则外驰而溺于卑陋。夫子惧其诬民而充塞仁义也，乃斥空虚者为异端、为禅学、为佛老；卑陋者为俗学、为功利、为管商。辞而辟之，以闲圣道而正人心焉。而其忧之深、辨之严、任之重，涣然见诸遗书。与自以承三圣者，夫岂有所异哉？世衰道微，士胶见闻，至于身蹈浙学，而犹知其卑陋，不敢昌言以告人。于陆则谓之晚与夫子合，为夫子之所集，甚则谓能接迹夫子、追踪孟氏，乐道而北面之。流弊不息，以迄于今。兹是盖不察夫子闲辟之旨，而为所谓弥近理而大乱真者所惑也。噫！圣学之不能明于世也，其基于此欤？曈也幸，辰生夫子之土壤，而获世守其书，乃敢妄以闲辟之所寓者类聚之，而浙则附焉。以为为学目标，术无惑于他歧云尔。若夫秉夫子之旌旗，捣陆氏之巢穴，以收摧陷廓清之功，则有望于任世道之责者。正德乙亥四月既望新安程曈序。《朱子全书》第二十七册《序跋》。

《澹生堂藏书目·经部》:《闲辟录》十卷，二册。程曈。

《千顷堂书目》卷一一《儒家类》: 程曈《闲辟录》十卷。

《文选楼藏书记》卷二 :《闲辟录》，明程曈著。新安人。刊本。是书采取朱子集中各体文，辨正陆氏及浙东吕、陈二家之学。

《四库全书总目》卷九六《子部六·儒家类存目二》:《闲辟录》十卷，浙江巡抚采进。明程曈撰。曈有《新安学系录》，已著录。是编录朱子集中辨正异学之语，以辟陆、王之说。凡九卷，其末一卷则杂取《宋史》以下诸家之论朱、陆者。其说不为不正，而门户之见太深。词气之间，激烈已甚，殊非儒者气象，与陈建《学蔀通辨》均谓之善骂可也。《江南通志》载曈所著尚有《新安文献》《紫阳风雅》二书，今并未见，然大略可睹矣。

《郑堂读书记》卷三七《子部一之下》:《闲辟录》十卷,原刊本。明程曈撰。曈号峩山，休宁人。《四库全书》存目。朱陆之学始终不同，具见两家《年谱》及《文集》《语录》。吴草卢始创为迁就调停之说，程篁墩又继为始异终同之书，由是遂成千古未了之公案，历世不决之疑狱。峩山因取两家之遗书，考其岁月之先后，明其旨趣之异同，旁搜博采，辑以成编。盖即以朱子之辞而辟之，以闲圣道而正人心，且并以己说相为发明。譬诸堂上大人，于两造是非，援据律令，不使吏胥得以轻重上下，以舞弄其文法。从此千古未了之公案以定，历世不决之疑狱以判。然则是书一出，而凡惑于两歧之说者，宜亦知所适从矣。盖是时王阳明方藉陆学以簧鼓一时之学者，峩山惧其惑世诬民而充塞仁义，故不得已而作是书以救之。后惟陈清澜《学蔀通辨》、孙退谷《考正晚年定论》二书同一用意，后学亟宜并读而参观也。书成于正德乙亥，自为之序。至嘉靖甲子，其子缵洛始付诸刊，并跋其后。

《八千卷楼书目》一〇《子部》:《闲辟录》十卷。明程曈撰。明刊本。

今按：明嘉靖四十三年程缵洛刻本（国家图书馆、清华大学图书馆、北京师范大学图书馆、上海图书馆、辽宁省图书馆、新疆大学图书馆、安徽省博物馆、中山大学图书馆藏）;明刻本（国家图书馆、南京图书馆藏）;《西京清麓丛书》本（光绪刻）；清正谊堂刻本（南京图书馆藏）；清刻本（国家图书馆、中国科学院图书馆、上海图书馆藏）。

朱子录要

明冯应京辑。

《澹生堂藏书目》卷二《经类第十》:《朱子录要》七册十五卷，冯应京辑。

《千顷堂书目》卷一一《儒家类》: 冯应京《朱子录要》十五卷。

今按：明万历三十三年朱崇沐刻本（中国科学院图书馆、天一阁文物保管所藏)。

朱子抄

明孙应奎编。

《万卷堂书目》卷三《儒家》:《朱子抄》十卷。孙应奎。

《千顷堂书目》卷一一《儒家类》:孙应奎《朱子抄》十卷。

今按:明嘉靖十八年陈鹤刻本(中国科学院图书馆、天津师范大学图书馆藏)。

朱子传疑

明陈潜撰。

《千顷堂书目》卷一一《儒家类》:陈潜《朱子传疑》。绍兴府人。

朱翼

明江旭奇编。

《楝亭书目》:《朱翼》。明江旭奇序辑,十二卷,二函十二册。

《四库全书总目》卷一三八《子部四八·类书类存目二》:《朱翼》,无卷数,浙江巡抚采进本。明江旭奇编。旭奇,字舜升,歙县人,万历中官安岳县县丞。《江南通志》列之《儒林传》,称其在太学日,尝奏上所著《孝经翼》《孝经疏义》,并请敕儒臣补成《孝经大全》,命题取士。盖亦讲学之家。然是书则仅供场屋之用,故许成智序谓亦名论策全书,盖为举业而设。凡分六部,曰管窥,曰曝愚,曰调烛,曰完瓯,曰委质,曰志林,每部之中又各分子目。皆捃摭诸书,以类排纂,而是非一断以朱子,故名朱翼。中多引释典、道书,殊乏别择。甚至采及《水浒传》,尤庞杂不伦。实与朱子之学南辕北辙也。

《浙江采集遗书总录》闰集《儒家类》:《朱翼》十六册。刊本。右明新安江旭奇辑。分六部:曰管窥,言天文也。曰曝愚,言君道也。曰调烛,言六曹政事也。曰完瓯,言兵事也。曰委贽,言臣道也。曰志林,言士习文学也。

宗朱子格致之旨，采儒先绪言而类系之。

朱子同然录

明刘洪谟编。

《传是楼书目·子部》:《朱子同然录》四卷，明刘洪谟编，一本。

朱子成法

佚名编。

《晁氏宝文堂书目》卷上《经》:《朱子成法》。

晦庵心学录

佚名编。

《晁氏宝文堂书目》卷上《经》:《晦庵心学录》。

紫阳先生精义

佚名编。

《千顷堂书目》卷一一《儒家类》:《紫阳先生精义》四卷。

困学寡闻录

明杨守址编。

《千顷堂书目》卷一一《儒家类》: 杨守址《困学寡闻录》十卷。集程、朱议论。

《明史》卷九八《艺文三》: 杨守址《困学寡闻录》十卷。

朱陆参同辨解

明连城璧撰。

《千顷堂书目》卷一一《儒家类》：连城璧《朱陆参同辨解》。

诸儒讲议

明董遵道编。

《天一阁书目》卷三之一《子部一》：《诸儒讲议》二卷，刊本。明外翰董遵道编。弘治甲子丰城杨廉序。是书集宋元诸儒所讲，共六十九篇。首朱子《玉山讲文》，次陆象山《白鹿讲义》，次吕东莱《春秋讲义》，又次则黄勉斋以下诸儒之说，皆朱子之传派也。戊午临海孙锐识后。

诸儒语要

明唐顺之撰。

明高攀龙《重刻诸儒语要序》：唐荆川先生辑《诸儒语要》十卷，其六卷皆诸先生所自得语，四卷则辨析同异，而考亭之语为多。吾友黄云翼读之，而奋然起曰："道在兹乎？"重刻于浙中，而征言于不佞。夫不佞则乌知道，窃以善观圣人之道者观其学，善观圣人之学者观其教，善观圣人之所言者观其所不言。观圣人而后乃知诸先生也。夫圣人之忧患天下后世远矣，故不难于自尽其心，而难于尽众人之心；不难于开一世人之心，而难于稽万世人之心。圣人知不学之害小，而学术之害尤大。不学之害害其身，而学术之害害万世。故能言而有所不敢言，欲言而有所不敢尽。钦钦然守先王之法，文则先王之文，礼则先王之礼。圣人特示之博，特示之约，使万世之贤，且智者有所裁，而不敢恣其意，愚不肖者有所循，而得以殚其力。如是而已矣。夫道人所自道也，譬之适长安者，圣人第示以至之之途，示以至之之具尔。途不辨，不可得而至；用不具，不可得而至。及其至，则长安自见，不以言而见也。后之教者不然，每侈言长安，而学者亦宛若身亲其地。然而心游千里，身不越跬步也。彼其侈言长安者，夫岂非身至之者乎？以为言途与具，非长安也，乃不知徒言长安者之非真长安也。夫然后知圣人之忧患天下后世之远，故于其所不言而知其所言也。斯义也，由孔子而来，惟周、程、张、朱五先生得之。自五先生外，诸先生各有独至，而学圣人者，必以五先生为其辨途之正、具用之备也。吾观圣人之教而知诸先生，观诸先生之教而益知圣人。甚哉！教之关万世生人命脉也。是以圣人视如河堤蚁穴，知其必决而慎之。《高子遗书》卷九上。

《澹生堂藏书目·经部》:《诸儒语要》十卷，四册。唐顺之。

《千顷堂书目》卷一一《儒家类》:唐顺之《诸儒语要》十卷，又《诸儒文要》八卷。录宋濂溪、二程、横渠、龟山、上蔡、五峰、紫阳、东莱、南轩、象山、慈湖，明白沙、阳明之语及文章。

《文选楼藏书记》卷二:《诸儒语要》二十卷。明巡抚唐顺之著。武进人，刊本。是书采辑周、程以下迄明王守仁，摘录粹言，折衷异同，并取释老诸语条辨其非。

《四库全书总目》卷九六《子部六·儒家类存目二》:《诸儒语要》二十卷，浙江巡抚采进本。明唐顺之编。顺之有《广右战功录》，已著录。是编采诸儒之言。十四卷以前以人分，凡周子、二程子、张子、谢良佐、杨时、胡宏、朱子、张栻、陆九渊、杨简、王守仁十有二家。十五卷以下以类分。其为某人之言或注或不注，阅之殊不甚了了。

《八千卷楼书目》一〇《子部》:《诸儒语要》二十卷。明唐顺之撰。明刊本。

诸儒文要

佚名编。

《晁氏宝文堂书目·文集》:《诸儒文要》。

《天一阁书目》卷三之一《子部一》:《诸儒文要》八卷。刊本。第一卷周濂溪、程明道、程伊川、张横渠先生文，第二、第三、第四卷朱晦庵先生文，第五卷陆象山先生文，第六卷张南轩、杨慈湖、陈白沙先生文，第七、第八卷王阳明先生文。不著编辑人名氏。卷末载“武进陈奎镂版”。

《四库全书总目》卷一九三《集部四六·总集类存目三》:《诸儒文要》

八卷，内府藏本。所录周、程、张、朱及陆九渊、张栻、杨简、陈献章、王守仁十家之文，凡八十篇。而朱子与守仁居其半，皆讲学之言。

道学正宗

明顾言著。

《文选楼藏书记》卷二：《道学正宗》四卷。明顾言著。镇江人。刊本。是书明道统之传，自羲、农至于朱子。兼采诸儒图说、语录，多所证据。

学案

明王甡著。

《文选楼藏书记》卷二：《学案》一卷。明王甡著。金坛人。刊本。是书以朱子《白鹿洞规条》为宗，下逮饶仲元、真德秀。附集《程朱格物法》《集朱子读书法》。

考亭丽泽录

明林祺撰。

《千顷堂书目》卷一一《儒家类》：林祺《考亭丽泽录》。集南轩、东莱、象山行实。

朱子节要

明高攀龙编。

明高攀龙《朱子节要序》：圣人之道大矣，学者学焉而得其性之所近，故赋质各别，成德亦殊。至于前圣后圣，若合符节之处，则不容毫厘差也。以毫厘差，乃千里谬矣。圣人严似是而非也，严之于此也。由孔子而后，见而知之者，为颜、曾、思、孟。然当孟子之时，邪说并作，而仁义充塞，不有孟子，孔子之道不著也。由孟子而后，闻而知之者，为周、程、张、朱。然当朱子之时，邪说并作，而仁义充塞，不有朱子，孔子之道不著也。故昌黎韩氏曰："孟子功不在禹下。"而河汾薛氏曰："朱子功不在孟子下。"可谓知言矣。夫圣人之道，载在《六籍》，得其言，而得其意，以之而明圣人之道；不得其言，而不得其意，以之而晦圣人之道。自朱子出，而《六籍》之言乃始幽显毕彻，吾道如日月之经天、江河之流地，非独研穷之功、昭晰之密，盖其精神气力，真足以柱石两间、掩映千古，所谓豪杰而圣贤者也。其书自传注而外，见于《文集》《语录》者，浩渺无涯。攀龙不自揣量，三复之余，节其要言，仿朱子《近思录》例，分为十有四卷，而不敢拟于《近思》，名曰《朱子节要》。呜呼！不有朱子，孔子之道不著也；而不知孔子，朱子之道不著也。余岂知之者哉？以为是编于天理人欲毫厘千里之介莫详焉，学者欲知前圣后圣若合符节之处，此其要也。锲成书此，以谂同志。万历壬寅秋七月己卯锡山后学高攀龙谨序。按朱子《近思录》例，一卷论道体，二卷论学，三卷致知，四卷存养，五卷克治，六卷家道，七卷出处，八卷治体，九卷治法，十卷居官处事，十一卷教人之法，十二卷警戒，十三卷辨别异端，十四卷总论圣贤。吕东莱先生谓："一卷所论，非初学者所能领会。"朱子曰："且令识个头脑，学者须自二三四卷而入。"《高子遗书》卷九上。

明顾宪成《朱子节要题辞》：昔朱子与东莱吕子会于寒泉精舍，相与读周子、程子、张子之书，叹其广大闳博，若无津涯，而惧初学者不知所入，因共掇其要为一编，分十四卷，名曰近思录。友人高云从读而珍之，以为四先生之后，能继其道、发明而光大之者，无如朱子。亦取朱子全书，掇其要为一编，分十四卷，悉准《近思录》之例，不敢拟于《近思录》也，而题之曰节要。间以示予，予受而卒业焉，为之喟然太息。世之言朱子者鲜矣，彼其意皆不满于朱子也。予窃疑之，非不满也，殆不便也。何者？世好奇，朱子以平，平则一毫播弄不得，高明者遏于无所逞而厌之；世好圆，朱子以方，方则一毫假借不得，旷达者苦于有所束而惮之，故不便也。以其不便也，于是乎从而为之辞。吾以为平，彼以为凡为陋。若曰：夫岂诚有厌焉，不肯俯而袭，惜其伤于卑耳。吾以为方，彼以为矫为亢。若曰：夫岂诚有惮焉，不能仰而模，惜其伤于高耳，故不满也。内怀不便之实，外著不满之形。不便之实，根深蒂固，而不满之形，遂成而不可解，宜乎世之言朱子者鲜矣。乃云从之于朱子，恳恳如是，且谓学者不知朱子，必不知孔子，抑何信之深也！非其超然独立，不受变于流俗，夫孰得而几之乎？此余之所以喟然太息也。然则朱子其孔子乎？曰：孔子依乎中庸，遁世不见知而不悔，平之至也。十五而志学，七十而从心不逾矩，方之至也。朱子希孔子者也，是故论造诣，颜孟犹有歉焉，论血脉，朱子依然孔子也。云从之为是编，正欲人认取血脉耳。血脉诚真，随其所至，大以成大，小以成小，皆可以得孔子之门而入。倘不其然，即有殊能绝识超朱子而上，去孔子弥远，云从弗屑也。读者以是求之，斯得之矣。万历壬寅六月谷旦梁溪顾宪成谨题。《泾皋藏稿》卷六。

《楝亭书目》:《朱子节要》。明高攀龙序录，十四卷，一册。

《千顷堂书目》卷一一《儒家类》: 高攀龙《朱子节要》十四卷。

《传是楼书目·子部》: 明高攀龙编《朱子节要》十四卷，一本。

《问源楼书目初编》卷三下《子部》:《朱子节要》十四卷，明高云从辑，明刊本。

《万卷精华楼藏书记》卷七四《子部一》:《朱子节要》十四卷，明高攀龙编。明本。此本清朗豁目。前有题辞，不知何人所撰。次万历壬寅高攀龙自序，后有按。高氏自序曰:“朱子之书，自传注而外，见于《文集》《语录》者浩渺无涯。三复之余，节其要言，仿朱子《近思录》例，分为十四卷，名曰《朱子节要》。”高氏按曰：“《近思录》，一卷论道体，二卷论学，三卷致知，四卷存养，五卷克治，六卷家道，七卷出处，八卷治体，九卷治法，十卷居官处事，十一卷教人之法，十二卷警戒改过，十三卷辨别异端，十四卷总论圣贤。东莱谓:‘一卷所论，非初学所能领会。’朱子曰:‘且令识词头脑，须自二三四卷而入。’”

今按:明万历三十年刻本(国家图书馆、山东省博物馆、南京图书馆、无锡市图书馆藏);《高子全书》本(崇祯刻清修);清刻本(国家图书馆、北京大学图书馆、辽宁省图书馆藏);民国二十二年铅印本(上海图书馆藏)。

朱子讲义补正

清方苞撰。

《清史稿》卷一四五《艺文志一》:《朱子讲义补正》八卷。方苞撰。

朱子节要抄

清潘世璜编。

清潘世璜《朱子节要抄序》：朱子书广博浩渺，读者莫能测其涯涘，梁溪高先生辑《节要》一书，即仿朱子《近思录》例，分十四卷，详明简要，足为后学津梁。星溪汪氏《五子近思录》，实本先生是书而稍有增益。先生曰："不有朱子，孔子之道不著。"然使不有先生是编，朱子之学又何从得其纲领耶？窃谓为学当从致知入，而存养克治，则动静交养之实功，警戒改过，又防闲补救之方也。圣贤事心之学，宁外是乎？夫端本于身而推，而措之家国天下，有不中节者乎！不揣陋妄，复节抄第一至五，并第十二，共为六卷。谨依《近思录》分类标目，间采《五子近思录》中数条附入。用置坐隅，自备观省，而于措之家国天下，姑未遑及也，故缺之。岂敢以管窥臆见而取古人所定之书妄为取舍也哉！嘉庆甲子春分定庵学人谨识于不远复斋。按朱子《近思录》例，一卷《道体》，二卷《为学》，三卷《致知》，四卷《存养》，五卷《克治》，六卷《家道》，七卷《出处》，八卷《治道》，九卷《治法》，十卷《临政处事》，十一卷《教人之法》，十二卷《警戒改过》，十三卷《辨别异端》，十四卷《总论圣贤》。高先生《朱子节要》，卷例悉依之。兹编所抄第一至五，悉依原序，而即以《警戒改过》列第六，其余间摘数条，不能成卷，概附六卷末云。《朱子全书》第二十七册《序跋》。

今按：《不远复斋遗书》本（道光刻）。

朱子书节要

朝鲜李滉撰。

朝鲜李滉《朱子书节要序》：晦庵朱夫子挺亚圣之资，承河洛之统，道巍而德尊，业广而功崇。其发挥经传之旨，以幸教天下后世者，既皆质诸鬼神，而无疑百世以俟圣人而不惑矣。夫子既没，二王氏及余氏裒粹夫子平日所著诗文之类为一书，名之曰《朱子大全》，总若干卷，而其中所与公卿大夫门人知书往还书札，多至四十有八卷。然此书之行于东方，绝无而仅有，故士之得见者盖寡。嘉靖癸卯中，我中宗大王命书馆印出颁行，臣滉于是始知有是书而求得之，犹未知其为何等书也。因病罢官，载归溪上，得日闭门静居而读之，自是渐觉其言之有味、其义之无穷。而于书札也，尤有所感焉。盖就其全书而论之，如地负海涵，虽无所不有，而求之难得其要。至于书札，则各随其人材禀之高下、学问之浅深，审证而用药石，应物而施炉锤。或抑或扬，或导或救，或激而进之，或斥而警之。心术隐微之间，无所容其纤恶；义理穷索之际，独先照于毫差。规模广大，心法严密，战兢临履，无时或息。惩窒迁改，如恐不及。刚健笃实，辉光日新。其德其所以勉勉循循而不已者，无间于人与己，故其告人也，能使人感发而兴起焉。不独于当时及门之士为然，虽百世之远，苟得闻教者，无异于提耳而面命也。呜呼至矣！顾其篇帙浩穰，未易究观，兼所载弟子之问，或不免有得有失。滉之愚，窃不自揆，就求其尤关于学问而切于受用者表而出之，不拘篇章，惟务得要。乃属诸友之善书者，用度子侄辈分卷写讫。凡得十四卷，为七册。盖视其本书，所减者殆三之二。僭妄之罪，无所逃焉。虽然，尝见《宋学士集》有记鲁斋王先生以其所选朱子书，求订于北山何先生云，则古人曾已作此事矣。其选其订，宜精密而可传。然当时宋公犹叹其不得见。况今生于海东数百载之后，又安可蕲见于彼，而不为之稍加损约，以为用工之地也哉？或曰：圣经贤传，谁非实学？又今集注诸说，家传而人诵者，皆至教也。子独拳拳于夫子之书札，抑何所尚之偏而不弘耶？曰：子之言似矣，而犹未也。夫人之为学，必有所以发端兴起之处，乃可因是而进也。且天下之英才不为不多，读圣贤之书，诵夫子之说，不为不勤，而卒无有用力于此学者，无它，未有以发其端、作其心也。今夫书札之言，其一时师友之间讲明旨诀、责勉工程，非同于泛论如彼，何莫非发人意而作人心也。昔圣人之教，《诗》《书》《礼》《乐》皆在，而程朱称述，乃以《论语》为最切于学问者，其意亦犹是也。呜呼！《论语》一书既足以入道矣，今人之于此，亦但务诵说，而不以求道为心者，为利所诱夺也。此书有《论语》之旨，而无诱夺之害，然则将使学者感发兴起，而从事于真知实践者，舍是书何以哉？夫子之言曰："学者之不进，由无入处，而不知其味之可嗜；其无入处，由不肯虚心逊志，耐烦理会。"使今之读是书者，苟能虚心逊志、耐烦理会，如夫子之训，则自然知其入处、得其入处，然后知其味之可嗜，不啻如刍豢之悦口，而所谓大规模、严心法者，庶可以用力矣。由是而旁通直上，则泝伊洛而达洙泗，无往而不可。向之所云圣经贤传，果皆为吾之学矣。岂偏尚此一书云乎哉！滉年薄桑榆，抱病穷山。悼前时之失学，慨余韵之难理。然而区区发端，实有赖于此书。故不敢以人之指目而自隐，乐以告同志，且以俟后来于无穷云。嘉靖戊午夏四月日后学真城李滉谨序。先生此序成于嘉靖戊午。是时先生年五十八矣，手自净写，藏之巾笥，未尝出以示人。盖其微意，不欲以纂述自居也。后因学者求观《节要》，则浸以流布，至有入梓以广其传者，乃更名《朱子书节要》，并刻目录及注解，而序则终不出焉。先生既没，门下诸人始得见其手稿，咸谓先生辑录之意不可使无传，遂誊刻以置卷首云。隆庆六年九月日后学高峰奇大升谨识。《朱子全书》第二十七册《序跋》。

《八千卷楼书目》卷一〇《子部》:《朱子书节要》二十卷，朝鲜李滉撰。日本刊本。

朱子晚年定论

明王守仁撰。

明王守仁《朱子晚年定论序》:《定论》首刻于南赣，朱子病目，静久，忽悟圣学之渊微，乃大悔中年注述误己误人，遍告同志。师阅之，喜己学与晦翁同，手录一卷，门人刻行之，自是为朱子论异同者寡矣。师曰："无意中得此一助。"隆庆壬申，虬峰谢君廷杰刻师全书，命刻《定论》，附《语录》后，见师之学与朱子无相缪戾，则千古正学同一源矣。并师首序，与袁庆麟跋，凡若干条，洪僭引其说。阳明子序曰：洙泗之传，至孟氏而息。千五百余年，濂溪、明道始复追寻其绪。自后辨析日详，然亦日就支离决裂，旋复湮晦。吾尝深求其故，大抵皆世儒之多言有以乱之。守仁早岁业举，溺志词章之习，既乃稍知从事正学，而苦于众说之纷挠疲苶，茫无可入。因求诸老释，欣然有会于心，以为圣人之学在此矣。然于孔子之教间相出入，而措之日用，往往缺漏无归，依违往返，且信且疑。其后谪官龙场，居夷处困，动心忍性之余，恍若有悟。体念探求，再更寒暑，证诸《五经》《四子》，沛然若决江河而放诸海也。然后叹圣人之道，坦如大路。而世之儒者，妄开窦径，蹈荆棘，堕坑堑，究其为说，反出二氏之下，宜乎世之高明之士，厌此而趋彼也。此岂二氏之罪哉？间尝以语同志，而闻者竞相非议，目以为立异好奇。虽每痛反深抑，务自搜剔班瑕而愈益精明，的确洞然，无复可疑。独于朱子之说有相抵牾，恒疚于心，窃疑朱子之贤，而岂其于此尚有未察？及官留都，复取朱子之书而检求之，然后知其晚岁固已大悟旧说之非，痛悔极艾，至以为自诳诳人之罪不可胜赎。世之所传《集注》《或问》之类，乃其中年未定之说，自咎以为旧本之误，思改正而未及。而其诸《语类》之属，又其门人挟胜心以附己见，固于朱子平日之说，犹有大相缪戾者。而世之学者，局于见闻，不过持循讲习于此，其于悟后之论，概乎其未有闻，则亦何怪乎？予言之不信，而朱子之心，无以自暴于后世也乎？予既自幸其说之不缪于朱子，又喜朱子之先得我心之同然，且慨夫世之学者，徒守朱子中年未定之说，而不复知求其晚岁既悟之论，竞相呶呶，以乱正学，不自知其已入于异端，辄采录而裒集之，私以示夫同志，庶几无疑于吾说，而圣学之明可冀矣。正德乙亥冬十一月朔后学余姚王守仁序。《朱子全书》第二十七册《序跋》。

明薛应旂《重刻朱子晚年定论序》：曩岁乙巳冬，余以谪官赴盱江，道出武林，值文谷孔君董浙学政，送余浙江驿下，携所刻《朱子晚年定论》见示。盖阳明先生所辑，谓将以撤蒙障也。越七年，余亦以视学至浙，进诸生而问焉，乃蒙障犹若未尽撤者。而文谷所刻，则既散逸矣。余为之慨悼者久之。检诸故箧，向所示原本，则固宛然在也。因命工翻刻之。夫朱子豪杰之才，圣贤之学，其论何至晚年而定哉？特以早岁亟于进人，不容忘言，解经释传，遂涉训诂，而以言求者，于是多蹊径矣。唯是晚年深自懊悔，屡形翰牍，亦冀学者之反求自得耳。观其尝自咏曰：“独抱瑶琴过玉溪，琅然清夜月明时。只今已是无心久，却怕山前荷蒉知。”又曰：“琴到无弦听者希，古今唯有一钟期。几回拟鼓阳春曲，月满虚堂下指迟。”噫！朱子之心胸可想矣。学者三复而质诸《定论》，当自有得矣。不然，则阳明之辑是，而吾党之刻之也，不将为赘庬也乎？《方山先生文录》卷九。

清雷以諴《重刻朱子晚年定论跋》：窃以諴质性愚钝，时惧言动多疚，入德无几。于《五经》《四书》外，爱读五子性理，乃叹圣人之道至宋始大昌明。及读《阳明先生集》，觉其为学洞澈本的、近里著己，若与朱子《或问》《语类》等书颇有同异。咸丰三年癸丑，奉命赴广陵襄理军务。宥函孔继鑅适在幕，持《阳明先生集》，内有《朱子晚年定论》一册。捧读三复，其悔悟之切、见道之真，盖与阳明先生俨然同堂晤对，若合符节，前贤后贤，其一揆也。

以诚口诵心维，手不能释，乘暇录之幕中。秉初陈锡麟、平斋吴云、俊甫沈方熙、少卿梁承皓、冰署李肇增皆嗜学，请付诸梓以公同好云。甲寅上元楚北淦川春霆氏雷以诚谨跋并书。《朱子全书》第二十七册《序跋》。

《万卷堂书目》卷三《儒家》:《朱子晚年定论》一卷。王守仁。

《晁氏宝文堂书目》卷上《经》:《朱子晚年定论》。

《赵定宇书目·经类》:《朱子晚年定论》。一本。

《脉望馆书目·儒家》:《朱子晚年定论》。一本。

《世善堂藏书目录》卷上《经类》:《朱子晚年定论》。王文成。

《楝亭书目》:《朱子晚年定论》。抄本，明王守仁序，一卷，一册。

《千顷堂书目》卷一一《儒家类》: 王守仁《朱子晚年定论》一卷。

《也是园藏书目》卷一〇《伪书》:《朱子晚年定论》。

今按：明嘉靖三十七年怀玉书院刻本（安徽省博物馆藏）;《王文成公全书》本（隆庆谢廷杰刻、万历修）;清咸丰四年雷以诚雨香书屋刻本（上海图书馆、东北师范大学图书馆、南京图书馆藏）；清末刻民国间浙江图书馆递修本（南京图书馆藏）。

朱子晚年定论

明程敏政编。

《绛云楼书目》卷二《道学类》:《朱子晚年定论》。一名《道古编》，凡六卷，程敏政编。

朱陆道一编

明程敏政编。

《传是楼书目·子部》: 明程敏政编《朱陆道一编》六卷，二本。

朱子二大辨

明顾允成、李时编。

明顾宪成《朱子二大辨序》：昔朱子有曰："海内学术之弊不过两说，江西顿悟，永康事功。若不竭力明辨，此道无由得明。"予弟季时读其言，怃然有感，遂取其所与象山、龙川两先生往复数书，辑而行之，名曰朱子二大辨。诸有与两说互发者，亦附录焉。而谓予曰："惟今日学术之弊，亦然茀昔也。顿悟、事功分而为二，今也并而为一，其害更不可言耳。不知朱子而在，又何以为计？"予曰："难哉！必也其反经乎？"已而曰："亦须捣其窠巢始得。"季时曰："何言乎窠巢？"予曰："即迩时论性家所爱举扬'无善无恶'四字是也。此四字是最玄语，是最巧语，又是最险语。"季时曰："愿闻其说。"予曰："谓人之心原自无善无恶也，本体只是一空。谓无善无恶，惟在心之不着于有也，善恶必至两混。空则一切扫荡，其所据之境界为甚超，故玄也。世之谈顿悟者大率由此入耳。混则一切包裹，其所开之门户为甚宽，故巧也。世之谈事功者大率由此出耳。玄则握机自巧，巧则转机益玄。其法上之可以张皇幽渺而影附于至道，下之可以儌名儌利而曲济其无忌惮之私，故险也。世之浮游于两端之中，而内以欺己，外以欺人者，大率就此播弄耳。试与勘破无论其分而为二者，一高一下，人得共指而共视之，无从逃匿。即其并而为一者，亦见首尾衡决，涣然披离，无从凑泊矣。何者？夺其所恃也。然则朱子而在，其所为今日计，亦可知已。"季时曰："人言象山禅学也，龙川霸学也。信乎？"曰："闻诸朱子'南渡以来，八字着脚，理会着实功夫者，惟予与子静二人'，何敢目之曰禅？惟其见太捷，持论太高，推极末流之弊，恐究竟不免使人堕入漭荡中。龙川自负一世英雄，其与朱子书称'天地人为三才，人生只要做个人'，立意皎然，何敢目之曰霸？惟其才太露，行径太奇，推原发论之地，恐合下便已浑身倒入功利中。况象山言恶能害心，善亦能害心，岂非即吾之所谓空？而龙川义利双行，王霸并用，上下三代，唐汉之间，欲搅金银铜铁镕为一器，岂非即吾之所谓混？由此观之，其大指亦自分明，特未及直截道破耳。予又阅朱子所著胡五峰《知言疑义》，其于无善无恶之辨最为分明，特未及剖到两家安身立命处在此，其受病处亦在此，并与一口道破耳。要而言之，此一重公案，实《二大辨》之所归宿，拔本塞源之论也。然则朱子而在，其所为今日计益可知已。抑予窃有惧焉。凡人之情，于其受病处，未有不畏而却者也。于其安身立命处，未有不恋而留者也。惟是安身立命处即其受病处，几微之间，固已易眩而难决，况吾方见以为受病处，而彼且见以为安身立命处，则其说益抵牾而不入矣。夫谁得而夺之？”论至于此，诚不知朱子而在，何以为今日计也。于是刻《二大辨》成，季时请序，予因次第其语授之。盖以为是天地间公共事，而思求助于有道，相与释去其惧云尔。《泾皋藏稿》卷六。

《千顷堂书目》卷一一《儒家类》：顾允成、李时《二大辨》三卷。一名《朱子二大辨》。

《传是楼书目·子部》：明顾久诚辑《朱子二大辨》三卷，一本。

考正朱子晚年定论

清孙承泽撰。

清李绂《书孙承泽考正朱子晚年定论后》：孙北海承泽作《考正朱子晚年定论》，盖从未读陆子、阳明子之书，亦未尝细读朱子之书，徒欲抄窃世俗唾余，以附于讲学者也。所载朱子之语，止取其诋諆陆子之言，其论学之合于陆子者，则概不之及。其所辨年岁，亦不甚确。如鹅湖之会，谓各赋一诗见志，是全未见陆子语录者也。陆子兄弟之诗皆作于途次，既见而述之耳。朱子则三年之后始和，故曰“别离三载”。鹅湖为朱陆初相见，谓之“别离三载”可乎？此等眼前文理尚不及考，况能考正《朱子晚年定论》乎？至谓“年愈晚，辟邪愈坚，无一字合于陆，无一言涉于自悔”，则并全未见朱子之书乃为此谬语也。陆子从不自立教规，自标宗旨，所循以为学，则曰切己、自反、改过、迁善而已。所举以教学者，则曰辨义利、求放心、先立乎大而已。盖皆孔孟之言，故曰“在我全无杜撰”。若谓朱子无一字合于陆子，是无一字合于孔孟也，而可乎？自悔为学问进境，朱子之贤，正在于此，何必讳之？且亦有不可讳者。余尝尽录朱子五十一岁至七十一岁论学之语，见于文字者一字不遗，共得三百七十余篇，名曰朱子晚年全论，其言无不合于陆子。其自悔之言，亦不可以数计。今就其与刘子澄一人之书观之，其第七书有“张、吕二友云亡，耳中不闻规益”之语。张以朱子五十一岁卒，吕以朱子五十二岁卒，则此书为五十岁以后无疑矣。书中言：“日前为学，缓于反己，追思凡百多可悔者。所论著文字亦坐此病，多无着实处。计非岁月功夫所能救治。”反己之说，合于陆子，谓“凡百多可悔”，岂止涉于自悔矣乎？《与子澄第九书》，谓子澄：“只学人弄故纸，过了光阴，都无实得力处。且心知其为玩物丧志，而不能决然舍弃，此为深可惜者。”又云：“埋没身心，不得超脱，无惑乎？子静之徒，高视大言，而窃笑吾徒之枉用心也。”其《第十三书》云：“《大学》近看过，方得下手用功处。路陌径直，日前看得诚是不切，乱道误人。”其《第十四书》云：“近觉向来为学，实有向外浮泛之弊。不惟自误，而误人亦不少。方别寻得一头绪，似差简约端的，始知文字语言之外，真别有用心处。”其《第十六书》云：“日用功夫只在当人着实，自家了取，本不用与人商量，亦非他人言说所能干预。纵欲警觉同志，只合举起话头，令其思省，其闻之者亦只合猛省提掇，向自己分上着力，不当更着言语，论量应对。”又云：“今将实践履事却作闲言语说了，方其说时，意在于说而不在于行，此恐不惟无益而反有害也。”此数书，尤在《第七书》之后，皆有年月可考，确为晚年。其论学全与陆子合，其悔悟亦甚深切。北海岂全未披阅耶？抑亦知之而故为违心之论耶？北海在明朝官至九列，家居京师，亲见闯贼之乱，国破君亡，偷生忍死。晚年沉酣于富贵利达之场，耄而不止。盖患得患失之鄙夫，本不足与论学，而世俗空疏之士，以其颇涉猎载籍，疑为或有所考，不知其茫然一无所知也。姑为辨其大概如此，俾惑者解焉。《穆堂类稿》卷四五。

《培林堂书目·子部》：《考正朱子晚年定论》一册。又一册。

《拜经楼书目》卷上：《考正朱子晚年定论》，抄本，一本。

《拜经楼藏书题跋记》卷四：《考正朱子晚年定论》。右二卷，孙退谷先生著，有其自序。此抄本，钱绿窗处士书后云：“退谷著书甚富，以《考正晚年定论》为第一，顾当时虽曾镂版而流传颇少，远近积书家罕有藏弆者。友人吴君子安偶于旧书中检得，一日语次及之，遂假以归。亟读一过，见其考订精确，阳明复生，不能不服。夫退谷本以该博称，而能留心正学，息邪距诐若此，殊不若迩来博综家沾沾于无用之辨，不急之察，语及程、朱，辄笑为腐且陋也。手录一本，藏之笥箧，谋重锓梓，以广其传。卷末所载罗公书残缺不全，为考《整庵遗集》补完焉。绿窗钱馥书。”

《四库全书总目》卷九七《子部七·儒家类存目三》：《考正晚年定论》二卷，江苏巡抚采进本。国朝孙承泽撰。是书以王守仁所作《朱子晚年定论》

不言晚年始于何年，但取偶然谦抑之词，或随问而答之语，及早年与人之笔录之，特欲借朱子之言以攻朱子，不足为据。乃取朱子《年谱》《行状》《文集》《语类》等书，详为考正。以宋孝宗淳熙甲午为始，朱子是时年四十有五，其后乃始与陆九渊兄弟相会。以次逐年编辑，实无一言合于陆氏，亦无一字涉于自悔。因逐条辨驳，辑为是编。考《晚年定论》初出之时，罗洪先致书守仁，所辨何叔京、黄直卿二书，已极为明晰。是书特申而明之，大旨固不出罗书之外。至谓守仁立身居家，并无实学，惟事智术笼罩，乃吾道之莽、懿。又取明世宗时请夺守仁封爵会勘疏，及不准恤典之诏以为口实，则摭拾他事以快报复之私，尤门户之见矣。

《清史稿》卷一四七《艺文志三》:《考正朱子晚年定论》二卷。孙承泽撰。

朱子晚年全论

清李绂编。

清李绂《朱子晚年全论序》:朱子与陆子之学，早年异同参半，中年异者少同者多，至晚年则符节之相合也。朱子论陆子之学，陆子论朱子之学，早年疑信参半，中年疑者少信者多，至晚年则冰炭之不相入也。陆子之学，自始至终确守孔子“义利之辨”与孟子“求放心”之旨；而朱子早徘徊于佛、老，中钻研于章句，晚始求之一心。故早年、中年犹有异同，而晚则符节相合。夫早年、中年所学有异同，因而所论者有疑信，宜矣。至于晚年，所学者符节相合，而所论者冰炭不相入，何耶？盖早年两先生未相见，故学有异同而论有疑信。中年屡相见，故所学渐同而论亦渐合。朱子与项平甫书，欲兼取两长；陆子与朱子书，谓“康庐之集，加款于鹅湖”，此其证也。考康庐之集，朱子年五十二岁，陆子年四十三岁。自是以往，又十一年而陆子下世。此十一年中，两先生不及再相见。始启争于无极、太极之辨，继附益以门人各守师说，趋一偏而甚之。其兼学于两家者，往来传述，不得先生之意而矫往过正，如包显道有“读书讲学，充塞仁义”之语，而朱子教张敬夫考索《周礼》，陆子颇不然之。于是朱子指陆子为“顿悟之禅宗”，陆子指朱子为“支离之俗学”，实则两先生之学皆不尔也。《朱子晚年定论》，陆子既不及闻其说，至阳明先生抄为一编，凡三十四条，中间因词语相类而误入中年之论者，特何叔京一人耳。罗整庵摘以相辨，而无知之陈建遂肆狂诋，其实晚年相论皆然，虽百条不能尽也。夫谓朱子晚年讥陆子为禅，虽道听途说，世俗科举之士皆能信之。谓朱子晚年之论尽与陆子合，则虽有意为学，而粗涉其涯涘者，亦不能无疑焉。今详考《朱子大全集》，凡晚年论学之书，确有年月可据者，得三百五十七条，共为一编。其时事出处，讲解经义与牵率应酬之作，概不采入，而晚年论学之书，则片纸不遗，即诋陆子者亦皆备载，名曰《朱子晚年全论》。曰“晚”，则论之定可知；曰“全”，则无所取舍以迁就他人之意。庶陈建之徒无所置喙，而天下之有志于学者，恍然知两先生之学之同，而识所从事不堕于章句口耳之末，或亦有小补乎！夫天下惑于朱、陆异同之说也久矣。欲天下人学陆子，必且难之；欲天下人学晚年之朱子，宜无不可。学朱子即学陆子，陆子固不必居其名也。雍正壬子岁临川李绂书。中华书局点校本《朱子晚年全论》。

清王士俊《校刻朱子晚年全论序》：道学之聚讼，唯朱、陆异同为甚。考朱、陆之所以异，权舆于鹅湖之讲，冰炭于“无极”之辨，两家高第弟子因而成之。若鹿洞，则何不同之有？由宋入元，草庐一派尊陆，金华一派尊朱，然亦何尝分门立户以争也？独至明之中叶，如《学蔀通辨》《闲辟录》诸书，攻击不遗余力。呜呼！此固意不在陆也，肆三尺之喙，以阴行其狐媚权贵人之计，志亦憯矣。洎后泾阳景逸辈亦各有抵牾，则在捄其流弊，非有他志耳。嗟呼！辨析在毫芒而分镳同秦、越，此必歧出于道学之外而可也。若陆子言“求放心”而云不废学问之道，朱子言“习闻见”而云必顾身心之内，是朱学何尝支离？陆学何尝空寂哉？善乎！明儒鹿干岳之论曰：“以为异，则程氏兄弟何尝不异？以为同，则朱、陆何尝不同？人知朱、陆之所以异，而不知朱、陆之所以同，此道之所以不明也。”然则吾师穆堂先生所订《朱子晚年全论》，固有所不得已焉尔。或曰：“王阳明先生尝裒集《朱子晚年定论》，先生何为踵和之？”俊曰：“阳明之裒集多踈，先生之考校独密；阳明之裒集多漏，先生之荟蕞独完，非独陆、王之嫡派，乃紫阳之功臣也，故曰‘全’也。删节繁芿，钩贯岁月，了如指掌，灿若列星，而朱子之论定，固有补乎姚江之书，而非袭其旧也。”或曰：“援朱于陆，先生得毋右陆而左朱乎？”俊曰：“不然也。先生之意不特尊陆，实以辨朱也。”盖自朱、陆异同之辨起，谓朱子“道问学”，谓陆子“尊德性”，判若黔晳矣，讵知尊道之功不容偏废，朱子注《中庸》，谓“尊德性”极乎道体之大，“道问学”尽乎道体之细。今因答项平甫一书而画分途径，是朱子仅乎道体之细，而陆子方极乎道体之大也。尊朱者，安乎哉！譬之兄弟析产，陆子所得者皆田宅巨业，朱子所得者皆零星什器，其不足以服天下之人心而定儒林之公议也决矣。观先生自叙之言，曰：“以全体大用无不兼该之朱子，文致周内，必归于口耳章句之末而后止。”呜呼！是可以见先生之心矣。得先生是编而存之，凡席文襄、卢正夫所传，皆尊陆者之牙后慧也；陈清澜、程启皦所著，皆诋陆者之隔日疟也。讵知鹿洞一会，固无参商，晚年定论，犹鹿洞之志也，何事呶呶聚讼为哉？抑以俊之浅陋，于朱、陆之学不得其所以异，又乌测其所以同？且今先生编书之例，以朱子五十一岁为率，俊亦马齿亦五十一岁矣，抑何读是编而茫然无所得，漠然无所入也？昔黄太冲有云：“朱子以庚戌生，某亦以庚戌生。某以庚戌名集，所以志愧。”由太冲之言思之，先生是编莫牖俊较切而动，俊志愧矣，敢不勉乎哉！爰敢僭序数言于简首。受业王士俊敬书，时雍正十有三年孟夏初吉。中华书局点校本《朱子晚年全论》。

清李光墺、李光型《朱子晚年全论跋后》:《朱子晚年全论》者，非为朱、陆两贤调停也。且以发明晚年“性”与“天道”融释之旨，会萃并集，罗列目前，以待万世人之论定尔。夫汇其说至数百条之多，可以为案矣；历时二十年，至于盖棺，可以为断矣。论取其全，不遗一字，可以告无罪于朱子，待来世而无讥矣。独有一语似当推原其所以然者，朱与陆并有圣人之质，顾何以始异而终同耶？凡人皆累于气质，惟古今之圣人不为气质所累，只有“诚”“明”二事，自本自根。夫自“明”而“诚”者，曾子也，而亦朱子；自“诚”而“明”者，颜子也，而亦陆子，及其知之，一也。今观陆子，幼已敏悟，至于知天命之年，则心即易，易即心，而可以无大过矣。何也？“自‘诚’‘明’谓之性，诚则明矣。”朱子随事精察，虽至五十而犹一闲未达，必再假之二十年而后冰融而冻释，何也？“自‘明’‘诚’谓之教，明则诚矣。”昔者曾子未闻“一贯”之时，其真积力久求之事事物物之间，岂非类朱子“格致”之勤欤？及其闻圣人之一呼，然后知吾心之“忠恕”即是道也。颜子之“不远复”,“不怒迁，不二过”，岂非类陆子之“自警策”与“迁善改过”欤？而其“非助”“如愚”“所立卓尔”，岂可以谓之禅乎？顾颜、曾、朱、陆，学本圣人，质亦圣人，特“诚”“明”之所自不同耳。颜、曾并在大圣之门，七十子无有异同之论，而卒也俱传孔子之道。设朱、陆亦及东鲁之门，吾知“一贯”之呼，朱必与闻，而“庶乎”之叹，陆亦庶几也。且圣贤之质，有各似，又有兼似，而皆为绝学所寄之人。如吕新吾之论明道，谓其在朱、陆之间，然则吾谓朱肖曾、陆肖颜者，亦不为创也。抑又闻之，紫阳末年与蔡季通所谈“性”与“天道”之旨，有曰《翁季录》者，惜乎世未之见，不知其说之同否何如也？时雍正十有三年壮月，上涴受业李光墺、光型谨识。中华书局点校本《朱子晚年全论》。

《四库全书总目》卷九八《子部八·儒家类存目四》:《朱子晚年全论》八卷，江西巡抚采进本。国朝李绂编。绂字巨来，号穆堂，临川人。康熙己丑进士，官至内阁学士，兼礼部侍郎。朱、陆之徒，自宋代即如水火，厥后各尊所闻，转相诟厉，于是执学问之异同，以争门户之胜负。其最著者，王守仁作《朱子晚年定论》，引朱以合陆。至万历中，东莞陈建作《学蔀通辨》，又尊朱以攻陆。程曈，朱子之乡人也，因作《闲辟录》以申朱子之说。绂，陆氏之乡人也，乃又作此书以尊陆氏之学。大旨谓陈建之书与朱子之论，援据未全，且语录出门人所记，不足为据，乃取朱子《正》《续》《别》三集所载，自五十岁至七十一岁与人答问及讲义、题词之类，排比编次，逐条各附考证论辨于下，以成是书。其说甚辨。案韩愈《送王秀才序》称孔子之道大而能博，学焉而各得其性之所近，故子贡之敏悟，曾子之笃实，皆得闻一贯之旨，而当时未尝相非。后之儒者，各明一义，理亦如斯。惟其私见不除，人人欲希孔庭之俎豆，于是始于争名，终于分党，遂寻仇报复而不已，实非圣贤立教之本旨。即以近代而论，陆陇其力尊程、朱之学，汤斌远绍陆、王之绪，而盖棺论定，均号名臣。盖各有所得，即各足自立，亦何必强而同之，使之各失故步乎？绂此书皆以朱子悔悟为言，又举凡朱子所称切实近理用功者，一概归之心学。夫回也屡空，焦竑以心无墨拟，空诸所有解之矣，颜子其果受之乎？仍各尊所闻而已矣。

《振绮堂书目》卷三：《朱子晚年全论》四册，八卷，国朝李绂编自序。

《清史稿》卷一四七《艺文志三》:《朱子晚年全论》八卷。李绂撰。

今按：清雍正十三年临川李氏无怒轩刻本（国家图书馆、北京大学图书馆、中国科学院图书馆、江西省图书馆、福建省图书馆藏）。

三子定论

清王复礼撰。

《四库全书总目》卷九七《子部七·儒家类存目三》:《三子定论》五卷,浙江巡抚采进本。国朝王复礼撰。复礼有《家礼辨定》,已著录。王守仁作《朱子晚年定论》,颠倒年月,以就己说,久为诸儒所驳。复礼欲申陆、王而又揣公论既明,断断不能攻朱子。故嘘守仁已烬之焰,仍为调停之说。凡《朱子定论》一卷,《陆子定论》一卷,《王子定论》一卷,后附学辨论断共一卷,皆采诸家之言。附论一卷,则复礼自为说也。困绌之余,仍巧为翻案之计,盖所谓不胜不止者也。

《清史稿》卷一四七《艺文志三》:《三子定论》五卷,王复礼撰。

今按:清康熙间刻本(福建省图书馆藏)。

朱子讲学辑要编

清龙炳垣编。

清杨秉璋《朱子讲学辑要编序》:子朱子集诸儒之大成,以上接乎孔、曾、思、孟之传者也。其讲学也,明辨以晰,纯粹以精,皆本诸躬行心得之余,故言之亲切有味。然人每苦其书之浩博,置而不观;即观之,亦未能得其要领。新繁龙生为《朱子讲学辑要编》,条分缕析,非实心体验过来者不能。人苟有志于学,取此熟复之、玩味之,切己体察,将有见于圣贤之道即在吾人性分之中,非高远不可企及。识得大源头,觉《五经》《四书》与朱子所言,无非此理。果信得及,即立起志来,着实做去,便旁参之诸儒先讲学之书,观其会通而归于一,则有体有用、本末兼该,与专心于举业及词章之学者相去何啻霄壤。予嘉生之讲求实学,较之《读书做人谱》,其识益精而功益进也。言行相顾,其为慥慥之君子欤?用志数语,弁诸简端,于读是编者尤有厚望焉。同治丙寅秋七月怀宁杨秉璋识。《朱子全书》第二十七册《序跋》。

清朱树梅《朱子讲学辑要编序》:前余司蜀臬时,新繁龙生炳垣尝条陈时事数千言,刻《小学》又来,告以御制序文冠首,于是识其人,并略知其所学。既而见其《读书做人谱》,又既而读其《朱子讲学辑要编》,盖积数十年之心力而为之者也。其书博观约取，一本考亭而旁参经史，附以己意，明体适用，语重心长。虽详注有似太繁者，然生平用功之精密亦可见矣。夫当此士习波靡之时，举世以讲学为讳，而龙生所志如此、所学如此，岂非所谓空谷足音欤？今礼南学使恳恳以《小学》为教，以端士习为先务，按临所至，访求实学，得龙安陈孝廉代芝，与生同荐诸朝，授以京秩。其所以风励多士者，不可谓不至矣。特书卷末，以志欣幸。同治五年丙寅重阳翌日陇右朱树梅书。《朱子全书》第二十七册《序跋》。

清龙炳垣《朱子讲学辑要编序》：呜呼，学之不讲，岂小事哉！秦汉以来，道不明于天下，而士不知所以为学，圣贤全体大用之旨，昧没而杂，莫寻端绪，致令人才失养，教化莫兴。世不睹唐虞之休，人不逢三代之盛，皆学不讲之咎也。然自周、程授受以来，讲之者日益精，而学亦日益明。至朱子集其成，乃极纯而大备。迄乎元明而后，讲学抑又纷矣，或反失朱子之真传，而不能无流弊。恭读圣祖仁皇帝御制《朱子全书序》云："读书五十载，只认得朱子。"大学士李光地进表，又曰："谓朱子为群儒之纯粹，不难以圣而下学夫贤。然则居今日而讲学，舍朱子之学而何讲哉？盖朱子之学，深得孔曾思孟之传，融贯乎周程张邵之理。蕴诸身心，天德具焉；措诸事业，王道昭焉。在当时虽未尝大用以尽其量，然以著述观之、《年谱》考之，所谓'体无不具，用无不周'者，犹得于孔孟后一见斯人也。"然而载籍极博，观者有望洋之叹。炳垣至愚极陋，于伏读《朱子全书》之后，再取《文集》《语类》《或问》等书，潜心玩索，五阅寒暑，恍若有得。爰采切要之论，编辑成书，虽不尽属讲学之文，而以私心拟议，觉无适而非讲学之意也。不辞僭妄，敢以"讲学"二字加之。又谨依《小学纲领》，分内外二篇。内篇明体，欲学者皆如是，以明其体而立天下之大本；外篇适用，欲学者皆如是，以适于用而天下之达道。然亦非两事也。惟能明体，方能适用。明即明其所用之理，用即用其所明之道耳。其有未能明体而亦能适用者，乃是生质之美，才识异常。然迹其所为，终不免于贤智之过，与中行之士迥殊矣。龟山先生尝云："外边用计用数，假饶立得功业，亦只是人欲之私，与圣贤作处，天地悬隔。"正谓此也。或以为明季天下败于讲道学，予应之曰："子独不知我朝之天下，却又兴于讲道学耶？熙雍之时，上下讲学，道一风同。唐虞三代，实堪媲美。且真儒辈出，大展经猷，不可枚举。而清献陆子、文正汤公，尤绳尺朱子而优入圣域者也。夫明季天下，败于阉宦小人，虽樵牧妇孺，至今犹痛恨而唾詈之。子不罪及此辈，而乃致罪于忠义道德之儒，岂不冤哉！何丧心病狂之甚也？”方今两宫仁圣，新主当阳，妖气顿息，正圣学当明、教化当行之日。窃甚愿天下当道大人君子，与夫一切老师宿儒，本圣贤全体大用之学，以教以养，积道德而著文章，居高位而展经纶；处士无以盗虚声，朝廷于以收实效；则唐虞三代之盛，岂独熙雍有然哉！同治四年乙丑秋九月重阳日，新繁龙炳垣晓崖自序于百千困学堂。《朱子全书》第二十七册《序跋》。

《清史稿》卷一四七《艺文志三》:《朱子讲习辑要编》十卷。龙启垣撰。

今按：清同治间刻本（国家图书馆、上海图书馆、南京图书馆藏）。

儒宗理要

清张能鳞编。

《楝亭书目》:《儒宗理要》。周子二卷，张子六卷，二程子六卷，朱子十五卷，一函六册。

《传是楼书目·子部》:《儒宗理要》二十九卷，清张能鳞，十本。又一部，十本。

《四库全书总目》卷九七《子部七·儒家类存目三》:《儒宗理要》二十九卷，内府藏本。国朝张能鳞编。能鳞有《诗经传说取裁》，已著录。是书取宋五子著述，分类编录，周子二卷，张子六卷，程子六卷，朱子十五卷。书前各有小序一首，本传一篇，别无发明。

周程张朱正脉

清魏裔介编。

《四库全书总目》卷九七《子部七·儒家类存目三》:《周程张朱正脉》，无卷数，直隶总督采进本。国朝魏裔介编。是编首录周子《太极图说》，次张子《西铭》《东铭》，次周汝登所辑《程门微旨》，次国朝孙承泽所辑《考正晚年定论》，及朱子与廖德明问答。题曰正脉，以诸儒之脉在是也。其自序谓“周海门所辑《程门微旨》，王阳明所辑《朱子晚年定论》，未足发蒙启迷。于《微旨》取十之五，于王阳明所辑则尽删之，而取北海考正定论”云云。然《微旨》内如“觉悟便是性”一条，及“汉江老父云心存诚敬固善，不若无心”一条，依然王门之宗旨，则持择犹未审也。

《清史稿》卷一四七《艺文志三》:《周程张朱正脉》不分卷。魏裔介撰。

述朱质疑

清夏炘撰。

清朱有基《述朱质疑序》: 当涂夏弢甫先生，平生讲学服膺紫阳，司谕吾邑，一以紫阳之学勖士。所撰《述朱质疑》十六卷，皆躬行心得之言。有基请付剞劂，以广其传，俾人人寻读是书为快。至于书之精微博大，足以干城正学、沾溉后人，海内有识者自知宝贵，无待有基之扬搉也。咸丰辛亥皋月紫阳二十一世嫡裔袭授翰林院五经博士婺源朱有基谨识。《朱子全书》第二十七册《序跋》。

清夏炘《述朱质疑序》: 炘幼读朱子之书，长好朱子之学，老官朱子之乡，高山仰止，欲从末由。每展玩朱子之遗编，不禁赧然汗下也。多士习闻乡先贤之教，炘又自谓有一日之长，友朋聚焦，必以诵法朱子相勖勉。窃以为朱子之学，自明中叶以至于今，儒生挟好胜之心，每多异论。高明之士，既震于其言，而匍匐归之；其守讲章以习举业者，名为遵朱，问以朱子平生学术之早晚，著述之异同，师友之渊原，出处之节目，茫然如坐云雾之中。而居常所诵《章句》《集注》诸书，不过猎取词句以供场屋之用。究之书自书而我自我，则朱子之学几何而不晦也？数载以来，讲习讨论，凡关涉朱子之学术著述、师友出处者，随笔疏记，积久成帙，共得如干篇，厘为十有六卷，以未敢自信，名之曰述朱质疑。善乎朱子之道，又岂徒讲说而遂已哉！多士幸生紫阳之阙里，须识得鲁邹濂洛，而后惟朱子为吾道正宗。舍朱子而外，更无他途捷径，可以至于圣人之域。识坚志卓，确乎不移，然后牢固着足，下艰苦功夫，居敬以涵养本原，读书以明察伦物，返躬以体验离合。先博后约，自粗及精，内圣外王之学，具足于己，由是真儒我吃，二而一之。此炘之有志未能，而愿与诸生共勉者耳。若徒腾口说，以资辩论，便泰然自附于朱子之徒，是又朱子陟降之灵所当麾而出诸门外者也。则是编也，姑以为老马之识途而已矣。尚冀海内之高贤硕德，真能为朱子之学者，绳误纠谬，以匡所不逮焉。道光庚戌冬月，当涂弢甫氏夏炘谨撰于婺源学舍。《朱子全书》第二十七册《序跋》。

《八千卷楼书目》卷一〇《子部》:《述朱质疑》十六卷，国朝夏炘撰。景紫堂本。

《清史稿》卷一四七《艺文志三》:《述朱质疑》十六卷。夏炘撰。

今按:清咸丰二年刻增修本(南京图书馆、香港中文大学图书馆藏);《景紫堂全书》本(咸丰刻同治印、民国刻);清同治三年刻本(上海图书馆藏)。

朱子

佚名撰。

《培林堂书目·集部》:《朱子》八卷。又《附览》二卷,《辨证》《后语》。蒋之翘板。共四册。

朱子集注

佚名撰。

《培林堂书目·集部》:《朱子集注》八卷。《后语》六卷,《辨证》二卷，袁氏板。共六册。

紫阳大指

清秦云爽撰。

《传是楼书目·子部》:秦云爽《紫阳大指》八卷，二本。

《四库全书总目》卷九七《子部七·儒家类存目三》:《紫阳大旨》八卷，江苏巡抚采进本。国朝秦云爽撰。云爽字开地，号定叟，钱塘人。是编成于顺治辛丑，专为王守仁《朱子晚年定论》而作。分八门，一曰朱子初学，二曰论已发未发，三曰论涵养本源，四曰论居敬穷理，五曰论致知格物，六曰论性，七曰论心，八曰论太极。大约以第一卷所载实为未定之论，二卷以下则真知灼见，粹然一出于正。守仁之论，亦间附载以互证。其何叔京书颠倒年月之类，罗钦顺等所已驳者，不复纠焉。

《八千卷楼书目》卷一〇《子部》:《紫阳大指》八卷，国朝秦云爽撰。抄本。

《清史稿》卷一四七《艺文志三》:《紫阳大旨》八卷。秦云爽撰。

读朱随笔

清陆陇其撰。

清张伯行《读朱随笔序》：自精一执中之传，阅世相承，至我夫子而集其大成。及门中，践履笃实，唯曾氏子得《中庸》之统，与子思相授受，而归诸孟氏。递相传述发明，于今圣道赖以不坠者，思、孟之力居多也。自孟氏没而微言绝，佛老清虚之谈充斥于汉、晋、隋、唐之世。虽以韩文公谈笑挥之，而终不能息也。至有宋诸先生出，而后圣道复明，不啻拨云雾而睹青天，理学之盛于斯而极。南渡以后，紫阳朱子复集厥成焉。其学之纯粹无疵，实与曾氏后先默契。同时如金溪陆氏，为阳儒阴释之学，立说不啻冰炭。然后余姚王氏，祖金溪而不敢显背乎紫阳，乃刻《晚年定论》以附会己说。夫朱子之学以敬为主，以格物穷理为要，以存养省察为功。其生平之所论著，无非阐明斯旨。但学者得其书，苦于卷帙之繁而不能读，读而不得其解者，又往往是也。稼书陆先生生于阳明之乡，而不为所染，其制行精纯，卓然为一代大儒，实得力于朱子之书。其读朱子之书也，随其所得而札记之。于诗赋札子二十九卷，人所共知者，不再加发明。自三十卷至一百卷，旁逮别、续诸集，则究研搜讨，务见其精意，而得生平三变之功候。每条之末，缀以所见数言，其词约而不烦，其意畅而曲尽，于金溪、姚江之异者，不必过为排击，而辨晰入微，使人不惑，其有功于朱子之全书非浅也。先生之书，如《四书大全》《三鱼堂文集》，予服膺久矣。丁亥夏，奉命抚闽，道过嘉禾，嘱别驾项君求先生未刻书。项君从先生之壻曹君名宗柱者，尽搜其家藏，乃得是编及《读礼志疑》《问学录》《松阳抄存》四种，然后先生之书悉出。因亟刊而传之，俾世之学者人有其书，由先生以溯紫阳，由紫阳以上溯先圣，正学昌明，斯文日盛，是余之志也夫！《正谊堂文集》卷八。

清赵凤翔《读朱随笔跋》：右《读朱随笔》四卷，乃当湖先师读朱子《文集》而记之者也。先师于朱子之学精察力行，故生平于朱子之书笃嗜不倦。深惧嘉、隆以来之儒者颠倒早晚、蒙混是非，使朱学晦而不明也，因取《文集》中孰为已定之说，孰为未定之说，孰是初平之论，孰是中晚之论，无不条分而详注之。虽阐发不及数言，而朱子一生先后截然，有非异学所得而假借者。学者读《文集》而不得其持，得《随笔》而参观之，而朱子之学不难了然于心目之间。凡挟持邪说欲以调停两可者，亦可不辨而自熄矣。先师尝谓《学蔀通辨》乃朱子功臣，愚谓《读朱随笔》乃真朱子功臣也。原本自三十卷起至别集八卷止，系先师己未、庚申间丁封翁忧时所辑。尚有《读礼随笔》一编，行当嗣录，以公同志云。时康熙丁丑桂月既望，云间受业赵凤翔鱼裳氏谨识。《朱子全书》第二十七册《序跋》。

《文瑞楼藏书目》卷四《子类》：《读朱随笔》，当湖陆陇其著。

《四库全书总目》卷九四《子部四·儒家类四》：《读朱随笔》四卷，浙江巡抚采进本。国朝陆陇其撰。陇其有《读礼志疑》，已著录。是编乃其读《朱子大全集》时取所心得，随笔标记。于正集二十九卷以前，凡诗赋札子人所共知者，即不复置论。自正集三十卷起至别集五卷止，则摘其精蕴，分条纂录，而各加案语以申之。其书初无雕本，康熙戊子，仪封张伯行从陇其之婿曹宗柱索得稿本，因为刊行于福州。陇其之学，一以朱子为宗，在近儒中最称醇正。是编大意，尤在于辟异说以羽翼紫阳。故于儒释出入之辨，金溪、姚江蒙混之弊，凡朱子书中有涉此义者，无不节取而发明之。其剖析疑似，分别异同，颇为亲切。其他一字一句，亦多潜心体察，而深识其用意之所以然。盖于朱子之书，诚能融会贯彻，而非徒以口耳占毕为事者。虽不过一时简端题识之语，本非有意著书，而生平得力所在，亦概可见矣。

《浙江采集遗书总录》己集《子部》：《读朱随笔》四卷，刊本。右国朝陆陇其撰。仪封张伯行序云："稼书先生生于阳明之乡，而不为时风众势所染，其制行精卓，实得力于朱子之书。其读朱子之书也，随其所得而札记之。于诗赋札子二十九卷，人所共知者，不加发明。自三十卷至百卷，旁逮别、续诸集，则究研讨搜，务见其精意，而得其生平三变之学问。每条之末缀以'愚案'数言，约而不繁，畅而曲尽。其于金溪、姚江之所异者，不必过为排击，而辨晰入微，使人不惑。而《朱子全书》遂已得其要领，则谓朱子之书即先生之学问可也。"

《郑堂读书记》卷三七《子儒一之下》:《读朱随笔》四卷，康熙戊子福州抚署正谊堂刊本。国朝陆陇其撰。陇其仕履见四书类。《四库全书》著录。清献之学，实得力于朱子之书，其读《朱子大全集》，随其所得而札记之，积久成帙，编为四卷。于诗赋札子二十九卷人所共知者，不再加发明，自三十卷至一百卷，旁逮《别》《续》诸集，则研究搜讨，务见其精意，而得其平生三变之学问。每条之末缀以案语，其词约而不烦，其意畅而曲尽，其于金溪、姚江之所异者，亦不过为排击，而辨晰入微，使人不惑，而朱子之全书，遂已得其要领，则谓朱子之书即陆氏之学可也。书成未刊，稿藏于家，仪封张孝先伯行得其原稿，略加订正，刊之福州，并为之序，又有清献之壻平湖曹宗柱序。

《藏园订补郘亭知见传本书目》卷七《子部一》:《读朱随笔》四卷。国朝陆陇其撰。〇康熙戊子张伯行刊于正谊堂。

《万卷精华楼藏书记》卷七四《子部一》:《读朱随笔》四卷，国朝陆陇其撰。正谊堂本。康熙四十七年张伯行校刊。有记。张氏记曰："丁亥之夏，求先生未刻书，别驾项君从先生之婿曹君名宗柱者，尽搜其家藏，乃是是编，因亟刊而行之。"曹氏跋曰："《读朱随笔》，先内父读《朱子全书》时随笔登记之书也。自一卷至二十九卷，系诗赋札子，未及订定。自三十卷至一百卷，及《续集》《别集》，皆随阅随录。后附愚按一条，以备参考。其他已刻未刻等书，悉宗朱子，辨别同异。自居家出仕时，晨夕手录，无敢稍暇也。惟《困勉录》一书，或为少年札记，或出一时意见，坊人讹传，实未定之书也。宗柱识。"

《持静斋书目》卷三《子部一》:《读朱随笔》四卷，刊本。国朝陆陇其撰。

《八千卷楼书目》卷一〇《子部》:《读朱随笔》四卷，国朝陆陇其撰。正谊堂刊本、《陆子全书》本。

《增订四库简明目录标注》卷九《子部一》:《读朱随笔》四卷，清陆陇其撰。张伯行刊本。续录：《陆子全书》本。正谊堂全书本，即张伯行刊，但有同治五年福州正谊书局重校刊本及光绪十三年续刊本。日本天保四年刊本。

《清史稿》卷一四七《艺文志三》:《读朱随笔》四卷。陆陇其撰。

今按：清康熙三十六年刻本（上海图书馆藏）；清康熙四十七年张

伯行正谊堂刻本（南京图书馆藏）；清康熙间宝翰楼刻本（国家图书馆藏）；《四库全书》本；清嘉庆十二年刻本（上海图书馆藏）；《正谊堂全书》本（同治刻）。

尊朱要旨

清李光地撰。

《清史稿》卷一四七《艺文志三》：《尊朱要旨》一卷。李光地撰。

朱子为学考

清童能灵撰。

《四库全书总目》卷九八《子部八·儒家类存目四》：《朱子为学考》三卷，福建巡抚采进本。国朝童能灵撰。能灵有《周易剩义》，已著录。是编考朱子为学之次第，分年记载，而于讲学诸书，各加案语以推阐辨论之，盖继《学蔀通辨》而作也。同时宝应朱泽沄亦有是书，大致皆互相出入。

《清史稿》卷一四七《艺文志三》：《朱子为学考》三卷。童能灵撰。

朱子学归

清郑端编。

清郑端《朱子学归序》：古之为学者一，今之为学者三：训诂也，词章也，儒者也。佛、老、刑名之说不与焉。欲正所学，必以真儒为归；欲归真儒，必以圣贤为则。圣言之载于《四子》《五经》者，如日月之经天，如江河之行地，昭示流布，幽明巨细，靡不毕该。后之儒者，相与谨守而共学焉，以为求道而入德者，舍此为无所用心矣。然去圣既远，讲诵失传，循流昧源，泥文忘义。甚至象数名物，尚有不能尽知者，又安能遽有以得其大指要归也哉！自宋儒周、程、张、朱五子者出，发微言，阐大义，直探孔孟不传之旨，于是圣学晦而复明，道统绝而复续。故朱子传注经书，已集大成。又掇取周、张、二程遗文，为《近思录》，书成，直命曰："《四子》，《五经》之阶梯；

《近思录》,《四子》之阶梯。”明儒高景逸，亦取朱子《文集》《语类》，仿《近思录》为《节要》，而序曰 :“学者欲知前圣后圣符合处，此其要也。”自宋、明以来，集五先生之书者多矣，未有如《近思》《节要》之精粹而切实者。余读《近思录》最久，求《节要》数年不得。得朱子《文集》《语类》，见其广大闳博，若无津涯，将欲从之，心目交困，时明时昧，时作时辍，而不得所由入也。因择吾力所及知者，随笔摘录，积而成篇；其所不及知者，则缺焉以俟后之君子。义例大概仿《近思》，而间有增损，辑成二十三卷。缮写将半，天台杨广文邮致《节要》一册，取以相质，亦不至大相剌谬。至于学业精粗，用心疏密，则有不可强同者。呜呼！景逸《节要》，进乎道矣；吾所录者，犹未离乎器也。然器亦道，道亦器，有分别而不相离也。吾将以兹录为《节要》阶梯，因《节要》《近思》以达于《四子》《五经》，舍朱子谁与归？康熙癸亥夏六月戊子枣强后学郑端谨序。《朱子全书》第二十七册《序跋》。

《怡府书目》五百十一号 :《朱子学归》，四本。

《四库全书总目》卷九七《子部七·儒家类存目三》:《朱子学归》二十三卷，浙江巡抚采进本。国朝郑端编。端有《政学录》，已著录。是书成于康熙癸亥。采摭朱子绪论，分类编辑，列为二十三门，门为一卷。自序称“少读朱子《近思录》，而求明儒高攀龙所编《朱子节要》，数年不得。及此书既成，复得《节要》一册，取以相质，亦不至大相剌谬”云。

《浙江采集遗书总录》己集《子部》:《朱子学归》二十三卷刊本。右国朝棘津郑端辑。摘录朱子《文集》《语类》中语，分次之。始“德性”终“诗教”，凡二十三类。有康熙癸巳自序。

《清史稿》卷一四七《艺文志三》:《朱子学归》二十三卷。郑端撰。

今按 :《畿辅丛书》本（光绪刻）。

理学纂言

清朱廉撰。

《千顷堂书目》卷一一《儒家类》:朱廉《理学纂言》。义乌人，预修《明史》。取朱子《语类》，摘其精义。

朱子书要

佚名编。

《四库全书总目》卷九八《子部八·儒家类存目四》:《朱子书要》,无卷数,两江总督采进本。不著编辑人名氏。取朱子《语类》《文集》抄撮成帙。前无序目，每条下又各以朱笔注“道体”“天命”等子目。盖欲分类编排，手录未竟之本也。

朱子圣学考略

清朱泽沄撰。

清朱泽沄《朱子圣学考略序》:朱子上继孔孟周程之圣学，自绍兴以来至于今，历六百余年，如天地开朗、日月昭明，可谓盛矣。中间正嘉数十年，王学突兴，特宗象山，以无善无恶、直透心体立为宗传，至指朱子之学有洪水猛兽之祸。自是以后二百余年，天下学者多宗其说。间有宗朱子者，又不得朱子圣学先后次序之精微，但以习见习闻之说驳之，不独无以服彼之心、折彼之气，反使执吾之说以相訾謷，几成聚讼，无有底止。是以迁延至今，学脉卒分两途，不归于一，良可叹已。朱子答范伯崇云:“异端害正，固君子所当辟。然须是吾学既明，洞见大本达道之全体，然后据天理以开有我之私，因彼非以察吾道之正，议论之间，彼此交尽，而内外之道一以贯之。如孟子论养气而及告子义外之非，因夷子而发天理一本之大，岂徒攻彼之失哉，所以推明吾学之极致本原，亦可谓无余蕴矣。”《答石子重》云:“二先生说经如此，不同亦多，或是时有先后，或是差舛，当以义理隐度而取舍之。”玩此二条，则读朱子书者乌可不推究吾学之极致，与夫先后论定之次序，而徒哓哓于口舌争辨哉！夫《大学》之要在于格致诚正修齐治平,《中庸》之要在于尊德性、道问学，此朱子所服膺终身而不倦者也。议朱子者曰:“朱子格物析心理为二，徇外遗内。”又曰:“朱子只是道问学。”宗朱子者曰:“朱子格致非析心理为二,非徇外。”又曰:“朱子道问学即所以尊德性。”议朱子者曰:“朱子晚年方悔，方指示本体，同于陆学。”宗朱子者曰:“晚年不专指示本体，不同陆学，所引晚年者，非晚年。”两家分途，各执一说，无有定论久矣。夫朱子之尊德性，以立格致诚正修齐治平之本；道问学，以尽格致诚正修齐治平之功。载之《文集》《语类》者，原有早晚用功次第之可考。宗朱子者，于朱子洞见大本达道全体大用之所在，未加深究，极力发挥，即其于朱子居敬穷理处亦着实用力，但得其半而不得其全，见其然而不见其所以然，其发明朱子之学，已失大头脑矣。至于朱子早年、中年、晚年用力处，所以屡进益深之故，所以疑而悟、悔而勇革之说，若有所深讳而不言，反使朱子垂教学者一片真精神、真门径不大显明于万世，而后之学朱子者，往往不得其精神门径。而遵循之徒，执异端之说以辟彼，其无以服彼之心、折彼之气，犹其后者，且恐学彼之学者其徒转盛，而学朱子之学者反落落晨星，而无得力深造之儒出于其间，岂不大可忧哉！余少不敏学，既壮，方读《朱子全书》，求其用功次序而不可得，后读《中和旧说序》《记论性答稿后》二篇，并与湖南诸公答张钦夫、胡广仲诸书，其前后涵养未发、进学致知之次序，皆显然易见。按年细考，觉朱子当年虚心浩气，积累深造之微妙虽不能得，而其居敬穷理不同于陆学者，亦可判别矣。盖朱子仁义至善之性根于心者，合下便是圣贤资质。又有先生长者为之师友，又好《六经》、孔孟周程张邵之书，注述讲贯孜孜不懈，故其明德尽性之功，入手便是圣人之学，有源本，有条目，绝异于任心自大、蔑视经籍之辈。其居敬也，自见延平，便用力存心养性，知仁义之根心者，自天地来，与万物体统是一个，而不能不分于形器、扰于念虑。延平教以合心理气之说，当见用力处，三十以前已有察识端倪、涵养端倪工夫。延平既没，悔其未得未发之旨，与南轩反复参究，至四十而恍然。又十数年而丙申、庚子，更加涵养，形于答书。是朱子自用涵养未发工夫，屡进屡深，学如不及之意，自有如此境地。至丙午，丁未而动静合一、包罗含弘，天地万物之理归宿于此。至庚戌而圣学纯，后十年则涵养益纯，而几于化矣。其穷理也，自延平教以圣经中求义理、日用间做工夫，早知天地万物与我一理相贯、一气相通，而分殊处尤不可混淆，故其穷仁义之说至精至密。是时尚未悟未发之旨，留心文义训释，而见理分明、仁义充积，格物大头脑已极其正当、极其开阔矣。至四十悟未发之旨，便了然于未发时，天命之性体段具焉。又十数年而丙申、庚子，悔其稍涉训释，是朱子自用格物致知工夫，屡进屡深，研几精微之诣，自有如此进境。至丙午、丁未而精粗合一，内外浑融，天地万物之理极其精透。至庚戌而圣学彻，后十年则无事穷究而几于化矣。夫朱子之居敬穷理，固是齐头用功，而其接孔孟之正脉实在认真仁义之性，自癸酉见延平后十年工夫用力于格物致知，而其所以常存此心不为他物所胜者，即由此得手。其行事讲说处，只体究仁义之性，其心思存主处，亦只操持仁义之性，皆此一件，非有两事也。但其行事讲说、心思存主之专一于仁义者，偏于察识端倪着力，而天命本然未发之旨未透耳。至己丑而心统性情之旨了然于心，自是以往，觉不知涵养、专于致知，固前日受病之由，而所知不精、害于涵养，又今日切身之病。特与诸儒往复详审，使来历精确，不稍舛错。其尤著意者，在《大学中庸章句》《或问》《论孟集注》《太极通书》《西铭注》《易本义》《诗传》皆是此旨。虽丙、庚有悔，究之居敬之功，即是居其所穷底；穷理之功，即是穷其所居底。原非截然两事。所以深切明示，直向涵养做工夫，全不似他家遮前掩后，知非不悔，一概大言自护。又不似他家只事把捉，明知道理未曾透彻，一概屏去意见，饰非长傲也。是故义利公私之介、儒释分判之原，辨之不遗余力。如同父三代、汉唐之分，子渊悟道骂人之弊，折之斥之，毫不假借。以至无极太极之论，与象山屡书申明，皆所以使天理精明，涵养工夫方不堕那一边去。戊申出《太极》《西铭注》以示学者，己酉序《大学》《中庸》以明圣学之宗。至于六十一岁，涵养纯粹，一切道理贯通融会，有心在理在、理在心在之妙。自此后极纯极熟，许多道理都在这里，敬不待持而自笃，理不待穷而自著，性体在是，工夫在是，内外融彻无迹，渐近神化。如《玉山讲义》《答陈器之书》，与陈安卿讲说发明太极浑然灿然之理、齐家治国平天下之道，总从仁义性体本原处该括流通，一以贯万，万归于一。此全体大用，只完全明德尽性之实学，而万世学者之指南，定于一而无有两途者也。呜呼！朱子圣学高出诸儒上者自穷理入，朱子深潜涵养高出诸儒上者亦自穷理入，惟其于心性道理精详研究直透本然体段，故其所涵养者，是涵养仁义至善之性，而非涵养不使善恶累心、无善无恶之空体也；其所穷至者，是穷至仁义至善之全体大用，而非穷至不使善恶累心、无善无恶之空体空用也。如是涵养，初非晚年始然，而亦何曾有毫发之同于陆氏耶？如是穷至，亦自道训释之烦，而何尝因悔而谓前此格物之差耶？正嘉以来，宗朱子者亦间有人，止言朱子穷理，而不言朱子居敬之基于早年、邃于中晚。即言穷理，亦止言文义训释，而不言其透彻性体、分别名义、会归身心、呈体达用之妙。圣学不明，而欲有以服彼之心、折彼之气，其亦难矣。

予不自量其见之浅、力之弱，历数十年而稍有见焉，故纂此编，实望当世积学君子，摘予所不逮而校正之，使朱子圣学昌明，则彼之议朱子者，不辨而其诬罔自见，庶几共为圣人之徒也夫！宝应朱泽沄止泉氏书于顾天斋。《朱子全书》第二十七册《序跋》。

《四库全书总目》卷九七《子部七·儒家类存目三》:《朱子圣学考略》十卷，副都御史黄登贤家藏本。国朝朱泽沄撰。泽沄字止泉，宝应人。朱、陆二派，在宋已分。洎乎明代弘治以前，则朱胜陆。久而患朱学之拘，正德以后则朱、陆争诟，隆庆以后则陆竟胜朱。又久而厌陆学之放，则仍申朱而绌陆。讲学之士亦各随风气，以投时好。是编详叙朱子为学始末，以攻金溪姚江之说。盖泽沄生于国初，正象山道弊，鹿洞教兴之日也。

《清史稿》卷一四七《艺文志三》:《朱子圣学考略》十卷。朱泽沄撰。

今按：清乾隆十七年刻本（上海图书馆藏）；民国二十四年刘启瑞刻本（天津图书馆、上海图书馆藏）。

朱子约编

清郑士范编。

清郑士范《朱子约编原序》：读朱子《文集》《语类》，苦无记性，又以匆匆，莫由通贯，盖二十余年矣。迩来方信所谓子细读书之说，即依其法，还读其书，然后恍然有以得其句心之所在而默识之。既为增删年谱，想见其人，复加涵泳。条录德言，比去复繁，汇为八卷。一曰主敬，二曰穷理，三曰省察，四曰克治，五曰德行，六曰政事，七曰论治，八曰训蒙。大抵略于性命之高谈，而惟是平常切实精约至卑之义，矜慎靡遗。所谓伊川“才说病，便有药”者，一页之中胥是也。我不敢知服之神效，庶几成诵者之简而易熟云尔。道光庚子秋八月壬申冶亭郑士范序。《朱子全书》第二十七册《序跋》。

清贺瑞麟《重刻朱子约编序》:《朱子约编》者，凤翔郑冶亭先生之所著也。先生生平学以朱子为主，因读者以《语类》《文集》广大宏博，辄有望洋之叹，约为此编，大抵仿《近思录》例，凡八篇。然于性道本原、学问纲要、辨异端、观圣贤之大略独未之及，盖为初学入门下手之处，示以亲切确实所在。

果于此而有得焉，即不难进而求之如《近思录》之全。然则先生为后学虑，至深远矣。惟首篇以“主静”标目，及读其篇内所载，又皆主敬之意。主静之说，虽本之周子，而周子自以主静属之圣人。下文“君子修之吉”，朱子注：“即以敬为言。”《通书》第六篇又名“以慎动”，则知主静非始学所易几。朱子生平论为学工夫，皆言主敬，不言主静。且云《太极图》主静即是主敬字，间有说静，非为学之通法也。先生“主静”标目，不知其用意如何。恐初学读之，不免节外生枝，别求一主静之功。故易以“主静”。自知僭逾，无所逃罪，或亦朱子之意，惜不得质之先生也。先生老年，又成《朱子年谱》及《许鲁斋年谱》《心法约编》。往岁周士甫宗钊曾为刊布。此编作自早年，先生官黔时，已有镌板，兵燹失存。士甫之侄鼎，雅慕先生之道，慨然继志，以公同好，谓可附《年谱》以行，庶亦读朱书之嚆矢也。其友张善志继先经纪其事，亦与有劳，附记之。光绪癸巳季春望日三原贺瑞麟谨识。《朱子全书》第二十七册《序跋》。

今按：清光绪十九年凤翔周氏刻本（国家图书馆、南京图书馆藏）。

朱子家训义疏

清王锟撰。

《嫏嬛妙境藏书目录》卷三《子部》:《朱子家训义疏》一本，王锟撰。

读书日程

宋朱熹撰。

《天一阁书目》卷三之一《子部一》:《读书日程》二卷，刊本。宋朱子撰。

朱子读书法

宋张洪、齐熙编。

宋张洪《朱子读书法序》：圣贤之书，圣贤之言也；圣贤之言，圣贤之意也。学者学为圣贤而已，既为圣贤之学，必将因其言以求其意。得其言而未得其意者有矣，未有不得其言而得其意者也。傅说之告高宗曰："学于古训乃有获。"吾夫子亦曰："好古，敏以求之。""何必读书然后为学"，见哂于圣门也宜哉！"皋夔所读何书？"世率以斯言借口，岂知帝王盛时化行俗美，凡途歌里咏之所接、声音采色乐舞之所形、洒扫应对冠昏丧祭之所施，莫非修道之教，固不专在书也。三代而下，古人养德之具一切尽废，所恃以植立人极者，唯有书耳。此书之不可不读也。然读圣贤之书者为不少矣，鲜能至于圣贤者，读之无其法也。汉唐说义理如说梦，其间大儒，言正心而不及诚意，言诚意而不及致知格物。法之未立，学者将安适从乎？故以了悟为高者，直谓格言大训为胸中之障碍，书且无取，何取于法？以记览为工者，又不过夸多斗靡，务以荣华其言，希世取宠而已，法于何有？有过有不及，等之为无得于道也。不有先觉，何以淑其后？紫阳夫子生于建炎庚戌，上符洙泗之运，远绍濂洛之传，吐辞为经，家藏人诵，言满天下，皆法言也。然门人辅公所编读书之法，所以呼迷途而饬稚昧者，尤为深切著明。甲寅便殿奏疏，拳拳以为食芹之献，直谓："此愚臣平生艰难辛苦已试之效，虽帝王之学，无以易之。"岂苟云乎哉？洪尝与亲长德胜齐君增多而胪列之，乡友王君复尽索紫阳诸书，仿为后编，辄又同为之编定。于是首尾具备，条贯秩然。学者傥慨然知俗学之可厌、圣学之可传，于文公之法信之笃、行之果，使精神之胥契，如师友之相逢。以此而读书，其亦异乎人之读书矣。圣贤之意如日杲杲，岂待单传密付而后有得于道哉！咸淳乙丑，洪分教四明，齐君适游东浙，益相与商榷是正，其书乃成。尝谓此书之行，可使人人知道、人人为圣贤。而受用之浅深，则在夫人信向之分数耳。洪一日袖呈师帅大参西涧先生。先生捧诵惊喜，谓足为后学指南，不负先儒真切诲人之意，助费召匠，亟命锓梓，与学者共之。吁！圣人复起，不易文公之言；文公可作，所以诲人者不过如此。此义之存，上帝临汝，是又非学者为圣贤之一助乎？盍相与懋敬之哉！虽然，文公尝谓学不是读书，不读书又不知所以为学之道，此语殆有深意。昔潘氏《磨镜帖》云："仆自喻为昏镜，喻书为磨镜药。当用此药揩磨尘垢，使通明莹彻而后已。若积药镜上而不施揩磨之功，反为镜累。"岂非道理合下皆具，用力之久，一旦豁然贯通焉，反身而诚，万物皆备，岂拘拘寻行数墨间哉！因取晦庵《观书有感》二诗附于编首，以发言外之意云。丙寅孟春后学鄱阳张洪拜手书于鄞泮。《皕宋楼藏书志》卷四一。

宋齐熙《朱子读书法序》：晦庵先生《观书有感》："半亩方塘一镜开，天光云影共徘徊。问渠那得清如许，为有源头活水来。""昨夜溪边春水生，蒙冲巨舰一毛轻。向来枉费推移力，此日中流自在行。"《读书法》者，文公朱子之所常言，而门人辅公汉卿之所编集也，嘉惠后学，可谓至矣。巴川度侍郎正属遂宁于和之校而刻之。外舅双涧张先生家藏刊本，熙因得借观，天球琳琅，不足喻斯宝也。但其间疏略未尽、杂乱无伦者，间亦有之。则恐学者未能见之了然，何以使其守之确然哉？故窃疑此汉卿草定而未修改之本。熙僭于暇日，与乡亲友龙山张君伯大因其旧文，及取文公之言此而汉卿之未录者，相与搜集附益，更易次第。先定纲领，以载书之所当读之故，与读之所当务之说。复于中撮其枢要，厘为六条：曰"循序渐进"，曰"熟读精思"，曰"虚心涵泳"，曰"切己体察"，曰"著紧用力"，曰"居敬持志"。而著其说于每条之下。于是纲领条目粲然明白，为上下两卷。盖将案为定式，确遵谨守，尚企及文公之万一，凡我同志皆当从事于斯也。窃尝论之，天下之事，莫不有法，法莫不有要。得其要而遵守之，则为其事者虽与人同，所以为其事者实与人异，他日所就，必有卓然非侪流之所及者。末艺且然，而况读书为吾儒之大业乎？秦汉以来，知读书者众矣，然皆不足以与闻斯道之传。其务外者，为夸多斗靡；其厌烦者，为独观大略；其平凡暗戆者，不过寻行数墨，为蠹鱼，为书肆；其邪僻者，圣读而庸行；其诡佞者，则借圣言以文奸而已。求其下帷潜心如仲舒者，已寥寥闲见，况望其如濂溪、关、洛诸老先生，明圣道之蕴奥、传圣心之精微乎？是者彼非不读书也，读书而不得其法也。惟我文公禀命世之才，负离伦之识，而尤笃志于圣人之学。其为学也，穷理以致其知，反躬以践其实，而贯之以敬。其穷理则以读书为本，其读书则以六者为法。平日之所自务，与其所以教人，每切切乎此。虽致之圣君，言之贤相，亦必欲其急先乎此。此所以卓然能承道统之传、启道学之秘，尽发圣经贤传之蕴、大开天下万世之蒙也。呜呼盛矣！岂非文公之读书与人同，而所以读书与人异，固若是邪？六者之法，有前贤之所已言者，亦有前贤之所未及而出文公之独见者。诚能确遵谨守，罔有逾越，则穷理尽性，修身齐家，以至得时行道，而极于尧舜其君民，莫不自是基之，其功用岂浅哉！抑愚谓从古圣贤非不言读书也，而每教人读书以穷理，则至文公而愈切。关、洛大儒亦非不言读书之法也，而及于循序致精与先看易晓者之云，则自先生而始见其愈切者。正如孔子多说仁字之意，其始见者同于孟子性善养气之功，学者尤不可以不知也。龙山君孝谨清修，自幼用心于圣贤之所谓学，十五年前相与编此书。咸淳乙丑，原适留会稽，而张君职教四明，邮传如织，因得益加是正而更定之，于是无复遗恨。张君且欲刊之鄞泮，以惠多士，是岂徒此书之幸，学者遵是法而力行之，斯道其幸乎？其年秋仲鄱阳齐熙充甫谨序于越之蓬莱阁。《皕宋楼藏书志》卷四一。

清陆心源《朱子读书法跋》：《朱子读书法》四卷，宋张洪、齐熙同编。原本久佚，乾隆中，馆臣从《永乐大典》辑出者。《宋史·艺文志》《文献通考》皆无其书，明《文渊阁书目》始著于录。案洪饶州永丰人，淳熙十三年解试。见《江西通志》。序称洪孝谨清修，有志圣贤之学，其居官必有可观。而《四明志》不为立传，《职官表》亦无其名，亦缺典也。《仪顾堂题跋》卷六。

《文渊阁书目》卷八：《晦庵读书法》一部一册，缺。

《四库全书总目》卷九二《子部二·儒家类二》：《朱子读书法》四卷，永乐大典本。宋张洪、齐熙同编。洪字伯大，熙字充甫，皆鄱阳人。事迹无可考。据洪自序，咸淳中分教四明，熙适客游浙东，遂相与商榷是书，而刻诸鄞泮。其书本朱子门人辅广所辑，巴川度正尝属遂宁于和之校刊，鄱阳王氏复广为后编，洪与熙又因而补订之。以辅氏原本为上卷，而以所续增者列为下卷，皆以《文集》《语类》排比缀缉，分门隶属。虽捃拾抄撮，稗贩旧文，不足以言著述，而条分缕析，纲目井然，于朱子一家之学，亦可云覃思研究矣。元时版已不存，至顺中，江南行台御史赵之维重镂于集庆路学，故《永乐大典》全帙收入。原编卷次，已不可考。今酌其篇帙，厘为四卷，俾讲新安之学者有所考证焉。

《藏园订补郘亭知见传本书目》卷七《子部一》增：《朱子读书法》四卷。宋张洪、齐熙同编。〇元至顺刊本。

《八千卷楼书目》卷一〇《子部》：《朱子读书法》四卷，宋张洪、齐熙同编。抄本。

《皕宋楼藏书志》卷四一《子部》：《朱子读书法》四卷，旧抄本。宋张洪、齐熙同编。

《增订四库简明目录标注》卷九《子部一》：《朱子读书法》四卷，宋张洪、齐熙同编。原本久佚，今从《永乐大典》录出。元至顺刊本。续录：清抄本。

光绪十八年顺德龙氏刊《知服斋丛书》本。

《清史稿》卷一四七《艺文志三》：宋张洪、齐熙《朱子读书法》四卷。

读书要法

明彭勖撰。

《千顷堂书目》卷一一《儒家类》：彭勖《读书要法》。集朱子以下读书规范。

集朱子读书法

清王澍撰。

《郑堂读书记》卷三七《子儒一之下》：《集朱子读书法》一卷，《积书岩六种》本。国朝王澍撰。《四库全书》存目列《集程朱格物法》后。昔朱子有言："为学之道，莫先于穷理。穷理之要，必在乎读书。读书之法，莫贵于循序而致精，而致精之本，则又在于居敬而持志。"其门人辅汉卿因集朱子成说，定为《读书法》六条，曰循序渐进、熟读深思、虚心涵泳、切己体察、著紧用力、居敬持志。盖朱子教人读书之说虽多，其大旨不越乎此。元儒程畏斋尝举此六条，实以朱子之说，以示门人。箬林以其所引未极详备，乃复广为采辑，以类相从，而各穷其指趣，以成是编。其于成学之士亦大有稗益云。

《清史稿》卷一四七《艺文志三》：《集朱子读书法》一卷。王澍撰。

今按：《积书岩六种》本（乾隆刻）。

集程朱格物法

清王澍撰。

《四库全书总目》卷九八《子部八·儒家类存目四》：《集程朱格物法》一卷、《集朱子读书法》一卷，两江总督采进本。国朝王澍撰。陆、王之学主于静悟，故以读书为粗迹，而所谓格物者亦以为格去物欲，还虚明之本体。故澍取程、朱格物之要语与朱子读书章程，排比联络，融会其意，各为一篇，以救其弊。其词澍所自撰，其理则洛、闽之绪言，故皆谓之集焉。

《郑堂读书记》卷三七《子儒一之下》:《集程朱格物法》一卷，《积书岩六种》本。国朝王澍撰。澍仕履见目录类。《四库全书》存目。箬林以《大学》之教莫先于格物致知，故程子、朱子言之特谨而详，因仿辅汉卿集《朱子读书法》之例，定为即物穷理、循序渐进、虚心观物、切己体察、著紧用力、居敬持志六条，即以程、朱之说实之，合为一卷。学者于此潜玩而切究之，则于《大学》之理，可得其门而入，而程、朱吃紧为人之意，亦可以默识之矣。是书与《集朱子读书法》同时而作，故前有康熙癸未自撰总序。

《清史稿》卷一四七《艺文志三》:《集程朱格物法》一卷。王澍撰。

朱子静坐集说

日本佐藤直方撰。

日佐藤直方《朱子静坐集说序》: 夫动静者，天道自然之机。而主乎静以制动，则学者修之之功也。古昔圣贤小学大学之方，居敬穷理之训，良有以也。老佛之徒厌动而求静，固非天道之全矣。俗儒又初不知主静之为要，则其所习皆无用之妄动而已，何足谓之学者乎？程朱所谓静坐，乃学者有心之术而积德之基也。今欲学圣贤者，不能用力于此，则亦岂有所得于己哉？但静坐之可虑者，或有流入于坐禅入定之患耳。吾辈能循朱子之明诲，而实用其力，则诚可谓善学矣。柳川刚义曾摭朱子之言及于静坐者，集次为一篇，名曰“静坐集说”，以备讲义之考索焉。顷请冠予一篇于篇首，而刻之于板。予奇其注意乎静坐之说，辄应其请云。享保丁酉季秋佐藤直方操笔于东武侨居。《朱子全书》第二十七册《序跋》。

日柳川刚义《跋静坐集说》: 学者之不可不静坐也，犹舟之不可无柁也，岂可忽之乎？有志于圣学者宜致思焉。后世学者没溺于杂博卑陋之中，而不知圣贤教人之本意，滔滔皆然，吾窃患之。向来抄出于朱先生静坐之说以为一册，今秋求订正于佐藤直方丈，且请一言书诸首，而幸得其许诺焉，乃版行之，与友朋之徒共之云。享保丁酉季冬日柳川刚义书。《朱子全书》第二十七册《序跋》。

道家

阴符经考异

宋朱熹撰。

《好古堂书目·子部》:《阴符经考异》。

《本立堂藏书目·文集四》:《阴符经考异》一卷。

《四库全书总目》卷一四六《子部五六·道家类》:《阴符经考异》一卷,江西巡抚采进本。宋朱子撰。《阴符经》出于唐李筌,晁公武《读书志》引黄庭坚跋,定为筌所伪托,《朱子语录》亦以为然。然以其时有精语,非深于道者不能作,故为考定其文。其"定人以愚虞圣"而下一百十四字,皆为经文,盖用褚氏、张氏二注本也。《语录》载闾丘次孟论《阴符经》"自然之道静"数语,虽六经之言无以加。朱子谓闾丘此等见处尽得,而杨道夫以为《阴符经》无此语。盖道夫所见,乃骊山老母注本,"以我以时物文理哲"为书之末句,故疑其语不见于本经也。书中有黄瑞节附录,征引亦颇赅备。考《吉安府志》,瑞节字观乐,安福人,举乡试,授泰和州学正,元季弃官隐居,尝辑《太极图》《通书》《西铭》《易学启蒙》《家礼》《律吕精义》《皇极经世》诸书,并加释注,名曰"诸子成书"。此及《参同契》,盖亦其中之二种。志盖以其学涉道家,故讳而不载云。

《郑堂读书记》卷六九《子部十四》:《阴符经考异》一卷,合刻《阴符经注释》本。宋朱子撰。《四库全书》著录。焦氏《经籍志》亦载之。按《阴符经》指为唐李筌所伪作者,首发于黄山谷,《朱子语录》亦深以为然。其书颇得黄、老之绪余,非深于道家者不能作,故朱子考诸本之同异,刊定其文而为之注,以见其学之无所不通,不仅谈养生而注《参同契》也。此本题为空同道士邹欣撰,与《参同契》同例,盖以旁涉异端,非儒家之正轨,所以隐其名氏,而托诸廋辞欤?则何如不作之为高矣。

《万卷精华楼藏书记》卷一〇二《子部十四》:《阴符经考异》一卷,宋朱子撰。纷欣阁本。浦江周心如校刊。末有庐陵黄端节附录一卷,淳熙乙未朱子自序。朱子自序曰:"《阴符经》三百言,李筌得于石室中,云寇谦之所藏,出于黄帝。河南邵氏以为战国时书,程子以为非商末即周末。世数久远，不得而详知。以文字气象言之，必非古书。然非深于道者不能作也。大要以至无为宗，以天地文理为数，谓天下之故，皆自无而生有。人能自有以返无，则宇宙在手矣。筌之言曰：百言演道，百言演法，百言演术。道者，神仙抱一；法者，富国安民；术者，强兵战胜。而不知其不相离也。一句一义，三者未尝不备。道者得其道，法者得其法，术者得其术，三之则悖矣。或曰：此书即筌之所为也，得于石室者伪也。其词支而晦，故人各得以其所见为说耳。筌本非深于道者也，是果然欤？吾不得而知也。吾恐人见其支而不见其一也，见其晦而不见其明也，吾亦不得而知也。是果然也，则此书为郢书，吾说为燕说。"黄氏曰："李筌、张果二家，皆尊向是书，而其说自不能合。张后出，一切以李为非是。然张亦未为得也。又有骊山老母注，语意殊浅，间引张解，知其又出张后也。今悉不敢引之，以入附录。"又曰："骊山老母注本与蔡氏本，至'我以时物文理哲'为篇终之末句，楮氏本与张氏注本，其下有二十一句，百一十四字，朱子所深取者，政在此内。今取楮本为正。"又曰："书末数语，引而不发，奇器万象，不知何所指。"晁氏曰："唐少室山人布衣李筌云《阴符经》者，黄帝之书，或曰受之广成子，或曰受之元女，或曰黄帝与风后、玉殿本《通考》讹作王女论阴阳六甲，退而自著其事。阴者，暗也；符者，合也。天机暗合于事机，故曰阴符。黄鲁直跋云：《阴符》出于李筌，非黄帝书也。盖欲其文奇古，反诡谲不经。盖糅杂兵家语，又妄说太公、范蠡、鬼谷、张良、诸葛亮训注，尤可笑。惜不经柳子厚一掊击也。"录于《读书志》。高氏《纬略》："蔡端明曰：'柳书《阴符经》，书之最精者，善藏笔锋。'余观此书，非唯柳氏笔法，遒结全不类他书。而此序乃郑澣之作，尤为奇绝。其曰'雷雨在上，典彝旁达，浚其粹精，流为聪明'四句，精绝不似唐人辞章。至曰'蟠溪之遇合，金匮之秘奥，留侯、武侯思索其极，尤足以发阴符之用也。"录于《通考·经籍志》。《崇文总目》"《阴符经太无传》一卷"。钱侗按，唐张果老得是书于道藏，不详作者，《宋志》蔡望撰。又《阴符天机经》一卷，原释唐李筌撰，自号少室山达观子。筌好神仙，尝于嵩山虎口岩石壁得黄石阴符本，题云魏道士寇谦之，传诸名山。筌虽略抄记，而未晓其义。后入秦骊山老母传授，又骊山老母传《阴符元气》一卷，李筌撰。"录于《汗筠斋丛书》。楼氏曰："《阴符经》，说者甚众，以文义不贯，颇费索合。其间有若相应答，亦有旨意全不联属者。见河南所书三本，其一草书，贞观六年奉敕书，五十卷。其一亦小楷，永徽五年奉旨写，一百二十卷。二者皆石刻，此真迹，尤焉合作。字至小，而楷法精妙。三本详略不同，草书又冠以黄帝《阴符经》，当以此注本为善。”录于《攻愧集》。黄氏曰："经以符言，既异矣；符以阴言，愈异矣。首云：'观天之道，执天之行，尽矣。”天之道固可观，天之行其可执耶？谓五行为五贼，谓三才为三盗，五行岂可言贼？三才岂可言盗？又曰：'天有五贼，见之者昌。'三盗既宜，三才既安，贼岂所以为昌？盗岂所以为安耶？若谓'人知其神而神，不知不神所以神'，此本老聃可道、非道之说。后世有伪为道书者，曰《常清净经》；有伪为佛书者，曰《般若经》。千变万化，皆不出反常一语。初非异事，乃雷同语耳。言用兵而不能明其所以用兵，言修炼而不能明其所以修炼，言鬼神而不能明其所以鬼神，盖异端之士，掇拾异说，而本无所定见者，此宋本此字上有岂字，衍文也。其所以为阴符欤？然则人生安用此书为也？唐永徽五年，尝敕褚遂良写一百二十卷，不知果然否？近世大儒亦加品题，则事之不可晓者。”录于《日抄》。《朱子语录》："闾邱主簿进黄帝《阴符经传》，先生说《握奇经》等文字，恐非黄帝作，唐李筌为之。圣贤言语自平正，却无跷欹如许。”录于本书附录。戴氏曰："《阴符经》，相传其书出于黄帝。盖养生家为黄帝之学者之所作耳。而言兵者亦咸稽焉。古学散裂，诸氏百家如猬毛而起，然未尝不托于古先圣人以行其说。至言黄帝，尤怪妄不经。更阅明智，讫未有深非之者，要以资于近用，非所可废而已。如此书舍曰非黄帝所作，遁世学道之士得而习之，固不为无益也。”录于《剡源集》。吴氏曰："广陵郑山古语蜀黄承真：'蜀宫大火，甲申乙酉则杀人无数，我授汝秘术，庶几少减于杀伐。幸汝诣朝堂陈之，不受，汝当死，泄天秘也。'已而蜀主不听，承真死。孙光宪窃窥其书，题曰《黄帝阴符》。然与今本不同，不知此又何书也？若李筌藉以用兵，而山古又欲倚之禁兵，果何说耶？"录于《渊颖集》。李氏曰："赵文敏临王右军书《阴符经》，精丽晃目，文亦与世传者稍异。跋者三人，俱元高士。”录于《六研斋集》。黄仲圭曰："《阴符经》，一名《黄帝天机之书》，予见右军石刻，与今文稍异。”录于《附录》。王山史曰："终篇'我以时物文理哲'下有百余字，又此百余字中，'人以虞愚'六句、'是故圣人知自然之道'二句，'禽之制在炁'一句，'鸟兽之谓也'一句，或有或无。又有谓'天发杀机，龙蛇起陆；地发杀机，星辰陨伏’者，率无定论。‘宁昌辰以此’百余字，为演章，萧真宰则以续之者为非，而王道渊复以逸之者为误。李筌与朱子，本皆存之而不更，为之注疏，亦似以为非经文也。予谓其词与经文正类，特以邹欣本为定本存其文，而去其所谓六句、二句、一句者，似更当。若其注，则以邹欣与俞琰之注为得云。录于附录。

《八千卷楼书目》卷一四《子部》:《阴符经考异》一卷，宋朱子撰。吕刊《朱子遗书》本。

《增订四库简明目录标注》卷一四《子部十四》:《阴符经考异》一卷，宋朱熹撰。朱子自题邹欣。《朱子遗书》本。《指海》本。明邵以臣刊玄宗内典诸经本。《纷欣阁丛书》本。续录：合刻阴符注释本。

今按：《朱子遗书》本（康熙刻）;《四库全书》本；《指海》本（道光刻、民国影印）；清道光五年元和胡希抄本（国家图书馆藏）;《纷欣阁丛书》本（道光刻）；清光绪二十一年抄本（苏州大学图书馆藏）。

周易参同契考异

宋朱熹撰。

宋朱熹《书周易参同契考异后》：右《周易参同契》，魏伯阳所作。魏君，后汉人。篇题盖仿纬书之目，词韵皆古，奥雅难通。读者浅闻，妄辄更改，故比他书尤多舛误。今合诸本，更相雠正。其间尚多疑晦，未能尽祛。姑据所知，写成定本。其诸同异，因悉存之，以备参订云。空同道士邹欣。《晦庵先生朱文公文集》卷八四。

《朱子解周易参同契跋》：昔在孝考初，日本人求《参同契》，命校书馆印以活字，凡屡百本，因分赐朝臣。时余尚少，得见其书于人家，开卷不省为何语。中岁又得一阅，虽未能探赜其蕴奥，爱其文句之铿锵，反复首尾，不欲释手者久之。第恨芸馆所印乃道书全集中真一、抱一、上阳三家解也。真一虽近古稍善，间不免为荒唐梦呓之语。抱一则有甚焉。至于上阳，专袭梵语，为沿门持钵之态，尤无足观。其后又见他注数家，皆无所发明。闻有朱子所解而独未之见。辛亥春，始得俞石涧琰《发挥》一册，则朱子《解》参入于其中而兼有黄氏瑞节所附录者。观俞氏所述，与真一等三家鲁卫耳。朱子所解亦略而不备，而至于孔穴肯綮之地，则几于襄野迷途之叹矣。虽然，知之为知之，不知为不知，此正夫子所以诲由知也夫，岂若三家与俞氏者流诞妄无忌、自欺而欺人者比哉！若黄氏所附，皆采摭朱子平日言论之及于此书者以备参绎，然则此亦朱子解也。噫！彼御六气而游无穷者固无所待，非但无解，亦可无契矣。今既帝县不解，欲闻之于副墨、洛诵之间，则因朱子之所已解者推而明之，不犹愈于独抱隐文坐待心灵之自悟乎？是用于俞氏书中掇取朱子《解》及黄氏《附录》作为一编，付诸剞劂。崇祯后癸丑日南至。挥锄掷金，盖取诸寅。戴冠小心，横目履丁。一直一平，开口吞午。先撇为飓，后勾成乙。夔首禹股，当胸藏甲。震来得雨，人往坐亥。立跟背艮，饮酪避酉。左从谐韵，右乃用戊。高丽本《参同契》卷末。

《直斋书录解题》卷一二《神仙类》:《参同契考异》一卷。朱熹撰。以其词韵皆古奥雅难通，读者浅闻，妄辄更改，比他书尤多舛误，合诸本更相雠正，其诸同异，皆并存之。

《文献通考》卷二二四《经籍考五十一》:《参同契考异》一卷。陈氏曰："朱熹撰。以其词韵皆古，奥雅难通，读者浅闻，妄辄更改，比他书尤多舛误。合诸本更相雠正，其诸同异皆并存之。"《朱子语录》曰:"《参同契》所言坎离、水火、龙虎、铅汞之属，只是互换其名，其实只是精、气二者而已。精，水也，坎也，龙也，汞也;气，火也，离也，虎也，铅也。其法以神运精气，结而为丹。阳气在下，初成水，以火炼之，则凝神丹。其说甚异，内外异色，如鸭子卵，真个成此物。《参同契》文章极好，盖后汉之能文者为之，读得亦不枉。其用字皆根括古书，非今人所能解，以故皆为人妄解。世间本子极多。其中有云：'十周粲彬彬兮，万遍将可睹。神明或告人兮，魂灵忽自悟。'言诵之久，则文义要诀自见。"又曰:"二用无爻位，周流行六虚。二用者，用九、用六。九、六亦坎、离也。六虚者，即乾坤之初、二、三、四、五、上六爻位也。言二用虽无爻位，而常周流乎乾坤六爻之间，犹人之精气，上下周流乎一身，而无定所也。世有《龙虎经》，云在《参同契》之先，季通亦以为好。及得观之，不然，乃隐括《参同契》之语而为之也。"又曰："《参同契》为艰深之词，使人难晓，其中有'千周''万遍'之说，欲令熟读以得之也。大概其说以为，欲明言之，恐泄天机；欲不说来，却又可惜。"

《宋史》卷二〇五《艺文志四》: 朱熹《周易参同契》一卷。

《文渊阁书目》卷四：《朱文公注易参同契》一部一册，缺。

《晁氏宝文堂书目》卷下《道藏》：《周易参同契朱子注》。

《好古堂书目·子部》：《周易参同契考异》。

《本立堂藏书目·文集四》：《参同契考异》一卷。

《四库全书总目》卷一四六《子部五六·道家类》：《周易参同契考异》一卷，江西巡抚采进本。宋朱子撰。考陈振孙《书录解题》，称："朱子以《参同契》词韵皆古，奥雅难通，读者浅闻，妄辄更改，比他书尤多舛误，因合诸本，更相雠正，朱子自跋亦称，凡诸同异，悉存之以备考证，故以考异为名。"今案，书中注明同异者，惟"天下然后治"之"治"字，云"或作理"；"威光鼎乃熺"之"熺"字，云"本作喜，一作熺"。参证他本者不过二处。又如"修"字疑作"循"，"六五"疑作"廿六"，"铅"字疑作"饴"，"与"字疑作"为"之类，朱子所自校者，亦只六七处。其余每节之下随文诠释，实皆笺注之体，不尽订正文字。乃以"考异"为名，未喻其旨。跋末自署"空同道士邹欣"。盖以邹本邾国，其后去邑而为朱，故以寓姓。《礼记》郑氏注谓"欣当作熹"。又《集韵》熹虚其切，欣亦虚其切，故以寓名。殆以究心丹诀非儒者之本务，故托诸瘦词欤？考《朱子语录》，论《参同契》诸条颇为详尽。《年谱》亦载有庆元三年蔡元定将编管道州，与朱子会宿寒泉精舍，夜论《参同契》一事。《文集》又有《与蔡季通书》，曰："《参同契》更无缝隙，亦无心思量，但望他日为刘安之鸡犬耳"云云。盖遭逢世难，不得已而托诸神仙，殆与韩愈谪潮州时邀大颠同游之意相类。故黄瑞节《附录》谓其师弟子有脱屣世外之意，深得其情。黄震《日抄》乃曰"《参同契》者，上虞人魏伯阳作，其说出神仙不足凭。近世蔡季通，学博而不免于杂，尝留意此书。而晦庵与之游，因为校正。其书颇行于世，而求其义则绝无之"云云。其持论固正，然未喻有托而逃之意也。

《问源楼书目初编》卷三上《子部》：《周易参同契考异》一卷，宋朱子撰，《遗书》本。

《郑堂读书记》补逸卷三〇《子部》：《周易参同契考异》一卷，写本。宋朱子撰，黄瑞节附录。瑞节，庐陵人。《四库全书》著录，《书录解题》《通考》《宋志》俱载之，《宋志》无"考异"二字，盖偶脱也。前有自序，序末题空同道士邹欣。黄氏附案云："邹欣二字，朱子借之托名也。邹本春秋邾子之国。乐记‘天道欣合’，郑氏注云：‘欣当作熹’。”今按魏君作《参同契》，其末自叙亦有“委时去害，依托丘山，循游寥廓，与鬼为邻”至“吉人相乘负，安稳可长生”十六句，以隐其姓名，朱子盖仿之也。自序称：“《参同契》词韵皆古，奥雅难通，读者浅闻，妄辄更改，故比他书，尤多舛误。今合诸本，更相雠正，其诸同异悉存之，以备参订。”黄氏附案引鲍氏云：“彭晓妄更，秘馆所藏，民间所录，差误衍脱，莫知适从。朱氏考辨正文，引证依据，其本始定”云云。然其书虽多正定，而于彭氏移易《鼎器歌》，犹未之复正，其校同异者不过数处，余皆注解也。黄氏附录《朱子语录》之言，间加以附按，颇与本书有裨云。其前先载赞序，即徐从事注序。次及朱子自序，亦俱有附录、附按。

《藏园订补郘亭知见传本书目》卷一一下《子部十四》补：《周易参同契注》三卷。宋朱熹考异，黄瑞节附录。〇明《正统道藏》本，在太玄部。已印入《道藏举要》中。

又：《朱子周易参同契考异》三卷。宋朱熹撰，黄瑞节附录。〇清道光中浦江周氏刊《纷欣阁丛书》本。

《万卷精华楼藏书记》卷一〇二《子部十四》：《周易参同契考异》三卷，宋朱子撰。纷欣阁本。周心如校刊，黄瑞节附录。前有朱子序。考异低正文一格，附录低二格，皆朱子语，附案低三格。朱子序曰：“右《周易参同契》，魏伯阳所作。魏君，后汉人。篇题盖仿纬书之目，词韵皆古，奥雅难通。读者浅闻，妄辄更改，故此书尤多舛误。今合诸本，更相雠正。其间尚多疑晦，未能尽祛。姑据所知，写成定本。其诸同异，因悉存之，以备参订云。空同道士邹欣。”黄案，邹欣二字，朱子借之托名。黄氏案曰：“《参同契》注本十九部，见《通志》。彭晓本最传。”鲍氏云：“彭本为浅学妄改更，朱子考辨正文，其本始足。”朱子曰：“《参同契》文章极好，盖后汉之能文者为之，其用字皆依据古书，非今人所能解，以故皆为人妄解。世间本子极多，其中有云‘千周灿彬彬兮万遍将可睹，神明或告人兮魂灵忽自悟’，言诵之久，则文义要诀自见。”刘须溪曰：“古书惟《参同契》似先秦文。”黄氏曰：“五代彭晓解义序云：‘参，杂也；同，通也；契，合也。’谓与《周易》理通而义合也。”按彭氏以魏公得《龙虎经》而作《参同契》，朱子以经为后人伪作。今考契中有古文记龙虎之文，往往古有其文，如火记之类，特非今所传者。又按，

《金碧古文龙虎上经》差简于《参同契》，然其语次布置与契不甚相远而加整焉。末云“《火记》不虚作”，亦契中语也。然则《火记》又参同之所出欤？”李日华曰：“子昂楷书《参同契》一卷，笔法宽和流利，不甚庄栗，有轻袭缓带之风，而从首迄终无一惰笔，又起伏联贯若一时书完者，纯熟之极，几于化矣。”款云“至大三年岁在庚戌春仲吴兴赵孟頫书”。顾金粟一跋，亦作精楷，如永兴《破邪论》，皆墨笥中瑰宝也。跋云：“古之善书者，虽下笔辄妙，然纸墨不佳，终多滞涩。此孙过庭所谓书有五乖，其为病一也。予见松雪公书多矣，此卷独得白宋纸，坚细润滑，莹然如玉，宜其书之化而不羁。终七千余言，而无一滞笔也。书法本师二王，而出入北海，如老将用兵，奇正沓出，并皆神妙，岂不为希世之珍哉？玉山顾仲瑛识。”以上皆录于本书。

《八千卷楼书目》卷一四《子部》：《周易参同契考异》一卷，宋朱子撰。守山阁本、吕刊《朱子遗书》。

《增订四库简明目录标注》卷一四《子部十四》：《周易参同契考异》一卷，旧本题空同道士邹欣撰，朱子之寓名也。《朱子遗书》本。守山阁刊本。《纷欣阁丛书》本，三卷。

今按：《道藏》本（正统刻）；《朱子遗书》本（康熙刻）；《四库全书》本；《守山阁丛书》本（道光刻、光绪影印、民国影印）；《纷欣阁丛书》本（道光刻）；清光绪十八年袁氏渐西村舍抄本（苏州大学图书馆藏）。

集部

楚辞

楚辞集注后语辨证

宋朱熹撰。

明何乔新《楚辞集注楚辞后语序》:《楚辞》八卷，紫阳朱夫子之所校定；《后语》六卷，则朱子以晁氏所集录而刊补定著者也。盖《三百篇》之后，惟屈子之辞最为近古。屈子为人，其志洁，其行廉，其姱辞逸调，若乘鹥驾虬而浮游乎埃壒之表。自宋玉、景差以至汉、唐、宋，作者继起，皆宗其楽矱而莫能尚之，真《风》《雅》之流而词赋之祖也。汉王逸尝为之章句，宋洪兴祖又为之补注，而晁无咎又取古今词赋之近骚者以续之。然王、洪之注，随文生义，未有能白作者之心。而晁氏之书，辨说纷拏，亦无所发于义理。朱子以豪杰之才、圣贤之学，当宋中叶，厄于权奸，迄不得施，不啻屈子之在楚也。而当时士大夫希世媒进者，从而沮之排之，目为伪学，视子兰、上官之徒殆有甚焉。然朱子方且与二三门弟子讲道武夷，容与乎溪云山月之间，所以自处者盖非屈子所能及。间尝读屈子之辞，至于所谓“往者余弗及，来者吾不闻”而深悲之，乃取王氏、晁氏之书删定以为此书，又为之注释，辨其赋比兴之体，而发其悲忧感悼之情。繇是作者之心事，昭然于天下后世矣。予少时得此书而读之，爱其词调铿锵，气格高古；徐察其忧愁郁邑，缱绻恻怛之意，则又怅然兴悲，三复其辞，不能自已。顾书坊旧本刓缺不可读，尝欲重刊以惠学者而未能也。及承乏泝台，公暇与佥宪吴君原明论朱子著述，偶及此书，因道予所欲为者。吴君欣然出家藏善本，正其讹，补其缺，命工锲梓以传。既而以书属予曰："书成矣，子其序之，使读者知朱子所以训释此书之意，而不敢以词人之赋视之也。"嗟夫！大儒著述之旨，岂末学所能窥哉！然尝闻之，孔子之删《诗》、朱子之定《骚》，其意一也。《诗》之为言，可以感发善心，惩创逸志，其有裨于风化也大矣！《骚》之为辞，皆出于忠爱之诚心，而所谓"善不由外来，名不可以虚作"者，又皆圣贤之格言。使放臣屏子呻吟咏叹于寂寞之滨，则所以自处者必有其道矣。而所天者幸而听之，宁不凄然兴感而迪其伦纪之常哉！此圣贤删定之大意也。读此书者，因其辞以求其义，得其义而反诸身焉，庶几乎朱子之意，而不流于雕虫篆刻之末矣。成化十一年乙未八月既望，赐进士出身嘉议大夫河南按察使司按察使盱江何乔新书。明成化十一年吴原明刊本。

明张旭《楚辞集注楚辞后语序》：屈原，楚世家也。原之悲忧感悼之情，皆出于忠君爱国之诚心，至于不得已作《离骚》，气格高古，词调铿锵。故宋景文公称其为词赋之祖，后世宗之，乃取文之类楚声者，次第成编。前一册乃汉王逸为之章句，其《补注》作于宋之洪兴祖；后一册则晁无咎之所集录者，朱子删定之、注释之、辩证之，然后成《楚辞》一书。此《集注》《后语》所由分也。《集注》前五卷，文二十五篇，皆屈原所作，而以《离骚》一篇为之冠。离，遭也;骚，扰动也。题以"离骚"名，悯当世也。其《九歌》至《渔父》等篇，则各因一事而发，非《离骚》也，观原之列传可见矣。后三卷，文一十六篇，首则《九辩》，而以《招隐士》终焉。盖此等文字，一皆出于怨慕，可以步《离骚》之后尘，故取之，非取其为续《离骚》而作也。朱子之定本如此。夫何后之好事者，复参用晁本，乃于《目录》中"离骚"之下妄加一"经"字，而以《九歌》至《渔父》皆为"离骚"，于此七题之上各加"离骚"二字，《九辩》至《招隐士》皆十有五之数，分属屈原五卷之文。牵强附会，不知甚矣，于朱子何加多哉！《后语》六卷，文则七十八篇，言虽人人殊，皆能发其缱绻悒郁之情。以故扬雄之《反离骚》、蔡琰之《胡笳》，朱子亦不去焉。盖琰以失节之妇犹知有子，而雄以名世大儒反不知有君。故两存之，其责之之意深矣。贾谊之《屈》《服》二赋已采入《续离骚》，复以“《吊屈原》第八”“《服赋》第九”二虚名作二行，妄加于第二卷之首。朱子之定本岂如是哉？噫！自《三百篇》之后，惟《离骚》一篇最为近古，以其兴少而比、赋多也。去古既远，真知而笃行之者几何人哉？平湖沈公子京以柱下史来知休宁县事，未期年，政教大有声，行将复入内台，乃梓行此书，以嘉惠乎后学。恐今本不善，命旭为之校雠，其盛心哉！窃惟朱子因《离骚》以删定《楚辞》，与孔子之假鲁史以修《春秋》同一心也。《春秋》既作，乱臣贼子知所惧。《楚辞》既行于世，忠臣义士其不知所奋发哉！但孔子之笔削，虽贤如游夏，尚不能赞一辞，旭何人斯，既未得游于朱子之门，又安敢如蔡九峰之于《书传》哉！辞弗获，则以旭前之鄙见告之，必删去后人妄加字样，则其为书无愧于朱子矣。公曰：“诺。吾闻之，屈原往见太卜郑詹尹曰：‘余有所疑，愿先生决之。’有以哉！”公乃取决于旭。旭谨奉严命，遂将《楚辞》二册之中后人妄加“离骚经”“传”、数目、小注、空题等九十八字及《成相》三章八段之上八圈一切删去，其余三复校正，求其字无鲁鱼豖亥之误然后已。公曰：“若然，则于朱子之定本，必符节之相合矣。”乃捐俸以刻之。公其有功于天下后世大矣哉！旭年在桑榆，幸逢奇会，敢不志之以谂同道之君子？若曰作聪明乱旧章，则非知我者！正德十四年岁在己卯九日重阳前一日，后学新安林下七十三翁梅岩张旭书。明正德十四年沈圻刊本。

明唐枢《楚辞集注楚辞后语叙》:《楚辞》者，《风》《雅》之变也，其源昉于屈子。厥后作者继起，咸祖其辞，而皆楚声也，故俱谓之《楚辞》。汉刘向始辑为编，自《离骚》而下，续以宋玉、贾谊、淮南小山、东方朔、庄忌、王褒诸作，及向所著《九叹》为一十六篇。东京王逸又增以所著《九思》一篇而注释之。宋洪兴祖复为《补注》。我紫阳朱夫子又取二家所注，重加订正，谓《七谏》以下辞意不类，悉删去之，而增入贾谊《吊屈原》《服赋》二篇，别为之注，梓行久矣。邑侯杨君偶得善本，手自校正，翻刻以广厥传，而属余为叙。余惟言者心之声也，言之发而可歌者，则谓之辞。屈子心乎公室，以忠见废，其抑郁无聊、怨慕不平之意无所于泄，而假辞焉发之，犹之穷而呼天、疾痛而呼父母，盖有出于情实。王、洪、晁、周之说，逐骛词苑，正义愈远，辞而辟之，无以也。申此以抑彼，龙津子能无意乎？龙津姓杨名上林，乙未进士，令长兴，敦本章意，以治暇及之。若曰有感而成，清世无庆元之士。

嘉靖岁戊戌中秋日，归安唐枢撰。明嘉靖十七年杨上林刊本。

明顾应祥《楚辞集注楚辞后语叙》：尝读《楚辞》，味《离骚经》，窃疑瑰士自用，激发愤嫉，无以概诸圣。及语苊衷耿然、三代完节，然终不可以为训。况呻吟不恙，暨龌龊自以偾者杂次同糅，可耶？原藻致迥为词祖，《九辩》后诸作，计亦必传。顾艺成而下，要非正性之习。灵修爽世丽作，同声和者汇起。而庄、山感离忧之情，道骞善昂切之韵，是则楚之辞也。《传》云："登高能赋，可以为大夫。"夫其能者，能称《诗》以谕其志、别贤不肖而观盛衰焉。溷之以不类，非矣。虽然，晦翁有取之。学随事明，情由言律。故有借事以明其心，有借辞以明其事，有借类以明其本，有借人以明其辞。兹编也，皆所以明学也。虽然，何不为法语梓而广之以明学？犹虑其计之左也。虽然，方时文肆慢，不探其之不能已者。诸家所注，未尝沉潜反复，以寻其旨趣之所归，而只于文义间求之，故未免于迂滞迫切之病，而使屈子之志抑郁于当时者，不得伸于后也。此朱子《集注》之所为作也。朱子尝曰："《楚辞》未尝怨君。"斯言也，可谓深得屈子之心矣！夷考朱子此注，实在庆元退居之后，时禁方严。所遭不辰，亦与君子大率相类。《序》所谓"放臣弃子、怨妻屏妇"有感而托焉者，殆是也。而其乐天知命，讲学不辍，较之制行过于中庸而不可为法者，又有间矣。朱子于《六经》皆有训传，而于是书复惓惓焉，盖将以昭君臣之大义，而激发夫忠臣烈士之心于千载之下云尔。然则《楚辞》固不当以词人之赋视之，而朱子为之注，又岂训诂文义者可例观哉？学者欲留心游艺，则是书宜不可少。而司风致者，固当知所务矣。杨君上林，淮阴人，乙未进士，素有志于古人者，刻兹集以厉风教云。嘉靖戊戌秋中朔日，长兴顾应祥叙。明嘉靖十七年杨上林刊本。

明叶邦荣《楚辞集注楚辞后语序》：尝闻诸人曰：古人立言之远，旷百世而不受知者，屈子《离骚》章往察来，信今传后，而亦奚至于不知邪？若夫芳洁之操，忠贞之行，骑龙弄凤，嬉游之间，虽与日月争光可也，而又奚至于不知邪？粤稽史，在昔屈子职掌王族，以定国是，同列大夫上官、靳尚共谮毁之，至于唯言是听，怀王之过也。屈子无重怀王之过，义以为讽，《离骚》作焉，而无私怨，可以为朋质也。噫！屈子生非其时也。使屈子生于三代之隆，亦有缉熙赓歌、都俞可继也，奚必以《骚》之为贵而轻天下哉！战国之时，敝斯极矣。货贿相衔，脂韦相错。纵横长短之说，转相狙诈以上谋也。明珠委道，瓦釜鸣雷。此屈子之所不与也。王臣断国，无所回护，且惧趋偶而忝贵卿，冒愧逞愿而非正以处之，此又有道者之所不履也。且我闻之，乐书构郄而厉公弑，郈伯毁季而昭公逐，费忌纳女而楚建走，宰嚭谮胥而夫差丧，事几之不可与权也。今上官捷径，不忍以投步矣。虽然，舍王非忍也。自夫襄王之再放也，乃作而呼曰：自今无有代吾君以任患者。有一于斯，将为继乎？于是乎《九歌》《九章》，援天引圣以自明，庶其曰纳约自牖者也。其将通吾君于理乎？而今凄楚益有辞矣。遐思迈往，欲追灵修而不可得，浮游天地之间，而竟赍志以殁。夫出处有谓，名体不污，风采足怀，百世改颜，不可废也。自宋玉以下，无虑数十家，皆悲屈子而发其余烈者也，故统之曰《楚辞》。重曰：读屈子者，可知立言之有序也。夫廉以洁其身，去国而不忘其训，君子谓《离骚》于是乎可传。于此征志，于此征忠，于此征德，观会通而三美具，能章劝也。能章劝，故谓之不朽。《诗》曰："我思古人，实获我心。"《离骚》有焉。予刺安吉，时丙申，校《楚辞》成，明年既逢忧以归。盖尝抱《离骚》之洁，相羊于清明之时，而无所于辞也，方且叙之，以俟知者。嘉靖三十八年己未孟冬望日，闽中朴斋山人叶邦荣仁甫撰。明嘉靖三十八年叶邦荣刊本。

明陆长庚《楚辞集注楚辞后语序》：楚，泽国也，羽毛齿革甲天下，而其沉郁瑰琦发于材最著。材如左倚彬彬矣，而忠且材者，则三闾大夫最著。大夫之《离骚》，自怨生也，喟然惨怛，怨而不怒。嗟嗟，楚人之善怨，其天性哉！余读其辞，穷大地之纪，采人物之变，与夭乔飞走、幽阒辽邈之态，经纬胪列，大指可掬也。而沧浪濯缨，湘流鼓枻，直令羁臣恋国，逆旅悲乡，泠泠凄绝矣。世谓楚奉江潭为三闾汤沐，洵也侈于飨哉！至如艺文家《哀时命》《九怀》《九歌》，类冠以楚，则其悲凄婉恋，实肖貌之，匀论非楚产矣。余莅星沙，历故罗，望湘潔，尽焉伤之，想见故所行吟抱石处，辄求所谓《楚辞》者。而旧籍多堙缺不全，岂其汤沐邑而重令泯泯为？无亦逢执事之闲而不以崇大表章也，若观忠何？适给事吉藩魏君重锓是辞，字栉句比，云灿星列，畏垒杓之人矣，斯讵止汤沐是为？维是大夫爰实楚宗，宗而忠也，宗而材也。锓之，于以感动诸宗，俾忠且材者蒸蒸乎独以文词哉？其以举起诸宗，功非渺矣。时万历戊戌朱明之吉阳，赐进士出身亚中大夫广西布政司左参政前奉敕提督太岳泰和山湖广布政按二司守巡下荆湖南道鹅湖陆长庚元白父撰。明万历二十五年吉府刊本。

明庄天合《楚辞集注楚辞后语序》:《楚辞》编于刘子政者十六卷，章句于王叔师者十七卷。其上自刘、王，下迨洪氏，折衷于朱晦庵而定为《集注》者八卷，复取晁无咎《续编》而定为《后语集注》者又六卷。自《集注》出，而宋儒陈氏以为发屈子之微于千载之下，故学者宗之，迄于今不废，则今吉殿下命魏给事刻者是已。刻成，庄生为题其端曰：夫所贵于贤人君子者，则莫不一禀于忠义文章矣。忠以致身，文以流藻，二者所难兼，而屈子兼之。故《离骚》者，忠义之肝脾、文章之林府也。情迫则讽谕不得不深，才多则声貌不得不广。讽谕深，故其旨多婉转惆怅，反复循环，能使读者动色凄心，低回而不胜其切怛；声貌广，故其词多穷天极地，探幽入微，能使读者嵬眼澒耳，斟酌而莫得其盈虚。总之，忠即为文，文即为忠。虽屈子不自知，而忠者得之以为忠，文者得之以为文，则是编不可少也。今天下一家，四海一国，岂必主怀襄、谗上官子兰而后令爱君忧国之士彰？又岂必疏远放逐、憔悴江潭、枯槁泽畔而后令博闻强记之士以词自表哉？夫君臣之义，无所逃于天地之间，彼屈子偶遭其穷者也。顷圣明在上，士既生逢尧舜禹汤，而服杜衡兰茝以媚于天子，岂其舍廉洁正直之操、受变于突梯滑稽之习者！且夫挹水于河，取火于燧，言资其有也。士染翰操觚，激昂风雅，思以鸣国家之盛，而落实取材，宜于何资焉？故吾以为侯王而通于《骚》，则本支之恩必笃；公卿大夫而通于《骚》，则夹辅之益必弘；台谏侍从而通于《骚》，则论思之道必广；群有司、百执事而通于《骚》，则奔走之勤必著。若乃奥博者菀其鸿裁，中巧者猎其艳词，吟讽者衔其山川，童蒙者拾其香草，追风人丽，沿波得奇，虽复宣炳王猷，润色儒业，无之而不可矣。盖孔子论《诗》曰:可以兴，可以观，可以群，可以怨，可以事君父，可以资多识。则余于《离骚》亦云。是固紫阳《集注》之意而吉藩教忠教文之盛心也。彼夫宋景贾马而下，苏黄张吕以前，虽作者代起，情制殊途，然莫不异轨同奔，递相师祖，按先声于玉管，启后乘之司南。学者合而求之，固亦天下之极观也。时万历戊戌季夏月之吉，郡人庄天合得全甫撰。明万历二十五年吉府刊本。

明李维桢《楚辞集注楚辞后语序》:楚三闾大夫屈平所作《离骚》《九歌》《天问》《九章》《远游》《卜居》《渔父》《大招》，而宋玉、汉贾谊、淮南王安、东方朔、严忌、王褒、刘向皆拟之。其始为传者安也。其尊《离骚》为经，而以后人所作，人非楚而辞则楚，辞非楚而指则楚，附之为十六卷，别称《楚辞》者，向也。为之注，而以己作《九思》附之者，王逸也。为《补注》者，洪兴祖也。续《楚辞》自宋玉以下至宋朝为《变离骚》者，晁补之也。采王、洪、晁三家为《集注》，又差择去取其所录名《楚辞后语》，附以《辨证》者，朱子也。自朱子注行，而诸说俱左次矣。盖尝闻《骚》者《诗》之变也，《诗》无《楚风》，而楚乃有《骚》。屈氏为《骚》时，江汉皆楚地，文王化行南国，《汉广》《江有汜》诸诗，已列十五国之先。《风》《雅》既变，而楚狂接舆、沧浪孺子之歌，入孔子听闻。其歌楚声，体又稍变于《诗》，未若十五《国风》陈太史、经圣人笔削也。屈本《诗》义为《骚》，世号《楚辞》，不正名为赋。《后语》中所收荀卿诸赋、《成相》《佹诗》，与赋与骚与诗诸体杂糅。卿亦楚人，得无楚之习然耶？则谓《骚》为“楚风”可也。惜不及仲尼之时，不见采耳。此语若张楚而设。考之朱子，以三闾“志行过中庸，不可为法，而皆出于忠君爱国之诚心。其词旨虽跌宕怪神，怨怼激发，不可为训，而皆生于缱绻恻怛不能已之至意”。又曰：“《楚辞》之寄意男女，寓情草木，以极游观之适，为变风。叙事陈情，感今怀古，不忘君臣之义，为变雅。语冥昏而越礼，摅怨愤而失中，为〈风〉〈雅〉再变。述祀神歌舞之盛，则变于颂，而其变为甚。赋则《离骚》经首之章；比则香草恶物之类；兴则托物兴词，如沅芷澧兰，思公子而未敢言之属。《诗》兴多而比赋少，《骚》兴少而比赋多。”又曰“屈氏不怨君，诸家解成怨，至以《山鬼》为君，大失其旨。辞本平易，而后人学者，艰深都不可晓”。三闾地下忠魂心服知己矣。朱子之先，司马迁称其志洁行廉，与日月争光，而以好色不淫、怨悱不乱，兼《国风》《小雅》之美。汉宣帝以为皆合经术。扬子云亦言体同《诗》《雅》，岂不信哉！杨侍御修龄，楚人也，刊《楚辞》而属余为序。余亦楚人也，岂敢作张楚语，惟折衷于朱子之论如此。朱子之论，论其所以辞也，余第就其辞论。今夫《诗》三百篇，无一字不文，无一语无法，会蕞诸家之长，修辞润色之耳。《骚》出于《诗》而衍于《诗》，以一人之手创千古之业，若总杂无伦而脉络经纬自具，若蝉连不已而酝藉囊括自远。微婉隽永，使人吟咀余味，殆不忍置；凄欷紧紊，使人情事欲绝，涕泣横集；富丽广博，使人望洋自叹，无测边际；环琦卓诡，使人惊心动魄，未可直视；严整高华，使人肃然起敬，正襟拱立。两汉、六代、三唐诸人，得其章法、句法、字法，遂臻妙境、夺胜场。如《诗》三百篇后有作者，卒莫出其范围。刘勰所谓“气往轹古，辞来切今，惊采绝艳，难与并能”，岂不信哉！或曰注有异同，即朱子不必尽谐众说。余曰：年祀绵邈，载籍缺帙，《六经》训故，尚尔人持一意见，何疑于《楚辞》！且也汨罗之死，传述已久，说者或比诸浮海居夷。犹《骚》所谓道昆仑，遵赤水，至西极，陟升皇，寓言也。寸寸而度之，至丈必差，而何求备于注《楚辞》者？要以朱子学识其于大义微言思过半矣！明万历杨鹤刊本。

明蒋之翘《楚辞集注楚辞后语序》：予尝序冯氏刻王叔师《骚注》，其所以论《骚》者，亦大概详矣。今且谓蒋楚稚，世以《骚》名家，负畅达用世之才而不遇，是诚《骚》中人也。其年十五时，便从尊大人野鸿公裹粮入楚，蹑履陟衡岳，浮洞庭，探云梦、九疑、三湘、七泽之胜，已而谒三闾故庙，咨嗟慨慕，诗以吊焉。迄今七年于兹，落寞如故，负谗自放，彷徨林泽间，游是三闾行径，醉后时设几，灌酒浆，奉《离骚经》于上，跪而泣曰：“嗟乎！千古来惟先生与某同调也。”遂闭户，然水沉，栖剑啸台上，昕夕披《离骚》本。主朱考亭《集注》，参以诸家之评。上自汉、魏以及国朝，凡百名流，苟其一言一字之似，荒谬若予者，无不搜罗而备辑之，甚至注与评而载之。未详者君必考诸他书，裁之独见，为并详之。外有《谏》《叹》诸作，考亭之所删也，君以其原本所载，另立二卷，为《附览》以存之。国朝骚赋，《后语》所未及录也，君又旁搜遍问，一一编次之、标引之。下之若诗、若论、若列传、若外传、若传赞、若祭文哀文等篇，稍有可以相折衷处，亦悉录而附之。楚稚其可谓勤欤？犹之沧海朝宗者，大而江淮河汉，小而沟渠行潦，靡弗纳也。洋洋然洵《骚》之大观也哉！读此可知楚稚之学，皆得力于《骚》。如所载《攘询》一赋，幽愤沉痛，实言之欲泪矣。北地而后有能绍屈氏之统者，舍楚稚其谁与归？天启柔兆摄提格之岁杪秋。明天启六年忠雅堂刊本。

清贺瑞麟《楚辞集注楚辞后语序》：赵忠定汝愚以韩侂胄用事遭贬暴薨，朱子盖伤忠定宗臣不见容，不胜忧愤，有感于三闾之事，因注《楚辞》，并刊定《后语》，是在庆元己未，而朱子年已七十矣。当是时，朱子亦以伪学落职去国，侂胄之势益张，国事愈不可问，因以义命自安，祸福死生久已置之度外。然士君子读书吊古，见夫奸邪罔上、残害忠良，未尝不悲叹欷歔感慨，以至泣下，而况身当其际，贵戚见逐，卒以身死如忠定者乎？是不可哀郢而吊湘耶？且其击忠定也，正以引用朱子之故，至欲一网打尽，而道学遂为世病，将使天下后世辄以道学为讳，世道人心何所底止？朱子特注《楚辞》明屈子之心，即以明忠定之心，且见谗人误国至于此极，使千载下为国者以为殷鉴。呜呼，其所感深矣！然朱子亦若不为当时发者，此又《离骚》一书之微旨也。至屈子为人与后世诸家所以为辞之意，并以张子、吕氏之作终焉，以明道学之归。朱子论之详矣，不复赘。读者熟玩而善味之，其亦将有感于朱子之所感也夫！光绪壬辰仲冬，清麓洞主贺瑞麟谨识。清光绪十八年传经堂刊本。

宋邹应龙《跋》:《楚辞后语》者，我宋文公朱先生之所作也。其述作之本意，先生自序之详矣。而其编定此书之时，与夫论著之详略，则又已见于先生之季子通守监簿君之《后序》。应龙生晚，不及侍先生函丈，独幸与监簿君同朝，及来温陵，又为僚相好也。暇日因从问先生平日述作大概，以为它书已行于世，独此编乃晚年所定，犹未及卒业，故人未及见，而首以示应龙，因得伏而读之。其微词奥义，不一而足，独论汉扬雄，则反复屡致其意，其序《反骚》也，则以为“屈原之罪人，《离骚》之谗贼”。其序《胡笳》也，则以为“非恕琰，亦以甚雄之恶”。夫扬雄以好深沉之思作为雅丽之文，后世读之，未有以为非者，而先生待之不少恕如此。抑应龙尝就监簿君借先生所作《资治通鉴纲目》之书读之，见其所书雄之死曰“莽大夫扬雄卒”，则知先生之所以贬雄者，其意盖有在也。呜呼严哉！后之揽者，傥知先生所以去取之意，而明三纲五常之义，如读《春秋》而乱臣贼子惧者，则庶乎其不蹈骚人之失，而先生此书为不苟作矣。应龙不敏，何足以识先生之指意，特见而谓之知之谓耳。因以是说谂于监簿君，君曰然，乃敬书其后而归之。嘉定壬申重九后一日，邵武邹应龙书于温陵郡斋。《朱子全书》第十九册《楚辞集注》附录。

宋朱在《跋》:先君晚岁草定此编，盖本诸晁氏《续》《变》二书，其去取之义精矣，然未尝以示人也。每章之首皆略叙其述作之由，而因以著其是非得失之迹，独《思玄》《悲愤》及《复志赋》以下至于《幽怀》，则仅存其目而未及有所论述，故今于此十九章之叙，皆因晁氏之旧而书之。若夫《鞠歌》《拟招》二章，则非归来子之书所及者，读者又当有以识夫旨意于言词之外也。嘉定壬申仲秋在始取遗稿誊写成编，捧玩手泽如新，而音容不复可见矣，因涕泣而书其后。又五年，岁在丁丑，补外来守星江，实嗣世职，既取郡斋所刊《楚词集注》重加校定，复并刻此书，庶几并行，且以识予心之悲也。中秋日在谨记。《朱子全书》第十九册《楚辞集注》附录。

宋朱鉴《跋》：《吊屈》《服赋》，已见《续骚 》《反骚》一篇，亦附卷末，而《后语》之作，皆复收入。其本旨既不可知，而二集并存，则为重复。今以《反骚》著于此，而贾赋二章则存其目，庶几二集若相为用，不可偏废，而纂辑之意，或以是而得之。至于《思玄》以下十九章，用归来子之说而未经刊定者，姑以附注于篇目之下云。端平乙未秋七月朔，孙承议郎、权知兴国军兼管内劝农营田事、节制屯戍军马鉴百拜敬识。《朱子全书·楚辞集注附录》。

宋杨楫《宋嘉定四年同安郡斋刊本跋》：庆元乙卯，楫自长溪往侍先生于考亭之精舍，时朝廷治党人方急，丞相赵公谪死于道，先生忧时之意屡行于色。忽一日出示学者以所释《楚辞》一编，楫退而思之，先生平居教学者首以《大学》《语》《孟》《中庸》四书，次而六经，又次而史传，至于秦汉以后词章特余论及之耳，乃独为《楚辞》解释，其义何也？然先生终不言，楫辈亦不敢窃有请焉。岁在己巳，忝属胄监，与先生嗣子将作簿同朝，因得录而藏之。今以属广文游君参校而刊于同安郡斋。嘉定四年七月朔日，门人长乐杨楫谨述。《朱子全书》第十九册《楚辞集注》附录。

明沈圻《楚辞集注楚辞后语跋》：圻幼读书之暇，家君参藩，承一山先生以前辈佥宪原明吴君所刊《楚辞》授读，长而颇解文义。披揭岁久，原本缺坏殆尽，更求之以便温习而不可得。闽中书坊所刊售者，字多讹舛，体式以缪，殊厌观览。及登仕路，每欲重刊以广来学，顾遭贬谪、劳案牍，不惟不能，亦不暇也。迩者承尹徽之休阳，遍访徽郡官民所刊书籍，虽皆斗珍袭奇，求如此书可维《三百篇》之后者，则未之刊行，深以为恨，乃请于郡守新淦文林张公，公曰："是吾志也，子亟图之。"偶会婺源乡进士汪济民者，以吴君旧本遗圻，如获拱璧，喜不自胜。又惭瓮识井见，且民事劳心，不能校证，托之于乡大夫张君廷曙别号梅岩者。梅岩以夙学闲身，严加考订，其目录体制有未合式者，稍为更改，圻遂捐俸命工以锓梓。工告成，而张公适更调杭郡，代之者温陵克全留公也。公既至，召圻而语之曰："闻吾子于《楚辞》用意殆先得我心之所同然者，当与吾子共广其传。"圻喜是书之成，颇于达人君子有合，僭书此以附篇终云。正德十四年己卯冬十二月，赐进士出身知休宁县事平湖后学沈圻谨跋。明正德十四年沈圻刊本。

明杨上林《楚辞集注楚辞后语题识》：屈子抗衷而陈辞，援事而修意。其辞油，其情腆，其志不贰，其道无回，怨而不怒，哀而不伤。要其词意所托，宛乎爱国忧君也。而汨罗之死，千载悲之，匪徒以其辞焉尔矣。嗟呼！物之材者，产于山林，抡于匠氏，细大靡弗遭也。屈子，瓌士也，而顾无所遭哉！辞而楚焉，亦伤己之未逢尔矣。虽然，死也谅矣，而隐君之道则未焉，惜也，处死之未至也。然则朱子何为取之？夫亦曰：有屈子之志则可耳。遇主获上，畅志宣猷，喜起之歌，被之金石，历万世耀耀焉，辞虽无楚可也。嘉靖戊戌五月望，淮阴杨上林识。明嘉靖十七年杨上林刊本。

《读书附志》卷下《楚辞类》：《楚辞集注》八卷，《后语》六卷，《辨证》一卷。右朱文公所定也。《离骚》凡七题，二十五篇，皆屈原作，定为五卷。《续离骚》八题，十六篇，定为三卷。校晁氏本，增《吊屈原》《服赋》二篇，而去《七谏》《九怀》《九叹》《九思》四篇。公谓四篇虽为骚体，然词气平缓，意不深切，如无所疾痛而强为呻吟者，就其中谏叹犹粗可观，两王则卑已甚矣，故虽幸附书尾，而人莫之读，今不复以累篇帙也。贾傅之词，于西京为最高，且《惜誓》已著于篇，而二赋尤精，乃不见取，亦不可晓，故并录以附焉。《后语》定著五十二篇。公谓屈子者，穷而呼天、疾痛而呼父母之词也。故今所欲取而使继之者，必其出于幽忧穷蹙、怨慕凄凉之意，乃为得其余韵。而宏衍巨丽之观、欢愉快适之语，宜不得而与焉，至论其等则又必以无心而冥会者为贵，其或有是，则虽远且贱，犹将汲而进之，一有意于求似，则虽迫近如杨柳，亦不得已而取之耳。骚自楚兴，公之加意此书，则作牧于楚之后也。或曰有感于赵忠定之变而然。

《直斋书录解题》卷一五《楚辞类》：《楚辞集注》八卷，《辨证》二卷。侍讲建安朱熹元晦撰。以王氏、洪氏注或迂滞而远于事情，或迫切而害于义理，遂别为之注。其训诂文义之外，有当考订者，则见于《辨证》，所以祛前注之蔽陋而明屈子微意于千载之下，忠魂义魄，顿有生气。其于《九歌》《九章》，尤为明白痛快。至谓《山海经》《淮南子》殆因《天问》而著书，说者反取二书以证《天问》，可谓高世绝识、毫发无遗恨者矣。公为此《注》在庆元退归之时，序文所谓"放臣弃子、怨妻去妇"，盖有感而托者也。其生平于六经皆有训传，而其殚见洽闻、发露不尽者，萃见于此书。呜呼伟矣！其篇第视旧本益贾谊二赋而去《谏》《叹》《怀》《思》。屈子所著二十五篇为《离骚》，而宋玉以下则曰《续离骚》。其言"《七谏》以下辞意平缓、意不深切，如无所疾痛而强为呻吟者"，尤名言也。

《玉海艺文校证》卷二〇《楚辞》：朱熹《集注》八卷，《辨证》二卷。晁补之集《续》《变》二书各二十卷，熹刊补，定著五十二篇，为《楚辞后语》。

《文献通考》卷二三〇《经籍考五十七》：《楚辞集注》八卷，《辩证》二卷。陈氏曰："侍讲新安朱熹元晦撰。以王氏、洪氏注或迂滞而远于事情，或迫切而害于义理，遂别为之注。其训诂文义之外，有当考者，则见于《辩证》。所以祛前注之蔽陋，而发明屈子之微意于千载之下，忠魂义魄，顿有生气。其于《九歌》《九章》，尤为明白痛快。至谓《山海经》《淮南子》殆因《天问》而著书，说者反取二书以证《天问》，可谓高世绝识，毫发无遗恨者矣。公为此注在庆元退居之时，序文所谓'放臣弃子，怨妻去妇'，盖有感而托者也。其生平于《六经》皆有训传，而其殚见洽闻，发露不尽者，萃见于此书。呜呼，伟矣！其篇第视旧本益贾谊二赋，而去《谏》《叹》《怀》《思》。屈子所著二十五篇为《离骚》，而宋玉以下则曰《续离骚》。其言《七谏》以下辞意平缓，意不深切，如无所疾痛而强为呻吟者，为名言也。"朱子自序曰："自屈原赋《离骚》，而南国宗之，名章继作，通号《楚辞》，大抵皆祖原意，而《离骚》深远矣。窃尝论之，原之为人，其志行虽或过于中庸而不可以为法，然皆出于忠君爱国之诚心。原之为书，其辞旨虽或流于跌宕怪神、怨怼激发而不可以为训，然皆生于缱绻恻怛，不能自已之至意。虽其不知学于北方，以求周公、仲尼之道，而独驰骋于变《风》变《雅》之末流，以故醇儒庄士或羞称之。然使世之放臣屏子，怨妻去妇，抆泪讴吟于下，而所天者幸而听之，则于彼此之间，天性民彝之善，岂不足以交有所发，而增夫三纲五常之重？此予之所以每有味于其言，而不敢直以'辞人之赋'视之也。然自原著此辞，至汉未久，而说者已失其趣，如太史公盖未能免，而刘安、班固、贾逵之书，世复不传。及隋、唐间，为训解者尚五六家，又有僧道骞者，能为楚声之读，今亦漫不复存，无以考其说之得失。而独东京王逸《章句》，与近世洪兴祖《补注》并行于世，其于训诂名物之间，则已详矣。顾王书之所取舍，与其题号离合之间，多可议者，而洪皆不能有所是正。至其大义，则又皆未尝沉潜反复，嗟叹咏歌，以寻其文词指意之所出，而遽欲取喻立说，旁引曲证，以强附于其事之已然。是以或以迂滞而远于事情，或以迫切而害于义理，使原之所为，壹郁而不得申于当年者，又晦昧而不得白于后世。予于是益有感焉。疾病呻吟之暇，聊据旧编，粗加檃括，定为《集注》八卷，庶几读者得以见古人于千载之上，而死者可作，又足以知千载之下有知我者，而不恨于来者之不闻也。呜呼悕矣！是岂易与俗人言哉？”《朱子语录》曰：“《楚辞》不甚怨君，今被诸家解得都成怨君，不成模样。《九歌》是托神以为君，言人间隔，不可企及，如己不得亲近于君之意。以此观之，他便不是怨君。至《山鬼篇》，不可以君为山鬼，又倒说山鬼欲亲人而不可得之意。今人解文字不看大意，只逐句解，意却不贯。楚‘些’，沈存中以“些”为咒语，如今释子念‘娑婆诃’三合声，而巫人之祷亦有此声，此却说得好。盖今人只求之于雅，不求之于俗，故下一半都晓不得。《楚辞》平易，后人学做者反艰深，了都不可晓。《离骚》初无奇字，只恁说将去自是好，后来如鲁直恁地着力做，只是不好。”

《宋史》卷二〇八《艺文志七》：朱熹《楚辞集注》八卷，《辨证》一卷。

《天一阁书目》卷四之一《集类》：《楚辞集注》《离骚》五卷，《续离骚》三卷，又《后语》六卷，《辨证》二卷。刊本。宋庆元己未朱子集注。

《世善堂藏书目录》卷上《经类》：《楚辞集注》八卷，《辨证》二卷，《后语》六卷。

《国史经籍志》卷五《集类》：《楚辞集注》八卷。朱熹。又《辨证》二卷。朱熹。《楚辞后语》六卷。朱熹。

《绛云楼书目》卷四《骚赋类》：朱文公集注《楚辞》。八卷，又《辨证》二卷。周公谨言此书为赵忠定放逐衡湘而作，见《齐东野语》。

《奕庆藏书楼书目》集之五《骚赋》：《楚辞》。后语、辨证二种，乙套，三本，宋朱熹注。

《传是楼书目·集部》：《楚辞集注》八卷，《后语》六卷，《辨证》二卷。宋朱熹。

《本立堂藏书目·文集四》：《楚辞》朱注《离骚经》五卷，《续离骚》三卷，《后语》六卷，《辩证》二卷，共十六卷，六本。

《四库全书总目》卷一四八《集部一·楚辞类》：《楚辞集注》八卷、《辨证》二卷《后语》六卷，内府藏本。宋朱子撰。以后汉王逸《章句》及洪兴祖《补注》二书详于训诂，未得意旨。乃檃括旧编，定为此本。以屈原所著二十五篇为《离骚》，宋玉以下十六篇为《续离骚》。随文诠释，每章各系以兴、比、赋字，如《毛诗传》例。其订正旧注之谬误者，别为《辨证》二卷附焉，自为之序。又刊定晁补之《续楚辞》《变离骚》二书，录荀卿至吕大临凡五十二篇，为《楚辞后语》，亦自为之序。《楚辞》旧本有东方朔《七谏》、王褒《九怀》、刘向《九叹》、王逸《九思》，晁本删《九思》一篇。是编并削《七谏》《九怀》《九叹》三篇，益以贾谊二赋。陈振孙《书录解题》谓以"《七谏》以下，词意平缓，意不深切，如无病而呻吟者也"。晁氏《续离骚》凡二十卷，《变楚辞》亦二十卷，《后语》删为六卷，去取特严。而扬雄《反骚》为《旧录》所不取者，乃反收入。《自序》谓："欲因《反骚》而著苏氏、洪氏之贬词，以明天下之大戒也。"周密《齐东野语》记绍熙内禅事曰："赵汝愚永州安置，至衡州而卒，朱熹为之注《离骚》以寄意焉。"然则是书大旨在以灵均放逐寓宗臣之贬，以宋玉《招魂》抒故旧之悲耳。固不必于笺释音叶之间，规规争其得失矣。

《孙氏祠堂书目》外编卷三：《楚辞集注》八卷，《辩证》二卷，《后语》六卷。宋朱文公撰。

《问源楼书目初编》卷四上《集部》：《楚辞集注》八卷《辨证》二卷《后语》六卷，宋朱子撰，明正德中刊本。又明吴氏刊本。又明蒋氏刊本。又明葛氏刊本。又魏氏刊本。又听雨斋刊本。

《稽瑞楼书目》：《楚辞集注》八卷，旧刻，附《辨证》《后语》，四册。

《鸣野山房书目》卷四《集之五》：《楚辞集注》《后语》《辨证》三种，宋朱熹注。

《铁琴铜剑楼藏书目录》卷一九《集部一》：《楚辞》八卷，附《辨证》二卷，《后语》六卷。元刊本。朱子既作《集注》，复订旧注之谬，为《辨证》，又以晁补之所辑《续楚辞》二十卷、《变离骚》二十卷，删定五十二篇为《后语》。二书皆自为之序。每卷有"求是室藏本"朱记。卷四有"赵印子印"朱记。

又：《楚辞集注》八卷、《辨证》二卷，宋刊本。宋朱子撰。后附杨子云《反离骚》一篇，并洪兴祖论，自加论语于后。卷一、卷二抄补全。其《后语》已佚。每叶十四行，双行夹注，行十五字，注字同。案，书中字句与《文选》所录有互异处，然皆注明某字一作某，与《韩文考异》同例。间有勘定语，如《离骚》"循绳墨而不颇"注"循一作修，非是"；《湘夫人》"登白薠兮骋望”注“薠音烦，一作苹，非是”之类。《辨证》二卷，行式悉同。前有嘉定癸酉三月甲子□阳王涔序，云“刊于□□贡郡斋，俾学者□风雅之变云”。则嘉定六年刊本也。旧为太仓陆氏藏书。卷首有“陆时化印”“听松老人”二朱记。

《楹书隅录》卷四《集部上》：宋本《楚辞集注》八卷，《辩证》二卷，《后语》六卷，十二册二函。每半叶九行，行大小皆十八字。通体完善，字大悦目。惟第一卷序首一叶影宋抄补，字极工。《后语》末有子在跋及嘉定壬申邹应龙后序，盖南宋椠初印本。镌刻精善，装池古雅，可宝也。卷一、卷四、卷七“辩证”上有“源”字印四，无姓，不可考。

《大梅山馆藏书目》卷七《集部一》：庆元校本《楚辞集注》八卷，《辨证》二卷。

《宋元旧本书经眼录》附录卷一《书衣笔识》：《楚辞集注》。蒋楚稚刻朱子此书，并《辨证》《后语》附焉，可谓足本。但不应于《后语》六卷后增入明人骚体为七、八卷。又朱子所删之谏、怀、叹、思四篇复抄置《辨证》之前，亦不合。若以所补《后语》及四篇附览并退出别编，使不与本书相乱，即无妨矣。咸丰庚申十一月怀宁广邨寓馆，郘亭记。

《持静斋藏书记要》卷上：《楚辞集注》八卷，《辨证》二卷，《后语》六卷。宋朱子以王逸本重编而为之注。明正德已卯沈圻重刊于休宁。

《藏园订补郘亭知见传本书目》卷一二上《集部一》：《楚辞集注》八卷、《辨证》二卷、《后语》六卷。宋朱子撰。〇明仿宋刻本。〇成化乙未何乔新刊本。〇正德乙卯沈圻于休宁刻本，善。〇龙庆辛未豫章芙蓉馆重刻宋本。〇蒋之奇《山水图》屈平、朱子二像，刻于度宗咸淳三年丁卯。潭州湘阴令施南向文龙序，称学制湘阴，汨罗隶焉，欲索《楚辞集注》善本，与邑贤士大夫共读之，则未之有，乃辍俸刻梓于县斋。卢陵罗荷时为文学掾，故亦为序。是刻欲求为善本，宜其雕椠精良也。《汨罗图》中有清烈公庙及墓。考《宋史》，秘书监何志同言：“诸州祠庙，封爵未正，如屈平庙在归州者封清烈公，在潭州者忠洁侯之类，宜加考定。”此亦云“清烈”，则已经更正也。附：〇黎氏景刻元至正本。（眉）〇崇祯戊寅陈世绶序刻《集注》五卷，附陈章侯绘图十二。（眉）〇宋大字本，《天禄后目》。〇宋十行十八字本，邵目。〇明吴本、蒋本、葛本、汲古本。听雨斋本。（邵氏）补：〇南宋建本，九行十八字，细黑口，左右双栏。镌雕精美，为宋末佳刊。存《辨证》二卷，《后语》六卷。有端平二年跋。江南图书馆藏。〇元后至元二年建安傅子安刊本，十一行二十字，细黑口，左右双栏。《后语》目后有“建安傅子安宅重刊至元丙子孟春印行”牌记二行。〇元刊本，行款同上，存《集注》八卷，无牌记。海虞瞿氏藏。〇明成化十一年何乔新刊本，九行十七字，注双行同，大黑口，四周双栏。〇明正德十四年沈圻刊本，九行十七字，黑口，四周双栏。李木斋先生收得。〇明刊巾箱本，九行十七字，白口，四周单栏。〇明万历二十五年吉府刊本，八行十七字，白口，四周双栏。〇清光绪十年黎庶昌刊《古逸丛书》本，余据宋同安郡斋本校《辨证》二卷。〇此书宋章贡郡斋本、建本作“辨证”，元明刊本均作“辩证”。

《藏园订补郘亭知见传本书目》卷一二上《集部一》补：《楚辞集注》八卷《辨证》二卷《后语》六卷。宋朱熹撰。《反离骚》一卷，汉扬雄撰。〇明嘉靖十四年袁褧刊本，十行十八字，白口，左右双栏。《后语》卷末有“嘉靖乙未汝南袁氏校刊”一行。

又：《楚辞集注》八卷《辩证》二卷《后语》八卷。宋朱熹撰，明蒋之翘评校。《附览》二卷《总评》一卷，明蒋之翘辑。〇明天启六年蒋之翘刊本，九行二十一字，白口，四周单栏。有天启六年黄汝亨序及自序。

又：《楚辞集注》八卷《辨证》二卷。宋朱熹撰。〇宋嘉定四年门人杨楫同安郡斋刊本，八行十九字，白口，左右双栏，版心上记字数，下记刊工人名。存《辨证》二卷，后有嘉定四年杨楫跋，云：“与先生嗣子同朝，录而藏之，今以属广文游君参校，而刊于同安郡斋。”余藏。此书《直斋书录解题》卷十五著录，仅有《集注》与《辨证》，而《后语》单行，正与此本同，因知是此书初行之本，迨宋末始与《后语》并刊之。

又：《楚辞集注》八卷《辨证》二卷，宋朱熹撰。《反离骚》一卷，汉扬雄撰。宋嘉定六年章贡郡斋刊本，七行十五字，白口，左右双栏，版心上记字数，下记刊工人名。前有嘉定癸酉王涔序，云刊于章贡郡斋。海虞瞿氏藏，卷一至二抄配。大字，刊工颇似赣州本《文选》。又见《反离骚》宋本一卷，为皕宋楼佚出之书。

《吟香仙馆书目》卷四《集部》：《楚辞集注》八卷、《辨正》二卷、《后语》六卷。宋朱熹撰。

《万卷精华楼藏书记》卷一〇三《集部一》:《楚辞集注》八卷、《辨证》二卷、《后语》六卷，宋朱子撰。覆元本。《古逸丛书》之九，光绪十年遵义黎氏刊于日本东京使署。每叶二十二行，每行大字二十字，小字二十四字。第一叶栏外有“宝胜院”三字木印。《后语》目录叙后有“岁在癸卯孟春高日新宅新刊”长木印，双行十二字。注辨语皆先目后叙。自是宋本面目，与今本不同。《离骚经》第一,《九歌》第二,《天问》第三,《九章》第四,《远游》第五,《卜居》第六,《渔父》第七，以上《离骚》凡七，题二十五篇，皆屈原作，今定为五卷。《续离骚》,《九辨》第八，《昭魂》第九，《大招》第十，《惜誓》第十一,《吊屈原》第十二,《服赋》第十三,《哀时命》第十四,《招隐士》第十五,以上《续离骚》,凡八题十六篇,今定为三卷。右《楚辞集注》八卷，今所校定其第录如上。文光案：今本悉改旧式，妄增诸家评语，大半无关痛痒，诚不及练湖女子之见也。黎氏叙目曰：“朱子注《楚辞》时年已七十，识解在《诗集传》之上。世行本虽多，往往阙《辨证》《后语》，此独完整。中间宋讳多缺笔，亦元翻宋刻，与程氏《易传》同，作读本最善。”朱子《后语》自序曰：“余既集王、洪骚注，顾其训故文义之外，犹有不可不知者。然虑文字之太繁，览者或没溺而失其要也。别记于后，以备参考。”洪氏目录《九歌》下注云“一本此下皆有‘传’字”，晁氏本则自《九辨》以下乃有之，但洪、晁二本，今亦未见其的，据更当博考之耳。洪云今本《九辨》第八，而《释文》以为第二。盖《释文》乃依古本，而后人始以作者先后次叙之。按今本天圣十年陈说之所定。王逸解于上半句下，便入训诂，而下半句下又通上半句，文义再释之，繁复甚矣。洪不能正，又因其误，今并删去，以全章为断，先释字义，然后通解章内之意云。《山鬼》一篇谬说最多。王逸所传篇次本出刘向。

《持静斋书目》卷四《集部一》:《楚辞集注》八卷《辨证》二卷《后语》六卷，正德己卯沈圻刊本，善。宋朱子撰。

《八千卷楼书目》卷一五《集部》:《楚辞集注》八卷《辨证》二卷《后语》六卷，宋朱子撰。明刊本、《古逸丛书》本、明刊无《后语》本、明翻宋刊本、崇文局本。

《善本书室藏书志》卷二三《集部》:《楚辞集注》八卷、《辨证》二卷、《后语》六卷，明正德刊本。朱子集注。周草窗《齐东野语》记绍熙内禅事，曰："赵汝愚永州安置，至衡州而卒。朱子为之注《离骚》以寄意"云。正不必规规笺释音叶之间耳。此为明成化十一年刊，有盱江何乔新序，正德十四年新安张旭、休宁知县平湖沈圻跋。盖从宋本出也。

又：《楚辞集注》八卷、《辨证》二卷、《后语》六卷，明依宋刊本。宋朱子撰。此本每叶二十行，每行大小均十八字，"辨证"版心作"卞正"，犹有宋刻之遗。有"溪上读书堂记"一印。

《皕宋楼藏书志》卷六七《集部》：《楚辞集注》八卷、《辨证》二卷、《后语》六卷，明刊本。宋朱子集注。

《艺风藏书记》卷六《诗文第八上》：《楚辞集注》八卷《辨证》二卷《后语》六卷。明万历丁酉季春月吉府承奉司常山旸谷魏椿重刊。有陆长庚、庄□两序。

又：《楚辞集注》八卷《后语》六卷《辨证》二卷。明翻元本。每半叶十行，每行二十字，小字同。黑口。向来大字一行，小字双行，两行应作四行，此本多作三行。后遇小字，又作三行以匀培，此式罕见。各本先《楚辞》，次《辨证》，再次《后语》。此本《后语》末叶刻"《楚辞后语》第六"，卷尾接《楚辞辨证》上卷一，去《辨证》首叶，又刻《楚辞辨证》，上空四格刻接《楚辞后语》六卷尾，此式亦罕见。《辨证》通体双行小字，止题目大字。注中有注，则改阴文以别之。字画古雅，疑翻元本。无前后序。《楚辞》八卷缺末叶，皆书贾弃之以充旧帙者。收藏有"长茎苦叶平生志"朱文长印。

又：《楚辞集注》八卷、《后语》六卷、《辨证》二卷。明刊本。宋朱子撰。每半叶十行，行二十字，小字同。高六寸四分，广四寸一分。黑口，双边。卷一后有"书林魏氏仁实堂重刊"一行。卷六"弘治十七年岁在甲子仲秋，书林魏氏仁实堂谨依京本，新刊楚辞批注离骚经第六卷"二行，字画古雅。疑翻宋元旧刻。魏氏仁实书堂在建宁，学部图书馆《资治通鉴纲目集览》即魏氏仁实书堂校刊也。

又：《楚辞集注》八卷《辨证》二卷《后语》六卷。明翻宋本。卷末挖去牌子，大约嘉靖时刻。提行空格，原出于宋。"辨证"板心作"卞正"，亦明刻之佳者。

《海源阁宋元秘本书目》卷四《集部》：宋本《楚辞集注》八卷、《辩证》二卷、《后语》六卷，十二册二函。

《增订四库简明目录标注》卷一五《集部一》:《楚辞集注》八卷、《辨证》二卷、《后语》六卷，宋朱熹撰。明成化乙未何乔新刊本。正德己卯沈圻刊本。嘉靖乙未袁氏仿宋刊本。万历初年吉府刊本。附录：元刊半叶十一行，行大二十字，小二十四字。《后语》叙目后，有“建安傅子安宅重刊至元丙子孟春印行”，今在常熟翁氏（某氏）见有一本，目录题“楚辞注解”，每半叶九行，行十六字。《离骚经》八卷，每半叶十行，行二十一字，小字每分两行，行二十一字。卷第一尾有“书林魏氏仁实堂刊”字一行。《后语》六卷，首题“新刊京本楚辞注解后语”，行款与经同，《辨证》分上下卷，每半叶十行，每一行分两行，均小字。三种各卷首尾均有衔接字语，每后半叶均撤去。（懿荣）续录：《天禄后目》有宋刊大字本，十行十八字。印本只四卷，余影抄，亦工致。况夔生有元天历刊本，十一行二十字，小字双行二十四字。卷后有牌子曰“天历庚午孟夏陈忠甫宅新刊”。明隆庆辛未豫章芙蓉馆重刊宋本。明崇祯戊寅陈世绥序刻集注五卷，封列陈章侯绘图十二，后有牌子。《古逸丛书》本。崇文书局本。

今按：宋端平刻本（国家图书馆藏）；宋刻本（国家图书馆藏）；宋刻本（国家图书馆藏）；宋刻本（国家图书馆藏）；元至元二年建安虞信亨宅刻本（山东省图书馆藏）；元至元二年建安傅子安刻本（国家图书馆藏）；元天历三年陈忠甫宅刻本（台北故宫博物院藏）；元刻本（国家图书馆、北京大学图书馆、上海图书馆、南京图书馆藏）；明成化十年何乔新序刻本（北京大学图书馆藏）；明成化十一年吴原明刻本（国家图书馆、上海图书馆、山东省图书馆藏）；明正德十四年沈圻刻本（国家图书馆、北京大学图书馆、上海图书馆、南京图书馆藏）；明万历元年闽建书林陈氏积善堂刻三十五年陈氏奇泉子印本（上海图书馆、安徽省博物馆、中国社科院文学所藏）；明万历二十五年吉府刻本（国家图书馆、天津图书馆、上海图书馆藏）；明万历间朱崇沐刻本（国家图书馆、上海图书馆、南京图书馆、山东省图书馆、浙江图书馆藏）；明万历间杨鹤刻本（北京大学图书馆、上海图书馆、浙江图书馆藏）；明书林魏氏仁实堂刻本（北京大学图书馆、南京图书馆藏）；明胡尧元刻本（国家图书馆藏）；明刻递修本（国家图书馆藏）；清康熙间内府抄本（故宫博物院图书馆藏）；《四库全书》本；崇文书局汇刻书本（光绪刻）；传抄明本（南京图书馆藏）。

楚辞集注

宋朱熹撰。

宋朱熹《楚辞集注序》：右《楚辞集注》八卷，今所校定，其第录如上。盖自屈原赋《离骚》而南国宗之，名章继作，通号《楚辞》。大抵皆祖原意，而《离骚》深远矣。窃尝论之：原之为人，其志行虽或过于中庸而不可以为法，然皆出于忠君爱国之诚心。原之为书，其辞旨虽或流于跌宕怪神、怨怼激发而不可以为训，然皆生于缱绻恻怛、不能自已之至意。虽其不知学于北方，以求周公、仲尼之道，而独驰骋于变《风》、变《雅》之末流，以故醇儒庄士或羞称之。然使世之放臣、屏子、怨妻、去妇抆泪讴吟于下，而所天者幸而听之，则于彼此之间，天性民彝之善，岂不足以交有所发，而增夫三纲五典之重！此予之所以每有味于其言，而不敢直以"词人之赋"视之也。然自原著此词，至汉未久，而说者已失其趣，如太史公盖未能免，而刘安、班固、贾逵之书，世复不传。及隋、唐间为训解者尚五六家，又有僧道骞者，能为楚声之读，今亦漫不复存，无以验其说之得失。而独东京王逸《章句》与近世洪兴祖《补注》并行于世，其于训诂名物之间则已详矣。顾王书之所取舍，与其题号离合之间，多可议者，而洪皆不能有所是正。至其大义，则又皆未尝沉潜反复、嗟叹咏歌，以寻其文词指意之所出，而遽欲取喻立说、旁引曲证，以强附于其事之已然。是以或以迂滞而远于性情，或以迫切而害于义理，使原之所为抑郁而不得伸于当年者，又晦昧而不见白于后世。予于是益有感焉。疾病呻吟之暇，聊据旧编粗加檃括，定为《集注》八卷。庶几读者得以见古人于千载之上，而死者可作，又足以知千载之下有知我者，而不恨于来者之不闻也。呜呼悕矣，是岂易与俗人言哉！《晦庵先生朱文公文集》卷七六。

《万卷堂书目》卷四《楚辞》：《楚辞》八卷。朱熹。

《徐氏红雨楼书目》卷四《集部》：《楚辞朱子集注》八卷。

《澹生堂藏书目》卷一二《集类第三》：《朱子校定离骚》四册。五卷，《删补离骚》三卷。

《也是园藏书目》卷七《集部》：《考亭注楚辞》六卷。

《钱遵王述古堂藏书目录》卷七《文集》：《楚辞考亭注》八卷四本。宋板。

《虞山钱遵王藏书目录汇编》卷六《集部》:《考亭注楚辞》八卷。述文集《楚辞考亭注》八卷，四本，宋板。

《好古堂书目·集部》:《楚辞》八卷，宋朱熹集注，四本。

《绣谷亭熏习录·集部一》:《楚辞》一卷，朱文公集注本。《离骚》《九歌》《天问》《九章》《远游》《卜居》《渔父》凡七题廿五篇，屈原作，《大招》《九辨》《招魂》《惜誓》《哀时命》《招隐》《吊屈原》《服赋》凡八题十六篇，并拟原作为续《离骚》，盖去《谏》《叹》《怀》《思》而益以贾谊二赋云。

《绣谷亭熏习录·集部一》:《楚辞集说》八卷。宋朱子著，篇目见前。朱子以王、洪二家之注不合屈子微意，盖以屈子不甚怨君者也。今被诸家解得不成模样，遂使原之所为抑郁不得申于当年者，又晦昧不白于后世。其详见自序及《语录》。然于王、洪二家之训诂名物，朱子终取之不泯没也。

《文瑞楼藏书目》卷四《子类》:《朱注楚辞》十四卷，附明槜李蒋之翘补六卷。

《佳趣堂书目》:《楚辞集注》。

《怡府书目》一一一号 :《朱注楚辞》，明板，一套，计五本。

《天禄琳琅书目》卷三《宋版集部》:《楚辞》，一函四册。周屈平撰。附宋玉、景差、贾谊、庄忌、刘安拟骚诸篇，共八卷。宋朱子集注。目录后载朱子序，前有宋罗荷、向文龙二序，《汨罗山水图》，屈平、朱子二像。宋陈振孙《书录解题》谓：朱子"以王逸、洪兴祖注或迂滞而远于事情，或迫切而害于义理，遂别为之注。其训诂文义之外，有当考者，则见于《辩证》，所以祛前注之蔽陋，而发明屈子之微意于千载之下。其于《九歌》《九章》，尤为明白痛快"。公为此注，在庆元退居之时，盖有感而托。其篇第，视旧本益贾谊二赋，而去《谏》《叹》《怀》《思》。屈子所著二十五篇为《离骚》，而宋玉以下则曰《续离骚》。考《宋史》，宁宗庆元二年，朱子草封事数万言，陈奸邪蔽主，明丞相赵汝愚之冤，力辞职名，诏仍充秘阁修撰。时台谏皆韩侂胄所引，有胡纮者，未达时谒朱子于建安，待以脱粟饭。纮不悦，语人曰:"此非人情。只鸡尊酒，山中未为乏也。"及是，乃锐然以搏击为任，以疏草授御史沈继祖，奏之诬论十罪，诏落职罢祠。振孙所谓"有感而托者"，盖以此也。是书刻于咸淳丁卯，系宋度宗三年。所绘《汨罗山水图》中有清烈公庙及墓，考《宋史》，秘书监何志同言："诸州祠庙多有封爵未正之处，如屈原庙，在归州者封清烈公，在潭州者封忠洁侯之类，宜加稽考，取一高爵为定，悉改正之”云云。盖宋祀典封爵，初封侯，再封公，当时既经改正，潭州之庙宜亦称清烈公。又按，汨罗在湘阴县北，宋为潭州所属。施南向文龙序，称学制湘阴，汨罗隶焉。欲索《楚辞集注》善本，与邑之贤士大夫共读之，则未之有，乃辍俸刻梓于县斋。庐陵罗荷者，时为文学掾，故亦为序之。其刻是书，盖欲求为善本，宜其雕椠精良也。御题："信是身清志犹烈，允宜朱注向为刊。害公有疾托萧艾，正道无妨拟蕙兰。论古恒明论今暗，责人则易责躬难。罣然惕若披芸处，敢作寻芳漱润观。乾隆乙未仲春，御笔。"钤"乾""隆"双玺。衡山文璧藏。卷八末。右明文征明自识藏本，其子文彭亦有印记，后入檇李项氏、泰兴季氏二家收藏。

又:《楚辞集注》，一函七册。宋朱熹注。书八卷。前有自序，谓"王逸、洪兴祖详于训诂，未得意旨，乃檃括旧编定为此本"。周密《齐东野语》云："赵汝愚永州安置，至衡州而卒，朱熹为之注《离骚》以寄意。盖以原、汝愚皆宗臣，故以隐况而自拟宋玉，意不在驳正王、洪也。"是书明时有刻本，并《后语》《辨证》俱全。此宋大字本，极清朗，虽印本只四卷，而卷一、卷三、卷四影抄亦甚工致，以其希觏足珍收之。每册前有大印，割补仅存一"亭"字可辨。

《知圣道斋书目》卷四《集部》:《楚辞朱注》，宋朱子。

《拜经楼书目》卷下:《楚辞朱注》，二本。

《大梅山馆藏书目》卷七《集部一》:《楚辞朱子集注》八卷。

《藏园订补郘亭知见传本书目》卷一二上《集部一》补:《楚辞集注》八卷。宋朱熹撰。〇元天历三年陈忠甫宅刊本，十一行二十字，细黑口，左右双栏。有"天历庚午孟夏陈忠甫宅新刊"牌记二行。〇明嘉靖十七年杨上林刊本，十行二十字，注双行同，细黑口，四周双栏。前嘉靖戊辰顾应祥序。本书首叶次行题"山阳杨上林校刊"。余藏。

《万卷精华楼藏书记》卷一〇三《集部一》:《楚辞集注》八卷，宋朱子撰。听雨斋本。是本首冠以《史记·屈原列传》及唐沈亚之《屈原外传》，朱子自序。在目后又辑诸儒之说，自汉至明凡八十四家，标其姓氏于前，而列其总论于卷首，散评则刻额上，即今所通行之朱墨本也。朱注宋元皆单行，明刻与《辨证》《后语》合为一书。然陈《录》所著《集注》与《辨证》并题，似亦合刊之本也。谨案，《天禄琳琅书目》宋本前有罗荷、向文龙二序，《汨罗山水图》，屈平、朱子二像，皆今本所无，则佚之矣。陈氏曰："元晦以王氏、洪氏注或迂滞而远于事情，或迫切而害于义理，遂别为之注。其训诂文义之外，有当考订者，则见于《辨证》，所以袪前注之蔽陋而明屈子微意于千载之下，忠魂义魄，顿有生气。其于《九歌》《九章》，尤为明白痛快。至谓《山海经》《淮南子》殆因《天问》而著书，说者反取二书以证《天问》，可谓高世绝识、毫发无遗恨者矣。公为此《注》在庆元退归之时，序文所谓'放臣弃子、怨妻去妇'，盖有感而托者也。"录于《直斋书录》。周氏曰："赵汝愚永州安置，至衡州而卒。朱熹为之注《离骚》以寄，盖以原、汝愚皆宗臣，故以隐况而自拟宋玉意，不在驳正王、洪也。"录于《齐东野语》。文光案，陈氏所谓有感而托者，盖以此也。其事备载于《宋史》，可详览焉。弁阳老人，贾似道之门客也，所著《野语》，多所考证，然好论人短，其书未可深信。所折服者惟朱子，朱子之外，凡属道学者，如饶双峰、黄东发，无不被其指斥。然考二子之所论著，实非密之所可及，似未可厚非也。《天禄琳琅书目》：是书刻于咸淳丁卯，系宋度宗三年。所绘《汨罗山水图》中有清烈公庙及墓。按：汨罗在湘阴县北，宋为潭州所属。施南向文龙序称："学制湘阴，汨罗隶焉。欲索《楚辞集注》善本，与邑之贤士大夫共读之，则未之有，乃辍俸刻梓于县斋。"庐陵罗荷者，时为文学掾，故亦为序之。其刻是书，盖欲求为善本，宜其雕椠精良也。衡山文璧藏。右明文征明自识藏本，其子文彭亦有印记。后入槜李项氏、泰兴季氏二家收藏。书内有季振宜印、槜李项药师藏、项氏万卷堂图籍印、沧苇、项梦寿印、少溪主人、万卷堂图籍章、衡山梅溪精舍、玉兰堂、季振宜藏书、文彬之印十二印。以上录于第三卷《宋板集部》。朱子曰："屈原之忠，忠而过者也。屈原之过，过于忠者也。《楚辞》不甚怨君，今被诸家解得都是怨君，不成模样。王逸所传《楚辞》篇次本出刘向，自原之后，作者继起，而宋玉、贾生、相如、扬雄为之冠。然较其实，则宋、马辞有余理不足，长于颂美而短于规过，雄乃专为偷生苟免之计，既与屈原异趣矣，其文又以摹拟掇拾之故，斧凿呈露，脉理断续，其视马、宋犹不逮也。独贾太傅以卓然命世英杰之材，俯就骚律，所出三篇，皆一时诸人所及。《七谏》《九怀》《九思》，虽为骚体，然其词气平缓，意不深切，如无所疾痛而强为呻吟者，故今不复以累篇帙也。"文光案，三家之注，王最古，洪最明，而朱注独高。陈直斋所谓“生平传经以外，其殚见洽闻发露不尽者，萃见于此书”，诚如言哉。此本以屈子所著二十三篇为《离骚》，以宋玉以下十六篇为《续离骚》。篇第视旧本，益贾谊二赋，而去《谏》《叹》《怀》《思》三十四篇。其注则先音后义，每章各冠以比赋兴，如注传之例。宋大字本极精朗，此本低一格，皆大字。惟评语适足为是书之累，蒋氏所谓古与堂所增八十四家，率皆评骘人文，殊非发明考订者是也。屠本畯著《楚骚协韵》，欲广朱子所未备，而屠实非知音者。毛以阳谓朱子未暇注《楚辞》，今本出后人之附会，其言更为荒唐矣。朱注之外，蒋注颇能征实。第骚为诗赋之流，说诗与考史自异，必依年据地以实之，则凿矣。

楚辞辨证

宋朱熹撰。

《百川书志》卷一九《集》:《楚辞辨证》二卷，朱子集其训诂文义之外当考者为辨证，所以祛前注蔽陋，明屈子微义千载之下也。

《澹生堂藏书目》卷一二《集类第三》:《楚辞辨证》。二卷，朱熹。

《也是园藏书目》卷七《集部》:《考亭楚辞辨证》二卷。

《虞山钱遵王藏书目录汇编》卷六《集部》:《考亭楚辞辨证》二卷。述文集《楚辞考亭辨证》一卷，二本，宋板。宋板书目作《考亭楚辞辩证》二卷一本。

《善本书室藏书志》卷二三《集部》:《楚辞辨证》二卷、《后语》六卷，宋刊本。朱子既作《集注》，复订旧注之谬为《辨正》，又以晁以道所辑《续楚辞》二十卷，《变离骚》二十卷，删定五十二篇为《后语》，皆自为序。此宋刊本，《集注》八卷已缺。有嘉定壬申重九后一日邵武邹应龙跋。又五年丁丑中秋子在谨记，曰:“先君晚岁草定此编，盖本诸晁氏《续》《变》二书，其去取之义精矣。每章之首皆略叙其述作之由，而因以著其是非得失之迹。独思元悲愤，及复志赋以下。至于幽怀，则仅存其目，而未及有所论述。故今于此十九章之叙，皆因晁氏之旧而书之。若夫《鞠歌》《拟招》二章，则非归来子之书所及者。读者又当有以识夫旨意于言词之外也。”又有端平乙未孙鑑敬识。

楚辞后语

宋朱熹撰。

宋朱熹《楚辞后语目录序》：右《楚辞后语目录》，以晁氏所集录《续》《变》二书刊补定著，凡五十二篇。晁氏之为此书，固主为辞，而亦不得不兼取于义。今因其旧，则其考于辞也宜益精，而择于义也当益严矣！此余之所以兢兢而不得不致其谨也。盖屈子者，穷而呼天，疾痛而呼父母之辞也。故今所欲取而使继之者，必其出于幽忧穷蹙怨慕凄凉之意，乃为得其余韵。而宏衍巨丽之观，欢愉快适之语，宜不得而与焉。至论其等，则又必以无心而冥会者为贵。其或有是，则虽远且贱，犹将汲而进之。一有意于求似，则虽迫真如杨、柳，亦不得已而取之耳。若其义，则首篇所著荀卿子之言，指意深切，词调铿锵。君人者诚能使人朝夕讽诵，不离于其侧，如卫武公之《抑》戒，则所以入耳而著心者，岂但广厦细旃，明师劝诵之益而已哉！此固余之所为眷眷而不能忘者。若《高唐》《神女》《李姬》《洛神》之属，其辞若不可废，而皆弃不录，则以义裁之，而断其为礼法之罪人也。《高唐》卒章，虽有"思万方，忧国害，开圣贤，辅不逮"之云，亦屠儿之礼佛，倡家之读礼耳。几何其不为献笑之资，而何讽之有哉？其息夫躬、柳宗元之不弃，则晁氏已言之矣。至于扬雄，则未有议其罪者，而余独以为是其失节，亦蔡琰之俦耳。然琰犹知愧而自讼，若雄则反讪前哲以自文，宜又不得与琰比矣。今皆取之，岂不以夫琰之母子无绝道，而于雄则欲因《反骚》而著苏氏、洪氏之贬辞，以明天下之大戒也。陶翁之辞，晁氏以为中和之发，于此不类，特以其为古赋之流而取之，是也。抑以其自谓晋臣耻事二姓而言，则其意亦不为不悲矣！序列于此，又何疑焉？至于终篇，特著张夫子、吕与叔之言，盖又以告夫游艺之及此者，使知学之有本而反求之，则文章有不足为者矣。其余微文碎义，又各附见于本篇，此不暇悉著云。《晦庵先生朱文公文集》卷七六。

明蒋之翘《楚辞后语序》：予闻秦无经，汉无骚。骚之为道，要必发情止义、兴观群怨之用备，而又别为变调者也。噫，何其难甚哉！傥持此论以求之，即宋、景诸人犹不能及，何况曰汉，又何曰汉以后耶！故朱子论《七谏》《九怀》《九叹》《九思》为无病呻吟，今观兹《后语》所录，并呻吟而亦无之矣。特为原作者意亦皆悯屈子之忠而悲其不遇者也，所以不可不辑，复广而续之。

檇李蒋之翘撰。明天启六年忠雅堂刊本。

《直斋书录解题》卷一五《楚辞类》:《楚辞后语》六卷。朱熹撰。凡五十二篇。以晁氏《续》《变》二书刊定，而去取则严而有意矣。

《文献通考》卷二三〇《经籍考五十七》:《楚辞后语》六卷。陈氏曰："朱熹撰。凡五十二篇，以晁氏《续》《变》二书刊定，而去取则严而有意矣。"朱子自序曰："《楚辞后语》目录，以晁氏所集录《续》《变》二书刊补定著，凡五十二篇。晁氏之为此书，固主为辞，而亦不得不兼取于义。今因其旧，则其考于辞也宜益精，而择于义也当益严矣！此余之所以兢兢而不得不致其谨也。盖屈子者，穷而呼天，疾痛而呼父母之辞也。故今所欲取而使继之者，必其出于幽忧穷蹙怨慕凄凉之意，乃为得其余韵。而宏衍巨丽之观，欢愉快适之语，宜不得而与焉。至论其等，则又必以无心而冥会者为贵。其或有是，则虽远且贱，犹将汲而进之。一有意于求似，则虽迫真如杨、柳，亦不得已而取之耳。若其义，则首篇所著荀卿子之言，指意深切，词调铿锵。君人者诚能使人朝夕讽诵，不离于其侧，如卫武公之《抑》戒，则所以入耳而著心者，岂但广厦细旃，明师劝诵之益而已哉！此固余之所为眷眷而不能忘者。若《高唐》《神女》《李姬》《洛神》之属，其辞若不可废，而皆弃不录，则以义裁之，而断其为礼法之罪人也。《高唐》卒章，虽有'思万方，忧国害，开圣贤，辅不逮'之云，亦屠儿之礼佛，倡家之读礼耳。几何其不为献笑之资，而何讽之有哉？其息夫躬、柳宗元之不弃，则晁氏已言之矣。至于扬雄，则未有议其罪者，而余独以为是其失节，亦蔡琰之俦耳。然琰犹知愧而自讼，若雄则反讪前哲以自文，宜又不得与琰比矣。今皆取之，岂不以夫琰之母子无绝道，而雄则欲因《反骚》而著苏氏、洪氏之贬辞，以明天下之大戒也。陶翁之辞，晁氏以为中和之发，于此不类，特以其为古赋之流而取之，是也。抑以其自谓晋臣耻事二姓而言，则其意亦不为不悲矣！序列于此，又何疑焉？至于终篇，特著张夫子、吕与叔之言，盖又以告夫游艺之及此者，使知学之有本而反求之，则文章有不足为者矣。其为微文碎义，又各附见于本篇，此不暇悉著云。"

《百川书志》卷一九《集》:《楚辞后语集注》六卷，朱子以晁氏所集录《续》《变》二书刊补定著者也，凡五十二篇。

《也是园藏书目》卷七《集部》:《考亭楚辞后语》六卷。

《虞山钱遵王藏书目录汇编》卷六《集部》:《考亭楚辞后语》六卷。述文集《考亭楚辞后语》六卷。

《传是楼书目·集部》:《楚辞后语》六卷,宋朱熹。

《滂喜斋藏书记》卷三《集部》:宋刻《楚辞后语》六卷,二册。宋朱子作《楚辞集注》,又以晁补之所辑《续楚辞》二十卷、《变离骚》二十卷,删定五十二篇为《后语》,自为之序。序在目后。每半叶十一行,行二十四字。旧时必附《集注》并行,又有《辨证》二卷,此其佚存者耳。怡府藏书。通体朱笔句读,颇多误。附藏印“安乐堂藏书记”“明善堂览书画印记”“叔正”“同消万古愁”。

《万卷精华楼藏书记》卷一〇三《集部一》:《楚辞后语》八卷,宋朱子撰。明本。槜李蒋之翘刊,有序。自荀况至吕大临,为朱子所编,凡六卷;自刘基至无名氏,为蒋之翘所补,凡二卷。内有蒋作二首,朱子无是例也。按朱子序,以晁氏所集录《续》《变》二书刊补定著,凡五十二篇。每篇题后有序,则朱子所撰也。蒋所补者二十五篇。此书本在《楚辞集注》后,今通行之本皆无《后语》,故另著之。《后语》有明天启十一年吴代刊本,合《集注》《辨证》为一书。陈《录》:“《楚辞后语》六卷,朱子撰,凡五十二篇,以晁氏《续》《变》二书刊定,而去取则严而有意矣。”蒋氏序曰:“朱子论《七谏》《九怀》《九叹》《九思》为无病呻吟,今观兹《后语》所录,并呻吟而亦无之矣。特为原作者意,皆悯屈子之忠,而悲其不遇者也。所以不可不辑复广而续之。”陈氏曰:“永嘉林应辰渭起撰《龙冈楚辞说》五卷,其推原屈子不死于汨罗,比诸浮海居夷之意,其说甚新而有理。以为《离骚》一篇,虽哀痛而意则宏放,与夫直情径行勇于瘖踣河者不可同日语。且其寄兴高远,登昆仑,历阆风,指西海,陟升皇,皆寓言也。世儒不以为实,顾独信其从彭咸葬鱼腹以为实者,何哉?然沉湘之事,传自司马迁、贾谊、扬雄,皆未尝有异说。汉去战国未远,决非虚语也。”录于《直斋书录》。文光案,林说凭臆而断,殊无佐明。汪瑗撰《楚辞集解》《蒙引》《考异》,亦务为新说,排诋诸注,谓原为圣人之徒,必不肯自沉于水,痛斥司马迁以下诸家言死于汨罗之误。其因林书而推衍之欤?抑偶有合耶?《四库提要》谓其掇拾王安石《闻吕望之解舟》诗李壁注中语也。然则此说始自宋人,自唐以前无有也。无根之谈,实足以疑误后生,不可不辨已。陈《录》:“《重订楚辞》十六卷,《续楚辞》二十卷,

《变离骚》二十一卷，晁补之撰，《新序》三篇，述其意甚详。然其去取之际，则有不可尽晓者。”文光案，晁书未见，恐无传本。晁《志》《续楚辞》择后世文赋与《楚辞》类者编之，自宋玉以下至本朝王令，凡二十六人，计六十篇，各为小序，以冠其首。而最喜沈括，以为辞近原。既集《续楚辞》，又择其余文赋大意祖述《离骚》,或一言似之者为一编。其意谓原之作曰《离骚》，余皆曰《楚辞》，今《楚辞》又变，而乃始曰《变离骚》者，欲后世知其出于原也。所录自楚荀卿至本朝王令，凡三十八人，通九十六首。周氏曰："涪翁云：章子厚尝言《楚辞》，盖有所祖述，初不谓然，子厚曰：'《九歌》盖取诸国风，《九章》盖取诸二雅，《离骚》盖取诸颂。'信然。"录于《浩然斋雅谈》。莫氏曰："蒋楚稚刻朱子《楚辞集注》并《辨证》《后语》附焉，可谓足本，但不应于《后语》六卷后增入明人骚体为七八卷。又朱子所删之《谏》《怀》《叹》《思》四篇，复抄置《辨证》之前，亦不合。若以所补《后语》及四篇附览，并退出别编，使不与本书相乱，即无妨矣。"录于《经眼录》。

楚辞集注评林

明沈云翔编。

明沈云翔《楚辞集注评林引》：尽人艳宗屈、宋，其义不可胪悉矣。乃怀采撷润，空谷知兴；而微蕴尚窅，端绪难通。则往哲贞韵，糜塞于哇吟勃窣之坛，悲夫！自刘、王编疏，章句犹舛；洪、晁详备，经传支别，《反骚》与《美新》同指，《天对》与《愚溪》等诬。此皆昔人有志探赜者，不免向背之扰，遗渎景行，下此者岂望其吊湘乎！学士有思，陈风拟赋；哀人多戚，寓物致鸣。彼各自抽，黝渺三闾，安所执而叩之！若乃邪僻之家，以之翻谱，酬词借径，下上其音，蒿露茀野，遍属田横门下之客。嘻，甚已夫！高踪迥处，扫室焚香，日月在抱，自絜江蓠渚若之间。不然，披枝求本，先理其干，亦读《骚》者之亟图也。朱子《集注》谓使人得见千载之上，盖明章阐括，登屈氏之堂，可不谓优欤？《后语》《辩证》，危言则赘。余于丙子之冬，缄户细篇，为之遵其句节，志夫窾释，详稽论列，慎剔效尤。《谏》《怀》《叹》《思》之作，既不使无病而呻；荀杨马蔡之词，亦安得属郢而和！秩秩兰茝，厥繇且条，讵曰漉酺之助哉！爰授犁枣，裒汇品骘，后之读者，得取衷焉。崇祯丁丑清和月哉生魄日，庆城沈云翔千仞识。明崇祯十八年刻本。

明沈云翔《楚辞集注评林题识》:《楚辞》行世者，向惟七十二家评本称善，然尚有未尽，如宋苏子由、国朝汪南溟、王遵岩、余同麓等十余家，在所遗漏，兹复辑入，汇成八十四家。搜罗校订，自谓骚坛无憾也。明崇祯十八年刻本。

《四库全书总目》卷一四八《集部一·楚辞类存目》:《楚辞评林》八卷，内府藏本。明沈云翔编。云翔字千仞，庆城人。是书成于崇祯丁丑。因朱子《集注》杂采诸家之说，标识简端，冗碎殊甚。盖坊贾射利之本也。

今按：明崇祯十年吴郡八咏楼刻本（国家图书馆、北京大学图书馆、上海图书馆藏）；清康熙间听雨斋刻朱墨套印本（国家图书馆、天津图书馆、山东省图书馆、南京图书馆藏）；清乾隆五十三年刻朱墨套印本（北京大学图书馆、天津图书馆藏）；清吴郡宝翰楼刻本（北京师范大学图书馆藏）。

楚辞全集

明朱崇沐编。

明叶向高《楚辞全集序》: 朱子曰："屈原之忠，忠而过者也。"此伤原之甚而为是言耳。臣子之分无穷，其为忠亦无穷，安有所谓过者？悲夫屈子之遇怀、襄也，身既遭谗，主复见诈，奸谀窃柄，宗国将沦，徘徊睠顾，几幸于万一，不得已而作为《骚辞》。上叩帝阍，下穷四极，远求宓妃，近问渔父，甚至巫咸占卜，蹇修为媒，湘君陟降，司命周旋，举世人所谓芒忽骇怪之谈，皆托焉以写其无聊之情，无可奈何之苦。当此际也，虽欲不死，其将能乎？屈子死而楚亡，湘江之滨，精魄未散，犹将感愤悲号，恨为忠之未尽，而岂以一死为足以满志也夫？屈子之死，盖处于不得不死之地，固忘其死之为忠，又何论其忠之过与否哉！世之轻死者，子以孝，女以烈，此虽出于天经地义之不容已，乃罔极之恩、伉俪之好维系绾结，若或迫之，情之至也。君臣则堂陛势疏，晋接日少，若有余于分，而不足于情。乘有余以成睽，乘不足以成薄，而臣节替矣。屈子之言曰："岂余身之惮殃兮，恐皇舆之败绩。""长太息以掩涕兮，哀民生之多艰。"其情之婉转恫切，千载而下，令人酸鼻。凡为臣子当书一通，置之坐右矣。屈子《楚辞》若干篇，后世效其体者皆附焉。朱子为之注释，而谓有味其言，不敢以词人之赋视之。夫朱子躬遭宋季，为王淮、陈贾所排，宜其有感于屈子。其讲业建溪，自托于遁晦，视汨罗之愤，为其中正。要亦所处之不同，未可以一律论也。屈子死矣，毋论忠愤之气日月争光，即其词赋亦与六经并传。彼上官、子兰之徒，骨朽舌烂，千古为僇，亦何利而为此哉！朱生崇沐，重刻此集，余三读而悲之所以死者原发于至情，而于臣子之分，亦未尝有所过。以为愿忠者劝，其亦窃附于朱子注释之意也。明万历朱崇沐重刻《楚辞全集》本。

楚辞述注

明来钦之撰。

明来钦之《楚辞述注自序》:《楚辞》旧分八卷，为紫阳朱子之所校定，又《后语》六卷，则朱子以晁氏所集录而刊补定著者也。其先汉王逸为之《章句》，及宋洪兴祖又为之《补注》。而晁无咎取古今词赋之近《骚》者以续之。此从事于《楚辞》先后之本统也。窃观《楚辞》自《离骚》以至《渔父》二十五篇，皆屈原所作。厥后宋玉之《九辩》《招魂》，景差之《大招》，贾谊之《惜誓》《吊屈原》《服赋》，庄忌之《哀时命》，淮南小山之《招隐士》，为旧分八卷中之三卷，以续《离骚》。今止录其前之五卷，而于最后之续者，俱不一及，则是何故？是特以著屈原之所为文而已矣。继是所作，或本其志，或甚反其词，中情缱绻，旨趣幽深，非不尽善尽美，使之各自成书，亦无不可。其必曰合而观之，续而后成全书，且以白诸贤之意志，固先儒嗣美之一说也。载诸《后语》之扬雄《反离骚》、蔡琰《胡笳十八拍》，朱子皆两存之。其盖有予夺之微意乎？今断自屈原所作，则谬甚。虽然，详体乎屈原之言之志，则朱子之为予之夺之者，可类推也。而不然，几何不复以《离骚》为经，《九歌》等篇而亦为《离骚》，甚而《九辩》等篇为《离骚》之传，以至转相牵合也哉！柳子厚曰："参之《离骚》以致其幽。"由是言之，则凡为文者所不可忽也。然其词旨难明，语音杳冥，非藉解释，不能通晓。朱子之《集注》，其补裨于后人者多矣。钦之伏而诵之，间或裒多益寡，此固钦之述注之本意也。崇祯岁在戊寅，萧山来钦之圣源甫书。明崇祯刻本。

明来逢春《楚辞述注后序》：屈原具可大用之才，而见沮于子兰、上官之徒，此《离骚》等二十五篇之所由作也。朱晦翁生当宋之中叶，困于大奸，亦有大可用之才，而不得盛其发施，其事亦差与原类，故合诸贤之注而统集其成。迄今学士家咸奉朱子《集注》。吾宗圣源，博学宏才，其所疏注，自经及史，率皆千古盛业。可以大用而尚不遇于时，故读屈原之词，取晦翁之注而少加裒益，书始大定。而曰《述注》云者，其亦同屈原、晦翁两人，有大悲慨也夫？有大悲慨也夫？崇祯戊寅月嘉平。明崇祯刻本。

《八千卷楼书目》卷一五《集部》：《楚辞述注》五卷。明来钦之撰。明刊本。

别集

韩文考异

宋朱熹撰。

宋朱熹《韩文考异序》：南安《韩文》出莆田方氏，近世号为佳本。予读之信然。然犹恨其不尽载诸本同异，而多折衷于三本也。原三本之见信，杭、蜀以旧，阁以官，其信之也则宜。然如欧阳公之言，《韩文》印本，初未必误，多为校雠者妄改。亦谓如《罗池碑》改“步”为“涉”，《田氏庙》改“天明”为“王明”之类耳。观其自言，为儿童时得蜀本《韩文》于随州李氏，计其岁月，当在天禧中年，且其书已故弊脱略，则其摹印之日，与祥符杭本盖未知其孰先孰后，而嘉祐蜀本又其子孙明矣。然而犹曰“三十年间，闻人有善本者，必求而改正之”，则固未尝必以旧本为是而悉从之也。至于秘阁官书，则亦民间所献，掌故令史所抄，而一时馆职所校耳。其所传者，岂真作者之手稿？而是正之者，岂尽刘向、扬雄之伦哉？读者正当择其文理意义之善者而从之，不当但以地望形势为重轻也。抑韩子之为文，虽以力去陈言为务，而又必以文从字顺，各识其职为贵。读者或未得此权度，则其文理意义，正自有未易言者。是以予于此书，姑考诸本之同异而兼存之，以待览者之自择。区区妄意，虽或窃有所疑，而不敢偏有所废也。《晦庵先生朱文公文集》卷七六。

明孙承恩《韩文考异叙》：斯文自六经以后，莫古于秦汉，至晋宋，至六朝，则靡矣。昌黎氏独起而振之，雅健闳深，凛然足以镇浮薄而矫侈靡，而于此道之大本大原，固亦尝涉其涯涘而得其梗概。盖征诸六经，无甚背焉者。论者以之配孟轲氏，固为少褒。然其振衰起废之功，盖亦伟矣。夫好古之士，多尊崇而笃信之者，岂独以其文辞之妙而已哉？但传世既远，中间奥文奇字，每为注释者之所妄易，为学者误多矣。紫阳夫子，以豪杰之才，卓出千古之见，于群圣人之经既已殚厥心思而尽发其奥义，而谓六经以下莫善于韩氏之作。病夫妄易者之误后学也，乃悉取杭、蜀、闽三本，较其异同，而多所更定。其于方氏之说辨正尤多，盖方氏习尚奇僻，彼徒以文莫奇于韩，故常以己意逆之，移易其偏旁，支离其句读，甚至倍理者亦不之顾。不知韩文之所为不可及者，固不专在于奇，而彼颠倒其言辞，崛强其文势，又不足以谓之奇乎。此固紫阳夫子之所病也。而《考异》之作，其有功于韩也大矣。今《韩集》人诵家传，纂组之士肆口而谈，涉笔而书者，不知其几也。而能闯其堂室者，有其人乎？呜呼！文从字顺，各识其职。作文之大旨，昌黎固已言之详矣，而曷尝秘于人耶？固弗察焉耳矣。因序重刻，而并以是告吾党之学韩者。《文简集》卷三〇。

明尹襄《重刊韩文考异序》：《韩文考异》，晦庵朱先生之所著也。自有兹文以来，操觚之士莫不争尚而诵习之。然阅世既久，寖多讹谬，诸家互以己见校正，终莫能归于一。先生《考异》以复其旧，非特兹文之幸，而学者之幸也。某将重刊以广其传，俾予序诸首。序曰：《春秋传》曰：“言之无文，行而不远。”自汉以来，学不皆本于孔氏，见有纯驳，而言亦随之。贾谊、董仲舒、刘向诸子，皆以文学名者，然所传仅数篇耳。世言文之近古，莫若司马迁。然先黄老而后六经，是非谬于圣人。若班固所讥，则其言之不经，事之未可尽信亦众矣。退之独以六经之文为当时倡体，既有以祛八代卑弱之习，而议论率宗圣人，且以排异端扶圣教为主。《原道》诸篇佐佑六经，盖信有如史传之所赞者。先生是以深有取焉，而为之《考异》以传也。惜其专意为文，未尝潜心力行以求斯道之实，得其粗或遗其精，见其流或昧其原，所以息邪距诐。既无其本，而晚年不免为大颠之言所动，故先生《考异》之末附以己意，详其得失，使退之复生，将心服焉。然则学文者，以先生之言求之，岂不得其权衡，而知所轻重本末之分哉？退之常曰：“学所以为道，文所以为理。”此标准之论也。古今称大家名能文者，必以韩、柳、欧、苏为之首。予观兹文，虽率然而作，必归诸理。而老庄释氏之言一无所杂，恶得以不敬乎？柳之学既与韩异，又往往喜为佞佛之说，害道甚矣。后世得其家法者，先生尝于欧阳氏有取焉，以其正也。眉山之文奇则奇矣，然纯者少而疵者众，非以其好为老庄释氏之语以乱之欤？夫老庄释氏之书固存，非夫定见定力，鲜不如淫声美色易以入者。今道学大明之后，宜可以无忧。然文士之情喜新厌常，正之不足，将必出于变也。予因序《韩文》而著其辩，与同志者共戒之焉。《巽峰集》卷六。

宋朱熹《书韩文考异前》：此集今世本多不同，惟近岁南安军所刊方氏校定本号为精善。别有《举正》十卷，论其所以去取之意，又他本之所无也。然其去取以祥符杭本、嘉祐蜀本，及李、谢所据馆阁本为定，而尤尊馆阁本。虽有谬误，往往曲从。他本虽善，亦弃不录。至于《举正》，则又例多而辞寡，览者或颇不能晓知。故今辄因其书更为校定，悉考众本之同异，而一以文势义理及他书之可验者决之。苟是矣，则虽民间近出小本不敢违。有所未安，则虽官本、古本、石本不敢信。又各详著其所以然者，以为《考异》十卷，庶几去取之未善者，览者得以参伍而笔削焉。《晦庵先生朱文公文集》卷七六。

宋张洽《昌黎先生集考异跋》：晦翁先生因方氏《举正》之书取而评论，其未合者，使一归于是。然后有以见韩子之文章：必主简明而不为艰深，虽去陈言而非尚险涩；朝廷之议严正，义理之文醇雅，记序之体简古；若碑碣、杂志、游艺等作，乃或放于奇怪。先生悉斟酌权衡，归于当而后止，可谓详密无遗憾矣。《昌黎集》行于世数百年，欧阳公尝加厘正。今复百余岁，读而不知其旨，或以意改易，鱼鲁失真，纷纷靡定。方公从而是正之，什已得六七矣。先生复以稽经余力，考所未合，定以是非之公，虽使韩子复生，当莞尔而笑，以为得己之意也。今方氏书刊刻已广，独此书先生末年所著，未有善本。洽通守池阳，初欲刻之泮宫，已而不果，乃以本听币余，命工刊刻。庾使赵侯范继其费，益以属邑学帑之助，并刊《考异》于后。《汪季路书》初存于末，今移附本卷之后。间有愚见一二，亦各系卷末，以俟观者采择云。绍定己丑十有一月辛卯日南至，门人清江张洽谨识。宋嘉定二年张洽池州刻本。

清李光地《刻韩文考异跋》：《韩文考异》近年无原本，皆散入篇句中者，而又或删减增益之，每令读者有遗恨焉。吕晚村藏宋刻，遭兵火逸其文，章所存者，则《考异》也。其嗣君无党及第后，与予言及，因属以家书邮致，为之付梓京师，而嗣君仍监其役，惜乎未观厥成而下世矣。徐友坛长遂任校雠之勤，字画简讹，虽已登板，必剜剔补备，务合于正，以视旧本之体，完善为多。书计十一万七千九百余字，内有补注。作行书，填“洽”字名，则此书疑是文公门人张元德所刊定，尤非近本可比。无党又为予言，其先人曾得朱子手记与蔡西山答问之语，曰：“翁季录者秘藏多年，与此之韩文并时失之，厥后访求人间，则不复得矣。”可胜惜哉！康熙戊子闰三月望日，李光地识。清康熙四十七年李光地刊本。

清章学诚《朱崇沐校刊韩文考异书后》：《韩文公集》四十卷、《外集》十卷、《集传》一卷、《遗文》一卷、《序目》一卷，总五十三卷。朱子校《昌黎文集》，别著《考异》十卷，自为一书。留耕王氏伯大倅剑南时，取《考异》附于正集本文之下，而以洪氏兴祖《年谱辨证》、樊氏汝霖《韩志》及《年谱注》，孙氏汝听、韩氏醇、祝氏充三家全解参附其间。王氏又集诸家之善，更定音释附于逐卷之后，不入正文，仍空其下，以待窜补。书以《考异》为主，故正文篇次俱按方崧卿本，而以诸本参校，著为凡例一十二条，所谓南剑官本是也。明万历中朱子裔孙崇沐又取剑本重刻，而以王氏音释同附正文之下，以便省览。盖自朱子《考异》以后，三更其面目矣。此本行世最广，而标名仍称朱子《韩文考异》，学者不察，遂以王氏之书为《考异》也。王氏此书兼采樊、韩、孙、祝诸家之说，补缀《考异》之所不逮，良亦有功。其于《考异》全文，初无改窜，至字句小有异同，或为传写之讹。碑志数卷，《考异》于卷首注明某篇为碑、某篇为志，此本删去，尚无甚碍。惟于《遗文》传末有《宪宗崩慰诸道疏》及《慈恩》《洛阳》《华岳题名》七段，朱子俱仍方本存录，今本删去不载。且他本所有而方本删去，或方本所有而朱子删去者，尚皆存其篇目而著说于下，独于此处并篇目而删之，殆不可解。余家所藏韩文四本，此本最为流俗通用，楮板未为精佳，惟是童子塾中初购此书，即已宝如拱璧。其后先君丹墨评点，指示初学为文义法，小子自幼习焉。手泽所存，珍而袭之，不特以其为旧物也。忆此书乃甲戌秋冬所购，是时先君方官湖北应城知县，塾师于举业外，禁不得阅省他书，及得此集，匿藏箧笥，灯窗辄窃观之。初不尽解，顾爱好焉，不忍释手，今抚玩之，三十年前光景犹历历也。《章氏遗书》卷一三。

清章学诚《朱子韩文考异原本书后》：朱子《韩文考异》十卷，自王留耕散入韩集正文之下，其原本久失传矣。康熙中安溪李厚庵相国得宋椠本于石门藏书家，重付之梓，校雠字画精密綦甚，计字十一万七千九百有奇。谛审此书，乃知俗本增删失旧观也。第一卷、第四卷、第六卷、第七卷卷尾俱有补注，安溪公亲见原本，补注皆作行书。第一卷注文，自称曰“洽”，故疑为朱子门人张元德所刊，尤非他宋椠木可比，洵可宝也。按第四卷补注引杨倞《荀子注·性恶》，篇后注文全载《原性》一篇，与今本多异。而杨倞称《原性》为《性原》，则“五原”以“原”字在下，唐人所见之本已有如此者矣。方本诸篇皆以“原”字居上，独《原性》题为“性原”，宜朱子以为不然，不知唐人已有是篇目也。此等虽无关于文义，然东雅堂本已以《淮南子·原道篇》相拟矣。今按刘勰《文心雕龙》亦有《原道》，与韩子《原道》鼎峙而三，韩最晚出，而世人言《原道》者，但知韩氏，不甚知彼二家，此布帛粟菽所以重于空青大浣也。古人读书，不惮委曲繁重，初不近取耳目之便，故传注训故，其先皆离经而别自为书，至马、郑诸儒，以传附经，就经作注，观览虽便，而古法乃渐亡矣。评论文字，抑扬工拙，虽为道之末务，然如挚氏《文章志论》、刘氏《文心雕龙》，亦离文而别自为书。至真、谢诸公，就文加评，因评而加圈点识别，虽便诵习，而体例乃渐亵矣。至于校雠书籍，则自刘向、扬雄以还，类皆就书是正，未有辨论同异，离本文而别自为书者。郭京《周易举正》以家藏王、韩手写真本比校世所行本，正得一百三十五处二百七十三字，自为一书，不以入经，此尊经也。其余则绝无其例矣。至宋人校正韩集，如方氏《举正》、朱子《考异》，则用古传注例，离文别自为书，是皆后人义例之密过于古人。窃谓校书必当以是为法，刻古人书亦当取善本校雠之，自为一书者，附刻本书之后，俾后之人不惮先后检阅之繁而参互审谛，则心思易于精入，所谓一览而无遗，不如反复之核核也。古人离文别自为书，非但自存谦牧，不敢参越前人之书而已，亦欲学者不惮繁难而致功，庶几有益耳。一取便于耳目，未免漫忽而不经心，此意亦可思也。《章氏遗书》卷一三。

清萧穆《记朱文公昌黎先生集考异原本》：朱子因方崧卿校定《韩昌黎集》尚未精善，云：“更为校定，悉考众本之同异，而一以文势、义理及他书之可证验者决之。苟是矣，则虽民间近出小本不敢违；有所未安，则虽官本、古本、石本不敢信。又各详著其所以然者，以为《考异》十卷。”其原本世间罕有，至康熙间安溪李文贞公得诸石门吕氏所藏宋椠，乃为重刊行世。《四库全书》馆得以著录。末有文贞一跋，言之甚详。今从新阳赵氏得借，留案头数月，乃知大儒读书精审，信以传信，疑以存疑，不以私意自用如此。然朱子云方氏校定，“以祥符杭本、嘉祐蜀本及李、谢所据馆阁本为定，而尤尊馆阁本。虽有谬误，往往曲从；它本虽善，亦弃不录。”夫宋本号为精善，元明以来皆宝之，近世儒者校定经史，凡误字难通者，多穿凿附会，强为曲从。今据朱子所言及考订，即韩公之集，至宋犹未甚久也，而诸本今皆罕觏，尚多讹谬若此，则宋世所刊经史古籍，今人必一一尊信以为无误，岂笃论哉！然今得宋椠古籍，自非精博如朱子，强为附会，亦其蔽也。又案韩公之文，行世同异亦不尽传刊之讹，亦有初稿及早年未定者，如《柳子厚墓志》中有云：“贞元十九年由蓝田尉拜监察御史，顺宗即位，拜礼部员外郎。遇用事者得罪，例出为刺史。”此方本如是。而它本有作“贞元十九年拜监察御史，王叔文、韦执谊用事，拜尚书礼部员外郎。且将大用，遇叔文等败，例出为刺史。”朱子以方本得婉微之体，它本则几乎骂矣。疑初本直书，后乃更定也。如此之类，朱子所定，均得其实。后学潜心于此，更可得古人行文浑融措注之妙。惜此本今印本罕有，能重刊之，则嘉惠后学多矣。此书原本未见宋人他刻，李文贞公从石门吕无党家藏宋椠借刊，以书中补注填“洽”字名，疑为朱子门人张元德所校刊，是矣。然张氏无序跋及刊刻年月。《朱子大全集》有《韩文考异序》及《书韩文考异前》各一文，此本有《书考异前》之文，而无《序》，未知何时脱落也。今以洽附注三处详之，卷一《陪杜侍御游湘西两寺》诗，有“长沙千里平”之句，注云：“洽尝至长沙，登岳麓寺，见相识云：‘千’当作‘十’，盖后人误增‘丿’也。州城方十里，坦然而平，湘西岳麓寺乃独在高处，下视城中，故云‘长沙十里平，胜地犹在险’。寺中道乡亭观之，信然。此朱先生及方氏所未及，漫志于此，以备考订。”卷四《原性》注云“杨倞注《荀子》，全载《原性》一篇，先生考偶未及，今记其异”云云。卷七《曹成王碑》有“抟力勾卒”之句，注云：“案《左氏传》哀十七年‘越子伐吴，为左右句卒’，注云：‘钩伍相著，别为左右屯。’此即越之‘句卒’也。秦人‘抟力’虽无明文，按《商子·农战篇》曰：‘国之所以兴者，农战也。今以官爵劝之耕战，民见上利之从一空出也，则作壹；作壹则多力，多力则国强。’秦人‘抟力’之说，意者或出于此。”以上三处所订正补注均精确有据，及刊此书，均当在朱子殁后数年。使元德早见及此以质朱子，朱子亦必从之而改订也。于此见昔贤为学必实事求是，虽弟子于师，不敢苟为同异如此。《敬孚类稿》卷九。

清王棻《新刊五百家注音辩昌黎先生文集跋》：右《晦庵朱侍讲先生韩文考异》十卷，装为八册，皆有祁氏、朱氏、惠氏印。惟首册二卷系补抄，止惠定宇名字二印，疑祁、朱二家所藏本全，至惠氏而失其首二卷，乃借他本，属善书者仿抄，而钤以己印耳。卷一之末，又题《陪杜侍御游湘西两寺》，标"长沙千里平"一句，小注谓"千"当作"十"，称其名曰"洽"，盖朱子门人清江张元德也。其书当与《五百家诗注》同时所刊，惟每叶十八行，每行十七字，小注则十九字，与《五百家注》异，盖本朱子原定行款也。今之学者，未窥许、郑藩篱，辄诋宋儒为空疏；未入萧《选》堂奥，辄訾八家为尘腐。观朱子于韩公之文，一字一句不肯轻易放过，其服膺昌黎、诂训不苟如此，岂东汉、六朝所能驾二公而上之者耶！松生先生此书与《五百家注》共装一匣，闲以示余，因书余之所感者如此。光绪二十二年丙申夏五黄岩王棻书于丁氏求己斋。《柔桥文抄》。

《读书附志》卷下《别集类一》：《韩文考异》十卷。右朱文公所定也。以南安《举正》及祥符杭本、嘉祐蜀本、李谢所据馆阁本，考其同异，一以文势义理及它书之可证验者决之云。嘉定戊辰，三山郑自诚刻而叙其后。

《玉海艺文校证》卷二一《别集》：唐《韩愈集》。朱熹《考异》十卷。

《宋史》卷二〇八《艺文志七》：朱熹《韩文考异》十卷。

《澹生堂藏书目》卷一三《集类第六》：《朱子韩文考异集》十二册。五十卷。

《绛云楼书目》卷三《唐文集类》：元板朱文公《韩文考异》。四十卷，又《外集》十卷。

《奕庆藏书楼书目》集之七《前代诗文集》：《韩文考异》。五十卷，十二本，宋朱熹校。

《楝亭书目》：《韩文考异》。宋本，宋朱子考，十卷，五册。

《好古堂书目·集部》：《韩文考异》四十卷，宋朱熹，十二本。

《马氏道古楼书目》：《韩文考异》，正集四十卷，外集十卷，八本，朱崇沐梓。

《振绮堂书目》卷三：《韩文考异》十二册，四十卷，《外集》十卷，《遗文》一卷，本传一卷。宋朱子校，明朱吾弼重编。明刊本。

《怡府书目》五百五十九号：《韩集考异》，一套，计二本。

《知圣道斋书目》卷四《集部》:《韩文考异》，宋朱子定，余所得者别本也，非朱子原本。又赐本。

《拜经楼书目·集部》:《韩氏考异》二十卷，十二本。宋朱熹原本，王伯大重编。按,《书录解题》载《韩文考异》四十卷,《外集》十卷，此元刻本,《文集》止二十卷,《外集》不分卷数。

《拜经楼藏书题跋记》卷五:《韩文考异》。右二十卷，元刻本。每叶二十六行，每行大字二十、小字夹行二十。首序无撰人姓氏，次为宝庆三年王伯大序，又次诸家姓氏，又次李汉序、汪季路书及凡例。先君子书夹签云:"按《书录解题》载《韩文考异》四十卷《外集》十卷，今此本《文集》止二十卷,《外集》不分卷数，不知何故。"又签云:"查氏得树楼本《外集》别刻目录,《潮州谢孔大夫状》后尚有疏一首《宪宗崩慰诸道》，题名七首。然查本刻法亦有误题下注在后一行，字画校此本端整。宋讳如庙讳'慎'字、'敦'字皆不缺笔，盖亦元刻也。"又签云:"按此当即留耕王氏原刻，所谓南剑本也。第余考秀水王惺斋《读韩记疑》云'王伯大本每卷末附音释若干条'，而此未见。其音释惟散入注中，讹舛亦甚多，又岂后人翻王本欤?"

又:明刻《韩文考异》四十一卷，朱崇沐本。卷首无"宋莒公"一条，墨笔补，内有丹黄评点。又卷中补注各条细书于上下眉，颇征用力之勤，惜不著其名氏。前后有"秀水朱氏潜采堂图书"及"查初白印"二图记，盖曾经竹垞、他山二先生寓目者。先君子书云:"秀水王元启《读韩记疑》云:'明新安朱崇沐刻是书，脱误甚多，因其行世最广，故据此详校，俾读者考焉。'据王说，是此本诚未为善本，暇日当更以王《记》覆校之。"

《天禄琳琅书目后编》卷一八《明版集部》:《韩文考异》，六函三十六册。宋朱熹撰。原本十卷，因方崧卿《韩集举正》复位，后王伯大重编《集》四十卷、《外集》十卷、《遗文》一卷，以《考异》散入句下。更后书肆重刊，又散伯大音释入句下，至今仍之。是本乃明万历三十三年高安朱吾弼重校，亦载李汉序、凡例、《集传》，而无《叙说》。其裔孙宗沐梓，每叶版心标"韩文考异"，与旧诸刻不同。吾弼字谐卿，高安人，万历十七年进士，官太仆卿。

《四库全书总目》卷一五〇《集部三·别集类三》:《原本韩文考异》十卷，江苏巡抚采进本。宋朱子撰。其书因韩集诸本互有异同，方崧卿所作《举正》,

虽参校众本，弃短取长，实则惟以馆阁本为主，多所依违牵就。即《南山有高树》诗之“婆娑弄毛衣”，傅安道所举为笑端者，亦不敢明言其失。是以覆加考订，勒为十卷。凡方本之合者存之，其不合者一一详为辨证。其体例本但摘正文一二字大书，而所考夹注于下，如陆德明《经典释文》之例，于全集之外别行。至宋末王伯大，始取而散附句下。以其易于省览，故流布至今，不复知有朱子之原本。其间讹脱窜乱，颇失本来。此本出自李光地家，乃从朱子门人张洽所校旧本翻雕，最为精善。第一卷末有洽补注一条，称《陪杜侍御游湘西两寺》诗“长沙千里平”句，“千里”当作“十里”，言亲至岳麓寺见之。方氏及朱子皆未知。又第四卷末洽补注一条，《辨原性》一篇，唐人实作“性原”，引杨倞《荀子注》所载全篇，证方氏《举正》不误，朱子偶未及考。又第七卷末有洽补注一条，辨《曹成王碑》中“持力句卒”之义，皆今本所未载。其字为徐用锡所校，点画不苟。然光地没后，其版旋佚，故传本颇少。此本犹当日之初印，毫无刓缺，尤可贵也。

又：《别本韩文考异》四十卷《外集》十卷《遗文》一卷，两江总督采进本。宋王伯大编。伯大字幼学，号留耕，福州人。嘉定七年进士，理宗朝官至端明殿学士，拜参知政事。事迹具《宋史》本传。伯大以朱子《韩文考异》于本集之外别为卷帙，不便寻览，乃重为编次，离析《考异》之文，散入本集各句之下，刻于南剑州。又采洪兴祖《年谱辨证》、樊汝霖《年谱注》、孙汝听解、韩醇解、祝充解为之音释，附于各篇之末。厥后麻沙书坊以注释缀于篇末，仍不便检阅，亦取而散诸句下。盖伯大改朱子之旧第，坊贾又改伯大之旧第，已全失其初。即卷首题“朱文公校《昌黎先生集》凡例十二条”者，勘验其文，亦伯大重编之凡例，非朱子《考异》之凡例。流俗相传，执此为朱子之本，实一误且再误也。据李光地《翻刻宋版考异跋》，此本之舛讹遗漏，不一而足。盖屡次重编，不能一一清整，势所必然。然注附句下，较与文集别行者究属易观。今录光地所刻十卷之本，以存旧式。仍录此本以便参稽。自宋以来，《经典释文》《史记索隐》均于原书之外别本各行，而监本经史仍兼行散入句下之本。是即其例矣。

《鉴止水斋藏书目》集部第一橱：《韩文考异》八本。

《吾园书目·集部》：《韩文考异》十二本。

《稽瑞楼书目》：《韩集考异》，何义门校本，一册。

《带经堂书目》卷四上《集部》:《韩文考异》四十卷，卢召弓先生校，明正统刊本，宋朱文公撰。

《鸣野山房书目》卷四《集之七》:《韩文考异》五十卷，宋朱熹校。

《藏园订补郘亭知见传本书目》卷一二下《集部二下》:《原本韩文考异》十卷。宋朱子撰。〇康熙戊子，李文贞公光地以吕晚村家藏宋本重刻。〇李氏目有宋刻本。附：〇《文集》宋无注本。正统间刊本。(邵氏)

又:《别本韩文考异》四十卷、《外集》十卷、《遗文》一卷。宋朱子原本，王伯大重编。〇宋刻《别本韩文考异》，黑口，每页廿六行，行廿三字。题“晦庵朱先生考异，留耕王先生音释”。《目录》一卷，题“李汉编”。集前有朱文公序，宝庆三年王伯大序。校凡例末有题识，谓“今本宅所刻，系将南剑州官本为据，并将音释附正”。〇元刻本，页十八行，行大字十九。〇嘉靖中安正书堂刻本，劣。〇万历中高安朱吾弼刻。〇《天禄书目》有宋绍定癸巳大字刻本，又有小字麻沙本，又中字本。其小字当即黑口本也。《别本考异》亦有麻沙坊刻小字本，又有大字本，并四十卷，《外集》十卷，《遗文》一卷，《集传》一卷。而铁樵谓元刻本《文集》二十卷，《外集》不分卷数。位西又谓路小洲有宋刻二十卷，《外集》《集传》《遗书》一卷，不知完否?按二家所记，当系一板，漫分宋元目，今未见其本。〇清江某氏亦有宋大字本。〇昭文张氏有元刻本。〇明宁国刻无注《韩集》《柳集》本，先刻于游居敬，以嘉靖十六年重刻者，新会莫如士以嘉靖三十五年校刊。〇又永怀堂刻本，亦无注。〇席氏《百家唐诗》有《昌黎诗》十卷，《外集》《遗诗》一卷，《柳河东诗》三卷。附:〇明刻《韩文》四十卷，《外集》十卷，《遗文》一卷，前后元序跋，二十二行，行二十二字。〇元本《文集》二十卷，《外集》不分卷，叶二十六行，行大小六字，无撰人姓氏。次为宝庆三年王伯大序，又次诸家姓氏，又次李汉序，汪季路书及凡例。吴跋。(邵氏)《朱文公校昌黎先生集》元刊本，半页十三行，行二十三字，注双行，明翻同，均黑口。(眉)

《藏园订补郘亭知见传本书目》卷一二下《集部二下》补:《晦庵朱侍讲先生韩文考异》十卷。宋朱熹撰。〇宋建本，大字九行十七字，注双行十九字，细黑口，左右双栏。明祁氏澹生堂，清朱彝尊、惠栋藏印。江南图书馆藏。

又:《昌黎先生集考异》十卷。宋朱熹撰。清康熙四十七年李光地翻宋本，十行二十字，白口，左右双栏。

《万卷精华楼藏书记》卷一〇六《集部二》:《昌黎先生集考异》十卷，宋朱子撰。宋本。此《韩文考异》原本前有朱子序，后有绍定己丑朱子门人张洽跋。每叶二十行，每行大字二十，小字降一格，十九字。皆摘字加注，如《史记索隐》之例。板本工整，纸墨皆佳，诚可宝也。安溪李文贞公所翻，即此本。而流传亦罕，今所行者皆四十卷之本。《考异》散于各句之下，便于循览，非朱子之旧，故《简明目录》题为别本。廖莹中删节《考异》，增以五百家注，遂混杂不清，且所引多误。陈景云著《韩集点勘》，正廖之谬最为精密。读东雅堂本者，不可不知陈记也。今世重东雅堂本，然无《考异》原本，不能别白朱子之说，不见陈氏《点勘》，亦不知莹中注之谬误也。朱子序曰："此集今世本多不同，惟近世南安军所刊方氏校本号为精善。别有《举正》十卷，论其所以去取之意，又它本之所无也。然其去取多以祥符杭本、嘉祐蜀本及李谢所据馆本为定，而尤尊馆阁本，虽有谬误，往往曲从它本，虽善亦弃不录。至于《举正》，则又例多而词寡，览者或不能晓知。故今因其书，更为校定，悉考众本之同异，而一以文势义理及它书之可证验者决之。苟是矣，则虽民间近出小本不敢违。有所未安，则虽官本古本石本不敢信。又各详著其所以然者，以为《考异》十卷，庶几去取之未善者，览者得以参伍而笔削焉。"张氏跋曰:"晦翁先生因方氏《举正》之书取而评论，未合者使一归于是。然后有以见韩子之文章，必主简明，而不为艰深。虽去陈言，而非险涩。朝廷之议严正，义理之文醇雅，记叙之体简古，若碑碣、杂志、游艺等作，乃或放于奇怪。先生悉斟酌権衡，归于至当而后止，可谓详密无遗憾矣。《昌黎集》行于世数百年，欧阳公尝加厘正，今复百余岁，而不知其旨。或以意改易，鱼鲁失真，纷纷靡定。方公从而是正之，什已得其六七矣。先生复以稽经余力，考所未合，定以是非之公。虽使韩子复生，当莞尔而笑，以为得己之意也。今方氏书刊刻已广，独此书先生末年所著，未有善本。洽通守池阳，初欲刻之泮宫，已而不果，乃以本厅币余，命工刊刻。庾使赵侯范继其费，益以属邑学帑之助，并刊《考异》于后。汪季路书初存于末，今移附本卷之后。间有愚见一二，亦各系卷末，以俟观者采择云。"文光案，朱子《考异》以原本为佳，原本以张刻为佳。张氏所校第一卷，末有辨"千里"当作"十里"一条；第四卷，末有辨"原性"实作"性原"一条；第七卷，末有辨《曹成王碑》中"搏力句卒之义"一条，即跋中所云"愚见各系卷末"者也。此本第七卷脱去四叶，不知何人抄补。卷末无张氏补注，盖抄者据今本补注，皆今本所无，故不及也。又第六卷末刻汪季路书，书后有朱子跋，所云“移附本卷”者是也。又案，《考异》自一卷至九卷，为韩集四十卷，外集十卷；《考异》十卷为《新书》本传。有朱子注并序，次赵德文录序，次欧公记，旧本韩文后及泉本欧序与诸本不同。次苏文忠《潮州庙碑》，此卷实为附录。而李翱所撰《行状》，皇甫湜所撰《墓志》《神道碑》，洪兴祖所撰《年谱》，程俱所撰《历官记》，方崧卿《增考年谱》，皆注于本传之下，而考其同异详略。方氏《举正》，今无传本。王伯大所编，既非朱子之意，又为坊贾所乱，更不足据。李相国所翻，虽依张本，身殁即散。予求之数十年，斯得此本，真堪宝贵，因详著之。《琴操》，诸本题义下皆有子注，方云阁本只存题义，唐本注与题义皆不出，蜀本于“注云”上增“又曰”二字，与题义皆夹注，写以此见，虽题义亦后人以《琴操》续补也。欧宋荆公皆用阁本。今按，欧本云：“此效蔡邕作《十操》，事迹皆出蔡邕《琴操》云。岣嵝者，衡山南麓别峰之名。今衡山实无禹碑，此诗所记，盖当时传闻之误。”张文潜曰：“古人作七言诗，其句脉多上四字而下三字成之，退之乃变句脉以上三下四，如落以斧，引以纆徽，虽欲悔舌，不可扪是也。文光案，此等句法，即所谓有韵之文，学之徒形其拙。又案，《考异》中有解意解句解字处，多纠方氏之误，于诗文大有益，急宜留心。禘祫议祖宗下方有庙字。今按，此等公家文字，或施于君上，或布之吏民，只用当时体式直述事，意乃易晓而通行，非如诗篇等于戏剧，铭记期于久远，可以时出奇怪，而无所拘也。故韩公之文虽曰高古，然于此等处亦未尝故为新巧，以失庄敬平易之体。但其间反复曲折，说尽事理，便是真文章，它人自不能及耳。方本非是。《代张籍与李浙东》或注“巽”字。文光案，阎百诗不知李浙东名巽，见《潜邱札记》。盖未见《考异》也。文光案，第六卷《送李愿归盘谷序》，末有阴文，“又注季路书及先生书其后见卷末”十四字，此张洽注也。凡张氏补注，皆以阴文标目。又按，《季路见》《盘谷序》二碑本，一为樊泽之所藏，字画甚新，略无残缺；一为汪氏家藏本，乃刻之方石，残缺殊甚，字体绝不相类。家本有后语，载于欧、赵二录，樊本无之。朱子云“季路所见二石，本与方氏所记无大同异”，未必可据。《送陈秀才彤》，旧读此序，尝怪“则何不信之有”以下文意断绝不相承应，每窃疑之。后见谢氏手校真本，卷首有“建炎奉使”之印，末有题字，云“用陈无已所传欧公定本雠正，乃删去此一‘不’字。初亦未晓其意，徐而读之，方觉此字之为碍。去之而后，一篇血脉始复通贯，因得释去旧疑。尝谓此于韩集最为有功，但诸本既皆不及，方据谢本为多，而亦独遗此字，岂亦未尝见其真本耶？尝以告之，又不见信，故今特删‘不’字，而又详著其说云”。文光案，朱子《考异》初本，今不可见，据朱子所云“补缺录存”之语，似乎朱子初本先录文而后加考异，其甚伪者存其目，则不伪者不但存其目，从可知矣。且于《华岳题名》下亦云：“笔削之严，非公不可。”故录之，似不但录其目也。李文贞公《榕村集》云：“朱子《韩文考异》，近年无原本，皆散入篇句中者，而又或删增益之，每令读者有遗恨焉。某家藏宋刻，遭兵火，逸其文章，所存者则《考异》也。其嗣君与予言及，为之付梓京师，仍监其役，未观成而下世。徐友坛长遂任校雠之勤，字画简讹，虽已登板，必剜剔补备，务合于正，以视旧本完善为多。书计十一万七千九百余字，内有补注，作行书填‘洽’字，疑是文公门人张元德所刊定，尤非近本可比。”据此则朱子所刻，亦为《全集》，《考异》特附于后，而别为一书，如方氏《举正》之例，足证予说之不谬。惜乎，文遭兵火，不能见其全集也。安溪所刻，文中有空字，恐是牧斋绛云楼书，而佚张氏之跋，故文贞疑焉。又按，《外集》第二卷《答刘秀才论史书》后为《与大颠书》，《考异》曰：“诸本皆无，惟嘉祐小杭本有之，其篇次在此。”《直斋书录》云：“《考异》外集皆如旧本，独因方本益大颠三书。”《提要》曰：“今考《外集举正》所列，无所谓大颠三书。此亦千古之大疑缺，所不知可矣。”又案，朱子所定《外集》凡四十篇，分为五卷，益以《顺宗实录》五卷、《年谱》一卷、《举正》十卷、《外抄》八卷。《年谱》，洪兴祖撰，崧卿增考外抄写为葛峤所刻，非方氏书，具详陈《录》。又有《韩文公志》五卷，樊汝霖泽之撰。汝霖有《韩集注》四十卷，又集其碑志序谱之属为此志，今俱未见。又按，陈《录》云李汉文，公婿也，世所谓《外集》自《实录》外皆伪妄，或文公及其婿所删去也。然朱子复取《外集》定正之，则陈说亦未可据。又按，明内阁重刊旧本《考异》，有舒芬序。李相国本乃徐周锡所校，字画不苟。

又：《韩文考异》四十卷、《外集》十卷、《遗文》一卷，唐韩愈撰，宋朱子考异，王伯大音释。明本。万历三十三年朱吾弼重编，朱崇沐校刊。王伯大附《考异》于正集本文之下，以便观览。文集诸家之善，更定音释，亦未附入正集，仍于各卷之左空其下方，以待窜补。刻于南剑州官，本有凡例十二条，此本据南剑本散《音释》于各句之下。有跋语一则，不知何人所题。今所通行者即此本。不但非朱子《考异》之旧，亦非留耕所编之原本矣。郭际岐曰："朱子所参诸本，杭系监本，阁系馆阁本，石系石刻本，洪系与祖本。又有潮本、蜀本、泉本、晁本，今俱不传。"陈振孙曰："《顺宗实录》，志称韩愈、沈传师、宇文籍撰。李吉甫监修新史，谓议者閧然不息，卒窜定无完篇，以阉宦恶其书禁中事切直故也。"朱子云："《顺宗实录》，李汉不编入《外集》，使无完篇，为害甚大。"《云谷杂记》："李汉编韩退之文，自谓收拾遗文，无所失坠。"柳子厚《天说》云："韩愈谓柳子曰：若知天之说乎？吾为子言天之说。"云云。《刘禹锡集序》云："韩愈以书来吊，曰'哀哉，若人之不淑'。吾尝评其文雄深雅健，似司马子长，蔡、崔不足多也。"二说，集中俱无之。退之元和九年冬以考功郎知制诰，至十一年春迁中书舍人，其居掖垣掌词命，盖逾年矣。今汉所编制诰之词绝无，惟《外集》有《崔群除户部侍郎》一制而已。又唐《五窦联珠集》载窦牟为东都判官，陪韩院长、韦河南同寻刘师不遇，分韵赋诗，都员外郎韩愈得寻字云："秦客何年驻，仙源此地深。还随蹑凫骑，来访驭云襟。院闭青霞入，松高老鹤寻。犹疑隐形坐，敢起窃桃心。"今诸本韩集俱不载，是则岂可谓之无所失坠耶？《隐居通议》："韩文世谓本于经，或谓出于孟子，然其碑铭妙处实本太史公也。第此老稍能自秘示人以高，故未尝尊称迁、固。至其平生受用，则实得于此。此亦文章士之私意小智也。公尝自泄其机矣，曰'非三代两汉之书不观'，所谓两汉，非班、马耶？然则世之工作文者，固不得舍史汉而他求也。"《授堂金石跋》："唐韩昶自撰墓志，今在孟县文公祠，文云：'唐故昌黎昶。'韩字有之，传在国史。生徐之符离，小名曰符。"《韩文考异》《符读书城南》诗，樊注云符公之子，今证以志，知符因地取名。志云："张籍奇之，为授诗，时年十余岁，日通一卷。"文公《赠张籍》诗，所云"试将诗义授，如以肉贯串"，又"召令吐所记，解摘了瑟僴"，悉与隐合，当为五百家注所未及。志又云："授诗未过两三卷，使自为诗，年十一二，樊宗师大奇之，东野喜符郎诗有天纵。"于此益征昶不独为孟生所奇矣。而旧说谓公子不慧，如李绰《尚书故实》《刘宾客佳话录》之类，则多忌者之误也。陆唐老曰："退之招诸生立馆舍，勉励其行业之未至，而深戒其责望于有司，此岂有利心于吾道者？《佛骨》一疏，议论奋激，不以去就祸福回其操。

《原道》一书，累千百言，攘斥异端川力，殆与孟子等。退之所学所行，亦无愧矣。惟《符读书城南》一诗，乃骇目潭潭之居，掩鼻虫蛐之背，切切然饵其幼子以富贵利达之美，若有戾于向之所得者矣。”文光案，此诗与《三上宰相书》皆为后人所讥，盖因与所学相背也。《中州金石记》:“韩昶自为墓志，大中九年十二月立。子□正书跋云：此昶自述其为张籍、樊宗师所赏，乃为柳公绰、朱僧孺辟荐，终于襄阳别驾、检校户部郎中也。昶之孤陋，至以金根车为金银车，为时所讥。碑中自云‘其文中字，或出经史之外，樊读不能通’，其夸甚矣。又云‘稍长受进士及第，见进士所为之文，与樊不同，遂改从之，欲中其汇，年二十五及第’。岂唐时制举之文已与著作家不同耶？碑列三代名衔，后有‘孤子□书并篆’，□其字漫灭，似是‘绲’字。云‘葬孟州河阳县尹村’者，今孟县城西五十里苏家庄，即古尹村庄，南土山有茔，周围数里，其东南有冢甚高，余冢稍卑，俗呼尹丞相坟。万历间盗掘一小墓，得石，弃荆棘中，樵夫负去将为砧。或告于官，验之，乃昶墓志也。遂封其墓，而置其石于韩祠壁中。刘青藜作《文公墓考》，谓大茔即愈墓也。”《平津馆书籍记》:“朱文公校《昌黎先生文集》四十卷，宋本题《晦庵朱先生考异》，留耕王先生音释。目录一卷，题李汉编，集前有《考异序》、宝庆三年王伯大序、诸家姓氏、李汉序、汪季路书朱文公校集凡例，末题‘本宅所刊，并《音释》,附《正集》’云云，此刻又当在宝庆后矣。附《遗文》一卷,《集传》一卷，黑口，板每叶二十六行，行二十三字。”文光案，据此则王氏《音释》刻入正文中，自宋板已然。文光案，朱氏本，板心标“韩文考异”，与旧刻诸本多不同。四库所收原本《考异》，即李相国本；别本《考异》，为绍定癸巳临江军学所刻大字本，宋椠最精者。又麻沙小字本，又中字本。昔欧阳公得韩文六卷，谓藏书万卷，惟此本为最古。而残缺失次，用三十年之力补葺之，因书其后。据此，则韩集真本在宋时已为难得。欧公跋云：“韩文印本，初亦未必误，多为校雠者妄改。如《罗池碑》改‘步’为‘涉’,《田氏庙碑》改‘天明’作‘王明’，是其一证。”据此则宋本已有妄改者，不必今本为然也。

《八千卷楼书目》卷一五《集部》:《原本韩文考异》十卷，宋朱子撰。刊本。

又:《别本韩文考异》四十卷、《外集》十卷、《遗文》一卷，宋朱子原本，王伯大重编。元刊本。

《善本书室藏书志》卷二四《集部》:《晦庵朱侍讲先生韩文考异》十卷。宋刊本，祁淡生、朱竹垞、惠定宇藏书。首有文公自序，曰:“此集今世本多不同，惟南安军所刊方氏校本号为精善。别有《举正》十卷，论其所以去取之意。然其去取多以祥符杭本、嘉祐蜀本及李谢所据馆本为定，而尤尊馆阁本，虽有谬误，往往曲从他本，虽善亦弃不录。至于《举正》，则又例多而词寡，览者或不能晓知。故今因其书，更为校定，悉考众本之同异，而一以文势义理及他书之可证验者决之。苟是矣，则虽民间近出小本不敢违。有所未安，则虽官本、古本、石本不敢信。又各详著其所以然者，以为《考异》十卷，庶几去取之未善者，览者得以参伍而笔削焉。”其后王伯大重编韩文，以《考异》散入句下。更后书肆重刊，又散伯大《音释》入句下。明万历三十三年，高安朱吾弼重校原本，其孙宗沐梓行。国朝康熙戊子，李氏光地以语溪吕氏家藏宋刻属徐坛长校雠，书计十一万七千九百余字，内有补注作行书，填注字名，疑是文公门人张元德所刊定，尤非近本可比。至今朱刊本载之，《天禄琳琅》李刊本第十卷，本传后有赵德文录序、欧阳文忠公《记旧本韩文后》、苏文忠公《潮州韩文公庙碑》，且开卷标题“昌黎先生集考异”。此魏仲举与《五百家注昌黎文集》同时刊本，第十卷本传后只有汪季路一书，而无赵、欧、苏文，似胜李刻祖本。每半叶九行，行十八字，版心或题“韩文考异”，或“韩考”，或“文考”，或“考异”，或“韦考”，宋讳多有减笔。有“山阴祁氏藏书之章”“澹生堂经籍记”“旷翁手识”“朱彝尊印”“竹垞”“惠栋之印”“定宇”诸图记。

《增订四库简明目录标注》卷一五《集部二》:《原本韩文考异》十卷，宋朱熹撰，张洽校刊。又附以补注数条。此本为李光地所重刊。李文贞公刊本。《季目》有宋刊本。宋板《昌黎先生文集》有大字本，十行，行十八字。小字本十一行，行二十字。俱无注。《朱文公校昌黎先生集》，十二行，行二十一字。又十三行，行二十三字。瞿氏有十二、十三行两本。续录：康熙戊子李光地以吕晚村家藏宋本重刻。明正统间刊本。清光绪乙酉新阳赵氏刊本。

又:《别本韩文考异》四十卷、《外集》十卷、《遗文》一卷，宋朱熹原本，王伯大重编。明正统刊本。明万历高安朱吾弼刊本。明新安朱崇沐刊本。

今按：宋绍定二年张洽刻本（祁县图书馆藏）；宋刻本（南京图书馆藏）；清康熙四十七年李光地刻本（国家图书馆、山东省图书馆、湖北省图书馆藏）;《新阳赵氏丛刊》本（光绪刻）。

朱文公校昌黎先生文集

宋朱熹校。

《直斋书录解题》卷一六《别集类上》:《校定韩昌黎集》四十卷、《外集》十卷。晦庵朱侍讲熹以方氏本校定。凡异同定归于一，多所发明，有益后学。《外集》皆如旧本，独用方本益大颠三书。愚案：方氏用力于此集勤矣，《外集》删削甚严，而存此书以见其邀速常语，初无崇信之说，但欲明世间问答之伪，而不悟此书为伪之尤也，盖由欧阳公跋语之故。不知欧阳公自以《易大传》之名与己意合，从而实之，此自通人之一蔽，东坡固尝深辨之，然其谬妄，三尺童子所共识，不待坡公也。今朱公决以为韩笔无疑，方氏未足责，晦翁识高一世,而其所定者乃尔,殆不可解。今案《外抄》第七卷曰“疑误”者，韩郁注云，潮州灵山寺所刻，末云吏部侍郎潮州刺史者，非也。退之自刑部侍郎贬潮，晚乃由兵部为吏部，流俗但称韩吏部尔。其书盖国初所刻，故其谬如此。又潮本《韩集》不见有此书，使灵山旧有此刻，集时何不编入？可见此书妄也。然其妄甚白，亦不待此而明。

《文献通考》卷二三二《经籍考五十九》:《校定韩昌黎集》四十卷，《外集》十卷。陈氏曰：“晦庵朱侍讲熹以方氏本校定，凡异同定归一，多所发明，有益后学。《外集》皆如旧本，独用方本益大颠三书。愚按方氏用力于此集勤矣，《外集》删削甚严，而存此书，以见其邀速常语初无崇信之说，但欲明世间问答之伪，而不悟此书为伪之尤也。盖由欧公跋语之故。不知欧公自以《易大传》之名与己意合，从而实之。此自通人之一蔽，东坡固尝深辨之。然其谬妄，三尺童子所共识，不待坡公也。今朱公决以为韩笔无疑，方氏未足责，晦翁识高一世，而其所定者乃尔，殆不可解。今按《外集》第七卷曰‘疑误’者，韩郁注云，潮州灵山寺所刻，末云‘吏部侍郎’‘潮州刺史’者，非也。退之自刑部侍郎贬潮，晚乃由兵部为吏部，流俗但称韩吏部尔。其书盖国初所刻，故其谬如此。又潮本《韩集》不见有此书，使灵山旧有此，刻集时何不编入？可见此书之妄也。然其妄甚白，亦不待此而明。”朱子《韩文考异序》曰：“南安韩文出莆田方氏，近世号为佳本，予读之信然，然犹恨其不尽载诸本同异，而多折衷于三本也。原三本之见信，杭、蜀以旧阁、以官，其信之也则宜。然如欧阳公之言，韩文印本初未必误，多为校雠者妄改。亦谓如《罗池碑》改‘步’为‘涉’,《田氏庙》改‘天明’为‘王明’之类耳。观其自言，为儿童时得蜀本韩文于随州李氏，计其岁月，当在天禧中年。且其书已故敝脱略，则其摹印之日，与祥符杭本，盖未知其孰先孰后。而嘉祐蜀本又其子孙明矣。然而犹曰：‘二十年间闻人有善本者，必求而改正之。’则固未尝必以旧本为是，而悉从之也。至于秘阁、官本，则亦民间所献，掌故令史所抄，而一时馆职所校耳。其所传者，岂真作者之手稿？而正之者，岂尽刘向、扬雄之伦哉？读者正当择其文理意义之善者而从之，不当但以地望形势为重轻也。抑韩子之为文，虽以‘力去陈言’为务，而又必以文从字顺，各识其职为贵。读者或未得此权度，则其文理意义，正自有未易言者。是以予于此书，姑考诸本之同异而兼存之，以待览者之自择，区区妄意，虽或窃有所疑，而不敢偏有所废也。”

《宋史》卷二〇八《艺文志七》：朱熹校《昌黎集》五十卷。

《百川书志》卷一二《集》：《韩昌黎文集》四十卷，《外集》六卷，《顺宗实录》详见史志。韩退之撰，李汉编次，宋朱文公考异校定。

《季沧苇藏书目·宋板书目》：《朱文公校昌黎集》四十卷，外集十卷。遗文。传三十本。

《传是楼书目·集部》：《朱文公校昌黎集》五十二卷，十二本。

《天禄琳琅书目后编》卷一《宋版首部》：《御题朱文公校昌黎先生集》，四函三十二册。唐韩愈撰，宋朱熹考异，王伯大音释。《正集》四十卷，《外集》十卷，后附遗文，又附录《新书》本传、赵德文录序、苏轼《潮州韩文公庙碑》。前有《考异序》、伯大序、《诸家姓氏》、李汉序、汪季路书、凡例并刊书家识。宋麻沙本。按：识云留耕先生倅南剑诗，将《考异》附《正集》本文下，又集诸家所定音释于通卷之左。今本宅所刊，系将南剑州官本为据，并将《音释》附《正集》焉。按：《韩文考异》本别为卷帙，至伯大始散附本句下，以便览。又采洪兴祖、樊汝霖、孙汝听、韩醇、祝充之说著为《音释》，各附篇末。今此刊者，未详何人，又以伯大所辑《音释》散诸句下，故注中“某云”“集曰”皆以白文别之。是此书荟萃方崧卿、朱熹、王伯大及诸家之全，流传特盛而已。经两番散攞，此李光地所以有《原本韩文考异》之刻也。伯大字幼学，号留耕，福州人。嘉定七年进士，理宗朝参知政事。御题：《题宋版朱文公校昌黎集》："校集都因考异诠，门人李汉更详编。官书率就私书献，杭本应为蜀本先。无得兼存期自择，允为独出更谁肩。一篇《原道》接孔孟，见道因文启宋传。癸卯仲春，御笔。"钤宝二：曰"古稀天子之宝"，曰"犹日孜孜"。上钤宝二：曰"乾隆御览之宝"，曰"古希天子"。据印记，藏是书者有沛国刘氏、吴越王孙钱氏、西崖诸氏、朱家宾四家，人俱无考。其"大经"一印，或宋罗大经，著《鹤林玉露》者。

《天禄琳琅书目后编》卷六宋版集部：《朱文公校昌黎先生集》。四函三十二册。见前。书四十卷，《外集》十卷，《遗文》一卷。首有李汉序。又朱文公校《昌黎集》，添入《考异》《凡例》，后有朱文公编《昌黎先生传》，凡《新书》本传一，文录序一，《记旧本韩文后》一，《潮州韩文公庙碑》一。又汪季路书有白文"绍定癸巳临江军学刊本"字。大字本，宋椠最佳者。娄东王氏、长洲文氏、泰兴季氏、商丘宋氏递藏。王世懋，字敬美，号麟洲，世贞之弟，嘉靖己未进士，官至太常卿。五峰，文伯仁号，征明从子也。

又：《朱文公校昌黎先生集》，二函二十二册。同前首部麻沙小字本，系一版摹印。缺补《外集》一、二、三、四。《外集》三。一、二。

又：《朱文公校昌黎先生集》，二函十册。篇目见前。中字本。

《佳趣堂书目》：《昌黎先生集》四十卷，外集十卷，遗集一卷，朱文公校。

《百宋一廛书录·序》：《朱文公校昌黎先生集》。《朱文公校昌黎先生集》序目全，共四十卷，脱去一至十卷。书友因不全故，以贱真售余。余则因《昌黎先生集》先有细字本赋诗十卷在，虽非朱文公所校，然彼此合之，居然可作完集读也。此刻不及十卷之精，而以视东雅堂刻本则颇古矣。

《孙氏祠堂书目》内编卷四：《昌黎文集》四十卷。唐韩愈撰，宋朱子考异，王留耕音释。一宋刊本，一元重刊本，一朱刊二十卷本。

《平津馆鉴藏书籍记》卷一《宋版》：《朱文公校昌黎先生文集》四十卷。题晦庵朱先生考异，留耕王先生音释。目录一卷，题李汉编集。前有朱文公《韩文考异序》，缺末叶；宝庆三年王伯大序，缺首二叶。诸家姓氏、李汉序、汪季路书、朱文公校集凡例。末有题识云："右凡例十二条，乃南剑官本所载。按朱文公校《昌黎集》，又著《考异》十卷，在正集之外自为一书。留耕王先生倅南剑时，并将《考异》附于正集本文之下，以便观览。又集诸家之善更定音释，犹未附入正集，仍于逐卷之左空其下方，以待窜补。今本宅所刊，系将南剑州官本为据，并音释附正集焉，使观览者一目可尽”云云。此刻又当在宝庆后矣。末附遗文一卷，集传一卷。黑口，板每叶廿六行，行廿三字。收藏有“读书楼”白文长印、“任奎之印”白文长印。

《廉石居藏书记》卷上：《韩昌黎文集》四十卷。右《韩昌黎文集》四十卷，称“朱文公校昌黎先生集”，题“晦庵先生考异，留耕王先生音释”。前有王伯大序，盖伯大宝庆三年刻于剑州。又有序，不署名，云“南安韩文出莆田方氏，近世号为佳本，予于此书姑考诸本之异同而兼取之”。盖麻沙坊版甚精致，不必以改朱晦庵《考异》旧例为嫌也。

《爱日精庐藏书志》卷二九《集部》：《朱文公校昌黎先生文集》四十卷、外集十卷、附集传遗文遗诗，元刊本。唐韩愈撰，宋晦庵朱先生考异，留耕王先生音释。朱子序、王伯大音释序。宝庆三年。

《爱日精庐藏书简目》：《朱文公校昌黎先生文集》四十卷、《外集》十卷，附集传遗文遗诗，元刊本。

《铁琴铜剑楼藏书目录》卷一九《集部一》：《朱文公校昌黎先生文集》四十卷、《外集》十卷、《遗文》一卷，元刊本。题“晦庵朱先生考异，留耕王先生音释”。有李汉序及朱子、王伯大序，此王氏重编朱子《韩文考异》本，将考异散入集中各句下。曾刻南剑州。其音释原附各篇末，此亦散入各句，乃元时书肆本，非王氏之旧矣。惟较明朱氏所刻误脱尚少。旧为黄丈琴六藏本。卷首有“林鸿之印”“黄琴六读书记”二朱记。

《楹书隅录》卷四《集部上》：元本《朱文公校昌黎先生文集》四十卷外集十卷附集传遗文遗诗，十二册二函。每半叶十三行，行二十三字。有“吴郡韩郇酌白堂”“魏国文武世家”“帝高阳之苗裔”“先襄毅之箕裘”各印。是书传世多明时覆本，讹误颇甚。此本虽无刊刻年月，然以字体纸色定之，确系元椠元印，亦可珍矣。

《藏园订补郘亭知见传本书目》卷一二下《集部二下》补：《朱文公校昌黎先生集》四十卷《外集》十卷《遗文》一卷。唐韩愈撰，宋朱熹考异。《集传》一卷。〇宋绍定六年临江军学刊本，七行十五字，注双行同，白口，左右双栏，版心上记字数，下记刊工人名，有蔡章、蔡珏、刘举、胡祥、胡兴等。存卷十三、十四、三十七、三十八。又《集传》一卷，为新书本传、赵德文录序、欧公记旧本韩文后及苏文忠潮公庙碑。钤有“都省书画之印”“礼部收藏书画关防”，又有“温字十六号”墨记。元、明内阁旧藏，清内阁大库佚出之书。朱君文钧有二卷，余散见厂肆。

又：《朱文公校昌黎先生集》四十卷《外集》十卷《遗文》一卷。唐韩愈撰，宋朱熹考异，王伯大音释。《集传》一卷。〇元刊本，十二行二十一字，细黑口，左右双栏。宋讳缺笔。每卷首行下题“考异音释附”。见数残帙，一存卷五至四十，一存卷十至四十，一存《外集》十卷《遗文》一卷《集传》一卷，钤天禄继鉴印。又一帙，行款版式全同，而刊印差早，或以为宋元间刊本，存卷八至十六，二十一至三十二，遗文，计二十一卷半。有张照题识，余藏，缺卷以元明间十三行本配补。〇元刊本，十三行二十三字，细黑口，四周双栏。卷首次行题“晦庵朱先生考异”“留耕王先生音释”。

又：《朱文公校昌黎先生集》四十卷、《外集》十卷、《遗文》一卷。唐韩愈撰，宋朱熹考异，王伯大音释。《集传》一卷。〇元刊本，十三行二十三字，细黑口，左右双栏。卷一标题作“朱文公校昌黎先生文集”，余卷仍作“朱文公校昌黎先生集”。〇明初翻元本，行款全同，其序跋及首卷前数叶刊刻甚精，几与元刊无别，往往误认为元本，二卷以后雕工粗率，明刊本色毕露。海虞瞿氏、刘氏嘉业堂藏及《四部丛刊》所印均是。然似不止一刻，亦有镌刻稍精者，若非并几比观，殆难悉辨。〇又有书林王宗玉本，亦明翻本，即《四部丛刊》所印者也。〇明刊本，九行十八字，黑口，四周双栏，似弘治、正德间刊，有补版，余有残帙。〇明万历三十三年朱崇沐刊本，九行十八字，白口，四周双栏。题“朱吾弼重编、朱崇沐订梓”。

《善本书室藏书志》卷二四《集部》：《朱文公校昌黎先生文集》四十卷、《外集》十卷，《集传》《遗文》二卷，元刊小字本，明南京翰林院旧藏。晦庵朱先生《考异》，留耕王先生《音释》。首列朱子序，次汪季路书，次凡例，次目录，其王伯大序与诸家姓氏已佚去。开卷注曰：“宋莒公云：冯章靖亲校，旧每卷首具列卷中篇目，冯悉以朱墨灭杀之，惟存其都凡，集外别有目录一卷。”今按，李汉所作序云：“总七百首，并目录合四十一卷。”则正与冯合。留耕名伯大，字幼学，福州人，《宋史》有传。以朱子《韩文考异》别为卷帙，寻览不便，重编析句，散入本集各句之下，刻于南剑州。又采洪兴祖《年谱辨证》、樊汝霖《年谱注》、孙汝《听解》《韩醇解》《祝允解》，为之音释，附各篇末。

而麻沙坊估以注释缀于篇末，仍不便检阅，亦取而散诸句下。观凡例可知矣。每叶二十六行，行二十三字，小字双行。凡各本异同，各家注释，皆以黑质白字别之。坊刻精致，正不必以改朱子《考异》旧例为嫌也。曾入南京翰林院，有印可考。别有“陈德大”“容斋”“海盐陈德大藏书”三印。

《善本书室藏书志》卷二四《集部》：《朱文公校昌黎先生集》四十卷、《外集》十卷，《集传》《遗文》二卷，明依宋黑口刊本。李汉编集，晦庵朱先生《考异》，留耕王先生《音释》。前有朱文公《考异序》，次宝庆三年通判南剑州军州王大伯序，次诸家姓氏，次门人李汉序，次汪季路书，次文公校集凡例十二条，后附识，云：“今李氏所刊，系将南剑州官本为据，并将《音释》附正集焉。使观者一目可尽，而文义粲然，亦先生发明此书之本心也。幸鉴此。”每半叶九行，行十八字，书虽明翻，实犹具宋时典型。

《皕宋楼藏书志》卷六九《集部》：《朱文公校昌黎先生文集》四十卷、《外集》十卷、《集传》一卷、《遗文》一卷，宋麻沙刊本，周九松旧藏。唐韩愈撰，晦庵先生考异，留耕先生音释。朱子序。“郡斋近刊朱文公校定《昌黎集》，附以《考异》，而《音辨》则旧所刻也。初读者未免求之《音辨》，质诸校本，既字不尽同且音讹字多缺。此书有集注，有补注，有辨证，有全解、音通、句释，引物连类，虽若加详，而于本文间亦抵牾，余颇病之。今悉从校本，更定音训，因旁摭诸家注解勘本文用事者枚举而记。其几有未备，则访诸士友博极此书者并记之。意其间缺逸尚多也。昔黄太史有云，杜诗、韩文无一字无来处，窃谓必尽所云而后可读。二文公之书，过不自料，附所尝记录于逐卷之左，而空其下方，以待来者窜释，冀更相缉续，于《音辩》或有补云。宝庆三年季夏既望，承议郎特添差通判南剑州军州兼管内劝农事王伯大谨书。”案此宋刊宋印本，每叶十六行，每行二十三字，大黑口。卷中有“周良金印”朱文方印、“昆陵周氏九松迂叟藏书记”朱文长印。此书明覆本甚多，行款皆同，此则宋刊本也。

《皕宋楼藏书志》卷六九《集部》：《朱文公校昌黎先生集》四十卷、《外集》十卷、《集传》一卷、《遗文》一卷，明正统刊本。唐韩愈撰，晦庵朱先生考异，留耕王先生音释。朱子序。王伯大序。

又：《朱文公校昌黎先生集》二十卷、《外集》五卷、《集传》一卷、《遗文》一卷，明成化刊本。唐韩愈撰。朱子序。王伯大序。

又:《朱文公校昌黎先生集》四十卷、《外集》十卷、《集传》一卷、《遗文》一卷，吴免床临黄山谷吴履斋批点本。唐韩愈撰，门人李汉编集。朱子序，庆元丁巳。朱吾弼序，万历三十三年。吴氏手跋曰："秀水王元启读韩记，疑云：'明新安朱崇沐刊是书脱多，因其行世最广，故特据此详校，俾读者考焉。'据王说，是此本诚未为善本，暇日当以王记覆校之。"

《艺风藏书记》卷六《诗文第八上》:《朱文公校昌黎先生文集》四十卷、外集十卷，集传、遗文、遗诗。元刊小字本。内十四至十七影抄配入。每半叶十三行，每行二十三字，小字双行。凡各本异同，各家注释，皆以黑质白文别之。坊刻精致，不必以改《朱子考异》旧例为嫌也。收藏有"胡小琢藏"朱文方印、"遂性草堂胡氏所藏"朱文长方印。

又:《朱文公校昌黎先生集》二十卷，外集、集传、遗文、遗诗。明刻本。王守溪以朱笔评点。收藏有"红豆书屋"朱文长方印。许氏手跋曰："兹集既为朱子校定，复经诸名公辨证考释，其称宋板善本无疑已。尤可重者，出于守溪王文恪公所批阅。迄今一百六十余载，手泽犹新。观其评论精确，眼明心细，一字一句，不肯轻过。有以知先辈读书之严谨如此。珍为藏书之秘，不亦宜乎。皇明崇祯辛巳岁端月莫厘许浚识。"

《海源阁宋元秘本书目》卷四《集部》:宋本《详注昌黎先生文集》四十卷《外集》十卷《遗文》三卷《志》三卷，二十八册四函。

又:元本《朱文公校昌黎先生文集》四十卷《外集》十卷，附集传、遗文、遗诗一卷，十二册二函。

《雁影斋题跋》卷一:《朱文公校昌黎先生文集》四十卷、《外集》十卷。宋本。每版十三行，行二十三字。卷首有"昆山顾氏家藏"印，朱文。每册首皆有。又有"赐砚斋"印。朱文。每册首皆有。考赐砚斋为桐城龙汝言字子嘉之斋名，所著有《赐砚斋集》四卷，道光戊戌刊本。殆即其人也。序文上有"江左周郎"印、白文。"九世卿族"印，朱文。又有"子京父"印。篆法甚劣，则书贾所伪。每册后有"莫氏云卿"印，白文。其余前后诸印不尽记。考朱子《韩文考异》系仿《经典释文》之例，别为卷帙，附于韩文。至嘉定中，福州王伯大以不便省览，始散入篇内，宝庆三年刻于南剑州。伯大又自加音释附于每卷之后，及坊贾重刻，又将伯大音释散入句下。此本一卷后称"留耕王先生"，又音释不在卷后，则麻沙所刊之本也。椠印虽不甚精，然经顾、莫诸名家鉴藏，亦可贵也。韩文自方氏《举正》、朱子《考异》以后，以陈景云之《韩集点勘》、王元启之《读书记疑》最为善矣。

《增订四库简明目录标注》卷一五《集部二》:《朱文公校昌黎先生集》四十卷、《外集》十卷，附集传、遗文、遗诗。此元刊闽麻沙坊本，十三行二十三字。《天禄后目》有宋绍定癸巳大字刊本，又小字麻沙本，又中字本。路小洲有元刊本，二十卷，外集、集传、遗文、遗诗一卷，不知完否。《拜经楼目》亦有二十卷本，云不佳，十三行，行二十字。何子贞有明嘉靖丙辰新会莫如士校刊韩柳集本。又永怀堂葛氏刊本，皆无注。又朱批本十六卷。附录：拜经楼元本，丁卯秋试，余于武林书肆见之，今不知归何人。(诒让)

明嘉靖丁酉巡按直隶监察御史南平游居敬刻韩柳文，无注，日本有翻本。黑口本，每半叶九行二十八字，有凡例十二条，末跋云："今本宅所刻，系将南剑州官本为据，并将音释附正集焉"云云。与正统本柳文行款相同，刻较在前，余家俱有之。(懿荣)

续录：昭文张氏有元刊本。元本《文集》二十卷《外集》不分卷，十三行，大小字二十。首序无撰人姓氏，次为宝庆三年王伯大序，又次诸家姓氏，又次李汉序，汪季路书及凡例。《重编韩文考异》五十卷，附音辨，元日新堂本，元小字二十卷本。明嘉靖中安正书堂刊本，劣。《四部丛刊》本。《唐宋十大家全集》录《韩昌黎集》八卷，光绪刊本。

今按：元至元十八年日新书堂刻本（山东省图书馆藏）；元刻本（北京师范大学图书馆藏）；元刻本（国家图书馆、北京大学图书馆、上海图书馆、辽宁省图书馆藏）；元刻明印本（天一阁文物保管所、吉林大学图书馆藏）；明初刻本（国家图书馆、北京大学图书馆、复旦大学图书馆、华东师范大学图书馆、辽宁省图书馆藏）；明洪武十五年勤有堂刻本（国家图书馆、南京图书馆藏）；明正统十三年书林王宗玉刻本（国家图书馆、上海图书馆、浙江图书馆藏）；明嘉靖十三年安正书堂刻本（天津图书馆、上海图书馆、浙江图书馆、辽宁省图书馆藏）；明刻万历三年重修本（国家图书馆、天津图书馆、上海图书馆、南京图书馆藏）；明万历三十三年天德堂刻本（国家图书馆藏）；明万历间朱崇沐刻本（国家图书馆、天津图书馆、复旦大学图书馆、山东省图书馆、浙江图书馆、北京师范大学图书馆、安徽省博物馆、新疆大学图书馆、天一阁文物保管所藏）；明刻本（国家图书馆、北京大学图书馆、复旦大学图书馆、山东省图书馆、重庆市图书馆、中山大学图书馆、浙江大学图书馆藏）、《西京清麓丛书》本（光绪刻）。

晦庵先生朱文公文集

宋朱熹撰。

宋王遂《闽刊本文公续集序》：遂生世不早，不及担簦蹑履于先生之门；闻道又晚，不克筑室反场以从先生于没。既脱场屋，读四经而心乐焉。顾义理精深，莫造其诣，而先生长者骎骎没矣。岁在癸卯，遂假守建安，从门人弟子之存者而求其议论之极，则王潜斋已刻之方册。间从侍郎之子请，亦无所获。惟蔡西山之孙觉轩早从之游，抄录成秩，刘文昌家亦因而抄掇，悉以付友人刘叔忠，刊落其烦而考订其实。继是而有得焉，固无所遗弃也。抑是书之作多出于晚年，非尝与西山讲明《易》、历，则时异事左，与世枘凿。今圣道昭明，士生其时者惟恐读其书之晚，安知后之造道者不在于兹乎？此君子所当自力也。观者尚勉之！淳祐五年正月日后学王遂序。《四部丛刊》本《晦庵先生朱文公文集续集》卷首。

宋黄镛《闽刊本文公别集序》：昔我文公会粹程氏门人所录之语以为《遗书》，且谓于二先生之语不能无所遗，复取诸家集录，参伍相除，得十有一篇，以为《外书》，诚不忍儒先片言只字湮没无传，而天下之理有所欠缺也。文公先生之文，《正集》《续集》，潜斋、实斋二公已锓板书院，盖家有而人诵之矣。建通守余君师鲁好古博雅，一翁二季，自为师友，搜访先生遗文，又得十卷，以为《别集》。其标目则一仿乎前，而每篇之下必书其所从得，且无《外书》不能审所自来之恨，真斯文之大幸也。镛于君之长子谦一为同舍郎，亦尝预闻搜辑之意。兹来冒居长席，而余君适将美解，始刊两卷，余以见嘱。于是节缩浮费，以供兹役，盖又二年而始克有成。后之学者，能于是书句句字字深思而熟玩之，庶有以知其无非精义密理之所存。毋使摹刻既多，束书不观，乃贻或者之诮云。咸淳元年六月朔迪功郎、建宁府建安书院山长黄镛谨书。《四部丛刊》本《晦庵先生朱文公文集》《别集》卷首。

明胡缉《朱子大全序》：天不生孔子，则尧、舜、禹、汤、文、武之道无以明；天不生朱子，则孔、曾、思、孟之道无以显。圣贤之生，岂偶然哉！关气化之盛衰，系吾道之否泰，所以为天地立心，为生民立命，为往圣继绝学，为万世开太平，扶持名教，振立纲常，不可一日而无也。紫阳夫子为宋大儒，讲学考亭，四方景仰，以斯道为己任。其著书立言如日之丽天、水之行地，虽千载犹一日。观其发明六经之旨，则帝王之大经大法无不具；纂集诸家之语，则阴阳卜筮之说无不载。释四书为六经之阶梯，著《家礼》为天下之模范，作《小学》以示敬长慈幼之道，述札奏以启人臣忠义之心。知无不举，言无不当，故在当时，动人主之听而福苍生于无穷也。于乎！先生既没，道不与之俱没；书之幸存，而名与之俱存。《大全》一书传之既久，惜乎旧本湮讹，重增感叹，故与同寅太守贺侯捐资重寿诸梓，以广其传于四方，俾学后知所自焉。是为序。时天顺四年岁次庚辰季春望日建宁府推官吉水胡缉序。天顺刊本。

明苏信《晦庵先生朱文公文集序》：弥穹坏道也，凝之则存乎人。人参三才，繇斯道尔。圣同天，贤修而儗之，进乎圣矣。六经，道之舆也，群贤精蕴在焉，而孔子会其全。宋大儒续孟氏之绝，而朱子会其全。自羲、农承传以来，广大精微，阐抉无遗。盖濂溪洛关词犹浑沦，朱子则说之详，下学上达，阶森牖豁，学者能熟复笃行之，复性明伦，而得所以为人，何用该、人己成，入贤望圣，骎骎不自觉大造万世、功高往哲允矣。不然，求捷而迷，得体而遗用，违道远哉！顾朱子之学于时辄禁晦百余年，圣朝表章，士所服习，一宗之无异学，道乃大明，日中天矣。其释诸经、四书外，所著文若诗汇之总百有二十卷，亦无一语不出于道，而为文且有体。风行水上，天地至文，视汗漫荒忽、神施鬼设者悬绝。志在觉人，故辞繁不杀，布帛菽粟有余温与味焉。盖其平日居敬穷理、反躬践实、内外交养者无斯须间，而心与天游，肆其发如此。学士大夫不欲为贤圣君子而狃于词人，则取彼置此可也；欲为贤圣君子而华实兼者，舍是奚读哉！是集旧刻闽臬，岁久刓缺，且工沐梨，而胡宪使岳至，躬总校雠之任，董学潘宪副潢佐之。罗宪副英、陆宪副铨、姜佥宪仪、刘佥宪案咸与有劳。信莅，亟促其成。讫工，佥谓信宜序所以刻之意。于乎！朱子固言之："道未尝亡，而人实晦之明之。"是书广布，将天下入道之途益光，诡道异说不得作。虽为文者，亦知轮辕徒饰之可愧，思传于道而勿局以艺，庶几国家化成参赞之治不无少补，乃弗固辞。嘉靖壬辰九月既望后学饶平苏信书于闽之行台。嘉靖刊本。

明刘曰宁《朱子文集大全序》：春秋大一统，今之言尊朱子者，防僭伪也。而刘子解之曰：明以朱子致太平者二百余年矣，夫奚待人而尊乎？孔子之道不息，则朱子之学不废，而人焉能僭之？汉儒罢黜百家、注疏六籍，斯亦陈胜之于丰沛矣。及南宋，业已夷之为青黄之断，况百家哉！世之欲以其说易天下者，苟非其人精神独至，必不能自入楚军、拔汏帜。而今之尊百家者，则剽攡而已矣，聊借以为名高，而博奇异、求利达，是愚不肖之过也。论者乃标为贤智而畏之，求其说而不得，又以为厌朱子之平而就百家之奇。夫奇，固人之所欲窃者也，而又藉之兵，岂不伤哉！彼方依依于朱子之藩，故谬以为糟粕、为株守，取自文尔。试即其所推戴而北面者诘所以尊，所揭竿以为不足敌者诘所以卑，且不知所置对。当是时，倘有人乎张皇紫阳之间，而不徒标其名，高者入青天，深者极重溟，彼有避三舍而已矣。《诗》曰："雨雪瀌瀌，见晛曰消。"而今之言朱子者，全邪，偏邪？年友侍御朱谐卿慨然斯道自任，旧刻《朱子语类》行于世，其后刻《全集》，首以示余。余曰："圣人之言如天。"天因物以赋形，其为形也万品；圣人因病以立方，其为方也屡迁。盖自圣人而下，其为因则又多矣。言道者因乎见，见道者因乎造，造道者因乎时。总之一人耳，然或有发明之于此而畸于彼，发明之于初而畸于后者。夫惟观于其全者能通其说而无所抵牾。子贡曰："夫子之墙数仞，宗庙之美，百官之富。"余方恶夫世之剽取者戛戛乎管窥蠡测也，得其一隅而遂失其全体，明天其已发，遂懵于其所未发。一旦尝之以悠谬洸洋之语，云梯仰攻，即不问墨守先丧矣。及其后也，浮沉于出入之间，五石之瓠，安所纪极哉！谐卿方尽发朱子宝藏，胪列而年志之，挈吾辈以游于青天沧海之间。士诚有味乎壹意专志，游象数之藩，决性命之藏，释文辞之害，伐同异之见，毋论天球夷玉、故府自藏，人不得傲之以所不知。即五都之货杂陈，吾方廓然开无垠之字，且为之置轻重、调盈缩，至锱铢不爽，世亦岂复有次周郊问鼎之大小轻重者哉！如是而忧道术之不一，吾不信也。明兴，哲人继起，并以朱子为百世宗。其间瓒享谱承毋如罗泰和，将顺匡救毋如王余姚。夫二子者，其说不相上下，要之皆能达观于此而曲畅于彼，其于朱子并为功臣。而世不明于授受之真，即孔门一室且置秦越焉，夫颜之说、曾之唯，其自相印证无足疑。若孟子养气之论，发于颜、曾见知之后，此其说质之仲尼，未有前闻，顾安可谓孟子不得统也？世不能以武周继述为余姚谅，余姑无辨。假令有观朱子之全而明其理，食坐羹墙真如泰和者，即朱子之道百世一日，其孰能奸之？吾以兵喻：兵有以守言者，画地列障，一彼一此，守之名也；务本明法，实内备外，守之实也。夫是之谓“大全”。谐卿曰善。万历刊本。

明刘洪谟《朱子文集大全叙》：朱子文集最富，大都明学术、正人心，有功于吾道，与绨章绘句者天壤异论。非留心学问者不读，非学问精密、得朱子之门而入者不能读。读之盖有要焉，要在严天理人欲之辨。迹其生平兢兢自卫与其所以攻击者，不出此意。学者先读《答柯国材论天理书》，则知天理自然，非高非卑，非近非远，人心无常，不可自决也。读《观心说》《读大纪》二篇，则知释氏之差，差在恶此天理耳。读《鄂州稽古阁记》，则知晚世道学之差，差在不讲此天理耳。天理浑然，亦灿然，虚心顺理最难。各自为方，偏动偏静，均非正理。故《答陈器之书》云：“仁智交际之间，乃万化之枢轴，此理循环不穷，吻合无间。”最后《答张敬夫中和书》云：“人心周流贯彻，动静相须，中和交济，不仁无以著此心之妙，不敬无以致求仁之功。仁，心之道；敬，心之贞也。”然仁亦有辨，如以同体为仁，敝至认物为己；如以知觉为仁，敝至认欲为理。则《仁说》不可不读，敬亦不辨，敬有死敬，如守兀坐为敬，遇事不济之以义，容貌辞气不加检省，虽敬不活。须臾有间，私欲万端，则《敬斋箴》不可不读。天理人欲毫厘有差、是非千里，君子小人人品立分。品格既分，冰炭不相容，熏莸不相入，并蓄而交和，万万不可。治一身严，此治一家一邑以至天下，未有不于此处分别清明而可成功者。说在《答戴少望》语中，不可不读。学者读此，沉潜反复，身体之，心会之，质诸《学》《庸》《语》《孟》符合之，庶几学的不差。然不取全集次第详读，如孰说卑，何说拔之；孰说高，何说抑之；孰说偏，何说正之，脉络条贯，终不精明。若浅水撑船，求运动游泳之天趣，必不可得。若乃诗、赋、祭文、墓志、行状诸篇，虽多明学维世语，稍缓及之，且并其力于奏疏、讲义及《语类大全》，务钩其玄可也。第朱子此文，末世士弁髦久矣，他无暇具论，论其所幼读而熟记者，无如《中庸章句》一序。前半篇所云“道心为主，人心听命，所以严天理人欲之防”者，意极剀切，词极简明，盖经筵讲义也。朱子一生精力毕萃之，此古今学问要领不能逾此。士非不读也，自度曾亦猛省否？兹刻篇末每多纪年，最不可忽。陈东莞著《学蔀通辨》，辨王阳明《晚年定论》

颠倒早晚，殊不足信，全在于此。盖朱子四十以前，如《存斋记》《答何叔京》二书，专说求心见心，是犹驰心玄妙，未悟天理时语也。四十以后，注《太极图说》，辑《近思录》，渐悔前非。年近六十，注《论》《孟》，注《学》《庸》，益加精进。此时议论加意磨勘，于正谊明道中犹防计功谋利之私，而刮之剔之、淘之澄之，务底于平，不敢以己私少戾天理。故年逾七十，病将革矣，犹改《大学》“诚意”章，绝无私护意。由此推之，设是年未没，不知著作若何、和平若何矣。读《朱子文集》者，又须得朱子颠末苦心，毋徒以雷同为浮慕云。万历乙巳初夏南京工部屯田清吏司主事豫章后学刘洪谟任沐父撰。万历刊本。

清臧眉锡《朱子大全文集序》：愚闻之紫阳曰：“道在天下未尝亡，其托于人者或绝或续，故行于世者有明有晦。”至哉言乎！是言道者莫难于绝且晦之时，至绝而得续、晦而得明，其为言也甚易。愚则以为不然。当绝而初续、晦而得明，非有一人焉为之集其成，使续者之不绝、明者之不晦，其弃绝与晦也无几。自尧、舜、禹、汤、文、武、周、孔以来，至于孟子，厥后不得其传。然道虽无传，而道之行于世者未尝绝也。不独江都见之三策，昌黎见之五品，即诸子百家，何一非道之所在？使谓道有竟，则天地亦有意乎？无如繁则失于训诂，卑则流于功利，其穷年累月、汗牛充栋之所作，非畸则诡，非迂则诞。盖托于人者无其续，则其行于世也不能明。求其全体大用，无一字背谬于圣人者，舍紫阳奚属哉！周子之“无极”，得紫阳而微言著；明道之“仁”、伊川之“敬”、横渠之“礼”、尧夫之“数”，得紫阳而大旨出。其大者既得力于《学》《庸》《论》《孟》及《易》《诗》《礼》诸经，其事业则见之于《纲目》。至其切近而有用，则见于《小学》《近思录》诸编。既已家弦户诵，如日月在天、江河在地，而究其毕生著作之所在，则《全书》一编又不可不读也。当其处不得为之地，际万不可有为之时，而其所自陈、所诫勉，惟知有尧舜其君、三代其民，忧勤惕厉，死而后已。千载而下，读其书，考其行事，其心即子舆氏之心，其所言即子舆氏不得已之言也。眉锡于甲子入楚，过岳麓；于乙丑至武夷，谒紫阳书院。院且废，白于大中丞公，谋更新之。夏五登鼓山，客乌石峰，冯吊遗踪，为石碣，为扁额，凡其游屐之所述，旷世而相感，其在斯乎！其在斯乎！因泛棹建阳，访求遗书，得其全帙，归而谋于平江息关蔡子，校雠以行于世。眉锡不敏，切附数言于后。先生一生大概，先儒若勉斋，若北溪，若鹤山，已详述之，余小子又何容赞一辞？然道统绝续之所关、人心安危之所系，陷溺既久，廓清匪易，慆淫日甚，砥柱为难。今读《全书》，凡家国天下之事与夫饮食起居之节，无显无微，无精无粗，无巨无细，无本无末，靡不见诸躬行、发之议论，谆谆恳恳，随处感触，不骛于诡异，不入于迂阔。推之则参赞之极功，约之即愚夫妇之所可与知，将见似续之有人，而道之得明于天下也。或曰："子刻《全书》，知尊紫阳矣。尊紫阳，则必辟象山，辟象山，又当斥姚江。"答曰："孟子加杨墨无父无君之罪，以其非孔氏之门，而创为异说以惑众，其流弊足以坏人心。若姚江，非仲尼之徒乎？即其抗刘瑾、定宸濠二大事，而事功节义无愧于圣贤。子知尊紫阳已矣，又何以斥姚江为也？"偶序《全书》，而附之于此。时康熙戊辰夏四月浙西后学臧眉锡书于吴门旅次。康熙刊本。

清朱玉《朱子文集大全类编引言》：盖尝论理学之传，至宋儒而极盛。惟我文祖集诸儒之大成，使圣人之道历千古而不坠，厥功甚巨。然文祖生平所得力在《学》《庸》《论》《孟》《易》《诗》《礼》诸经，至于《通鉴纲目》《八朝名臣言行录》，皆维持世道之大者，与夫《小学》《近思录》等集细而切近日用之常，既家传而户诵矣。独《文集大全》一编，虽久行于世，自宋迄今，编辑多家。所憾家无藏版，每赂艺林而购祖书。且近年臧君喟亭、蔡君九霞相与重刊，亦尝谓是集参错而未编之以年，致后学莫寻其端绪，而为多歧所眩，则亦仍其原本而无从更定也。玉幸生其后，每读遗编，窃叹文祖易箦时，作书命季子早归，收拾文字，可见著作繁多。虽片言必存，究未类其孰先孰后，暨一生升沉显晦，载在简编者，亦多详略径庭。学者反无所考据，岂非五百余年之缺事耶？玉不揣庸陋，殚三余之心力，搜罗群集，稽之家乘，详其原委，序其先后，互参考证，汇抄成帙，分为一十六册。凡文祖之出处功业、行谊文章，按年稽月，计日循时，或载之谱牒，或附诸散帙，未售于世者，悉序次补入，颜曰《朱子文集大全类编》，将公诸海内，得以次第循觉，展卷了然。然篇页颇繁，欲登梨枣，实虑功资浩瀚。兹勉强授梓，惟赖文祖在天默相，渐次图功。倘幸而有成，其足以发明斯道者，即所以表玉三十载研究之夙愿也，敢云于文祖之《全集》有以补其从前所未备也哉！康熙壬寅九月望日，建安嫡长派十六代孙玉百拜谨识。《朱子全书》第二十七册《序跋》。

清朱玉《朱子文集大全类编引言》：盖尝论理学之传，至宋儒而极盛，惟我文祖集诸儒之大成，使圣人之道历千古而不坠，厥功甚巨。然其生平得力，在《学》《庸》《论》《孟》《易》《诗》《礼》诸经，至于《通鉴纲目》《八朝名臣言行录》，皆维持世道之大者，与夫《小学》《近思录》等集细而切近日用之常，既家传而户诵矣。独《文集大全》一编，久行于世。自宋元而后，家失原版，子孙无从而购祖书，岂非吾家之憾事耶？近年臧、蔡二君得闽本，相与重刊，尝谓是集参错而未编之以年，致后学莫寻其端绪，且疑学问功夫有少壮晚年之别。玉不肖，幸生其后，质尤鲁钝，既无能窥其毫末，又安敢强为牵合。然按文祖当易箦之顷，作书趣季子早归，收拾文字，可见著作繁蔓，其间问答往来公移文字，或散之四方者，不无遗落。宋刻有《大同集》《南康集》《临漳语录》《南溪志》《各家刊帖》，蔡久轩刊《庆元书帖》。幸后起同志留心搜采，遂加《续》《别》二集附诸后卷。在宋末去庆元未远，碎金屑玉，人知珍惜，迨世异人殊，水火频继，则珠沈圭毁，不可复覯矣。玉每读《全集》，不揣庸愚，凡得之散简断篇者，参详原委，按其年月，稽其日时，序次补入，汇抄成帙，僭分八册。首册列以《年谱》，次及诗词、奏对、政迹、书札、问答、杂著、记序，合一百一十卷，颜曰《文集大全类编》，俾文祖一生出处功业、行谊文章，读者展卷了然，俾无片言只字之遗矣。第篇页颇繁，欲登梨枣，实虑功资浩瀚。兹承同学诸子怂恿授梓，惟赖文祖默相、高贤赞襄，倘能簧加腋集，渐次图功，足以成全五百年之遗泽者，即所以酬玉三十载之夙愿也，敢曰于《全集》有以补其从前所未备也哉！《年谱》一编，由宋至明，自闽而徽，互相刪劂增删，详略或殊。出处纪实则一如原本。遇入对、囊封、莅治、兴除，以及著撰文字，必截取数段以实其后，仿史例节文以成书也。兹《全集》可稽，何用赘及。凡当叙述处只注“某篇载，见后卷”，翻览便得，倘仍其旧，似属重复。《文集》原本八十八卷，文公季子侍郎所编也，版藏建安书院。至淳祐己酉，得《续集》五卷。编辑姓氏无考。景定间，建通守余君师鲁、建安书院山长黄君镛重补《别集》七卷，见原序。合为百卷。元末建罹兵燹，院版寖失。成化、嘉靖间，闽、浙重镂，藏之藩臬。兹玉僭以《别集》内诗文、杂著、公移诸作，按其年次，类入《全集》各卷之内，独时事往来附于五册书札之中。其《续集》则补于五册之末、六册问答之前，从其类也。省去《续集》《别集》之名，非敢勉强更移。细读目次，见第原本各卷之后，附参考异。自谓与其读毕一卷，重翻检阅，似费搜寻，即于每篇每段之下注“某句某字，一本作某字”，尤见简便。是集模刻既久，不无纰讹，亥豕既参，鲁鱼必辨。至卷内有音同字异者，初读疑其有误，至于屡见，必有所依，悉遵原本，不敢更易。博览自能体会，勿谓雠校未精。康熙壬寅九月望日，建安嫡长派十六代孙玉百拜谨识。《朱子全书》第二十七册《序跋》。

清朱殿玉《文集书板复藏考亭书院叙》：《文公文集大全》板久就湮，郡城族兄玉搜罗考订，殚力数十年，汇就是编，拮据谋梓。荷抚军泰安赵公、学宪华亭黄公拨项助刻，始克成书。未几，玉故，而板随售建阳书坊陈氏。丁卯春，邑侯许公初下车，访求文公家藏遗书，告及板之流失，欷歔久之。越数月，展谒文公墓道，见贤茔荒落、享堂倾圮，爰白大宪，集邑绅士谋倡捐，命殿玉董其事。甫越浃旬，而墓前缺者增、享堂颓者建。构碑亭、置墓田外，尚得百余金。亟召受质书板者，谕以公物何得私赁，姑酌给前价，而陈氏亦欣然凛诺。自是《文集大全》板复藏考亭书院。俾考亭微裔世守勿失，皆我邑侯之力也。因叙兹废兴失得，布告海内，见邑侯之功，实与编辑助刻诸公并传不朽云。许公讳齐卓，雍正乙卯拔贡，江南合肥人。乾隆十五年三月望日，建阳考亭文公十六代孙殿玉谨识。《朱子全书》第二十七册《序跋》。

清郑方城、郑方坤《募刻朱子全集类编启甲辰闰孟夏》：原夫一画天开，阙里独钟其盛；五星奎聚，考亭爰集其成。鱼跃鸢飞，勃窣早深理窟；鹅湖鹿洞，文字总属精言。顾末学曾广以搜罗，问津有志；而全书终忧夫汗漫，捧土无功。不有象贤，将无蠹简？兹紫阳嫡裔讳玉者，生宋元明以后，溯高曾祖而前。对黄卷以遐思，十六代心源可接；认青毡于旧物，五百年手泽如新。谓家塾具有成编，若艺林都非善本。率首衡而尾决，有似乱丝；徜句摘以章寻，难言完璧。传疑每滋于异代，定论岂出自晚年？用是殚乃精神，勤其岁月。大书图谱，井井有条；类次诗文，昭昭可考。发凡起例，终于获野之麟；转注象形，辨以渡河之豕。盖枣梨寿永，为之后而益彰；牛斗芒寒，非其时则不出也。然使田多负郭，即粟供梓匠以奚难；屋有散钱，纵纸贵洛阳而勿恤。而乃窥马卿之壁，祇列琴尊；入杜甫之庭，惟余松竹。勤勤恳恳，罔知刻楮之劳；矻矻孳孳，不学挈缾之守。思之抽兮似茧，手之捋也惟荼。事最艰焉，功斯巨矣。今者谋诸剞劂，策剩二三；汇厥缥缃，里难九十。襄兹盛举，大有同心。四海悉远宗私淑之俦，七闽尤过化存神之地。必钟鸣而谷斯应，道以薪传；亦毛聚而裘可成，势犹竹破。庶几丧文无虑，编同四子之书；岂但数典不忘，秘作一家之宝。闽南后学郑方城、方坤谨启。《朱子全书》第二十七册《序跋》。

清贺瑞麟《朱子大全文集总目序》：道之显者谓之文，道统之传，自尧、舜、禹、汤、文、武、周公、孔子以至孟子，孟子殁，不得其传。宋周、程、张子出，道统复续，逮朱子而尧舜以来相传之道乃益大明于天下。文亦然，尧曰“文思”，舜曰“文明”，禹曰“文命”。汤、武革命，顺天应人，所谓“文明以说”，虎变文炳之大人。文王之文、周公之文、孔子之斯文在兹。孟子愿学孔子，其文即孔子之文。濂溪、横渠之文，剖幽宿光；二程倡明绝学，亦以兴起斯文为己任。而朱子者，体道之全，践道之实，其所著经注史编与夫纂录各书，则又删定赞修之功，真天地之大文、至文，醇乎其醇，开后学于无穷，质先圣而一揆。盖文之所在，即道之所在也。及其易名谥“文”，即非韩子之所谓“文”者可疑，而杨亿、王安石之“文”又奚足云哉！至于《文集》百卷、《续集》五卷、《别集》七卷，凡夫天命之微、人心之奥、造道人德之方、修己治人之术，辨诸儒之得失，辟异端之讹谬，体用显微，精粗本末，至粹至密，至详至备，亦莫不与传注相表里。而光辉发越之盛，尤觉融透明畅，金精而玉润，日光而月洁，是固百氏之不敢争衡而万世之赖有定准者也。其于斯文为何如哉！及门刘东初秀才升之，雅慕斯道，尝属刻儒先诸正学书，而朱子尤吾儒所当瓣香私淑，既刻《语类》一百四十卷，《文集》之刻又乌容已旨哉？朱止泉泽沄之言曰：《文》《语》二书，有此有彼无者，有此无彼有者，有此详彼略者，有此略彼详者。如己丑之悟，《中和旧说序》、与湖南诸公书等篇，《文集》所有，《语类》所无。如《语类》陈北溪穷究根原来处、识许多规模大体等篇，《语类》所有，《文集》所无。如《近思录》周、程、张子遗书之解，《语类》所详，《文集》所略。如封奏札以告君、时事出处以告朋友之词，《文集》所详，《语类》所略。然则此二书者不可缺一，盖皆道之所在，即皆文之所在。且朱子之道，前圣之道，朱子之文，前圣之文也。《文》与《语》岂有异哉？矧《文集》又其手著者乎！此所以为朱子之文，此朱子之所以为文也。《文集》在宋有公季子在本；王潜斋遂本；国朝有臧介子眉锡本；有贤裔朱石中玉本，所谓祠堂本；近有徐寿蘅树铭本，所谓新本。臧本虽未尽善，然意其犹近宋本，至祠堂本颇有增补，新本多从之。而《蒙斋》《敬义斋》二铭，则真西山作也，于此尚不能有所是正，其余非朱子作而窜入者，亦安可尽据？今以二本及诸家本参校臧书，别为《正讹》《记疑》两卷，附刻集后，使读者考焉。若夫臧书《答袁机仲书》中之图蓍卦考误之次第点画，多有舛讹。其他书中，或本一条而裂分，或本数条则混并，恐皆传写之失，俱详文意，僭为厘正，并以质诸后之君子。朱子尝曰："自少读程、张两家之文四十余年，但见其义之精，旨之深，而后世纷纷，所谓议论文章者，殆不足复过眼。"呜呼！是岂徒以文也哉，抑岂不以文也哉？吾于朱子文亦云然。光绪十年甲申九月晦日，三原贺瑞麟谨识。《西京清麓丛书》本。

宋徐几《闽刊本文公续集跋》：右得之刘侯之孙观光，今为浦城尉。尉始来过书院，祠谒甚敬，言乃祖参议公尝受知文公先生，出所藏帖数十，皆《集》所不载。几敬读之，其间格言至论真有补世道，遂刻以附于《集》。因叹文公之笔流落世间不传者凡几，又叹前辈流风遗韵日远日亡，其存者几，能嗣守家训不替祖风如尉者，又宁有几？贤矣哉！刘侯，玉山人，文公尝为之记义学云。淳祐庚戌二月甲子，后学徐几谨识。

《义学记》载《前集》，其间误字观此可证，抑重有感于圣人古史缺文之叹云。《四部丛刊》本《晦庵先生朱文公文集》《续集》卷末。

宋余师鲁《朱文公别集后序》：文公先生之帅长沙也，先大父衡阳史君实以小侯事大国，辱知焉。先生所与书帖毋虑数十，巾袭惟谨，为子孙藏。往岁偷儿入室，意其为宝也，窃之。交讯一启，直当时吏牍，以故杂废书中，今存此纸耳。每一思之，辄使人愧恨不能已。其后随牒四方，多获与乾、淳故家子弟游，暇日视以先生真帖，则曰六丁下取之余，是特毫芒耳。因道前事，相顾喑喑叹息，以为距先生没未几何岁，而散失遗落已如此，况后千百年之久且远乎。先生一言一话，门人弟子必录以传，然得其言而有不得其意者。若翰墨真迹，即先生实心之所寓，精义之所存，使毫芒之仅不失者而复失之，谓非通家子弟之罪，不可也。乃视集中所缺者，俾儿曹笔藏之，以俟成编而寿诸梓。揭来丞郡，适在先生里，而所得者益多，厘为十卷。噫，富矣！先生之曾孙市辖见之，慨然曰："建安精舍有所谓大全集矣，书当成一家言。且钩考赢余，犹足供锓费，而敢麈吾子乎？"于是精加雠校，楷书送似，而致餐钱薄少以相兹役云。先大父讳秀实，字颖叔，治衡之政，前帅周益公论荐甚力。其受先生知，盖亦曰益公之所与者。景定癸卯三月朔，孙朝奉大夫、通判建宁军府兼管内劝农事余师鲁谨书。宋闽刻残本《晦庵先生朱文公别集》卷末。

明潘潢《晦庵先生朱文公文集卷目后题记》：右《晦庵文公文集》百卷，

又《续集》十卷、《别集》十有一卷，岁久版昏，察使胡仲申岳、副使张用载大轮先后白巡抚虞惟明守愚、苏宗玉信、蒋伯宣诏，缩费重雕，藏诸闽臬。潢故习朱氏《易》、《诗》、四书，想见其为人。比涉是编，始得公所为融会折衷、深造大成者，审在沉潜反复、积累有年之后，而师友渊源、经纶本末、始终条理灿然详明，尤足以发挥《本义》《集注》《语录》曲折，上探圣贤之缊。虽公于文所好不存，潢以世传《大学序》《白鹿洞赋》草暨《答吕伯恭论洞记》等征之，当时思绎之熟，改定之精，凡未可以言语文字求之也。独嘅公老庆元间，学禁方厉，片词只字所在毁弃。每读《请詹帅罢锓梓书》，未尝不掩卷太息，恶小人之罔极。淳祐以来，区区掇拾，已非复公季子在初类次本。而王会之、祝伯和、虞伯生家藏《与陆王帖》《梅花赋》诸篇，往往尚逸弗录。集中记载，抵牾可疑亦复不鲜。则吾侪于此苟非诚致力于公居敬穷理、反躬实践之功，政恐其幸传者未易遽知，况望能并其不可传者不言而自得之哉！潢闻往者濂洛三先生书历时未远，微言大义郁而不彰。公既以孔孟道统所系，亟为之绪正表章，犹虑人滞于见闻，谓必能真立伊尹之志、修颜子之学，使本立而知益明、知精而本益固，日用之间，将有以得乎先生之心，而疑信可判。继往开来，惓惓如是，矧后公数百年，其间志坚思苦、谨守精玩，如勉斋、北山，儒者仅有乎尔，宁不重感于斯文！嘉靖壬辰秋七月甲戌，后学婺源潘潢拜书。嘉靖刊本。

明黄仲昭《晦庵先生朱文公文集跋》：右《晦庵朱先生文集》一百卷，闽、浙旧皆有刻本。浙本洪武初取置南雍，不知辑于何人。今闽藩所存本，则先生季子在所编也。其后又有《续集》若干卷、《别集》若干卷，二本亦并刻之。历岁既久，刓缺寖多，读者病焉。成化戊子，仲昭自翰林谪官南都，偶得闽本，公暇因取浙本校之，其间详略互有不同，如劾唐仲友数章，闽本俱不载其所劾事状，世之鄙儒多以是疑先生，异论纷起，故悉增入，使读者知仲友蠹政害民之实，而无所惑于异论也。其他无大关系者则仍其旧，惟正其亥豕鲁鱼之讹而已。岁丙申，闽宪使山阴唐公质夫、佥宪兰溪章公德懋闵旧板磨灭日甚，遂以仲昭所校本补之，未及讫工，而二公相继去任，寻复残缺。佥宪天台林公一中至，慨然以为己任，久未暇及。壬寅秋，谋于先生九世孙都运伯承君，复以仲昭所校本精加雠订，讹者正之，腐者易之，缺者补之，至是始无遗憾矣。呜呼！先生不可复作，而是编之存可以见其经国之谋焉，可以见其济民之政焉，可以见其出处之义焉，可以见其交际之道焉。上而天道之妙，下而物理之微，明而礼乐之文，幽而鬼神之理，大而人伦之常，小而人事之变，无所不该，诚作圣之阶梯、入道之门户也。诸公惓惓相与图其永久，其嘉惠后学之意不既深乎！工既告成，仲昭谨识其颠末，以告后之君子，俾谨守而嗣修之，以无替诸公之嘉惠也。成化十九年岁在癸卯二月之朔，后学莆田黄仲昭谨识。嘉靖刊本。

清蔡方炳《朱子大全文集书后》：论人者必取其平生之言考之，而其人见焉，况乎接往圣之宗传、垂后学之标准如考亭朱子者乎？今儒者童而习、长而遵，莫非朱子之言也。习之遵之，而闻道之人盖寡，则又何也？朱子之学有体有用，合内合外，溯流以穷源，即末以知本，教固因人而施，诣亦与年俱进。朱子之为朱子，未可浅窥而得也。以其博综群说，反复讲究，精研体认，持守之严，经纶之裕，出处之正，靡不造其极而几于无间。后之人非朱子而朱子不加损，尊朱子而朱子不加益，徒多其辞说以起纷争之端，皆未读朱子平生之言，以见朱子之为朱子焉耳。朱子故有《大全文集》，岁月浸久，版磨灭，其书不概见于世，窃叹吾道一缺陷事。适余友臧子喟亭具有同心，相与竭蹶后事，始于卯秋，迄己巳春告竣。原集一百卷，又《续集》十卷、《别集》十一卷。其有《续》有《别》者，盖集既成，复搜采得之，故另附于后，初无所分别于其间。余窃慨是集不出朱子手定，又不由入室弟子所编辑，惟片言必存而统之以类，又未尝就类而编之以年，致使后学莫寻其言之先后，而为多歧所眩。定为晚年者，或未必尽出于晚年，然多闻记诵，大都是少壮精力有余时功夫。若晚年进境，未有不去泛滥而归紧要、去安排而归洒落者也。即以吾辈读书行己处验之自知。乃故反之，而指为初年未定之论，似亦失之矫诬。余钝根盲识，未窥朱子之藩篱，况前人且未能考据编辑，余何敢妄有更定？故悉依原本，即《续》《别》二集亦未依类附入。惟字画鱼鲁之讹则正之，苟属疑似，宁仍其旧，聊存吾两人慎重不苟之意云尔。天下后世精心以求之，徐思而自得之，以见朱子之为朱子，不惑于纷争之论，而相期为闻道之人，斯集之有系于吾道岂小补哉！平江后学蔡方炳谨识。康熙刊本。

清朱玉《紫阳书堂重刊文集始末记后》：《文公全集类编》成一百一十卷，凡四千篇，计字二百四十万，盖自始事以至竣工，需费壹千贰百金有奇。其间拮据经营，机缘遇合，赖文公默相于上，俾得仰叨当事，加意成全，不能一言尽也。兹特详其始末，以志感于不忘焉。《全集》原本无存几二百载，玉数十年来殚心订补，类抄成帙，欲重镌以垂久远，自知贫贱，举非轻易。迨至康熙壬寅，有为玉筹者曰："子年几七十矣，是集若勉力从事，或可渐次图功，何自画乃尔？"玉承教，以九月望文公诞辰，爰告于庙，鸠工授梓。至雍正甲辰孟夏，周二十月日，刊成一册至五册，得书不满二千篇，遂力绵而中止。乙巳春，大宗师黄岁试按郡，玉以前刻呈览，幸蒙许可，适有府邑详罚赎锾，悉移赠助，遂自七、八二册续刊。至丙午冬，凡十九阅月，又得书七百余篇。岁戊申，幸遇新任大方伯赵莅闽，未几即承见召。晋谒时，呈以前后刊成七册之书。公见嗣刻卷数，校之全集，尚缺三分之一。玉具告以是举原出孟浪，所以拮据经营于前，依然功亏力疲于后，至今不能终其局者，殊自愧悔耳。公曰："不然，天下事讵有坐视其中道而废者耶？"时聆公言出至诚，心存筹划，已有力襄竣事之意。至己酉春夏间，果蒙清剔罚项，先后颁发。玉不胜踊跃，得以重集梓工，限期剞劂。不逾年，大工将竣，而公调任中州矣。兹幸书成有日，亟请序以志之。公谦光退逊，至再至三，然叨一日逾格之资助，以成数代未刻之全书，不独玉族子孙戴颂靡穷，凡海内巨公、艺林名宿读是集者，冀鉴始末，以共相表扬此赞襄之雅也，则二公之深泽流长，当与先文公《全集》永垂天壤矣。赵公讳国麟，字仁圃，山东泰安州人，丙戌、己丑进士，任福建布政使司布政使，调任河南布政使司布政使，今升授福建巡抚都院。黄公讳之隽，字石牧，江南华亭人，辛丑进士，日讲官左春坊左中允，提督福建全省学政。雍正八年庚戌孟秋朔，紫阳嫡裔朱玉石中甫谨识。《朱子全书》第二十七册《序跋》。

清洪汝奎《晦庵先生朱文公文集校勘识语》：汝奎弱龄时即喜聚书，亦喜刻书，疲日力于校雠不之惜。咸丰初元，客都门，曾手校嘉靖本《朱子文集》，谋醵金授梓未就。兵燹以来，校本残缺者十之一，缺第八至十一、二十至二十五等卷。又缺七十四下半卷、七十五上半卷。近从潍县陈氏、永康应氏所藏本校补，复成完帙。谋之涂朗轩同年，力任剞劂，经始于同治辛未，越二年工竣。爰撮举校字大略，条记之如右。先是，道光戊申，汝奎与吾宗耆彦校刻《盘洲集》于藤溪家塾，感彭文勤"好事数典"一语，见《知圣道斋跋尾》。有刊布洪氏全书之约，迨今垂三十年矣。拟循前约校刊，亦赖朗轩雅意相助。独各书同时授梓，心力难副，校字之勤，远逊畴曩。摩挲旧藏《朱集》校本，不禁怃然，既以此书刊成为幸，又以未得宋无旧槧覆校为憾，拾遗匡谬，是所望于世之诵习此书者。同治癸酉中冬，洪汝奎谨识。同治刊本。

《读书附志》卷下《别集类三》:《晦庵先生文集》一百卷，《续集》十卷。右朱文公之文。嘉熙己亥，王埜刻于建安，黄壮猷嗣成之，识于后。《续集》则王遂刊而序之。然南康黄西坡诸处所刻《墨帖》之类，或不在焉，然则遗逸尚多有之。

《直斋书录解题》卷一八《别集类下》:《晦庵集》一百卷。待制侍讲文公新安朱熹元晦撰。

《文献通考》卷二四〇《经籍考六十七》:《晦庵集》一百卷，《紫阳年谱》三卷。陈氏曰："侍讲文公新安朱熹元晦撰。"《年谱》，李方子公晦所述，其门人也。勉斋黄氏曰："周、程、张、邵之书，所以继孔、孟道统之传，历时未久，微言大义，郁而不彰，为之裒集发明，而后得以盛行于世。《太极》《先天图》，精微广博，不可涯涘，为之解剥条画，而后天地本原，圣贤蕴奥，不至于泯没。程、张门人祖述其学，所得有浅深，所见有疏密，先生既为之区别，以悉取其所长，至或识见小偏，流于异端者，亦必研穷剖析，而不没其所短。南轩张公、东莱吕公同出其时，先生以其志同道合，乐与之友。至或见识少异，亦必讲磨辩难，以一其归。至若求道而过者，病传注诵习之烦，以为不立文字，可以识心见性，不假修为，可以造道人德，守虚灵之识，而昧天理之真，借儒者之言，以文佛老之说，学者利其简便，诋訾圣贤，捐弃经典，猖狂叫呶，侧僻固陋，自以为悟。立论愈下者，则又崇奖汉、唐，比附三代，以便其计功谋利之私。二说并立，高者陷于空无，下者溺于卑陋，其害岂浅浅哉！先生力排之，俾不至乱吾道以惑天下。于是学者靡然向之。先生教人以《大学》《论》《孟》《中庸》为入道之序，而后及诸经。以为不先乎《大学》，则无以提纲挈领而尽《论》《孟》之精微；不参之以《论》《孟》，则无以融会贯通而极《中庸》之旨趣；然不会其极于《中庸》，则又何以建立大本，经纶大经，而读天下之书，论天下之事哉？其于读书也，又必使之辨其音释，正其章句，玩其辞，求其意，研精覃思，以究其所难知，平心易气，以听其所自得。然为己务实，辨别义利，'毋自欺、谨其独'之戒，未尝不三致意焉。盖亦欲学者穷理反身而持之以敬也。从游之士，迭诵所习以质其疑，意有未谕，则委曲告之而未尝倦，问有未切，则反复戒之而未尝隐，务学笃则喜见于言，进道难则忧形于色。讲论经典，商略古今，率至夜半，虽疾病支离，至诸生问辨，则脱然沉痾之去体，一日不讲学，则惕然常以为忧。抠衣而来，远自川蜀，文词之传，流及海外，至于夷虏，亦知慕其道，窃问其起居。穷乡晚出，家蓄其书，私淑诸人者，不可胜数。先生既没，学者传其书，信其道者益众，亦足以见理义之感于人者深矣！继往圣将微之绪，启前贤未发之机，辨诸儒之得失，辟异端之讹缪，明天理，正人心，事业之大，又孰有加于此者？至若天文地志，律历兵机，亦皆洞究渊微。文词字画，骚人才士疲精竭神，尝病其难至；先生未尝用意，而亦皆动中规绳，可为世法。是非资禀之异，学行之笃，安能事事物物各当其理，各造其极哉？学修而道立，德成而行尊，见之事业者又如此。秦、汉以来迂儒曲学，既皆不足以望其藩墙，而近代诸儒，有志乎孔、孟、周、程之学者，亦岂能以造其阃域哉？呜呼！是殆天所以相斯文焉！笃生哲人，以大斯道之传也。"

《宋史》卷二〇八《艺文志七》:《朱熹前集》四十卷，《后集》九十一卷，《续集》十卷，《别集》二十四卷。

《文渊阁书目》卷九 :《晦庵先生文集》一部一百册，全。《晦庵先生文集》一部九十九册，全。《晦庵先生文集》一部八十册，全。《文公大全集》一部四十册，全。《晦庵先生文集》一部八十册，缺。《晦庵先生文集》一部四十四册，缺。

又 :《文公大全集》一部四十册，全。

《文渊阁书目》卷一〇 :《朱晦庵先生集》一部一册，缺。

《濮阳蒲汀李先生家藏目录》东间朝东头柜 :《晦庵先生文集》。三十九本。

《濮阳蒲汀李先生家藏目录》东间南架一层 :《朱子大全》。四十本。

《濮阳蒲汀李先生家藏目录》东间北架一层 :《晦庵先生文集》。四十本。

《濮阳蒲汀李先生家藏目录》中间朝西三柜 :《朱子大全》。四十八本。

《万卷堂书目》卷四《文集》:《晦庵文集》一百卷。朱熹。

《晁氏宝文堂书目》卷上《文集》:《晦庵文集》。闽刻。

又 :《朱子大全》。

《赵定宇书目·杨升庵书集目录·宋板大字》:《朱文公文集》。

《脉望馆书目·宋元板书·集》:《朱晦庵文集》。欠二十八卷之三十、五十五、五十六、六十二之六十七、九十八之一百，《续集》《别集》全欠。

《世善堂藏书目录》卷上《集类》:《晦翁集》一百卷。

《徐氏家藏书目》卷六《集部》:《朱文公大全集》一百卷。

《徐氏红雨楼书目》卷四《集部》:《晦庵集》。朱熹。

《国史经籍志》卷五《集类》: 朱熹《晦庵集》一百卷。

《古今书刻》上编《南京国子监》:《晦庵文集》。

《绛云楼书目》卷三《宋文集类》: 宋板《晦庵文集》四十册一百卷, 又《年谱》三卷。闽板旧刻佳。

《静惕堂书目・宋人集》:《朱文公大全集》。

《楝亭书目》:《朱子全集》。宋黄镛序, 一百卷, 五函四十册。

《楝亭书目》:《朱文公集》。宋本, 宋朱熹著, 十三卷, 二函十四册。

《也是园藏书目》卷七《集部》:《朱晦庵集》一百卷。

《虞山钱遵王藏书目录汇编》卷六《集部》:《朱晦庵集》一百卷。述文集。

《传是楼书目・集部》:《朱文公全集》八十七卷, 又《续集》十一卷,《别集》十卷。宋朱熹, 四十本。

《潜采堂宋元人集目录》:《朱子大全》一百卷,《续集》十一卷,《别集》一卷。嘉靖壬辰苏信序, 四十册。又一部一百卷,《续集》五卷,《别集》七卷。康熙戊辰臧眉锡序, 二十册。

《好古堂书目・集部》: 朱熹《文公集》一百卷,《续集》十一卷, 六十四本。

《好古堂书目・好古堂收藏宋元板书目》:《朱子集》, 宋, 六十四本。

《季沧苇藏书目・宋元杂板书》:《朱文公集》九十四卷, 元板。

《文瑞楼藏书目》卷七《集部》: 朱熹《文公全集》一百〇八卷。松子, 进士, 累官焕章阁待制、侍讲, 谥曰文, 封徽国公。

《小山堂藏书目录备览》:《朱文公大全集》。

《马氏道古楼书目》:《朱子文集大全》, 正八十卷, 续十卷, 别十一卷, 共三十六本。

《振绮堂书目》卷三 :《朱子大全》三十二册, 一百卷。宋朱子撰, 国朝臧眉锡、蔡方炳重订。

《怡府书目》六十四号 :《朱子大全》, 二套, 计二十本。

《怡府书目》五百二十八号 :《朱子大全》, 四套, 计四十本。

《怡府书目》五百八十五号 :《朱子全集》, 六套, 计四十八本。

《知圣道斋书目》卷四《集部》:《朱子大全集》，五十本。

《天禄琳琅书目》卷一〇《明版集部》:《朱文公文集》，六函三十六册。宋朱子著，一百卷。按陈振孙《书录解题》载《朱子文集》一百卷，《紫阳年谱》三卷。王圻《续文献通考》载《文公文集》一百五十卷，莆田黄士毅编次。此本卷数虽与陈氏所录相符，然不载《年谱》，其槧印亦不工，系明时坊间刊售之本，故前后俱无序跋也。

《天禄琳琅书目后编》卷七《宋版集部》:《晦庵先生文集》，二函十二册。宋朱熹撰。《前集》十二卷，为古诗、律诗、赋、策问、铭、文、赞、词、歌、解义、表札、上书、记、题跋、序、墓志铭、祭文，《后集》十八卷，为序、辨论、问答、易赞、记、行状、碑铭、墓志，无编者姓名，亦无序跋。书中标“晦庵先生文集”，而《前集》目录之首标“晦庵朱先生大全文集”，是“大全”之名不始于蔡方炳之刻也。宋本中最工整者。常熟毛氏藏。《后集》二印不可辨。

《天禄琳琅书目后编》卷一九《明版集部》:《晦庵先生朱文公文集》，四函四十册。宋朱熹撰，一百卷。分词、赋、琴操、诗、乐府、封事、奏札、讲义、议状、札子、奏状、申请、辞免、书、杂著、序、记、跋、铭、箴、赞、表、疏、启、婚书、上梁文、祝文、祭文、碑、墓表、墓志铭、行状、事实、年谱、传、公移三十六门。不分前、后、续、别集。成化癸卯，黄仲昭以闽本、浙本校正，有后序。嘉靖壬辰，婺源潘潢重校识于目后。卷端标“晦庵先生朱文公集”，而每叶版心刻“朱子大全”，乃仍宋时旧名也。

《四库全书总目》卷一五九《集部十二·别集类十二》:《晦庵集》一百卷、《续集》五卷、《别集》七卷，内府藏本。宋朱子撰。《书录解题》载《晦庵集》一百卷、《紫阳年谱》三卷，不云其集谁所编，亦不载《续集》。明成化癸卯莆田黄仲昭跋，称“《晦庵朱先生文集》一百卷，闽、浙旧皆有刻本。浙本洪武初取置南雍，不知辑于何人。今闽藩所存本，则先生季子在所编也。又有《续集》若干卷、《别集》若干卷，亦并刻之”云云。是正集百卷，编于在手。然朱玉《朱子文集大全类编》称在所编实八十八卷，合《续集》《别集》乃成百卷。是正集百卷又不出在手矣。《别集》之首有咸淳元年建安书院黄镛序，曰：“先生之文，《正集》《续集》，潜斋、实斋二公已锓版书院。建通守余君师鲁，好古博雅，搜访先生遗文又得十卷，以为别集。其标目则一仿乎前，而每篇之下必书其所从得。”是《别集》之编，出余师鲁手。惟《续集》不得主名，朱玉亦云无考。观镛所序在度宗之初，则其成集亦在理宗之世也。此本为康熙戊辰蔡方炳、臧眉锡所刊，眉锡序之，而方炳书后题曰《朱子大全集》。不知其名之所始。考黄仲昭跋及嘉靖壬辰潘潢跋，尚皆称《晦庵先生集》。而方炳跋乃称："朱子故有《大全文集》，岁月浸久，版已磨灭。"则其名殆起明中叶以后乎？惟是潢跋称《文集》百卷、《续集》五卷、《别集》七卷，与今本合。而与潢共事之苏信所作前序，乃称百有二十卷，已自相矛盾。方炳手校此书，其跋又称《原集》百卷、《续集》十卷、《别集》十一卷，其数尤不相符。莫明其故。疑信序本作百有十二卷，重刻者偶倒其文，而方炳跋则缮写笔误，失于校正也。方炳跋又称校是书时不敢妄有更定，悉依原本。即续、别二集亦未依类附入，颇得古人刊书谨严详慎之意。今通编为一百一十二卷，仍分标《晦庵集》《续集》《别集》之目。不相淆乱，以存其旧焉。

《四库全书总目》卷一七四《集部二十七·别集类存目一》：《朱子文集大全类编》一百十一卷，兵部侍郎纪昀家藏本。国朝朱玉编。玉，建阳人，朱子十六代孙也。是编以朱子正、续、别三集合而为一，俾诸体各以类从。每体之中，又以编年为先后，分为八册。一册为道学渊源、世系、题赞、事实、年谱、祭文、行状、褒典、祠庙及门人姓氏附录，凡三卷。二册为赋、诗、诗余，凡十卷。三册为封事、奏札，凡二卷。四册为政迹、宫观、经筵、表文、疏文，凡十一卷。五册为书札，凡十四卷。六册为问答，凡三十五卷。七册为杂著，凡十五卷。八册为序记、祝文、碑文、行状、墓志、事实、年谱、遗事及庭训、墨迹，附编著书目，凡二十一卷。每卷各为之引述。其用力颇勤，然割裂烦琐，究不及大全集之原本，为能存其旧也。

《鉴止水斋藏书目》集部第二橱：《朱子全集》四十八本。

《吾园书目·集部》：《朱子大全》。

又：《朱子大全》二十七本。

《问源楼书目初编》卷四上《集部》：《晦庵集》一百卷，宋朱子撰，子在编；《续集》五卷，不知谁编；《别集》七卷，余师鲁编。元刊本。又仿元刊本。

《问源楼书目初编》补遗《集部》：《晦庵集》一百卷《别集》九卷，不知何人所编；《续集》十一卷，宋王遂编。宋刊本。

《稽瑞楼书目》:《朱子大全集》四十册，张杨园阅本。

《带经堂书目》卷四上《集部》:《朱晦庵集》一百卷《续集》五卷《别集》七卷，元刻祠堂本，宋朱文公撰。

《越缦堂书目·集部》:《朱子大全集》四十八册，康熙五十七年重刻本。

《铁琴铜剑楼藏书目录》卷二一《集部三》:《晦庵先生文集》一百卷，宋刊本。宋朱子撰。首《目录》二卷，无序跋，每半叶十行，行十九字。遇“廓”“扩”等皆为字不成，是宁宗后所刻也。考成化本黄氏仲昭跋云：“《晦庵朱先生文集》，闽、浙旧皆有刻本。成化戊子偶得闽本，因取浙本校之，其间详略微有不同。如劾唐仲友数章，闽本不载其所劾事状，今详此本，备载无遗，当是浙本矣。”又考嘉靖本卷六十七《仁说》小注云：“浙本误收南轩先生作，而以先生作为《仁说序》，此本正如是，其为浙本益明矣。”黄氏又云：“浙本洪武初取置南雍，不知辑于何人，今闽藩所存，则先生季子在编。其后又有《续集》若干卷、《别集》若干卷二本，亦并刻之，似浙本当又有《续集》《别集》矣。然陈氏《书录解题》、焦氏《国史经籍志》、钱氏《也是园藏书目》，并止百卷，即吴文恪公所见来自福唐之《大全集》，亦云总百卷而已。惟徐氏含经堂、培林堂两家书目，均于《正集》《续集》《别集》合刻本外，载有旧板单续集、旧板单别集之本。考王氏遂序《续集》在淳祐五年，黄氏镛跋《别集》在咸淳元年，意刻非一时，故与正集各自单行欤？夫世宝宋椠，虽断简残编，犹珍同拱璧，而况百卷巨帙，首尾完具，又况其为朱子之书。则也是翁所称‘惊人秘籍’者当无逾此矣。”

又:《晦庵先生朱文公文集》一百卷、《续集》十一卷、《别集》十卷，明刊本。此本明嘉靖壬辰潘氏潢校刻闽中，目后潘氏有记云:“《文公文集》百卷，又《续集》十卷，《别集》十有一卷。”然王氏遂《续集序》虽不言卷数，而目录则载十一卷。黄氏镛《别集目后记》明云“搜访遗文，又得十卷，以为《别集》”。则潘氏所云，当是互误。《提要》引潘氏《跋》作《续集》五卷，《别集》七卷，更误。惟《续集》第十一卷有目无书，观苏氏信前序此本失去，据《提要》所引。称百有二十卷，则本无此卷矣。此本大题视浙本多“朱文公”三字，而板心又称“朱子大全文集”。近世蔡氏方炳刻《朱子文集》，谓《大全集》之名不知何始，而纪文达因黄氏仲昭、潘氏潢诸跋皆不称《大全集》，遂臆定其起明中叶以后。然吴文恪序其所编《朱子文抄》在宣德五年，已云“乡亲陈氏归自福唐，出示先生《大全集》总一百卷”。又考赵氏《读书志》云：“《朱文公帖》六卷，可以补晦翁《大全集》之缺者为多。”则其名实起于宋。惟黄氏称旧刻止有浙本、闽本，而浙本绝无此名，赵、吴两家所见，盖是闽本，其后黄氏刻于成化，潘氏刻于嘉靖，并祖闽本。则此本《大全集》之称，固袭旧而非更新也。此本与浙本字句颇有不同，篇次亦互异，如《书濂溪光风霁月亭》《游密庵记》，浙本在卷七十九《记》类，此本在卷八十四《跋》类。《游密庵记》诚宜在《记》类,而《书光风霁月亭》则移之《跋》类为是。又如,《皇考吏部府君迁墓记》，浙本在《先妣孺人祝氏圹志》后，而此本则在前。似浙本以作文先后为次，案：葬祝孺人在乾道六年正月，葬吏部以其年七月，作文先后，据此知之。而此本以父先乎母为次也。盖闽本与浙本故有详略之异，又经黄氏、潘氏递相参校，其异同益不少，要亦可为考订之资焉。

《藏园订补郘亭知见传本书目》卷一三下《集部四》:《晦庵集》一百卷、《续集》五卷、《别集》七卷，宋朱子撰。〇明刊大字本。〇嘉靖壬辰刊本。〇明万历甲辰朱崇沐单刊《奏议》十五卷。〇康熙戊辰蔡方炳刊，世谓闽小字本。〇雍正八年朱玉《类编》本，补文数篇。入存目。〇咸丰时，徐树铭提闽学，刊中楷字本。〇《天禄后目》有宋刊《晦庵先生文集》前集十一卷，后集十八卷，无编者姓名，亦无序跋，而刊印工整。曾藏汲古阁，有“宋本”“甲”字印。〇《晦庵先生大全集》一百卷,大字本,今在上海郁氏，其编《别集》有无不记。〇壬辰在沪见萧敬孚藏宋本大字本。〇顷见一残宋本，半页十行，行十八字。二十七以下缺，诗每卷末有《考异》。附：〇宋刊大字本，二十行，行十九字。〇淳熙五年刊《续集》十一卷，王瑬序。〇咸淳元年刊《别集》十卷，黄镛序。〇元刊大字本。〇元刊《朱文公大同集》十卷本，陈利用编，诗二卷，文八卷。(邵氏)

又:《晦庵先生朱文公文集》一百卷、《目录》二卷、《续集》五卷、《别集》七卷。宋朱熹撰。〇清康熙二十七年蔡方炳刊本,十二行二十四字,黑口,四周单栏。余藏。

《藏园订补郘亭知见传本书目》卷一三下《集部四》补:《晦庵先生文集》一百卷《目录》二卷。宋朱熹撰。〇宋刊本，十行十九字，白口，左右双栏。卷中避宋讳至“扩”字，为宁宗以后浙江刊本。海虞瞿氏藏。李木斋先生亦有一帙，有明代补版。内阁大库有残本数部，在北京图书馆。各坊肆多大库残叶。

又:《朱文公文集》一百卷。宋朱熹撰。〇宋江西刊本,十行十八字,白口,左右双栏,版心上记字数,下鱼尾下记《朱文公集》卷第几,下记刊工名一字。文禄堂见残卷。

又:《晦庵先生朱文公文集》一百卷,《目录》二卷,《续集》十一卷,《别集》十卷。宋朱熹撰。〇宋咸淳元年建宁府刊本,十行十八字,白口,左右双栏,版心上记字数,上鱼尾下记《朱文公集》卷几,下鱼尾上记叶数,最下记刊工人名。刘承干嘉业堂藏一帙,有明代补版。〇明初刊本,十一行二十二字,黑口,四周双栏。存《续集》十一卷,《别集》十卷。〇明嘉靖十一年张大轮、胡岳、潘潢等福州刊本,十二行二十二字,白口,四周单栏。前嘉靖壬辰苏信序,言"旧刻存闽臬,岁久刓缺,且简帙重大,人艰于蓄。张大轮等重刻之,省约版纸者什之四"云云。目后有同年潘潢序,言"缩费重雕,藏诸闽臬"云云。据跋,知此本即据宋建宁府刊本改易行款缩减叶数付梓也。每卷末考异后有"福州府儒学训导舒鳌校"一行。此本近已印入《四部丛刊初编》。〇清同治十二年六安涂氏求我斋刊本,后收入洪氏《唐石经馆丛书》。

又:《朱子集》一百四卷、《目录》二卷、《补遗》一卷。宋朱熹撰。〇清咸丰十年紫霞洲祠堂刊本。

又:《朱子大全》一百卷《目录》二卷《续集》十一卷《别集》十卷。宋朱熹撰。〇明天顺四年贺沈、胡缉刊本,十一行二十二字,黑口,四周双栏。刊工粗率。蟫隐庐见。

又:《朱子文集大全类编》一百十一卷,首一卷。宋朱熹撰,清朱玉辑。〇清雍正八年紫阳书堂刊本。四库存目。

《宝礼堂宋本书录·集部》:《晦庵先生朱文公文集》残本。二册。《晦庵先生集》,《宋史·艺文志》:"《前集》四十卷,《后集》九十一卷,《续集》十卷,《别集》二十四卷。"是本久不传。晁氏《读书志》:一百卷,《续集》一十卷。《书录解题》《通考》均一百卷,明刊本黄仲昭跋"先生文集一百卷"。闽、浙均有刻本,同时又增刻《续集》《别集》各若干卷。要之,先生正集今皆以一百卷为定本,余尝见浙刻宋淳祐本、闽刻明成化本、嘉靖本均同。是本亦天水旧椠,然非浙刻,疑出建阳。仅存卷第三、卷第三十,间有元补。其编次与余所见浙宋刊、闽明刻无疑，则亦百卷本也。版式：半叶十行，行十八字。视宋浙刻减一字。左右双栏，版心白口。间有黑阔口者，系补版。双鱼尾。书名署“朱文公集卷第几”，上记大小字数，下记刻工姓名。刻工姓名：有伯俊、德六、女丁、君和四人，余为生、人、天、仕、女、夫、茂、永、德、文、李、君、静、如、范、正、汝、吕、中、德、右、子、秀、青、弓、周、天、寿各单字。宋讳：卷中仅“筐”“贞”二字缺笔，余如玄、弦、朗、敬、弘、让等字均不避。

《万卷精华楼藏书记》卷一一五《集部二》：《朱子大全集》一百卷、《续集》五卷、《别集》七卷。宋朱子撰。平江蔡氏本。首朱子像、庆元庚申自题、绣水王概摹，次康熙戊辰臧眉锡序、蔡方炳序，次嘉靖壬辰苏信序、潘潢书后，次成化元年黄仲昭书，次咸淳九年迪功郎建宁府建安书院山长黄镛序，次目录，分上下。凡诗十卷，首赋三首，末诗余十六首，封事、奏状、申请十三卷，此目录之上卷也。书四十一卷，前注时事出处，后注问答，次杂著十卷，序二卷，记四卷，跋四卷，铭、箴、赞、表、疏、启、婚书、上梁文一卷，祝文一卷，祭文一卷，碑一卷，墓志铭二卷，行状三卷，行状、事实、年谱、传一卷，公移二卷，内惟第九十五卷分上下，此目录之下卷也。第六十九卷“沧洲精舍释菜仪”，“菜”误作“莱”。第七十卷“读吕氏诗记桑中篇”，“记”误作“托”。此本面题“朱子大全集”，有悉依元本校正重刊篆印，内题“晦庵先生朱文公文集”，每叶二十四行，行二十四字。四库所收即此本。惟蔡序云“《原集》《续集》十卷，《别集》十一卷”，与今刻不同，或有所佚。与考黄镛序称“又得十卷，以为《别集》”，与蔡氏所序又不同，不知何故。其《续集》《别集》俱无序跋，所收多书启奏状。别有《朱子文集大全类编》一百十一卷。四库附存板亦不如蔡本工整，坊间每以此本乱《大全集》，宜细辨之。蔡氏序曰：“朱子故有《大全文集》，其书不概见于世，适余友臧子喟亭具有同心，相与竭蹶后事，始丁卯秋，迄己巳春告竣。原集有《续》有《别》者，盖集既成，复搜采得之，故另附于后，初无所分别于其间。余窃慨是集不出朱子手定，又不由入室弟子所编辑，惟片言必存而统之以类，又未尝就类而编之以年，致使后学莫寻其言之先后，而为多歧所眩。定为晚年者，未必尽出于晚年。然多闻记诵，大都是少壮精力有余时工夫。若晚年进境，未有不去泛滥而归紧要、去安排而归洒落者也。即以吾辈读书行己处验之自知。乃故反之，而指为初年未定之论，似亦失之矫诬。此刻悉依原本，即《续》《别》二集亦未依类附入。惟字画鲁鱼之讹则正之，苟属疑似，宁仍其旧，聊存吾两人慎重不苟之意云尔。”苏氏序曰：“朱子所著文，若诗汇之总，百有二十卷。前巡按虞侍御守愚、蒋侍御诏重刻，潘宪副潢佐之。”潘氏跋曰：“右《晦庵文公文集》百卷，又《续集》五卷，《别集》七卷，巡按御史虞惟明守愚、苏宗玉信、蒋伯宣诏缩费重雕，藏诸闽臬。公老，庆元间学禁方厉，片词只字所在毁弃。淳祐以来，区区掇拾，已非复公季子在初类次本。而王会之、祝伯和、虞伯生家藏《与陆王帖》《梅花赋》诸篇，往往尚逸弗录。集中记载，抵牾可疑，苟非居敬穷理，政恐其幸传者未易遽知，况其不可传者不言而自得之哉！”文光案，潘氏所跋即闽本也，非公季子所编，且与苏序百二十卷之数不符。黄氏跋曰：“《晦庵朱先生文集》一百卷，闽、浙旧皆有刻本。浙本洪武初取置南雍，不知辑于何人。今闽藩所存本，则先生季子在所编也。其后又有《续集》《别集》二本，亦并刻之。历岁既久刓缺，读者痛焉。成化戊子，仲昭偶得闽本，公暇取浙本校之，其间详略微有不同，如劾唐仲友数章，闽本俱不载其所劾事状，世之鄙儒多以是疑先生，异论纷起，故悉增入，使读者知仲友蠹政害民，无所惑于异论。其他无大关系者则仍其旧，惟正其亥豕而已。”文光案，此言闽本为公季子在所编，与潘说不同，嘉靖时所刻即祖此本。黄镛序《别集》云：“余君师鲁访先生遗集，又得十卷，以为《别集》。每篇之下，必书其所从得。”文光案，《续集》不知谁编，无言及者。朱子有单行诗集，其裔孙殿玉所刻，共八百余首，纪相国督学闽省时为之序。癸未春，余在京师，得谷西河氏所辑《大儒诗抄》，其书于先贤先儒诸集考订最详，且所见者皆内府藏本。归而读之，因录《韩文考异》《周子全书》《张子全书》《二程子全书》《延平问答》诸说于《藏书记》，以次及《朱子大全集》。其正集百卷，据黄仲昭序，知为朱子季子在所编。《别集》七卷，据黄镛序，知为余师鲁所编。惟《续集》五卷，不知出于谁手，《四库提要》亦云不得主名。今夏读《黄氏日抄》，于《晦庵先生续集》后题曰：“玉山人浦城刘尉观光出先世所得帖，淳祐庚戌附刻建安。”若是，则《续集》为刘观光所辑。其云“附刻建安”者，因建安有朱子集板，故附刻于后也。又考今本所刻《续集》，凡书五十四通，跋三首，余不之及，与刘氏所云“先世所得帖”者正合。而朱子之三集皆有主名矣。又考黄东发跋，朱子《续集》为咸淳八年，黄镛跋《别集》为咸淳九年，则《别集》为后出，故《日抄》不及《别集》。又黄镛序《别集》于建安书院，则《续集》《别集》，其初刻皆在建安明矣。又案，《黄氏日抄》所读朱子文集，其次序与今本悉同，则首赋诗终移文，实为朱在所编之次。其后或散佚，或增补，皆所不免。但散者不知何篇，补则依类增入，非竟改其次第也。潘氏跋谓淳祐间所掇拾，则《续集》《别集》正是。但此二集皆附刻于后，均未纂入正集，犹见慎重之意。潘序所云，大都意度，未能细考也。凡此所考皆闽本，若浙本，则未之见。蔡氏所刻板尚工整，惟讹字不一而足，暇日当一一正之。乙酉四月初八日文光记。陈氏曰："《晦庵集》一百卷，《紫阳年谱》三卷。《年谱》，昭武李方子公晦所述，其门人也。"录于《书录解题》。虞氏曰："平章迂轩赵公之幼子，得《白鹿洞赋》草稿本。观其草具之谨，改定之精，尤足想见其意度。他日请使善工模之而勒诸石，以补洞中之缺。庶后之览者有所观感，岂私玩云乎哉？"录于《道园类稿》。

《持静斋书目》卷四《集部四》:《晦庵先生朱文公文集》一百卷、《续集》十一卷、《别集》十卷。宋刊本。正集缺序，惟《续集》有淳祐五年王遂序，《别集》有咸淳元年黄镛序。按:嘉靖壬辰刻本有潘潢跋，称《文集》百卷，《续集》五卷，《别集》七卷，与此稍异。朱玉《朱子大全类编》称朱子之季子在所编《文集》实八十八卷，合《续集》乃成百卷，与此尤为不符。惟康熙戊辰蔡方炳于所刊本跋称原集百卷，《续集》十卷，《别集》十一卷，与此略合。但误以《续集》卷数为《别集》卷数耳。大约宋本已经久湮，而潘、朱、蔡诸人仅耳闻而未目睹，是以传闻异词耳。此本以一百二十一卷巨编，经传六七百年之久，犹复神明焕然，宝光夺目。盖文公在天之灵默为维持呵护于其间也。有钱谦益、牧斋、陆氏春雨堂诸印。宋朱子撰。

《八千卷楼书目》卷一五《集部》:《晦庵集》一百卷、《续集》五卷、《别集》七卷，宋朱子撰。嘉靖刊本、康熙刊本、日本刊《续集》十一卷《别集》十集本、同治刊一百四卷本。

《善本书室藏书志》卷三〇《集部》:《晦庵先生朱文公集》一百卷、《续集》十一卷、《别集》十卷，明嘉靖刊本。宋朱子撰。按赵希弁《附志》:"朱文公之文，嘉熙己亥王埜刻于建安，黄壮猷识于后。《续集》则王遂刊而序之。然南康黄西陂诸处所刻《墨帖》之类，或不在焉。然则遗逸尚多。"陈振孙《书录解题》载"朱子《文集》一百卷，《紫阳年谱》三卷"。《天禄琳琅》载宋刊前十二卷，后十八卷，目录之首标"晦庵朱先生大全文集"，是“大全”之名，不始于蔡方炳之刻。明成化十九年，莆田黄仲昭谓：“闽浙旧皆有刻本，浙本洪武初取置南雍，不知辑于何人。今闽藩所存本，则先生季子在所编。其后《续集》《别集》亦并刻之。历岁既久，刓缺浸多，读者病焉。仲昭自翰林谪官南都，偶得闽本，公暇取浙本校之，其间详略，微有不同。丙申，闽宪使山阴唐公质夫、佥宪兰溪章公德懋，闵旧版磨灭，以仲昭所校补，未讫工，二公相继去任。佥宪天台林公一中慨然谋于先生九世孙都转运伯承君，复以仲昭校本精加雠订，讹正腐易缺补，始无遗憾。及嘉靖壬辰，闽版又坏，张宪副大轮白诸前巡按虞侍御守愚、蒋侍御诏重刻之，而胡宪使岳躬为校雠，潘宪副潢佐之，罗宪副英、陆宪副铨、姜佥宪仪、刘佥宪案，咸与有劳。”饶平苏信为之序，婺源潘潢更跋其后，并仍淳祐五年王遂《续集》，咸淳元年建安书院山长黄镛序于各卷端，尾有“荥阳叔子私印”一方。

又：《晦庵先生朱文公文集》百卷、《续集》十一卷、《别集》十卷，日本刊本。百卷本，黄仲昭谓文公季子在编定，《续集》未详何人。有淳祐五年王遂序。《别集》据黄镛跋，谓余师鲁采掇而成，每篇题下记其所得。宋元时闽浙皆有刊本，浙本洪武初版移南雍，闽本旧置藩署，岁久漫漶。嘉靖壬辰，按察使胡岳、副使张大轮重刻，版心有“朱子大全”四字，前有苏信序，后有潘潢跋。此为日本刊本，卷第悉仍旧贯，末有“正德辛卯年八月十三日”一条。

《皕宋楼藏书志》卷八五《集部》：《晦庵先生朱文公文集》一百卷、《续集》十卷、《别集》十一卷，宋刊大字本，张杨园旧藏。宋朱子撰，前有小像自题。“遂生世不早，不及担簦蹑屩于先生之门。闻道又晚，不克筑室反场以从先生于没。既脱场屋，读四经而心乐焉。顾义理精深，莫造其诣，而先生长者，骎骎没矣。岁在癸卯，遂假守建安，从门人弟子之存者，而求其议论之极，则王潜斋已刻之方册。间从侍郎之子请，亦无所获。惟蔡西山之孙觉轩，早从之游，抄录成秩，刘文昌家亦因而抄掇，悉以付友人刘叔忠，刊落其烦，而考订其实，继是而有得焉，固无所遗弃也。抑是书之作，多出于晚年，非尝与西山讲明易历，则时异事左，与世枘凿。今圣道昭明，士生其时者，惟恐读其书之晚，安知后之造者不在于兹乎？此君子所当自力也，观者尚勉之。淳祐五年正月日后学王遂序。”“右得之刘侯之孙观光，今为浦城尉。尉始来过书院祠谒甚敬，言乃祖参议公尝受知文公先生，出所藏帖数十，皆集所不载。几敬读之，其问格言至论，真有补世道，遂刻以附于集。因叹文公之笔流落世间，不传者凡几。又叹前辈流风遗韵日远日亡，其存者几。能嗣守家训，不替祖风，如尉者又宁有几？贤矣哉！刘侯，玉山人，文公尝为之记义学云。淳祐庚戌二月甲子后学徐几谨识。"《义学记》载前集其间误字，观此可证，抑重有感于圣人古史缺文之叹云。"昔我文公，会粹程氏门人所录之语，以为《遗书》，且谓于二先生之语不能无所遗，复取诸家集录参伍相除，得十有二篇，以为《外书》。诚不忍儒先片言只字湮没无传，而天下之理有所欠缺也。文公先生之文，《正集》《续集》，潜斋、实斋二公已镂板书院，盖家有而人诵之矣。建通守余君师鲁，好古博雅，一翁二季，自为师友。搜访先生遗文，又得十卷，以为《别集》。其标目则一仿乎前，而每篇之下必书其所从得，且无外书不能审所自来之恨，真斯文之大幸也。镛于君之长子谦一为同舍郎，亦尝预闻搜辑之意。兹来冒居长席，而余君适将美解，始刊两卷，余以见嘱。于是节缩浮费，以供兹役。盖又二年，而始克有成。后之学者能于是书句句字字深思而熟玩之，庶有以知其无非精义密理之所存，毋使摹刻。既多束书不观，乃贻或者之诮云。咸淳元年六月朔迪功郎建宁府建安书院山长黄镛谨书。"案，此宋刊明印本，每叶二十行，每行十八字，版心有字数及刻工姓名，卷中有"张履祥印"白文方印。

《皕宋楼藏书志》卷八五《集部》：《晦庵先生朱文公文集》一百卷、《续集》十卷、《别集》十一卷，明嘉靖刊本。宋朱子撰。王遂《续集》序。徐几《续集》跋。黄镛《别集》跋。黄仲昭跋，成化。

《增订四库简明目录标注》卷一六《集部四》：《晦庵集》一百卷、《续集》五卷、《别集》七卷，宋朱熹撰。《天禄后目》有宋刊《晦庵先生文集》前集十一卷，后集十八卷，无编者姓名，亦无序跋，而刊印最为工整。曾藏汲古阁，有"宋本""甲"字印。明嘉靖壬辰刊本。明刊大字本。朱玉类编本，入存目。闽小字本，即康熙戊辰蔡方炳刊本。续录：宋刊大字本，十行十九字。淳熙五年刊《续集》十一卷，王璲序。咸淳元年刊《别集》十卷，黄镛序。曾见孙问青藏宋本《晦庵先生文集》，十行十九字，白口单边。适园张氏有宋本。萧敬孚藏宋本大字本，又有一残宋本，十行十八字，二十七以下缺。涵芬楼藏元刊本《大全集》，十一行二十二字。明万历朱崇沐刊本，八十八卷，《续集》十一卷，《别集》十卷。又朱崇沐单刊《奏议》十五卷。朱玉类本，雍正八年刊，补文数篇。咸丰时徐树铭提闽学刊中楷字本。同治刊一百四卷本。《四部丛刊》本。日本刊《续集》十一卷《别集》十卷本。《正谊堂全书》本。

今按：宋庆元嘉定间浙江刻本（上海图书馆、山东省博物馆藏）；宋刻本（国家图书馆、上海图书馆藏）；宋刻元修本（国家图书馆藏）；宋刻元明递修本（国家图书馆、四川师范大学图书馆藏）；宋咸淳元年建宁建安书院刻宋元明递修本（上海图书馆、复旦大学图书馆、辽宁省图书馆、青岛市博物馆、天一阁文物保管所藏）；明初刻本（国家图书馆、上海图书馆藏）；明天顺四年贺沈、胡缉刻本（国家图书馆藏）；明抄本（国家图书馆藏）；明正德间刻本（日本东京大学藏）；明嘉靖十一年闽中张大轮、胡岳等刻本（国家图书馆、上海图书馆、南京图书馆、浙江图书馆藏）；明嘉靖婺源潘璜刻本（上海图书馆藏）；清康熙二十七年蔡方炳刻本（国家图书馆、上海图书馆、南京图书馆、浙江图书馆、湖北省图书馆藏）；清道光三十年陕西关中书院刻本（上海图书馆藏）；《西京清麓丛书》本（光绪刻）；《刘氏传经堂丛书》本（光绪刻）。

朱文公大同集

宋陈利用编。

《晁氏宝文堂书目》卷中《子部》：《朱子大同集》。

《也是园藏书目》卷七《集部》：《朱文公大同集》六卷。

《虞山钱遵王藏书目录汇编》卷六《集部》：《朱文公大同集》六卷。述文集。

《四库全书总目》卷一七四《集部二十七·别集类存目一》：《朱子大同集》十三卷，江苏巡抚采进本。宋陈利用编，明林希元增辑。希元有《易注存疑》，已著录。是编皆朱子官同安时所作。考《朱子年谱》，二十四岁为同安主簿。越二年，受学于李侗。又四年，秩满而归。凡莅事七年。其称大同者，唐贞观中于同安置大同场，宋时亦有大同驿，从古名也。诗文皆全集所载，问答亦语录所收，别无新异。徒以贤者所莅，人争攀附以为重，故同安之人裒刻以夸饰其地。实不足以尽朱子，而朱子亦不借此表章也。

《铁琴铜剑楼藏书目录》卷二一《集部三》：《朱文公大同集》十卷，元刊本。门人陈利用编。凡诗一卷，文九卷，皆公主同安簿时所作。元至正间，鄱阳都璋寓居同安重刊之，并纂《年谱节略》列卷首。孔公俊序。

《藏园订补郘亭知见传本书目》卷一三下《集部四》补：《朱文公大同集》十卷。宋朱熹撰，陈利用辑。《年谱节略》一卷，元都璋撰辑。〇元刊本，十一行二十一字，细黑口，四周双栏。前至正十二年孔俊序，即都璋所刊也。〇明初刊本，行款同上，然改为左右双栏，雕工粗率，似明天顺、成化间翻刻本。海虞瞿氏藏。全书收诗二卷，文八卷。

《增订四库简明目录标注》卷一六《集部四》：《朱子大同集》十卷，门人陈光卿辑在同安时诗文，入存目。蒋生沐有元至正壬申刊本。续录：元刊本，陈用补编，诗二卷，文八卷。涵芬楼藏元刊本，十一行二十一字。

今按：元至正十二年都璋刻明修本（国家图书馆藏）；明刻本（国家图书馆藏）。

晦庵文抄

明吴讷编。

明吴讷《晦庵文抄前序》：右《晦庵朱先生文抄》七卷，讷所缮写。讷自童幼，父师日授先生《小学》《四书》。稍长，复得先生所释诸经，暨熊氏所辑性理群书而诵读焉，虽有他书，亦未暇及也。迨年龄既壮，窃复有志文辞，适乡亲陈氏归自福唐，出示先生《大全集》，总一百卷，因日借而观之。然自病记识弗强，弗能有以遍读也。乃于众体之中各录数篇，汇成一帙，凡经书序说及性理所载者，不复再录，盖图易于诵记，非敢有所去取也。自是出入恒以自随，今年携至南京，一二同志咸曰："晦庵诸书，衣被海内，惟文集获见者鲜。是帙虽仅百篇，而理明义精，众体略备，诚所谓斯文菽粟者也。盍出传学者以为矜式？"讷于是重加音点，子婿钱生因请其本，归告其兄而刻焉。于戏！先生之学，体用兼备，其教学者必先《小学》、四书而后进读诸经以及文辞。穷乡晚学，诚能遵先生之教，循序而有及于是焉，则亦庶乎其有以得之矣。若夫大方之家，自当玩熟全集云。宣德五年岁在庚戌十月既望，后学海虞吴讷谨书。《朱子全书》第二十七册《序跋》。

明丘山《重刻晦庵文抄序》：窃闻郑骋君有曰："新安朱夫子集诸儒之

大成，论道理则必著之文章，作文章则必本于道理。信乎有德音者之必有言，文章为贯道之器也。盖道外无文，外圣贤之道而为文，非吾之所谓文；文外无道，外六经之文而求道，非吾所谓道。吾于朱子折衷焉。”噫！是言也，诚一时之确论，万世之明训也。予同年友今侍御江右上饶娄君克让奉圣天子命来提学是方，卓有志立，欲陶士风而归诸淳古，凡论道必祖于圣贤，为文必根于理道。恒虑学者为文专来浮靡而不本于道，因以海虞吴公所录《晦庵文集》传之未广，学者罕见，乃取真本命直隶太平郡守周凤等重刻之，以广其传，庶俾四方学者共见，皆有所矜式。予时适按于此间，复属予公暇为序之。顾山何如人，乃敢序此耶？第以钦仰斯文之有素，又重娄君之有请，爰忘其固陋，姑述其得之之由与夫所以刻之之意，以俟后之君子云。若夫晦庵朱夫子之文，包罗穹壤，昭揭日月，吻符圣轨，则先儒郑聘君诸先生与海虞吴公已言之悉矣，兹不容赘。成化十八年岁在壬寅春三月朔旦，赐进士巡按直隶监察御史莆田丘山谨序。成化本《晦庵文抄》卷首。

明吕柟《晦庵朱子文抄序》：或问：晦庵朱子何以文抄也？曰：朱子之文浩瀚无涯，学者未能遍观而尽识，是以抄其要者以范后进耳。海虞吴氏抄于宣德之初，安阳崔氏抄于嘉靖之中，皆切近矣。合观二抄不下数千万言，并计所不抄者虽万亿言不啻也，不亦已多乎？曰：公都子以外人好辨讥孟子，孟子以为不得已也。朱子之言亦不得已之意乎？昔者汉高祖马上得天下，不事《诗》《书》。惠、文、景、武继之，仍袭战国、亡秦之故。挟书之禁，久而后弛。于是何、苍以刑名为相，良、参以黄老饰治，彻、贾以游说传行，诸治申、韩、苏、张之言者犹纷然兢也。广川人董仲舒者，三年不帷，一遵孔子，进退容止，非礼不行，学士咸师尊之。其言主于正谊明道而谓《春秋》为大一统，位虽未显，道则常行，六经用章。断狱者引经折伪，系囚者受经闻道；或印绶加身而守死，或污辱释掾以观仁；至有鞠躬尽瘁毙而后已者，用能扶汉业于四五百年。魏自建安七子以来，崇尚五言，争眩靡丽。晋宋承之，汩于齐梁陈亡，或怨以怒，或治以纤，三纲沦而九畴斁，至篡弑以相寻。河津人王通者出，隋开皇之初进献十二策以期太平，退拟六经，缵明先圣。一时董常得其蕴，王珪、魏征、杜如晦辈发于事业，以开唐初之治。李唐之世，半踵汉而袭梁，达摩、罗什之气未斩也。萧瑀合掌礼佛，称地狱以拒傅奕。至有宫人出而为尼，后畜发以践天后之位，浊乱海内，几殒唐祚。宜乎永贞以后，元和以前，迎佛骨于天竺，舁传禁内。虽号学者，出家为僧，夷狄炽而中国灭矣。河阳有韩愈氏者出，奋不顾身，上表论谏，其言曰："人其人，火其书，庐其居，明先王之道以道之。"表上，而身贬言出而道章，诚足以正人心于百世也。宋承五季之乱，立相多仍旧人，于是君子小人迭相柄政。王钦若出守天雄，闭门诵经。其后安石撰著新说，益肆其奸。至李沆、寇准不获常用，而司马君实、二程夫子且被逐谴，遂致徽、钦狩虏，汴京丘墟。南渡以来，诸儒学术又多不同。陆子静高才笃学，亦名儒也，倡为一偏之学。其徒杨简，扬其波而助其澜，宛若文殊辟支之护法也。而况陈同父、张九成辈，或以功名、或以词章相兢于时哉！婺源晦庵朱子者出，先格致以择善，即诚正以固执，事为之辩，言为之论，理不明不已，道不直不休，圣学至是亦大复续乎！是故董子明《春秋》而人心正，文仲子续六经而圣道显，韩子辟异端而正教明，朱子辩群说而斯文之实学定。又曰：圣学虽以言而明，亦以言多而晦。析危微之弊，求精一之中，此三圣人示万世道学之的传也。故朱子又尝曰："惟曾氏之传独得其宗。"今观《大学》《孝经》《论语》《曾子问》诸篇，果亦不如此之多也。学者诚因朱子之言而专师曾子，于圣道有不可至者哉！审若是，朱子之功亦又大矣。侍御颍川双溪张君光祖属藩司梓行传布，意深远乎！嘉靖十九年夏六月吉，后学高陵吕柟书。《泾野先生文集》卷一。

《天一阁书目》卷四之二《集类二》:《晦庵文抄》六卷《后集》四卷，刊本。宋朱子著。明海虞吴讷选编。嘉靖庚子颍川张光祖会集，序称："海虞吴氏抄于宣德之初，安阳崔氏抄于嘉靖之中，兹集合前后为十卷。有赋、有词、有操、有铭、有箴、有表、有书、有序、有记、有说、有跋、有碑、有赞、有杂著、有墓表与碣与志，综其目于篇端，录其全于卷内。皆吴崔二公之所选编者。

《天一阁书目》卷四之二《集类二》:《晦庵文抄》六卷，刊本。宋朱子著。

《晁氏宝文堂书目》卷上《文集》:《晦庵文抄》。

又:《晦翁文抄》。

又:《朱子文抄》。

《百川书志》卷一二《集》:《晦庵文抄》七卷，皇朝海虞吴讷编抄朱文公元晦之文也。

《绛云楼书目》卷三《宋文集类》:《晦庵文抄》。吴讷编《晦翁文抄》及《诗抄》，见讷《行状》。

《千顷堂书目》卷三二《文史类》: 吴讷《晦庵文抄》七卷。

《传是楼书目·集部》:《朱子文抄》七卷，明吴讷，抄一本。

《藏园订补郘亭知见传本书目》卷一三下《集部四》补:《晦庵文抄》七卷。宋朱熹撰，明吴讷辑。〇明刊本，十一行二十一字，白口，四周单栏。二册。余藏。

又 :《晦庵文抄》十卷。宋朱熹撰，明吴讷、崔铣辑。〇明嘉靖刊本，九行十八字。

《旧山楼书目》:《朱子文抄》。吴文恪刊本，四本。

《善本书室藏书志》卷三〇《集部》:《晦庵先生文抄》六卷、《诗抄》一卷，明成化刊本，张载华藏书。宣德五年海虞吴讷序曰 :“《朱子大全集》总一百卷，于众体之中，各录数篇，汇成一帙。凡经书序说及性理书所载者不复再录，盖图易于记诵，非敢有所去取也。”十年又序其诗曰 :“尝读《大全集》，观其五言古体，冲远古澹，实宗《风》《雅》，而出入汉魏陶韦之间。至其斋居《感兴》之作，则又于韵语之中，尽发天人之蕴。暇日因手抄五言古体，始于《拟古》，终于《感兴》诸作，得二百首，置于家塾，以教子弟。”四明陈敬宗为后序，成化十八年巡按直隶御史莆田丘山及琴川周木各为一序，详其所以刻之之意。讷尝于杭州府学思陵《石经》后铲削秦桧跋语，木尝废佛寺为万松书院，皆主持正学，故能于子朱子集而得由博反约之义耳。《四库》存目但云 :“崔铣以常熟吴讷《晦庵文抄》六卷为未备，复为续辑，而略释大意于每篇之末。”盖与讷书相辅而行。目录以七卷为始，亦合讷书计之。是此书实未进四库馆也。有“涉园”“张载华印”两图记。

《增订四库简明目录标注》卷一六《集部四》:《晦庵文抄》七卷，又《诗抄》一卷，明吴讷编。崔铣编《晦庵文续抄》四卷，均有刊本。

《四库未收书目提要续编》卷四《集部》:《晦庵先生文抄》六卷、《诗抄》一卷，明吴讷编。讷字敏德，常熟人，以医荐至京，历官左副都御史，谥文恪，事迹具《明史》本传。是书就《朱子大全集》百卷本，于众体之中，各录数篇，以便记诵，凡经书序说及性理书所载者不录。前有宣德五年自序。诗则五言古体，始于“疑古”，终于“感兴”诸作，录得二百首。有十年自序，有陈敬宗后序。又有成化十八年丘山、周木两序。为江南图书馆所藏明刊本。史称讷博览，议论有根柢，于性理之奥，多有发明，所著书皆可垂于后，故此编虽为家塾课本，而去取颇为得宜。丁氏《藏书志》云："详其所以刻之之意，讷尝于杭州府学思陵《石经》后铲削秦桧跋语，木尝废佛寺为万松书院，皆主持正学，故能于子朱子集而得由博反约之义。"此似求深而转失之矣。后崔铣以是抄未备，复为《文集续抄》四卷,《四库》列入《存目》。《提要》云"盖与讷书相辅而行"，目录以七卷为始，亦合讷书计之。而讷书《存目》未之载，今补列之，俾得相承焉。按，讷有《棠阴比事》,《四库》法家著录。

今按：明成化十八年周凤等刻本（南京图书馆、苏州市文管会藏）；明嘉靖二十一年刻本（上海图书馆藏）。

晦庵文抄续集

明崔铣编。

明崔铣《晦庵文抄续集叙》：宣德庚戌，海虞吴讷氏编《晦庵文抄》，诸体略备，意若取其平约者。正德甲戌，番阳余祐氏辑《文公经世大训》，间采《语类》，则专言治道也。今甲午夏，铣闭户三月，止酒屏事，三读《文公大全集》。窃立言之旨，得其忧道之心乎，录是编稍释大意。上通《文抄》为一书，已载《大训》者不出。乃自叙曰：孟氏以来，荀卿之文离道，程氏之书犹简，至文公粲如也。大涵于浑沦，细入于丝毛，发道若指诸掌，抉邪则抉其肺肝。盖文公性既高明，济之沉密，心即道义，助之刚毅。今每读一篇，即心目开朗，愚可明而懦可奋矣。夫道之不明，伪儒汩之；儒之多伪，异端乱之。在昔两汉，俗厚事省，士读书必明理，修己必适用，处必树节，出必竭忠。虽或者讥其故训之陋，君子服其忠信之纯。魏晋以降，惟尚丽词清谈，遂致臣篡君、夷猾夏。胡僧桀黠，乘隙而入，佛澄、罗什售妖幻于北，达磨、曹溪倡心性于南。文字益繁，议论转切。唐立国二百年，吏治焕乎可述，儒道未尝一日而明也。宋兴而禅谈极矣，修颙、宗杲开堂说法，元老节士皆匍伏归依之。张子韶杂禅于儒，改换头面，真赝不辨矣。铣考《文公答问》，其宗禅者十之七，文公涸研童毫、敝唇折舌，似犹有未信者。今论其世，其犬戎虎噬切邻，其弱君寄生僻土，孰抱长算，可安一障乎？学者托身借誉以便私图，上之眇忽前哲，独任传道；下之寄附景响，自名正宗。求其真空定力，死生不二，如元城、了翁者，凡几人与？铣今取我文公切言正理可裨先圣者，与同志者习之。吾人幸生崇文之代，匪禁道学，守真训之详，不必旁求，各务笃实之行，以赞休昌之治，顾不伟哉！嘉靖甲午秋七月癸未后学相台崔铣叙。《洹词》卷一〇。

明胡缵宗《晦庵文抄续集序》：叙曰：由周公、孔子而上，王道行，圣学明，经不述、传不作可也。由周公、孔子而下，王道不行，圣学不明，经不得不述、传不得不作矣。故战国世降，杨墨之徒出，邪说横行。孟子继子思而有忧焉，不得已而为之辩。夫孟子岂好辩哉？息邪说以正人心，明周公、孔子之道，以嗣子思而开来学，则孟子固有不得而辞焉者。微孟子，吾其异端矣。南宋世衰，佛老之徒出，禅学盛传。朱子继周、程、张子而有忧焉，不得已而与之辩。夫朱子岂故与之辩哉？斥禅学以扶世道，阐周公、孔子之道，以嗣周、程、张子而诏后世，则朱子亦有不得而辞焉者。微朱子，吾其他道矣。嗟乎！七篇不作，周公、孔子之道何以揭之中天？六经、四书不注，周公、孔子之道何以垂之后世？先正云："孟子之功不在禹之下。"愚亦云："朱子之功不在孟子下。"《晦庵文抄》十卷，海虞吴先生讷尝抄其文之可法者，以式天下后世而道寓焉。近相台崔先生铣又抄其文之有裨于道者，以训天下后世而文寓焉。读之而得其说，则援儒以入于禅，如唐张曲江、宋杨慈湖诸君子可以知省矣。孰不读《朱子大全》也？有欲采辑其说以续《近思录》者，而卒不易辑也。经野吕宗伯柟因抄释其语，以与周、程、张子之语并示学者。缵宗亦窃演其绪余，稿既具，随毁于火，未及正之崔、吕二子。今见仲凫是编，而读《朱子大全》之心复作，然力不能加也。朱子之书，门人语录多矣，听受传习之余，安知尽得先生本旨？若先生书、说、序、纪、箴、赞诸文出自先生之手者，言切而理正，实与经书注同义，学周公、孔子者可不取以为训哉！颍川张侍御光祖按秦而遇缵宗于陇，相与订论程朱之学而及是编，曰："宗伯是抄，有得于朱子为近，有补于学者为切。子崔子之友也，可无一言以系于末简？"缵宗避不可而谬为之言，然于是编无得也。嘉靖十有九年夏六月二日天水胡缵宗序。《鸟鼠山人小集》后集卷二。

《四库全书总目》卷一七四《集部二十七·别集类存目一》：《晦庵文抄续集》四卷，安徽巡抚采进本。明崔铣编。铣有《读易余言》，已著录。

宣德中，常熟吴讷有《晦庵文抄》六卷。铣以其未备，复为续辑，而略释大意于每篇之末。盖与讷书相辅而行，《目录》以七卷为始，亦合讷书计之也。

唐荆川选辑朱文公全集

明唐顺之编。

《传是楼书目·集部》:《唐荆川选辑朱文公全集》十五卷，明唐顺之选，二十四本。

《藏园订补郘亭知见传本书目》卷一三下《集部四》补:《唐荆川选辑朱文公全集》十五卷。宋朱熹撰，明唐顺之选辑。〇明刊本，十行二十字，白口，四周单栏。

《八千卷楼书目》卷一五《集部》:《朱文公全集》十五卷，明唐顺之编。明刊本。

今按：明刻本（国家图书馆、上海图书馆、南京图书馆、山东省图书馆藏）。

朱子大全私抄

明王宗沐编。

《天一阁书目》卷三之一《子部一》:《朱子大全私抄》十二卷，刊本。明嘉靖临海王宗沐编次。海宁朱有孚序。

《千顷堂书目》卷一一《儒家类》: 王宗沐《朱子大全私抄》十二卷。

《传是楼书目·子部》: 明王宗沐编《朱子大全私抄》十二卷，六本。

今按：明嘉靖三十二年临海王宗沐刻本（国家图书馆藏，存卷一至十）。

朱文公全集摘要

明徐即登编。

《澹生堂藏书目》卷二《经类第十》:《朱文公全集摘要》二册。六卷，徐即登。

《千顷堂书目》卷一一《儒家类》：徐即登《文公全集摘要》八卷。

朱子全集要语

佚名编。

《澹生堂藏书目》卷一三《集类第六》：《朱子全集要语》，又《全集》十二册。十二卷。

朱子文集

清张伯行编。

清张伯行《朱子文集序》：自邹鲁而后，天下言道德学问之所出者，曰濂、洛、关、闽。然集群圣之大成者孔子，而集诸儒之大成者惟朱子。夫士生千载之下，欲明圣人之道于千载之上，苟穷之不得其术，探之不见其原，守之不知所宗，而欲自命为学，是非不谬于圣人，盖亦难矣。历观古之君子，必有道有德而后其成己成物为有据，成己成物无憾而后其文章为足贵，此理之不易者也。第人之所学不同，而其所言亦异。得于身者或无以及于人，显著于一时者或不足以垂教于万世，此读书论世者所以每恨全德之难，况本正心诚意之学、肩前圣后贤之重寄，而一一发明、一一折衷之，夫岂易言哉！谨按文公兴教自闽，值宋中叶，其道虽未大行于天下，而著书立说，昭示来兹，学者家弦户诵，为日新盛德，为富有大业，功烈具在天壤。我皇上崇文重道，表章大儒为天下式。亲制训言，警饬士子，亦既煌煌谆命之矣。顾兹闽疆，去先贤之世若此其未远，近先贤之居若此其甚，其遗风流泽自不可泯。不佞谬膺简命，忝抚名邦，所为承流宣化，何敢或后？而况髫龀训行，服习有素，固知舍此而外不足以言学也。公所著书，品目繁多，简帙浩大，谨先辑其文之至精至粹者若干卷，以资讲诵。盖欲学者专务其心志，以约求其旨趣，则知学之有本，不为见异而迁，因以循其先后本末之序，致其操存涵养之功，而归乎仁义中正之域，则正心诚意之学亦莫不毕具乎此矣。于以仰答圣天子《棫朴》作人之盛，其在斯乎！其在斯乎！自非然者好奇尚异、背本趋末，不求知道养德以充其内，汲汲焉徒以文章为事，习无用之空言，吾见其惑之甚也已。噫嘻！观深者于源，善学者志大，有志之士果于此而有得焉，则粹然一泽于道德仁义，庶乎不失为圣人之徒矣。康熙四十七年戊子仲秋月仪封后学张伯行书于榕城之正谊堂。《正谊堂续集》卷三。

《藏园订补郘亭知见传本书目》卷一三下《集部四》补：《朱子文集》十八卷，宋朱熹撰。〇清同治五年福州正谊堂书院刊《正谊堂全书》本。

《八千卷楼书目》卷一五《集部》：《朱子文集选》十八卷，国朝张伯行编。正谊堂本。

今按：《正谊堂全书》本（同治刻、同治增刻）。

朱子论定文抄

清吴震方编。

清吴震方《朱子论定文抄序》：子贡曰："夫子之文章，可得而闻也；夫子之言性与天道，不可得而闻也。"盖夫子删《诗》《书》，定《礼》《乐》，赞《周易》，修《春秋》，是文章也，其实即性道也。性道由文章而传，故舍文章则无以求性道。自夫子殁而大义乖、微言绝，诸门弟子所记《论语》而外，惟曾子、子思、子夏独有传述，而它无闻焉。其后七十子之徒，各守所闻于夫子者以教于四方，数传以往，去圣渐远。汉兴，表章《六经》，以迄于宋，诸子诸儒或纯或驳，而圣人之道亦时显时晦。逮乎朱子，而圣学始有所总萃焉，乃一厄于当时伪学之禁，再乱于后学异同之说，甚至流为门户，若水火之不相入，是亦吾道之忧也。我皇上睿学渊深，崇儒重道，右文吁俊，首重理学。两闱以性理试论，童子兼小学命题，士风一轨于正义。又御制训饬士子文，命国学勒石颁行，垂法万世。士子无不恪遵圣训，咸知宗守程朱，以共臻一道同风之盛。第朱子之书，迩年以来搜罗校刊，盖详且备矣；而于朱子之论文未有专辑者。震方自丁卯春归里十六年中，每读朱子之书，见有论及经传子史暨秦汉唐宋之文者，一一摘而条之，附以本文，汇为二十卷，名曰《朱子论定文抄》，是虽就文论文，而其阐发精彻，穷深极妙，论人论事，无不指归于圣人，所谓由文章以求性道者，其在斯乎？是非真西山《文章正宗》、谢迭山《文章轨范》之所得比矣，况其后焉者乎？康熙壬午夏六月丙辰石门吴震方序。《朱子全书》第二十七册《序跋》。

清仇兆鳌《朱子论定文抄序》：紫阳朱夫子阐明经籍以启牖后人，天下莫不诵习其书。自《文集》《语类》外，尚有《论孟或问》《辑略》《精义》及各种遗书，经吕子晚村为之重梓行世，于先儒著述几几表章无憾矣。语溪吴青坛先生与晚村为同里至契，复辑《朱子论定文抄》。上及经传子史，下逮有宋之文，朱子莫不各有品评。但其说虽存，而其议论折衷则各载于他书，学者按部寻讨，苦于卷繁而力瘁。青坛先生则汇萃成书，标朱子之说于前而备录原文于后。能于旧日成书之外别出见闻，读者展卷之时厘然在目，俾夫含英咀华，食膏腴而饫神髓，岂不为后学特开关钥乎？是盖合理学、文章为一书，不特弘被后学，实则有功考亭，诚从来所未有也。书成，癸卯仲春，恭逢皇上南巡幸浙，遂缮写进呈，时兆鳌亦进呈《杜诗详注》，联趋行在者数日，因得从容卒业。乃作而叹曰：世之习古文者，但知鹿门之《文抄》，而不知本出于《正宗》，即知西山之《正宗》，而不知实本乎朱子。今考《文章正宗》于韩、欧八大家收载为独详，非茅氏所取法乎？朱子平日论次《左》《国》、秦、汉兼及唐、宋名家，非真氏所托始乎？但此说未经人道，则亦晦而不彰。或疑西山采取富而别择严，若是书则泛滥博收，文非一体，似非古文准则。愚应之曰："读书贵乎知言穷理。一切是非异同，前人著作，岂无得失？唯能兼资博考，虚心而玩索，庶乎折理于几微，而断辞于疑似，以此广学问而长识见，则其取益也更多，视世之规规然比栉字句、摹拟词华，以为古文准则者，岂不大相径庭乎？"青坛先生，同馆前辈也。向在金台，聆其言论丰采，留心经济期于坐言起行。自退居里门，日以著书为业，近尤简重沉默。览其《东轩晚语》，可以针砭子弟，可以警悟士林，亹亹乎真切笃实，盖历练世故、克己省心而后得之，直堪作《小学》外编。另有《说铃》，采拾方言杂记凡百余卷，皆本朝六十年来缙绅黎老亲志其闻见者，又可续《今世说》一部矣。至于《文抄》巨集，根据紫阳，包罗数千年文字，抑可以知其向往大儒，学者原本，非汲汲以古文鸣世者比也。时康熙四十三年癸未孟夏，甬江年家眷侍生仇兆鳌拜题于武林书舍。《朱子全书》第二十七册《序跋》。

清陈廷敬《朱子论定文抄序》：众言淆乱折诸圣，去圣日远，邪说害正，仁义路塞，子舆氏辞而辟之，廓如也。当时时，异端之学不有孟子，孰从而正之？然自战国及秦以来，游士纵横捭阖，以其言倾动世主。此其人皆贪得苟合谋诈之徒，恣为险危叵测无忌惮之说，彼亦岂不知悖于圣人之道哉？欲自矜其所长，则不得不深匿其所短；欲苟一时之得，则不复顾万世之害。举先王所以成教化而美风俗者，道德之事变而为功利之阶。凡师之授其徒者，亦莫不各有所学焉。浸淫既久，中于人心，由是名家纷出，奋其私智，蜂起争鸣，于是敢显然有非圣之书者矣。两汉表章《六经》，稍稍归正，然微言既湮，其流至于曲学阿世，为人心世道之忧。历汉、唐、五季之余，犹未衰止也。中间二三贤才之士补偏救弊，使圣人之道绵绵不绝如线者，此其功亦岂得泯泯而无传也哉！然其邪正杂糅，道失其归而学失其统，亦莫有能起而正之者。虽以濂洛之贤，其言亦仅邈焉孤存于世，其他离经叛道显悖于圣人之说者亦已多矣。不有兴者，曲学之弊，后之人孰从而正之？逮及南宋，紫阳奋起，集诸子之成，厘百家之谬，至于今，使世之学者知道之有归而学之有统，谓非朱子之功，半谁属哉？昔苏氏论杨墨之害等于洪水，以为功不在孟子下也。孔子曰："不知言，无以知人。"孟子顾学孔子者，曰："我知言。"夫言之淆乱难知久矣，由孟子至于今千有余年，视孟子去孔子之世如此其远也，圣人吾既不可得而见之矣，见学圣人者，吾将取以为则焉。朱子，善学圣者也，其评论古今之言，散见于群书及其子集中者，石门吴子青坛距户十余年，潜心搜辑，荟萃成编，都为一集，名曰《朱子论定文抄》，其意可谓勤矣。方今圣明典学，以圣人之道为必可行，以圣人之言为必可信，诐衰新异之说不得至于黼扆之前，知言独盛矣。将见学术日明、人才日盛，彼矜其所长以苟一时之得者，举皆无之，而况离经叛道、显悖于圣人之言者，有不回心向道、俗变风移以自外于圣明之世者哉？余是以知知言之功于兹为独盛也。今是书上佐乙夜之观，益广文明之化，又不仅为学士大夫诵说服习之资而已。青坛以书来，问序于余，余是以喜而为之序。康熙岁次癸未孟夏，高都陈廷敬撰。《午亭文编》卷三五。

清靳让《朱子论定文抄序》：读书以穷理也，为文以明道也，《四子》之书，乃古今人所以为文之理，紫阳朱子出而发明之，其道理始昭揭于宇宙。后之学者虽未能穷其理，究不敢以文目之也。自诸子百家徒以词章为文，人各为书，书各为说，天下聪明博达之士方且悦其可以资乎口耳，遂相祖述，浸淫日胜，而未有底也。几使古今之义理不复归语言文字间矣。义理之不明，而猥云古今之文章莫大乎是，彼世之殚思竭才以求之于文者，其为文何如也？

夫人之行视乎知，则穷理为最要。欲穷理者舍紫阳朱子安所适从哉？今天子崇正学、饬士行，于紫阳朱子之书时勤御览，制义取士，一遵朱子理解。多士亦皆争自濯磨，翕然不变矣。有志之士果能好学深思，沉潜体验于紫阳之发明四子者，无不解之义、不达之理，其于诸子百家之言，自可一览而得其是非邪正之辨，文与道一以贯之。若徒骋才识而不穷其理，则是弄笔墨之揣摩以邀利达而已，岂不负国家养士造士之至意耶？善乎朱子《与汪尚书书论苏学书》云："惟其文之取，而不复议其理之是非，则是道自道、文自文也。道外有物，固不足以为道，且文而无理，又安足以为文乎？"审是而为文之必期明道，读书之必期穷理也，岂不彰彰乎为切己之实学哉！第朱子论文之说，散见他书，学者不能遍观而尽识之也。吾同年友吴青坛先生手辑《朱子论定文抄》，诚足以为学者读书穷理之助。学者固竟习于文章，而此书之刻，俾得博观乎古今之文，因得随文以折衷于朱子之说，毫厘铢黍，辨之必精，始信文章之宜傅义理，非文自文，道自道也。由是而博求紫阳之说以穷其理，即可以得《四子》之理。理明而行与并全，其所以为人之理，即以之广为论定诸子百家，可以区区文云乎哉？让谬司文教，窃异为文者之回心而向道也，故为序以望夫读是书者。康熙四十四年乙酉春正月，浙江督学使者年眷侍生中州靳让序。《朱子全书》第二十七册《序跋》。

清惕生《朱子论定文抄跋》：咸丰丙辰四月二十五日，圈阅《朱子论定文抄》二十卷终。其间道学经济，古今不刊之文，当次第抄出，类为一编，成诵在心，胸次见识、学问气节必超越常人万倍。虽若曰力不足，但藏往知来，若后生不昧，即为种夙慧也可。抑嗣吾世有子若孙不忘手泽，而亦养正之一助云。惕生星勺记于学庐西楼面炉峰之两窗。《朱子全书》第二十七册《序跋》。

《四库全书总目》卷一九四《集部四七·总集类存目四》：《朱子论定文抄》二十卷，浙江巡抚采进本。国朝吴震方编。震方有《读书正音》，已著录。是编取经传子史以至唐、宋诸家之文曾经朱子论定者，摘录成编。皆先列朱子之论，而以其文列于后。然编次过于求全，有因一字而录一篇者。如因辨一"腊"字，遂录"晋假道于虞"全传。"公矢鱼于棠"自是春秋经文，朱子惟辨一"矢"字，与传无关，而亦全录公子彄谏词。如是者不一而足，盖明末国初王学渐厌，又折而宗朱，风气所趋，事事借朱子以为重，遂不免牵连栏入，取盈卷帙耳。

《浙江采集遗书总录》闰集《儒家类》:《朱子论定文抄》二十卷，刊本。右国朝石门吴震方辑。专录朱子评论史子百家之文，非选本也。朱子之言，或于古文但举一端，但论一段，则亦节而抄之，不复登其全文也。陈廷敬有序。

《问源楼书目初编》卷四中《集部》:《朱子论定文抄》二十卷，吴震方编，原刊本。

《清史稿》卷一四七《艺文志三》:《朱子论定文抄》二十卷。吴震方撰。

今按：清康熙四十四年刻本。

朱子文集纂

清陈鏦编。

《本立堂藏书目·经二》:《朱子文集纂》三十二卷，五本。

朱子大全集补遗

清朱启昆编。

《知圣道斋书目》卷四《集部》:《朱子大全集补遗》，三本。

今按：清抄本（国家图书馆藏）。

朱子古文读本

清周大璋编。

清周大璋《朱子古文读本序》: 取朱子《文集》若干篇，而付之攻木氏，曰：是非徒教人以学文之具也，吾悲夫世之学者，伥伥乎其莫知所适从，于圣人之道，而徒以其所为文章言语之工者当之也。夫圣人之道，莫著于《四子》《五经》之书。而文章言语之工者，则自丘明、马迁以下，逮乎韩愈、柳宗元之徒，虽其所载或虚或实，或高或下之不同，而要之于圣人之道，则概乎其未有闻焉者也。孔子曰："天下有道，则行有枝叶；天下无道，则辞有枝叶。"道不足而强有言，非诐则赘已矣。学者溺于其文，日取而诵习之，熏蒸渐染，文日益工，而身心于以大病。夫操无柁之舟，入乎中流，听其所止而休焉，其不汩没于风涛之险几何哉！然文实非圣人之所能废，古今著述之富，莫如朱子。其一生精力，用于《论孟集注》《学庸章句》以及《诗集传》《易学启蒙》《本义》者，较勤于他书；而《文集》一编，则自其平居师友往复辨难，问答书笺之类，与夫入告对主、居官敷治、耳闻目见之不能已于言者而为之也。其文词之工，虽左、史、韩、柳之徒无以过；而其与承学受业之士，谆谆言之而不厌者，亦惟教之自立其志，使自致知格物诚意正心修身，推之至于齐家治国均平天下，方为正大之学，而非徒使之缀缉言语、造作文辞，以为旦夕科名利禄之计而已也。顾其全书浩博，未易购求。余少有读本，因出而布之。世之君子，读是书者，果有见于朱子之言，一章疏，一序记，皆为实语，敬持其志，迤逦以上，则圣人之道于是乎在，而文章言语之工亦未必不于此乎有取也。今而后，左、史、韩、柳百家之文可以不读，即读之，而中有所主，亦不至溺于文而害于道也夫！时康熙五十六年七月既望，桐城后学周大璋聘侯氏谨书于宝旭斋。《朱子全书》第二十七册《序跋》。

今按：清康熙五十六年刻本（国家图书馆、南京图书馆藏）；清道光十三年刻本（湖北省图书馆藏）；清道光二十八年长沙小嫏嬛山馆刻本（国家图书馆、北京大学图书馆、南京图书馆藏）；清道光间喜闻过斋刻本（江西省图书馆、云南省图书馆藏）。

朱子文选

清朱泽沄编。

清朱泽沄《朱子文选序》：朱子之学，注释经书，《文集》《语类》诸编，自宋末元明至今凡五百余年，传留人间，如日月经天、江河行地。海内学者，无论智愚，皆知其为孔孟周程之正脉，而无有异说也。独其主敬知行先后浅深曲折次第之故，《文集》《语类》无不备言之，当时及门诸贤，或闻一说而未闻又一说，或闻前一说而未闻后一说，是以不能遍举，有所遗漏。及二书既成之后，如何、王、金、许之笃信，程、董、二胡之注释，曹、薛、胡、罗之谨守，可谓恪遵朱子而无微不究者矣。求其于朱子收敛身心、体验道理，从二书透出曲折次第之所以然者，了不可得。不惟使宗陆王者执尊道分途以为词，抑何以使后之宗朱子者得其所循，以为收敛身心、体验道理之津梁，而无所迷惑差误也哉？夫《文》《语》二书，凡二百五十一卷。有此有彼无者，有彼有此无者，有此详彼略者，有此略彼详者，如己丑之悟，《中和旧说序》、与湖南诸公书等篇，《文集》所有，《语类》所无；如语陈北溪穷究根原来处、识许多规模大体等篇，《语类》所有，《文集》所无；如《近思录》周、程、张遗书之解，《语类》所详，《文集》所略；如封事、奏札以告君，时事出处以答朋友之词，《文集》所详，《语类》所略。此等相参处甚多，其切要实关系造道入德之方为何如。而元明以来，诸先儒绝不指示发挥以开正途、以启关键，令学者如入茫茫大海之中，而无所适从，亦谁任其责也耶？至于主敬穷理之说，朱子以此立教，其用功也，自格物致知入，见于《壬午封事奏札》。四十后以主敬补小学工夫，先涵养而后察识，见于答胡广仲、张南轩、林择之诸书。《答陈超宗》又云："先识义理大概规模于自己方寸中，然后加以存养省察之功。"因此积疑，穷究累年。后熟读答何叔京、程允夫书而反求之，恍若开明，得其要领。盖朱子立教，以遵小学、收放心为先，小学主敬工夫只是收敛，在此尚未能有所见，而主敬之功浅；入大学必先格致，识得义理，有所涵养，而主敬之功深；至德成于己，断定是个孝弟忠信底人在这里，仍用戒惧存养工夫，则所养益密，而主敬之功益深。此主敬穷理之序，不可不知也。格致之说，其序以格物《或问》章为程序，而《语类》所载"穷究根原来处模样，浑然灿然"之义，《文集》所载"经书指意，史传得失，日用事物精粗本末，融会贯通"之旨，不可不知也；力行之说，其序以《行状》"修于身者"一段《年谱》所纪行事为程序，而《文集》所载答曾景建、吴晦叔诸书，《语类》沈庄仲录"曾子刚勇决烈"，余正叔录"只有致命遂志"等语，不可不知也；迨其后主敬之功熟、知行之力深，不待操而存，不待考索强力而自精自纯，正是居仁便由义，由义便居仁，直内便方外，方外便直内，动静无违，体用不离，纯是天理之候，不可不知也。呜呼！朱子往矣，承周程之学而远接孔孟者，昭于天壤五百余年矣。周程之书浑穆简直，幸朱子力为发明，集北宋大儒之成，而为来学之宗。盖其天资高明，学业深密，主敬以立本，穷理以致知。天命之原，人伦之大，民物之待命，鬼神之流行，无不洞澈于胸中。而所以修己之实、措事之方，脉络条理，了然心目之间，而无不尽其蕴奥。是以果行力践，历之患难死生，初无二致，而造于盛大纯粹之极；又留之简册，凡收敛身心、体验道理，先后浅深曲折次第之故，无不备言之。

使后世有志之士，得以探讨服行，实实有阶可升、有门可入。日积月累，驯致于圣贤之域，而堕于虚寂之途。则此二书之传留，其心显著于人心，其功被覆乎万世矣。沄愚不肖，中岁方知讲读。用功既晚，赋质又钝，常惧无以窥测其万一。幸因衡之余，忽启其灵，稍见端绪，循溯而往，渐进渐亲，若有契会。既编《圣学考略》，历叙始终，编《诲人编》，以见教道之法。兹又选《文集》《语类》，自补小学以至造极，其卷有九。万不敢云有得于朱子之学，然按其收敛身心、体验道理，先后浅深曲折次第之故，亦略有当读之者。诚因是立顽起懦，遵升阶入门之序而深造焉，修己则仁义礼智之体立，存诚集义，实得于心，而无毫发之假借；措事则恻隐羞恶辞让是非之用行，宏纲巨目，实要于理，而无功利之纷营。英明果决，必竭其才，将德成于己，可为后学之标准，可立道脉之纲维，明章其学，广传斯人，庶几补元明以来诸先儒所未及，而朱子在天之灵亦必有以鉴之也夫！己亥三月，后学朱泽沄谨序。《朱子全书》第二十七册《序跋》。

清姚椿《朱子文选目录后序》：宝应朱止泉先生宗法朱学积数十年，生平著书甚夥，而《朱子圣学考略》一书尤见其用功次第。乾隆初，江南大吏尝刻之，然亦竟不甚显，且复间有讹错。独其晚年所为《朱子文集语类选》者，仅存其序于集中。其后先生之孙毓贤宛转求得今书，而《语类选》则不复可睹全本矣。毓贤以椿颇知向慕先生之学，既以见寄，而其徒卢秀才昶将付之梓以惠当世务实之士，而辱征言于椿。椿以为先生所以作是书之意，既已详于自序，至其子孙搜访之勤，与夫邑人士表章之雅，固不待鄙言以为征。独于今之亟需是书，则又不可不为一言者。朱子之学，广大渊深，无不赅备，所著诸书，皆行于世。然如《四书章句集注》，士人童而习之，有白首而不知其义者。又自训诂词章之说盛行，为其说者多详于名物度数、文义事实之间，而略于身心之际。其或玩心虚无，高论性命，则于博文之端、下学之事，有未及焉。夫名物度数、文义事实者，道之迹也。道不可见，将于名物度数、文义事实者征之。今乃沿其流而不溯其源，逐其末而不究其本，其于古者圣贤教人之旨，固有所未尽矣。若乃高明者流，任心而废学，彼其功业行非无足观，揆诸古人本末一贯，抑有未尽，其能免于不醇不备之憾乎？先生是书，纲举目张，体用咸具，以小学立志端其始，以穷理力行竟其功。其先之以主敬者，所以贯知行而使有所操持；其继之以涵养者，所以包知行而使有所归宿。然后措诸事业、验诸患难死生而造乎其极焉。此其用意与夫曾子之述《大学》、子思之作《中庸》，分其先后，合其微显，以发明夫子之道者无殊。而子朱子所为辑《近思录》以诏后人者，其叙次节目，盖不异乎是也。承学之士诚得是编而熟复之，则于持守之方知所用力，而不迷于向往矣。然后反复乎全书，涵泳乎义理，而征验夫事物，其于天下之故、古贤之意，庶有合乎？故辄不揆鄙愚，僭而序之，以与世之好学深思者共论焉。《语类书》虽不全，而先生所为后序固在，读者苟由此而推之，则于其所未得者，抑亦可以豁然而意会矣。道光元年辛巳三月，娄后学姚椿谨序。《朱子全书》第二十七册《序跋》。

清朱毓贤《朱子文选目录跋语》：先乡贤公文集载《选读朱子文》与《语类》二序，而家无其书。往公举乡贤，一时巨公如长白高公、仪封张公、博陵尹公、宁化雷公，访求遗稿，俱未及此。后毓贤从表兄王耕伯先生游三十年，谈论亦未及此。嘉庆己卯二月，云间姚子寿椿来宝应，印公文集二十本，借公《四书五经学旨合意编》、天文河道诸书暨《纪年略》原稿，携归抄录。校复公《朱子圣学考略》原本，兹复问及此书，毓贤方答以久经散失。而卢生昶忽得之公门人某君后人家，以示毓贤，前列原序，九卷目录前俱有题辞。毓贤读原序，兹选在编《圣学考略》《诲人编》之后。盖此书与《圣学考略》相表里，而题辞更简明，易于览观，真至宝也，埋没数十年复出，岂非大幸也哉！又毓贤得此书之前数日，梦赤麒麟至家，方作记与诗以纪其事，讵知为得此书之兆也邪？因抄目录校对，并记已失复得，其晦显如右云。嘉庆庚辰仲夏，孙男毓贤谨识。《朱子全书》第二十七册《序跋》。

清姚椿《朱子文选跋语》：宝应朱止泉先生所选朱子文九卷，其目录刻于同邑卢秀才昶，本师朱翁毓贤以椿颇知宗向其学，属为之序。予既以《大全集》手录其文，尝欲为之刊行，而苦于乏力。一以寄张云巢鹾使邗上，业已鸠工，会去官，不果；后复寄陈石士学使浙中，亦不果刊行。彼时宋儒之书方尘霾雾蚀于俗学中，无过而问者。及今则一时士大夫乃复有究此事，而椿之衰病潦倒，将就沟壑，私念此本由椿访求得之，使竟任其湮没，则是狐埋狐搰，其咎滋大。适友人有助予以刻书赀者，乃为更名曰《分类文选》而付诸梓，以正当世之君子。书中大旨已具前序。今所以附见者，以前此多为它学所汩，今则潦尽而寒潭清，此时之病，患乎弗克躬行而实践，而穷乡僻壤之士，或有得是编而笃行之，循序渐进，则于止泉子辑是编之心，皎然揭诸天壤，其于当世化民成俗之事，或亦不无小补。若椿之空言僭窃之罪，则固有所不敢辞云尔。咸丰二年壬子长至日数后学姚椿再书。《朱子全书》第二十七册《序跋》。

《传是楼书目·集部》:《朱子文选》，抄，二本。

朱子文抄

清吕敬甫编。

清王宝仁《朱子文抄序》:朱子之学，《大学》之学也；朱子之文，兼格致诚正修齐治平而为之者也。《大学》虽儒者童而习之之书，然诵其词未必能通其义，通其义又未必能践其实。其故何哉？溺于词章之学也，狃于训诂之学也，否则惑于空虚元妙之学也。其所谓学，非《大学》之学也，非朱子之所为学也。通乎朱子之学，则知朱子之文，无非发明乎《大学》之学矣。吾乡前辈如陈确庵、陆桴亭两先生，皆为朱子之学，兼能为朱子之文。陈有《圣学入门》书，陆有《思辨录》，皆以《大学》八条目为次。其他讲义条议，与夫社学规程、社仓事宜、治田、治河、典礼、会通、治纲诸篇，无一不由格致以推之治平，则信乎为朱子之学也，信乎为朱子之文也。余尝手录其书，以资景仰，顾材质驽下，昧所从入。欲求一二同志之士从事于斯，而朋辈生徒中，往往难得其人，有其人矣，又不能切磋以竟所学。比来六安，谬膺司训之任，乐其士风清淑，知必有魁奇俊特之材，敛其聪明才智，研心斯道，究乎《大学》之归者。方恐恐焉无以为诸生助，而又怪诸生不肯遽出其学以示余也。寿州茂才吕君敬甫，自安丰侨寓州中，所居与学舍邻比，去春始相往来，渐昨悉其为人。余尝出陈、陆二氏之书与之辨论，欣然心若相契。其学以朱子之学为学也，其文以朱子之文为文也。其于朱子所已发者汇而参之，必求其是也；其于朱子所未发者引而伸之，不嫌于创也。是善学朱子者也。其不溺于词章之学也，不狃于训诂之学也，不惑于空虚元妙之学也。尝举《大全集》，录其一二为家塾课本，兹将梓以公世，而属余弁言，余愧不能究朱子之学，亦安能识朱子之文。敬甫虚衷下问，每有所得，辄来商榷，无以益之，而又不能借敬甫以致力于此，然于《大学》之道，亦尝有志焉矣。由朱子之文，以求朱子之学，因以推而至于《大学》之学，敬甫其许余为同志耶？敬甫笃学力行，善承亲意，偕其戚周君新斋同居，教其子，一以朱子之学为学。两家长幼内外肃然邕然，庶有得于格致诚正修齐之略矣。他日出而有为，其必推暨于治平之道也可知。是又不惟诵其词、通其义，而兼思践其实也。余故于《朱子文抄》之刻而乐为序之。道光岁在丁酉正月二十四日，太仓王宝仁拜书于六安学署之紫来堂。《朱子全书》第二十七册《序跋》。

今按：清道光十七年忠恕堂刻本（复旦大学图书馆藏）。

朱子古文节选

清杜宗岳编。

清杜宗岳《朱子古文节选序》：文章与道德分途久矣，自秦汉下逮唐宋，古文家率同风气为转移。其近正者原本经术，如匡、刘、董、贾以及昌黎、南丰、欧阳数人而已。自朱子出，而道德文章复合为一，然历代选家多不之及。说者谓大儒之言与词章不同，或不免阳遵而阴置之，此大误也。昔真西山读朱子之文，以为古人之文几为之尽废，余不得其解，岂以文中词组单辞，皆圣学之膏腴，故一概抹倒古人以示推尊之意欤？非也。丙寅秋，予得周聘侯先生所辑读本，其评选固大有深意，非举业家所知。然即以文论，亦以汉唐以来所未有。予年十四五时即学治古文，迨阅历既久，窃以有实用者莫如《御选文醇》，有实学者莫如蔡选《雅正》。然历观古人之文，往往实践义少而虚词多。即如王荆公《上神宗皇帝书》，煌煌大篇，而其中实义，约之不过数行，此明证也。推此类求之，非道理偏杂，即间架空阔。不但伪八家宜辨，即真八家亦宜辨。惟朱子生平所为文，自奏疏以至序记，无一语虚衍，无一句落空，即随笔酬答亦无不语语踏实而风神超异，绝无一毫头巾气，即此一端，已独开汉唐以来未开之境界。而况其深造自得，左右逢源，条理自然，精密蕴蓄，自然宏深，以自在之趣，遇物而成，是岂以文章为事业者所敢拟哉？无如后世人必以道学为违，且并其文亦阳尊而阴违之，是真五六百年一大恨事也。至我朝陈榕门先生讲学课士，以及榜谕札记，颇具朱子家法，而风神不及，亦以其心理之细，原于学业问者深，而境诣未至浑脱，故分寸间有不可掩者。予尝于退食之暇取周聘侯原本而重选之，窃不自揣，妄加评注以俟后人采择，虽汉唐文字亦不可尽废，而从此入门下手，使知古今文字惟朱子可以囊括无遗，斯亦嗜古者之一大捷径也。若有志之士或因文以深求其所以然，此不但予之隐愿，亦聘侯周先生之遗意也夫！时在道光庚戌季冬月，古滕杜宗岳谨识。《朱子全书》第二十七册《序跋》。

清杜宗铨《朱子古文节选跋》：古今文字之妙，不过理与法二字而已，然天下无心外之理，亦无心外之法。文有经纬，必其心有条理；文有矩度，必其心有准则。若徒以附会经义为理，以拘守尺寸为法，是举业家揣摩之所为，非古人由内达外之理法也。铨自幼从家兄学，即读《史记》及《大学》《中庸序》等篇，颇粗晓其义。及乙酉得入拔萃科，考罢后而家兄筮仕关中，不得复随函丈游矣。嗣后入北闱，屡遭困顿，学殖益濩落，又为家计所窘，几不复有进取意。戊秋来陕省视，适值吾兄与西席雅三先生选订此书。雅三亟劝付梓，以沾丐后学。铨遂膺参校之役。洛诵再三，而后知其删存意旨之所在。不但理透心源，法由心起，直觉龙门、紫阳造诣虽大相悬殊，而其文章理法之妙，又真天然宜合为一者，斯亦奇矣。铨不敏，年已五旬而未掇一科，虽悔何及。然自今以往，窃欲因流溯源，以求理法于一心。至功名之得失，命也。愿与天下之习举业者共商焉。道光三十年庚戌季冬受业宗铨沐手并书。《朱子全书》第二十七册《序跋》。

今按：清咸丰元年刻本（上海图书馆藏）。

馆选朱子古文读本

清王继尧编。

清邬杰《重刊馆选朱子古文读本序》：人之所以为人，义理而已矣；学之所以为学，亦义理而已矣。义理者蕴之为德行，发之而经猷，积之为风俗，朝野所由安，天地所由位，运会气数所由厚以长者也。唐虞三代之隆，上自宫廷，下达闾里，其耳濡目染者，无非是物；幼自能言，老及属纩，其手持而足行者，无非是事。官司以之为教令，民庶以之为率循，庠序学校以之为诵习而讲求。当此之时，邪说诐行无自而兴。虽有说异之流，欲逞其私智，以惑世而诬民，而中有顾忌，亦不敢公然倡为游谈，以自弃于道教修明之世。风化既美，国祚灵长，远者八九百年，次犹五六百岁，无他，人心正而义理明也。自周之衰，异端渐起。孔子乃纂述《六经》，明先王之道以正之，诸弟子亦相与维持于其际。及孟子没而吾道益微。秦燔六籍，先王辅世长民之法荡然无存。汉兴，乃除挟书之律，遗儒稍为搜罗，而存其崖略。学者不知学之所以为学，第斤斤于制度训诂之末，至于大本大经，无复有过而问者矣。由是老佛之学萌蘖其间，日盛一日，宰世者且为所蛊惑而迷蒙，政教日非，而国脉愈戚。唐初，惟傅奕稍知其失，逮昌黎，始明目张胆以攻之，虽力孤势屈，然人心省悟，咸懔然于君臣父子夫妇之伦，不可斁沦。虽大憝巨奸，亦畏缩逡巡而不敢逞，国脉所由稍延也。五代变乱相寻，义理之坏，至斯而极。宋世周程特出，正学始明，数传，复得朱子起而表章之，由是举世知天则民彝之未可或泯，虽有丧乱，义理之心隐然难没，应运者出而扶植之，不久即定，非复六朝、五季之反复难为矣。我朝稽古右文，圣祖仁皇帝天纵圣明，统观历代兴亡之故、治乱之原，灼然知义理之宜明，而正学之不可不讲也，遂崇尚程朱，以达于孔孟。教化既敦，元气盎然，浸灌人心，成为风俗。所以圣祖、高宗皆享国六十年，自三代以来，未有若斯之盛者也。乾嘉之际，海宇承平，硕彦魁儒留心经术，羽翼正学，而一二贤智之过者，欲争胜前哲，以为名高。别树一帜，号曰“汉学”。其钩沉考异之精，良足补前贤所未备，然于义理则稍疏矣。后生小子，饫闻其说，乐其无规矩准绳之拘束，而又可以凌驾前修，于是翕然风靡，以洗垢索瘢为卓识，以攻坚捣隙为异才，而一切纯正之说，均觉可厌，无复有平心易气以研之者矣。而异教之徒，方喜其同室操戈，蓄锐砺锋而伺，而倒攻者且自诩其能也。譬诸盗贼来劫，一二贤子弟保护门庭，为家长先，而桀骜者相与阋斗于中，呶呶不已，助奸党之焰而使之张，岂不愚哉！岂不殆哉！杰心忧之久矣，自叹壤薄势孤，不能为力。门下王生继尧，携《重刊馆选朱子古文》五十余篇，索序于余。见所录之文，既不薄汉世音训考据之说而以为非，而笔力雄浑浩瀚，多可方轨曾苏。至于阐发义理，其热如火，其涌如泉，使人读之勃然而兴，赧然而愧，瞿然而思，惕惕然而不敢自安也，皇皇然而不穷自已也。敬畏起而毅勇生，则固非词章训诂之家所能几及者矣。诚使天下幼学之士，卒业诸经后，即取是编以课之，使知学以义理为本，格致以充其识，诚正以植其基，由是而扩之，不惟训诂词章定为吾道之助，即下至外夷所谓化学、声学、光学、算学、天文、地理、制器、植物等学，皆可为我资而不至为我病。何者？有义理以宰之也。夫学术端而人材美，其谨始于学校，而其益终集于国家，不然，虽日役役于坟籍中，而不知义理为何事，昧乎人之所以为人、学之所以为学，则岂特学术之忧也哉！时光绪七年辛巳秋八月，绵竹后学邬杰静民氏叙于晋熙书院之讲舍西偏并书。《朱子全书》第二十七册《序跋》。

今按：清宝旭斋刻本（国家图书馆藏）。

文公先生训蒙绝句

宋朱熹撰。

《晁氏宝文堂书目》卷上《文集》:《文公先生训蒙绝句》。

朱子训子诗

宋朱熹撰。

《培林堂书目·经部》:《朱子训子诗》一册。

朱子与王梅溪书

宋朱熹撰。

《晁氏宝文堂书目》卷中《子部》:《朱子与王梅溪书》。

朱子性理吟

宋朱熹撰。

《培林堂书目·子部》:《朱子性理吟》，抄，一册。

《绣谷亭熏习录·集部一》:《性理吟》二卷。朱子著。凡录诗一百四十三首。

《郇嬛妙境藏书目录》卷四《集部》:《朱子性理吟》五本。

《八千卷楼书目》卷一五《集部》:《性理吟》一卷，宋朱子撰。抄本。

今按：《西堂全集》本（康熙刻、民国石印）；《槐轩全书》本（咸丰至民国刻）；清刻本（北京大学图书馆、上海图书馆藏）；《两宋名贤小集》

本（清抄）；清末刻本（吉林省图书馆藏）；清抄本（天津图书馆藏）。

朱紫阳诗文训略

宋朱熹撰。

《澹生堂藏书目》卷一四《集类第八》：《朱紫阳诗文训略》。一卷，朱仲晦。

南岳唱酬集

宋朱熹、张栻、林用中撰。

宋张栻《序》：栻来往湖湘逾二纪，梦寐衡岳之胜，亦尝寄迹其间，独未得登绝顶为快也。乾道丁亥秋，新安朱元晦来访予湘水之上，留再阅月，将道南山以归，乃始偕为此游。而三山林用中择之亦与焉。粤十有一月庚午，自潭城渡湘水，甲戌过石滩，始望岳顶。忽云气四合，大雪纷集，须臾深尺许。予三人者饭道旁草舍，人酌一巨杯。上马行三十余里，投宿草衣岩。一时山川林壑之观，已觉胜绝。乙亥，抵岳后。丙子，小憩。甚雨，暮未已。从者皆有倦色，湘潭彪居正德美来会，亦意予之不能登也。予独与元晦决策，明当冒风雪亟登。而夜半雨止，起视，明星烂然。比晓，日升旸谷矣。德美以怯寒辞归。予三人联骑渡兴乐江，宿雾尽卷，诸峰玉立，心目顿快。遂饭黄心，易竹舆，由马迹桥登山。始皆荒岭弥望，已乃入大林壑，崖边时有积雪，甚快。溪流触石，曲折有声琅琅。日暮抵方广，气象深窈，八峰环立，所谓莲花峰也。登阁四望，霜月皎皎。寺皆版屋，问老宿，云用瓦辄为水雪冻裂，自此如高台、上封皆然也。戊寅明发，穿小径，入高台寺。门外万竹森然，间为风雪所折，特清爽可爱。住山了信有诗声，云良夜月明，窗牖间有猿啸清甚。出寺，即行古木寒藤中。阴崖积雪，厚几数尺。望石凛如素锦屏，日影下照林间，冰堕锵然有声。云阴骤起，飞霰交集，顷之乃止。出西岭，过天柱，下福岩，望南台，历马祖庵，由寺背以登。路亦不至甚狭，遇险辄有石磴可步陟。逾二十余里，过大明寺，有飞雪数点自东岭来。望见上封寺，犹萦迂数里许乃至。山高，草木坚瘦，门外寒松皆拳曲拥肿，樛枝下垂，冰雪凝缀，如苍龙白凤然。寺宇悉以版障蔽，否则云气嘘吸其间，时不辨人物。

有穹林阁，侍郎胡公题榜，盖取韩子“云壁潭潭，穹林攸擢”之语。予与二友始息肩，望祝融绝顶，褰裳径往。顶上有石，可坐数十人。时烟霭未尽澄彻，然群峰峭立，远近异态，其外四望渺然，不知所极，如大瀛海环之，真奇观也。湘水环带山下，五折乃北去。寺僧指苍莽中云:洞庭在焉。晚归阁上，观晴霞，横带千里。夜宿方丈，月照雪屋，寒光射人。泉声隔窗，泠然通夕，恍不知此身踞千峰之上也。己卯，武夷胡实广仲、范念德伯崇来会，同游仙人桥。路并石，侧足以入。前崖挺出，下临万仞之壑，凛凛不敢久驻。再上绝顶，风劲甚，望见远岫次第呈露，比昨观殊快。寒威薄人，呼酒，举数酌，犹不胜，拥毡坐乃可支。须臾云气出岩腹，腾涌如馈馏，过南岭，为风所飘，空蒙杳霭，顷刻不复见。是夜风大作。庚辰未晓，雪击窗有声，惊觉。将下山，僧亦谓石磴冰结，即不可步，遂亟由前岭以下。路已滑甚，有跌者。下视白云，滃浡弥漫，吞吐林谷，真有荡胸之势。欲访李邺侯书堂，则林深路绝，不可往矣。行三十里许，抵岳市，宿胜业寺劲节堂。盖自甲戌至庚辰凡七日，经行上下数百里，景物之美，不可殚叙。间亦发于吟咏，更迭唱酬，倒囊得百四十有九篇。虽一时之作不能尽工，然亦可以见耳目所历与夫兴寄所托。异日或有考焉，乃裒而录之。方己卯之夕，中夜凛然，拨残火相对，念吾三人是数日间亦荒于诗矣。大抵事无大小美恶，流而不返，皆足以丧志，于是始定要束，翼日当止。盖是后事虽有可歌者，亦不复见于诗矣。嗟乎！览是编者，其亦以吾三人者自儆乎哉？作《南岳唱酬序》，广汉郡张某敬夫云。《南轩集》卷一五。

《孝慈堂书目》:《南岳唱酬集》。朱熹、张栻，一卷，一册。

《也是园藏书目》卷六《子部》:《南岳唱酬集》一卷。

《钱遵王述古堂藏书目录》卷四《游览》:《南岳倡酬集》一卷，一本。

《徐氏家藏书目》卷六《集部》:《朱熹张栻林择之南岳倡和》一卷。

《天一阁书目》卷四之一《集类》:《朱张倡酬诗》一卷。刊本。明祝完序云：“《朱张倡酬诗》，传之当时，副在名山，旧矣。数百年来，学士大夫侈为盛事，固古今一嘉会也。岁久版刻浸湮，几不可读，且编次无序，杂寘各卷，殊非二先生一时倡酬之义。偶过东明范公，谈及岳山诸胜，因出家藏善本示余。乃一一考订，得南轩先生五十有九首，视南轩序记，缺者尚多，岂当时传者之遗邪？抑林择之所作，未见录于集中邪？今即所存者，特表而出之，题曰《朱张倡酬诗》。以次分别，人所易晓。固有一展卷，而二先生之遗迹风韵，宛然在目，不徒以供游观者之一快也。”

《四库全书总目》卷一八七《集部四十·总集类二》:《南岳倡酬集》一卷，《附录》一卷，编修汪如藻家藏本。宋朱子与张栻、林用中同游南岳倡和之诗也。用中字择之，号东屏，古田人，尝从朱子游。是集作于乾道二年十一月，前有栻《序》，称“来往湖湘二纪，梦寐衡岳之胜，丁亥秋，新安朱元晦来访予湘水之上，偕为此游”。而朱子诗题中亦称栻为“张湖南”，盖必栻当时官于衡、湘间，故有此称。而《宋史》本传，止载栻孝宗时，任荆湖北路转运副使，后知江陵府，安抚本路，不言其曾官湖南，疑史有脱漏也。其游自甲戌至庚辰凡七日，朱子《东归乱稿序》称“得诗百四十余首”，栻《序》亦云“百四十有九篇”。今此本所录止五十七题，以《朱子大全集》参校，所载又止五十题，亦有《大全集》所有而此本失载者。又每题皆三人同赋，以五十七题计之，亦不当云一百四十九篇，不知何以参错不合。又卷中联句，往往失去姓氏标题，其他诗亦多依《朱子集》中之题，至有题作《次敬夫韵》，而其诗实为栻作者，盖传写者讹误脱佚，非当日原本矣。后有朱子《与林用中书》三十二篇，《用中遗事》十条，及朱子所作《字序》二首，皆非此集所应有。或林氏后人所附益欤？然以“南岳”标题，而泛及别地之尺牍；以“倡酬”为名，而滥载平居之讲论；以三人合集，而独载用中一人之言行。皆非体例，姑以原本所有存之云耳。

《皕宋楼藏书志》卷一一三《集》:《南岳倡酬集》一卷《附录》一卷，抄本。宋大儒新安朱熹仲晦、广汉张栻敬夫、古田林用中择之同著。

《善本书室藏书志》卷三八《集部十七》:《南岳倡酬集》一卷，旧抄本。新安朱子仲晦、广汉张栻敬夫、古田林用中择之同著。乾道丁亥秋，朱子与张敬夫、林择之同游南岳唱和之诗。自甲戌至庚辰凡七日，题则五十有七，诗则一百四十余篇。有朱、张二子序，后附朱子与用中书三十二篇、用中遗事十条，及朱子所作字叙二首。用中号东屏，古田人，尝从朱子游。有天顺四年知襄阳府事吉水邓淮序、襄阳同知十一代孙果希仲后叙、崇祯壬申四明杨德、周孚先、邑人余文龙重镌序。

《八千卷楼书目》卷一九《集部》:《南岳倡酬集》一卷，《附录》一卷，宋朱子与张栻、林用中南岳纪游诗也。

朱子武夷棹歌

宋朱熹撰，陈普注。

《竹崦盦传抄书目·集部》:《朱子武夷棹歌》一卷，宋陈普注，九页。

《八千卷楼书目》卷一五《集部》:《武夷棹歌诗注》一卷，宋陈谱撰。抄本、《佚存丛书》本。

朱子武夷棹歌

宋朱熹撰，明刘孟纯注。

明程敏政《书刘教谕所注武夷棹歌后》: 晦庵先生《武夷棹歌》诗一卷，今休宁教谕南海刘君孟纯述其所自得者也。晦庵先生身斯道以启来学，盖凡有言，莫非道之所寓，况是诗哉！刘君可谓笃学而异于世之言诗者矣。当时，御史沈继祖劾先生十罪，此诗亦在论列中。盖指其末章尾句，以为不臣也。噫！诗之不幸若此。而刘君乃惓惓百世之下，味其词，思以发先生之心，则人之所存，其相去何啻霄壤哉！吾于是为之三叹不能已，书其后而归之。弘治庚戌春二月祭丁日归田学士程敏政识。《篁墩集》卷三八。

《千顷堂书目》卷三二《文史类》: 刘孟纯注《朱文公武夷棹歌》一卷。南海人，休宁教谕。

文公先生感兴诗注

宋朱熹撰，蔡模注。

宋真德秀《跋晦翁感兴诗》:《乾》之四德，迭运不穷，其本则诚而已矣。诚即太极也。其所以播群品者，诚之通也；其所以固灵根者，诚之复也。通则为仁为礼，复则为义为智，所谓五行一阴阳，阴阳一太极也。然动静循环而静其本，故元根于贞而感基于寂，不能养未发之中，安得有既发之和？故此诗谓世人之扰扰适以害道，不若林居之士静观密察，犹能探万化之原。要之道无不在，初不以出处喧寂为间，善学者当求先生言外之意云。《西山先生真文忠公文集》卷二九。

宋蔡模《文公朱先生感兴诗注跋》：古今之书，惟《诗》入人最易、感人最深，《三百篇》之后，非无能诗者，不过咏物陶情，舒其萧散闲雅之趣而已。独朱子奋然千有余载之后，不徒以诗为诗，而以理为诗，斋居之《感兴》是也。盖以理义之奥难明，诗章之言易晓，难明者难入而难感，易晓者易入而易感也。朱子切于教人，故特因人之易入易感者，以发其所难入难感者耳。今诵其诗，包罗众理，总括万变，排辟异端，又皆正其本而探其原。模之不敏，总角常侍先君读之。优游讽咏之久，不觉手舞足蹈之意，然亦懵然未晓其为何说也。先君间因其愤悱而启发之，似有所见。近因弟杭试邑樵川，寄示瓜山潘丈笺本，积日吟诵。犹或恨其笺注之间若有未尽者，随笔抄记，不觉成帙，用以求正于有道，正温公所谓扬子作《玄》，本以明《易》，非敢别为一书，以与《易》竞之意也。同志之士，其亦有以识予之心者乎哉？嘉熙丁酉仲春望日模书。《皕宋楼藏书志》卷八五。

元刘概《文公朱先生感兴诗注跋》：概居游武夷，常诵《棹歌》，见其辞意高远，超绝尘俗，而未得其要领。近获承教惧斋陈先生，蒙出示旨义，有契于心，乃知九曲寓意直与《感兴》二十篇相为表里，诚学者入道之一助。不敢私己，敬刊以《续感兴诗解》之后，与同志共之。时大德甲辰仲春武夷刘概谨跋。

明孙承恩《书朱文公感兴诗后》：诗自《三百篇》后，有儒者、诗人之分，儒者之诗主于明理，诗人之诗专于适情。然世之人多右彼而抑此，故云烟风月，动经品题，而性命道德之言，为诗家大禁，少有及者，即曰涉经生学究气。噫，有是哉？论诗者当以《三百篇》为准，然如《天命》一诗之赞圣德，《敬止》一诗之言圣学，以至《蒸民》一诗，万世言性者所不能外，而后之为诗者乃少之，甚者又有托之仙佛诞幻之说以为高者。盖道学不明，沿袭相承之弊也，而诗之义岂固然哉！紫阳先生虽道学大儒，而亦不废吟咏，然其所谓诗者，抑何其与后世异耶？今观其《感兴》二十首，其音响节奏虽亦后人之矩步，而大而阐阴阳造化之妙，微而发性命道德之原，悼心学之失传，悯遗经之坠绪，述群圣之道统，示小学之功夫，以至斥异端之非，订史法之缪，亦无不毕备。所以开示吾道而儆切人心者，较之云烟风月之体，轩轾盖万万不侔。其奥衍弘深，虽汉唐以来儒者尚未有能臻斯阈，而区区之诗家，岂能窥其涯涘哉！如是而欲以一家之诗目之，不可也。庄诵之余，敬题其后。《文简集》卷三四。

日本天瀑山人《书感兴诗注后》：觉轩蔡氏注朱子《感兴诗》一卷。余曩日获活字版古本，乃知其久传于此间矣。后又获高丽本于友人处，校之，无甚异同。按永乐《性理大全》编入《感兴诗》，其注互举熊胡刘徐数家，而蔡氏则仅一见于第二十首耳。且蔡注孤行，于诸书无所见，岂其佚于彼者久欤？高丽本附录朱子诗数十首，末又载惧斋注《武夷棹歌》，今删落其数诗，独存《棹歌》注，亦以其无别行也。上章涒滩孟夏之月中九日天瀑识。《朱子全书》第二十七册《序跋》。

《竹崦盦传抄书目·集部》：《朱子感兴诗》一卷，宋蔡模注，三十五。

《持静斋书目》卷四《集部四》：《朱子感兴诗注》一卷，附《武夷棹歌注》一卷，日本《佚存丛书》活字印本。宋朱子撰。门人蔡模注《感兴诗》，陈普尚德注《棹歌》。

《八千卷楼书目》卷一五《集部》：《感兴诗注》一卷，宋蔡模撰。抄本、《佚存丛书》本。

《善本书室藏书志》卷三〇《集部》：《文公朱先生感兴诗注》一卷，《武夷棹歌注》一卷，旧抄本。门人蔡模注。《武夷棹歌》，惧斋陈普尚德注。朱子撰《感兴诗》，自有序云："斋居无事，偶书所见，得二十篇。虽下能探索微眇，追述前言，然皆切于日用之实，故言亦近而易知。既以自警，且以贻诸同志。"云初有四家注，元胡炳文广之为十家，更参以己说别之为通，与《四书通例》同。十家者，长乐潘氏柄，杨氏庯成，建安蔡氏模，真氏德秀，詹氏景辰，徐氏几，黄氏伯旸，番禺余氏伯符，新安胡氏升，胡氏次焱也。此止蔡氏原注，有嘉熙丁酉仲春蔡模识，云："朱子不徒以诗为诗，而以理为诗，斋居之《感兴》是也。其诗包罗众理，总括万变，排辟异端，又皆正其本而探其原。模侍先君，读之不觉手舞足蹈之意。然亦懵然未晓其为何说也。先君闲因具愤悱而启发之似，有所见随笔抄记，不觉成帙"云。末附《武夷棹歌》。文公自题云："淳熙甲辰仲春。精舍闲居。戏作《武夷棹歌》十首，呈诸友游，相与一笑。"惧斋陈普尚德为之注，大德甲辰武夷刘概跋云："概居游武夷，常诵《棹歌》，未得要领。惧斋陈先生出示旨义，乃知九曲寓意，直与《感兴》二十篇相为表里，诚学者入道之一助。不敢私己，用《续感兴诗》解之后，与同志共之。"

《皕宋楼藏书志》卷八五《集部》：《文公朱先生感兴诗注》一卷，东洋刊本。宋门人蔡模注。

《四库未收书目提要续编》卷四《集部》:《文公感兴诗注》一卷,《武夷棹歌注》一卷,宋朱熹撰,蔡模注。《武夷棹歌》,陈普注。熹有《周易本义》,模有《孟子集疏》,《四库》已著录。普字尚德,号惧斋,宁德人,为朱熹三传弟子,入元后三辟本省教授,所居有石堂山,学者称石堂先生。先是,熹作《感兴诗》二十篇,长乐潘柄为之笺注,模以其犹有未尽,复成是编。前有嘉熙丁酉自识,称"朱子不徒以诗为诗,而以理为诗。《斋居感兴》,模侍先君读之,不觉手舞足蹈。然亦未晓其为何说。先君间因其愤悱而发之,似有所见,随笔抄记,不觉成帙"云云。是其注本之其父沈所指示者居多,故颇能得熹之本恉。据《集疏》蔡杭序,称"始事于嘉熙己亥",则此注成书在前也。《武夷棹歌》十首,其九曲寓意,与《感兴》相表里,普注虽肤浅,而于本诗意恉,亦尚能发明。大德甲辰,刘概得之,爰与《感兴诗注》合刊,并为之跋。江南图书馆有旧抄本,即从元刊本传录者,此则《佚存丛书》本也。

今按:《西京清麓丛书》本(光绪刻);《佚存丛书》本(日本刻、光绪活字印、民国影印);抄本(北京大学图书馆藏)。

朱文公感兴诗

宋朱熹撰,元胡炳文集注。

《文渊阁书目》卷一〇:《朱文公感兴诗》一部一册,缺。《朱文公感兴诗》一部一册,完全。《朱文公感兴诗》一部一册,完全。

《天一阁书目》卷四之一《集类》:《文公感兴诗》一卷,刊本。元新安后学胡炳文编。序称:"子朱子感兴诗,明道统,斥异端,正人心,黜末学。六百三十字中,凡天地万物之理、圣贤万古之心、今古万事之变关焉。始言一理,中散为万事,末复合为一理,与《中庸》合。朱子分《中庸》作五节,诗凡五起伏。由此十家之注,以会朱子之意,未必不为升高行远之一助云。时泰定甲子十月望日。"

《铁琴铜剑楼藏书目录》卷二一《集部三》:《文公感兴诗通》一卷,明刊本。宋朱子撰。题"新安后学胡炳文集注并序"。朱子《感兴诗》,初有四家注，炳文广之为十家，其参以己说者别之为“通”，曰与《四书通例》同。十家者，长乐潘氏柄、杨氏庸成、建安蔡氏模、真氏德秀、詹氏景辰、徐氏几、黄氏伯旸、番阳余氏伯符、新安胡氏升、胡氏次焱也。

《四库未收书目提要续编》卷四《集部》:《文公感兴诗通》一卷，宋朱熹撰，元胡炳文集注。炳文有《周易本义通释》,《四库》已著录。是书前有自序，以《感兴诗》初有四家，特广之为十家，其参以己说者，别之为“通曰”，与其所著《四书通》例同。炳文于朱子之学，笃信谨守，凡《易》、四书，不敢稍有出入，故此注亦用力甚勤。“十家”者，长乐潘柄、杨庸成，建安蔡模、真德秀、詹景辰、徐几、黄伯旸，番禺余伯符，新安胡升、胡次焱也。此瞿氏所藏明刊本，录之俾与《易通释》《四书通》并传焉。

今按:明成化二十三年熊绣刻本(国家图书馆、北京大学图书馆藏);明刻本(国家图书馆藏)。

朱子感兴诗解

宋朱熹撰，明吴文光解。

《千顷堂书目》卷一一《儒家类》:吴文光《朱子感兴诗解》一卷，又《门人答问录》四卷。字有明，婺源人，嘉靖丙午举人，应山知县。

感兴诗翼

清吴曰慎撰。

清吴曰慎《感兴诗翼序》:古者诗教最重，其见于经传所称者历历可征，微言要义多寓其间，后世为诗者，徒尚浮辞，无与道此，邵子所以谓“删后更无诗”也。朱子《感兴》二十章，其于天地阴阳之理，圣贤道统之传，人心何用之妙，存养省察之方，小学大学之规，末习异端之失，国家衰乱之由，史笔是非之辨，精粗本末，无不兼该，羽翼圣经，上追《雅》《颂》。顾以辞旨宏深，卒难洞晓。于是采集群言，参互考订，裁以臆断，《诗传》式遵，编为《感兴诗翼》，虽未能尽得朱子之心，然于训诂文义颇为明著，因是而日讽咏焉，则天人心性之理，修身经世之方，或者亦可以知其大略云。康熙壬子十二月丁未，古歙后学吴曰慎序。《朱子全书》第二十七册《序跋》。

清吴曰慎《感兴诗翼总论》：云峰胡氏曰：夫子读周公、尹吉甫之诗，皆赞之曰："为此诗者，其知道乎！"以其诗有关于天理民彝，有关于世变也。子朱子《感兴》诗兼之矣。明道统，斥异端，正人心，黜末学，六百三十字中，凡天地万物之理、圣贤万古之心、古今万事之变阐焉。使击壤翁早得见之，安得谓"删后更无诗"哉！余氏曰：《感兴》诗幽探无极太极生化之原，明述人心道心危微之辨；粗及夫晚周汉唐治乱之迹，精言夫阴阳星辰动静之机；上原夫尧舜禹汤文武周公授受之际，下列夫颜曾子思孟轲存守之要。大而乾坤之法象、性命之根原，微而神仙之渺茫、老佛之空寂，与夫经之所以得、史之所以失，靡不明备，无有遗缺。且于教之所以教、学之所以学，粲然条列，混然贯通。又曰：兴随感而生，诗随兴而作。或比或赋，虽非一体；或先或后，初非一意。然首尾之相为贯穿，本末之相为联属，则浑然其为一贯也。胡氏升曰：此诗究极道体纲维世教，与《太极图》《通书》《近思录》实相表里，指示学者甚切也。王氏曰：先生此诗，凡太极阴阳之理、天理人欲之机、古今治乱之分、异端末学之辨，精粗本末，兼该并贯，加以兴致高远，音节铿锵，足以追俪《风》《雅》。学者优游讽咏，良主善性油然而生。下不寂达之功，孰能外是而求之哉！《朱子全书》第二十七册《序跋》。

晦庵诗略

明张吉选。

明张吉《新刊晦庵诗略序》：晦庵朱夫子《感兴》诸诗，其自序有云"皆切于日用之实，故言亦近而易知"。愚窃受读而思焉，其一章、二章言天道阴阳之妙；三章、四章言人心得失之微；五章至七章斥僭伪，尊正统，诸史之断例也；八章原此心善恶之几，而不可不养其善；九章明此心动静之别，而不可不主乎静；十章至十四章反复乎诚敬操存之说，以终八章、九章之意；十五、十六章辟异端也；十七至十九章论古今教养之异，欲人先事乎小学，以收其放心，养其德性，而必以敬为之地焉；末章则言天道圣德不在言语末务，而学者不可不求诸心。其示人之意切矣。首尾千数百言，细大不遗，精粗毕具，开合有渐，变化无穷。要其归，无非使人操存省察，不失其心，以渐造乎高明之域而已。所谓切于日用之实者此也，其可忽诸！他州刻本流布甚广，而自滇已南，独未多见。予始来官，遇谈诗者，或与语及，盖有未谙其为何物者耳。噫！自求口食而不知稻粱之味，其欠缺不既多乎？箧中偶有都宪海虞吴公所抄先生五言古诗一帙，而特列是诗颠末，事事之暇，窃与录出，欲俾传写以式郡士。会卫使李君廷威购得良梓数尺，且请锓刻，以永其传。予亦意传写有限，不若刻本之遍博也，故忻然从之，又于其内谨择他诗近而易知，似其自序《感兴》所言者若干首，附录于左，并登绣焉。呜呼！圣贤之诗，与寻常骚墨之士得其一格足以博浅夫之鉴赏者不同。姑以是编言之。盖兼苏、李之体制，陶、孟之风调，韦、柳之音节，而其理趣则直与风雅正声相为表里，非汉、晋而下词人所及。生乎其后，不根于此而有能诗声者，我不敢知也。尚以众体篇什浩繁，弗克远致以公郡士为憾。然求其切于日用之实，则《感兴》诸作，虽众体莫先焉。学者于此沉吟涵泳，有得于心，则日用缓急先后之序，与夫圣贤不得已而有言者，必知其说则众体虽或不能遍观悉鉴，恐亦非所汲汲者矣。况附录诸篇，亦足见其虽因一事而发无非发，于性情止礼义之大概，而或者欲以一艺成名，固亦无俟他求，有以得其尺度矣。僭不自量，谬引其首，以记锓梓之由如此。《古城集》卷四。

朱文公诗集

明程瓆编。

《文渊阁书目》卷一〇：《朱文公诗集》一部二册，缺。

《天一阁书目》卷四之一《集类》：《晦庵朱文公诗集》十卷，刊本。新安程瓆校辑。诗录于《大全集》中及别集、他书所载而不重出者，咸辑焉。编次以词赋、箴铭、琴操居首，次古体诗，次律诗，次排律，次绝句，而杂体、乐府又其次也，是以不拘其所作年月之先后。其考異悉遵《大全集》中，但移置本句之下，以便玩读。及校对他善本，有差讹者正之，有事不同而理条贯者增注考异其下，并不敢以己意附焉。其原本有缺者，求诸善本，得者补之，不得者仍旧缺之。

《传是楼书目·集部》：《朱子诗集》十二卷，宋朱熹，四本。

《绣谷亭熏习录·集部一》：《朱子诗集》十二卷。明新安程瓆叔玉编，正德十六年刻于歙。

《藏园订补郘亭知见传本书目》卷一三下《集部四》:《晦庵先生朱文公诗集》十二卷。宋朱熹撰，明程璩辑。〇明正德十六年新安程氏刊本，半叶十行，行二十字，白口，四周单栏。苏州博古斋柳蓉村肆中见，未收。

《增订四库简明目录标注》卷一六《集部四》:《朱子诗集》十二卷，明程璩编，正德十六年刻于歙。

今按：明正德十六年新安程璩刻本（北京大学图书馆、中国科学院图书馆藏）；明刻本（国家图书馆藏）。

晦庵先生五言诗抄

明吴讷编。

明吴讷《晦庵先生五言诗抄序》:五言古诗，实继《国风》《雅》《颂》之后，若苏李之天成，曹刘之自得，以至陶靖节之高风逸韵，盖卓卓乎不可尚焉。三谢以降，正音日靡。唐兴，沈宋变为近体，至陈伯玉始力复古作，迨李杜后出，诗道大兴，而作者日盛矣。然于其间求夫音节雅畅、辞意浑融，足以继绝响而闯渊明之阃域者，唯韦应物、柳子厚为然尔。自时厥后，日以律法相高、议论相尚，而诗道日晦焉。宋室南迁，晦庵朱子以天挺豪杰之才，上继圣贤之学，文辞虽其余事，间尝读《大全集》，观其五言古体，冲远古淡，实宗《风》《雅》而出入汉魏、陶韦之间。至其《斋居感兴》之作，则又于韵语之中尽发天人之蕴以开示学者，是岂汉晋诗人之所可及哉！然集中编载，众体混出，且卷帙浩瀚，获见者鲜。暇日因手抄五言古体，始于拟古，终于《感兴》诸诗，得二百首，置于家塾，以教子弟，盖欲使知诗章之学亦先儒之所不废，沉潜之久，庶因有以得其归宿云。宣德十年岁在乙卯秋七月上澣海虞吴讷序。《明文衡》卷四三。

明周木《成化重刊晦庵先生五言诗抄序》:晦庵诗文抄者，乡先达思庵吴公之所辑也。侍御娄君克让奉命来察南畿学政，间尝访余，见而有感焉，乃曰："子朱子之文章虽其余事，然若布帛菽粟，民生不可一日而缺者。故或片言半语，人知尊信，况诗与文尤其言语之精者乎，而《抄》尤诗文之精者乎！穷乡晚进艰获全集，幸睹此编，亦尤愈于终身而不知焉。"既而请归，俾翻刻于太平郡黉，用博其传，盖特使夫游艺者知所归宿，而非欲其徒事乎词藻，其即子朱子取《鞠歌》《拟招》之遗意也。若乃居敬以立其本，穷理以致其知，反躬以践其实，是则子朱子之学之大成，学者所当没身钻仰而弗措者。苟徒区区于模拟步骤，殆非娄君所以重刊之意，而亦非余之所及知也。君名谦，信之上饶人，笃学好古，其传出于乃兄克贞，克贞尝为高第弟子于崇仁吴聘君康斋门，家学渊源，知重是书，益可以考其人矣。而郡守周君凤、贰守唐君诏、通守李君昌、孙君瑜咸祗顺而肃行之，其意亦可嘉也。刻告成，娄君以余得与闻重刊之意，因属序其由于首简。至于体制音节理趣之妙，其详著于都宪公自序矣，兹弗赘云。大明成化十八年壬寅四月吉，后学琴川周木谨序。成化本《晦庵先生五言诗抄》卷首。

明陈敬宗《晦庵先生五言诗抄后序》：诗自《三百篇》以后，汉苏李变为五首，而建安曹刘诸子继之，词气高古，足以羽翼六义。至晋之陶、唐之韦柳，冲淡典则，得温柔敦厚之遗意焉，亦足以舆卫《风》《雅》无忝矣。然自苏李以后千有余年之间，作者固多，而或失之绮丽，或失之巧密，无复唱叹之遗音，可慨也！后宋晦庵朱先生，以道统之学，上承先圣，下开后人，于注释经传余，时时发诸咏歌，众体悉备，而尤粹于五言。盖出入汉魏、陶韦之间，而兴致高远则或过之。蕴淡薄之味于大羹玄酒之中，扬淳古之时于朱弦疏越之外，诚旷代之希声也。至于《感兴》之作，则又不徒以诗为诗者焉，自夫天地阴阳之妙，性命道德之懿，古先圣贤开物成务、立则垂训之要，历世治乱兴衰之迹，与夫仙释之诞妄、教化之沦丧，悉于此焉发之。所以正人心于不泯、遏邪说于复萌，其有关于世教、有功于学者大矣，岂特陶情适性而已哉！昔《烝民》之诗有曰："天生烝民，有物有则。民之秉彝，好是懿德。"孔子赞之，以为知道。噫！其先生之谓矣。然则所谓羽翼六义、舆卫《风》《雅》者，将不在于汉魏、陶韦，而在于先生无疑矣。今副都宪海虞吴公，慨世人之罕知，乃手录先生五言之作，自《拟古》至《感兴》凡若干篇，编写成帙。既已叙其编端，其婿钱宣公达将锓梓以广其传也，乃复请予序其编末。嗟夫！举爝火以益日月之明，扬纤尘以裨嵩华之高，又奚可不自量哉！弟以平昔素所钦慕，又重以公达之有请也，故敢忘其鄙陋，书此以申其敬仰之意云。宣德十年秋九月既望朝列大夫国子祭酒四明陈敬宗谨序。《朱子全书》第二十七册《序跋》。

《晁氏宝文堂书目》卷上《文集》:《晦庵诗抄》。

又:《晦庵诗抄》。旧刻。

《百川书志》卷一五《集》:《晦庵诗抄》一卷,《朱文公全集》百卷(此存目待访书)。皇明海虞吴讷于晦翁全集手抄五言古体首二百首,以训子弟,今梓行。

《千顷堂书目》卷三二《文史类》:吴讷《晦庵诗抄》十卷。

《传是楼书目・集部》:《朱子诗抄》一卷,明吴讷抄。抄,一本。

《荛圃藏书题识续录》卷三《集类上》:《晦庵先生五言诗抄》不分卷,明刻本。卫前西山堂书坊买得残零故籍,中多可观之本。此《晦庵先生五言诗抄》是旧刻,却少首半叶,惜无同此刻者补之。顷张君讱庵过访,见此,因问及伊藏弆有何本,曰有时刻在,遂往借焉。果与此刻合,手为补缺,其首行标题则据后序为之,不嫌妄作也。癸未孟夏,荛夫。

《藏园订补郘亭知见传本书目》卷一三下《集部四》补:《晦庵诗抄》一卷。宋朱熹撰,明吴讷辑。〇明刊黑口本,九行二十一字。

晦庵先生诗话

明沈爚编。

明文征明《晦庵诗话叙》:子朱子之学以明理为事,诗非其所好也。而其所为论诗,则固诗人之言也。呜呼!理固无不该也,而况诗乎哉?世盖有工于吟讽,而不得其故者。或终日论议,而谐诸音声,辄不合作。要之,其于理于诗,皆未为有得也。练川沈文韬氏以明经游学官,而特好为诗。取凡朱子平日论诗之语,萃而为书,曰《晦庵诗话》。岂将会理与诗而一之耶?夫自朱氏之学行世,学者动以根本之论劫持士习,谓六经之外,非复有益,一涉词章,便为道病。言之者自以为是,而听之者不敢以为非。虽当时名世之士,亦自疑其所学非出于正而有"悔却从前业小诗"之语。沿讹踵敝,至于今,渐不可革。呜呼!其亦甚矣。说者往往归咎朱氏,而不知朱氏未始不言诗也。观于文韬之书,可概见已。若其所论,当自有识者取之,小子何述哉!《甫田集》卷一七。

《天一阁书目》卷四之四《集部四》:《晦庵先生诗话》一卷,蓝丝栏抄本。

沈爚纂集。

《晁氏宝文堂书目》卷上《文集》:《晦庵先生诗话》。

《澹生堂藏书目》卷一四《集类第八》:《朱晦庵诗话》一册。一卷，沈爚编。

《千顷堂书目》卷三二《文史类》: 沈爚纂集《晦庵先生诗话》一卷。弘治中人。

《也是园藏书目》卷七《集部》:《晦庵诗话》一卷。

《钱遵王述古堂藏书目录》卷七《诗话》:《晦庵诗话》一卷，一本。

《虞山钱遵王藏书目录汇编》卷六《集部》:《晦庵诗话》一卷。述诗话。

朱子游艺至论

明余祐辑。

《万卷堂书目》卷三《儒家》:《朱子游艺至论》一卷。余祐。

《绛云楼书目》卷四《文说类》:《朱文公游艺至论》。

《千顷堂书目》卷三二《文史类》: 余祐《游艺至论》一卷。辑《朱子语类》论文之语。

晦庵诗文

佚名编。

《濮阳蒲汀李先生家藏目录》中间朝西头柜 :《晦庵诗文》三本。

朱文公诗文抄

佚名编。

《旧山楼书目》:《朱文公诗文抄》。六本。

朱子可闻诗集

清洪力行编。

清洪力行《朱子可闻诗集序》：昔胡澹庵爱先生之诗，与王民瞻同荐于朝，先生叹为不知己，盖不欲以诗名也。而后之学先生者，奚为于先生之诗？且其诗之精奥宏博，莫若《斋居感兴》诸作，而集中反不及之者何？曰：此固先生之所许可也。先生著作，自经书传注悬诸甲令外，他若《近思》《小学》《家礼》《纲鉴》《名臣言行》《伊洛渊源》诸录，旁及《楚辞注》《韩文考》，莫不家置一编，而皇上又颁渊鉴斋所藏《全书》于学官，俾人咸得诵习。先生之道既昭如日星矣，惟是操觚家视理学、风雅判然两途，语及于诗，谓自有专门名家，何必朱子。不知夫诗者持也，持其性情以归于正也。专门名家能各自抒其性情矣，讵能持人之性情乎？即如元轻白俗、岛瘦郊寒，太白仙、长吉鬼，不善学之，则偏至之病必有中于性情者，又何论香奁、宫体之属哉！故必有真理学而后有真风雅，以其有存乎诗之先者，而不徒为诗人之诗而已也。先生惟不欲以诗名，故其诗尤有补于学者，此吾所以急录先生之诗以示世也。至于反不载说理诸诗者，又有故焉。《记》曰："不学博依，不能安诗；不兴共艺，不能乐学。"是以古人将有事于河，必先事于滹沱，慎之至也。《感兴诗》二十章、《性理吟》一百首，性与天道具见于斯，非初学可遽通晓。莫若先取其流连景光、雕刻万物，以歌咏乎性情者，优而游之，旁引而流示之，自然忘理学之高深、而乐风雅之和易，久而有得，将更有进于是者，与学者求之，而此则夫子之文章可得而闻者也，是以名其集曰《可闻》也。然则先生诗法与彼专门名家者异乎否？曰：非愚之所敢知也，然窃闻其略矣。先生尝欲分古今诗作三等，自书传所记虞夏以来及魏晋为一等，附《三百篇》《楚辞》后，为诗之根本准则；颜谢以下及唐初为一等；自沈宋定著律诗下及今日又为一等，于二等中择其近古者以为之羽翼舆卫。是先生之取法乎上也。云李杜韩柳诗皆学《选》，杜韩变多，李柳变少，自其变者而学之，不若自其不变者而学之，是先生之与人以规矩也。诗尤爱陶征士、韦左司、柳柳州，云不如是无以发其萧散冲淡之趣。《答巩仲至书》云："来谕漱六艺之芳润，以求真淡。然恐秽浊为主，芳润无由入。须更洗尽肠胃间夙生荤血，然后此语方有措。"是诗贵于淡，而又当先治其性情也。尝病诗句之用经语，而不喜人使事。曰：

"'关关雎鸠'，出在何处？"是为诗者，当去陈言，空诸依傍也。又云："当其不应事，平淡自摄，胜于思量诗句。至其真味发溢，又却与寻常好吟者不同。"是先生本不求工于诗，而天籁自鸣，无非诗也。夫惟平淡自摄，以去其肠胃间秽浊，及乎真味发溢，自然有得于萧散冲淡之趣，又取法乎上而明其宗派，学乎不变者而守其规模，则虽不用经，不使事，自无片言只字不有根源。吾所谓有存乎诗之先，而不徒为诗人之诗者，此也。闻先生之诗，复闻先生所以说诗，以之持其性情，学者将此化其偏而归于正也可知矣。又安在文章非即性道哉？《大全集》中载诗二千首，仅录其十分之二三，盖本诸先师汪息庐先生所选授，分体编次则依吴季元和生家藏程履斋所旧刻，不揣谫陋，间有发明。尝质于同学诸子，而唐伸凤逸、陈祖范亦韩，其析疑纠谬之功尤多云。康熙六十一年岁在壬寅孟春新安洪力行敬识于常熟学署之南华堂。《朱子全书》第二十七册《序跋》。

清陈景云《朱子可闻诗集跋》：侍臣大兄从事吾师义门先生久，能传其学，尝以儒先之理及今古文辞开示来者。客冬在虞，笺释子朱子诗五卷，特邮致家师，请序于先生。适当违豫在告，方倦于笔札，故久未申请，而先生近问至家，则已及之，云："阅侍臣所笺朱子诗，叹其嗜学深，用心苦，不愧拥皋比为大师也。虞山多俊才，今秉铎者，复能以伊洛之学导其源，鹿洞之风，庶几复振乎？不及序也，可即此语之。"按此札作于夏六月己未，越两日先生随捐馆舍矣。尝闻子朱子昔当弥留之际，力疾作札，属其徒黄勉斋辑成《礼书》，今先生于大兄亦犹此志欤？先生平日最慎许可，一字之褒不少假借。苟非是编精要可传，安得于垂殁时犹惓惓如此？嗟乎，哲人萎而微言绝矣！大兄追念师训，俾景云一言以识其末。景云窃谓先生之序虽未作，而手泽尚新，绪论可质。当代文章巨公，由鉴是书笺释苦心而溯其学问渊源所自，必有弁以雄文、广其流传者，为谨书以俟之。壬寅孟秋长洲同学弟陈景云拜识。《朱子全书》第二十七册《序跋》。

今按：清康熙间刻本（国家图书馆、辽宁省图书馆藏）。

建朱子祠记一种

清余廷灿撰。

《续修四库全书总目提要》第十五册 :《建朱子祠记一种》，存吾文稿本。清余廷灿撰。按渌水源出江西萍乡，经湖南之醴陵而汇湘流，其地曰渌口。瑞渌池者，醴之名胜也，有朱子遗像，而名益彰。廷灿首称 :“朱子过醴陵讲学，醴陵人审像伐石，图碑于瑞渌池上，葺亭覆之。池故醴陵灵迹，水绿可绘字，而朱子遗像在焉。越七百余年为乾隆甲午，又新亭甃池，作祠堂以奉主祀。堂成岁约为会，明年三月某日，邑人肃衣冠而至者，约数十百人。盖道德之辉光，昭被于斯人精神心曲，愈远则愈有耀，而不可遏佚蔽掩。斯因其名迹遗像而建祠，隆以禋祀，垂为典则，其惠泽感人于微，深且至矣。”又谓 :“世之好异同者，动党护陆文安、王文成为有用之学，以诋訾朱子。不知朱子主静敬极性命之功，广博精深，用无不具。而讲陆王者，乃谓其纡回幽渺而不乐道。然以法迹论，观其前后上孝宗书，六劾唐仲友之风节，及为政崇安浙东潭州之为民请命，如疾痌在身而务去之，遇非道非义，虽三公之贵，一介之细，较然不欺其素政。使学陆王者，径约切实，发于身心，见于家国天下，复何以加兹？夫学在诚以自治其身心，陆王何异，胡独异于朱子？然若仅猎取其绪言妙义，藻绘文字，或阁束其书，取腐烂无根之游言，掇拾呫哔，则于朱子讲学宗旨，茫乎未闻，是岂得谓学朱子者哉？”廷灿学养素裕，于性理盖亦深纯，故于世之偏党陆王而诋朱子者，能道厥本源，不惜痛下针砭，良为有裨名教之作。所谓“今宗朱子者遍天下，乃有清一代甄才取士之文，以朱注为正宗也”。末谓“醴陵山水清淑，士气淳正，后之登堂而仰遗像，思所以学朱子之学者何在，则正学于是乎盛昌”。廷灿之景仰先贤，尊崇正学，惓惓之私，亦昭然若揭矣。

附
录

一、著者索引

D

F

G

H

J

K

L

M

N

P

Q

R

W

X

Y

Z

二、引用书目

A

爱日精庐藏书简目．（清）张金吾藏并编．商务印书馆《中国著名藏书家书目汇刊》（第二十九册），2005 年 .

爱日精庐藏书志 .（清）张金吾撰 . 中华书局整理本，2015 年 .

B

八千卷楼书目 .（清）丁丙藏、丁仁编 . 上海古籍出版社《续修四库全书》本，2002 年 .

百川书志 .（明）高儒撰 . 上海古籍出版社，2005 年 .

百宋一廛书录 .（清）黄丕烈撰 . 上海古籍出版社点校本，2013 年 .

白田草堂存稿 .（清）王懋竑撰 . 清乾隆二十六年（1761）刻本 .

白云稿 .（明）朱右撰 . 台湾商务印书馆《影印文渊阁四库全书》本，1985 年 .

柏斋集 .（明）何瑭撰 . 台湾商务印书馆《影印文渊阁四库全书》本，1985 年 .

拜经楼藏书题跋记 .（清）吴寿旸撰 . 上海古籍出版社点校本，2007 年 .

拜经楼书目 .（清）吴之澄编 . 商务印书馆《中国著名藏书家书目汇刊》（第二十三册），2005 年 .

宝礼堂宋本书录 .（清）潘宗周撰 . 上海古籍出版社点校本，2007 年 .

北溪大全集 .（宋）陈淳撰 . 台湾商务印书馆《影印文渊阁四库全书》本，1985 年 .

本立堂藏书目 .（清）魏维新编 . 商务印书馆《中国著名藏书家书目汇刊》（第二十册），2005 年 .

皕宋楼藏书志 .（清）陆心源撰 . 上海古籍出版社《续修四库全书》本，2002 年 .

C

苍霞草 .（明）叶向高撰 . 明万历刻本 .

藏园订补郘亭知见传本书目 .（清）莫友芝撰，傅增湘订补 . 中华书局，2009 年 .

操斋集 .（清）蔡衍鎤撰 . 清康熙刻本 .

昌谷集 .（宋）曹彦约撰 . 台湾商务印书馆《影印文渊阁四库全书》本，1985 年 .

晁氏宝文堂书目 .（明）晁瑮撰 . 古典文学出版社，1957 年 .

持静斋藏书记要 .（清）莫友芝撰 . 上海古籍出版社点校本，2009 年 .

持静斋书目 .（清）丁日昌撰 . 上海古籍出版社标点本，2008 年 .

传是楼书目 .（清）徐乾学编 . 商务印书馆《中国著名藏书家书目汇刊》(第十七、十八册)，2005 年 .

春在堂杂文 .（清）俞樾撰 . 清光绪二十五年刻《春在堂全书》本 .

赐余堂集 .（明）钱士升撰 . 清乾隆四年（1739）钱佳刻本 .

D

大梅山馆藏书目 .（清）姚燮藏并编 . 商务印书馆《中国著名藏书家书目汇刊》(第三十册)，2005 年 .

带经堂书目 .（清）陈征藏并编 . 商务印书馆《中国著名藏书家书目汇刊》(第二十八册)，2005 年 .

澹生堂藏书目 .（明）祁承爜编 . 商务印书馆《中国著名藏书家书目汇刊》(第九册)，2005 年 .

定宇集 .（元）陈栎撰 . 台湾商务印书馆《影印文渊阁四库全书》本，1985 年 .

东里文集续编 .（明）杨士奇撰 . 明天顺五年（1461）庐陵杨导刻本 .

冬青馆集 .（清）张鉴 . 民国《吴兴丛书》本 .

读书敏求记 .（清）钱曾撰 . 书目文献出版社点校本，1984 年 .

F

方山先生文录 .（明）薛应旂撰 . 明嘉靖东吴书林刻本 .

甫田集 .（明）文徵明撰 . 台湾商务印书馆《影印文渊阁四库全书》本，1985 年 .

G

甘泉乡人稿 .（清）钱泰吉撰 . 清同治十一年（1873）刻本 .

高子遗书 .（明）高攀龙撰 . 台湾商务印书馆《影印文渊阁四库全书》本，1985 年 .

古城集 .（明）张吉选撰 . 台湾商务印书馆《影印文渊阁四库全书》本，1985 年 .

古今书刻 .（明）周弘祖撰 . 上海古籍出版社，2005 年 .

圭塘小稿 .（元）许有壬撰 . 台湾商务印书馆《影印文渊阁四库全书》本，

1985 年 .

圭斋文集 .（元）欧阳玄撰《四部丛刊》本 .

国史经籍志 .（明）焦竑撰 . 清刻本 .

H

海源阁宋元秘本书目 .（清）杨保彝撰 . 中国书店出版社《海王邨古籍书目题跋丛刊》（第三册），2008 年 .

蒿庵集 .（清）张尔岐撰 . 清乾隆三十八年（1773）胡德琳刻本 .

好古堂书目 .（清）姚际恒编 . 商务印书馆《中国著名藏书家书目汇刊》（第十九册），2005 年 .

洹词 .（明）崔铣撰 . 台湾商务印书馆《影印文渊阁四库全书》本，1985 年 .

环谷集 .（元）汪克宽撰 . 清康熙《汪氏三先生集》本 .

篁墩集 .（明）程敏政撰 . 明正德二年（1507）刻本 .

黄氏日钞 .（宋）黄震撰 . 清乾隆三十二年（1767）新安汪氏刻本 .

鹤山先生大全文集 .（宋）魏了翁撰 . 线装书局《宋集珍本丛刊》本，2004 年 .

晦庵先生朱文公文集 .（宋）朱熹撰 . 北京图书馆出版社影印本，2006 年 .

喙鸣诗文集 .（明）沈一贯撰 . 明刻本 .

J

稽瑞楼书目 .（清）陈揆编 . 商务印书馆《中国著名藏书家书目汇刊》（第二十八册），2005 年 .

季沧苇藏书目 .（清）季振宜编 . 商务印书馆《中国著名藏书家书目汇刊》（第二十册），2005 年 .

汲古阁珍藏秘本书目 . 清毛扆编 . 商务印书馆《中国著名藏书家书目汇刊》（第十四册），2005 年 .

佳趣堂书目 .（清）陆漻藏并编 . 商务印书馆《中国著名藏书家书目汇刊》（第二十一册），2005 年 .

简庄文钞 .（清）陈鳣撰 . 清光绪十二年（1886）刻本 .

简庄缀文 .（清）陈鳣撰 . 民国十五年（1926）杭州抱经堂刻本 .

楝亭书目 .（清）曹寅编 . 商务印书馆《中国著名藏书家书目汇刊》（第十五册），2005 年 .

鉴止水斋藏书目 .（清）许宗彦编 . 商务印书馆《中国著名藏书家书目汇刊》（第二十六册），2005 年 .

江阴李氏得月楼书目摘录 .（明）李鹗翀编 . 商务印书馆《中国著名藏书家书目汇刊》第八册，2005 年 .

绛云楼书目 .（清）钱谦益撰 . 商务印书馆《丛书集成初编》本，1935 年 .

椒邱文集 .（明）何乔新撰 . 上海古籍出版社影印本，1991 年 .

校经室文集 .（清）孙葆田撰 . 民国五年（1916）南浔刘氏求恕斋刻本 .

津逮秘书 .（明）毛晋编 . 明崇祯三年（1630）毛氏汲古阁刻本 .

经籍跋文 .（清）陈鳣撰 . 中国书店出版社《海王邨古籍书目题跋丛刊》本，2008 年 .

经义考新校 .（清）朱彝尊撰，林庆彰等主编 . 上海古籍出版社，2010 年 .

泾皋藏稿 .（明）顾宪成撰 . 台湾商务印书馆《影印文渊阁四库全书》本，1985 年 .

泾野先生文集 .（明）吕柟撰 . 明万历刻本 .

敬孚类稿 .（清）萧穆撰 . 上海古籍出版社《续修四库全书》本，2002 年 .

静惕堂书目 .（清）曹溶编 . 商务印书馆《中国著名藏书家书目汇刊》（第十四册），2005 年 .

旧山楼藏书记 .（清）赵宗建撰，潘景郑校订 . 上海古籍出版社，2005 年 .

旧山楼书目 .（清）赵宗建撰，潘景郑校订 . 上海古籍出版社，2005 年 .

居家必用事类全集 .（元）佚名编 . 明刻本 .

觉轩公集 .（宋）蔡模撰 . 清刻《蔡氏九儒书》本 .

郡斋读书志 · 附志 .（宋）赵希弁撰 . 上海古籍出版社校证本，1990 年 .

K

空同集 .（明）李梦阳撰 . 台湾商务印书馆《影印文渊阁四库全书》本，1985 年 .

L

嫏嬛妙境藏书目录 .（清）麟庆编 . 商务印书馆《中国著名藏书家书目汇刊》（第二十九册），2005 年 .

礼部集 .（元）吴师道撰 . 台湾商务印书馆《影印文渊阁四库全书》本，1985 年 .

礼记集说 .（宋）卫湜撰 . 北京图书馆出版社影印本，2003 年 .

廉石居藏书记 .（清）孙星衍撰 . 中国书店出版社《海王邨古籍书目题跋丛刊》（第三册），2008 年 .

龙图陈公文集 .（宋）陈宓撰 . 清钞本 .

郘亭遗文 .（清）莫友芝撰 . 清末刻本 .

M

马氏道古楼书目 .（清）马思赞编 . 商务印书馆《中国著名藏书家书目汇刊》（第二十一册），2005 年 .

脉望馆书目 .（明）赵琦美藏并编 . 商务印书馆《中国著名藏书家书目汇刊》（第十册），2005 年 .

梅岩文集 .（宋）胡次焱撰 . 台湾商务印书馆《影印文渊阁四库全书》本，1985 年 .

勉斋先生黄文肃公文集 .（宋）黄榦撰 . 北京图书馆出版社影印本,2005 年 .

明史 .（清）张廷玉等撰 . 中华书局点校本，1974 年 .

明文海 .（清）黄宗羲编 . 台湾商务印书馆《影印文渊阁四库全书》本，1985 年 .

明文衡 .（明）程敏政编《四部丛刊》本 .

鸣野山房书目 .（清）沈复粲编 . 上海古籍出版社，2005 年 .

穆堂类稿 .（清）李绂撰 . 清道光十一年（1831）奉国堂刻本 .

N

南山集 .（清）戴名世撰 . 清光绪二十六年（1900）刻本 .

南轩集 .（宋）张栻撰 . 台湾商务印书馆《影印文渊阁四库全书》本，

1985 年 .

南雍志 .（明）黄佐撰 . 国家图书馆出版社影印本，2013 年 .

鸟鼠山人小集 .（明）胡缵宗撰 . 明嘉靖刻本 .

P

滂喜斋藏书记 .（清）潘祖荫撰 . 上海古籍出版社点校本，2007 年 .

培林堂书目 .（清）徐秉义编 . 商务印书馆《中国著名藏书家书目汇刊》（第十九册），2005 年 .

彭惠安集 .（明）彭韶撰 . 台湾商务印书馆《影印文渊阁四库全书》本，1985 年 .

平津馆鉴藏书籍记 .（清）孙星衍撰 . 中国书店出版社《海王邨古籍书目题跋丛刊》（第三册），2008 年 .

曝书亭集 .（清）朱彝尊撰 . 台湾商务印书馆《影印文渊阁四库全书》本，1985 年 .

濮阳蒲汀李先生家藏目录 .（明）李廷相编 . 商务印书馆《中国著名藏书家书目汇刊》（第一册），2005 年 .

Q

潜采堂宋元人集目录 .（清）朱彝尊编 . 商务印书馆《中国著名藏书家书目汇刊》（第十七册），2005 年 .

潜研堂文集 .（清）钱大昕撰 . 商务印书馆《万有文库》本，1935 年 .

潜研堂序跋 .（清）钱大昕撰 . 上海古籍出版社点校本，2010 年 .

千顷堂书目 .（清）黄虞稷撰 . 上海古籍出版社整理本，2001 年 .

钱遵王述古堂藏书目录 .（清）钱曾编 . 商务印书馆《中国著名藏书家书目汇刊》（第十六册），2005 年 .

清容居士集 .（元）袁桷撰 . 中华书局《元史研究资料汇编》本，2014 年 .

清史稿、赵尔巽、柯劭忞等编 . 中华书局点校本，1977 年 .

琼台会稿 .（明）丘濬撰 . 台湾商务印书馆《影印文渊阁四库全书》本，1985 年 .

求古居宋本书目 .（清）黄丕烈编 . 商务印书馆《中国著名藏书家书目汇刊》

（第二十四册），2005 年 .

全宋文 . 曾枣庄主编 . 上海辞书出版社、安徽教育出版社，2006 年 .

全元文 . 李修生主编 . 江苏古籍出版社，1999 年 .

R

日知录 .（清）顾炎武撰 . 上海古籍出版社，2013 年 .

榕村集 .（清）李光地撰 . 台湾商务印书馆《影印文渊阁四库全书》本，1985 年 .

柔桥文钞 .（清）王棻撰 . 上海古籍出版社《清代诗文集汇编》本，2010 年 .

S

三鱼堂集 .（清）陆陇其撰 . 清康熙刻本 .

剡源集 .（元）戴表元撰 . 中华书局《元史研究资料汇编本》，2014 年 .

善本书室藏书志 .（清）丁丙撰 . 上海古籍出版社《续修四库全书》本，2002 年 .

上善堂宋元板精钞旧钞书目 .（清）孙从添编 . 商务印书馆《中国著名藏书家书目汇刊》（第二十一册），2005 年 .

思补精舍书目 .（清）秦嘉谟编 . 商务印书馆《中国著名藏书家书目汇刊》（第二十九册），2005 年 .

思适斋书跋 .（清）顾广圻撰 . 上海古籍出版社点校本，2007 年 .

师山遗文 .（元）郑玉撰 . 台湾商务印书馆《影印文渊阁四库全书》本，1985 年 .

十驾斋养新录 .（清）钱大昕撰 . 上海书店出版社整理本，2011 年 .

适可轩文集 .（清）胡文学撰 . 清康熙十二年（1673）李文胤刻本 .

世善堂藏书目录 .（明）陈第编 . 商务印书馆《中国著名藏书家书目汇刊》第八册，2005 年 .

水东日记 .（明）叶盛撰 . 中华书局，1980 年 .

孙氏祠堂书目 .（清）孙星衍撰 . 中国书店出版社《海王邨古籍书目题跋丛刊》（第三册），2008 年 .

四库全书总目 .（清）永瑢等撰 . 中华书局影印本，1965 年 .

四库未收书目提要续编 . 胡玉瑨撰，吴格整理 . 上海古籍出版社《续四库提要三种》本，2002 年 .

四明卢氏藏书目录 .(清)卢址编 . 商务印书馆《中国著名藏书家书目汇刊》(第二十三册)，2005 年 .

四书纂疏 .（宋）朱熹集注，赵顺孙纂疏 . 台湾商务印书馆《影印文渊阁四库全书》本，1985 年 .

宋史 .（元）脱脱等撰 . 中华书局点校本，1977 年 .

宋元旧本书经眼录 .（清）莫友芝撰 . 上海古籍出版社点校本，2009 年 .

宋左丞相陆公全书 .（宋）陆秀夫撰 . 清道光盐渎五柳堂刻本 .

T

天禄琳琅书目 .（清）于敏中等撰 . 上海古籍出版社点校本，2007 年 .

天禄琳琅书目后编 .（清）彭元瑞等撰 . 上海古籍出版社点校本，2007 年 .

天一阁碑目 .（清）范邦甸等撰 . 上海古籍出版社点校本，2010 年 .

天一阁书目 .（清）范邦甸等撰 . 上海古籍出版社点校本，2010 年 .

铁琴铜剑楼藏书目录 .(清)瞿镛编 . 上海古籍出版社《续修四库全书》本，2002 年 .

通志堂集 .（清）纳兰性德撰 . 清康熙三十年（1691）徐乾学刻本 .

退补斋诗文存 .（清）胡凤丹撰 . 清同治十二年（1873）退补斋鄂州刻本 .

W

万卷精华楼藏书记 .（清）耿文光撰《山右丛书初编》本 .

万卷堂书目 .（明）朱睦㮮撰 . 清光绪二十九年（1903）长沙叶氏刻本 .

王常宗集 .(明)王彝传,都穆编 . 台湾商务印书馆《影印文渊阁四库全书》本，1985 年 .

未轩文集 .（明）黄仲昭撰 . 台湾商务印书馆《影印文渊阁四库全书》本，1985 年 .

温州经籍志 .（清）孙诒让撰 . 上海社会科学院出版社校补本，2005 年 .

文安集 .（元）揭傒斯撰《四部丛刊》本 .

文简集 .（明）孙承恩撰 . 台湾商务印书馆《影印文渊阁四库全书》本，1985 年 .

文瑞楼藏书目.(清)金檀编.商务印书馆《中国著名藏书家书目汇刊》(第二十册),2005年.

文选楼藏书记.(清)阮元撰.上海古籍出版社点校本,2009年.

文献通考.(宋)马端临撰.中华书局,2011年.

文渊阁书目.(明)杨士奇编.商务印书馆《国学基本丛书》本,1937年.

问源楼书目初编.(清)陈世溶编.商务印书馆《中国著名藏书家书目汇刊》(第二十六册),2005年.

吾园书目.(清)乔载繇编.商务印书馆《中国著名藏书家书目汇刊》(第二十六册),2005年.

吴文正集.(元)吴澄撰.台湾商务印书馆《影印文渊阁四库全书》本,1985年.

午亭文编.(清)陈廷敬撰.台湾商务印书馆《影印文渊阁四库全书》本,1985年.

勿轩集.(元)熊禾撰.中华书局,1985年.

X

西山先生真文忠公文集.(宋)真德秀撰《四部丛刊》本.

小山堂藏书目录备览.(清)赵昱编.商务印书馆《中国著名藏书家书目汇刊》(第二十一册),2005年.

小学绀珠.(宋)王应麟撰.中华书局,1987年.

孝慈堂书目.(清)王闻远编.商务印书馆《中国著名藏书家书目汇刊》(第十五册),2005年.

新安文献志.(明)程敏政撰.黄山书社点校本,2004年.

性情集.(元)周巽撰.台湾商务印书馆《影印文渊阁四库全书》本,1985年.

性善堂稿.(宋)度正撰.台湾商务印书馆《影印文渊阁四库全书》本,1985年.

绣谷亭熏习录.(清)吴焯撰.中华书局影印本,1995年.

虚受堂文集.(清)王先谦撰.清光绪二十六年(1900)刻本.

徐氏红雨楼书目.(明)徐𤊹撰.古典文学出版社,1957年.

徐氏家藏书目.(明)徐𤊹编.商务印书馆《中国著名藏书家书目汇刊》(第十、十一册),2005年.

许氏古韵阁书目 .（清）许槤编 . 商务印书馆《中国著名藏书家书目汇刊》（第二十九册），2005 年 .

续修四库全书总目提要 . 伦明撰 . 齐鲁书社影印本，1996 年 .

学古绪言 .（明）娄坚撰 . 台湾商务印书馆《影印文渊阁四库全书》本，1985 年 .

雪峰集 .（元）胡炳文撰 . 台湾商务印书馆《影印文渊阁四库全书》本，1985 年 .

雪楼集 .（元）程巨夫撰 . 台湾商务印书馆《影印文渊阁四库全书》本，1985 年 .

巽峰集 .（明）尹襄撰 . 清光绪七年（1881）永锡堂刻本 .

巽斋文集 .（宋）欧阳守道撰 . 台湾商务印书馆《影印文渊阁四库全书》本，1985 年 .

Y

雁影斋题跋 .（清）李希圣撰 . 上海古籍出版社标点本，2009 年 .

杨文懿公文集 .（明）杨守陈撰 . 北京出版社《四库未收书辑刊》本，2000 年 .

养知书屋集文集 .（清）郭嵩焘撰 . 清光绪十八年（1892）刻本 .

荛圃藏书题识续录 .（清）黄丕烈撰 . 上海古籍出版社点校本，2013 年 .

也是园藏书目 .（清）钱曾编 . 商务印书馆《中国著名藏书家书目汇刊》（第十六册），2005 年 .

怡府书目 .（清）允祥编 . 商务印书馆《中国著名藏书家书目汇刊》（第二十二册），2005 年 .

仪顾堂集 .（清）陆心源撰 . 清光绪刻本 .

仪顾堂书目题跋汇编 .（清）陆心源撰 . 中华书局点校本，2009 年 .

奕庆藏书楼书目 .（清）祁理孙编 . 商务印书馆《中国著名藏书家书目汇刊》（第十四册），2005 年 .

艺风藏书记 .（清）缪荃孙撰 . 上海古籍出版社点校本，2007 年 .

艺芸书舍宋元本书目 .（清）汪士钟编 . 商务印书馆《中国著名藏书家书目汇刊》（第二十九册），2005 年 .

吟香仙馆书目 .（清）马瀛撰，潘景郑校订 . 上海古籍出版社，2005 年 .

楹书隅录 .（清）杨绍和撰 . 中华书局影印本，1990 年 .

虞山钱遵王藏书目录汇编 .（清）钱曾撰 . 上海古籍出版社，2005 年 .
玉海艺文校证 .（宋）王应麟撰，武秀成、赵庶洋校证 . 凤凰出版社，2013 年 .
元公周先生濂溪集 .（宋）周敦颐撰 . 北京图书馆出版社，2003 年 .
元史类编 .（清）邵远平编 . 清康熙三十八年（1699）刻本 .
元史艺文志 .（清）钱大昕撰 . 清华大学出版社《二十五史艺文经籍志考补萃编》（第 22 册），2014 年 .
云峰集 .（元）胡炳文撰 . 台湾商务印书馆《影印文渊阁四库全书》本，1985 年 .
越缦堂书目 .（清）李慈铭撰 . 中华书局笺证本，2013 年 .

Z

章氏遗书 .（清）章学诚撰 . 商务印书馆，1936 年 .
赵定宇书目 .（明）赵用贤编 . 商务印书馆《中国著名藏书家书目汇刊》（第八册），2005 年 .
浙江采集遗书总录 .（清）沈初等编 . 上海古籍出版社点校本，2010 年 .
振绮堂书目 .（清）汪宪编 . 商务印书馆《中国著名藏书家书目汇刊》（第二十一、二十二册），2005 年 .
增订四库简明目录标注 . 邵懿辰撰，邵章续录 . 中华书局，1959 年 .
郑堂读书记 .（清）周中孚撰 . 上海书店出版社标点本，2009 年 .
正谊堂文集 .（清）张伯行撰 . 清乾隆刻本 .
正谊堂续集 .（清）张伯行撰 . 清乾隆刻本 .
知圣道斋书目 .（清）彭元瑞编 . 商务印书馆《中国著名藏书家书目汇刊》（第二十三册），2005 年 .
直斋书录解题 .（宋）陈振孙撰 . 上海古籍出版社点校本，2015 年 .
中国古籍善本书目 . 中国古籍善本书目编辑委员会编 . 上海古籍出版社，1998.
中国古籍总目 . 傅璇琮主编 . 中华书局、上海古籍出版社，2012 年 .
朱子语类 .（宋）黎靖德编，王星贤点校 . 中华书局，1986 年 .
朱子全书 .（宋）朱熹撰，朱杰人、严佐之、刘永翔主编 . 上海古籍出版社、安徽教育出版社，2002 年 .

朱子晚年全论 .（清）李绂撰，段景莲点校 . 中华书局，2015 年 .

竹崦盦传钞书目 .（清）赵魏编 . 商务印书馆《中国著名藏书家书目汇刊》（第二十四册），2005 年 .

竹垞行笈书目 .（清）朱彝尊编 . 商务印书馆《中国著名藏书家书目汇刊》（第十七册），2005 年 .

字溪集 .（宋）阳枋撰 . 台湾商务印书馆《影印文渊阁四库全书》本，1985 年 .

图书在版编目（CIP）数据

朱子学著述序跋题记资料汇编：全2册 / 顾宏义，许起山编. -- 南昌：江西人民出版社，2018.12
ISBN 978-7-210-10966-2

Ⅰ. ①朱… Ⅱ. ①顾… ②许… Ⅲ. ①朱熹（1130-1200）—哲学思想—研究资料—汇编 Ⅳ. ① B244.75

中国版本图书馆 CIP 数据核字（2018）第 279957 号

朱子学著述序跋题记资料汇编（全2册）
顾宏义 许起山 编

责任编辑：李月华 李鉴和 郑志青
责任校对：孙燕红 张丽华
封面设计：同异文化传媒
出　　版：江西人民出版社
发　　行：各地新华书店
地　　址：江西省南昌市三经路47号附1号
编辑部电话：0791-86898143
发行部电话：0791-86898893
邮　　编：330006
网　　址：www.jxpph.com
E-mail:jxpph@tom.com web@jxpph.com
2018年12月第1版 2018年12月第1次印刷
开　　本：787毫米 × 1092毫米 1/16
印　　张：59
字　　数：900千字
ISBN 978-7-210-10966-2
定　　价：298.00元（全2册）
承 印 厂：长沙超峰印刷有限公司
赣版权登字—01—2018—1033